Nous tresexcellēt prī
ce Charles le quīt roy
de france. Je raoul de
preulles vostre hūble
seruiteur et subgect/
tout vostre/et tout ce q̄
ie scay et puis faire a vostre cōmandemēt
Mon tresredoubté seignr̄ les naturiēs cō
me pline/adelin/aristote/bede/et autres
qui firent les liures des pp̄rietez des cho
ses/mettent laigle roy souuerain de tous
les oyseaux. Et entre ses proprietez dōt
elle a plusieurs luy en attribuēt trois prī
cipales. La premiere est que elle surmō
te p̄ son vol tous autres oyseaux. La se
conde q̄ elle regarde directement et sās fle
chir le soleil. La tierce que ses faons elle
preuue/ceulx qui ne peuēt regarder le so
leil plainement sans flechir/ elle les iette
hors de son nid et renye. Et quant iay bien
consideré et ymaginé ces trois haultes p̄
prietez, il me sēble q̄ ie ne les puis mieulx
cōparagier ne plus proprement a nul de
tous les docteurs de saincte eglise, especia
lemēt de leglise primitiue, q̄ a monseignr̄
saint augustin, car premieremēt en sa do

a.iii

ctrine de la foy en la confutacion ou reprobacion des heretiques en la declaracion de la benoiste trinite oncqs nulz de tous iceulx docteurs de leglise primitiue ne vola si hault ne entreprist si haultement a ces choses enseignier/ desclairier/ et demonstrer De ce sont ses liures tesmoigz/ dont vng docteur appelle possidonius en son espitaphe dit quil fist trois mille volumes/ et q̃ cestuy ment qui afferme q̃ tous ses liures il ait leuz. Secondement en ce quil a regarde directement le soleil sans flechir/ cestassauoir la benoiste trinite/ et en a traictie pour en auoir la vraye congnoissance dicelle si haultement et si pfondement que nul des dis docteurs ny a peu veoir si parfondement come il a fait Mais tiercement en ce q̃ aussi come laigle pueue ses faons et iette ceulx qui ne peuent pas de droit regarder le soleil/ aussi monseignr̃ sait augustin ceulx qui ne peuent regarder directement le vray soleil/ cestassauoir la benoiste trinite et la vraye foy crestienne sas varier come sont les heretiques dont il en y a de plusieurs manieres il les confute/ et repueue/ deprime/ et condẽne/ sicõe il appt p ses liures quil fist Contra faustũ/ contra manicheos de heresibz/ et en plusieurs autres liures qui sont assez notoires: Et en ce liure mesmes de la cite de dieu. Et p ces causes ainsi cõme monseignr̃ saint iehan leuangeliste pour ce quil cõprist et sentit plus haultement de la diuinite que nul des autres euangelistes/ est cõpare a laigle. ¶ Pareillement monseigneur saint augustin entre les docteurs de leglise pmitiue y peut et doit estre cõpare et clame roy/ aussi cõme laigle est repute roy souuerain des opseaulx Et apres ce quãt iay tout ce considere/ et auecce auise et regarde vostre haulte natiuite. la noblesse et grãdeur de vostre psonne/ et en apres vostre estude et cõtinuelle occupacion/ et sur toutes ces choses la haulte pẽsee qui est cheue en vostre cueur/ et qui vous a pleu a moy desclairer. Tout considere et mis ensemble/ il me sẽble que ie vous puis et doy en

cores assez conuenablement cõparer a laigle/ car premierement a prendre vostre natiuite/ il est certain que vous estes filz de roy de france/ et qui plus est roy de france. q̃ est le plus grant/ le plus hault/ et le plus catholique/ et le plus puissant roy crestien Et auecce estes extrait du lignage des ẽpereurs rõmains qui portent laigle pour ce que ce fut le premier signe rõmain. Secondement en ce que vous estes le plus digne roy crestien/ car auecce q̃ en vostre baptesme vous estes enoint du saint cresme cõme est vng chascun bon crestien. Encore par excellence estes vous roy consacre/ et si dignement enoint cõme de la saincte liqueur q̃ par vng coulomb q̃ nous tenons fermement que ce fut le saint esperit mis en celle fourme aporta du ciel en son bec en vne petite ampole ou fiole/ et la mist deuant tout le peuple en la main de mõseignr̃ saint remy lors archeuesque de reims q̃ tãtost en cõsacra les fons. et en endoint le roy clouis premier roy crestien. Et en ceste reuerence et pour ce tres grant et noble mistere tous les roys de france qui de puis ont este a leur premiere creacion ont este consacrez a reims de la liqueur de celle saincte ampole. Et ne tiengne vous ne autre que celle consecracion soit sans tres grant digne et noble mistere/ car par icelle voz de uanciers et vous auez telle vertu et puissance qui vous est donnee et attribuee de dieu que vous faictes miracles en vostre vie/ telles si grandes et si appertes q̃ vous garissiez dune tres horrible maladie qui sapelle les escroelles/ de laquelle nul autre prince terrien ne peut garir/ fors vous/ et si portez les armes de trois fleurs de lis/ en signe de la benoiste trinite/ qui de dieu par son ange furent enuoyees audit clouis premier roy crestien/ pour soy cõbatre contre le roy caudat qui estoit sarrasin aduersaire de la foy crestiẽne/ et qui estoit venu dalmaigne a grant multitude de gens aux parties de frãce/ et qui auoit mis et ordonne son siege a conflans sai honorine/ dont combien que la bataille

Cy commence la table du premier li-
ure de monseigneur saint augustĩ
de la cite de dieu qui contient xxxvi. chapi
tres.

Les aduersaires du nom nostre sei-
gneur iesucrist ausquelz en la destru
ction de la cite les ennemis espargnerent
pour lamour de iesucrist.　　　　.i.

Que oncques nulles batailles ne fu
rent faictes en telle maniere que ceulx qui
auoient vaincu espargnassent aux vain
cus pour lamour de leurs dieux.　.ii.

Cõme les rommains cuiderent fole-
ment que les dieux priuez q̃ nauoient peu
garder troye seur fussẽt prouffitables pour
les garder ou temps auenir.　　　.iii.

Du temple de iuno qui estoit a troye et
estoit le lieu de franchise que len appelloit
asile. lequel ne deliura aucun troyen de la
maĩ des grecz et des eglises des apostres
qui defendirent tous ceulx qui y allerent
a garant.　　　　　　　　　　.iiii.

Que cathon sentit de la generale cou
stume des ẽnemis conq̃rans les citez. v.

Que les rommains ne print̃rent au-
cunes citez ausquelles ilz espargnassent
aux vaincus et tẽples de leurs dieux. vi.

Que les choses qui sont auenues du
rement en la prinse des citez sont auenues
par la coustume des batailles / ¶ ce qui est
auenu de pitie et de doulceur est venu de la
puissance du nom de nostreseigneur iesu-
crist.　　　　　　　　　　　vii.

Des proffis ⁊ dõmaiges qui souuent
sõt cõmuns ⁊ aux bons et aux mauuais
　　　　　　　　　　　　　viii.

Des causes des corrections pour lesq̃l
les les bons et les mauuais sont ensem-
ble tourmentez.　　　　　　　ix.

Que en la perdicion des choses tempo
relles rien ne perisse aux saintes person-
nes.　　　　　　　　　　　　　x.

De la fin de la vie temporelle soit brief
ue ou longue.　　　　　　　　　xi.

De la sepulture des corps humains
laq̃lle supposé quelle soit denyee aux cri-
stiens ne leur oste riens.　　　xii.

Quelle est la rayson de enseuelir les
corps des sains cristiens.　　　xiii.

De la chetiuoison des sains hommes
ausquelz oncques les diuines consolaci-
ons ne deffaillirent.　　　　　xiiii.

Vng exemple a tollerer de marc regu
le de romme qui de sa voulente esleut afer
en chetiuoison en carthage en faueur de sa
religion qui de rien ne luy prouffita / com
bien quil adourast les dieux.　xv.

A sauoir se ce qui fut fait en celle cheti
uoison de corrumpre et violer non pas seu
lement les pucelles mariees et vefues /
mais aussi par auenture les vierges sa-
crees: la vertu du couraige peut estre souil
lee sans consentement de voulente. xvi.

De la mort voluntaire pour doubte de
peine ou deshonneur.　　　　　xvii.

De la violente defectacion charnelle
dautruy que la saicte ame seuffre estre cõ
mise en son corps prise par force ou par op
pression.　　　　　　　　　　xviii.

De lucresse qui se tua pce quelle auoit
este corrumpue par force.　　　xix.

Quil nest auctorite qui attribue aux
cristiens pour q̃lcõque cause droit de mort
voluntaire.　　　　　　　　　xx.

De ceulx qui en occiant les hõmes sõt
excusez du crime domicide.　　xxi.

a.ii.

¶ Que en aucune maniere la mort vo-
luntaire ne peut appartenir a grādeur de
couraige.   xxii.

¶ Quel soit lexemple de chathon, le ql
pour ce quil ne sceut porter la victoire de ce
sar se occit en la cite de vtice   xxiii

¶ Que de tant cōme en celle vertu de soy
non vouloir occire, regulus fut se plus
vaillant et plus a recommander que cha
thon, de tant sourmontent les cristiēs les
payens.   xxiiii.

¶ Que pechie ne doit pas estre escheue p
autre pechie.   xxv.

¶ Des choses qui ne sont pas conuena-
bles a faire, suppose que len les saiche estre
faictes des sains, mais sont a croire que
elles sont faictes par rayson par laquel-
le elles sont faictes.   xxvi.

¶ Se len doit desirer sa mort pour esche
uer pechie.   xxvii

¶ Par quel iugemēt de dieu il est ottroye
aux ennemis a pechier p delectacion char
nelle aux corps des femes gtinees. xxviii

¶ Que les sergens de nostre seigneur doi
uent respondre aux mescreans quant ilz
leur reprochēt que nostre seigneur iesucrist
ne les a pas desliurez de la forcenerie des en
nemis   xxix:

¶ De quantes hōteuses psperitez ceulx
veullent habonder qui se plaingnent des
temps cristiens.   xxx.

¶ Par quantes manieres ou degrez de
vices soit accreue aux rommains la cou-
uoitise de seignourir   xxxi

¶ De linstitucion des gēs qui sappellēt
sceniques.   xxxii.

¶ Des vices des rommains lesquelz ne
se corrigerent point pour chose q leur pays
fust gaste et destruit   xxxiii

¶ De la clemēce qui attrempa la destru
ction de la cite de romme: xxxiiii.

¶ Des filz de leglise qui sont muchies
entre les ennemis de la foy ꝛ des faulx cri
stiens qui conuersent en leglise de iesucrist
auec les cristiens.   xxxv

¶ De quelles causes il est a traictier et
desclairier en la disputacion qui apres sen
suyt.
¶ Cy fine la table du premier liure de
monseigneur saint augustin de la cite de
dieu.

mencast en la valee, toutesfoys fut elle acheuee en la montaigne en laquelle est a present la tour de motiope, et la fut prins premierement et nome vostre cry en armes, cest assauoir montioye, saint denis. Et en la reuerence de ceste victoire, & de ce que ces armes nostre seigneur enuoya du ciel par vng angle, et demonstra a vng hermite qui tenoit en icelle valee de coste vne fontaine vng hermitaige, en luy disant qͥl feist raser les armes des trois croissans que clouis portoit lors en son escu, et fist mettre en ce lieu les trois fleurs de lis, et en icelles se combatist, et il auroit victoire contre le roy caudat. Lequel se reuela a sa femme clouis qui reparoit oudit hermitaige, et apportoit souuent audit hermite sa recreacion. Laquelle les emporta & deffassa les croissans, & y mist les trois fleurs de lis. Et illec fut fonde vng lieu de religieux qui fut et encore est appelle labbaye de ioye en val. Et en laquelle lescu de ces armes a este par long temps en reuerence de ce. ¶Et si portez seul roy et singuliere ment loriflamme en bataille, cest assauoir vng glaiue tout dore, ou est atachie vne baniere vermeille, laquelle voz deuanciers et vous, ont acoustume de venir querir et prendre en leglise de monseigneur saint denis a grant solennite, reuerence et deuocion, si comme vous le sauez, car premierement la procession vous vient a lencontre iusques a lissue du cloistre, et aps la pression sont attains les benois corps sains de monseigneur saint denis & de ses compaignons, et mis sur lautel en grant reuerence. Et aussi le corps monseigneur saint loys, et puis est mise ceste baniere propee dessoubz les corporaulx ou est consacre le corps de nostre seigneur iesucrist, lequel vous receuez dignement apres la celebracion de la messe. Si fait cestuy a qui vous sauez lescu a baillier come au plus preudomme et plus vaillant cheuallier, et ce fait le baisies en la bouche, et luy baillies, et la se tient entre ses mains par grant reuerence, affin que les barons assistens

le puissent baisier comme relique et chose digne, & en luy baillant pour le porter luy faictes faire serment solennel de la garder et porter en grant reuerence, et a lonneur de vous et de vostre royaulme. Ainsi se print ce souuerain protecteur et defenseur singulier de leglise monseigneur saint charles iadis empereur et roy de france, quant il ala a secours a lempereur constantin qui estoit empereur de constantinoble. pour deliurer son pays des sarrasis qͥ locccupoient, & aussi la terre saincte de hierusalem. Et lequel empereur de constantinoble le manda par la vision quil auoit veue deuant son lit qui fut telle selon les croniques & anciennes hystoires, cest assauoir que deuant icelluy empereur au pres de son lit il se apparut vng cheuallier arme de toutes armes et monte a cheual, tenant vne hance toute doree du bout de laquelle hance ys soient flammes a merueilles grandes. Et comme il fust en grant perplexite de sauoir quelle significacion cestoit que celle chose signifioit, vng angle sapparut a luy qui luy dist que cestuy qui auoit veu cestoit cestuy qui deliureroit le pays des sarrasins. Si cogneut constantin par ce quil auoit veu que cestoit le roy charlemaine, a present nomme monseigneur saint charles. Et tantost le manda, qui entendu le mandement et la vision tantost ala a saint denis et print la baniere vermeille en telle reuerence comme vous mauez oup raconter, mist sa couronne sur lautel. laissa le royaulme de france en la protection de monseigneur saint denis. Et ceste baniere vermeille ainsi reueramment prise, et en telle deuocion se partit et ala a constantinoble, et vainquit les sarrazins, & en deliura le pape. Et en ceste reuerence tant de la saincte vision comme de la noble victoire quil eut, lont aussi acoustume a prendre voz deuanciers et vous. Et si portez hance doree, et pour ce est il appelle oriflamme pour la flamme qui apparut au bout de la hance doree. Et est la baniere vermeille en sa remembrance du glo

a.iiii.

rieux martir/ou martirs monseigneur saint denis et ses compaignons. Et doit estre athachee ceste baniere comme dit est en vne hãce dozee pour auoir tousiours recordacion et vraye memoire de celle hance ⁊ noble visiõ de nostre foy ⁊ glorieuse passion. Et ont tenu voz deuanciers quelle ne doit point estre desployee sans tresgrant necessite. Et qui plus est que la victoire faicte elle doit estre rapportee a grant deuocion et reuerence en leglise monseigñr sait denis et rendue sur son autel en remẽbrance ainsi cõme fist charlemaine. De ce me croy ie/car ien ap veu deux de mon temps sur lautel des glorieux martirs de chascune partie de lautel vne. ¶ Et estoient enhancees de deux petites hances dargent dozees ou pendoient a chascune vne petite baniere vermeille/dont lune estoit appellee la baniere charlemaine/et se portoit p reuerence par vng des officiers religieux a certaines processions. Et est ce que lõ appelle proprement loriflãme et dont elle vit de ce qui en peut estre venu a ma petite congnoissance. Et ces choses mon tresredoubte seigneur denotent ⁊ demõstrent p vraye rayson que par ce vous estes et deuez estre le seul principal protecteur/champion/ et defenseur de leglise cõme ont este voz deuãciers. Et ce tient le saint siege de rõme qui a acoustume a escripre a voz deuãciers ⁊ a vous singulierement a lintitulaciõ des lettres au trescrestien des princes. Tiercement en ce que des le temps que vous eustes premierement cõgnoissance. vous auez tousiours ame science/et honnoure les bõs clers/et estudie continuelement en diuers liures et sciences se vous nauez eu autre occupacion. Et auez fait faire et translater plusieurs tãt pour plaire a vo⁹ cõme pour proffiter a voz subgectz. Et en ce auez escheue le reproche du saige qui dit Roy sans lettre est cõme vng asne courõne. Et pespecial en ce que la haultesse de vostre engin et entendement a si hault vole et si haultement esleue que la plus grãteuure dun liure par hors cellup qui fist de la benoiste trinite/et q plus est traicte de matieres grandes/haultes/subtilles et diuerses/et qui a peine peuent cheoir en entendement humain pour la haultesse et profondite des matieres vous auez voulu estre translate delatinen francois/ pour le prouffit et vtilite de vostre royaume/de vostre peuple/et de toute crestiente cestassauoir le liure de monseigneur saint augustin de la cite de dieu. Et tien que en ceste partie vous auez voulu ẽsupuir mõ seigñr saint charles qui entre tous ses liures quil estudioit et veoit voulentiers/ Il lisoit les liures de monseigñr sait augustin/et sur tous les autres le liure de la cite de dieu. sicõe il se treuue en sa vie⁊ aux cronicques. Pour toutes lesquelles trois choses il me semble que ie vous puis cõparagier a laigle de toute noblesse/grandeur et bonne voulente. Et tien que ceste voulente vous est venue principalement par droitte inspiracion diuine/mais mõ tresredoubte seigñr de ces choses ne suis point esmerueillie/mais ie doy estre esmerueillie/et non sans cause de ce que delaissiez les souueraines clers de vostre royaume/dont il en y a tant et de si grans que en toute crestiente ney a tant ne de telz. Et ausquelz celle euure appartenoit ⁊ leur estoit deue a translater/il peut estre cheu en vostre pensee de le moy baillier qui au regart deulx ne suis que pouldre et cendre. Et cõme vous auez voulu a moy qui suis de si foible entendement/baillier si fort fesseau/et a si petite main si grãt molle a tourner. Et pour ce que len ne cuide pas par arrogance ou par moy ingerer ie laye voulu entreprendre/ ie appelle dieu a tesmoing/et vous le sauez assez cõment ⁊ pquel temps ie lay refuse et differe a entreprendre/et les epcusacions que ie y ay pretendues/tant pour ce que ie sauoie la foiblesse de mon engin/la grãdeur de leuure et laage dont ie suis qui me deusse/sicomme il me semble doresenauãt reposer: Et ne tienne vous ne autre moy auoir este si hardi ou si oultrecuide de sauoir entrepris de moy. Car se ie ne cuidasse auoir commis plus grant offence (quant len me tenist plus oultrecuide de le vous auoir refusé) que dauoir obey a vostre commandement, ie leusse a plain refusé, car il me sembloit que ia uoie assez labouré en mon temps, tant a faire le liure qui sappelle le compendieux moral de la chose publique, et le liure qui sappelle le muse, lequel il vous pleut a receuoir en gre, pour ce que ie sauoie intitulé a vous, come les cronicques en francois contemporisees du commencement du monde iusques au temps de tarquin lorgueilleux, et du roy cambises qui regnerent en vng temps, auec aucunes epistres. Considere encores la grant charge du fait de mon aduocacie qui est office publique, et qui requiert labeur continuel, mais ie croy que vous auies sceue celle de seneque qui dit que occiosité sans lettre est mort et sepulture de homme vif. Si supplie a vostre royalle maieste que aussi come simplement a vostre commandement iay ceste euure entreprinse, il vous plaise a le receuoir en gre et supporter mes defaultes dont ie scay bien quil y en aura plusieurs. Et se ie ne ensuis en ceste translacion les propres mos du texte, et que ie y voise aucune fois par vne maniere de vne circunlocucion ou autrement il me sera pardonné pour ce que vous mauez commandé pour la matiere esclarcir que ie ensuiue la vraye simple et clere sentence et le vray entendement sans ensuiuir proprement les mos du texte. Et si y a plusieurs mos qui ne se peuent pas bonnement translater en francoys sans addicion ou declaracion, car come dessus est dit ce liure est compilé de diuerses et haultes matieres et de hault stille et de ancienne gramaire, chargie de grandes sentences suspensiues en briefues paroles plusieurs et diuerses hystoires abregees de diuers et anciens acteurs dont les originaulx ne peuent pas bonnement estre trouuez en ce pays pour y auoir recours aux pas et aux termes qui desirent declaracion. Touteffois est en mon intencion de y mettre aucunes declaracions et exposicions pour donner declaracion au texte aux parties et aux pas ou il aura doubte ou obscurté.

¶ Autre prologue du translateur, et parle a vngchascun qui ce liure lira.

Necessaire chose est ou au moins tres prouffitable a la declaracion de ce liure de demonstrer la diuision dicellui, combien que monseigneur saint augustin se demonstre assez tant ou premier prologue, qui est prins du second liure de ses retractacions come par le dernier chapitre du premier liure, et de y mettre ou adiouster aucunes subdistinctions qui feront grant declaracion au liseur. Et premierement ce liure se deuise en deux parties principales. En la premiere partie il destruit diuerses erreurs qui sont et estoient selon paydolatrie. En la seconde il nous instruit et informe de tenir la verité de la foy. Et la premiere partie trebuche et abat la cite du dyable. Et la seconde establit et conferme la cite de iesucrist. La seconde partie commence en le .xi. liure. La premiere partie est diuisee en deux parties. En la premiere il destruit lerreur de ceulx qui disoient que le sacrifice fait a plusieurs faulx dieux prouffite aux personnes viuans: Et en la seconde il destruit lorreur par laquelle ilz tenoient que sacrifier a plusieurs dieux estoit grant confort apres la mort a ceulx qui trespassoient. Les cinq liures premieres comprennent la premiere partie de ceste diuision, et les autres cinq liures laultre partie. La premiere partie qui contient cinq liures come nous auons dit se deuise encores en deux parties. En la premiere il demonstre que la cite de rome ne peut attribuer ces maulx aux crestiens pour ce quilz adouroient vng dieu, cestassauoir iesucrist. Secondement que les biens par lesquelz la cite fut ou est accreue deuoient estre attribuez a iesucrist. La premiere partie contient trois liures, et la seconde deux, dont la premiere partie est encores deuisee en trois parties selon ce quil y a trois liures, ou premier il preuue que la destruction de la cite de rom me nest pas a attribuer ou imputer a la religion crestienne. Ou second q̃ les faulx dieux ne tiennẽt cõpte des maulx de coulpe pour ces choses deffẽdre. Ou tiers q̃lz neurent ou tiẽnẽt cõpte des maulx de peine que pour ce ilz les reboutent. Et de la seconde partie principale qui se commence en lonziesme liure nous te dirons quãt nous y uendrions. Et pour mieulx entendre la matiere subsequente ⁊ de quoy ce liure parle, contre quelz gens, et la cause pourquoy il est fait. Il est chose necessaire a ce desclairer de mettre aucuns preambules qui y donneront declaracion, et si non a plain. Toutesfois ouuriront ilz la uoye a ce que la chose soit plus legierement conceue. Si dois sauoir quil fist ce liure enuiron trois cens quatre uingtz et quinze ans apres ce que le saint esperit descendit du ciel sur les apostres et disciples de nostre seigneur qui en son nom estoient assẽblez en ung lieu. sicomme il mesmes le tesmoigne en cest euure. Et se tu ueulx sauoir la cause pourquoy il le fist, combien quil denote asses ou premier chapitre de ce liure qui a propremẽt parler fait la uraye diuision dicelluy. Joint le dernier chapitre du diziesme liure en la fin, et le premier de lonziesme. Ce fut pour cõfuter et reprimer les blasmes que les rommains esleuoient contre rayson, contre nostre seignr̃ iesucrist et son benoist nom, et cõtre la foy crestienne Et mettoient sus la destructiõ de la cite, ⁊ la persecucion qlz souffroient en ce quilz auoient mis hors de la cite de rome leurs dieux pour le nom de iesucrist, et disoient que cestoit la cause de leur destruction, dont moult de eulx sesleuerent contre nostreseigneur et son nom, et assemblerent, et eurent grant conseil comment ilz pourroiẽt faire retourner leurs faulx dieux et ydoles en la cite, disans que tant comme ilz y auoient este ilz nauiẽt oncques souffert telle persecucion comme ilz auoient fait soubz le temps des crestiens especialement des gothz. Ce premier liure a plusieurs chapitres, cestassauoir selon aucuns trente six, selon aucuns trente sept. Et y a grant diuersite au commencement de plusieurs des chapitres, nõ pas seulement en ce premier liure, mais en tous les autres. Et a peine trouuera tẽ ses chapitres qui se mettent pareillement. Et ce pourras tu asses ueoir par nostre cottaciõ combien que nous en supuons en ceste trãslacion la uraye cottacion selon le liure.

Sentence du liure des retractacions de monseignenr saint augustin, et en fait son premier prologue.

Pendant ce que romme fut assaillie, prinse, trebuchee, et destruite des gothz qui estoient soubz le roy alaric par la force de la grant guerre ⁊ persecucion quilz firent les payens qui adouroient les faulx dieux et mues, cestassauoir ses ydoles, sefforcerent de mettre sus a la religion crestienne sa destruction dicelle. Et commencerent a blasmer plus aigrement ⁊ plus amerement le uray dieu quilz nauoient acoustume. Dont ie embrase de lamour de la maison de dieu, ordõnay a escrire les liures de la cite de dieu cõtre leurs blasmes et erreurs. Laquelle euure me tint par aucuns ans, pour ce que moult dautres choses me uindrent au deuant quil ne me conuenoit pas a desaper et qui me empeschoient a ce que ie les desiurasse premierement. Toutesfois ceste grãt euure de la cite de dieu est finablemẽt accomplie en xxii. liures, desquelz les v. premiers reprouuent ceulx qui a la prosperite des choses humaines tiennẽt estre chose necessaire le seruice q̃ se fait a plusieurs dieux, et maintiẽnent ces maulx naistre et habonder par ce que len leur deffend.

Les autres liures ensuyuans parlent contre ceulx qui confessent ces maulx, et quil ne fut onc ques que ilz ne fussent, ne ia ne fauldront aux creatures mortelles. Et que ilz sont aucunesfois grans, aucunesfois petis, et que ilz se uarient souuent en lieux, en temps, et en personnes, mais ilz tiennêt que le seruice dont len sa crifie a plusieurs dieux est proffitable aps sa mort pour sa vie auenir. Doncques en ces dix liures sôt reprouuees ces deux vai nes oppinions contraires a sa religiô cre stienne/ mais affin que aucun ne nous re prêgne dauoir redargue tantseulemêt les fais des autres/ et nô pas auoir afferme les nostres/ ¶ Lautre partie de ceste euure se fait/ qui est côtenue en douze liures/ cô bien ou il en est besoing/ et aus dis pmie res liures nous affermons ce qui est no stre/ et aux douze derniers nous reprou uons les choses contraires. ¶ Les quatre premiers liures doncques des douze subse quens contiennent la naissance des deux citez/ desquelles lune est de dieu/ et lautre est du dpasse. Les quatre ensuyuans les stat et gouuernement dicelles deux citez/ et les trois dernieres les fins deues. Ain si tous les xxii. liures/ côbien quilz soiêt de lune cite et de lautre/ toutesfois ont ilz prins leurs tiltres de sa meilleure pratie: a ce que principalement ilz fussent appel lez de la cite de dieu. ¶ Ou vii.liure desqlz len ne doit pas mettre pour miracle la fla me faicte du ciel ou sacrifice de abraham/ auoir congneu entre les sacrifices diuisez pour ce que cellup fut monstre en vision/ Ou p viii. liure ce qui est dit/ samuel quil nestoit pas des filz de pstre. a nest pas mer ueille pour ce que succeder les enfans des pstres/ leurs peres mors ce fust plus vne coustume approuuee que autre droit/ car aux filz de aaron se treuue le pere samuel: mais il ne fut pas prestre/ ne aussi ne se treuue il pas en ses filz par telle maniere que icellup aaron leust engendre/ mais es toit dit son filz aussi côme tous ceulx de cellup peuple estoient ditz les enfans de israel· ¶ Ceste euure se cômence ainsi La tresglorieuse cite de dieu.

Le translateur.

Jcomme dit ysodore ou liure des ethimologies Gothie est vne ptie de europe pres de dace/ Et les peuples dicelle sont appellez gothes/ qui selon huguce furent iadis appellez getu les et a present sont appelles hongres/ et sont gens de grant puissance en armes se lon ysidore. ¶ Ou temps de valent êpe reur de rôme qui estoit arriê/ icculx gothz furent chassez hors de leur pays p les hûs selô orose/ ou vii.liure de son orneste. Et selon paulû quasi mesê dpaconû en kô ziesme liure de son histoire que il adioinct a celle de eutrope qui en fist dix liures/ & il en y adiousta six auec ses adicions ql fist aus dix premiers liures/ icculx gothz par leur tresgrant auarice de puis que valent les eut receuz/ se leuerent contre lup & vai quirêt lup et son ost. Et côme les rômais feussent mis en ptit lieu/ les gothz vin drent qui y bouterent le feu & lardirêt. Et de la sen allerent par trace/ & en plusieurs autres pays/ mettant tout en seu & en fla me. Et de puis quilz eurent fait tant de maufx se repentirent et manderent a lem pereur valent quil leur enuoiast aucunes gens pour eulx introduire a la foy crestiê ne. ¶ Icellup êpereur valent qui estoit ar rien leur enuoya aucuns arriês euesques qui les introduirêt a celle foy/ dont ilz fu rent tous fais arriens qui est vne secte de heresie. Et forte chose fut de les en oster de puis comme ilz y fussêt premierement in troduictz/ dont paulus ou dit xi.liure dit que ce fut vray iugement de dieu quil fust ars qui estoit heretiq. ¶ Deux ducz y eut lun gothz appelle alaric/ lautre stice/ ap pesse radagasus ¶ De ce roy ou duc appel le radagasus/ et qui auoit voue a sacrifi er tout sang humain a ses dieux/ dit a rô me ceste erreur/ dont le chapitre pse. Tou tesfois sasemblerent les rômais/ et bien quatre cens mille de ces gens qui ainsi a uoient voue/ affamerent et encloirent/ et furent mors sans grant effusion de sang crestien aux montaignes ou ilz estoient logiez pour lors. Et fut a montpellier se lon paulum ou septiesme liure/ et fut sa leur roy mort/ par telle maniere que de la en auât payen de celle êprinse ne se reuela: Celle dure fortune dura iusqs au teps de gracien lempereur/ ou ql tēps monseignr saint ābroise ramena tout a la foy crestiēne. Et quāt est de alaric qui bint alsi cōe a rōme q estoit arrien et son peuple/ pour ce ql auoit trop grant gēt. Icelluy alaric requist a lepereur honorius quil luy dōnast lieu et pays ou il peust habiter luy et ses gens/ leql ēpereur luy ottroya les pties des galles. Ce bit a la cōgnoissance dun duc rōmain appelle stilico/ leql candien recōmande sur tous autres en son liure q gouueruoit les pties de occidēt pour lēpereur honorius q les fist espier τ assaillir a bng iour de pasqs ou ilz estoiēt tous desarmez τ en oroisōs. τ q ne se dōnoiēt mie gar de de luy/ Et la en y eut mait mort/ mais quāt ilz sauiserēt ilz sarmerēt τ bainqrēt les gēs de stilico/ et luy balcu retournerēt a rōme/ prindrēt/ pillerēt/ et ardirēt la cite/ mais auāt qlz y entrassēt le roy alaric fist deux edictz. Le premier q tous ceulx q iroiēt a refuge aux eglises/ especialemēt de monseignr saint pierre et sait pol se les tenist seurs τ sās faire biolence. Le secōd q quelcōq pillerie qlz fissēt le plus quilz pourroiēt ilz se tenissēt de tuer et de naurer si cōme dit orose ou bi. liure de son ormeste

Cy apres cōmence le pmier liure de aurelie augusti de la cite de dieu cōtre les payens/ et peut estre prins pour bng autre prologue ce chapitre.

Mon treschier filz marcellin en ceste euure que iay ordonnee a faire pour lamour de toy. Et laquelle ie tien quelle est deue pour ce que ie le tay promis. Jay entreprins a deffendre la tres glorieuse cite de dieu contre ceulx qui mettét leurs ydolles au deuant du createur di celle cite/soit ou cours de ce temps present quát cellui qui vit en vraye foy fait son pelerinage en ceste vie mortelle entre les mescreans/ou en sa fermete du siege pardurable quil attent par pacience iusques a ce que iustice soit conuertie en iugement/e q̄ icelle fermete sera acquise par excellēce en la victoire derniere et paix parfaicte/cest grant euure et hault/mais dieu est en nostre ayde/car ie scay bien quelz forces il cōuient a demonstrer aux orgueilleux combien la vertu de humilite est grande q̄ fait que sa hautesse diuine non pas vsurpee p̄ humain orgueil sourmōte toutes les hautesses terriennes qui se muēt p̄ mobilite tē poresse. ¶ Certes le roy et le createur de ceste cite de laqlle nous auōs ordonne a parler demonstra au peuple sa sentence de sa loy diuine/par laquelle il est dit dieu/resiste aux orgueilleux/et donne grace aux humbles. Et touteffois le cueur orgueilleux desire ce qui est de dieu/et ayme quil luy soit dit en ses loueiges ce qui est dit en vng vers de virgila.] V. parcere subiectis et debellare superbos. Pardonner aux subgectz et confundre les orgueilleux: Dont de la cite terrienne/laquelle cōme elle ait grant desir de seignourir/suppose q̄ le peuple soit en obeissance/neātmoins demeure en elle la couuoitise de seignourir il ne nous fault pas tayre q̄ ne dions tout ce q̄ la raysō de ceste euure ainsi emprinse requiert/et q̄ nous auōs temps et faculte.

¶ Expposicion de ce prologue.

Ce marcellin ouquel il adresse sō liure et sa parole selon orose ou viii. liure de son orme se fut tribun de rōme hō me saige et prudent a q̄ monseigneur saint augusti escriuit plusieurs epistres/et luy a monseigneur saint augustin/et fut occy en carthaige par vng appelle marius/par enuie/ou par corrupcion. Apres ou il dit Soit ou cours de ce temps present. &c̄. Il veult donner a entendre q̄ la cite de dieu a deux parties/dont lune est t̄appellee militant/et lautre est appellee triumphant/et que en la fin elle sera toute triumphant

¶ Ey commence le premier chapitre/car les deux precedens sont ainsi comme prologues/cōbien que cestuy et le precedent selon aucuns ne facent que vng chapitre.
¶ Des aduersaires du nom nostreseignr̄ iesucrist/ausquelz en sa destruction de la cite les ennemis espargnerēt pour lamour de iesucrist

De celle cite sont ses ennemis contre lesquez la cite de dieu est a defendre/desquelz touteffois il en y a plusieurs qui corrigee leur mauuaise erreur sont fais assez cōuenables citoyēs en icelle cite. Et si en y a moult dautres q̄ sont si embrasez des feux de hapnes/et si mescongnoissās des appers beneficies du vray redempteur dicelle cite/que au iour duy ilz ne mouuoirent leurs langues cōtre elle. cest a dire quilz nen diroient nul bien/se ce nestoit que pour escheuer sa mort ilz trouuassent aux eglises consacrees a dieu la vie de quoy ilz sen orgueillissent/ Ne sont pas les rommains persecuteurs du nom de nostre seigneur. ausquelz les ennemis espargnerent pour iesucrist. Ce tesmoignent les sains lieux des martirs/et les eglises des apostres qui en la destruction de celle cite de romme receurent et les leurs et les autres qui en icelles asoient a garāt. ¶ Jusques la venoient les ennemis tuant et ferant sans rien espargnier et la sarrestoit leur fureur/la mesmes en y auoit aucuns cristiens qui y estoiēt menez par les ennemis qui en auoient pitie/ et qui encores dehors iceulx lieux sains les auoient espargniez/affin que les autres tirans qui nauoiēt deulx sēblable misericorde et pitie/ne leur fissent aucun mal:

Et iasoit ce que dehors les eglises ilz fus sent cruelz et furibundes, si come ont accoustume a estre gens de guerre en une cite prise des ennemis, depuis quilz venoient aux eglises ausquelles il estoit deffendu ce qui estoit ailleurs couenable a faire par droit de bataille et de guerre estoit la relachee et toute cruaulte de ferir ostee, et la couuoitise de emprisonner cessee. Ainsi en eschaperent plusieurs qui maintenant se mocquent des temps cristiens et mettent sus a iesucrist les maulx que celle cite souffrit et les biens q leur furent fais pour lõneur de iesucrist, affin qlz besqsset, ilz ne luy attribuent pas, mais a leur destinee, combien q silz eussent rapson en eulx ilz deussent mieulx attribuer a la pourueance diuine les durtez et oppresses quilz ont souffertes par les ennemis des hommes, et aussi prouuer la saincte vie des personnes mortelles par telz tourmens et afflictions, et icelle prouuee les transporter en mieulx, ou les detenir encores en terre pour autres vsaiges. Mais ce que contre la coustume des guerres les ennemis les espargnerent en quelque lieu, tant la cõe ailleurs pour le nom de iesucrist, fust aux eglises dediees a nostreseigneur tres larges et tresamples, ou ailleurs. Et que entre icelle multitude ilz furent esseuz come prenables de telle misericorde, iceulx deuroient ces choses attribuer aux temps cristiens, et apres en rendant graces a dieu. Et de la veritablement recourir a son nom pour escheuer les peines du feu pardurable. Lequel nom de nostreseigneur plusieurs ont usurpe contre verite: a ce quilz escheuassent les peines de ceste presente mort ou chetiuete, car de ceulx q tu vois si fiers et si orgueilleux aux sergens de iesucrist, il en y a plusieurs qui neussent ia eschape de celle desconfiture silz ne se fussent fais estre cristiens. Et maintenant par orgueil et par leur cruelle forsenerie et cueur puers ilz resistent a son nom, a ce quilz soient punis en enfer de tenebres et peines perpetuelles. Au nom duquel iesucrist ilz contredirent de voulente, et se confesserent par fain

tise affin de passer la vie temporelle.

¶ Et ne fault point de opposicion.

¶ Que oncques nulles batailles ne furent faictes en telle maniere que ceulx qui auoient vaincu espargnassent aux vaincus pour lonneur de leurs dieux.

Lisent tous les rommains tant de batailles faictes qui sont par escript ou auant la creacion de romme ou a sa naissance ou de son empire, et nous dient silz ont trouue une cite ainsi prise destrangiers q les ennemis qui lauoient prinse espargnassent a ceulx qui sen estoient fuys a refuge ou temple de leurs dieux, ou aucun capitaine auoir commande q ung chasteau prins, nul ne fust si hardy quil touchast aucun qui fust trouue en aucun des temples de leurs dieux. ¶ Ne vit pas eneas le roy priam de troye touillier son sãg par les temples des dieux les feux que il mesmes auoit sacrez a ses ydoles. ¶ Dyomedes et vlixes qui furent deux ducz de grece apres ce quilz eurent occy ses gardes de la souueraine tour que sen appelle le donion ou arche ou estoient les dieux souueraines, et leurs souueraines ydoses, comme lymaige de palas quilz appeloient paladium, nasserent ilz pas abatre icelle ydole sacree de palas, et de leurs mains ensenglantees senhardirent de saprochier et luy oster de sa teste les capeaulx ou courones sacrees. Ne pour ce nest pas vray ce q pour ce en fut dit, cestassauoir que par ce toute lesperance des grecz quilz auoient de vaincre les troyens commenca a affoiblyr et soy retourner. Quil soit vray il appert, car depuis les grecz vainquirent et destruirent troye, et midrent tout en feu et en flame, et apres occirent le roy priam fuyant aux temples de ses dieux a garant. Ne troye ne fut point destruite pour ce quelle perdit son ydole appellee palas ou minerue qui estoit sa souueraine deesse. Quel se chose auoit elle perdu au parauant par quoy elle deust encourir en si grant peril

Len pourroit dire q̃ p auenture elle auoit perdu ses ydoles quelle disoit estre ses gardes/ sen seur peut assez legierement cõfesser q̃ elle est vray. Quel merueille/ car seures gardes occises on sa peut oster/ ne les hommes nestoient pas gardez de lydole/ mais lydole estoit gardee par les hõmes. Pour quoy donques ladouroit on/ affin quelle gardast le pays (& ceulx de la cite/ qui neut tant de puissance quelle peust garder ses gardes

¶ Expofition fur ce chapitre.

EN ce second chapitre monseignr saint augustin veult prouuer ce qui est dit en sa rubrice/ cest assauoir que les payens en seurs guerres (& batailles/ prinse aucune cite nauoient point celle pitie despargnier a ceulx qui senfuyoient a garant aux temples de leurs dieux cõme eurent les gothz de ceulx qui furent peulx sauuez aux eglises dediees a dieu (& a ses sains. Et se demonstre il par deux exemples. Et pour ce quil sauoit que les rommains entre ses poetes tenoient que Virgile estoit seplus souuerain/ et seur estoit seplus agreable et de plus grant auctorite/ il les veult conuaincre p les dis dicelluy Virgille. Le premier exemple se cõmence. Ne dit pas enee. &c. Le second. Diomedes et Vlixes. &c. ¶ Premierement quãt il dist. Ne dit pas enee. &c Tu dois sauoir que ce sont des vers du secõd liure de Virgille eneydos p lesquelz il veult demonstrer la mort du roy priant/ qui fut si grãt et si puissant selon ce que raconte Virgille en son second liure de eneydos/ quil auoit cent brus qui toutes estoient femmes de ses filz. Et neantmoins trope destruite ainsi cõme il senfuioit a garãt au temple de ses dieux en acolant les ydoles/ il fut tue & tresbuchie p pirrus qui estoit filz dachilles combien que dares cretensis sappelle neptolomeus. Et en acolãt troubla de son sang les feux quil auoit fais pour sacrifier a ses dieux. Et en voulant demõstrer que silz nespargnerent a si grant roy p plus forte rayson nespargnerent ilz pas

aux autres de moindre estat en leurs temples. ¶ Apres quant il dist dyomedes (& Vlixes. &c. il touche listoire comment dyomedes et Vlixes allerent de nupt au temple ou estoit symage de pallas qui vault autãt a dire comme minerue/ quilz appelloient palladium. Lequel ouide faint ou vi. liure de fastis quil descendit du ciel ou temps de iulianus qui fut roy de trope/ et quilz eurent en respõce dappolo que tant cõme il garderoiẽt celle ydole trope seroit en estant. Tantost cõme elle seroit transportee/ trope seroit perdue et sa seignourie Et cest sa fiction/ mais la verite est telle que tant cõme minerue/ cest assauoir sapiẽce regna a trope/ elle fut en vertu/ & quãt elle sa perdit/ sa seignourie fut trãsportee.

¶ Apres quãt il dist. Ne pour ce nest pas vray. &c. Il touche listoire de synon q̃ fut vng cheuallier grec desloyal et deceueur/ sicõme sydonius le tesmoingne en vne epistre de son epistolaire. Lequel synon pour trayr ses tropens faint quil sestoit parti de lost des grecz pour doubte de Vlixes/ et re quist que on le feist pser au roy/ et il suy reueleroit tous les secretz des grecz Auquel il donna a entendre que depuis ce que Vlixes et dyomedes auoient raupe symage de pallas/ toute lesperance que les grecz auoient de vaincre les tropens leur estoit faillie/ et sen voulioent retourner et par sa rayson fut trope prinse. Du demourant de la prinse/ cest chose assez notoire/ & pour ce ie men passe/ car Virgille en son second liure Ouidius i fastis darius friges/ et les autres qui escripuirẽt de ceste matiere en parlent assez. Toutesfois ouide laisse en doubte qui fut celluy qui rauit celle ydole a rõme ou temple de Veste/ et tytus se conferme au Vi. liure de la seconde bataille de carthaige qui dit que ou temple de Veste estoit le gaige qui estoit destine aux rommains qui sappelle en latin pignus fatale. Et se tu veulx veoir plus largement du rauissement de celle ydole et autres/ Voy vng acteur qui sappelle dittus cretensis/ qui fut en la bataille de trope qui en pse largement car il dit que anthenor le fist embler par vne prestresse du temple qui auoit a nom thiane dont grant debat en fut entre aiap et vlipes.

¶ Comment les rommains cuiderent folemēt que les dieux priuez qui nauoient peu garder troye leur fussent prouffitables pour les garder ou temps auenir.

Veez cy a quelz dieux les rōmais auoient baillie la cite en garde/ et dōt ilz seiouissoient. O trop meschante erreur ilz se courroucent a nous quant nous leur disons telles choses de leurs dieux/mais ilz ne se courouctēt pas a ceulx qui leur faisoient leurs ydoles/ ausquelz ilz donnoient grās louiers pour les leur faire. Et ceulx qui les leur apprenoient a faire ilz tindrent en telle reuerence quilz voulurent quilz fussent payes du salaire publique/et les reputerent destre dignes de tresgrans honneurs. Quil soit vray il appert/ car ou liure de Birgile qui sappelle eneydos que les petis enfans apprenent en lescole/ affin que icelluy poete qui est le plus grant de tous/le plus noble/ et le meilleur quant ilz ont apris en ionesse/ ne peut pas estre legierement par eulx oublie/selon ce que dit orace/qui dit ainsi. V. Quo semel ē ībuta recēs seruabit odorē testa diu. ¶Le vaisseau fres et nouueau gardera longuement lodeur de ce de quoy il aura premierement este abeuure. Icelluy Birgile faint en son liure que iuno vne ydole quilz tenoient a deesse si fut courroucee cōtre les troyens. Et en appellāt eolus roy des vens cōtre eulx dist ces paroles. Gens ī mica michi tyrrhenū nauigat equor: plus ī ptaliā portans victosq; penates. Cest a dire que iuno dit ainsi. La gent qui mest ennemie si passe la mer tirrene portāt en ytalie ydole de palas/et les dieux priuez vaincus. Ne deurent pas bien doncques les sages hommes de rome baillier leur cite en garde a telz dieux priuez et vaincus/affin quilz ne fussent vaincus. Mais Birgile fait en sa poetrie que ceste iuno se disoit ainsi cōme femme courroucee/et comme celle qui ne sauoit quelle disoit. Pourquoy est ce que eneas est tant de fois appelle debonaire. Ne racōte pas ce birgile en troys vers que panthus filz octriades prestre et garde du tēple du soleil qui sappelle phebus: la cite de troye et les tēples mis en feu et en flambe mist hors de ce tēple de phebus les reliques et les dieux vaincus e vng petit nepueu quil auoit/ et comme hors du sēs sen fupt au plustost quil peut hors du tēple et sen fupt tout droit a garant a enee/ des dieux doncques/dont ilz ne doubtent pas quilz ne fussent vaincus ne demōstre il pas quilz estoient plus recommādez a luy que luy a eulx: mesmement quant on luy dist troye te recōmande ses reliques e ses dieux priuez. Se dont Birgile apelle ces dieux vaincus/ et quilz estoient commis en sa garde des hommes/ affin quilz eschappassēt par quelque maniere. Quelle forcennerie est ce cuider auoir cōmis sagement la garde de la cite a telz gardiens et que se les rommains ne ses eussent perdus auant/romme ne pouoit estre gastee ne destruite. Mais qui plus fort est adorer telz dieux vaincus comme gouuerneurs des prouinces et defenses du pays/ quest autre chose a dire que tenir non pas le vray dieu/mais les diables mauuais. Et est trop plus a croire quilz fussent pieca destruis se romme ne les eust gardez de tout son pouoir que ce que rōme ne fust pas destruite silz ne fussent auant peris. Qui est ce qui ne le voit quant il regarde par quelle grande vanite ilz se sont enhardis comme oultrecuidez de dire quilz ne pouoient estre vaincus soubz leurs deffēseurs vaincus/ et que pour ce rōme est perie quelle a perdu les dieux ses gardiēs/cōme sa seusse cause pourquoy ilz ont este destruis peut auoir este pour ce quilz ont voulu auoir gardiens qui deuoient perir: Et pource quāt sen escripsoit telles choses des dieux/ et quen les chantoit par tout/ il nestoit pas cōuenable aux poetes a en mentir/ mais verite constraingnoit les saiges hommes a le confesser. Touteffois ces choses sont a traictier plus conuenablement/plus largement/et plus diligemment en autre lieu Or est a present temps de dire des hommes qui ne recongnoissent pas les biens de nostre seigneur pour ce que ien auoie ordonne a parler. Et vueil vng pou arguer cõtre ceulx qui les maulx quilz souffrirent par leur deserte & par leur mauuaistie/ilz se mettent sus a iesucrist en le blasmant. Et ce que len ses a espargniez a tourmenter pour lamour de iesucrist/ilz ne se daignent congnoistre ne considerer/et aguisent leurs mauuaises langues contre son nom par leur mauuaistie/desquelles ilz ont faulsement et faintement vsurpe le nõ de iesucrist crestien contre verite/affin quilz vesquissent aux sains lieux sacrez a dieu ou ilz sestoient mis pour crainte a garant/affin que la ou ilz furent pour luy & pour sõ nom gardez sainement et sauuement des ennemis ilz peussent contre luy et son nõ parler largement de leurs mauuaises paroles & venimeuses.

⸿ Epposicion sur ce tiers chapitre
En ce chapitre monseigneur saint augustin redargue les rommains de ce quilz se attendirent a la garde et deffẽce des dieux qui pouoient estre vaincus & qui ia sauoiẽt estre en la destruction de troye et le preuue p deux tesmoingnages de Virgille desquelz lun est ou premier liure ou il dit/Gens inimica michi. cest a dire la gent qui mest ennemie.&c.) Lautre est de son second liure ou il dit panchus octriades.&c. Pour la declaration du quel premier tesmoingnage saint augustin & Virgille supposent lystoire de la pomme dor, laquelle il met cy apres ou pviii.liure.ou p.chapitre/et pource ie men passe plus legierement Toutesfois en brief lystoire q̃ iuno/palas/et venus/que les poetes faignent estre trois deesses trouuerẽt vne pomme dor en laquelle estoit escript. Soit donnee a la plus belle. Et pour auoir iugemẽt laq̃lle la deuoit auoir aserent a paris filz du roy prian qui estoit en vng petit bois q̃ sappelle yde/lequel adiuga a venus. Et

dõt des lors iuno fut cõtraire aux troyens & pource fut la cite destruite pour ce q̃ enee qui estoit troyen estoit eschappe et sensfuioit par la mer qui selon soliest des grecz appellee mare ionium/et emportoit auec soy les ydoles quil appelle ses dieux priuez Balcus/icelle iuno que les poetes faignent estre royne de lair sen vint complaindre a eolus quilz dient estre roy des vens affin quil noyast enee/et cest ce que dit Virgile en ces vers. Gens inimica michi. &c.

⸿ Le second exemple est par ce quil dit q̃ panchus qui estoit preste du temple du soleil print les dieux et son petit nepueu & senfuyt hors du temple qui ia estoit tout embrase, et par consequent estoient vaincus. Et ou il est dit Troye te recommãde ses reliques.&c. Il veult dire lexemple q̃ met Virgile en son second liure ou il dit que la nupt que troye fut prinse hector sapparut a enee en son dormant qui ne sauoit sicõment il dit rien de la trayson/& luy conseilla quil sen fuist et emportast auecq̃s soy les dieux tant communs comme priuez/toutesfois dares frigius/et crecensis tiennẽt quil fut consentant de la trayson de troye.

⸿ Du temple de iuno qui estoit a troye et estoit le lieu de franchise que len appelloit la sile lequel ne deliura aucun troyen de la main des grecz/et des eglises des apostres quilz deffendirẽt des enemis tous ceulx qui y asserent a garant.   .iiii.

Ainsi comme iay dit troye mere du peuple rommain ne peut garder ne deffendre aux lieux cõsacrez a ses dieux ses citoiens des fers & des feux des grecz qui adouroiẽt ces mesmes ydoles, mais qui plus est senỹ vng cheualier grec & vlixes que len nomme cruel estoient esleuz pour garder la proye & le pillaige ou temple de iuno que les troyẽs appelloient la sile comme temple de refuge & de seurete. La de toutes pars estoit troye en feu et en flamme/et le lieu de retrait secret de coste lautel ou les euesques se mettoiẽt pour auoir les respons des dieux & ou nul

b.i.

nosoit entrer fors eulx/ toutes les richesses estoient pillees/ les tables des dieux les calices dor massis/ et toute la pillerie la portee/ et les meres esbahies/ et les enfans en grãt multitude sans ordre estoiẽt mis en ce temple cõme chetifz tout entour la proye. La estoit esleu le temple cõsacre a si grãt deesse comme iuno non pas affin den oster les chetifz qui y estoient amenez/ mais il loisoit a enclorre et chetiuer tous ceulx que len y vouloit amener. Cõpare doncques maintenant aux memoires de noz apostres celle asile que tu appelles temple de seurte qui nest pas ne ne peut estre dit le temple de chascun dieu champestre ou de la tourbe du peuple/ mais estoit le temple de la soeur et femme de iupiter et royne de tous les dieux. Len portoit la toutes les despouilles/ non pas pour rendre aux vaincus/ mais pour partir et diuiser entre les vainquans. Ey estoit rapporte a grant honneur et reuerence tout ce qui estoit trouue appartenir aux eglises des apostres La estoit pdue franchise icy trouuee.] La estoit chose chetiue icy deffendue. La estoit mal mene celluy qui estoit pris des ennemis/ affin destre tenus par eulx comme serfz. Ey estoient menez de ceulx qui en auoient pitie pour estre deliurez et tenus en franchise] Dernieremẽt nauoit pas esleu lorgueil des grecz legierce temple de iuno/ et au contraire la miseri corde et humilite des cruelz ennemis les eglises de iesucrist. Se aisi est que tu me dies que en icelle victoire ilz espargnerent aux temples de leurs dieux communs et que la ilz nosoient ferir/ prendre/ ou chetiuer les chetifz rommains vaincus qui y fuioient. mais virgile faint ces choses en guise de poete. Et qui plus est il descript la maniere des rommains qui prennent/ pillent/ et trebuchent les citez.

¶ Exposicion sur ce chapitre.

Il appelle trope mere du peuple rõmain pour ce quilz descendirẽt de enee et de ceulx qui vindrẽt auecques luy en

ptasie du pape de trope. De rechief pour ce quil parle des dieux champestres tu dois sauoir que les rommains mirent ordre et distinction entre les dieux/ et leur donnerẽt diuers degrez/ car il y auoit les dieux qui sappelloient scesecti/ cestadire esleuz par souuerainete qui estoient vingt en nõbre/ cestassauoir douze masles et huit femelles/ desquelz il en y auoit que len deprioit affin quilz aidassẽt/ les autres qilz ne nuisissent/ desquelz monseigneur saint augustin ple cy aps ou.iiii. liure/ et nous en dirõs ou il escherra. Les autres estoiẽt moins nobles et de plusbas degre/ sicomme ceulx que vng chascun adouroit pour sa voulẽte/ a ceulx estoiẽt appeslez dieux priuez pour ce que vng chascun les tenoit en sa main selon sa voulente. Les tiers estoiẽt les dieux champestres qui habitoiẽt aux montaignes/ et estoient principalement adourez par les pasteurs/ sicomme furent pictus et famus/ desquelz virgile parle ou vi. liure de fastis. Et pour ce dit il notablement/ que les grecz/ trope prinse ne firent pas leur prison dun meschant temple ne sacre a vng petit dieu. mais du temple de iuno qui estoit parauãt temple de seurte/ et tel comme de la femme espeuse de iupiter qui estoit leur souuerain dieu sicomme dit senecque en sa premiere tragedie au commencement/ et ouide ou vi. liure de fastis pour demõstrer que les grecz ne spargnoient ne a dieux ne a temples.

Apres ou il dit.] Ey estoit rapporte a grant honneur et a grant reuerence. a cesel. Il veult mettre vng tresnotable exemple que met orose ou vi. liure de son ormeste/ cestassauoir que quant sa cite de rõme fut prinse des gothz aucuns des dis gothz vindrẽt en vne eglise bien loing des dictes eglises ou auoit vne vierge sacree ancienne qui gardoit aucuns ioyaulx de leglise de saint pierre et saint pol/ et la trouuerent les dis ioyaulx/ et les voulurent emporter/ et elle leur dist quilz se gardassent quilz en feroient/ et quelz ioyaulx cestoient/ et que silz les emportoient ce seroit pour ce quelle ne les pourroit defendre. Et tantost ilz enuoierẽt a aſaric pour ſauoir quilz en feroient/lequel commanda que ſans delay ilz fuſſent reportez auſdictes egliſes/ẽ incontinent ceulx qui les Vouloient pillier et qui pilloient la cite ſãs miſericorde les Baillerent a gens a rapporter qui les mirent ſur leurs teſtes affin que chaſcun les Veiſt et ſe mirent les eſpees traittes de chaſcune partie pour garder que nul ny touchaſt. Et ainſi les conduirent ſauuemẽt iuſques auſdictes egliſes/et aueculx la Vierge ſacree et tous ceulx qui a elle ſe Vindrent adioindre. Et fut ceſte deſconfiture et chetiueteſan dela natiuite noſtreſeignr̃ quatreceñs et onze. ſelon oroſe/et de la creacion de romme ſelon paul caſſin. Mil.cẽt lxiiii. ou tiers iour de ſa creation. Et auſſi ſe tient trauet en ſes annotacions. Aps ou il parle de la legierete des grecz Vers la fin/il entend de la legierete du couraige ẽ ſinconſtance de leurs perſonnes/et ceſte ꝓ priete leur attribue iulius firmicus ou pr̃mier liure de ſes iugemens daſtronomie.

Que chaton ſentit de la generale couſtume des ennemis conquerans les citez.

A quelle maniere ſemblablemẽt chaton ſicomme ſaluſtin noble et Veritable hiſtorien en la ſentẽce quil fiſt des coniures ou lieu ou tous les ſenateurs eſtoient aſſemblez pour iugier et ordonner des hauftes beſoingnes ne de laiſſe pas a raconter qui dit ainſi que les Vierges furent rauies/et les enfans eſrachiez/les filz dentre les bras de leurs parẽs ſouffrir tout ce quil leur plaiſoit. aux Vainquans deſpouiller les maiſõs ẽ les temples/tuer et ardre. Et dernierement touteſtre remply darmes de charongnes de ſang et de pleurs. Lequel chaton ſil euſt teu les temples nous cuiderions que ſes ennemis euſſent acouſtume a eſpargnier aux temples et maiſons de leurs dieux. Et ces choſes ne douBtoient pas les temples rõmains deſtranges ennemis/mais ilz les doubterẽt/de catheline et ſes compaignõs nobles ſenateurs et citoyens de romme. et

touteſſois ilz furent perdus ẽ ſi furẽt traittes de leurs parens et pays.

Oppoſicion ſur ce chapitre.

EN ce chapitre il Veult prouuer que meſmes les rommains neſpargnerẽt pas aux propres tẽples de leurs dieux et ſe preuue par catheline et ſes coniures ſelon ce que ſe racõte ſaluſte en ſon liure qui ſappelle incathelinario. ou tu en pourras Veoir plus aplain ou quel il recite loppinion des trois ſouueraine ſenateurs de rõme pour le temps de lors. Ceſt aſſauoir de gapus ceſar/ de iule ſiluain/ ẽ de marc chaton. Et iaſſoit ce q̃ ou texte de ce liure ſoit nomme chaton/ ce ne ſont pas ces paroles mais ſontſes propres paroles de ceſar/ ſi cõme tu le pourras Veoir par le liure meſmes de ſaluſte, mais ceſte erreur Vint des eſcripuains qui auoient acouſtume a eſcripre ſes noms par Vne lettre/ ſicc̃ mecha tonet ceſar par .c. Et en ce ont eſte ſemblablement deceuz de gellius qui a propremẽt pſer eſt appelle aulus gellius/ et pour ce que ſen faiſoit ſon nom par Vne lettre/ ceſt aſſauoir par Vng.a. ẽ apres ſen eſcripuoit gellius/ les nouueaux eſcripuains ignorans ont ioict cel a a gellius, et de la eſt Venu ceſt erreur que ſen ſe nomme agellius. Et touteſſois quil ait nom gellius/ il ſe preuue par luy meſmes en ſon liure de noctibus acticis. Par macrobe. In libro ſaturnalium/par tulle de natura deoum̃: par ſolin de mirabilibus mundi. et pluſieurs autres acteurs ſolennelz. Et ces choſes ie di notablement/ affin que aucun ne tienne ou cuide que ſi grant docteur ait erre. Et touteſſois quelque diuerſite de paroles que ſaluſte mette en recitant les opinions des trois ſenateurs deſſus nommez touteſſois ſacorderent ilz en Vne opinion

Que les rommains ne prindrent aucunes citez auſquelles ilz eſpargnaſſent aux Vaicus aux tẽples de leurs dieux. Vi

POurquoy dõcques Va noſtre ſermon par maintes gens qui euxẽt guerre entre eulx/ et oncq̃s neſp

B.ii.

gnerent aux vaincus aux temples de leurs dieux. ¶ Veons les rommains et les regardons de sa louenge desquelz il est dit principalement par ce que ilz se sesont attribuez espargnier aux subgectz et confondre les orgueilleux. Et côme len peut dire veritablement que receue aucune iniure, ilz aymoient mieulx dissimuler que pour suiuir. Quant ilz destruirent tant de citez quilz auoient vaincues et prinses p batailles affin quilz estendissent τ creussent plus largemêt leur seignourie. Lisõ nous quelz temples ilz souloiêt excepter a ce que quiconques alast a sauuete a aucun diceulx fust deliure ⊙ Ou ilz se faisoiêt ainsi, et les escripuains le taisoient τ que roient les choses que les rommains loent principalement, et delaissoient ces choses qui estoiêt trescleres selon eulx au regart du iugement de pitie. marcus marcellus qui fut de si hault nom et de si grant auctorite, et qui print la cite tresadornee de siracuse auant quil sa presist ne trebuchast, il y espandit ses lermes, τ sy porta tellemêt quil vous ut garder chastete et purte cõtre ses ennemis, car auant q̃ luy qui estoit vainqueur commandast a assaillir la cite, il fist son edict par lequel il ordonna q̃ nul ne violast corps de personne franche, Touteffois fut sa cite prinse, destruitte, et gastee selon la coustume des batailles: Et si ne fist on en nulle partie que dempereur si chaste τ si pitoiable quil fust oncq̃s commande que quicõques iroit a icelluy temple quil fust garde destre pris ou mort. Laquelle chose neust iamais este delaissee a escripre quãt len ne peut taire sõ pleur ne son edict q̃l auoit fait, cestassauoir des personnes chastes non estre violees. fabius qui print et gasta sa cite de tharente, est loe de ce quil se tint de pillier τ rober les idoles. Et comme le scribe qui est vng office de dignite ladmonnestast, quil deist quil vousdroit commander a faire des dieux dont il y en y auoit eu plusieurs prins, ainsi comme en iouant et par maniere desbatement en fermant sa continence, il demãda de quelle maniere et facon ilz estoient. Et comme on luy eust rapporte que non pas seulement il en y eust moult de grans mais auec ce en y eust plusieurs armez, il dist, laissons aux tarentins leurs dieux courouciez. Il dist adoncq̃s les escripuais rommains ne peurent taire, ne le pleur de cellup, ne le ris de cestuy, ne sa chaste misericorde de cellup, ne sa continêce de cestuy Quant eussent ilz delaissie a escripre silz eussent espargnie aucune personne en lonneur daucũs de leurs dieux. Et que en aucun temple il eust este defendu a faire aucune prinse ou chetiuoison, ou y tuer aucune personne de ceulx qui y estoiêt alez a garant.

¶ Expposicion sur ce chapitre.

Pour prouuer ce quil a dit en ce chapitre vi. cestassauoir que oncques les rommains vne cite prinse ne spargnerent aux temples de leurs dieux, il amaine deux exemples, lun de marcus marcellus, τ lautre de fabius maximus. Ce marcus marcellus fut consul de romme ou v. an de la seconde bataille punique, cest a dire cõtre ceulx de carthaige selon ce que dit titus ou quart liure de sa seconde bataille au quel estoit ordonnee la prouince de secile en laq̃lle auoit vne cite appellee siracuse, noble, grande, riche, et garnie de tous biês. Celle cite estoit contraire aux rommains, car elle estoit tenue par hanibal qui estoit duc de carthaige. Et pour ce marcus vint deuãt τ y fist ruer de plusieurs manieres dengins, mais il nen sauoit tant faire q̃ vng philozophe appelle archimedes qui estoit grant astronomien et geometrien, et grãt faiseur dengins, ne les luy cassast tous: et pour ce y demoura longuement, cestassauoir iusques au septiesme an de la secõ de bataille, ou quel an il sa print, partie par force, partie par trayson daucuns de ceulx de la cite pour auoir sa desiurance dun qui estoit leur bonet especial ampl, q̃ ce marcus tenoit prisonnier, et fut prinse en vne nupt quilz estoient endormis pour ce quilz estoient si plains de vins et de viandes que plus nen pouoient pour vne feste quilz auoient faicte le iour deuant a vne de leurs ydoles appellee dpane, si comme il auoit este rapporte daucuns de sa cite. Et ce que monseigneur saint augustin dit quil plora, ce fut sicomme dient les aucũs en partie de ioye de la prinse dicelle, et en partie de sa destruction de telle et si noble cite, et toutesfois fist il pillier et ardre tous les temples, ne nul ny trouua garant.

¶ Et dois encores sauoir que cestuy archimedes fut vng de ceulx qui trouua la science de la quarreure du cercle, combien que aristote die ou liure de phisique que cestuy qui premier la trouua fut appelle brisso, dont icelluy aristote ou liure des predicacions dit que suppose que lesa peust sauoir, toutesfois ne stoit elle pas sceue en son temps. Et combien que selon valere ou v. liure ce marcus eust deffendu que len ne tuast pas cestuy archimedes, nonobstant les espechemens quil y auoit fais, toutesfois fut il tue p vng cheuallier qui estra en sa maison pour la pillier, et le trouua ou il faisoit figures de giometrie en terre, auquel cheuallier il pria quil neffassast pas ses figures sans nommer son nom ne qui il estoit, qui tantost le tua pour ce quil ne le cognoissoit. ¶ Le second exemple est de fabius maximus qui trebucha la cite de tharente qui commanda tout a piller aux temples et en tous autres lieux sans rien espargnier. Mais pour ce que len pourroit opposer a saint augustin quil ne voulut pas que les temples fussent pilliez quãt il ne voulut pas que len desarmast leurs ydoles en disant, laissiez aux tarentins leurs dieux courouciez. Tu dois sauoir quil le fist et dist par tres grant moquerie et derision ainsi comme sil voulsist dire que neant seroit de leur oster leurs armeures, qui nauoient peu defendre la cite de tarente ne ses citoyens dicelle. Et se tu veus sauoir qui fut cest fabius maximus, ce fut celluy qui a la tres grant desconfiture des

romains qui fut faicte a cānes remist sus les rommains pour differer et retarder la bataille duquel racõte valerius maximus que comme len luy eust offert la couronne, il la tint longuement en sa main, et la refusa, et en la tenant et regardant dist ces paroles. La couronne est plus noble que eureuse. Et se cestuy qui la veult prendre la voit comme elle est plaine de grans cures et de grans ententes, sil la trouuoit a terre gisant il ne la daigneroit resleuer, car apres les honneurs sensuyuent les enuies.

¶ Que les choses qui sont auenues durement en la prise des citez sont auenues par sa coustume des batailles, et ce qui est auenu de pitie et de doulceur est auenu de la puissãce du nom de nreseignr iesucrist. VII.

Doncques tout ce qui est auenu ou qui a este commis en ceste fresche destruction des rommains, soit de gaster, de tuer, de pillier, de ardre, de tourmenter, ce a fait la coustume des batailles. Et ce qui a este fait par nouuelle guise et que cõntre la maniere acoustumee des batailles la cruaulte des enemis sest aparue tant debonaire par ce quilz commanderent que les plus grans et les plus larges eglises fussent esleues et ordõnees pour emplir de peuple a qui ilz espargnassent, ausquelles nul ne fust feru dont nul ne fust trayt hors ou plusieurs fussent menez a seurte pour estre desiurez des enemis mesmes qui en auoient pitie, dont nul ne fut trait hors pour estre mis en seruitude. Ces choses ilz deurent attribuer au nom de nostreseignr iesucrist et au temps crestien. Quicõques ne le voit il est aueugle, quiconques contredit a cestuy qui le loe, il est hors du sens. Ne ia nauienne que homme prudent mette sus ces choses a la cruaulte des ennemis, mais cestuy espoueta leurs tres crueles et tres fieres pensees. Cestuy les restraint et attrempe merueilleusemēt qui pi tant de temps pauant auoit dit. Je visiteray en ma verge leurs iniquitez, et leurs pechiez en mes batures ou ssa pauy toutesfois nosterey pas ma misericorde

b.iii.

deulp ⁋ Or dira aucun p auenture pour
quoy doncques vint ceste misericorde di-
uine aux desloyaulx mescongnoissans
les biens de nostreseigneur. Mais nous
ne cuidons point fors pour tāt que cestuy
le monstre qui chascun iour fait suruen le so-
leil sur les bōs et sur les mauuais, et pleut
sur les iustes et sur les iniustes, iassoit ce
que aucuns qui pensent ces choses en eulx
repentans de leurs iniquitez se corrigent.
Et aucuns selon ce que dit lapostre q̄ ont
cueur sans repentance. et sont obstinez en
la felonnie de leur cueur, desprisans les ri-
chesses de la bonne et parfaicte sapience de
dieu sont si meschans quilz se gardēt et as-
semblent en eulx ire de nostreseigneur ie-
sucrist au iour de son ire et de sa reuelacion
de son iuste iugement qͥ rendra a vngcha-
scun selon ses euures. Toutesfois la pa-
cience de dieu semont les mauuais a peni-
tance ainsi comme sa correction introduit
et enseigne les bons a pacience. Et de re-
chief la misericorde de dieu si embrase a nou-
rir les bons ainsi comme sa cruelsite corri-
ge les mauuais par pugnir. Quel mer-
ueille. car il a pleu a la diuine prouidence
de appareillier ou temps auenir ses biens
aux iustes, desquelz les mauuais ne vse-
roient point, et les maulx aux felons des-
quelz les bons ne seront point tourmētez
⁋ Exposicion sur ce chapitre.

EN ce viii. chapitre monseigneur saīt
augustin conclud sa principale cō-
clusion et intencion dont il a parle du cō-
mencement du liure iusques a cy, et est la
matiere toute clere iusq̄s la ou il dit. Or
dira aucun par auenture. &c̄. ou il soust
vne question incidente qui est telle, pour
quoy dieu en ce monde espargne aux mau-
uais et leur ottroye ses biens temporelz,
Et les bōs il tourmente et leur oste iceulx
biens temporelz. Et celle question il soust
premierement quant aux bons en especial
Et pour ce il fait deux choses, lune car p̄-
mierement il demonstre quil y a deux di-
uersitez par dedens, lune est par les biēs
que len voit aux mauuais, et aux bons

pareissement. Lautre est que suppose q̄lz
soient en pareille aduersite, toutesfois ne
se seuffrent ilz pas, pareillement et de cel-
le parle il oudit ix. chapitre. Pour sa p̄-
miere partie prouuer il rend cīncq causes,
desquelles il en met deux en ce chapitre,
les autres trois ou subsequent chapitre
La premiere est ou il dit. Mais nous ne se
cuidons point. &c̄. Et ceste cause il preuue
la ou il dit Toutesfois. &c̄. La secōde cau-
se se commence ou il dit De rechief. &c̄. Et
sa preuue par ce que en ostāt aux bons ses
biens temporelz pour auoir ses perpetuelz
il monstre quil ayme mieulx les bōs que
les mauuais. Et ce appert ou il dit. Car
il a pleu. &c̄.

⁋ Des prouffis et dommaiges qui sou-
uent sont cōmuns aux bons et aux mau-
uais: viii.

MAis ces biens et maulx tempo-
relz dieu veut estre cōmuns tāt
aux bons comme aux mauuais
affin que len ne desire plus couuoiteuse-
ment les biens q̄ len voit auoir aux mau-
uais, et que len neschieue laidement les
maulx desquez les bons sont souuentes-
fois tourmētez. Et si a grant difference
quel soit lusaige ou des choses qui sōt dic-
tes prosperite, ou des choses qui sōt dictes
aduersite, car le bon ne sesliene en rien des
biens temporelz, ne se se brise des maulx
mais le mauuais est pour ce pugny en tel-
le felicite pourtant que en icelle il est corrō-
pu. Toutesfois dieu en distribuāt iceulx
monstre souuent plus clerement son opa-
cion, car se de presēt il pugnissoit aptemēt
tout pechie, len cuideroit quil neust rien re-
serue au dernier iugement. De rechief sil
ne pugnissoit nulz pechiez len cuideroit q̄
ne fust poīt de diuine prouidence. Sēbla-
blement aux choses secōdes que nous ap-
pellons proprement les biens de fortune se
dieu par sa tresgrant grace ne les ottroi-
oit a aucuns qui les demandent nous di-
rions quilz ne luy appartendroient pas a
donner. Et de rechief sil les dōnoit a tous

ceulx qui les demanderoient nous iugeri
ons que len ne se deust point seruir q̄ pour
telz sopers / ne tel seruice ne nous seroit
pas doulx et debonaire/ mais couuoiteux
et auaricieux. Et comme ces choses soiēt
ainsi que quiconques bons ou mauuais
sont ensemble tourmentez/ pour ce ne sōt
ilz pas distinctez, car ce que chascun seuf
fre nest pas distincte ne separe/ comme en
la dissimilitude des poissons. Si iassoit
ce que ce soit vng mesmes tourment/ nest
pas tout vng vice et vertu/ mais aussi cō
me soubz vng feu forreluit ẽ paille fume
Et soubz vng fleau se feurre sappetice/ ẽ
se fourment se nettoie. Ne pour ce la spe de
luise ne se confont pas auec luise/ combiē
quilz soient tous ensemble espraīs par
charge en vng mesmes pssoir. Aussi vne
mesmes force q̄ court tāt sur les bons cōe
sur les mauuais preuue/ les bons purifie
et esclarsist/ et les mauuais degaste/ dā
ne et destruit dont en vne mesmes afflicti
on les mauuais blasment dieu/ ẽ les bōs
deprient et le soent La difference y est telle
que on na pas regart asses prines ilz seuf
frent, mais qui sont vng chascun diceulx
q̄ les seuffrent. car par vng mesmes mou
uement sordure remuee se sslieue merueil
leusement et longuemēt flaire doucemēt

¶ Exposicion sur ce chapitre.

Au commencement de ce chapitre il
met les trois autres causes. Et la
premiere il demonstre au commencement
de ce chapite quant il dist/ Mais ces biens
et ces maulx temporelz. ᴁc. Et la preuue
par ce quil demonstre que les biens tempo
relz qui sont communs tant aux bons cō
me aux mauuais/ ne sont point a couuoi
tier pour soy/ ne les maulx tēporelz trop
a fupr. Et que cest aucune fois le proufit
des personnes de leur oster les biens tem
porelz. La quarte cause est ou il dit. Tou
tesfois nostreseignr̄ en distribuant iceulx
biens: ᴁcẽ. ou il demonstre que aucunes
choses il pugnist de present ẽ aucunes il a
tent a pugnir au iour du iugemēt La qui

te est ou il dist samblablement es choses
secondes. ᴁc. Et la de ceste cause il rend la
relacion sicōme il appert par le texte. Et
quant il dist/ et comme ces choses soient
alsi. ᴁc. Il demonstre quil y a vng autre
cas de diuersite par dedens entre les bons
et les mauuais ẽ que cōbien que en temps
dauersite ilz soient tormentes pareilsmēt
toutesfois ne sendurent ilz pas pareille
ment mais y a grāt differēce/ ẽ ce peus tu
assez veoir par les cōparacions quil fait
ou texte.

Des causes des correctiōs pour lesquelles
et les bons et les mauuais sont ensemble
tourmentez.

Quelle chose donques souffrirent les
crestiens en sa destruction de ces cho
ses que quāt ilz les ont bien veues ẽ diligē
ment considerees ne leur tournast plus a
prouffit que a dommaige. Premieremēt
quant ilz pensent humblement aux pechies
pour les qlz nostreseigneur cōme indignez
a empli la terre de tāt de chetiuetez iassoit
ce quilz ne soient pas chargiez de grās cri
mes et de pechez cruelz/ si ne reputent ilz
pas si iustes quilz ne se iugent dignes de
souffrir pour iceulx les maulx temporelz
excepte toutesfois que vng chascū maine
bonne vie/ si donne il en aucune chose lieu
a sa concupiscence charnelle ou a conuoi
tise/ et si non a la grandeur des pechiez/
ou au gouffre et abhominacion des iniq
tez. Toutesfois se donne il a aucunes pe
chiez ou peu ou plus grāt habundance de
tant comme ilz sont moindres Ce dōcq̄s
excepte qui est celluy qui se treuue tel que
iceulx hommes desquelz pour leur horri
ble orgueil, luxure, auarice,/ẽ pour seurs
iniquitez nostreseignr̄ sicomme il auoit dit
parauant en menassāt tourmente ou em
pire la terre les ait sicomme ilz se doiuent
auoir / ou viue auec eulx sicomme len y
doit viure/ Certes len dissimule mauuai
sement souuentesfois de les enseignier et
admonnester / et aucunesfois de les corri
gier / et fort reprendre et les dengier. Ou
pour ce q̄ len ne veult pas prendre la peine

ou pour ce que nous doubtons a eulx couroucer, ou pour ce que nous voulons escheuer leurs haynes, affin quilz ne nous nuysent aux choses temporelles, soit en celles que nostre couuoitise desire encores a acquerir, ou en celles que nostre enfermete doubte a perdre. | Ainsi iasoit ce que la vie des mauuais desplaise aux bons, et pour ce nencheent pas en celle damnacion q apres ceste vie est appareillie a telz mauuais, toutesfois pour ce quilz espargnent de les reprendre de leurs pechiez dānables pour ce qlz les doubtent, et encores en choses legieres et veniaulx sont ilz par droit tourmentez temporelement, cōbien quilz ne soient pas pugnis perpetuelement. Et pour ce quant ilz sont tourmentez par la voulente de nostreseignr, ilz sentent par droit celle amere vie auec les pechiez ausquelz en aimant leur doulceur ilz nōt vou lu estre amers, car se aucū espargne a corrigier et reprēdre ceulx qui font mal, pour ce quil quiert quil puist trouuer tēps plus conuenable, ou quil craint a le faire pour doubte quilz ne soiēt fais plus mauuais ou quilz nempechent les autres qui sont a introduire a sa saincte vie et qui sont encores malades, et quilz ne les pressent et destournent de la foy, ce ne me semble pas estre occasion de couuoitise, mais conseil de charite, cest a blasmer ceulx qui viuēt despareissement et ont abhominacion des mauuais, et neantmoins ilz espargnent aux autres quilz deuroient desaprendre et reprendre. Et qui plus est ilz eschieuent a eulx couroucier, affin quilz ne leur nuysent aux choses desqlles et les bons et les mauuais vsent raysonnablement en innocence, mais par auenture plus couuoiteusemēt quil nappartenoit a ceulx q nestoient que pelerins en ce mōde, (a mettoiēt deuant eulx lesperance de paradis.) Ce nest pas grant merueille, car nō pas seulement les gens qui ne sont pas si fermes si come sont ceulx qui meinēt la vie de mariaige qui ont enfans, ou qui en quierent auoir, qui ont et tiennent maisō et mais-

nyes ausquelz lapostre pse en ses admonnestant et enseignāt en quelle maniere ilz doiuent viure, et les maris auec leurs femmes, et les femmes auec leurs maris, et les enfans auec leurs parens, (a les parēs auec leurs enfans, et les serfz auec leurs seigneurs, (a les seigneurs auec leurs serfz Tous iceulx acqerent voulētiers moult de choses temporelles, et moult de choses terriennes, et si sont troublez quāt ilz les perdent, pour lesquelles choses ilz nosent souuēt couroucier les hommes desqlz la vie leur semble tresmauuaise et tres desloyale. Mais semblablement ceulx qui tiennent plus hault degre de vie, (a qui ne sont point lopez des lopens de mariaige (a qui vsent de petite vie et vestemens quant ilz doubtent la forcenerie des mauuais en cō seissant a leur renōmee (a salut ilz ne se refraignent de les chastoier, (a combien qlz ne les doubtent pas tāt que pour leurs espouuentemens ne pour leurs mauuaistiez ilz se vueillent consentir, ou faire choses seblables a eulx. Toutesfois ne les veulent ilz pas reprēdre de ces maulx q eulx mesmes ne cōmettent pas auecques eulx comme par auenture en les reprenant ilz en peussent aucuns corrigier, et se fōt pour doubte que silz ne les peuēt corrigier (a mettre en voie de leur salut quilz ne les tuent ou mettent leur bonne renommee en peril ne ilz ne se font pas pour ceste consideracion quilz voient leur salut et leur renom mee estre necessaire au prouffit de introduire les hommes en bonnes meurs, mais le font plus par doubte ou par flaterie pour passer le temps. Et vient par vne maniere de couuoitise des biēs, non pas par office de charite pour ce quilz doubtent le iugemēt du cōmun, et quilz ne soient tourmētez ou mis a mort. Et pour ce quil ne semble pas que ceste cause soit petite pourquoy les bons sont tourmentez auec les mauuais quant il plaist a dieu pugnir leurs mauuaises meurs, encores des pines de lafflictiō des choses temporelles ilz sōt ensemble tourmentez, non pas pour ce que ensemble ilz mainnent mauuaise vie/mais pour ce que ensemble ilz aimēt la vie temporelle/et non pas toutesfois egalment/mais ensemble laqlle les bons deuroiēt despiter/affin que eulx amēdez ilz peussent attaindre la vie pardurable/ a laquelle acquerre se ilz ne se vouloient a mender il ses fauldroit souffrir et armer pour ce que tant cōme ilz vivēt il est doubt se silz mueroient leur volente en mieulx En laqlle chose ilz nont pas pareille cause en tout/mais encores plus griefue cause ou plus griefz fais ont ceulx ausquelz est dit par le prophete. Certes il mourra en son pechie/mais ie requerray son sang de la main du speculateur/cest a dire de cel luy qui est ordōne a iugier les gēs. Vrayment a ce sont les speculateurs/cest a dire les preuosts des peuples/constituez aux haulz lieux/affin quilz nespargnēt poit a reprendre les pechiez Ne pour ce nest pas toutesfois cel luy quitte de ceste coulpe qui iassoit ce quil ne soit pas preuost Toutesfois aux choses ou il est conioint en la necessite de ceste vie il ignoist ou scait moult de choses a amonnester et corrigier/et le de laisse a faire pour se couroux deulx escheuer pour les choses desquelles il use en ceste vie/non pas pour ce q̄ elles ne luy soiēt deues/mais pour ce quil si delicte plus q̄l ne deuroit. De rechief les bons ont autre cause pourquoy ilz sont tourmentez des maulx temporelz/sicomme eut iob/affi que son humain couraige soit si congneu & prouue en soy a ce quil sache en quel grāt vertu il ayme nostreseignr̄ volūtairemēt

Epposicion sur ce chapitre.
EN ce ix. chapitre monseigneur saīt augustin soulta la question quil auoit faicte par maniere dincident ex deshsus ou viii. chapitre. Cestassauoir quant aux bons en especial en plant des maulx quilz souffrirent generalement en la destruction de la cite de romme/et y assigne double cause/lune pour ce que les bons pechent souuent/non pas si grandement ne

par telle maniere comme les mauuais pechent. Et toutesfois pechēt ilz en ce q̄ pour doubte quilz perdent les biens tēporelz acquis ou a acquerir ilz ne corrigent ne ne repiennent pas ceulx qui pechent comme ilz deuroient/et pour ce sont ilz tourmentez et pugnis temporelement et en perdēt les biens temporelz/se purgent par la correction et pugnicion des biens temporelz. La seconde cause il touche ou il dit De rechief les bons ont autre cause.&c. Et tout le surplus de ce chapitre est cler

Que en la perdicion des choses temporelles rien ne perisse aux sainctes psonnes.

LEsquelles choses a droit considerees ie regarde se aucune chose de mal est auenue aux bons crestiens qui ne leur soit tournee en bien se lē ne cuide par auenture celle sentence de laposstre estre dicte pour neant/ou il dit. Nous sauons que a ceulx qui ayment dieu/toutes choses leur tournent en bien. Or me diras tu/ilz ont tout perdu ce quilz auoiēt/certes non ont En ont ilz pas pdu la foy non ont ilz/pitie non ont ilz/les biens de lomme par dedēs qui est riche deuant dieu veez cy les richesses des crestiens desquelz laposstre comme riche disoit. Cest grant acquest que de pitie auecques souffisance. Certes nous napportames rien en ce monde/et aussi nen pouons nous rien remporter/mais apans nostre vie & nostre vesture/souffise nous/car ceulx qui veulent deuenir riches encheent en moult de temtacions & en laps diuers/& en moult de desirs nupsables & q̄ nopent les gēs & mettent a mort et a perdicion/car la nature de tous les maulx est auarice/en laquelle aucūs qui sont desiree ont parfaictement erre en la foy/& se sōt meslez en maintes douleurs Ceulx doncques qui perdirent en celle destruction les richesses mondaines/silz ne les auoient p la maniere que les auoit ce poure dehors et riche dedens iob/cest a dire quilz vsassent du monde comme non sans ilz peurent bien dire quil fut griefuement tempte/et si ne peut estre surmonte/ie issy nud dist il du ventre ma mere et nud retournerap en terre. Nostreseignr lemadonne/nostreseigneur lema oste/ ainsi a pleu a nostreseignr/ainsi est il fait benoist soit le nom de nostreseignr: Ainsi le disoit il/affin quil eust grans richesses et quil senrichist en ensuiuant la voulente de nostreseigneur/en mettant en luy toute son esperance de qui il estoit seruiteur/⁊ qil ne se couroucast sil pdoit a sa vie les choses q̄ tatost luy mourant il auoit a delaissier. Mais ceulx qui nestoient pas si fermes et qui a ses biens terriens combiē qlz ne les aimassent pas tant cōme iesucrist/ toutessois si attouchoient ilz par aucunes petites couuoitises de tant comme ilz auoient pechie en les aimant/ ilz se sentirent en les perdant Quel merueille/ ilz sen doulurent autant comme ilz se stoient meslez en ces douleurs/ si comme ie tay re membre dudit apostre/certes il conuenoit que seigneur donnast aucune correction de fait qui auoient este tant de temps en ne gligence de mettre a effect ses sainctes paroles/car si comme dit sapostre. Ceulx qui veulent estre fais riches encheent en tētacion. Sās doubte en richesses il repreue la couuoitise/non pas labundance/la quelle il a ailleurs cōmande disant. Cōmande aux riches de ce monde quilz ne soient point orgueilleux/ ne napent esperāce en lincertainete des richesses/ mais en dieu le vif qui nous preste habundāment de toutes choses a vser/ facēt biē les riches soient en bonnes euures/ donnent legierement/cōmuniquans leurs biens facent soy et assemblent leur tresor en bon fondement ou temps a uenir/ affin quilz puissent acquerir la vraye vie. Ceulx q̄ ces choses faisoient de leurs richesses se sōt confortez de telz grans gaignes/ et plus sen sont esioie de celles quilz ont gardees seurement en les departant legierement qlz nont este couroucies des choses quilz ont perdues plus legierement en les retenant

a grant paour/ certes ce peut bien estre perdu en terre/ dont len sen repentit de le trāsporter et mettre hors/ car ceulx qui receurent le conseil de iesucrist leur seigneur disant. Ne vueilliez faire voz tresors en terre ou le roul et les vers degastent tout/ et ou les larrons fueent et emblent/ mais faictes voz tresors ou ciel ou se larron ne va point/ ne le ver ne le corrompt/ pour ce que en ton tresor ton cueur est/ ilz demonstrent en ce temps de celle tribulacion comme droitturierement ilz sentirent ces choses sans despire le tresuray nom de iesucrist et le tresloyal garde de leur tresor qui ne peut estre vaincu Et se plusieurs se iouirent dauoir leur richesses en tel lieu q̄ ses ennemis ny alassēt/ par plusforte raison pluscertainement ⁊ pluseurement se pourroient esiouir ceulx qui par lamōnestement de nostreseigneur estoient alez en tel lieu et seur ou len ne pouoit aler nullement/ dont paulin euesque de nole/ de tresriche fait/ trespoure par sa voulente/ et q̄ fut personne tressaincte quant les enemis gasterent la cite de nole/ il deprioit ainsi en son cueur a nostreseignr sicōme nous sauons depuis sceu par luy disant. Sire ie te prie que ie ne soie point tourmente pour or ne pour argēt/ tu scez ou sont tous mes biens. Certes il auoit tous ses biens ou lieu ou celluy luy auoit amoneste a mettre a faire son tresor qui auoit ces mauxz auant anonciez a venir au monde. Et p̄ ce ceulx qui auoient obey a iesucrist admōnestant ou et par q̄lle maniere ilz deuoiēt faire tresor ne perdirent rien par lassault des barbarins ennemis/ non pas encore les terriennes richesses pour ce quilz nē tenoient compte/ mais de ceulx qui se repenetroient de obeir/ quē seroit il a faire/ certes se ilz ne la prindrent fors par sapience precedent/ si font ilz apris par expérience subsequent/ mais encores aucuns bons crestiēs ont este tourmētez de diuers tourmens/ affin quilz enseignassēt leurs biēs aux ennemis. et toutessois nē peurent ilz mōstrer ne pdre le biē pour lequel ilz estoiēt bons: | Et silz amerent mieulx a estre tormentez que a enseignier leurs richesses ilz nestoiēt pas bons mais ceulx qui souffroient tant de tormens pour leurs richesses estoiēt a admōnester cōbien qlz deuoient souffrir pour iesucrist affin q plus ilz sapreissent a aymer qui pour les tourmēs quilz auroient souffert pour lui ses entichiroit de pardurable bonneurete non pas dor et dargent pour lequel treschetiue chose su a souffrir telz tourmens fustēt se muchier en mentant ou pour se demonstrer en voir disant / car entre tous ses tourmens nulz ne perdist iesucrist en se confesser ne nulz ne garda a son or que par nper E pour ce par auenture estoiēt plus prouffitables ses tourmens qui enseignoient a aymer le bien pdurable que les biēs qui sans prouffit daucun fruit tourmentoient leurs seigneurs pour lamour quil y auoient mais aucuns qui nauoiēt aucun tresor qlz peussent mōstrer pour ce que sen ne les en creoit pas estoient tourmentez. Et iceulx pauēture couuoitoient a auoir & nestoient pas poures par saincte voulente quilz en eussent. Ausquelz estoit a demonstrer que nō pas leurs richesses/ mais leurs couuoitises estoient dignes de ces tourmens. Et se en intēcion de meilleure vie, ilz nauoiēt point dor ne dargent muchie, pour ce quilz nen auoient point / ie ne scay se a aucuns diceulx il est auenu quil ait este tourmente pour ce q sen cuidast quil en eust. Toutesfois suppose quil soit auenu ceulx qui entre ces tourmens confessoient saincte pourete / confessoient sans doubte iesucrist. Et pour ce silz nen furēt pas creuz des ennemis / touteffois telz confesseurs de saincte pourete ne pouoient estre tourmentez sans aucun loyer celestien. Encores dient payens ennemis pour la longue fal & cōtinuelle a aussi gaste maintz crestiens / et leur en font reproche, mais certes ses bons crestiens en le souffrant doulcement ont ce tourne et conuerti en leurs vsaiges, car ceulx qui la faim a occis les a deliures des maulx de ceste vie, ainsi comme les maladies des corps humains. Et ceulx quelle na pas occis, elle a enseignie a viure plus petitement et ieuner plus longuement.

Epposicion sur ce chapitre.

De ce paulin racōte paulin cassinēsis ou pliiii.liure de listoire des rōmaines que pliiii.ans apres ce que romme fut prinse des gothz qui estoient soubz le roy alaric, elle fut secondement prinse par genserich roy des vuandeles, & sen fuirēt tous ses rommains a sa venue, et sa laisserent sās quelque garde. Et fut toute pillee par ce que genserich et toutes ses gens qui enmena la royne eudoxe femme de valentinien et ses deux filles par sa trayson de laquelle il estoit venu a romme, desqlles il en donna depuis lune a son filz appelle transmonī. Et a la requeste de saint lyon seur euesque de romme ne fist autre mal que de la pillier. Et sa cite pillee sen vindrent par campane tout mettāt en feu et en flamme, destruirent sa cite de cappes, deserterent tout le pays de naples et estreperent pour ce quilz ne se pouoient prēdre, prindrent et gasterent sa cite de nole, & emmenerent toute leur pille et prisonniers a carthaige, pour lesquelz prisonniers de nole racheter ce paulin donna et respandit tout se sien. Et finablement a la requeste dune poure femme vefue qui auoit son filz prisonnier a carthaige pour ce quil nauoit de quoy racheter / il ala auec elle et se mist prisonnier ou lieu du filz de la fēme vefue et se deliura. Et comme les vuādres veissent sa sainctete, ilz se deliurerent & tous ses citoyens, et les renuoierent francemēt a nole. Et se tu en veulx veoir plus largement voy monseigneur saint gregore ou tiers liure de son dyalogue.

⸿ De la fin de la vie tēporelle soit ou plus longue ou plus briefue. pi.

Mais certes aussi maintz crestiēs ont este tourmentez & plusieurs occis de diuerses et laides manieres de mors. Et se cest moult dure chose & cruelle a porter / touteffois ce nest rien que chose commune a tous ceulx qui sont nez en ceste vie. Ce scay ie que nul nest mort q̃ neust quant que soit a mourir/ mais la fi de la vie fait ce mesmes que fait tant sa lõgue comme sa briefue vie. Ne certes il nest rien meilleur ne pire/ ou plus grãt ou plus brief de ce q̃ nest plus ensẽble/ que chault il de quelle maniere de mort vne personne fine sa vie/ quant celluy qui est mort nest plus contraint a mourir. Et comme vne chascune personne mortelle soubz les fortunes et auentures qui chascun iour auiẽnent en ceste vie soit menacie ainsi comme de mors sans nombre tant comme il est incertaine chose de laquelle il doit finir. Ie te demande seql vault mieulx ou lune souffrir en mourant ou toutes doubter en viuant/ ie ne doubte pas que len eslise plus tost a viure en paour et doubte de tant de mors que a vne fois mourir. et dorenauãt nen doubter aucunes/ mais autre chose est ce que les sens de la chair esbahye redoubte et defuit cõme malade. Autre chose est ce que sa rayson de la pensee diligemment examine conuaint par bonne rayson. ℂ Len ne doit pas tenir male mort celle q̃ la bonne vie a precede/ ne certes riẽ ne fait la male mort que ce qui ensuit la mort. Et pour ce ne doit il pas grandement chaloir a ceulx qui ont necessairement a mourir quelle auenture leur auienne au mourir. mais il leur doit choloir ou ilz sont cõtrains a aler en mourant. ℂ Comme dõcques les crestiens aient congneu la mort du saint pource sadre entre les leschemens des langues des chiens estre meilleur de trop que celle du felon riche aorne de pourpre et de bisse qui peurent nupre aux mors qui bien vesquirent/ tãt a si grãt nõbre de manieres de mors horribles/ mais certes en si grant desconfiture tous les corps des mors ne peurent pas estre ensepuelis/ ne la saincte foy ne tient compte tenãt ce que dessus est dit/ ne que pour ce quilz ont este mengiez des bestes ce nuise au corps q̃ sõt a resusciter/ desquelz vng cheueul de leur teste ne perira point/ verite ne se diroit en

nulle maniere. ne vueilliez doubter/ ceulx qui occient les corps/ mais ilz ne peuẽt occire lame. Ben quelque maniere tout ce que les ennemis eussent voulu faire des corps occis peult nupre a sa vie auenir/ se cest aucun par auenture si aueugle/ ou si sourd qui vueille dire que len ne doye poit doubter ceulx qui occient les corps pour ce quilz loccient et que len les doye doubter apres sa mort pour doubte quilz ne seuffrẽt a les enseuelir et esterrer. donc q̃s est faulx ce que dist iesucrist/ que ceulx qui occiẽt le corps et puis nont plus quilz puissent faire silz ont tant qlz puissent faire des charrongnes/ mais ia ne plaise que ce que verite dit soit faulx. Certes il est dit quilz sõt aucunes choses tant quilz occient pour ce que en occiãt il a sens ou corps/ mais apres la mort ilz nont rien quilz facent/ pour ce quil na nul sens ou corps mort

ℂ Expoficion sur ce chapitre.

En cest vi. chapitre na rien a desclairer q̃ ne soit tout cler. car en ce chapitre il traicte de ce que les rommains metoient sus aux crestiens par maniere de reproche quilz auoient este estains et consumez de maintes manieres de mors. a quoy il respond par le texte tellement iusques ou il dit Mais certes en si grant desconfiture, ⁊c. Ou il respond encores cõtre ce qlz disoient quilz auoient este mors sans sepulture et sans enseuelir/ et monstre que ce nest pas le vray mal de ceulx qui nont point de sepulture. especialement par soy suppose que par accidẽt len dye que ce peut nuire a ceulx qui ont mestier de prieres ⁊ de oroisons et qui ne sont pas encores enterrez aux lieux ordonnez comme aux cimitieres/ ou par ce q̃ len tolt la deuocion des gens pour ce quilz en sont ostez/ et tenoiẽt les payens cest erreur/ cest assauoir q̃ celle seule defaulte de sepulture nuisist aux trespassez/ sicomme virgile le raconte ou vi. liure deenepdos ou il dit que les ames des trespassez qui nauoient este enterrez ne ensepuelis aloient tousiours errans p lespace de cent ans par deuant les fleuues

denfer sans passer oultre quilz appelloiēt
corthon et par deuāt les palus denfer qlz
appelloient stigia/ne ne pouoient aler au
siege de repos ou ilz desiroient aler ius
ques a ce quilz fussent enterrez.

¶ De la sepulture des corps humains/
laquelle supposé quelle soit denpee aux cre
stiens ne leur oste riens. pii.

Ainsi sa terre ne couurit pas mais
corps de crestiens/ mais nul ne
peut diuiser aucūs diceulx corps
du ciel et de sa terre/ laquelle cellup q̄ scait
et congnoist dōt il resuscitera ce quil a cree
la toute remplie de sa preséce | Drapmēt
il est dit ou psaultier Ilz ōt mis les corps
mors de ses sergens viande aux oyseaulx
du ciel/ et la chair de ses sains aux bestes
de terre. Ilz ont espandu tout entour la ci
te de hierusalē seur sang aīsi comme eaue.
et nestoit qui les ensepuelist/ mais ces pa
roles furent plus dictes a croire la cruaul
te de ceulx qui se firent que a la maleurete
de ceulx qui ces choses souffrirent Certes
combien que ces choses semblent dures. et
aspres aux hommes touteffois en la pre
sence de nostreseigneur la mort de ses sais
est precieuse. Et pour ce toutes ces choses/
cest asauoir sa cure des corps/ la maniere
de la sepulture. Le grant orgueil des obse
ques/ et la multitude des gens sont plus
soulas des vifz que ilz napportēt de reme
de aux mors. | Se la sepulture precieuse
prouffite aucunement au desloyal/ donc
ques par celle rayson nupra au bon la no
ble ou vile sepulture/ ce qui nest pas vray
La grant assemblee des varles et des ser
gens demonstra nobles obseques en la p̄
sence des hommes a ce riche homme vestu
de pourpre/ mais le mistere des angles les
dōna trop plus cleres a ce poure rougneux
& plain de loches en la presence de nostresei
gneur. Les angles ne se porterent pas en
tembeau de marbre/ mais se mirent ou gi
rōn dabraham. Ceulx doncques cōtre les
quelz nous auons entreprins la cite de dieu
a defendre/ se rient ilz ou se mocquent ilz
de ce. Touteffois pouoy nous tant dire q

leurs philosophes mesmes despitent curi
osite de sepulture/ et souuent tous ceulx
dun ost quāt ilz mouroiēt pour leur pays
terrien/ il ne leur chaloit ou ilz gerroient
apres la mort/ ou a qlles bestes il seroiēt
exposez a mengier. Et pour ce pour eulx
conforter il pleut aux poetes de dire de ceste
chose par grant feste. Cellup est couuert
du ciel qui na point de coffre ou de huche/
Et pour ce ilz doiuent moins mocquer les
crestiens des corps qui sont sans sepultu
re/ ausquelz la reformacion de la chair et
de tous les membres est promise estre ren
due et reintegree en vng seul mouuement
non pas seulemēt de la terre/ mais du tres
secret seing des autres elemens/ dont les
charōgnes sont deschirees et departies en
plusieurs lieux.

¶ Exposicion de ce chapitre.

Ou il dit en ce pii. chapitre que plusi
eurs des philosophes despitent la
cure de sepulture/ tu en as exemple en va
lere le grant ou vi. liure/ ou quel il racon
te que comme le roy lisimacus eust cōmā
de a crucifier vng appelle theodore qui la
uoit reprins de plusieurs laidures qil fai
soit. Il respondit quil ne lup chaloit ou il
pourrist ou a terre/ ou en champs Et sē
blable exemple met tule De tusculanis q
stionibus. de dyogenes qui commanda q
lup mort/ il fust gette aux champs sās en
sepuelir. Et comme len lup desist que les
bestes sauuaiges et les oyseaulx se men
geroient/ il leur dist que non feroient/ & q
ilz lup baillassent deux petis bastōs pour
les chasser silz y venoient. lesquelz lup de
manderent comme il sen pourroit reuen
gier quant il seroit mort & il ne les sētiroit
point/ et il leur respondit. Et quant ie se
rap mort quel mal me pourront ilz faire.
quāt ie ne les sētirap plus. Et se tu veulx
veoir comme il peut pou chaloir de sepul
ture/ et que len en doit tenir petit compte:
Voy seneque de remediis fortuitorū/ ap
ou il dit. Cellup est couuert du ciel. &cete.
cest vng vers de lucan en son vii. liure/ et
combien que en la translacion de ce chapi

tre nous pour sa sentence apres appellee ce mot vrnam coffre pour sauoir plus clere toutesfois a parler proprement cest a dire vne cruche, mais il est icy dit pour toute maniere de vaisseau en quoy len met les corps mors selon huguce et pappe. Pourquoy tu dois encores sauoir que les payens especialement les nobles personnes ardoient leurs parens mors et mettoient en cendre ou en pouldre, laquelle ilz recueilloient, et mettoiet selon lestat des personnes en cruches ou en fioles, les vnes dor et les autres dargent, les autres dairain, les autres de plom les autres de terre. Et pour ce est ce mot vrna prins pour la qlconque sepulture en general, et de ce mot vsent communemet les poetes.

¶ Quelle est la rayson densepuelir les corps des sains crestiens. piii.

Ne pour ce ne sont pas toutesfois a reietter ne a despiter les corps des trespassez, mesmement des iustes et sains crestiens, desquelz le saint esperit a vse en toutes bonnes euures come de vaisseaulx ou dinstrumens. Car se la robe paternelle et laneau et telles choses semblables sont pluschieres aux successeurs de tant comme ilz ont plusgrant affection a leurs parens, en nulle maniere sen ne doit despiter les corps que nous tenons plus conioinctement et plus familierement que quelconques vestemens pour ce que ces choses nappartiennet pas au parement ou laideur que len adiouste pde hors, mais appartient a la vanite des hommes, pourquoy len a eu dancienete la cure des enterremens des iustes hommes aciens par vraye entete de pitie. Et ont este leurs obseques faictes et ordonnees, et si ont este prouueus de sepulture. Les sains peres mesmes quant ilz viuoient commanderent a leurs enfans a les ensepuelir, ou de transporter leurs corps. Et thobie en tesmoing de lagle deseruit la grace de nostre seigneur par ensepuelir les mors. ¶ Et nostreseigneur mesmes qui auoit a ressusciter au tiers iour presche et si recommande

a preschier la bonne euure de celle saincte religieuse marie magdalene de ce quelle respandit le precieux oingnement sur les membres, et dist quelle sauoit fait pour luy ensepuelir. Et si sont recommadez par grant loengee en leuangille ceulx qui pundrent la cure densepuelir diligemment et honorablement son precieux corps quant il fut descendu dela croix. Mais ces auctoritez namounestent pas quil ait aucun sens en telz corps mors, aincois appartiennent a la pourueance de dieu auquel plaisent semblablement telz offices de pitie, comme de enterrer et ensepuelir les corps des trespassez, et signifient a coferer sa foy de la resurrection. En laquelle chose len apprent sainctement ql est le salaire q len acquiert pour les aumosnes q nous donnons aux vifz, et a ceulx qui ont sentement et sens quant ce ne perist point deuant dieu que sen pape aux membres des trespassez, et que sen est diligent de ses enterrer et ensepuelir. Certes il y a autres choses que les patriarches voulurent estre entendues et estre dictes par lesperit du prophete quant il parle deterrer ou transporter leurs corps mais il nest pas lieu icy den traictier comme ces choses q nous auons dictes suffiset quant a ce. Et se les choses qui sont necessaires a la sustentacion des hommes vifz comme viure et vesture et telles choses defaillet, toutesfois le seuffret les bons en vraye pacience. Et suppose quil leur soit grief a porter et qlz en aient grat deffaulte, pour ce nostent ilz pas la vertu de leur courage, mais peulx experater et resister a telles aduersitez la font plusapple et plus habundet par plusforte rayson quat ses choses qui sont acoustumees a faire aux sepultures et enterremens des trespassez defaillent elles ne font point chetifz, ceulx q ia sont aux secretz sieges de repos. Et par ce quant telles sepultures defaillet aux crestiens en celle grat destruction de celle cite, ou des autres chasteaulx, ou villes. Ne ce ne fut pas la coulpe des vifz qui ces choses ne peurent administrer, ne la peine des mors qui ne peuent ces choses sentir.

¶ Eppoficion sur ce chapitre.

EN ce piii. chapitre monseigneur saint augustin destruit vng erreur qui pourroit naistre du precedēt chapitre/ car par ce quil a dit que sa deffaulte de sepulture ne nuist point aux trespassez/par ce aucuns vouldroient ramener q̄ sen deust getter les corps des mors sans sepulture. Et ceste opinion il repreuue sicomme il appert par le teɴte qui est tout cler. / De ceste affection aux parens raconte solinus ou liure des merueilles du monde qui dit/ q̄ en lisle de pcharoe en sa partie dasie entre les antropofages a vne gent qui sappellēt essedones qui entre les nobles affections quilz ont a leurs parēs/ apres leur mort ilz prennent le test et en font vng hanap/et se lient dor/et y boiuent toute leur vie qui est trop plus grant affection que sa robe ne laneau dont le chapitre fait mēciō

¶ De la chetiuoison des sains hommes ausquelz oncques les diuines consolacions ne deffaillirent piiii.

Mais maintz dient que semblablement ont esté menez les crestiēs en chetiuoison/ pour certain cest tresmeschante chose se on les mena en aucun lieu ou ilz ne trouuassent leur dieu/ Il a aux sainctes escriptures grāt soulas mesmes de celles chetiuoisons. Les trois enfans furent en chetiueté/ il y sut daniel et si y furent autres prophetes. Et toutesfois dieu qui tout temps les consortoit/ ne fut point hors dauecques eulx. / Donc ques il ne delaisse poit les siens soubz seignourie des ennemis humains qui ne delaissa point son prophete ionas ou ventre de la balaine/ mais ceulx contre lesquelz nous arguons sen ayment mieulx mocquier et rire que les croire. Lesquelz toutesfois par leurs lettres tiennent de arion de mesche qui fut joueur de la harpe que comme il fut getté hors de la nef ou il estoit/ il fut receu sur le dos dung delphin et porté a riue a sauueté/ mais de nostre ionas le prophete est mois creable/ et la raison est pour

ce quil est plus merueilleux de tant cōme il est fait plus puissamment.

¶ Eppoficion sur ce chapitre.

EN ce piiii. chapitre monseignr̄ fait augustin traicte des maulx q̄ les bōns souffrirent en la destruction de la cité de romme. Et cōforte ceulx qui ont ces choses souffertes par lepēple de daniel et autres enfans quien la fournaise furent cōfortez p nostreseignr̄/ne oncq̄s ne les delaissa en leur tribulacion/ et pespcialmet epēple de ionas le pphete q̄ sut trois iours ou ventre de la balaine dedens la mer. Et pour ce q̄ aucus tenoiēt q̄ ce nestoit pas chose creable/ ilz ameinēt vng autre merueilleux eɴemple q̄ monseignr̄ saint augustin tient estre eɴtrait des liures des payens/ cestassauoir leɴēple de arion qui fut de corinthe/et auint selon helinand ou tēps de ozie roy de iudee/ duq̄l ouide de fastis ou pii.liure pse assez largement/ si sait agellius ou liure qui est dit de noctibus acticis qui recite q̄ cestuy arion estoit du pays de corinthe noble ioueur de harpe. moult samillier et acointe du roy qui estoit nōmé piandre. Leq̄l arion cōme il fust alé en cecile et eust grandement gaingnié et sen voulsist retourner a corinthe dōt il estoit né/ pour retourner seurement en son pays ala prēdre mariniers de corinthe. et tātost cōme ilz furēt en haulte mer. les mariniers pour auoir ses richesses q̄l eportoit machinerēt de le tuer et getter en mer / et quant il vit leur mauuaise voulenté leur pria q̄ auāt qlz se tuassent ilz se laissassent aorner de ses meilleures robes et q̄ en cōsolacion de sa mort ilz le laissassēt chanter vne chanson a sa harpe/ lesq̄lz luy ottroierēt. Et tātost cōe il fut vestu et paré/ prīt sa harpe et cōmenca a faire sēblant daccorder sa harpe/et en ce faisant saillit en sa mer/ lequel vng delphin recuillit tātost sur son dos/ et tout iouant le porta a riue a corinthe/ leq̄l arion en cest estat apparut au roy. et luy dist sauenture q̄ luy estoit auenue/ et en passant arriuerent les mariniers/ qui tātost le fist tirer arriere/ et puis leur demandā a filz auoiêt oup nulles nouuelles de arion son menestrel, lesquelz luy dirêt quilz sauoient veu en cecile, et quil estoit mort, et ce fait, le roy se fist venir deuant eulx, et congneut leur mauuaistie les fist iusticier, dont les poetes faingnent que pour celle pitie que le delphin eut de arion, iupiter le transporta ou ciel et reluit auec les estoilles. Et pour ce neant plus que ce nest fiction de lestoille q sappelle le delphin ou ciel neant plus ne doit len tenir que ce soit fiction de arion qui fut porte par la mer sur le dos du delphin, car len a veu souuent ces choses auenir quilz ont porte plusieurs personnes sicomme le raconte solinus au liure des merueilles du monde ou chapitre des delphins. Et aussi dit valerius maximus ou vii. liure quilz ne resoingnent point les hommes côme estranges, mais viennent a eulx et leur font feste, et seuffrent quilz les touchent de leurs mains, Et ysidore ou xii. liure des ethimologies dit quilz sôt appellez synomes, (et que cest appel est a la melodie des instrumens ilz viennent par tropeaulx les ungz apres les autres.

¶Ung exemple a tollerer de marc regule de romme qui de sa voulente esleut aler en chetiuoison en carthaige en faueur de sa religion qui de rien ne luy prouffita, combien quil aourast les dieux.

Ilz ont toutesfois ung tresnoble exemple et seurs treshaulz hommes de souffrir et dissimuler leur chetiuete de leur voulente. ¶Il se treuue que marcus regulus empereur du peuple de romme, fut prins par ceulx de carthaige et mis en chetiuoison, lesquelz côbien quilz aymassent mieulx que len leur rendist leurs prisonniers q retenir les chetifz quilz auoiêt des rommains, enuoierent ce regulus a romme auecques leurs legatz, prins premierement son serment que se les rômains ne vouloient faire ce quilz requeroient, il se rendroit arriere prisonnier a carthaige. Ainsi le iura, et pala et âmonnesta tout le contraire au côseil des senateurs, (et leur

dist que ce ne luy sembloit pas que ce fust chose prouffitable a la chose publique de romme de eschangier leurs prisonniers, ne apres ceste persuasion et amonnestemêt il ne fut pas contraint a retourner aux ennemis, mais pour ce quil auoit iure il accomplit de sa voulete, lesquelz luy retourne le occirent de treshorribles tourmens, car ilz le midrent en ung petit lieu estroit fait de fust ou il conuenoit quil fust tousiours en estant, et de tous costez estoit ce fust plain de broches de fer tresagues, ainsi quil ne se peust tourner de nulle partie ql ne trouuast tousiours ces broches de fer, dont ilz se tuerent par ceste maniere mesmes en veillant. Certes a bonne cause ilz loent vertu qui est trop plusgrande q celle maseurete, cestuy auoit iure par seurs dieux dont ilz ymaginent ces chetiuetez et tribulacions estre auenues aux creatures humaines pour ce que len a deffendu a leur faire sacrifice. ¶Se doncques les dieux que len adouroit affin quilz luy rendissent la vie en prosperite, laisserent telz peines estre donnees a cestuy qui auoit tenu son serment. Quelle plus grant peine pourroient ilz dôner a ung pariure, mais pour quoy ne côclus ie mon sermon ou argument a chascune partie. Certes il adouroit ses dieux en telle maniere que par la foy de son serment ne il ne demourast en sô pays, ne de sa nasast ailleurs en quelque lieu, mais par telle maniere quil ne doubtast point a retourner a ses trescruelz ênemis, et se il cuidoit que ce luy fust prouffitable a ceste vie, pourquoy desseruit il si horrible yssue: Sans doubte il estoit deceu, car par son exemple il enseigna q les dieux ne peuent prouffiter a ceulx qui les adourent pour la beneurete de ceste vie terrestre. quant cestuy qui estoit tout donne et ordonne a seurs sacrifices fut pris et emmene en chetiuoisô Et pour ce quil ne vou lut faire autrement que ce que par eulx il auoit iure fut tourmente et estaint de nouueaulx tourmens, et si horribles q oncqs mais on auoit oy parler de telz. Et se ap

se sacrifice de seurs dieux rend beneurete ainsi comme par maniere de salaire pour quoy sont ilz fausse acusacion en ce temps de ces crestiens disans ceste tribulacion estre aduenue a leur cite/pour ce q̃ elle a faissie a adourer ses dieux comme encores en les adourãt tres diligẽmẽt elle peust estre faicte aussi chetiue et meschant/cõe fut regulus/ Ce ne st par aduẽture que cõtre sa tresclere verite aucũ soit si merueilleusement aueuglez/ et plain de si grant forsenerie quil se ose esforcier de maintenir q̃ toute cite en general q̃ adourent les dieux ne peut estre maleureuse en guerre/ mais ung hõme seul se peut estre/ pour ce quilz diẽt que la puissãce de leurs dieux soit tres plus couuenable a garder luniuersite que les singuliers cõme la multitude soit faicte des singuliers. Et sil dient que ce regulus en telle chetiuete et en ses tourmẽs du corps puisse auoir este beneure en la vertu de son courage Soit doncq̃s qui se plus tost ou auãt sa vraie vertu de laquelle sa cite peut estre beneuree/ ne certes sa cite ne peut estre dune part bieuree q̃ lhõme dautre part cõme sa cite ne soit autre chose q̃ vne cõcordable multitude dões ou de gẽs par laq̃lle chose ie ne dispute pas ẽcore q̃ le vertu il eust en regulus Souffise apresent que ce tresnoble exemple ilz sont contrains a confesser que/ ne pour les biẽs du corps ne pour les choses q̃ sont par dehors: comme les biens tẽporelz leurs dieux ne sont pas a adourer/ quãt celluy a qui eulx a laissier toutes ces choses q̃ a couroucher les dieux par lesquelz il auoit iure/ mais que ferõs nous des hõmes q̃ se glorifient dauoir eu tel citoyen/ et si doubtent a voir telle cite/ et silz ne le doubtẽt point cõfessent nous que autel/ cõme il aduint a ce regulus/ peut auenir a sa cite qui ainsi adouroit diligemment les dieux cõme luy. Et ne facent pas fausse accusaciõ cõtre les crestiens mais pour ce que la question est nee des crestiẽs qui semblablemẽt furent prins τ mis en chetiuoisõ regardẽt soy et se taisent qui si folement τ sans vergongne se mocquent de la saincte religion crestienne Car ses dieux ne tindrent pas a honte/ ce que celluy qui faisoit sacrifice de tout sõ pouoir/τ qui leur garda la foy de son serment/ perdit son pais cõme il nẽ eust point dautre/ et fut occis par ses ennemis de longue mort et de cruelz tormens et par plusforte raison est moins a blasmer le nom crestien en sa chetiuoisõ/ de ses saintes personnes qui en sa vraie foy attẽdans se souuerain pays congnurent que mesmes en leur pays ilz estoient pelerins

⁋Epposicion sur ce chapitre.

En ce v8. chapitre na riẽs qui ne soit assez cler Mais toutesfois pour sa declaraciõ dicelluy tu dois sauoir/que les rõmais eurent trois batailles cõtre ceulx de carthaige appellees batailles puniq̃s lesquelles durent par long temps/ dont la premiere dura xxii. ans selon eutrope La seconde xix. ans/ et la tierce quatre En la premiere bataille au ix. an furent fais consulz/ ce marc regulus qui autrement est appele attilius regulus/ τ ung autre apele maulius Vulsto. Lesquelz selon ce que dit orose en son iiii. liure. furent enuoiez pour faire bataille en affricque qui a tout iiii. cens et xxx. nefz entrerent en secille et la subiuguerent/ τ de la sen trerent en affricque/ et la prindrent trois cens chasteaux et fortresses Maulius sen retourna a romme auec tresgrãt pillaige et si amena xxvii. mil. chetifz. Et marc regulus demoura pour faire guerre cõtre les trois empereurs de carthaige. cest assauoir les deux Asdrubales Ableat et Ertctonius qui estoit le tiers. Contre lesq̃lz il se porta si vaillammẽt quil occit xxvii. mile des carthageniaẽs et si en prinst viii mile/ lesquelz il enuoia a rõme auec plusieurs oliphãs/ τ fist plusieurs autres fais notables et si mist en lobeissance des rommains lxxiii. de leurs citez Et finablemẽt pour ce que affin de faire paix a ceulx de carthaige il leur volut iposer trop diuerses condicions de seruitude ilz aymerent

c.i

silz auoiēt ouy nulles nouuelles de arion son menestrel/lesquelz luy dirēt quilz sauoient veu en cecile/et quil estoit mort/et ce fait/le roy le fist venir deuant eulx/et congneut leur mauuaistie les fist iusticier/dont les poetes faingnent que pour celle pitie que le dulphin eut de arion/iupiter le trāsporta ou ciel et reluit auec ses estoilles. Et pour ce neant plus que ce nest fiction que le taille q sappelle le delphin ou ciel neant plus ne doit len tenir que ce soit fiction de aryon qui fut porte par la mer sur le dos du delphin, car len a veu souuent ces choses auenir quilz ont porte plusieurs personnes sicomme le raconte solinus au liure des merueilles du monde ou chapitre des delphins. Et aussi dit valerius maximus ou vii.liure quilz ne resoingnent point les hommes cōme estranges/mais viennent a eulx et leur font feste/et seuffrent quilz les touchent de leurs mains/Et ysidore ou vii.liure des ethimologies dit quilz sōt appellez synomes/ᴁ que cest appel est a la melodie des instrumens ilz viennent par tropeaulx les vngz apres les autres.

⁋Vng exemple a tollere de marc regule de romme qui de sa voulente esleut aler en chetiuoison en carthaige en faueur de sa religion qui de rien ne luy prouffita/combien quil aourast les dieux.

Ilz ont touteffois vng tresnoble exemple et leurs treshaulz hommes de souffrir et dissimuler leur chetiuete de leur voulente. ⁋Il se treuue que marcus regulus empereur du peuple de romme/fut prins par ceulx de carthaige et mis en chetiuoison/lesquelz cōbien quilz aymassent mieulx que len leur rendist leurs prisonniers q retenir les chetifz quilz auoiēt des rommains/enuoierent ce regulus a romme auecques leurs legatz/prins premierement son serment que se les rōmains ne vouloient faire ce quilz requeroient/il se rendroit arriere prisonnier a carthaige. Ainsi se iura/et y ala et āmonnesta tout le contraire au cōseil des senateurs/ᴁ leur

dist que ce ne luy sembloit pas que ce fust chose prouffitable a la chose publique de romme de eschangier leurs prisonniers/ne apres ceste persuasion ᴁ āmonnestemēt il ne fut pas contraint a retourner aux ennemis/mais pour ce quil auoit iure il accomplit de sa voulēte/lesquelz luy retourne le occirent de treshorribles tourmens/car ilz le midrent en vng petit lieu estroit fait de fust ou il conuenoit quil fust tousiours en estant/et de tous costez estoit ce fust plain de broches de fer tresagues, affi quil ne se peust tourner de nulle partie ql ne trouuast tousiours ces broches de fer/dont ilz le tuerent par ceste maniere mesmes en veillant. Certes a bonne cause ilz soent vertu qui est trop plus grande q celle maseurete/cestuy auoit iure par leurs dieux dont ilz ymaginent ces chetiuetez et tribulacions estre auenues aux creatures humaines pour ce que len a deffendu a leur faire sacrifice. ⁋Se donques les dieux que len aouuroit affin quilz luy rēdissent sa vie en prosperite, laisserent telz peines estre donnees a cestuy qui auoit tenu son serment. Quelle plus grant peine pourroient ilz dōner a vng pariure/mais pour quoy ne cōclus ie mon sermon ou argument a chascune partie Certes il aouroit ses dieux en telle maniere que par la foy de son serment ne il ne demourast en sō pays/ne de sa nasast ailleurs en quelque lieu/mais par telle maniere quil ne doubtast point a retourner a ses trescruelz ennemis/et se il cuidoit que cestuy fust prouffitable a ceste vie/ pourquoy desseruit il horrible yssue: Sans doubte il estoit deceu/car par son exemple il enseigna q les dieux ne peuent prouffiter a ceulx qui les aourent pour la beneurete de ceste vie tēporelle. quant cestuy qui estoit tout donne et ordonne a leurs sacrifices fut pris ᴁ emmene en chetiuoisō Et pour ce quil ne voulut faire autrement que ce que par eulx il auoit iure fut tourmente et estaint de nouueaulx tourmens/et si horribles q oncqs mais on auoit oy parler de telz. Et se aps le sacrifice de leurs dieux rend beneurete ainsi comme par maniere de salaire pour quoy sont ilz fausse acusacion en ce temps de ces crestiens disans ceste tribulacion estre aduenue a leur cite/pour ce q̃lle a laissie a adourer ses dieux comme encores en les adourãt tres diligẽmẽt elle peult estre faicte aussi chetiue et meschant/cõe fut regulus/Ce ce nest par aduẽture que cõtre la tresclere verite aucũ soit si merueilleusement aueuglez/et plain de si grant forsenerie quil se ose efforcier de maintenir q̃ toute cite en general q̃ adourent les dieux ne peut estre maleureuse en guerre/mais ung hõme seul le peut estre/pour ce quilz diẽt que la puissãce de leurs dieux soit tresplus couuenable a garder luniuersite que les singuliers, cõme la multitude soit faicte des singuliers. Et sil dient que ce regulus en telle chetiuete et en ses tourmẽs du corps puisse auoir este beneure en la vertu de son courage Soit dõc q̃ si se plus tost ou auãt sa vraie vertu de laquelle sa cite peut estre beneuree/ne certes sa cite ne peut estre dune part bieneuree q̃ lhõme daut re part cõme sa cite ne soit autre chose q̃ vne cõcordable multitude dões ou de gẽs par laq̃lle chose ie ne dispute pas & cor q̃l leuertu il eust en regulus Souffise apresent que ce tresnoble exemple ilz sont contrains a confesser que/ne pour les biẽs du corps ne pour les choses q̃ sont par dehors: comme les biens tẽporelz leurs dieux ne sont pas a adourer/quãt celluy apma mieulx a laissier toutes ces choses q̃ a courroucier les dieux par lesquelz il auoit iure/mais que ferõs nous des hõmes q̃ se glorifient dauoir eu tel citoyen/et si doubtent a uoir telle cite/et silz ne le doubtẽt point cõfessent nous que autel/cõme il aduint a ce regulus/peut auenir a sa cite qui ainsi adouroit diligemment les dieux cõme luy.Et ne facent pas fausse accusaciõ cõtre les crestiens mais pour ce que sa questiõ est nee des crestiẽs qui semblablemẽt fureut prins & mis en chetiuoisõ regardẽt soy et se taisent qui si folement & sans ver

gongne se mocquent de la saincte religion crestienne Car les dieux ne tindrent pas a honte/ce que celluy qui faisoit sacrifice de tout sõ pouoir/& qui leur garda la foy de son serment/perdit son païs cõme il nẽ eust point dautre/et fut occis par ses ennemis de longue mort et de cruelz tormens et par plusforte raison est moins a blasmer le nom crestien en sa chetiuoisõ/& ses saintes personnes qui en sa vraie foy attẽdans le souuerain pays congnurent que mesmes en leur pays ilz estoient pelerins

Expposicion sur ce chapitre.

En ce vii. chapitre na riẽs qui ne soit assez cler Mais toutesfois pour la declaraciõ dicelluy tu dois sauoir/que les rõmains eurent trois batailles cõtre ceulx de carthaige appellees batailles puniq̃s lesquelles durent par long temps/dont la premiere dura xxiii. ans selon eutrope La seconde xix ans/et la tierce quatre En la premiere bataille au ix. an furent fais consulz/ce marc regulus qui aultrement est appele attilius regulus/& vng autre ape̴e maulius Bulsto. Lesquelz selon ce que dit orose en son iiii. liure. furent enuoiez pour faire bataille en affricque qui a tout iiii. cens et xxx. nefz entrerent en secille et la subiuguerent/& de la senentrerent en affricque/et la prindrent trois cens chasteaux et fortresses Maulius sen retourna a romme auec tres grãt pillaige et si amena xxvii. mil. chetifz./Et marc regulus demoura pour faire guerre cõtre les trois empereurs de carthaige. cestassauoir les deux Asdrubales Ablear et Ericronius qui estoit le tiers Contre lesq̃lz il se porta si vaillammẽt quil occit xxvii. mile des carthageniães et si en prinst viii. mile/lesquelz il envoia a rõme auec plusieurs oliphãs/& fist plusieurs autres fais notables et si mist en lobeissance des romains lxxiii. de leurs citez Et finablemẽt pour ce que affin de faire paix a ceulx de carthaige il leur voulut iposer trop diuerses condicions de seruitude ilz aymerent

de celles qui se sont occises, affin que telz pechiez ne fussent commis en elles. Tu en peus auoir deux exemples notables. Lun est que carthaige destruite et mise en feu et en flamme La femme de hasdrubal, affin q̃ les tirans ne se mocquassent et iouassent delle print ses deux enfans de chascun coste lun, et se ietta au milieu du feu aymãt mieulx ainsi mourir que encheoir en leurs mains. Sicomme le met peregrinus. ad theodoram en son dyalogue, ainsi le met orosee en son or̃meste ou quart liure ou chapitre final, et eutrope ou quart liure de listoire rommaine ou vi. chapitre Lautre exemple peut estre mis des femmes des cimbres qui est une partie dalmaigne de coste danubie ou est a present une cite qui est appellee bude et iadis fut appellee sicambre. laquelle les francoys fonderent, trope destruitte, firent grant guerre et forte aux rõmains, et finablement comme ilz fussent desconfis, les femmes monterent sur les chars, et a pou quelles ne desconfirent les rommains quant les rommains en prindrent aucunes ausquelles ilz escorcherent sa teste et leur rebourcerent sa peau par dessus dont les autres en furent si esbahies q̃ elles sen desespererent de victoire. Et pour ce q̃lles ne voulurent pas cheoir en la puissãce des rommains pour doubte quilz ne les violassent ou corrompissent, les unes se pendirent, les autres se tuerent, les autres se laisserent trainer a cheuaulx et aux chars Les autres pendirent leurs enfans auec elles a leurs piedz, sicomme dit eutrope ou pmier chapitre de son v liure. Et quãt est de celles qui ne se voulurent pas occire pour doubte que estrange pechie ne fust commis en elles on en a exemple notable en paule qui fist listoire des lambars qui met q̃ comme les hongres fussent venues assiegir ung chasteau appelle forũ iulii. dont estoit duchesse une appellee remonde, qui auoit deux filz et deux filles Laquelle comme en regardãt des fenestres elle eust veu leur roy appelle tatarus, qui luy sembla merueilleusement beau, elle luy manda

quelle luy rendroit le chasteau sil la voulsoit prendre a femme. lequel luy accorda, et tantost comme il fut ens entre, ses hongres commencerent a courir par tout pour prendre les femes a force Et lors les deux filles et les deux freres se traitrent a part et prindrent chars pourries et sanglentes et sen maculerent par telle maniere que de ce et de chars de poucins et dautres ordures quant elles furent eschaufees elles puoient comme charoignes par telle maniere que quant les hongres vindrent a elles, et ilz les sentirent, ilz sen fuirent et trairent arriere, disans que ce estoient les plus ordes femes quilz eussent oncques veues, et ainsi se garderent sans estre occire et sãs estre violees. Et toutesfois furent depuis, lune de celles royne de france, et lautre dalmaigne. Et se tu veulx sauoir que ce duc fist de celle mauuaise royne qui ainsi auoit par sa puterie perdue sa cite et sõ chasteau saches que quant il en eut fait toute sa voulente une nuit seulement, il sa mist le second iour en sa main de douze hongres qui tous la cõgneurent tant cõme il leur pleut Et quant ilz nen voulurent plus se tiers iour, il fist fichier en terre ou millieu de la cite ung pieu tresagu, et parmy sa nature luy fist fichier tout contre mont. par telle maniere quil luy sailloit parmy sa bouche, disant que ainsi deuoit sen payer telle femme, et luy donner tel mari, qui par sa tresgrant puterie auoit perdue sa cite et sõ peuple.

¶ De la violence de la delectacion charnelle dautruy que la saincte ame seuffre. estre cõmise en son corps prins par force et par oppression   pviii.

En doubte q̃ la delectacion charnelle dautruy ne coiche celle en qui elle est faicte par oppression: mais certes celle est dautruy elle ne sa coichera point, et selle est coichiee, elle ne sera pas estrange, mais comme chastete et virginite soit vertu de couraige celle qui est compaignee de force, par laquelle elle est arrestee, et preste de souffrir auant tous

maulx que soy consentir a mal et a pechie
et nul tāt soit ferme de couraige nait en sa
puissance que len face de sa chair, fors seu
lement ce quil en consent ou quil en refuse
en sa pensee. Qui est cellup de saine pensee
qui cuidera que vne femme saincte de pen
see et de ferme couraige ait perdue sa virgi
nite ou chastete se en elle puisse par force et
efforcee, la delectacion charnelle dautruy
est acomplie et non pas la sienne. Et nest
pas doubte que se par ceste maniere chaste
te est perie en tel corps corrompu contre sa
voulente, chastete ne sera pas ne pourra
estre dicte vertu de couraige, ne napparte
dra aux biens par lesquelz ilz viuent bien
mais sera cōptee auec les biens du corps,
sicomme sont force. beaulte, sante et entie
re puissance et autres biens par dehors
aucuns en ya de telz, lesquelz biens, sup
pose ores quilz soient amenuisiez, toutes
fois napetissent ilz point du tout a bon
ne vie. Et se chastete est vne telle chose
que pour doubte que len ne la perde sen tra
uaille a grant peril du corps. Et ou celle
est le bien du couraige et de lame, elle nest
pas perdue p loppression du corps ne pour
force que len y face. Mais qui plus est le
bien de saincte continence ne saccorde point
auecques les ordures du desir charnel. Ai
cois est tel corps mesmes en ce sainctifie,
Et pour ce quant il sarreste par ferme in
tencion de non consentir a telz efforceurs,
la saintete de cellup corps ne perist en rien,
pour ce q̄ sa voulente den vser sainctemēt
perseuere en luy, si fait la puissance en tāt
comme en luy est. Se vne matrone ou
ventriere ainsi comme en regardant se vne
fille estoit pucelle la corrompist, ou p ma
le voulente, ou par non sens, ou par cas
de meschief, Je ne cuide nul estre si fol qui
tienne que pour ce elle perdist rien de la sain
tete de son corps, combien quelle ait perdu
lintegrite de ce membre. Et pour ce se pro
pos du couraige demourant estable et en
fermete parfaicte pourquoy q̄ le corps aus
si deserui a estre sainctifie la voulente dau
trup pour y auoir delectacion charnelle no

ste point au corps sa saintete qui est gard
par perseuerance de vraye cōtinence, mais
que dirōs nous se vne femme corrumpue
de pensee et en rompant son propos quelle
auoit voue a dieu v a cellup qui par dōs
et promesses la deceue. La pouons nous
dire encores en asant saincte de corps de la
sainctete du couraige par lequel le corps es
toit sainctifie. Icelle sainctete pdue ou des
truitte voit sen ceste erreur. Et disons har
diment que le corps ne peut point sa saincte
te, demourant la sainctete de sa pensee, ia
soit ce que le corps soit corrompu ou viole
par force, ainsi cōme la sainctete du corps
est perdue, corrompue la fermete du cou
raige, suppose q̄ on nait touchie au corps.
Pour laquelle chose la femme qui est cor
rompue et enforcee a par compression dau
trup pechie sans consentement na riens
pourquoy elle se doie pugnir de mort v sun
faire, et encores moins auant quil soit fait
affin que len ne face homicide certain com
me tel mauuais crime et propos, combien
quil soit dautruy soit encores incertain.

¶ Expposicion sur ce chapitre.

En ce p̄ viii. chapitre monseigneur
sait augustin cōferme ce quil a dit
aux deux chapitres pcedens, cestassauoir
que celles qui ont este violees par force, et
contre leur voulente nauoient point pechie
Et qui plus est nauoient pas seulement
la pensee ou lame saincte, Mais auoient
le corps sain auec ce Et ou il dit Vne ma
trone ou ventriere. zc. Se tu veulx veoir
de ceste matiere voy auicene en son tiers ca
nō ou chapitre de embrione. Et le surplus
du chapitre est tout plain

¶ De lucrece qui se tua pour ce quelle a
uoit este corrompue par force. xix

Mais par auenture oseront contre
dire ceste clere rayson ceulx p con
tre lesquelz nous defendons nō
pas seulement les pensees, mais sembla
blement les sains corps des femmes chresti
ennes qui furent efforcees et corrompues
par force en celle chetiuete par la q̄lle rayson

nous disons que le corps oppresse et corrõpu sans muer en rien en mal son propos de chastete et sans dõner aucun consentemẽt celle force est tant seulement le crime et la mauuaistie de cellup qui l'aura prinse par oppression/et non pas de celle qui ainsi op pressee ne cõsentit oncques a cellup qui la corrompit par force Certes ilz epaucent p grans loengens de chastete lucrece la no ble matrone et ancienne de rome du corps de laquelle cõme septus le filz du roy tar quin de romme en eust fait sa voulẽte et ac complit en elle sa delectacion charnelle par oppressiue violẽce/elle se plaint de celle cru aulte desloyale a collatin son mary/et a brutus son cousin q estoient des plus grãs et des plusfors et puissans de la cite de rõ me/et leur fist iurer quilz se vengeroient de celle villenie/lesquelz luy iurent/et a pres comme couroucee et impaciente de si vil crime commis en elle/elle attaint ung cousteau dessoubz sa robe duquel elle soc cit. Que dirons nous delle/est elle a iu gier chaste ou aduoultre Qui sera cellup qui vouldra la louer ou enquerir de ceste q stion et debat. Certes qui bien lenquerra il trouuera quil y eut ung sage homme q de ceste matiere parla grandemẽt et braue ment qui dist ainsi. Ilz furent deux et l'un commist adultere/cest merueilles a dire. et touteffois il le dist tresupement et tres noblement/car en sa commixtion ou as semblee de ces deux corps/cellup qui dist ces paroles regardant l'inclinacion de lun et sa mauuaise delectacion charnelle/et la tres chaste voulente de l'autre. Et aussi cõ siderant ce qui se faisoit non pas en sa con iunction des membres/mais en la diuer site des couraiges dit quilz furent deux/ et lun commist adultere/mais quest ce q ce pechie fut plus griefment pugni en celle qui ne commist poit de adultere que en lau tre qui le commist/car il fut seulemẽt mis hors de son pays auecques son pere/et celle qui ne commist point fut pugnye de mort. Ce ce nest pas corrupcion de ce quelle fut efforcee et corrompue contre sa voulente/

ce nest pas iustice quelle en soit pugnye.

Je appelle cy vous iuges rommains et les lois/car apres les delictz fais et perpetrez vous ne voulez oncques aucun accuse criminelement estre occp sans condẽnacion. Se adõcques aucun eust denoncie a vostre iugement ung tel crime/et sen se vous eust prouue/cestassauoir q vne pucelle eust este prinse/non pas seulemẽt sãs condemnacion/mais qui plus est chaste et innocente/ne pugniries vous pas cellup qui ce auroit fait de pugnicion condigne/ Se fist celle lucrece/celle lucrece tant soee tua lucrece/cestassauoir elle mesmes/qui tant estoit chaste et innocente et qui auoit souffert ce quelle auoit souffert par force. donnez en la sentence/et se vous dictes que vous ne pouez pour ce quil ny a personne que vous puissiez pugnir/pourquoy soyez vous celle qui a occy tant innocent et tant chaste cõme soy mesmes. Laquelle certainement deuers les iuges denfer telz encores comme ceulp desquelz voz poetes chã tent en leurs ditties/vous ne defendez p nulle rayson lesquelz diet quelle est en enfer entre ceulp qui se sont occis de feu/mai et en heant parfaictement leurs vies et la lumiere/ont iette et mis leurs ames en tenebres perpetuelles/ausquelles il nest pas licite a retourner en hault/suppose quilz le desirent. Pource que a sa demourer les peet estraint le triste palus denfer et le fleu ve non passable que sen apele lethes/cesta dire oubliance. Ou pauenture elle ny est point pour ce que non pas comme innocente/mais pour ce quelle se sẽtoit coulpable elle soccit/mais que dirons nous de ce que nul ne pouoit sauoir fors elle/cestassauoir que combien que septus le filz tarquin luy fist force/touteffois comme deceue et ensachee elle donna quelque consentement a sa delectacion ou lupure. Et pour ce quelle se repentit/elle se cuida purger par soy tuer/cõbien q encores elle ne se deust pas estre occise se de ce elle pouoit faire enuers ses faulp dieux aucune penitance fructueuse. Touteffois se pauenture il est ainsi ceſt faulx de dire quilz furent deux/ a lun ſeulement cõmiſt adultere/ mais deuõs dire que tous les deux ſe commirent. Lū par manifeſte inuaſion/ lautre par ſatēt conſentement. Et ainſi elle ne ſe occit pas comme inocente/ et pour ce peut eſtre dit p̄ ſes defendeurs et clers lettrez quelle neſt pas en enfer entre ceulx que comme innocens ſe tuerent de leurs mains/ mais ceſte cauſe ſe lyẹ ainſi de chaſcun coſte que ſe lomicide eſt amoindry/ ſadultere eſt conferme/ et ſe ladultere eſt purgie lomicide eſt creu et accumule, ne ſey ne treuue queſcõ q̄ yſſue ou il eſt dit en telle maniere/ ſe elle eſt adoultre/ pour quoy eſt elle loee/ ⁊ ſelle eſt chaſte pour quoy eſt elle occiſe.

Touteſfois il nous ſouffiſt en ce tāt noble exemple de ceſte fēme a redouter ceulx qui nont en eulx queſconque chaſtete/ et q̄ ſe mocquent des femmes creſtiennes corrõpues par force en celle chetiuoiſon/ ceſtaſſauoir ce qui eſt dit en leurs grans et notables loenges quilz furent deux/ et lun cõmiſt adultere. Certes celle lucrece en eſt plus creue des rommains qui ne ſe peut couchier par nul conſentement de adultere. Doncques ſe pour ce quelle auoit ſouſtenu ladultere dautruy ſans commettre adultere/ elle ſe occit/ ce ne fut pas chariſe de chaſtete/ mais enfermete de honte. pour certain elle eut honte dautruy laidure par autruy cõmiſe en elle et non pas auecq̄s elle/ ⁊ celle fēme rōmaine trop couuoiteuſe des loenges reſſongna q̄ ſe elle euſt veſcu lē ne tenſt quelle euſt ſouffert voulētiers ce quelle auoit ſouffert par force quant elle viuoit/ dōt pour plaire aux rommais elle cuida adiouſter ceſte peine pour eſtre teſmoing de ſa pēſee/ auſquelz elle ne peut demõſtrer ſa conſcience. Quel merueille/ elle eut vengoigne que on ne ſa tenſt compaigne du fait/ ſe ce que lautre luy auoit fait laidement elle euſt ſouffert paciamment/ ce ne firent pas les femmes creſtiennes qui viuent encores ⁊ qui ſouffrirent ſemblables choſes ne pour ce ne vengerent elles pas le crime dautruy en elles

affin que aux crimes dautruy elles ne adiouſtaſſent pas les leur/ ne que pour ce elles ſe vouſiſſent occire que ſes ennemies euſſent corrompues par mauuaiſe delectacion. Quelz merueilles/ elles ont p̄ dedēs teſmoing de leur conſcience ſa gloire de leur chaſtete/ et ſi lõt deuāt les yeulx p̄ de leur dieu. Et ne quierent plus ou elles facent aucune choſe a droit que deuāt luy. Elles nont plus fors tant que elles ne ſe deſuoient de ſa grace de ſa loy diuine quāt elles eſchieuent mal loffenſion de la ſuſpicion humaine.

¶Oppoſicion ſur ce chapitre.

E̅n ce xix. chapitre monſeigneur ſaint auguſtin parle de la mort de lucrece Et iaſſoit ce que liſtoire ſoit aſſez notoire/ touteſfois la maniere de ſa mort ⁊ pour quoy elle ſe tua ne ſeſt pas. ⁊ pour ce nous la ſe te dirons en brief. Et eſt liſtoire telle ſi comme dit titus liuius en ſon premier liure de ſa pmiere decade ou il narre que celle lucrece eſtoit femme dun noble homme apeſe colatin tarquiniē. Et comme il fuſt a v̄ng ſiege auec le roy tarquin et ſes ēfans deuant ardee qui eſtoit vne cite des ruthiſiens. Et ainſi comme le filz du roy apeſe ſixte tarquin/ ce colſatin et pluſieurs autres ſouppoient enſemble/ il fut contens ē̄tre eulx de leurs femmes/ laquelle eſtoit la plus vaillante. Et comme chaſcun recõmandaſt la ſiēne et la loaſt/ ce colſatinloa la ſienne ſur toutes les autres/ diſant q̄ ceſtoit legiere choſe a ſauoir. Et tātoſt ilz monterent tous a cheual et aſerēt a rōme en tous les oſtelz des iones hommes mariez pour veoir que chaſcune faiſoit. Leſquelles ilz trouuerent les vnes en dances les autres en eſbatemēs, les autres en mēgiers et les autres en feſtes. Et dernierement ainſi comme a lentree de la nupt vindrēt a loſtel de ce colſatin qui eſtoit vng petit chaſteau pres de romme/ ⁊ la trouuerēt lucrece ou milieu de ſes chamberieres qui charpiſſoit la laine auecques elles/ ⁊ pou̅r ce fut recommandee ſur toutes les autres Tantoſt celle lucrece entra ou cueur du

c.iiii.

filz du roy qui dedens briefz iours retourna a lêtree de vne nupt & demoura au souper et au giste/son mary collatin estat au siege et qui nen sauoit rien. Laquelle se recheut moult honnourablement et se coucha selon son estat. Et quant il cuida que tous fussêt endormis sen vint au lit de lucrece vne espee nue en son poing luy mist sa main sur sa poetrine/ et luy dist qui il estoit/ & luy pria quil eust a faire a elle/laquelle se refusa/et quâtil ne la peut auoir par prieres la menaca doccire/ disant quil mettroit de coste elle vng de ses varles & se tueroit pareillemêt/et quil diroit quil les auroit tuez pour ce quil les auroit trouuez en adultere. Et pour ce quil la mist en celle pplexite eut a faire a elle contre sa voulente. Laquelle manda tantost son pere/son mari/et ses amis/et leur dist le fait: Et ce fait et dit en leur presence se tua dun cousteau quelle auoit muchie soubz sa robe Mais auât elle leur fist iurer qlz vêgeroient celle honte et celle desloyaulte/ lesquelz luy promirent et ainsi le firent. Et ce fut la cause pour quoy ses roys furent boutez hors de romme. ⁋Icy peus tu prendre vng notable/ cest assauoir quil ne fait pas trop bon loer sa femme ne trop la recomander en sa beaulte ou bonte/ de ce as tu vng tres notable exêple ou pmier liure de iustin. ouquel il dit que candalus q estoit roy de lide recommandoit par tout sa femme de beaulte/ et encore ne luy souffist il pas a tant/mais qui plus est la monstra toute nue a vng sien côpaignon qui auoit a nom giges/lequel par ce machina a acointier sa royne. Et finablement fist tât que a leide delle il mist a mort le roy & succeda a luy ou royaume et en sa fême. Aps ou il dit. Laquelle certainemêt est devers les iuges defer. &c. Ce sont les vers de virgile en eydos ou vi.liure par sentendemêt desquelz icelluy virgile faint que enee en son viuant descendit en enfer pour veoir son pere anchises/ pour ce que les anciens tenoient que tous destendoient en enfer apres leur mort. Et la vit les peines q cha

scun souffroit pour son pechie/et entre les autres vit ceulx qui iassoit quilz fussent innocens se stoient tuez de leurs mains. attachiez & lopez en enfer par le iugement de leurs dieux/ tellement quilz ne pouoient retourner en hault. Et pour ce dit notablement monseigneur saint augustin que celle lucrece ne peut estre defêdue p les dieux mesmes telz comme les poetes les descrisent de ce quelle soccist innocente/ mais en est mesmes pugnie par leur iugement.

⁋Que il nest a croire qui attribue aux crestiens pour quelsconque cause droit de mort voluntaire. xx.

De certes en quelque ptie des sains liures il ne nous est commande ne il ne peut estre trouue quil soit ottroye ne permis que nous occions nous mesmes/soit pour attaindre immortalite/soit pour perdre ou escheuer quesconque cause de mal/et non pas sans cause car il est a entendre quil nous est defendu en ce lieu ou la loy dit. Tu nocciras/ mesmement quelle ny adiouste pas son prochai. sicomme quant elle defendoit le faulx tesmoignage disât tu ne porteras pas faulx tesmoingnage contre ton prochaî. Et toutesfois se aucun porte tesmoingnage contre soy mesmes/ne cuide pas quil soit qte de ce pechie pour ce la rigle daymer son prochain.cesluy q est vray chief de dilectiô la print de soy mesmes en laquelle il est ai si escript. Tu aymeras ton prochain comme toy mesmes. Se dôcques de faulx tesmoingnage cessuy nest point moins coulpable qui porte faulx tesmoignage de soy mesmes que sil le faisoit côtre son prochaî comme en ce commandement par lequel faulx tesmoingnage est defendu/ soit defendu contre le prochain Et quil semble a ceulx qui nentendent pas sainement ce ql nest pas defendu que sen ne puisse porter tesmoingnage contre soy mesmes/pp lus forte rayson est il a entendre quil nest pas licite a homme a soy occire/comme en ce q est escript. Tu nocciras/ sâs ce quil y ait rien adiouste/aps nul diceulx a qui il est commande puisse estre attendu excepte. Dont aucuns se sont voulu efforcier den tendre et eslargir pareillement ce comman dement aux bestes mues disans que par vertu de ce commandement il nestoit pas chose licite den occir aucunes. Et par ceste rayson pour quoy ne se diet ilz semblable ment des herbes & des autres choses tenā tes a racine/ et qui sont nourris de terre/ car toutes manieres de telz choses/ suppo se quilz ne sentent/ toutessois dit on quilz viuent/ doncques peuent ilz mourir. Et par ce quant on leur fait force peuent estre occis/ car lapostre quāt il parloit de telles semences ou herbes disoit. Ce q̄ tu semes ne reuendra point sil nest auant mortifie. Et ce qui est dit ou psaultier. Il occist les vignes par gresle. Mais certes ia pour ce que nous ayons ouy quil est dit. Tu noc ciras/ nous ne disōs pas que esrachier les herbes dun iardin et extirper/ ronches/ et espines/ soit mauuaistie: Ne nous accor dons en rien a la mauuaise erreur des mes chans qui tiennent ceste opinion. Ostees doncques telles fallaces quāt nous opōs quil est dit. Tu nocciras/ se nous ne len tendons ce estre dit des buissons et rōches pour ce quilz nont point de sens en eulx/ ne des bestes mues sās raysō/ doyseaulx et de poissons noans/ ou autres bestes qui sont sur terre/ ou qui rāpent pour ce quilz ne sont conioinctes a nous par nulle raysō ne ne sa peult auoir commune auec nous pour ce que la tresiuste ordonnance de nos tre createur et leur vie et leur mort est sub gecte a noz vsaiges/ il sensuyt que ce qui est dit. Tu nocciras/ sentend de lomme. et par consequent que tu nocciras ne toy ne autre/ car certes cellup qui soccist ne occist autre chose que homme:

¶ Exposicion sur ce chapitre·

Ance xx. chapitre monseigneur saīt augustin veult prouuer que se di⸗

uin commandement de non occire/ sētend non pas seulement a ce que len ne tue son prochain. mais que len ne tue pas soy mes mes. Et par consequent que ce comman dement ne sestend mie aux bestes mues q̄ nont point de rayson/ ne aux arbres/ ne aux herbes/ combien quilz aient vertu ve getatiue. Et en ce repreuue loppinion des manicheiens qui sont vne secte de hereses qui tiennent que ce cōmandement sestend et aux herbes et aux bestes mues/ et defē dent que on nen tue nulles. De ceste erreur et de ceste fole opinion fut pitagoras et sa secte: Et se tu en veulx veoir aplain com me ilz vouloiēt que on ne tuast nulles be stes mues/ voy ouide le grant en son vu. liure qui sapele proprement carmen pitha goricum.

¶ De ceulx qui en occiant les hommes sont excusez du crime de homicide. xxi.

Toutessois lauctorite de celle mes mes saincte escripture/ il fist cer taines exceptiōs par lesquelles il est licite a homme occire autruy/ Mais exceptez ceulx que dieu commande a occi re soit par sa loy donnee ou par expres cō mandement fait a la psonne pour le tēps que le commandement luy est fait/ quicō ques occist soy mesmes ou autruy. il est te nu du crime domicide/ ne cellup nest poit homicide qui obeist a cellup qui a pouoir de faire le commandement/ neantplus q̄ est le glaiue qui nest que linstrumēt de cel luy qui en vse. Et pour ce nont point fait contre ce commandement par sequel il est dit. Tu nocciras Ceulx qui par lauctori te de dieu ont fait les batailles ou qui a uoient puissance de gouuerner la chose pu blique qui selon leurs loix par tresiuste cō mandement fonde sur rayson pugnirent de mort les desloyaulx. Ne abraham nest pas icy accuse de cruaulte/ mais qui plus est recommande doffice de pitie de ce que il voulut sacrifier son filz/ non pas par cru aulte/ mais par bonne et vraye obedience

Et encores est il question et non pas sans cause, assavoir se ce peut estre dit commandement de dieu que fist Iepté de sa fille, pour ce quil avoit voué que la première chose quil encontreroit après sa victoire il sacrifieroit a dieu, occit sa fille pour ce quelle sapparut a luy premierement après sa victoire. Ne sanson nest autrement excuse de ce quil tua soy et les autres en abatant la maison des philistes sur luy, fors pour ce q̃ lespit de nostreseignr̃ luy avoit commande secretement par lequel il avoit fait plusieurs miracles.

℅ Exposicion sur ce chapitre.

En ce xxi. chapitre monseignr̃ saint augustin veult prouuer que ce commandement de non occire si seuffre instance quant aux hommes lesquelz il est licite a homme occire comme menistre de dieu, soit par bataille, soit par iugement, soit par divine pourueance. Et le remanant du texte est cler, toutesfois pour ce quil ne parle de occire par bataille, quest iuste bataille et iniuste bataille qui sa peut faire, contre qui on la peut faire, et quantes choses sont requises a iuste batailles, voy monseigneur saint thomas daquin. In secunda questione. pl. et ysidore au pviii. liure de ses ethimologies.

℅ Que en aucune maniere la mort voluntaire ne peut appartenir a grãdeur de couraige. xxii.

Ceulx doncques exceptez ou que la iuste loy commande generalement ou que dieu qui est fontaine de iustice commande estre occi par espees quiconques occist soy ou autruy home, il est homicide. Et ceulx qui ont commises tel crime comme de soy occire, suppose que lẽ doye esmerueillier de la grandeur de leur couraige, ne sont ilz pas a recommander de saincte sapience, iassoit ce que se tu regardes parfaictement la rayson, ce ne soit pas grandeur ne perfection de couraige, ou vng homme se tue pour ce quil ne peut endurer les choses aspres et dures, ou se pe chie dautruy, car de tãt se mõstre la pensee

de sõme plus malade et plus enferme quil ne peut souffrir, ou sa dure seruitude de son corps, ou la fole oppinion du commun: Et par rayson peut estre dit de plus grant et parfait couraige cellui qui ceste chetiue vie et plaine de douleurs peut plus hardiement souffrir q̃ fuyr. Et p clere purte de conscie ce despite lumain iugement, mesmement du commun qui souuent enueloppe en chaleur de maintes erreurs, pour laquelle chose se se lent estre chose de grant couraige quant vng homme se occist. Dont dit len bien tenir q̃ vng homme appelé thobert p plus forte rayson fut trouue en ceste grandeur de couraige duq̃l len lit q̃ comme il eust leu le liure de platon q̃l fist de limortalite de lame se laissa cheoir de dessus vng grãt mur et se tua voluntairement pour aler a la vie ou il cuidoit estre meilleur. Certes rien ne le contraingnoit, ne chetiuete de guerre, ne crime a luy imposé faulx ou vray, pour quoy il se deust tuer pour ce quil ne le peust tollerer, mais il monstra la grandeur de son couraige en ce que seulement il se voulut tuer et rompre les deux loyes de ceste vie. Laq̃lle chose toutesfois fut faicte plus grãdement q̃ bien, de ce peut estre tesmoing le liure de platon q̃ luy mesmes auoit leu qui auant tous les autres leust fait ou commã de se ce neust este q̃ de ceste mesmes pensee de laq̃lle il auoit veu limortalite de lame: il auoit iugié q̃ non pas seulemẽt il nestoit pas a faire, alcois estoit a defẽdre, mais maintz se sont occis, affin q̃lz ne venissent en la main de leurs ennemis. Et toutesfois nostre question nest pas sil est fait, mais assauoir sil estoit a faire. Mais la vraye rayson doit estre mise au deuant de tous exemples, a laquelle les exemples saccordent, et especialement ceulx qui de tãt sont plus dignes destre ensuyuis, comme ilz sont de grant excellence de pitie. Ne les patriarches, ne les prophetes, ne les apostres, ne soccirent pas, car nostreseigneur iesu crist quant il les ammonnesta de fuyr de cite en cite, se ilz souffroient aucune persecucion, il les eust bien peu admonneste quilz soccissent. affin quilz ne cheissent en la main de ceulx qui les poursupuoient, Et sil ne comanda ne nadmonesta aux siens que en telle maniere ilz se partissent de ceste vie, ausquelz il promist a appareil lier maisons pardurables. Quelzconques exemples que opposent ceulx qui nont point congnoissance de dieu, il est chose manifeste quil nest pas licite a faire a ceulx qui adouroient vng vray dieu.

⁋ Expossicion sur ce chapitre.

En ce xxii. chapitre monseigneur saint augustin veult prouuer quil nest pas licite a aucun soy occire pour escheuer quelconque fortune aduerse, et que soy occire ne vient pas de grandeur de couraige, mais de la foiblesse du couraige de celluy qui ne peut resister aux fortunes aduerses. Et pour ce repreuue il & non pas sas cause ce theobert q come il eust leu les liures de platon de limortalite de lame il se laissa cheoir dun mur et se tua. Et ce liure sapele proprement plato in phedrone, ne il nauoit point bien veu la fin du liure ou il dit que nul ne doit mourir de sa voulente. Ce theobert se loncq q dit tulle de tusculanis questionibz est surnome abriasece. Et se tu veulx veoir autrement parler de ceste imortalite de lame, voy macrobe de sompnio scipionis q en parle grandement et haultement.

⁋ Quel soit le xemple de chaton le ql pour ce quil ne peut porter la victoire de cesar soccit en la cite de Vtice.   xxiii.

Et touteffois mise hors lucrece de laquelle nous auos dit parauant assez ce quil nous en semble que len en deuoit dire. Ceulx qui ont recomma de la mort voluntaire ne treuuent pas de legier de qlle auctorite ilz peussent confermer leur dit, se ce nest de chaton q soccit en la cite de Vtice. no pas ql soit seul qui ait ce fait mais que pour ce quil estoit tenu a saige et a preudomme len cuide, et non pas sas cause ou couleur quil peut a droit faire ce quil fist, duql fait q pouons nous pfaictemet dire fors tant que ses amis qui estoiet saiges et prudens et qui sauoiet que tel crime

cometre estoit plus foible que force de couraige luy desconseilloient plus saigement a ce faire en luy demonstrat que ce nestoit pas honneste chose de soy tuer pour escheuer les choses sapdes, mais enfermete de couraige qui ne pouoit soustenir les choses aduerses. Et ce mesmes demonstra icelluy chathon a son chier filz, auquel il commanda que de tout son pouoir il fist et procurast quil fust en la grace de cesar, et se confiast tousiours de sa benignite, pourquoy ne se constraint il a mourir auecques luy car maulius torquatus fist occire son filz qui sestoit combatu contre son commandement, combien quil eust vaincu les enemis et q de ce faire il eust excusacion honnorable, pour quoy chaton qui se tenoit vaincu espargna son filz vaincu, qui ne voulut pas espargnier a soy mesmes. Estoit ce plus laide chose estre vainqueur contre son pire que souffrir le vainqueur contre honneur. ⁋ Doncques puis que en nulle maniere chaton ne iuga estre laide chose de viure soubz lepereur cesar qui auoit eu la victoire come autrement il eust tue son filz. et leust deliure de ceste honte. Que puos nous dire autre chose, fors tant que tant come il ayma son filz et luy dist quil esp gnast ou attendist et demourast en la grace de cesar de tant eut il plus grant doubte q iulius cesar ne se meist a mort, ou a parler plus droittemet vergoigne de viure soubz luy qui sicomme cesar raconte fut enieux de sa gloire et de sa prosperite.

⁋ Expossicion sur ce chapitre.

En ce xxiii. chapitre il pse de sa mort de chaton qui se tua, et fut sa cause telle que comme il eust grant bataille ciuile entre iulius cesar et pompee apres ce que pompee fut desconfit & mort par cesar, pour ce que chaton qui auoit tenu la partie de pompee doubta que iulius cesar ne se meist a mort, et aussi ql ne voulut point demourer soubz sa seigneurie. il se retrait en vne des parties dauffrique en vne cite qui est appellee vtice, ainsi comme nous raconte lucan en son premier liure. Et comme il eust leu en une nupt en ce liure de platon q̃ auoit seu theobert duquel nous auons p̄se ou chapitre precedent q̃ sappelle Inphedrione se naura a mort Et cõme ses amis soulsissent estanchier sa playe, il souurit a deux mains, affin que seu ny peust mettre remede, et ainsi se tua sicõe dit florus. In epithomate en sõ tiers liure, ⁊ orose ou vii. liure de son orneste. Et fut ce chaton appelle chaton uticẽsis pour ce quil se tua en icelle cite de utice a la difference des autres chatons. Car tu dois sauoir quilz furent plusieurs chatõs, et q̃ ce fut une grãt maison et une grant lignie des chatõs al sicõe des scipions et des fabiens desquelz nous auons parle de suy. Lautre fut ung qui fut appelle chaton censorinus selon hesinand, et fut ou temps de la tierce bataille pugnique. Et pour ce fut appelle le plus grant chaton, lequel tule en ses liures de senectute et de amicicia recommande grãdement, et est appelle cẽsorinus qui vault autant cõe iuge des meurs selon huguce. et fut pour ce q̃l fut corrigeur des meurs. Et fut cellup qui p̃mier anoblit sa lignie selon valere en son tiers liure ou .iiii. chapitre. lequel il recommande de science dar mes de dignite et de sapience. Et iassoit ce quil fust si vaillant homme dist il, sicõe raconte gellius de noctib̃3 acticis ou x v. liure ou xix. chapitre q̃ en soy patē et dix ãs quil vesquit, il ne tint cõte ne de noble maison ne riche vesture, ne de precieuses vensilles, ne de precieux serfz, ne de precieuses chamberieres, ne de maisõs recouurir, ne de iardins faire. mais vsoit des choses selon ce quil les trouuoit, il en vsoit selon ce quil pouoit. ¶ Le tiers fut portius catho. qui selon orose en son v. liure fut consul de romme, et tantost fut mort en une bataille. Et le quart fut cacho stoicus philosophe qui au pl. an de lempire cesar auguste par ipacience de double quartaine esperãt auoir meilleure vie apres ceste mort se tua sicomme dit eusebe en sa cronicque. Et iassoit ce que aucuns dient que ce fut cellup q̃ fist le liure que les enfans lisent a lescole

toutesfois ce ne peut estre. car en icellup est faicte mension de lucan qui fut enuiron se temps de neron sẽpereur, et par consequẽt long temps apres cesar auguste. Et se tu veulx veoir plus largement de ces chatons et cõe il en eut plusieurs engendrez, nepueux de chaton cẽsorinus. voy gellius en son liure de noctibus acticis. Et dois sauoir que sen ne fait cõpte que du p̃mier chaton qui est appelle censorinus Et de ce chaton uticensis duquel monseign̄r saint augustin parle en ce chapitre qui aucunesfois est nõme aux escriptures posterio: catho: a la difference du premier. Et quant il p̃se apres de maulius torquatus qui tua sõ filz qui sestoit combatu cõtre son edict, cõbien quil eust eu victoire, il redargue chaton et repreuue son fait de ce quil voulut q̃ son filz demourast en sa maistrie de cesar et il ny voulut pas demourer, mais se occist. affin quil ne demourast en sa subiection. Et combien que monseign̄r sait augustin parle encore cy apres ou v liure ou p̃viii. chapitre de ce maulius, toutesfois affin de nous en deliurer tu dois sauoir q̃ listoire est telle. cestassauoir que selon ce que raconte orose ou .iiii. liure de son orneste ou viii. chapitre en lan. cccc. et ix. apres la creacion de romme les satins se rebellerent contre les rommains, pour quoy ilz auoient enuoie contre eulx pour leur faire guerre deux consulz, lun appelle maulius torquatus, et lautre decius mecius, dont lun sicomme il dit. il fut mort, et lautre fut parricide. cestadire quil tua sõ filz iassoit ce q̃l eust vaincu ses ennemis et tue Metius ung cheualier de tusculanis qui estoit de la partie des satins. Et titus siuius en sõ viii. liure desclaire listoire plus aplat. car il dit q̃ en la guerre qui estoit entre les rõmains et les satins auoit este defendu q̃ nul ne se cõbatist extraordinairemẽt, cestadire q̃l ne se cõbatist a part ⁊ sãs congie Et aisi cõe ilz couroient et descouroient dune pt̃ ⁊ dautre, le filz de ce malisapprocha des ostz des satins, ⁊ cõe ce meti q̃ estoit duc de lost des tusciẽes seust app ceu, il luy dist plusieurs villenies et le chauffa, et finablement luy requist la bataille corps a corps, seql filz de maulius ione, fort, hardy, et puissant ne luy osa refuser partie pour honte, partie pour le couroup des villenies quil luy disoit, mais luy accorda, et finablement labatit de son cheual et le tua et en rapporta les despouilles a son pere. Et tantost son pere pource qͥl auoit trespasse ses commandemens du senat, et sestoit combatu contre ses defences pour ce quil nauoit tenu conte de sobeissance qui est deue en ce qui appartient a cheualerie par quoy la chose publique de romme sestoit tousiours tenue en estat le fist occire en luy disant que ce douloureuy exemple quant a luy seroit prouffitable a la iouuente de romme, car suppose que ce fait fust abhominable a sa iouuente de romme, toutesfois en fut elle plus obeissante. Encores dit titus en ce mesmes lieu que de maulius qui auoit occi son filz et desconfit les ennemis et sen retourna a romme, ses anciens luy vindrent au deuant, mais sa iouuente de romme ny vint point pour ce q depuis quil eut occi son filz, ilz leurent tousiours contre cueur et pource neut il point de triumphe sicõe dit orose oudit .iiii. liure ou .viii. chapitre. Et frontin ou liure de ses strageneres de ceste matiere dit que cõme la iouuente des romains sarmast pour le rescourre et courir sus au pere, le filz ne le voulut souffrir, disant que ce nestoit pas si grãt chose de luy que pour ce len deust corrompre la discipline de la chose qui appartient a obeissance de cheualerie, et souffrit que son pere le feist occire. Valerius maximus recõmande tant ce fait en son second liure ou second tiltre ou vi chapitre que il dit q ce fait est digne de plus grant loenge que le ne pourroit recorder, et quil fut chose trop plus iuste et plus cõuenable q le pere fausist a auoir vng fort enfant q ce q romme faulsist a discipline et obeissance de ce qui apptient a cheualerie. Et se tu veux veoir cõe telle discipline est recõmandee, voy valere en ce .ii. liure ou tiltre de disciplina militari ou chapitre final, toutesfois sẽble il que orose oudit .iiii. liure napreuue pas son fait, et qͥl le blasme tant pour enfant cõe par ce quil dit que pour ceste cause luy fut denie le triumphe, combien quil eust desconfit les ennemis.

¶ Que de tant cõe en telle vertu de soy non vouloir occire regulus fut plus vaillant et plus a recõmander q chaton, de tãt surmontent les crestiẽs les payẽs. xxiiii.

Et ceulx contre lesquelz nous arguons, cestassauoir les mescreans ne veulent pas q nous preferons a ce chaton ce saint hõme iob qui ayma mieulx souffrir tant de tourmens en sa chair que ce que par soy occiãt il passast tous ses tourmens. Et aussi les autres sains hõmes sicõe nous le trouuons aux sainctes escriptures autentiq approuuees et cõfermees, et qui sont treshaultes et tres dignes pour y adiouster toute foy, lesqlz aymerent mieulx endurer la seigneurie et chetiuoison des ennemis que eulx occire, mais par leurs escriptures mesmes nous mettrons deuant marc regule a ce chaton car chaton nauoit oncques vaincu cesar, et luy vaincu il eut despit destre submis a luy. Et affin quil ne fust submis a luy il esleut a soy mesmes occire, mais regulus auoit ia vaincu ceulx de carthaige et auoit a lẽpire rõmaine cõe empereur rõmain rapporte la victoire q nestoit pas a blasmer des citoiens, mais a louer des ennemis, toutesfois fut il depuis vaincu, et neantmoins apma il mieulx a mourir en leur seruitude q soy oster dicelle en soy occiant. Et en ce il garda soubz sa seigneurie de ceulx de carthaige paciẽce, et en lamour des rõmains graye cõstance, ne il nosta pas sõ corps vaincu des enemis, ne son couraige des citoiens de rõme, ausqlz il estoit ioit et sy ne ce qͥl ne se voulut pas occire, il ne le fist pas pour lamour de ceste vie. Ceste chose il proura quãt pour cause de sa pmesse et pour tenir son sermẽt il retourna sans quelconque crainte a ceulx de carthaige ses ennemis, lesquelz il auoit plus greuez par ses paroles ou senat de rōme quil na uoit fait en bataille par armes. Il eut ceste vie en si grāt despit quil ayma mieulx finer ses iours auecques les cruelz ennemis par quelzconques peines, que il nay ma soy occire, car certes il iuga estre tres grant crime se vng homme occist soy mesmes. Les rommains ne treuuēt nul meilleur homme ne plus a soer être ses haulx et puissans hommes ⁊ de grant vertu que suy que felicite ne peut corrompre, car en si grant victoire il demoura tres poure, ne pour sa male aduēture il ne se ffescit en riē quil ne retournast sās paour a telle mort et a telz tourmens. Et se les tresfors clers et tresnobles hommes defenseurs de leurs pays terriens ⁊ adoureurs de leurs dieux combien quilz fusseut faulx, non pas come decepueurs de leurs dieux, mais tres vrais seruiteurs et iurez a eulx, et qui par droit de bataille et de guerre pouoient occire ceulx quilz auoient vaincus, et quant ilz estoient vaincus et prins de leurs ennemis ne se voulurent pas occire, mais ay merent mieulx a souffrir de ceulx qui les auoient prins ce quilz leur voufoient faire, combien quilz ne resoingnassent en riē la mort: par plus forte rayson ses crestiēs qui adourent vng vray dieu et qui attendent le souuerain pays, cestassauoir le royaulme de paradis se tendront de commettre telles cruaultez comme de eulx occire, suppose que sa vraye ordonnāce diuine les submeist a leurs ennemis, ou pour eulx prouuer, ou pour eulx amender, lesquelz il na delaissiez en telle humilite et seruitu de qui pour eulx descēdit en terre qui estoit le plus grant et le plus puissant. Mesment ceulx que nulz droiz de cheualerie ne puissance de cheualliers ne constraingnēt a deporter vng ennemy vaincu. Quelle doncques tant male erreur ses demeine de tenir que homme se occie ou pour ce que sō ennemy a pechie en luy, ou pour doubte quil ny face pechie, comme il nose occire sō enemy ne celluy qui a pechie en luy, ne celluy qui y veult pechier.

Epposicion sur ce chapitre.

En ce xxiiii.chapitre monseigneur saint augustin conferme plus largement ce quil auoit prouue cy dessus ou xxii.chapitre, cestassauoir quil nest licite a aucun a soy occire pour escheuer ses choses aduerses, et le demonstre par le fait de marc regule qui autrement est appelle atilius duquel il a parle cy dessus ou vB cha pitre, lequel sicomme il le preuue nest pas seulement a mettre au deuant de chaton, mais a tous ses autres rōmains q̄ leurs anciens escripuains ont loez. Et quant il dit que en si grant victoire il demoura tres poure. ⁊c. Il veult mettre lexemple dont nous auons parle cy dessus ou vB. chapitre, cestassauoir de son closier q̄ estoit mort et de son serf qui sen estoit ale. Et courant il manda aux rommains quilz enuoiassent a carthaige vng autre duc en son lieu pour mener sa guerre contre ceulx de carthaige, affin quil sen peust retourner pour labourer vii. arpens de terre quil auoit tāt seulement pour auoir sa vie de luy, sa femme, et de ses enfans, qui tantost luy querirent vng closier, et luy firent labourer ses terres et ordonner de la vie de sa femme et enfans, affin quil ne retournast, sicomme raconte valerius maximus ou quart liure ou tistre de pouiete. Et le surplus du chapitre est tout cler.

Que pechie ne doit pas estre escheue par autre pechie. xxv.

Mais certes il est a doubter et a escheuer que le corps submis a sa cōcupiscence charnelle delectacio ne soit alechie a consentir a ce pechie. par ceste rayson ilz dient que non pas pour pechie dautruy, mais pour son pechie vng chascū se doit occire auant qil le face ne qil y echee, mais certes en nulle maniere sa saicte pēsee de couraige ferme ne se cōsentira a sa delectaciō esmeue par autruy q̄ est plus subgecte a dieu ⁊ a sa sapiēce q̄ au desir du corps, touteffois se cest crime detestable et dānable cruaulte de soy occire, sicō ma verite apptē le crie, q̄ est cil qui sēt si mal q̄ ne dye pechons a present/affin que nous ne pechons plus/pechons en faisant homicide/affin que nous nencheons en adultere Ne vault il pas mieulx se iniquite a telle seignourie q̃ len ne scait eslire fors pechiez sans innocence tenir lincertainete de sa dultere q̃ est encores a auenir que prẽdre la certainete de present homicide/et soy occire Ne vault il pas mieulx commettre pechie qui peut estre gary par penitance/que commettre crime que len ne puisse trouuer lieu ne temps de conuenable repentance. Jay dit ces choses et pour ceulx et pour celles qui non pas pour escheuer autruy pechie/mais se seur propre cuident quilz se doiẽt occire licitement et faire force en leur corps affin que elles ne donnent consentement a la vile lupure eschauffee que autre vouldra en elles commettre. Et quelque chose quil en soit ailleurs/ia dieu ne plaise quil en soit ainsi en la pẽsee du crestien qui a sa seule fiance en dieu et qui a mise toute son esperance en luy/sefforce dauoir son ayde que il en elle se consente a celle laidure/ne a telz delictz charnelz. Et se lincontinence du desir de la chair qui demeure ẽcore aux membres malades sesmeut de sa nature sans propre voulente de consentemẽt comme il soit sãs coulpe le corps de celle qui ny a donne aucun consentement/come il soit sãs coulpe ou corps de celluy a qui il est cõmis en dormant.

¶ Exposicion sur ce chapitre.

En ce xxv. chapitre mõseigñr saĩt augusti auec ce quil a dit cy dessus veult approuuer quil nest licite a aucun a soy occire/aussi quil ne peche plus ou tẽps auenir/et par especial aussi quil ne soit touchie destrange pollucion pour doubte quel le ne soit commise en luy. Et ce dit il notablement pour ce que sur toutes les choses mondaines virginite et chastete entre les femmes estoient recommandees par telle maniere que quant virgile en son liure de eneydos veult recommander harpalice q̃ fut dame de trace. τ camille qui fut royne des volsques qui vint en leyde de turnus

roy des rutiliens par principale recõmendacion il les recommãde a virginite pour sa plus grant loenge. disant que auecques ce nom il ne sauroit riẽ adiouster. Et aussi tenoient les anciens rommains que sa virginite que auoient les sebiles estoit la principale cause pourquoy elles iugerent des choses a auenir. Quil soit vray il appert/car sebile en grec vault autant cõme conseil de dieu/lequel proprement appartiẽt a estre sceu a virginite. car theos vault autant comme dieu/et buse vault autãt comme sermon ou parole/et ou temple de appolo et de iuno estoient esleues pour adourer les vierges comme cassandra (therisin/et les prestresses ou temple de veste τ de dyane/τ de la vengance qui fut faicte pour la dessoracion des vierges lacedemoniennes q̃ estoient alees a la solennite des encenses et des grãs deuz qui fais y furẽt pour ceste cause tu en as vng tresnotable exemple ou.iii. liure de iustin. Et quant au surplus le texte est tout cler.

¶ Des choses quil nest pas licite a faire suppose que len les sache estre faictes des sains/mais sont a croire quelles soiẽt faictes par la rayson par lesquelles elles sõt faictes.   xxvi.

Mais ilz dient que aucunes sainctes femmes ou temps de la persecucion se getterent en leaue/et se noierẽt/affin quelles escheuassẽt ceulx qui les poursuiuoient pour elles violer et corrompre. Et ainsi furent mortes/des quelles les martires et passions par tresgrant honneur et reuerence sont ramenteues en leglise catholique. De cestes nose ie rien iugier folement. car ie ne scay se par aucuns tesmoignages dignes de foy saincte diuine ait admonneste que len hon neure ainsi leur memoire/et si peut estre quil est ainsi Et certes selles sont ainsi fait non pas deceues de decepcions humaines ne par erreurs/mais par commandemẽt diuin et par obedience ilz sont a excuser/ne il ne fault croire autre chose de sanson qui se tua cõme nous auons dit par deuãt car dieu commande ou fait cõmander telz choses estre faites sans decepcion. Et q̃ se ra celluy q̃ appellera cresme ou tournera en cresme tele obediēce/ou q̃ accusera cel luy qui laura fait par le commandement de dieu. Toutesfois nest pas celluy sans cresme et sans cruaulte qui ordõne a sacri fier son filz a dieu pource quil vueille dire que abraham fut de ce faire recõmande car vng cheualier quãt il occist vng homme par obediēce de sa seignourie sur laquelle il est droiturierement restitue il ne peut es tre dit coulpable de homicide par nulle rai son se on sa loy qui lui est baillie/ mais q̃ plus est s'il ne la fait il ē coulpable ꞇ est a pugnir de ce quil a despisie ꞇ laissie a faire le commandement/ laquelle chose s'il la uoit fait de sa volente et sans auctorite il auroit cõmis crisme domicide tel cõme de respandre sang humain. Et pour ce s'il est pugny de ce quil a fait sās cõmandemēt aussi deuera il estre pugni s'il na obei au cõ mandement et s'il est ainsi que len doit obe ir quant lempereur le cõmande/ par plus forte raison quant dieu nostre createur le commande/ doncques celluy qui dist quil ne conuient a nulluy soy occire toutesfois face ce/ se celluy le cõmande du quel il ne conuient a nulluy despiter ne passer ses cõ mandemens. Doient toutesfois ꞇ regar dent se le commandement diuin varie nul lement en incertain/nous requerons nr̃e consciēce par loreille/ ꞇ si ne vsurpõs pas a nous le iugement des choses repostes/ nul ne scet qui est fait en lõme/ fors les perit de lõme qui est en luy ce disons nous ce confermõs nous/ ꞇ approuuons en tou tes manieres cestassauoir quil ne conuiēt a aucun soy occire de sa volente pour fuir les tribulaciõs tēporelles pour doubte q̃lz nencheent aux perpetuelles/ il ne conuient a aucun pour autrui pechie soy occire/ a fin quil ne se cõmence a auoir plus grant et plus grief en soy mesmes/ ꞇ lequel sera fois sien propre/ que autrui pechie nauoit pas parauant touchie. Ne il ne cõuient a

aucũ pour ses pechiez passez soy tuer pour lesquelz ceste vie lui est tres neccessaire et cõuenable affin quil se puisse garir ꞇ les es taindre par vraie penitance/ ne il ne cõui ent a aucun soy tuer pour desir de meilleu re vie que len espoire a auoir apres la mort car la meilleure vie ne rechoit pas aps la mort ceulx q̃ sont coulpables de leur mort

⸿ Exposicion sur ce chapitre.

En ce xxvi. chapitre monseigñr saĩt augustin respond a vne obiectiõ q̃ fõt aucuns contre ce qui est dit ou chapitre precedent/ou ilz sefforcent de prouuer quil cõuient a vne fẽme a soy occire ou cas des subdit/pour ce que aucunes fẽmes desq̃lles len fait memore en leglise sont ainsi fait/ Toutesfois des crestiennes qui ce aient fait ie nē ay pas moult trouue en escriptu re approuuee. fors tant que en eusebe en sis tore ecclesiaste ou viii. liure ou ix. chapitre raconte que ou tēps de maxēce lempereur il auoit a rõme vne saincte fẽme appellee semproina femme dun prestre de romme/ ce maxence q̃ estoit luxurieux sur toutes choses icelle fẽme veue/ la couuoita pour sa beaute et lenuoia querre p ses maistres aux quil auoit affaitiez. a ce Laquelle oyt le mandement tantost le dist a son mary qui oye sa fẽme fut en grant perplexite quil feroit disant quil faloit/ ou perdre sa vie ou souffrir: et dissimuler honte si vilaine ⸿ Et quant sa femme se vit ainsi trou ble elle dist au messagiers quilz attendis sent tant quelle fust a ournee et que tan tost quelle retourneroit et sen entra en vng petit retrait/ se mist a genoux fist son o roison a dieu. ⸿ Et ainsi comme selle vousist immoler a dieu sa virginite seoc cist dun glaiue quelle tenoit disant aux messages quilz alassent reporter ces nou uelles a ce mauuais tyrant et que plus lui deuoient plaire telles femmes qui sõt crestiēnes/ mais des fẽmes payēnes q̃ ont ce fait ꞇ auãt et aps ie en ay leu plusieurs

epemples et si en ay mis cy dessus aucuns
Et se tu en veulx encores auoir tu en as
epemple des milesiennes qui se tuerent
pour ce quelles auoient este corrumpues
par les gabbes sicome dist pegrinus ou
miroir des vierges Si firent les fēmes
des saponiens lesquelles se pendirent /
pour ce que apres la descōfiture marcus
ne leur volut ottroier quelles seruissēt
ou temple de veste combien quelles vou-
sissent vouer chastete sicōme dist florus
in epithomate. Et vne femme de grece a
pellee ppo que les enemis auoient rauie
et mise en leur nef se noya et laissa cheoir
en la mer affin quelle ne fust p eulx cor-
rompue dont quant le corps fut ariue a
terre les grecz le firent sollēnelement en
terrer et en firent telle feste quilz tindrēt
et encore tiennent que leur pays en fust et
est grandement recommande sicomme
dist valere en son vi. liure ou pmier cha
pitre. Et se tu en veulx plus veoir voy
iherome contra iouinianū q̄ y met plusi
eurs epemples des payennes nō pas des
crestiennes / et le sourplus du chapitre
est tout cler.

Assauoir se lē doit desirer la mort pour
escheuer pechie Chapitre.   xxvii

Il est encores vne cause de laquelle
iauoie commenchie a dire par la-
quelle lēn cuide estre prouffitable chose a
vngchascun de soy occire cestassauoir a
fin quil nēchee en pechie ou par vaine de
lectacion ou par doleur intollerable La
quelle cause se nous volons recheuoir et
leur cōsentir icelle cause demenee vendra
iusques a ce que lenamōnesteles hōmes
deulx tantost occire apres ce quilz sōt bap
tisies pour ce que par la regeneracion du
saint baptesme ilz sont laues et ont prin-
se plaine remission de leurs pechies et que
lors est il temps de escheuer tous pechiez
a aduenir comme tous les precedens soi-
ent effaciez et remis par le baptesme
Se cest chose droituriere et couuenable
que lēn se puist tuer de mort voluntaire

pour quoy par plus forte raison ne le fait
on lors pourquoy cellup qui est baptisie
espargne sa mort pourquoy son chief qui
est deliure mesle il de rechief aup perilz
de ceste vie cōe il puist ces choses escheuer
tres legierement par la puissance quil
a de soy tuer / et mesmemēt quil est escript
que qui ayme le peril il escheria en icellui

Pourquoy doncques ayme on tant de
perilz et si grās ou suppose que sēn ne les
ayme point pourquoy les rechoit lēn / pour
quoy demeure en ceste vie cellup qui sen
peut partir couuenablement / mais en-
cores pourquoy ceste peruersite sans sa-
piēce tresbuce le cueur et le destourne de la
consideracion de verite Cestassauoir q̄
se aucun se doit tuer il vueille viure afin
quil ne chiee en pechie soup la seignourie
daucun qui laura chetiue et qui mieux a
souffrir le monde qui est plain de temp-
tacions par tousiours et par toutes heu-
res et de telles aup quelles lēn resoigne
viure soup la seignourie daucun et dau-
tres sans nōbre sans lesquelles ceste vie
nest point Quelle cause doncques auōs
nous pourquoy nous doions gaster no-
stre temps en plant a ceulx qui sont bap
tisiez nouuellement ausquelz nous ad-
monestons a les emflamber / soit a gar
der leur virginite soit a garder la conti-
nence des vierges cest a dire des vefues
soit a la foy du loyen de mariage cōme
nous apons meilleur et plus briefue voie
a lescheuer tous les perilz de pechie cest
assauoir que nous puissons admonester
toutes personnes a eulx occire apres la
tresnouuelle remission de leurs pechies
car par ce nous enuoions plus sains et
plus purs a nostre seigneur Toutesfois
quiconques cuide ces choses estre vraies
ne que sēn se doye entreprendre ou admo-
nester ie ne dis pas quil soit fol seulemēt
mais ie dis quil est hors du sens ¶ par
quelle fole hardiesse ose il dire a homme
tue toy affin que a tes petis pechies tu ne
adioustes plus grans en dementiers q̄ tu
vis soubz seignr de mauuaises meurs.

d i

Certes il ne se peut dire ainsi fois comme trescruel de dire tue toy quant tu es absoubz de tous tes pechies affi que tu ne faces pl⁹ telles choses ou pires tant comme tu vis en cest monde furieux et plain de si mauuaises delectaciõs charneles ꝛ qui est nře ennemy par tant de terreurs et horreurs/ Et pour ce que cest droite mauuaistie a dire aussi est ce mauuaistie de soy occire/car sil y auoit aucune iuste cause de le faire de leur volente encores sans doubte nẽ seroit il point de plus iuste que celle de se non faire/ꝛ pour ce que ceste ne lest pas il sensuit que elle ne soit nulle. Et pour ces causes entre vous bons crestiẽs gardez que vostre vie ne vous soit pas a desplaisir se vostre chastete a este en derision et moquerie a voz ennemis ꝛ quilz vous ont corrũpues contre volente et par force.

¶ Exposicion sur ce chapitre.

Ence xxvii. chapitre monseigneur saint augustī recite encores ce quil a dit ꝛ prouue cy dessus ou xxv chapitre cest assauoir quil ne couenist a aucũ a soy occire afin quil ne peche ou temps aduenir Et par consequẽt quil ne fault en nulle maniere a aucun de soy occire cõme ceste cause de soy occire afin q̃ lẽ ne peche/plus semble estre tresgrande Suppose quelle peust estre dicte cause ce que non iasoit ce que nous trouuons en escript q̃ plusieurs aiẽt esleu ꝛ desire a mourir a fi/ꝛ plusieurs aient desire a plus longuement viure affi que plus forment ilz soustenissent les persecucions ꝛ resistassent aux temptacions Et sur ce pas soy ioachin en la lecture en lapocalipse ou xxi.chapitre q̃ est le penultime ou il parle des vii pierres precieuses Et dois sauoir que en la fin de ce chapitre pour ce que par lart de lẽnemy les romains estoient si enclins et si aueugles a vser de diuers sacrifices a leurs ydoles que len reputoit euure de tresgrant vertu de soy occire pour petite cause Mõseignr̃ saint augustin si traicte ꝛ determine ceste matiere au plus large ꝛ cõclud ꝛ aferme quil nest licite a aucun a soy tuer ne pour

voloir eschapper des duretez temporeles affin que len nenchee aux perpetuelles/ne pour doubte dautrui pechie affin quil ne se face plusgrief en soy cuidant escheuer sautrui qui ne se coichoit en riẽs ne pour ses pechies pour lesq̃lz purgier ceste vie est plus neccessaire/ne pour desir de meilleur vie que lẽ attent apres sa mort pour ce que sicomme il dit ou texte/la vie a uenir ne rechoit pas ceulx qui sõt coupables de leur mort comme fut ce theobert dont nous auons dessus parle Si furẽt zenon crisippus et empedocles qui se bouta aux montaignes ardans de secile que nous appellõs ethne/ꝛ se tu veulz veoir de ceste matiere voy lactence de la fausse/ꝛ vraie religiõ ẽ sõ tiers liure ꝛ tule de tusculanis questionibus. Toutessois en y eut il aucuns qui se mocquerent et contenerent eternite ou pardurablete si cõme ferecides qui tenoit que les ames moroient auecques les corps si comme raconte tule ou v.liure de tusculanis q̃stionibus Et se tu veulz veoir les raisons par lesquelles ilz tenoiẽt ceste opinion eureuse voy plyne en son liure naturalis historie ou l'vi. chapitre ou il recite les poses des payens.

¶ Par lequel iugement de dieu il est ottroie aux ennemis a pechier par delectaciõ charnelle aux corps des femmes continens. xxviii.

Vous aues grant et vraie consolacion se vous gardes la purte de voz consieces de nõ auoir dõne quelque consentemẽt aux pechiez que ceulx ont cõmis en vous Et se vous demãdes cõment il a este souffert quilz se feissent vous deuez sauoir que cest par la prouidence de nostreseigneur qui a cree le monde ꝛ qui le gouuerne laq̃lle est haulte et ses iugemẽs si ne sont pas a nous a enquerre ne a distinctier ses iugemens ne ses voyes a enquerir Toutessois examinez diligẽmẽt voz cõscieces assauoir se pour ce que vous avez si bien garde le bien de virginite de continence ou de chasteté vous vous en estes point orguillez ou se vous vous en estes point donnez de vaine gloire/ou se vous en avez pour ce eu point denuie contre autres qui estoient a vous de pareil degre. Je naccuse pas ce que ie ne scay ne le noy pas ce que voz consciences vous en dient et selles vous respondent quil soit ainsi/cestassauoir que vous vous estes enorgueillis et en avez prins vaine gloire/ne vous esmerueilliez pas se vous avez perdu ce que vous portiez pour plaire aux hommes/cestassauoir la chasteté du corps quant ce vous est demoure qui ne pouoit estre demonstre aux hommes quant vous ny donnastes aucun consentement/cestassauoir la purete de vostre conscience a celle grace diuine affin qlle ne fust perdue vint laide souueraine de nostreseigneur. Et a celle humaine gloire et vanite affin quelle ne fust trop amee succeda celle humaine vergoingne/cestassauoir de ce q̃ le corps fut corrumpu. Et pour ce vous qui estes encores assez foibles de pensees et assez iosnes de sens confortez vous en chascune de ces deux choses prouuez lun chastiez lautre. Justifiez lun amendez lautre, mais de celles ausquelles leur conscience bien et diligement examinee respond quelles ne sen orgueillirent du bien de virginite de continece ou de chastete/mais en craignant et louant dieu/sen sont esiouies en soy batant auecques ses personnes humbles ne nont este enuieuses daucunes personnes qui fussent pareilles a elles de sainteté et de chastete aincois toute louenge humaine ostee et arriere mise qui de tant doit estre plus hault esleuee comme le bien qui requiert louenge est mendre/ont desire et ont mieulx ame qlles feussent plusieurs et en plus grant nombre que ce quelles apparueussent ou fussent mieulx cogneues entre petit nombre de celles. Se il en y a aucunes de telles qui par les ennemis aient esté violees contre leur consentement len ne doit pas accuser nostreseigneur pour quoy il ait souffert ne q̃ pour ce sil le souffre et ne pugnist pas tantost cellui qui pour ce len vueille dire ou croire quil ne luy en chaille comme il seuffre ce que nulz ne commet sans offense/car plusieurs grans pechiez et vilains par le present et secret iugement de nostreseigneur sont relachiez et gardez iusques au grant appert et dernier iugement aussi comme grans tardeaulx. Et celles qui sentent si bien de leur conscience et qui de ce ne se sont point enorguilliez qui toutesfois furent violees par les ennemis auoient parauenture aucune maladie lattent par quoy elles ne se peussent estre esleuees en orgueil se elles neussent esté humiliees et qsi fussent eschapees de celle destructio sans corrupcio/doncqs tout ainsi comme aucuns ont esté mors hastiuement pour ce que aucune malice ne muast ou peruertist leur entendement aussi certainement a sen raup aucune chose a telles femmes affin que aucune prosperite ne leur donnast cause ou occasion de muer leur continence. Et pour ce ne des vne ne des autres cestassauoir ne de celles qui ia sorguillissoient de ce quelles nauoient point esté corrumpues ou qui peussent auoir monté en orgueil selles eussent eschape des mais des ennemis sans auoir esté violees. Na pas leur chastete esté ostee/mais elles ont esté admonnestees de viure en humilite et ainsi len a prouueu et a la grant paour que len auoit de celles Et euident a leminent orgueil de celles q̃ ia senorgueillissoient de ce qlles nauoient point encores esté violees/iassoit ce quil ne soit pas a taire ce quil a semblé a aucunes qui ont ces choses souffertes q̃ len puist attribuer le bien de continence es biens corporelz et y demourer se le corps nestoit oppresse de nulle delectacion charnelle et quil nest pas mis en la seule force de volente aidee par grace diuine que le corps et lame soient ensemble sains en tel bien quil ne puist estre osté par force et contre la voulenté du coraige saqlle erreur

d ii

p aduenture leur a este ostee/car quant el les pensent en quelle conscience et fermete de pensees elles ont serui a nostresei‑ gneur elles ne cuident en nulle maniere quil les ait voulu ainsi delaissier en tel be‑ soing et en telle necessite qui sont ainsi ser‑ uies et apellez a leurs necessitez. Et si ne sont point de doubte que leur chastete vir‑ ginite et ptinence ne lui soit venue a grant plaisir/et par ce elles voient ce qui sen doit ensuiuir/cestassauoir q nostreseigneur neust iamais souffert q telz crimes fus‑ sent commis en icelles sainctes femmes par quoy la sainctete qui leur auoit don‑ nee et quil aime estre en elles fust perdue en aucune maniere. Et pour ce tous les sergeans de nostreseigneur qui est leur vray et souuerain dieu ont toute leur es‑ perance z consolacion en lui sans fallace et non pas es choses muables et transi‑ toires ne ilz ne se repentent point de demou‑ rer en ceste vie temporelle/en laquelle ilz apprendent a acquerir la pardurable z en icelle vsent des biens temporelz comme pelerins sans y auoir quelque affection z des maulx teporelz se preuuent ou ame‑ dent.

Expposicion sur ce chapitre.

En ce. xxviii. chapitre monseigneur saint augustin respond a vng in‑ cident question qui est telle/cestassauoir pourquoy dieu a souffert que aucunes fe‑ mes aient este corrumpues ou violees a force et contre leur volente. Et y assigne monseigneur saint augustin trois cau‑ ses ou trois raisons dont la premiere se commence ou il dit. Et se vous demandez etc. ¶ La seconde se commence ou il dit Et celles qui sentent si bien de leur con‑ science etc. Et la tierce ou il dit iasoit ce quil ne soit pas a taire etc. Et la ou il dit/doncques/tout ainsi etc. monseigneur saint augustin en parlant de ce rauisse‑ ment si fait vne comparison et si le con‑ ferme a ce qui est dit ou quart liure de sa‑

pience ou. iiii. chapitre ou il est dit. Il est raup a ce que se malice ne muast son ente‑ dement ou que faintise et fiction ne de‑ ceut son ame Lesquelles parolles sont p premment dictes de enoch ou de helye. Et finablement conclud que les crestiens ont autre consolacion en aduersite que nont les mescreans pource que toutes aduersi‑ tez leur tournent en bien soit en ceste pre‑ sente vie soit en celle a aduenir soit en tou‑ tes les deux. Et se sourplus du chapitre est tout cler.

¶ Que les sergeans de nostreseigneur doiuent respondre aux mescreans quant ilz leur reprochent que nostreseigneur ie‑ suscrist ne les a pas deliure de la foursen‑ nerie des ennemis. xxix.

Vis a ceulx qui se moquent de la bonte des sergeans de nostresei‑ gneur et leur dient quant ilz les voient cheoir en aucune persecucion tem porelle/ou est ton dieu/Ilz leur peuet de‑ mander et respondre ou sont leurs dieux quant ilz seuffrent tant de maulx et de tourmens pour lesqlz escheuer ou il les aourent ou ilz contendent que len les doit adourer/car les vrais sergeans de nostre seigneur leur peuent respondre que leur dieu est present par tout en chascun lieu z quil nest nulle part enclos en lieu que len puist dire secret tellemet que len ne puist auoir acces a lup. Cellui vray dieu quant il me demaine par les fortunes aduerses ou il examine ma consciece ou il me cha stie de mes pechiez z me garde la vie z le loyer pardurable quant ie prens en pacie ce et endure doulcement ces maulx tepo relz. Mais vo9 q estes vo9 au sqlz len doit p ser especialemet de voz ieduxp. Et p espe cial de nre dieu qui est espouentable sur tous autres dieux car tous les dieux des gens ne sont que deables/mais nostresei‑ gneur a fait le ciel et la terre. Et certaine ment se vostre scipion nasique viuoit les quel fut iadis vostre euesque a romme/

sequel fut esleu par le conseil de tous les senateurs comme le meilleur pour recevoir lidole que len estoit ale querre en frige pour la doubte que len auoit de ceulx de carthage qui estoient venus en ptalie conquerre le pays. Et lequel vous noseries regarder sil viuoit il vous deffenderoit de maintenir telle sotie et erreur

¶ Expposicion sur ce chapitre.

En ce .xxix. chapitre monseigneur saint augustin demonstre la cause pour laquelle les mescreans couroient sus aux crestiens pour les aduersitez qui leur venoient ou temps de la destruction de romme. Et rent la cause disant que ce fut pour ce quilz vouloient viure mauuaisement et sans pugnicion et ne vouloient pas viure si iustement comme les crestiens. Et pour ce quilz vouloient ainsi viure dessopaument pource aimoient ilz viure en prosperité et heoient aduersité. Et ce preuue il par scipion nasiq qui ou temps de la seconde bataille punique estoit encore ione enfant ne nauoit point encores office de questeur selon ce que dit titus liuius ou neufiesme liure lequel fut appelé cornelius scipio et dit quil fut filz de celsui qui morut en espaigne. cestassa noir gnei scipionis qui premierement fut appellé auffriquan. pource quil trasporta les batailles en carthage ou temps q̄ hanibal estoit en ptalie. Et pour auoir sentedement de ce chapitre ou il parle de ce scipion nasique et des reliques de frige tu dois sauoir que selon ce que dit titus liuius en son .xi. liure ou .ix. an de la seconde bataille punique. cest adire de ceulx de carthage contre les rommains. Hanibal estoit entré en ptalie et leur fist si forte et si dure guerre quilz ne sauoient que faire si firent querir par ceulx qui estoient apprez deux hommes qui estoient maistres des secres par tous les anciennes religios et croniques et aussi firent demander a leurs dieux quilz auoient a faire q̄ trou

uerent vne telle prophecie que quant les ennemis et les hayneux aux rommains seroient venus en ptase len les prroit chasser et mettre hors mais que len eusist la deesse pessamite. Et trouuerent que ceste prophecie estoit de sebise qui ainsi sauoit prophetisie long temps auant sicomme ouide le tesmoingne en son .iiii. liure de fastis. Ceste pessamite estoit ainsi appellee pour vne montaigne ou estoit le temple ou elle estoit adouree qui estoit appellee pessum qui est en aspees parties de frige en vng bois q̄ sappelle yde prez de troie la grant ouquel selon seneque en sa derreniere tragedie cibeles garda iupiter son filz en son enfance quant son pere saturnus le queroit pour occire. Et quant les rommains eurent ce op. ilz enuoieret mesaiges et legatz pour aler en frige querre celle ydole. Et alerent par apolo delfique pour auoir responce de lui quilz deuoient faire lequel leur dit quilz sauoient assez legierement a faide du roy attalus qui estoit roy de asie. lequel estoit de lalliance des rommains et leur dit encore cel apolo que quant celle ydole seroit amenee a romme quelle fut mise chiez le plus preudomme de romme et quelle fut gardee nettement lesquelz le firent ainsi ala serent querre et lamenerent par mer iusques a hostie dont est dit le cardinal dostie a present et la vindient du deuant les matronnes de romme plus honnestes et la conduirent iusques a romme et fut mise en la maison de ce scipion comme chiez le plus vaillant et le plus preudomme. Ceste pessamite estoit vng ydole de nabie noir que les troyens auoient en grãt reuerence et a plusieurs noms car aucunesfois elle est appellee cibelles, pour ce quelle fut femme de saturne, aucunesfoys yde pour les bois ou elle fut portee. Aucunesfois ops, aucunesfois vea autresfois alma autresfois berechintie. Et ainsi sapelle monseigneur saint augustin ou secod liure ou .iiii. chapitre. Auec ce elle estoit aucunesfois apelee mere des

b iiii.

dieux pour ce que les poetes faingnēt qlle fut fēme de saturne qui fut pere de iupiter et quelle fut sa mere Mais toutesfois ou liure qui sapelle / de origine deorum / ou les poetes dirent ou faindirent a bou lente est dit que Amphion engendra celium. Celius saturne, phocum et Ream. Saturne de rea sa fille engendra opin et cibellem qui est apelle Beretinchie. Juno Jupiter neptune pluto et ceres / de celle beretinchie nous parlerons plus auāt cy apres ou .iiii. chapitre du tiers liure:

De quantes honteuses prosperitez ceulx veulent abunder qui se plaingnent des temps crestiens. ₍₍₍

Et se vous estes tourmentez de plusieurs fortunes contraires pourquoy vous plaigniez vous des tēps crestiens se ce nest pour ce que vous voulez vo; richesses et voz superfluitez seu remeut et en viuant de tresmauuaises meurs et corrumpues de courir par tout sans auoir ne souffrir aucune durete et sans auoir aucune moleste. Ne vous ne demandes pas la paix et que vous ayez grant abōdance de richesses pour en vser honnestement, cestassauoir par aduis et par discrecion atemprement, sobrement, et doulcement / mais affin que vous en ayez sans nombre et de diuerses delectacions que vous en vsiez et prengniez si largement que de telles prosperitez et abon dances voz meurs soient corrumpues et sont assez pires que le foursennerie des en nemis. Mais scipion vostre euesque et q par le iugemēt de tous les senateurs fut iugie le meilleur de tout le peuple rom main qui doubtoit bien et apperceuoit vo stre maleurete pour le temps auenir / ne vouloit ne conseilloit pas que len destru isist la cite de carthage qui estoit rebelle de tous temps a la cite de romme et contre disoit a cathon, et a son oppinion qui vou

loit et conseilloit quelle fut destruite doub tant que la seurete qui prenderoient icel le destruite par la desacoustumance des armes ou tēps auenir leur fut ennemye et leur engendrast plus grant paour. Et que la crainte et doubte des ennemis leur estoit aussi conuenable et necessaire comme la tutele aux pupilles citopens de rom me. Ne il ne failli en riens a son oppiniō et iugement, car carthage fut destruite et comme ilz cuidassent viure en paix et en seurete de celle seurete et prosperite sourdi rent tantost tant de maulx quilz comen cerent a auoir guerre contre eulx, sediciōs et discordes crueles et mortelles ba tailles ciuiles tant de respandre le sang ro main comme de bannissemens de proscri pcions a faire, tant de rapines et par telle et si desordonnee foursennerie et cruaulte que iceulx rommains q viuoient entiere soubz la doubte de leurs ennemis de la cite de carthage icelle perdue souffrirent trop plus cruele guerre par leurs citoiēs Et qui plus est la couuoitise de seignou rie qui entre les autres vices humains estoit plus fermemēt enrachine ou peuple rommain que en tous autres peuples depuis quelle eut vaincu aucuns des peu ples ou populaires plus puissans tribu ferent et laisserent les autres plebeyens quilz les mirent en seruitude et subiectiō

⁋ Exposicion sur ce chapitre.

En ce .xxx. chapitre monseigneur saint augustin conferme ce quil a dit ou precedēt chapitre et oultre se preu ue par la destruction de carthage laquelle il dit que ce scipion ne vouloit pas quelle fut destruite, pour la declaracion et entē dement du quel chapitre tu dois sauoir q selon orose en son .iiii. liure en lan. Si. et .iii. apres la creaciō de rōe gmēca la tierce ba taille punique contre ceulx de carthaige/ Et met la cause de ceste bataille sloue en son second liure de son epithome com bien que orose ou finable chapitre dudit quatriesme liure, ou puil ne dit oncqs la cause pourquoy la tierce bataille deust commencier. Il est vray que ou temps de celle tierce bataille apres ce quel le eut dure quatre ans, pour ce quelle leur auoit tousiours este rebelle, len esleut deux personnes pour aduiser que bō en estoit a faire. Cestassauoir catho censorinus duquel nous auons parle cy dessus qui estoit iugie le plus sage par tout le senat et scipion nasique le plus preudōme. Lesquelz furent contraires en opinions, car cathon vouloit en toutes manieres quelle fust destruite. Et scipion vouloit tout le contraire affin que les rōmains icelle destruite ne cheissent en trop grant paix et delaissassent les armes et vesquissent en trop grāt seurete et en trop grās delices. Toutesfois le senat esleut vne voye moyenne, cestassauoir quelle demourast cite, mais quelle fut transportee de place en aultre, et quelle fut edifiee a dix milles loing du lieu ou elle estoit, cest a dire cīq lieues affin quelle ne peust nuire aux rommains pour le port de mer surquoy elle estoit assise pour ce que riēs ne leur sembloit plus biau que carthage en estant mise en tel lieu qlle ne puist nuire aux rommains, et pour ce quilz ne le vouldrient faire, ilz destruirent la ville, mais pour tout dire auāt que ceste requeste leur fut faicte, maulius censeur de rōme soubz esperāce daliance et de feaulte faingnans les rommains auoir guerre epunta leur nauire et aussi toutes leurs armures lesquelles les lui presteret et tātost ce maulius bouta le feu en tout leur nauire. Et ce fait commanda quilz vuidassent la cite et alassent edifier vne autre carthaige a cinq lieues loingz lesquelz aimerent mieulx que leur cite fut tresbuchee par leurs ennemis que peulx. Et tantost firent forgier nouuelles armures dor et dargent par deffaulte de fer et dachier, et faisoient tant seulement les trenchans de leurs haches ou espees sicomme dit orose oudit quatriesme liure ou dixseptiesme chapitre. Et florus ou deuziesme liure. Et dit oroses ecores en ce lieu que des armures de carthaige len peut auoir arme tout le pays de carthaige. Apres ou il dit de cesle seurte et prosperite sourdirent tantost tant de maulx a ce, tu dois sauoir qui le dit notablement car sicōme dit orose ou cinquiesme liure de son ormeste ou vingtetvngiesme chapitre quarante ans ou enuiron apres ce q̄ carthage fut destruite et que marius fut fait quatre foiz consul, commencerent a romme si grās batailles que a pou tout lestat de la chose publicque de romme ne fut du tout extermine et mis a fin, et en fut cause vng appele saturnius qui par la tresgrant hayne quil auoit a quintū metellū lequel pour ce quil auoit este cree censeur la chassa de sa maison et sist fuir au capitole ou il lassiega duquel siege le leuerent et firent partir par grāt indignacion la grant multitude des cheualiers rommains, et la eut merueilleuse descōfiture. Et de la commencerent les sedicions par dedens la cite de romme, dont il parle en general en ce chapitre. Et ou treziesme an apres ces sedicions se commencerent les batailles des citez qui auoient este compaignes de la cite de romme lesquelles se commencerent a rebeller contre sa cite. Et trois ans apres cōmencerent les batailles ciuiles soubz Sylla, et fut pour le grāt orgueil que marius print pour venir a estre sept fois consul. En laquelle bataille moururent tant de citoiēs que quitus sucrius dit a silla telles poles. Auecques lesquelz vaincrōs nous se nous occions les armes en bataille et les desarmez semblablement en paix sicomme raconte orose en sondit cinquiesmeliure ou vingtiesme chapitre et florus ou tiers liure de son epithome ou il parle des occisions des banissemens et perscripcions et de ce nous plerōs plus auāt ou secōd liure

d iiii

Par quelles manieres ou degrez de vices soit accreue aux rommains la couuoitise de seignourir. xxxi.

Mais quant cesseroit celle couuoitise de seigneurir aux tres orgueilleuses pensees des rōmains iusqs a ce q̄ par cōtinuacio d'honneur elle venist a puissāce d'estat royal. mais en celle cōtinuaciō il ny eust point de puissāce se couuoitise de seignourir ne la sourmōtast, si ne vault droit riē la couuoitise de seignourir se ce nestoit ou peuple corrūpu d'auarice et de superfluite/ mais le peuple est fait auer et couuoiteux aux choses secondes/ que nous apellons les biens de fortune/ lesquelles ce scipiō nasiqua duquel nous auons parle deuant/ tenoit tres saigemēt que len les deuoit escheuer par ce quil ne vouloit pas que len destruisist la cite de carthage qui estoit ennemye au peuple rōmain, et tresgrande cite tresforte et tresplaintureuse de biens et de richesses affin que les rommains refraingnissent leur couuoitise en paour et icelle reffrainte q̄l ne seur chausist des supfluitez des richesses mondaines. Et icelles superfluitez restraintes quelle ncheist en auarice/ tous lesquelz vices destruiz et ostez toute vertu proufitable poroit croistre et florir en la cite de romme/ et par icelle vertu seroit la cite en proufitable franchise/ et y demourroit. Et aussi de ce et de la tresproueue charite du pays venoit ce que vostre scipion qui estoit vostre tresgrant euesq et qui sicomme nous auons dit et reitere plusieurs fois par lacord de nul contredisant fut esleu le meilleur de tous ceulx de romme quant ilz voulurent souffrir et faire lordonnance du theatre qui estoit ung lieu ou tout le peuple venoit pour oyr les ditz des poetes et leurs chans / et que les iongleurs et chanteurs y venoient esq̄lz se faisoit et disoit laidures sans nōbre qui proprement sapeloient les ieux scenicques ou des theatres il les refraint quilz ne le les feissent. Et aussi de leur couuoitise/ et les admonnesta par paroles tres notables et de grant poiz. quilz ne souffrissent les bonnes meurs des hommes et qui appartenoient aux hommes rommains estre corrumpues par telles superfluitez et delectacions quilz tenoient estre venus des grecz et quilz les ostassent et destruisissent de tout leur pouoir sans auoir regard aux meurs ne a delectactiō d'estrangiers. La parole du quel scipio/ fut de telle auctorite et ensuiuit tellement tous les senateurs de rōme et tout le senat/ quilz defendirent que les seelles ou sieges que lē auoit acoustume a aporter pour seruir ou seoir a regarder ces ieux et ces laidures et dont lēn auoit acoustume a vser en la cite nul ne fut si hardi de les y porter de lors en auant.

Comment doncques et y plus grāt estude il eust voulentiers oste ces ieux de la cite de romme sil eust ose resister a lauctorite que len atribuoit aux ydoles de la cite quil cuidoit pour lors estre ses dieux desquelz il auoit lors ignorance q̄ ce fussent deables nuisās ou sil sentēdoit touttesfois ymaginoit il que len deuoit plus appaisier que despiter. Certes lors nauoit pas este declairee aux gens la doctrine souueraine cest a dire la foy crestienne. Laquelle en nettoiant les cueurs par vraye foy peust muer laffection humaine a comprendre les choses celestielles ou supercelestielles par vraye humilite, et les desiurer de la seignourie des deables orguilleux/ cest assauoir de leurs ydoles.

Exposicion sur ce chapitre.

En ce.xxxi.chapitre monseigneur saint augustin cōferme le dict de scipiō nasique qui disoit que la seurte ou ilz se cuidoient estre mis par la destructiō de carthage leur fut plus nuisible que prouffitable. Et pour ce prouuer il met soubz briefues paroles ung autre exēple pour lentendemēt du quel tu dois sauoir que sicomme dit orose ou .iii. liure de son ormeste ou .iiii. chapitre. quatrevingtz et quatre ans apres la creation de romme courut une pestilēce a romme et une mortasite aussi comme une epidimie si cruele et si hastiue qui consumma ainsi comme tout le peuple de romme. Et par especial des plus grans et des plus vaillans. Et comme ilz ny peussent auoir remede ne par ses dieux ne par les hōmes pour apaiser les dieux ilz firent et ordonnerēt a faire ses ieux sceniques, laquelle chose fut moult desguisee et moult nouuelle aux cheualiers de romme, et a ceulx qui suiuoient les guerres. et sont proprement dit ascena qui selō isidore ou .xviii. liure des ethimologies ou .xliii. chapitre, est une petite maison ou milieu du theatre, en laquelle auoit ung letrin ou len lisoit les tragedies et comedies des poetes et y auoit gens desguisez qui faisoient les cōtenāces de ceulx pour lesquelz len chātoit et faisoit ces ieux ainsi comme tu vois q̄ len fait encores au iour duy les ieux de personnaiges et chariualis. Et y auoit ioueurs de diuers instrumens et autres qui se desguisoient et contrefaisoient les personnes de qui la tragedie ou comedie parloit. Et dit titus liuius que ces ieux proufiterent peu, et si nuisirent a plente, car ilz corrumpirent les meurs des rōmains Et encores dit il que au commencement quilz furent ordonnez, ilz furēt assez attrempez et dassez petit coust, mais depuis il y eut tant de superfluitez et de coustages et si grans appareillemens que a peines les peussent soustenir ne tollerer les grans princes et les grans roys et furēt cōmenciees par deux censeurs de rōme desquelz lun estoit apele messala et lautre casius sicomme dit Valere ou .ii. liure ou p̄-

mier chapitre, et furent premierement cōmencies de pierre sicomme dit helinand Et pour ce dit monseigneur saint augustin que ce scipion, deffendit tresnotablement et par paroles de grant poix a faire le theatre que len auoit commencie a faire a romme, assin que les meurs du peuple ne fussent corrumpues par telz ieux nouueaux. Et fut ce scipion le premier q̄ admonnesta que tout lappareil qui estoit ordonne fut vendu a leucrant, cest a dire au plus offrant Et qui plus est que nul ne fist ne aportast seeles sieges ne tapis pour seoir a regarder ces ieux, a mil pas pres de la cite. Et ce est dit notablement, car lors les theatres estoient fais par maniere de sieges en montant ainsi comme par degrez par telle maniere que chascun pouoit tout veoir sans empeschement sicomme il peut encores apparoir par la disposicion des anciens theatres. Et pour ce que ces ieux sceniques vindrēt de grece ses apele il la luxure ou superfluite de grece. Mais pour ce q̄ nous auons parle de tragedie et comedie tu dois sauoir q̄ sicōme dit ysidore ou dit .xviii. liure de ses ethimologies tragedie ē faicte de faiz enormes des grans roys et des grās princes et de leurs cruaultez et mauuaistiez. Comedie est faicte des fais des personnes priuees de puterie de femmes et des hommes et des conchiemēes quilz faisoient en telles ribaudies. Et nest pas encores a delaisser que la tragedie se commence tousiours par ris et par feste et deffine par tristesse et par pleur. Et la comedie tout au cōtraire par telle magniere que souuent en leurs comedies il se desordonnoient tellement quilz se despoulloiēt deuant tout le peuple et sans vergoigne venoient iusques aux acolemens, et baisiers, et au sourplus acheuoient leur puterie et laidure. Et encores dois tu sauoir la difference du theatre et de lamphiteatre, car lamphiteatre estoit tout rond et y faisoit len tous ieux qui appartenoiēt a exercite darmes/et de personnes et p donnoit le pris au mieulx faisant. Et se theatre estoit fait en la forme de la moptie de lamphiteatre. Et la se faisoiẽt les ieux sceniques les baleries et danseries. et les personnaiges de tragedies et comedies:

De linstitucion des ieux qui se apellent sceniques.

Toutesfois vous qui murmurez contre cellui qui vous a deliurez de telz seigneurs et de telle seruitude se vŏ ne le sauez si le sachiez. et se vōꝰ faingniez que vous ne le sachiez si sentēdez les ieux sceniques les laidures de ce quilz faisoiẽt deuant toute labondance des vanitez ont este instituez a romme par le commandement de leurs dieux non pas par le vice des hommes. Ce nest pas doubte que ce seroit chose plus tollerable que vous atribuissiez a ce scipion les diuines honneurs que ce ne seroit que vous adourissiez telz dieux Ne certes ces dieux nestoient point meilleurs de leurs euesques Considerez se vostre pensee qui a si longuement este enpuree des erreurs quelle a veu souffira a ce que vous puissiez considerer aucune chose saine Voz dieux commanderent que pour oster la pestilẽce des corps humais len fit ces ieux deuãt eulx et vostre euesque pour escheuer la pestilence de voz coraiges (Vous tenir en vraie fermete si deffēdit a faire celle scene et ces ieux sceniques/et se par aucune clarte de vostre pẽsee vous pferiez lame au corps eslisiez lequel vous deuez mieulx adourer ou vostre euesque ou voz dieux:

Ne certes pour ce ne cessa pas ceste pestilence ou mortalite des corps humains que les rommains qui estoient preux et gens expers en bataille et qui nauoient acoustume a faire ieux que les ieux qui sapelent circenses qui estoient vne mani

ere de ioustes sen delaisserent et commencerent a faire les ieux delicieux que len apeloit sceniques/mais la hardiesse des deables ou mauuais esperis qui auoient considere que celle pestilence estoit sur le point de cesser et qui se iouissent de faire mal sefforcerent dy mettre plus grande et plus griefue nō pas aux corps mais aux meurs des personnes qui aueugla les ames et pensees des mescreans de tant de tenebres et conchia de tãt de laidures que la cite gastee et destruite ceulx qui estoiẽt espris de celle pestillence et qui en fuyãt de la sen peurent venir a carthage frequētoient tous les iours les lieux ou les iongleurs et chanteurs en place ont acoustume a iouer et chanter lesquelz lieux sont apelez proprement theatres et la chantoient/tomboient et baloient comme hors du sens. Laquelle chose maintenant seroit ainsi comme chose non creable aux rommains qui depuis sont venus se len leur disoit.

Exposicion sur ce chapitre.

En ce. xxxii. chapitre est faicte mencion comment les dieux ou deables desquelz ilz adoroient les ydoles commanderent que len fist deuant eulx pour eulx appaiser et affin des pestilences cesser les ieux sceniques et autres desquelz ieux sceniques monseigneur saint augustī fait plꝰ aplain mencion cy aps ou.iiii. liure Et veult mõstrer mõseignr sait augustin gment les deables deceurẽt les hōmes a croire que les ieux sceniques et autres leur vaulsissent contre la pestilence Et preuue que ceste seduction ou decepcion fut trop perilleuse. car auant les ieux sceniqs ilz nestoiẽt corrupus qu au corps/mais par iceulx ilz furent corrumpus en meurs/et le demõstre car il dit que auant ce ꝗ les ieux sceniques fussent ordōnez a faire en la cite de romme il ny auoit que les ieux circenses / tant seulement des desquelz des especes et des manieres diceulx ysidore parle assez largement et en demaine sa matiere ou .xbiii. liure des ethimologies. Et dit Valerius maximꝰ en son second liure que ces ieux circenses furent faiz, ordonnez et instituez a romme par romulus, et estoient fais deo consuli, cest a dire a dieu du conseil. ouquel ieu les sabines furēt raupees. Et sicomme dit titus liuius en son premier liure, ces ieux estoient celebrez a neptune qui ē le dieu des eaues pour ce que la coustume des payens estoit telle quilz faisoient festes et ieux en lonneur de leurs dieux. et pour ce quil leur sembloit quilz leur estoient agreables dont iay grant doubte que aucuns crestiens ne saient voulu traire a traient a exemple qui aux iours sollennelz et des sains qui sont celebrez en leurs villes ou parroces sontententis a leurs festes et ieux ainsi comme se ce fut chose agreable a dieu. Mais aucuns tendroient que de tant comme la feste et sollennite est plus grande q̄ len se doye aussi esiouir de tant len p doye plus saintement viure et plus atemprement. et toutesfois quelque chose que Valere en dye, appert il que auant que rōmule ordōnast oncques a faire ces ieux circenses, ilz estoient parauant instituez et furent faiz par enee en lōneur de son pere anchises si comme il appert par Virgile en son p̄mier liure eneydos. ⸿ Aprez tu dois encores sauoir q̄ pour cesser ceste pestilēce et mortalite qui estoit es corps, et pour la faire plus griefue es pensees des personnes et pour corrumpre leurs meurs furent ordōnez non pas seulement les ieux scenicqs, mais plusieurs autres. cestassauoir vng ieu qui sapelle lectisternia, qui sont ieux ou len apoitoit les coustes et estēdoit len le feurre parmi la maison, et estoient pprement ces ieux fais et celebrez a ditre q̄ est pprement le dieu dēfer, et a pserpine qui est apellee royne dōrchiane. Et p̄ mors soit len les bestes mortes. Et furent pmē chiez ces ieux par vng apelle Valesius,

et continuez par vng qui auoit a nō Valerius publicola sicomme Valerius mapimus le tesmoingne en son second liure au premier chapitre en listoire qui se commence. Cum vrbs ingenti pestilencia agriqz deparentur. prez de la fin du chapitre. Et se faisoient ces ieux p trois nups continueles pour ce q̄ ce Valesius tenoit que p ces ieux il auoit eu garis ses trois enfans. cestassauoir deux filz et vne fille. Et tout le sourplus de ce chapitre est cler.

⸿ Des vices des rommains lesquelz ne se corrigent point pour chose que le pays fut gaste et destruit.   xxxiii.

O pensees hors du sens quelle est nompas seulement vostre erreur, mais vostre foursenerie qui quant les peuples dorient et les tresgrandes citez assises en tresloingtaines terres et pays plaingnans vostre mort et vostre destruction faisoient grant dueil et plouroient publicqmēt sicomme nous sauons oy racōter. Vous queriez lors les lieux diffames appellez theatres, entriez en iceulx et les empliez et faisies plus de foursennerie dedens q̄ len nauoit a coustume par auant. Ceste mauuaise tache de voz corages ceste tempeste et tresbuchement et destruction de preudommie et de honnestete doubtoit bien ce leuesque scipion qlle ne vous auenist quant il vous deffendoit a faire telz theatres quant il regardoit que cestoit legiere chose de vous corrumpre et trebuchier de lestat de vostre prosperite quant il ne voufoit pas q̄ vous vesquissiez en seurete, mais en la doubte de voz ennemis. Certes il ne tenoit pas la chose publicque estre cureuse ne en felicite les hōmes estans corrūpus de meurs suppose que lacite fut entiere. Mais les deables de lopaux q̄ vous ont deceup ont plus ouure en vous q̄ nont fait les saiges hōmes qui vous ont enseignie a ces choses. Et ce pour est il q̄ les maulx q̄ vous faictes vous ne les voulez pas imputer a vous/mais ceulx que vous souffres vous les voulez mettre sus aux autres crestiens: Ne vous ne querez pas en vostre seurte la paix de la chose publicque/mais vous querez la superfluite de voz richesses demourer seurement et sans punicion qui corrumpus de labundance des biens que vous amez en vostre prosperite ne peustes estre corrigees quant vous eustes aduersite. Scipion vouloit q̃ vous demourissiez tousiours en doubte de voz ennemis affin que vous ne abundissiez en trop grans superfluitez et ne vous attachissiez trop aux delices de ce monde. Et touteffois quant vous auez este vaincus et destruiz par voz ennemis. vous ne les auez pas restraintes vous auez perdu le prouffit de vostre chetiuete/et si estes fais tresmeschans et demourez tres mauuais.

Exposicion sur ce chapitre.

En ce .xxxiii. chapitre monseigneur saint augustin redargue la foursennerie daucuns romains qui comme les estranges nations et tresloingtaines plainsissent la destruction et deuastation de la cite de romme. Ne antmoins ilz frequentoient les theatres et se ordonnoient a ces ieux ors et puans si comme il appert par la fin du chapitre precedent.

¶ De la clemence de dieu qui attrempa la destruction de la cite de romme

xxxiiii.

Et touteffois tout est de dieu ce que vous viuez qui vous admonneste en espargnant que vous vous corrigiez en repetant et qui a vous qui ne recognoissiez ses biens a ottroye que soubz le nom de ses sergeans crestiens vous peussiez eschaper des mains des ennemis aux temples et eglises dediees a ses sains et glorieux martirs romulus et remus firent vng asile a rõme. cest a dire vng tẽple de seurte auquel quiconques y fuiroit

fut mis et tenu en seurte et deliure de tout crime et se firent affin quilz peussent croistre en grãt multitude de gens la cite q̃ z vouloient creer de ce sen uiuit vng exemple a esmerueillier q est en honneur de iesucrist. Car ce que auoient ordonne les faiseurs de la cite de romme ce mesmes or donnerent ceulx qui trebucherent icelle cite. Et se cest grant chose que firent. remus et romulus pour suppleer et croistre le nombre de leurs citoyens. Semblablement est ce grant chose ce que firent ceulx qui trebucherent romme affin que grãt multitude leurs ennemis fut la gardee/

¶ Ces choses et autres respondẽt la famile de nostreseigneur iesucrist et sa cite pelerine a ses ennemis qui par lui a este rachetee selõ ce quelle pourra faire plus habondamment et plus largement

¶ Exposicion sur ce chapitre.

En ce .xxxiiii. chapitre mõseigñr saint augustin compare leglise de iesucrist a la cite des romains et preuue que leglise de ihesucrist eust plus grant puissance a garder les romains que neut lasile de rõme q̃ firet remus et romulus. ¶ Et de cest asile parle eutropius en son premier liure qui dit q̃ apres ce que romme fut fondee de romulus et apellee romme de son nom/pour ce quil ny auoit pas gẽs assez il fist vng tẽple quil apella azille/cest adire temple de seurte Et promist garder impugnite et seurte a tous ceulx qui y vouldroient venir a garant Et tantost y vint si grant multitude de gens des terres et seignouries voisines qui se sentoient auoir meffait a leurs voisins que ce fut sans nombre. Tous lesquelz ce romulus rechut pour faire croistre et peupler sa cite. La vidret les latins les pasteurs tusciens qui communement estoiẽt sarrõs les frigiẽs qui estoient vẽ de troye soubz enee les archadiẽs q estoient vẽ soubz le duc euader du darchade et plusieurs autres ainsi de diuers elemens il assembla vng corps et en fist vng peuple rommain. Et ainsi le raconte titus liuius en son premier liure. Et se tu veulx veoir ceste matiere en brief et hault stille, voy ssoum in epithomate au premier chapitre du premier liure.

⁋ Des filz de leglise qui sõt muciez entre les ennemis de la foy et des faulx crestiens qui conuersent en leglise de ihesucrist auecques les crestiens.   xxxV.

En ne tiengne point estre chose sãs fruit la famile de nostreseigneur iesucrist ne quant a soy ne quant a eulx de souffrir et de porter ceulx qui denpent le nom de ihesucrist et la vraye foy crestienne iusques a ce quelle viengne a ceulx q̃ le confessent en vraye foy et ayent vraie ramembrance comme entre iceulx mesmes ennemis il en y ait aucuns muchiez qui attendent encores a estre citoiés de la cite de dieu ou temps auenir. Tout aussi cõe ou nõbre des crestiẽs qui font leur pelerinage il en y a plusieurs qui comme conioins a eulx et auec eulx sont cõmunians en la percepcion et communiõ des sains sacremens. Et toutessois ne vienent il pas auec eulx es sains sieges par durables qui est la ioye de paradis et lesquelz sont en partie en appert et partie en couuert. Et ne se restraingnent point ne ressoingnent quant ilz sont auec les ennemis de murmurer õtre nostreseigneur du quel ilz portent le nom et prennent le sacrement. Et vne fois emplissent les eglises auecques nous cõme crestiens au treffois les theatres auecques eulx comme payens qui sont comme iay dit deuãt proprement lieux diffames et publiques ou les iongleurs et ioueurs dinstrumẽs iouẽt et ou les poetes chantẽt des dieux et font leurs fictions et autres choses desordonnees. Toutessois de la correction et amendement daulcuns telz se doit le moins desesperer se ceulx qui sont predestinez a venir a la foy crestienne sont encores muciez entre les ennemis de la foy

lesquelz ne se congnoissent pas encores. Certes ces deux citez sont perplexees et mellees ensemble en ce monde iusques a ce quil en sera determine par le grant iugement de dieu de la naissãce desquelles citez lestat et le gouuernement dicelles et des fins deues a laide de nostreseigneur qui men sera en aide ie desliureray ce que ien pẽse qui en est a dire pour exaulcer la gloire de la cite de dieu. Laquelle de tant comme elle sera plus esprouuee p̃ argumens contraires et que len y fera plus de comparoisons de tant se monstrera elle plus exaulcee et plus refulsant sans cõparison.

⁋ Exposicion sur ce chapitre.

En ce xxxV. chapitre monseigneur saint augustin demonstre que les bons doiuent souffrir patiãment la compaignie des mauuais, pour ce que entre ceulx qui sont a present mauuais et ẽnemis des crestiens il en y a moult de predestinez de aduenir a la voye de leur salut, et vie purable sicomme fut mõseigneur saint pol qui premierement fut persecuteur de saicte eglise et q̃ depuis fut si grãt comme legise le tesmoigne et plusieurs autres. Apres ou il dit de la naissance desquelles citez ãc. Il traite de la naissance de lonziesme liure iusques au .xV. et du xV. iusques au .xix. de lestat ⁊ gouuernemẽt dicelle et du .xix. iusques a la fin du liure de ce mesmes et des fins deues

⁋ De quelles causes il est a traiter ⁊ de clairer en la disputacion ensuiuant.
                                      xxxVi

Mais iay encores aucunes choses a dire contre ceulx qui mettent sus les meschiefz et destruction de la cite publique a nostre religiõ crestiẽne, par laquelle il leur est deffendu de sacrifier a leurs dieux. Car nous auons a ramembrer les maulx qui peurent auenir a la cite de romme ou au mois tãt q̃ lon y pope souffire de ceulx q̃ icelle cite souffrit et les prouinces appartenans a lempire dicelle, auant que leurs sacrifices leur

fussent deffendus a faire a leurs dieux
Toutes lesqlles choses il nest pas doub
te qlz se nous mettoient sus, se en ce teps
nostre foy crestiene se fust apparue ou se
elle leur eust deffendu a faire leurs sacre
fices Apres il est a demonstrer les meurs
de ceulx et la cause pour laquelle le vray
dieu a daignier aidier a acroistre lempire
et seignourie en sa puissance du quel sōt
tous les royames iasoit ce que ceulx qui
cuident estre leurs dieux ne les ayent de
riens aidie aincois leur aient nuisi par
fallace en eulx deceuant. ¶ Et derniere-
ment sera dit contre ceulx qui cōbien qlz
aient este reboutez & conuaincus par tres
appres argumens, neantmoins ilz sef
forcēt de affermer q̄ nō pas pour le prouf
fit de ceste presente vie mais pour celle q̄
est a aduenir aprez la mort len doit sacri
fier a plusieurs dieux Laquelle question
se ie ne suis deceuz sera trop plusgrant &
digne de trop plusgrant disputacion, af
fin que en icelle questiō len puist determi
ner contre les philosophes, nō pas tous
mais auecques ceulx qui sont notables
par grant eccellence et qui sentēt, & tien-
nent plusieurs choses auecques nous cō
me de lïmortalite de lame, et que le vray
dieu nostre seigneur ait fait & cree le mon
de par sa prouidence par laquelle il la sist
et la gouuerne, mais pour ce q̄ aux cho
ses quilz sentent cōtre nostre foy ilz sont
a rebouter, nous ne deuons pas delais-
sier nostre office afin que reboutees leurs
fausses oppiniōs selon les forces q̄ dieu
nous aura dōnees, que nous affermōs
la cite de dieu sa vraie pitie & son vray ser
uice en quoy est promise la vraie et perpe
tuele beneurete Cest doncques la mani
re et la forme de ce liure, afin que icelle or
donnee nous prengnons de ce le commē
cement de lautre liure.

¶ Expposicion de ce chapitre.

En ce xxxvi. chapitre et final mon
seigneur sait augustin demonstre
les choses qui sōt a traitier aux ix liures

subsequens, & demōstre en ceste maniere
cestassauoir q̄ ou il dit, car nous auōs
a ramembrer. ccet. il sentent ou iii. liure
Et ou il dit aprez nous auōs a demons-
strer &cet. il veult dire ou ii. liure, et la
ou il dit, & pour quele cause &c. il sentēt
du iiii. liure ou iii. chapitre Et aprz quāt
il dit, dernierement &c. il denote que
cest du vi. liure iusques a xi. Et ou il dit
nous affermons la cite de dieu &c. il sen
tent du xx. chapitre du x. iusques a
lonziesme liure

¶ Cy fine le premier liure.

¶ Cy cōmencent les chapitres du secōd
liure de monseigneur saint augustin de
la cite de dieu.
¶ De la maniere q̄ ē a adiouster a la ne
cessite des disputacions.   i.
¶ Des choses qui sont au p̄mier liure.
     ii.
¶ De prendre listoire par laquelle len
puist monstrer quelz maulx aduindrēt
aux rommains quant ilz adouroiēt les
dieux deuant que la religion crestienne
commenchast a croistre.   iii.
¶ Que ceulx qui adouroient les dieux
neurent oncques ne napprindrent deulx
aucuns bons commandemens et si cele
broient et faisoient toutes manieres dor
dures & laidures aux temples a eulx de
diez.   iiii.
¶ Des viles choses tant de paroles cōe
de fait dont la mere de leurs dieux estoit
honnouree de ceulx qui lui faisoiēt sacre
fice.   v.
¶ Que les dieux des payēs ne sentirēt
ne ne seurēt ōcqs la doctrne de biē viure. vi

¶ Que les choses qui ōt este trouuees
p̄ les philosophes sans la diuine auctori
te ou les choses q̄ les dieux ōt faites sōt
inutiles & ōt plus esmeu ung chascū a es
tre eclins a ordures & pechie q̄ les dispu
tacions q̄ les hōmes ont faites.   vii.
¶ Des ieux scenicques ou les dieux ne

¶ se tiennent point a iniures de ce q̄ l'en racō/
te leur mauuaise vie deuant eulx mais
tiennent que ceulx q̄ le font les depriēt
⟨et appaisent.   viii.
¶ Que les anciens rōmains sentirent
de restraindre la voulente de pechier laq̄l
le les grecz vouldrient estre fra̅che ensuy/
uant le iugement des dieux.   ix.
¶ Par quel art de nupre les deables veu
lent que len die ⟨et raconte deulx tant ce qui
est vray comme ce qui est faulx.   x.
¶ De ceulx qui firent ⟨et ordōnerent les
ieux sceniques entre les grecz qui pour ce
furent receuz en tel hōneur cōme de auoir
auctorite de ladministracion publiq̄ pour
ce que l'en despisoit sans cause ceulx qui
adouroient les dieux.   xi.
¶ Que les rommains en ce qu'ilz oste/
rent aux poetes la franchise de parler cō
tre les hommes laquelle chose ilz leur ot
troierent de leurs dieux sentirēt mieulx
d'eulx que de leurs dieux.   xii.
¶ Que les rommains deussent enten/
dre que leurs dieux qui souffroient et re/
queroient que l'en les adourast de si laides
et si ordes chansons n'estoiēt pas dignes
d'estre adourez ne que l'en leur attribuast
les diuines honneurs.   xiii.
¶ Que plato ne voulut que les poetes de
mourassent ne eussent aucū lieu en sa ci
te bien ordonnee de meurs fut meilleur
que iceulx dieux qui vouldrēt qu'ilz fus/
sent hōnourez p̄ telz ieux sceniq̄s. xiiii.

¶ Que les rommains instituerent a
eulx aucuns dieux par flaterie nō pas p̄
raison.   xv.
¶ Que les dieux eussent aucune cure
de iustice les rommains deussent auoir
prins d'eux les cōmandemens de viure
non pas auoir prinses leurs loix ou em/
pruntees d'autres gens.   xvi.
¶ Du rauissemēt des sabines et des au
tres iniquitez qui aduindrent en la cite de
romme ou temps que mesmes icelle cite
estoit en la fleur de sa loenge et son exal
tacion.   xvii.

¶ Quelles choses l'istoire de saluste de
monstre des meurs des rommains eulx
compressez par paour ou desliez par seu
rete.   xviii.
¶ De la corrupcion de la chose publiq̄
de romme auāt que nostreseigneur iesu/
crist leur ostast le seruice qu'ilz auoient a
leurs dieux.   xix.
¶ De quelle felicite ou beneurete veulēt
iouir et de q̄lz meurs veulēt viure ceulx
q̄ accusent les temps de la religion cresti
enne.   xx.
¶ Quelle fut la sētēce de tule et de la cho
se publique rommaine.   xxi.
¶ Que les dieux des rōmains neurēt
oncques aucune cure ou resistence ad ce
que la chose publicque ne perist par mau
uaises meurs.   xxii.
¶ Que les variacions ou variete des
choses temporelles ne deppendent point
de la faueur ou reprehencion des deables
cestadire pour chose qu'ilz consentent ne
qu'ilz deffendent a faire mais deppēdēt
du vray iugement de dieu.   xxiii.
¶ Des fais de silla desquelz les deables
se demonstrerēt souuent estre en son ay̅de
                                                       xxiiii.
¶ Par quātes manieres les mauuais
esperis meuuent et enhortent les hōmes
aux laidures ou ordures quant a ces cri
mes cōmettre, ilz interposent aussi l'auc
torite de leurs exemples aussi cōme se ce
fust chose diuine.   xxv.
¶ Des secrez admonestemens des dea
bles qui appartenoient a bōnes meurs
cōme publicquemēt en leurs tēples fust
aprise toute mauuaistie.   xxvi.
¶ Par com grant trebuchemēt de la di
scipline rōmaine les rōmains consacre/
rēt a leurs dieux les fais ieux et ors pour
les appaiser.   xxvii.
¶ De la sauuete et saitete de la religion
crestienne.   xxviii.
¶ Admonestement et exortacion aux
rōmains d'oster ⟨et mettre ius du tout le ser
uice qu'ilz font a leurs dieux.   xxix.

(⁋ Ey commence le second liure

⁋ De la maniere qui est a adiouster a la
necessite des disputacions. i.

Se le sens humain qui pour cau
se de lumanite qui est fraile et
malade par coustume nosoit
cōtredire a la clere raison de verite mais
sousmeist a la vraye doctrine de la foy cre
stienne sa langueur comme a vraye me
decine iusques adce que par feide diuine
elle fut garie par doulce impetracion de
foy il ne seroit ia mestier de song sermō
a ceulx q̄ sentent droitement de la foy ca

tholique et qui par paroles ne sceuent de
clairer ce qui sentent a conuaincre chascu
ne erreur de vaine oppinion. Mais pour
ce q̄ cest la plus grant maladie et la plus
obscure de lentendement des folz et nō sa
chans en ce que apres ce que sens seur a ren
due vraye rayson telle comme elle se peut
donner de homme a hōme par seurs mou
uemens des raisonnables ou par ce quilz
sont si aueuglez quilz ne voyent pas les
choses qui se demonstrent appertemēt ou
par mauuaise obstinacion par laquelle
ilz ne peuēt souffrir ne acorder les choses

e i.

ses qui se demonstrent appertement ne ne le deffendent fermement côme raison et verite. Et il est necessite den dire pl' large mêt q no⁹ leur offrons des choses cleres mesmemêt de celles q lê peut veoir suppose q lê nêtêde pas a regarder t qui peucêt estre aucunemêt touchees en tastant ou a clugnettes suppose q lê ne les voye ou lê p̄ choses les peulp. Et toutessfois quelle sera la fin de ceste disputaciô et la maniere de parler se nous cuidons quil conuiêgne tousiours respondre a leurs responces, mais ceulp qui ne peuent entêdre ce que lên dit ou qui sont si êdurcis en la diuersite de leur coraige, que suppose quilz lentendent np̄ veulent ilz obeir respôdêt ce que est escript. Et iceulp parlent iniqte et si ne peuent estre sassez de leur vanite. Si vois côment cest chose iffinie plaine de douleurs et sans fruit si tant de foiz nous les volons rebouter côme sas vergoingne par folle hardiesse et sans penser a ce quilz dyent. ilz ont ordonne quil ne leur chaille quilz dient, mais quilz côtredient a noz disputacions. ¶ Pour laquelle chose ie ne veuil ne toy marcellin mon filz, ne les autres ausquelz mô labeur sert franchement et proufitablemêt en la charite de ihesucrist auoir telz iuges de mes escriptures lesquelles ilz desirent tousiours a arguer quant ilz oient que lên leur contredist a leur oppinion es choses quilz oyent lire, affin q̄ toy ne les autres ne soient fais semblables a ces petites femmes desquelles lapostre raconte que tousiours elles rapiennent et si ne paruiennent en nul temps a la science de verite.

¶ Epposicion sur ce chapitre.

La declaracion sur ce.ii. liure de ce p̄mier chapitre et des autres subsequens tu dois sauoir que monseigneur saint augustin en ce liure veult prouuer que la multitude des dieux ou diables des payens ne tindrent compte des maulx de coulpe des rommains non pas seulemêt quilz deffendissent a faire maulx, mais qui pl⁹ est procuroient quilz fussêt fais Et y a .xxxiiij. chapitres En ce premier desquelz il se determine a la maniere et forme quil entent a garder aux chapitres en suiuans en la declaracion de verite et les termes quil ne veult point exceder a impugner la faussete. Et quant il dit en tastant et en clugnât les yeulp ⁊c. Il veult dire que ce quil dira et entend a dire, il le baisera si clerement que suppose quilz ne le voiêt ou vueillêt veoir aplain, le pourront ilz taster sicomme lên fait a clugnettes Et dois encores sauoir que sicomme dessus est dit en ce .ii. et .iii. liure mô seignr̄ saint augustin traite des maulp que la cite de romme souffrit nô pas en soy seusement, mais aux villes subgettes a son empire. Et pour ce en ce .ii. liure il traite des maulp des meurs diceulp rommais Et ou tiers il traitte des maulp de peine tant en tribulacion des citoyens comme en lafflictiô et tourment des corps des personnes.

¶ Des choses qui sont desliurees ou p̄mier liure. ij.

Et comme ou liure precedent ie eusse ordonne a dire de la cite de dieu par laide du quel iay toute ceste euure prise en main il me vint au deuant de respondre premierement a ceulp qui sont les batailles par lesquelz le monde est ainsi tempeste. Et mesmement a ceulp par especial qui mettent sur la flesche destruction de romme a la religion crestienne par laquelle il leur est deffendu de seruir aux deables de si vilains sacrifices, et adourer les ydoles comme ilz deussent, ces choses plus atribuer a ihesucrist pour le nom du ql côtre la forme comune ordouee des batailles les enemis leur appareilserêt baillernt ⁊ ordônerêt a estre baissees les plus grades ⁊ les plus aptes ⁊ plus religieuses eglises ⁊ lieux a dieu dediez, ou ilz pourroiêt eulp recueillir franchemêt Et ainsi firêt a ihesucrist deue reuerêce ⁊

seruice non pas de cueur/rap seulement
rap/mais saintemēt et p paour et crainte
lōnouroiēt affin q̄ les ennemis iugassēt
q̄ ce nestoit pas chose licite de leur messai
re en ces lieux ce q̄ leur estoit licite a faire
sur eulx par droit de bataille de ce vint ce
ste question/cestassauoir pour quoy ceste
grace et misericorde diuine vint aussi biē
aux mauuais cōme aux bōs. Et pour
quoy en icelle destruction en ce qui fut fait
par maniere de guerre les bōs furēt tour
mentez ensemble auecques les mauuais
Laquelle question q̄ est espandue en mai
tes parties pour la necessite de leuure que
iauoye entreprise affin de la desuoier/Je
my suis vng pou arreste/Car en toutes
les choses cotidiēnes et qui chascun iour
aduiennent soit des dons de grace diuine
soit des aduersitez des guerres et autres
meschiez/lesquelz aduiennent indifferā
ment ensemble et sans discrecion tāt aux
bons comme aux mauuais/Plusieurs
en sont souuent esmeux/et mesmement
ie my suis arrestez a conforter les saites
chastes femmes doulces et de bōnaires/
esquelles les ennemis ont cōtre leur vou
lente aucune chose cōmis qui leur peut a
uoir aporte douleur pour aucune vergoi
gne quelles ont souffertes/suppose que
len ne leur eut pas oste la fermete de leur
chastete ne nont cōmise aucune iniquite/
auecq̄s ceulx que ces choses ont cōmises
en elles dōt elles se doient repentir Apres
ce iay vng pou dit cōtre ceulx qui les cre
stiens tourmentez esmeuuēt et troublēt
par leur treshorrible cruaulte, et par espe
cial ie lay dit pour conforter la chastete
des fēmes qui ont este humiliees par op
pression violente cōbien q̄lles fussent cha
stes et saintes cōme ilz soient deslopaulx
et telz qui nont honte de riens/et q̄ de trop
plus sont de mauuaises meurs que ne fu
rent iceulx rōmains desq̄lz len loe moult
de nobles choses quilz firent. Et qui par
excellēces sont mises en escript. et q̄ plus
est sont contraires a iceulx et a leur gloi
re/quelz merueilles car la cite de rōme q̄

auoit este acquise et accreue a tant de tra
uaulx et labours nestoit poīt si chetiue si
puant ne si vile quāt les pierres les mer
riens et les murs cheoient par feu et par
flamme que quāt les bonnes meurs et
les aournemens des vertus dont ilz es
toient garnis auant furent corrumpus/
et pour ce ilz conchierent plus et ensaidi
rēt leur cite icelle estāt en estāt q̄ en la tres
buchant cōme leurs cueurs fussent plus
embrases des feux de conuoitise q̄ leurs
maisons nestoient esprinses des feux q̄
ardoiēt leur cite ausquelles choses iay ā
comply mon liure et pour ce iay ordonne
a dire quelz maulx celle cite souffrit fut
du tēps de sa naissance soit en elles mes
mes soit aux prouinces qui estoient ia
subiectes a elles/tous lesquelz maulx
les rommains mettoient sus a la religi
on crestienne Se la doctrine de la sainte
euangile eust des lors parle francement
et par tesmoingnage de verite cōtre leurs
faulx dieux et deceueurs.

⁋ Exposicion sur ce chapitre:

En ce ii. chapitre mōseigneur saīt
augustin reprēt en brief les cho
ses dont il a traittie ou pmier liure Et en
oultre declaire son intēciō quāt au sour
plus de ce quil entent a traitier en sa pmi
ere partie il reprēt ce quil a dit du cōmen
cement du liure iusques au viii. chapitre
exclus/ou il dit de ce vient celle question
et ce. il requeust et reprēt en brief ce quil a
trattie dudit viii. chapitre iusq̄s au xvi
Et aprēs ou il dit aprēs iay vng pou dit ce
il reprēt ce q̄l a traitie dudit xvi chapitre
iusq̄s a la fin dudit pmier liure/et tout
le sourplus du chapitre est cler car il nya
histoire ne poetrie ne chose qui requere de
claracion/non a il ou chapitre subsequēt
et pour ce ie men passe

⁋ De prēdre listoire par laq̄lle len puist
monstrer quelz maulx aduindrēt aux rō
mains quant ilz aouroient leurs dieux
auant que la religion crestiēne cōmēn
cast a croistre. iii.

Souuiengne toy que en ces choses recordant nostre intencion est de parler encores contre les non sachans du non sens desquelz est ne ce prouerbe. La plupe deffault pour cause du crestien. Il en ya plusieurs diceulx qui sont introduiz aux sciences et aux estudes liberaulx qui aiment listoire et q tres legierement ont creu/sceu/et congneu/ces choses. Mais quant nous en parlons entre les saiges ilz dissimulent et faingnent quilz ne sceuent riens/affin que les tourbes et tous les peuples non sachans ilz rendent contraires et aduersaires contre nous: et par ce sefforcent dinformer le cōmun que les meschiez et les tempestes desqlles le meute est tourmente par diuers interuales de lieux et de temps doiuent aduenir pour cause du nom crestien/laqlle chose est par tout respadue et publiee outre leurs dieux tant par grant renōmees cōme par tres cleres sollennitez. ¶ Recordēt doncques auecques nous desquelles et quantes miseres les choses rōmaines ont este si souuent et par tant de foiz et de tāt de diuers tourmens tourmentees auāt q nostre seigneur iesucrist prīt char en la Vierge marie et que son benoit nom de la gloire du quel ilz ont enuie sans cause fut venu a la congnoissance des peuples et de ces choses defendēt silz peuēt leurs dieux. Et se pour ce ilz sōt adourez q ceulx qui les adourēt ne seuffrēt ces maulx desquelz silz en seufrēt aucūs a present ilz maītienent et arguent que sen le nous doit mettre sus. Et pour quoy ont ilz laissie aduenir a ceulx qui les adouroient ce q nous auōs a dire auāt q le nō de iesucrist fut declaire leur aduersaire et q leur deffendit leurs sacrifices. et pmieremēt pour quoy leur dieux ne vouldrēt mettre aucūe diligēce affin qlz neussēt ces tresmauuaises meurs et qlz ne fussēt itroduis en icelles.

Que ceulx qui aourēt les dieux neurēt oncqs ne napridrēt deulx aucūs bons enmādemēs et si celebroiēt et faisoient toutes manieres doidures aux tēples a eulx

dedies: iiii

Pour certain le vray dieu ne fīt cōte et a bonne cause de ceulx de qui il nestoit point adoure/mais les dieux diceulx hommes comme tresmal cōtens se complaingnent de ce que sen leur a deffendu a les adourer. pourquoy nont ilz aidie et secouru de nulles foiz a biē viure a ceulx qui les ont adorez. Sans doubte il estoit chose digne et conuenable que tout ainsi cōme ilz adouroient ces dieux diligāment que leurs dieux prinsent la cure de les enseignier en leurs fais/mais sen y respont q vngchascun est mauuais de sa propre voulente. Qui est cellui qui veut nyer ceste chose aussi comme sil vou sist dire nullup. Touteffois il appartenoit a leurs dieux qui estoient leurs cōseilliers quilz ne cessassent pas leurs cōsaulx aux peuples qui les adouroiēt par lesquelz sen pouoit venir a bōne vie mais appartenoit a leur baillier leurs cōmandemens par bonne et clere predication/et les assembler par leurs prescheurs et prophetes et les faire venir deuāt eulx arguer ceulx qui pechoient et menachier publiquement et appertement de peines ceulx qui faisoiēt mal/et promettre bons loyers a ceulx que viuoient droiturierement Mais q est cellui qui en parsa plainemēt ne a haultes voiz aux temples des dieux aussi comme sil deist nullup. Quāt nous estions iosnes enfans aussi comme en le age de .viii. ans. nous venions en leurs temples et regardiōs la maniere de leur ieux de leurs mocqueries et de leurs sacrileges et sacrifices. Nous regardions les arrepticiens nous oyons les ioueurs de siphonies et tres lais ieux q len faisoit a leurs dieux et a leurs deesses p definitions cestassauoir a la vierge deesse du ciel appelee minerue et a berethincie la mere de toutles dieux/lesquelles chascun an estoient portees sur vne littiere par la ville en iour solennel que len apeloit le iour de leurs lauaciōs couchees en vng lit a grāt oreilliers. Et chantoient deuāt elles ces tres de ſopaulx et peruers ſceniques q̃ ont acouſtume de ſouuent chanter diſes et ſi deſhonneſtes chanſſons que nulz ne les deuroit eſcouter. Je ne dy pas ſeulemẽt la mere des dieux q̃ſſe ne les deuſt pas oyr mais ſa mere de quelconque ſenateur ou de quelconques perſonnes honneſtes nõ pas encores ne les deuroient pas eſcouter ſa mere dun de ces chanteurs ſceniques/ car lhumaine nature a touſiours quelq̃ vergoingne de faire en la preſence de ſes parens aucunes choſes que leur mauuaiſtie ne leur pourroit autrement oſter Et pour ceſte cauſe de humaine nature a ver= goingne ces ſceniciens auroient honte de faire en leurs maiſons deuant leurs pro= pres meres. ces laidures tant de fais cõ= me de ditz ſuppoſe q̃ ce fut p̃ maniere deſ= batemẽt leſq̃lz ilz faiſoiẽt publiquemẽt de uãt celle mere des dieux telle cõe berechi= tie. O pãt et boyat la treſgrant multitu= de du peuple tant dhommes comme de fẽ= mes qui y venoient ſans ceſſer. Laquelle multitude de peuple ſuppoſe que comme ſiee et deceue elle y peuſt eſtre par vne ma niere de curialite ainſi comme conſtrain te/touteſſoiz quant elle veoit a ouoit tãt dordures et choſes vilaines par quoy ſa chaſtete des fẽmes pouoit eſtre bleſchee el le ſen deuoit partir cõme confuſe. Quape= lſerõs nous ſacrileges ſe nous apeſſons ces choſes ſacrees et ſaites/ou que apeſſerons nous ſouillemẽt ſe nous apeſſons ces cho ſes ſauemens. Len apeloit ces treſgrans ordures de fait ou de paroles viandes ou mes auſſi comme ſe ſen fiſt vng grãt diſ= ner pour paiſtre les ors diables de telz or dures auſſi comme de viandes/et qui eſt ce qui ne ſente que telz ors eſperis ſe delit tent en telles ordures fors celſui q̃ ne ſcet ſi eſt nulz telz eſperis mauuais pour de ceuoir les creatures humaines ou q̃ mai ne telle vie en laquelle il deſire plus quilz lui ſoient en aide que ſe vray dieu et q̃ les doubte quant il les voit courrouciez.

Expoſicion ſur ce chapitre.

En ce .iiii. chapitre mõſeigneur ſaint auguſtin commence a pourſui uir ſon intencion principal de ce ſecond li= ure/Et veult prouuer et monſtrer q̃ les dieux des rommains ne tindrent compte de monſtrer et enſeignier aucunes bõnes meurs a ceulx qui les aouront mais que plus eſt ſeſſorchoient de les mettre en er= reur. Et ſe preuue en ce chapitre tant par ce quilz dit quilz ne leur baillerent aucu nes bonnes loix qui deffendiſſẽt ces ieux a faire comme par ce quil meſmes recorde qui les dit en ſon temps et dit quil dit tãt de ſacrifices ſacrileges etc. Par leſquelz il entent les treſlais ieux que les payens faiſoient a leurs dieux et a leurs deeſſes pour les appaiſer/ ſicõme a Jupiter a pa= las a apollo a ceres a picus a fanus et a pluſieurs autres dieux auſquelz ſen fai ſoit moult de choſes laides et horribles/ pour ce quilz tenoient que les dieux tenoi ent ces ieux en grant reuerence. Et affin quil ne ſemble que nous les vueiſſons de laiſſier nous ten dirons vng ou deux Et premierement de fannus qui ſicomme les poetes faingnent eſt apelle dieu des pa= ſteurs. Et a icelſui eſtoient fais et cele= brez les ieux qui ſapellent lupanars qui vault autant comme des bordeaulx. les quelz ieux ſẽblaſſemẽt eſtoient celebrez a laurence treſplaiſante lupanereſſe la quelle fut fẽme de fauſtule q̃ nourrit re mus et romulus et qui pour la beaute de ſon corps et de ſa grant ardeur q̃ſſe auoit dacomplir la voulente de ſa char / eſtoit apelle ſonne. A celle fut conſacre vng tẽ ple a celle furent ces meſmes ieux conſa crez et ordonnez. Et ſe tu veulx ſauoir la cauſe pour quoy et comment ilz furẽt or donnez. Ouide le met en ſon p̃mier liure de faſtis. Et eſt telle quil dit que fannus eut grant deſir dauoir compaignie char neſe auec poſe qui eſtoit ampe de hercules et pour ce les ſuiuit tant quil aduiſa le lieu ou ilz proient couchier/ mais il ne ſe peut tpas garde de ce que hercules et poſe auoient hãgie leurs robes et pour ce fut deceu, car quant il sentit les robes de pose que hercules auoit vestues il cuida que ce fut pose si approca pour auoir a faire a lui. Et tantost comme hercules se sentit il se ietta contre terre tellement q̃ a pou quil ne se froissa tout. Si sen fuit fanus tout nud par les montaignes, et laissa ses robes affin quelles ne lempechassent a aler. pour laquelle chose les pasteurs sont chascun an la feste de ce fanus et sen vont fupant tous nudz contremont les montaignes et contrefont lauenture qui aduint a ce dieu fannus cuidans q̃lz lup facent en ce grant reuerence. Item des ieux de ceres quilz apelent deesse des blez ilz refaisoient vne autre solennite a certain iour, car ilz aloient de nuit et portoient grans lampes ardans et faisans grãt feste et grant sollennite de nuit. Et de ceste feste parle fulgẽce ou liure de ses mithologies. Apres ou il dit. ¶ Nous regardons les arrepticiens monseigneur saint augustin le met expresseme͡nt pour les femmes qui contrefaisoient les hors du sens et faisoient la feste a bacus cest a dire au dieu du vin qui autrement est apelle liber pater lequel ieu sapelloit sacra bachanalia, autrement Orgia bachi de laquelle feste monseigneur saint augustin parle plus largement cy apres ou.ip liure ou.vi.chapitre. Et pour ce et pour leur fureur les appelle il propiement arrepticiens ou par auẽture pour ce que ces femmes seruoient propieme͡nt au temple de celle berecinthie leur deesse, de laquelle monseigneur saint augustin parle propiement en ce chapitre. Celle berecinthie est celle quil apelle pessamite ou premier liure ou.ppip.chapitre, de laq͡lle tu dois sauoir quil y auoit certains prestres qui seruoient a son temple lesquelz estoiẽt appellez galles pour vng fleuue qui estoit en frige qui estoit ainsi appelle ouquel estoit adouree et portee sauer. Et to᷍ ceulp q̃ beuuoient de ce fleuue deuenoient ainsi comme tous hors du sens et furieux. Et

pour ce estoient ilz dis propiement arrepticiens ou possedeurs de lennemp denfer. Ouide met vne autre cause pour quoy ilz estoient dis arrepticiens en son.vi. liure de fastis ou il recite la fiction des poetes estre telle quil dit quil y auoit vng tresbiau iosne filz qui auoit a nom athis lequel auoit voue chastete a celle berecinthie et par son commandement fut fait p̃stre en son temple, laquelle pour ce quil rõpit son veu en fut tellemẽt courroucee q̃l le se mist hors du sẽs (et en fureur pour soy vengier de lui en son courroup lequel pour la douleur quil sentoit se chastra et se coppa ses genitoires dune pierre en disãt tel les parolles perdues soient et destruites celles partyes qui mont este nuisables. et est vng ver douide oudit.vi.liure qui dit ainsi. Hec pereant partes que nocuere michi. Et pour ce a representer celle vengence tous estoient chastrez. et en la solennite delle aloient deuant et monstroient ainsi comme vne foursennerie de pensee. Et pour ce estoie͡ut ilz dis arrepticiens de cef prestres apellez galles et de cest athis adolescent fait mencion monseigneur saint augustin cp apres ou.vi.liure ou.vii.chapitre et ou.vii.liure et ou.ppiiii.chapitre et.ou.ppv.et.ppvi.chapitres Apres ou il dit. Nous opõs les simphoniens (ce cest a dire ceulp qui iouoient des buisines et des grans trompes, car selon papie simphon vault autant a dire comme buisine il veult dire quilz trompoient et buisinoient et iouoient de cimbales darain q̃ faisoient telle noise et de telle tempeste q̃ a peine pouoit len riens opr se faisoie͡t de celle berecinthie sicomme icelluy mesmes ouide dit. Et psidoire ou.viii.liure des ethimologies et pour ce telles tempestes et telles noises et ceulp qui les faisoient ilz appelerẽt siphoniẽs pour la noise q̃lz faisoient ou chantoient a celle berecinthie et a la deesse de virginite, sicomme nous dirons cp apres ou.ppvi.chapitre de ce liure. Et dois encores sauoir que ces sim-

phoniens a chascune chanson quilz fai-
soient ou chantoient ilz apelloient ung
mets aussi comme se ce fut ung mets de ser-
uice ou de viande Au secõd deux mets au
tiers trois mets et ainsi des autres. Aps
ou il dit nous nous delittions en celle be
recinthie et en la vierge du ciel &c. Tu
dois sauoir pour ceste matiere entendre
que len auoit chascun an acoustume a la
uer a vne petite riuiere qui chiet ou libre
de coste comme les pmages de palas ou
minerne et celle de berecinthie qui autre-
ment est apellee pessamite, et estoit ceste
palas ou minerne quilz apellent vierge
tenue des payens deesse de sapience selõ ce
quil est escript aux histoires especialemt
en eusebe pour ce quelle apparut soudai-
nement comme vierge en auffrique den-
coste ung mares apelle terton, dont elle
prent son sournom. Cestassauoir virgo
tritonia Et pour ce quelle leur enseigna
plusieurs ars deffendus et autres se tint
quelle estoit deesse et encores le cruent les
payens plus tost pour ce quilz ne sauoi-
ent dont elle estoit descendue, mais croi-
ent quelle estoit venue du ciel. Et pour ce
monseigneur saint augustin lapelle la
vierge celeste. Laquelle les poetes fain-
gnent estre nee de la ceruele de iupiter, de
laqlle minerne ou deesse de chastete nous
parlerons cy apres plus aplain ou. xxvi.
chapitre. De ceste berecinthie tu dois sa-
uoir quelle auoit telle ymage ou figure
comme ysidoire descript ou. viii. liure des
ethimologies ou chapitre final et lui bail
le plusieurs noms et rend les causes pour
quoy elle est ainsi descripte par les poetes
Et se tu veulz veoir de ceste matiere voy
fulgence ou liure des mithologies q en
parle assez plainement et assez grande-
ment Et toutesfois dit ysidoire que ces
prestres auec ce quilz estoient apellez gal
li estoient ilz appellez coribantes, comme
ceulx q estoient de coste elles tenans leurs
espees en leurs poings pour sa deffendre
Et quant est de la lauacion tu dois sauoir

que celle feste se faisoit auant que kalen
des dauril, sicomme ouide le met en son
kalendrier de fastis. Et estoit la maniere
des lauations telle quelle estoit portee so
lennellement en vne littiere de des vng lit
sicomme dit ouide ou. iiii. liure de fastis
Et en lonneur delle se faisoient les ieux
sceniques aux theatres ou ilz contrefai-
soiẽt commẽt cest athis se chastra et pour
quelle cause et dautres ordures sans nõ-
bre. Et auoit la personnes desguisees en
habit dhommes et de femmes a faulx vi
saiges quilz contrefaisoient les prsonai
ges de cellui qui lisoit en la scene. Quel-
le chose est scene theatre ou amphiteatre
nous lauons declaire ou. xxx. chapitre
du premier liure. sauff tãt que nous vou
lõs bien encores que tu saches que ces the
atres ou amphiteatres auneffois sont
apellees les araines pour ce que sa se fai
soient les ieux de pris et de exercitement
dont tu as encores a perpetuele memoire
de ce les araines de niuce. Et dit encores
valerius maximus en son premier liure
que souuentesfoiz les empereurs de rom
me cestassauoir ceulx qui gouuernoient
la chose publique auant q celle ydose fut
aportee de frige il lui faisoient plusieurs
veues, et apres la victoire lui en faisoiẽt
satisfacion.

¶ Des viles choses tant de paroles cõ
me de fait dont la mere de leurs dieux es-
toit honnouree de ceulx qui lui faisoient
sacrifice.   b:

I e ne vouldroie poit auoir a iuges
ceulx qui par leur tresmauuaise
acoustumance estudient plus a
eulx delitter en telz vices et ordures que
a y contredire, mais ie vouldroie auoir
a iuge de ceste chose ce scipion nasique sil
viuoit qui comme le tresbõ fut esleu par
le senat et par la main du ql vostre ymar

ge de ce deable fut receue admenee en sa cité il nous diroit sil vouldroit que sa mere eust tant deserui et tant fait de bien a la chose publicque en sa vie que len sup eust ordonne ses diuines honneurs, cest a dire que sen seust adouree côme sainte, aussi comme les grecz et les rômains, & plusieurs autres gens les auoient decerne a plusieurs personnes morteles, desquelz ilz auoient aperceu et receu tresgrans benefices et tenoient que pour ce ilz estoient faiz immortelz, et pour ce estre receuz ou nombre des dieux. Pour certain sil pouoit estre fait il desireroit que ceste felicite fust aduenue a sa mere, mais se aps nous lui demandions se quant sen feroit sa solennite de sa mere il vouldroit que entre ses honneurs diuines, len lui fist et chantast ces grans ordures et dist len ces ordes chansons diffames, ne crieroit il pas et diroit quil ameroit mieulx que sa mere fust morte tote qu'elle vesquit comme deesse pour oyr ces ordures. Je ia nauiêgne que seuesque et senateur du peuple romain de si noble propos et de si noble pensee par laquelle il deffedit a edifier le theatre q estoit se lieu ou len faisoit et disoit ces vices en la cite de romme pleine de fors et de puissans hommes voulsist que len adourast ne fist sacrifice a sa mere de telz ordures ou q on la depriast par telz paroles par lesquelles une preudefemme se tiêdroit a villenee ne il ne croiroit en nulle maniere sa vergoingne dune femme q seroit a louer estre muee au côtraire pour ce se elle estoit faicte deesse par telle maniere que ses seruiteurs ou ceulx qui la adouroient la deussent apeller de telles honneurs qui a dire voir sont proprement iniures et villenies, et lesquelles quant elle viuoit entre les hommes selle les eust oy dire contre aucune autre personne sela se neust clos ses oreilles et soy traire arriere et son mary et ses enfans et ses pchais eussent eu grant honte delle. Et pour ce ceste ydole quilz apellêt mere des dieux

de laquelle chascun tresmauuais hôme aroit honte et desplaisir dauoir une telle mere, pour deceuoir les pensees des romains qui est ung tresbon homme, cest assauoir ce scipion nasique non pas pour se faire et introduire en bonnes meurs p aides et bons ammonnestemens, mais pour se deceuoir par fallaces. et en ce semblable a celle de laquelle il est escript. La femme si desire les precieuses ames des hômes affin que ce scipion qui estoit de grât engin et prudêce se tenist a ce estre esleue ainsi comme par diuin tesmoignage et se cuidast vraiement estre tresbon et ne quist pas vraye pitie ne vraye religion sâs laquelle tout engin tant soit de grant louenge dechiet et se vanouist par orgueil. Comment doncques querroit ceste deesse se ce nestoit par traison et mauuaistie ung tresbon homme comme elle requeroit en ses sacrifices faire telz choses desquelles les tresuaillans hommes auroient grant horreur de veoir et de les adiouster en leurs festes et en leurs mengieres: Exposicion sur ce chapitre.

En ce v. chapitre môseigneur saint augustin reprent le sacrifice et la reuerêce q estoit faicte a ceste berecinthie de quoy il fait mencion ou chapitre precedent. Et demonstre sa fraude et decepcion du deable par ce que ceste berecinthie ne voult estre receue en la maison de quelcôque hôme se ce ne fut en la maisô de tout le meilleur & le plus vaillant. cest assauoir en la maison de ce scipion nasique, qui fut tel iugie esleu et ordône, et tout le demourât de ce chapitre est cler.

Que ses dieux des payês ne sentirêt ne ne seurent oncqs sa doctrine de bn viure.
Vi

Pour ce est il que ces deables ne tidrent compte des meurs des citez ne des peuples q les adouroient quât ilz souffroient sans monstrer aucun signe horrible et desplaisant quilz fussent plains de si vilains & detestables maulx

et estre fais si mauuais non pas q̈lz leur
monstrassent en leurs champs ne en leurs
vignes ne en leurs maisons ne en leurs
richesses mais en leur couraige et pensee
qui a seignourie sur sa char et qui en a le
gouuernement. Et silz veulent deffen-
dre le contraire monstrent le nous et le
prennent. Et ne nous mettent pas au de-
uant ie ne scay quelz murmureurs q̈ dient
quilz ont receu la doctrine secretement et
que len leur sa soufflee es oreilles Et par
ce dient quilz sont ordonnez a sauoir les
secres du ciel et la vraie religion par laq̈l-
le len aprend preudõmie et chastete mais
demonstrent nous et ramembrent aucũs
petis lieux consacrez a seurs dieux / non
pas ceulx ou ilz chantoient leurs chãsõs
horribles de laides voix ou les iongleurs
contrefaisoient les gtenances des dieux
et faisoient plusieurs ordures. Ne aussi
ou len faisoit les ieux et sa feste de celle p-
dose lesquelz pour ce quelle auoit este a-
portee de frige sapelloient les ieux frigies
Et quelz ieux se faisoient et disoient tou-
tes manieres de laidures et resnes haban-
donnees et qui proprement suiuoient tou-
te honte et honnestete. Et qui pour ce es-
toient pprement dis et apellez fuitis mais
ceulx ou les peuples ouyssent ce que leurs
dieux leur commandoient de restraindre
leur auarice de rompre la couuoitise des
grans honneurs et de restraindre leur lu-
xure et puterie. et ou les chetis apreissent
ce que persius disoit en les blasmant qui
dit ainsi. O choses aprenez ⁊ cõgnoissiez
les causes des choses quelle choses nous
sommes a quoy faire nous sommes en-
gendrez tant comme nous viuons netz.
Quelle ordre nous est donnee, qui sont
les termes de nostre vie cõment nostre na-
ture est mole et fraile a soy encliner. Et
dont ce vient, quelle mesure nous deuõs
garder a acquerir et retenir les richesses
ce que nous deuons desirer licitement / q̈l-
chose se denier aspre aporte de prouffit cõ-
bien il nous fault despendre pour nostre

paps pour noz amis et pour noz pchains
Quel dieu te commanda que tu fusses
en quel estat dieu ta mis entre les hom-
mes dient nous en qlz lieux leurs dieux
qui les aprenoient soloient ces choses re-
corder. Et que ceulx qui leur faisoient sa-
crifice les ouyssent voulentiers parler de
ces choses sicomme nous auons mõstre
les saintes eglises des crestiens auoir este
ordonnees a ces choses par quoy la reli-
gion crestienne est espandue p tout
Exposicion sur ce chapitre

En ce. vi. chapitre monseigneur saint
augustin veult monstrer sa differẽ-
ce et dissimilitude de ceulx qui adourent
plusieurs dieux au regard des crestiens
qui ne adorent que vng dieu. Et que ces
dieux que adourent les papens ne sont q̈
deables et mauuais esperis ausquelz il
ne chault de la bonne vie et nette de ceulx
qui les adourent ne ne leur publiẽt en cõ-
mun ne en appert aucunes bonnes loix
de viure nettement et saintement combiẽ
quil en y ait aucunes qui se vantent q̈ en
secret et aussi comme p maniere dascou-
tement ilz aient de leurs dieux aucunes
celees loix dont nous parlerons plus a
plain cy aprez ou. xxvi. chapitre. Et tou-
tesfois est il tout autrement des crestiẽs
car sa doctrine de bien viure et saintemẽt
est preschee publicquement. Et aps ou il
parle des ieux de frige aucuns dient quil
y a frigialia. Aucuns dient quil y a ful-
galia. Et se tu les apelles frigialia
il est dit pour les ieux qui se faisoient en
frige a celle berecinthie auãt ce quelle fut
aportee a romme sicomme len dit de Ba-
chus bachanalia festa et de ceres ceriaria
Et se tu dis fugalia ce fut vng vice des-
cripuain ou vne maniere de mocqrie pour
conformer a la condicion des gens q̈ fai-
soient les festes / mais on peut dire fru-
galia a fruge cõe dit hugucio cõe de ceres
ceriaria. Pour ce mõseignr sait iherome
sur lepistre ad galathas si dit q̈ toꝰ les po-
etes si dient ⁊ crient que les frigiẽs si sõt

paoureux de leur nature, et par cõsequẽt prestz a la fuite par quoy on les peut assez apeller fugalia, cestadire les ieux fuitifz. Et pour ce monseigneur saint augustin quant il a dit frigialia il reprẽt en disant et Vere fugalia. Cestadire et Vrayement fuitifz ou fuians de toute chastete, et de toute honnestete. Apres ou il dit ⊙ chetif aprenez etc. Tu dois sauoir que ce sont .Vii. Vers de persius satiritas de sa quatriesme satire, selon ceulx q prẽnẽt le prologue pour vne satire ou apres ce qla durement reprins ceulx qui sõt aigremẽt parreceux de labourer et de bien faire Il les enorte a bien faire τ a bien Viure et dit ainsi. ⊙ chetif aprenez et cõgnoissiez les causes des choses, cest a dire ce qui appartient a honneur Quelle chose nous sommes il Veult dire que nous deuons congnoistre que nous sommes hommes et par consequent Beste raisonnable τ deuõs Viure selon raison τ a quoy faire nous sõmes encores tant comme nous Viuons cest a dire a quoy et a quelle fin nous sõmes nez et a quoy nostre Vie est ordonnee Aussi comme sil Voulsist dire que nous deuons estre Vertueux pour ce que la fin de toutes choses ẽ Beneurete a laqlle nul ne attaint se ce nest par Vertu, et pour ce deuons resister aux Vices. Quelle ordre nous est donnee, cest a dire que nostre nature humaine sourmonte toutes autres Bestes. Et pour ce nous deuons enchasser et reprimer toute affection Bestial et terrienne. Et pour ce nous auons le Visaige tousiours esleue ou ciel et toutes autres Bestes regardent la terre sicomme dit oui de en son premier liure ou premier chapitre en ces deux Vers. Pronaqz conspectẽt alalia cetera terrã Os hominũ sublime dedit celumqz Videre iussit et erectos ad sidera tollere Vultus. ¶ En quel terme cest a dire se terme de nostre Vie qui est la mort. Laqlle se nous gsiderõs sour ent et auons parfaitement en nostre pensee ce nous prouffite merueilleusemẽt a Viure et Vertueusemẽt. Cõment len secline mo

semẽt τ de legier, cest a dire cõment sõme de legier sencline et sabaisse a mal faire, pour ce q nature humaine est plus encline de sa nature a mal q a bñ. gen Viii Et dõt ce Viẽt cest a dire dont Viẽt dõtelle se cline si de legier, car ce ne Vient pas p raison, mais Vient de sensualite ou affectiõ mondaine. et pour ce la doit len gouuerner selon raison Quelle maniere dargẽt cest a dire quel maniere nous deuõs tenir et garder a acquerir les richesses Car se nous Voulons acquerre richesses sãs fin il ny aura point de mesure qui est chose licite a desirer, cestassauoir ce qui nous est necessaire a nostre Vesture et a nostre Viure Quelle chose largent a pre τ de prouffit il Veult dire que cellui qui trop couuoite ardãment seuffre trop daspresses τ de duretez par les grans cures qlentrepient et pour ce largent est cõpare aux espines, cõbiẽ il nous fault dõner et despẽdre pour nostre pays pour noz amis et prochains cest a dire q nous deuõs cõgnoistre cõbiẽ cõment et par quelle maniere nous leur deuons baillier argent et les causes pour quoy. Quel dieu gmandi que tu fusses cest a dire que dieu Veult q tu fusses hõme raisonnable et en qlieu dieu ta mis. et constitue es choses humaines Cest a dire que tu dois aprendre et considerer quel estat et quel degre dieu ta donne entre les hommes, car selon les diuersitez des estas et des degrez doiuent estre diuerses manieres de Viure, car chascun doit Viure selon son estat Et affin que de ce tu en puisses rendre graces a dieu. Et pour ce que plusieurs clers Verront ce liure et que les Vers sont tresbeaux τ tresnotables a recorder ie les ay cy mis en latin:
Discite o miseri τ causas cognoscite rerũ
Quid sumus et quid naz Victuri gignimur ordo: Quid datus aut meta q noli
flexus et vnde. Quis modus argenti
quid fas aptare quid asper: Vtile munus hẽt patrie carisqz ppiquis Quãtũ
largiri deceat. quem te deus esse Iussit et
huana qua parte locatus in eere:

⁋ Que les choses qui ont este trouuees par les philosophes sans sa diuine aucto rite sont inutiles la ou les choses que les dieux ont faictes ont plus esmeu vngchas cun a estre enclin a ordure et a pechie que les disputacions que les hommes ont fai tes. Bii

Mais parauenture il nous diront q̃ aux escoles des philosophes et en leurs disputacions ilz ont apriins ausquelz len peut respondre q̃ les disputacions des philosophes ne viennēt pas des rommains/mais des grecz. Ou silz pouoient estre des rommains pour ce que grece est faicte prouince de romme/ et soubz son trieu encores ne peuent ilz es tre dis les loix et commādemens de leurs dieux/mais scieces trouuees par les hō mes qui ses ont introduites par viues rai sons.et par argumens et par leurs tres sotilz engins et agus ont encherchie les secres de nature Et ce qui estoit latent en cores aux personnes humaines a quelles choses quāt aux meurs des hommes len deuoit desirer et quelles choses fuir ce aus si qui par les rigles de leurs disputacios se pouoit ioindre a venir a la verite ou ce qui estoit repugnant ou qui ne se pouoit ensuiuir de leurs argumens. Et aucuns diceulx philosophes trouuerent moult de grandes choses en tāt quilz furent se courus et aidez de la grace diuine/mais en tant cōme ilz sempescherēt aux choses humaines ilz errerent mesmemēt cōme celle pourueance diuine resistat iustement a leur orgueil affin quelle demonstrast au regard diceulx q̃ la voye depitee et de vite plaiǵse lē peut mōter moult hault et auoir ǵnoissance des choses diuines vient par humilite/ dont nous entendōs par sa voulente et ayde de dieu le vray et nostre seigneur a traitter et enquerir en lieu et en temps. Toutesfoiz se les philo sophes ont trouue aucune chose qui puist souffire a enquerir et mener bonne et sai te vie de tant leur deuroit len mieulx et plus iustement attribuer les diuines hō neurs. et mieulx et plus hōnestemēt pou roit len fire les liures de platon en son tē ple que chastrer les prestres qui sapellēt galli aux temples de leurs deables et pour les telle comme estoit celle berecinthie et les effeminez y fussent consacrez ne q̃ les gens si tuassent ou naurassent pour sai re sacrifice de leur sang a leurs dieux/ et quelsconques autres choses laides ou cru elles faidemt quilz ont acoustume a fai re a la solennite de leurs dieux. Nestoit ce pas plus couuenable chose a introdui re la iouuente de romme en iustice reciter publicquement les loys des dieux q̃ lou er vainement les loix et les estatus des mauuais. Certes tous ceulx qui sōt ado reurs de telz dieux tantost comme con uoitise ou luxure desmesuree les esmeut qui est selon ce que dit persius sainte de ve nin ardant ilz regardent plus ce que fit iupiter que ce que platon enseigna ou que cathon admonnesta/ de ceste luxure con uoitise ou delectacion desmesuree et sans raison raconte terence vng tel exemple q̃ vng iosne filz luxurieux qui se faignoit estre chaste et chastre cōme il ne se fust pas et en ceste fiance len sauoit commis a gar der vne pucelle. En regardant listoire de iupiter comment il descendit ou gyrō de dyane en semence dor/ dont il engēdra p sius se schauffa tellemēt quil corrumpit laidement celle qui lui auoit este baillie a garder en prenant exemple de celle laix dure a iupiter et disant a icellui dieu ie ne le fisse pas comme petit homme q̃ ie suis mais ie lay fait et voulentiers pour ce q̃ ie vueil ensuiure iupiter qui est le souue rain et qui fait tonner ou ciel et aux tem ples souuerains:

Exposicion sur ce chapitre

En ce.vii.chap. mōseigñr saīt augu stī excludt vne rñce q̃ lē pouoit dōner a ce que il mesmes queroit et arguoit ou chapitre pcedent il auoit demande aux paies rommains quilz lui enseignassent aucun lieu publicque de leurs dieux ou ilz leur baillassent loix pour viure ordonneemt et selon raison. Et pour ce quilz pourroient respondre que ces lieux estoient et sont les escoles de leurs philosophes monseigneur saint augustin y respond et les reboute p deux raisons La pmiere est ql dit que ces philosophes nestoient pas rommains mais grecz. Et encores pour ce q len y pourroit respondre en disant que les grecz estoient ia fais rommains pour ce quilz estoient ia fais tributaires au rommains, et estoit grece prouince des rommains. Il epclud par ce ceste raison des rommains et que ptalie qui est propremt prouince de romme soit apelee nõ pas seulement grece, mais sa grant grece tu sces par ysidore ou. viii. liure de ses ethimologies qui ainsi se nomme pour ce quil dit que despieca elle fut occupee des grecez et depuis fut apelee saturne pour saturne qui y vint demourer quãt son filz le chasa de crete depuis fut apellee ptale / pour ung roy qui estoit apellez ptalus ¶ Si fait cellui qui fist la grãt diuision du monde qui ne se voult nommer / combien que sur tous les autres il fut le plus epcellent Et be de le conferme qui dit que ptale trait son nom ab ptalo rege. ¶ Secondement a epclurre ceste responce il dit que sectures et tradicions des philosophes nestoient pas les loix de leurs dieux / mais estoient choses trouuees par les philosophes que len apelle adiuuencions dentendement humains ausquelles choses trouuer et encqre ilz estoient aidiez et confortez de la puissance diuine / a ce quilz peussent auoir la congnoissance de la verite. Et pour ce dit il que les philosophes estoient plus a honourer que leurs dieux. ¶ Apres quant il parle des chastrez qui estoient apellez galli et des motz qui estoient consacrez et de ceulx qui se tuoient ou nauroient pour faire sacrifice de leur sang tout est assez

cler par seppoßicion que nous auons mise ou. iiii. chapitre et ou. vB. cestassauoir comment ilz furent en terre et comment dieu les en osta sicomme il sera dit cy apres ou viii. liure ou. xxvi. chapitre. Si fait il quãt il ple des non sais ou hors du sens sentent il de ces prestres qui sont apellez galli ou par auenture le dit il comme nous lauons declaire ou tepte de ceulx y qui se saingnoient et nauroient pour faire de leur sang sacrifice a leurs dieux sicõme nous dirons cy apres ou. xxvi. chapitre. du. viii. liure Apres quant il parle de sa luxure ou couuoitise tainte de venin ardãt et allegue persius tu dois sauoir que ces motz sont dun vers de la quarte satire / dont nous auons parle ou chapitre precedent et sont auant grant piece les vers q nous y auons escript. Apres ou il dit qlz regardent plus ce que iupiter fist que ce q platon enseigna et c. tu dois sauoir q monseigneur saint augustin veult dire que iupiter qui fut roy de crete fut homme tres ort et tres putier tellement quil abusa de fãs et de vierges et les raup de toutes terres et combien que ce semble vne fiction de poetes et quilz parlent et chantent du rauissement de ganimedes lequel estoit filz de heros qui fut roy des dardaniés et des premiers roys de tropes / ¶ Toutesfois est il vray quil fut raup a sa requeste par tantalus a ce que icellui iupiter en peust abuser sicomme met orose en son premier liure de son ormeste ou. vii. chapitre dont tel guerre et tel meschief en aduint que le propre filz de ce tãtalus fut tue p lui mesmes et rosti et aporte a mengier aux dieux sicomme les poetes faingnent / lesquelz en eurent telle abhominacion quilz le mirent aux peines ou len dit quil est lesquelles sont toutes notoires. Et se tu veulz veoir de ceste matiere plainement voy seneque en sa seconde tragedie auecques le comment de trauet / et de ceste matiere parle monseigneur Saint augustin cy apres ou. Sixhuitiesme liure ou. viii chapitre de la mauuaistie de ce iupiter / parle

lactence en son premier liure lequel demā
de par maniere de mocquerie pour quoy
aux grans sollennitez de sa feste len ape
le le tresbon et le tresgrant lequel du com
mencement de sa ionesse fut pricide et chaſ
sa son pere hors de son royaume par la tres
grāt couuoitise que ce iupiter auoit de seiz
gnourir et regner. Et pour ceste cause les
iapans prindrent guerre a lui lesquelz il
vainquit. Et depuis quil les eut vaicus et
vsurpe le royaume par force et par violē
ce il consumma et finy toute sa vie en pu
tries et en adulteres/ print la femme dam
phitrion et plusieurs autres/ et suppose
que len puist ces choses tollerer pour ce q̄
cestoient femmes/ toutesfoiz dit lactence
quil ne peut tollerer sordure q̄l commist
en son propre sepue. cest assauoir en ganime
des qui estoit si biau et filz de roy duquel
il abusa parquoy il fut repute pour sodo
mite. Et se tu en veulz veoir plus large
ment voy lactence en sondit premier liure
Et quant est des poetes qui ont faint de ce
iupiter et des autres dieux en escripuant
et faisant leurs liures dit ysidore ou viii
liure ou chapitre des poetes/ q̄ loffice des
poetes est de dire la verite des choses cou
uertes daucunes couuertures ou pallia
cions. Et dit que ce iupiter est fait et nom
me dieu ou pour la grandeur de sa puissā
ce ou pour la grant abundance de sa ma
lice. Apres ou il parle de terence tu dois sa
uoir que cest vng poete qui en sa .iy. sente
ce parle dune escoullie ou chastre quil ap-
pele enuche et est ce liure apele enucho. Et
aussi en parle persius en sa satire. et quāt
il parle de la pfupe doz tu dois sauoir q̄l
veult dire qui sa corrupit par dōs de flo
rins quil suy bailla en son giron/ de ce pͥ
le monseigneur saint augustin cy apres
ou viii. liure ou viii. chapitre. Aprz ou il
dit en disant a icellui dieu acc. saches que
ce sont les propres motz de ce terence quil
recite iusques en sa fin du chapitre
¶ Des ieux sceniques ou les dieux ne se
tiennent point a iniuriez de ce que len ra
cōte leur mauuaise vie dentre eulx mais

tiennent q̄ ceulx qui se font les deprient
et appaisent. viii

Mais pour ce q̄lz nous pourrāt
dire que les laidures ne vien
nent ne nont point dauctorite
de leurs dieux/ mais procedēt des fables
des poetes et de leurs fictions ie ne vueil
pas dire q̄ choses couuertes fussent plus
laides que les choses qui se faisoient aux
theatres et aux scenes ie le dy pour ce que
listoire conuaint ceulx qui le nyent. Car
ces ieux ou len faisoit et ou regnoient ces
fictions des poetes les romains ne les fi
rent pas par sainte reuerence aux sollen
nitez de leurs dieux ad ce q̄ ces ieux leur
fussent fais et consacrez/ a leur honneur
les ordonnerent estre fais en les comman
dāt aigremēt et aussi ÿme pūne maniere
de ÿtraite et de ce iay pse assez briefuemt pͥ
maniere de memoire ou pͥmier liure. car
quant la pestilence de romme cōmenca a
esforcier et empirer les ieux sceniques fu
rent premierement ordonnez a faire a ro
me par lauctorite de leurs euesques. Qui
seroit donques cellui qui a vser sa vie ne
essiroit quil deust mieulx ensuiure ce que
len fait aux ieux instituez et ordonnez a
faire par lauctorite diuine que les choses
qui sont escriptes aux soyx publieēs par le
conseil des hommes humains. Se les
poetes ont maintenu par fallace que iu
piter estoit auoultre il nest pas doubte q̄
les dieux qui estoient chastes sen deuoiēt
courroucier et vengier de ces laidures et
vergoingnes/ nō pas pour ce que se eust
mis en negligence de faire leurs ieux qui
se faisoient par les hommes humais ilz
faingnoient et leur mettoient sus si grās
crimes et si grans villenies. Et nest pas
doubte que les comedies et les tragedies
estoient plus a tollerer et a souffrir entre
les ieux scenique. cest assauoir les fables
des poetes qui estoiēt faictes aussi publi
quement comme les autres/ et ou len di
soit et faisoit moult dordures Mais

par auenture elles nestoient pas compo
sees si laidement ne si ordrement cōme les
autres ieup. Quil soit vray il appt/car
les anciens constraingnoient les enfans
a icelles comedies et tragedies aprēdre
et sire entre les sciences qui sont apellees
honnestes et liberaup

Eppoſicion ſur ce chapitre.
En ce. viii. chapitre monseigneur
saıt augustın reboute et sourclost
vne epcusacion que len pourroit mettre
au deuant des dieup des rommaıns pour
ce que aucun pourroit dire que ces laidu
res que len dit des dieup nont point dau
ctoriue ne pour les lieup ou ilz sont adou
rez ne pour sacrifice que l eleur face mais
ont auctorite par la fictiō de leurs poetes
Mais monseigneur saint augustin mō
stre ceste epcusacion estre nulle/et le mō
stre par trois raisons. ¶ La premiere car
sil pouoit estre dit et que ce fut chose licite
que ces choses qui se faisoient p les dieup
appertemēt et sans aucune fiction ou cou
uerture estoient plus detestables et plus
horribles que celles qui estoiēt racōtees
couuertement par les poetes aup scenes
et aup theatres dont lactēce ou. pip. cha
pitre de son premier liure dit que sa mens
terie et fictions des poetes si nest pas ou
fait, mais en sōme, car ilz doubtoient q̄
ce ne fut mal de declairer publicquement
ce qui estoit vray contre la persuasion ou
cōmune pmaginacion du cōmun. Secō
dement pour ce que les laidures et ordu
res de ces ieup sceniques sicomme il ap
pert par leurs hystoires ne pcederēt pas
ne neurent auctorite de par lordonnance
des rommaıns/mais p cōmandemēt de
leurs dieup furent faiz et instituez sicō
me il est dit ou pmier liure ou. pppii. cha
pitre. Et sicōme il sera dit cy aprez plus
a plaın ou. iiii. liure ou. ppv. chapitre Ti
ercemēt car se ces ieup sceniqs nestoiēt a
attribuer fors seulement aup poetes et a
ceulp q̄ les seruoiēt pour ce q̄ de ces chan
sons et dittiez deshonnestes et de tout ce q̄

estoit fait et recite en publicque fut p bou
che ou par instrumens fut par desguise
mens fut de contrefaire ses personnes et
faire ses personnaiges ses poetes estoiēt
tousiours les principaulp sicōme il aper
ra par se. piiii. chapitre de ce liure. Et ia
soit ce quilz parlassent a ces ieup par pa
roles assez obscures et couuertes touteſ
foiz y auoit il mois dobscurte q̄l nauoit
en ce quilz faisoient aup temples de leurs
dieup sicōme il sera dit cy aprz ou. vii cha
pitre du. viii. liure. Quelles choses sont
comedies et tragedies nous sauons mis
cy dessus en leppoſicion du. pppii. chapi
tre du premier liure/ Dont dit homerus
Carmine qui tragico vilem certauit ob
hircū/ Mais des poetes tu dois sauoir q̄
sicōme dit psidore ou. viii. liure des ethi
mologies ou chapitre des poetes/ Il en y
eut de plusieurs manieres/ cestassauoir
Lirici. Comedi. Triagedi. Theologi.
Lirici sont ditz de lira qui est harpe en la
tın pour la variete des chās quilz faisoi
ent aussi cōme la harpe fait diuers sons
Tragedies estoient ditz pour les trage
dies quilz faisoient du trebuchement des
grans roys, princes et barons. Et tous
iours commencoient par ris et finoient
en plour. Et estoient ainsi nommez pour
ce que leur souper estoit proprement vng
boucq, et est dit de tragos en grec q̄ vault
autant a dire cōme boucq en francoys/ et
odos qui vault autant a dire cōme chant
Comedi estoient ceulp qui chantoiēt des
priuees personnes et commēchoient par
pleur et finoient par ris et sont apellez co
mici pour les lieux ou ilz auoient acou
stume a chanter/ cestassauoir aup places
et aup carrefours qui en grec sont apeles
Comos ou pour comestiō/ cestassauoir
mengier pour ce que aprez mengier len va
veoir voulentiers telz ieup aussi comme
len fait aup festes le chanteur en greue/
ou aup halles ou autres places. Et sont
proprement apellez interludia/ pour ce
q̄lz se fōt entre les deup mēgiers. Et sōt
les tragedies faites ainsi cōe la maniere q̄

tu Vois faire au iour duy les personnai
ges de la Vie et passion daucun martyr.
Et dit encores ysidoire en ce mesmes lieu
que de ces poetes comiques il en est deux
manieres/ Cestassauoir les Vielz et les
nouueaux/ les Vielz chantoient toutes
choses qui pouoient atraire les ges a ris
et a esbatemens comme de puterie ribau
die ⁊ autres choses semblables sicomme
furent plautus menius et terence. Les
nouueaux estoient ceulx qui reprenoiēt
les Vices des personnes quelzconques si
comme flatus persius et iuuenal. ¶ Et
estoient apellez ces poetes satiriēs ⁊ estoi
ent pains tous nudz pour ce quilz descou
uroient adplain tous les Vices des persō
nes. Et la cause pour quoy ilz estoient a
pelles satiriēz estoit pour ce quilz estoi
ent plains de toute faconde et quilz par
loient de plusieurs choses ensemble Ou
paraduēture sont ilz dis de saturite aus
si comme le grant plat que len portoit au
temple des dieux qui estoient tout plain
de grains et de fruis. ¶ Et quant est des
poetes qui sont apelez theologiens ilz es
toient ainsi propremēt apelez pour ce qlz
faisoient les chāssons et dittiez des dieux
Et dois sauoir encores q loffice des poetes
et de baillier les choses couuertemt ⁊ fain
dre soubz autres semblances et figures/
et par beau langaige. Et pource sucam
nest point compte entre les poetes pour ce
quen son liure il mist la Verite de listoire
sans quelcōques couuerture.) Et nest
pas encores a delaisser que les poetes ont
trois maniere de stiles de proceder en leurs
Besongnes. Lune est ou le poete tant seu
lement parle sicōme Virgile parle en geor
giques. Lautre ou le poete ne parle nulle
fois sicomme aux comedies et tragedies
⁊ ce stile sapele proprement dragmatique
pour ce quil se fait entre deux personnai
ges/ cestassauoir entre linterrogant ⁊ le
respondant sicomme en terence selon ce q
dit huguce a quoy papie sacorde. Et le ti
ers est ou aucunesfois le poete parle au
cunesfois/ les personnes introduites Si

cōme en Virgile eneydos. Et se tu Veulx
Veoir quelle difference il a entre ces trois
manieres de parler/ cestassauoir dida
scalicum dragmaticū ⁊ hermenenticum
Voy catholicum sur le mot hermenen
ticus. i. interpretatiuus
) Que les anciens rommains sentirent
de restraindre la Voulente de pechier laql
le les Vouldrent estre france ensiuuent le
iugement des dieux   ix

Et touteffois tulles es liures quil
escript de la chose publicque tes
moingne ce que les anciens rō
mais sentirent de ces ieux sceniques ⁊ des
fables des poetes et par especial des come
dies. Esquelz liures il met par maniere
de personne supposee scipion combien que
ce soit icellui tulles mesmes qui en dispu
tant dit aisi. Onques les comedies neus
sent peut prouuer leurs laidures es thea
tres se lacoustumance de leur Vie ne leust
souffert. Cestassauoir q len neust souf
fert que len fist chantast et recitast telles
laidures es theatres / se ce neust este la
fausse et mauuaise acoustumāce de leur
Vies ⁊ de leurs meurs corrumpues qui le
souffroit. Et certes les grecz qui furent
plus anciens gardarēt aucune similitude
de la mauuaise et Vicieuse oppiniō des rō
mains ausquelz ilz estoient ottroye par
la loy du pays que len peust dire ou faire
comedies telles cōme len Voul droit puis
que len nommast expressement les persō
nes pour lesquelles elles estoient faictes
Mais sicomme icellui scipion dit en ses
mesmes liures aussi comme par manie
re de reproce et de ramprosne a qui a elle es
pargnie suppose qlle ne sait feru ou tra
uaillie ainsi comme sil Voulsist dire/ cer
tes nulluy. Mais prennons quil soit ain
si quelle ait blechie aucuns hommes du
cōmun/ du peuple aucuns mauuais au
cuns sedicieux mouueurs de riotes et dis
cordes en la chose publicque/ comme cle
on cleomphonte et y parabole;

Et sil est ainsi quil soit mieulx que ces citoiēs soient diffamez par le censeur q̄ est se iuge et qui cōgnoist des meurs des gens que par les poetes si se souffrons si comme il dit. Mais nō plus ne apparte/ noit ilz aux grecz de diffamer et blasmer par leurs vers pericles qui estoit de si grāt auctorite quil gouuerna par plusieurs ā nees sa cite dathenes et le peuple dicelle/ en temps de paix et de guerre ne de faire de lui comedies et les raconter et chanter en leur scene pour le diffamer quil faisoit a plātus ou a Neuius de mesdire des dieux scipions/ cestassauoir publius scipio et gneus scipio/ ou a cecilius/ de mesdire de marc cathon. Et vng pou apres ces paro les icellui tulle dit aīsi. Et iassoit ce que les loix de noz.pii. tables soient au cōtrai re des peines capitaux ⁊ en eussēt ordōne tres pou. toutesfois limposerēt ilz a ceulx qui feroient ou chanteroient aucuns di/ tiez ou chansons diffamatoires qui po/ tassent infame a autruy ou blechast leur renommee. Et ce fut ordonne tresbiē car nous deuons sauoir/ enquerir/ et iugier la vie des hommes par iugement des se/ nateurs et autres par souffisans argu/ mens et vraies distinctions/ nō pas par lengin des poetes. Et ne deuōs ouir nul le laidure ainsi est quil ploise a p respon dre et que len se puist deffendre par iuge/ ment de raison. Ces choses iay extraites de mot a mot du quart liure de tulle de la chose publicque. Toutesfois y ay ie au/ cūes choses delaissees ou vng pou muees pour en auoir plus de legier lentendemēt Car a ceste euure que iay entreprise qui e de si grant difficulte/ appartient bien q̄l le soit declairee se ie puis. Aprez ce tul/ les dit aucunes autres choses/ Et fina/ blement conclud ainsi ce lieu ou ceste par tie/ affin quil demonstre comment il des/ pleut aux anciens rōmains de soer ne de blasmer aucun homme vif en leurs sce/ nes ou ilz faisoient leurs chateries. mais si comme iay dit iassoit ce q̄ les grecz sou/ frissent plus sans vergoingne a faire et chanter des gens telles comedies ⁊ scenes que les rommains/ toutesfois leur sem/ bloit il que cestoit chose plus conuenable quilz fussent fais quant ilz ycroient q̄ les laidures et villenies que len disoit en ces scenes estoient agreables a leurs dieux/ Et non pas seulemēt ce que len disoit des dieux/ mais des hommes suppose que ce fussent fables ou que ce fussent choses q̄ eussent este faictes par les poetes ou que len fist ⁊ recordast leurs laidures ⁊ ordu res aux theatres. Et pleust a dieu que a ceulx qui les adouroient il semblast que ces choses ne fussent pas dignes destre en suiuies/ mais seulement den rire et les re garder par maniere de mocquerie/ car ilz tenoient que cestoit chose trop orgueilleu se de delaisser a chanter la vie et renom/ mee des princes et citoiēs de la cite ou leurs dieux ne voul driēt pas que len delaissast a chanter la leur. ¶ Mais ce que len ar gue et met au deuant a leur deffence/ cest assauoir que ce que len dit de leurs dieux ne sont pas choses vraies/ mais fausses et faintes/ et est plus mauuaistie ⁊ ordu re du dire et pis de le croire. Se tu consi de res bien laquelle chose est la pitie de vraye religion. Et se tu penses et auises que ce soit la malice du deable qui telles choses fait faire q̄ cuides tu estre chose plus cau teleuse ne plus fraudulente a deceuoir les pensees des hommes. Et se len dit a vng prince qui est bon et prouffitable au pays villenie nestelle pas de tāt pl' grā de et la doit len prendre en plus grant des pit de tant comme elle est plus loing de verite et contraire a la vie dicelluy de qui len dit iniure.

¶ Quelz tourmēs souffissent doncqs quant len fait a dieu telles et si grandes ordures et si grant villenie.

Epposicion de ce chapitre.

En ce.ix.chapitre mōseignr̄ sait au gustī demōstre q̄ quāt aux ieux

ſreniques les grecz en aucune maniere ſeeurent plus rayſonnablement que les rommains/car les rommains deffendirent aux poetes a peine capital et autres groſſes peines/quilz ne feiſſent/chantaſſent/ ne recitaſſent de leurs atoiés aucunes chãſons diffamatoires/qui peuſſent blecier leur renommee. Et ce nõ obſtant ilz ſouffrirent quilz feiſſent et chantaſſent telles chanſons de leurs dieux quil leur plairoit Et les gregois qui veoient que len chantoit telles chanſons de leurs dieux et qui leur plaiſoient/voulurent ſemblablemẽt que len les feiſt de leurs citoiés/mais que len nommaſt les perſonnes de qui on chãtoit. Et touteſfois ſuppoſe que par ſymaginacion quilz auoient ilz ſe feiſſent plus conuenablement que les rommains/touteſfois a le prendre ſimplement et abſoluement ilz le faiſoient treſmauuaiſement.

Apres quant il parle de ſcipion et de ſes liures tu dois ſauoir que ce ſõt les motz de tulle du liure quil fiſt de la choſe publique lequel en moult de ſes liures enſuyuit la maniere de platon qui cõtrediſoit deux diuerſes perſonnes qui parſoient lune a lautre/et ſembloit quil ne parlaſt point en ſa perſõne/ſicomme il appert en ſon liure ql fiſt de la choſe publique/ou quel il ſemble a ceulx qui le liſent que ſcipion ſoit fait. excepte au commencement du liure ou tulle parle en ſa perſonne. Et fut ce ſcipion ſe ſecond lequel deſtruit la cite de carthaige/ſi comme il appert par le liure du ſonge de ſcipion que macrobe expoſa/ et pour ce eſt appelle macrobe de ſõpnio ſcipionis/ iaſſoit ce que ce ſoit le vi. de tulle de re publica. Et aucuns tiennent comme nicolas trauet que ce liure de tulle cõtenoit huit liures et que le liure du ſonge de ſcipion eſt la partie derreniere de lhuitieſme liure/combien que thomas et pluſieurs autres tiennent que ce ſoit le vi. liure depuis ces motz a q elle eſt eſpargnie. &c. Juſques la ou il dit Ses choſes iay traictees de mot a mot. &c. Ce ſont les propres motz de tulle ou en la perſonne de ſcipion il reprenue la maniere

des grecz qui ſouffrirent q̃ les poetes meſdeſiſſent de leurs citoiens/et des hõmes/ mais quilz les nommaſſent. Apres ou il parle de cleon/theophon/et pperbole/tu dois ſauoir que ce furent trois citoiens dathenes qui eſtoient mauuais et ſedicieux Et quant eſt de pictes tu dois ſauoir quil fut duc dathenes/ lequel auec ſephocles eſcripſeur de tragedies deſconfirent les ſpertains/et les lacedemoniens/et acquirent pluſieurs citez da ſpe quilz adiouſterent a ſa ſeigneurie dathenes. Ce pericles iuſti apele homme de treſgrãt vertu/ ſicomme ces choſes apprent par ſon tiers liure. Et tulles ou liure des offices dit que ce fut cel ſup propre qui diſt et propoſa quil appartenoit au iuge a auoir/ non pas ſeulemẽt les mains et la ſangue continens/ mais les yeulx. Et vaſere en ſõ viii. liure ou ix chapitre le recommande de beau langaige et de beau parler/ car il dit quil aprint ſi beau et ſi rethoriquement a parler ſoubz a naxagoras de qui il fut diſciple que par ſõ beau parler il fut ſeigneur dathenes. a leſmis en ſeruitude/ et tourna le peuple a ſa voulente. Et combien quil parlaſt bien ſouuent de pluſieurs choſes dures a aſpres cõtre le peuple/ touteſfois les baiſſoit il par ſi beau languaige et ſi flori que ceulx qui loyent ſen eſtopſſoient et le mettoient en leur cueur et ne ſauoient que dire a lencõtre. Et dit encores ce vaſere en ce meſmes lieu quil ne met point de difference entre piſſitratus et pericles qui furent tous deux tyrans dathenes fors/ tant que le piſſitratus acquiſt la ſeigneurie par armes/ et pericles par ſon beau parler/ combien que en ce meſmes chapitre il dit que en ptie il eut ſa ſeigneurie par beau parler. Encores dit vaſere que ou temps quil eſtoit vng iofne adoleſcent cõme il fuſt venu premieremẽt a vne aſſemblee et a vng plement/ et vng treſgrant ancien qui la eſtoit leuſt oy pler et auſſi ce piſſitratus il ne ſe peut taire qͤ ne deſiſt que len ſe deuoit auſſi bien garder de lup comme de piſſitratus/ pour ce quil auoit ſemblable langaige. Et quant il

f.i.

parle de platus et de nenius tu dois sauoir que selon eusebe en sa cronicque/ce furent deux faiseurs et escripteurs de comedies/ et furēt au temps de publius scipius et gueus scipion freres lesquelz moururent en espaigne/desquelz il parle en ce chapitre/ Et ce dis ie notablement pour ce quilz furent plusieurs scipiōs sicomme il sera dit ou tiers liure ou xxi.chapitre. Ce plantus sicomme dit gellius en son tiers liure mourut a rōme/et dit q̄ pour la chierte de bled il sē alloit alouer a tourner les molses a main des taillemens/et quant il auoit laissie euure il escripsoit ses fables des comedies et les vendoit/il escript vne comedie qui sapele maulularia/ ou il dit plusieurs choses notables/et entre les autres choses dit que homme est chose tressingulere qui ne peut souffrir son pareil pour ce sicomme il dit que nous auōs en despit ceulx qui sont de plus petit estat/ et auōs enuie sur les plusgrans/a si ne nous pouons accorder auec noz pareilz. Et quant est de nenius tu dois sauoir q̄ sicōme dit gellius en son tiers liure il fut mis en vne orde prisō a romme pour les mauuaistiez et blasmes quil auoit faictes et dictes des citoiens de romme par la maniere que les grecz auoient acoustume a faire Et y fut mis par les iuges qui sapeloient trium Virorum/cestadire trois hommes qui estoit vng office de iuge a romme/mais de puis il en fut mis hors par les tribuns. pource que en celle prison il fist deux chancōs ou ditties par lesqlz il purga et nettoia tout ce quil auoit dit dordure/a de villenie des princes et citoiens de romme/car sicomme dit gellius en son V. liure il fist vers a chancons diffamatoires de scipion lauffrican et des autres deux scipions desquelz il parle en ce chapitre. Et nenius sicomme racōte eusebe en sa cronicque mourut a vtice et fut chassie de romme pour la faction ou fiction des nobles qui disoient quilz se faisoient pour bien/et par especial de metellus qui estoit cousul de romme Et quant est de cecilius ce fut vng faiseur de come-

dies/lequel fut ou temps de marc chaton qui fut apele censorius De ces trois poetes dit encores gellius que entre les poetes comiques cecilius stacius estoit le plusgrāt et apres plantus/et tiercement nenius.

¶ Par quel art de nupre les dyables veullent que lon die et racōte deulx tant ce qui est vray cōme ce qui est faulx. p.

Mais les mauuais esperis/cestassauoir les dyables lesqlz ilz cuident estre leurs dieux/veullent que lon dye deulx les mauuaistiez ordures/suppose quilz ne les ayent pas faictes affin quilz y puissent prendre les pensees des hommes et les eformer en ces faulses oppinions/et quilz les en puissent assuser ainsi comme silz les auoiēt prins a sa roitz/et les traire auecques eulx aux tourmens denfer. Soit que les hommes qui se iouissent dauoir ces dieux aient cōmis telz crimes et quilz se iouissēt de telles humaines horreurs/par lesquelles ilz sesforcēt de trouuer mille manieres de ars et sciences cōme ilz puissent estre adourez/soit que ces crimes que les dyables tres deceuables faingnent et attribuent tres voulentiers a eulx ne soient vrais de nulle personne a ce que a icelles mauuaistiez et laidures commettre leur auctorite semble aux hommes estre assez conuenable/ aussi cōme se elle fust descēdue du ciel en terre/cōme dōcques les grecz entre tant de telz laidures et ordures qui se faisoient en leurs theatres se cōfessassent estre seruiteurs de telz dieux/ilz ne cuiderēt pas que les poetes les deussent espargnier de dire et chanter deulx telles ordures et laidures qui se faisoiēt et disoiēt en ces theatres/en leurs scenes/ou pour ce quilz doubtoiēt que en desirant auoir plus honneste renommee/a en ce eulx mettre au deuāt de leurs dieux que par ce ilz ne les esmeussent a eulx courouer contre eulx.

¶ Exposicion sur ce chapitre.

En ce .p. chapitre monseigneur sait augusti desclaire plus plainemēt ce quil auoit dit ou chapitre precedent, cest assauoir que les grecz faisoient conuenablement ce quilz faisoient, en souffrant q̄ leurs poetes peussent dire et recorder les vices des personnes puis quilz exprimassent le nom de celuy de qui ilz parloient, Et premieremēt il rēd sa cause pour quoy les dieux ou dyables veulēt que len recorde deulx les vices, suppose que oncques ne ses eussent fais, mais eussent este fais et commis par aucuns hōmes, Voire supose quilz fussent fains et controuuez, et que oncques neussent este fais par aucūs hommes. ¶ Secondement il demonstre que les grecz les souffrirent conuenablement estre fais deulx mesmes, puis q̄ les dieux quilz adouroient vouloient quilz fussēt fais et recitez deulx Et au surplus le chapitre est tout cler.

¶ De ceulx qui furent et ordonnerent les ieux sceniques entre les grecz qui pour ce furent receuz en tel honneur cōme dauoir auctorite de sadministraciō de la chose publicque pour ce que len desprisoit sans cause ceulx qui adouroient les dieux. | .pi:

Ceste conuenience monstrer appartient ce que les grecz ne tindrēt pas les faiseurs de telles fables ou ieux sceniques estre dignes de petites hōneurs en la cite, mais de grans. Car sicōme tulles mesmes raconte en ce liure quil fist de la chose publique. Et eschines dathenes homme de tresgrant eloquence cōme en sa ionesse il eust fait souuentesfois des tragedies il entreprint le gouuernemēt de la chose publique. Et aussi les athenieſiens pour traicter de tresgrās besoingnes tant de la paix comme de la guerre que ilz auoient a philippe roy de macedone, pere du roy alixandre, enuoierent p̄ plusieurs fois aristodineus qui estoit vng faiseur de tragedies, aussi comme estoit eschines Ne certes len ne tenoit pas estre chose conuenable q̄ len peust tenir ceulx a infames par lesquelz len faisoit telz ieux sceniques quant ilz veoient et apperceuoient que ces ieux et telles a̅re par lesquelles ilz estoiēt fais et trouuez estoient agreables a leurs dieux. Ces choses certes sentirēt les grecz sapdement, mais quāt au regart de leurs dieux ilz se sentirent en toutes maniere conuenablement quilz nosoient oster des langues des poetes ne des iougleurs les blasmes quilz disoient de leurs citoiēs en diffamant leur vie pour ce quil leur semblbit quelle estoit agreable a leurs dieux et quilz le vouloient, et quil leur plaisoit que len diffamast leur vie q̄ appetissast lē leur renommee par telz ieux. Et pource cuiderent ilz que ceulx par lesquelz se faisoient telles fables et chantoient, nestoiēt pas a debouter ne a despiter en sa cite, mais quilz estoient dignes de tresgrans hōneurs quant ilz congnoissoient que les hommes par lesquelz ces fables estoient faictes et chantees aux theatres, estoient agreables a leurs dieux ausquelz ilz estoient subgectz. ¶ Quelle cause peussent ilz auoir trouue pourquoy ilz deussēt hōnourer les prestres par lesquelz ilz presentoient a leurs dieux leurs sacrifices agreables, et auoir ceulx qui faisoiēt les ieux sceniques en despit qui auoient apris par lammonicion diceulx dieux que par ces ieux ilz fussent honnourez, et quilz se requeroient, et y prenoient delectacion. Et que se len ne leur faisoit ilz se courouçoient mesmement comme labeo lequel ilz preschent auoir este tressaige et tresexpert en telz choses, face distinction entre les bons dieux et les mauuais, et aussi difference en la maniere de leur faire sacrifices, car il dit q̄ lē doit sacrifier aux mauuais dieux et supplier par homicides et par tristes et cruelles supplicacions, et aux bons dieux par seruices ioyeux et liez, lesquelz sont, sicomme il dit les ieux sceniques ses mengiers et les ieux qui sapelent lectisternia Toutes lesquelles choses nous desclairerons plus diligēmēt se dieu nous p̄veult

f.ii:

apdier. Mais de ce qui appartient a parler en la matiere presente les grecz trescompetamment honnouterent les Bngs a les autres, cestassauoir a les prestres par lesqlz leurs sacrifices sont administrez. Et les faiseurs des ieux sceniques par lesquelz ilz sont fais z ordonnez, iassoit ce que sans p faire aucune difference on leur attribue et leur face len sacrifices pareilz a tous come aux bons dieux. Ne ce nest pas chose conuenable quil soit aucuns dieux mauuais, mais par ce quilz sont ors et mauuais comme sont les dyables, len doit mieulx dire quilz sont tous mauuais, suppose que par diuision on leur face et distribue diuerses reuerences et seruices, sicomme il a seble a ce labeo, cestassauoir a lun horribles sacrifices, et aux autres les gracieux et amiables affin quilz ne soient conuaincus quilz aient fait Bisenie ou a tous leurs dieux, suppose que leurs grez fussent agreables a tous, ou q est chose plus Idigne se leur plaisent et sont amez tant seulement de ceulx quilz cuident estre les bons dieux

¶ Exposition sur ce chapitre.

En cest pi. chapitre monseigneur saint augustin demonstre que les grecz ne voulurent pas seulement et souffrirent q les poetes feissent et chantassent deulx telles chancons, mais qui plus est honnourerent ceulx qui les faisoient. Et a ce prouuer attrait pour exemple eschines z aristodineus qui estoient faiseurs de tragedies car se l once que dit ysidore ou huitiesme liure des ethimologies ou chapitre des poetes ceulx qui faisoient les tragedies estoient en grant honneur ce quil ne dit point des comedies pour ce il semble que diceulx il vueille sentir le contraire. Et quant il parle deschines tu dois sauoir que selonce que raconte seneque ou premier liure des benefices il fut disciple de socrates au quel come ses disciples donnassent plusieurs grans dons et il fust poure et neust que donner, il

se donna a son maistre disant quil nauoit autre chose que donner, lequel don socrates receut moult honnourablement et agreablement disant ql luy auoit donne grant don mais ql ne se tenist a trop petit, z icel luy don accepte lintroduit tellement quil fut tel comme mo seigneur saint augusti dit que tusle raconte quil fut, cestassauoir quil gouuerna sa cite dathenes De cestuy eschines parle mo seigneur saint ierosme ou prologue de sa bible. si fait Valerius plus largement ou huitiesme liure ou dixiesme chapitre. Et combien quil fust grant orateur, toutesfois fist il plusieurs tragedies Et quant est de aristodineus et de sa legacio et messagerie quil fist au roy philippe pere du roy alixandre, voy iustin en son huitiesme liure: Apres ou il dit. Ces choses certes sentirent les grecz laidemet. zc. tu dois sauoir que aucuns en font se commencement de lonziesme chapitre, et veult monseigneur saint augustin demonstrer que suppose que ses grecz feissent laidement toutesfois firent ilz couenablement de honourer les poetes qui faisoient les ieux sceniques aussi comme ilz faisoient les prestres, suppose que sa diffinicion de labeo p luy recitee ou texte ait lieu, voire suppose quelle nait pas lieu. Et quant il parle de labeo et quil dit quil fut si saige et siexpert en telz choses, sachez que de luy raconte gapus qui fut ung saige endroit. que come sempereur qui pour lors estoit luy eust offert a estre consul de romme qui est une grant dignite, il la refusa et desquit par telle maniere quil deuisoit lan endeux parties, car six mois il coferoit auecques ses estudians, et les autres six mois il vacquoit a faire liures et commens par telle maniere quil laissa quarante volumes z si fist comet sur les loix des douze tables sicomme dit gellius en son premier liure de noctibus acticis, et ceste mesmes distinction met q labeo, cestassauoir quil est aucuns bons dieux et aucuns mauuais Et gellius mesmes le met en son clcquiesme liure qui dit quil sont bien aucuns dieux qui ont bien aucune puissance de nupcie/ mais ilz nont point puissāce dapdier/ car aucūs dieup sicomme il dit ilz adouroiēt affin quilz leur apdassent/ et les autres ilz supplioient/ affin quilz ne leur nupsissent. Et de ce sera parle plus largement cy apres ou quatorziesme chapitre. Et se tu veulp veoir dont vidrent ces loip des douze tables/ tu las en digeste vielle en la loy seconde ou tiltre de la naissance de droit

⁋ Que les rommains en ce quilz osterent aup poetes sa franchise de parser contre ses hommes/ laquelle chose ilz leur ottroierent de leurs dieup. sentirent mieulp deulp que de leurs dieup.   p̄ii.

Mais sicomme ce scipiō en celle disputacion quil fait ou liure de la quelle nous auons dessus parle dit que par grant gloire et souēge que les rommains ne voulurēt point leur vie ne renommee estre subgecte aup liures τ lapdures des poetes/ cestadire quilz deissent aucunes villenies deulp/ mais qui plus est ordonnerent peine capital en celluy qui seroit si hardy quil osast faire telle chancō diffamatoire contre ses citoiens. Laquelle chose ilz ordonnerent quāt a eulp assez religieusement. mais enuers leurs dieup orgueilleusement et sans aucune reuerence et recongnoissance de religion/ car iassoit ce quilz sceussent que telles chancons iniurieuses et diffamatoires que len disoit de leurs dieup leur pleussent et souffrissēt voulentiers que len leur chātast en les diffamant et leur vie aup sceues et theatres Touteffois aymerent ilz mieulp que elles ne fussēt pas dictes deulp/ et qui plus est firent la loy dont cy dessus est faicte mēcion et sen garnirent/ τ ce nonobstant mesferent ces ordures et villaines chancons/ et les souffrirēt estre faictes et dictes aup grādes solennitez cōsacrees a leurs dieup Et tu scipion foes tu celle deffence qui a este faicte aup poetes rommains. Quelle cause as tu ou peus auoir de leur auoir de nye de dire quelconque iniure ou villenie contre aucun deulp comme tu vois quilz nont voulu faire aucune relache ne espargnier aucuns de voz dieup. Te semble il q̄ tu doies tenir plus grant chose de tes payens et de tes citoiens que de ton souuerain dieu iupiter qui est adoure ou capitole/ et qui plus est dune seule romme que de tout le ciel. A ce quil fut deffendu aup poetes p̄ la loy de faire τ chanter telles chancons ou des τ villaines par leur langue mesdisāt en ses cytoies/ et q̄lz peussent dire de leurs dieup seurement et sans doubte de peine, tant de laidures comme il leur plairoit/ sans deffence quelconque de senateur de cesseur de prince ou deuesque. Se ce fut laide chose et contre rayson que plantus et nenius/ ou cecilius deissēt villenies des deup scipions/ cestassauoir de quepus et de publius ou cecilius de marc chaton/ fut ce belle chose et digne de que vostre terence racōte que par sa mauuaistie de iupiter q̄ vous tenez le tresbon de tous voz dieup que par la paiture que vng iosne filz vit painte en la table comme par laquelle maniere il vouoit corrōpue et deceue dyane. icelluy iouuencel se smut τ eschauffa a celle mauuaistie tellement quil corrompit la vierge q̄l auoit en garde.

⁋ Exposicion sur ce chapitre.

En ce douziesme chapitre monseigneur saint augustin reprend les rommains et les redargue de ce quilz voulurent plus garder leur renommee que la renommee de leur dieup/ et quilz tenoiēt plus grant cōte de ceulp qui auoient le gouuernement de la chose publique que de leur capitole/ cestadire de leurs dieup q̄ estoiēt adourez ou capitole/ et y auoient leurs tēples. Et apres ce il reprend de ces mesmes choses scipion/ cestadire tulle qui parle en la persōne de scipion sicomme nous auōs dit cy dessus. Et quant est de plantus τ de

f.iii.

nenius et des deup scipions freres et de ce cisius/et de marc chaton dont il fait mēciō en ce chapitre nous en auons dit cy dessus ou ix.chapitre/si auons nous de therence de iupiter et du chastre adolescent ou xii/ chapitre.

¶ Que les rommains deussent entēdre que leurs dieup qui souffroiēt et requeroi ent que len les aouraste de si ordes et de si laides chancons ne stoieut pas dignes de stre aoures ne que len leur attribuast les diuines honneurs: p iiii

Ais parauenture ce scipion sil vi uoit me responderoit en telle ma niere/cōmēt ne vouldriōs nous que ces choses soient sans pugniciō lesql les iceulp dieup volurent a eulp estre fai tes et consacrees des romains cōme ilz ap prochassent au plus prez quilz porroient aup meurs des rōmals ces ieup sceniques ausqlz lē faisoit celles solēnitez et faisoit on et dittoit on souuēt ces fables et ces or dures et laidures et ou les dieup cōmāde rent quelles fussēt publiees et adioustees a leurs honneurs que len leur faisoit pour quoy dōcques de la en auant neut ilz este entēdus nō estre vrais dieup mais vrais deables et quilz ne stoient dignes en aucūe maniere que la chose publiq de rōme leur atribuast les diuines honneurs/cestadire quō les adourast cōme vrais dieup.car cō me ilz ne fussent pas dignes destre adou res ne ne fut chose necessaire ne cōuenable se en faisāt les ieup sceniques deuāt eulp ilz eussent requis que len les feist des blas mes et des villenies des romains ie te de māde cōment dōcques les rōmains ōt cui diet q len les doiue adourer: Et cōme len a apperceu et entendu que ce sōt mauuais esperis et deceuables comme deables qui pour couuoitise de deceuoir ont reqs que len chatast leurs crimes et leurs mauuaistiez

entre leurs honneurs. De rechief ia soit ce que les rōmains fussent ia estrains et liez de celle vaine supsticiō et fause religiō cōe de adourer leurs faulp dieup que len ape le supsticion lesquelz ilz veoiēt quilz vou loiēt que on leur cōsacrast telles laidures cōme les chancōs sceniques Touteffois ne honnourent ilz point ne voulurent hō nourer les faiseurs ou croisseurs de telles fables ainsi cōme firent les grecz/mais tousiours en memore la dignite et hōte des rōmains/mais si cōme ce scipion dit en ce mesmes liure de tule cōme les rōmains te nissent a iniure et villenie celsui art et sciē ce de faire telles chācons et telles scenes ilz voulurent que toutes telles manieres de gens fussent priuez non pas seulemēt de lonneur des autres citoiēs/mais que par le iugemēt du censeur qui iugoit des meurs des gens ilz fussent ostez de leur lignaige et reputes pure plebeyens/cestadire quilz nauoient quelcōq voix ne ne pouoient iamais estre a quelconques election de di gnite non pas estre censeurs. ne appellez aucunement a faire le censeur Certes ce ste prudence est moult clere et moult no ble et est bien a compter aup loenges des rommains/mais ie vouldroie quelle sen suiuist et quelle fut ensuiuie/vois cy quel le ordonne et bien cest a sauoir que quescō que des citoyens de romme eust esleu a e stre faiseur chanteur ou ordōneur de telz lais ieup ou fables sceniques/ausquelz lieup sceniques len faisoit chantoit et re cordoit telz laidures et ordures il nestoit pas tant seulement debouté da uoir voix a le lection des honneures/mais par le iu gement du censeur encores ne souffroit len pas quil demourast si comme citoyen auecques ceulp de sa lignie ne quil fust te nu ne repute pour homme du signaige rommain. ¶ O comme ce venoit de grāt corage et de grant desir de la loenge de la cite de romme et destre tres grandemēt romain/mais ie vueil q len me responde quelle raison sacorde que les hommes qui ont fait ces ieux sceniques et ces fables z chancons des dieux sont deboutez de tout honneur/ et leurs ieux si sont par grant reuerence adioustez z chantez a sonneur de leurs dieux. ⁋Il nest pas doubte quil fut long temps que sa vertu des romains nauoit oncques congneu ne sceu ces ars z sciences/ ne ces ieux theatriques et sceni ques/ lesquelz selon les eust quis estre fais pour la delectacion des personnes humai nes/ celle vanite fust entree secretement aux rommains/ et eust corrompu leurs meurs. ⁋Les dieux requeroient que on leur fist ces ieux et ces laidures/ comment doncques deiette len ceulx qui font z chan tent telz ieux et chancons par lesquelz les dieux sont adourez/ et par quelle fole har diesse tict on le faiseur de telle laidure qui se fait aux theatres estre infame se len a doure cestuy qui requiert quelle soit faicte deuant luy. En ce debat z controuersie plai dent les rommains contre les grecz/ et se combatent par argumens lun contre lau tre/ car les grecz tiennent que iustement z droitturierement ilz honnourent les hom mes qui font telz ieux sceniques quant ilz adourent les dieux ausquelz len fait telz ieux et telles laidures/ et ausqlz ilz plai sent. Mais les rommains ne seuffret que par telz ieux sceniques ceulx qui sont des lignies du peuple rommain soient villes nes. Et par plus forte rayson vouloient ilz encores moins que la court des sena teurs fust diffamee par eulx. ⁋En ceste disputacion et contraiete ceste maniere de raisonner soult la question.] Les grecs proposent que se telz dieux sont a adourer que pour certain telz hommes sont a hon nourer. Les rommains preuuent vne tel le maieur/ cestassauoir que telz hommes ne sont a honnourer en quelque maniere et les crestiens concluent que par ce telz dieux ne sont par quelque maniere a adou rer.

⁋Expposicion sur ce chapitre.

En ce tresiesme chapitre monsei gneur saint augustin argue les rommains de deux choses. Pre mierement que comme leurs dieux com mandassent a faire ces ieux qui estoient si lais et si ors/ et a publier les crimes de eulx mesmes/ toutesfois les adourerent ilz comme dieux/ laquelle chose ilz n'eus sent point fait silz eussent commande a fai re ces ieux qui estoient si lais/ et chanter z recorder ces ordures des citoiens de rom me. ⁋Secondement il les reprenet et ar gue de ce quilz priuerent de tout honneur les faiseurs de telz ieux a leurs dieux par telle maniere quilz furent priuez non pas des grans honneurs z dignitez seulement mais de toutes honneurs quelconques/ z estoient encores pugnis de griefues peines par le censeur/ lequel selon Huguce estoit iuge des meurs/ et estoient reputez pour infames telz faiseurs de telz ieux sceni ques/ sicome il appert cy apres ou dixsept iesme chapitre/ si sont ilz encores de droit canon/ sicomme tu sas en sa quarte cau se en sa premiere question ou chapitre Dif finimus.

⁋Que platon qui ne voulut que iceulx poetes demourassent ne eussent aucun lieu en la cite bien ordonnee de meurs/ fut meil leur que iceulx dieux qui voulurent quilz fussent honourez par telz ieux sceniques.
viiii.

Apres ce nous demandons pour quoy ces poetes ausquelz estoit deffendu par les loix des dou ze tables de faire aucune chose par quoy la renommee des citoiens peust estre ble cee/ et qui estoient faiseurs de telles chan cons et fables et composeurs et qui en leurs dittiez estoient disans tant de laydures aux dieux/ ne sont ilz pas reputez aussi infames comme ceulx qui faisoient les ieux scenicqs/ cestassauoir les iougleurs/

et autres qui se desguisoient et contrefaisoient les contenances des gens. Et par quelle rayson sen peust iustifier que les faiseurs de telz ieux ordōnez aux dieux par les poetes par telles fictiōs plaines de diffames sont diffamez et ceulx qui les composoient soient honourez/mais par aueture on pourroit attribuer a platon qui fut grec toute sonneur et victoire de ceste question plus que a nul autre, lequel comme il fourmast par brape rayson quelle doit estre vne cite, iuga que on deuoit bouter hors les poetes comme aduersaires de la cite, certes il eust eu grant despit que lē eust dit aucune vissenie des dieux, et si ne voulut pas que les pensees des hommes fussent deceues ne corrompues par telles fictions et simulacions. Compare moy doncques maintenant sumanite de platō qui boutoit hors les poetes de sa cite pour les citoiens qui en pouoient estre deceus auecques la diuinite des dieux qui requeroient que pour eulx honnourer on leur feist ces ieux sceniques. Et se platon ne les peut admonnester tres parfaictemēt, toutesfois les en admonnesta il par disputacions et argumens a ce quilz chassassent les poetes de la cite pour contrester a leur legiere lupure ou vanite. Mais les dieux aussi comme par maniere de commandement en protz quant de satemprance meurte et constance des rommains voulurent q̄ ces ieux leur fussent fais. Ne ilz ne voulurent pas que on composast ou feist telles fables et fictions seulemēt/mais que on feist cest ordures et saidures deuāt eulx et leur celebrast et consacrast on sollennement. A qui adiugeroit doncques la cite les diuines honneurs ou a platon qui deffendoit ces ordures qui ne sont dignes de racōter ne destre faictes en sa cite/ou aux dyables qui par telles fictiōs seiouissoiēt de la deception des hommes ausquelz icelluy platon ne peut comme nous auōs dit parfaictement admonnester la verite.

¶ De ce platō labeo cuida quil deust estre mis entre les demy dieux comme hercules ou romule, et neantmoins mist il les demy dieux auant les heroes, combien q̄ il mette et les vngz et les autres entre ses dieux. Toutesfois ne doubte ie point que platon lequel ce labeo met entre les demy dieux ne soit a mettre au deuant, non pas seulement des heroes, mais des dieux, Mais les loix des rommains sapprochēt aux disputacions de platon en tant comme il condemne toutes telles fictions des poetes et que iceulx rommains ont deffendu aux poetes de mesdire des citoiens, et leur en ont oste sauctorite et licence. Il oste les poetes de sabitacion de la cite, et les rōmains ostent telz chanteurs et reciteurs de telles fables et fictions des poetes de la compaignie des citoiens. Et silz osoient aussi hardiement faire contre les dieux q̄ requierent a estre fais deuāt eulx ces ieux sceniques par auenture ilz les osteroient de toutes pars: ¶ Si sensuyt doncques que les rommains ne peurent oncques prēdre ne esperer de leurs dieux aucunes bonnes loix pour eulx introduire en bonnes meurs/ou corrigier leurs mauuaises, ses q̄lz ilz ont liez et conuaincues de leurs loix Quil soit vray il appert clerement. Car leurs dieux a leur honneur requierent que len leur face ces ieux sceniq̄s, et les rōmais doubtēt de tous telz ieux sceniq̄s, cest a dire ceulx q̄ sont telz ieux. Qui plus est veu lēt que en ces ieux et en ces fictions des poetes on dye toutes les laydures de leurs dieux. Et les rommains deffendent que rien nen soit fait ne dit de leurs citoiēs, en menassant les poetes se ilz estoient si hardis de ce faire. ¶ Toutesfois ce platō q̄ ilz appellent demy dieu resista a la vaine delectacion de leurs dieux, et si demōstra ce qui estoit a parfaire a la bonne doctrine des rommains, qui telz potes qui ainsi mentoient a leur voulente des dieux, ou qui expposoient aux chetifz hommes ces tres fais fais des dieux, aussi comme si voulsissent maintenir que ilz les deussēt

ensupuir. Il ne Voulut demourer/ ne que
ilz deussent Viure en quelque maniere en
Vne cite bien ordōnee) Mais certes nous
ne disons que ce platon soit dieu/ ne demy
dieu/ ne nous ne le comparons a aucuns
des sains angles de nostreseigneur/ ne a
aucun prophete Veritable/ ne a ancun ap
stre/ ne a quelconque martir/ ne a quelque
homme crestien. Et de ceste sentence nous
monstrerons la rayson en son lieu a leide
de dieu. (Touteffois quant ilz Veulent
que ce platon soit tenu pour demy dieu/
Nous iugons quil est a preferer et a met
tre au deuant des autres. Et si non de ro
mule et de hercules/ iassoit ce que aucuns
des hystoriens ne des poetes naient dit ou
faint/ que il ait tue son frere ou fait aucū
fait crime de parricide. Touteffois doit il
estre prefere au dieu priape et au cynoce
phale/ ou a tout le moins (derrenieremēt
doit il estre prefere au dieu quilz appelloi
ent febris. ou fieure/ desquelz dieux les
rommains en recheurent les aucuns des
estranges/ ou pelerins/ ou en partie con
sacrerent les leurs propres.) Comment
doncques deffendroiēt telz dieux par bōs
commandemens et par bonnes loix tant
de maulx apparans de meurs et de cou
raige. Ou comment prendroient ilz la cu
re de destruire et oster ceulx qui y estoient
ia attachiez. Lesquelz comme desirās que
leurs fais et fictions Venissent a la con
gnoissance du peuple mirent peine a ce que
les ordures fussent semees/ publiees/ et
acreues par les solennitez des ieux qui se
faisoient aux theatres/ affin que la tres
mauuaise delectacion humaine sembla
sast de Voulente/ aussi comme se ce fust p
diuine auctorite. Se criant tusse a haulte
Voix/ mais en Vain. lequel comme il par
last des poetes dist.) Quantes tenebres
courent ilz. Quantes paours ameinent
ilz. Quantes personnes enflammēt ilz
de couuoitise quant la clameur et la pro
bacion du peuple Vient iusques a eulx.

Aussi comme la doctrine dun grant mai
stre et saige/ aussi comme sil Voulsist di
re q̄ ilz fussent et sont cause de tout ce mal

¶ Expposicion sur ce chapitre.

En ce quatorziesme chapitre mō
seigneur saint augustin reprent
et argue les rōmains pourquoy
ilz ne priuerēt aussi bien les poetes de tout
honneur comme ilz firent ceulx qui chan
toient et recitoient les ieux sceniques/ cest
a dire ceulx qui les chantoient et par Vou
che et par instrumens/ par Valer et saillir
Et par contrefaire les cōtenances de ceulx
de qui ilz parloient/ si comme estoient les
iougleurs/ les menestrelz/ et les autres
qui estoient appellez mimi ceu lirici.
Les autres temefici ceu comedi/ desquelz
isidore parle ou huitiesme liure et dixhuit
iesme de ses ethimologies comme ilz ne
fussent que reciteurs (contrefaiseurs de ce
que les poetes auoient fait / Et fait en ce
chapitre monseigneur saint augustin cīq
choses. Premierement il fait ce que des
sus est dit. Secondement il recomman
de platon en se mettant deuant les dieux
et appreuue sa sentence quil dit des poetes
Tiercement il monstre que les loix des
rommains quāt a aucunes choses sacor
dent auecques platon. Quartement il cō
clud contre les dieux des rommains/ et
monstre que les rommains estoient plus
honnestes que eulx/ et que oncques ilz ne
Bailleent aucunes bonnes loix. Quin
tement il met lexcellence de la sentence de
platon/ et de sclaire plus aplain ce quil en
auoit dit La seconde partie se commēce ou
il dit. Mais par auenture. cetera. La
tierce ou il dit. Mais les loix des rom
mains. et cetera. La quarte ou il dit. Si
sensuyt doncques. cetera. La quinte ou
il dit. Mais certes nous ne disons. (: cete

Apres quant il dit en parlant de platon que il iuga que len deuoit bouter hors les poetes de la cite bien ordonnee. Tu dois sauoir que cest du liure de platon qui sappelle de la chose publicque/ ouquel il ordonna quelle vne cite deuoit estre, et de ce fait mencion macrobe sur le liure du songe de scipion. Si fait tulle ou second liure des questions tusculaines qui dit que platon exclud/ cest a dire mist hors de sa cite que il ordonna les poetes. ¶ Apres ou il parle de platon/ et de labeo/ et de la distinction des dieux que labeo met. Tu dois sauoir que cestui labeo fut vng tresgrant docteur entre les payes/ et se soubtilla a trouuer maintes choses/ Entre lesquelles il mist trois manieres de dieux et de puissances celestiennes, cestassauoir les dieux/ et ceulx estoient les souuerains/ Les demy dieux/ et ceulx estoient ou millieu. Et les heroes/ et ceulx auoient le plus bas degre ¶ De ces heroes dit ysidore ou huitiesme liure de ses ethimologies ou derrenier chapitre q̃ les grecz tenoient que cestoient les ames daucunes bonnes persones qui par leurs merites et par leur bonne vie auoient deserui que leurs ames fussent en lair. Et pour ce sont ilz appellez heroes/ et sõt dis heroes/ pour ce quil vault autant a dire comme hommes de lair/ et telz quilz sont dignes de habiter en lair pour leur sapience et pour leur force. ¶ Les demy dieux estoient ceulx qui des hommes estoient fais dieux. Et touteffois ne les tenoit on pas pour parfaictement dieux Et selon l'oppinion des payens ces demy dieux auoient leur habitacion au ciel/ Si comme romulus et hercules/ duquel romule monseigneur saint augustin parle ou chapitre subsequent. ¶ Et aucuns ne leur voulurent point mettre de difference entre ces heroes et demy dieux/ mais baillerent a tous iceulx dieux sieges en lair/ dont lucan parle au commencement de sõ neufiesme liure/ mais macrobe met distinction entre ses dieux du ciel et de lair/ et aultres dieux/ et touffois au deuant et au dessus de tous ces dieux. Il met vng dieu, lequel il appelle nops/ qui vault autant comme prouidence diuine selon papie/ ou sa voulente de dieu. Et selon catholicon est dicte la pensee ou sa rayson/ ou sa souueraine partie de lame. Et quant est des dieux ilz ne faisoient point de doubte que ilz ne fussent ou ciel ¶ Or y auoit autres que ilz appeloient manes/ et ce mot estoit prins generalemẽt pour toutes ames des trespassez/ et touteffois par especial estoient elles prinses pour toutes ames qui descendoient en enfer/ pour ce que les payens tenoient que les ames de ceulx qui trespassoient asoiẽt tout droit en enfer. Et estoiẽt appelez ames denfer/ ou infernables/

Et pour ce labeo ne les mist pas entre ses dieux/ ne entre les demy dieux/ ne entre les heroes ¶ Apres quãt il parle en ce chapitre et dit que ce platon ne doit estre tenu ne pour dieu ne pour demy dieu, et que de ce il entend a parler apres. Tu dois sauoir que ce sera ou huitiesme liure ou tresiesme et quatorziesme chapitre. ¶ Apres ou il parle de romulus et de hercules/ tu dois sauoir q̃ cest vng grãt reproche que il leur baille. Et se dit par vne tresgrande maniere de mocquerie. pour l'entendemẽt de laquelle chose tu dois sauoir quil veult cy mettre deux hystoires tres notables/ lune de romulus l'autre de hercules De celle de romulus parle titus liuius au commencement de son liure/ lequel dit que remus et romulus furent deux freres qui premierement commencerent a clorre et fermer la cite de romme/ et comme chascun deulx desirast a en auoir sa dominacion et seigneurie/ et a regner seul et vnique. Et ilz ne sceussent trouuer pourquoy lun deust seignourir ne dominer auant l'autre/ pour ce que len ny trouuoit point de primogeniture ou naissance comme ilz fussent tous deux dune ventree/ ainsi cõe il est notoire

Et ne sceut on lequel auoit este premier ne ilz esleurent par augurement qui est vne fourme de adeuinacion qui se fait ou par chant dopseaulx / ou par adeuinemens / lequel deuroit seigneurir / et duquel la cite porteroit le nom. ¶ Si auiserent deux montaignes et y monterēt auecques leur compaignie, cestassauoir remus ou mōt auentin, et romulus ou mont palatin entrerent ou temple firent leurs sacrifices. Et ce fait asserent aux augurement, ou adeuinemens, Et premierement sapparurent a remus six oyseaulx voultoirs. Assez tost apres sen apparurent douze a romulus. Lors ceulx qui estoient venus auecques eulx saluerent chascun le sien come roy, cestassauoir remus pour ce que a luy sestoient premierement apparus les voultoures. Et les autres romulus pour ce que ilz luy estoient apparus en double nombre, dont aucuns dient que debat sen suyuit entre les parties, ouquel debat remus fut occy par son frere, toutesfois titus liuius florus en son epithome / et cro se tiennent que sa seigneurie demoura a romulus, et que remus ne fut pas mort pour ceste cause. Mais pour ce que contre ledict de romulus il passa les fossez et saillit oultre les murs. ¶ De ce as tu diuerses opinions. Car titus liuius dit que il fut tué par romulus, pour ce que il se mocqua des petis murs que il auoit fais, et saillit oultre / Ou quil se fist tuer dun rasteau par vng sien cheuallier apelle fabius. Et ceste opinion met titus liuius au commencement de son liure. Et florus in epithomate met quil est doubte sil fut tue ou pour ce que il passa les murs contre sedict, ou du commandement de romulus Toutesfois ouide en son quart liure de fastis si esforce dexcuser romule, disant que il auoit commis a fermer ses murs vng apelle celer qui vault autant comme hastif. Et luy auoit commande que se aucun passoit les murs quil le tuast. Si auint que remus qui ne sauoit rien de ce

commandement vint la, et regarda a la petitesse des murs et des fossez / et par maniere de derision et mocquerie saillit oultre. Et tātost ce celer qui sa estoit commis de par romulus vint par derriere qui se tua et occit, dont quant il vint a sa congnoissance de romulus, il en fut moult dolent. mais pour ce que ce fut exemple aux autres, il se dissimula et sen departa assez legierement sans en faire trop grant semblāt ¶ Pour prouuer ceste opinion ouide ou sixiesme liure de fastis racōte q̄ lame de romulus si sapparut a fanstulus qui fut cellui qui les trouua quant ilz furent gettez, et les apporta a laurēce sa femme qui les nourrit, laquelle accusoit ce celer de la mort de remus, et excusoit romulus. Et ces choses sont cōtenues en deux vers qui se commencent. Bene celer. &cetera.
¶ Toutesfois est il assauoir que tout ce que ouide en dit, il se dit par fiction / et en couurant listoire vraye. Et tient pour vray quil occist ou fist occire son frere, car quant il parle de ce mot celer, qui vault autant comme hastif. Il monstre et veult monstrer la hastiuete et chasleur / et le couroux ou estoit ce romulus. parquoy il fut esmeu a tuer son frere hastiuement et sans aucune deliberacion, et non point par bon et vray iugement fonde de rayson. Et ce se demonstre assez par sentendement de ouide sur ce pas qui bien se sit et regarde, et en prend le vray entendement et sa substance Et aussi le met orose ou second liure de sō ormeste, et euthrope en son premier liure. Et ceste oppinion sentit monseigneur saint augustin, sicomme tu pourras veoir cy apres ou tiers liure ou sixiesme chapitre. ¶ Apres ou il parle de hercules, tu peus et dois sauoir que il se dit et met pour ce que hercules fut si merueilleux et si brigueux que il deuint tout hors du sens. Et fut si remply de vices et de pechiez que par impacience ou autrement il se getta en vng feu et se ardit, & fut omicide de luy mesmes, sicomme dit crisatus ad driade

Et seneque en sa premiere tragenie, dit que il tua ses propres enfans et sa femme en une moult grant fureur ou il entra. Et la en pourras tu veoir aplain. ⁋ Aps ou il parle du dieu priape, tu dois savoir que ce dieu priape fut ung home qui pour la grandeur de son membre cheit en si grant grace devers les grecz quilz en firent ung dieu que ilz apeleret le dieu des orthelais Cestassavoir le dieu des iardins, dont nous parlerons plus aplain cy apres ou tiers livre. Ce dieu priape selon ysidore ou huitiesme livre des ethimologies est apele Baal. Et est apele le similacre ou ydole de toute deshonneur et de toute villenie, et fut proprement ydole de moab qui estoit sournommee de baal, laquelle mist sur la montaigne de segor. Et pour ce est il dit beelsegor, et pour se les latins l'apeleret le dieu des orthesains ou des iardins. Aps quant il parle du cynorephase, tu dois savoir que cest ung monstre en nature selon ce que dit ysidore en sonziesme livre des ethimologies ou chapitre derrenier. Et a teste aussi comme ung chien. Lequel monstre monseigneur saint augustin repute que ce fut hermes ou mercure degipte pour ce que cy apres ou tiers livre ou douziesme chapitre il dit que il a grant merueilles se telle berecinthie dont nous auons cy dessus parle peut engendrer le cynocephale, qui depuis elle long temps vint en egipte Toutesfois dit ysidore que ce cynocephale est apele mercure ou hermes pour ce quil a teste de chien. Pour ce que le chien est beste saige et ingenieuse et moult enquerant sicomme dit ysidore ou huitiesme livre de ses ethimologies ou derrenier chapitre. Et pour ce que ce hermes ou mercure fut si saige. Les rommains ensuyuant la forme des egipciens en firent ung demp dieu Que ce mercure soit figure a teste de chien tu las par la descripcion et ethimologizacion que met fulgence ou livre de ses mithologies ou premier livre ou chapitre de mercure qui dit ainsi, que mercure est dit pour

que il sentremet des besoingnes, et est proprement attribue aux marchans, comme cellup qui a la cure des mercheries et marchandises, pour lesqlles choses tout marchant peut estre apele mercure, et si peut estre dit hermes, pour ce q hermes en grec vault autant comme traictier et parler saigement, ou homme eloquent, laqlle chose est necessaire a tout marchant ⁋ Autres fois est apele mercurius, pour ce que entre les marchandises, et entre les vendeurs et achetteurs courent plusieurs sermons par divers moyens, et plusieurs paroles Et se tu en veulx veoir plus largement, voy fulgence sur ce pas ou livre des mithologies, et ysidore oudit huitiesme livre des ethimologies. Encores dit cellup qui fist le livre de la nature des choses, que a ung roy de france apele lops fut apporte ung de ces cynocephales tout vif, q avoit teste de chien, et le sourplus estoit comme dun homme, et avoit les iabes et les bras nudz de la fourme dun homme le col blanc le dos vessu. Et se levoit et seoit comme ung homme, mengoit honnestement, et portoit la viande a sa bouche, et mengoit chair cuite, et beuoit tresuouentiers vin. Et solin ou livre des merueilles du monde ou chapitre de iude, dit quilz ont grans ongles crochus de quoy ilz se deffendent a quoy saccorde lacteur de lymaige du monde. Et dit quilz saffulent de peaulx de bestes, et que ce mercure ou hermes fust tenu comme demy dieu. Tu las par lucan en son sixiesme livre sur les vers qui se commencet. Sic nos in templa. Et pour son sens et prudence ladourerent les romains en ensuyuant la voie des egipciens Encores dois tu savoir que ilz furent plusieurs hermes, sicomme monseignenr saint augustin dit cy apres ou huitiesme livre, ou saiziesme chapitre. ⁋ Apres ou il parle de februs et de febris. Tu dois savoir q aucuns livres ont februs, les autres ont febris qui est a dire la fieure ⁋ Tu dois savoir sicomme dit lactence ou premier li ure de ses institucions.) Les rommains eurent leurs maulx pour dieux/cestassauoir rougeur paleur et la fieure/desquelz monseigneur saint augustin parlera cy apres/ dont la feste de rougeur selon ce que dit ouide en son liure de fastis estoit celebree vers sa fin dauril/cestassauoir en la sixiesme kalende de may/et ladourerent si comme dit ouide/affin que elle ne blecast les bledz et les instrumens qui estoient necessaires a labourer. Et par ceste maniere adourerent ilz la fieure/ affin quelle ne les tenist ne tranchillast. Et de ce racōte Varere en son secōd liure ou premier chapitre ou il dit quilz portoient reuerence aux autres dieux/affin que elle ne leur nupsist/ Et en ce lieu Vasere descript les trois temples qui estoient a romme consacrez a celle fieure la ou elle estoit adouree. Et pour ce tu peux veoir que ces trois dieux estoiēt du nombre des mauuais dieux qui puoient nuyre/ et ne pouoient rien proffiter. Et selō ceulx qui ont februs/tu dois sauoir que selon les payens cestoit le dieu des trespassez/ qui vault autant comme pluto/ qui selon les poetes est le dieu denfer. Au quel dieu chascun an en feurier se faisoient les sacrifices et les purgacions pour les ames des trespassez. Et de ce februs est dit le mois de feurier selon catholicon. Et fut ce mois trouue de numa pompilius secōd roy de romme selon ouide de fastis en son premier liure/ car il adiousta deux mois en lan/ cestassauoir ianuier pour lamour de ianus/ et feurier pour lamour du dieu februs/ qui cōme dit est estoit apele le dieu des mois. car romulus nen auoit fait fors que dix/ et estoit lors mars le premier. Et estoient apelez februa les sacrifices des mois que len faisoit. Et la se faisoiēt les prestres saingnier/ et faisoient sacrifice de leur sang a ce februs/ et pour ceste matiere voy ouide de fastis ou second chapitre de son premier liure/ et ou commencement du second liure ou il dit que ce februa signifie plusieurs choses. ⁌ Apres ou il parle des

dieux pelerins/ monseigneur saint augustin veult dire que les rommais prindrēt aucuns dieux des estranges/ comme iupiter, mercure, esculapius, et autres. Et aucuns p prindrent deulx mesmes et consacrerent/ si comme romulus quilz apelerent dieu quirin/ februs/ et plusieurs autres sans nombre.

⁌ Que les rommains se instituerēt aucuns dieux par flaterie et nō pas par rayson. pV.

Ais quelle rayson peut len mettre en lelection des dieux/ et encores des faulx dieux/ qui ne doiuent plus estre dicte flaterie quant ilz tindrent que ce platon quilz veulent estre tenu pour demidieu/et qui tant laboura par disputacions/ affin que les meurs des pensees humaines ne fussent corrompues par les maulx qui sont principalement a escheuer/ et toutesfois ilz ne cuiderent pas quil fust digne dauoir vne petite maison ou temple ou il fust adoure/ et ilz prefererēt leur romule a moult de dieux/ combien que leur doctrine plus secrete reccōmande icestuy romule demy dieu plus auant q̄ dieu. Car ilz luy instituerent le prestre dyal q̄ estoit vne maniere de prestrise de si grāt excellence aux licux dediez a leurs dieux/ si comme le chapeau q̄l portoit le tesmoigne que ilz voulurent quil en eust trois tant seulement instituez a trois de leurs dieux. Cestassauoir le dyal a iupiter/ le marcial a mars/ et le quirinal a romule/ pour ce que par la beniuolence des citoiens aussi comme sil fust receu au ciel. il fut depuis apele le dieu quirin. Et par ce en cest honneur ce romule aux prestres ē mis au deuant de neptune et de pluto qui furent freres de iupiter/ et a saturnus qui fut leur pere/ en ce que sa prestrise quilz baisseriēt pour grāt chose a iupiter/ ilz luy bailleriēt peissemēt et a mars cōe a sō pere pour lamour de sup.

¶ Expoficion fur ce chapitre.

En ce quizieſme chapitre monſeigñr ſaint auguſtin reprent les rõmai͠s de la mauuaiſe election de leurs dieux Et premierement que comme ilz euſſent fait de romule vng dieu ainſi comme treſgrãt Touteffois ne firent ilz ne conſacrerent a platon quilz tenoient a demy quelconq̃ petite maiſon ou temple/ combien que ſeneque en vne epiſtre dpe que pour ce que il Beſquit neuf fois neuf ans. qui font quatreuingts et ſept. Les ethemenſiens lup firent ſacrifice apꝛes ſa moꝛt diſans que ce nombꝛe eſtoit le treſpfait nõbꝛe ſur tous les antres. ¶ Secondement il les reprent pour ce que combien que ce romule ſelõ la doctrine de labeo ne fut que demp dieu/ touteffois nõ firent ilz pas ſeulement vng dieu/ mais vng treſgrant dieu/ lequel ilz mirent apꝛes iupiter ⁊ lapeſerent le dieu q̃rin/ ceſt aſſauoir le dieu de la lance ou hance quil poꝛtoit/ car quirins vault autant comme lance en langue ſabine. Et ſi luy faiſoient et celebꝛoient pluſieurs feſtes en l'an a pluſieurs iours/ ſicomme il appert par le k̄alendꝛier de ouide ſur le liure de faſtis. Et quil ſoit vꝛay il appert par titus liuius en ſon pꝛemier liure/ car il dit que numa pompilius qui fut le ſecond roy de romme en oꝛdonnant ce quil appartenoit au miſtere des choſes diuines/ oꝛdonna trois flamines/ ceſt aſſauoir vng qui fut apele le flamine dial/ pource q̃ l eſtoit cõtinuelement et chaſcun iour ou temple de iupiter/ ſicomme dit vguce/ et eſtoit veſtu de nobles robes/ et ſeoit en chaiere royale. A ce flamine dyal ce numa en adiouſta deux/ ceſt aſſauoir a mars vng/ ⁊ lautre au dieu quirin. Et fut ce tiers flamine oꝛdonne ou temple de mars a la contemplacion de romule pour ce q̃ l'en tenoit ql eſtoit ſon filz. Car autrement il n'en euſt point eu. Pour l'entendement de laquelle choſe tu dois ſauoir que comme dit eſt les rommains tindꝛent que romule fuſt filz de mars/ qui eſt le dieu des batailles pour ce quil fut homme de guerre et grãt batailleur. De ce raconte ouide ou tiers liure de faſtis ou il dit que comme vne vierge cõſacree ou temple de veſte apelee rea ſiluia autremẽt plia fuſt venue a vng iour pour querir de ſeaue ou ſoy ſauer/ ⁊ elle fuſt laſſee/ elle miſt ius ſon pot et ſendoꝛmit. Et adont vint mars qui coucha auec elle/ et en elle engendꝛa remus ⁊ romulus en vne ventree. De ce parle euſebe en ſes croniq̃s qui dit que ou pꝛemier an do ſpe roy de iu-da remus et romulus furent nez de mars et de plia/ autrement dicte rea. Et iuſtin ou quarãtetroiſieſme liure dit que rea ſiluia qui fut fille de munitoꝛ fut faicte nõnain ſacree/ et pꝛeſtreſſe ou temple de veſte ouquel elle eut deux enfans d'une ventree Et quil eſt doubte filz furent ad vouſ toire ou de mars/ touteffois eſt il certain que ce mars que ſes poetes faignent eſtre dieu des batailles ne fut pas leur pere ou peut eſtre que aucun dyable incube coucha auec ques elle/ ⁊ que par aucun art de dyable elle conchut ces deux enfans. Et de ce ſera parle plus a plain ou tiers liure ſur le quatrieſme chapitre. ¶ Comme ce romule fut fait dieu/ ouide en parle ou pꝛemier liure de faſtis/ ſi fait tytus liuius ou pꝛemier liure qui dit que comme il nõbraſt ſon peuple en vng lieu apelees palus ou les mares de la chieure/ vne grant tempeſte ſourdit/ et vng grant tounoirre/ et vne grant pluye. Et auſſi comme en vng grant eſtourbillon et nuee fut empoꝛte et leue deuant toute ſa compaingnie qui la eſtoit/ ne puis ne fut veu. ¶ Et pour ce ſa grant multitude des gens qui la eſtoient cuidẽrẽt quil fuſt trãſpoꝛte au ciel comme dieu Les autres dient que le peuple le hayoit/ et pour ce le tuerent et deſpecherent par pieces/ mais l'oppinion quil fuſt dieu fut apꝛouuee par vng nomme iulius pꝛoculus q̃ dit q̃ romulus ſ'eſtoit apparu a luy en ſa

Pope, ʒ comme cesluy q̃ estoit ia fait dieu suy auoit mande plusieurs choses. Et de ce passe monseigneur saint augustin plus a plain cy apres ou tiers liure et ou quinziesme chapitre. ¶ Apres pour sauoir la verite de ces flamines dpalz, tu dois sauoir q̃ tout ainsi cõme les crestiẽs ont patriarches, archeuesq̃s, euesq̃s ⁊ prestres, aussi auoiẽt les paiẽs prothoflamines archiflamines ⁊ flamines, sicõme il appert ou decret en sa quarte distinction ou chapitre In illis. Et en lieu de ces prothoflamines monseigñr saint pierre ordonna les patriarches, et ceulx de pareil degre. Et en lieu darcheflamines il ordonna les archeuesques. Et tous les prestres estoiẽt indifferamment apelez flamines par les payens. Sicomme il appert en la xxi. distinction ou chapitre cleros. Et ce sont ceulx qui furent ordonnez euesques, sicomme il appert par le chapitre In illis dessus asseguie Et estoient tous ces prestres quilz appeloient flamines ainsi apelez pour le fil dont leurs testes estoient lopees quant ilz vouloient yssir hors la teste descouuerte. Et cestoit vne des cerimonies qui appartenoit aux flamines. Toutesfois tu dois sauoir que les trois flamines desquelz ie parle a present, estoiẽt des premiers et des plus grãs Et plus nen auoit a romme de tel estat, ia soit ce que p̃ dessus eulx tous en y eust vng qui estoit le souuerain euesque, sicõme nous auons le pape, sicõme dit Vasere en son premier liure au premier chapitre. Et suetonius des douze cesariens au commencement de son liure. ¶ De ce flamine dpal raconte gellius en son onziesme liure de noctibus acticis, que il estoit de moult grant auctorite, et luy attribue plusieurs cerimonies, sicomme il dit quil a trouue aux liures de castus et de fabius pictor. Premierement le flamine dpal par sa religion doit aser a cheual. ¶ Item il ne doit aller en guerre ne mener ost, supposé quil le requiere. De ce as tu exemple en Valere ou premier liure ou premier chapitre, ou il dit que marcellus qui estoit le

souuerain euesque ne voulut souffrir que postunius qui estoit consul et flamine cõsacre a mars, Lequel requeroit que sen se laissast aller contre ceulx daufricque, et yssist hors de la cite disant que il ne luy sembloit pas iuste chose que pour sa guerre sen laissast a seruir aux dieux, et cesser des cerimonies. ¶ De rechief il nappartient point a iurer par flamine dpal. ¶ Item il ne doit point porter danneau, se ce nestoit en certaine fourme. ¶ Item il nestoit point licite a emporter du feu hors de la maison du flamine dpal, sil nestoit sacre. ¶ Se vng prisonnier ou vng autre homme sy entroit en sa maison, il se couuenoit tantost desloyer et mettre hors les fers par les gouttieres ou descouurir sa maison et les getter en la rue En son chapeau, en sa ceinture, ne en tous ses vestemens nauoit aucun neu Se vng homme estoit mene pour estre batu ou fuste, et il pouoit venir iusques a ses piedz, il estoit respite pour sa iournee. Nul homme sil nestoit franche personne ne se tondoit ne reoit. Il ne touchoit point a chair crue, ne a perre, ne a feue. La cause pour quoy le flamine ne touche a la feue est sicomme dit pline ou quinziesme liure. Naturalis hystorie pour ce que Varro tenoit que en sa fleur de la feue estoient escriptes lettres de doeul et de pleur: Et aussi sicomme il dit en ce lieu pour ce que aucuns tenoiẽt que les ames des trespassez sont en la feue. Toutesfois la recõmande il sur tous autres potaiges. Et quant est de sy erre pline en ce mesmes liure dit que perre est maleureuse et infortunee herbe en tous sacrifices et en toutes couronnes, pour ce que elle est de deuil. Et est pour les grappes noires que tu y vois. Le fust du lit du flamine contre lequel il mettoit ses piedz deuoit estre torchie de terre despee, ou darsille. et estoit trois iours sans couchier en lit, se flamine chascun iour festope. ¶ Item massurius qui fut sabinien met maintes autres cerimonies que il luy attribue, lesquelles sont moult estranges ⁊

sont telles. Il ne touchoit a quelconque psonne morte/ne nalloit a quelcõque corps ne ou len ardist corps mors. Il ne mẽgoit point de pain ou il y eust leuain. Il ne deuoit point estre hors sãs chapeau. Nul ne seoit a sa table ne au dessus delup.se ce nestoit le roy des sacrifices Il ne se pouoit departir de sa femme/se ce nestoit par mort. Se sa femme mouroit il nestoit plus flamine/nul nalloit en lieu ou il estoit. par le dit du preteur/ne le flamine dyal/ne le prestre du temple de Veste qui estoit vne de elle/nestoient tenus de rien affermer par serment/mais estoient creuz par leur simple parole. ⁋ Encores dit marcus Varro ou.ii.liure des choses diuines que le flamine dyal porte seul et non autre son chapeau blanc/et dit que cest ou pour demonstrer quil est le souuerain et tresgrant/ou pource que len doit faire sacrifice a iupiter de bestes et autres choses blanches/et quil soient pures sans estre corrompues/plusieurs autres ceremonies y a que nous laissons pour briefuete/lesquelles tu peuz veoir oudit vi.liure de gellius. Apres ou il parle de pluto et de neptunus/tu dois sauoir que les poetes faignent que iupiter/pluto/et neptunus furent freres et enfãs de saturne. et en font trois dieux/ et dient que iupiter est dieu du ciel. neptunus dieu des eaues/et pluto dieu denfer. Toutesfois dit lattence ou premier liure des institucions que en verite ilz furent freres et enfans de saturne/et quilz regnerẽt en trois parties/cestassauoir que iupiter tint les parties denhault/pluto les basses/et neptunus regna sesoys es riuieres et les parties de la mer.
⁋ Que se les dieux eussent aucune cure de iustice/les rommains deussẽt auoir prins deulx les commandemẽs de viure. non pas auoir prinses leurs loix ou empruntees dautres gens. vi.

Se les rommains peussent auoir pris de leurs dieux loix telles que par lesquelles ilz peussẽt et deussent viure. Ilz neussent pas long temps este apres sa creation de leur cite en voy querir et emprũter a athenes les loix de solon. Lesquelles toutesfois cõbien qlz les receussent ce ne fut pas pour en vser selon ce quelles leur furent apportees/mais sefforcerent de les amender et corrigier/cõbien que ligurges eust fait certaines loix aux lacedemoniẽs lesqlles il se faignoit auoir constituees p lauctorite de leur dieu appolin/pour ce que les rommains ne voulurent croire et saigement/pour ce ne les voulurent ilz prendre de celieu ⁋ Len dit que numa pompilius qui succeda au royaume des rommains a romulus qui fut le premier roy/fist aucunes loix q ne souffisoient pas au gouuernement de sa cite/Et qui seblablemẽt leur ordonna moult de lieux sais. Et toutesfois ne tesmoigne il pas ql eust prins icelles loix des dieux Pourquoy il sensuyt que leurs dieux ne tindrent cõte que les maulx de couraige/les maulx de la male vie/et les mauuaises meurs nauenissẽt a ceulx qui les adorent. Lesquelz maulx estoient si grans q leurs tressaiges hommes de romme tindrẽt et confermerent que par ce les choses publiques pouoient perir/suppose que les citez fussent entieres/mais qui plus est sicomme nous auons dispute dessus/mirẽt peine en toutes manieres a ce que tous ces maulx ou corrupciõs fussent augmentees.

⁋ Exposicion sur ce chapitre.
En ce vi. chapitre monseigneur saint augustin preuue que les dieux des rommains ne donnerent oncques aucunes loix de bien viure a ceulx qui les adoroient. Et ce monstre il par deux signes/Le premier est pource que les rommains enuoierent a athenes pour querre loix: Le second est/car ilz ne voulurent prendre ne accepter les loix de ligurge qui disoit quil les auoit faictes et instituees par lauctorite du dieu appolin Laquelle chose les rõmains ne peurent croire. Pour lentendement de laquelle chose/quant il parle du long temps apres la creation de romme/

Tu dois sauoir que selon ce que dit oro se en son second liure de son ormeste ou .v. chapitre en lan trois cens et vng apres la creacion de romme. Les rommains enuoierent a athenes certains legatz pour apporter les loix de solon. et en lan ensuiuāt furent creez dix hommes pour les ordonner et corrigier, desquelz sera parle cy apres. De ce solon dit iustin en son second liure que il fut en iustice homme de grant auctorite et noblesse et leur bailla loix qlz eurent si agreables a athenes comme se il fist vne cite neufue, dont Valerius dit en son .v. liure ou chapitre de ingratis q ces loix estoiēt si proufitables au peuple dathenes que se ilz en eussent voulu vser ilz eussent eu perpetuel empire et seignourie. Et toutesfois fut il en sa vieillesse chassie dathenes, et sen fuit en cippre a garand comme exaillie, ou il trespassa, ne il ne peut oncques estre en terre ou pays ou il auoit fait tant de bien, et ou il auoit tāt deserui dhōneur. Eusebe en sa croniq dit que le premier qui donna loix aux grecz fut foroneulx, et de lui fut dit le for, cest a dire le lieu ou len plaidoie. Gellius ou .viii. liure de noctibus acticis dit que vng apelle draco dathenes q estoit moult sage et moult preudomme donna premierement loix a ceulx dathenes, mais pour ce que elles leur semblerent trop dures et trop aspres ilz ses laisserent et vserent des loix de solon. Lesquelles leur semblerent plus doulces et plus courtoises. et quant monseigneur saint augustin dit quil ne receurent pas les loix de ceulx dathenes il le dit notablement. nō pas pour ce que ilz ne les prinssent .x. tables. mais pour ce q ilz ne cuidrent pas que les meurs cōtenues en icelles tenir pour vser et viure saintement ne par la maniere que elles estoient escriptes quant elles leur furent baillies. Car sicomme il appert par le cōmencement des digestes, et par titus liuius ou second liure de sa naissance de rōme, et par ysidore ou .v. liure des ethimologies pour ce que le peuple ne peut pas

bien souffrir leurs magistras. Cest a sauoir ceulx qui pour lors iugoient le peuple. Ilz enuoierent dix hommes a athenes querre les loix de solon. Lesquelles leur furent baillies en .x. tables, et estoient diuoirre. et furent translatees de grec en latin par les dix hommes qui adce furent ordonnez. Lesquelz dix hommes eurent puissāce de ces loix faire et corrigier et y mettre et oster. et en prindrent aucūes et aucunes en delaisserēt. aucunes en corrigerent et tant que ilz emplirent dix tables. Apres lesquelles dix tables faictes ilz firent et adiousterēt nouueaux drois Et en ce faisant y adiousterent deux tables. et ainsi furent .xii. tables, et cest ce q sen apelle en droit. lex duodecim tabularum. Cest a dire la loy des douze tables Ces dix hommes auoient telle dignite que il ne losoit point apeller deulx A ce se accorde orose ou second liure de son ormeste. Et dit que combien que ilz fussēt dix toutesfois en y eut il vng qui print la seignourie sur tous de son auctorite qui fut apelle apius claudius. Et fu t celsui qui voult prendre a force vne pucelle apellee virgine qui estoit fille dun apelle virginus, affin quil la peut dessorer. et luy fit mettre sus que elle estoit sa serue. pour ce que vng sien serf sauoit fiancee laquelle se pere tua en la presence de ces dix hommes, et sama mieulx occire que ce que elle fut corrumpue ainsi. Et fut la premiere cause pourquoy le peuple sarma premierement ou mont amentin, contre ces iuges, et estoient et se conuint que pour leur mauuaistie. Ilz fussent depposez auant q ilz voulsissent cesser. Et se tu veulx veoir les noms de ces dix hommes voy les en ysidore ou .v. liure des ethimologies ou premier chapitre. et ou decret en sa .vii. Distinction ou .ii. chapitre. toutesfois dit acurse en sa glose sur sa loy .ii. de origine iuris sur la paragraphe, ex actis, q auāt que ceulx dathenes voulsissent bailler leurs loix aux rommains ilz enuoierēt vng saige homme a romme pour sauoir se ilz estoient dignes de les auoir de ce se tindrent les rommains indignes si mirent vng fol a arguer contre lui affin de soy mocquier de cellui qui estoit venu. le grec commenca a arguer par signes. et se ua vng doit en signe de croire vng dieu, et le fol cuida q̃ il lui voulsist creuer vng oeil. Si leua les deux dois pour faire signe quil lui creueroit les siens deux. Et en leuant les deux dois leua le pouce sicomme il se fait naturellement. Et ainsi furent trois dois par quoy le grec cuida que il lui voulsist demonstrer sa trinite, et adõc le grec ouurit la paulme pour vouloir demonstrer que toutes choses estoiẽt appertes et descouuertes a dieu. Et le fol cuida que il lui voulsist dõner de la paulme en sa ioue, et ouist le poing et le leua. Lors le grec entendit q̃ par clorre le poig il voulsist demõstrer q̃ dieu clost toutes choses soubz la paulme, et pce iuga q̃ les rommains estoient dignes dauoir loix Si sen retourna a athenes et leur fist baillier les loix de solon. Et solon fut vng des vii. saiges et fut ou temps de ioas roy de iuda selon bede, et selon hue en sa cronique. il fut si vaillans home. et garda telle paix et telle attemprance entre le peuple et le senat que nulz ne vouloit riẽ entreprendre contre lautre. Et par sa prudẽce et sens acquist a ceulx dathenes une isle apessee salamine qui de long temps auoit este contempcieuse et estoit entre ceulx dathenes et les megarenciens, et en auoient eu, et auoiẽt si grãt guerre entre eulx que a pou quilz nestoient et lun et lautre sur le point destre gastez. sicomme dit iustin en son second liure. Et encores dit aristote de ce solon ou. viii. liure de ethiqs que il dit que de estoit dieux priuez tãt seulement que il ne pourroit faire que ce qui auoit este neust este. Apres ou il parle de ligurge. Tu dois sauoir que sicõme dit iustin en son. ii. liure il fut frere de polibite roy de perse. Et fut cellui qui premier donna loix aux lacedemoniens aussi cõme fit solon a ceulx dathenes et les pieça

da vng pou de temps. Et de ces loix adourna les lacedemoniens cõe parauant ilz ne eussẽt aucunes dõt il ne fut pas moins prisie de les trouuer que de les ensuiuir p vray exemple, car il ne ordonna oncques loy en aultrui dequoy il ne monstrast et esprouuast premierement en soy mesmes et en sa personne. Et furent ces loix telles. La premiere fut que il ordõna que le peuple fut tenu a porter reuerẽce aux princes, et que les princes ordonnez et fermez a faire iustice en leurs empires et en leurs seignouries. Secondement il deffendit epces et admonnesta sobresse a tous pour ce quil regardoit que la labour de cheualerie estoit pou legier a mener de tant comme ilz auoient acoustume amener ou a trouuer plus grant habundance de biẽs Tiercement il deffendit que len ne achetast riens par argent, mais par eschãge. et recompẽsacion de mercerie ou dautres biens. Il deffendit lusaige dor et dargent et losta du tout cõme cellui qui disoit estre matiere de to9 maulx. Diuisa ladministracion de la chose publicque par certaines ordres, Car il bailla aux roys les puissãces des batailles, aux magistras qui est vne dignite les iugemens et les successions annuelz. Au senat la garde des loix. Il donna puissance au peuple de eslire le senat ou de creer telz officiers et magistras comme il vouldroient il deuisa entre tous ses subgectz les terres egalement affin q̃ nul ne se peut dire plus grãt maistre que lautre pour puissance de patrimoine il commanda que tous mengassent en publicque, affin que il ny eut richesses ne superfluite faicte en priue. Il commanda que ieunes enfans neussent que vne robe lan, ne ne fussent poit plus adournez ne plus parez lun que lautre. Ne ne mengassent point plus largemẽt lun que lautre, affin que la mutacion ne se muast en oultrage et en superfluite, il commanda que les enfans iusques a lea ge de. viiii. ans ne venissent point en la ville mais fussent menez aux champs,

affin que leurs premieres annees ilz de-
menassent a ouurer et labourer / affin q̃
ilz fussent aspres et non pas en oultrai-
ges en superfluitez ne en robes. Que on
ne leur baillast ne coutte ne feurre ne au
tre littiere pour couchier. Et auecques ce
que len ne leur baillast nulles viandes de
licieuses a mengier/ne ne retournassent
en la cite iusques ace que ilz fussent hom
mes parfais. Il commanda que les fem
mes fussent mariees sans douaire affin
que len ne les prist pas p couuoitise dar-
gent et que les hommes fussent plus at-
temprez deulx marier par ce que ilz ne sa
tendeissent a la couuoitise du douaire de
leurs femmes / Car tu dois sauoir que
anciennement les femmes douoyẽt les
hommes/et encores sont ou pays de droit
escript. ❡ Item il voult que les gens
fussent honnourez selon ce que ilz auoiẽt
deage/non pas pour puissances ne pour
richesses Ne en quelconques terre tu ne
trouueras tant honnourez les anciẽs cõ
me ou pays de grece et dathenes. et pour
ce que ces loix sembleret dures a eulx cõ
me parauant ilz eussent acoustume a vi
ure a leur voulente et sans quelconques
bonnes meurs/affin que ilz eussent plus
grant deuocion a les tenir. Il faint que il
auoit receu ces loix du dieu appolin Et
qui plus est pour y donner perpetuite / il
fait que il vouloit aler en lisle de delphos
ou temple dappolin pour auoir conseil des
dieux se ilz y vouldroient riens muer et
leur fit iurer que ilz les tẽdroient sãs mu
er iusques a ce que il fut reuenus. et leur
serment print sen a la droit en grece ou il
fina ses iours comme se il eut esleu vng
exil voluntaire/ Mais encores pour ce
quil doubta que sup mort lẽ ne raportast
son corps a athenes / et par ce se tenissent
absoubz de leur serment. et quilz ne rom
pissent les loix/ affin quelles demouras
sent perpetuelles. Il ordõna que lui mort
len lui ardeist son corps os et tout et que
len en gettast la pouldre en la mer. Da-

lerius maximus ou .v. liure ou chapitre
de ingratis/dit que combien que cest li-
gurge leur eut fait et ordonne leurs loix
toutesfois fut il par eulx par plusieurs
fois assallis de pierres ou lieu ou len te-
noit les plais. tellement que ilz sen bou-
terent hors et lui creuerent vng oeil. Et
finablement ala en exil. et dit encores q̃
en lacedemonie ne nasqui homme plus
grant ne plus prouffitable de lui. et quãt
len demanda a appollo phicius lequel es
toit leur plus grant dieu / en cas de res-
pons que len feroit de luy. Il respondit
que il ne sauoit se il le mettroit du nom-
bre des hommes ou ou nombre des dieux
Apres quant il parle Numa pompilius
tu dois sauoir que ce fut le second roy de
romme et cellui qui succeda sans moyen
a romulus Lequel bailla premieremẽt
loix aux rommains. Et combien que il
allast souuẽt a vne fontaine en vng bois
pour parler a vne deesse que il apesoit e-
rigia / sicomme dit ouide en son tiers li-
ure de fastis. Et titus liuius en son pre-
mier liure. toutesfois ne se treuue il pas
que pour les loix que il leur donna il nen
prist oncques conseil ne a elle ne a aucun
autre dieu. Et tout ainsi que romulus se
toit estudie toute sa vie a faire guerres/
tout ainsi estudia ce Numa pompilius
a faire choses religieuses et a mettre pei
ne que les dieux fussent adourez et doub
tez. Nous nous passons brief de lui pour
ce que nous en parlerõs cy apres plus lar
gement ou tiers liure ou .ix chapitre. Et
puis que nous sommes en la matiere de
ceulx qui donnerẽt les loix premieremẽt
Tu dois sauoir que moyse fut le pmier
de ceulx qui baillerent les loix Lequel ex
plana premierement au peuple ebrieu ses
loix diuines que nostre seigneur lui bail
la. Le second qui fit loix et iugement Ce
fut phoroneus qui premierement donna
loix aux grecz / et establist iugemens
et les iuges qui iugoient. Mercure fut le
tiers qui donna loix a ceulx degipte So

g.ii.

lon fut le quart qui donna loix a ceulx dathenes. Le.v. fut ligurge q̃ dõna loix aux lacedemoniens. Le.vi. Numa pompilius qui bailla loix aux rõmains. Le.vii. cesar auguste soubz qui fut assemble le droit ciuil des digestes. Puis fut faict le code et linstitute soubz iustinian / apres les decretales que fit gregoire. Apres furent faictes le.vi. clementines iohnines et bñdicanes et les autres drois nouueaux Et se tu en veulx veoir plus largement voy ysidore ou.v. liure de ses ethimologies ou premier chapitre et aux subsequens

Du rauissement des sabines et des autres iniquitez qui aduindrent en la cite de romme ou temps que mesmes icelle cite estoit en la fleur de sa louenge et de sõ exaltacion.   pvii.

Ou parauenture les loix ne furent point institueez ne donnees au peuple rõmain p leurs dieux pour ce que sicomme dit saluste la seule loy naturelle leur souffissoit a bien et droiturierement viure tout aussi bien comme les loix et drois positifz. Mais ie croy que ce bien de ce droit furent rauies les sabines par les rommains / car quelle chose fut meilleur et plus iuste q̃ soubz lombre de bien les auoir semons a vne feste que ilz apelloiẽt les ieux circenses / et la les auoir faitvenir par fraude.et pour ce que len leur auoit refusees a mariaige les auoir prinses et rauies par force et par violence selon que chascun y pouoit auenir sans le congie de leurs peres et parẽs Et suppose que les sabines eussent fait mal et iniq̃te de leur auoir deniees leurs parentez que ilz requeroient a auoir par mariaige / encores firent les rommains trop grant et plus grant iniquite de les rauir pour ce q̃ len ne les leur auoit dõnees quãt ilz les requeroient / mais ilz eussẽt

eu trop plus iuste guerre cõtre ceulx qui estoient leurs voisins / cousins et de leur region qui ne leur donnoient leurs filles que ilz requeroient a auoir par mariaige que ilz nauoient contre ceulx qui leur requeroient celles que ilz leur auoient ostees p force, et se ilz eussent ainsi fait mais que len dit auoir este pere de romulus eut eu trop plus iuste cause de aidier son filz pour vengier le iniure par armes en ce q̃ len luy auoit deniees les filles q̃ il auoit requises par mariage et fut plus tost venu a son intention de auoir les femmes q̃ il requeroit. et encores parauenture p aucun droit de bataille eut eu cause de oster iustement celles que len lui deuoit iustement / mais par nul droit soubz vmbre de paix il ne lui loisoit a rauir celles q̃ len lux auoit refusees. et si ne peut faire iuste guerre contre les parens de ceulx q̃ iustement les lui auoient refusees / de ce rauissement sensuit chose plus eureuse et plus prouffitable. Car combien que en memoire de ceste fraude la representaciõ de ces ieux circẽses demourast, toutesfoiz ne peut il point a la cite de romme ne a le pire sexemple de ceste cruaulte et mauuaistie / et en cerrerent plus legierement les rommains que apres ceste iniquite ilz cõsacrerent a eulx romulus cõme leur dieu que en ce par nulle loy ou accoustumance ilz souffrissent que sen ensuiuist son fait en rauissant quelconques femmes / encore de ce droit et bien apres ce que le roy tarquin fut chassie de romme auec ses enfãs pour ce que son filz auoit viole lucrece p force et contre sa voulẽte. Junius brutus consul de romme osta et fit oster lucetarquin dit collatin mari de celle lucrece qui estoit son compaignon et consul comme lui, et lequel estoit bon homme et innocẽt et le fist pour son nom seulement et la p chainete que icelluy nom auoit aux tarquiniens et se fit renuncier a vne dignite quil auoit qui sapelloit magistratus et q̃ plus est ne voult souffrir que il vesquit en sa cite/mais lui conuiēt quil sen alast demourer hors. laquelle cruaulte il fist ou pour le consentement du peuple/ou pour ce que il souffrit. par lequel il auoit prins loffice destre consul de rōme ainsi comme auoit fait ledit brutus. de ce bien et de ce droit naturel encores se ensuiuit ce que marcq camille qui autremēt est apel le furius camillus plorguiel des tribūs du peuple de romme qui estoit enuieulx de sa vertu fut chassie et banny de la cite de romme laquelle il auoit deliure de la main des vegences qui estoient tresgriefz ennemis du peuple rommain. et qui par dix ans continuelz les auoient descōfis par tant de fois et tellement tourmentez par mal combatre que les rommains se desesperoient de leur salut quant aprez iceulx dix ans il les descōfit et prist leur cite qui estoit tres riche et tres garnie et q̄ rent leur occasion en lui mettant sus que il nauoit pas iustement parti le pillaige et pour ce quil sentit les rommains & la ci te mescongnoissans de ces grans benefi ces et de ce quil les auoit ainsi deliurez des vegences et quil fut accertenez que ilz le vouloient comdempner/Il sen ala com me exile hors de la cite de sa voulunte le quel ilz condempnerent en son absence a dix mil de arain. Et nonobstant ce il de liura depuis et venga des galles sa cite qui lauoit ainsi eu desagreable/sās dou te il me desplaist de recorder moult de cho ses laides et desraisonnables dont la cite estoit demenee et traueillie quāt les puis sans hommes de romme sefforcoient de soubzmettre a eulx ceulx du peuple et q̄ ceulx du peuple refusoient a estre subgectz aux grans/et q̄ les deffensseurs de chas cune partye se subtiloient et estudioient plus pour lamour et desir que ilz auoi ent de vaincre que ilz ne penssoient a au cune chose iuste et raisonnable pour les appaiser:

Exposicion sur ce chapitre.

En ce. xviii. chapitre mōseigneur saint augustin sourtost vne responce que sen lui pourroit opposer/pour ce que sen lui pourroit dire que pour ce ne prindrēt pas les rommais aucunes loix de leurs dieux que il nen estoit nul besoing Car ilz viuoient assez bien ensuiuant le droit naturel sicomme il semble quil soit vray par les paroles de saluste en son liure q̄ sapelle in catilinario/lesquelles sont re citees en ce chapitre ou il dit que la seusse loy et droit naturel leur souffisoit etc. les quelles paroles saluste recite a leur cō mandement et louenge. Et ceste chose re preuue monseigneur saint augustin en de monstrāt par plusieurs exemples quilz ne garderent pas bien le droit naturel. & le dit par maniere de mocquerie et de deri sion quāt il dit. Mais ie croy que de ce biē et de ce droit furent rauies les sabines/et cest son premier exemple/et pour ce dit il notablement ce mot. Je croy par manie re de derision et mocquerie pour ce que il sauoit bien q̄ ōtre le droit & bien naturel el les auoient este rauies. Pour lentēdemēt de laquelle hystoire/tu dois sauoir que sicomme dit titus liuius en son premier liure/et florus en son epithome que qme romulus eut fermee la cite de rōme et au regard de la fermete qui estoit grande, il y eut peu de habitans affin de la publier/ il edifia vng temple quil apella asile/et icellui fait fit crier et ordonner que tou tes gens de quelque estat que ilz fussēt q̄ y vendroient a seurete. fussent frans & q̄ tes sans pugnicion cōme en lieu dinmi te et de franchise/et le fist en vng bois prez de rōme/et tātost les pasteurs tusciens & les lattins/plusieurs tropens aussi qui estoient venuz soubz enee q̄ sapelloiēt fri ges/plusieurs archadiens q̄ estoient ve nus soubz le roy enander & plusieurs qui se doubtoiēt dauoir meffait a leurs voi sins/affin descheuer pugnicion vindrēt la en telle multitude q̄ la cite fut toute rē plie dhōmes. & pour ce q̄lz nauoiēt nulles

g.iii

femmes enuoierent par deuers les sabiniens qui estoient leurs voisins et gens de grant honneur pour auoir de leurs filles par mariaige/lesquelz sabiniés pour ce quilz leur semblerent estre gens de nulle ou petite valseur ou gens concoeuillis et le plus deulx sarrons ou murtiers/les leur refuserent. De ce fut romulus et le peuple rommain grandement indignez. mais la chose fut dissimulee iusqs a certain temps que romulus fist crper vng ieu et vne feste qui se disoit deoconsuli/ cest a dire au dieu du conseil qui estoient apellez ieux de cheual ainsi comme sont les ioustes et les tournois que len fait a present.et plus y auoit/ Car ilz sentrebatoient iusques a ce ql y en peut vng mort et pour ce estoient ilz apellez ieux de glaue/et y en y auoit de piet et de cheual dont ceulx de cheual sapelloiet ludi equestres et ceulx de piet rethiarii/sicomme dit ysidore ou.xviii.liure de ses ethimologies: ou.liii.et.liiii.chapitres/et ces ieux voir pour ce que cestoit chose nouuelle et q nauoit pas este accoustumee a veoir vindret les sabiniens et admenerent leurs femmes et leurs filles en bel arroy.Et quāt les ieux furent les plusfors par lordōnance que en auoit fait romule parauāt chascun raup sa sienne q mieulx mieulx par force et par violence dont grant guerre et notable sourdit entre les rommains et sabiniens.sicōme tu le peus veoir plus largement par titus liuius en son pmier liure.Et par eutrope ou premier liure de ses croniques qui dit que en rauissantē p eut vne qui sourmontoit les autres de beaulte qui fut baillee a vng cheualier apelle calassus pourquoy toutes les fois que ilz faisoient nopces ilz crioient calasso. Et orose ou second liure de son ormeste ou.iii.chapitre dit quelles furent prinses et rauies deshonnestement mauuaisement et cruellement/ Et dit encores eutrope que ce rauissement fut fait lānee apres ce que romme fut fondee/et fut iiii cēs ẽ pv ans aps la destructiō de troye et

selon orose vi.ans auāt que les dix lignies disrael fussent transportees aux montaignes de mede par scennesceris roy de caldee Gefftoy qui fit listoire de brut raconte en son hystoire q ebrāt q a ce tēps estoit roy de bretaigne la grāt de pp fēmes q il auoit et pp.filz et ppp.filles toutes lesqlles il envoiaen ptalie a silui᷈ alba q regna aps latin.et la furent maries aux plus nobles troyens. Lesquelles femmes latines et les sabines refusoient a prēdre par mariage/de ces ieux circensesqui se faisoient a ce dieu du conseil/parse valerius maximus en son second liure ou il dit encores de ce droit et bien/apres ce que le roy tarquin fut chassiet ce Monseignr saint augustin par derision e pour se moquier deulx met vng second exemple qui tel que apres ce que tarquin qui fut le vii. et dernier roy de romme/lequel fut chassie hors par le rauissement de lucresce ql auoit rauie septe tarquin son filz dont elle se occist en la presence de son mari de son pere et de son oncle qui pou ce firent tant que le roy fut boute hors de la cite sicōme nous auons dit cy dessus ou vviii.chapitre du premier liure. Ouquel temps ilz cōmencerēt a auoir consulz/desquelz brutus loncle de lucrece fut lun/et luce tarqn son mari lautre/autrement appelle collatin Auant quil fut le bout de lan ilz eurent en telle abhominacion le nō du roy q pource q se mari de lucrece auoit ainsi a nom ilz le priuerēt de sa dignite Et auec ques ce le chasserent hors de la cite cōbien que il fut innocent et que il eut mis paine auec les autres adce que le roy tarqui fut chassie hors de rōme et fut mis hors principalement par le enhortement de iulius brutus oncle de sa femme et son compaignon en dignite qui assembla les rōmais et leur monstra commēt ilz auoient iure que ilz ne laisseroient quelque personne rengner a romme dont peril peust venir a la cite e que il ne sauoiēt riens qui peut plus nupre dorenauant a la cite de rōme fois le nom de tarquin/lequel nom son compaignon mary de lucrece auoit. Lesquelz comme dessus est dit tantost le osterent de sa dignite. Et auec ce le bouterent hors de la cite. A ce saccorde eutrope en son premier liure qui dit quil se partit de romme auec tout son patrimoyne et ce quil auoit vaillant. Apres ou il parle de marcus camillus qui autremēt est apellé furius camillus, listoire est assez clere par le texte, et la met titus siuius ou .v. liure de sa premiere decade, q̄ est de la naissance de la cite de romme, et la dit que ce camille print la cite par ce qui la fist miner et la myne faicte il mist des cheualiers qui prindrent le dongon du chasteau tandis comme ceulx de la cite entendoient a deffendre ses murs, et par ce fut prinse et pillee. et pour ce quil fut par enuie accuse des tribuns de mal auoir diuise le pillage, il se partit de romme et alla demourer a vne cite apellee ardee qui estoit pres de romme ou il esseut exil voluntaire, et en son absence fut condennez en dix mil liures de deniers darain. Car lors y estoit pou de monnoye dor ne dargent a romme, et dit valere en son .v. liure ou chapitre de ingratis que le tribun p qui il est accuse auoit nom lucius appulius, lequel pour lors estoit tribun du peuple de romme, et pour la recommandacion de sa personne de ce camillus. Voy beaulx motz que dit de sui valere en son .v. liure en ce present chapitre, ce que camille selon ce q̄ dit titus ou lieu dessus allegue trois ans apres ce quil fut expillie de rōme et demourant en ardee, desliura les rommains des galles qui auoient prinse et pille la cite de romme iusques au capitole, et icelui racheta de grans sommes dor, et les descōfit et raporta a romme toute la proie et le pillage, les banieres et tout lor que ilz auoient eu pour le capitole racheter. Pour quoy il fut apelle le second romule et pere du pays sicomme dit eutrope en son premier liure ou chapitre final de ce camille dit encores florus en son epithome ou premier liure que ce fut cellui qui par son sens

et par sa prudence acquist la cite de romme la cite falisque, car comme il fut deuant assiege le maistre qui apprēdoit les enfans en la cite pour couuoitise de gaignier print les enfans, et ainsi comme il les voulsist mener iouer aux champs, il sit hors de la cite et les mena droit a camille en son ost disāt que il se pouoit bien tenir pour asseur de auoir la cite puis q̄ il auoit les enfans dicelle, et quant camille vit la mauuaistie et traisō du maistre il le fit lier et remener battant en sa cite p les enfans ausquelz il fist baillier a chascun vnes verges, et quant les bourgois de falisque veirent la feaute de ce camille, ilz se rendirent a lui et furent fais citoiens rommains. Apres ou il parle de ce que les puissans vouloiēt subiuguer les plebeiens. Tu dois sauoir que sicomme dit titus siuius ou .ii. liure de sa premiere decade il eut grant dissencion entre les nobles de la cite et le commun, laquelle dura par long temps pour loccasion de laquelle chose pendant ce temps moult de maulx furent fais en la cite ne ne peurēt pas estre appaisiez iusques a ce que le peuple eut iuges qui les deffendist contre les grans et contre les nobles de la cite, lesquelz iuges furent apellez tribūs du peuple. et en la faueur du peuple auoiēt grāt puissance en la cite, et comme parauant len ne esseut nul a la dignite destre cōsul fors des nobles de la cite ilz firent tant q̄ a tous degrez de honneur sen prenoit (ce) lisoit des plebeyens aussi bien cōme des nobles, de ceste dissēcion nous parlerōs plus aplain ou chapitre subsequent. Et pour ce nous nous en passons

Quelles choses listoire de saluste demōstre des meurs des rommains eulx comp:essez par paour ou desliez par seurete.
p viii
Et ainsi ay maniere et terme darguer et si attrairay deuāt to⁹ autres saluste a tesmoing, leq̄l cōme a la louenge des rommains desquelz nous parlons
g iiii

a present il eut dit que les loix et drois positifz ne leur valoient point mieulx a bien et iustement viure que faisoit le droit naturel en demonstrant le temps ouquel a piece que les roys furent boutez hors de rome icelle cite sescrut merueilleusement en brief espace de temps/ et ainsi comme chose non creable/ touteffois il mesmes au comencement du premier liure de son hystoire confesse que come la chose publica fut transportee des roys aux consulz/neantmoins pour les iniures et oppressions que les grans faisoient aux petis/les petis se rebellerent et vouldrent faire partye contre les grans. Et dit quil y eut maintes autres dissencions et discordes en la cite/ car comme il eut raconte la grat paix et concorde qui estoit entre les rommains ou temps dentre la seconde bataille punicque cest a dire de carthage et la derniere bataille/ et les tres bonnes meurs dont ilz estoient plains. et eut dit que la cause de ce bien nestoit pas par amour de iustice/ mais pour ce que ilz tenoient que ilz nauoient point de paix certaine ne seure tant come carthage fut en estant. pour la quelle chose scipion nasique affin de deffendre leur mauuaistie et garder les bonnes meurs a ce que en la paour ou ilz estoient tant come elles estoient en estant les vices fussent reffrains ne vouloit pas que la cite de carthage fut abbatue ne destruite icellui saluste dit ainsi/ mais discorde auarice et couuoitise des grans honneurs et les autres maulx accoustumez a naistre par habundance des biens de fortune ont este faictes et aduenues a la cite de rome apres la destruction de carthage Et ce dit il affin que nous entendissions que aussi bien auant la destructio de carthage ces maulx estoient accoustumez a naistre et a croistre come apres dont en demostrant et adioustant pour quoy il a dit recite les poses cy dessus mises. Il dit que pour les gras liures que les puissas faisoiet aux petis/ il adult que les petis se diuiseret des gras peres et firet plusieurs autres disse

cions en la cite de rome/ et ainsi du comencement tāt come ilz eurent paour de tarquin apres ce que les roys furent chassez hors de rome et qsz euret guerre griefue et psāt contre les estrusques et non plus ilz vserent et furent gouuernez de bonnes loix iustes et attempreez. Vois tu doncqz coment saluste dit coment vng pou de teps apres que les roys furet chassez de rome ilz vserent vng pou de droit iuste et attrēpe et que paour en fut cause pour ce que ilz doubtoient la guerre que leur fist tarqui le roy auec les estrusques que il apella en son ayde/ aps ce que ilz seuret boute hors de la cite/ mais voy aps ce que saluste auoit copise. Il dit ainsi que apres leppulsiō des rois et carthage destruite/ les grans vouldrent gouuerner come seigneurs/ et tenir le peuple ainsi come en seruitude faire les consaulx a part sans apeller le peuple et a traictier seulz des gras choses fut debatre ou de fuster doccire ou de bannir et consiquier les biens a eulx tout ainsi come se ilz fussent roys. Et de leur oster leurs terres et leurs champs. pour lesqlles durtez le peuple ainsi mal mene et oppresse/ et mesmes de la grant charge des prestz quilz leur faisoient faire dōt il leur couuenoit souuet emprunter a vsure pour la grant charge que ilz leur mettoiēt sus tant de eulx armer et combatre continuellement cōe des epcessifz et domaigables empruns sarma et se mist ensemble en bataille au mont auētin lequel ilz dient estre consacre pour soy deffender de grans Pour laquelle chose et pour les appaiser leur furent baillees et creees iuges qui furent apellez tribuns. Et aussi leur furēt ordonez certains autres drois contre les grans. et de ces discordes et de ces plais et couroux de chascune partie. La secōde bataille punicque cest a dire de carthage fut la fin. Vois tu doncques quelz les rommains furent et come peu de teps et diteruasle apres les roys mis hors ilz vesquirent iustemēt/ sobremēt et de bons drois desquelz il dit que les loix et drois positifz ne leur valloient point mieulx a bien & iustement viure que le droit naturel. Toutesfoiz se len treuue ces temps esquelz len presche la chose publicque de rōme auoir este tresbelle et tresbonne. Que porriōs nous arbitrer ou penser du temps ensiuant/ laquelle affin que le vse des motz de cest historien saluste/ comme elle mue petit a petit soit fait de tres belle et de tres bonne/ tres mauuaise & tres laide et tres vicieuse ce st assauoir de la destructiō de carthage dont il parle. Lesquelz tēps par icelle maniere icellui saluste les recorde/ & descript len se peut lire en sō hystoire. cest assauoir cōment ilz ont este de mauuaises meurs qui seulent naistre par la grāt habundance des biens de fortune. Et cōment il demonstre que par ce elles sōt continuees & paruenues iusques aux batailles ciuiles. ses meurs des grans sicōme il dit ne sont pas cheues ne muees petit a petit ainsi cōme elles faisoiēt parauant Mais sont descendues a tas comme vng rieu qui descend de hault a force et a grāt habondance/ car la iouuente de rōme fut tellement corrumpue par auarice. et par superfluitez et excez que len pouoit dire/ et a bonne cause eulx estre nez telz que ilz ne pouoient auoir ensemble choses familieres ne souffrir autres. aps saluste dit plusieurs choses des vices de sissa & des autres laidures de la chose puplicque de rōme. et les autres escripuains saccordent auecques lui Combien que ilz soient de trop dispareux a lui de langaige et de stille toutesfoiz sicomme ie cuide tu vois et chascun qui y veut prēdre garde peut tres legierement apperchouoir la tresgrāt asseblee des tres mauuaises meurs en quoi celle cite estoit tresbuchee et cheue auāt la uenement de nostre souuerain roy nostre seigneur ihesucrist car ces choses furent faictes non pas seulemēt auāt quil ymē chast a preschier en terre et a enseignier/ Mais auant q̃ il fut ne de la benoite vierge marie/ comme doncques ilz nosēt met

tre sus a leurs dieux/ tant de maulx diceulx temps ou plus a collerer pauant carthage destruicte ou quilz ne peurēt estre collerez ou dissimulez icelle destruicte mais estoiēt a ressōgnier leurs sālx dieux par leurs folles hardiesses ont mises es pensees humaines oppinions dont ces vices pourroient accroistre et habōder pour quoy mettent ilz sus a nostre seigneur ie suscrist les maulx presens/ lequel deffēd a adourer ces faulx dieux et deceuables et en condennant et reprouuant par diuine auctorite. Ces couuoitises et autres mauuaisties nuisables de ce mōde decourant et trespassant soustrait les sens de ces maulx par diuine auctorite tout bellement par laq̃lle il face et edifie sa tres glorieuse cite de dieu/ non pas par esiouissement de vanite/ mais par iugement de verite.

] Exposicion sur ce chapitre

En ce .xviii. chapitre monseigneur saint augustin argue ō tre sa responce sur ce touche ou chapitre precedent. laquelle sembloit estre confermee par les dictz de saluste mis en icellui chapitre/ et contre ceste responce argue par especial p les propres dictz de saluste. Et en ce chapitre fait trois choses/ car premierement il demonstre que en ce mesmes tēps pour lequel saluste veult recommander les rōmains en disant que le bien et le droit positif quant a eulx gouuerner ne leur valloit pas plus que de droit naturel ilz estoient mauuais ne ne gardoient ne droit ne bien/ Secondement mōseigneur saint augustin argue quelz les rommains estoient en autre temps/ ouquel saluste ne les recommande point/ mais les blasme et diffame. Et tiercement par ces choses il conclud que ilz ne doiuent pas imputer leurs maulx aux temps crestienes

⁌ La premiere partpe est ou commen∣cemēt. La seconde est ou il dit, touteffois se len treuue ces tēps ꝛce. Et la tierce ou il dit, touteſſoiz ſicōme ie cuide tu bois ꝛ ce. Et dist monseigneur saint augustin et ainsi iap maniere, cest a dire de arguer et de proceder, cest a dire que par les dictz de saluste il veult prouuer son intencion car ou precedēt chapitre il argue daucu∣nes choses qui ont este assez baillees et de∣monstrees p̄ les autres historiographes rōmains, ne il ne y a point allegue salu∣ste, iassoit ce que il eut occasion de prou∣uer ce quil pouoit par ses dictz, ꝛ ou il dit en demōstrāt le temps ꝛce. Monseigneur saint augustin veult dire que saluste en recōmandāt les rōmains, et disant que le bien ꝛ droit naturel leur faisoit autant cōme les droiz positifz, il parloit et recō∣mandoit tāt seulemēt de louēges le tēps que ilz eurēt tantost aprez ce que les roys furēt boutez hors de la cite ouquel tēps la cite de rōme crut soudainemēt ꝛ sans me∣sure, et ce fut auant la secō de bataille pu∣nicque, car parauāt ilz auoiēt subiugue toute p̄talie, grant partie de galle et des∣paigne et moult dautres terres et plusi∣eurs pays, entre lesq̄lles terres ilz auoi∣ent aussi combatu et assailli ceulx de car∣thage, combien que touteſſoiz selon oro se les roys fussent boutez hors, et les con∣sulz creez deux cens et. pliiii. ans aprez ce que romme fut fondee sicomme il appert par le quart chapitre de son second liure Et la seconde bataille punicque fut com∣mencee sicomme il dit. v. cens et. xxxiii. ans aprez la creacion de romme, et toutef foiz ētre ce que les roys furēt boutez hors et la secōde bataille punique neut q̄ trois cens et. pi. ans. ⁌ Et touteſſoiz dit flo rus en son epithome en sō second liure ou v. chapitre qui est de la bataille punicque que entre la premiere et la seconde bataisl le, ne eut que. xviii. ans de interualle Et pour ce tu dois sauoir que nō pas tātost aprez ce q̄ les rois furēt boutez hors la cho se rōmaine cōmenca a croistre, mais cō∣mença trois cens et. lxv. ans aprez la cre acion de romme, cestassauoir en lannee ensuiuant aprez ce q̄ ſle fut prinse des gal les, car camillus qui est autremēt apelle furius camillus, print en cesse annee des vulques qui auoiēt fait guerre aux rom mains par septante ans, et deux autres citez apelleez, cestassauoir la cite apellee la cite des cheuaulx et la cite des saturni ens, dont il eut trois triūphes ensemble ꝛ euironce mesmes tēps vng apelle qui ricius ciricinatus en vingt ioures print la cite de penestres auecques huit autres ci tez subgectes a elle, et la mist en la subge ction des rommains, sicōme dit eutrope en son liure. par quoy il appert que a pīe die du temps que rōme commenca a croi stre, aussi soudainement iusques a la se conde bataille de carthage neut que cent et. xxv. ans, iassoit ce que saluste la com mēce a p̄ēdre des ce q̄ les roys furent bou tez hors et la cause pour quoy il se fait est parauēture pour ce q̄ apz̄ que ce les roys furent boutez hors, ilz se tindrent a plus frans et aimerent plus la chose publicq̄ et de tant eurent plus grant desir de sei∣gnourir, du croissement de ceste empire de rōme se tu en veulz veoir beaux motz voy florus en sō secōd liure de sō epitho∣me ou p̄mier chapitre. Ce cincinatus fut celsui qui fut prins a la charue pour secou rir aux rōmains et fut fait dictateur, le quel vainquit les ennemis et la victoire faicte nen tint cōpte, mais retourna a sa charue ꝛ remist les coliers a ses beufz, et le iour cōmença a labourer quatre har∣pēs de terre q̄l auoit seulemēt cōe parauāt et fut. xviii. ans aprez ce q̄ les roys furēt boutez hors de rōme sicōme dit eutrope ou p̄mier liure de sa croniq̄. apz̄ quāt mō seigneur sait augustī p̄se du p̄mier liure de listoire de saluste, mains y ont este de∣ceuz pour ce que ilz quierent ces parolles en son liure qui se nomme catilinarius ꝛ en vng nōme iugurtinus, pour ce q̄ il fit premierement catilinarium que lautre: Et touteſſois ilz se trauaillent en vain,

car ces motz en la forme et par la manie
re que les met monseigneur saint augusti
ne sont escriptz ne en lun ne en lautre Com
bien que la substãce diceulx soit asses con
tenue in catilinario enuiron le milieu/ et
ces parolles met monseigneur sait augu
stin plus clerement et en motz plus con
tinueux cy aps ou xviii. chapitre / mais
sont ces parolles dung liure quil fit et quil
escript/ qui sappelle le liure des hystoires
saluste. Lequel combien que nous ne sa
uons point veu/ toutesfois en fait menci
on a gellius en son v. et xv. liures de nocti
bus acticis alegue saluste ou iiii. liure de
ses histoires. ¶ Apres quant il parle com
ment la chose publicque fut transportee
des roys aux consulz/ nous en auons par
le ou chapitre precedent. Toutesfois ne
vueil ie point laisser les motz q̃ dit orose
sur ce chassement des roys de la dignite
royal ou iii. chapitre du second liure de
son orieste ou il dit que les maulx que
ilz souffrirent apres ce que ilz eurēt chas
siet hors tarquin le roy par deux cens et
quarante et trois ans ne fut pas pour ce
que ilz eussēt chassie et boute hors deulx
la puissance et le nom de la dignite real.
Et il mesmes en rend la cause / car sico
me il dit voir / suppose que lorgueil dung
roy eust este en cause ou en coulpe de les bou
ter hors / sen deuoit icellui seulement bou
ter hors / et non pas sa dignite de roy. Et
pour la guerre que mena Porsenne roy
des estruques qui fut si grant & si dure par
trois ans continuelz auec le roy tarquin
ne fut pas pour cause que ilz eussent bou
te hors le roy/ mais pour ce q̃ ilz se auoi
ent chassiet hors de leur cite et bãni a tous
iours le nõ de roy & la dignite royal Et
ce sapelle orose le tres grief & le tresgrant
confort et ayde du nom royal/ et quãt est
des consulz q̃ furēt crees/ tu dois sauoir
q̃ il nen y eut q̃ deux. premierement les
quelz estoient renouelez chascun an ne
ne pouoiēt riens faire lun sans lautre si
comme dit eutrope en son premier liure/
car il dit que affin quilz ne fussent remis

et negligens ilz ne duroient que vng an
seulement et si estoient deulx affin que se
lun fut mauuais q̃ son compaignon. q auoit
pareille puissance le peut accuser et corri
gier de la puissãce desqlz & de la differēce q̃
estoit entre eulx et dictateurs q̃ estoit vne
autre grãt office/ nous plerõs pl' aplain
cy aps ou v. liure. v. et viii. chapitres
Aps ou il parle des oppressiõs q̃ les grãs
faisoiēt aux petis / tu dois sauoir q̃ enui
ron xv. ou xvi. ans aps la creaciõ de ces
grãs cherges q̃ ilz leur bailloiēt & les du
retez q̃ ilz leur faisoiēt. car sicõme dit ti
tus liuius au second liure de sa premiere de
cade cõme ilz eussēt guerres continuelles
& aussi grãdes pestilēces en la cite de rom
me & la coustume fut telle q̃ quãt lẽ creoit
ou faisoit nouueaux cheualiers ilz se ar
moient et queroiēt ce quil leur failloit du
leur Et quant il auoient despendu et ne
auoiēt de quoy seulx armer ilz les constrai
gnoient a emprunter des grãs & puissãs a vsu
re/ et quãt ilz ne pouoiēt payer il les pren
doiēt & mettoiēt en prisõ les batoient & ven
doiēt cõme serfz & leur faisoiēt maistres au
tres duretez/ laqlle chose se commun ne peut
pl' souffrir, si sarmerēt tous les petis pour
eulx deffēdre des grãs & prēdrent place ou
mõt auētin qlz tenoiēt a cõsacre,/ & eussent
fait guerre ou sẽ les eut tenu paisibles se
ce neut este vng saige hõe de rõme prudēt
& eloquēt apelle menius agrippa qui par
vng petit sermõ q̃ il leur fist, & vne fictiõ
q̃ il y mist par maniere de cõparisõ les apai
sa. laqlle fictiõ ou compoisõ fut telle q̃ il di
soit q̃ les mēbres de lhõme se cõplaindirēt
vne fois du vētre disãs q̃ chascũ lui appor
toit ce q̃ l pouoit auoir et gaignier de sõ la
beur,/ & se seul vētre q̃ par eulx estoit nourri
ne faisoit riēs/ si ordõnerēt qlz ne appor
teroient plus riēs,/ & se cesserēt de lui plus ap
porter a mengier par long tẽps,/ & tant que
tous les mēbres se commēcerēt a affoiblir p
telle maniere q̃ a peines se pouoit il sou
stenir, si saduiserēt q̃ la cause estoit pour
ce q̃ ilz lui auoient oste ses viures, et ses
allyemens et tantost tlui administrerent

comme deuant. Et de ce leur fist comparaison disant que ainsi estoit il des senateurs et autres qui gouuernoient la chose publicque et le peuple. Et du peuple q̃ leur administroit. Par laquelle oroison ilz les appaisa par telle condicion toutesfois que ilz eurent des oppressions cõtre les grans/ et aussi eurent les autres iuges dont nous auons parle en la fin de lexposicion du chapitre precedent sicõme tu le pourras veoir plus largement ou second liure de la premiere decade de titus liuius. Encores dois tu sauoir que selon ce que dit florus ou premier liure de sõ epithome. Il y eut quatre dissencions entre le cõmun de romme et les grans. dont la premiere fut celle dont nous auons parle. La seconde fut apres les douze tables ou temps des dix hõmes creez qui estoient ordonnez pour corrigier les loix ⊙ uquel tẽps Appius claudi⁹ prit seul la seignourie et sefforca de vouloir auoir a force vne pucelle apellee virgine dõt nous auõs p̃ le sur lexposicion du .vvi. chapitre de ce second liure. La tierce fut pour la dignite des mariaiges pour ce q̃ les grãs ne vouloient pas que les filles de ceulx du commun fussẽt mariees aux grãs ne a ceulx qui auoient dignite. Et ceulx du peuple vouloient le contraire. La quarte fut la couuoitise des hommes pour ce que ceulx du peuple vouloient que len esleut aussi bien de ceulx du peuple a la dignite de magistrat et autre dignitez comme des nobles et q̃ ilz fussent apellez a lelection et creacion diceulx. et ainsi tu vois cõment le peuple en ces quatre choses tẽdoit a quatre fins notables. Premieremẽt a garder sa franchise et liberte. Secondemẽt a garder virginite et chastete. Tiercemẽt a garder la dignite de leur natiue. quartemẽt a garder leur hõneur. et toutes foiz tendirẽt ilz plus a garder leur frãchise et liberte q̃ autre chose car ilz furẽt si aigres et si fermes q̃ oncques pour don ne pour pmesse len ne les y peut corrũpre. Titus liuius

ou .ii. liure de sa pmiere decade dit que sa quarte cause de la dissencion entre ceulx du cõmun et les nobles fut pour vne loy que fist vng tribun du peuple apesse cartile lequel donna nõ a sa loy pour ce q̃ le peuple se douloit de ce que les q͠ulz auoient trop grant puissance. Et pour ce il establit par sa loy q̃ ceulx du peuple auroient iuges pour eulx lesquelz seroiẽt apellez cinq hõmes aussi cõe dix hões et trois hõmes estoiẽt certaines dignitez / lesq͠lz cinq hõmes dõnaissent rigle aux cõsulz de gouuerner et q̃lle puissãce les consulz pouoient auoir en ceulx du peuple et plusieurs autres choses que tu pourras sauoir. Autres sedicions et discordes y eut/ pour la diuision des champs des graths dont nous parlerõs cy apres quãt il cherra en la matiere. Apres quãt il parle des estruques / tu dois sauoir q̃ ce sont ceulx qui au iour dhui sont apessez les fuciens selon ce q̃ dit psidore ou .iiii. liure de ses ethimologies / et quãt il dit q̃ les consulz vsoient en maniere de roys il se dit notablemẽt pour le roy tarquin sorgueisseux q̃ print la seignourie de romme seul et faisoit tout de sa teste sãs apeller senateurs ne autres de son cõseil ce q̃ oncques parauant nauoit este fait. Apres quãt il parle des batailles ciuiles. tu dois sauoir q̃ selon orose en son .v. liure. Les batailles ciuiles des rõmais q̃ ilz cõmecerẽt a auoir entre eulx. cõmencerent. six cens et septãte deux ans aps la creacion de rõme/ et p̃ sequẽt de la destructiõ de carthage iusq̃s a la pmiere bataille ciuille neuf de ĩteruale q̃ .lvi. ans / car la tierce bataille punicq̃ q̃ cõmenca selõ orose en sõ. iiii. liure lan sept cens et deux / et ne dura que quatre ans et en la fin de ce quatriesme an fut carthage destruicte. Apres quant il parle des vices de silla en recordant les motz de saluste. tu dois sauoir q̃ saluste en ple plus largement. in iugurtino/ euirõ le milieu sicomme orose et eutrope ou .v. liure. Et valere en son .ix. liure et sur tous les autres si comme il mest aduis en parle, et par beau stile iulius firmacus on premier liure des iugemens de astronomie. Et aussi en parlerons nous cy apres ou xxvii chapitre de ce liure, et en tant que monseigneur saint augustin recommande sa iuste de grant eloquence. Tu dois sauoir q si fait gellius qui dit de lui q ce fut cellui qui tint plus la propriete en paroles

De la corrupcion de la chose publicque de romme auant que nostre seigneur ihesucrist leur ostast le seruice que ilz faisoient a leurs dieux. xix.

Trop ey la chose publicque de rom me laquelle muee petit a petit de tresbelle et de tres bonne est faicte tres mauuaise et tres laide aussi et tres deshonneste. Et ceste chose ne di ye pas le premier, mais le ont auant dit leurs acteurs desquelz nous sauons appris par certain loper long temps auant laduenement de nostreseigneur iesucrist. Vecy comment laduenement de nostreseign͠r Apres ce que carthage fut destruicte les meurs des plꝰ grans hommes furent corrumpus non pas petit a petit comme parauant mais aussi comme par maniere dune grant impetuosite q me fait ung ruissel den hault Et par ceste maniere fut corrupue la iouuente de romme par auarice et par superfluitez. Lisent nous les commandemes de leurs dieux quilz ont baillie au peuple rommain contre orgueil et les superfluitez auquel peuple il ne pleust que seulemēt ilz tenissent les chastes et attemprez enseignemens, et quilz ne requeissent pas dicellui peuple a leur faulse diuinite, ilz coniongnissent leur desseale et mauuaise auctorite. Au contraire, lisent la grant habundance des commandemens quilz nous sōt faiꝫ et ples pp̄hetes ⁊ p la sācte euangile et par les fais des appostres et p les epistres q̄ tre auarice et q̄ tre les supfluitez tous les peuples a ce assemblez ⁊ pars tout comme excellament comme diuine

ment ilz nous sont faiz, non pas p grās cris tumultes et noises si comme len fait en disputacions des philosophes. Mais ainsi comme silz descendissent des nues par la bouce de dieu et de ses sains, et toutesfoiz ilz ne mettēt pas sus a leurs dieux ce que auant laduenement de nostre seigneur iesucrist la chose publicque de romme estoit tres mauuaise et tres deshonneste plaines de laides meurs ⁊ cruelles da uarice et de superfluitez, mais mettēt sur leur affliction a la religion crestienne, ia soit ce q en ce temps len eut restraint leurs delices et leur orgueil. Les cōmandemēs du quel des bonnes et iustes meurs se ilz les ouoient ensemble et les meissēt a leur cueur et les roys de la terre et tous les pri ces du peuple et tous ses iuges terriēs ses ieunes et les vierges, les anciennes auec que les plus ieunes, et toutes personnes preualable dentendement de quelsconque sexe. Et mesmement leurs cheualiers et ducz qui sont apellez epacteurs a qui mōseigneur saint iehan baptiste parle en les reprendant, corrigant, et enseignant, il nest pas doubte que la chose publicque de ceste presente vie adoureroit les terres de sa felicite et beneurete, et si monstreroit pour rengner bieneureement a la haultesse de la vie pardurable, mais pour ce que cestui souffist lautre nen tient cōpte, mais se despite ⁊ que plusieurs sōt plus enclis et amis aux vices q̄ les flatēt mauuaisemēt q̄ a la proufitable aspresse des vertus q̄ corrige aspremēt il est gmāde aux crestiēs q̄ ilz seufrēt ⁊ tollerēt se il en est necessite, ceste mauuaistie de la chose publi que, soiēt rois soiēt iuges soiēt prīces soiēt cheualiers soiēt puciaulx soiēt riches soiēt poures, frans ou serfz de quelq̄ sexe ⁊ a acheter son lieu tresc̄er par tolerance en aucūe ptie de la tressācte ⁊ treseftroite court des āgles et de la chose publicque ce lestienne auq̄l lieu la volēte de dieu est tenue pour la loy.

Exposicion sur ce chapitre.

En ce .xix. chapitre monseigneur saît augustin demonstre par ce quil a dit aux chapitres precedens, com grademēt les rommains sont a vituperer, q̄ se moquent des temps crestiens et semblablement leurs dieux. Et com grandement nostreseigneur iesucrist esta louer q̄ aussi les crestiens. Aprez quant il parle des prouinces, tu dois sauoir que selon que ce dit vguce et catholicum sur le mot prouincia. Prouince est dicte pour vne regiō loings de romme ou dun pays laquelle a este acquise par armes et vaincue et faicte tributaire cōme nous disons au iour dhui les pays raencōnes Et est dicte prouince propremēt de procul, qui vault autant comme loing et dicta, cest a dire vaincue, et ainsi a prēdre le mot propremēt cest region loingtaine vaincue mise en t. euaige, ou a raēcon, aucuneffois prouince est propre nom de pays comme prouuence autreffois est dicte prouince pour regiō voisine.

De laquelle felicite ou beneurete veullēt ioūp̄ et de quelz meurs vueillent viure ceulx qui accusent les temps de la religion crestienne. xx

Touteffois ceulx qui adourent et aiment par telle maniere leurs dieux, et quilz se iouissent de ce qui les ensuiuent et ressemblent en leurs cruaultez et mauuaistiez, ilz ne tiennēt cōpte se la chose publicque soit tres mauuaise et tres desleale, et dient que il souffist que la chose publicque soit en estat ou que elle habonde et flourisse de grans richesses que elles soient glorieuses de victoires, ou qui plus est bieneuree quelle soit en seurete par paix mais sicōme ilz dient q̄ nous chault il de ce, certes riens, il nous appartiēt plus sauoir se chascun accroist ses richesses tāt q̄lles souffissēt a despences superflues qui se font, et qui croissēt de iour en iour. par quoy se plus puissant puisse suppediter et sourmōter le mendre, facent les poures seruice et reuerence aux riches, affin quilz aiēt a mēgier et que par leur deffence ilz viuent seulsement en opseuse et sans riens faire que les riches abusent des poures a leur seruice, et au ministere leur orgueil que le peuple les conioisse par grant feste non pas par conseil quil leur donnent et administrent leurs couuoitises et superfluitez q̄ ilz ne desirent a auoir que ne leur cōmande riens qui soit dur a faire, que len ne leur deffende a faire. Nulles laides choses ne tiennent compte les roys, sur quantes bonnes personnes ilz regnent Mais quant subgectz ilz ont seruet aux roys de la prouince, non pas cōme a gouuerneurs ou enseigneurs de bōnes meurs mais cōme aux seigneurs des choses et pouruiseurs de leurs delices, et ne les honnourent pas puremēt, mais ses doubtēt iniquement et seruilement soit entēdu p̄ droit et par loy quelle chose nupra plus a sa propre vie que a la vie dautrui. Nulz ne soit traict ne menez deuant les iuges, fors cellui qui a autrui chose a sa maisō a son salut, ou a aucun contre son gre sera trouue importun ou coulpable, mais face chascū sa voulūte q̄ plaisir des siens ou auec les siens ou auec tous ceulx qui auec lui se voulderoient faire, soiēt ribaudes en grant multitude et en grant habōdance, ou pour en vser a tous ceulx a q̄ il plaira, ou pour ceulx par especial q̄ ne peut auoir nulles priuees, soient edifices tresgrans et tresardonnees maisons. larges mengiers et souuent, ou chascū pourra et vouldra iouer soit de iour et de nupt boiuēt vomissēt q̄ decoeurēt p̄ diuerses parties. soiēt oupes les danses de toutes pres esvoullēt soiēt q̄ eschauffēt les theatres, de toutes manieres de ioix q̄ leesses deshonnestes q̄ de toutes manieres de delectaciō cellui soit repute enemy publicq a q̄ ceste felicite desplaist, q̄concqs sessaiera de la muer ou oster la frāche multitude du peuple, traie cellui arriere de ses oreilles le trebuce de son siege et loste dentre les vifz

Ceulx soient tenus pour vrais dieux q̃ procureront au peuple a acquerir ceste felicite et que icelle eue saideront a garder. soient adourez sicomme ilz vouldront requierent telz ieulx comme ilz vouldront lesquelz ilz puissẽt auoir auecques ceulx ou de ceulx qui les adourent facent tant que a icelle felicite riens ne soit doubte dẽnemis/ riens ne soit doubte de meschief. ou de chetiuete riens ne soit doubte de pestilence et de mortalite ¶ Qui est cellui de saine pensee qui ne doye comparer ceste chose publicque. ie ne diray pas a lempire de romme/ mais a la maison de sardanapalus qui fut roy des assiriens. Lequel a son viuant fut si enclin et si abandonne a tous delices que aprez sa mort il fit escripre en son sepulcre que luy mort il auoit les choses seulement que sa mauaise delectacion mesmes auoit consume et gaste en ses puissant quant il viuoit/ Lequel roy se iceulx rommains auoient a present quil leur ottroiast telles choses ou leur pardonast ce quilz en feroient et quil ne les reprist ne nassast au cõtraire de leur voulente par quelconque cruaulte ou puissance ilz lui ỹ sacroiẽt plus voulentiers vng temple ẽ flamine dial que les anciens rommains ne firent a rõmulus.

Expposicion sur ce chapitre

En ce chapitre. xx. monseigneur saint augustin escript la tressaide vie que les dieux souffroient a faire a ceulx q̃ les adouroient et que ceulx qui les adouroient requeroient estre faicte a iceulx/ et monstre comment celle vie estoit orde et puante/ sicomme tu le peus veoir par le tẽpte. Et aprez quant il parle de sardanapalus/ tu dois sauoir que ce fut le dernier roy qui tint la mornacie et seignourie des assiriens/ laquelle auoit dure et dura par mil:iiii.cens ans sicomme dit iustin en son premier liure. et est listoire telle/ sicõe il mesmes le met en ce lieu/ et dit q̃ ce sardanapalus fut vng meschãt roy

e femme qui ne vouloit estre que auecq̃ femes/ et aussi cõme en habit de femme ne nulz ne parloit a luy de ceulx qui gouuernoient son pays fors par femmes interposees ou par lettres. Et touteffois ceste mauuaise coustume ne vint pas de lui premierement/ mais vint de nynia q̃ fut filz de nynus premier roy de niniue de babilonne et des assiriens. Lequel aprez la mort de son pere nynus/ mua son habit en habit de femme. et sa mere semiramis print habit dhomme et le gouuernement du royaume: Et nynias son filz demoura en habit de femme en chambres auec les femes et la v̇ a tous ses iours et pour celle meschant vie et habit que il auoit ne vouloit souffrir que nul alast ne parlast a lui que par interposite personne. Et celle coustume tindrent tous les roys q̃ apr̃s lui vindrent que nulz ne parloit a eulx fors par personnes ĩterposees Or aduĩt que ou temps de ce sardanapalus/ arabases ou arbacus q̃ estoient gouuerneurs de sa guerre es parties de mede. vit pour parler a lui de certaines besongnes et fit tant que il vint iusques a lui ce q̃ nul autre nauoit oncques mais fait/ Depuis le temps de ce nynia et le trouua ou milieu de vng troppeau de prostibuteresses sa q̃ longne au coste fillãt auec elles pourpre vestu en habit de femme/ et par tout les pompees et les appesons aux pucelles ẽ fillettes: Lequel quãt il se vit en tel estat en eut telle abhominacion que tantost il retourna a ses compaignons. et leur dit ce quil auoit veu ẽ quil aimeroit mieulx estre mort que estre en la subiection dune telle personne qui amoit mieulx a estre feme q̃ hõe/ ẽ tãtost fut faicte cõiuracion q̃tre lui/ ẽ sarmerẽt seq̃l ope sa nouuelle tout esbahi cõe cellui q̃ nauoit pas acoustume les armes/ se cõmenca a mucier ẽ seffuir de lieu en lieu/ et apr̃s pour hõte yssi hors de sõ chastel a pou de gẽs ẽ mal ordõne q̃ tãtost fut reboute ẽ chasse en sõ chasteau. Et quant il se vit en tel estat il se bouta au dongon/ Et bouta le feu dedens et se ardit lui et toutes ses richesses. Et ce dit iustin que en ce fait tant seulement il fit comme homme pour ce que il ayma mieulx a morir que venir en la puissance de ses ennemis. Et sois arbat print la seignourie et transporta la seignourie des assiriens es medes. A ce se accorde orose ou premier liure de son orme, te ou pvi. chapitre. Et iulius flores en son .iii. liure ou .ix. chapitre lequel lapelle chōso. concoloros. et dit que ce fut ou temps de roboan et que ce royaume depuis ninius pere de ninpa iusques adce que sardanapalus dura mil. deux cens et .xl. ans. De ce sardanapalus dit iustin en son pmier liure, que il estoit homme plus corrumpu en telle maniere q̄ de puterie des peulx et de sa tour de son corps il precedoit toutes femmes a ce se accorde astragius qui dit quil oingnoit son visaige, cest a dire quil se fardoit comme vne putain, et paldoit ses sourcilz pour faire comparoison de sa beaulte et de son atour contre ses ribaudes. et quant est de ce que mōseigneur saint augustin dit de ce qui estoit escript en son tombel. Tu dois sauoir que tule ou .v. liure de tusculanis questionibz, sy accorde quil dit a pou prez ces mesmes parolles, si fait astragius en sondit cōmēt. Et dit encores que onques ne sarma, ne nalla chasser, encores dit tules en ce mesmes lieu q̄ aristote de celle escripture mise en sepulcre dit telles paroles: Quelle autre chose escripuoit tu, nō pas au tōbeau dū roy mais au tombeau dū beuf q̄ il auoit mort ce quil auoit eu vif. Lesquelles choses il nauoit point eu plus lōguement que tandis comme il en vsoit encores de ce sardanapalus dit tules que il estoit plus sait de vices que de nom. Et en signe de la mauuaise vie et puante puterie que il auoit menee en sa vie, auoit a chascū coinct de son tombeau vng regart sur quoy son tombeau estoit assi

Quelle fut la sentence de tule de la chose publicque de romme. xxi.

Mais se len contempne et despitte cellui qui dit la chose publique rommaine estre tresmauuaise, tresorde et treslaide et qui ne seur chault de quantes mauuaises meurs et de mauuaises taches ordures et laidures elle soit remplie mais quelle demeure et soit en estant. Op ent que non pas seulemēt elle est tresmauuaise, tresorde, et treslaide selon ce que ra conte saluste, mais que des lors elle perit entierement, et demoura en toute maniere nulle sicōme tulle le dispute. Car il amaine scipiō cellui q̄ destruit la cite de carthage, disputant de la chose publicq. Quāt sen sentoit parfaitemēt quelle periroit par la corrupcion que saluste describt. Quel merueille, car sen dispute en ce temps ouquel fut occis sū des graccus qui estoient deux freres. pour sa mort du quel griefues discordes et batailles commencerent a romme, sicomme saluste describt, car en ses meismes liures il fait memoire de sa mort, mais cōme ce scipion en sa fin du second liure eut dit que tout ainsi que comme en cordes en instrumens en chant et en voix sen doit de diuers sōs tenir vne concordance et vng accord, lequel sil est mue ou discorde fait mal a oir aux oreilles de ceulx qui sont en ce introduiz et touteffois tel accord par attemprāce de voix dissemblables, et fait conuenable et accordable, tout ainsi des plus grans des moyens et des plus bas ordres entremeslez ainsi comme de sons ou de voix dissemblables, sacorde vne cite ordonnee p raison par consentement des dissemblables Et ce qui est apelle armonie en chant des musiciens, cest celle mesmes concorde en vne cite qui est tresestraite de tresbon biē de salut en la chose publicque, et laquelle par nulle conuenance ne peut estre sās iustice. Et apres comme icellui eut traittie plus largement et plus habandonneement, combien iustice proufitoit en vne cite, et combien elle nuisoit se elle nestoit hors vng apelle filus q̄ estoit sū de ceulx qui estoit a la disputacion, print la pole apres/ et requist q̃ celle question fust plus diligamment traictie ⁊ q̃ on parlast plus auant de iustice/ pour ce que len disoit ia communement que la chose publique ne pouoit estre gouuernee sans iniure/ qui vault autant comme iniustice/ et pour ce scipion si accorda/ disant que ceste question estoit a discuter et a desuoier/ et respondit que cestoit neant/ et que len cuidoit auoir dit encores de la chose publique/ et que il y peust aler plus auant et plus largement se il nestoit ainsi quil fust conferme que ce q̃ len dit de la chose publiq̃ ne peut estre gouuernee sans iniure/ nest pas seulement faulx/ mais au cõtraire est tres vraye chose quelle peust estre gouuernee sans souueraine iustice. La declaration de la quelle question comme elle eust este delaypee iusq̃s au lendemain/ la chose fut demenee ou tiers liure par grans argumens/ car ce philus print la disputacion de ceulx qui sen tioiẽt que la chose publique ne pouoit estre gouuernee sans iniustice. En demõstrãt touteffois par especial que quelque chose quil deist que on creust quil le sentist ou tenist. Et monstra par grant entente pour iniustice contre iustice/ ainsi comme se il seffoŗcast de monstrer par vrayes semblables raysõs ⁊ exẽples iniustice estre prouffitable a la chose publique. ⁊ iustice y estre inutile. Mais lelius a la priere de tous se mist auant moult impetueusement ⁊ hardiement pour deffendre iustice/ et afferma tant comme il peut que il nestoit rien tant ennemie a la cite comme iniustice/ et que en nulle maniere la chose publiq̃ ne pouoit estre/ ne estre gouuernee/ se ce nestoit par grant iustice. Laquelle question traictee ⁊ demenee tant quil sembla quil souffisoit. et comme bon luy sembloit/ scipion retourna ce quil auoit entrelaichie et recorde/ ⁊ recommãda sa briefue diffinicion de la chose publique/ par la q̃lle il auoit dit la chose publiq̃ estre la chose du peuple. Et oultre determine que len nentende pas le peuple estre toutes manieres de cõgregaciõ de multitude de gens/ mais doit on entendre la cõgregacion du peuple acõpaignie par consentement de droit et communiciõ de vtilite. ❡ Apres il enseigne en disputãt cõbien grant soit le prouffit de sa diffinicion/ et de ses diffinicions il prẽt et met que lors est la chose publique/ cestadire la chose du peuple quant elle est bien loyaulmẽt et iustement gouuernee/ soit du roy/ soit dun pou de grãs maistres/ soit de tout uniuersite du peuple/ mais quant le roy est iniuste il est appelle tirant selon la cousture des grecz. Ou les grans maistres sõt iniustes/ le consentement desquelz il appelle faction qui a proprement pler est vne fiction de sembler bien faire/ et que on fait le contraire/ ou que le peuple mesmes est iniuste. Auq̃l peuple il ne trouua pas nom acoustume comme il le peust appeller fors tirant. Des la si comme il auoit este parauant dispute nestoit pas seulemẽt vicieuse/ mais si comme la rayson ioicte de ses diffiniciõs lapreno it/ elle estoit nulle de tous poins/ pour ce que ce ne seroit plus la chose du peuple quant le tirant couuoiteroit a prendre le gouuernement par telle faction ne le peuple ne seroit plus peuple/ se il nestoit iniuste. Pour ce que ce ne seroit pas multitude acõpaignee par consentement de droit/ et par vraye vnion de vtilite/ sicõme le peuple auoit este diffini. ❡ Quant doncques la chose publique rommaine estoit telle cõe salustela descript/ elle nestoit pas tresmauuaise/ tresorde/ et tres laide/ sicomme il dit/ mais estoit du tout nulle selon ceste rayson. Et cea declairie la disputacion qui a este faicte de la chose publique entre les grans princes et iustes. Et aussi ce mesmes tules au commencement de son quint liure/ en parlant a sa personne ⁊ de soy/ non pas des parolles de scipione dancun autre en recordãt premierement vng vers dun poete qui fut appelle enius ou quel il auoit dit que par les meurs anciennes/ et par les hommes la chose rommaine estoit en vertu. Ou quel vers monseigneur saint augustin dit. Il me semble que il ma este dit ainsi comme par diuine

h.i.

inspiracion pour sa briefte ou pour sa verite dicelluy/car ne ses hommes se sa cite neust este ainsi garnye/se les hommes ny fussent il neust peu fonder ou p̄ si long tēps tenir la chose publique si iustemēt et si largement seignourissant. Et pour ce deuāt nostre temps et auant nostre memoire la coustume du pays y adioustoit gens de grant auctorite, ⁊ les hommes excellens gardoient ses anciennes coustumes, ⁊ les statues des plus grans. Mais comme nostre aise eust prinse la chose publique ainsi comme une painture notable quant elle a este efface p̄ vielsesse/na pas seulement este negligent de la renouueler des paintures ⁊ couleurs desquelles elle estoit par le parauant/mais qui pys est ne̅ y a point tenu tel compte/que elle garde ses fourmes ainsi comme elle fait ses derrenieres traiz dune painture. Que demeure il des anciēnes meurs/par lesquelles il dit sa chose rommaine estre en estant/lesquelz rōmains nous seons par oubliance et desacoustumance estre negligens par telle maniere/que non pas seulemēt ilz ne veulēt mie que on ne se face pas/mais que sen fait oublie, ou que on ait memoire de ce q̄ sen doit faire. Mais que diray ie des hōmes ie puis bien dire que ses meurs sōt peries par deffaulte ou pourete de hommes du quel mal qui est si grant nous nauons pas tant seulement a rendre la rayson/mais nous auons a dire sa cause commēt en aucune maniere ilz sont a pugnir comme dignes de mort. Car combien que par aucune fortune/ou par aucun cas nous p̄ noz vices receignons sa chose publique par paroles. Toutessois et en effect nous la perdismes ia pieca. Ces choses disoit ⁊ confessoit long temps apres sa mort de scipion lassriquant/lequel il sist ou saint disputer en ses liures quil sist de sa chose publique. Et encores toutessois auant ladu enement de nostreseigneur iesucrist, lesquelles choses se sen les eust faictes/sētues et dictes quant sa religion crestiane crescoit. Qui est cellup qui ne les imputast

aux crestiens. Pourquoy donques ne mirent peine seurs dieux ad ce que celle chose publique ne perist et sust perdue. La perte de laquelle tulle auoit plouré par grāt douleur de cueur long temps auant que nostreseigneur iesucrist sust descendu en la vierge marie. Voyent ou ayent veu ceulx qui tant sa soent quelle elle estoit/mesmes des hommes/et des meurs anciennes. Assauoir se en ce temps il y regna point de vraye iustice. Et encores que celle chose publiq̄ ne sust pas viue de meurs mais painte de couleurs/sicōme mesmes ce tulle quāt il sa fooit et preseroit deuant les autres lexprimoit/combien que il ne sceust que estoit vraye iustice. Mais sil plaist a nostreseigneur nous se verrons une autre sois/car ie mettray hors en son lieu et demonstreray que selon ses diffinicions de ce tulle par lesquelles parsant scipion/il mist briefment quest la chose publique/et que cest que peuple. Et par le tesmoingnage des sentēces/soit de luy/soit de ceulx que il a fait parler en celle mesme disputacion, que onques celle chose publique ne sut pour ce que en icelle ne sut oncq̄s vraye iustice. mais selon seurs diffinicions plus prouuables/⁊ par aucune sienne maniere sa chose publique. ⁊ si sut mieulx administree des plus anciens rommains q̄ elle nest par ses derrenie̅s. mais sa vraye iustice nest que en celle chose publique/de la quelle nostreseigneur iesucrist est saiseur et gouuerneur/sil plaist ainsi a appeller sa chose publique/pour ce que nous ne pouōs nyer que elle ne soit sa chose du peuple. Et se ce non, se quel est ailleurs/ et autrement publie ⁊ diuulgue/⁊ plussoig par auenture de lusaige de nostre maniere de parser. Toutessois certainement est vraye iustice en celle certaine cite de laquelle sescripture dit tresglorieuses choses sōt dictes de sa cite de dieu.

Exposicion sur ce chapitre.

En ce vi. chapitre monseigneur saint augustin preuue que en icelluy temps ouquel salusté allegue la chose publique de romme auoir este tresmauuaise et tresflagicieuse, comme est allegué au dixneufiesme chapitre de ce liure. Elle nestoit pas seulement tresmauuaise, mais estoit nulle entierement, sicomme il se preuue par le proces que tulle fait ou liure de la chose publique. Ouquel liure il parle aucunesfois en sa persone de scipion, aucunesfois en la personne des trois nommez ou chapitre, sicomme tu le pourras veoir par le texte. Cestassauoir de philus, de prelus, et de lelius. Et aucunesfois parle en sa propre personne. Et premierement il poursuit les dictz de tulle en parlant en sa propre persone des autres. Secondement il poursuit les dictz de tulle, parlant en sa propre personne. Et tiercement par les choses quil a desclairees, il reprend ceulx qui adouroient les faulx dieux, et demonstre son intencion pour prouuer les choses ensuyuantes.
⁋ La seconde partie se commence ou il dit Et aussi ce mesmes tulle. &c. La tierce ou il dit. Ces choses disoit il et confessoit
⁋ Quant au premier point il introduit premierement trois personnes, cestassauoir philus, prelus, et lelius qui sur toutes choses aymoient le bien publicque, arguans lun contre lautre, et faisoient cosacion dicelle affin de venir a sa conclusion et monstrer par les mesmes moyens par lesquelz salusté les disoit, corrompue de mauuaises meurs, et que par ce elle deuoit perir, q̃ elle estoit nulle. Et dit que ce fut ou temps que lun des gracus fut tué, dont les contemps et rihotes murent en la cité sicomme dit salusté ou liure de ses hystoires qui en fait mencion, du quel liure nous auons parlé cy dessus en le vi. chapitre·
⁋ Pour lentendement de la quelle chose et hystoire tu dois sauoir q̃lz furent deux gracus, dont lun auoit nom tyberius gracus, et lautre gapus gracus, qui tous deux furent tribuns de romme lun apres lautre. Toutesfois ne fait monseigneur saint augustin en ce chapitre mencion que de lun, pour ce que de tous les deux autres il fait mencion ou chapitre subsequent
Tous lesquelz deux monseigneur saint augustin dit auoir esté rioteux, sedicieux et mouueurs de noises et de riotes. Mais salusté in iugurtino ne dit pas quilz fussent sedicieux, mais dit pour ce quilz vouloient oster le peuple de seruitude, et mettre en franchise, et aussi descouurir sa mauuaistie des plus grans maistres. Plusieurs nobles qui se sentoient de ces choses coulpables, si mirent peine et resisterent a ce que ces choses ne fussent pas faictes, et tant par eulx comme par autres firent faire alliance, et firent tant quilz mirent a mort le premier thyberius, et apres lautre, cestassauoir gapum gracum, ilz furent dont les nobles monterent en tel orgueil, que ilz tuerent et chasserent plusieurs du peuple de la cité, sicomme dit salusté in iugurtino. ⁋ Orose en son cinquiesme liure de son meisme ou dixiesme chapitre de ce thyberius gracus, dit aussi que pour ce quil fut accusé quil neust esté de laliance de ceulx de munante vne cité despaigne, que scipion laffrican conquist par telle maniere quilz sadirent eulx et tous leurs biens et leur ville, il en fut tellement courouce quil ordonna que vng champ qui estoit publicque, que vng noble ou plusieurs particuliers tenoient contre rayson, sicomme il disoit, fut diuisé au peuple. et fist vne loy par laquelle il ordonna que nul ne tenist plus de dix arpens de la chose publicq, et fist et crea luy et son frere et vng autre appellé appius claudius, trois hommes qui est vne maniere de iuges pour diuiser icelluy champ entre le peuple. Apres ceste loy il en fist vne autre, cestassauoir que ces trois iugeroient qui seroit le champ publique, et qui seroit le champ priué, et que eulx trois auroient ceste congnoissance, et non autres. De ceste chose furent les nobles moult dolens. et le peuple en monta en orgueil. Et dit encores orose que pour ce que octouius qui estoit tribun du peuple contredisoit que ceste

diuision ne fust faicte/il se mist hors de sa dignite. Or auint que en ce temps attalus roy daspe asa de vie a trespassement sans hoir de son corps/et fist le peuple de rôme son heritier. Et tantost ce gracus desirant auoir la grace du peuple affin que il fust esleu en lannee ensuiuant tribun/ordōna de rechief que largent dattalus fust diuise entre le peuple/la quelle chose scipiō nasicque contredisoit. Et si faisoit ung consul appesse pōpepus disant q̄ tantost côme il pourroit auoir acces aup nobles il laccuseroit. Or auint que le iour escheut de eslire les offices et dignitez des magistraulx quoy appesse cōmittes. La dit ce tyberius gracus qui sefforca de le contredire/a vouloit delayer la besoingne iusques a ung an. Les nobles en furent indignes et se meurent contre le peuple/et le chasserent hors des piedz des fourmes sur quoy ilz estoient assis. Et ainsi cōe ce gracus sen vouloit supr il fut frappe dune piece dune selle et rue a terre/et côe il se cuida releuer on se ferit dune machue par telle maniere q̄ fut tue/et bien deux cens qui estoiêt auecques lup qui furent gettez ou tybre. Et sa charoigne demoura sās estre enterree. Et dit oroseique ceste discorde fut ou temps q̄ scipion laffricquan le second estoit en espaigne contre ceulx de munance. Valerius mapimus ou vi.liure dit que ce scipion auoit espouse la soeur de ce tyberius gracus. Et quāt ce scipion fut reuenu queus carbo q̄ estoit tribun de rôme et q̄ auoit grant desir de renouueller la meslee/et de vēgier la mort de tyberius/et cuidāt auoir aucune bonne responce de scipion pour cause de laffinite, lup demanda quil lup sembloit de la mort de tyberius gracus son serourge/le quel lup respondit q̄l auoit este iustement occy. Et par ce tu peus notter q̄ il estoit sedicieux/a ceste opinion tient orose/si fait tytus liuius/et monseignr saint augustin. Et quāt est de la mort de gapus gracus son frere/tu dois sauoir quil fut esleu tribun par la tumulte et importunite du peuple/le quel tantost p dons a par pmes

ses mist trois grans discors entre le peuple et les grans/qui fut moult grant sapdure a la chose publicque et grant destruction dicesse. Et mesmement pour ce quilz vouloiēt garder les loix q̄ son frere auoit faictes de la diuision des chāps/pour les q̄lles il auoit este occy. Et pour ce q̄ municius qui auoit este successeur tribun a mis ou lieu de tyberius/les auoit ostees a despecees/pour sa plus grant partie il en fut si indigne q̄l fist une grant assemblee de gēs darmes/a sen ala a droit au capitole ou les grans estoient assemblez/auecq̄s lup fuluius flaccus. Il eut tantost grant noise a grant tumulte/car en demonstrant quilz vouloient bataille/ilz tuerent cellup q̄ faisoit les crys pour le senat. Et tantost bataille cōmenca/et finablemēt furēt reboutez les gēs de gracus par les archiers que y enuoya ung consul appesse oppinius/a furent desconfis/et sen fuyt gracus iusq̄s a ung pont. ¶ Tandis que ses amys se cōbatoient pour lup/et sa pour ce q̄l doubta que il fust pris vif/se fist copper sa teste a ung sien serf/et lup mort sa teste fut apportee au consul/et son corps fut apporte a sa mere appesse comesie qui demouroit au chasteau de mistères qui fut fille du pmier scipion/et qui sa estoient alees demourer pour la mort de son pmier filz. Et les biēs de ce gapus gracus furent confisquez. De ce gapus gracus dit valere en son premier liure ou chapitre des songes que en son dormant lup apparut lymaige de son frere/le q̄l lup dist q̄ p nusse maniere il ne pouoit eschapper quil ne fust occy ainsi cōe lup/et pour ce mesmes fait. Et q̄ cecilius qui fut trescertain hystoriē/escript quil auoit sceu auant quil fust mort. Et quāt mōseignr saint augustin pse de la chose publicque/quant esse est gouuernee soit du roy ou de plusieurs iustement et loyalment/il touche trois simples policies et droittes/et p quoy esses peuent estre corrompues/a icelle determine aristote en son liure de politicques. Apres quātil parle denpus le poete eutrope dit en la fin de son secōd liure: quil fut ne a tarrete/et depuis vint demourer a romme si poure quil nauoit que vne poure chamberiere qui se seruoit. Et ce dy ie notablemēt pour ce que tulle se recommā de cy/τ ses vers aussi cōme silz descēdissent du ciel. Et apres quant il dit que tulle disoit ces choses long temps auant la mort de scipion laffricā. Je le dy pour ce scipion fut ou temps de sa tierce bataille punicque et si vesquit apres long temps. Et tulle fut ou tēps de iulius cesar et de pōpee.τ fut tue des amis de iulius cesar pour ce quil auoit tenu sa ptie de pōpee selon ce q dit eutrope ou cōmencement de son vii. liure. Et en la tierce bataille cōmēca selon orose sip cens .ii. ans apres la creacion de rōme. Et selō lui mesmes iulius cesar fut mort vii. cēs ix. ou .x. ans apres sa creacion de rōme Et ainsi appert q ētre ce iusius cesar et scipiō a cent ans et plus. Apres quāt il dit Car ie mettray hors.τc. cest a dire cy aps ou xxii. chapitre. Encores dois tu sauoir q sicōe dit valerius ou chapitre de pdigiis Il eut vng autre tyberius graccus qui estoit et fut vaillāt hōme. qui fut mort dautre mort q lautre tyberius graccus/ car il fut occy tout de farine par margo duc des peines/ cestadire de ceulx de carthaige qz attendoit en vne abusche ou il fut mene par trayson/ et ne sen dōnoit garde. Encores dit florus ou tiers liure de son epithome q ce tyberius graccus de personne/ de lignage/ et de beau pler/ estoit digne destre prise a assez pou de peine. Et quāt est de gapus son frere/ il saccorde aux autres hystoires dessus nōmees Et en oultre il adiouste τ dit q ceulx qui apporterent sa teste au senat en furent reconpensez de son poix dor

¶ Et pour nous deliurer de ceste matiere Tu dois sauoir q il eut autres discordes et sedicions renouuelees/ apres la mort de ces deux graccus pour reueler les loix que auoit fait le premier graccus/ lune fut par appulleius saturnius : qui pour sa grant affectiō quil auoit que ses loix fussent receuees/ il sen efforcha de mettre en ce lieu vng sien seruiteur seruant et subiect cōme

subroguie ou lieu du derniez mort graccus qui auoit semblable nō/ cest assauoir gayus graccus qui nestoit de la lignie ne du nom diceulx. Mais il sen disoit estre/ et se estoit donne ce nō soubz ceste couleur il psa tellement le senat que il les cōstraint a iurer de le tenir/ et ceulx qui ne se vouldroient iurer il menassa de seur deffendre feu et eaue qui estoit vne tres grāt paine en tresses papiers/ sicomme tu as par iusium cessum de bello galico. τ fist tant que tous le iurerēt excepte metellus vng senateur qui ayma mieulx a sen aler en exil que le iurer/ toutesfois il fut mort de pierres τ de bastons par le peuple/ nonobstāt que aps ce quil eut assailly le capitole pour ce quil disoit quil sen repentoit le senat se fut esforchie de le mettre hors τ de le sauuer Lautre fut plius drusus de quoy tu pourras veoir plainement ou dit iii. liure de florus en son epithome ;

¶ Que les dieux des rommains ne tindrent oncques aucune cure ou resistēce ad ce que la chose publique ne perisse par mauuaises meurs   xxii.

Ais quant a ce qui appartient a ceste presēte question en quesque maniere quilz diēt celle chose publicq auoir este ou estre a loer/ toutesfois selon leurs tressaiges acteurs long tēps auant laduenement de iesucrist elle estoit faicte tresmauuaise/ tressaide/ et tresorde et plaine de tresmauuais vices/ mais qui plus est elle estoit nulle et estoit perie du tout par ses tresmauuaises meurs dōt elle estoit plaine ¶ Les dieux doncques qui estoiēt seurs gardiens/ affin quelle ne perist deussent auoir donne au peuple qui la douroit enseignemens et cōmandemens Et pespecial de vie τ de meurs/ cōe ilz fussent plus seruis et adourez de tant de manieres de sacrifices. De tant de tēpses et diuerses maisons/ de tāt de prestres de tāt de festes τ solēnitez/ de tant de manieres de ieux/ qui deuant eulx estoient fais et demonstrez/ mais en tout ces dpasses ne firent riẽ q̃ leur propre besoingne/ne il ne leur chassoit par quelque maniere les gẽs desquis sent. mais touteffois quilz feissẽt ces choses cõe subgectz a eulp par paour τ crainte/et attribuassent tout a leur honneur. Et si leur ont dõne aucune loy pour bien viure/soit apporte monstre et seu ce q̃ les deuẽ gracus despiterent de leur loiÿ/ affin que la cite fust toute tourblee par seditiõs et par riotes. Et aussi les loiẍ que marius cunia et carbo refuserent/affin q̃ ilz se meissent auẽ batailles ciuiles. lesq̃lles furent entreprinses et cõmencees p trẽs desloyales causes cruelement demenees/ et encores plus cruelement acheuees. Et sẽblablemẽt de silla du quel quãt salustius et les autres escripseurs des hystoires racõtẽt sa vie et ses meurs/qui est cellup q̃ nait grant horreur/et qui ne confesse q̃ deslors la chose publicque estoit perie. Ou p auẽture pour euẽ deffẽdre dicelles mauuaises meurs de leurs cptoiens/ilz oserẽt mettre a leur defence ainsi cõe ilz ont acoustume a faire celle sentence de Birgile ou il dit. Les dieuẽ par lesquelz sempire estoit en vertu et en puissance sen sont alez ou ptis/et ont laisse les eglises et les temples et les lieuẽ ou ilz donnoient les respons. Premierement sil est ainsi ilz nont cause pourquop ilz se doiuent plaindre de la religion crestienne/ne q̃ pour ce q̃ leurs dieuẽ sen tiennent a iniuries et offendus des citoiens/ilz les aient laissez pour ce que certainement leurs anciens/et les plus grãs des long temps a pour les mauuaises meurs et corrompues des citoiens osterẽt des autelz de leur cite si grant quantite de dieuẽ/τ muez ainsi cõme se ce fussẽt mouches. Mais touteffois ou estoit ceste tourbe de dieuẽ quant grant piece auant q̃ les meurs anciẽnes fussent corrõpues/rõme fut prinse et arse des galles de sens. Tu peus dire quilz ny estoient pas τ quilz sen estoient alez/et silz estoient presens quilz dormoient/car certes lors toute la puissãce des rõmains fut ramenee et mise en la puissance des ennemis. Et ne demoura q̃ le seul capitole/qui encores estoit en voye destre pris se les ooes neussent veille quãt leurs dieuẽ dormoient/dont des lors les rõmains estoiẽt ia a peine echeuẽ auẽ superstitions des egipciens qui adouroiẽt les bestes et les opseauẽ/qui a pprimẽt plez sont vaines et faulses religiõs. Quãt ilz celebroient les solennitez de looe/touteffois de ces maulẽ qui viennent dauenture/et qui sont ainsi cõe peserins/et q̃ sõt plus les maulẽ du corps que de lame/τ q̃ auiennent ou par les ennemis/ou par autre pestilence. Je ne dispute pas encores/ mais a present ie ple des taches des meurs lesquelles descouuerees petit a petit. Premierement et apres auancees cõe vng fort ru decourant/telle et si grant ruine a este faicte p icelles de la chose publicque/que suppose que toutes les maisõs τ leurs couuertures soient entieres. Touteffois les grans acteurs ne doustent poit a dire que deslors elle ne fust perdue/et a bonne cause sestoient ptis leurs dieuẽ/laissez leurs tẽples/moustiers et esglises. Se la cite auoit eu en despit leur cõmandemẽt de bõne vie et de iustice. Orme dy doncques maintenant et ie le te requier/quelz dieuẽ furent ilz/se ilz ne voulurent viure ne demourer auecques le peuple qui les adouroit. Et au quel cõbiẽ que il desquist mauuaisement ilz nauoiẽt aprins ne enseigne a bien viure en quelque maniere.

Epposicion sur ce chapitre.

En ce ẽẽii. chapitre mõseigneur saint augustin argue contre les faulẽ dieuẽ Et veult prouuer p ce quil a dit deuãt que le peuple de rõme auoit mestier dauoir loiẍ/par lesquelles il peust biẽ viure et par consequent que leurs dieuẽ les leur deussent auoir baillees dont ilz nen firent rien. Et fait monseigneur saint augustin deuẽ choses en ce chapitre. Premierement il argue contre euẽ. Secondement il forclot vne responce quilz pourroiẽt bailler/et y sould. Et celle secõde partie se cõmence ou il dit. Ou par auenture pour euẽ deffendre ẓcce. Apres quant il parle τ

demãde quelles loix les deux graccus eu
rẽt en despit ou delaisserẽt/nous en auõs
parle de ces deux gracus ou chapitre prece
dent/cestassauoir de tyberius gracus τ de
son cõpaignon. ¶ Et apres quant il ple de
marius de carbõ et de cuina tu dois sauoir
quilz furent trois qui eurẽt sournõ de ma
rius/dont lun fut appelle gapus marius
Le secõd eut ce mesmes nom/et fut sõ filz
Et le tiers eut nom marcus marius/tou
tesfois mõseigneur saint augustin parle
en ce chapitre du premier marius/qui selõ
eutrope τ selõ orose ou .v. liure fut sept fois
consul de rõme. Et fut le premier qui fist
τ ensupuit en la cite de rõme les batailles
ciuiles. Et affin que tu saches la diuersite
des batailles/tu dois sauoir q̃ selõ les an
ciens cronicqueurs il est plusieurs manie
res de batailles Il y a batailles qui sappel
lent finitimes a finibz/cestassauoir quãt
vng seignr̃ nest pas contend de sa terre ne
des fruis dicelle/mais veult entrepredre
sur ses voisins cõe fist le roy nynus secõd
roy des assiriens/lequel pour acroistre sa
seigneurie fist guerre premierement a ses
voisins/sicõ dit iustin en son premier li
ure ou cõmencement du quel iustin mon
seignr̃ sait augustin prent les ppres motz
cy apres ou vi.chapitre du.iiii.liure | de
rechief il y a batailles quon appelle bella
sociasta/cest a dire batailles de cõpaignies
Quant les citez et villes voisines τ com
paignes qui sont dun mesmes corps τ du
ne seignourie societe τ aliance font guerre
les vngz cõtre les autres/sicõ les batail
les ditalle/desquelles eutrope et orose fõt
mencion en leur dit v.liure/τ florus en sõ
tiers liure ou chapitre des batailles socia
les: Apres il y a batailles ciuiles sicõ de ce
mari et de silla/desqlz ce chapitre fait mẽ
cion. Et aussi de quitolepido consul de rõ
me/de laquelle bataille ple florus in epp
thomate en son tiers liure. Apres il y a ba
tailles plus q̃ ciuiles que nous appellõs
intestiues/et cest quant les amis et parẽs
se cõbatent les vngz cõtre les autres/cest
assauoir le pere contre le filz/le frere cõtre

le frere/le cousin contre le cousin/sicõme il
fut de cesar et de põpee/desquelles ple lu
can en son liure. Apres il y a batailles serui
les/cestassauoir des serfz qui se rebellent
contre les seigneurs/desquelz vng appel
le herdonius fut lun/et fut sabinien. Et
fut quant par les discordes des tribuns de
romme le capitole fut assiege et prins/ il
gasta ce cile plus quelle nauoit este par les
batailles punicques/et fut la cause sicõ
me dit florus ou tiers liure/pour ce quilz
auoient mis en fers ceux q̃ faisoiẽt leurs
terres. Et apres luy vint vng appelle fa
naticus qui estoit syrien qui se faignoit q̃
profit a vne deesse apellee circe/τ auoir res
pons des dieux et faire miracles par vne
noix quil boutoit en sa bouche et en faisoit
saillir le feu/il en assembla premieremẽt
deux mille/et puis fist tant quilz furent
bien lx. mille/les maulx quilz firent fu
rẽt a peine creables/se les acteurs ne le tes
moingnassent/toutesfois fut il desconfit
par pemia qui estoit duc et epereur des rõ
mains qui en pedit et mist en fers et en pri
son/et en deliura le pape. Et toutesfois
de ceste victoire ne veult il pas auoir de tri
umphe/pour ce q̃ ce nestoiẽt que merdaille
quil auoit desconfit/mais luy souffist q̃l
en eust bonne chiere a rõme/mais tantost
vng autre serf se leua appelle atheyapo q̃
estoit bregier et larron/cestuy tua son sei
gnr̃ τ mist hors tous les serfz q̃l peut trou
uer/et les ordonna par batailles. Il se ve
stit de pourpre print le baston dargent. cest
a dire le sceptre en maniere de roy/lopa sõ
chief τ ses cheueulx cõe roy/il print grant
quãtite de chasteaulx des senateurs de rõ
me/et estoit plus cruel contre les seignr̃s
τ priuez q̃ contre ses estranges/sicõme dit
florus en ce mesmes liure. Et de telz serfz
parle iustin en son.ii.τ viii.liures. Aps
il y a batailles qui sappellent acephales/
cest a dire quilz nont point de chief/sicõme
fõt les cõpaignes: Et le pmier qui cõmen
ca ces batailles a rõme fut vng viriatus
lusitanus qui estoit ne despaigne qui prit
tout estat royal/τ descõfit p plusieurs fois

h.iiii.

les rommains/ et print les chasteaulx de gapus, de sentulus, de piso, disperus et plusieurs autres Et fut premierement rencontreur de chemins, et petit a petit comme ca a croistre et se ordonna comme roy Et de cessuy parle orose en son cinquiesme liure ou iii chapitre/ il acquist merueilleuses richesses et greigñres q ne fist bargosus illiricus par departir iustement se pillaige/ sicomme dit tulle en son liure des offices Apres il ya batailles qui sappellent bella experna sicomme quant aucun va conquerir terre et seignourie en soingtain pays. Comment ce marius fut fait vii. fois consul/ tu se peux veoir par eutrope en son v. liure et par orose ou v. liure de son ormeste/ car il fut premierement presteur, et puis fut consul en lieu de metellus/ apres il fut fait legat quãt il fut envoye contre iugurte roy de mude/ lequel fut tray par botus roy de maritaine qui sauoit appelle en son ayde et a qui il auoit promis sa tierce partie de son royaume/ mais que il lui voulsist aider contre les rommains sicomme dit saluste en la fin de son liure qui est appelle iugurtinum Apres il fut fait consul apres cesse desconfiture, et apres se fut fait quartement et quintement quãt il desconfit les cimbres et les tutoniens qui sont vne maniere dalemans en deux batailles/ esquel les deux batailles il en tua trois cens mil et en print quatre vingz mil, sicomme dit eutrope en son v. liure ou premier chapitre/ et orose ou xix chapitre ou v. liure de son ormeste dit que il auoient desconfit parauant prins et mis a mort Marcus emillius consul de romme et deux de ses enfans aueques lx mil. rommains par telle maniere que il nen eschapa que dix qui rapotterent ses dures nouuelles/ et si desconfirent pareillement quincius scipio consul Et les desconfit par telle maniere que tous ceulx quilz pouoient prendre vifz ilz les pendirent a arbres/ tout le pillaige comme robes et paremens il deschirerent par pieces/ tout lor argent et iopaulx il getterent en la riuiere affin quil apparust quil neust cure de la

proie ne misericorde de ceulx que ilz auoient prins. De ceste desconfiture furent les rommains si espouentes que ilz eurent doubte que ilz ne passassent les montaignes et venissent a eulx en ptalie et pour ce fut euope contre eulx ce marius qui estoit sage et apert lequel sicome dit florus en son epthome veant leur fureur, et se feu et chaleur ou ilz estoient/ desapasa besongne sicome fit fabius apres sa descõfiture des cannes que fit hanibal des rommains, duquel fabius nous auons parle ou vi chapitre du premier liure/ et attendit tant que il pensa que ilz furent refroidies ne ne leur volut donner bataille tant sa requissent/ mais attendit tant quilz se partirent et que ilz sassent logier sur le rosne et sur sa riuiere disaire/ mais il fut audeuant deux et se loga au pie des montaignes Et comme les rommains se deulsissent de ce que ilz nauoient point deaue a boire pour ce que les cimbres estoient entre eulx et la riuiere marius leur monstra sa riuiere en disant que se ilz estoient hardis ilz ne deuoient pas mouir de soif puis q ilz veoient leaue Et a donc prindrent cueur et se bouterent entre eulx et les desconfirent par la maniere q nous auons dessus dit Prindrent leur duc et se mirent amort/ mais ilz eurent bien autant a faire a desconfire ses femmes dont nous nous passons par ce que nous en auons parle cy dessus ou premier liure ou xvii. chapitre Et pour ces victoires il fut fait vii. fois consul Pline ou x. liure naturalis hystorie ou chapitre des chiens dit q ses chiens q monterent sur ses chars dõnerent merueilleusement afaire aux rommais Et se tu veulx veoir de ses fais plus largement voy orose ou xxi. et xxii. chapitres de son ormeste ¶ La premiere bataille donques ciuile qui fut a romme fut entre marius et silla sicomme nous auons dit dessus et sicomme orose se tesmoingne ou v. liure de son epithome et florus ou iii. liure de son epithome, et en fut cause sicomme dit se dit florus la grant couuoitise que ce marius auoit de venir a honneur et dignite.

quil ney pouoit estre soulx Car combien
que il eut este vi. fois consul il se desiroit
encores la vii. fois / et cōme il eut entēdu
que sē auoit ordonne silla pour aler en gre
ce contre mitridates qui estoit roy de pont
qui occuppoit aspe z achaie il requist au se
nat que il y fut enuoye en lieu de sui. ce vit
a la congnoissance de silla qui comme i di
gne retourna tantost a romme et auecqs
tous ses ostz z legions que ilz auoit / et ra
en sa cite et mist amort grant ptie de ceulx
qui estoient de saliance de ce marius et fut
marius si pres prins que il sen fuit Et ce
fait silla sen retourna en grece pour faire
guerre a mitriadates Mais marius fut
chasse par ses gens de silla iusques a vng
boispres dune cite appellee miturne ou il
sestoit muchie De laquelle cite mōseignr
saint augusti parle ou chapitre subsequēt
et la fut prins tout soullie et emboe et fut
mene en sa cite de miturne z fut mis es fers
et mene en orde prison ou il souffrit moult
de meschief et de puātise / et fut enuoye en
sa prison vng bourrel pour sui copper sa
teste que quant il vit sa fourme et sa fiere
te de sō visaige fut si esbahi que il iecta ius
lespee et ne losa ferir Et pour ceste cause il
cheit tellement en la grace du peuple que
il se defferrerent et mirent hors de prison z
laiserent le mieulx quil peurent Mais a
uant quil se partist il eut ē response de ma
rite de laquelle il pse ou chpitre subsequēt
qui estoit vne deesse des bois que il a fast
hardiment et que ses besōgnes se portoiēt
bien et quil en vendroit au dessus. Ceste
responce eue marius se partit et sen asa en
auffricq en la cite dutice ou il auoit mis sō
filz marius en garde et sen enuoya auec
lui auec iiii legions desquelles il en bailla
vne a gneus carbo / lautre a Cina / lau
tre a sertorius et le remanant il enuoya a
uecqs lup auec ceulx qui sen estoiēt fuis et
sen vint tout droit a romme Et en venāt
gasta hostie z puis etra en sa cite la occist
des gens sans nombre et de tous estas ne
nespargna senateurs a cōsulz a pteurs
a magistras ne a autres de quelconques

dignites quilz fussent prinst le capitole q̄
oncques mais nauoit este prins et les tes
tes des senateurs et des plus grans que il
auoit occis fit pendre en toutes les places
publicques et notables de rōme et les fit
porter par ses tables pour monstrer sa vi
ctoire trebucha la maison de silla et en fist
fuir sa femme et ses enfans. La cite de rō
me ainsi troublee ilz enuoierēt par deuers
silla qui estoit en grece et sup manderent q̄
les venist secourir / prins premierement
son consentemēt que il ne messeroit a la ci
te ne aux citoiens qui estoient de sa partie
ne greueroient la chose publicque de rōme
qui tantost retourna a romme / mais cō
tre son serment a sa premiere venue il prit
gasta et destruit la cite dasse mere du peu
ple rommain / vint en sa cite et entra par
force armes et desarmes nocens et inno
cens amys et ennemis. Et finablement
en mist tant a mort que toutes les rues es
toient plaines de gens mors. Et toutes
fois tuoit iusques a ce que quincius catu
lus se fist cesser, en sui disant telles paro
les auecques lesquelz seignouraulx, top
se tu occis ses armes en bataille et ses des
armes en paix. En ceste bataille fut pris
marcus marius / equel silla fist despecier
par membres, z premierement sui fist cop
per les iambes apres sui fist copper les
bras Et ap̄s sup fist copper sa sangue
Et puis sui fist creuer ses deux yeux et a
p̄s sui fist copper sa teste z a marc pretteur
qui se pasma pour labbhomination quil
eut de la cruaulte de sa mort de ce marius
il se fit occirre deuant sup. Et quant est
du tiers marius il sen fuit et fut poursui
uy et assiegy ē vng chasteau par vng con
sul appelle lucretius Et quant il veit
quil estoit prins se il ny mettoit remede /
pour doubte quil fut mene a silla il sadre
ca contre vng cheualier pretteur / qui a
uoit nom cisselin / et sentreferirent et na
urerēt si cruellemēt que la chose estoit du
re et piteuse a chascune personne a veoir et
a regarder / mais pour ce que marius des
tourna le coup de son peruers aduersaire

cisselin de sa mal il ne fut pas si durement naure comme a mort. Et tantost pour doubte destre prins se fist copper la teste p̄ ung sien serf. Valerius maximus ou vi.liure ou au viii.chapitre dit que ce serf auoit a nom philocrates, et q̄ tantost cōme il eust tue sō maistre, il soccit de celle espee mesmes, et ne voulut plus viure apres sō seigneur. Et quāt est de gayus marius il fut vii fois q̄sul. il fut mort de sa mort naturelle Silla estoit en grece auāt q̄l peust cheoir en sa puissance, sicōe dit orose en sō v.liure, et eutrope en sondit v. liure, et la en pourras tu veoir plus largement. Et aussi en parle florus ou tiers liure de son epithome, et sur tous les autres de la cruaulte de ce silla, et de la mort de ce marcus marius p̄se iulius firmacus en son pmier liure des iugemens de astronomie, lequel sapelle le ione marius. Et quant est de silla qui il fut, saluste en parle en son liure q̄ il fist in iugurtino en sa fin dit quil fut extrait de grant lignaige, cest assauoir des patriciens de rōme, mais ilz estoiēt si decheuz q̄ a paine en estoit il mais nouuelle. Et iulius firmacus ou dit pmier liure dit q̄ quant il fut prins pour soy armer pmiē rement il nestoit q̄ ung garcon lecheur et soppineur qui sup̄uoit sa court, a dit q̄ len ne sauoit dont ne. ne ou il auoit este ne, ne de q̄l lignaige il estoit, a de ses meures pour ras tu veoir largemēt en ces deux acteurs Et pour ce q̄lz en plent assez ie men passe si fait valere en son ix.liure, et orose et eutrope en son v.liure. Et quant est de marius seul fut sept fois q̄sul, il nest pas doubte q̄l fust petit hōme et de bas lignaige ne, dune ville appellee arpine, et fut premierement souldoier, et puis fut fait tribun des cheualliers, et cōsul sicōe dit orose ou v.liure, ou chapitre final. Et toutesfois ne se treuue il pas quil feist grans cruaultez, mais il fut assez de bonaire iusques a ce q̄ il fut vii. fois cōsul, ou quel temps il cōmenca a monter en orgueil, cōbien quil fust iuge de ceulx de son pays le moindre a auoir hōneur, toutesfois en eut il des plus grans. Encores est il assauoir de ces marius q̄ selon ce que dit valere ou vi.liure, ou iii.chapitre. Les rōmains ne voulurēt oncques donner congie aux enfans des ii. gracus q̄lz fussent enterrez, mais demourerent sur terre sās sepulture. Encores dit valere en ce mesmes liure ou v. chapitre, q̄ cōme lup et ung appelle claudius eussent este accusez p̄ ung appelle pompilius dauoir cōmise trop grant cruaulte en loffice de censeur. Et eust on condēne claudius a aler an exil et absoubz marius. Il cōmenca a dire a plaine voix q̄ se son cōpaignon sen aloit en exil il sen iroit auecques lup, Et pour ce demourerēt tous deux, il nauoit que ung hanap en quoy il buuoit, nonobstāt toutes les victoires q̄l auoit eues, ainsi cōme liber pater auoit quāt il eut sourmōte les iudes, sicōe icellup valere mesmes dit en son tiers liure ou v.chapitre. Encores est il assauoir q̄ ce cinia dont il parle en ce chapitre fut consul de rōme. Et sertorius qui estoit compaignon de marius estoit sēblablemēt consul, qui pour doubte de silla sen fupt a sen ala en espaigne, a cōmenca tres forte guerre contre les rōmais a se cōbatit contre pompee et le vainquit p̄ plusieurs fois Et finablement apres ce q̄l eut fait guerre p̄ viii.ans, fut il occy par ses cōpaignons. Et gueus carbo fut consul q̄ ne fut pas meilleur des autres, car il tint tousiours la ptie de marius, et fist grant guerre, et fut quatre fois consul, sicōe dit eutrope ou v.liure de sa cronicque, Et quant il ple des dieux qui sen estoiēt fupz de rōme. etc. Il le dit p̄ maniere de derision, a sont ces motz prins en deux vers de virgille du second liure de eneydos, a parlent en la persōne de enee qui se desesproit du salut de sa cite de troyes, doubtant q̄l se ne peust estre deffendue p̄ ses dieux.

Apres quant il parlent q̄lz osterent des tēples les dieux ainsi cōme mouches. Il le dit pour ce q̄l y auoit tāt de dieux q̄ chascū en faisoit ung ou plusieurs a sa voulente Et toutesfois nauiēt point de puissance et pour ce dit il q̄lz les ostrēt cōme mouches pour ce quilz pouoient. Et de ce apperra plus plainement ou vi. et vii. liures. Aps quant il parle des gasles de sens qui prindrent sa cite de rōme iusques au capitole/ il est assauoir que de ceste prinse ple titus liuius ou v. fiure de sa pmiere decade. Ou se en son. ii. liure ou chapitre final. Et eutrope en sō premier liure ou chapitre final Et dient que les galles de sens auecques leur duc brempus vindrēt a rōme/ contre lesquelz vint fabius consul de rōme pour y resister a ung fleuue q̃ se nōme allia. qui se lō eutrope est a pi. mille de rōme/ lesquelz se vaincquirent/ et tout son ost prindrēt et tuerent les rōmains/ chasserent ce fabius et entrerent a rōme/ ou ilz mirent a mort tous les senateurs et nobles hommes et femes et enfans sans misericorde/ pillerent et ardirēt tout iusques au capitole/ lequel les rōmais racheterēt de mille liures. Titus les appelle alobroges, cest a dire bourguignons/ et dit que pendāt ce qlz estoient a siege deuant le capitole/ ilz se cuiderent prendre par vne estroitte voye ou ilz ne pouoient monter que a grāt peine/ et lū aps lautre. Et en verite leussent pris se ce neussent este les ooes q̃ cōmencerent a braire q̃ esueillerēt les gardes. Et tantost maulius torquatus monta aux carneaulx et les rebouta de pierres. Et pour ceste cause et en retribuciō de ce firent vng tēple a sooe dont monseigneur saint ābroise en son liure qsappelle Inexameron/ en soy mocquant et adrecāt les paroles aux rōmais dit ainsi. Rōme tu dois grans graces aux ooes de ce que tu es en vie. car tes dieux dormoient/ et les ooes veilloient. De ce tēple aisi fait aux ooes ple plini⁹ ou xxiii. chapitre du xix. liure naturalis hystorie q̃ dit que tout ainsi quilz ordōnerent a faire honneur et reuerēce aux ooes q̃ les auoiēt esuillez. Tout ainsi ordōnerentilz a faire punicion des chiens pource qlz nauoient poit abaye/ car chascun an au iour de la solennite de sooe/ len pēndoit les chiēs a ung seur pour soy vengier de ce quilz nauoient poit abaye. Et fforus en son epithome ou

premier liure ou chapitre de la bataille des galles/ dit que cōbien que les rōmais eussent pou ou neant a viure ou capitole/ neantmoins affin de faire leuer le siege/ et q̃ les ennemis ne sen aperceussent/ ilz firent cuire du pain largement/ et le firēt getter par les carneaulx/ assi quil semblast qlz eussent viures a voulente. Pour lesqlles choses les galles saccorderent a ranchonner le capitole, et a culx partir. A ce saccorde valerius maximus ou vii. liure ou chapitre des stragenies qui vault autāt a dire cōme soudains consaulx/ dont iulius frōtinus fist vng moult notable liure qui est ainsi nōme. Et ces galles poursuyuit furius camillus duquel nous auons parle cy dessus. et les desconfit/ et rapporta sor et largent et tout ce quilz ēportoient. Encores du siege de ce capitole dit vegece de miltari en son quart liure ou ix. chapitre que durant le siege des galles/ les cordes des engins des rōmains. et de leurs arbalestres rōpirent p force de traire et de getter/ et cōme ilz neussent de quoy les refaire/ les nobles dames de romme q̃ sa estoient a garand cōpperēt leurs cheueulx pour faire les cordes des engins/ et aymerent mieulx a viure en telle laideur vng pou de tēps auecques leurs maris q̃ estre a toute leur beaute en la main et seruitude de leurs enemis. Et toutesfois fut tellemēt paye ce maulius de ce quil auoit si bien gar de ce capitole et sauue la iouuente de rōme que ilz le getterent de la tour du capitole a terre et le tuerent. Et fut en sa quarte sedicion ou discorde dont nous auons dessus ple/ sicōme dit florus ou chapitre final de sō premier liure. Apres quant il parle des superticions des egipciens/ il est assauoir q̃ les grecz adourerēt les hōmes pour dieux les caldees/ les estoilles/ et les egipciēs les bestes et les oyseaulx/ cōbien quilz eussēt aucunes dieux cōmuns ensemble. De ces egipciens parle clemens/ in itineratio cu cinquiesme liure ou il dit et racōte que les vngz adouroient les brebis/ lautre adouroit les serpes/ lautre les poissōs/ lautre

Une beste qui sappelloit cepho/qui selon pli∣ne ou viii.chapitre de son ix.liure est appel∣lee autrement chans. Et dit q̃ ceste beste a teste de loup/et est tachee cõe ung liepart/ et les piez de derriere ⁊ ses iambes cõe dun hõme. et aux piez de deuant elle a mains dõmes. De ces egipciens dit tulle ou liure de natura deorũ/quilz ne consacrerent onc∣ques quelques bestes/se ne fut pour aucũ prouffit quilz eussent prins de elle/ou qlz y eussent trouue. Et pour ce dit apolin en la vie des peres q̃ quãt pharaon fut noye en la mer en poursupuant ses enfans dis∣rael et tous ceulx q auecques luy estoient/ ceulx qui ny aserent pas/adourerent ce en quoy chascun auoit este occupe/ en disãt cestuy ma huy este dieu qui ma empesche q̃ ie nay este noye auecq̃s pharaon. ¶ Enco∣res est il assauoir pour ce que monseignr̃ saint augustin pse en ce chapitre des super∣sticions des egipciens que en leur soy ce fu∣rent gens de tresgrant deuocion/de grant abstinence/⁊ de grant cõtẽplacion. Et par especial les prestres qui estoient ordonnez a seruir aux tẽples de leurs dieux/desqlz pse ung acteur solennel et de tres grant elo∣quence/appelle cremon stoicus/lequel en racontant la vie des anciens egipciens/dit deulx que ostees toutes cures seculieres ⁊ mises arriere/ ilz estoient tousiours au tẽ∣ple et regardoient et contẽploient les cau∣ses/ses natures/et les raysons des estoil∣les/ne depuis le temps quilz estoient ordõ∣nez a seruir aux tẽples/et quilz auoiẽt cõ∣mencie a y seruir/et faire le seruice diuin a leurs dieux. Ilz ne touchoient aux fẽmes ne ne veoient leurs enfans/freres/cousins prochains ou parẽs. Ilz ne mẽgoient poit de chair/ne ne buuoient point de vin/mais sen tenoient pour la foiblesse de la teste/et la grant maladie quilz y auoient souuẽt pour la grant abstinence quilz faisoient de boire et de mengier/et mesmemẽt affi qlz ne fussent esmeuz ne excitez dauoir apetit en fait de luxure qui vient de trop boire ⁊ de trop mengier. Ilz mengoient pain pou et pou souuent/affi quil ne leur chargast les∣

tomac. Et quant ilz en mengoiẽt aucune fois ilz mengoient de lisope hachee auecq̃s en leurs viandes/affi que pla chaseur di celle nature eust plus facile digestion/ilz affaitoient leurs porees a luile pour oster seulemẽt la spresse du goust/et si en y met toient pou/affin quilz ne vomissent ou rẽ∣dissent. ¶ Et apres deulx dit encores ainsi q̃ diraige dit il des volailles silz en vsent ne silz en menguent/ainsi cõe silz voulsist dire que non pour ce se dist il q̃ ne saict/ne oeufz ilz nont voulu mẽgier pour doubte q̃ ce ne fust nature de chair/car ilz disoient de lun que cestoiẽt chars cleres/et de lau∣tre que cestoit sang/⁊ quil nauoit a dire de lun a lautre/fors tãt que la couleur estoit muee/cest assauoir q̃ loeuf ⁊ le saict estoi∣ent blans se la char estoit rouge/ilz auoi∣ent lictz qui estoiẽt fais de foeulles de pal∣me/ou de dactier sur lesqlz ilz se couchoiẽt et si auoiẽt une petite formete eclinee a ter re dune part p maniere de coucin quilz me toient soubz leurs testes quãt ilz vouloiẽt dormir/aucunesfois p deux iours/aucu∣nesfois par trois iours/selon ce quilz se sẽ∣toient en mauuais point/ilz tenoiẽt diet∣te/affin quilz descessaissent p grant absti∣nence de viure. Les humeurs du corps qui naissent de trop grãt oyseuse/ou de trop grãt dormir/ou par estre trop en ung lieu sans mouuoir. Et toutesfois quelque re∣ligion quilz tenissent/ne quelque abstinẽ∣ce quilz feissent/fut egipte mere ⁊ celle qui premier trouua les ydoles et a faire sacri∣fices a autres que a nostreseignr̃/car sicõ∣me dit lactence en son liure de vera et falsa religione. Apres ce que noe fut yssu de lar∣che et quil eut plãte la vigne/du vin de la quelle il senyura ⁊ sendormit tout nu. Et quil fut mocque de son filz cham q̃ lauoit trouue en cest estat/dont ses freres se cou∣urirent/en luy mettant ung mantheau a rebours/pour ce qlz ne vouloiẽt pas veoir son sexe/⁊ q̃ pour ceste cause noe seut bou∣te hors dauecq̃s luy/et ql eut dõne sa ma∣lediction a son filz canaam. Il sen alafui∣tif bien tost aps en une partie darabie qui de son nom fut depuis appellee cananee/ et fut la premiere gent qui eut mescōnoissance de nostreseigneur Et comme ilz fussent creuz en grant gens tellement que le pays ne le peut plus soustenir/ ilz alerēt querir nouueaulx sieges et occuperēt grāt partie de la terre/ et ceulx par especial qui vindrent en egipte commencerent a regarder et a adourer les estoilles et les choses celestiennes pour ce que par sa chaleur de lair le ciel nest sa couuert de nusses nuees Et que ilz nauoient ne maisons ne lieux a couuert ou ilz se peussent herbreger pour quoy ilz voient plus ordōneemēt et plus clerement le cours des estoilles/ et les effectz dicelles Et pour ce les cōmencerent a adourer et a leur porter reuerence/ et puis forgerent figures des plus puissās bestes et les cōmencerent a adourer par aucunes exemples que ilz en eurent/ et pour ce dit monseigneur saint augustin en ce liure q̄ egypte est mere des ydoles.

¶ Que les variacions et les diuersites des choses temporeles ne deppendēt point de la faueur ou reprehēciō des dyables cest adire pour chose q̄ ilz cōsentēt ne quilz deffendent a faire Mais deppendent du vray iugement de dieu.   xxiii.

Quest encores que leurs dieux semblent auoir este presens a les auoir remply de couuoitises Et neantmoins ilz se sont monstrez que ilz ne leur voulurēt oncques pourueoir adce que telles couuoitises fussent restraintes Car ceulx qui adourent au cōsul marius adce qui fut vii. fois consul/ lequel estoit de bas lieu et q̄ estoit aussi cōme vng nouuel hōme extrait de lignie nō noble qui desiroit a espandre tout le sang humain et q̄ estoit acteur et facteur des batailles ciuilles pourquoy ne laiderent il adce quil ne mourust en tel estat/ sup fait ancien sans moleste et quil ne cheist en sa main de silla son ennemy affin quil ne sup courust sus Et lequel silla vainquit et le sourmonta asses tost apres quil fut en cest estat/ et se leurs dieux ne lup aiderent adce Ce nest

pas pou de chose ce quil confessent/ cestassauoir que suppose que leurs dieux ne sussent en aide aux hommes. Neantmoins poeust aduenir aux hommes ceste temporelle et si grande felicite laquelle ilz auoient trop/ et que aucun sicōme fut marius soient acreuz/ et vsent de salut de force de ricesses dhonneurs de dignites et de longue vie/ suppose que leurs dieux soiēt courouchies contre eulx et semblablement a aucuns autres hommes Lesquelz suppose que leurs dieux soiēt leurs amis aduient il que ilz sont tourmentes de chetiuete de seruitude de deffaulte de vieillesse et de doleurs iusques a sa mort ¶ Et sil ottroient quil soit ainsi ilz conffessent que ilz ne peuent secourre en brief temps/ et que cest neant de les adourer/ car se ilz ordonnerent ou instituerent que le peuple apprinst les choses qui seroient plus cōtraires aux vertus de fame ou du corage et a sa bōne vie/ dont les loiers sont a rendre apres sa mort, pourquoy sont ilz adoures ne pour quoy requierent ilz par si grante estu: de q̄lz soient adoures puis que en ces biens transitores ilz ne nuisent a ceulx qui se heent/ ne ne prouffitēt a ceulx qui sayment Pour quoy murmure len quilz se partireut de la cite comme mal contens/ en cest temps tristres et labourieux/ et que pour ce en est la religion crestienne blescee/ parce que ilz les en blasment et len vengent tres indignement et sans cause ¶ Et se leurs dieux ont en ces choses puissance soit de benefice ou malefice/ pourquoy furent ilz presens a aidier a ce marius qui estoit homme tres mauuais/ et ilz se partirent affin que ilz naidassent a regulus qui estoit tresbō hōme rommain/ ne sont il pas par ce entendu mauuais et tres desloiaulx/ et se len cuide que ilz soient plus grandement a doubter que a adourer nul ne se croie Car il ne se treuue pas que regulus les adourast poīt mois q̄ marius ne pour ce ne cuide len q̄ on doye eslire sa tresmauuaise vie pour ce quil leur semble que les dieux fussent plus enclins et plus fauourables a ma rius que a regulus. Car metellus qui estoit homme tresfoe des rommains, & quil auoit cinq filz consulz, fut aussi eureux des choses tēporelles, et catiline tresmauuais fut oppresse de deffaulte et de pourete Et cheit et fut abatu comme maleureux en bataille par sa mauuaistie, et nest pas doubte que les bons qui adourent nostre seigneur florissent & resuisent deuāt tous autres de tresurape et trescertaine beneurete, du quel seul elle peut estre donnee.

¶ Quant doncques celle chose publicq̄ perissoit comme corrōpue de tresmauuaises oeuures, et de tresmauuaises meurs, Leurs dieux ne firent rien pour adresser & corrigier leurs mauuaises meurs, affin que elles ne perissent, ne ilz ne faindirent pas que ilz fussent bōs, pour ce quilz Veulent dire quilz se partirent de la cite comme ceulx qui se tenoient Billenez. Sans doubte ilz y estoient, ilz sont amenez, et ilz si sont conuaincus, ne ilz ne peurent apder en commandement, ne ilz ne se peurent muchier en eulx taisāt. Je laisse a dire ce que les miturniciens eurent pitie de marius. Et commēt il fut garde ou Bois de marice sa deesse, & commēt par elle lup fut dit que toutes ses choses lup Vendroient ainsi comme a Bousete, et comme par ceste promesse, combien que parauant il se desespera du tout, il retourna en sa cite de romme sain et sauf. Et il cruelement p̄ amena son ost trescruel. En laquelle qui Souldra Veoir comme sa Victoire fut sanglente, inciuile, et plus cruelle que dennemis, lisēt les liures de ceulx qui en ont escript. Mais ie delaisse ces choses a dire, si comme iay dit, ne ie natribue la cruaulte ne la sanguinolente felicite de ce marius a celle deesse marice, mais plus a la secrete prouidence de dieu, affin de clorre la bouche diceulx & deliurer derreur. Ceulx qui ne sont pas ces choses par estudiemens, mais sappercoiuent pecudāment, car les dpables ont aucune puissāce en telles choses, ilz prennent tant seulement tant cōme il leur en est permist p̄ larbitraige ou Vou

lente de dieu le tout puissant. Ne ne tenisons pas grant cōpte de la beneurete terrienne, la quelle est souuent ottroyee aux mauuais, sicomme elle fut a ce marius Ne aussi de rechief ne la reputons pas cōme mauuaise cōme nous Boyons aussi florir malgre les dpables plusieurs bons et iustes qui adourent Ung Vrap dieu, ne ne cuidons point que ces tresmauuais et tresores esperis, cestassauoir ces dpables, len doie deprier ou craindre pour ces biens ou maulx temporelz, car tout ainsi comme les mauuais hōmes ne peuent pas faire en terre tout ce quilz Veulēt faire, non fōt les dpables fors tāt cōe il leur en est pmis p̄ lordonnance de cellup du ql nul ne comprend nullement les iugemēs, ne nul ne les reprend iustement.

¶ Epposicion sur ce chapitre.
En ce xxiii. chapitre monseigr̄ saīt augustin Veult demōstrer que les dieux ou les dpables ne sont poīt a adourer pour esperance de bien quilz puissēt donner ou qlz Veulēt dōner: ne pour la paour des maulx quilz peuent faire aux creatures. Et fait deux choses monseignr̄ saint augustin en ce chapitre, car pour ce quil est certain quilz ne peuent donner les biēs p̄ durables, mais qui plus est les empesche̅t Il preuue premierement qlz ne peuent dōner les bn̄s tēporelz ne apporter les maulx aux creatures. laqlle chose nr̄e seignr̄ seuffre souuēteffois p̄ telle maniere que aux mauuais Viennēt aucunesfois les biens: sicōe il appt du grāt marius, du ql nous auōs plē ou chapitre precedēt. Et aucune fois seuffre q̄ les maulx Viennēt aux bōs, sicōe en marc regule du ql nous auōs plē ou pmier liure ou xV. chapitre. Et aucunesfois seuffre q̄ les maulx Viennēt aux bōs sicōe a quitus metellus. Et aucunesfois seuffre q̄ les maulx Viennent aux mauuais, sicōe a catiline, desqlz il pse en ce chapitre. Secōdemēt la ou il dit. Ne ne tenons pas grant conte. & cetera. Il conclud par ces choses q̄ lē ne doit pas moult

prifier ſes biens de ceſte vie/ ne trop doubꝝ
ter ſes maulx comme ilz viennent indifꝝ
feramment aux bons et mauuais/ mais
premierement il preuue que ou ſes dieux
ont puiſſace ſur les biēs ou ſur les maulx
de ceſte vie/ ilz dōnent ſes biens aux mauꝝ
uais hommes pour ſaouler leurs couuoiꝝ
tiſes. Et pour ce dit il au commencement
de ce chapitre par maniere dinterrogaciō
Queſt ce encores q̃ leurs dieux ſemblent
auoir eſte preſēs a les auoir emplis de cou
uoitiſe. ꝯ cetera. En rapportant ces paroꝝ
les a la fin de ce preſent chapitre/ ou il deꝝ
mande quelz ſes dieux furent/ et par conꝝ
ſequent il quiert que ſen dira ou que ſen reſ
pondra/ a ce quil ſemble quilz aient eſte p̄
ſens a les auoir emplis de couuoitiſe.
Apres quant il parle de marius/ et dit q̃l
eſtoit non noble. Il ſe dit pour ce quil neſ
toit pas extraict de tel lignaige quil deuſt
auoir eu tant de dignitez comme il eut/ ſi
comme nous auons deſclairé en ſeppoſiꝝ
ciō du chapitre precedent. Et quant il dit
quil fut ſept fois conſul. Il eſt aſſauoir q̃
ce fut pour ſon bien/ et pour ſa proeſſe/ ne
il ne ſe treuue pas que il feiſt quelque grā
de choſe/ iuſques a ce quil fut fait ſept fois
conſul. Ou quel temps il commēca a faiꝝ
re pluſieurs grandes cruaultez et tiranꝝ
nies/ ſicomme ſen peut veoir par ſeppedi
ciō du chapitre precedent/ et par les hyꝝ
ſtoires qui y ſont alleguees. Et pour ce
monſeigneur ſaint auguſtin en ſuppoſāt
et ottroyāt/ que a leide des dieux il neuſt
eſte fait ſix fois conſul comme ceſluy qui
eſtoit bon et qui en eſtoit digne. Il quiert p
eſpecial au ſeptieſme conſulat/ aſſauoir
ſe a venir en cel eſtat/ et a la proſperite de
ce temps ſes dieux luy aperent/ il ſenſuyt
que ſes dieux ſoient mauuais qui aiderēt
aux mauuais en leur malice. Et ſe ilz ne
luy aperent pas doncques en doit on teꝝ
nir conte/ puis que ſās eulx vng homme
peut auoir la felicite de ce monde. Et tou
tes fois eſt aſſauoir quil ſe porta ſi grande
ment contre ſilla. Et luy vindrent ſi bien
ſes beſoingnes/ quil mourut de ſa mort

naturelle en bon eage et plain de ſes iours
Combien que ſen tienne quil neuſt peu eſꝝ
chaper des mains de ſilla ſil euſt veſcu/
neant plus que ſes deux autres marius/
Apres quant il parle de regulus pour mō
ſtrer comment les maulx viennent aux
bons. Nous nous en paſſerons pour ce q̃
nous en auōs parle ſur ſeppoſiciō du quiꝝ
zieſme chapitre du premier liure. Apres
quant il parle de meteſſus/ ceſt ceſluy a q̃
marius ſucceda/ et qui ſe combatit ſoubz
luy en affricque/ ceſt appelle quintus me
teſſus/ et de ce diſons nous a la difference
des autres/ car il p̄ en peut pluſieurs qui
eurent ce meſme nom qui furent grans hō
mes et de grant renommee. Il fut bon de
telle bonte comme pouoiēt eſtre ceulx qui
adouroient les dieux/ ꝯ ſi fut eureux temꝝ
porelement et des biens temporelz. De
luy raconte valere ou commencement de
ſon ſeptieſme liure que des quil fut né iuſ
ques a la fin de ſa vie/ il fut ſi fortuné cō
me iuſques au comble de tous les biens de
fortune/ car il fut né en ſa cite qui eſtoit pri
ceſſe de toutes terres/ ceſt aſſauoir a rom
me/ il fut de treſnoble lignage/ et de treſ
nobles parens/ il fut fort de corps pour
ſouffrir tous labeurs/ et ſi eut force de cou
raige/ ꝯ toutes meurs qui y appartiēnent
qui ſe treuuent enuis en vne perſonne. Il
eut femme treſchaſte/ ꝯ qui habundoit en
auoir enfans/ il eut lonneur deſtre cō ſuf.
il eut puiſſance dempereur/ il eut treſnoꝝ
ble et treſbeau triumphe de iugurte roy de
munide. Et ſi en eut vng autre premieres
ment en macedoine/ en ce meſmes temps
il eut trois filz conſulz et vng cenſeur/ et
ſe quit qui fut pretteur/ il eut belle lignȳe.
de ſes filles quil recheut ꝯ tenoit en ſa mai
ſon/ il neut onques en ſa vie nulz maulx
du corps/ nulz pleurs/ nulz gemiſſemēs
ne ne ſentit onques en ſa vie cauſe pourꝝ
quoy il deuſt auoir triſteſſe/ regarde ſe ciel
dit valere/ ꝯ a peine trouueras tu vng hō
me de tel eſtat. Mais encores ſicomme il
dit/ ſa mort fut ſemblable a ſa vie/ car il
fut mort dune maniere de legiere mort/ en

son derrenier congie entre les embracemens et baisiers de sa tresdoulce lignie, ses enfans et ses gendres le porterent au feu sur leurs espaules pmy la cite pour faire ses obseques. Apres pource que monseigñr saint augustin met quil eut cinq filz consulz, et Valere nen met q̃ trois, on les peut ainsi accorder. Cestassauoir que ses deux dont lun estoit censeur et lautre pretteur, estoient auec ce cõsulz, cestassauoir dignes dauoir la dignite de consulz. Encores de la louenge de ce metelus dit Valere en son huitiesme liure ou chapitre de vieullesse au commencement, que apres ce quil cheit en vieullesse et quil eut laisse loffice de consul, il fut esleu et cree le tresgrant et tressouuerain euesque pour la garde des cerimonies des dieux, laquelle dignite il garda par xxii. ans pendant lesquelz on ne luy vit oncques doubter ne blecier sa bouche, en anõcãt les veux quon faisoit aux dieux, ne trembler la main en faisant les sacrifices. Apres quant il parle de kathiline, sappelle le tresmauuais. Il est assauoir q̃ dicellui kathiline saluste fist vng liure qui sappelle i catilinario, ou quel tu en pourras veoir largement. De luy escript Valere en son ix. liure, et tulle en sa premiere inuectiue. Si fait saluste en son liure, q̃ sur toutes choses il fut luxurieux, et encore de treshorde et de tresmauuaise luxure, car cõme il fust eschauffe de lamour dune apellee aurelie orestile, et il veist empeschement par quoy il ne la pouoit auoir par mariaige, cestassauoir pource quil sauoit bien que vng sien filz laymoit, il empoisonna son filz, affin quil leust, et touteffois nauoit il plus denfãs, et si estoit en laage de quatorze ãs. Et aussi faulsement cõme il se porta enuers son filz, aussi faulsement se porta il enuers la cite de romme et a son pays. Car tulle en ses inuectiues dit de luy par maniere dinterrogatoire et de grant blasme en telle maniere. Quelz maulx et quelz crimes peut on penser on faindre que il nait concheu, quelz empoisonnemens a il en toute ptale, quelz lar‑

rons, quelz murtriers, quelz occieurs, quelz patricides, quelz femes diffamees quelz hõmes mauuais dessolauz et dissolus peut on trouuer quil neust conioict tresfamilierement auecques luy. Encores dit de luy saluste quil estoit hõme tres vicieux, et plain de mauuaises meurs, et qui mena tresmauuaise vie, combien quil fust noble et de noble lignie. Et oultre dit encores quil eut si grãt couuoitise dauoir seigneurie sur la chose publique de romme que il ne reputoit pechie ne male chose quil feist, mais quil peust venir a son entente. Et pource fist il la coniuracion, cestadire quil alya a luy plusieurs personnes p ser‑ ment, par ce quil leur promist a ses faire riches des pilleries et roberies quil faisoit Et par ce il assembla grans ostz et grans compaignies de gens, par lesquelz affin quil peust estre consul il fist maintes dur‑ tez et cruaultez. Et entre les autres cho‑ ses pourpensa comme il pourroit mettre a mort deux consulz de romme, cestassauoir lucium coctum, et lucium torquatũ. Et finablement il fut mort et desconfit en bataille, auec tous ses cõiures, mais touteffois furent ilz trouuez de si grant vertu que chascun fut mort en place, quil prit sans suyr plain pas, ne il ny eut oncques cellup q̃ peust estre prins vif. Nous nous passons de plus parler de luy, pour ce que nous en parlerons plus largement cy apres ou tiers liure, ou xxx. chapitre. Apres quant il parle de sa fuitte marius, et des minturneciens nous nous en passons legierement pour ce que nous en auons parle ou chapitre precedent, fors tant de cellup qui fut enuoye pour tuer ce marius en sa prison. Valere en son secõd liure ou v. chapitre qui est le derrenier dit quil est tout esbahy comme le serf qui fut enuoye en sa prison pour luy copper la teste ne luy coppa, comme il le deust hap: naturelement, car il estoit cimbre, cest adire dune partie dalmaigne que ce marius auoit a pxine toute desconfitte, et toute sa nacion, et si le veoit tout vieullart, et desarme, et tout plain

dorwure et de punaisie de la prison Et nez
antmoins quant il le dit fut si esbahy / q̃
il gecta ius son glaiue et sen fouyt. Aprez
quant il parle de marice la deesse / Il est as
sauoir que selon papie celle marice fut me
re du roy latin / et comme les deesses fain
gnent plusieurs poetes / Et par especial
des eaues, lesquelles deesses il apellent
nimphes / et que ilz mettent distinctions
et differences entre les nimphes des mon
taignes des champs / des mers / des fontai
nes et des bois toutesfois selon papie fut
celle marice faicte deesse des champs. Et
pour ce quelle fut mere du roy latin / les
minturneciens la tindrent en tres grant hon
neur et en tres grant reuerence.

¶ Des fais de silla lesquelz les deables
se demonstrent souuent estre en son ayde.
xxiiii.

Certes ce silla duquel les temps
furent telz q̃ au regard diceulx
len plaignoit les temps parauant
desquelz il sembloit estre vengeur com
me il eut premierement admene ses ostz
contre marius en la cite de romme et fist
son sacrefice a ses dieux il fist regarder
aux entrailles de la beste quil auoit sacri
fiee par vng aruspice / cestassauoir vng
adeuineur qui iuge par les entrailles des
bestes sacrifiees qui auoit a nom postimi
us lequel lui aporta par les signes que il
auoit Deus il auroit grant ioye de sa vi
ctoire / sicomme titus liuius lescript et q̃l
vouloit perdre la teste se a laide des dieux
il nacomplissoit toute ce que il auoit en son
couraige. Voyez cy doncques comment
les dieux ne se partirent point de leurs au
telz ne de leurs temples quant ilz disoient
et signiffioient laduenement des beson
gnes et quil ne leur challoit de corriger
icellui silla et sa mauuaise volunte / ilz
lui promettoient par aduinnement gran
de felicite. Et se ne lui rompoient ne ne re
straingnoient par menasses sa mauuai
se couuoitise. apres q̃me silla fut en asie ou
il menoit la guerre contre mitridates iupi

ter lui manda par vng apelle luce tice q̃
il desconfiroit ce mitridates. Et aprez ce c̃o
il sefforca de retourner a romme pour soy
vengier des iniures par batailles ciuiles
faictes a ses amis par marius et de celles
qui lui estoient venues de nouuel / il luy
fut mande de rechief de cellui iupiter par
vng cheualier de la. Vi. legion que pauant
lui auoit adnuncie la victoire de ce mitri
dates que desloıs iupiter lui auoit promis
a donner puissance par laquelle il recou
ureroit la chose publicque de romme de la
main des ennemis / Non pas toutesfois
sans grant effusion de sang. et comme il
eut bien regarde et examine la fourme et
le visaige du cheualier / il se recorda et ap
ceut que cestoit cellui mesmes qui deuant
luy auoit adnonce la victoire de mitrida
tes. Que peut len cy respondre pourquoy
les dieux vouldrent ces choses adnoncer
a ce sylla ainsi comme beneurees. et tou
tesfois nulz deulx ne tint compte de corri
ger ce sylla par aucuns admonnestemens
lequel auoit a faire tant de maulx et tant
de cruaultez par armes et batailles ciui
les qui ne toucheroient pas tant seulemēt
la chose publicque / mais losteroient de to
pois / car certes sicomme ie say ia dit sou
uent et si nous est assez notoire aux sain
ctes escriptures et les choses que len voit
le iugement le monstre assez / len doit en
tendre q̃ les deables font seulement leurs
besongnez affin quilz soient adourez et
tenus pour dieux et que ces choses leur soi
ent demonstrees / parquoy eulx assemblez
ensemble ilz demonstrent vne tresmau
uaise cause et se aient auec eulx ou iuge
ment de dieu. Aprez comme ce silla fut ve
nu a tarẽte et il eut sa sacrifice aux dieux
il vit en la rate dun ieune veau la sembla
ce dune couronne dor / et adoncce postu
milus qui estoit adeuineur en telz choses
luy respondit que cellui signiffioit tres cle
re et tres noble victoire / et commanda que de
ces entrailles il mengast tout seul et non
autre. Assez pou dinteruallee apres le serf
dun apelle luce ponce commenca a cryer

par maniere de adeuinement. Sylla le dis messagier de bellone, saches que la victoire est tienne. apres en adioustant il dit que le capitole ardroit, et incontinent se partit de lost de sylla. Le second iour apres cellui qui auoit dit ces parolles retourna plus hastiuement et commenca a crier que le capitolle ardoit, et en verite il disoit vray quil auoit este ars. laquelle chose fut assez legiere a faire, et que le dyable le peut auoir preueue legierement et la dnoncer treshastiuement Toutesfois entens sainement et considere principalement ce qui appartient a nostre matiere et a sa cause dont nous parlons, cestassauoir soubz quelz dieux ceulx desiret a estre ceulx qui blasment nostre redempteur et nostre saueur iesucrist qui deliure les boutetz des bons crestiens de la seignourie de lennemy. Tel homme en adeuinant ainsi comme prophete crya Silla la victoire est tienne, et affin que len cuidast que ce que il disoit il dit par diuin esperit il ad nonca auec aucune chose. Et mesmemet qui estoit prochaine a aduenir, mais cellui par qui lesperit parloit estoit loing, et toutesfoys ne crya il point ne ne dit Sil la tiens top de faire cruaultez et mauuaistiez Lesquelles il commist la si horribles comme vainqueur. Auquel comme nous auons dit la couronne dor apparut en sa ratte du petit veau comme le tresnoble signe de sa victoie. lesqlz signes se les bons dieux et iustes eussent accoustume de donner et non point des dyables, pour certain il eut trouue en ses entrailles choses qui lui eussent este trop plus nuisables, et trop plus griefues, et qui lui eussent denonce plus grans maulx qui lui estoient a aduenir. ne celle victoire nacreust ne ne prouffita tant a sa dignite comme elle luy porta de nuisance et de dommaige a sa couuoitise, par laquelle en couuoitant sans attemprance est monte et gecte en orgueil par les biens de fortune il fut perdu p ses mauuaises meurs que il ne perdit ses ennemis en leurs corps, cestassauoir en les

tuant et occiant, ces choses vrayemet tristes et qui estoient vraiement a plourer, non pas a regarder aux entrailles des bestes ne par adeuinemes par augures ny par songes adnoncerēt ces dieux pour ce que ilz doubtoiēt plus que ce peuple ne se corrigast que ilz ne doubtoient qł fut vaincu, mais certes ilz faisoient assez quant il faisoient que ce glorieux vainqueur des citoyens de romme estoit lie et chetiue de tant mauuais et laiz vices. et par ce plus fort lie et soubzmis a la subiection des dyables.

Expposicion sur ce chapitre.

En ce. xxiiii. chapitre mōseignr saint augustin veult demonstrer comment leurs dieux ou deables mirent grant peine et grant entente a ce que la prosperite des maulx de ce monde fut espandue par tout, affin que les mauuais en peussent vser pour acomplir leur volente, et de ce monstre il par cinq signes qui apparurēt a sylla qui fut si tres mauuais, scil comme se senat leust prie et enuoye qrre pour eulx deffendre de marius et sa cruaulte, dont nous auōs parle cy dessus ou xxii chapitre, il se porta pis enuers eulx que ne fist marius et occist plus de peuple romain et de citoiens de romme que ne fist marius. Et pour ce dit monseigneur saint augustin notablement quant il parle de silla au commencement du chapitre telz motz duquel les temps furent telz comme nous quons dessus declaire. Et quant il parle de laruspice et du signe que il dit aux entrailles et dit que il les vit lies Il est assauoir que les aruspices estoiēt ceulx qui regardoient aux entrailles des bestes quant len faisoit les sacrifices et donnoient iugement des choses qui deuoient aduenir fut de bien ou de mal. et sont dit proprement aruspices quasi a re inspectores cest a dire que ilz iugoient par ce que ilz veoient aux bestes qui estoient imolees aux dieux et sacrifiees aux temples. Et dit monseigneur saint augustin que ces choses escript siuius/ Cestadire titus siuius qui fist trois decades/ dont il y a en chascune decade .p. liures/ dont la premiere decade parse de la naissance de romme/ La seconde des batailles punicques/ cestadire de carthage/ et la tierce des batailles de macedoine. Ce titus recomande monseigneur sait iherosme ou prologue de la bible. Eusebius en sa cronique met que ce titus fut serf et homme de condicio a ung consul de romme apelle siuius safmator et aprenoit ses enfans et les menoit a lescolle/ et seruit si bien que il franchy. pour laquellechose il prist le surnom de son maistre qui sauoit franchy. Et comme parauant il fut nomme titus seulement il fut apelle titus siuius pour la reuerece de so seigneur qui sauoit franchy, du nom duquel il fist son surnom/ et en fut apelle titus siuius. Et combien que il fist .ppp. liures/ toutesfois aneus florus qui fut son abreuiateur nen abrega que .ppip. et quat monseigneur saint augustin met q̃ celsui aruspice vit les entrailles sices/ cest a dire que par ce quil veoit les choses q̃ deuoiet aduenir cureusement pour ppsa/ toutesfois toutes telles manieres de gens comme ces aruspices comme auguriateurs/ pyromanciens, nigromanciens/ et semblables ne sont que purs adeuineurs/ et vsans de mauuaise ars de deables et den nemis. Ausquelz nulle foy nest a adiouster. Aprez quant il parle du signe q̃ il veist en aspe quant il alloit contre mitridates roy de ponth. qui occupoit achaye aprez ce quil eut chassie marius de romme Ce fut le second signe lequel demonstra que il deuoit auoir victoire contre mitridates En laquelle besongne il se porta si puissamment que par trois fois et par trois batailles rengrees il desconfit successiuement archesaus qui estoit duc et gouuerneur de lost de ce mitridates/ sicõme dist eutrope en son .v. liure/ et orose ou .v. liure de son ormeste dont en la premiere bataille de sip vigt mil hõmes que auoit archelaus

a peine en demoura il dip. et silla neu perdit que treize/ et la seconde bataille de septante mil que auoit cellui archelaus/ silla en tua .l. mil auec ses filz de ce archelaus. et en la tierce bataille il se desconfit de tous pois/ et sen souyt archelaus en ung mares ou il fut trois iours muce. et finablement fut ce mitridates a ce mene par silla que il requist a auoir paip et sui fut octrope sur certaines condicions A ce sacorde anneus florus en son tiers liure ou chapitre de bello mitridatico Cest a dire de mitridates qui estoit roy de ponth/ Aprez ou il parle dun messagier qui suyvint alencontre de par iupiter quant il retournoit de aspe pour venir a romme contre marius/ cest le tiers signe en ce ql dit que ce cheualier se disoit estre de la .vi. legion, et que quant silla le vit il lui demanda en qlle figure et en quelle forme ce iupiter estoit apparu a lui, et que quant il lui eut raconte en quelle semblance il sestoit apparus a son escuier quil auoit enuoyet a lup, il est a entendre que iaffoit ce que les rommains eussent maintes legions et continuelement/ toutesfois estoient elles distinctees et ordonnees p ordres par telle maniere que il y auoit. Premiere seconde/ tierce/ et quartes legions, et ainsi consequamment/ et en chascune legion estoient escripz les cheualiers qui estoiet di celle et en quelque pays que ilz se transportassent vng chascun alloit a sa legion dont il estoit. tout ainsi comme chanoines dune eglise ou les moysnes dune abbaye/ lesquelz iassoitce quilz se transportent de lieux en autres/ sont tous chanoines ou moisnes de celle eglise ou abbaye dont ilz sont. et la legion qui premier estoit escripte estoit apellee la premiere. et ainsi consequament des autres et gardoient chascun son ordre/ et auoit en chascune legion sip mil. sip cens. lp vi. hommes: Et ces cohortes en auoit deux cens. aux centuries cent. aux turmes ou aux elles .ppp. combien que la turme soit de gēs de pie/ et lesse soit de gens de cheual sicõme dit catho

i.ii

ficum/et se p auoit gens darmes qui estoient apellez decani qui estoient de dix hommes tant seulement sicome dit Guu ce de ceste ordonnance et de ces gens et coment ilz estoiet mis et ordonez en bataille/et quelz gens estoient prins a mettre en ces ordres parle Gegesse en son liure de re militari ou second liure/et sa tu en por ras veoir plainement. Apres quāt il parle du sacrifice que silla fist/et que en faisant sui apparut ou gosier du veau q̄ sacrifioit vne couronne dor/cest le quart signe qui sui apparut quant il retourna de grece a tarente/pour laquelle chose il est assauoir que la couronne dor anciennesment signiffioit noble et pleine victoire/ car sicomme dit agelius libro quinto de noctibus acticis. Jl est moult de diuerses couronnes de cheualiers/toutesfois les tresnobles sont celles qui sont donnees pour raison de triumphe et de victoire sicomme tinice murales castreses nanales/qui autrement sont apelseez rostrates obsidionales et graminee ou sertoire qui autant vault. Auec icelles couro͞nes en y a plusieurs autres/dōt les vnes sōt apelles ouales les autres oleaginee cest dosiuier ou dosiue/les autres turices des quelles parle albericus loudouiensis in scintilliario. Et de ceste couronne estoit couronnee selon fulgence ou .iii. liure de ses mithologies berecinthia/de laquelle nous auons parle cy dessus ou xxix chapitre du premier liure/laqlle a plusieurs noms sicomme il se pourra trouuer que nous auōs fait sur ce. xxix. chapitre apres il y a vne couronne qui estoit faicte dune herbe qui sapelloit helperiseos dont les grans clers astranomiens enchanteurs nygromanciens et autres se courōnoiēt et dit agelius en ce. v. liure que toutes les couronnes qui furent premierement faictes et ordonnees pour triumphe furēt de laurier. et depuis furent donnees dor/ de ces couronnes et autres plusieurs parle pline largement en sō liure naturalis hy

storie au. p v. p vi. p viii. p xi. x. p xii liures si fait valere en son .iii. liure ou chapitre de fortitudine/et ysidore ou .xix liure des ethimologies/ et par especial entre les autres couronnes et pardessus toutes autres pline oudit .xix. liure recommande sa couronne qui sapelse gramnica/laqlle autrement est apellee succidionasie autrement sertoria. car il dit quelle ne se dōnoit fors tant seulement en cas de desesperance quant lost estoit assiege en vng lieu/et estoit donnee ceste couro͞ne par le peuple a cellui qui entrepre͞doit le fait de la bataille. Et combien que les herbes de quoy sa couronne estoit faicte suppose q̄ les fussent verdes villes et ordes sicomme il dit pour ce quelles estoient toussees ou sang de ceulx qui estoient mors en deliurant ceulx de lost du lieu ou ilz estoient assieges/toutesfois nen estoit il nulle si noble ne de si grāt pris entre tous les plus grans du peuple/ne herbe nulle en si grant reuerence et iassoit ce que encores lempereur les ductz et les autres dōnaissent toutes les autres couronnes quant celle couronne graminee estoit donnee a autre que a sempereur Ceste couronne si comme il dit fut donnee a fabius maximus/apres toutes les autres couronnes par grant especialite quāt il deliura pta lie de hanibal. Et se en veult veoir de ces couronnes et autres et a qui elles furent donnees voyent nostre liuret qui sapelle compendium morale de la chose publicque/ouquel nous meismes ce que nous en peusmes trouuer. ¶ Apres quant il parle de bellone il estassauoir que ce fust le cinquiesme signe qui apparu a ce spla et a demonstre et declaire monseigneur saint augustin les falaces des dyables. Pour lentendement de laquelle chose/ il est assauoir ainsi comme mars estoit apelse dieu des batailles/aussi est apellee bellona deesse des batailles qui autrement est apellee mynerue. Et laquelle auoit sō temple a romme. ioupte le cirque ou se faisoient les ieux circenses desquelz nous auons parle cy dessus. et est la ou sont de present les freres prescheurs. Et encores dit on comunement le couuet de la mynerue. Et se faisoit la feste en ianuier sicomme il appert par ouide en son .vi. liure de fastis. Apres quant il dit quil luy fut adnonce que le capitole ardoit, de ce parle solin en son liure des merueilles du monde, ou chapitre des sebilles, qui dit que en ce temps de sylla estoit adonc a romme ou capitole, le liure de sebille ouquel les souuerains euesques prendoient conseil de leurs besongnes et que fois il fut ars auec le capitole. Et est encores assauoir, que sicomme dit frontin ou premier liure de ses strageies en le. vi. chapitre. ce sylla affin quil eut ses ostz et ses cheualiers plus prestz a la bataille. faint aucunes fois quil sauoit moult de choses aduenir par les respons des dieux. Et dernierement a vne bataille quil auoit a faire en la presence de tout son ost, auant que il sassast combatre, attaint vne petite ydole quil auoit apporte du temple dappolo qui estoit en lisle de delphos, et lui depria quelle lui adnoncast la victoire quelle lui auoit promise. Par quoy il appert que des promesses deuant dictes de ces dieux, il nest pas chose certaine, seelles furent ainsi en verite, ou se elles furent faintes Et pareillement peut sen iugier des fais et des ditz de telz aruspiciens. ¶ Toutesfois peut sen croire quil en y eut aucunes choses faintes Car Valerius maximus en son premier liure ou chapitre de prodigiis dit que comme il fut enuoye en bataille ytre les samites laquelle il apelle bataille sociele pour ce q̃ ilz estoient des villes compaignes de romme en faisant son sacrifice il regarda vne brebis qui cheit soudainement du coste de lautel. Et tantost par le conseil et enhortement dun apelle postumius qui estoit son aruspice ou son adeuineur, emena son ost et print puissamment les chasteaux des samptes, la

quelle victoire, sicomme dit valerius fut le fondement de la grãt puissance et hautesse que il eut depuis ¶ Et pour ce que il parle de la bataille qui fut des rommains contre mitridates, il est assauoir quil resista aux rommains par. pl. ans Et hanibal que quinze ans sicomme dit anneus florus ou. iii. liure ou chapitre de bello mitridatico, et dit quil fut destruit par trois grosses batailles. Cest assauoir par la felicite de sylla, par la vertu de lucullus. Et par la grant puissance de pompee, il fist deux choses notables a escripre, lune que sicomme lucullus leust si fort oppresse que par sain et par tempeste, il fut constraint a sen fouyr. Aussi comme ce lucullus le chassoit, il aduisa que les rommains estoient auaricieuses gens Si commanda que tous gectassẽt leur fardeaulx et pillage, or et argent, affin que les rommains entendissent a les recueiller, et que il sen peut aler sauuement et si fut fait sicomme dit florus en ce lieu. lautre notable chose est de sa maniere de sa fin et de sa mort, pour laquelle chose il est assauoir que apres ce que il fut desconfit de tous poins par pompee, et que trigane leust laisse, et quil sen fouyt en ermenie la petite, il commenca a mener vie cruelle. ¶ Et pour sa cruaulte vng sien prefect qui auoit a nom castor, tua plusieurs de ses amis, et print son chasteau. Et enuoya quatre des enfans de ce mitridates aux rommains en ayde coste leur pere, dont il fut hors du sens, et se print a faire tyranies en ses amps et en ses gens Et par especial tua deux de ses enfans lun appelle batharames lautre ppodiam ¶ Et quant vng autre filz quil auoit qui auoit a nom farnates dit ce, esbahy fut de ce que son pere auoit tue ses freres il alla auecques soy ceulx qui le poursuiuoient de par son pere pour le tuer, et commenca a poursuiuir son pere tant qil le chassa et assiega en vng chasteau. Et comme mitridates priast son filz que il

i.iii.

lui vaulsist sauuer la vie/ et il dit que il se prioit pour neant. ¶Il monta sur vng hault mur et dit ces parolles. ¶Pour ce que fornaces mon filz commande que ie muire/ Je prie a vous dieux de cest pais se il en y a aucuns que vne fois mon filz puist ouyr pareille voix de ses enfans Et incontinent descendit a ses femmes a ses concubines/ et a ses filles et les empoisõna toutes par venin que il leur donna a boire. Et ce fait en but lui mesmes pour soy donner la mort. Et pour ce que auãt que le venin fut espandu par tout ses mẽbres les murs du chasteau estoient ia rõpus/ et entroient les ennemis dedens. Il pria a vng gasse qui ia estoit dedens/ et couroit par le chasteau que il occist/ lequel lui couppa la gorge. Ainsi fina ce noble roy meschamment/ Sicomme dit orose ou.vi.liure de son ormeste ou.vi.et.vii. chapitre. Et eutrope en son.vi liure ou iiii. chapitre.

¶Par quantes manieres les mauuais esperis semonnent et enhortent les hommes aux laidures et ordures quãt a ces crimes commettre il y interposent l'auctorite de leurs exemples ainsi comme se ce fust chose diuine. xxv

Et par ce qui est celluy qui n'entend et qui ne voit combien ces mauuais esperis se sforcẽt de dõner auctorite a leurs crimes ainsi comme se ce fut chose diuine/ fors celluy qui ayme mieulx ensuiuir telz dieux que estre desseurez de leur compaignie par grace diuine. Quil soit vray il appert par ce que mesmes vng pou apres les batailles ciuiles/ et quil se furent assemblez et cõbatus trescruellement en vne grant alee pleine de champaigne/ iceulx dieux furent veuz parauant eulx combatre ensemble. Car premierement len ouyt grãt faintes/ grans sons et grans iambois.

¶Apres lesquelles choses aucũs iours passez plusieurs rapporterent que il auoient veuz deux ostz combatre l'un contre l'autre/ et que la bataille faillie il auoient veu les grans traches et froisseries ainsi comme dhõmes et de cheuaulx/ telz et si grãs comme len pouoit recorder d'une telle bataille. ¶Se doncques leurs dieux ou leurs diables se combatirent veritablement ensemble/ dont sont les batailles ciuiles humaines a excuser. ¶Soit toutesfois considere quelle soit a malice ou misere de telz dieux ou deables. Et se ilz faingnoient que ilz se combatissent que firent autre chose fors que tant q̃ les rommains tenissent que ilz ne faisoient aucun crime par eulx combatre l'un contre l'autre par batailles ciuilles/ comme ilz se feissent en ensuiuant l'exemple de leurs dieux. Considere que desia estoiẽt encommencees les batailles ciuiles.et si y auoit ia eu parauant desconfitures sy laydes et si obscures quelles ne sont pas a recorder/ et auoit ia esmeu plusieurs a les delaisser ce que vng cheualier aps vne desconfiture en despoullant les mors ainsi comme il en despoulloit vng entre les autres il congneut que cestoit son frere que il auoit occis. Et comme il fut de ce courouce et desprisast les batailles ciuilles/ il se fery d'une espee parmy le corps/ et se laissa cheoir tout mort dessus le corps de son frere ¶Mais affin que pour ce notable exemple qui estoit de si grant mal comme de vng frere soy estre occis sur son autre frere quil auoit occis les rommains ne laissassent les batailles ciuiles mais fussent plus eschauffez et plus desirans de les faire que ilz n'estoient parauant et que leur desir et voulente de guerroyer/ creut de plus en plus ¶ Ceulx dyables lesq̃lz il tenoient et adouroiẽt pour dieux et qui estoiẽt hõnourez sur toutes choses se bouldrent apparoir aux hommes ainsi comme se ilz se combatissent affin que l'affection ne resongnast point a faire ces batailles ciuiles/mais qui plus est que en les faisant ilz sen peuent excuser par le peuple des dieux q̃ ilz ensuiuoiēt. Et p̃ celle cautelle et fraude firent semblablement iceulx mauuais esperis/et leur commanderent a leur faire les ieux scenicq̃s et autres plusieurs choses dont nous auons dessus parle dont l'en faisoit et disoit tant de laidures et chantoit on et celebroit l'en par tant de manieres aux theatres et aux autres lieux que suppose que aucun creut ou que il ne creut pas que ilz eussent fait telz choses/mais que tãt seulement il regardast que ilz souffrissent tres boulètiers q̃ l'en lerus fist telles choses il les ensuiuroit seuremēt. mais pour ce que l'en ne cuidast q̃ l'en eust escript aucunes choses qui fussent plus au blasme des dieux que ce que ilz fussent dignes de louēge par tout ou les poetes ont fait mēcion des dieux et des batailles que ilz ont faictes entre eulx ilz ont conferme leur oppinion par dis et par chanssons pour deceuoir les hommes en demonstrãt que les batailles nont point este beues seulement pour les scenicques qui les faisoient aux theatres/mais disoient et affermoient quilz les auoient beus eulx mesmes a l'oeil cōbatans ensemble aux chãps. Nous sommes constrains a dire ces choses/pour ce que leurs aucteurs non poit doubte a dire et a escripre la chose publique de rōme par les tresmauuaises meurs des cytoiens rommains auoir ia este perdue/et quelle nestoit aucune demouree des auant l'aduenement de nostre seignr̃ laquelle perdicion ceulx ne mettent pas sus a leurs dieux qui imputent a nostre seigneur iesucrist les maulx transitoires lesquelz ne peuent perir aux bōs soit quilz viuent soient quilz soient mors cōme nostre seigneur iesucrist ait donne et si souuent enseignemt des bōnes meurs

contre leurs meurs perdues/mais leurs dieux ou deables naient fait quelconque chose ne donne quelconque cōmandemēt au peuple qui les adouroit pour garder icelle chose publicque affin quelle ne fust perie/mais qui plus est en corrũpãt leurs meurs par la mauuaise auctorite des exemples que ilz leur donnoient / ont fait en leur corrumpant tant quelle est perie. Et pour ce ie ne cuide pas que aucun ose dire que lors elle fut perie pour ce que les dieux comme eulx faingnant estre amis des vertus et tenans que ilz fussent iniuriez par les vices des hommes / se fussēt tous departis / et eussent delaisse les temples et leurs lieux secretz pour ce que ilz sont conuaincus de auoir este presens a faire les signes de querir les aduenemēs des choses et entrailles des bestes par les augures/et par les aduineurs/desquelz ilz se iouissoient et vantoient et se faisoient recommander ainsi comme se ilz seussent les choses a aduenir/et que ilz aidassent et prouffitassent aux batailles/lesquelz se ilz sen fussent partis les rōmains eussent este mois eschauffez de leurs couuoitises et batailles ciuiles que ilz ne furent par leurs instigaciōs (t enhortemēs

Expposicion sur ce chapitre.

En ce .xxb. chapitre monseigneur saint augustin sefforce de monstrer cōmēt leurs dieux ou leurs deables sefforcoient de traire les gens a mal faire. Et ce demonstre il tant par les batailles que iceulx deables firent entre eulx. Duquel il sembla q̃ ilz auoient faictes en la pleine dont il parle par lesq̃lles ilz donnerent exemple (t matiere aux rommains deulx combatre l'un contre l'autre. Comme par les treslaiz ieux que ilz recroient q̃ l'en leur fist / par lesquelz ilz donnoiēt auctorite et monstroient ex

f.iiii

emple de faire toutes manieres de laidures. Aprez quant il parle du temps assez tost aprez les batailles ciuilles/cest a entendre des cytoiens de romme qui se combatoient lun contre lautre aprez ou il ple que les deables furent veus combatās en vne pleine etc. ces paroles si sont traictees de titus liuius ainsi come aucunes autres choses/dont il parle ou chapitre precedent. Aprez il dit que les batailles romaines estoient ia comencees Il est assauoir que selon ce que dit orose ou .v. liure de son orneste/les batailles ciuiles furēt comencees auant que les batailles sociales. Cestassauoir que les romains menerent contre les ytaliens q̄ estoiēt leurs voisins et leurs compaignōs et dune alliance/ Sicomme nous auons declaire cy dessus ou .xxii. chapitre de ce liure. Et se tu veulz veoir quelles elles furent voy florus en son tiers liure ou chapitre de bello sociali. Ces batailles ciuilles et sociales durerent dix ans et cesserent aprez ce que silla eut desconfit mitridates/et que le triumphe lui fut donne selon ce que dit eutrope en son .v. liure ou chapitre final qui dit que ces batailles furent si horribles et si cruelles quil y eut mort de commune de gens plus de cēt et cinquāte mile hommes. xxiiii. consulz. vii. preteurs lx. edificiens. et aprez deux cens senateurs. Aprez quant il parle des deux freres qui furent mors sicomme dit orose en son .v. liure ou .xx. chapitre. ceste chose aduīt aprez ce q̄ marius fut pris de miturne et q̄ il eut departy de son ost en quatre pties pour toute tourmēter la chose publicque de rōme/et fut en batailles qui de gneus pompeius et doctauius consul contre sertorius a qui marius auoit baille vne partye de ses gens/laquelle bataille fut departye pour la nupt qui vint obscure par telle maniere que ilz ne congnoissoient les vngs les autres. Et comme lendemain pour congnoistre et leurs les corps mors de chascune partie des cheualiers de pompee eut recongneu le corps dun sien frere quil auoit tue comme celui qui ne sauoit pas congneu pour son heaulme ql auoit mis /il en eut telle abhominacion et aussi des batailles ciuilles quil trap son espee et sen donna parmy le corps et se laissa cheoir mort dessus le corps de son frere. De cestui parle Valerius maximus en son v. liure ou .v. chapitre qui dit que quāt son frere leut despoulle et congneu q̄ cestoit son frere germain/ il commenca a blasmer les dieux et dire villenie deulx / du don de celle cruelle victoire/ et le fist porter pres de leur ost/ et la le fist couurir du ne robe precieuse/et fist alumer vng feu pour lardoir selon sa coustume Et le feu alume/se ferp parmy le corps dune glaue dont il auoit occis son frere/ et se laissa cheoir dedens le feu sur son frere / et furent tous deux ars ensemble. Et pour ce dit monseigneur saint augustin q̄ ce fait esmeut plusieurs a ce que ilz eussent horreur des batailles ciuilles/esquelles le frere se combatoit aucunesfois contre le frere et lamy contre lamy / et nen sauoient riens/ et les vouldient laisser. Et pour ce les deables qui veoiēt les ieux si esmeuz a cesser les dictes batailles/ Se commencerent a combatre ensemble affin que ilz donnassent hardiesse aux hōes deulx combatre lun cōtre lautre. Aprez quāt il parle des ieux et dit q̄ il en a ia ple en ce liure cest a entendre au .iiii. v. et. vi. chapitres. Aprez quant il parle de leurs aucteurs il entend de saluste et de caton sicomme il appert ple. xviii. et. xxi. chapitre de ce liure. Et finablement quant il parle que les dieux sen sont departis et ont laisse leurs ostelz et leurs temples/ce vers est expose cy dessus ou. xxii. chapitre de ce liure

Des secretz ammonnestemens des dea-
bles qui apperceuoient a bonnes meurs
comme publicquement en leurs temples
fut apprinse toute mauuaistie. xxvi.

Et comme ces choses soient ainsi pu
blicquement et appertement, les
reproches et crimes de leur dieux
entremeslez dordure et de cruaultez apēt
reluist. Soit quilz aient este monstrez/
soit quilz apent este fains parce que ilz se
requeroient et que se len leur faisoit telz
ieux ilz se courrouchoient et q auec ce seur
estoient consacrez et dediez a certaines so
lennitez et aient este faiz et demōstrez de
uant les peulx de tous/affin que sen or-
donnast de les ensuiuir. quest ce q iceulx
mesmes deables qui se confessēt estre ors
esperis qui de ces superfluitez de ces sai-
dures ꞇ cruaultez soit quelles soient mō
strees/ soit quelles soient faintes ꞇ qui re
quirent que telz ieux et telle sollennitez
leurs soient faictes ainsi comme par for
ce et constrainte. Voire par les honteux q
a ce sont menez qui nont nulle honte du
faire, et qui dicelle mauuaise vie et orde
se tesmongnēt estre acteurs Toutesfois
veulēt ilz demonstrer q en certais lieux
secretz de leurs temples ilz donnent ain
si comme aucuns bons commandemens
de bonnes meurs a aucuns prestres dedi
ez et consacrez a eulx, et se il est ainsi. La
malice des nuisibles est puis. Est par ce
a entendre estre plus caulte et plus dece-
uable et de tant plus a conuaincre quant
la force de preudhommie et de chastete est
telle et si grande/ que a sa louenge toute
humaine nature ou presque toute esmeut
en sa louēge ne elle ne peut estre si menee
a vice de laidure/ quelle ne perde se sens
donestete, et pour ce se la mauuaistie des
deables ne se transfiguroit en aucun an
ge de lumiere. Cest a dire quilz ne fain
gnissent estre bons sicomme nous sauōs

veu estre escript en noz liures Celle mau
uaistie ne acompliroit pas soeuure de sa
decepciō. Et pour ce la cruaulte mauua
se des deables se monstre du tout en tout
par dehors aux peuples par tresgrans se
stes et par tresgrans balleries et dansse-
ries, et par dedens a peine oupt sen sōner
a pou de ieux ceste sainte. ꞇ Len mōstre
publicquement aux vergongneux et a
ceulx qui ont honte des choses les com-
mandemens des dieux. Et a ceulx qui
sont a louer sen monstre ses secretz, lon-
neur est mucee, et deshonneur est mon-
stree, ce qui est fait mauuaisement appēt
a tous ceulx qui le regardent. Cest a di-
re que il les fait tellement que chascun le
peut veoir, et que ce qui est bien dit a pei
ne treuue il nulz escoutans ainsi comme
se len eut honte ꞇ tressongnast on faire ou
dire les choses honnestes et que on eust
grant gloire des choses deshonnestes.
ꞇ Mais ou est ce fait fors aux temples
des deables, ou est ce fait que leurs lieux
de fallaces secretz. Cest a dire le lieu qui
estoit derriere lautel ou le deable dōnoit
ses respons et ou nul ne osoit entrer que
leurs souuerains euesques/ Car ce es-
toit fait affin que les plus honnestes du
peuple desquelz il en y auoit pou qui fus
sent puis. Et si estoit fait affin que les
mauuais plais de mauuaises meurs q
estoient en grant nombre ne fussent par
ce corrigez de leurs mauuaises meurs.
ꞇ Nous ne sauons ou ne quant les p
stres sacrez a la deesse celeste oupant les
commandemens de chastete. Toutes-
fois deuant le temple ou celle ydole es-
toit assize, et ou tout le peuple affluoit
de toutes pars ꞇ Et sicomme il y peut
estre en lestant Nous regardiōs les ieux
qui se faisoient puis dun puis dautre cy
vng assemblee de puttains dautre part
vne autre vierge deesse elle estoit ia adou
ree humblement deuant ceste celebrer ces
treslaides choses, nous ne vismes oncq̄s
si hōteuse ne si deshōneste feste scenicque

Car tous les offices estoient pleines de obtenosité et doidure. Ne sous ny veissez q̄ tu gleur ne menestrel. ou autres q̄ faisoient ces les ieux auoir quelconques vergoingne pour ordure ne laidure que len y fist ne dit. L'en sauoit ce quil plaisoit a la vierge deesse, et si monstroit len ce q̄ une matroine plus saige et mieulx enseignie en pourroit reporter en son hostel. et maintes plus saiges si tournoient leurs visaiges pour les laides et ordes g̃tenãces et mouuemes q̄ faisoient ceulx q̄ faisoiẽt ces ieux sceniques et touteffois elles apprẽdoient l'art et science de ces ordures ainsi comme en ẽblant et par sainte intencion de cueur. Et les auoient grant honte et grant vergongne des hommes pour doubte q̃lz ne les regardassent faire et dire de bonte leurs ordures et leurs tresfaides contenances publicquement et a pleine bouche. Mais encores ossoient elles moins condẽner en la chastete de leur cueur leurs lieux sacrez aux dieux que elles adouroiẽt. Touteffois l'en demonstroit a apprẽdre publicquemẽt au temple ce a quoy commettre l'en querit parauenture lieu secret en sa maison, et me esmerueil l'ope moult se en ce lieu auoit aucune personne mortelle q̃ eut honte telle que les hommes se deussẽt tenir de faire a leur voulente telles ordures que ilz apprendoient tresreligieusement de leurs dieux. Et que ilz se tenoient a mal contendz se l'en ne procuroit q̄ il leur fussent fais et celebrez. mais quel esperit peuõs nous dire autre qui demaine les tresmauuaise pensee des hommes et les admonneste et aguillonne a faire adulteres, et s'en nourrit quant il sont fais ainsi comme de viandes fors cellui q̃ sem blablement se delicte en telz sacrifices, en ordonnant et mettãt les ymages des deables aux temples et qui ayme en ses ieux les exemples de tous vices qui se faint de murmurer et bouter par derriere en l'oreil le aucunes parolles de iustice pour deceuoir ce pop̃ de bons et frequente en appert

les semonces des mauuaistiez et de cru aulte a acquerir des mauuaises sans nõ bre.

Expposicion sur ce chapitre.

En ce.xxvi. chapitre monseigneur saint augustin souteloit une excusacion que aucuns amainnent a la difference des dieux quant on leur met au deuant que il ne donnent nulles bonnes loix de bien viure et honnestemẽt Ou ilz respondent que ilz donnent bonnes loix secretement et appert a aucuns bons religieux consacrez a eulx. Mais monseigneur saint augustin si les en deboute doublement. Premierement pour ce que ilz ne se font, affin que pour les deceuoir. Secõdemt pour ce que aux lieux publicques si comme aux temples et aux theatres ou la multitude du peuple s'asse ble. ilz requierent q̄ l'en seur face les plus grans laidures que l'en pourra. Apres quant il parle de la vierge sacree, et des commandemens. Aucuns cuident que ce soit celle berecinthie dequoy il a parle ou.iiii. chapitre de cest second liure, ou il dit, nous nous delictõs en celle vierge celle vierge celeste et berecinthie. Car premierement monseigneur saint augustin distingue entre celle berecinthie et la vierge celeste. Sicomme nous auons mis en l'epposicion d'icelluy.iiii. chapitre. Secõ dement les payens faingnent q̄ celle berecinthie fut mere des dieux. et quelle se conceut de saturne son mary sicomme il appert par ouide en sõ.iiii. liure de fastis et par consequent ne peut estre dicte vierge. Tiercement car berecinthie si fut deesse de terre et vault autant comme terre, sicomme il appert par ysidore ou.viii. liure de ses ethimologies ou chap̃ dernier. et par g̃nt ne peut estre dicte vierge du ciel

Quartement/car monseigneur saint augustin si exprime ey la deesse dequoy il parle quant il parle de la chastete celeeste/laquelle chose donne a entendre q̃ il parle de la deesse de chastete qui en latī est apellee dea pudicicie/de laquelle monseigneur saint augustin fait mentiō cy aps ou.iiii.liure ou.xx.chapitre en la fin. Et estoit apellee Vierge celeste pour ce que ce est vng signe ou ciel entre les planettes q̃ sapelle le signe de la Vierge.et se tu veulx veoir lethimologie de celle berecinthie et comment elle est painte voy fulgence ou iii. liure de ses mithologies. Et ysidore ou.viii.liure de ses ethimologies ou chapitre final de ceste deesse de chastete racōte mōseignr̄ saint augustin en ce chapitre q̃l le estoit seruie de tresfais seruices/et touteffois ne sçui peut on faire ieux de persōnaiges ne de representacions veritables qui fussent fais/Car oncques homme ne peut mettre sus crime a chastete veritablement ne faindre aussi qui la peut en quelque maniere ressembler ne contrefaire. sicomme len fait de iupiter et des autres dieux ou len contrefaisoit les persōnaiges deulx et de leurs crimes. Tant de ceulx qui estoient vrais cōme de ceulx qui estoient faulx. Et pour ce affin que ilz feissent seruice agreable a leurs dieux ou a leurs dyables faisoient ilz ces laidures de ces tresgrandes et infames laidures qui se faisoient entour celle deesse de chastete·parle iuuenal en son second liure qui dit que les femmes pissoient en pos et en vrinaulx/et les aspergoient de leur pissat/et puis si tournoient le dos et descouuroient leurs culz. Et faisoiēt grans et gros pes ainsi comme pour la enssenser et en ce faisant auoit grāt quātite de simphoniēs qui selon vgucce est dit de simpho qui vault autant a dire comme siffler par permutacion de.b.en.f. dōt iuuenal dit en son second liure ce mettre qui sensuit. ¶ Effigiemq; dee longis sumphonibus implent.] Et signiffie en vne maniere le son dequoy iuuenal par-

le. Et ce semble que monseigneur saint augustin ait cy dessus touche ou quart chapitre ou il dit. Nous regardons les arrepticiens et oyons les simphoniens. Et assez tost apres en adioustant il dit que ilz se delittoient en celle vierge celeste/et en berecinthie.Et pour ce est il a entendre que les simphoniens apptenoient a celle vierge celeste et les arepticiens a berecinthie/de ces ors et lais ieux qui se faisoiēt et encores plus lais beaucoup entour celle deesse de chastete/raconte iuuenal en son second liure plus largement.et qui se vouldra sauoir si y voise lire/car ie men tiens aux curieux estudians qui veullent enquerir et sauoir plusieurs choses:

par com grant trebuchement de la discipline rommaine. Les rommains consacrerent a leurs dieux des lais ieux t ors pour les appaiser

Hercule en qui fut homme de grant pris et philosophe qui estoit ordōne a estre edifie etre les autres choses qui appartenoient a son office/crioit aux oreilles de la cite/q̃ len deuoit appaiser leur deesse qui estoit apellee flora par grant solennite de ieux/lesquelz de tant comme ilz estoient fais et celebrez pl9 laidement de tant estoient ilz tenus et reputez fais plus deuotement.t apres en vng autre lieu depuis ce quil fut fait consul/ il dit que sa cite estant ainsi comme sur le point de desconfiture. len lux fist feste et solennite par.v.iours continuelz durant lesquelz len ne laissast riens de touees ordures qui apartenoient a ces ieux/pour appaiser les dieux/ainsi comme se ce ne fut pas chose plus conuenable de esmouoir telz dieux a couroux par mener vie attempree/ que les supplier et appaiser par leurs putteries et ribaudises/ Et et les induire par honnestete que les flatter et blandir par tant de laidures. ¶ Ne certes les hommes pour la doubte desquelz les dieux estoient suppliez et adourez/ affin que ilz ne missent ne pouoient tant nuire tant fussent plains de grant cruaulte comme faisoient iceulx dieux mesmes quant len les adouroit et appaisoit de si trespuantes laidures et ordures Certes par telle maniere comme les rommains queroient que ilz peussent eschaper des mains de leurs ennemis par pareille maniere/ leurs dieux sefforcoient de querir voye comment la vertu de la pensee fut assaillie tellement que les pensees et couraiges fussent plains de tres mauuaises meurs et corrupcions/ et qlz ne feussent en leur ayde contre ceulx qui assailloient leur villes chasteaux et maisons iusques a ce que ilz eussent combatu leurs bonnes meurs/ et les eussent mis hors de leur siege et rempli de mauuaises meurs. ¶ Ceste placacion faicte a leurs dieux qui estoit si tresvicieuse et desleal si laide et si hõteuse et faicte sãs quelque vergoingne les faiseurs et aucteurs/ de laquelle la prudente vertu et saige iouuente des rommains priua de tout honneur: ¶ Nota de laidure et rendit infame. Ceste placacion ou maniere daourer vergongneuse si detestable si ville/ si honteuse/ et laquelle est du tout aduersaire a vraye religion. ces fables ignomenieuses et si pleines de delectacions charnelles et les detestables fais de leurs dieux si laidemẽt & si cruelemt fais et cõmis ou plʳ laidẽmt fais. Toute la cite les aprendoit et regardoit faire des ieux et des oreilles. ¶ Elle regardoit que ces choses plaisoient a leurs dieux. Et pour ce ilz ne tenoient pas que seulement len les leur deuoit faire/ mais que len les deuoit ensuiuir/ non pas ie ne scay quelle chose quilz appellent bien ou honneste &. Laquelle estoit dicte a si pou de gens/ et si repostement suppose quelle fut dicte

affin que len doubtast plus quelle ne fut congneue que ce que elle ne fut faicte

Opposicion sur ce chapitre.

EN ce vingtseptiesme chapitre monseigneur saint augustin conferme ce que il auoit dit/ et prouue au precedent Cest assauoir que leurs dieux ou leurs dyables se delictoient en ordures/ et vouloient que len leur fist et monstrast. Et diuise son chapitre en deux parties. En la premiere il demõstre ce que dit est. et en la secõde il appreuue le fait des rommains/ quant a ce que ilz pugnirent et notterent de infamie ces sceniciens/ par lesquelz ces ordeieux & laidures estoient excersez/ Et celle seconde partie se commence ou il dit Ceste placacion faicte a leurs dieux etce. Et pour ce que monseigneur saint augustin au cõmencement de ce chapitre parle des ediles Il est assauoir que cestoit vne office a rome qui estoit moult grant et moult notable. Et pour lauctorite deulx/ ilz aloient en chars Ces ediles se mesloient en plusieurs choses/ Cest assauoir de tenir les voyes netes/ de garder que le feu ne fut mis es maisons/ des chars et viandes qui estoient vendues/ quelles fussẽt saines et bonnes/ des bestes qui estoient redebitoires par maladie ou autre vice/ Et aussi de serfz redebitores et des terres qui estoient inutilles par mauuaises herbes/ si comme seroit vne herbe que len appelle tingne/ Et aussi de garder la maison de lempereur/ et le capitole que pour ceaulx ne chieures ny autres bestes ordes ny entrassent/ Et de faire faire les ieux que len faisoit a romme/ et de plusieurs autres choses/ desquelles tu pourras veoir ou digeste vieil/ ou tistre de edificio e dicto tãt au texte q en la glose de origine Et par catholicum sur le mot Edilis.

Aprez quant monseigneur saint augustin parle de flora deesse des fleurs p se tesmoingnage de ce tercullien/il est assauoir que ceste deesse qui est apellee deesse des fleurs/est fainte par les poetes estre chamberiere et ministre de venus et q̄ elle a sa puissāce sur les fleurs de les faire croistre et espannir. Et estoit faicte sa feste chascū an dicelle le tiers iour de may cōme il appert par ouide de fastis/en son cinquiesme liure/et ẽuoient ceulx qui faisoient celle feste de robes de diuerses couleurs pour ce que les fleurs sont aussi cōe de toutes couleurs portoiēt cherges alumes ou pour ce q̄ ses fleurs resplendissent comme cherges. Ou pour ce si cōme dit ouide/les lumieres de nupt sont plaisans a noz delices en parlant en la persōne de celle deesse, enbueillant innuer que ceulx qui ladouroient bacquoiēt de nupt a luxure et a ribaudise/Et ainsi de nupt est l'usaige des cherges/car la feste de ceres la deesse des bledz se faisoit de nupt et portoit chascun vng cherge des laidures qui se faisoient en lonneur de celle deesse. parle assez ordement et honteusement iuuenal en son second liure quant il dit cestui verset. ¶ Maura pudicicie veterē cum preterit aram, noctibus hic ponunt sectitas. Et de ces laidures mesmes parle valerius maximus en son secōd liure qui dit que sicomme caton regardoit ces ieux faire a celle flora q̄ faisoit faire vng apelle messius qui estoit edile: Le peuple eut vergoingne de requerir que ses iougleurs et iougleresses qui estoient apellez mymi/comme dit ysidore en sō. xviii liure. saillissent auant en place qui estoient ceulx qui contrefaisoient les tragedies et comedies/et les chāssons qui se chātoient aux theatres que nous appellons au iour dhuy ieux de personnaiges sarnatifz/et pour ce que cathon dit que ceste chose plaisoit a vng sien amy qui auoit nom fauonius il se party du theatres affin quil ne empeschast la coustume des

ieux. Et tantost que il fut party recommencerent dont ouide ou. v. liure de fastis en soy mocquant de ces ieux. Et les excusant par maniere de derision dit/
¶ Turba quidem cur hos celebret meretricia ludos Non ex difficili causa petita fuit. ¶ Et demande pourquoy celle tourbe de puttains fait celle feste a ceste deesse flora. Et respont que ceste question nest pas moult fort a souldre. Car celle feste nest pas des choses cruelles ne tristes ne de choses obscures ne elle ne veult pas q̄ ces sacrifices luy soient fais de grās choses mais veult que tous ces sacrifices soient fais appertement et deuant tous et admonneste que lon vse de luy et de ses fleurs tant que len est ieune. pour ce que sicomme il dit quant la rose est hors du rozier/len ne tient cōpte du rozier ne des espines/iuxta illud. Contennunt spinam cum cecidere rose/ cest a dire q̄ quāt on a perdu sa ieunesse/len ne tient compte des gens en amours. Et pour ce celle deesse admoneste que tant com len est ieune/ len vse de la fleur de sa ieunesse, cōme en ces vers sont cōtenus Non ex tetricis non est dea magna professis: Vult sua plebeio sacra patere choro. Et mouet etatis species dum floreat vti.

Il traicte icy de la saincte et sancte de la religion crestienne. xxviii

De ces trois ordes puissances sacts et lieux denfer et des deables q̄ls apellent leurs dieux. Et de ces peines perpetuelles se plaignent les hommes estre eschappez par le nom de nostre seignr̄ iesucrist et qui soit transporte de la nupt de ces tres desleales iniqtes en la lumiere de pitie et de salut, et murmurent comme mauuais et mescongnoissans et comme pus ⁊ ten⁹ plus fort ⁊ plus haultemt̄ de ces tres desleaux esperis/ de ce que les peuples

viennent aux eglises en grant multitu=
de/et de leur voulente par ceste reuerence
que soleñnite tãt hõmes cõme femes et par
grant discrecion de chascũ sexe/la ou il
opent oignement ilz doiuẽt bien viure a tẽps
tant cõe ilz viuent a ce que apres ceste vie
temporelle ilz puissent viure beneureemẽt
cest assauoir acquerir la ioye et vie pardu
rable. ouquel lieu la saincte escripture et
la doctrine de iustice qui viennẽt du lieu
dessus cestassauoir de dieu et du ciel ceulx
qui font ces choses les opent affin de soy
er et de leur sauuemẽt/et ceulx qui ne les
font/les opent a leur condennacion et iu
gement/ouquel lieu se aucuns viennent
qui se mocquent et irrisent de telz coman
demens qui sont au salut de lame. Tã
tost toute leur importunite et folie est mi
se ius par ce quelle est muee soudainemẽt
ou restrainte par honte ou par paour Et
la raison y est trop bonne/car en ces lieux
ou len publie les commandemens de no
stre seigneur ou len raconte ses miracles
ou len loue ses dons ou len y requiert ses
benefices/on ne leur propose riens q̃ soit
lait ne mauuais a regarder a faire ny en
suiuir

Exposicion sur ce chapitre.

En ce.xxviii.chapitre monseignr
saint augustin demonstre par les
choses quil a declairees en ce liure que ces
adoureux de faulx dieux ou de deables
sans cause courent sus aux crestiens/et
se mocquent deulx comment les crestiẽs
apẽt nostre seigneur iesucrist en tres grãt
honnestete.

Admonnestemens et exortaciõs aux ro
mais de oster et mettre ius du tout le ser-
uice q̃ ilz font a leurs dieux   xxix

Et pour ce toy iouuẽte des rõmais
qui fais a louer et qui es trail-
lee a congnoistre quest vertu et prudence
O lignee des regules/des scenoles/des
scipions et fabriciens/couuoittent plus
ces choses et separe ces choses de celle tres
laide vanite et tres deceuable malignite
des deables. Se il ya riens qui cõme lou
able refuise naturelemẽt en toy il ne peut
estre purgie par quelque dope de pitie/et
au contraire il est dispers et pugni p ini-
quite. Or est il dõcques que tu ensuiuras
et que tu dois ensuiuir/affin que sãs ql=
conques tu soyes louez/non pas en toy
mais en dieu le vray quant tu adouroies
les ydoles. tu auois fors la gloire du peu
ple/mais la vraye religion que tu deuois
eslire au secret iugement de sa diuine pro
uidence/Esueille toy il est iour ainsi cõ-
me tu es esueille en aucune de parfaicte
vertu/desqlz et pour leur vraye foy nous
auons gloire de leurs passions. lesquelz
en tout et par tout en eulx combatãt tres
hardiement contre les puissans des tres
grans ennemis et en souffrant la mort
en les vainquant par grant force nous
ont engendre ce pays de leur propre sang/
ouquel pays nous te semonnons et re-
querons/que tu soyes adioustee ou nom
bre diceulx citoyens/duquel la vraye re-
mission des pechiez est ainsi comme ung
asile que les rommains appelloient lieu
de refuge et de seurete/non pas ceulx qui
sõt dessemblables a toy comme ceulx qui
sont corrumpus de mauuaises meurs q
se mocquent de nostre seigneur iesucrist
ou des temps crestiens/et se efforcent de
appeticer le bien diceulx/et comme accu
sans ainsi comme les mauuais temps es-
quelz ilz quierent les temps ou il nayt
de vie seure ne paisible mais qui plus est
il ya seure mauuaistie/car ces temps ne
te pleurent oncques/ne pour la vie terri
enne/ne pour la paix terrien/mais mal
tenant prens et embrace la vie celeste pour
laqlle il te fauldra trop pou labourer et si
regneras vraiemẽt et sãs fin tousiours en
icelle. la certes ne se feu du tẽple de veste ne

la pierre du capitole. Mais ung et vrai dieu te donnera empire et seigneurie sans fin. Ne il ne te mettera ne temps ne terme de choses. ne veulles requerir les dieux faulx ne deceueurs. mais qui plus est gette les arriere de toy et despitte, affin q̄ tu puisses reuenir en reluisant en vraye franchise. ceulx ne sont pas dieux, mais sōt mauuais esperis par lesquelz ta felicite ou beneurete est peine pourable. ne iuno aux tropens desquelz tu es descendue, et dont tu as prins ta naissance. ne semble point auoir eu si grant enuie aux teples et forteresses des rommains comme ces deables que tu cuides encores estre dieux ont grant enuie de mettre toutes manieres de gens en tenebres perpetueles. Et tu mesmes de telz ors esperis iugas τ demōstras, non pas en petite partie quant tu les appaisois et seruois de telz ieux. seufre que len afferme ta liberte et franchise contre ces ors esperis qui tauoient boute en la teste que tu leur cōsacrasses ces choses ainsi diffamables et ygnominieuses. Tu as oste de telz hōneurs les faiseurs de telz choses criminieuses que tu tenoies estre chose diuine τ pource supplie a dieu le vray que il oste de toy ces dieux q̄ se delictent en seurs crimes soient vrays q̄ est chose tres vituperable et infame. Soient faulx qui est chose tresmauuaise. cest bien fait que de ta voulunte a ces iougleurs τ faiseurs de ieux sceniques tu nas voulu que il demeurent en sa cite. mais les en as boute hors. esueille toy pl' plainement car par nusse maniere sa maieste diuine nest suppliee ou appaisee par telz ars par lesquelz la diuinite humaine est couchee. par quelle maniere doncques cuides tu auoir ou nombre des sainctes puissances du ciel les dieux qui se delictēt en telz seruices comme tu napes pas cuide que les hommes par lesquelz len feur faisoit telz seruices et reuerences fussent dignes de estre ou nombre de quesconques citoyens rōmains. Sans comparoison sa cite souueraine est plusclere en laquelle il a victoire

verite, dignite, sainctete, paix, felicite, vie, et par durablete. Et se tu as eu honte dauoir telz hommes en ta compaignie par plus forte raisō a maicis celle cite souueraine cure dauoir telz dieux en sa compaignie. Et pour ce se tu desires venir a celle benoite cite, eschieue la compaignie des deables. il nest pas doubte quilz sont adourez indignement des gens honnestes qui sont appaisez par telz ordures τ par telz lais ieux, soient doncques ostez ces dieux de ta compaignie par purgaciō crestienne, cest a dire par prendre le saint batesme et la vraye foy crestienne. aussi cōme ces aucteurs et faiseurs de ces ieux sceniques sont oste de toute dignite par le iugement des cēseurs qui sont ceulx qui iugēt des meurs. mais des biēs du corps desquelz seulement les mauuais voulēt vser et des maulx du corps desquelz seulement ilz ne veullent souffrir. affi que ce soit cy la maniere de ce volume. Nous verrons apres et monstrerons que ces deables nont point de puissance en ces choses en quoy on cuide quilz aient. Et suppose quilz leussent q̄ len les deuroit plustost despiter et contenner que les adourer pour ces choses et en les adourant ne peusent pour nous attaindre a ce dequoy ilz ont enuie sur nous, toutesfois ne pouoient ilz riens valloir en ce en quoy ilz cuident quilz doiuent ayder a ceulx q̄ cōtendent que pour ce len les doiue adourer.

Expposicion sur ce chapitre

En ce. ppix chapitre monseigneur saint augustin enhorte les rommains a croire et adourer vng vray dieu, et que a lui ilz se cōuertissent et pseuerent en lamer de tout leur cueur, Et delaissent a adourer leurs faulx dieux et mauuais. Et prent sa cause et occasion par les choses quil a demonstrees en ce liure. Apres quant il parle du temple de Veste et de la pierre du capitole. par la pierre du capitole/ il entend les ymages des dieux et des deesses qui estoient adourez. Et aussi les temples ou ilz estoient adourez/ car la estoient les temples de plusieurs dieux et deesses comme iupiter et iuno/ et de plusieurs autres. Et quant il parle du feu du temple de Veste/ il le dit pour tant q̄ celle Vesta par laq̄lle ilz entedoient la deesse du feu nauoit point dimage propre sicomme auoient les autres/ pour ce que le feu ne peut estre figure en forme dimaige/ Sicomme dit ouide ou. vi. liure de fastis. et pour ce auoit tousiours feu en ce temple/ et le tenoit on et nourrissoit en vertu. Et ce feu estoit apelle le feu perpetuel/ et y auoit grāt peine a cellui qui le deuoit garder se il le laissoit estaindre. De ce raconte Valerius en son premier liure ou premier chapitre que lucinius qui estoit souuerain euesque/ sy commanda et iuga que vne vierge du temple de Veste fut fustee et batue de verges/ pour ce que en vne nuit elle auoit mal diligamment gardé le feu dicellui temple/ et pour ce que celle Veste auoit temple ou capitole pour ce parle monseigneur saint augustin du feu de Veste et de la pierre du capitole/ et pour sauoir qui est celle Vesta/ tu dois sauoir q̄ selon que dit ouide ou. vi. liure de fastis/ Vesta est aucunesfois prise pour la terre/ aucuneffois pour feu/ et est dicte de Veston en grec qui vault autāt comme feu en latin/ aucuneffois pour le feu du firmament qui enuironne la terre/ aucuneffois est dicte terre par ymagination ainsi comme vng monceau de terre/ et peut len ces choses aifi accorder que en ce temple de Veste estoit le feu pendu en lapr dedēs vng vaisseau de terre et du firmament. Aucuns autres sicome dit ouide de mesmes en ce liure dient que elle est apellee Vesta a Vestibulo/ cest a dire la premiere partie delentree du temple ou lē commencoit a faire les oroisons sicomme quāt

quant len entre en vne maisō len dit par huic domui qui vault autant a dire dieu soit ceens/ et estoit le feu mis tousiours ou millieu du pauement/ toutesfoiz lopinion de ceulx qui dient quil estoit pendu ou temple de Veste en vng vaisseau rond semble estre mieulx fondée pour ce q̄ ainsi comme dit ouide en ce lieu/ ce temple de Veste estoit rond comme vne pōme et concaue dessus et dessoubz. La feste de ceste Vesta estoit celebree en iuing en vng champ que len apelloit le champ de mars et estoit le lieu par ou len y alloit tout couuert la cuisoient leur pain sur le pauement/ et la estoient amenez par grant reuerence les asnes qui mouloient la farine/ et faisoient ceste feste les fourniers. Et pour ce estoient apellez ces ieux les ieux des fourniers/ et ne furent pas les rōmains seulz ne les rommains qui adouroient le feu/ car sicomme dit petrus comestor en listoire scolasticque ou chapitre de la diuisiō des enfans nembrot/ les caldez furent les p̄miers qui adouroient le feu/ et trainoiēt leurs enfans parmy et ardoient toutes les ydoles et les autres adouroient/ Et comme les canopeyens qui sont les egipciens adourassent lidolle de Bellus pour doubte que les caldez ne lardeissent il offerent a leur ydole vne courōne dor quel auoit en sa teste et lui en mirent vne de terre faicte a la semblance dicelle. Et y firēt petis pertruis quil estouperent de cyre/ et puis semplirent deaue/ et quant les caldez vindrent qui cuiderent ardoir celle ydolle ilz boutèrēt le feu dessoubz pour la dorre/ et tantost la cyre fondit et leaue cheit sur le feu et lesteindit/ et par ce furent preposees les ydoles a celles des caldez/ encores a la semblance de ce feu perpetuel qui estoit ou temple de Veste est trouué en la bible ou. vi. chapitre de leuitique/ que dieu commanda que le feu fut perpetuel en lautel/ et ce feu fut enuoyé du ciel par nostreseigneur sur le premier sacrifice q̄ fist aron/ lequel feu en consacrant et offrant ardit et brusla le sacrifice sicomme il est trouué ou .viii. chapitre de leuitique/ Et dura ce feu iusques a la transmigra‍cion de babilone. Ne depuis que le sacrifi‍ce fut fait par aaron/ τ que le feu fut descẽ‍du sur l'autel/ il ne conuenoit point appor‍ter feu estrange sur l'autel pour faire sacri‍fice/ dont il auint que pour ce que nadap et abiud enfans de aaron q̃ administroiẽt a l'autel mirent estrange feu en leurs encẽ‍soires et l'encens par dessus pour encenser a l'autel. Une partie du feu qui estoit sur l'autel, volla sur eulx/ et les ardit τ tua. sicomme il est escript ou .x. liure de leuitiq̃

¶ Encores de ce feu racõte petrus come‍stor en ses hystoires sur le liure de iudith/ Et aussi est escript ou secõd liure des ma‍chabeux ou premier chapitre/ que ou tẽps des chetiuoisons du peuple d'israel, hiere‍mie print des breses τ des tisons de l'autel τ les mist en vng puich qui estoit en la va‍lee iosophat/ auecqs eaue crasse des sacri‍fices. Et cõe aps le retour de la chetiuoisõ on eust redrescé l'autel pour faire ses sacri‍fices/ et ne les peut on bõnemẽt faire pour ce que on n'auoit point de feu perpetuel. Jere‍mie le prophete ala a ce puich et print celle brese/ ces tisons/ et celle crasse/ τ les appor‍ta sur l'autel/ τ les mist sur vng monceau de busche que on auoit la mis dessus la be‍ste que on vouloit sacrifier. Et tantost le feu s'aluma et parfist son sacrifice/ et de la en auant fut le feu gardé. ¶ A ce propos de ce feu ainsi venu auons nous vng exem‍ple des payens/ lequel racõte valerius en son premier liure ou premier chapitre q̃ dit que comme le feu du temple de veste qui es‍toit a romme par mauuaise garde fut es‍tainct en vne nupt/ vne vierge de ce temple de veste qui en auoit la garde prist vne piece de boys molle a maniere de fi/ τ appliqua aux charbons et a la cendre/ τ tãtost le feu s'aluma. Titus liuius en son premier li‍ure de la premiere decade dit q̃ numa põ‍pilius qui fut second roy a romme ordon‍na premierement ce temple de veste/ ou q̃ le feu seroit adouré/ et les vierges q̃ le gar‍doient qui viuoient sur le commun/ et fu‍

rent prins premieremẽt les prestres de la cite d'albe qui estoit mere de rõme. La cau‍se pourqnoy il ordonna ce feu estre perpetu‍el en ce temple/ rẽt florus en son epithome ou premier chapitre du premier liure q̃ dit que ce fut affin que a la semblance des es‍toilles qui reluisent ou ciel/ la flamme p̃r‍petuelle veillast perpetuellemẽt a garder l'empire de romme. Et print son occasion du mot de feu qui aucunes fois est appellé ignis/ aucunesfois focus a fouendo/ c'est a dire de nourrir/ pour ce que le feu nour‍rist et purifie toutes choses. Et pour ceste cause les tartars purifient toutes choses par feu par telle maniere que silz ont en‍tour eulx aucune chose orde/ ilz ne la sais‍sent estre entour eulx iusques a ce que elle ait passé par entre deux feux. Et aussi fõt ilz des estranges q̃ viennent deuers eulx soit en messaigerie ou autrement/ voire de dõs que on leur apporte/ sicomme dit vin‍cent speculo hystoriali ou .xxxii. liure ou .vii. chapitre. Et dit encores en ce mesmes lieu que les tartars tiennent a grant pe‍chie de toucher le feu de cousteaulx. Et en‍cores a la loenge de ce feu nous auons que le saint esperit descedit sur les apostres et disciples de nostreseigneur en maniere de feu pour nettoier et purifier leurs cueurs Et les chandelles qu'on offre ardantes si‍gnifient q̃ le cueur doit estre alumé/ τ pris et purifié de pure deuocion et en vraye con‍templacion. ¶ Encores de ce ce feu perpetu‍el ple solin de mirabilibus mundi ou cha‍pitre de la grant bretaigne qui dit quil y a plusieurs fontaines/ et la a vng temple consacré a minerue ou il y a feu perpetuel qui nul temps ne se degaste ne ne tourne en flammescees/ mais quant le feu se dega‍ste il se mue aux pierres.

¶ Cy fine le second liure de monseigñr saint augustin de la cite de dieu:

l.ii.

¶ Cy commencent les chapitres du tiers liure de la cite de dieu fait par monseigñr saint augustin.

¶ Des aduersitez q̃ seulement les mauuais craingnent/ r lesquelles le monde a tousiours souffert ttãt comme il a adourez les ydoles.　.i.

¶ De sauoir se les dieux q̃ estoient adourez semblablement et des rommains r des grecz eurent aucunes grãdes causes pour lesquelles ilz souffrissent que ylion fust abatu ou trebuche/ cestassauoir troye/ ou le chasteau et arche ou estoient les souuerains dieux.　.ii.

¶ Que ses dieux ne pourroient estre offendus pour ladultere de paris quon tient que ilz ont souuentesfois frequente entre eulx.　.iii.

¶ De la sentence de Varo qui dit que cest proffitable chose que les hõmes faingnẽt ou mentent q̃lz soient engẽdrez des dieux　.iiii.

¶ Que len ne peut pas prouuer que les dieux ayent prouue ladultere de paris/ lequel ilz ne vengerent point en sa mere de romulus.　v.

¶ Du parricide de romulus/ cest a dire quil tua sõ frere. laquelle chose les dieux ne vengerent point.　vi.

¶ De la destruction de ylion lequel simbria vng des ducz ou princes de marius a batit et grauenta　vii.

¶ Assauoir se romme deust auoir este comise a garder aux dieux troyens.　viii.

¶ Se len doit croire que les dieux eussẽt donne aux rommains celle paix qui fut ou temps que numa regnoit.　ix.

¶ Se len doit croire q̃ par telle et si grãt raige de batailles lempire de rõme fut accreue/ comme par celle mesmes estude q̃ fut fait soubz icelluy numa il peust estre a seurte et a repos.　x.

¶ De ydole du dieu apposin de la cite de cumes qui plora par ses pleurs/ de laq̃lle seyse croit auoir demonstre la distinction des grecz ausquelz ilz ne pouoient ayder.　xi.

¶ Quans dieux les rommains adiousterent entre les constitucions de numa/ desquelz la multitude ne leur ayda riens　xii.

¶ Par q̃l droit ou par quelle aliance les rommains obtindrent leur premiere mariaiges.　xiii.

¶ De liniquite de la bataille que les rõmains firent aux albains et de la victoire prinse par eulx par conuoitise de seignourir.　xiiii.

¶ Quelle fut la vie ou lissue ou les fis des rommains.　xv.

¶ Des premiers consulz de romme/ desquelz lun bouta lautre hors du pays. Et apres trescruelz parricides r quil y eut nature son ennemi mourut par sa naurure q̃ sur fist son ennemi.　xvi.

¶ Desquelz maulx la chose publicque de romme se traueilla apres ce que lempire commenca a estre gouuerne par cõsulz a quoy les dieux quilz adouroient ne mettoient nul remide.　xvii.

¶ Quantes pestilences gasterent les rõmais soubz les batailles punicques/ cest a dire ceulx de carthaige/ r pour ce ilz reqroient leurs dieux en vain.　xviii.

¶ De laffliction de la secõde bataille punicque/ par laquelle ses vertus ou forces de lune r de lautre partie furent cõsumees et gastees.

¶ De lissue et fin des sagoutins ausqlz les dieux des rommains ne firēt aucune ayde/combien quilz fussent perdus pour lamour des rommains. xx.

¶ Com la cite de romme fut mal recongnoissant des biens que luy auoit fait scipion qui les deliura de ceulx de carthaige et en quelz meurs elle viuoit et se gouuernoit ou temps q̄ saluste la descript, auoit este trop bonne. xxi.

¶ De ledict que fist mitridates par leql il commanda que tous les citoiens rommains qui seroient trouuez dedens les termes daspe fussent occis xxii

Des maulx par dedens qui aduindrent en la cite de romme/ par lesquelz la chose publicque rommaine fut tourmentee et desmenee/laquelle chose fut demonstree et signifiee parauant par la rage de toutes bestes priuees qui seruoient aux hommes/ qui toutes vuiderent la ville et sen fuirēt au bois comme sauuaiges xxiii

¶ De la discorde ciuille laquelle ensuiuirent les sedicions ou discorde de grece. xxiiii.

¶ De la maison de cōcorde qui fut faicte par le conseil du senat ou lieu des sedicions et occisions qui auoient este faictes. xxv.

¶ Des diuerses manieres de batailles lesquelles sensuiuirēt apres ce que la maison de concorde fut faicte et edifiee xxvi

¶ De la bataille ciuille de marius et de silla. xxvii

¶ De la comparaison de lassault et desconfiture que receurēt les rommains par les gothz quant ilz gastarēt romme ⁊ des pestilences q̄ les rommains receurent/ ou des galles/ ou des faiseurs des batailles ciuilles xxviii

¶ De la conuexion de plusieurs ⁊ griefues batailles/lesquelles precederent laduenement de iesucrist. xxix:

¶ Com honteusement et sans vergougne ceulx a qui on ne seuffre que ilz adourēt les dieux/ mettent sus a iesucrist les dommages des temps presens comme ou temps que on les adouroit fusēt aussi grās tēpestes et pestilences. xxx.

Cy fine la table
du tiers liure.

Ey commence le tiers liure de monsei
gneur saint augustin de la cite de dieu.

Des aduersitez q̃ seulement les mau
uais craignent/et lesq̃lz le monde a tous
iours souffers tãt comme il a adoure les
ydoles. .i.

Ie cuide que iaie assez dit des
mauuaises meurs de coura
ge qui sur toutes choses sont
a escheuer/et que les faulx di
eulx ne tindrẽt cõpte de secourir au peuple

qui ses adouroit/affin quilz ne feissẽt ces
maulx/mais qui plus est ont fait quilz
ont este contrains a les faire. Mais il sem
ble quil est a dire des maulx lesq̃lz iceulx
seulement ne veullent souffrir/sicomme
sont fain/maladies/batailles/pilleries
chetiuete/et occision/et autres se aucunes
en y a semblables dont nous auons fait
au premier liure memoire/car ces choses
les mauuais seulement deputent a mal/
iassoit ce que ilz ne soient pas mauuaiz/
ne ilz nont point honte destre mauuais/

lxiiii.

entre ses biens de fortune quilz soent et desirent a auoir/et se courroucent plus seilz ont mauuaise ville que silz ont mauuaise vie/cest a dire quilz soient plais de mauuaises meurs/ainsi come se ce fussent les tresgrans biens de homme auoir tous biens/et non soy auoir. ¶ Ne seurs dieux ne resisterent a ce que les maulx quilz ressoingnent seulement ne leur aueniffent ilz ses adouroient si franchement et si liberalement/car comme auant laduenement de nostreseigneur iesucrist par diuers lieux et par diuers temps humain signage fut tourmente de tant de batailles sans nombre/et de telz qui ne semblent pas a croire Quelz autres dieux adouroit le monde que ceulx que on adoure a present. Excepte par auenture vng peuple hebrieu & aucuns autres dehors ce peuple qui furent de ce preseruez par grace diuine et par aucun secret et tresiuste iugemet de dieu ¶ Toutesfois affin que ie ne se face trop long/ ie me tairay des tresgriefz maulx des autres nacions qui ont este par tout/et parleray de ce qui appartient a parler a lempire de romme tant seulement/cest assauoir a sa cite de romme proprement. et des terres qulconques qui sont ioinctes par societe et compaignie ou subgectes par condicion. Quelz maulx elles ont souffert auant laduenement de nostreseigneur iesucrist/comme elles luy appartenissent/ia ainsi comme au corps de la chose publicque.

¶ Exposicion sur ce chapitre.

En ce tiers liure monseigneur saint augustin entet a traicter des maulx de peine ausquelz sont submis ceulx qui adourent leurs dieux. Et est son intencion de monstrer que leurs dieux que ilz adourent ne les gardent point de ces maulx/ & que pour ceste cause na ceste intencion, len ne les doit point adourer. Et pour ce que en ce premier chapitre il desclaire son intencion/ et comment il veult proceder en ce liure/et par especial quant a la matiere de laquelle il veult traicter, cest assauoir des maulx de peine. et non pas de toutes manieres de gens/mais des rommains/& de tous ceulx qui eurent compaignie auecq eulx/sicomme les ptaliens et les autres nacions quilz mirent en subgection depuis le temps quilz ses subiuguerent. ¶ Apres quant il parle & fait excepcion du peuple hebrieu/et daucuns autres hors iceluy peuple qui ont este reseruez. Il semble quil se peut entendre pour vne maniere de gens qui sont appellez bragmani/ou gignosophistes/ou pour les recabites.
¶ De ces bragmains parle monseigneur saint hierosme ou prologue de la bible & dit que ilz sont en inde/et que se sont vne gent qui vacquent a aprendre science, et a aprendre le cours des estoilles. A iceulx voulut faire guerre alixandre/mais vng appele diuidimus qui estoit leur maistre et leur euesque se appaisa par certaines lettres q il leur enuoya/ausquelles il escripst toute leur vie/sicomme il se treuue aux fais de alexandre. Lesquelles epistres tu pourras veoir par vincent in speculo hystoriali, aux temps de alexandre. Et quant est des gignosophistes/semblablement en parle monseigneur saint hierosme ou prologue de la bible/et dit quilz sont en ethiope et sont gens de merueilleuse condicion/car ilz sont tous nudz et sont a vne table dor ou ilz ne se estudient que a grant contemplacion/et procedent en humilite et en pourete/et habitent en petites maisons et en cauernes/ne nont ne villes ne citez/ne ne nupsent a nulluy/ne ilz nont cure darmeures/& demeurent arriere de leurs femmes et de leurs enfans qui nourrissent les bestes de quoy ilz doiuent viure. Iceulx trouua alexandre en ethiope/et quant il les eut trouuez il fut moult esmerueille de leur vie et de leur ordonnance/et la prisa moult Et leur dist quilz demandassent ce quilz vouldroient et il leur donneroit. Lesquelz luy requirent quil leur donnast immortalite/et que cestoit la chose quilz desiroient plus ou monde/et que de ses richesses ilz

ne tenoient compte/ lequel leur respondit que ce stoit chose impossible quil leur peust donner immortalite/ comme il fust homme mortel. Et ilz luy respondirent comme doncques il faisoit tant de maulx p̄ tout le monde puis quil sentoit quil estoit homme mortel/ sicomme il se treuue ou liure des merueilles dorient: Et quant est des rechabites/ il sen treuue en la bible ou trēteciqiesme chapitre de hieremie/ ou il dit q̄ pour ce quilz ne voulurent point boire de vin auecques les autres/ sicomme ionadap filz de recap leur pere leur auoit commande/ ne ediffier maisons/ ne planter vignes ne terres/ ilz furent reseruez ne ne furent pas menez en la chetiuoison quant hierusalem fut prinse de senacheris/ mais leur furent promis de dieu moult de biens par la bouche du prophete/ sicomme tu le pourras veoir en ce chapitre.

¶ Assauoir se les dieux qui estoiēt adourez semblablement et des grecz et des rōmains eurent aucunes causes/ par lesq̄les ilz souffrirēt que ylion fust abbatu et trebuche/ cest assauoir trope/ q̄ le chasteau et arse ou estoient les souuerais dieux. ii.

De certes il nest a delaisser/ ne il nest a dissimuler/ premieremēt pourquoy trope ou ylion dont le peuple rommain a eu sa naissance et dont iay parle ou premier liure/ a este vaincu/ prins/ et trebuche des grecz qui adouroiēt ou auoient ces mesmes dieux/ mais ilz dient que len a rendu a priamus les pariuremens de laomedon son pere/ ie me esmerueille comment apolo qui est nomme adeuineur veult labourer a faire cel edifice/ et ne sauoit que laomedon ne luy acompliroit pas sa promesse/ iassoit ce que neptunus qui estoit son oncle frere de iupiter et roy de la mer/ ne deust pas estre ignorant de ces choses auenir/ car omerus les

quel on dit auoir este auant la creacion de celle cite admaine icelluy apollo qui adeuina grant chose de la lignie de enee/ des successeurs duquel romme a este faicte et cree. Et dit que neptunus se rauit en vne nuee/ affin que achilles loccist/ comme il desirast que toute trope fust toute arrasee et trebuchee. Et ce confesse il en virgille/ ou il dit en vng vers que les ediffices de trope la patiure q̄l auoit fait de ses mais il desiroit quil fust abbatu/ et trebuche/ et destruit. Et comme si grans dieux doncques comme neptunus et apollo ediffierent la cite de trope/ tant a ceulx qui leur furent aggreables/ comme a ceulx q̄ leur furent desaggreables/ et quilz ne sauoiēt pas que laomedon leur deust denyer leur loyer. Voient se ce st plus griefue chose de croire a telz dieux que de leur mentir ou p̄iurer. Car ne cel omerus qui fait combatre ce neptunus contre les cytoiens et apollo pour eulx ne le creut pas de legier comme selon ce que la fable se raconte/ ilz furent tous deux offenduz ou iniuries de ce pariurement: ¶ Se doncques les rommains adioustent foy aux fables/ aient vergougne et orreur de adourer telz dyables/ et si nen croient rien/ ne nous mettēt point au deuant les pariuremens des rōmains/ ou ilz se merueillent comme les dieux hayrent les pariuremens des troyens/ et aymerent ceulx des rommains/ dont certes la coniuracion de catiline en telle et si grant q̄ si corrompue cite comme romme/ eut tresgrant multitude de ceulx lesquelz la main et la langue nourrissent p̄ pariuremens ou de sang ciuil. En quelles autres choses pechoient les senateurs par tant de fois corrompus en leurs iugemēs les peuples ou populaires en suffrages ou en quelconques causes qui estoient demenees par le peuple en leurs conuacaciōs ou ilz auoiēt acoustume a faire leurs predicacions/ fors par eulx pariurant et mentant. Car a ce que aux meurs trescorrompues/ estoit gardee ceste ancienne ma niere de iurer/non pas que pour doubte de la religion du serment on leur deffendist a faire les crimes et les maulx/mais affin que les pariuremens fussent adioustez a leurs mauuaistiez. ¶Et pour ce il nest nulle cause pourquoy les dieux par lesquelz dient cel empire auoit demoure en puissance et en seignourie que len doit faindre que ilz fussent courouchiez aux troyens pour leurs pariuremens comme ilz soient prouues estre vaincus par les grecz qui les ont sourmontes/ et eu sur eulx la maistrise et seignourie. Ne ilz ne se couroucherent point a ce que ilz delaississent troye pour ladultere de paris de rechief de quoy aucuns les ont voulu excuser et deffendre/ Car certes ilz sont accoustumes de estre aucteurs et docteurs des pechiez/et non pas vengeurs.

¶Exposicion sur ce chapitre.

En ce second chapitre monseigneur saint augustin en commence son traictie/ et commence a parler des maulx de peine que souffrirent les romains depuis leur naissance/cestassauoir depuis que troye fut destruite/ et que enee sen vint par mer fuiant et arriua en ytalie/ et combien que len vse de ce mot general troye/ toutesfois est il assauoir que troye estoit prouince ou region/ sicomme on diroit france ou picardie. Et prion estoit la maistre cite. Combien que len prengne aucunesfois lun pour lautre/ et diceulx descendirent les rommains/ especialement remus et romulus lesquelz fonderent romme sicomme il appert par titus liuius en sa premiere decade qui dit. quilz descendirent de enee et de ce parlerons nous plus aplain ou chapitre subsequent. ¶Comment troye fut destruite des grecz et les maulx qlle souffrit et les persecucions/cest chose toute notoire que icelle fut toute arse et trebuchee. Et touteffois adouroit elle ces mesmes dieux que adouroient les grecz et que depuis adouroient les rommains sicome il appert par le texte du iii.e xxx. chapitres du premier liure/ par enee mesmes qui apporta les dieux en ytalie et luy furent recommandes.) Apres quant il parle du pariurement de priam et de laomedon/ monseigneur saint augustin allegue vne deffence pour les dieux/ pourquoy ilz eurent cause delaisser la cite ardoir et eulx en aller. Car il dit que laomedon se pariura de sa promesse faicte aux dieux quant ilz luy edifierent la cite. Pour lentendement de laquelle chose il est assauoir que monseigneur saint augustin veult icy mettre la fable ou fiction qui est touchee plus diffuseement ou liure quon appelle de ortu deorum/cestadire de la naissance des dieux. Laquelle fable est telle. Laomedon qui fut roy de troye fist pact et conuenence auecques neptunus qui estoit faint dieu de la mer/ et auecques appollo qui est dieu de la diuinacion/ que silz luy vouloient edifier sa cite de troye/il leur payroit tresbon loyer/et ce leur promist il et ioua par serment. Lesquelz par ceste promesse luy edifierent sa cite/et icelle edifiee leur faulsa son serment/et fut refusant de leur payer ce quil leur auoit promis/ et pour ceste cause neptunus si induit les grecz a ce quilz ardesissent et trebuchassent troye. Mais appollo combien que il luy eust faulse son sermet si estoit il tousiours pour les troyens. Et est encores assauoir en ceste matiere que les poetes faingnent que iupiter et neptunus qui estoient freres et enfans de saturne/ et que appollo estoit filz de iupiter. Et par consequent nepueu de neptunus/ et estoit neptune son oncle. Et tiennent encores que venus fut fille de saturne/ et quelle fut nee de ses genitores qui furent gettees en la mer. Laquelle venus fut mere de enee/et anchises fut son pere. Et par ainsi enee estoit nepueu de neptunus et cousin germain de appollo. Et pour ce combien que neptunus induisist tousiours les grecz a ce que troye fust trebuchee et destruitte. Touteffois veult il bien sauuer son nepueu/ et se sauua de fait. Et cest ce que monseigneur saint augustin recite des vers de virgille ou il dit quil le rauit en vne nuee concaue. Et sont les vers de virgille eneydos du cinquiesme liure parlant en la personne de neptunus/ regardant les troyens de leurs pariuremens/ lesquelz deux vers sont telz. Nube caua rapui c[?]: perem conuertere ab ymo. Structa meis manibus periuro menia troie. Cest a dire que neptunus dit ainsi. que comme il eust grant desir de trebuchier et arraser troye du fondement iusques au bout. pour son pariurement. laquelle il auoit edifiee de ses mains.] Touteffois rauit il en vne nuee concaue enee/ et cest la fiction/ et la verite est telle q̄ en vne bataille deuant troye enee sen fuit. et tantost tel tourbillon sourdit que on ne scait quil deuint. Et dit monseigneur saint augustin que ces vers ne sont pas seulement de virgille/ mais sont de omerus qui fut vng grant poete/ et qui se treuuent en ses liures. ¶ Quant cel omerus fut/ et en ql temps/ il en est grant discord entre les acteurs. Touteffois saccordent ilz tous quil fut deuant romulus. Et de ce parle monseigneur saint augustin cy apres ou xxi. liure ou sixiesme chapitre. Et aussi en fait mencion monseignr̄ saint ierosme en cronicques.] Encores est il assauoir que parauant et des le temps de laomedon troye fut destruicte par iason et par hercules. Et le roy laomedon mort pour ce que quant peleus enuoya iason son nepueu en lisle de colcos querre la toyson dor/ il leur enuoya deffendre quilz ne descendissent ne ne prinsent port en sa terre/ dont iason et hercules furent si courouces que ilz la destruirent quant ilz furent retournez/ et si emmenerent exiona la fille de laomedon/ ne ne la voulurent rendre/ mais fut donnee a thelamon qui fut cause de rauir heleine. Pour leql rauissement la coniuracion fut faicte des grecs contre

ceulx de troye qui en fut destruitte/ sicomme dit guido de colompna en son quart liure en la fi. Et dares frigius en son liure de la destruction de troye/ ou commencement/ lequel cornelius nepos translata. Encores fut elle de puis destruitte p̄ vng consul de romme appelle fibria/ dont nous parlerons cy apres ou septiesme chapitre: Et ainsi tu peus veoir quelle fut sept fois destruitte. Apres quant il parle de la coniuracion de catiline/ il en est parle cy dessus ou second liure ou vingtquatriesme chapitre. ¶ Apres quant il parle des suffrages du peuple/ il entend proprement des corrupcions qui se faisoient aux electiōs ou aux aultres besoignes. Ausquelles choses faire il failloit grant multitude de peuple q sappellēt cōciēs q vault autāt cōe assemblee de peuple/ car en eulx puirāt souuēt par dons ou par faueurs/ ilz eslisoient personnes moins souffisans aux dignitez et aux offices. Et se tu veulx veoir encores la coniuracion de catiline/ voy saluste In catilinario. qui dit que cestoit tresgiere chose en si corrompue cite que ce catiline fust auironne de toutes gens criminelz. Car il ny auoit ne bastard adultere/ ribault/ houlier/ puttier/ioueur de dez/ gourmāt gasteur de biens/ murtrier parricide/ sacrileges/ pariures/ ne hommes vicieux quelconques qui ne fussent ses prochains et quil neust allies a luy. Et du demourant nous nous passons/ pour ce q̄ nous en auons parle cy dessus.

¶ Que les dieux ne peurent estre offendus pour ladultere de paris/ Combien q̄ on se tient souuentesfois auoir este frequē te entre eulx: .iii.

¶ Icomme ie lay apres saluste dit que les troyens qui sen vindrent cōe fuitifz soubz le gouuernemēt

de enee et qui vagoient/et nauoient lieu/
pais/ne siege ou ilz peussent habiter/firẽt
fonderent et tindrent premierement la ci-
te de romme. Doncques se les dieux senti
rent ou iugerẽt que ladultere de paris fust
a venger/il estoit plus a pugnir aux trop
ens rommains/et semblablement aux
rommais/pour ce que ce fist pareillemẽt
la mere de enee/du quel descendirent les
rommains. Mais comme en ce adouuciẽt
les dieux/hay ce pechie et laidure. Lesqlz
affin que ie trespasse les autres exemples
ne le hayrent pas a venus qui estoit leur
compaigne. Lequel peche ou laidure an-
chises auoit commis en venus/qui estoit
leur compaigne. Lequel peche ou laidure
en laquelle il auoit engendre enee. Ou
cest pour ce que se rauissemẽt de heleine fut
fait contre la voulente de menelaus son
mary. Et ce qui fut fait en venus fut fait
par le consentement et voulente de vulca-
nus. Car ie croy que les dieux naymẽt
pas tant leurs femmes que ilz ne veullẽt
bien que elles soient communes auecques
les hommes. Il semble par auenture q̃
ie me mocque des fables/et que ie ne de-
maine pas assez subtillement ceste cause
qui est de si grant pris. Ne creons pas
doncques se il semble que lon soit que enee
fust filz de venus/ie lotroye silz motroiẽt
que romulus ne fut point filz de mars/et
sil est de lun/pourquoy nest il de lautre/
Ou cest chose conuenable q̃ les dieux cou-
chent auecques les femmes humaines/
ou cest chose mauuaise et non conuenable
que les hommes humains couchent auec-
ques les deesses. Ceste condicion est dure
et qui plus est non creable/cest assauoir ql
fut chose conuenable a mars de vser du
droit de venus en ces touchemens/et que
en pareil cas il nestoit pas licite a venus
a vser de son droit. Toutesfois et lun et
lautre est conferme par loppinion des rõ-
mains. Ne le derrenier cepsus nouueau ce
sar ne creut point moins que venus fust
son ayolle/q̃ que romulus qui estoit plus

ancien/maintint tousiours et deuãt tous
que mars fust son pere.

Epposicion sur ce chapitre.

En ce tiers chapitre pour ce que mon-
seigneur saint augustin/ met que
le peuple rommain descendit de ceulx p
troye pour ce quil en est diuerses oppiniõs
et que plusieurs acteurs en parlent diuer-
sement/auant que nous venons a leppo-
sicion du texte. Nous voulons demon-
strer qui furent les premiers qui vindrẽt
aux lieux ou est romme/et qui premiere-
ment y edifhierent citez/maisons/villes
et chasteaulx/et les noms quelles eut. & ql
chascun le bailla a ce quil ediffia. Premie
rement est todius selon ce que dit martin en
sa cronicque/en raconte par telle maniere
et dit que apres ce q̃ la tour de babilone eut
este commencee a maconner/et les lãgues
confundues. Noe auecques ses enfans et
aucunes gens se mirent en mer/et naga
tant noe quil arriua ou tybre qui parauãt
eut nom absua/entra en ytalie et pres du
lieu ou maintenant est rõme/ediffia vne
cite laquelle il appella de son nom. Et y de
moura iusques a son trespassement. Jo-
sephe ou premier liure antiquitatum sac-
corde au departement de noe. Mais il dit
que ce fut auant ledifficacion de babilone
et si ne dit point quelle part il ala. Et
que la cause de son departement fut pour
ce que les gayans ne le vouloient croire/
et doubta quilz ne se tuassent/sa femme &
ses enfans.) Apres ianus son filz lequel
methodius martir appelle ionicus/ seql
il eut apres ce quil fut pssu de larche/duql
les iosnes de grece descendirent auecques
vng sien nepueu/appelle semblablement
ianus/lequel estoit filz de iaphet son fre-
re. Et vng aussi quõ appelloit camesos q̃

auoit este ne en ses parties/ fonda vne ci﹔
te qui a nom ianicule/ et en fist vng chief
de royaume:Et cest celle cite qui est appel
lee a present la cite de iennes.) Laquelle
pour ce que elle a este ainsi de puis accreue
a prins ce nom. sicome il se treuue aux cro
nicques de iennes.(comme il est escript en
sa mere eglise dicelle.Et depuis ce ianus
fist le chasteau quil appella ianicule a rō
me oultre se tybre/ lequel iusques a cy a re
tenu son nom.) Et y est a present leglise
monseigneur saint iehan. Et en ce temps
nembroth qui selon methode le martir est
appelle saturne/ lequel estoit roy de crete/
fut chasse hors de son royaume par iupiter
son filz/ lequel ianus recueillit longue﹔
ment/ et luy baissa lieu pour habiter/ et
luy partit sa terre Et la assez pres de rom
me edifia vne cite quil appella sa cite sa﹔
turnienne de son nom/ et dient aucuns q̄
ce fut ou lieu du capitole.En ce temps mes﹔
mes vint ptalus qui estoit roy des syracu
siens/ et ediffia vne cite pour luy et pour
ses gens de coste le tybre/ qui lors estoit ap
pelle ablua comme dit est. Et de cest pta﹔
sus print ptalie son nom.) Apres ce vint
vng sien filz lequel eut nom hercules/ le﹔
quel y vint a grant puissance darmes/ et
ediffia vne cite dessoubz le capitole/ laq̄l
le il appella sa cite de valerienne.) Apres
vint enander roy darchade qui fut pere de
palas/ lequel fist vne cite ou lieu qui sap﹔
pelle le mont palatin.) Solin ou pmier
liure de mirabilibus mūdi/ dit que ce fut
se premier qui appella romme par ce nom
Laquelle parauant les satins appelloiēt
valence/ en gardant la significacion du
nom quelle auoit parauant/ pour ce sico﹔
me il dit que romme en grec vault autant
comme valence en latin.) Encores dit
solin que les archades furent les premiers
q̄ trouuerent le nom de palais/ et fut pour
vng chasteau quilz firent en hōneur de pa
las filz de enander quilz appelleēt le cha
steau palas/ lequel pour les palus ⁊ ma
res qui estoient trop pres/ et pour le tybre
ilz delaisserent et allerent habiter ou mōt

palsatin/ dōt celle montaigne eut ce nom.
Combien que aucuns veullēt dire que ce
mont palsatin/ eut ce nom pour vne dees﹔
se qui auoit a nom palle mue.e.en.a. Ou
pour vne appellee athlente qui estoit fille
dun appelle yparboleus/ laquelle hercu﹔
les corrompit et viola en ce lieu.Et pour
ce print ce nom selon ce que dit vng acteur
appelle eprenius.Apres en ce mesme tēps
y vint vng roy qui auoit nom coriban/ le
quel fonda vne cite de coste la vasee.) A﹔
pres vint vng des enfans des filz de iupi
ter/ et fut le plus iosne appelle glaucus/
qui y fist vne cite et maisons plusieurs.
) Apres selon ce que dit ce mesmes marti
en sa cronicque vint la fille enee auecques
grant multitude des exilliez de trope qui
fist la vne cite.Solin ou lieu ou nous a﹔
uons dessus allegue dit que apres la des﹔
structiō de trope/ plusieurs dun peuple ap
pellez les achiues sen vindrent par la mer
et par le tybre/ et arriuerent ou lieu ou rō﹔
me est a present. Et ladmonnestement de
vne tresnoble chetifue de trope apellee rho
me qui estoit venue en leur compaignie/
fist bouter le feu aux nefz/ et la prindrent
siege/ et edifierent maisons et maisna﹔
ges. Et par especial elle y fist edifier vng
chasteau quelle appella romme. et estoit
ainsi escripte de son nom rhome. Sicom
me dit heraclides vng historiographe ap
pelle agotho/ dit q̄ celle rhome ne fut pas
des esseillees de trope/ mais dit quelle fut
niepce de enee/ et fille dostauius/ et que sa
cause de ce nom fut pour ce que sa mere eut
ainsi nom.Et dient aucuns que ce propre
nom de rhome fut commāde a estre secret
et fut deffendu a publier/ affin que on en
eust plus grant admiracion/ et quil fust
tenu entre les choses diuines/ et entre les
autres cerimonies/(q̄ par ce que on se tai﹔
soit ce nom ne fut pas si publie/ dont vale
rius sozanus pour ce q̄ auoit publie ce nō
oultre sa deffence. fut mis a mort. Enco
res dit solin en ce mesmes lieu que entre les
lieux qui estoient de tresancienne religiō
il y auoit vng tēple dune deesse ⁊ eues q̄sse

ou abbesse qui auoit a nom egerona, de laquelle on faisoit la feste. Et luy sacrifioit on en la .vii. kalende de feurier auant le iour, et que la estoit son ydole qui tenoit son doy deuant sa bouche, en demonstrant que on deuoit tenir le nom de romme secret sans publier. ¶ Encores dit solin que carmentis qui autrement est appellee nychostrata mere de eneander, fist une habitacion ou pie du mont de ce capitole, et fut appellee carmente des carmes, car elle estoit adeuineresse, et la est son temple, et y auoit une porte qui de puis long temps fut appellee la porte carmente. Ce fut celle ainsi comme len dit qui premierement trouua les lettres latines. Apres y eut ung autre roy qui eut nom auentin qui fut roy des albains qui en une autre montaigne de romme fist une cité. Et pour ce quil y fut mort et enterre fut appellee ce mont le mont auentin. Et comme le tybre eust nom parauant absua, sicomme nous auons dit. Toutesfois eut il nom de puis le tybre. Et sachies que ce fut pour ung des roys de romme qui auoit nom tyberius qui si noya, sicomme dit titus liuius et eutropius en son premier liure. Et sachies que auant ce que enee venist a romme il y eut roys qui regnerent cent et cinquante ans, cestassauoir saturnus, picus, fanius, et latinus. Et apres enee regnerent siluius albacinius, tyberius siluius, agripa siluius, siluius athremulus, auentinus porcas, amalius siluius. Apres remus et romulus. Et qui vouldra sauoir combien chascun regna, voie eutrope ou premier liure de sa cronicque. Toutesfois la plus grande et la plus saine oppinion est que la cite de romme fut fondee par les deux freres, cestassauoir de remus et romulus. Et fut dicte et nomme romme proprement pour romulus. Ceste oppinion tient solin de mirabilibus mundi ou second chapitre, si fait titus liuius au commencement de son liure. Si fait anneus florus en son epithome, si fait marti en sa cronicque qui dit que romulus en leage de xxii. ans apres la mort

de son frere remus adiourna et assembla tous ses chasteaulx et villes et citez. Et les ferma de murs et fist de tout une ville et fut sicomme on dit aux kalendes de may dont florus dit que pour ce quil ny auoit nulz habitans en si grant ville il tint que il nauoit fait que la semblance de la ville et pour la peupler fist deux choses premierement il fist le temple de seurete quil appella asile, ou tous malfaiteurs estoient a garand parquoy elle fut peuplee. Et puis pour ce que les voisis leur refusoient leurs filles pour la mauuaistie deulx il simula les ieux circenses ou il fist rauir les sabines, dont nous auons parle dessus, ainsi le tesmoigne saluste et monseigneur saint augustin en ce chapitre, et dit solin de sa fondacion de la cite de romme que elle fut commecee a faire en son sizieme kalende de may entre prime et tierce, iupiter estant au signe des poissons, saturne venus mars et mercure en le scorpion, le soleil ou toreau et la lune estant en la libre, et fut fait par le conseil du solenel adeuineur et mathematicque qui auoit a nom lucius tarcucius. Et ces choses souffisent quant a la creacion de romme, et est temps de retourner a lexposicion du texte. Cest assauoir que monseigneur saint augustin en ce chapitre met les paroles de saluste lesquelles sont ou premier chapitre de son liure nomme catilinarius. Et apres plusieurs qui sont ce mesmes liure et chapitre, et veult monstrer que trope ne perit poit pour choses que les dieux fussent courroucez de quelconcques crimes que len y eust comis, car les dieux ne se courroucent de nulz crimes, mais se esioissent, et pour ce dit il que se les dieux se fussent courroucez de ladultere de paris, ilz se deussent estre courroucez de ladultere de venus. Et si veult monseigneur saint augustin toucher deux histoires, lune de paris qui rauit heleine, lautre de la femme menelaus, de laquelle les poetes faingnoient une telle fable, quelle luy auoit este promise deuant de par la deesse venus pource que il auoit iugie pour elle contre iuno et

contre paſas dont nous auons parle cy
deſſus ou tiers chapitre du premier liure.
Et pour ce nous nous en paſſons. ⁋ La
ſeconde eſt de Uenus la mere de eneas dont
les poetes faingnent vne telle fable quilz
dient que Uulcanus lequel ilz faingnoiẽt
eſtre dieu du feu / ſi ottroya a anchiſes
qui fut pere de enee quil y peuſt coucher a-
uecques Uenus ſa femme. affin quil y peuſt
engẽdrer aucune lignee q̃ peuſt eſtre dieu
ou temps auenir. Et pour ce dit monſei-
gneur ſaint auguſtin que ce fut trop plus
grant adultere que Uenus commiſt. q̃ cel
luy que paris ou heleine commiſt. Et par
conſequent deuſſent plus auoir entẽdu a
Uẽger ladultere de la mere de enee aux tro
yens / ou aux rommains qui deſcendirẽt
des troyens que ladultere de paris ⁋ Aps
quant il parle que on ſe pourroit mocquer
pour ce q̃ ce ſont fables. Monſeigneur ſait
auguſtin exclud a reboute vne reſponſe q̃
pourroient dire ceulx qui vouldroient def
fendre des dieux. ceſtaſſauoir quilz ne cõ
feſſent pas que monſeigneur ſaint augu-
ſtin argue des choſes vrayes. mais des fa
bles. A quoy monſeigneur ſaint auguſti
reſpond et prueue que on doit plus tenir a
fable que vng homme ait couche auecques
vne deeſſe comme Uenus / et en ait engen-
dre enee / que ce que vng dieu / ceſtaſſauoir
mars ait couche auecques vne femme / et
ait engendre romulus / ne ſes rommains
ne croient point moins lun que lautre / et
ceſt legiere choſe a croire a eulx / car ainſi
comme les anciens rommains ont creu q̃
romulus fuſt filz de mars / auſſi ont creu
les derreniers rommais que iulius ceſar
euſt eſte engendre et conceu et deſcendu de
Uenus / nõ pas ſans moyen / mais par le
moyen de enee / car ceſar deſcẽdit de aſcanius
q̃ fut filz de enee ou de iulius ſon filz: dont
deſcendirent tous ceulx q̃ furent appelſez
iulius. Si comme dit eutrope en ſon pre-
mier liure: Et pour ceſte cauſe tiennent ilz
quil deſcendit des dieux / ſi comme dit Uir
gille in primo eneydos / et ſi comme dit ſu
etonius en ſon premier liure des douze ce-

ſariens / en recommandant ſa mie morte
et parlant en la perſonne de iulius ceſar di
ſant q̃ eſt deſcendu du lignage des dieux
immortelz. ⁋ Apres quant il parle que
ceſt dure cõdiciõ quil ſoit licite aux dieux
de coucher auecques ſes femmes / a q̃l neſt
pas licite aux hommes de coucher auecq̃s
ſes deeſſes / quant il parle du droit de Ue-
nus quant a la matiere preſente il ſe prent
pur ſe droit qui eſt commun a toute fem-
me / ceſtaſſauoir ſe corps du mari / ainſi cõ
me au contraire ſe droit du mary eſt ſe
corps de ſa femme. ⁋ Se dõcques mars
de ce droit de Uenus / ceſt a dire du droit que
Uenus a en mars / pour ce quelle eſt ſa fẽ-
me / il eſt licite a mars de couchier auecq̃s
ſes autres femmes que auecques ſa ſiẽne
Pourquoy neſt il licite a Uenus du droit
de mars / ceſtaſſauoir ou droit que elle a
en mars qui eſt ſon mary, faire ſemblable
et bailler ſon corps a vng autre / car a Ue-
nus appartient tout droit de ſupure. ⁋ Et
pour ce ſemble il griefue choſe / a nõ creable
ſe en ce fait de ſupure il eſt licite plus a
mars que a Uenus qui eſt ſa propre natu-
re et ſon propre droit. ⁋ Si concluld que ce
mars peut cõuenablement commettre ad
ultere auecques ſa mere de romulus. par
pareille rayſon ſe peut faire Uenus auecq̃s
anchiſes ſe pere de enee.

⁋ De la ſentence de Uarro par laquelle
il dit que ceſt prouffitable choſe que les
hommes faingnent ou mentent quilz ſoi
ent engendrez des dieux: .iiii.

Aucun me dira ne crois tu pas
ces choſes eſtre ainſi / mais ie reſ
ponts que ie nen crop riens. Car
Uarro qui fut treſſage et treſenſeignie de
eulx / ia ſoit ce quil noſe pas hardyment
ne ſeurement cõfeſſer. Toutesfois a pou
pres confeſſe il que ces choſes ſont faulſes
Mais il dit que ceſt choſe prouffitable
aux citez que les fors et puiſſans hõmes
croient quilz ſoient engendrez des dieux,

Suppose encores que ce soit faulx, affin que par ce le couraige humain ainsi cõme portant la fiance de sa lignee diuine, cest a dire quil soit du lignaige des dieux, presume plus hardiment a entreprendre les grãs choses, et quil les face plus fortemẽt (y peusse plus fermement. Et par ce en telle seurete se adcõplisse plus beneureusement Laquelle sentence de Barro que iay exprime en mes paroles, sicõme iay peu. Tu peux veoir comme elle oeuure grant lieu a faulsete. En laquelle nous entendons et pouons entẽdre plusieurs choses auoir peu estre faintes et simulees comme sainctes et religieuses, quãt il a este cuide des citoiens que les menteries des dieux leur prouffitassent aucunement.

¶ Expposicion sur ce chapitre.

En ce quart chapitre monseigneur saint augustin met que la sentence de Barro quant aux choses dont il a parle ou chapitre precedent, laquelle quant a aucune chose il les reprent et redargue. Et quant a aucunes choses il sa laisse a souldre et determiner. Ce Barro si fut homme de grant auctorite entre tous les rõmains qui firẽt escriptures, et fist moult de grãs et notables oeuures, (t vesqt quatre vingtz (t dix ans, (t mourut ou .v8. an de cesar auguste selõ ce que dit eusebe en sa cronicque ¶ Apres ou il recite les paroles de Barro, disant que cestoit prouffitable chose q̃ les fors hommes et puissans se deissent estre engendrez des dieux. Il est assauoir que moult de roys anciens si tindrent quil estoit expediẽt que sen teniss et reputast q̃lz fussent filz des dieux, iassoit ce quilz tenissent le cõtraire, affin que ceulx q̃ le creoient les doubtassent plus, et que les subgectz osassent moins entreprendre sur eulx sicomme d'alixandre qui voulut faire entendre quil estoit filz de iupiter, qui estoit adoure ou temple de hamonis. Et cõme il veist que aucuns grecz qui estoiẽt de sa cõpaignie en eussent indignacion: il respõ dit, ie vouldroie ce dit il que les indiens creussent que ie fusse dieu, on dit aucunes fois tout plain de choses faulses qui tiennent lieu pour verite, et par ce sen fait souuent maintes batailles fermes sicomme dit quincius curcius.

¶ Que len ne peut pas prouuer que les dieux ayent pugny ladultere de paris lequel il ne vengerent point en la mere de romulus.   v.

Mais delaissons en ce milieu, cest a dire mettons en question, assauoir se venus par ce quelle coucha auecques ancises peut enfanter enee, ou se mars par couchier auecques sa fille de munitor peut engendrer romule. car a pou pres neust semblable question de noz escriptures par lesquelles lẽ quiert assauoir se les angles preuaricateurs coucherent auecq̃s les filles des hommes, eurent a faitre a elles dont la terre fut remplie des gayãs qui en furent nez. Cest a dire hõmes trop grans et trop fors, et pour ce a present soit rapporte ce pendant nostre question a lun et a lautre, car se les choses que on list si sont deuers eulx de la mere enee (t du pere romule sont vraies. par quelle maniere peuent desplaire aux dieux ladultere des hommes que ilz mesmes seuffrent concordablemẽt et sont en eulx mesmes, (t se ces choses sont faulses, certes ilz ne se pruent courouchier des vrais adulteres humains qui mesmes se delittẽt de leurs faulx adulteres que on leur attribue auoir fais, si il suit que len ne croit pas ce qui est dit de mars que aussi len ne croie pas ce qui dit de venus: ¶ Et par ce par cõmocion ou par assemblee qui ait este faicte par diuin consentemẽt. La cause de la mere romule nest point deffendue pour rayson de q̃sconq̃ compaignie charnelle q̃lle ait eue aueq̃s les dieux, car elle estoit prestresse cõsacree ou tẽple de veste, et pour ce les dieux doiuent plus pugnir et vengier telle ordure et peschie deshõneste de sacrilege aux rõmains que ſadultere de paris auꝓ tropens / car iceulꝓ anciens rommains enſouoiēt toutes Biues les preſtreſſes du temple de Beſte qui ſeſtoient faictes corrompre.) Mais les femmes adulteres et qui eſtoient trouuees en adultere / combien quelles fuſſent pugnies dautre peine / touteffois nen y auoit il nulles pour ce condemnees ne miſes a mort / ⁊ pugniſſoient trop plus griefmēt iuſques a ſors les choſes quilz cuiderent eſtre faictes ⁊ commiſes auꝓ lieuꝓ ſacrez et diuins. Et auꝓ perſonnes conſacrees auꝓ ſacrifices quilz ne faiſoient des perſones humaines qui auoient eſte enſēble charnellement / ſicomme de celles qui rōpoient leurs mariaiges.

(‖ Eppoſicion ſur ce chapitre.

En ce B. chapitre monſeigneur ſaint auguſtin commence a diſputer ce dont il a parle auꝓ deuꝓ precedens chapitres. Ceſtaſſauoir de mars que on cuidoit pere de romule / et de Venus que len cuidoit mere de enee. Et premierement il fait vne queſtion telle / ceſtaſſauoir ſe Venus peut auoir enee de anchiſes / ou ſe mars peut auoir romulus de la fille mynitor. Et met vne comparaiſō de ce que len dit ꝗ les dyables coucherent auecques les femmes dōt les geans furent nez. Ci eſt a entēdre ꝗ quāt il parle de mynitor ſelon ce que dit titus liuius en ſon premier liure. Procas ꝗ fut roy des albains eut deuꝓ enfās maſles / ceſtaſſauoir minitor qui eſtoit laiſne lequel il voulut quil ſuccedaſt ou royaume: Et vng autre appelle amulius ꝗ fut maiſne. Amulius aps la mort de procas ſon pere bouta hors du royaume mynitor ſon frere / et tua tous ſes enfans maſles / et vne fille quil auoit appellee rea / autrement rea ſiluia / pour doubte quelle neuſt enfās il la mist en religion pour ſeruir ou temple de Beſte / pour ce que les Bierges ꝗ y eſtoient rendues pour y ſeruir douoient continence / ouquel temple ſelon ce que dit latence en ſon liure de falſa et Bera religione. Il neſtoit licite a nul homme a y ētrer

ne touchier les ydoles qui y eſtoient / touteſſois fut elle de puis engroſſee / et eut remus et romulus / et dift que mars ſauoit engroſſee / ou pour ce quelle ſe cuida / ou pour excuſer ſon pechie plus honneſtemēt Ou ſe on ce que dit iuſtin en ſon ꝓ viii. liure remus et romulus furent enfans de mars pour ce que le bois ou ilz furēt trouuez eſtoit ainſi appelle. Ou pour ce quilz furēt nourris dune louue / qui eſt en ſa tutelle de mars ſicōme dit titus liuius. Et ce fut vne louue ou vne fēme qui ainſi eut nom / il en eſt qſtion / mais loppiniō plus Braie ⁊ plus certaine eſt quilz furent nourris par la femme fauſtulus qui eſtoit gardes beſtes du roy / lequel les trouua et les apporta a ſa femme / et tātoſt elle laiſſa ſes ſiens propres et les nourrit. Elle auoit nom acta ſaurencia / mais on lappelloit louue pour ſa beaute delle / et quelle neſtoit pas continente.

(‖ Du parricide de romule / ceſt a dire de ce quil tua ſon frere / ſa ꝗſſe choſe les dieuꝓ ne vengerent point. vi.

Encores y adiouſte ie autre choſe car ſe les pechiez des hommes deſplaiſoient a ces dieuꝓ tellement que par le couroux quilz eurent du fait de paris ilz abandonnerent troye a ce quelle fuſt deſtruicte par fer et par feu. La mort de remus frere de romule les deuſt plus auoir eſmeuz contre les rommains que ne fiſt le fait que paris fiſt au grec mari moc que contre les tropēs. ceſt a dire menelauſ mari de helaine. Et plus deuoit eſmouuoir a ire le patricide de celluy qui naiſſoit ceſt a dire de remus qui cōmēcoit a regner auecques ſon frere ⁊ venir a honneur / que ſadultere ſeignouriſſant ou regnant.

(‖ Ne a la cauſe de quoy nous parlons ne fait rien ou ſe romule tua ſon frere / ou ſil ſe commāda a faire. La qſſe choſe plus nyent / pour ce quilz nont point de honte de ſe nyer. (‖ Pluſieurs par honte en doubtent

Et plusieurs se dissimulent par la douleur et courroux quilz en ont, ne a enquerir plus auant ne plus diligamment de ceste chose. Il ne nous conuient pas arrester ne demourer par querir et enchercher les tesmoingnages de plusieurs et diuerses escriptures. ¶ Il est certain que remus frere de romule fut occis en appert, non pas denemis ne de gens estranges. Et ce romulus loccist, ou se commanda occire il nest pas doubte quil estoit plus grant et plus principal chief des rommains, que paris nestoit des troyens. Pourquoy doncques ensuiuit ce rauisseur de femme estrange les dieux a ire contre les troyens. Et se romulus qui tua son frere si appella ces mesmes dieux a ce quilz fussent gardiens des rommains et quilz demourassent soubz leur deffence. Et se ce fait ne fut fait par romule ne par son commandement, comme ce fait deust par toute estre vengie, on doit tenir que toute la cité le fist, ou quelle ne se consentit, pour ce que elle nen tint compte. Et deslors occist non pas seulement le frere, mais le pere de la cité qui est pis. Car certes chascun des deux freres fut faiseur et creeur de la cité de romme. Et toutesfois ne voulut pas souffrir romule que son frere remus regnast puis que par son crime il le fist mourir. Ne il ne me semble pas quil y ait aucune chose pour quoy les dieux sen peust dire quel mal troye auoit deseruy pour quoy les dieux la deussent delaisser, affin quelle peust estre destruicte. Et quel bien romme auoit deseruy pour quoy les dieux y deussent habiter, pour quoy elle deust estre accreue et augmentee, se ce nest quilz sen fuirent de troye comme vaincus, et se transporterent aux rommains pour les deceuoir ensemble, comme ceulx de troye, mais pour certain ilz demourent la a eulx deceuoir, si comme ilz auoient acoustumé a deceuoir les autres qui de rechief habiteroient ces mesmes terres. Et la ce test sauoir a romme se sont glorifies de plus grans honneurs en exersant encores plus grandement les ars de leurs fallaces et deceptions.

¶ Expposicion sur ce chapitre.

En ce vi. chapitre monseigneur saint augustin preuue que les dieux ne delaisserent pas troye pour ladultere de paris, car silz leussent laissee pour ceste cause, ilz eussent eu trop plus grant cause de laisser romme quant romulus occist ou tua ou fist tuer son frere, lequel estoit pere et fondeur de la cité de romme aussi bien comme estoit romulus, et dit que romme ne peut encores estre excusee, pour ce que se fait fut fait publicquement et sans cause, et par consequent la deust auoir vengee, dont elle ne fist rien. ¶ De la mort de ce remus nous auons parle cy dessus, si nous en passons. Et quant il parle des rommains qui estoient soubz la deffence des dieux, il le dit pour enee qui en eporta quant il sen fuyt de troye les dieux auecques soy en ytalie, lesquelz furent portez depuis a romme et les adourerent les rommains.

¶ De la destruction de ylion lequel si bria vng des ducz ou princes de marius abbatit et grauenta. vii.

Mais quelle chose pouoit auoir mouins la chetiue ylion ou troye les batailles ciuiles ia boullantes et esmeues, pourquoy elle fut destruicte de fimbria tresmauuais homme qui estoit de la partie marius et trop plus griefment et cruelsement quelle nauoit iadis este par les grecz, car les plusieurs des troiens se fuirent et eschapperent. Et plusieurs qui furent prins, au moins vesquirent ilz en seruitude, mais fimbria tout auant euure fist vng tel edict, que on espargnast ahomme quelconcques, et la cité toute, et tous les hommes estans en icelle ardit et embrasa. Ce eut deserui ylion, non pas des grecz, lesquelz elle auoit par sa mauuaistie esmeuz contre elle, mais des rommains lesquelz elle auoit creuz et augmentez par sa chetiuoison. A laquelle rappeller leurs dieux ne leur furent en aucune maniere aydans, et qui est vray ne leur y pouoient rien ayder ne valoir. ¶ Ne se departirent pas lors tous les dieulp de troie/et laisserent leurs maisõs temples et autelz auquelz ce chasteau pᵕ lion auoit este repare apres lancienne de-struction faicte des grecz. Et silz sestoiẽt de la partie/ie demande la cause de leur de partement. Et tant que ie treuue la cause de ceulp de troie estre meilleure/ de tant ie trouueray la cause des dieux estre pire/ Ceulp de plion ou de troie auoient clos leurs portes contre fimbria pour garder a silla sa cite sauue et entiere. Et pour ce q̃l se courouca il les ardit/ ou a brap dire les estaint et destaint du tout/ mais encore estoit silla gouuerneur et duc de ceulp qui tenoient la meilleure partie des batailles ciuilles/ et sefforcoit encores de recouurer par armes la chose publique. Ne de ces bons commencemens nauoient encores en la cite de romme aucunes males auentu-res. Quelle chose doncques peurent ilz mieulp plus honnestement ne plus soupau-ment faire ceulp de ceste cite/ cestassauoir de plion ou de troie/ ou qui estoit plus di-gne chose a la lignie des rommains/ cest assauoir aux troyens que garder la cite a la meilleure cause et a cellup qui tenoit la meilleure partie des rommains/ cestas-sauoir a silla/ et de clorre la cite contre par-ricide ou murtrier de la chose publique/ et pce auertissent les deffenseurs des dieux en con grant destruction ceste chose leur soit trouuee/ adouroient les dieux delais-sez les aulteres. Et laisse plion ou troie estre arse et destruicte par les grecz/ affin que des cẽdres dicelle rõme nasquist plus chaste. Et pourquoy delaisserent ilz apres celle mesme cite a laquelle estoient cousis-les rommains/ et qui nestoit de rien rebel-le a la cite de romme sa noble fille/ et qui gardoit sa tres debonaire et ferme foy aux plusieustes parties/ et souffrirent que elle fust destruicte/ non pas les fors hommes grecz/ mais par ung tresfort et vil hom-me rommain/ ou de la cause de ceulp qui tenoiẽt la partie de silla/ auxquelz les che-tifz troiens en sup gardant la cite cloirẽt ses portes a fimbria/ desplaisoit aux dieux

pourquoy promettoient ilz et aduouoiẽt tant de biens a silla. Ne congnoist on pas doncques mieulp en ce les dieux plus estre flateurs des eureux/ que estre deffe-seurs des maleureux. Dõcques mesmes quant plion ou troie fut trebuchee et des-truicte/ elle ne fut pas delaissee par les dy-ables/ car les dyables qui sont tousiours tresesueillez a deceuoir/ firent ce quilz peu-rẽt. Quelz merueilles/ car toutes leurs ydoles enflammees. et arses auecques le chasteau en telle et si grant ruine de ce tem-ple/ sa seule ydole de minerue demoura en tiere ainsi que liuius lescrit. Non pas que a leur louẽge fussent des vers de virgille Dii patrii. ce. epcessere omnes. ce. Cest a dire que les dieux du pays seubz defẽ-ce desquelz troie a tousiours este/ sen sont tous partis. Laisse leurs temples et au-telz/et les lieux secretz/mais affin que le ne se peut dire a leur deffence/car ilz ne sẽ partirent pas silz laisserent et souffrirẽt que minerue fust sauuee. Et en ce q̃l leur fut souffert quelle fust sauuee/ ne fut pas pour ce q̃lz y acquissent aucune louẽge/ mais que de ce ilz fussent vaincus en leur presence.

¶ Exposicion sur ce chapitre.

En ce vii chapitre monseigneur saĩt augustin parle de la tierce destructi-on de troie faicte par fimbria qui fut duc des rommains. Et fut la seconde destru-ction apres ce quelle fut rediffiee par pria-rop de troie. sicomme il a este dit cy dessus sur lexposiciõ du secõd chapitre de ce tiers liure. Et monstre q̃ elle ne fut pas destrui-cte pour ce que les dieux leussent laissee/ ou que silz la laisserent que ce fut desray-sonnablement et sans cause. Et pour en-tẽdre ce quil veult dire en ce chapitre/ il est assauoir que durãt les batailles ciuilles dentre marius et silla/ dont monseigñr saint augustin fait mention cy dessus ou second liure. fimbria selon ce que dit oro-se ou v. et vi. liure de son ormeste fut de la partie de marius/ et fut ung des grans sa-tellites/ et ung de ceulx de la ptie de marius

f.i

ue qui estoit le plusmauuais et le plus cru
el, et le plushardy, et le plus preust a faire
toutes mauuaistiez, et fut cestuy qui tua
flacus le consul de romme en la cite de ni-
come, auquel il estoit enuoye en legacion
Et de puis chassa daspe, et vainquit le filz
de mitridates. Et ce fait sen vint a trope ou
pson, qui de puis la grant destruction auoit
este rediffiee, et sappelloit semblablement
psion, et lardit, et la mist toute en feu et en
flamme, et tua tout ce quil peut trouuer de
dens. Et la cause fut pource quilz luy a-
uoient ferme les portes a vne fois quil y
voulut entrer. Et la cause pourquoy ilz
luy fermerent ce fut pour ce quil estoit auec-
ques marius contre la cite de romme, et la
gardoient a silla qui estoit de sa partie des
rommains, pource que elle estoit assiee a ro-
me, et laquelle ce silla rediffia incontinent
Et nest pas doubte quilz eurent iuste cau-
se de luy fermer les portes, combien que tous
deux fussent rommains, car silla auoit
loffice de consul par le senat, et par election
dicestuy Et marius nestoit que priuee per-
sonne, et la puissance quil print il la print
contre la voulete du senat et de tout le peu-
ple de romme. Et pource ne vouloient ilz
receuoir ce fimbria) Apres quant il parle
des troiens quil dit quilz esmeurent par
leur iniquite les grecz contre eulx.) Il se
dit pour la destruction de trope qui fut fai-
cte par hercules et par iason, dont nous a-
uons parle ou second chapitre de ce tiers fi-
ure, car sicome dit dares frigius en listoire
de trope. Les troyens comencerent et que-
rirent premierement la noise contre les grecz
Et leur firent la premiere villenie quant
laomedon les fist rentrer en leurs nefz, com-
bien que ilz ne fussent descendus que pour eulx
rafreschir, dont nous auons parle cy des-
sus sur lexposicion du second chapitre.
(Apres quant il parle des rommains es-
creus par la chetiuete de ceulx de trope, il se
dit pour ce que fibria estoit rommain, et si a-
uoit auecques luy sost des rommains, les-
quelz rommains estoient venus et descen-
dus de ceulx de trope, cestassauoir denee,

et de ceulx qui sen estoient fuys auecques
luy quant trope fut destruitte par les grecz
et quil peust auoir este dicte lors seconde trope
que rommains (Apres quant il parle
des dieux comuns, il se dit pource que ces
mesmes dieux quilz adouroient a trope,
ilz les adouroient de puis a romme, lesquelz
enee porta et mist en la cite de lozanne quil
ediffia, et puis furent portez a albe Et de
la cite dalbe furent portez a romme) Apres
quant il parle que les dieux sen partirent
tous, etc. Ce sont deux vers de virgile dont
nous auons parle cy dessus ou second fi-
ure sur le xxii. chapitre.) Apres quel mon-
seigneur saint augustin dit. Ou se la cau-
se de la partie de ceulx de silla desplaisoit
aux dieux, etc. Il souldet reboute vne res-
ponce que on pourroit dire, cestassauoir que
pource que la partie de silla desplaisoit aux
dieux, pource laisserent ilz destruire psi-
on. Et monstre sa cause que cest faulx et
comment il ne peut estre dit. Car sicom-
me il dit les dieux auoient adnoncie, et pro-
mis assez des biens a ce silla, sicomme il
appert par le xxiiii. chapitre du second fi-
ure et par lexposicion dicestuy. (Apres quant
il parle du simulacre de minerue que demou-
ra. Il voulut prouuer que ces vers de vir-
gille sont faulx quant a eulx, car se elle de-
moura ilz ne sen alerent pas tous Et se cel-
le ydole fut sauuee, ses dieux furent pre-
sees qui la sauuerent, et a monstrer leur con-
fusion ne leur fut souffert quilz puissent
plus rien sauuer

(Assauoir se romme deust auoir este co-
mise a garder aux dieux des troyens. viii.

P
ar quelle maniere prudence don-
ques apres ce quilz eurent eu cel-
le experience ou enseignement de
celle trope fut romme comise a garder
aux dieux des troyens. Mais aucun dira
que quant fimbria se combatit contre ceulx
de trope, et les destruit. Les dieux auoient
ia commence a habiter a romme, dont vint
ce donques que lidole ou ymage de minerue
demoura a trope. Apres ce ilz estoient a ro-

me quant fimbria destruit plion. Aussi peut auenir quilz estoient a trope quāt rōme fut prinse cē brasee des galles/mais ainsi comme ilz sont tresagus de ouyr/de treslegier et hastif mouuemēt. Aussi tost remembrēt/il a la Uoix de ioue/affin que au moins quilz deffendissent le mont du capitole qui seulemeut estoit demoure/ou autrement ilz auoient este meuz plus ordonneement a retourner pour deffendre les autres choses.

¶ Expposicion sur ce chapitre.

En ce viii. chapitre mōseigneur saint augustin demonstre comment cest grant vanite et grant sottie de croire les dieux de troye/qui furent apportez a romme peussent auoir sauue romme. Ou silz eussent este presens quant il yon fut destruitte par fimbria quilz eussent sauue et se mocque monseigneur saint augustī de celle sottie et de celle creance. Apres quant il parle de la Uoix de ioue. nous en auons ple cy dessus ou xxii.chapitre du second liure. Et aussi de la prinse de romme par les galles de sens et de fimbria ou chapitre precedent.

¶ Se len doit croire que les dieux euffēt donne aux rommais celle paix qui fut ou temps que numa regnoit. ix.

L'en croit aussi iceulx dieux auoir apde a numa pompilius qui fut successeur de romulus a ce qil eust paix a rōme en tout le temps quil regna/ et que des lors il mesmes fist clorre les portes que on faisoit ouurir ou temps de guerre et de bataille/ Et quil eut ce merite pour ce quil establit aux rommains a faire aux dieux plusieurs sacrifices aux tēples. Len deust bien auoir rendu graces et faire feste a tel homme pour si grant paix et seurte sil eust de present sceu ceste chose employer en choses qui apportassēt salut a lame/ et delaissee la faulte et mauuaise curiosite/ eust sceu enquerir le vray dieu par certaine et vraye pitie/ mais certes les dieux de present ne luy apporterent point

ceste seurete ou repos/ mais par auenture ilz leussent moins decheu silz ne seussent poit trouue en telle occiosite/ cestadire vacant a chose de nul proufit et vtilite. Car pour certain de tant quilz se trouuerent moins occupe en bien/ de tant sēbesoingne rent ilz plus. Car Barro met auant et demonstre ce que numa appareilloit et ordōnoit / et par quelles ars il pouoit acōpaigner telz dieux a luy ou a sa cite. La quelle chose sil plaist a nostreseigneur nous traicterons en son lieu/ mais pour ce que a present il est question de leurs benefices. Tu dois sauoir que cest grant benefice q̄ paix/ mais ce bn̄fice est don de dieu se vray Et sou uent chiet aussi comme soleil/ sicō me la pluye, et plusieurs autres choses/ confors et subsides de vie sur les mauuais et mescongnoissans. Et se si grant bien iceulx dieux le donnerent a romme/ ou a numa pompilius pour quoy pour iceulx temps qui estoient tant a loer/ ne se don nerent ilz onques puis a lempire de romme/ estoient leurs sacrifices plus prouffitables quant ilz furēt instituez, que quāt on leur celebroit et faisoit apres ce quilz furent instituez/ mais ceulx qui ny estoient pas encores/ mais les y adioustoit on affi quilz y fussent. Toutesfois estoient ilz apres/ et ia estoient gardez iceulx affi q̄lz prouffitassent aux rommains. Quest ce dōcques que iceulx xliii. ans selon aucūs ou xxxix. ās selon les autres/ par lesq̄lz ce numa eut le gouuernement de romme. passerent en si longue paix. Et apres ce q̄ les sacrifices eurēt este istituez, et les dieux estans ia gouuerneurs et deffendeurs de la cite et qui auoient este apellez et semōs a ces sacrifices faire. Apres si grant multitude darmes/ comme depuis le commencement de romme iusques au temps de cesar auguste. par vng grant miracle sen cōpte vng ay seulement/ ou quel les rommains peurent clorre leurs portes. Et fut apres la premiere bataille punicque/ cest a dire contre ceulx de carthaige.

¶ Expposicion sur ce chapitre.

En ce ix.chapitre monseigneur saint augustin demõstre que les dieux ne donnerẽt ne peurent dõner paix ne trãquillite aux rommains ne a autres. Et fait deux choses en ce chapitre. premierement il met lerreur daucuns qui cuidoiẽt que les dieux eussent donne a numa pompilius qui fut second roy de rõme la paix quil eut en son temps. Et secondement il reboute et destruit ceste erreur. La seconde partie se commence ou il dit Mais a p̃sent ces dieux.xc. Pour lentendement de ce chapitre il est assauoir que sicomme dit titus liuius au cõmencement de son liure de origine vrbis: Apres la mort de romulus cõe ilz eussent esleu cent personnes a gouuerner diuisees en dizaines, et de chascune dizaine vng pour gouuerner le peuple quõ appelloit interrogue Cest a dire le temps quil ny auoit point de roy. Les rõmais q̃ regarderent quilz auoient pour vng maistre cent, furẽt acord quon feist celeust aucun roy. Et si eut deux discenssiõs, lune que les sabiniens vouloient que le roy qui seroit esleu fust sabinien, pour ce que par lacord qui fut fait des rõmains et sabiniens. Apres le rauissement des sabines vng sabinien deuoit regner auecques vng rommain. Et en accomplissant cel acord auoit este esleu titus tacius, lequel regna aueques romulus par aucun temps. Et depuis sa mort ny auoit eu aucun roy sabinien.) La seconde discension fut pour ce q̃ le peuple vouloit auoir le election et les senateurs se vouloient auoir.) Et finablement apres plusieurs aftercacions.) Les grans donnerent le election au commun: mais q̃z en eussent la cõfirmaciõ deuers eulx. Et quant ilz virẽt loffre quilz leur faisoient ilz leurent si agreable quilz vourent q̃ les senateurs esleussẽt. Si esleurent numa pompilius en le election du q̃l eut merueilleuses cerimonies, sicõme dit titus liuius en son premier liure. Et fut cree par auguremens ainsi comme auoit este romulus. Ce numa tãtost comme il fut cree roy, ordonna commẽt son peuple pourroit viure en paix,(et commenca a faire temples et autelz, prestres et flamines Il aiousta deux mois en lã, cestassauoir ianuier et feurier, comme romule parauãt neust fait que dix mois. et si y adiousta certains iours pour accomplir le cours de sa lune, cestassauoir trente iours, et a ces deux mois consacra deux dieux, cestassauoir a ianuier le dieu ianus, qui auoit deux visaiges, qui en latin sappelle ianus bifrons, pour ce quil disoit ce dieu ianus bifrons estre dieu des commencemẽs. Et les cõmencemens des choses tendẽt a plusieurs fins, duquel p̃se monseigneur saint augustin cy apres ou vii.liure ou viii. chapitre. Et lautre tẽple il ordonna a feurier qui sappelle februus qui vault autãt cõe phiton, que les poetes faignent estre dieu des mors:) Ce temple de ianus il fist en vng lieu qui sappelloit sabas agisset. Et lordõna par telle maniere que quant il seroit clos, ce seroit signifiance de paix. Et quant il seroit ouuert, ce seroit signifiance de guerre, lequel ne fut onques ouuert en son temps, mais eut paix continuelle. Car il neut onques guerre en p̃.liii.ans q̃ il regna selon ce q̃ dit helinant il fut mort ou xliii.an de son royaume, selon titus en son premier liure ou xli.an. Au quel tantost succeda tussius hostifius, lequel tantost fist ouurir ce temple, et recommenca les batailles cõe auoit fait romule, et ne fist autre chose q̃ batailler tant cõe il vesq̃t Et de la en auãt ne fut clos ce temple que deux fois, cestassauoir vne fois aps la p̃miere bataille punicq̃ dessoubz titus maulius consul. Et lautre ou temps de cesar auguste apres ce quil eut vaincu anthoine et que tout le monde fut en paix et sãs batailles. Ou quel temps nostreseigneur nasq̃t de la benoiste vierge marie. Et aussi les rommais de puis le temps de ce numa pompisius iusques au temps de cesar auguste neurent paix que vng an, nõ eurent ilz par auant ou temps de romule Car il fist guerres continuelles toute sa vie.) La cause pour quoy ce numa fist ordonna ce temple a ianus/ fut pour ce q̃ en ce lieu ianus en son viuāt habita (a aux lieux voisins/ et y demoura quant satur ne vint de crete/ sicomme nous sauons dit en seppoſicion du tiers chapitre de ce liure Lequel ianus ceulx du pays tindrēt pour dieu apres sa mort/ et luy attribuerent pu issance de tout clorre et de tout ouurir. Et pour ce luy attribua et fist faire ce temple numa pompilius/ lequel il voulut estre clos (ouuert selon la diuersite des temps selon ce que dit ouide en son premier liure de fastis/ affin que quāt il seroit clos que la paix fust close auecques les rommains Et quant guerre seroit quil fust ouuert/ affin que les cheualliers qui yroient en ba taille peussent retourner sains et haitiez ¶ Pourquoy ce ianus est appelle bifrons et pourquoy il a deux visaiges/ nous en dirons cy apres plus plainement sur le viii chapitre ou vii. liure mais pource q̃ nous sommes sur les cerimonies et autres cho ses religieuses/ que fist numa pompilius en sō temps. Il est assauoir que auecques les prestres flamines quil fist/ et les vier ges quil ordonna a seruir ou temple de ve ste qui viuoient sur le commun de romme Il fist douze autres prestres qui portoient robes de diuerses couleurs ainsi cōme cha pes/ et auoient fermaulx daraing en la poitrine Lesquelz portoient vngz escus rōs qui sappelloient anchilia/ et les portoient chantant ballant et trepant par la cite/ si comme dit titus liuius en son premier li ure. | ¶ Comment ces escus qui sont appel lez ancilia furent trouuez/ par se ouide en son premier liure de fastis/ qui dit quil y auoit vng bois ouquel estoit adouree vne deesse appellee lucine/ qui estoit deesse dēs fantemēt/ ou temple de laquelle seruoiēt prestres qui sappelloient fuigitifz/ et y as soit on en pelerinaige comme font les fēs mes grosses a saincte marguerite. Et es toient attachez par les hayes les ymages de cire que nous appellons goulx/ et les miracles mis en tableaulx. Assez pres a uoit vne fōtaine qui estoit dedicee aux mu

ses ou numa faingnoit quil aloit pour a uoir responſe des dieux/ sicomme il disoit dune deesse qui la estoit appellee egregia en laquelle reparoient sicomme len disoit deux dieux/ lun appelle fannus/ lautre picus qui donnoient responſ. Et comme numa fust vng iour allé a celle fontaine. et eust fait ses cerimonies et inuocacions vne tēpeste sourdit et en celle tempeste eut vne voix qui dist a numa que ses dieux q̃ il croit sen estoiēt volez ou ciel Et celle tē peste cessee cheit du ciel en la fontaine vng de ces escus rons qui sappelloient ancilia Et lors a la semblāce dicelluy en fist fai re plusieurs a vng qui sappelloit marmu rius/ auquel pour les faire fut donné a sa requeſte tel salaire que quant ces prestres auoient ainsi chante et couru par la cite. (t tournez ces escus/ ilz crioient tous a vne voix marmurius. Et estoiēt ces prestres appellez fugitifz pource que le iour de la feste de lucina/ ilz sentrebatoiēt (les plus fors demouroient. ¶ Encores dit titus li uius que ce numa ordonna vng euesque/ auquel on pourroit auoir recours de tou tes choses/ lequel auoit nom numa mar cius/ auquelz il bailla tous les liures et toute la loy/ affin que le peuple y peuſt a uoir recours/ et sauoir cōment ilz deuroi ent faire leurs sacrifices aux dieux/ tant a ceulx denhault comme a ceulx daual/ Cestassauoir comment on deuoit adou rer les dieux des mors et denfer pour les trespassez/ et par quelz sacrifices on les puoit appaiser | La solennite des dieux estoit faicte en feurier/ sicomme dit ouide en son premier liure de fastis/ Et nous en auons parle cy dessus. Il fist aussi le tem ple de foy ou les prestres estoiēt menez en vng chariot agu/ lesquelz auoiēt la main couuerte iusques aux dois/ en signe q̃ len doit garder couuertement et secretemēt sa foy et sa loyaulte. Et ce estoit la main dex tre de celle ydole de foy sacree/ pour ce que anciennement quāt on faisoit paix ou al liances/ on faisoit la foy de la main dex tre selon titus en son premier liure. En
f. iiii.

cores de sup pline ou quinziesme liure. naturalle hystoire ou second chapitre dit quil institua a adourer les dieux des bledz/ & voulut que on leur immolast et sacrifiast par pains & tourteaulx sallez et rotis en laistre/ et tenoit quil prouffitoit moult a leur salut, et que autrement ne valoit rien sil nestoit rosti & salle. Et encores que par grande subtilite il ordonna ses solennitez des fourmens mouldre ou broyer/ et voulut que ces solennitez fussent aussi solennelsemēt faictes comme celles des termes des champs. Et y auoit trois deesses par especial/ dont lune estoit appellee serie dicte de semer, lautre segeste de soyer/ et la tierce qui estoit maistresse de toutes/ cest assauoir ceres. Desquelles trois deesses les ymaiges estoiēt a romme en vng lieu appellé le cirque/ cestassauoir ou on faisoit les espreuuemens darmes. et gardoit on celle feste telles solennitez que nul nosast menger ne boire des premiers vins ne des bledz nouueaulx iusques a tant quilz en eussent offert a leurs dieux/ et a scures souueraines prestres/ et encores des premiers cueillis/ sicōme fist abel qui offrit a dieu de ses premiers fruitz que nous appellōs premices. Et combien que numa ordonnast premierement ces solennitez estre faictes. Toutesfois auant luy romulus ordōna et institua ses prestres des champs et en fist onze/ et luy qui fut le douzieme et sappeloient freres/ et fut couronne par acte laurence qui lauoit nourri dune couronne despis de ble/ lopee dun blanc lopē Laquelle fut baillee pour tresnoble et religieux signe en celle prestrise. Et fut sa premiere couronne des rommains/ laquelle estoit de si grant honneur quelle durort tant comme homme viuoit/ ne ne pouoit perdre que par mort. Suppose que celluy qui lauoit fust prins/ epillie/ et mis a chetiuoison. Et lors nauoit hōme a rōme qui eust plus de deux arpens de terre. Encores est il assauoir que ce numa fut le premier qui fist premierement mettre et imprimer son ymage et son nom en monnoye. Et

pour ce est nummus a numa/ ainsi comme premierement sa monnoye qui sappelle en latin pecunia fut dicte a pecudibus. Cest a dire des bestes, du cuir desquelles on souloit faire sa monnoye. sicomme dit pline ou tiers chapitre du xviii. liure/ naturalis hystorie.

¶ Selon deuoit desirer que par telle et si grant rage de batailles lempire de romme fust acreue, comme par celle mesmes lestude quil fut fait soubz icelluy numa/ peust estre a seurete et a repos. p̄.

O
Oú ilz respondēt que lempire de romme ne peut estre si loing ne si largement acreu ne augmente ne estre renomme de telle et si grant glore comme il estoit se ne fussent les continuelles batailles quilz auoient, et qui continuellement leur suruenoiēt, mais estoit ce cause raysonnable pourquoy lēpire deust estre sans paix/ affin quil fust acreu & fait grant. Certes nennil. Nest ce pas chose plus prouffitable aux corps des hōmes humains auoir petite estature auecques sante, que ce que par douleurs & afflictiōs perpetuelles on attainsist a sa grandeur et haultesse dun geant. Et encores quant tu seras venu en celle grandeur ou haultesse ne te rapaiseras tu pas, mais de tant que tu auras plus grās membres seras tu traueille de plus grans maulx, mais que mal seroit ce. Certes nul, & cois seroit plus grāt bien se ces temps durassēt encores, que raconte saluste ou il dit quau commencement furent diuers roys & le nōm dempire, cest a dire de gouuerner et de commāder fut le premier en terre/ dont les vngz estudioiēt a excerser leur engin et estude et sciences/ Les autres excersoient leurs corps a chasser aux bestes, lors se demenoit la vie des hommes sans couuoitise. A vngchascun plaisoit ce quil auoit et en estoit content. Ou affin de grandement accroistre lempire deust estre fait/ ce que virgille blasme.

disant. B. Deterior donec paulatim (τ deco
loretas. Et belli rabies et amor successit
habendi. C'est a dire que le temps fut bon
iusques a lors que petit a petit laage epi
ra et se descoulourā/ et deuint plus mau
uais/ τ q̃ la raige des batailles/τ amour
et couuoitise dacquerre succederent/ mais
il appert clerement que ce fut iuste deffen
ce des rommains de tant de batailles par
eulx receues et demenees pource que non
pas la couuoitise dacq̃rre fouege humai
ne/ Mais necessite de garder et deffendre
leur salut et franchise leur contraignoit
a resister aux ennemis qui sās cause leur
couroient sus. ¶ Soit confesse plainemēt
quil est ainsi. car sicomme saluste escript
depuis que la chose publicque de romme
acceut de soip/ de meure/ de terres/ et de
champs/ τ que on creoit quelle estoit assez
en prosperite/ et assez forte. De celle riches
se nasquit enuie/ ainsi q̃ sen soit plusieurs
choses mortelles. Et pour ceste cause les
rops et les peuples boisins sen enuoierēt
p batailles dont ilz eurent pou damis en
leur ayde/ Car les esbahis et esmeus de
paour sestoient tirez en dessus des perilz.
mais les rommains qui estoient entētifz
aux choses qui regardoient cheualerie et
au gouuernement de leurs maisons/ τ prī
diēt a aprester et a enorter lun lautre pour
aller a lencontre de leurs ennemis/ et def
fendre par armes leurs franchises/ parēs
et pays. Et apres ce quant ilz auoiēt arri
ere rebouté les perilz par vertu/ ilz portoi
ent confort et ayde a leurs compaignons
et amis. Et plus se penoient dacquerre a
mistiez par dōner benefices et par faire ser
uices que par les prendre/ τ par ces armes
romme creut couenablement/ mais il est
assauoir se ou temps que le rop numa re
gna/ affin quil peust si longue paip/ les
mauuais ennemis couroient sus aux rō
mains/ ou silz senefforcoient. ou se ilz ne
faisoient rien de ces choses/ affin que celle
paip peust perseuerer. Et se fois romme
estoit assaillie par armes et par batailles
et que on nassoit point cōtre les assaillās

par armes pour les rebouter? par quelle
maniere pouoit ce estre fait/ que les enne
mis fussent appaisez sans estre vaincus
par batailles/ et sans ce quilz fussent es
pouentez par force de gēs darmes/ ne par
quelque reboutement des gens de mars/
Et par ceste maniere on fist que tous les
iours les portes de ianus closes/ romme
regnast paisible Et sil ne fut en la puissā
ce des dieux de donner paip/ dōt neut poit
rōme de paip si lōguemēt cōe leurs dieux
voulurent/ mais tāt comme il pleut aux
hommes voisins denuiron deulx/ qui ne
sesmouuoient en aucune maniere pour fai
re guerre aux rommains/ se ce nestoit p
auenture que ces dieux osassent bēdre au
cun homme/ c'est a dire bailler en recōpen
sacion daucun seruice ce que vng homme
vouldroit faire/ ou ce q̃l ne vouldroit pas
faire. Certes il appartiēt bien que on seuf
fre a ces dyables aucunessois espouenter
ou esmouuoir les pensees qui desia sont
mauuaises par leur propre pechie ou vice.
Mais silz pouoient tousiours ce faire/τ q̃l
ne fust sauuent autrement fait par aucu
ne puissance secrete ou souueraine/ il sen
suiuroit q̃lz eussēt tousiours en leur puis
sance les paip τ les victores des batailles
qui a peine aduiennent tousiours par les
mouuement des couraiges humains. les
quelles toutessois sont faictes souuēt cō
tre leur voulente/ sicomme il est confesse
Non pas seulement par leurs fables q̃lz
faingnent ou mentent moult de choses/τ
qui a peine signifient ou demonstrent au
cune chose de verite/ mais encores sont cō
fesses par les hystoires des rommains.

¶ Expposicion sur ce chapitre.

En ce presēt chapitre monseigneur saint
augustin demonstre comment les
rommains neurent oncques repos. ¶ Et
preuue que la paip leur eust este plus ex
pediente que la bataille/ et quilz la deus
sent auoir mise auant la bataille. ¶ Se
condement il demonstre q̃ au cōmēcemēt

f.iiii.

les rommains se pouoient excuser des batailles quilz auoient, & quil sembloit qlz eussent iuste cause de combatre pour rebouter ses ennemis qui les enuasoient et couroient sus. ¶ Tiercement il demonstre q̃ la paix est plus en la puissance des hommes quelle nest en sa puissance des dieux ou des dyables. La premiere partie est au commencement. La secõde est la ou il dit Mais il appert clerement.&c. La tierce se commence la ou il dit. Mais il est assauoir se ou temps que ce numa regnoit.&c. Et quant il dit Mais estoit ce cause raysonnable.&c. Il se dit par maniere de mocquerie en affermant que ce nest pas cause raisonnable que ung royaume soit sãs repos. affin quil soit grant. Et est vne maniere de sentence negatiue.) Apres quant il parle des temps que saluste raconte, il est assauoir que de puis ces motz au commencement furent diuers foix iusques a ces motz, ou affin de grandement croistre lempire. Ce sont les motz que dit saluste en son prologue In catilinario a regendo, cest a dire de gouuerner, car pour ceste cause commenca homme a auoir seigneurie sur autre, cestassauoir puissãce a gouuerner. Et lors les roys estoient de diuerses guises, et se gouuernoient en diuerses manieres, & se occupoient en diuerses choses. Car les aucuns exerçoient leurs engins a estudier & a aprendre science de discipline. Les autres exerçoient leurs corps a chasser bestes sauuaiges, et autres maltes manieres, pour quoy il napparoit pas quilz fussent plains de quelcõque couuoitise: ¶ Apres quant il parle des choses q̃ Virgille blasme, ce sont vers de luitiesme liure de eneidos. Et apres ce quil a recom̃mãde le temps qui fut soubz saturne qui regna auecques ianus en ytalie, dõt sont les royaumes saturniens. Il dit que celle prosperite et innocence de la vie humaine dura a ce que plus mauuais aage, ou tẽps plus lait ou mal couloure & rage de bataille, et amour couuoitise dauoir, succeda

pour lentendement de laquelle chose il est assauoir que sicomme dit tulle ou commencement de sa rethoricq il fut vng tẽps ou commencement que ses gens estoient comme bestes sauuaiges. et biuoient ainsi comme de proye et rapine. Et nestoient gouuernez par quelconque raison, ilz ne sauoient que cestoit de loyal mariage ne denfans legitimes, ne ne sauoient que cestoit de droit ne de equite. Et pour ceste erreur affin demplir ceste seule couuoitise de leur couraige, ilz vsoient de force, et prenoient merdaille et garsõs tresmauuais pour leur ayder. Et dit tulle q̃ en ce tẽps vng grant homme sage congneut quel estoit le couraige des hommes, & comment ce seroit chose conuenable a faire pour gouuerner les choses tresgrandes se on les pouoit mettre a rayson et faire meilleures p̃sons et loyaulx commandemens et enseignemens Si les commença a assembler ainsi comme ilz estoient espandus parmi les chãps en cauernes et en bois. ¶ en vng lieu, et leur commença a mõstrer comme ilz se deuoient gouuerner, et leur mõstra tellement quilz se mirent a rayson, et commencerent a deuenir doulx et de bonaires et souffrirent quilz fussent gouuernez et quilz eussent gouuerneurs. Ce grant hõme sage fut saturne, sicomme dit eutrope en son premier liure, ou premier chapitre q̃ dit que apres ce quil fut chasse hors de cr̃ete ou il regnoit, il vint en ytalie et fonda sa cite saturnienne, laquelle est aux fins de tuscie pres de romme, dont on voit encores sa vielle muraille. Et saturne aprint sicomme il dit ses peuples qui lors estoient rudes, et qui estoient ainsi cõme sauuaiges a ediffier maisons, a labourer terres a planter vignes, comme ilz vesquissent parauant tant seulement de glant et de faine, et habitoient comme aux fosses & aux quarrieres et en iardins ou ilz faisoiẽt petites loges de feuilles pour y demourer. Et aussi leur apprint et ordonna premierement a forgier mõnoie darain. Et pour ce que le rude peuple et qui rien ne sauoit p auant/tint ce quil faisoit ainsi comme vng tresgrant miracle/ilz en firent vng dieu. ¶ De ce saturne de son nom/pour quoy il est ainsi appelle/soit comme planette/soit comme homme. Comment il estoit figure par les payens/nous en dirons ou dixhuitiesme liure ou auant sil eschiet en nostre matiere. Et aussi des autres que les poetes faingnent et q̃ les payens tindrent a dieux ¶ Apres quant il dit Mais il appert clerement que ce fut iuste deffence des rommains &cetera. Monseigneur saint augustin met lexcusacion des batailles que les rommains eurent au commencement contre leurs voisins pour limportunite deulx qui les sourquer̃oient et les assailloiẽt par batailles trescruelles et inutiles. par quoy il cõuenoit quilz se deffendissent. Et a ce ameine aucuns motz qui sont de saluste In catilinario ou commencement. Et sont ces motz de saluste de puis ces motz de puis que la chose publicque de romme acreut iusques la ou il dit. Et plus se penoient de acquerir amistiez par dõner beneficez et par faire seruices que par les prendre. ¶ Lesquelz motz sõt encores de saluste iusques la ou il dit Et par ces armes romme creut conuenablement. ¶ Apres quant il dit Mais il est assauoir se ou temps que ce roy numa regna/affin quil y eust si lõgue paix &cete. Ou il parle du temps de numa. Il veult demonstrer que la paix est plus en la puissance des hommes que en la puissance des dyables/fors ce qui leur est ottroye de dieu le pere createur. Et se fonde sur la paix qui fut en tout le temps de numa. Et fait la question qui est assez clere ou texte/et pour ce nous nous en passons Mais pour ce que monseigneur saint augustin ne argue point sicomme il semble a la seconde partie de sa diuision quil a mise/et met au commencement de ceste sentence. ¶ Lẽ peut dire que la cause est pour ce que on tient ceste partie. C'est assauoir

que pour ce eurent les rommains paix tout le temps de numa/pour ce que nul ne les assailloit. Il appert quil fault ottroyer et tenir que celle paix dependoit plus de eulx que de la voulente des dieux ou des dyables Et est assauoir que sicomme dit titus liuius ou premier liure de sa premiere decade. ¶ Le peuple rõmain voyant ces meurs et sa religion se commencerent a cõfermer leurs meurs aux siennes/ainsi comme en vng seul roy et dun seul gouuerneur Et comme les peuples voisins vissent ces choses/et qui parauant cuidoient que la ville eust la este assise ou milieu deulx. Nõ pas pour faire cite/mais pour faire guerre et siege aux autres citez. Ilz sa commencerẽt a auoir en telle reuerence que ilz tindrent que faire force ne violence a ceste cite qui ainsi estoit toute dediee aux seruices des dieux/cestoit laidure q̃ mauuaistie. Si peus veoir comme c'est chose notable dauoir prince saint/deuot, et religieux/auquel tout le peuple puist prẽdre exemples de bonnes euures. Apres quãt il dit. Se ce nestoit par auenture que ces dieux osassent vendre aucun homme. &ce. Il demonstre comme tãt la paix comme la bataille sont aucunesfois en la puissãce des dyables/et comme ilz peuent aucunesfois vendre a vng homme. Cest a dire ottroyer pour aucun seruice que il leur aura fait le vouloir ou non vouloir/qui est la puissance dune tierce personne. Car il peut espouenter les hommes affin quilz ne se combatent/et esmouuoir aussi a bataille sil leur est permis de dieu. Non pas quilz puissent necessiter ceste voulente/mais il leur est bien permis de dieu esmouuoir ou esbahir les pensees des hommes. selon la qualite et difference des vices et pechiez en quoy ilz encheent. Et selon ce les dyables prennent souuent puissance sur les hommes. Et pour ce que ceste matiere est de subtilite et moult difficile a entendre et a cõgnoistre aux hommes quãt a lentendement de ces choses dictes. Il est assauoir que les dyables peuēt (sil leur est permis de dieu) causer passions et mouuemens de lappetit sensitif ou sensible. Lesquelz mouuemens et passiōs monseigñr saint augustin appelle mouuemēs de couraiges et la communite des hommes/especialemēt des mauuais eussent ces mouuemens. Et par consequēt sil leur est souffert ilz peuent causer et paix et bataille.

⁋ De rechief la Boulente de lōme est plus cause de ces choses que nest le dyable/car le dyable ne peut en homme necessiter ceste Boulente. Et pource aussi que sa Boulēte humaine de sõme Bient/ce que on lup seuffre a faire, ou moins ou plus. pource dit monseigneur sait augustin. Certes il appartient bien que len seuffre aucunesfois a ces dyables espoēter ou esmouuoir les pensees qui ia sōt mauuaises par leur pechie. ⁋ Apres quant il dit. ⁋ Lesquelz toutesfoie. ⁊c. Cest selon aucuns docteurs le commencement de lonziesme chapitre sicō thomas Balēsis et selō les autres cest la fin du ix. chapitre. Et Beult prouuer monseigneur saint augustin que les paix ⁊ les Bictoires des batailles auiēnent souuent contre la Boulēte des dieux Et premieremēt il le preuue par sexpresse Berite de leurs histoires. ⁋ Secondement par sa Berite couuerte par maniere de fables. La seconde partie est ou chāpitre subsequent ou il dit. Donques ne sōt pas les meurs des dyables escrips .⁊c. Et semble que ceste cōtinuacion soit assez raysonnable iaissoit ce q̄ les paroles soiēt mises en la fin du ix. chapitre. Et pource que selon le liure selō lequel nous faisōs nostre translacion et selon le plus des liures monseigneur saint augustin. Ces paroles sont de la fin du ix. chapitre. nous passerons a lonziesme e exposer le soursplus.

⁋ De lydole du dieu apposin de la cite de cumes par le pleur de la quelle on croit auoir demōstre sa destruction des grecz/ ausquelz il ne pouoit apder.

.ix.

De certes quant on se combatoit contre les achayens, et se rop des straconiens qui estoit appelle aristomeus/ Laduenture de la bataille ne fut autrement sceue pour ce quil fut anōcie que lydole de cel aposi auoit plore p quatre iours / pour laq̄lle signifiance cōe les aruspices /cest a dire les adeuinemens es Bahis de ce tenissēt que len deuoit celle ydose getter en la mer. Les anciens de celle cite de cumane deprierent quil ne leur fust pas fait. Et raconterent Bne telle signifiance auoir apparu en celle mesme semblance en la bataille que les rommains eurent contre anthiocus et contre perses son filz/ et tesmoingnerent que pource q̄ne sa chose estoit bien eureusement Benue pour les rommains par lordonnance du senatcō sul. Ilz enuoierent leurs dons a celle ydose dappoll. a quoy fois les plussaiges adeuineurs a ce amenez et iterroguez. Respondirent que le pleur de celle ydose dapposi auoit monstre la prosperite des rommais pource que sa cite de cuma auoit este faicte ⁊ peuplee dune colonie qui estoit Benue de grece. Et q̄ des terres et pays dōt ilz auoient este transportez, cest assauoir de grece, celle ydose plorant auoit signifie ou demōstre sa misere et sa destruction de grece. Et tantost apres fut anoncie que aristomeus estoit Baincu et prins. Lequel apposo ne Boulout quil fust prins ne Baincu, mais en estoit dolent et courouce. Et ce demonstroit il par les larmes que sa pierre de sō ymage gettoit ⁋ Donques ne sont pas les meurs des dyables escrips aux chans des poetes desraysonnablement par tout Car iaissoit ce quil les demōstroit par sables Toutessois ont ces fables aucunes similitudes a Berite, car selon ce que racōte Birgille, dyane plaint la mort de camille, et hercules plora la mort de passas filz deuander. De ce par auenture sensuit ce que numa pompilius qui habōdoit en bonne paix et Bnion. Mais il ne sauoit ne il nenqueroit pas dont elle pouoit estre Benue, ne qui lup auoit donnee quāt

il pensoit et ymaginoit en son ociosite:
Ausquelz dieux il commettoit la garde de
son royaulme de romme et le salut des rō-
mains/ne tenist point que dieu le souue-
rain et tout puissant feist compte ne eust cu-
re des choses terriennes. Et oultre se recor-
doit que ses dieux de troye/lesquelz eneas
auoit amenez auecques luy nauoient peu
garder longuement ne troye ne le royau-
me lauinien q̄ le dit eneas auoit cree et fon-
de.) Il ymagina et auisa dauoir autres
dieux q̄l adiousteroit aux premiers/ sust
a ceulx que romulus auoit amenez a rō-
me auecques luy/fust a ceulx que les rō-
mains auoient transportez a romme quāt
ilz destruirent albe.) Ou comme gardes
aux dieux fuitifz/ou comme aydans des
non puissans.

) Expposicion sur ce chapitre:
En cest .xi. chapitre qui depend de la
fin du precedent/passe la diuision
pource que nous luy auons mise. Monsei-
gneur saint augustin veult monstrer par
la verite des hystoires expresses des rom-
mains que les paix ne les victoires des ba-
tailles ne sont point en la puissāce des dy-
ables. Et ce preuue il par le preuer quil dit q̄
fist appollo cumanus par quatre iours/
pour la bataille et desconfiture que eurent
les acheiens contre aristonius.

Pour lentendement de la quelle hystoi-
re et de la matiere du chapitre/il est assa-
uoir que apres la seconde bataille punicq̄
les rommains eurent guerre contre phi-
lippe roy de macedoine/dont titus liuius
parle en sa premiere decade non pas ce phi-
lippe qui fut pere du grant alixādre/ mais
vng qui eut vng filz qui fut appelle perses
duquel monseigneur saint augustin fait
mencion en ce chapitre/et fut ce philippe
vaincu et mis en la subiectiō des rōmains
Lequel de puis se porta loyaulmēt enuers
eulx tant qͣl vesquit/mais assez tost ap̄s
sa mort son filz appelle perses se cōmenca
a rebeller contre les rommains. Et fina-
blement fut vaincu/prins/et emene a rō-
me.) Pareillemēt ainsi comme en ce mes-
mes temps/cōbien que ce fust vng pou p-
auant q̄ les rōmains eurent guerre cōtre
anthiochus roy de syrie/leq̄l ilz vainqui-
rent et luy imposerent loy selon leur vou-
lente. Et vng pou de temps apres ces cho-
ses athalus q̄ estoit filz du roy eumenes/
roy daspe/pource quil nauoit nulz enfās
de son corps/veant leur proesse les fist et in-
stitua ses hoirs en son testament/et par ce
le royaulme daspe la mineur fut adioinct
a lempire de rōme.) Cel athalus auoit
vng frere qui aussi auoit nom eumenes:
qui estoit amy des rommains. seq̄l eume-
nes auoit vng filz dune concubine appel-
le aristonicus. lequel est celuy de quoy ce
chapitre parle/qui tantost apres la mort
de athalus entreprint la seigneurie et vou-
sut regner sur le royaulme daspe et dacha-
ye. qui est vne ptie de grece dōt les gēs du
pays sont pource appellez acheyens ou a-
chayens/ou achiux q̄st tout vng/dōt la
principale cite est corinthe/et assembla grās
ostz cōtre les rōmains. Toutesfois fut
il vaincu et prins et mene a rōme ou il fut
estrangle par le cōmandemēt du senat. Et
pource q̄ apollo de cumes sceut la mort de
celuy/ il auoit autresfois ploure auant/
pource q̄l estoit venu a sa cōgnoissance q̄
āthiocus et pses deuoient estre vaincus.
Cest apollo deuoit estre appelle cuma-
nus pour la cite de cumes q̄st en cāpane/
dont fut nee sibilla cumana/lesquelz cu-
mains furent iadis vne colonie/cest adi-
re gens q̄ vindrent de grece la habiter pour
labourer ce lieu/et firent celle cite. Et en
eulx departant apporterent auecq̄s eulx
ydole de apollo quilz adouroient. Et
pource fut appelle apollo cumanus ou
cumanis/lequel plora pour le mal qui ve-
noit aux grecz/tant pour la mort de aris-
tonicus cōe pour la deconffiture de anthi-
ochus et de pses son filz. car il amoit mieulx
les grecz dōt il auoit este rapporte par les
cumains quil ne faisoit les rommains/

Combien quilz fussent subgectz a eulx. Et pour ce que les adeuineurs de romme par le pleur de cel appollo iugoient que cestoit mal auenir aux rommains Bouloient quil fust getté en la riuiere. Et y eust este getté de fait/se ce neussent este les anciens cumains qui y resisterent par les exemples quilz monstrerent de anthiocus et de perses. Et finablement fut la chose rapportee aux plussaiges adeuineurs, lesquelz iugerent et interpreterent la chose pour les rommains selon le iugement des cumains. Apres quant il dit que dyane plora camille, il est assauoir que sicomme dit Birgille en sonziesme liure de eneidos que comme camille qui estoit royne des Bulques fust Benue en layde de turnus roy des rutiliens qui auoit guerre contre eneas/elle fut née par Bng qui auoit nom aucus/ dont dyane plora sa mort: Cest a dire la lune qui est dicte quasi dyane/ pour ce qlle supt de nupt et de iour. Et la plora pour ce quelle lauoit adouree en son Biuant/ t sacompaigna t luy tint compaignie pour luy Bengier de celluy qui lauoit occise.

Apres quant il dit que semblablement hercules plora la mort de pallas/ il est assauoir que ce pallas fut filz de euader roy darchade qui lors demouroit ou est romme. Auquel hercules Bint quant il retourna despaigne/ et quil eut desconfit gereon Et le Benga dun grant geant appelle catus. Lequel selon les fables des poetes/ Seruius dit quil fut filz de Bulcan/ toutesfois la Berité est q cestoit Bng tresmauais tyrant qui pilloit tout le pays/ t gastoit et nespargnoit euader ne autre/ sicomme dit albericus londoniensis. Et aussi fait titus en son premier liure ou commencement. et pour ce il en deliura le pays t le tua. Euader se recheut honnourablement et apres sa mort comme il fust tenu et repute pour dieu. Et pallas fut enuoyee p son pere euader pour porter ayde t secours et estre de la partie de enee contre turnus roy des rutiliens / et turnus luy fust Benu a lencoutre. icelluy pallas confiant de lamour qui auoit este entre son pere euander Et hercules fist sa priere/ quil peust Baincre turnus/ mais sa priere fut nulle pour ce que Birgille raconte en son onziesme liure que hercules luy auoit dit quil seroit tué de turnus/et quil ne pouoit estre autrement/mais toutesfois enee Bengeroit sa mort par ce quil tueroit turnus. t pour ce de ce pleur que fist hercules de celle mort de pallas/ dit ainsi Birgille en son liure de eneydos en deux Bers. Bersus. Audiit alchides iuuenem magnumqz sub Eno. Corde premit gemitu lacrimasqz effudit inanes. Cest a dire que hercules qui fut nepueu de alchides oupt pallas/ cest a dire sa priere/ et en eut grát pitie en son cueur tant quil en plora/et espandit ses lermes mais ce fut en Bain sicomme il dit. De ce pallas qui selon Birgille mourut de la playe que luy fist turnus ou pis. Raconte Bincent ou miroir hystorial ou Bingtsixiesme liure/ qui dit que ou temps de lempereur henri le tiers /cest assauoir lan mil cinquante et quatre. Le corps de ce pallas fut trouué tout entier a romme et que souuerture de la playe quil auoit ou pis/ laqlle turnus luy auoit faicte quant il loccist par iuste mesure/ auoit este trouuee auoir quatre piedz et demy de long/et son corps quant il fut dresce contre les murs de la cite/ les sourmontoit. Dedens son tombeau a son chief fut trouuee Bne lumiere ardant / laquelle ne peut estre estainte iusques a ce que on sauisa de faire Bng petit trou dune greffe dessoubz la flamme / et tantost comme lair y entrast par le trou/ la lumiere se destaint. Lepitaphe qui fut trouué en son tombeau estoit tel. Filius euadri pallas quem lancea turni. Militis occidit/ more suo iacet hic. Cest a dire/ cy gist a sa maniere/et sicomme il doit estre mis pallas le filz euader/ lequel la lance de turnus cheuallier occist. Apres quant monseigneur saint augustin parle du royaume laninien et de la cite de trope

Il est assauoir et si est bien a noter que depuis que ylion qui estoit la maistresse cite des troyens fut muree soubz laomedon pere de priam, elle demeura trop pou en estant, car tantost apres ou temps de priam elle fut trebuchee. Toutesfois deuant laomedon fut le royaume des troyens et soubz ce mesme nom, car trope fut dicte dun qui eut nom tros, lequel regna en icelluy pays long temps auant laomedon, et du quel le pays retint le nom, et la print trope son nom. Toutesfois en listoire de france il se treuue que trope fut edifiee ou temps de apos, et quelle fut tresbuchee et prinse ou temps de sabon, et dura p cent quatrevingtz et quinze ans. ¶ Et quant est du royaume des saniniens, il est assauoir que quant enee vint en ytallie le roy latin luy donna vne siene fille quil auoit, et plus ne auoit appellee lanine. Et la fist ence vne cite que il appella lanine pour lamour de sa femme en laquelle il regna par trois ans tant seulement. Et apres y regna ascanius son filz viii. ans, pour ce que enee auoit laisse sa femme lanine grosse dun enfant qui fut ne apres sa mort et fut appelle siluius postumus, au quel escanius son frere garda le royaume iusques a ce quil fust en aage Et luy venu en aage rendit le royaume a son frere, et a lanine sa marrastre selon ce que dit eutrope en son premier liure. Et de la transporta le royaume en albe quil edifia trente et vng an apres, sicomme dit titus liuius ou commencement de sa premiere decade, la ou ilz regnerent viii. roys l'un apres l'autre, desquelz monseigneur saint augustin fait mencion cy apres ou xviii. liure ou xxi. chapitre. ¶ Et combien que monseigneur saint augustin appelle en ce chapitre le royaume de enee le royaume saninien, toutesfois est il appelle des historiographes le royaume des latins, mais il appelle le royaume des saniniene, non pas pour la cite ou enee regnoit, mais pour rayson du peuple qui estoit soubz le roy, il est appelle royaume des latins. Et pour ce que len dit que le royaume des saniniens dura pou pour ce que la nine qui estoit chief du royaume ne dura que vng pou. Toutesfois le royaume des latins dura par le temps de xv. roys selon euse-be, desquelz selon ce quil dit enee fut le premier, et amylius frere de minotor qui fut apol de romule fut le derrenier. Et tantost comme rome fut fondee, les latins furent appellez romains, et cessa le royaume des latins soubz ce nom, et bien encores p auant. Et comme dit monseigneur saint augusti cy apres ou xviii. liure ou xx. chapitre Car quant albe fut faicte et edifiee on commenca a appeller le royaume des albais. Combien que selon les historiographes il fust appelle le royaume des latins iusques au temps de romule. ¶ Apres quant il dit Soit des dieux q romule y apporta. Il le dit pour ce q romulus apporta a romme grant quantite de dieux, lesquelz il mist. Desquelz monseigneur saint augusti fait mencion cy apres ou iiii. liure ou xxii. chapitre ¶ Apres quant il parle des dieux qui furent apportez a rome. Il le dit pour les dieux qui furent apportez dalbe, apres ce quelle fut destruicte par tulius hostilius

¶ Quans dieux les rommains adiousterent oultre la constitucion de numa des quelz la multitude ne leur apd a riés. vii.

De romme ne se daigna tenir contente des dieux et temples dont numa en auoit tant fait la et constitue, pour ce que encores nauoit elle pas le souuerain temple de iupiter. Quel merueille Car le roy tarqui fist la faire et edifier le capitole, et esculapius vint de pida uye a rome, affi que luy qui estoit tresexpt en medicine peust plus glorieusement excercer son art et sa science en celle tresnoble cite. Aussi la mere des dieux y vint, ie ne scay dont, dun lieu appelle pessumite. Certes ce nestoit pas chose couuenable q'elle fust mucee en bas lieu, et non noble, et son filz fust assis en plus ault lieu du capitole. La q'lle toutesfois selle est mere de tous les dieux nesuit pas seulement aucus de ses filz a romme/mais y vint aucuns autres qui de puis sa supuirent sainemēt. Je me esmerueille se elle enfanta le cynocephale/lequel vīt de egypte long temps apres: vie aussi esculapius son nepueu se febris sa deesse fut nee delle/mais de quelq̄ lieu quelle fust nee/ie ne croy pas q̄ les dieup estranges osent dire que celle deesse citoiē ne de romme soit non noble. ⁋Ne doit pas doncques sa cite de romme estre tourmentee de si grandes & si horribles tempestes & persecucions/desquelles dont il en ya si grāt multitude/ien nommeray aucunes petites soubz le gouuernement de tant de dieup. Lesquelz qui est celluy qui les peut nombrer tant en y a priuez et estranges/ce lestes terrestres/denfer/de mer/de fōtaines/de fleuues. Et sicomme varro dit/Certains et incertains/et en tous genres des dieup/sicomme aux bestes masles & femelles. Et ainsi comme pour garder vng pays et la deffence dicelluy a la venue des ennemis. Len a acoustume de faire feup et fumees sur les mōtaignes pour les veoir de pays a autre/et que cest le sig̾ne pourquoy on le peut plus c̄eremēt sauoir. Tout ainsi les rommaīs a sa semblance de ces grans fumees et pour monstrer que p̄ plusieurs dieup seroiēt mieulp deffendus et gardez. En auoient ilz assēble plus ne trop/par lesqlz dieup en eulp instituant faisant et baillant temples au telz sacrifices et prestres/ilz peussent courouce̾ le vray et souuerain dieu. Au quel vng et seul ces choses estoient deues. Et de tant comme romme vesquit auecques moins de dieup/de tāt fut elle plus beneuree. Mais de tant comme elle fut faicte plus grande/elle desesperant sicomme ie croy que ce peu de dieup soubz lesquelz eut comparaison a la plus mauuaise vie dont elle vesqt/apres elle auoit mieulp vescu et plus c̄eremēt et plus attēpreement/ne souffist pas a secourir a sa grādeur. De tant cuida elle quil luy faulsist adiouster plus grant quātite de dieup sicomme il fault aux grās nefz plus da-

uirons & de nageurs. Certes oste encores et ecpcepte le temps de numa pōpiliꝰ/duql iay parle par dessus/que fist il de mal premierement et auant ce/et de discors de batailles soubz ses roys en tant que ce mal & celle discorde contraint romulus a occire son frere.
⁋Epposicion sur ce chapitre.
Ence pii. chapitre monseigneur saint augustin veult monstrer comme les rommains furent merueilleusement aueuglez de ce que tout ainsi comme leur cite croissoit ilz crurent et multiploirent leurs dieup/cuidans que ce fust necessaire chose a la garde et a la deffence de sa cite Et premierement il monstre comme ilz multiploirent leurs dieup. Et apres il monstre la vanite de leur erreur. La secō de partie se commence ou il dit Ne doit pas doncques sa cite de romme. &c. Et quant il parle du souuerain temple/il entēd du tēple de iupiter que fist faire et ediffier tarquin ou lieu ou fut de puis le capitole.
⁋Pour sentendement de la quelle chose il est assauoir que selonce que dit titus ou p̄mier liure de origine vrbis/ et aussi orose et eutrope/et les autres cronicqueurs. ilz furent deup tarquins qui tous deup furent roys de romme/cest assauoir lun appelle tarquin lorgueilleup/et lautre tarquīus prisens: mais monseigneur saint augustin entend cy a p̄ler de tarquin lorgueilleup/lequel de puis quil eut mis fin a ses batailles se retourna aup choses q̄ regardoient lordonnance de la cite/et a ordonner les tēples et les cerimonies qui luy appenoient a faire. Et premierement il ordonna a faire vng temple qui sappella se tēple de iupiter/seql il tenoit a leur souuerain dieu. Et vng mont qui estoit lors appxelle le mont saturnien pour saturne q̄ p̄mierement y habita/sicōme dit iustin ou pliiii. chapitre. Et de puis fut appelle se mōt tarpien pour rayson de suspirius tarpeius qui la fut tue par ses sabiniens/ou pour tarpeia sa fille qui sēblablemēt y fut occise/sicōe dit eutrope en son p̄mier liure

Depuis fut appellé le capitole/ pour ce q̄ en faisant les fondemens et fouāt fut trouue le chief dun homme mort/ lequel auoit le visage tout entier/ par laquelle chose ilz iugerent que ce deuoit estre le chief de lempire/ et que romme deuoit estre chief de toutes terres/ et appelerent ce lieu le capitole. Et par laugurement et adeuinement des opseaulx qui furent fais en tous les autres petis temples fut iuge que ce temple de iupiter seroit ferme et perpetuel, sicomme dit florus en son epithome, dont mōseigneur saint hierosme raconte que pour ceste cause les rommains firēt vng ydole dun ymage de fēme/ et luy mirent a nō rōme. Et estoit escript en son front sicomme il dit vng nom de blaspheme. cestassauoir romme pardurable. Et appelle monseigneur saint hierosme cel ydole la putain poupree. Apres quant monseigneur saint augustin parle de esculapius/ il est assauoir que ou temps que la grant pestilence fut a romme et la grant mortalite/ laquelle dura par trois ans cōtinuelz. Les rommains allerent ou liure de sebile pour eulx conseillier/ et trouuerent ql̄ ny auoit autre remede que daler querre esculapius sicomme dit titus liuius en sa fin du dixiesme liure de la premier decade. Et fut quatrecens cinquante et cinq ans apres que romme fut cree. De ceste pestilence par le orose ou quatriesme chapitre de son tiers liure/ si fait valerius maximus en son premier liure ou chapitre final/ qui dit que pour ceste cause furent enuoyez certains messages a epidāre qui estoit a cīq lieues de romme. Lesquelz quant ilz furēt la venus furēt menez ou temple de esculapius et quant ilz y furent ilz y virent vng serpent qui yssit de ce temple/ lequel ceulx de pidante auoient auttrefois veu quant ilz y estoient alez a aucun besoing/ mais peu souuent. Et pour ce quilz y auoient trouue bon aduenement ladouroient en celle fourme de serpēt comme esculapius. Icel luy serpent sen vint auecques eulx en la cite de pidāre/ et tout bellement a la par les plus nobles lieux de la cite/ et y fut veu p̄ trois iours apres lesquelz trois iours il sē vint auecques les rommains a la nef ou les messages estoient venus/ et entra dedens et monta et coucha en vng lict qui estoit appeille pour vng des legatz q̄ auoit nom quitus eglius/ iusques a tant quilz vindrent pres dune ville appellee anice/ et lors descendit de sa nef et entra en vng tēple de esculapius qui estoit pres dilec/ ouquel il demoura par trois iours sans en partir/ et luy apportoit on a mengier chascun iour/ et ce fait retourna a sa nef/ et sen vint a romme et arriua a la riue du tybre sa yssit hors et passa le tybre/ et sen ala en vne isle en vng temple qui estoit ordonne a esculapius/ et tantost la pestilēce se cessa Cellē cite de pidāre selon eutrope a maintenāt a nō dirachyon/ et fut ce serpent nomme epidāre/ dont il estoit venu selō ce que dit pappe. Selō ce q̄ dit thomas l'afecis en son exposicion sur le quinziesme de oui de methamorphyseos. ⁋Les rommains pour ceste pestillence alerent en lisle de delphos ou est vne montaigne qui sappelle paruasus/ et est ou milieu du monde, selon ouide en sō pb. liure de methamorphoseos/ en laquelle estoit adoure apollo qui estoit leur grāt dieu/ et ou ilz aloient quāt ilz vouloient auoir certaine response pour sauoir cōment celle pestillence pourroit cesser/ duquel apollo ilz eurent en response quilz asserēt querre esculapius son filz/ et le feissent apporter a romme et ladourassent. Et que par celle chose celle pestillēce et mortalite cesseroit. a quoy saccorde ouide ou lieu dessus dit/ et dit encores thomas que en ce lieu esculapius selō les poetes estoit figure en maniere dun homme a vne grāt barbe longue/ laquelle il tenoit en sa main dextre/ et en sa main senestre tenoit vng baston tortu sans estre dole ne charpente entour/ ouquel auoit vng serpēt entortillie Et dit que ce fut celuy serpent qui se desnoa de ce baston/ et qui sen suyt auecques les rommains en la cite de rōme Encores dit il et raconte que il est autremēt figure tenāt en sa main a sa barbe pour signifier et auoir tousiours en memoire quil estoit homme vertueux / car selon ce que dit seneque quant tu penseras que tu soies mary / pense aussi que tu soies homme / dont il se treuue ou liure qui est dit des prouerbes des philozophes que on demāda a dyogenes pourquoy il portoit si grāt barbe. Et il respondit et dist quil la portoit a celle fin q̄ en la prenāt soudainement il eust memoire quil estoit homme. Et se tu en veulx veoir sa moralite / voy ce thomas sur ce pas qui sinterprete et moralise tresnotablemēt Si fait il des autres fables de ouide dont nous en dirons ou il escherra. ❡ Toutesfois est il encores assauoir que ses poetes faingnent q̄ phebus ou apollo qui autant vault fut souuerain medecin / et esculapius fut son filz qui fut aussi tresexpert en medicine / et dient quil ressuscita vng homme mort / dont iupiter fut si courouce quil se souldropa. Et phebus son pere fut tant dolēt de la mort de sō filz quil batit les cicloppes. et entua plusieurs. Et pour ceste cause iupiter bouta hors phebus de sa deite. lequel asa seruir le roy ametus / et fut garde de ses bestes. Et cest la fable ou fictiō / mais la verite est que phebus fut vng tresbon medecin et soingneux et expert / et son filz esculapius aussi / Et auecques ce fut icelluy qui trouua premierement sart de cirurgie qui est dicte de cyros en grec qui vault autant cōme mal et virgeo virges qui est a dire contraindre / et de la vient cirurgie qui vault autāt a dire comme contraindre ses mais a faire incision. Et ce signifie lethimologie de escu lapius / car il est dit de ecliophios en grec. qui vault autant comme fait durement. ❡ De celle fable et du resuscitement la verite fut telle / cestassauoir que ainsi comme esculapius saloit iouer parmy vng bois il trouua vng bregier qui auoit vne couronne de fleurs sur sa teste / lequel bregier disoit quil auoit tue vng basilicque. dont esculapius q̄ estoit grāt medecī fut moult esbahi / pour ce quil sauoit bien que la na-

ture du basilicq̄ estoit telle quil occist vng homme par son regart et par son assener / Car par son regart la veue de sōme quāt elle se tourne est tellement enuenimee du basilicque que ce venin corromp somme p̄ dedens / et aussi par assener. Si se pensa que ce quil nestoit pas mort / estoit par vertu daucunes des fleurs du chappeau ou couronne qui estoit sur sa teste / et luy osta de dessus son chief / et tantost il cheit ainsi cōme mort. Et ce fait il print des fleurs de la couronne / et ses luy mist sur sa teste lune apres lautre iusques a ce quil vint a celle qui sauoit tenu en vie: Et tantost comme il eut mise sur sa teste il se leua. Et ce qui est dit en la fable que phebus comme courouce de sa mort de son filz batit les cyesoppes. Il est vray que iupiter qui fut roy de crete / eut guerre contre phebus / a se futa hors de sa terre. lequel senasa en lisle de leuuos / et occist moult de ses gens. Et ce fait sen asa deuers le roy ametus qui estoit roy de grece / auecques le q̄l il demoura par sept ans / et le garda iusques a ce q̄ le roy iupiter fust mort. ❡ Et quant ace q̄ est dit en sa fable q̄ iupiter le souldropa: il est vray quil fut souldroie et mort de tēpeste. Et de ce qui est dit quil luy osta sa deite. Cest adire quil se bouta hors de son royaume / aussi se met vng acteur solennel q̄ epposa lucan qui traicta mieulx que nul autre listore de c̄sar et de pompee. Mais pour ce que nous auons parle que les romains asserent prēdre conseil aux liures de sebille. desquelz liures ce chapitre fait mencion. Il est assauoir quilz furent dix sebilles toutes adeuineresses. Et de cestes nous parlerons plusaplain sur le treizieme chapitre du diphuitiesme liure / pour ce que monseigneur saint augustin en traicte en partie / mais quant est de celle de quoy on traicte en ce chapitre elle fut appellee pour la cite de cumes / autrement almathea. Et fut ainsi appellee pour la cite de cumes dōt elle fut nee / laquelle est en campane. De la quelle cite nous auōs parle sur lepposition du chapitre pcedent

Et est enterre en sezille sicõme dit ysido
re ou .viii. liure de ses ethimologies. Et dit
encores que ce fut celle qui apporta a pris
que tarquin .v. roy des rommains .ip. li
ures escrips des decreptz des rommains
Gellius en son premier liure de noctibus
aticis dit que ce fut vne vieille mescon
gneue qui apporta ces .ip. liures a tarqui
l'orgueilleux. et lui demanda se il les vou
loit acheter. et disoit que ce stoient les li
ures ou sen pouoit trouuer les respons des
choses diuines. et comme elle les luy eut
fait vng pris / lequel lui sembla excessif
Il se commenca a mocquer delle / et tan
tost elle prist trois liure et les getta ou feu
et les ardit. Et apres elle lui demanda se
il voulsoit les six pour le pris quelle luy
auoit fait les .ip. Laquelle pour ce que il
lui dit quelle estoit folle et hors du seens
sauoir ars les premiers trois liures et de
lui faire les .vi. autres autel pris / prist les
autres trois liures et les ardit comme el
le auoit fait les autres trois premiers. et
ainsi ney demoura que trois. et iceulx .vi.
liures ars. lui demãda se il voulsoit pour
le premier pris les trois que stoient demou
rez / lequel veant sa constance achetta ses
trois liures le pris quelle luy auoit fait
les .ip. et tantost sen partit ne puis ne fut
veue / et furent ces trois liures mis ou tẽ
ple dapolo / ou ilz auoient accoustume
mettre les choses sainctes et consacrees a
leurs dieux. la alloient .v.v. hommes quãt
aucune chose leur souuenoit pour en a
uoir respons / et pour sauoir quilz deuoi
ent faire ainsi comme ilz faisoiẽt a leurs
dieux. A ce saccorde solin de mirabilibus
mundi ou .iiii. chapitre qui est de ptalie. et
quelle a vng petit temple en celle ville de
cumee. et oultre dit que ces liures furent
ou capitole iusques a ce ou temps de silla
Ouquel temps ilz furent ars auec le ca
pitole / de laquelle chose nous auons par
le cy dessus ou premier liure sur lexposi
cion du .xpiiii. chapitre ⁋ Apres quant
monseigneur saint augustin parle de la
mere des dieux qui dit de pessumite / cest

a dire de berecinthia de laquelle nous a
uons parle cy dessus ou pmier liure sur
le ppip chap / celle berecinthie est nõmee
mere des dieux et femme de saturne. Et
estoit figuree selon les poetes en guise du
ne femme grant et fourme / laqlle estoit
assize en vng char qui estoit menez de ly
ons. Celle estoit vestue de robes de plu
sieurs manieres et de plusieurs coulleurs
lesquelles estoient resplendissans et gar
nies de pierres precieuses et dor et dargẽt
Celle tenoit vng sceptre en sa main et si
auoit vne couronne faicte ainsi comme
tours et chasteaux / elle auoit les cimba
les en sa garde / et si auoit de coste de lup
la deesse appelle heste / de laquelle et de
son temple nous auons parle cy dessus
sur lexposicion du chapitre final du .ii. li
ure Et se tu voeulz sauoir que ces choses
signiffient et linterpretacion / voy fulgẽ
ce ou .iii. liure de ses mithologies. Alberi
cũ loudouiensis sur linterpretacion des po
etries / et remigiũ en son commẽt quil fit
sur le liure de marcianus. apres quãt il p
le de fieure la deesse nous en auons parle
cy dessus ou second liure sur le .piiii. cha
pitre. et aussi du cynocephale. Et quant
monseigneur saint augustin dit de ceste
fieure que esculapius pronepueu de ceste
berecinthie mere des dieux / voy se la fies
ure est sa fille / il se dit pour ce que cõme
les poetes tiennent et aussi les tenoiẽt les
rommains que esculapius fut dieu de me
decine. a lui appartenoit de garir de la fi
eure. et sauoir dont elle vient et dont elle
naissoit. et lapelle son pronepueu. pour ce
que celle cybelles ou berecinthie q fut me
re des dieux fut mere de iupiter. Jupiter
pere de apolo / apolo pere de esculapi
us / et ainsi elle estoit sa besayole. Apres
quant il parle / apelle celle fieure cytoien
ne rommaine / il est dit pour ce que sen ne
scet dont elle vint ne elle fut pas amenee
a romme dehors ainsi comme berecinthie
et esculapius / mais les rommains en fi
rent vne deesse a rõme sicõe il leur pleust.
aps quãt il dit ne doit pas docques la cite

de romme soubz tant de dieux ꝗꝛe. Il se dit pour leur vanité si comme dessus est dit, et pour ce que par leur mauuaise creance il auoient fait tant de dieux en la cité de rōme que il ny auoit cellui qui neust ses dieux priuez ⁊ tous propres pour luy Et en firent les vngs dieu du ciel, et des mourans ou ciel si cōme iupiter ⁊ moult dautres, aucuns dieux terrestres, si cōme picus et famus qui estoient dieux des montaignes. Cibelles berecinthie et autres semblables, aucuns denser, si comme pluto la fieure paleur et autres fourseneries denfer. Les autres ilz firēt dieux des eaues, si comme neptunus dieu de la mer, et les nimphes et les muses ilz firēt deesses des eaues, et les diuiserent selon la diuersite des eaues, si comme les nimphes des fōtaines il les apelleret napdes les niphes des fōtaines ilz les appelleret amadnades celles des chāps napades celles des montaignes oreades. Celles des bois driadee, et encores ne leur souffisoit il pas que vne nimphe eut deux eaues ou trois. Mais a chascun fleuue et a chascune fontaine ilz bailloient la propre nimphe. Et ēcores qui plus est failloit il que il peut masle et fumelle de chascun sexe. Sicomme saturnus estoit masle, et berecinthie sa femme, et iupiter masle, ⁊ iuno sa femme et sa seur, et aisi des autres Et encores dit Varro sicomme il appert par le tepte du chapitre que il eny auoit de certains, cest assauoir que len sauoit dont ilz estoient nez et venuz, les autres incertains que len ne sauoit dōt ilz estoient nez ne venus sicomme il apperet par le tiers chapitre du .vi. liure) xpz quāt monseigneur saint augustin dit q̄ il nōmera aucun pou de ces dieux, cest a dire au subsequent chapitre et ou .vii. de ce liure et en aucuns autres chapitres

Par quel droit ou par quelles alliances les rommains obtindrent leurs premiers mariaiges. piii.

Cōmēt fut ce q̄ nes iuno lacllie aueques sō mary et frere iupiter gar

doit ia, et nourrissoit les rommains seigneurs des choses, et la gent qui ia portoient les togues Cest a dire les grās robes longues iusques aux piez ne peut apder. Aussi Venꝰ mere des eneades ne peut aider aux siens. Cest a dire ceulx qui de tropes estoient descendus a ce q̄ par bōne maniere et iuste raison ilz peussent desseruir et auoir femmes par lo paulx mariaiges, ⁊ q̄ pour la grāt desfaulte de ce q̄ lz nē auoient vint si grant tempeste quil conuint q̄ lz les laissassent par fraude et par tricherie, et ce fait que tātost ilz feussēt cōstrains a eulx combatre contre leurs serouges de qui ilz auoiēt les seroeurs, affin que les chetiues femmes q̄ encores ne stoient pas rapaisees auec leurs maris, de le iniure qui lui auoit este faicte en esles rauissant fussent ia doees du sang de leurs parens, mais en ce conflict vainq̄ rēt les rōmains leurs voisins ainsi comme se il voulsist dire q̄ non, de quantes et com grandes playes et de gens occis dune partie et dautre, et de si prochains voisins et affins, sont auenues ces victoires pour le pere de la fēme pōpee, cest assauoir iulius cesar, et pour le mary dicelle, cest assauoir pōpee gēdre dicellui cesar apres la mort de la fēme dicellui pōpee fille de cesar p̄ com grāt ⁊ p̄ com iuste pointure de douleur Lucan se escrie au cōmēcemēt de son liure quāt il dit.) Bella p̄ emachios plusq̄ ciuilia campos. Jusq̄ datū sceleri caminus. Cest a dire nous chantōs et recordons les batailles plus q̄ ciuilles, lesquelles auindrent entre cesar et pompee aux champs appellez emachiens de thesalle, cest a dire en cinath, et si dirons cōmēt len ottropa a cruaulte et a petite licē ce ⁊ cōgie de faire sa voulente. Vaingrent doncques les rōmains les sabiniens peres de leurs fēmes, affin que p̄ loccisiō de leurs serouges et pleurs mais toutes sanglentes, ilz eussēt par force les chetifs embrachemēs de leurs filles, ne elles no sassent plourer leurs peres ⁊ parens occis pour doubte de courroucer leurs maris q̄ auoiēt eu celle victoire. Cōme iceulx encores combatans elle ne sauoiēt pour lesquelz elles deuoient prier/ou faire leurs veulx/de telles nottes dōna les rōmains bell'ona deesse de bataille. Nō pas venus deesse damours ou parauēture asseto celse fourssennerie denfer/laquelle pour ce q̄ iuno estoit fauourable a eulx auoit fors plus dauctorite de faire sa voulente en eulx q̄elle neut quant elle fut esmue cōtre eneas ou temps quil se combatit a turnus par les pieres de celle iuno. Andromatha femme de hector de tropes fut plus beneureusement chetiue a la destruction de tropes que ne furent les sabines qui furent mariees aux rommains par leur rauissement. ¶ Et toutesfois aprez ce que pirrus filz de achiles leut emmenee de tropes et tout desse a sa voulēte il noccist plus nulz des tropes mais les rōmains tuoient leurs serourges en bataille/desquelz ilz acostoient les filles en leurs chambres Celle ādromatha subgecte a pirrus et mise en sa seruitude leq̄l estoit vainqueur peut tant seulemēt plaindre la mort des siens et non poit doubter celles sabines prinses par force et cōpaignees aux rōmains quant ilz assoient a la bataille pouoient doubter et doubtoient la mort de leurs peres et parens. Et quant ilz retournoient elles les plouroient/et ainsi elles nauoient doubte ne pleine douleur/car ou elles estoient tourmētees pour la pitie de la mort de leur peres et freres/et de leurs prochains cytoiēs et voisins ou elles se sessoient cruelement de sa victoire de leurs maris. De ce aduenoit que ainsi comme les batailles se tournerent puis dune part puis de lautre que les aucunes perdoiēt leurs maris qui par fer estoiēt mors en bataille/et les autres y perdoient leurs maris et leurs parens. ne certes ces prilz ne furēt pas petis aux rōmais. car vraiemēt leurs ennemis vindrēt assieger sa cite/q̄ se deffendoiēt a portes closes/lesquelles leur furēt ouuertes par fraude/et entrerēt leurs ennemis en la cite/et mesmes ou marchie dicelle fut faicte trop desloyal et trop crueuse bataille entre les gendres et les peres a leurs femmes/et ceulx mesmes qui les auoient rauies estoient souuent tourmentez et souuent sen fuioient en leurs maisons esq̄lles ilz couchoient plus griefment leurs premeraines victoires. Cōbien que elles fussent honteuses et q̄elles feissēt a plaindre et a blasmer toutesfois romulus qui ia se desesperoit de la force et vertu de ses gens depria a iupiter que ses gēs arrestassent en estant sans plus fouir/Et il luy voua a faire vng temple. et pour ce q̄ ainsi aduint fut ce iupiter tousiours appelle iupiter stateur/lequel nom romulus se trouua et encores neut pas si grant mal prins sī/se icelles q̄ auoiēt este rauies ne se feussēt appeues nues et mises ou millieu des batailles les leurs crins et cheueulx tous deschirez et q̄elles se feussēt gettees aux piez de leurs peres et parens pour appaiser leur pre tresiuste Nō pas par armes par lesquelles ēvainct ses ennemis/mais par doulces et humbles prieres/de ce aduint que romulus fut constraint a ce que iseut compaignō de sō regne. cestassauoir vng nōme titus tacius roy des sabins. Ce que romulus ne peut souffrir de son frere germain/mais quāt eut il souffert lōguement cestui titus q̄ ne peut souffrir son frere iumel/dont il aduint que ce tacius occis il tint seulemēt le royaume/affin que il fut tenu a plus grant dieu. Quelz sont les droiz de telz nottes. quelz les esmouuemēs de batailles q̄elles alliances de fraternite dassinite de societe et de diuinite et. derniecmt q̄elle fut la vie de la cite soubz la garde et deffence de tant de dieux/Vois tu par ce quantes et maintes choses sē en pourroit dire se nous ne mettions nostre peine et diligence aux choses qui encores sōt a dire, et que nostre sermon nous hastast a proceder aux autres choses:

Expposicion sur ce chapitre:

m ii.

En ce.piii.chapitre monseigneur saint augustin veult toucher les maulx que les rommains souffrirent non obstant la deffencion de leurs dieux. Et par especial de ceulx qui auindrent ou temps de romulus qui fonda la cite de romme/ et touche deux maulx Le premier des affins et cousins. Le second la mort des compaignons. La seconde partie est la ou il parle de titus tacius: et premierement au commencement il touche la faueur q̃ ilz se disoiẽt auoir aux dieux Cest assauoir a iupiter a iuno τ a venus Et pour ce quant il parle au commencement de iupiter et de iuno il le dit pource que len faint que iuno qui fut femme et soeur de iupiter/ sicomme senecque le tesmoigne au commencemẽt de ses tragedies fut courroucee contre les troyens pour le iugement que donna paris contre elle et pour venus/ toutesfois disoient les rommains quelle leur auoit este depuis fauourable. Et ceste fiction met virgile ou pii.liure de eneydos qui dit que tant cõme enee et ses compaignõs retindrent le nom de troyes/ et sapelleret troyens iuno fut tousiours contre eulx et aduersaire/ mais depuis que ilz laisserent ce nom et furent apellez latins/ elle fut en layde des rommains Or monstre mõseigneur saint augustin q̃l nen est riens Car neant plus sicomme il dit que celle iuno a laide encores de iupiter son mary ne peut aider aux rommains/ Non fist venus qui auoit este pour les troyens ne peut apder a iceulx rommains qui en estoient descendus / et les apelle monseigneur saint augustin eneades pour ce que ilz descendent deneas/ et ou il dit les rõmains seignr̃s des choses/ cest vng vers du pmier liure de eneydos qui est tel. Romanos rerum dominos gentẽq; togatam. Quelle chose est togue. nous sauons expose sur le texte/ car cest proprement vng vestemẽt ancien dont les rommains souloient vser en temps de paix. Et y a diuerses manieres de togues selon papie Et dit agelius en son premier liure de noctibus acticis/ que les rommains sen soloient premierement affubler sans autres cottes. Apres quant monseigneur saint augustin par le des meschantes femmes desquelles il dit que elles nestoient pas encores appaisees des iniures qui leur auoient este faictes en les rauissant/ il le dit pource que elles ne furent pas mains courouchees de ce que elles furent rauies par les rommains que furent leurs propres peres/ et parens a qui len les auoit rauies. Mais sicomme dit titus en son premier liure de la pmiere decade qui est de la naissance de romme. Comme en les rauissant les peres et parens se plaindissẽt de celle trayson/ de ce que len auoit rauies leurs filles qui estoient venues a la feste a semõce/ et sur la seurete des rommains/ et en apelloient les dieux a tesmoinges romulus qui alloit de place en place/ et dostel en hostel excusoit celle prinse/ et leur mõstroit q̃ ce auoit fait lorgueil de leurs parens qui a leurs voisins auoient refuse a donner leurs filles a auoir par mariaige/ et que puis quilz ne sauoient pas fait par couuoitise/ mais les auoient prinses en leurs compaignies par mariage τ receues comme compaigne de tous leurs biens. et de la cite et pour auoir lignee q̃ estoit la pluschiere chose q̃ fut en humain lignage/ elles voulsissent amollier leur couroux et leur pre/ et que ceulx a qui fortune auoit donne leurs corps elle voulsissent donner leur couraige/ laquelle chose les appaisa en partye / mais encores les appaiserent plus les doulces parolles de leurs maris q̃ disoiẽt que sa grãt amour et le grant desir que ilz auoient a elles de les auoir par mariaige qui sont les prieres qui plus oeuurent et ont de puissance q̃tre lengin des femmes pour les appaiser/ attrẽpa en partye leur douleur mais leurs parens ainsi comme foursenez de cel rauissement et de celle iniure plorans et cryans vestuz de leurs pluses et mauuais garnemens / esmouuoient par grãs d'ameurs les citez, ne ilz ne faisoiēt pas ces pleurs ne ces plaites en leurs maisōs tant seulement, mais de toutes pars en uoioiēt messaiges a titus tacius q estoit duc des sabins pour ce quil estoit de tres grant renommee, entre les autres et aussi estoit la cite des sabiniens en laquelle il rengnoit la plus autentique et la plus renommee. Et combien que il parle plus du rauissement des sabines que d'autres toutesfois estoient celles qui furent rauies de plusieurs autres Villes et cittez voisines de romme, et qui estoient tout a l'enuiron, mais il nomme les sabins par especial pour ce que ilz estoiēt les plus grās et la cite plus puissante cōme dit est, car il pauoit les crustuminiēs les antenates et les cheminiés de tous lesqlz sen auoit raui les filles ainsi comme des sabiniés. Les ceminiens furent les premiers q assaillirent les rommains, et cōme ilz fussent espanduz par les champs pour leur gaster leurs labouraiges, romulus leur courut sus et les desconfit, et tua leur roy en bataille et lui despoulla ses armures et les apporta ou mont du capitole et les atacha a ung chesne qui estoit sacrie aux pasteurs deuant le temple de iupiter, auquel il les offrit. Lequel iupiter estoit appellez iouis feretrius, et de la vint se coustume que les armes de toutes les notables personnes que sen occioit en bataille sen portoit en ce temple de iupiter et ses lui offroit on ¶ Apres furent desconfis les antenantes qui pour pareille cause couroient sus aux rommains, et fut leur cite prinse, mais la femme de romulus appellee hercille fut si pssee de celles q auoient este rauies, quelle pria son mary romulus que il leur voulsist pardonner et que il les voulsist receuoir en franchise, en sa cite de romme auecques les autres citoyens ¶ Apres par pareille voye furēt desconfis les crustuminiés, et iceulx des confis firent guerre aux rommains les sabiniens. Laquelle fut la plus grande et plus dure de toutes les autres, car titus tacius roy des sabiniens prist a tout du capitole, et la prist par telle cautelle q comme tarpepa fille de suspirius tarpeius, duquel nous auōs parle ou chapitre precedent fut issue de cest chasteau pour aller querre de leaue a la fontaine les sabiniens lui promirent certains dons, q'elle leur feist vope a entrer en celle tour. Laquelle par ceste promesse les y mist, et tantost la tuerent chasserent les rōmais. Et quant romulus vit ses gens fouyr il pria a iupiter quil voulsist que ilz arrestassent sans fouyr, et se ilz les faisoient, luy promist a faire ung temple, et ainsi aduint, pour laquelle chose iupiter fust appelle iupiter stateur. Et finablement celles qui auoiēt este rauies veāt la mort de leurs maris peres et parens leurs cheueulx destrechez leurs robes deschirees se mirent ou milieu des batailles prierent lune partye et l'autre de faire paix, et mettoient sur elles la cause de la guerre. Et finablement par leurs prieres et p leurs pleurs les constraindient a faire paix, laquelle fut telle q ilz furent faiz de deux peuples ung. Et fut ordōne que dessors en auant ung sabinien rengneroit auecques ung rommai, dōt titus tacius roy des sabins fut ordonne a rengner auecques romulus, sicomme dit titus liuius en son premier liure. Et dit encores q pour faire l'aliance plus ferme, pour ce que il y auoit une lignee de sabiniens qui auoient a nom les cures ou les curiaux. Les rommains furent appellez quirites Eutrope en son premier liure dit que ilz furent appellez quirites pour une lance que romulus portoit a la guise des sabis laquelle en la langue sabine est apellee qris, affin que il semblast que ilz eussent prins aucune chose des sabins. Et dit encores que a plus grant confirmaciō de celle alliance. Les rommains prendoient ung nom d'un sabin, et le mettoient deuant le leur, et aussi faisoient les sabins et a vint la coustume que nul rommain ne fut sans surnom. Et ce voit l'en q mu

m iii

nement que leur nom et leur surnom sont de deux propres noms sicomme Jehan Pierre, Pierre Jehan et semblables. De ceste matiere parle monseigneur saint Augustin en plusieurs lieux en ce liure. Ceste paix et ceste guerre de ces sabiniens met Ouide par maniere de hystoire en son .iiii. liure de fastis. Apres quant monseigneur saint Augustin dit de quantes et cõ grãdes plaies etc. Il se dit pour la grant guerre qui fut entre Iulius Cesar et Pompee, apres la mort de la fille Iulius que Pompee auoit espousee laquelle auoit a nom Iulia, lesquelz furent les plus grans qui oncques furent des rommains, car Pompee eut ses batailles en orient pour les rommains, esquelles il desconfit .xxii. roys. Et mist tous iceulx royaumes en la subiection des rommains, et pour ce est il appellé le grãt Pompee, et Iullius Cesar fut si puissant qu'il mist en subiection tout le monde. Et n'est pas doubte que se ces deux eussent voulu estre amis, et non auoir enuie l'un sur l'autre, c'estoit assez pour tenir les rommains en paix et en seignourie sur tout le monde. Mais apres la mort de la femme Pompee commenca le prouerbe rural qui est tel que morte est ma fille, perdu ay mon gendre. Ceste chose ne fut oncques mieulx prouuee ne plus vrayement que lors, car comme apres que Iullius Cesar eut mis Franche Bretaigne et autres terres en sa subiectiõ des rommains et s'en retournast a Rome pour auoir le triumphe il enuoya auant qu'il y entrast requerir qu'il fut fait seconde fois consul. Et pour ce que il se demandoit par vne maniere d'arrogance et qu'il sembloit que il fust ainsi fait, il lui fut empesché et contredit par Marcellus consul lors pour Pompee et par Caton, et lui fut mandé que il cassast ses gens d'armes et s'en retournast a Romme, et qui plus est baillerent a Pompee certaines regions pour aller a l'encontre de lui se il vouloit riens entreprendre contre les rommains, lequel Iullius n'en fist riés, mais s'en alla par tout

iusques en espaigne querir gens d'armes. Et pour ce que ce vint a la congnoissance des rommains, tout le senat et les nobles hommes s'en fouirent en Grece, et se mirent en vne cité appellee Epire. Et ordonnerent a eulx combatre contre Iulius se il leur venoit courir sus, la vint Iulius Cesar et leur courut sus, et assaillir, et finablement fut vaincu de Pompee et de ses gens et s'en fouyt, mais Pompee ne se pourfuiuit pas pour la nuyt qui souruit, dõt sicomme Eutrope se tesmoingne en son .vi. liure Iulius dit que Pompee ne sauoit vaincre ne que c'estoit sa seulle iournee en quoi il se peut auoir vaincu, et que iamais n'y auendroit. Et il dit vray. Apres il eurent plus grant bataille que deuant en Thesalle, et auoient tant de gens que c'estoit assez pour combatre tout le monde se ilz eussent esté d'un accord, mais Pompee apres ce que ilz furent longuement combatus, doubtant la fin de la bataille, s'en fouyt et aussi fist tout son ost, et s'en alla Pompee en egypte deuers le roy Ptholomee, cuidãt que il lui fist aucuns secours, mais quant il se vit ainsi au dessoubz il lui fist copper la teste. Et la enuoya a Iulius Cesar auecques son annel, et ainsi fina meschamment. Et Iulius Cesar ne fina pas mieulx, car il fut tué de greffes ou senat par ceulx mesmes qui estoient de son lignage et que il auoit desiurez, et toutesfois apres la mort de Pompee dura la queue de ceste bataille quatre ans continuelz, car il fist tuer les enfans de Pompee et ses nepueus et tint de guerre tous ceulx qui auoient esté de sa partie de Pompee. De ces choses et plusieurs autres touchans ceste matiere parlent Orose et Eutrope en leur .vi. liure. Et pour ce Lucan qui fist l'istoire de ces batailles versifiees commence son liure par la maniere contenue ou texte, c'est assauoir bella per emachios, et sont appellez ces champs ou ses grans batailles furent Emachios pour Thesalle ou la bataille fut qui iapieca fut appellee Emach selon Papie. Ou il appel le ces champs ou la bataille fut emach/ pour ce que emach vault autant a dire q̄ sang/pour la grant multitude du sang q̄ fut espandu ou lieu ou la bataille fut. Anneus florus en son epithome ou tiers liure ou chapitre de la bataille de cesar et de pōpee/en soy accordant au vers de lucan, cy alegue par monseigneur saint augustin dit que ceste bataille ne fut point droitement ciuile. Non fut elle ociefle ne estrange/mais elle fut bataille commune ainsi comme de tous/et fut plus q̄ bataille ciuile. Et rēt les causes pour quoy lucan la pouoit bien appeller plus que ciuille/de la diuision et diuersite de ces batailles ocielles ciuiles plus que ciuiles/et autres. Nous en auōs dit cy dessus sur lexposicion du.xxii.chapitre du.ii.liure. et pour ce nous nous en passons plus legierement. Toutesfoys y a il aucuns anciens qui les ont voulu autrement et sus autre noms diuiser et alleguer, et dient qu'il y a batailles hostilles sicomme celles qui se font contre les barbarins ou entre ses ennemis bataille domestique/ sicomme celle qui se fait entre ceulx qui sōt acointes ou congneus dune cite. Il y a bataille prouinciele qui se fait contre ceulx dune prouince. Il y a bataille ciuile qui se fait entre ceulx de la cite Il y a plus que ciuilles sicomme ou cas dont nous parlons et aussi de celle qui fut entre octauien et ā thoine. et de ces deux auons nous parle sur ledit.xxii.chapitre. Et y auons nous des autres en effect. Ce souffise quant a present/ fois tant que il nest pas a delaisser vng mot qui sur tous autres est a recommander que raconte florus ou lieu dessus allegue qui dit que cesar pour la grant hasteet ardeur qu'il auoit de poursuiuir pompee/et luy venir au deuant/ entra tout seul en vne petite nacelle/ et comme se marinier pour la tourmente q̄ sourdit sesbahist il luy dit telles parolles As tu paour tu mesmes cesar : ainsi comme s'il voulsist dire que puis qu'il estoit auec

luy/il ne deuoit riēs douter Apz quāt mō seignr̄ sait augusti parle de bellone il est assauoir que c'est la deesse des batailles ainsi comme venus est deesse damours Et pour ce que ce rauissemēt fut cause de plusieurs batailles/ souret ōt il venue de ces nopces laquelle lui auoit promis tant de biens/ et y nomme bellona. pour ce que il ny eut ne ieu ne ris/mais sang espādu dune partye et dautre/ laquelle est aussi appellee pallas ou mynerue. et le dit par aduenture pour paris qui iuga pour venus/et contre pallas aussi bien que contre iuno.et est encores assauoir que quant il dit que parauēture iuno auoit plus dauctorite etc. Il fait vne comparaison de ces nopces a celles qui furent de eneas et de lanine sa fille au roy satin dont virgille parle ou.vii.liure de eneydos qui faint que iuno fut couroucee de la paix qui fut faicte entre eneas et le roy satin et de ce q̄ luy donna sa fille lauine par mariaige/ laquelle il auoit parauant promise a turnus roy des rutiliens/ et en menassāt icelle lauine luy dit que ses nopces luy seroient occasion de grant effusion de sang, et quelle seroit douee du sang des troyens/ et rutiliens et que bellona y estoit venue et athleto qui seroit pronuba/ c'est a dire q̄ elle seroit couretiere et moyen de ces nopces: et c'est ce que il dit en ses vers Sanguine troiano et rutilo dotabere virgo et bellona manet et pro nuba etc. Et en verite pour raison de ces nopces turnus roy des rutiliens fist guerre au roy satin eneas et euander dont en la premiere bataille turnus occist le roy satin/en la seconde bataille turnus tua te roy pallas le filz euader/en la tierce enee tua turnus. Et apres pour occasion de ces choses eneas fut occis. Apres quant il dit. ou parauēture athleto/ il est assauoir que les poetes faingnent trois deesses qui sont trois fourssenneries denfer/ c'est assauoir la premiere athleto La seconde thesifone/et la tierce megera. Et sont figurees en maniere de troie horribles vielles qui auoiēt leurs cheueulx treschiez de petites couleuures pour le venin que elles causent et croient es pensers des hommes ce est assauoir appetit de vengāce desir dacomplir leur euure et lamour que ilz ont en leurs couuoitises et delectacions charnelles / sicomme dit thomas Valensis. et de ce pourra len veoir en fulgence en son liure des mithologies / en albericus ludouiensis. Et aussi en plusieurs autres liures et dit notablement monseigneur saint augustin ces choses en faisant une comparoison q̄ met virgille ou .viii. liure dessus alleguie ou il faint que iuno fut courroucee sicomme dessus est dit de la paix qui fut entre le roy latin et enee en disāt quelles esmouueroient les fourcenneries denfer contre ceulx de troye. et dit virgille q̄ au commādement de celle iuno athleto esmeut la fēme du roy latin laquelle auoit a nom amee contre eneas laquelle enhorta sō mary, affin quil ne donnast sa fille a enee : mais ce fut en vain. Et quant elle vit q̄l le ny feroit riens / elle esmeut le roy turnus et les rutiliens contre le roy latin et contre eneas dont sensuiuirēt plusieurs grans batailles et occisions / car la vint la royne camile. et aussi y vint mezencius qui estoit roy desture / lequel fut soldoier a turnus non pas a gaiges dargēt mais de vin qui croissoit aux champs facius : sicomme dit pline ou .xiiii. liure / naturalis histoire ou .v. chapitre de celles nopces ou les poetes faingnent que athleto et thesiphone / et aussi pronuba y sōt parle ouide en son liure qui sappelle des pistres. et est en la .ii. laquelle parle de philis / et demophon qui dit aussi pronuba thesiphona thalamis vlulauit in illis: Et cecinit mestum deuia carnem auis affuit athleto breuibus torquata cobaris. et ce. ¶ Apres ou monseigneur sait augustin parle de la seruitude de audromatha cest ung histoire de la destructiō de troye ou il dit que audromatha fub:us du roy priam de tropes fēme de hector de trope et pirrus fut filz de achiles / lequel achiles occist hector et pirrus sō filz occist le roy priam. Or est voir que depuis que il eut tue priam il fut si sourprins de lamour de celle audromatha q̄ estoit chetiuee par sa prise de trope / que il la print a femme. Et a pres ce que il leut espousee ne mist a mort aucunes des tropens et pour ce que par sa cause de trope elle fut chetiuee et faicte serue. monseigneur saint augustin appelle ces nopces seruiles pour ce q̄ les sertz sōt dit de seruir ou dobseruer cest a dire de garder / car ceulx que len gardoit et prendoit aux quelz len espargnoit la vie estoiēt nomez et appellez sertz / et fait cy notablement mencion de ces nopces de audromatha laqsse pour ce que elle estoit mariee a pirrus se complaingnoit forment a eneas disans que il estoit mieulx aduenu a polipena sa serourge qui auoit este tuee et immolee sur le tombeau de achiles par pirrus que a elle / et ce disoit elle pour ce q̄ pirrus puis q̄ il auoit espousee en auoit amee une autre laquelle il auoit espousee et auoit donnee celle audromatha a ung sien serf. ¶ Toutesfois dit monseigneur sait augusti que celle chetiuee fut mariee plus heureusement a pirrus que les sabines aux rommains / car de ces nopces ne sourdit aucunes batailles entre les parēs comme il fist par le rauissement des sabines. et si ne doubtoit plus la mort de ses parens apres quant il parle de la mort de titus tacius et dit quil fut occis, il est assauoir que cest une histoire que traicte titus de origine urbis ou premier liure qui dit que apres que titus tacius fut receu a rengner auec romulus les saurences ou les saniniens se doslurent a luy de ce que aucunes leurs voisins les auoient reboutez contre le droit des gens / lequel saint qui leur aideroit et toutesfois fistle contraire / car il fut couuertement entre eulx. Et pour ceste cause ainsi comme il monstoit a ung solennel sacrifice qui se faisoit a faurence il le mirent a mort de la mort du quel romulus eut grant ioye affin q̃l rengnast tout seul et la dissimula, et qui plus est eut telles couuenences auec les faurences que il ney feroit aucune pugnicion/ par quoy il semble quil eut la chose bien agreable. Orose ou .iii. chapitre du ii. liure de son ormeste dit que romulus le tua, et quil estoit pitoiable souuerainement/ et quant il dit que ce fut affin q̃ ce romulus fust plusgrant dieu. il le dit p maniere de grant derision et mocquerie contre les rommains qui firet vng dieu de vng si tresmauuais homme et si mauuais murtrier.

De liniquite de la bataille que les rommains firent aux albains et de la victoire prinse par eulx par couuoitise de seigneur   viii

Quelle chose aduint de ça en auant quant romme soubz le gouuernement des autres roys Aps la mort de numa et par com grant mal non pas seulement diceluy numa mais aussi par la mauuaistie des autres rōmais les albains furent esmeuz a bataille cest assauoir pour ce que la paix qui si lōguement auoit dure dessoubz numa estoit anulee et despitee/ Com grandes batailles crueses et souuent et com grandes occisions furet de lost des rommains ē des albains et com grandement par ce fut amenrie lune et lautre cite/ quant celle cite dalbe laquelle auoit fondee et cree astamus filz de eneas et qui estoit mere de rōme et plus prochaine a elle q̃ nestoit trope fut esmeue a bataille par tullius hostilius lequel estoit roy de romme laquelle albe en combatant fut moult tourmentee e greuee. Et aussi elle tourmenta moult e greua la cite de romme iusques a ce que p traueil de moult de batailles il enuoya a lune partie et a lautre. Adoncleur pleust

que celle guerre fut determinee par trois freres dune partie e trois de lautre qui se ꝯbatroiēt pour la victoire de la partie des rommains furēt baillez trois freres dicelles oraces, lesquelz estoient dun lignage en romme que len sournōmoit les oraces et de la partie des albains furent baillez autres trois freres sournōmez les curaces furent occis deux des trois freres oraces et dun des trois oraces qui demoura si furent tuez les trois freres curaces. qui se combatoient pour les albains ainsi eut romme la victoire et toutesfois fut la pestilēce de la bataille telle a sa parfin que des .vi. freres ne retourna que vng en sa maison a qui doncques fut le dommaige de lune partye et dautre a qui en furent les pleurs fors a la lignie de eneas fors aux sucesseurs de ascamus filz de cellui eneas, fors a la lignee de venus et aux nepueus de iupiter Car celle bataille fut plus que ciuile quant la cite qui estoit fille se combatit contre sa cite qui estoit sa mere/ de celle derreniere bataille de ces .vi. freres aduint vng autre cruel mal et q̃ fist a resongner, car cōme parauant ces deux peuples fussent voisins e amis/ quelz merueilles / car ilz estoient cousins lun des trois curaciens auoit espousee sa seur des trois oraciens. Celle apres ce quelle eut veu et cōsidere entour son frere qui auoit vaincu la bataille les despoules et armes de son affie quil auoit occis/ commenca a plourer pour lamour de son affie. et tātost son frere loccist pour ce que elle ploura pour la mort de celuy qui deuoit estre son mary, dont il me semble que lhumanite et affection dune seulle femme fut plusgrant que elle ne fut de tout le peuple de romme, ie croy que celle femme ne doit pas estre blasmee de ce que elle ploura lhomme occis par son frere/
¶ Lequel elle tenoit ia son mary, par ce quelle luy auoit donne sa foy. Ou par adueture estoit doulente de son frere occis cō me qui lui auoit promis/ et certes pour

cellui debonnaire eneas est leaumēt recō
mande de Virgille/quant il plaindoit sō
mortel enemy/mesmes cellui quil auoit
occis de sa main. Dont pareillemēt mar
cellus/apres ce que il eut conquis par sa
puissance la cite de siracuse considerant
la haultesse et la gloire que celle auoit a/
uant quil le destruisist pensant a sa condi
cion des choses humaines en eut pitie et
ploia tendrement pour la desolaciō dicelle
Je te prie q̄ nous regardōs et aiōs conside
raciō a laffection humaine et se nous por
rons trouuer que la femme peust auoir
ploze sans blasme sa mort de son espoux
occis par le frere delle quāt nous trouuōs
que les hommes qui estoient ennemis et
vaincqueurs eurent louenge dauoir plo
re leurs ennemis que ilz auoiēt vaincu et
occis. Dont quant celle femme ploroit la
mort de son mary aduenue par son frere
Lors comme se ioissoit de ce que par tant
doccision et de desconfiture de peuple elle
sestoit cōbatue contre sa mere la cite dal
be/et que elle auoit vaincu par telle et si
grant effusion de sang cousin dune par-
tie et dautre. ¶ Pourquoy me met on a-
uant le nom de louenge et de victoire que
len a par telles batailles ostees les obsta-
cles et empechemens de folle oppinion/
soient veus et regardes les pechies ou
mauuaisties soient aduises au cler et soi
ent iugies plainement/mette on sus la
cause de la destruction dalbe ainsi cōme
on disoit la cause de la destructiō de troye
estre ladultere de paris. ¶ Et certaine-
ment nulle telle cause ne semblable/ny
porra estre trouue que tulius auoit cōtre
les albains/et quelle estoit celle. Tulli
us nauoit autre cause a cōmencher guer
re cōtre les albains sors pour esmouuoir
et exerciter les parresceux aux armes
et qui ia estoient desacoustumes de triū-
phes ou de victoires acquerre par batail
les/et par cest mal vice ou peche tel et si
grant mal fust perpetre comme de batail
le sociele et cousine/lequel grant vice et

meffait/saluste en soy briefment passāt
de la matiere touchee en son liure/Car
quant il a ramentu et fait memore des
temps anchiens en les louant. Cestassa
uoir quāt la vie des hōes estoit demenee
sans couuoitise et a vng chacun plai-
soit et souffisoit ce quil auoit. Apres ce il
dit les paroilles. toutesfois depuis ce que
cyrus et aspe les lacedemoniēs et les athe
niensiens en grece commencerent a sub-
mettre a leur seignourie les citez et les na
tions.ilz tindrent ou cuiderent estre tres
grāt gloire et louenge couuoitise dauoir
tresgtant epire et seignourie et q̄ cestoit
souffisant cause de faire guerre auecques
les autres causes que saluste auoit ordō
ne a dire/mais quant a moy souffist a
moy auoir mis ces paroilles iusques a cy
Ceste couuoitise de seignourir demaine
et tourmente de moult de maulx humai
ne lignee/de ceste couuoitise estoit lors rō
me vaincue/quant elle se donnoit trium
phe dauoir vaincu les albains Et la lou
enge de sa mauuaistie et de son tort elle
appelloit gloire pour ce que nostre escri
pture dit que le pecheur et cellui qui fait
mal est lors des desiriers de son ame et q̄
qui fait mal il est benoit. Soyent donc
ques ostees ces fallaces/ces couuertures
ou couleurs et ces fardemens et paintu
res des choses deceuables affin quelles
soient veues et entendues par pure et cer
taine examinacion. Nul homme ne me
die cestui est grant et cest autre est grant
pour ce quil sest combatu a cellui et a cel
autre et la vaincu/car aussi se combatēt
les gladiateurs qui sentretuent aux the
atre et vaincquent/et celle cruaulte doit
elle auoir loyer de louenge/certes nēnil
mais ie cuide que plus saine chose seroit
et plus seure souffrir les peines de quel-
conques presces que pour yssir de paresse
querir gloire et louenge de telz armes et
batailles. et touteffois se deux gladia-
teurs venoient es arainnes pour eulx cō
batre ensēble desq̄lz lun fut pere et lautre

filz qui seroit cellui qui souffriroit tel spectacle et ne le destourneroit ou osteroit se il pouoit/comment doncques peut estre dicte glorieuse la bataille faicte et terminee par armes entre la mere cite et la fille cite. Ou len pourra dire que ce nest pas chose pareille pour ce quil ny auoit nulles armes. mais grãs champs et larges Non pas pour deux gladiateurs seulement, mais ou tous les peuples se pouoient combatre. et ou len pouoit emplir les champs de moult de corps occis tant des rommains comme des albains/ Ne ces batailles nestoient fermees ne encloses de amphitheatres/ mais estoient au large, et comprendoiēt toute la terre sãs autre closture que du ciel. Et fors ces spectacles desloyaulx estoient monstrez, a ceulx qui viuoient et qui venoient apres eulx iusques a ce quil en fut renommee/ par tout. toutesfois ces dieux presidens et garde de lempire rommain souffroiēt peine et traueil de leur estude, et de telz batailles ainsi comme faisoient ceulx q̃ regardoient les batailles q̃ se faisoiēt aux theatres iusques ad ce que aussi la sueur des oraciens fut la tierce morte, et quelle fut adioustee comme les autres mortes/ auec les autres deux freres q̃ furēt mors par les trois curaciens affin aussi que rõme qui auoit vaincu neut pas moins de mors de sa partye que ceulx qui estoient vaincus, de ceste victoire aduint que alBeen fut destruicte, et ce fut le fruit de celle victoire en laquelle apres hyliõ que les grecz tresbucherent/ Et apres la cite de lanine en laquelle eneas auoit fait son pelerin et fuitif royaume, les dieux troyens habiterent tierce foys/ mais parauanture ces dieux estoient partie de celle cite dalbe sicomme il auoient dusaige/ Et pour ce fut elle destruicte, cest a dire que tous ces dieux par lesquelz cilz empires auoit este en puissance sestoient departis delaissez leurs temples et autelz/ et les lieux plus sacrez ou len sacrifissoit a eulx

Tercio:

affin que p̃ la quarte mutacion sē creust que par tresgrant prouidēce romme leur fut commandee et baillee a garder. Certes albe leur desplaisoit/ en laquelle amilius auoit rengne/ et dicelle boute hors minotor son frere et romme leur plaisoit ou romulus auoit rengne apres ce q̃ eut occis son frere/ mais ilz dient que auant ce que albe fut destruicte le peuple de albe estoit ia transporte a romme, affin que de ces deux citez fut faicte vne cite. Or prenons quil soit ainsi/ toutesfois fut ceste cite laquelle estoit mere de romme et royaume de ascanius filz de eneas/ ⁊ le tiers domicile des dieux troyens trebuchee p̃ la cite sa fille, cest a dire par rõme/ mais aincois que du ramenant de ceulx qui de mourerent apres les batailles fut faicte de deux peuples vne miserable ⁊ chetiue assemblee ⁊ vng peuple il y eut moult de sang espandu dun coste et dautre. Que diray ie plus distincteement des choses qui ont este faictes soubz les autres roys tant de fois. Ces mesmes batailles renouuelees qui par les victoires sembloient estre finees/ et qui ont este ascheuees par tant et si grant occision et par plusieurs fois/ et apres ce que paix et alliāces auoit este faicte ⁊ de rechief este la guerre trop de fois recommencee entre les gendres et leurs seurorges entre leurs lignees et ceulx qui sont depuis yssus/ Ce ne fut pas petite signifiance de misere, et de chetiuete q̃ de tous ces roys nulz ne closī les portes de batailles, cest a dire les portes que len clouoit en temps de paix

Epposicion sur ce chapitre.

EN ce. viiii. chapitre mõseignr sait augusti racote les maulx que les rommains souffritēt dessoubz les roys de romme aprez le roy numa qui regna en paix/et par especial des maulx quilz souffrirent soubz le roy tullius hostilius qui fut le tiers roy de romme et le premier apres numa/et ne fait nulle mencion des maulx que ilz souffrirent ou temps de numa pour ce que tout son temps il regna en paix. En ce chapitre il fait deux choses.

¶ Premierement il raconte les maulx que ilz souffrirent dessoubz ces roys

¶ Secondement il demonstre que les dieux que ces rommains auoient multipliez pour acquerir les biens temporelz tant seulement/et pour escheuer aussi les maulx temporelz estoient et sont a despiter et que ilz estoient adourez sans cause La seconde partie se commence la ou il dit toutesfoiz ces dieux presidens etcetera.

¶ Apres quant monseigneur saint augustin parle de la bataille des rommains contre les albains elle est assez touchee ou texte. et si la traicte titus liuius ou premier liure de la premiere decade/leql est de la naissance de la cite de romme/et en suiuit tullius hostilius celle bataille contre les albains a deux fins. L'une pour couuoitise de seignourir. L'autre pour reuentuer ses gens qui auoient laisse et entroublie la guerre pour la religion de numa et appelle albe mere du peuple rommain pour ce que de enee qui descendit des troyens fut fondee la cite de lauine. et depuis albe et depuis romme Et ainsi albe estoit mere du peuple rommain/et romme estoit sa fille et plus prochaine de troies dont enee estoit descendu/de ces deux peuples estoient roys et ductz. tullius de la partie des rommains et des albains estoit gouuerneur mecius fecius/ ¶ Ces deux roys et ductz par lenhortement de metius traicterent de mettre sa bataille sur.vi. personnes/cestassauoir sur trois rommains et sur trois albains. de sa bataille desquelz nous nous passons pour ce q̃ le texte en parle assez/mais de la maniere du serment qui fut fait entre les deux roys et entre les deux peuples de sa seignourie demourant a cellui qui les autres vainqueroit/il y eut certain mistere et maniere/lequel titus liuius met en son premier liure et dit que cest le plus ancien traicte et conuenance de faire paix/et sa plus ancienne maniere qui oncques eust este. Pour laquelle chose il est assauoir q̃ il y auoit trois personnaiges. ¶ Il y auoit premierement les roys de chascune partye. il y auoit le prestre fecial de chascune partye/et se y auoit le pere patrat de chascune seignourie/ ¶ Le fecial estoit le prestre qui racontoit et prendioit les conuenences/et qui aussi aucunesfois portoit les defiances en certain habit et estat que il auoit. cestassauoir la teste couuert dun drap vermeil/ vne lance en sa main feree a vng bout et bruslee a lautre. laqlle quant il auoit faicte ses proclamacions aux dieux especialement a iupiter du tort que les pays voisins leur faisoient il gettoit la lance sur la terre des ennemis dont lun des boutz de la lance qui estoit bruslee signiffioit ardoir le pays ennemy. Et le fer que tout deuoit estre mis a lespee. le pere patrat estoit cellui qui estoit esleu du roy et du peuple pour iurer en lame de lui et du peuple de tenir fermement les conuenances et traictez qui estoient faiz entre eulx Or estoit la maniere telle que le prestre fecial demandoit premierement au roy se il lui donroit auctorite et conge de traicter et faire les conuenences qui estoient a traicter auec le pere patrat des aduersaires et celle auctorite eue en signe de auctorite a luy octroye il prendoit vne herbe q̃ estoit ou capitole que len apelloit saguime. Et est dicte de sanctio saccis/cest a dire de faire et traicter conuenences/celle herbe est cueillie pure et estoit consacree/et dicelle il touchoit la teste et les cheueulx du pere patrat de ses aduersaires en tenant vne trupe recitoit les loix les manieres et les condicions de la conuenence et icelles recitees en adressant ses parolles a iupiter et disant le peuple/ pour qui ie suis ne fauldra point a tenir ses conuenences.

Et se il y fault soit par conseil publicque soit par mauuais dueil Je requiers a toy iupiter que tu des icellui iour fieres le peu ple par la maniere que ie feray ceste truie et de tant comme tu es plus puissant/tu fiers plus fort/et lors frappit la truye du ne pierre le plus fort quil pouoit/et p pa reille Dope le faisoient les aduersaires et estoient toutes ces couuenances mises en escript en tables. Apres quant mōseignr saint augustin dit a qui doncques fut le dommaige de lune partye et de lautre &c Il se dit pour ce que tant les albains cō me les rommains estoient descendus de enee/et de ascanius son filz/et les apella la lignie de Venus pour ce que il a este dit cy dessus ou .iii. chapitre. sen tenoit q ene as estoit filz de anchises/et de Venus/ et ainsi pour ce que anchises descendit de iu piter/car les poetes faingnent que iupiter de electra engendra dardanū/dardanus engendra eritoniū/ eritonius tros/ Tros engēdra capium/ lequel capis en gendra anchises/ et pour ce les apelle il nepueus de iupiter ainsi comme tous les autres qui descendent des filz sont appel lez nepueus. Apres monseigneur sait au gustin met la cruaulte du frere orace qui auoit Vaicu les trois curaces/lequel tua sa soeur a lētree de la cite pour ce que p la Vit plourer quantelle suiuit apporter les armes de so fiance que il auoit occis dōt telle douleur se ensuiuit que tātost il fut iuge a morir par ceulx qui estoient appel lez dieu homme qui estoient vne maniere de iuges/sicomme nous auons dit cy dessus/mais tulle qui en auoit pitie luy conseilla a appeller/pendant laquelle a prslacion le pere de cel orace/monstra le grant bien quil auoit fait a la cite/comme p sa force il auoit soubmis les albais a elle/et comment pour desiurer la cite de romme il demouroit sans enfans Et cō mēt cestoit horreur de veoir sier si laidemēt les mais qui auoiēt desiure les rōmais de sa seruitude des albais. & pour ces pol les lesmeut tellemēt le peuple & en eurēt tel le pitie que il fut respite/mais en signe de sa deliurance et quil recongneust la cour toisie que le peuple rommain lui faisoit/ fut mis en vng grant tref au trauers du ne rue/et lui fut mis la teste dessoubz en signe de seruitude/et encores est celle rue appellee la rue du iong que sen apelle pprement collier a qui les boeufz trayent & se tu en boeulz veoir beaux motz et belles complaintes Voy titus liuius en sō pmier liure de la premiere decade. Apres quant il dit que virgille recommande so ablement eneas. &c. Cest vne histoire q traicte virgille ou .p. liure de eneidos q est telle q cōe mezenci roy des etrusiens se cō batist contre eneas Et fut eneas sur le point doccire mezecius vng sien filz quil auoit apelle sauzus le desiura. Or aduit que depuis cel eneas se combatit cōtre cel sautus et loccist / et quant eneas le veist mort il se plouura pour ce que il se veit si beau iosne enfant Apres quant il parle de marcus marcellus qui plouira la cite de ciracuse. Nous en auons dit sur leppolicion du .vi. chapitre du premier liure. Apres quant il parle de la paresce des rō mains et dit que la bataille que tulle fist contre les albains/ ce fut pour les racoustumer aux batailles et oster de paresce Monseigneur saint augustin se prent du vi. liure de eneydos ou virgile dit Occia qui rūpet patrie desides q3 mouebit Tul lus in arma viros et iam dissueta trium phis agmina. Et de ces vers mōseignr sait augustin prent le second qui se cōmē ce. Tullius in arma viros etce. lequel est noblement ente ou texte: ainsi comme vir gille voulsist dire que tulle sera cellup q rompra les hommes oyseux et esmouue ra aux armes / les ostz du pays paresceux et ia desacoustumez de auoir victoi res. A ce saccorde titus liuius en son premier liure de la naissance de romme/ en parlant a la personne de tulle. ¶ Du quel il dit / que pour ce quil veoit la cite

sa cite deuenir paresceuse il queroit p̃ tout
matiere de exerciter ses rommains a ba-
taille Et sont ces motz telz en latin. De
quescere igitur ciuitatem ratus Vndiq3:
materiam exercitandi belli querebat
Apres quant monseigneur saint augu-
stin allegue et recite les parolles de salu-
ste. C'est en son prologue incatilinario.
¶ Apres quant il parle des gladia-
teurs ilz estoient ainsi apellez pour ce q̃lz
se cõbatoient aux places lun cõtre lautre
de glaiues ou despees corps a corps. ¶ cõ
munemẽt telz gladiateurs estoiẽt serfz si
cõe il appt p̃ tit̃ liui' ou. viii liure de la se-
cõde bataille punicq. ¶ ces lieux estoient
apelles aucunesfois araines aucunesfois
āphiteatres. ¶ estoiẽt dis araines pour les
lieux qui estoiẽt sablonneux que sen apel
le araines, ou par nature ou par artifice
quelle chose est theatre amphiteatre le cir
que et autres nous en auõs parle sur sep
posicion du .xxxii. chapitre du p̃mier li-
ure, et pour ce nous nous en passõs plus
briefment, touteffois y a il difference en-
tre le cirque theatre et amphitheatre, car
ou cirque se faisoient les ieux circées des
quelz nous auons parle ou .xxxii. chap.
du premier liure. Ou theatre se faisoient
les ieux sceniques. en lamphiteatre se fai-
soient les ieux de les gladiateurs q̃ se cõ-
batoient entre eulx, ou pour cause deulx
habiliter ¶ exerciter ou pour cause de gloi
re ou pour cause daucun loper. Et aucu-
nesfois se cõbatoient cõtre les bestes sau-
uaiges en laraine ou sablon qui estoit de
dens cel amphitheatre que len apelle au-
cunesfois les araines sicõme sont écores
les araines des nymes et de ailleurs. Et
estoient ces araines ou āphitheatres tous
rondz, et y auoit sieges pour veoir tout
entour en montant ainsi cõme de degre
en degre, affin que chascun peut veoir sãs
empeschement. le theatre estoit demy rõd
et ou milieu de ce theatre estoit la scene ou
il auoit vng petit setrin et vne petite mai
son celle ou se faisoiẽt les ieux scenicq̃s,
de laquelle p̃ssoient les p̃sõnaiges apres

quant il parle du fruit de la victoire q̃ eu-
rent les rõmains de albe, et que par ce el-
le fut destruicte. C'est vne histoire q̃ trai-
te titus liuius en son premier liure de ori-
gine vrbis, qui dit que apres ce q̃ les trois
oraces rõmains eurent vaincus les trois
curaces albains, par quoy lempire et la
la seignourie de to' ses deux peuples fut
transportee aux rommains. Ceste paix
despleut au commun de albe et en tenci-
rent laidement.) Metius de ce q̃ il auoit
mis toute sa fortune publicque de albe, et
tout leur empire en trois personnes: Et
pour ce que metius veit que il leur en des
plaisoit pour plaire a eulx, aduisa com-
ment il pourroit recouurer lẽpire, mais
pour ce quil regarda que le peuple dicelle
ne souffisoit pas a soy combatre apperte
ment contre les rommains il ensuiuit se-
cretement les peuples voisins, sicomme
les fidenaces et les vehiens a faire guer-
re cõtre les rommains en leur promettãt
quil leur aideroit secretement. Or aduit
que tulus hostilius se doit combatre ptre
ces fidenaces et vehiens. Et cõme il se cõ-
fiast de lost des albains et les menast, et
mecius leur duc auec lui ainsi comme tu-
lus veult assembler a la bataille, Meci-
us auecques les siens sen party et monta
en vne petite mõtaigne qui estoit prez dil
lec pour soy traire de sa party q̃ auroit le
meilleur Et quant tulus veit ce il fist di-
re aux rommains et crier en son ost que
ilz ne se esbahissent point du departemẽt
des albains et que ilz sen estoient partis
de son commãdement, affin de leur cou-
rir sus par derriere, et lors les rommais
qui estoient departis pour la fuicte des al-
bains se rassemblerent et retournerent et
se combatirent si vigoreusemẽt que ilz des
confirent leurs ennemis. et iceulx descõ-
fis mecius descẽdit et cõmenca a faire fe-
ste a tullius de ce que il auoit vaincus les
ennemis, et tullius aussi commenca a p̃-
ler moult courtoisement a mecius, et sui
dit q̃ auoit fait saigemẽt de ce q̃ il auoit
monte en celle montaigne ¶ dissimula

iusques a lendemain faingnoient que ilz
voulsist faire vng solennel sacrifice q̄ ilz
ilz apelloient lustra que il se faisoit de .v.
ans en .v. ans. et la fist vne assemblee et
la fist prendre metius. et lui exposa la
traison q̄ il lui auoit faicte/ et cōmēt il ne
stoit point digne de viure/ a le fist acheter
a deux chars trayans lun contre lautre.
par telle maniere q̄ il fut despece par pieces
et ce fait trebucha les murs de sa cite dal-
be/ et abatit et arasa toute la ville a ses ci
toyens dicelle il transporta a rōme/ a fist
de ces deux peuples vng/ et pour eulx ha
biter leur bailla vne montaigne q̄ sapel-
le le mont celyon/ ou il mesmes habita et
ainsi despeca en vne heure ce en quoy len
auoit mis quatre cens ans a faire/ et fut
albe la tierce cite en laquelle les troyens
auoient mis successivement le chief de leur
royaume/ cest assavoir sa premiere ylion
La seconde lavine. La tierce albe a la qua-
rte fut romme. Apres quant il parle des por
tes de batailles nous en auons parle cy
dessus ou .ix. chapitre de cest liure. a quāt
mōseignr saint augustin parle des dieux
des rommains et dit q̄ albe leur desplai-
soit il le dit par maniere de derision a mo
querie

¶ Quelle fut lissue ou la fin des roys
des rommains: xv

Doncques nulz de ces roys ne peu-
rent regner en paix soubz la gar-
de de tant de dieux/ touteffois q̄
ses furent les fins de ces roys soit deue la
flaterie de la fable menteresse de romule
plaq̄lle il tesmoigne estre receuz es cieulx
cōme dieux/ soient aucuns de leurs histo-
riens q̄ dient q̄ pour sa cruaulte il fut despe
cez piece a piece par le senat et que ny eut
vng ne scay quel apelle iulius proculus q̄
p sa subornaciō dit q̄ romulus sestoit ap
paru a lui/ a q̄ p lui il mandoit au peuple

Tercio:

q̄ il fut adiourez auec les autres dieux/ et
p ceste maniere fut le peuple rōmai refer
me et rapaise. leq̄l sestoit cōmence a esle-
uer cōtre le senat de ce quilz sauoiēt tue/
Et pour ce ainsi que quāt ce romulus fut
mort il fut esclipse de soleil/ laq̄lle esclip-
se la folle multitude du peuple ignorāt q̄
ceste esclipse fut faicte par son droit cours
nature lattribuoit aux merites de romu-
lus ainsi cōme se le soleil eut tristresse de
sa mort/ mais len ne doit pas pour ce plꝰ
croire q̄ ait este occis ne ce auoir iuge cri-
me pour ce soleil auoit ostee sa clarete que
il auoit acoustume a donner de iour en
iour/ sicomme il fut fait veritablement
quant nostreseigneur iesucrist fut cruci
fie par la cruaulte et felonnie des iuifz la-
quelle obscurete ou esclipse de soleil est as
sez demonstree auoir aduenu. Nō pas p
le vray canon du cours des estoilles/ car
lors estoit la pasque des iuifz/ laq̄lle pour
voir est faicte et solennisee en pleine lune
mais lesclipse du soleil regulier nauiēt
fors quen la fin de la lune/ de ceste recep-
ciō de romulus entre les dieux cicero cest
a dire tullius dit quelle fut plus cuidee q̄
faicte quant en se louant en ses liures q̄l
fist de la chose publicque par la bouche de
scipion il dit ainsi. Tant a il gaigne que
par ce que le soleil soudainement obscur-
cy/ il ne sapparu plus et par ce sen cuida
que il eut este mis auecques ses dieux ou
nombre diceulx/ laquelle oppinion onq̄s
personne mortelle ne peut attaindre ou en
suiuir sans tresgrant gloire de vertu, cest
a dire quil ne fut trop grandement par-
fais/ mais ce que il dit que soudainemēt
romulus ne sapparut plus pour certain
ce doit estre entendu ou pour la force a vi
olence de la tempeste ou que pour la lay
deur du crime la chose fut faicte si secre-
tement que len ne sceut quil deuint/ Car
et les autres historiens adioustent auec-
ques lesclipse du soleil que il y eut grant
et et soudaine tempeste/ laquelle pour cer
tain ou elle dōna occasiō de faire le crime
ou elle q̄suma a mist au neant romulus

Quelz merueilles/car de ce tulius hostilius qui fut le tiers roy des rōmains apres romulus lequel fut semblablemēt occis par fouldre dit cestuy mesmes cicero en ses propres liures q̄ pour ce ne crut len pas que tullius qui morut de telle/et si honteuse mort fut receu entre les dieux combien que il fut mort de sēblable mort comme romulus q̄ ceste chose estoit prou uee ou aumoins les auoit len a ce menez qui le creoient il ne vouldrent pas publi er ne diuulguer a chascun/cest a dire de tāt au sier ce qui eut este sil seussent legiere ment attribue a chascun. encores dit plai nemēt ce mesmes cicero en ses inuectures telles parolles. Nous auons esleuz ius ques aux dieux immortelz. Romulus q̄ fonda ceste cite/cest a dire romme par be niuolence et par renommee non pas que ce soit verite/mais affin que pour les me rites de ses vertus la beniuolēce le mon strast ainsi esleue et quil en fut renommee par tout/ et encores dit ce mesmes cicero en son liure lequel est intitule in ortencio dyalogo/en parlant des eclipses regulie res du soleil telles parolles entre les au tres/et q̄ face ces mesmes tenebres ou ecli pses cōe il fist en la mort de romulus quāt il fut tuez/laquelle fut faicte en lobscura cion du soleil et certes en ce pas il fit pou de compte de dire la mort de cel homme. Car il le dit plus par maniere de dispu tacion que pour louer. Mais tous les au tres roys du peuple rommain excepte nu ma pompilius. Et aucuns marcus les quelz furent mors par maladie/ comme horribles fins eurent il/ comment moru rent ilz de mauuaise mort/ainsi comme iay dit tulius hostilius qui vainquit e de struit albe fut fouldroipe auecq̄s sa mai son et toute sa famille. Priscus tarquini us fut occis par les filz de son deuancier. Seruius tullius fut occis en tresmau uais fait de par tarquin lorgueilleux sō serourge qui par ce fait succeda apres lui ou royaume. Ne pour tel et si grant par ricide perpetre en la personne de tresbon

roy de ce peuple rommain les dieux ne se departirent pas ne ne laisserent leurs tē emples autelz et leurs lieux secretz ou sē les adouroit lesquelz dieux comme diēt les aucuns souffrirent la chetiue troye es tre arse et destruite par les grecz/ pour ce quilz furent esmeuz et tourmentez cōtre les troyens par ladultere de paris mais qui pis est quant tarquinus eut tue sō se rourge seruius/ il succeda ou royaume apres lup. Lors ces dieux ne se partirent pas/ mais furent prins et veirent regner ce tresmauuais parricide par la mort de son serourge que lui mesmes auoit occis auecques ce il le veirent auoir souenge et gloire de moult de batailles/ et de plusi eurs victoires/ et edifier le capitole des despoulles pilleries et roberies Et oultre il souffirent leur souuerain roy et dieu iu piter estre mis et regner en ce treshault tē ple fait par vng pricide. ne certes il ne fist pas ce capitole quant il estoit innocent de ce malfait. Et apres ces choses il fut bou te hors du royaume par ce quil cōmist si grant crime comme de tuer son serourge a fin quil edifiast en icellui lieu le capito le/mais la cause pour quoy il se bouterēt hors du royaume des rōmains et se fou clorēt hors des murs de sa cite. ne fut pas pour ce q̄l eut efforce lucrece car ce ne fut pas son peche. mais le peche de son filz le quel crime fut commis non pas seulemēt lui ingnorant/ mais lui estant absent/ car lors il faisoit guerre pour le peuple rō main contre vne cite que sen apelloit ar dee/ et estoit assiege deuant icelle/ nous ne sauons quil eut fait se la congnoissan ce de cest crime fait par son filz fut venu iusques a lui/ et touteffois sans esprou uer ne attendre son iugemēt que il pleust auoir rendu pour ce malfait le peuple lui osta lempire. Et apres ce quilz ont receu son ost qui le constraindrent a desaissier quant il retourna a romme leur lui closi les portes/ et ne lui laissa len entrer mais apres ce q̄ tarquin lorguilleux eut moult romme traueillee et greuee par grandes et griefues batailles par ce quil auoit attrait a luy/et esmeu contre les rommais plusieurs gens leurs voisins/affin de retourner ou royaume. Depuis ce q̃ ceulx ausquelz il se fioit/se eurent delaissé et q̃l ne peut recouurer icelluy royaume/il sen alla demourer en vng petit chastellet appelle tusclé qui estoit pres de romme/auquel il demoura auecques sa femme quatorze ans en paix/et mena assez petite et poure vie. Et la enuieillit et fina ses iours par aueture de mort plus desirable que ne fist ses seourges puisque tarquinius qui fut occy par son gendre dont sa fille ne fut pas ignorante du fait/sicomme on dit.

¶ Et touteffois les rommains nappellerent pas ce tarquin se cruel ou mauuais/mais lappellerent tarquin orgueilleux. pour ce que par autre orgueil qui estoit en eulx/ilz ne peurent souffrir lorgueilleux estat royal quil portoit. Et du crime de sõ tresbon seourge quil auoit occy/les rommains tindrent si pou de cõpte/et leurent en si grant despit ou contempt/que apres ce ilz firent leur roy de tarquin/dõt ie me merueille se lẽ ne tient plus grant crime ce que les rommains apres tel crime perpetré/luy rendirẽt tel loyer comme de le faire roy) Ne pource les dieux ne sen departirẽt/ne ne laisserent leurs tẽples ne leurs autelz/se par auenture il nest aucun qui les deffende et die que pource ilz demourerent a romme/et quilz peussent les rommains plus pugnir par trauaulx et tourmens/qui ne les pouoient ayder par benefices/en les deceuant et eschauffant de tresgriefues batailles/telle fut la vie des rõmains soubz le gouuernement des roys en ce louable tẽps de la chose publiq̃ iusq̃s a tant q̃ tarq̃n lorgueilleux dernier roy de romme fut boute hors du royaume. durant lequel gouuernement de ces roys qui peut durer enuiron deux ces quarãtetrois ans. Combien que toutes les victoires q̃ ilz eurent durant ce temps fussẽt achetees par tant et si grãt effusion de sang. Et par telles et si grandes chetiuetez et douleurs/a peine peurent ilz accroistre lempire en ce temps pp.m. de large enuiron la cite qui sont dix lieues: Laquelle espace de conqueste ia nauienne quelle soit ne doie estre comparee a la conqueste/et territoire de la petite cite de getulle.

¶ Exposicion sur ce chapitre.

En ce pv.chapitre monseigneur saĩt augustin demonstre quelle fin eurent les roys des rommains. Et le dõmostre en decourãt par chascun des roys/disant que apaines tous mourirẽt de mauuaise mort. Et commence a romulus duquel nous auons parle ou second liure ou pv.chapitre. ¶ Apres quant il parle que le peuple se commenca a enfler cõtre le senat. Il le dit pource que sa cause de lindignation si fut pource quil cuidoit q̃ le senat eust tue romulus. ¶ Apres quant il parle de lesclipse du soleil qui fut quant romulus fut mort. par laquelle on cõfermoit quil estoit rauy ou ciel et se tenoit on pour dieu Monseigneur saint augustin veult demõstrer leur fausse opinion et leur vanité par le vray eclipse qui auit ou temps de la passion de nostre seigneur iesucrist/et quil fut eclipse de soleil quant romulus fut mort/ Monseigneur saint augustin prent ses parolles de tullius. de re publica/ou il amaine scipion disputant de ceste matiere. Et florus ou premier liure de son epithome le confeme/qui dit que quant romulus fut sustrait il fut esclipse de soleil/de ceste eclipse qui fut quant nostre seigneur iesucrist souffrit passion/comme il ne fut pas naturel/mais contre nature. parle monseigneur saint denis en son epistre Ad policarpum/et iohannes in policraciton en son zi esme chapitre de son second liure. Si fait iosephe ou liure de ses antiquitez. Apres quant monseigneur saint augustin parle de tulle/il touche deux opiniõs assez prouuables de la mort de romulus/cest assauoir/lune qui euste este tue par la force de la tempeste/car titus liuius dit quil eust si grant tẽpeste et si grans espars et si grãs tonnoirres/si grans pluyes et si espesses que a peine pouoit on veoir lun lautre. La seconde que rempstement y fut tue par le senat. ¶Apres quant il parle de tulius hostilius. Il est assauoir que apres ce quil eut este si mauuais/& si fier en armes soudainement. Il deuint si religieux quil commenca a faire toutes manieres de superstitions. Et finablemẽt fut fouldroye auecques toute sa maison. Et dit titus liuius en son premier liure que sa cause pourquoy il fut fouldroye ce fut pour ce que en qrant les liures que auoit fait numa pompilius des sacrifices des dieux/et il eust trouue aucuns sollenelz sacrifices fais a iupiter et il ne ses eust pas fais comme il appartenoit a faire/iupiter comme courouce le fouldroya. Dõt valerius dit en son ip. liure quil fut tellement fouldroye quil ny demoura oncques rien de quoy les citoyẽs peussent faire honneur a son corps/car tout fut si ars & degaste q̃ maison ne maisnie de feu tout en cendre, et fut repute pour son sepulcre. ¶ Apres quant monseigneur saint augustin parle des inuectiues de tulle selon ce que dit thomas valencis. Tulle en fist quatre cõtre catiline et dit trauet que les paroles q̃ recite monseigneur saint augustin de romulus sont de sa tierce inuectiue tantost apres le commenecement dicelle. ¶Apres quant il parle du dyalogue de tulle Jn ortencio. Ce fut ung liure quil fist par maniere de dyalogue qui se cõmẽce Magnum ingenium lucili. &c̃. Ouq̃ ne sont point les parolles que allegue mõseigneur saint augustin en diuers lieux de ce liure, par quoy il appert sicomme dit thomas valencis/quil fist ung autre liure quil appelle Jn ortencio, oultre ce dyalogue quil allegue. ¶Et cellup liure dit thomas q̃l na pas veu/non auons nous

¶Apres quant monseigneur saint augustin parle des oribbes mors ou fins q̃ eurẽt les autres roys epcepte numa pompilius et aucus marcus. Il ny eut que vii. roys qui regnassent. Cestassauoir romulus/numa pompilius/tulius hostilius: aucus marcus, tarquinus priscus/seruius tullius/et tarquinus superbus/q̃ fut le derrenier. Et de tous les roys parle titus liuius en son premier liure de origine vrbis. si fait eutrope en son premier liure/si fait florus en son epithome que ce tarquinus priscus ne fut point ne de rõme, mais vint destrange pays. Cestassauoir de la cite de corinthe laquelle est en grece/ lequel acquist si grant grace deuers le roy aucus qui fut le quart roy de romme, que quant il trespassa il se fist tuteur de ses enfans, sicomme dit titus liuius en son premier liure de origine vrbis. Et dit q̃ quant le roy aucus fut mort/et les citoyens de romme se deussent assembler pour faire roy. Ce prĩce tarquin, affin quil fust esleu a roy/ enuoya chasser aux bois les enfans de ce roy aucus. Et ce pendant fist tant q̃l fut esleu roy. Il fist moult de choses a romme. Premierement il acreut le nombre des senateurs/& si acreut romme de trois centuries, cest a dire de trois hõmes qui auoiẽt chascun cent hommes soubz luy. Il subiuga les douze peuples de tussie qui a presẽt est appellee toscane a lempire de romme. Et fut le premier qui trouua les nobles vestemens qui appartiennent aux roys ou aux gens darmes/et aux nobles personnes de romme, sicomme dit florus ou second liure de son epithome. Et apres quãt il eut fait ces choses & plusieurs autres no tables en la cite de romme Les enfans du roy aucus pour ce q̃l leur auoit oste le royaume, et que encores nauoit il pas ordonne que aucun deulx fust son successeur ou royaume, mais auoit ordonne que ce seruius tullius auquel il auoit donne sa fille fust roy, ilz firent conspiracion de les mettre a mort/& prindrent deux pasteurs charpentiers et qui sauoient bien de mener haches et cuignees. Lesquelz vindrent a lentree de la maison du roy/et commencerẽt a esmouuoir rihote lun contre lautre. Et faindirent quilz vouloient aller deuant le roy pour compter leur cause et debat, et p furent menez. Et comme le roy meist toute sentece a luy qui faisoit sa complaite/ laultre leua sa hache et sen ferit par sa teste tellement quil se naura a mort/ et tātost sen fuirent. ⁋ De ce tarquinius priscus raconte macrobe ou dixiesme chapitre saturnalium. que a vng sien filz qui nauoit encores que quatorze ans pour ce que en la bataille des sabins. il occist vng des ennemis/ il en tint tel cōpte et en fist telle louenge pour ce quil sestoit si bien combatu/ et le honnoura tellemēt quil luy bailla la bulle dor. Et si luy donna vne cotte que on appeloit pretexta/ qui oncq̄s mais nauoit este donnee a enfant/ mais estoit donnee par grant honneur & par grant reuerence. Et comme cel habit estoit vestement domme de auctorite tel comme de magistrat/ tout ainsi estoit la bulle signee de triumphe et de victore a ceulx qui sa portoient. Et de sa vint la coustume que les enfans des nobles commencerent a vser de bulle et de celle noble cotte/ qui sappelle pretexte. Et est la bulle ainsi comme ces choses que len porte pendues au col comme vng escu/ vng estrier/ vng serf/ et aultres enseignes que len porte au iourduy. Et des nobles vint aux autres persōnes frances de natiuite/ et de la aux libertins qui estoient afranchis. Et de sa a toutes manieres de gens Et de ce sont venues ces nouuelles abusions quil ny a si meschāt truant que au iourduy ne se vueille comparer au plusgrant de vestures de fourrures de atour/ et de toute maniere dautre estat Et quant la royne tāna q̄ fut fēme de priscque tarquin/ vit son mary ainsi nature a mort elle dissimula & fist fermer les portes/ et vint aux carneaux dire au peuple qui estoit la esmeu que son mary nauroit garde/ et quil se reposoit. Et ce pendant appella seruius tullius/ et luy dist comme la flamme qui en son dormant estoit apparue ētour sa teste/ signifioit que il deuoit estre roy. Et luy dist quil sauan chast de soy mettre en sa chaiere royalle/ et de auiser comment il prendroit la dignite royalle. Lequel print par lordonnance delle toutes manieres de gens et de sergens et se mist en sa chaiere et socupa de fait/ et le para de tous aournemens royaulx/ mais il ne demoura pas long temps en cest astat. Car tantost se fist conspiraciō cōtre luy par luce tarquin/ qui depuis fut appelle lorgueilleux/ qui fut le dernier roy des rommains/ et lequel auoit espousee sa fille de seruius tullius/ lequel tarq̄n loccist par lenhortement de sa femme qui estoit fille de seruius tullius. ⁋ Encores est il assauoir que ce tarquinus priscus en sa presēce dune cite appellee corniculee/ prit vne damoiselle laquelle sa royne retint pdeuers elle pour elle seruir. Pendant lequel temps elle eut vng filz/ cestassauoir seruius tullius/ qui depuis fut roy de romme/ Lequel fut ainsi appelle pour ce quil fut ne de celle damoiselle ainsi comme en seruitude. ⁋ Ce seruius tullius fut nourri en lostel du roy auquel ainsi comme il dormoit iosne enfant/ vne grant flamme sapparut tout entour sa teste par telle maniere que on cuida que ce fust feu. Et y fut si longuement que on voulut aller querre de leaue pour le desteindre/ mais la royne tāna femme de ce tarquinus priscus/ qui se deffendit. Et quant la flamme sen fut partie/ elle dist a son mary que cestoit signifiance quil seroit grant homme/ & que ce seroit bon quilz le gardassēt pour enfaire leur heritier/ pour ce q̄lz nauoient nulz enfans masles. A ce sacorda le roy prisque tarquin. ⁋ Or est vray que ce seruius tullius qui ainsi print le royaume par le conseil de la royne tāna quil eut deux filles toutes deux nommees tullia/ lesquelles il maria. Cestassauoir lune a luce tarquin lorgueilleux qui de puis fut dernier roy de romme. Et lautre a ariōs qui estoit frere de ce luce tarquin/ et ainsi comme ilz estoient disparelz de meurs/ aussi estoient leurs femmes/ car arions estoit debonaire/ et sa femme estoit cruelle. Et tarquin qui estoit cruel/ & sa femme estoit debonaire. ¶ Si parla sa femme a rion a tarqui son serourge comme il sa peust prēdre a femme. et entreprendre le royaume des rommains. Et fist tant quelle tua son mari arion / et si fist mourir sa soeur sa femme tarquin/ et ce fait espousa tarquin son serourge/ et quant elle leut espouse. el le ne se laissoit en paix iour et nupt/ affin quil entreprint le royaume / et que tout ce quilz auoient fait estoit neant sil ne se faisoit. Et luy disoit que sil estoit tel comme il deuoit estre/ & comme elle cuidoit auoir espouse/ elle se pourroit bien appeller roy Et finablement fist tant quil entreprint a estre roy/ et commenca a prendre le gouuernement du royaume/ et apres fist tuer le roy. et ainsi entra ou royaume par force sans interregne de election/ sans appel ler le peuple/ sicomme il estoit acoustume a faire/ mais encores y eut il plus grande cruaulte. Car apres ce quil eut ainsi vsur pe le royaume par lenhortement de sa fem me. Tulse apres ce quelle eut salue com me roy en sen retournant en son chariot et allant en sa maison qui estoit aux eschiel les/ ainsi comme elle vint au lieu ou son pere auoit este tue/ et ou il gesoit mort em my la place/ le chartier qui menoit les cheuaulx pour la freour quil eut / et affin que les cheuaulx ne passassent par dessus le corps du roy/ arresta le chariot et les cheuaulx. Et tantost la royne luy comman da quil ferist oultre sans arrester. Et en passant par dessus le corps de son pere/ il fut tellement froissie que le sang luy saillit iusques au visage/ et fut toute maculee du sang de la char de son pere. ¶ Et de rechief quant il parle de luce tarquin sorgueilleux qui fut le roy derrenier. Nous en auons assez parle cy dessus / et pour ce nous nous en passons. ¶ Ainsi appert la fin de tous les roys de romme/ et comme ilz finirent mauuaisement ¶ Apres quāt il dit que pour ce ne se departirent pas les dieux de leurs temples et autelz/ il le dit expressement contre ceulx qui croient les vers de virgille/ et qui dirēt que les dieux laisserent leurs autelz et leurs temples pour les maulx de coulpe. Car combien que tarquin sorgueilleux eust commis tresgrant crime en ce quil occist et fist occire son serourge pour sa couuoitise de regner Toutesfois ne sen partirent pas pour ce les dieux/ mais qui plus est apres si grāt crime quil eut commis il vsurpa le royau me/ et ce roy desconfist les vulques/ & les gabiens qui estoient voisins de la cite de ro me Et apres ou mont tarpeien que depuis a este appelle le capitole/ il fist ediffier et maisonner le temple de iupiter qui fut de si grans fraitz et coustz/ si comme nous auons dit sur le douzieme chapitre de ce liure que toute la puissāce des rommains qui fut si grande ou temps de cesar auguste soubz lequel tout le monde fut en paix eust a peine peu souffire a faire celle gran de euure. ¶ Apres ou il parle de ce quil fut boute hors par les rommains du royaume et de la cite de romme/ il reboute et for clot vne fausse opinion que on pourroit dire pour la deffence des dieux / et a leur iustificacion. Cest assauoir que suppose que ilz ne se partissent pas pour sa mauuaistie. Toutesfois se firent ilz partir et bouter hors de romme/ laquelle chose est fausse/ selon ce que dit monseigneur saint augustin/ car il dit quil ne fut pas boute hors par son propre meffait/ non fut il aussi pour son propre pechie / ¶ Mais pour le pechie de sexte tarquin son filz qui auoit es force lucrece/ du quel efforcement nous auons parle cy dessus ou premier liure ou dixneufiesme chapitre. Et la maniere de lefforcement met titus liuius ou premier liure de sa premiere decade. et nous sauons mise ci dessus. Tant y a que nous auōs laisse comment affin de esmouuoir le peuple contre tarquin/ les amis de lucrece firent apporter le corps delle tout mort en la cite/ et le mirent emmy le marchie/ affin que chascun le peust veoir et quilz fussent plus esmeus a vengier se fait. ¶ Apres quant monseigneur saint augustin parle coment tarquin apres ce quil eut fait guerre par quatorze ans aux romains, il ala la demourer ainsi comme en exil en ung petit chasteau appelle tusculle, au quel il fina ses iours. Il est assauoir que tant come tarquin eut en ayde personne roy des estruciens, il fist guerre aux romains mais il se partit par ung grant exemple duquel nous parlerons ou vingtiesme chapitre. Et de sexil de ce tarquin parle tulle en son premier liure de amicicia qui dit que quant ce tarquin se vit ainsi en exil, que lors auoit il premieremēt perceu ses loys aulx amis et ses ennemis quant il ne pouoit faire grace ne courtoisie a nulz deulx

¶ Apres quant il parle et racōte de la cite de getule, il veult dire que en deux cens quarantetrois ans q̄ romme fut soubz se gouuernemēt de sept roys, elle ne submist pas a lempire de romme autant de territoire comme celle poure cite de getule, laquelle est une petite cite daffricque, car a peine sestendirent ilz a dix lieues de sa cite selon ce que dit mōseigneur saint augustin, ne eutrope qui ny en met que huit.

¶ Des premiers consulz de romme desquelz lun bouta lautre hors du pays. Et apres ces trescruelz parricides, q̄ qui seut naure son ennemi, mourut par la naure que suy fist son ennemi. xvi.

Mais adioustōs encores a ce tēps le tēps dōt saluste parle quāt il dit q̄ la chose publicq̄ estoit gouuernee et demenee par droit iuste et attempre en dementiers quilz eurent paour de tarquin de la griefue guerre quilz auoient contre les estruciens qui estoient de la partie de tarquin. Car tant comme ilz apperēt a tarquin, et sefforcerent de se mettre en son royaume. ¶ Romme fut souuent hurtee de griefues batailles. Et pour ce dit saluste que la chose publicque lors estoit menee par iuste et attēpre droit, plus p̄ paour qui a ce faire les contraindoit que pour amour ne pour bien de iustice qui a celles induisist, ouquel tresbrief temps que ses premiers consulz furēt creez boutez hors par la puissance royale. Cest merueilles comment cel an fut plain de occisions, de douleurs et de meschances, et quelz merueilles. Car ilz nacomplirēt pas leur an ouquel ilz deuoient gouuerner ensemble. Car iunius brutus bouta hors par grant deshonneur son compaignon luce tarquin collatin. Et tantost apres ce, fut icelluy brutus mort en bataille, luy et celluy contre qui il se combatoit par playes quilz se trefirent ensemble. Mais auant ce que il mourust auoit il ia occys ses deux filz, et les freres de sa femme pource quil vint a sa congnoissance que ses filz et les freres de sa femme auoient fait serment et coniuracion de restituer tarquin ou royaume. Lequel fait combien que virgille se recorde a sa louenge. Tantost apres il demōstre comment il en eut grant pitie et grant abhominacion. Car comme il eust dit en ses vers de eneydos telz motz. Le pere liura ses filz a peine, cestadire a mort, qui vouloient faire ou esmouuoir nouuelles batailles, pour la beaulte et noblesse de franchise. Tantost apres il sescria en ces mesmes vers en son dit liure, en adressāt ses paroles a ce iunius brutus, et dit Maleureux se les iosnes hommes mettent auant ces fais par tout ou temps aduenir en quelle maniere dist il ceulx qui vendrōt apres nous porterōt ces fais. Cestadire quelle louenge en pourrōt ilz faire ne mettre auant ¶ Nest pas celluy maleureux qui occist ses enfans, Et touteffois pour conforter ce maleureulp qui occist ses ẽfãs dist il assez tost apres q̃ lamour du pays et la tresgrant couuoitise que il eut destre seigneurié/vainquit/cestassauoir paternel/ et luy fist faire ce patricide ⁋ Ne semble il pas que lignorãce de tarquin collatin mari de lucrece fut vẽger en ce brutus qui tua ses deulp enfans. Et pour ce aussi q̃ luy et les filz de tarqn̄ sentretuerent/ il ne peut souruiure se filz de tarquin qui auoit na ure. mais qui plus est le souruesquit ce tarquin collatin qui estoit bon citoien et mary de lucrece Lequel collatin souffrit celle mesme peine que fist ce tirant tarquin forgueilleulp. Car apres quil fut boute hors de la cite et priue du royaume icelluy collatin en fut boute hors comme luy. Et si fut boute hors de la dignite de consulat/ et toutessois tenoit on que ce brutus estoit cousin de tarquin collati. mais la pareilleté du nom de ce collatin qui estoit nomme tarquin ainsi comme tarquin forgueilleulp fut la cause pour quoy il fut constraint a vuider sa cite. ⁋ Dõcques se deust on mieulp auoir constraint a muer son nom que son pays. Apres ce eust este le moins greuable se on leust appelle luce collatin/ et eust on oste le tarquin/ et pour ce ne perdit il pas ce quil eust peu perdre sans aucun dommaige/ mais luy demoura/ affin que il qui estoit consul et bon citoien perdist et sonneur du consule et sa cite tout ensemble. Nest aussi celle glore de iunius brutus detestable li qte et qui nest en rien prouffitable a la chose publicque. Ne vainquit pas aussi a cõ mettre celle iniquite lamour du pays et la grant couuoitise quil auoit dacquerir sou enges. Iay dõcques boute hors ce tirãt tar quin forgueilleulp/ le mari lucrece appel se tarquin collatin qui fut consul auecques ce lucius brutus. et en ce faisant regarde com iustement/ le peuple considera les meurs de son citoien/ et non pas le nom. Et com de sopaulment brutus priua dõ neur de seigneurie et de paiz son cõpaigno en sa premiere et nouuelle puissance et sei

gneurie/lequel il pouoit tant seulement priuer de nom/ se ce nom leur estoit desa, greable ces messais furent fais. Ces ad uersitez auindrent quãt telle chose publics que estoit gouuernee et demenee iustemẽt et meurement: | Lucrecius aussi qui fut cõsul subrogue en lieu de brutus, fut mort par maladie auant que le premier an ou quel les consulz cõmencerent a regner fut fine. Ainsi doncques publius valerius q̃ auoit succede ou consule apres ce collatin/ et marcus oracius qui fut fait consul ou lieu de lucrecius qui estoit mort accomplis rent ce douloureulp an/ ouquel eut cinq cõ sulz. Lequel an fut plain de tant doccisiõs de tenebres, et de tãt de pestes, et ouquel an la paour de sa cite ia vng pou diminuee/ non pas que les batailles fussent appaisees/ mais pour ce que elles nestoient pas si greueuses. La chose publicque de rom me ymagina et crea nouueau homme/ et nouuelle puissance/ cestadire quelle ordo na a estre gouuernee par cõsulz.

⁋ Eppositon sur ce chapitre.

EN ce vi. chapitre mõseigneur saint augustin demonstre quelz maulp les rommains souffroient tantost apres ce quilz eurent boute hors tarquin de la ci te de romme cestassauoir au premier an q̃ les consulz furent creez, ouquel temps sa luste dit la chose publicque de rõme auoir este demenee par iuste droit et attempre/ Et sont ces parolles du liure de ses hysto res, sicomme nous sauons dit cy dessus ou second liure ou dixhuitiesme chapitre ⁋ Apres quant il parle de la paour des rõ mains quilz eurent de tarquin et des estru ciens/ nous en ple sur lepposition du dou ziesme chapitre du second liure. ⁋ Apres quant il parle de leppussion de collatin. Le tepte le desclaire assez, et aussi en auons nous parle sur lepposition du dixseptiesme chapitre du secõd liure, et pour ce nous

nous en passons. Apres quant il parle de iunius Brutus et comment il occist ses enfans. Ce sont deux histores que met titus liuius ou second liure de sa premiere decade/ dont la premiere est telle/ cest assauoir que apres ce que tarquin fut boute hors de romme/et que les consulz furent creez/ il auoit plusieurs iosnes hommes a romme/ dissolus et de mauuaise vie/ et de grant & de noble lignage/ cestassauoir des Vitiliens et des aquilliens/ dont la soeur dun des Vitilliens auoit espouse brutus. Lesquelz iosnes hommes estoient ainsi comme compaignons du roy tarquin/ et lesquelz se tenoient a trop mal contens de ce que on auoit boute hors le roy tarquin de la cite/ pour ce que en son temps ilz auoient vescu plus a leur voulente et sans pugnicion quilz nauoient fait dessoubz les consulz/ et quilz auoient moult perdu de leur franchise/ & de ce quilz vouloient faire/ disans que le roy estoit homme deuers lequel on pouoit impetrer grace et pardon qui pouoit mettre et congnoistre entre amy & ennemy et discerner ou il se deuoit courroucer ou dissimuler/ mais ilz disoient que les loix estoient sourdes & que contre elles prieres ne valent riens/ et ce disoit il pour ce que les consulz gardoient les droiz a son gle. Et pour ce quilz estoient ainsi restrais firent conspiration de remettre le roy tarquin a romme/ et en parlerent a plusieurs lesquelz furent de leur accorde et de leur aliance/ et par especial en parlerent aux enfans de iunius brutus et aux freres de sa femme. Et apres en parlerent a ceulx q̃ tarquin auoit enuoye pour rauoir ses biens Et enuoyerent lettres dune partie et de lautre pour tenir sa chose sceure. Et finablement furent accuses par vng serf en qui ilz se fioient qui dey bailler les lettres qui se portoient aux tarquiniens/ & la chose reuelee furent tous prins & emprisones et congneu la cause ce iunius brutus/ condenna ses enfans et les freres de sa femme a mourir. Et premierement il les fist

lier et attachier a vng pel/ et puis les fist battre de verges/ cest adire fuster de gros bastons & de grans verges comme de mesplier par tout le corps/ et apres ce leur fist copper sa teste/ et ainsi les fist mourir en sa presence sans ce que il monstrast quil en eust quelconque doleur ne quelque tritresse/ et cest ce que dit monseigneur saint augustin en recitant les vers de virgille/ lesquelz sont du vi. liure de eneydos/ lesquelz il ente moult noblement et moult notablement en son texte/ & lesquelz nous auons expose en faisant la translocion du texte de ce chapitre. Ad ce sacorde orose ou ii. liure de son ormeste/ et dit que ce fut deux cens et quarantequatre ans apres ce que romme fust fondee que ces choses aduindrent & que les consulz furent creez. Si fait florus ou premier liure de son epithome/ mais il se recommande tellement de celle mort de ses enfans que il dit que ainsi comme pere publique. Cest adire de tous/ et de sa chose publique il adopta pour enfans le peuple de romme/ et valerius maximus ou viii. chapitre de son v. liure/ se recommande aussi de ce que il occist ses enfans disant q̃ il ayma mieux oster saffection de pe & viure sans enfans q̃ luy qui estoit consul deffaulsist a faire iustice publique. Mais encores est plus recommande zelatius roy de locres qui pour garder iustice se fist creuer vng oeul et a son filz lautre lequel auoit trespasse son edict quil auoit fait qui estoit tel/ q̃ quiconques seroit trouues en adultere il perderoit les deux yeux en y mettant celle attemprance sicomme dit valerius maximus en son cinquiesme liure ou chapitre de iustice. Et iohannes salberiensis in policraticon/ et nest pas doubte q̃ ce que fist ce iunius brutus fust chose de nature/ et contre ce que len dit q̃ il nest qui baille amour de pere/ iasoit ce que valerius maximus en son liure raconte de plusieurs cruaultes peisses ou plus grandes. Titus ou second liure de sa premiere decade dit que ce serf pour ceste cau se acquist la frāchise a sa cite, et luy furēt donnez grans deniers du tresor publique Et de la vint ce qui est dit en droit Vindicias libertas. Cestadire quil acquist frā chise pour sa vengeance, ou selon aucuns ce serf estoit appelle Vindicio ¶ La seconde hystoire que touche mōseigneur saint augustin est de la mort de ce iunius Brutus, laquelle met titus oudit second liure de la premiere decade, et dit que quant tarquin sceut que son conseil estoit descouuert, et la pugnicio que auoit fait ce iunius de ses enfans, il commenca a faire guerre aux rōmains. Et comme arriōs le filz tarquī en vne bataille eust apperceu iunius Brutus qui cheuaulchoit deuant les autres. Il luy courut sus, et la sentrebatirent tellement qlz sentretuerent de leurs glaiues A ce sacorde Valerius maximus en son cinquiesme liure ou sixiesme chapitre, mais brutus fut auant mort que ne fut arriōs, icelluy brutus mort vng appelle Lucrecius spirius qui estoit pere de lucrece luy succeda en office de consul, mais il trespassa dedens lan, Et fut mis en son lieu marcus oracius, et ainsi en celle annee eut cinq consulz a rōme, cestassauoir iunius brutus, publius Valerius, colatin mari de lucrece Lucrecius pere de lucrece qui succeda a Brutus, publius Valerius, et marcus oracius A ce sacorde eutrope en son premier liure, lequel en adioustāt a ce dit que les matrones de romme le plourerent par vng an come celluy quelles disoient auoir este deffēseur de chastete ¶Apres quant monseignr saint augustin dit que ce brutus qui mist hors colutin le mari de lucrece estoit du lignage de tarquī lorgueilleux. Il le dit notablement pour ce quil estoit filz de tarquin soeur du roy tarquin, et ainsi estoit son nepueu, et neantmoins il demoura en la cite et en la dignite de consul, et colatin mari de lucrece en fut mis hors. Et est assauoir que celle puissance ou dignite de consul ne duroit que vng an, suppose que pēdant icelluy an il y en y eust vng an subro

gue. Et de ce rent eutrope la cause en son pmier liure qui dit que cestoit affin que ilz ne se rendissent trop orgueilleux, mais fussent plus doulx et plus courtois qui sauoient que leur an fine ilz nestoiēt que priuees personnes. Et nest pas a oublier que ce brutus quant il fut cree consul auecques tarquin collatin, fist tāt que iassoit ce que ilz eussent puissance pareille et autelle come auoit le roy, combien quelle ne durast pas tant, son compaignon luy ottroya q il portast seul les signes dempire et de roy Cestassauoir chapeau de sope de couleur de pourpre de quoy estoient sopees ses couronnes de lorier que portoient ceulx qui estoient mis ou souuerain degre de dignite De rechief pour ce quil auoit temples publicques qui estoiēt fais et soustenus aux coustz communs, et ausquelz les roys auoient acoustume a administrer, affin q ne semblast pas que ce mistere deffaulsist Et pour ce aussi que nulle autre chose ilz ne desiroient a auoir fors que roy, ilz crerent vng roy qui fut appelle le roy des sacrifices, mais affin que ce nom de roy ou lonneur de ce nom nentreprint aucune chose qui fust ou qui semblast estre ou preiudice de leur franchise. Ceste royalte ou prestrise ilz submirēt a la dignite de leuesque sicomme dit titus en son second liure de la premiere decade. Encores est bien a noter et assauoir que deuidrent les biens du roy tarquin et de ses enfans.) Pourquoy il est assauoir que la conspiracion descouuerte On respondit aux legatz quilz auoient enuoyez que on nen rendroit aucuns. Et aussi ne veult on quilz fussent confisquez affin quil nappasust quilz procedassent p couuoitise, mais les habandonnerent au peuple, affin que par eulx ilz fussent gettez, deschirez, et gastez, qui tātost les prindrent a boisseaulx et a corbillons, et porterent tout au tpbre ou ilz sarresterent pour leaue qui estoit petite. Et la sarresterēt tellement que a vng pou depde quilz y firent vne isse, et y fut cree assez ferme et grande

pour y faire vng temple. Et leur champ q̄
estoit entre romme et le tybre ilz consacre-
rent a mars, ne puis ne fut labouré, mais
depuis continuellement ilz y faisoient leurs
assemblees quon appelle comites. Quant
ilz vouloient faire aucune election daucūs
fussent consulz, edilles, magistras, ou au-
tres. Et nest pas doubte quilz eussēt mis
mors les legatz qui auoiēt apporté les let
tres de la coniuracion de par les tarquini
ens se ne fust pour tant quilz estoient mes
sagiers, et que par le droit des gens ilz a-
uoient sauf aler et sauf venir, sicōme dit
titus liuius ou second liure de sa premiere
decade assez pres du commencement.

¶ Desquelz maulx la chose publicque de
romme fut traueillee apres ce que lempi-
re de romme commenca a estre gouernee
par consulz a quoy les dieux quilz adou-
roient ne mettoient nul remede.   pVii

E temps doncques fine et passe
cestassauoir celluy ou len auoit
gouerné bien et attemprement:
sensuiuirent les drois desquelz saluste pa-
le assez briefment en son liure ou il dit telz
motz. Aps ce les peres, cestadire les plus
grans de la cité gouernerēt le peuple par
empire seruile, cestadire quilz entrepris-
drent la seigneurie sur eulx et ordonnoiēt
ainsi q̄l leur plaisoit, fust de fuster de mort
de vie, sans en parler au peuple, et conseil
lerent et gouernerent tous seulz en ma-
nieres de roys. Et leur ostoient leurs heri
tages, et leur en bailloiēt ce quil leur plai

soit, demenoient lempire seulz a leur plai
sir, sans ce que nul du peuple fors eulx eust
congnoissance de rien. Par lesquelles cru
aultez, et mesmement pour les grās vsu
res que le peuple souffroit pour les eprūts
quil leur conuenoit faire pour eulx armer
et par les tribus quil leur faloit payer et
souffrir auecques les batailles qui crois-
soient de iour en iour. Le peuple sarma et
print le saint mont et le mont auentin, et
la fist tant quil eut iuges qui furent appel
lez tribuns du peuple, et quilz eurent au
tres drois pour eulx deffendre contre les
grans. Et de ces discordes & debas qui es-
toient dune part et dautre fist sa fin la se
conde bataille pugnicque. Comment don-
ques pourrons nous souffrir la peine des
cripre tant de choses, ou comment les bail
lerons a lire. ¶ Com chetiue fut la cho-
se publicque, par com long temps, et par
tant de annees iusques a la seconde batail
le pugnicque, sans ce que les batailles ces
sassent par dehors ne dedens les discordes
et sedicions ciuilles. Saluste le descai-
re assez en son liure. Et pour ces victoires
ne furēt pas les ioyes affermees ne dura-
bles de ces beneureux, mais furēt sou las
vains aux chetifz et maleureux, et blan-
dices et esmouuemens a emprendre plus
de legier toutes manieres de mansy horri
bles, ne ia pour ce les bons rommains &
sages ne se couroucent a nous de ce q̄ nous
disons, iassoit ce que de ceste chose on ne les
doyt requerre ne admonnester, quant cest
trescertaine chose que les bons rommains
ne sen couroucent en rien. Ne certes nous
nen parlon pas plus grandement ne plus
griefment que ont fait leurs propres hy-
stores, desquelz nous sommes trop moi-
dres, et de stisse et destude, laquelle estude
se fait en oysance. Ausquelles choses faire
ilz labourerent et constraingnirent leurs
enfans a traueiller a ce faire, mais ceulx
qui se couroucent de ces choses quant se te-
droiēt ilz a contendz de no⁹, se no⁹ en disōs
ce q̄ saluste en dit q̄ dit ainsi. Moult de discor

Lib. 10.

des de la tourbe. Cest adire de la tribula
cion du peuple de romme furent faictes/
Et dernierement les batailles ciuiles en
dementiers que vng pou de puissans de
romme dont les aucuns estoient cheus en
la grace du peuple et qui couuoitoient a a
uoir seignouries soubz honnesteté de peres
ou par le peuple furent appelles au gou‡
uernement de la chose publique aussi les
mauuais citoyens comme les bons/non
pas pour bien quilz eussent fait en la cho‡
se publique comme ilz fussent tous corrū
pus/mais selon ce que vngchascun estoit
plus riche et plus hardy et puissant a
villener/pour ce que il donnoit ses choses
de present il estoit repute pour bon. Tou
tesfois les escripuains de celle histoire tin
drent que il appartenoit a honneste fran‡
chise que len ne deust pas traire les maulx
de sa propre cite Laquelle ilz ont este con‡
strains de soez en plusieurs lieux par grās
voix comme ilz neussent point dautre ci
te plus vraye en laquelle len peust eslire ci
toyens pardurables. Que deuons nous
faire qui de tant que nostre esperance est
meilleure et plus certaine en dieu/de tant
doit estre nostre frāchise plus grande quāt
les maulx prins ilz les mettent sus a no
stre seigneur iesucrist affin q ses plus mal
les et moins saiges pensees soient estran
gez de celle cite en laquelle seule on doit vi
ure continuellement et beneureusement/
Cest adire en paradis/ne nous ne disōs
nulles plus horribles choses contre leurs
dieux que dient mesmes leurs propres au
cteurs lesquelz ilz lisent et preschent:
Quant certainement nous auons prins
de leurs liures ce que nous en disons/et
ne pouons souffrir en quelque maniere a
dire ces choses soit toutes soit telles/ou e
stoient doncques ces dieux lesquelz on te
noit quon les deuoit adourer pour petite
faulse et decepuable beneurete de cest mō
de/quant les rommains estoient traueil
lies et tourmentes de tant de miseres auf
quelz ilz se faisoient adourer par fraude

et cautelle tresmensongnable. Ou estoiēt
ilz quant le consul valerius fut occis en
deffendant le capitole ou quel auoiēt bou
te le feu les serfz et les bannis. Ce valeri
us peut plus legierement prouffiter ça
soit a deliurer sa maison ou temple de iu
piter que la tourbe de tant de dieux auec/
ques leur tresgrant roy et tresbon dont il
auoit desire le temple luy peust secourir
Ou estoiēt ilz quant la cite fut traueillee
de tant et si espesces discordes ¶ maulx a
pres ce que elle se fut vng pou reposee elle
fut gastee par grief fain et pestillence en de
mentiers que ilz attendoient leurs messa
ges ou legatz que ilz auoient enuoies a a
thenes pour iupiter a auoir leurs loix/ou
estoiēt ilz quāt de rechief le peuple perissoit
p famine q crea premierement vng prefect
sur la distribucion et pourueance des vi
ures lequel est appellé en latin perfectus
annone. Et icelle famine croissāt spirius
emilius qui donna du forment a sa grant
multitude du peuple cheit ou crime de desi
rier et couuoiter a estre roy dōt a la reques
te et a linstance de ce prefect il fut occy par
le commandement de lucius quincius dicta
teur ancien et biessart par quincius ser‡
uilius maistre des gens de cheual. Laql
le fut faite en tresgrans ¶ tresperilleux tu
multude de peuple. Ou estoient ilz quāt
vne grāt pestillence sourdit pour laquelle
appaiser le peuple ordonna a faire a ces
dieux iutilles nouueaux ieux que ilz ap
pelloient lectisternia lesquelz nauoiēt onc
ques este fais parauant/et estoient dictz
lectisternia pour les lictz que ilz estendoi
ent a ces ieux/et de la print son nom ce sa
crifice ou a mieux dire ce sacrilege | Ou
estoient ilz quant lost des rommains en
soy maluaisement combatant contre les
vehiens souffrit tant de si grans et si sou
uentes desconfitures ¶ tempestes par dix
ans continuelz que tous estoient en grant
peril de estre tresgrandement et horrible‡
mēt descōfis/se finablemēt neussēt este se
cour{us} p furi{us} camillus leql aps ses bñfais

la cite mal recongnoissant et ingrate de ses benefices/ le damna et enuoya en exil ⊙ ou estoient ilz quant les galles prindrēt romme/ pillerent/ ardirent/ et emplirent doccisios. ⊙ ou estoient ilz quant celle tres grāde et notable pestillence trebucha mort tant de peuple a romme/ en laquelle ce furius camillus fut mort qui pauant auoit deffendu sa chose publicque des Vehiens: et de puis la Venga des galles/ dont elle fut si mal congnoissant. Et pour rayson de ceste pestillence ilz establirent les ieux scenicques qui apporterent nouuelle tempeste/ non pas aux corps des rommains: mais qui pis est aux meurs diceulx. ⊙ ou estoiēt ilz quant une autre griefue pestilēce sourdit en sa cite que on creut estre auenue p̄ se Veniy des mattrones. Les meurs desquelles et de plusieurs nobles furent trouuees pires et plus griefues de toutes pestillēces/ et plus que on ne pourroit croire. ⊙ ou quant les deux consulz auecques tout leur ost furēt assis des samnites ou lieu que on appelloit. In candinas furcusas/ cestadire aux fourches de cādes. Et furent constrains a faire ung ort et honteux couuēt a eulx. En telle maniere que six cens hommes rommains de cheual furent mis en hostaige/ et tous les autres p̄ du leurs armures/ les autres despoullez de leurs robes et uestemens/ uestus tant seulement dun sengle garnement soubz la seruitude des samnites furēt renuoiez a romme. ¶ Les rommains tourmētez de celle griefue pestillēce moult deulx aussi perirent en leur ost/ et furent mors par fouldre et par tempeste. ⊙ ou de rechief cest a dire ou estoient ilz quant une autre grā de pestillence intollerable romme fut contrainte de enuoyer querre epidaure esculapius/ et de ladioupter auecques ses dieux comme dieu de medecine/ pour ce que iupiter quilz tenoient rop de tous/ qui ia long temps auoit sis ou capitole/ auoit este si occupe de plusieurs adulteres/ ausquelz il auoit entendu en sa ionesse que par auenture ilz ne sup souffrirent apprendre medecine. ⊙ ou quant en ung mesmes temps les lucans/ les Brucies/ les samnites/ les estruciens et les galles de sens tous ennemis aux rommains. Apres ce quilz eurēt fait conspiracion contre eulx tuerent premierement leurs messagiers ou legatz. Et apres ce oppresserent tellemēt lost des rommains et le preteur quilz occirēt auecques sept tribuns et traize mille cheuassiers. ⊙ ou estoient ilz aussi quant apres plusieurs longues et griefues discordes faictes en romme. Au derrenier le peuple pour sa grant discorde pssit de romme/ et print le mont que on appelloit ianiculus pour lequel mal auoit en romme si grant douleur et misere q̄ pour ceste cause il sail lit faire et creer dictateur/ seql ne souloit estre fait, fors en tresgrant peril. Et fut fait dictateur ung appelle ortencius/ leql rappessa et rapaisa le peuple et trespassa en celle seignourie. Laquelle chose nestoit onques mais auenue a autre dictateur/ Et lequel crime fut des lors plusgrief en leurs dieux/ pour ce que cestoit fait en la presence descusapius. Lors se meurent et sourdirent par tout tant de batailles si grandes et si dures contre les rommains que pour la grant deffaulte quilz eurent de cheualliers/ il leur conuīt prendre ⁊ faire cheualliers des prolectoires/ cestadire de ceulx qui estoient ordonnez et entēdiēt a procreer lignee pour romme peupler/ lesquelz par leur pourete ne peurent exerser cheuallerie/ et furent adionictz et escrips ou nombre des cheualliers. Aussi pirrus roy de grece, lequel estoit lors renomme de grant louenge et de grant gloire/ fut fait ennnemi des rommais par ce quil fut appelle et requis des tarentins a estre auecq̄s eulx contre les rommains/ lequel pirrus comme il se conseillast a apollo de sadue nement de ces choses/ il luy bailla assez courtoisement une responce si double que q̄la chose q̄l auenist fust de lun ou de lau tre on sediroit q̄l auroit respōdu diuinemt pirrus ie te di top pouoir vaincre les rõmains/et par ce fut que pirrus fut vaincu des rommains/ ou les rommains de pirrus comme seur diuin il attendist lun ou lautre adeuinement. Quelle dõcques et com grande et horrible fut lors la pestilence et mortalite de lost de lune partie ⁊ de lautre/cõme elle fist a ressongnier/en la quelle toutesfois pyrrus fut au dessus/⁊ par ce pouoit dire que apollo se deul auoit iuge pour son intencion ⁋ Et tantost en vne autre bataille les rommains ne seussent vaincu. Et auecques celle grande pestillence et occision de hommes auint aussi grande et tresgriefue pestillence sur les femmes car mesmes les femmes mouroient communement toutes enchaintes auant quelles fussent deliurees de leurs portees. Et la se crop se excusoit esculapius de ces femmes grosses qui mouroient par ce quil disoit quil estoit medecin et nõ pas ventriere ⁋ Les bestes aussi mouroiẽt pareillement en telle maniere que on cuidoit que toutes bestes deussent faillir. Quelle pestillence fut ce du grant puer qui fut a romme duquel on doit bien faire memoire. qui fut tel que a paine le doit on croire Car il fut si grant/ si cruel/ ⁊ si horrible et les neiges si haultes/ et si fortes que elles durerent ou marche quarante iours. ⁋ Et la riuiere du tybre fut aussi engelee. Se telles choses fussent auenues en noz temps/cestadire ou temps des crestiens/ quelles choses et com grandes deissent ilz contre nostre seigneur iesucrist ⁊ cõtre les crestiens. Com lõguement dura et forsena ceste pestillence/ laquelle cõme elle sestendist iusques a lautre annee pour ce que esculapius qui y estoit presẽt ny pouoit riens. On alla aux liures sebille pour sauoir la cause de ceste pestillence en la maniere des respons de laquelle chose ainsi comme dit tulles aux liures de diuinacion/ on a plus acoustume de croire aux interpretateurs de verite selon ce quilz ont voulu ou peu coniecturer les choses

doubteuses. Lors fut il dit que la cause de la pestillence estoit pour ce que moult des rõmains tenoient et ocupiẽt a leur proufsit singulier plusieurs maisons sacrees aux dieux. Et pour ceste respõce fut esculapius ce pendãt fut desliure du grãt blasme que on sup peust auoir impose fust de ignorance ou de paresce. ⁋ Et pourquoy fut ce que ces maisons estoient et auoient este occupees de plusieurs que nul ne seur deffendoit/ se ce ne fut pource quon auoit trop longuement supplie en vain a celle tourbe de dieux. Et pour ceste cause furẽt ces lieux delaissez et mis en non challoir petit a petit de ceulx qui les auoient et qui y seruoient/ affin que comme vifz ilz peussent estre appliquez pour seruir aux humains vsaiges sans aucune mesprenture. Car des lors affin de faire cesser la pestillence on les eust restituez et reparez dilligamment/ se neust este ce que aussi bien se mucerent ilz lors cõme ilz auoient fait quant on en tint compte et quilz furẽt vsurpez par le peuple. ⁋ Ne on nattribuast pas aussi a sa grant science de varro/ ce q̃ en faisant et escripuant des maisons sacrees Il recorde moult de choses q̃ nestoiẽt pas sceues/ car lors pendant ces choses on procura plus sexcusance des dieux/ que on ne fist a bouter hors ceste grant pestillence.

⁋ Exposicion sur ce chapitre.

A ucuns tiennent que ce dixseptiesme chapitre se commence la ou mõseigneur saint augustin dit. Le temps dõcques fine et passe/ cestassauoir cellup. ⁊ce. Les autres tiennent que ces motz dependent du precedent chapitre/ et se contiẽnent iusques la ou il dit. Comment dõcques pourrons nous souffrir la peine descripre et cetera. Et cest loppinion de traret et thomas valencis. Mais selon lordre du liure seconq lequel nous prenons nostre translacion. ¶ Le chapitre se commence ou il dit Le temps doncques. &c. Et pour ce nous poursuiurons ceste ordre. ¶ Si est assauoir que en ce dixseptiesme chapitre monseigneur saint augustin traicte des maulx que les rommains souffrirent apres la mort de tarquin lorgueilleux dernier roy de romme. Et premierement il touche en general les maulx q̃ les rommains souffrirent apres ce temps / en demonstrãt que les acteurs des rõmains mesmes ont escript pires choses / que celles que escript et raconte monseigneur saint augustin. Secondement il sadresse cõtre ses dieux et desclaire en especial les maulx que ilz souffrirẽt iusques au temps de la premiere bataille punicque. ¶ La seconde partie se commence ou il dit. Ou estoient doncques ces dieux. &c. Quant est de la declaracion ou exposicion du texte de ce chapitre quant monseigneur saint augustin parle des diox que salluste dit. Il parle du temps que le roy tarquĩ vesquit apres ce quil fut boute hors de romme pour ce que les rommains ne furent pas bien asseurez tant comme il vesquit par quinze ou seize ans apres ce quil fut boute hors de romme / sicomme nous lauons dit cy dessus sur lex posicion du dixhuitiesme chapitre du second liure. Et est a noter que ces motz de salluste quil recite sont pris du liure de ses hystores. Et aussi sont elles recitees ou dit dixhuitiesme chapitre du second liure Et la / et aussi cy apres ce que nous en auons mis en declaracion / les parolles et lentendement du latin nous nous en passons. ¶ Apres quant monseigneur saint augustin parle et dit que ces choses durerent iusques a la seconde bataille punicq̃: Cest adire de ceulx de romme contre ceulx de carthaige. Il veult dire que ce fut ainsi comme par trois cens ans / sicomme il appert par le chapitre dessus allegue auecq̃s son exposiciõ. Toutesfois selon thomas semble il que la lettre du texte fust meil

leure se elle deist iusques a sa premiere bataille punicque / et que elle saccorderoit mieulx au cõmencement du vingt z vngiesme chapitre de ce liure / pour ce que apres icelle premiere bataille punicque finee / les rommains eurent si grant paix quilz cloirent les portes de ianus qui ne se clouoiẽt que en temps de paix / et souuroiẽt en tẽps de guerre / sicomme il appert par le neufiesme chapitre de ce liure auecques son exposicion. Toutesfois peut il estre pour ce que ce temps de paix qui fut entre sa premiere et secõde bataille punicq̃ fut si brief. Monseigneur saint augustin ne tient cõpte de se nombrer / et pour ce dit il iusques a la seconde bataille punicque / car quant celle seconde bataille punicque commença les sedicions et discordes cesserent par dedens sa cite iusques a ce que carthage fut trebuchee et destruitte / laquelle se fut en la tierce bataille. Et icelle destruitte pour ce quilz neurent plus paour delle et se tindrent asseur / et recommẽcerent a naistre lors les discordes ciuilles par dedens sa cite / et les batailles / sicõme on les peut prendre par les paroles de salluste. In iugurtino. ¶ Apres quant monseigneur saint augustin en racontant les paroles de salluste parle des discordes de la tourbe du peuple. Et sont les paroles de salluste iusques la ou il dit. Toutesfois se les escripuaine de celle hystoire. &c. Et sont du liure de salluste en ses hystoires / q̃ les tourbes / sicomme nous auons dit ou texte / il entend pour turbacions / car sicomme dit monseigneur saint augustin en la vingt sixiesme omelie de verbis domini. Tourbe nest autre chose q̃ vne multitude tourblee. ¶ Apres quant monseigneur saint augustin parle de ceulx qui desiroient a auoir seigneurie. Il se dit pour ce que les vngz comptoient la cause pour les peres et pour les senateurs. Les autres pour le peuple. Et aussi les vngs tiroient a eulx le peuple / et les autres tiroient a eulx les peres / Et les peres tiroient aucunesfois le peuple/ ne nauoit on point regart aux merites des gens/ mais y estoient appelles bons et mauuais pour la corrupcion qui y estoit. ¶ Apres quant il parle en re citant les paroles de saluste de ceulx qui donnoient de present. Il entent de ceulx qui donnoient aux gens ce quilz sauoient qui leur plaisoit pour le temps/ affin de venir aux estas et aux seigneuries. ¶ Apres quant au commencement de ce chapitre monseigneur saint augustin en recitant les paroles de saluste parle de lempire ser uile. Il sentend pour ce que apres la mort de tarquin ilz commencerent a mener le peuple durement/ et les faisoient armer a aler en bataille a leurs coustz parquoy il leur conuenoit souuent emprunter des grans et riches a vsure. Et quant ilz ne pouoient payer/ ilz les prenoient et met toient en prison/ les batoient et fustoient de verges comme serfz/ dont il y eut vng tresnoble homme de la cite de romme/ et qui estoit vng tresbon homme darmes qui eschappa de prison et sen fuit ou mar chie pour soy monstrer au peuple pour ve oir comment il estoit batu et fuste/ et vil lainement mene. Laquelle chose esmeut tellement le peuple quilz se voulurent par tir/ et faire partie contre les grans. Si comme dit titus liuius ou second liure de sa premiere decade ou chapitre appius clau dius/ ou paragraphe/ qui se commence Sed et bellum. ou il parle des choses qui furent faictes a romme ou quinziesme an apres ce que les roys furent boutez hors de romme/ ouquel temps appius claudius et publius seruilius furent fais consulz/ et ou temps quilz eurent guerre contre les Vulques. ¶ Apres quant monseigneur saint augustin demande. Ou estoient ilz Il commence a demonstrer et desclairer les maulx en especial que souffrirent les ro mains iusques a la premiere bataille pu gnicq en soy adressant contre leurs dieux Et met monseigneur saint augustin qua ze ou xvi. exemples notables de leurs che

tiuetez. ¶ Et premierement quant il par le de Valerius consul. Cest vne histoire q̄ racōte titus liuius ou tiers liure de la naif sāce de rōme/ qui est telle que appius clau dius et publius Valerius estans consulz de romme. Les bannis de romme et les serfz sassemblerent ensemble/ et tant quilz fu rent bien iusques a deux mille et cinq cēs Et se firent pour recouurer leur franchi se et la cite. Et firent leur capitaine dun ap pelle appius herdonius qui estoit sabinien et fut ou temps quil y auoit discension en tre le peuple et les grans pour certaines loix que le peuple demandoit a auoir. Et prindrent et occuperent le capitole. Et di soit ce duc herdonius quil nestoit seule ment venu que pour rappeller les bannis et desiurer les chetifz/ et q̄ se les rommains ne le faisoient/ ilz sefforceroient de greuer la cite de tout leur pouoir/ et esmouuoit a estre de leur partie les vulques et les au tres peuples denuiron romme qui estoiēt voisins. ¶ De ceste venue furent les tri buns du peuple si esbahis quilz disoient par tout que ce nestoient pas vrays enne mis/ mais estoient gens darmes que les grans y auoient fait mettre pour esbahir le peuple/ affin quil desistast des loix que il demandoit a auoir. Et les grans cui doient que ce fust le peuple qui fust esmeu contre eulx. Mais publius Valerius sen vint aux tribuns et au peuple/ et les com mēca a blasmer de ce quilz ne deffendoient autrement la chose publicque en si grant necessite/ en disant que les dieux estoient prins par les ennemis/ et q̄ iupiter le tres bon et le tresgrant/ et iuno sa royne/ et les autres dieux et deesses estoient assiegez/ et q̄ les ostz des serfz tenoient ia les dieux priuez. Et finablement la verite sceue sar merent tous ceulx du peuple/ et allerent ou capitole/ et y monterent par vng pen dant/ et suiuirent tous Valerius le consul et la vindrent en layde des rommais les tusques et les autres peuples voisins dē uiron de la cite de romme. Ouq̄l assault et bataille pour rescourre le capitole et les dieux Ce publius Valerius fut mort des premiers/lequel vng appelle publius Volunnus fist couurir/et se mist en son lieu. Là se combatirent si arduëment tant les rommains comme ceulx qui leur estoient venus en ayde quilz eurent auant desconfit leurs ennemis quilz sceussent leur duc estre mort. Là furent tous les serfz prins ou mors/et par especial y fut leur duc tué. Et pour ce demande monseigneur saint augustin oules dieux estoient quant le consul mourut pour les deffendre.) Le secōd exemple est de la grant pestillence et de la grant famine qui estoit à romme ou temps quilz enuoierent à athenes pour auoir leurs loix. ⁋ De ces loix et de ces legatz nous auōs parlé sur lexposicion du saiziesme chapitre du second liure, fors tant que sicomme dit titus liuius ou tiers liure de sa premiere decade. Les rommains nenuoierent plus a athenes pour rapporter les loix des atheniens seulement, mais aussi quilz regardassent aduisassent & cōgneussent diligamment les meurs des drois/les ordonnances et institucions du pays & des citez de grece. Et quant est des discessions de quoy il parle. Il est assauoir que sicomme dit titus ēce mesme lieu En cel an quilz enuoierent les legatz à athenes pour auoir les loix eut grant discord et debat entre les consulz et les tribuns du peuple. Car les consulz disoient que les tribuns nauoient quelconque puissance de faire ne creer loix/mais appartenoit tant seulement à eulx. Et par consequent les loix quilz auoient faictes estoient de nulle valeur. Et toutesfois furent ilz tous daccord de enuoyer à athenes pour auoir loix. ⁋ Et quant est de la faim et de la pestillence de quoy monseigneur saint augustin parle. titus en parle en ce mesmes lieu/qui dit que apres ce que les legatz furent alez à athenes deux grans maulx vindrent en la cité. Cest assauoir faim/et pestillence/qui vault autant comme mortalité. Et quant est de la faim toutes leurs terres faillirent à apporter/p quoy sa famine auint. Et si y eut mortalité et de bestes et de gens par telle maniere quon ne veoit que corps en toute la cité. Entre les qlz furent mors plusieurs des nobles hommes & des grās. Cest assauoir le flamine qui estoit consacre à romme. Le prestre aussi qui estoit ordonne à faire les augures et aduinemēs Quintilius consul/ quatre tribuns du peuple,et plusieurs autres grans maistres.] De ceste pestilence et de ceste famine dit orose en son second liure en telle maniere. que entretant que les legatz attendoient les loix des atheniens/ la faim et la pestillence costraint à cesser les armes des rōmmains. ⁋ Le tiers exemple est ou il parle dune autre famine & du prefect qui fut creé sur la pourueance des viures. Et pour ce est assauoir que ceste famine/et ce qui est touché en ceste hystoire, auint trois cens & traize ans apres ce que romme fut fondee. Laquelle famine fut si grande/sicomme dit titus liuius en son quart liure/que plusieurs de romme furent si tourmentez de faim que ainsi comme eulx reputans pour mors/se asserent noper et getter ou tibre. & aymerent mieulx à mourir de celle mort que mourir par telle rage de faim. Pour pouruoir à ceste famine/ et pour querir des viures fut esleu vng prefect/qui fut appelle prefectus annone/et auoit à nom lucius municius. Cellup assoit par les greniers ou on auoit caché & muché les grains et autres viures. Et cōstraingnoit ceulx qui les auoient cachez et muches à les vendre tellemēt que la cité fut tousiours garnie pour deux mois. En ce temps auoit à rōme vng merueilleusemēt riche homme qui estoit de sordre des gens de cheual/ appelle lucius emilius/ lequel enuoya par tout dehors romme achetter des grains de ses deniers/les quelz il faisoit venir en sa cité de romme et les distribuoit au peuple à chascun selō sa qualité. Et eulx voyans sa debonaireté et sa grāt amour et dilection quil auoit en eulx/ et les biēs ql leur faisoit/ ilcheit si en la grace du peuple et acquist tellemēt leur beniuolence que il luy promirent a le faire consul de romme. Lequel respōdit q̄ ce stoit trop petite chose pour si grant benefice, et que se il le faisoient rop de rōme encores seroit ce petite chose, ceste chose vint iusques a la congnoissance du senat. Lesquelz crurent tantost ung dictateur appelle lucius quincius lequel estoit ia de laage de quatre vingtz ans. Laquelle puissance de dictateur, estoit autelle comme celle que eurēt depuis les empereurs fors tant q̄lle ne duroit que demy an, et ioinct on auec luy ung maistre des gens de cheual qui auoit a nom seruilius ahalam, de ce fut moult esbahy ce lucius emilius q̄ auoit dōne le fourmēt au peuple, si fut le peuple sēblablemēt, mais ce pēdāt il fut ēuope semondre par ce maistre de gens de cheual du cōmādemēt du dictateur, lequel quant il apparut que il estoit semons il se ferit ou millieu de ses gens et du peuple, et cōe il eust este prins et mis hors de eulx par ung sergent il se rescoust et sen fouit en criant et disant que les peres et les grās maistres le vouloient oppimer et mal mener, pour ce que il auoit secouru le peuple en si grant necessite, et en criant ainsi et fuiant fut poursuiuy de seruilius ahalā lequel lataint et locciīt, et comme de ce peuple fist grant tumulte le dictateur les fist venir deuant luy en iugement, et pronon ca par sa sentēce que il auoit este iustemēt tue, pour ce que luy appelle a venir en iugement il sauoit refuse et sestoit rescous par grant despit, suppose que des autres choses il fust innocent. Et commande q̄ len abbatist ses maisons et vendist on ses biens comme confisques, et acquis a la chose publique de romme. ¶ Le quatrexemple que monseigneur saint augustin met est dune tresgrant pestilence qui fut a rōme Et parle des ieux qui sappelloient lectisternia, pourquoy il est assauoir que au commenchemēt ilz ne mengoiēt point sur tables, mais mengoient tous par terre, sicomme len fait encores en nauare et en es

paigne et en plusieurs autres pays, mais selon ce que ilz estoient gens dhōneur les vngs estendoient du foain les autres du foeure, les autres des litz, et faisoient ainsi comme coustes champenoises, ou ilz se couchoient ou len sappoioit, et la sappoient les vngs couchies au long, les autres en eulx appoiant sur leurs coustes, ainsi comme len couche ung malade sur vne couche, et quant len faisoit telz mengiers les hōmes estoiēt couchies ou acoustes et les femmes estoient en seant, pour ce que ce sembloit estre laide chose aux fēmes delles ainsi couchier sicomme dit ysidore ou .viii. liure des ethimologies, et pour ce quant les rommains vouloient semondre leurs amis a mengier auecq̄s eulx, ilz faisoient telz couches que ilz appelloient lectisternia, dont valerius maximus parle en son secōd liure qui est de īstitutis antiquis, au commencement qui dit que aucunement quant les hommes mengoient auecques leurs femmes, les maris estoient couchies sur ung lit ou sur vne couche, et les femmes esoient assises et se appoioient sur la couche Et ceste coustume des rommains fut gardée entre les dieux Car il dist que quant iupiter estoit semons a mengier auecques aucun, iupiter estoit couchie en vng lit, et minerue estoit assise en vne chaiere, toutesfois dit que ces mēgiers et ces semōces estoiēt pl⁹ cōuenables a faire au capitole ou tēple de iupiter que aux maisons priuees des rōmains. Et quant est de listoire que raconte monseigneur saint augustin de celle pestilence. Ce fut trois cens cinquāte et trois ans apres la creacion de romme, de laquelle parle titus ou cinquiesme liure de sa premiere decade, qui dit que pour le tristre puer et la grant pestilence que eurent les rommains, laquelle dura tout ung puer et vng este, et ou len ne pouoit trouuer nul remede par le conseil de dieu hōe q̄ estoit vne dignite dauoir congnoissāce des choses diuines ilz ordonnerent premierement ces ieux q̄ sappelloiēt lectisternia

Tercio.

en sõneur de leurs dieup, et les firẽta. Si dieup cestassauoir a appolin a latone a dpane a hercules a mercure et a neptunº et leur firent et appareillerent trois grãs lictz ou trois grans couches de grãt apareil esquelz ilz les coucherent, celle latone fut mere dappolin et de dpane et est dicte selon les poetes ⁊ appellee celle dpane la lune ainsi comme appolin est apellele soleil de celle latone qui enfanta appolin et dpane, parle monseigneur sait augustin cy aps ou .lbiii. liure ou .piii. chapitre. Touteffois dit titus liuius ou second liure de la seconde bataille punique que autreffois les rommains auoiẽt fait a leurs dieup. Si grans coussins ou sip grans litz ou couches q̃ il apelle lectisternia. cestassauoir Ung a iupiter et a iuno. Le secõd a neptunus et mynerne, le tiers a mars et a Venus, le quart a appolin et a dpane, le .V. a Vulcanus et a Veste, et le Vi. a mercure et a ceres. ¶ Le .V. epemple est de la prinse de la cite des Vehiens, qui estoient a .pp. mil de romme et estoit assise en ethurie et du siege que les rommains y firent .iii. cens plVii. ans apres la creacion de romme, et dura le siege .p. ans continuelz ou les rommains furent par plusieurs fois desconfis de la prinse de laquelle et de la maniere et comment les rommains furent mal recongnoissans des biens que camillus leur auoit fait. Nous en auons parle cy dessus ou ii liure sur le .pVii chapitre, et pour ce nº nous en passons. Le. Vi. epemple est du capitole qui fut prins par les gaffes et comment il fut rachetez des rommains et comment camillus qui estoit de la cite de romme desconfit les gaffes, et raporta tout for quilz emportoient et les banieres Et pour ce que nous auons parle sur le .ppii chapitre du secõd liure nous nous en passons. Le. Vii. epemple est de la tresgrãt pestilence et notable qui fut a romme en laquelle ce camillus fut mort de ce parle titus liuius ou .Vi. liure de la naissance de romme, et fut ceste pestilence trois cens ⁊

plViii. ans au. plip ans apres la creacion de romme, et dit que ceste pestilence cõsumma et perdit tresgrande quantite de rommais, et par especial il eut mort Ung censeur Ung edile et trois tribuns du peuple ⁊ aussi y fut mort ce furius camillus qui sestoit combatu contre les Vehiens et qui auoit desconfit ses gaffes sicomme nous auons dit, lequel apres ces choses Vesquit a romme en si grãt gloire p. ppV ans que sen ne lappelloit que le second romule ainsi comme le faiseur et reparateur de la cite de romme, a ce saccorde eutrope en son second liure qui dit que ce camillus eut le second honneur apres romulus. Et dit oultre que ceste pestilence tourmenta le peuple de romme par deup ans continuelz, et quant est des ieup seniques que monseigneur saint augustin dit que ilz furent pour ce trouuez et ordõnez, nous en auons parle cy dessus sur le ppp. chapitre du premier liure, et pour ce nous en passons. Le. Viii. epemple q̃ met monseigneur saint augustin des matrones de romme qui firent et composerent des Venins dont elles Vouloient empoisonner leurs maris ⁊ en empoisonnerent plusieurs et ceste histoire raconte titus liuius ou. Viii. liure en sa premiere decade qui est de la naissance de romme quil dit q̃ durãt le consulat de claudius marcellus et Valerius flaccus eut Une telle pestilence a romme q̃ tous les plus grãs mouroient ainsi cõme dune mort, et ne sauoit sen dont ce Venoit, quant Une chãbeliere Vint par deuers fabius mapimus leql estoit pour lors edile, et apres ce quil luy eut fait promettre quelle nauroit garde, elle lui dit que les matrones de romme cuisoient Venins dont elles tuoyent leurs maris et autres qui que elles Vouloient et que se luy et les autres rõmais Vouloient Venir auecques elle, elles seroient prises sur le fait, lesquelz la suiuirent et les trouuerent ou elles cuisoient ces Venins, et aucuns en auoient mucez, et tãtost sen enprint. ppii. qui furẽt menees ou marc

oi.

maissent que cestoient bonnes medecines sen leur en fist boire/et tantost tresbuchcrent mortes par la force du Benin. Et ce fait sen print leurs compaignes lesquelles en accuserent des autres toutes lesqlles furent condempnees a mort/et furēt en nombre cent et.lxxx. Orose en son.iiii. liure dit qĩl en y eut.iiii. cens et quatrevings Touteffois dit titus liuius que elles le firent plus par sotie et par ce que elles estoient prinses de pensees que par mauuaistie/Valerius en son second liure quāt ou nombre des matrones saccorde auec titus et dit que iusques a ce tēps il nestoit point de quel tiõ ne daccusations de poisons ne de Benins. Le.ix exemple est de la descōfiture qui fut faicte des rommains aux fourches/candines par les samnites/ laquelle fut quatre mil. xxix: ans aprez la creation de romme/ de laquelle parle titus liuius ou.ix liure de la premiere decade ou commencement qui est de la naissance de romme. Si fait florus ou second liure de son epithome Orose dit que ce fut trois cens. xxv. ans aprez la creation de romme/et est listoire telle que cōme les rōmains eussent guerre contre les samnites/Vng iour se mirent en agait et firēt vne embuche en vng pas qui sapelloit les fourches cādines ou de candis/ils auoient deux capitaines lun appelle suspirius postumus/lautre titus Veturius/ lesquelz pour ce que ilz auoient entendu q̃ les rommains cheuaucoient pour les enclorre/auoient prins ce pas et postumus pour deceuoir les rommains enuoya.x. cheualiers en habit de bergiers sur le chemin/et leur commanda que se aucun des rommains leur demandoient ou estoit lost des samnites que ilz leur deissent q̃ ilz estoient au siege deuant vne cite qui auoit a nom lutere. laquelle estoit de lasiance des rommains/et ainsi fut fait/ et quant les rommains ouirent ce cuidās q̃ ce fut vray/ordōnerent tātost a les secourir et faire leuer le siege / et cōbien quil y eut deux chemins a y aller. Touteffois

pour ce que cellui des fourches candines estoit le plus brief. ilz esleurent celle voye pour les secoure plus hastiuement. celle voye des fourches cādines estoit close de haultes montaignes dune part et dautre et ne y auoit que vne entree et vne pssue. Et quant les rommains y furent entrez ilz cuiderent pssir par lautre pssue, et ilz trouuerent que les samnites auoient geste grans arbres a trauers / et si virent et apperchurent grant quantite de gēs darmes des ostz des samnites qui estoiēt au dessus des montaignes/et quant ilz veirent ce ilz sen retournerent cuidans pssir par ou ilz estoient entrez/mais ilz trouuerent que ia pareissemēt sen auoit estoupe la voye par grans arbres q̃ sen y auoit gectez des mōtaignes aual aux trauers du chemin. et quant ilz se veirent ainsi en clos/et qlz apperceurēt les ostz des samnites/ilz sarresterent et prindrent place en vne pleine ou ilz demourerent par aucuns iours/et quāt ilz veirent q̃ ilz auoient deffaulte de viures et plusieurs autres necessitez ne aussi ne pouoyent pssir. ilz enuoyerent par deuers les samnites/ pour demander paix par condicions raisonnables ou qui leur voulsisēt liurer bataille ausqlz postumus duc des samnites respondit que il tenoit la bataille pour toute acheuee pour ce que il les conuenoit la morir sans coup ferir. Et se il plaisoit aux samnites / touteffois leur accorda il a donner paix par telle condicion que tous renderoiēt leurs armeures et leurs cheuaux p toutes leurs despoulles et toutes leurs robes/excepte vng garnement a chascun / et encores ce dit orose ou tiers liure de son ormeste q̃ ce fut le plus chetif et le plus mauuais pour couutir leur humanite et q̃ en cest estat ilz passeroient par dessoubz le iong lun aprez lautre/et premierement les cōsulz et puis les autres magistras et gens doffice/et aps tous les autres/et ainsi sen proient a rōme sās riens muer lesqlz rōmains vois ans la necessite ou ilz estoient sacorderēt et iurerent. Et par ce sen partirent et allerent a romme a telle honte et a telle confusion. Quelle chose du iong et dequoy y seruoit titus le met ou .iiii. liure de la premiere decade qui dit que quant len vouloit mettre vng homme soubz le iong len seuoit deux lances en hault ou deux bastons, et en mettoit len vng autre de trauers ainsi comme len fait les fourches a pendre les larrons, et la par dessoubz ces fourches celluy q̃ len vouloit mettre soubz le iong en signe de parfaicte subiection et seruitude. Encores est il assauoir que les samnites retindrēt .vi. cens cheualiers en hostaige iusques a ce que les rommains eussent enterine ce quil auoient promis, de ceste desconfiture parle orose ou .iii. liure de son ormeste ou .p. chap̃. si fait eutrope ou .ii. liure ces samnites furēt ceulx de toute ytalie q̃ pl9 greuerēt les rōmains car selō les rōmais il leur firēt guerre p̃ pl̃s viii. ās selō les autres .x. ās selō les autres. xlix ans, touteffois a la parfin furent ilz destruis par les rommains tellement que len ne scet trouuer au iour dhuy place ou ilz demourassent oncques sicomme dit florus en son epithome. de leur magnificence de leur puissance de leur hardiesse de leur engin de leur cautelle ⁊ autres choses, se tu en veulx veoir beaulx motz soyx anneus florus ou .ii. liure de son epithome ou chapitre de la bataille des samnites. Encores dit orose ou sieu dessus allegue que au iour dhuy il ne fut nulz rommais ou ilz feussēt serfz ou subgetz aux samnites se ilz eussent garde la foy ⁊ serment que ilz auoient fait aux samnites aussi bien comme ilz vouloiēt que leurs subgectz la leur gardassent. Le .v. exemple est de la pestillence qui fut a romme de laquelle parle orose ou .iii. liure ou .v. chapitre. et fut en lan .iiii. cens apres la creacion de romme, laquelle fut telle ⁊ si grāde et y eut tant de corps mors en la cite q̃ les triuphes en furēt tous couchez, car ceulx q̃ entroiēt en la cite cōe victorieux ne pouoient point faire de feste pour les multitudes

des corps que len portoit parmy sa cite, ⁊ pour les grans douleurs que la cite demenoit de leurs peres et parens qui mouroient, de ceste pestilence parle titus ou .x. liure de sa p̃miere decade ou chapitre que ça ou paragraphe felix qui dit q̃ cel an fust eureux de batailles et de victoires et maleureux et cherge de pestillences et males aduentures, et dit que en lost de appius preteur pour fois ⁊ plusieurs rōmains q̃ furent fourdroies de tempeste, ⁊ fut en lā quatre cens .xv. apres sa creacion de rōme Sicōe trauet se met sur lexposicion du chapitre de titus dessus allegue. Cōbien que en lexposicion de ce chapitre et luy et thomas se mettent soubz lan .xii. Et dit encores titus en ce mesmes sieu que pour sauoir sa cause ou les remedes de celle pestillence il faillit aller aux liures de sebille. Le .vi. exemple est de la pestillēce q̃ fut si grande a rōme q̃ len alla aux liures de sebille comme par auāt, et fut trouue q̃ il falloit aller querir esculapius a epidaure dont nous auons parle en ce liure sus le .vii. chapitre, et pour ce nous nous en passons fors tant que quant monseign̄r saint augustin parle de iupiter en luy appellant souuerain roy il se dit par maniere dune tresgrant mocquerie pour ce q̃ il fut a rōme tres sa premiere creacion, et y eut le p̃mier temple, lequel fut fait ou lieu ou est le capitole, mais ou temps q̃l fut roy de cretes et quil estoit ieune, et nentendoit a riens que a putterie et a ribaudise.
¶ Et pour ce dit monseigneur saint augustin quil nentendit point a prendre medecine, fois a sa putterie, ⁊ que pour ce ne sauoit il garir les malades ne mettre fin a celle pestilence. pour quoy il conuint enuoyer querre esculapius quil disoient estre souuerain medecin. Le .vii. exemple est de lucam des bruciens des samnites etruques et des galles de sens qui tous firent conspiracion cōtre les rōmains, ⁊ pour ce que les rommains en eurēt nouuelles enuoyerēt p̃ deuers les galles de sens, affin q̃ ilz feussēt de leur ptie ou au moins q̃lz ne

fussent pas contre eulx/lesquelz tuerent leurs legatz/ pour quoy les rommains enuoyerent contre eulx vng preteur appelle cecilius/ auec sa plusgrant quantite de gens darmes quilz peurent auoir qui tous furent desconfis p les dessusnommez/et y eut mors en celle bataille ce cecilius et vii autres pteurs du peuple/plusieurs autres nobles et. pviii. mil cheualiers des rōmains/ cōbien q̄ monseignr saint augustin ne mette q̄.viii mil cheualiers rōmains mors. Le pviii exemple de ceulx du peuple qui se deptirent des grās & occupetēt le mont ianicule soubz le gouuernement dun tribun appelle camiseius pour les duretez et griefuetez q̄ leur faisoient les grans Et cōbien que mōseignr saint augustin ne touche point la cause pricipale de ce departemēt pour ce qne il se departirent des grans: et semblablement plusieurs fois cōtre eulx/ desquelles discordes et departemens parle anneus florus en son epithome ou premier liure des sedicions/ et aussi en auons nous parle sur lepposicion des chapitres faisans mēcion des graccus/ cestassauoir ou. pviii. et. pxi. chapitre du. ii. liure. Toutesfois nous y pouons mettre deux causes et. ii. exemples ou trois. pour quoy ilz se partirent ¶Lun des exēples ou cause est pour raison des dignitez des mariaiges Car ceulx du cōmun vouloient q̄ leurs enfās fussēt mariez auecques les nobles et les grās la q̄lle chose les nobles y tredisoiēt & toutesfois camiseiꝰ mōstroit q̄ les grās ne le peuoiēt reffuser cōe ce fust tout vng peuple & leur disoit plusieurs autres raisons lesquelz tu pourras veoir ou cōmencemēt du pmier liure de la pmiere decade et titus liuius ou liure de origine vrbis Et toutesfois fut tāt fait q̄l fut accorde quilz ioīdroiēt leurs mariaiges ensēble/ sauf tant q̄ les grās ne vouldrōt pas q̄ les mariaiges de ceulx du peuple senallast enquerir par uspices q̄ sōt adeuinemens fais p oiseaux q̄l effect auroiēt ces mariaiges q̄

se faisoiēt entre les nobles. et toutesfois fut il fait sicōe dit titus liuius ou lieu dessus allegue ¶ Le secōd exēple peut estre mis pour ce q̄ non pas seulemēt les rommains plebeyens demanderēt ces mariages estre fais mais auec ce requeroiēt q̄ les cōsulz fussent aussi bien esleuz & pris du peuple cōme des grans/ laquelle chose les grans cōtredisoient/ cheirēt en vng tel accord q̄ sans muer les vsuges ne riēs y toucher sen esliroit trois tribuns tāt des populaires cōme des grans lesq̄lz seroiēt appellez tribuni militū/ lesquelz auroient autelle puissance cōme les consulz ainsi fut fait/ et par ce fut la chose appaisee. Le tiers exemple peut estre mis en tel se maniere/ cestassauoir q̄ apres ce que la peuple eut este oppresse p les grans & q̄l firēt tāt q̄lz eurēt du peuple pour eulx desfēdre & tre les grās Les tribuns du peuple firent certaines loix pour le peuple sicōe nous auōs dit cy dessus. lesquelz sappelloient plebiscita pour ce quelles estoient faictes par les plebeiens/ cest a dire par le cōmun hors les nobles & les grās & se faisoient a linterrogaciō des tribuns du peuple q̄ estoient leurs iuges la q̄lle chose les grans & les nobles/ cestassauoir les senateurs et les cōsulz contredisoiēt Et pour ce se departit le peuple Dont les grans eurent si grant paour q̄ tantost ilz creurent vng dictateur q̄ auoit nom ortencius qui estoit vne dignite q̄ sen ne creoit point se ce nestoit a tel besoing q̄ iusques au desesperer/ leq̄l ortencius veant le peril en quoy la chose publicque estoit se appaisa & par la loy q̄ il fist & ordōna q̄ autāt vausdroient les loix faictes p les plebeies du peuple & p tribun cūme celles q̄ seroiēt faictes p les consulz/ & auoiēt autelle vertu fors tant quil y auroit telle differēce q̄ ce y seroit fait p les plebeiens & p le tribun seroit appelle plebis statutum vel plebiscitum cest a dire loy faicte et sceue ou establie p les plebeiens/ & lautre q̄ seroit faicte p le senat. les consules et le peuple seroit appelfee loy fimple sicōme il est trouue ou digeste ou tiltre de origine iuris en la loy seconde ou paragraphe deinde. La seconde est en institute ou tiltre de iure naturali. Et les auōs notablement nōmez plebeiens, car il y a difference entre plebeiēs et peuple telle que les plebeiens sont le cōmun sans les grans et sans les nobles, et peuple est assemble tant de nobles cōme de tous autres, et pource estoit la differēce telle que ce qui estoit fait par les plebeiēs estoit appelle plebiscita, t ce qui se faisoit par les grans et par tout le peuple estoit appelle loy sicōme il est dit en institute ou lieu dessus allegue ce se tu veulz veoir ql le difference il y a entre plebis scitū senatus consulta principū, placita magistratuū edicta prudentū responsa. Voy l'īstitute en ce mesme lieu auec sa glose et ysidore en son .ix. liure de ses ethimologies. Cest hystoire ou exemple derreniere est celle qui mieulx s'accorde au texte de mōseigneur saint augustin, pource que il y parle de ortencius q̃ fut cree dictateur, et ce q̃ il dit quil morut en tel estat et en telle dignite q̃ onques nauoit aduenu. Il se dit notablement il se dit pource que celle ne duroit que vng an non q̃ demy selō aucune. Mais pource q̃ la paix et accord qlfist entre les grans et le cōmūy, il eut sa grace de lun z de lautre il y demoura touste sa vie. Le .xiiii. exemple est des prosectaires desquelz monseignr saint augustin dit que cestoiēt ceulx q̃ estoient ordonnez et laissez en la cite de rōme pour engēdrier enfans pource q̃ ilz estoiēt si poures qui nauoient dequoy eulx armer pour aller aux cheuauchees et aux batailles auec q̃s les autres rōmains, et sont ditz proprement prosectarii ou a prose pour la lignee qlz faisoient, et dit monseignr saict augustin q̃ en ce temps les guerres et les batailles estoient si efforcees et en icelles auoit eu tant de rōmains mors et desconfis que par deffaulte de gēs il les couuint que ilz esleussent ces prosectaires, et les meissent et escripsissent en cel ordre ce que

onques mais nauoit este veu, et pource que les rommains faisoient tant de batailles esquelles il auoiēt tant de gēs mors prins et occis affin que le peuple rōmain ne faullsist estoient ces poures prolectaires ordonnez affin ql eut tousiours nouuelle lignee en la cite. De ces prolectaires parle aulius agellius en .xi. chapitre de noctibus acticis, qui dit que ceulx qui estoient trespoures et tres athenuez a rōme et ne pouoient payer mil et cinq cens deniers darain, et mettre ou cens publicque de rōme estoient esleuz a estre prolectaires Et ces prolectaires ne sarmoient fors en tres grant tumulte et en tresgrant necessite, pource quilz estoient reputez ainsi cōme nulz pource que sen tenoit que pour seur pourete il nauoit en eulx ne foy ne stabilite, mais encores auecques ces meschans gens y auoit il plusieurs meschans sicōme dit agelius en ce mesme lieu lesquelz ne pouoient riens, et estoient appellez a capite censy, et de ceulx ne est y nouuelles q̃ ilz fussent armez pour la chose publiq de rōme ny autremēt fors tāt cōme saluste en racōte en sō liure q̃ sen dit Iugurtino ou il dit q̃ ilz furēt vne fois armez en la bataille de iugurtine. Le .xv. exemple est de la bataille que les rommains eurent contre les tarentins, et contre pirrus roy de pire qui est vne partye de grece lequel les tarentins appellerēt en leur ayde, lequel exemple orose met ou .iiii. liure de son ouuraige ou .ii. chapitre ou il dit que les tarentins voyans la māniere des rōmais passant deuant tarēte ainsi comme ilz regardoient les ieux q̃ sen faisoit en leur theatre, leur coururent sus et les desconfirēt par telle maniere que a peine eschapperent cinq de leurs nefz qui sen fouyrent par la mer, et furent prins et mors toꝰ les gouuerneurs des nefz et toutes gens de deffence, et le demourant vendu. Pour la quelle cause les rommains enuoierent deuers les tarentins leurs messaiges et legatz pour leur monstrer liniure qui seur auoit este faicte, affin qlleur fut amende
d iii

sesquelz nen tindrent compte/ mais les rē
uoperēt laidement et leur firēt beaucoup
de billenies/ Valerius maximus en sō se
cond liure dit que il y eut vng des legatz
des rommains a qui len gecta vng pot de
pissat sur la teste ou que il cōpissie pour-
quoy les rommains se tindrent auecques
lautre fait pour tresgrandemēt indignez
et par ces choses se commēca griefues ba
tailles contre les tarentins/ mais pour
ce que les rommains veirent quilz auoi-
ent ennemis guerres et batailles de tou-
tes pars pour croistre leur puissance et ve
nir a chief deulx. Et pour la grant neces
site quilz en auoient. il armerent ces pro
sectaires et les firent cheualiers: Et pour
roit sembler aucuns que ceste exemple et
le precedent ne seroient que vne histoire ⁊
toutesfois en sōt ce deux. Or est voir que
les rommains ainsi assemblez, enuoierēt
leurs ostz et leurs gēs a tarēte pour eulx
venger de ces iniures qui leur auoient es
te faictes. Et y furent menez par vng cō
sul appelle emilius lequel ardit et gasta
toutes les contrees de tarente print ⁊ assi
ega plusieurs de leurs chasteaux et sesfor
ca de venger liniure ⁊ la billenie q auoit
este faicte aux rōmains et a leurs legatz
Ausquelz tarentins plusieurs de leurs
voisins furent en ayde/ et y especial pir-
rus roy de pire/et tenoient que les taren-
tins estoient leurs cousins/ pour ce q les
lacedemoniens auoient faicte et fondee ta
rente/et sassemblerent et vindrent en y ta
le pour venger les tarētins/ cest assauoir
pirrus auecques ceulx de pire/ceulx de the
salee et de macedoine/ et amenerent auec
eulx vingt oliphans de grece q estoit cho
se nouuelle/et que les rōmains ne auoi-
ent oncques mais veu pirrus venus en
ytale. il commenca a courir sus aux rō-
mains contre lequel fut enuoye lennius
consul de romme/et fut celle bataille en
campaigne prez de la cite deraclee/ la secō
batirent toute iour sans ce que nulle par
tye ne lautre soupt iusques a ce que les ta
rentins mirent auant les oliphans dont

Li6.10.

ses rommais eurēt tel freeur et leurs che
uaulx aussi qlz sen fouirēt, et dura celle
bataille iusqs a la nupt/ en laquelle les
rommains furent vaicus et y eut mors
des gens de piet .viii. mil. ix. cens quatre
vingtz et trois cēs et v. prins Et des gēs
de cheual deux cens et. plvi. mors. viii.
cens et deux prins. et si perdirent. xxii. peut
ruceaulx ou banieres. Quant il y en eut
mors de la partye des tarentins il nē est
nulle memoire pour ce que sen ne raconte
pas voulontiers les motz dune partie des
vaincqueurs. par ceste desconfiture cui-
da pirrus estre au dessus des rommains
pour ce que auant quil se partist de sō pa
ys il estoit allez ou temple dappolin, qui
lui auoit donne sa double responce Et il
pouoit bien dire ql auoit vaicu se ce neut
este ce qui sensuit depuis/ Et toutesfois
mist il en escript ou tēple dapolin a tarēte
en tesmoingnant la perte quil auoit fai-
cte en celle bataille ces motz Tresbō pe
re iay vaincu ceulx en bataille qui ne pou
oient auant estre vaincus. Et suy vain-
cus/ et comme ses gens se blasmassent de
ce que il se disoit vaincu lui qui estoit vai
queur il respondit, se ie vainquoye ainsi
comme iay fait Je retourneroye tout seul
a tarente: Aprez se combatit pirrus aux
rommains secondementes pryes de puil
se. et fut si grande la bataille dune partie
et dautre que ce fut merueilles. Toutes-
fois furent les rōmains vaicqueurs par
ce que pirrus eut le brach perche. Et se par
tit premieres de la bataille et fabricius qui
estoit gouuerneur de lost des rommains
fut naurez/ Et les rommains boutte-
rent le feu par derriere aux chasteaux des
oliphans/ par quoy il se desreerent et des
confirent ceulx qui estoient dedens/ la eut
mors cinq mil rommains et. xx. mil des
gens de pirrus/ mais entre celle premiere
et seconde bataille ainsi comme les rom-
mains alloient en fourraige pour eulx
auitasser/ il sourdyt vne telle tempeste
quil en tua. xxiiii. et en saisa. xxii. ainsi
comme demy mois et de pasmez tresgrāt

quantite qui furent prins par les enne-
mis/ des autres batailles qui furent en
tre pirrus et les rommains sont asses les
liures plains/ car ainsi comme dit orose
ou lieu dessus allegue/ il furent tout a
plain desconfis en la tierce bataille par
ce que les rommains congneurent les cō
dicions des oliphans et boutoient le feu
es chasteaux par estoupes et par pois q̄l
alumoient et boutoient aux chasteaux.
Et finablement se partit pirrus dytalie
comme vaincu/ et sen retourna en grece/
en vne cite appellee arges. et aprez plusi-
eurs batailles et quil eut demoure en yta
lie par.xb ans fut mort par vne pierre q̄
lui cheit sur la teste. ¶Encores est il assa-
uoir que en mettant les paroles du res-
pons que eut pirrus ou temple de appolin
Monseigneur saint augustin combien q̄l
mette leffect/ toutesfois transpose il les
paroles ou il dit Dico te pirre romanos
vincere posse. Et tulius au second liure de
diuinatione et fato/ met vng tel double
respons fait a pirrus lequel il appelle ea
cides pour ce quil fut du lignaige de achi
les a qui eacus fut son ayeul en disant
Aio te eacidem romanos vincere posse.
Et est ce respons double pour ce q̄ il sert
a deux partyes/ cest asauoir a vaincre et
estre vaincu/ sicomme len diroit que pal
mengue le chien et celle duplicite se deceut
en telle et pareille duplicite de respons fut
de ceulx ferram conte de flādres quant il
eut guerre contre le roy de france et les frā
coys/ car sa mere sa confesse demāda au
diable quelle fin prendroit celle guerre. et
il luy respondit que il allast hardiement
contre les francoys et q̄l entreroit a grāt
ioye a paris/ et il luy dit voir/ non pas aī
si quelle lentendoit/ mais au contraire/
Car il fut prins et mene a paris a grāt
ioye, et pour ceste cause tullius dit que ce
respons ne fut point dappolin et y met
trois raisons. La premiere pour ce q̄l dit
que appollo ne respondit oncques en latī
La seconde pour ce q̄ les grecz ne oyrent ia
mais oncq̄s parler de celle responce et la tier

ce/ car en ce temps appollo auoit ia laiss-
se a versifier/ mais monseigneur sait au
gustin ensuiuit en ceste partye le dit des
autres qui ont escript les hystoires des rō
mains sicōme dit thomas valencis. Apz
quant monseigneur saint augustin par-
le de la grant desconfiture des rommains
et pestillence qui fut faicte par batailles
et dit que elle fut ainsi grande en la cite de
femmes et de iumens/ cest hystoire est mi
se par orose ou.iiii.liure de son ormeste ou
iiii.chapitre qui dit ainsi/ mais la misere
et chetiueté des rommains ne cessa par q̄l
indice ou enseignement et far deur des ba
tailles fut ainsi consummee et degastee/
par les maulx des grans maladies Et
se len cessoit par dehors de faire guerres et
batailles le pre du ciel entroit par dedens
la cite, car en ce temps que gapus fabius
guerges/ gapus gemicius furent cōsulz
vne grant pestilence fut a romme et ou
pays denuiron telle que toutes les fem-
mes et les bestes auortoient. et mouroiēt
auant q̄lles eussent enfans, et se ilz nai-
soient cestoit a tresgrant peril des meres
q̄les quenoit traire hors des vētres et get
ter aux champs par telle maniere que sen
doubtoit que toute succession faulsist a rō
me tant de gens comme des bestes/ espe-
cialement de femmes. Aprez quant il dit
que de ces choses se pouoit excuser escula-
pius pour ce q̄l nestoit pas vētriere mais
medecin. Il se dit en soy mocquant de cel es
culapius et des rommains qui sauoient
fait venir pour cesser celle pestillence Et
pour monstrer encores plus grant derisi
on il dit que cel esculapius se pouoit moc
quer des ventrieres et dire que elles nes-
toient pas bien eppertes ne sauoient pas
bien la maniere de receuoir les enfans ou
quelles faisoient mauuaisemēt leurs of
fices/ Aprez quant monseigneur sait au
gustin parle du grant pver et de la grant
pestilence qui fut a rōme/ cest vne hystoi
re q̄ met orose ou.viii.chapitre du quart
liure de son ormeste qui dit q̄ elle fut quas
te vingtz et vii. ans aprez la creation de

o iiii.

romme/& dit qui lui souffist qui sa signifie pour ce quil ne sa peut declairer ne expliquer par parolles, car sicōme il dit se tu demandes se tempe cōbien celle pestilēce dura, elle dura et gasta tout par lespace de deux ans et plus. Se tu demandes combien elle occist de peuple/len ordonna sicomme il dit pour celle cause les cens/ Cestassauoir a nombrer le peuple de romme/non pas a sauoir quelle quātite il en y auoit eu de mors mais pour sauoir quās il en estoit demourez de vifz se tu vueulz sauoir cōment ceste pestilence fut violente/et que elle occist de gens violentement les liures de sebille en sont tesmoig̈s qui respondirent que celle pestilence venoit de lire du ciel, et que les dieux estoiēt courouchez aux rōmains. Apres quāt monseigneur saint augustin parle des liures de sebille/et des respons q̄ len y trouuoit Ce sont les parolles de tulle/ou. ii. liure de diuinacōne, car il en fist deux & veult dire tulles que les respons q̄ len prendoit et sortissoit des liures de sebille estoient si obscurs que len ny pouoit auoir certainete de la chose que len demandoit par chose que len en traist, et pour ce cellui qui les interpretoit parloit seulement selon ce quil vouloit ou pouoit penser ou pmaginer ne len ne se pouoit autremt croire ne sauoir Mais par ce que il en disoit par pmagiacion. Apres quant monseigneur saint augustin dit que en ce pendāt esculapius se peut excuser de grant imperice que sē lup peut auoir mis sus de ce quil nauoit mis remede a telle pestilence/il se dit pour ce q̄ les rōmains eurent en respons des liures de sebille pour ce que ce mal et ceste pestilēce ne venoit pas par quelque cause naturelle, mais pour ce q̄ les dieux se estoient courouchez a eulx. et pour ce ne medecine ne cirurgie ne y auoit lieu. Mais falloit appaiser ses dieux, apres quant il parle des maisōs des dieux q̄ estoiēt attribuez aux cōmūs vsaiges/il sadresse contre les rōmais & cōtre leurs dieux/en disāt que puis q̄ les maisōs & temples des dieux estoient habitez et occuppez par ses personnes priuees, et non point par leurs dieux ne par leurs ministres ne seruiteurs/ cestoit signe que leurs dieux quils auoiēt aisi multipliez leurs estoiēt inutiles. Car autrement ilz les eussent adourez & neussent pas souffert q̄ leurs maisōs eussent este transportees ne applicquees aux cōmuns vsaiges. Apres quant il parle de varro il veult dire q̄ varro en ses liures, sq̄lz nous nauōs pas veu en escripuāt et parlant des maisons consacrees aux dieux dit q̄ de moult de choses appartenans et afferans a icelles maisons il n'a pas en congnoissāce lesquelles choses len pourroit imputer a sō imperice & petit sauoir/ se de son temps ces maisōs neussent este desertes ne occuppees par autres Et apres quant monseignr̄ saint augustin dit q̄ ce pendant len ne quist pas reme de notable a celle pestilence cesser, Mais procura len cōmēt len pourroit les dieux excuser/ il le dit pour ce q̄ iassoit ce q̄ p les respons des liures de sebille il semblast q̄ ses dieux q̄ auoiēt promis tāt de mal auenir a ceulx q̄ les adouroient estoiēt pour lors excuses iusqēs a ce q̄ autres mauleurs venissent/ toutesfoies en verite ne ceterent il point celle pestilence/ mais pour ce quil auoient bien apperceu que celle pestifence deuoit briefuement prendre fin/ et cesser sicōme dit monseigneur saint augusti ou. xxiiii. chapitre du premier liure pour ce ilz vouloient q̄ len fist aucune chose en leur reuerence pour cesser celle pestifence affin q̄ l semblast q̄ elle fut cessee peulx Quantes pestilences gasterent les rommais soubz les batailles punicqs. Cest a dire de carthage/ et que pour ce ilz requeroiēt leurs dieux en vain   v̄viii

Mais ia comme aux batailles punicques / la victoire eut longuemēt este doubteuse entre lun et lautre empire. et que les deux peuples qui estoient encores tresfors & trespuissās faisoient tresfois trespuissās, & tresdurs assaulx lun contre lautre. Quās riches roiaumes et bn garnis medre ceulx furēt pour ce oppressez et gastez/quantes citez larges āples et nobles arrasees. quantes tourmētees et pdues/quātes regiōs et terres furent gastees en long et en lee/quātes fois vainq l'une ptie l'autre q̄ eut il grant destructiō de gēs ou de cheualiers ꝑbatās ou de peuples desarmez/com grāt force de nauire fut oppressee ꝑ bataille de mer/ et noyees ꝑ diuerses tēpestes/tous les q̄lz meschiefz et douleurs se il les nō quenoit racōter nous ne serions autres que les escripuains q̄ ne cessēt d'escripre les histoires Lors ou tēple q̄ ces tēpestes de batailles/ couroiēt la cite de rōme q̄ estoit tourblee/ par la grāt paour q̄lle auoit couroit aux vais remedes des dieux de quoy l'en se deuoit mocquer et rire. l'en recōmēca a establir les ieux seculiers/c'est a dire ses ieux scenicqs p l'auctorite des liures de sebille/ la solēnite desquelz auoit este establie cēt ās ou enuirō auāt ceste bataille/et depuis en tēps plusheures auoient este oubliez et delaissez/leurs euesqs aussi renouuelerēt les ieux sacerz aux dieux d'enfer c'est a dire a pluto dieu/et a pserpine deesse d'enfer/les q̄lz aussi auoiēt este establiz/delaissez es meilleurs ās q̄ estoiēt ia passez/ ce ne fut pas merueilles/ car quāt ces ieux furent renouuelez il mouroit et morut tāt de gēs q̄ les dieux d'enfer predoiēt grant delectacion a eulx esbatre/et se delictoiēt d'ce q̄ enfer estoit si enrichy d'tāt de mors cōe pour uray les chetifz hōmes entre ces batailles fourcenees et leurs coraiges plais de sang et d'occisiōs et leurs mortelles victoires fisset grāt ieux aux deables et leur feissēt sacrifice des grasses viādes d'enfer sās doubte il n'ault oncqs si grant meschef aux romains ne chose q̄ fut si pitoiable cōe fut celle seconde bataille punicque/ en laq̄lle les rōmains furent tellemēt descōfis q̄ mesmes regulus p fut prins/duquel nous auons fait mencion ou premier et ou secōd liure/ lequel en verite estoit grāt homme et vaillant et qui parauāt auoit vaincu

et subiugue ceulx de carthage/ lequel regulus eut finee et acōplie la premiere bataille punicque se ce neust este q̄ pour trop grant couuoitise de louenge/ il eut impose a ceulx de carthage qui estoient ia lassez et tourmentez d'batailles au traictie de la paix plus dures condicions que ilz ne peurent souffrir ne porter/ et se la prinse ou chetiuoison de cest hōme qui n'estoit point a ꝑmaginer sa seruitude tresindigne et tresvisse/ se tressopal serment quil fist de retourner a ceulx de carthage/ et la trescrueuse mort dont ilz se firent mour. ne constraint ces dieux a auoir honte l'en puet dire veritablement quil sōt d'araigne et quil n'ont point de sang. Ne en ces tēps ainsi cōme ilz auoient grans maulx par dehors ne failli il point quil neussēt tres griefz maulx en la cite par dedens/ car sa riuiere du tybre pss t tellemēt de sō riuage et surōda oultre mesure et ce q̄ elle auoit acoustume que a pou que les manoirs et edifices qui estoient a pleines terres ne furēt tous tresbuchez et reuersez. les lōgz p sa roydeur de la riuiere. Les autres par ce que l'aue demoura si longuemēt grande quelle pourrist les fondemens et fist cheoir les maisons/ ceste pestilence ensuiuit apres vne autre plus grande/ c'est assauoir de feu/ laquelle fut si forte et si grande q̄ se ardit tous les plus hault edifices et mais on ce denuiton le marche par telle maniere que le feu n'espgna pas au temple de vesta la deesse a son tresfamilier/ ou quel ses vierges de ce tēple n'ont pas tant honourees/ condēnees a ce p buche et autre fois nourrissoient ce feu ou dit temple/ dōt elles se paissoient et soustenoient continuellement. affin quil durat perpetuelement Lors ce feu ne viuoit pas la en ce temple tant seulemēt/ mais il y fourtenoit et desnioit/ par la violēce et force duquel cōme les vierges de ce temple fussent espouentees de ce que elles ne pouoient deliurer les ydoles fatales/ lesq̄lles citez auoient ia gaste trois citez ou elles auoyent este/

Cestassauoir tropes/sanine/et albe/Metellus qui estoit euesque ainsi comme se il eut oublie sa sancte et ne tenist compte de sa vie/se mist et bouta ou feu et les happa/et en les happant fut a moictie ars et certes ou ce feu ne le congneut pas ou il auoit la vng dieu/lequel se le feu fust venu iusqs a lup il ne sen fut ia fouy/pour ce comme doncques peut mieulx ayder aux ydoles du temple de Veste que les ydoles ne pouoient ayder ne prouffiter a homme mais se il ne pouoit oster le feu dentour eulx que peussent il auoir aide a la cite contre ces eaues contre ces feux/ La sauuete de laquelle len tenoit estre gardee et deffendue par eulx/mais ainsi comme la chose se monstra plainement il ny peurent ne valoir ny ayder/et ces choses iamais nous neussions mis au deuant contre eulx se ilz neussent dit que ces ydoles neussent point este establies ou instituees pour garder les biens temporelz/mais fussent pour ce establies quelles signifiassent ou demonstrassent les biens perpetuelz/et se il les conuenoit perir pour ce q ilz estoient corporelz et visibles ne deuoit len tiens amendrir de ces choses pour quoi ilz auoient este establiz et q de rechief pouoient estre reparees a ces mesmes vsaiges Et a present comme adueuglez merueilleusement ilz cuident que par ces ydoles qui peuuent perir le salut des choses terrienes/et la beneurete de la cite ne peusse perir/mais par ce que sen demonstre et peut len demonstrer que meschiefz et grant desperance de salut ou grant paour se sont boutez en la cite leurs ydoles entieres et en estant ilz ont honte de muer la sentence/laquelle il ne peuent deffendre

Exposicion sur ce chapitre.

En ce.xviii.chapitre monseigneur saict augustin traicte des maulx que les rōmains souffrirēt aux batailles punicques/et fait deux choses en ce chapitre. premieremēt il leur met au deuāt les maulx dessusdis de ces batailles punicques: Secondemēt il demōstre que celle obiectiō que il leur met au deuāt procede et conclud certaine. La seconde partie se commence ou il dit. Et ces choses ia mais nous neussions mis au deuant contre (ce Quelle chose fut la bataille punicque/ce fut la bataille qui fut entre les rōmains et ceulx de carthage ou ceulx daffricque/ Et fut carthaige vne tres puissante cite assise en affricque qui auoit seignourie sur toute celle prouince/ si auoit elle sur vne grant partie despaigne/et iusques a vng fleuue qui sappelle hiberius/ Et se tu vueilz veoir sa descripcion de celle cite/ voy orose en son.v.me ste ou.xlviii. chapitre de son quart liure.et pour ce que ceulx de carthage estoient seigneures daffrique/estoient ilz aucunessois appellez carthageniens/aucunessois peny aucunessois puni/aucunessois punici/et de ce sont appelles et dictes les batailles punicques. il y eut trois batailles punicqes entre les rommains et ceulx de carthage sicomme nous auons dit sur le.vv. chapitre du premier liure. et est a noter q les maulx que raconte monseigneur saict augustin du commencement de ce chapitre/ iusques la ou il dit/sors ou temps q ces tempestes de batailles (ce. aduindrēt en toutes ces trois batailles/combien que il en aduenist moins en se derreniere que es deux premieres/et tout ainsi comme la cite de tarente fut commencement et cause de sa grant guerre et bataille qui fut entre les rommais et pirrus roy de pire dōt nous auons parle ou chapitre precedent pour ce que pirrus leur vouloit ayder et secourir. tout ainsi fut celle cite de carthage cause et commencement de sa premiere bataille punicque. Car quant les tarentins seurent la mort de pirrus qui les auoit aidez contre les rommains/ ilz enuoyerēt plueurs ceulx de carthage/et leur reqrēt q il leur feussēt en ayde et ilz leur siret et aseur aydersse obatirēt cōtre les rommais et furēt vaicus. mais toutessois ne furēt ilz pas iuges ennemis des rōmais

Combien que ce fut loccasion de la pmiere bataille punicq̃, et pour ce celle bataille nappartient point a la premiere bataille punicque, mais fut enuiron .ix. ans auant. Apres quant il raconte de la cite de romme troublee par grant paour (ce: il raconte en especial les maulx qui aduindrent en la premiere bataille punicque et ce que il parle du temps de la premiere bataille punicque appert q̃ le nombre q̃ met monseigneur saint augustin ou texte en disant que cele sollennite de ces ieux sceniques que il appelle ieux seculiers furent instituez enuiron cent ans auant ce temps donques en ce temps que ces ieux furent restaurez commenca la premiere bataille punicque, car selon orose ces ieux furent instituez trois cens quatre vingtz (et trois ans apres la creacion de romme, et de linstitucion de ces ieux nous auons parle cy dessus ou premier liure ou .xxxi. chapitre. Et combien que ces ieux fussent instituez pour faire cesser la pestilence des corps humains, toutesfois ny aiderent il riens mais qui plus est corrumpirent les meurs de couraige. Et pour ce dit monseigneur saint augustin que la solennite de ces ieux en meilleur temps (et plus beneurez) estoit cheue en oubliance par negligence. Apres quant mõseignr saint augusti parle des ieux q̃ il dit q̃ les euesq̃s renouuellerent aux dieux denfer. cest vne exemple q̃ met valerius maximus ou premier chap de so secõd liure qui est tel, cestassauoir que comme il eut a romme vne tresgrant pestilence, et quant aux hõmes et quant aux fruis de terre, vng riche villain appelle valesius auoit en ce temps deux filz et vne fille q̃ estoiẽt en article de mort, et pour ce il adoura ces dieux priuez et familliers (et leur de pria q̃ la maladie q̃ auoiẽt ses enfans retournast sur luy, (et q̃ ses enfãs fussẽt garis, lequel eut en respõs q̃ ses enfãs seroient garis se incontinẽt il les portoit a tarente par la riuiere de tybre. Et la que de leaue chaude du temple de ditis q̃ est dieu denfer (et de proserpine q̃ en est deesse il leur en donnast a boire, lequel fut moult esbahy de ce respons pour ce quil entendoit q̃ ce fut de la cite de tarente qui estoit si renõmee et qui estoit si loings de rõme, (et pour ce aussi quil doubtoit le long chemin et la riuiere du tybre, neantmoins pour la sãcte des enfans il entreprist son chemin a y aller et se mist en la riuiere pour passer a lostie, et comme ses enfans eussent grãt soif, et il leur voulsist donner a boire de leaue chaulde, mais il nauoit point de feu ne dequoy il se peut faire, il apperceut de loings vne grant fumee qui commẽca a sourdre, et le lieu ou celle fumee apparoit estoit appellee tarente. si comme lui dit son batellier qui se menoit et tantost yssi de la nef et alla la, et print de leaue de ce fleuue, et la chauffa, et quant il leust chauffee il en donna a boire a ses enfans. Et tantost comme ilz eurent beu ilz sendormirent, et quant ilz se renueillerẽt ilz se trouuerent tous garis, et disoient que ilz auoient veu en leur dormãt vng dieu ne sauoit quel, q̃ dune espurge auoit touche leurs corps et leur auoit cõmande que ilz allassent au temple de ditis et de proserpine, dont ceste eaue auoit este apportee, et que la ilz sacrifiassent (et offrissẽt bestes noires feissent les ieux de nuis et les ieux qui sappelloient lectisternia. Et comme leur pere ne sit sa quesconques temple de ditis ne de pserpine il enuoya en la cite pour achetter vng champ pour seul faire vng temple, et commanda q̃ ce pendant ilz fouissent et feissent les fondemẽs lesquelz ilz cõmencerent a fouyr Et quãt ilz furent .xx. piez en parfont dessoubz terre ilz trouuerent vng temple qui estoit de die a ditis et a proserpine. Et tantost cõme valesius sceut les nouuelles par vng harlet qui le lui apporta. tantost il alla la et sacrifia bestes noires masles et femelles, cestassauoir les masles a ditis et les femelles a proserpine, et furent ces ieux par trois nuis continuelles pour ce que autant auoit il eu de enfans garis, Or est voir que a le temple de ce valesius

Valerius publicola qui fut consul de rõme en sa premiere annee que les roys furent boutez hors de rõme, lequel succeda ou lieu de tarquin sorguilleux pour se desir quil auoit de secourir et ayder au peuple de romme, alla a ce mesmes temple, Et fist sacrifice a ditis et a proserpine de bestes noires masles et femelles, et aussi fist les ieux par trois nuys sicõe auoit fait valesius, et ce fait recouurit ce temple de terre. Et par ce appert que ces ieux furent instituez ou premier an apres ce q̃ les roys furent boutez hors de romme q̃ fut selon orose.ii.cens plviii.ans apres la creacion de rõme, toutessois ces ieux furent en relaissez cõme les autres, et ap̃z ce furent renouuelez et recommencez au temps de la premiere bataille punicque, duquel temps monseigneur saint augustin dit q̃l y auoit si grant coppie de mors q̃ en estoit enfer si enrichi que les dieux se esiouissoient et iouoient, et le dit pour ce q̃ durant le temps de celle bataille punicq̃ qui dura par.xxiiii.ans il y eut mort des gens dune partye et de lautre sans nõbre de la mort desquelz dis, qui vault au tãt a dire comme pluto dieu denfer fut merueilseusement enrichi. Apres quant il parle de actilius regulus, nous en auons parle cy dessus ou.xv.chapitre du premier liure. et ou.xxiii.chapitre du second liure Et combien que monseigneur saint augustin die que il ne fut riens si miserable que la premiere bataille punicque il ne le dit pas pour ce que les rommains fussẽt vaincus en icelle bataille, car en verite ilz vainquirent, mais se dit pour les dures condicions et la grant cherge que bailla ce marcus regulus autrement appelle actilius a ceulx de carthage, laquelle cherge ilz ne peurent endurer, et pour ce se rebellerent dont tel meschief aduint q̃ en la secõde bataille les rõmains furẽt descõfis & actilius prins dõt ce chapitre fait mencion. Apres quãt monseigneur saint augustin parle en la fin de ceste hystoire & dit q̃ se leurs dieux dõnt nulle honte de ces choses ilz sont daraing et nont point de sãg aucũs liures ou terey, cest a dire daraig et cest le plus vray pour ce que ilz faisoient leurs ydoles de cuiure et daraing aucũs autres liures ont aerei qui vault autant a dire comme de lair, et selon les liures qui ont ceste sentence, len peut dire que monseigneur saint augustin le dit selon la sentence de appuleius qui ensuiuit la doctrine platon, lequel fist trois liures L'un de deo socratis L'autre de dogmate platonis, et le tiers de habitudine platonis auec aucuns autres Lequel apuseius tenoit que les dieux ou les deables estoient creatures ou bestes en lair qui nauoient autre corps que de lair, et cest ce q̃ tiẽt platon qui mi̾ t ydeas separatas in aere, Cest assauoir creatures separees en lair, qui nont peine de corps visible ne que sen puist veoir, et de ce parle monseignr̃ saint augustin ey ap̃z ou.xvi.chapitre du.viii. liure ou il dit. Quant au corps que ces bestes ou ces esperis prendent quant ilz se vueillent apparoir visiblement a aucun car ilz espessissent lair et le figurent sicõ me il leur plaist, et pour ce que ceste matiere est trop dãgereuse ie men passe a tãt. Apres quant monseigneur saint augustin parse et recite les maulx qui aduindrent dedẽs la cite par feu et par eaue, & la met orose en sõ.xxv chapitre de sõ quart liure qui dit que ceste pestilence aduint cĩq cens et sept ans ap̃z la creaciõ de rõme & fut tãtost ap̃z la premiere bataille punicq̃, & la victoire que ilz eurent de ceulx de carthage, Laquelle victoire fut tantost oubliee et delaissee pour ce grant meschief q̃ aduit en la cite de feu et de eaue, & fut soubz quitus succacius, catulus et aulus maulius qui estoient pour lors consulz de rõme. ¶ Et dit que ce fut feu dauenture Et quant il dit que ce feu nespargna pas ou temple de veste, il le dit pour metelsus qui estoit souuerain enesque qui pour secourir aux dieux qui estoiẽt en ce temple de veste eut le bras demy ars ¶ Et seneque, en la seconde declamacion de sõ de son quart liure dit q̃ il perdit ses peulp et fut aueugle de feu et de la fumee q̃ estoit si grãt/ et pour ceste cause lui fut denpee la souueraineté de prestrise/ cest a dire il fut mis hors de son eueschie/ et ce fut le guerredon de seruir ses dieux/ de ceste matiere ple ouide en son.vi.liure de fastis/ et titus liuius en son.xix.liure. Aprez quant il parle de la vie perpetuelle q̃ auoit ce feu il se dit pour le feu qui estoit en ce temple de Veste/ leq̃l lē gardoit et mettoit lēn toussiours des buches/ affin q̃l ne staingnist. Et estoit garde p ces vierges ou nõnains q̃ viuoient du cõmun/ Et dit monseigneur sait augustin notablemēt q̃ se feu ne cõgneut ce metellus p maniere de derision ne neãt plus q̃ il ne congnut les ydoles ne le temple de Veste et dit de ce feu encores prose ou lieu dessus allegue q̃ ce feu tēporel oppresma ce feu du temple de Veste q̃ sen tenoit estre pperruel. ¶ Aprz quant il parle des ydoles fatales, il se dit pour lidole de pallas ou de minerne q̃ fut premieremēt apportee de plion ou de tropes/ de laq̃lle auoit este dit ou adeuine q̃ sicõe elle seroit transportee de tropes leurs seignouries seroiēt trãsportees / sicõe nous auons dit ou.ii. chapitre du pmier liure/ laquelle fut apportee en ce temple de Veste et eut este arse auec les autres ydoles se metellus ne sen out eut ostee/ et quant il dit q̃ ces ydoles fatales auoient oppresse trois citez esq̃lles elles auoiēt este il se dit pour trope la nine et albe ou elles furent transportees adourees et tenues en grant reuerence/ et toutesfois mescheut il a toutes ces citez car trope fut arse et albe tresbuchee et la nine perdy tantost son royaume/ sicõme nous auons dit ou.xiiii. chapitre de ce liure. Aprez ou il dit/ et ces choses iamais nous neussions mis au deuãt cõtre eulp et ce. Cest la secõ de partye de ce chapitre ou il conclud contre eulp et monstre q̃ il nõt pas adoure leurs dieux ou ydoles pour aucuns biens pardurables et a aduenir/ mais pour les biens pñs tēporelz tãt seulement. et pour ce considere les maulx q̃ ilz ont souffers il appert que pour neant ilz ont adoure leurs dieux et sans cause. Laquelle chose sen ne peut pas arguer pareillement contre les crestiens / ne les reprendre des maulx que ilz seuffrent en ceste vie, car ilz nadourent pas iesucrist/ pour aucune biens presens/ mais pour se bien auenir/ Cestassauoir pour acquerre la ioye de paradis.

De lafflicton de la bataille punicque p laq̃lle les vertus ou force de lune et de lautre ptie surēt cõsumees et gastees xix

Cest trop sõgue chose de racõter les meschiefz tempestes et occisions qui aduindrent en la seconde bataille punicque des deux peuples q̃ se combatirēt entre eulx si longuemēt et si grandement si que ceulx q̃ estoient ordonnez a souer plus sempire de romme que a racõter les batailles rõmaines affermerēt q̃ cellui q̃ estoit vaincu et cellui qui auoit vaincu estoit en pareil estat/ cest a dire q̃ sen ne sauoit qui auoit plus gaigne ou perdu/ et quelles merueilles hanibal yssi de espaigne et passa p les mons pireniens/ cest a dire qui departent la galle despaigne/ celle galle toute courue et les mõtaignes q̃ sen appelle les alpes/ lesq̃lles departēt la galle de ptalie. ou de lombardie trenchee et fendues p feu et passa p grãt force et trauail en faisant grant circuite/ et sõ pouoir accreu et augmente gasta toutes choses ql trouua en sa voye ou il les soubmist a son empire en allant iusques aux entrees et estrois ditasse et passa oultre. Quãtes batailles pleines de sang furēt faictes quãtesfois les rõmais furent descõfis/ et surmõtez. com grãdes multitudes de chasteaux laisserēt les rõmais et se tournerēt a hanibal leur ennemy cõe il en peut de pris p force et de greuez et trauaillez p assaulx. Com de crueuses batailles et cõ grãt gloire et souuēt eut haibal soccision et desconfiture quil fist des rommains. Que diray ie du mal merueilleusement ressongnable et horrible qui aduint aux rommains en la bataille qui fust a cānes en laquelle hanibal iassoit ce que il fut homme trescruel, toutesfois sui saoula de tant et si grant occision des rōmains il commanda que len les espargnast, combien quilz feussent ses tres aigres et tres fiers ennemis, de laquelle desconfiture il enuoya en carthage en signe de tresgrant victoire trois muys danneaulx dor, affin que par ce ceulx de carthage sceussent et entendissent que des nobles rommains et de grant dignite estoient mors en celle bataille, et ce fist il affin que la victoire telle comme elle fut fust plus legierement comprinse par la mesure que par le nōbre. Et que par ce len se peut penser et entendre que la multitude des cōmūs peuples qui gisoient mors qui ne portoient nulz estoit celle et si grande que len deuoit plexstimer et coniecturer que demander, quelle fut la quantite et nombre des occis et que de tāt de mēdres et plus foibles estoient de tant estoit le nombre plus grant. ¶ Finablement les rommains furent si amēdris de cheualiers qilz rappellerent toutes manieres de malfaicteurs et tous bannis en eulx promettant que nulle pugnicion ne seroit prinse de leurs malfais. Et aussi tous serfz furent affranchis, et par ce ce honteux ost fut plus estendu estre de nouuel institue q supplie, et pour ce que a ces serfz non pas serfz, mais affrāchis, cest a dire libertius affin que nous ne leur disons villenie, mais ia affranchis, lesqlz se deuoient combatre pour la chose publi que rōmaine faisoient armeures. Elles furent ostees et traictes hors des temples ainsi cōme les rōmains deissent a leurs dieux, mettez ius les armures que vous auez eues en vain si longuemēt et sās faire aucun proffit si saurons se noz serfz en pourrōt faire aucune chose qui puist estre prouffitable desquelles vous q estes noz dieux nauez riens peu faire; Et cōme lors

le eraire, cest a dire le lieu on len mettoit largēt pour se fait de sa guerre et pour soustenir la chose publicque ome le tresor ne souffit pas a payer les souldees il les cōuint que ses richesses priuees, cest a dire ses richesses que ses singuliers auoient, fussent mises auant pour conuertir en lusaige de sa guerre et ou fait de sa chose publicque, par telle maniere que vngchascun bailla tellement ce quil auoit que il ne moura a vngchascun que vng annel dor et vne seulle bulle qui estoit le meschāt signe de dignite tellemēt que le senat ne retint point dor pour sui. Et par plusforte raison peut on bien sauoir que ses autres offices et signages, et le peuple nen retindrent point duers eulx. Qui est cellui q les pourroit souffrir ne endurer se ilz estoient en noz temples crestiens menez et constrains a celle pourete cōme a peines se puissons nous souffrir a present, mesmement quant pour les superffuitez et delectaciōs oultrageuses lē dōne ores plus aux iougleurs q len ne dōnoit lors aux legions qui salloient cōbatre pour la derniere sauuete et recouurance de tous

Opposicion sur ce chapitre

En ce .xix. chapitre monseignēr saint augustin traicte des maulx q les rommains souffrirent en eulx mesmes, ou tēps de la seconde bataille puniq. La qlle hanibal filz a bulcar duc de carthage esmeu ōtre les rōmains, car sicōe dit titus liuius au secōd chapitre du pmier liure de la secōde decade pris le prologue pour vng chapitre. Ainsi ome hanibal estoit en espaigne et faisoit sacrifice auecq a bulcar sō pe, Il iura q au plus tost q il pourroit il moueroit guerre et se cōbateroit aux rōmais, et valerius maximus en sō .vi. liure de dictis et factis memorabilibus, dit de lui q en vueillāt demōstrer la grāt hayne q estoit entre ceulx de rōme et ceulx de carthage, Il ferit de son pied en terre, et en fist saillir la pouldre. ¶ En disant que lors seroit finee la guerre, entre ceulx de carthage et les rommains, quāt lune des partyes seroit ramenee en pouldre ainsi comme celle quil auoit fait saillir de son pie. De celle seconde bataille punicque fist titus liuius vne decade q̄ contient. x. liures/et fut ce hanibal/ non pas le premier q̄ fut desconfit en la mer p̄ les rommains en la premiere bataille punicque/mais lautre ⁊ pour ce est il appellele dernier hanibal / et dit titus liuius en son prologue du premier liure de la seconde decade que ce fut la plus grāt guerre et de plus grant memoire qui oncques fut entre deux peuples / et y met quatre raisons/ La premiere/car sicomme il dit Ce furent les deux plus puissās peuples qui oncques furent en vng temps Et de puissance et de richesse La seconde pour ce que cestoient les gens qui fussent plus expers en batailles/et de tant fut plus dure la bataille. La tierce pour la doubte de la victoire/car sicomme il dit mars q̄ estoit appelle dieu des batailles tenoit la chose si doubteuse quil ne sauoit a qui donner la victoire/ ⁊ ce dit il pour ce que aucunes fois ceulx qui auoient la victoire estoiēt au dessoubz et auoient plus pdu q̄ ceulx qui estoient vaincus sicōme mesmes dit monseigneur saint augustin en ce chapitre. La quarte pour la cause et motif de la seconde bataille qui vint de couroux ⁊ de hayne/car les rōmains se tenoient indignes deulx plus cōbatre a ceulx q̄ auoient este vaincus par eulx en la premiere bataille punicque/cest a dire a ceulx de carthage/et ce que il leur vouloient faire nouuellement guerre/et dautre pt ceulx de caithage/se tenoiēt indignes de la grāt charge et de la grant seignourie q̄ les rōmains auoient entrepris sur eulx /apr̄ la desconfiture de la premiere bataille punicque. Ceste secōde bataille punicq̄ gmēca selō orose en sō.iiii. liure cĩq cēs ⁊. xxx. ans apr̄ la creaciō de rōme et fut acheuee p scipiō filz de lautre scipiō q̄ apres ce quil eut descōfit ceulx de carthage print le surnō de affriquā. et dura selon ce q̄ dit mōseigneur saīt augustin cy apres ou.xviii.

chapitre du.B.liure. xviii. ans selon orose. xvi. selon eutrope en sō tiers liure. xix Selon trauet en la fin du.x. de la secōde decade de titus. xviii. ans. sicomme il se met sur seppositiō du paragraphe. Eū vero de prouinciis. Apres quant monseigneur saint augustin parle du departement que fist hanibal despaigne/il est assauoir que sicomme nous auons dit ou precedent chapitre la seignourie de carthage sestendoit en espaigne iusques au fleuue dypree/et pour ce q̄ sa mer ne diuisoit pas la seignourie despaigne ⁊ de romme pour escheuer les perilz de sa mer/ hanibal fist sa vope daffrique en ptale praespaigne ou la mer qui diuise europe ⁊ affrique/est tres estroite et que ses pors dun coste et dautre estoiēt subgectz a ceulx p̄ de carthage/encores y peut len mettre vne autre cause pour quoy il se fist/ Cest assauoir affin quil eut occasiō de faire guerre aux rommains sicomme il sera dit au subsequent chapitre Or est vray que luy venu en espaigne il destruit la cite de sagonte / sicomme il apperra encores par le chapitre subsequent / et icelle cite ainsi conquise et destruicte il passa les mōs pireines qui diuisēt les galles despaigne Et en passāt parmy galle en. xix. iours il vint aux aspes selon ce que dit orose en son.iiii. liure ou. xxiiii. chapitre/ Et par tout la ou il trouua resistence il passa oultre au fer et a lespee il trencha par ferrement les alpes ou oncques nul nauoit auant passe et y fist vope en. xv. iours iusques aux plains dytale/cest a dire de lōbardie/⁊ auoit lois hanibal en son host/ cent mil hōmes de piet et xx. mil de chenal selon orose en ce mesme lieu et selō eutrope en sō.iiii. liure.iiii xx. mil de pie et. x mil de cheual et. xxxvii oliphans/et dit que ce pendant il peut moult de galles/ Et deliguriens q̄ se mirēt auec hanibal A ce hanibal dit au deuāt vng qsul de rōe appelle publius cornelius scipio sur vne riuiere ou fleuue qui est appelle ticine/ et la se combatirent longuement.

mais les rommains furent vaincus et le consul naure/ et eut este mort se ce neust este son filz scipion qui le sauua et le ramena en son logis/ et apres encores fut desconfit sur la riuiere de terine. Apres en ce mesme lieu hanibal se cōbatit contre ung autre consul de romme appelle sempronius gracus/ lequel il desconfit par telle maniere que apeines en eschapa ung tout seul/ mais hanibal fut naure en celle bataille Et lors plusieurs ditale se rēdirēt a hanibal. Apres de la il sen ala en tuscie ou en tosquenne/ et print son chemin par palus et par les mares ou il pdit de froit de mesaise une grant partie de ses cōpaignons/ et il mesmes par la grant froidure et par le grant traueil que il eut perdit ung oeil/ duquel il auoit long temps este malade et prit hanibal ce chemin pour sourprendre flaminius ung consul de rōme quilz auoient enuoye cōtre lui lequel hanibal occist et desconfit son ost par telle maniere que il y eut. xxv. mil rōmais mors/ et. vi. mil prins/ et de la partye de hanibal en eut mil occis. celle bataille fut deuāt ung lacq ou fleuue qui sappelloit trāsimenus/ et dit orose en ce lieu dessus allegue ou. xxiiii. chapitre/ si fait eutrope que tandis que ilz se cōbatoient il sourdit une si grant tempeste de tramblemēt de terre et crolla par telle maniere que elle trebucha plusieurs citez/ abatit plusieurs citez abatit plusieurs montaignes. et conioint fist de bassees montaignes et faisoit retourner les fleuues/ mais ilz se combatoient de si grāt force et de si grāt ardeur quilz nen sentirent ne noyrēt onques quelque chose En ce temps mesmes aduint de trop merueilleux signes a rōme/ desquelz tu en pourras veoir en orose et en eutrope aux lieux dessus alleguez lesquelz esbahirent merueilleusemēt les rommains ¶ Apres celle desconfiture sē suiuit la grant desconfiture qui fut a cānes/ en laquelle fut mort et desconfit emilius paulus consul de romme/ lequel se combatit contre hanibal contre la volēte de terencius varro son compaignō

lequel hanibal desconfist Et y fut mort cel emilius paulus et. xlviii. mil rōmais et xx. preteurs consulz. xxx. senateurs que plus que mors trois cens nobles hōmes pl. mil gens de piet et trois mil de cheual et varro a cinquante cheuaulx p seulemēt sen foupt a venise/ et nest pas doubte que if neut este plus nouuelles de lestat des rōmains se hanibal les eut poursuiui iusques a romme/ si cōme dit orose ou liure dessus dit ou. xxx vi. chapitre/ ¶ Et dit encores en ce lieu que en memoire de celle victoire/ hanibal enuoya en cartaige trois muis danneaulx dor ql prit des mors et des desconfis/ tāt comme au nombre de ces trois muis danneaulx dor augustus et orose sont dacord si est eutropius en son. ii. liure mais titus liuius ou tiers liure qui est de sa seconde decade qui est de sa seconde bataille punique dit ql en y eut si grant moncel quil en y eut plus de trois muis et demp. et toutesfois le pl. dient quil nen y eut q trois muis. La maniere comment les rommains furent desconfis met eutropius en son. iii. liure qui dit que hanibal qui sauoit que sur une riuiere qui la estoit/ auoit grant quantite de sablon et y ventoit merueilleusement tous les matins/ ordonna tellement son ost que ilz eurent tout le vent au dos/ et les rommains leurent au visaige/ dōt il y eut si grant pouldriere que a pou que elle ne leur creuoit les yeulx y ne ilz ne pouoient veoir deuant eulx/ et par ce furēt desconfis/ encores dit orose en ce mesme lieu que en ce temps les rommains auoient guerre/ non pas seulement en ytale cōtre hanibal/ mais aussi auoient guerre en espaigne contre ceulx de carthage/ et aucunesfois vainquoient les rommains et aucunesfois estoient vaincus/ et par especial furent les deux scipions freres desconfis en espaigne par hasdrubal frere de hanibal et moult dautres rommais que le dit hasdrubal descōfit/ encores dit orose q pour la grant desconfiture de celle bataille de cannes/ les rommains assemblerent et furent en deliberacion de laisser ptaise/et de aler querir sieges ailleurs ou ilz peussent demourer/ ceussent fait p̄ le conseil de cecilius marcellius/ se ce neust este cornesius scipio qui sachant son espe le contredist disāt que il seroit deffenseur de la chose publicque laquelle chose fist ar rester les rommains. ¶Auecques ce dit eu tropius en son tiers liure que ētre celle ba taille de cannes et celle qui fut de flaminius cōsul de romme/ il y eut ūne autre ba taille de fabius maximus contre hanibal lequel ne se hasta pas/mais attendit a cō batre iusques a tant que la fureur de hani bal fust passee/ c se loga aux mōtaignes et aux landes de coste les bois. Et quant il ūit son auantage/ il courut sus a haniz bal et le desconfist Et quāt hanibal se ūit desconfit/ il dist a ses gens et a ses cōpaignons. Ne ūous auoy ie pas bien dit que ces grans montaignes (ces grans nuees par force de tempeste cherroient sur nous e nous acouuretroient. ¶Apres quāt il dit et parle de ces trois muys de aneaulx dor c quilz estoient plus legiers a mesurer q̄ a cōpter/ et parle de ceulx de plus petit estat q̄ furent mors et desconfis/et qui nauoiēt aucuns aneaulx. Monseigneur saint augustī ueult mōstrer q̄ on ne pouoit mieulx anoncer ou faire assauoir par coniecturer le nombre du commun des rommais qui estoient mors en celle bataille que par ennuoyer les aneaulx/lesquelz demōstroiēt le nombre des nobles et puissās hommes qui y auoient este occis. ¶Apres quāt mō seigneur saint augustin parle de la grant deffaulte quilz eurent de gens. Ceste hys store est traictee par orose en sō quart liure ou xxxūi.chapitre/ qui dit quilz affrāchirent les serfz et en acheterent grant foisō de ceulx a qui ilz estoient/ mais qui plus est iunius qui auoit este cree dictateur/ra pella tous les bānis et tous criminelux/ et leur ouurit la sile/ et pmist a tous imu nite comme fist romule a la creation de rō me/ par laquelle chose il assembla bié ius ques a six mille hommes/ mais pour ce que ce nestoient pas gens darmes esleus/

on nen tenoit pas grant cōpte. Et Ualeriº maximus en son premier liure dit q̄ y eut xx.M.serfz achetez qui tous furēt sermē tez de garder la chose publicque. Dont encores dit titus liuius ou tiers liure de la se conde bataille pugnicque que ūng appelle tiberius graccus auoit soubz luy certaines legions de gens qui estoient serfz/ qui estoient appellez Uolones qui par eulx cō batre puissamment et hardiement acquirent franchise et liberte. ¶Apres quāt mō seigneur saint augustin parle des armeures qui furent ostees des temples pour armer ces serfz et ces nouuelles gens. Oro se se met par telle maniere mesmes en son quart liure ou chapitre dessus allegue/ si fait anneus florus ou second liure de son epithome/ ou chapitre de bello punico ¶Apres quant ilz parle de la faulte dargent quilz auoient c de sordonnance quilz firent/ cestadire quant se tresor commun de quoy on payoit les gens darmees faillit Il est assauoir quilz ordonnerent que cha scun meist auant ce quil auoit de finance: Et premierement les plus grās pour dōner exēple aux petis. Et fut ordōne pour la deffaulte tant de gens darmes comme de nauire/ q̄ tout leur auoir ilz porteroiēt au tresor publicque/ qui sappelloit erariū qui est diriue darain. Par telle maniere q̄ a chascun ne demoura que ūne bulle c au tāt a leurs enfans/cestadire ūne enseigne quilz pendoiēt a leurs colz/ cōme on peut maintenāt ūeoir aux escus/ et les autres enseignes que on pend aux colz/ c a leurs femmes c filles que ūne once dor a chascune/et ūne liure dargent/ qui fait a nostre compte deux mars. Et comme les sena teurs feissent doubte comme ceste chose se pourroit faire. Ualerius laminius qui pour lors estoit consul/ respondit et dist/ que tout ainsi comme loffice de magistrat aloit deuant le senat en honneur/ et le se nat deuāt le peuple. Aussi falloit il quilz sexposassent les pmiers aux prilz c q̄ les premiers y exposassent le leur/ affi que le peuple et les petis y prinsent exēple/ duq̄l

p i

il estoit maistre et gouuerneur. Et ordon
na que sendemain ilz venissent a sa place
deuant le peuple baillassent et exposassēt
seurs richesses par telle maniere pour dō
ner exemple aux autres auecques aucu-
nes autres restraintes que ilz firent pour
leurs cerimonies et sacrifices/ sicōe leurs
dieux et leurs calices pour administrer ℯ
ainsi le firēt. sicōe dit titus liui⁹ ou xi. liure
de sa seconde bataille punicque/ ℯ dit que
sa fut tant apporte dor et dargent q̃ ceulx
qui estoient ordonnez a le receuoir et a es-
cripre ses receptes que sen faisoit au tre-
sor de la chose publicque/ qui estoient ap-
pellez trophone et en latin trium vir/ Ne
peurent souffrir a sa receuoir et mettre en
escript/ et combien que sen ne die que ceste
chose fust faicte tantost apres sa desconfi
ture de cannes sicōme orose se met en son
quart liure Toutessois ce dont parle mō
seigneur saint augustin en ce chapitre ne
fut fait iusques apȝ sa mort des deux sci
pions qui furēt mors en espaigne par has
drubal frere de hanibal dont nous auōs
parle cy dessus en ce chapitre/ Ce sassa-
uoir ix. ans apres le commencement de la
seconde bataille punicque/ laquelle chose
fut faicte par la volente de claudius mar
cellus et de valerius faninius consulȝ, et
dit encores orose en ce lieu que en ce maleu
reux temps que les rommains estoient af
foiblyȝ que a peine que sen tenoit que ilz
ne pouoient plus deffendre seur pays tāt
estoient affoiblyȝ de force et de puissance
neantmoins auoient ilz trois batailles
oultre la mer auecques celle ditale. cest as
sauoir vne en marcedoine contre le tres-
puissant roy philippes/ lautre en espai-
gne contre hasdrubal frere de hanibal/ et
lautre en sardaingne contre eulx ℯ lautre
hasdrubal qui estoit duc de ceulx de car-
thage/ et touteffois sicōme dit orose vin-
drent ilz a chief de toutes ces batailles

¶ De lissue et fin des sagontins ausq̃s
ses dieux rōmains ne firent aucune ay-
de cōbien que ilz fussēt destruis pour lamour

des rommains. xx.

Mais en tous ces maulx de la se-
conde bataille punicque/ ne fut
riens plus nuysable ne plus mi
serable ne plus digne de pityable cōplain
te que fut seuil ℯ la destruction des sagon
tins) Quelȝ merueilles. car celle cite de
sagonte estoit tresampe au peuple rōmai
ℯ en luy gardant sa foy fut trebuchee ℯ des
truitte. De ce quist hanibal occasion des-
mouuoir guerre contre ses rōmains en rō
pant sa paix et saliance quil auoit a eulx
Et pour ce assist par grant cruaulte sa ci
te de sagonte/ laquelle chose si tost que on
le sceut et quon le opt dire a rōme ilȝ ēuoy
erent leurs legatȝ a hanibal affin que il se
departist de ce siege lequel ney sist compte
mais les eut en grant despit/ et pour ce se
departirent et sen alerēt a carthage ou ilȝ
firent leur complainte de laliance que ha-
nibal auoit rompue. mais riens ney peu
rent besongnier, et trouuerent q̃ tout leur
fait estoit rompu/ en dementiers que sen
faisoit ces demenees/ cest adire q̃ ses mes-
saiges des rommains asoient puis a ha-
nibal puis a carthage/ celle chetiue cite q̃
auoit este tresriche et tresplentureuse de
tous biens et tresampe aux rōmains et a
leur chose publicq̃ fut destruite le viii. ou
le ix. mois apres ce que elle fut assiegee de
hanibal/ cest grant horreur de lire sa ma
niere de sa destruction et trop plus grande
de lescripture/ touteffois ie feray briefue
memore. Quelȝ merueilles car ceste cho
se est moult pertinente et appartient ad ce
dont nous traictons. ¶ Premierement
elle deffaillit p̃ faim et fut toute affamee
par celle maniere que sen tesmoingna que
plusieurs de sa cite mengerent et se repai-
sterent des charongnes de seurs propres
gens/ et apres ce que elle fut traueillee et
lassee de toutes pars et de toutes choses af
fin quelle ne venist aux mains de hanibal
Et que par luy ne fust chetiuee ℯ trop cru
eusement traictee ses sagonciens firent
vng grant feu publicquement emy la cite

ou quel feu tout ardant en eulx entrenaurant et tuant ilz se gettoient auec toute leur famille et leurs femmes & leurs enfans ⁋Sy deussent auoir fait aucune apde leurs dieux gloutons et obscurs qui entendent et soent aux cras sacrifices et deceuables les gens pfobscurete de leurs respos deceuables Sy eussent il aucune chose fait a celle cite q̃ estoit tresample du peuple romain se il luy eussent apdie & secouru / et neussent pas souffert que celle cite q̃ perissoit pour garder sa foy fut perie/sas doubte ilz furet moyens quat parmy laliance que firent ceulx de carthage a la chose publicque de rõe elle fut iointe et acouplee a uecq̃s les rõmains / celle cite doncques en gardant loyaumēt ce quelle auoit pmis a tenir aux gouuerneurs rõmains / & ace se stoit spee par foy et sermēt fut p̃ haibal q̃ sa loyaute auoit brisee assiegee cõpressee & gastee Se ces dieux q̃ apres ceste destruction de sagonte espouēteret hanibal par fouldres et par tempestes quant il estoit tresprès de rõme tellement quilz se firēt departir et reculer arriere eussent fait autel pmierement quant hanibal fut deuāt sagonte settenist q̃ il eust fait aucune chose. ⁋Quelz merueilles car ie ose dire q̃ iceulx dieux eussent plus honnestement mõstre leur puissance dorage et de tēpeste contre hanibal pour deffendre les amys des rõmains q̃ perissoient pour ce que ilz ne bouloient pas fausser la foy et laliāce quilz auoient a eulx et qui fors nauoient aucune aide deux que pour les rõmains qui estoient riches et puissans et qui se cõbatoient pour eulx mesmes cõtre hanibal Se dõcq̃s ces dieux estans en leur ayde les hõmes et les cites sont tourmentes de plusieurs et griefz tourmēs par lesquelz ilz pouoient perir / cest folie de ses adourer cõme ilz sont adoures sans aucũ fruit de felicite ou de beneurete/ laissent dõcques a eulx courroucer ceulx q̃ cuident quilz soient maseureux pour ce que ilz ont perdu ses sacrifices de leurs dieux / car aussi bien ses dieux nõ pas seulemēt presens/ mais

estãs ecores en leur aide et leurs fauourables pourroient ilz nõ pas seulemēt murmurer de leur misere et chetiuete / sicome ilz sont apresent mais pourroient perir ai si que firent regulus et les sagontins qui finirent par orribles tourmens.

⁋Exposicion sur ce chapitre :

EN ce xx. chapitre mõseigneur saīt augustin traicte du mal que souffriret ses rõmains et leurs amis ou tēps de la .ii. bataille punicq̃ / et est de la destruction de sagonte et des sagontins qui estoient une citee es marches de affricque et qui toutesfois estoit ample & cõpagne de lẽpire de rõme/ et fait deux choses monseigneur saint augustin en ce chapitre. ⁋Premierement il met la destruction de sagōte. Se condement il sadresse contre les dieux et les reprent et mocque de ce q̃ lz ne leur peurent ayder. La seconde partie se cōmence ou il dit/ sy eussent fait aucune chose leurs dieux gloutōs. etc. Quant a la premiere partie de la destruictiō, listoire est assez clerement mise par monseigneur saint augustin / et ainsi la touche orose en son iiii. liure ou xxxii. et xxxiii. chapitres, & dit que ce fut v.cens et xxxiiii. ans apres sa creacion de romme Et quant mõseignr̃ saint augustin parle de la paix & alliance dentre ceulx de carthage et les rõmains laquelle hanibal rompit apres la premiere bataille punicque / il est assauoir q̃ apres ce que en laage de ix. ans sicõme nous auons dit dessus, hanibal eust soue afaire guerre aux rõmains au plus tost q̃l pouroit il saduācha a mettre son serment a effect. Et pource que il sauoit sa cite de sagõte cõe dit est amie et cõpaigne des rõmais & que sil assaissoit les rommains leur vē droient secourir il assaillit celle cite pour querir et auoir occasion dauoir guerre cõtre les rommains / et premierement assaillit les villes voisines et subiectes a sa cite de sagonte lesquelles nestoient pas de lalience des rommains. Et apres destruit

p. ii.

icelle cite de sagonce/ sicomme dit titus liuius ou premier liure de la seconde bataille punicq̃/ ⁊ dit encores que quant les mesages de rõme vindrẽt pour lup dire/ il se partit du siege de sagonce/ il se commenca a mocquer deulp/ et leur dist quil auoit tant a faire de ses batailles quil ne pouoit entendre a eulp. Lesquelz de la sen alerent a carthage et ny firent riens/ ⁊ pour ce sen retournerẽt a rõme. Pendant lequel tẽps la cite de sagonce fut destruite/ et sardirẽt eulp ⁊ tous leurs biens/ cõbien quil p eust vng escuier de hanibal qui estoit de leur amistie/ leq̃l leur promist mais quilz voulsissẽt rendre a hanibal sa cite et leurs biẽs desiurer leurs corps/ et leur bailler terre ⁊ place pour edifficier vne autre cite. Et dit encores titus en ce mesmes lieu q̃ en sa desconfiture dicelle cite les rommains receurent grant blasme et grãt villenie pour ce quilz ne la secoururent/ ⁊ la laisserent tel semẽt perdre et destruire qui estoit leur cõpaigne et amie. | Apres quant mõseigñr saint augustin plse contre leurs dieux Et les appelle belluones. id est voraces/ seu insaciabiles ⁊ mebulones/ cestadire gloutons et deuourans/ et qui ne peuent estre saulx. Il le dit pour ce q̃ on ne leur pouoit assez satisfaire de assez grans sacrifices ne appaiser par iceulp. Et desiroient et couuoitoient tousiours que on leur feist plus grans/ et dit que silz peussent ilz les deux sent auoir deffendus cõtre ceulp de carthage/ considere q̃lz auoiẽt este cause et moyẽ du sement et de laliãce q̃ auoient este fais a ioindre la cõpaignie des rõmains ⁊ des sagontins | Apres quant monseigñr saĩt augustin parle des dieux qui espouentẽrent hanibal deuant sa cite de rõme/ cest vne hpstoire que met titus liuius ou vi. siure de la secõde bataille punicque. Et orose ou xxxvii. chapitre du .iiii. siure/ laq̃lle est telle. Que dix ans apres ce que hanibal fut entre en ytalie/ il se partit de cãpanne/ ⁊ vint deuant rõme et mist son siege a lieue et demie pres/ Et cheuaucherent ses ostz iusques a la porte coline/ laq̃lle chose

esbahit tellement les rõmains q̃lz monterent aux carneaulx de la cite/ et porterent des pirtres pour la deffendre. et auoiẽt deliberé de non issir. Quãt gneius fusinus et sulpicius qui estoiẽt consulz de romme pour le temps/ issirent contre hanibal/ et ainsi cõe ses ostz dune partie et dautre sẽtre approcherent pour cõbatre vne si grãt plupe et si grosse gresle meslee cheirent du ciel/ q̃ tart leur fut q̃ chascun sen peust retourner a ses tẽtes/ a toutes leurs armes seulement. Et assez tost apres q̃ le temps fut appaise/ reuindrẽt ou champ pour rasẽbler/ mais auãt q̃lz se fussent entre approchez/ p cheit de rechief vne autre tẽpeste plus grande q̃ la pmiere qui les esbahist tellement quil conuint q̃lz sen retournassẽt tous sans cõbatre/ dont hanibal dist fois q̃ quant hanibal auoit voulente de vaincre les rõmains/ il nen auoit pas la puissance/ et quant il auoit eu la puissance/ il nauoit pas eu la voulẽte. Et ce disoit il pour la desconfiture des cannes/ car se fois il eust voulu poursuiuir les rommains/ il neust iamais este nouuelles deulp. Et ceste hpstoire met notablement monseigñr saint augustin cõtre les rõmains q̃ disoient q̃ pour sauuer rõme leurs dieux auoient fait ceste tempeste. Or demonstre mõ seigneur saint augustin que silz auoient ceste puissance/ ilz deussent trop mieulp auoir fait ces tẽpestez quãt hanibal estoit deuant sagonce/ laquelle ne se pouoit pas si bien deffendre cõe rõme/ et si estoit cõpaigne et ampe des rõmains/ par quoy il appt q̃lz ne peurent ces choses attribuer a leurs dieux/ mais a nostreseigñr qui ne voulut pas que lois elle fust destruitte. si cõme dit orose ou lieu dessus allegue ou ppviii. chapitre/ ou on en pourra veoir plus largement: Apres quãt monseigñr saĩt augustin plse de regule/ nous en auõs parle cy dessus ou p vi. chapitre/ et ou p v. chapitre du premier siure.

¶ Cõm la cite de romme fut mal recongnoissant des biens q̃ lui auoit fais scipiõ qui les deliura de ceulx de carthage/ et en quelles meurs elle se viuoit et se gouuernoit ou temps que salustre sa descript auoir este tresbonne.　　　　　　　　　　xxi.

De rechief entra sa seconde et derniere bataille de carthage en ce temps dont salust dit q̃ ses rommains se gouuernoient p treshõnes meurs et par tresgrant concorde. Certes ien trespasse moult de choses quant ie pense a la maniere de leuure que iay emprinse. En ce mesmes temps doncques de ces tresbonnes meurs et de tresgrãt cõcorde. Ce tresnoble scipion qui tant fist a merueiller ã recommander. lẽql̃ deliura rõme et p̃ase de hanibal et acheua et mist a fin celle secõ de bataille punicque/ tãt horrible, tant peniblē, et tant perilleuse/ qui vainquit hanibal et subiuga carthage. La vie duquel selon ce quõ treuue descripte dès sa ionesse estoit toute dediee aux dieux/ et nourrie aux temples/ se departit de romme p accusacion de ses ennemis/ et laissa le pape que pour sa valeur ã puissãce il auoit saue et deliure/ et sen ala demourer ou chasteau de linterne ou il p̃sist se demourãt de ses iours/ ã la fin a sa vie. Ne oncq̃s puis neut desir de p entrer apres son grant triũphe ou victore. Et tant luy despleut quõ tesmoingne que auant sa mort il cõmãda que quant il seroit mort/ q̃ son corps ne fust point porte pour enterrer en celle cite/ Cest adire en rõme qui auoit este si ingrate des grans biẽs quil y auoit fais. Apres auint lors que quant premieremẽt gueus maulieus pconsul de rõme eut eu victore dune gent qui estoient appellez gallogreci. Et il et ses gens furent retournez a rõme/ la lupure ou supfluite daspe/ cest adire les oultrages de viure de vestemens/ et dautres delices que les gens dudit gueus maulius eurent apres en aspe/ vint et fut epcersee a rõme/ Laquelle chose sa herdit tellement aux rommais quelle leur fut pire de tout enemy. Cest adire que celle lupure/ ces oultrages/ ces delices/ et ces su

pfluitez greuerẽt plus aux bõnes meurs des rommains/ et firent plus de mal a rõme q̃ tous autres enemis ne peussẽt auoir fait. Lors sapparurent et furent premierement fais et veuz a rõme les lictz dorez quon appelloit en latin lecti erarii. ã vestemens ropes et de diuerses couleurs. Lors furent amenees aux disners et aux souppers femmes ienglereses qui iouoient de psaltations/ et sõt appellees en lati psaltrie. et autres choses delicieuses et oultrageuses/ dõt on vse par mauuaise acoustumance. Mais a present iay ordonne a p̃ler de maulx intollerables q̃ les hommes seuffrent/ et non pas de ceulx que ilz font voulentiers ou de leur voulente. dont ce q̃ scipion qui par les rommains ses enemis quil auoit deliures de hanibal, laissa son pays et mourut hors dicelluy/ appartiẽt plus a ce dont nous parlons. Cest assauoir pourquoy les dieux des rõmains q̃ ne sont adourez que par sa beneurete terrienne ne luy guerdonnerent et rendirent le seruice quil leur fist quãt il destourna hanibal de destruire leurs temples. Mais pour ce que salustius dit que en ce tẽps ses meurs des rommains furent tresbonnes pour ce ay ie fait memoire de sa supfluite et lupure daspe/ affin que on entende que ce que salustius dit de ces tẽps beneurez/ Il entendoit quilz estoient tresbons au regart ã comparaison des autres tẽps/ aus ql̃z leurs meurs furent p tout peries pour les grandes et griefues discordes qui lors estoient entre eulx. Car doncques cestadire entre sa seconde bataille de carthage ã sa derreniere fut faicte ã baillee celle loy quõ apelle vocoma/ p la quelle il fut deffendu que nulle fille ne succedast. ã que nul homme nen feist son hoir/ iasoit ce quil nẽ eust que vne. Je ne scay se on peut penser nulle plus inique loy que celle. Toutesfois en tout cel interuase de temps sa maleurete des deux batailles ciuiles fut plus tollerable. car tant seulement leur ost p dehors estoit amenuisee par batailles/ mais recõforterent des victores/ et lors en romme ne foursenoient nulles discordes/ ainsi q̃ elles auoiẽt fait parauant. Mais en la derreniere bataille punicque p lemprinse et enuapssement q̃ fist lautre scipion a la cite de carthage/ laquelle estoit contraire et hapneuse a lẽpire rõmain. Elle fut toute destruitte et reuersee iusq̃s au põdemens pourquoy ce scipio eut le nõ daffriquã dõt il auoit q̃ de la en auãt la chose publicq̃ de rõme fut si oppressee et si comblee de maulp que pour sa prosperite et seurete des choses plesqlles leurs bonnes meurs furẽt trop merueilleusement corrompues/ de laquelle corrupcion Bindrent ces maulp. Il appert que la destruction de carthage ainsi faicte nuisit plus aup rommains quelle ne les auoit greuez parauant quãt elle leur estoit contraire et entiere. De tout ce tẽps cest assauoir de puis la destruction de carthage iusq̃s au tẽps de cesar auguste q̃ osta le gouuernemẽt de la chose publicq̃ q̃ lors se faisoit par consulz/ pour ce que par seur oppiniõ mesmes elle ne leur sembloit point estre glorieuse/ mais contencieuse et pleine de douleurs de tourmens et de mors. et estre mauuaisement gouuernee/ et que sa liberte et franchise amenuysoit de iour en iour/ et estoit ainsi q̃ languissant et sãs Bertu/ et quil rappella et mist tout au iugement royal/ cest a dire que comme roy il or donna seul de tout lempire et restaura et re nouuela la chose publicque/ laqlle estoit cheue en Bielllesse mourant et mourineuse Et pendant lequel tẽps il eut tant de gueres et de tẽpestes causees de plusieurs et diuerses manieres dont ie me taps. Et aussi taps ie les honteup accordz et conuenãces deshonnourables et plaines de diffame quilz firent a la cite de munance. Certes les poucins sen Bolerent de la caue/ et si comme ilz dient donnerent mauuaise signifiance contre mantinus le consul Autres aussi a celle petite cite se stoient auant combatus p mauuais sors et adeuinemẽs Et ainsi comme par tant dans elle auoit la tant trauaillee et fait tant denuaies/ et de grans assaulp a lost des rommains q̃lle

auoit assiege que ce donna grant paour et grant esbahissement a la chose publicque de romme. Je me taps aussi de ce q̃ les autres princes rommains allerent contre celle cite qui eurent aussi mauuaise significance par auguremẽt/ mais ainsi comme iay dit ie laisse toutes ces choses.

¶ Exposicion sur ce chapitre:

En ce pri. chapitre monseigneur saint augustĩ traicte des maulp que les rommains souffrirent apres la secõde bataille punicque finee Et premierement il met au deuant a leurs faulp dieup les maulp que les rommains souffrirent entre la seconde et derreniere bataille punicque. Secondement il leur met au deuant les maulp quilz souffrirent apres la tierce bataille punicque finee. La seconde partie se commence ou il dit. Mais en la derniere bataille punicque. acc. Et quãt monseigneur saint augustin recite les paroles de salustre/ cest ou liure de ses hystoires. si comme nous auõs autresfois dit. Aps quãt il parle de scipion/ il le dit pour publius scipio cellup qui desconfit ceulp de carthage et qui fist partir hanibal dytalie. Et pour entendre ceste matiere/ il est assauoir quil y eut plusieurs scipions q̃ tous furẽt grẽs et puissans/ et entre les autres y en peut q̃ furent freres/ desquelz lun estoit appelle publius cornelius scipio qui fut consul de romme ou premier an de la seconde bataille punicque. Et lautre appelle lucius scipio asiaticus qui fut en espaigne cõtre mago duc de carthage/ lesq̃l il Bainquit et prit et tous ses deup freres furent tous deup mors en espaigne par hasdrubal frere de hanibal. Et si y eut deup autres scipions freres qui furent enfans de publius cornelius scipio dessus nomme/ desqlz lun fut appelle publius scipio affricanus/ pour ce quil desconfit hanibal et ceulp de carthage et lautre eut nom lucius scipio asiaticus. pour ce quil subiuga aspe la mineur Et es toit ce lucius appelle superior. Cestadire le plus grant. Et lautre appelle posterior cestadire le derrenier. Jl y eut encores vng autre scipion nepueu de cellup publius, q̃ desconfit hanibal, lequel fut semblablement appelle affricanus, pour ce que ce fut cellup qui finablement en la tierce bataille pun̄cque destruyt la cite de carthage. Et pour ce fut il comme lucius appelle poste rior, cestadire derrenier. Oultre ces scipions escories en y eut il vng autre qui fut appelle scipio nasica, lequel selon titus livius fut filz de guepus scipion dessus nom̃e, duquel est parle ou trentiesme chapitre du premier livre. Mais icy monseign̄r saint augustin parle de publius scipio laffrican dit superior, qui en la seconde bataille punicque hanibal estant encores en ytalie mena ses ostz en affricque et fist partir hanibal de ytalie, et sauua le pays et la cite de romme, car la venue de scipion en affricque, et les grans fais quil fist a sa venue esbahirent tellemẽt ceulx de carthage q̃lz lup manderent que il se partist dytalie, et les venist secourir. Et quant il vit que il luy conuenoit laisser le pays dytalie, il commenca a plourer, et sen ala en affricque contre scipion Et lup la venu requist quil peust parler a scipion, et traicter daucune paix. Et quant ilz furent lun deuant lautre ilz regarderent lun lautre, et se tindrent longuement en estant sans rien dire ne mot sonner. Et apres commencerent a traicter et parler, et print premieremẽt la parole hanibal, mais ilz ne se peurent accorder. Et pour ce sentrasemblerent et se combatirent Et finablement fut hanibal desconfit et vaincu: Et y eut plus de vingt mile de ceulx de carthage mors, sicomme dit titus ou dixiesme livre de sa seconde decade qui est de la seconde bataille punicque. De ceste bataille dit aneus florus en son second livre, qui est ou chapitre de bello punico, que ce hanibal des rommains, et scipio de ceulx daffricque confesserent que oncques ilz nauoient veues batailles si bien ordõnees, ne si aigrement combatre. Et se tu veulx veoir belles paroles que sentredirent sur le champ scipio et hanibal, et les responces quilz faisoiẽt lun a lautre, voy titus livius ou dixiesme livre de la seconde bataille punicque. Celle desconfiture ainsi faicte par scipion, hanibal sen vint a carthage, et leur conseilla quilz feissent paix auecques les rommains, et quil ny veoit nulle ressource. Laquelle paix leur fut accordee sur certaines condicions. Lesquelles tu pourras veoir en la fin du dixiesme livre de la seconde decade sur le paragraphe qui se commence. Cum atinctum ace. ¶ Apres quant il parle de scipion et dit que des son enface il estoit tout dedye aux dieux Jl est assauoir que sicomme dit titus livius ou sixiesme livre de la seconde decade. Comme trois foeusses apres le commencement sur le paragraphe intitule fuit en l scipio. En racontãt les meurs et les vertus merueilleuses de scipion, dit que icellup scipion estoit si merueilleusemẽt vertueux, non pas de vrayes vertus seulement, mais par aucunes ars et par aucunes inuencions. Et aussi par aucũs sacrifices et supersticions quil faisoit auecques ses dieux, tellement que a peine faisoit il rien sans leur conseil, et sans auoir aucun respons deulx. Et dit que des son enfance, ou au moins des quil commença a estre homme, auant quil voulsist qũlconque chose faire, fust pour sa chose publicque, ou pour ses propres et a priuees besongnes chascun iour il montoit ou capitole, et entroit ou temple de iupiter, et la se seoit longue espace, et se mettoit en lieu secret. Et la faisoit souuent moult de choses merueilleuses: Et dit oultre que par loppiniõ de plusieurs fust vraye fust faulse, il estoit commune renõmee quil estoit de la lignee des dieux, ainsi comme on la voit dit deuant du grant alixandre, et q̃ auoit este conceu dung grãt serpent, lequel on auoit veu coucher souuent auecques sa mere, et soudainement ne sauoit on que il deuenoit. A ce saccorde aulsius agellius en son sixiesme liure de noctibus acticis q dit que ce qui est escript aup liures et aup histoires des grecz de olipias féme de philippe de macedoine mere du grant alipādre. Cestassauoir que iupiter hāmonis coucha auecques olimpias en semblance dun dragon/en laquelle il égendra alipandre pour laquelle cause il sappelloit filz de iupiter hammonis/et tenoit quil estoit son filz/ce mesmes tenoit on de scipiō. Et aussi le tindrent ceulx qui escriuirent de la vie de scipion qui dient q sa mere fut long tēps brehaigne/et que son mary appelle publius scipio eut grant doubte quilz neussent point de lignee/et que en vng iour ainsi come elle dormoit en son lit/on vit issir vng grant serpēt de son lit. Et comme les gēs sescriassent pour la paour quilz en eurēt soudainement on ne sceut quil deuint. Et dient que pour lesbahissement de ce serpēt publius scipio alla aup deuineurs qui sōt appelez aruspices/qui estoiēt ceulx qui regardoient aup entrailles des bestes. Et fist son sacrifice/lequel fait ilz respondirent que cestoit chose ipossible quelle peust auoir deux enfans/ et tantost sa femme concheut ce scipion lafrican. Et encores sacorde agelius a ceulx qui diēt quil alloit chascun iour au temple de iupiter pour soy conseillier de la chose publicque/et dit que il y alloit auant quil fust iour. Et ouste que ceulx qui gardoient le temple de iupiter q estoient appellez editui/tesmoingnerent que combien que les chiens qui estoient ou temple pour la garde dicelluy eussent acoustume de abbayer et courir sus a ceulx qui y venoient/ne sabbayoient ilz point/ne ne faisoient quesque signe de luy courir sus.) Apres quant monseigneur saint augustin parle de lepil de ce scipiō lafrican/et comme les rommains luy recōpenserent mauuaisement le beau seruice q il leur auoit fait. Orose ou quart liure de son orneste ou plviii. chapitre dit en parlant de sō epil q soubz marcus claudius/a quītus sabius. Ce scipion comme epilie de rō

me si trespassa en vng chasteau appelle miterne/et monseigneur saint augustin sappelle luterne/si fait eutrope en son quart liure et dit que ce fut en lānee en laquelle hanibal apres ce quil fut desconfit des rommains/et carthage gastee sen fuyt apruisias qui estoit de bithume. ou il se tua par boire venin pour doubte quil ne cheist être les mains des rommais. Valerius mapimus en son cinquiesme liure de dictis a factis memorasibz ou chapitre de ingratis. ou tiers paragraphe blasme merueilseusement les rommains de ceste chose/ disāt que du pays dont il estoit ne et quil auoit garde a sauue destre ars/gaste/a destruit il fut boute hors et quil ala demourer comme estrange ou peserin de si noble cite comme romme en si poure ville comme luterne qui estoit non sabourree a toute pleine de mares. Et dit quil sen partit par vergougne et par honte/et que quant il deut trespasser/il deffedit que son corps ne fust raporte a romme ne ses cendres/pour ce quō auoit acoustume de adrre les vaillans hōmes/et mettre la pouldre en fioles. La qlle cite de romme il auoit gardee destre arse et ramenee en cēdre. Et qui plus est fist escripre en son tombeau ces motz. Ingrata patria nec ossa quidem mea habes/cest adire que en adressant ces paroles a romme il disoit ainsi. pays ingrat tu nas point mes os. Et dit valerius mapimus quil esseut ceste pil de sa voulente/ car quant il vit ql estoit accuse dauoir pris plusieurs deniers/a quil ne les auoit pas rapportez ou tresor commun/il respondit. Je ne croy pas quon puist trouuer de vostre mauuaistie, dont on me doye accuser/car quāt iay soubmis toute affricque en vostre puissāce. Je nen ay rien rapporte que on puist dire mien que le surnom. Car richesses daffricque ne cesses dasye nō tenrichi ne moy ne mon frere/mais chascū de vous est plus riche de vie quil nest dargent. Et pour ce quil vit la mauuaistie des accusans a les citoyens ingratz. Il sen ptit de sa voulente/ sicōe dit titus liuius ou vii. liure de sa derreniere decade, laquelle est de bello macedonico. Toutesfois dit il en ce mesme lieu que ainsi comme il est diuerses opinions de la mort de scipion et de ses obseques et de son sepulchre, aussi ont les autres trois acteurs de ces trois choses escriptes en diuerses manieres et qil ne soit a q il doyue croyre, car les anciens dient que sanee qui fut mort son corps fut apporte a rôme, les autres dient quil fut mort et enterre en luterne, et que en chascun de ces lieux se môstre sa sepulture, cestassauoir a luterne sô sepulcre et son ymage qui fut mise dessus qui depuis cheit par vne tempeste, laquelle titus liuius dit quil sa veue a rôme au dehors de la porte câpane ou sepulcre des scipions a trois statues ou ymages. Lune de publius scipion, lautre de lucius scipion, et sa tierce de ennius le poete. Et dit encores que les deux citez plus grandes et plus renommees de tout le monde en vng teps furent le plus mal recongnoissâs des biens que on leur auoit fais, cestassauoir rôme de scipion qui les auoit deliurez. Et psale de hanibal lequl ilz auoient boute hors de la cite. Et la cite de carthage pour laqlle hanibal auoit tout laboure, qlz enuoierent en exil) Apres quât il parle de sa desconfiture faicte gueyus maulius de galo grecis, cestadire des gasses qui sault autant côe galogreci, q sont gens dune ptie daspe. Il se dit pource que ceste desconfiture fut apres la mort de scipion laffricquâ, Et sont proprement galogreci qui descendirent des gasses, et qui alerent iusqs en grece, et qui sont ceulx proprement qui sôt dis ad gallathas, ausquelz môseigneur sait pol escript plusieurs epistres, desqlz iustin dit plusieurs choses en son xxiiii. liure, et est vne prouince daspe la mineure, si comme dit psidore ou liure de ses ethimologies. Et quant monseigr sait augustin parle de la luxure daspe, il se dit pour les grans delices ou superfluitez que les rômains y trouuerêt apes sa descôfiture, lesqlles supfluitez ilz apporterêt a rôme, et dont ilz vserêt. Laqlle chose corrôpit merueilseusemêt les rômains et les meurs diceulx pmuer lusage qlz auoiêt acoustume pauât. De ceste supfluite pse Valerius ou pmier chapitre de son second liure q dit q ses siop de sigurge roy desptains ou lacedemoniens, retraict moult iceulx lacedemoniês ou sptais de ces supfluitez q estoiêt en aspe, pour ce q ces choses nestoiêt pas necessaires, mais estoiêt choses de voulete oultrageuses et de nul proufsit. Et de sa supfluite des rômains dôt môseignr sait augusti fait mêcion en ce chapitre, pse Valerius maximus ou pmier chapitre de sô p. liure q dit q a la fin de la secôde bataille punicq, et la descôfiture de philippe roy de macedoine, nô pas le grât philippe predasipadre dôna cause aux rômais deulx viure plus selô leur voulete, dôt titus liuius ou viii. liure de sa derreniere decade q est de bello macedonico, dit q apres sa desconfiture faicte de ces gallathas ou galogrecis. Les estrâges delices vidient pmierement daspe a rôme, tât delitz de couuertures côe de vestemens de ieux et de batemês aux disners et aux souppers, et aussi le grant appareil des viades. Et dit que les queux quôn tenoit pauât pour vilz serfz et tresviles gês, on les cômêca, et commen ca sea tenir côpte de celles supfluitez et richesses pse iustin en son secôd liure q dit q apes ce q pses sen fuyt et eut este chasse par les grecz, et qlz furêt alez apes macdonius sô connestable et leurêt desconfit. Les grâs richesses qlz trouuerêt en ses chasteaup et qlz deptirêt entre eulp, firêt pmieremêt trouuer aux grecz les supfluitez et oultrages. Hugo en son liure q est appese didastafico, dit q le pmier queup q trouua appareil de viandes diuerses fut appse apicius, et dit que en celle supfluite dappareil de viades, il gasta tout le sien, et mourut vray poure. Apres quant môseignr sait augusti pse des maulp intollerables que les hômes souffrirent, et nô pas de ceulx quilz souffrirent oustre leurs voulentez, côe des supfluitez et oustrages, pource que monseignr sait augusti auoit pmis a parler en ces liures des maulx de peine Il se excuse de ce quil parle des superfluitez des rommains, et de seul de scipion, et dit qil en a eu cause de parler pour les temps que saluste recommande. ¶ Apres quant il parle de la loy qui sappelle voconia, et dit quil nen estoit nulle plus inique pour ce que selon celle loy nulle fille ne venoit a succession de pere ne de mere, suppose que il ny eust autres enfans. Il entend a proprement parler des successions des priuees personnes, et non pas des successions des puissans hommes, comme des roys et autres grans seigneurs qui ont le gouuernement de la chose publicque, sicomme dit thomas valesis. A quoy saccorde franciscus de maronis, et sould a lobiection que on pourroit faire des filles de saphat: dont la bible parle. Numerorum xxvii. et dit q royaume nest pas heredite, mais est dignite, regardat toute ladministracion de la chose publicque. Or est il certain que les femmes ne sont pas prenables de dignite selon la loy. Et par consequent ne doiuet pas succeder ou royaume, et se preue par la dignite de prestrise, car combien que la dignite de prestrise descendist p succession. Toutesfois ny succedoit ne succeda nulle femme. Ne il ne se treuue en tout le vieul testamet que oncques femme succedast ou royaume de iuda, ne ou royaume disrael. Et suppose que on treuue que athalie se vsurpast contre raison, et tuast tout le sang royal, excepte cellup qui deuoit succeder qui fut muce.] Toutesfois ne feut elle pas de raison, ne elle ny demoura pas longuement. Mais ainsi comme elle y estoit entree mauuaisement. Aussi en fut elle boutee hors honteusement et mise hors du temple et tuee, sicome il se treuue ou quart liure des roys en lonziesme chapitre.] Ceste loy commande agelius ou vingtdeuxiesme liure de noctibus acticis, qui dit ainsi. Quelle chose est plus prouffitable que ce que femme ne succede pas en heredite. Et mōseigneur saint gregoire ou trentecinqiesme liure de ses morales dit que lusaige de sa vie ancienne nestoit pas que les femmes heritassent auecques les masles, pour ce que sicomme il dit que la seuerite de la loy qui a acoustume de sire tousiours les fortes choses, et ne tient cōpte des foibles, si sestudia plus a mettre auant et a sentir plus aigres choses que les benignes. Cestadire ses hommes qui sont plus habilles a deffedre que les femmes qui sont moles et fraisles de leur nature, tenissent les heritages. [Et mesmement se doit tenir ceste conclusion aux priuees personnes de celle dignite, comme ceulx qui sont enoings et consacrez. Et encores se voit on en plusieurs parties, tant du royaulme de france comme de ailleurs, car entre les nobles les filles ne succedent point, mais ont tant seulement mariage, et en bretaigne laisne pret tout, et en vermandois les mainez tous ensemble nen prennent que le tiers. Et la raison y est bonne. Car tousiours la loy et la force de la loy a voulu eslire les plus fors et les plus puissans, et ne tenir cōpte des foibles. Et saucuns demandoient se vne fille estoit la plus prochaine a vne dignite, et elle auoit vng filz, assauoir se il deuroit succeder, il semble que non p deux raysons, pour ce que res peruenit ad casum a quo icipere non poterat. Et aussi en cas seruitudes rayson escripte.] Dū medium predium quod non seruit impedit seruitutem. Cestadire que se mon champ doit seruitude a vng autre, le pre ou le chāp moyen qui ne doit point de seruitude, empesche celle seruitude.] Et encores de rayson escripte du droit de la p. collacion nulle femme ne succede en chose feodal, nō seroit sō filz masle, sicōme il se treuue en la p. collacion ou comencement, et ou titre de feu do femineo, et ailleurs en celle collacion en plusieurs lieux: Ceste loy fut trouuee p vng qui auoit a nom voconius, q la fist par accord de tout le peuple: qui sappelle plebiscitū Et ladmonnesta a faire catho censorius par vng sermon quil fist au peuple.) A ceste loy saccorde vne loy pareille qui fut appellee ley saliqua, laquelle fut dicte saliqua pour les nobles gens du pays qui estoient nobles gens et noble peuple, Et il appert, car ceulx qui firent celle loy furent ceulx qui premierement firent (ou donnerent les loix de france, ou de ceulx de qui les francoys descendirent. affin que la chose publicque fust mieulx et plus puissamment deffendue par les masles que par les femelles.) Apres quant il parle des batailles qui amenuisoient le peuple par dehors, et quilz auoient consolacion des victores Il est assauoir quil se dit pour les grans batailles quilz eurent apres la seconde bataille punicque finee. Cestassauoir premierement contre philippe roy de macedoine qui promist a ayder a hanibal contre les rommains en la seconde bataille punicque. Non pas comme nous auons dit le grant philippe le pere alixandre. Car il fut mort long temps auant cestuy que les rommains vainquirent. Et apres eurent bataille contre anthiocus roy de syrie, lequel ilz vainquirent et prindrent comme nous auons dit en ce liure. Et apres en espaigne contre les cestiberies, laquelle bataille espouenta tresmerueilleusement les rōmais Et p telle maniere que on ne trouuoit cheualier, messagier ne legat q voulsist aler en espaigne quāt publius scipio qui est appelle posterior sy offrit a y aller, et de fait y alla, et y fist moult de grans desconfitures.) Apres lesquelles desconfitures sensuyuit la tierce bataille punicque. Toutessois y eut il plusieurs autres guerres & Batailles contre plusieurs et diuerses gēs entre la seconde et la tierce bataille punicque Cestassauoir contre les etholiens, cōtre les pstriens, contre les galogreciens, contre les pssiriens, contre les macedoniens. De toutes lesqlles choses qui en voul veoir vope titus liuius en sa seconde deca de florum in epithomathe en son second liure. Et aussi en parle plainement orose et eutrope en leurs cronicques. Toutessois quelz gens furēt les etholiens, il nest pas a delaisser. Car ilz neurēt pas guerre seulement cōtre les rommains, mais ilz eurent guerre aussi contre les carnapes qui estoient vne gent grant et puissant, et les eussent tous prins, desconfis, et deserts. se neust este vne ordonnance qilz firent, plus ce dit titus par couroux et par ire que par deliberacion, car premierement toutes les femmes & tous les hommes au dessus de pl. ans, & tous les enfans au dessoubz de vᴠ. ans ilz enuoierēt en vne cite qui estoit pres deulx qui estoit appellee epire.) Et ce fait promirent tous par foy et serment daler combatre les etholiēs, et de non retourner iusques a ce quilz les eussent descōfis ou quilz fussent mors. Qui plus est iugerent que se aucun sen fuioit de la bataille que nul ne se soustendroit, ne ne receueroit ne ne herbegeroit, ne ne luy bailleroit feu ne substance quelconques. Et ce fait prierent les bourgois de pire que ceulx qui moroient en la bataille, ilz voulsissēt tous enterrer en vne fosse, & quilz voulsissent escripre sur leur tombeau ces paroles Cy gisent les carnapens qui contre la force et iniure des etholiens se sont exposez a mort pour la deffence de leur pays, tellement que puis ny oserēt entrer. Et pleust a dieu que tout le peuple qui auroit iuste guerre et puissāce de resister se voulsist ainsi faire soubz lobeissance et gouuernemēt de son seigneur, car par ce les guerres prēdroient fin et sen ensuyuroit bon effect, si comme nous le pouons coniecturer par sā cien testament, ou il est dit en plusieurs lieux. Et congregatus est populus quasi vir vnus. Cestadire que le peuple sassembloit comme vng homme, qui vault autant comme dun mesme courage, et dune mesme voulente.) Apres quant monseigneur saint augustin dit quil nestoit fors nulles telles discordes en la cite comme p auant. Il se dit pour ce quelles y furent trop plus grandes, sicomme il peut apparoir des deux scipiōs cestassauoir de scipio supior q les auoit deliurez de hanibal

quilz accuserent/par quoy il auint quil cō-
uit qlsen fuist en la cite de luterne en exil
sicōme nous auons dit cy dessus. Et lau-
tre scipiō qui auoit nom asiaticus pour ce
quil auoit submis le pays daspe a la cho-
se publicque de rōme, ilz luy mirent sus p
enuie, et par mauuaistie qlauoit ēble les
tresors publicques et senuoierent en char-
tre et en prison horrible. Lesquelles choses
ne peussent auoir este faictes sans grant
tumulte, considere la grandeur deulx, si
comme dit Valerius maximus en son .v.
liure, ou chapitre de ingratis. Apres quāt
monseignr̄ saint augustin ple de la derre-
niere bataille punicque Ce fut la tierce en
laquelle carthage fut destruitte, de laqlle
ple orose en son .iiii. liure, ou penultime et
derrenier chapitres, ioinct le pl vii. q dit q
sip cēs ans apz la creacion de rōme fut cel
le bataille/ ouquel tēps mesmes ilz auoi-
ent celle forte guerre contre les celtiberiēs
et ouquel temps mesmes les censeurs fi-
rent le theatre de pierre, dont scipion nasi-
ca ses blasma merueilleusement, et y resi-
sta tant cōe il peut. ⊂ Et cōe les rōmains
eussent grant voulente de destruire cartha
ge, ilz enuoierent en affricque luciū cēso-
rium, et marcū maliū consulz de romme
auecques scipion qui lors estoit tribun de
rōme, et se mirēt de coste vtice vne cite daf
fricque. La enuoierēt querre ceulx de car-
thage, et leur firent cōmandement quilz
leur baillassent toutes leurs armures, et
toutes leurs nefz, lesquelz le firēt. Et fu-
rent trouuees tant darmures a carthage
que cestoit assez pour armer toute affricq
Et quant ilz eurent ce fait ilz manderent
a ceulx de carthage quilz laissassent la ci-
te de carthage, et en alassent edifier vne
autre a cinq lieues loing de la mer dōt ilz
prindrent tel couroux, et telle douleur que
eulx mesmes dirēt quilz aimoiēt mieulx
estre mors dedens que la laisser. Si com-
mēcerent a forgier armures, et pour ce qlz
nauoient pas assez fer ne achier, ilz les fi-
rent dor, dargent, darain, et dautres me-
taulx, et faisoient les trenchans de leurs

espees dachier tant seulement. Et si ordō
nerent pour eulx gouuerner deux ducz q
estoient tous deux appellez hasdrubal/
Ces choses ainsi faictes et ordonnees. Les
deux consulz de romme ordonnerent das
saillir la cite de carthage, et lassaillirent
de fait. Et cōe ilz eussēt rōpu vne ptie des
murs, ceulx de carthage y sirēt contre les
rōmains, et les enchassoient deuant eulx
quāt scipion leur vit en ayde qui les secou
rut, et rebouta ceulx de carthage dedens
leur cite p force darmes. ⊂ En cest estat de
moura sa cite p quatre annees assiegee, et
soy deffendāt des rōmais. Et en la quar-
te annee scipion qui auoit voulēte de sa des
truire, assaillit p sip iours et p sip nuyz
cōtinuelz sa cite, et ses mena tellemēt qlz
se voulurent rendre aux rōmais, et reque
roientqlz les receussent pour eulx seruir:
Ainsi entrerent en la cite. Et lors les au-
cuns sen fuirent, les autres sardoient, ses
autres se tuoient et se faissoient cheoir des
fenestres a terre, et quant les rōmains fu-
rent en la cite, ilz bouterent le feu p tout/
laquelle ardit p pvii. iours continuelz, il
yeut des femmes q se rendirent xx. M. et
des hōmes xxx. M. Et hasdrubal sē fuit
et sa fēme print ses deux enfans de chascu
ne ptie vng, et se getta ou milsieu du feu:
Et ainsi eut pareille fin la derreniere roy
ne a sa premiere de carthage, cest assauoir
adido qui fut la premiere royne de cartha-
ge et qui la fist et edifia laquelle sardit et
son chasteau et se ayma mieux ainsi faire q
soy accorder a hyadar roy de lide q la de-
mādoit auoir p mariage. sicōe dit peregri-
nus en son dyalogue qlfist a theodorā, et
ainsi fut destruite carthage et ramenee en
pouldre vii. cens ans apz sa creaciō vi. cēs
et vi. ans apz la creaciō de rōe ou .l. ans a
pz la seconde bataille punicque ou quatries
me an de la tierce bataille punicque et
toute celle multitude de chetifz tant dhō-
mes cōe de fēmes qui furent prins, furēt
tous vendus sicōme dit orose ou dernier
chapitre du quart liure de sō ormeste. quel
le estoit la cite de carthage, il le deuise ou

penultime chapitre de ce mesmes liure qui dit quelle auoit de tour ͬpii.m.pas, et estoit toute fermee de murs, et auoit sa mer tout entour, sans les entrees qui auoient enuiron .iii.M. pas douuerture. les murs estoient de pierres quarrees, et auoient trente piedz de le, a pl. piedz de hault Et le chasteau auoit vng pou plus de deup.M. pas de tour, et tenoit dun coste aup murs de la Bille et a sa mer Toutesfois dit orose ou chapitre final de ce mesmes liure ql neust peu auoir trouue cause pourquop les romains entreprindrent la tierce bataille punicque, iassoit ce ql ait quise diligamment, a dit q ce ne fut poit sa coulpe de ceulp de carthage, ne pour chose quilz eussent meffait aup romains, mais fut sinconstance des romais a la paour qlz auoient delle, toutesfois nous auons touche cy dessus aucunes causes ou ppp. chapitre du pmier liure.) Apres quant monseigneur sait augustin ple des maulp q de puis ceste destrucion vindret a la cite de rome. Il ple des maulp de peine cōe il appt p le tepte, iassoit ce q les maulp de peine et les maulp de coulpe fusset plus ardas et plus enflamez aps la tierce bataille punicque. Est assauoir aps la destruction de carthage q auant, a les paroles que recite mon seignr saint augustin ou tepte de sa seurete doubteuse aps la tierce bataille punicque et la destruction de carthage. Ces mesmes parolles en substance recita quintus metellus a rome en la presece de tout le senat, si cōe dit Valerius mapimus en son Bii. liure ou .ii. chapitre q dit ql ne sauoit se celle victore de carthage auoit apporte a sa cite de rome ou plus de bien ou plus de mal, et de ceste matiere nous auons ple cy dessus ou pmier liure ou ppp. chapitre.) Apres quant monseignr saint augustin ple du teps et des tepestes q furet entre la tierce bataille finee et cesar auguste. Ces tadire octouient epclusiuemet a q la chose publicque estoit coptesieuse, et aisi cōe eneruee et enlagueur. Il le dit pour les batailles ciuilles, se q les porteret tat de dōmai

ge a la chose publicq de rome que entre ses citopens nauoit amour, paip, iustice. Et cesar auguste remist ces choses en ordōnance, a mist tout en sō obeissance. Et pour ce il sebla ql renouuelast la chose publicque Et pour auoir plus planier entedemēt de ceste matiere il est assauoir q les romains aps ce qlz eurent mis hors les rops de rome, a qlz furent gouuernez p deup cōsulz q se muoient chascun an, il leur sebla qlz estoiet cheuz en grant franchise, mais aps ce que carthage fut destruitte, tāt de maulp leur sourdirent et tāt de batailles ciuilles dōt nous auons ple cy dessus ou secōd liure que les cōsulz et les magistras q estoiet esleuz du peuple ne pouoiēt faire ne epcercer leur office, et suppose qlz le fissent, ce stoit pticulierement et p maniere de tiranie, p quop sa liberte et franchise de romme et de sa chose publicque estoit aisi cōme nulle. Et durerēt ces maulp iusques au teps de cesar auguste, cestadire octouien, epclusiuemēt cōe nous auōs dit. Lequel aps ce ql eut descōfit anthoine, tit seul la monarche, cestadire ql regna seul p telle maniere que en sō teps la chose publicque de rōme fut gouuernee p vng seul rop, sicōme elle auoit este p auāt qlz chassassēt tarqui sorgueilleup q fut le dernier rop hors de rōme.) Et cōbien que auāt cesar auguste iulius cesar eust entrepris et vsurpe la seigneurie de rōme seul, toutesfois mōseigneur sait augustin ne fait de luy aucune mēciō pour ce ql ne regna pas paisiblemt mais fait tāt seulemēt mēciō de cesar auguste pendāt tout lequel teps de cesar auguste la chose publicque de rōme fut gouuernee en a tresgrāt paip en tegrāt iustice et en tresgrāt trāsqlite. Et pour ce dit mōseignr sait augustin de lup ql lup seble ql restaurast et renouuelast la chose publiq de rōme.) Aps quāt mōseignr sait augusti ple des sapdes et ordes cōuenances qui furent faictes auecques ceulp de munāce. listoire est traictee par orose en son V. liure de son ormeste ou Vi. et p. chapitres q dit cōme mantinue consul de rōme se fust al les combatre contre ceulx de munance qui est une cité despaigne pres de galice il se porta si mauuaisement et fut desconffy tellement que il fut constraint de faire paix honteuse auecques les manātins. Laquelle paix ou couenence ainsi honteuse le senat eut desagreable par telle maniere que ilz se renuoyerēt a ceulx de manāce tout nud les mains liees derriere le dos et en cel estat demoura sa toute le iour iusques a la nupt sans ce que ceulx de manance le recoeuilissent ne que les romains le reprinssent Et dit encores orose que celle cité fist guerre aux romains par viii. ans et de quatre mille des siens tant seulement/ elle desconfist pl? M: romains et leur fist faire serment de tres honteux accord et tres deshonourables couenences/ toutessois finablement celle cité fut destruite par scipion/ et la maniere de sa destructon racōte orose oudit v. liure de son orueste ou ix chapitre q dit que scipion ne les osa assaillir que despourueuement/ et toutessois en une grosse bataille sen fuirent les romains quant scipion les fist retourner/ finablement il les enclost et assiega tellement q iusqs a eulx affermer pour laquelle chose ceulx de manance requierent a scipion que il les receust a mercy et leur baillast cherge q ilz peussēt porter ou q il leur baillast la bataille affi que ilz peussent mourir cōe hōmes Et pour ce qil nen voulut riens faire ilz ordōnerēt de passir contre scipion/ mais auant quilz passissent ilz beurent ung beuraige que ilz firent de forment cōme ceruoise et beurent tant que ilz seschaufferent et q ilz estoient ainsi cōme demy yures. Et se cōbatirent contre scipion tellement q apou q ilz ne le vainquirent/ mais finablement quāt ilz veirent quilz nauoient pas le meilleur et que les plus puissans deulx estoient mors ilz se retrairent saigement en leur cité et fermerent leurs portes allumerent ung grāt feu et la ardirent toutes leurs richesses. Et apres bouterēt le feu chascū en sa maison se entredōnerent a boire venin et sen tretuerēt par telle maniere que oncques les

romains neurent de eulx ne prisonnier ne pillaige/ si cōme dit orose en ce mesmes lieu qui dit encores que quant manace fut destruite les romains ne tenoiēt pas que ilz les eussent vaincus/ mais plus tenoiēt q ilz leur fussent eschapes A ce sacorde florus en son epithome ou chapitre de Bello munancino lequel darmes et de proesse les recōmande par dessus ceulx de carthage/ et dit encores que leur cité estoit en ung petit moncel et quelle nestoit point muree combien que orose tiengne le contraire Apres quant monseigneur saint augustī dit que les pouchins sen volerēt de la cauere fut ung signe ou demōstrance de mal q apparut a ce mantinus cōsul de rōme/ et combien quil y eust trois signes qi luy apparurent qui luy signifierēt trois malauretes aduenir selon le iugemēt des augures ou adeuinemens/ toutessois orose nē fait nulle mencion ne mōseigneur saint augustin nen recite que lun/ mais valerius maximus en son premier liure ou iiii. chapitre qui est de prodigiis en met trois desquelz cellup que met mōseigneur sait augustin est le premier/ car il dist que cōme mantinus lequel il appelle hostilius mantinus fust ordōne pour aler en espaigne et voulsist faire son sacrifice en sa cité de lanine les pouchins qui furēt mis hors de la caue sen fuirēt et volerent en ung bois q est pres dillec ne sen peut sauoir quil deuindrent cōbien que sen les poursuiuist prestemēt et les qist on tres diligēmēt par lequel signe les augures cestadire ceulx q iugēt par les oiseaux iugerēt q il leur deuoit aduenir aucune meschēace/ et pour lentēdemēt de ceste matiere il est assauoir q ces augures auoiēt pouchis et autres oyseaux ē leurs caues et aucunes priues/ et quāt ilz vouloiēt faire aucū iugemēt ilz les faisoiēt issir et ouuroiēt lhuys de la caue et regardoiēt la maniere de leur voller/ et la maniere de leurs mouuemēs et de leurs chans Et se ilz yssoient ou se ilz ne yssoient pas et quant ilz sen voloient et ilz retournoiēt par la maniere que ilz sen estoient volles

ou plustost ou plustart. Et selon ce ilz iu
goient de ce que on leur demandoit. ¶Le se
cõd signe de la maleureté de ce mantinus
fut que comme il voulsist entrer en mer p
ung port quon appelloit le port hercules/
Il oyt une voix sans veoir quelconque p̄
sone qui lup dist. Mantinus demeure toy
¶Le tiers que comme il fust esbahi de celle
voix et en retournant son chemin sen fust
venu iusques a gennes/ et se fust mis en
ung petit batelet. Ung tresgrant serpent sa
parut a lup, et tantost on ne sceut quil de
uint. siconne dit valerius maximus ou
lieu dessus allegué. et dit que autant de si
gnes quil eut, autant eut il de maleuretez
Car il se cõbatit maleureusement. et si eut
accord ou conuenances honteuses a ceulp
de manance. Et si fut laisse et baillé des p̄
pres rommains aup manancies si apde
ment comme nous auons dessus dit. Ti
tus liuius toutesfoys ne fait mencion que
des deup premiers signes. Et est assauoir
que quant monseigneur saint augustī dit
que les poucins sen volerent hors de la ca
ue. Il se mocq de ceulp qui croient ou aiou
stent quelconque foy a telz auguremens:
et a telz adeuinemens. ¶ Encores est il a
noter que ce que monseigneur saint augu
stin dit. Jure, en sa fin de ce chapitre, a dit
quil y eut plusieurs autres rommaīs qui
se combatirent meschamment contre ceulp
de manance, comme ung appellé pompei
us a autres. Toutesfoys ne se treuue il en
nulle hystoire des rõmains quil en y eust
aucun qui eust aucũ signe par quop on iu
gast de ses auguremens, fors de ce manti
nus. Et pour ce dit mõseigneur saint au
gustī que cest folle chose a croire que ce mā
tinus eust ces mauuais auguremens: les
quelz les rommains mettent quil eut.

¶ De ce dict que fist mitridates p lequel il
commanda q tous les citopens rõmains
qui seroient trouuez dedens les termes da
sie fussent occis.   ppii.

Assoit ce que nullement ie ne scai
roye de ce que mitridates roy da
sye commanda que en ung iour

fussent occis tous les citoiens de romme,
lesquelz estoient tant que sans nombre es
pars par toute asye ou ilz entendoient a
leurs besoingnes, a ainsi fut fait. Com-
me fut ce pitpable chose a regarder quant
soudainement en quelconque lieu que ilz
fussent trouuez, fust en chãp, en voie, en
rue, en marche, en temple, en lit, en men
gant, sãs ce que de ce se puissent garde, ilz
estoient tous tuez. ¶ Quelz estoient les
gemissemens de ceulp qui mouroient, qlz
les furent les larmes de ceulp q̃ les regar
doient, et par auenture de ceulp mesmes q̃
les tuoient. En com dure necessité estoiēt
mis ceulp qui les herbregoient et ou ilz es
toient hostelez. nõ pas seulement de veoir
faire ces horribles occisions en leurs mai
sõs, mais de ce quil cõuenoit qlz les tuas-
sent eulp mesmes. Et de celle douice et fa
miliere cõpaignie de humaite estre souda
nement tournee a tuer par guerre ceulp q̃
auecques eulp estoient en paix. Je puis
dire quilz estoient soudainement naurez
ensemble de diuerses playes, car cellup q̃
estoit feru estoit nauré ou corps, et cellup
qui feroit ou tuoit estoit nauré ou cueur
dangoisse et de douleur. ¶ Auoient tous
iceulp despite les augures, cest adire les
adeuinacions et les respons des dieup.
Nauoient ilz pas quant ilz se departirēt
de leurs lieux pour aller en celle voye, dõt
oncques puis ne retournerent. Les dieup
priuez a publicques ausquelz ilz se puissēt
conseillier de leur voyage. Et sil est ainsi
ceulp de present nont cause de eulp douloir
ou complaindre en ceste partie de noz tēps
cestadire des crestiens q̃ contēpnent et des
pittent telz auguremens.) Jadis les rõ-
mains mesmes despriserent ces choses, a se
ilz se cõseillerēt a leurs dieux on leur peut
respõdre a demãder q̃ leur proffita a valut
ce cõseil, aisi cõe sil voulsist dire que rien,
quant tant seulement par les loix humai
nes Cestadire par le commandement ou
edict de mitridates, telz choses auindrent
sans ce que nul homme se contredist:

Exposicion sur ce chapitre.

En ce xxii. chapitre monseigñr saīt augustin met au deuāt aux dieux ou aux dyables des rommains ung mal trop notable qui tourmenta les rommaīs merueilleusement apres la derreniere ba=taille pugnicque/cestassauoir la bataille qui fut des rommains contre mitridates roy de põth. Et ce monstre il appertement z clerement par ledict quil fist en son pays de mettre tous les rommains a mort/ si comme monseigneur saīt augustin se des=claire plainement par son texte/ (aō se en son vi. liure ou second chapitre met la cau se de son edict qui dit que apres ce que mitri dates qui estoit roy de ponth, et dermenie se fust efforce de mettre nychodeme roy de bithimie hors de son royaume/ lequel estoit amy des rommains/ et q pour cestuy fut mande des rommains que se il sesforcoit ilz luy feroient guerre. Il en fut tellement courouce quil en entra en capadoce, z bou ta hors le roy qui auoit a nom hariobaiza=ne, et gasta toute la prouince par feu z par glaiue. Autel fist il de bithimie z de palssa gone, z chassa hors diceulx royaumes phi lomenes et nychodemes/ qui estoiēt roys diceulx royaulmes. Et apres ces choses ainsi faictes sen vint en epheze/et comman da par son edict que tous les rommains qui seroient trouuez en asye fussent tous mors en ung iour. Et ainsi fut fait et dit que on ne pourroit desclairer ne nōbrer la grant multitude des rommaīs qui furēt occis. Ce mitridates fist guerre cōtre les rommains par quarante ans continuelz et des gens quil perdit durant ce temps/ Et aussi archelaus son cōnestable ce nest pas chose creable/ se ce ne fust lauctorite des acteurs qui en ont escript sicomme oro se ou vi. liure de son ormeste. Et florus an=neus ou tiers liure de son epithome ou cha pitre de bello mitridatico/ des batailles quil eut contre les rommains et commēt il fina/ nous en auons parle cy dessus/ et pource nous nous en passons/ fors tant

q florus dit quil submist a luy toute grece et athenes qui estoit si plātureuse de bledz et que on tenoit quelle en estoit mere. Il de demena tellement par siege quil constrai gnit ceulx dathenes a mengier chars hu maines par rage de faim.

C Des maulx par dedens qui auindrēt a la cite de romme/par lesquelz la chose pu blicque de romme fut tourmentee et deme nee/ laquelle chose fut demonstree et signi fiee par auant la rage de toutes bestes pri uees qui seruoient aux hommes qui tou tes vuiderent la ville et sen fuirēt au bois comme sauuaiges. xxiii.

Mais racontons de present le plus brief q nous pourrōs ces maulx lesquelz de tāt comme ilz estoiēt plus dedens, cestadire de tant quilz estoi ent en la cite entre amis, cousins et parēs tant estoient ilz plus chetifz et plus dou loureux. Les discordes ciuilles ou q mi eulx pouoient estre dictes inciuilles, z nō pas seulemēt discordes ciuilles/ mais ba tailles citoyēnes/ cestadire des citoyens/ ou tant de sang fut respandu/ ou on asoit pas par estude de paroles/ ne par pser/ne tencer lun a lautre a autres voix et diuer ses des pties lun contre lautre/ mais tout a plain forsener et occire lun lautre par fer et par armes. Com grant effusion de sāg com grant gast/ et de defferrement firent en ytalie par fer z par armes les batailles ciuilles, sociales/ et seruiles. Car quant la gent latine esmeut guerre sociale cōtre romme/ toutes les bestes priuees de rom me et qui estoient subgectes a lusaige hu main/ cestadire q habitoient entre les gēs comme chiens/ cheuaulx/vaches/beufz/ et toutes autres bestes subgectes aux hō mes furent soudainement faictes sauuai ges/ z oublierent la doulceur des maisōs les laisserent et vagoient ca et la franche ment a leur voulente/ et ne laissoiēt nulz approcher deulx/non pas seulement les estrāges/mais aussi leurs ppres maistres et seigneurs. Et se aucūs les osoit approcher de prez ce nestoit pas sans mort, ou sans grant peril de mort, se tel chose peut estre dit signe, comment fut ce signe de grant mal. et se ce ne fut point signe ou signifiance comment fut ce grāt mal. Se telle chose fut aduenue en nostre temps, nous les trouuerons plus enrages que ilz ne trouuerent leurs bestes enraigees. Eppoficion sur ce chapitre.

En ce. xxiii. chapitre monseigneur saint augustin met au deuāt contre les dieux des rommains aucuns maulx tresgriefz dont la cite estoit tourmentee par dedens tresgriefuement et fait deux choses en ce chapitre. Premierement il raconte ces maulx en general, Secondemēt il declaire les signes merueilleux qui aduindrēt auāt ces maulx. La seconde partye se commence ou il dit Car auant q̄ la gent latine esmeut guerre sociele ꝛc. et pour declairer ces maulx met trois batailles ītestines, ce assauoir batailles ciuiles, sociales et seruiles Quelz choses sont batailles socieles et seruiles nous le auons declaire cy dessus ou .ii. liure sur le. xxii. chapitre Et ces batailles sociales commencerent. six cens et l. ans apres la creacion de romme sicōme dit orose ou. xxii. chapitre du .v. liure de son ormeste. et furent ces batailles commencees par vng appelle saninius druisue tribun de romme soubz lucius marcus philippus et septus iulius cesar qui estoient consulz de romme. Et combiē q̄ monseigneur sait augustin ne mette que vng signe estre apparu auant ces batailles. Cestassauoir cellui des bestes q̄ sen fouyrent. Toutesfois orose dit ou. xxii. chapitre de son ormeste plusieurs, si fait eutrope ou .ii. chapitre de sō .v. liure, car il dit quil sapparut vug grant brandon de feu qui sapparut des pties deuers septentrion, lequel fist grant noise et grāt tēpeste. Apres cōe seu brusoit le pain sur les tables en sa cite des tarentins, il en yssit

sang ainsi comme de playes De rechief p chut par sept iours ctinuelz grosses pierres meslees auecques gresle. Item par diuers les samnites qui estoient vng peuple voisin de rōme la terre se ouurit. et en issit vne grant flāme qui sembla quelle sen vollast iusque au ciel. De rechief vng grant brandon en semblance dor cheit du ciel iusques a terre et remōta arriere et sen alla vers orient. et estoit si grant et sucier que il couurit tout le soleil. Et dit que ce drusus qui auoit comencee ses batailles fut occy en sa maison ou ne scet par qui, Et les pisains et les marsses et les autres peuples voisins de rome occirēt vng pretteur appelle gapus seruius qui les rōmais auoiēt enuoye deuers eulx en messaige. en segacion en vne ville qui estoit appellee astule. et puis cloirēt les portes de celle cite, et occirent tous les rōmains quilz y trouuerent. et dit que tantost apꝛz celle occifion aduint la merueille des chiēs et autres bestes, dont monseigneur sait augustin fait mencion en ce chapitre En ces batailles sociales et ciuiles qui furēt ainsi comme en vng temps, et durerēt p dix ans continuelz furent occis des rōmains selon eutrope ou final chapitre de son v.liure. cent cinquāte mil rommais xxviiii. consulz trois preteurs. xy. edificiens ou edifes, et prez de deux cens senateurs, et entre les autres qui plus furent plains, ce fut rutifius consul scipio porcius catho lautre cōsul. pour laquelle chose et pour les grans desconfitures q̄ ilz eurent tant de guerpus pompeyus pretēr qui fut desconfit par les pysayns, comme de lucius iulius cesar qui se fut semblablement par les samnites, et par les marsses, et par les autres peuples voisins de rōme. et p especial les senateurs prindrēt tous robes de pleurs et de ducil Mais apres quant ilz ouprent que ce lucius cesar les auoit desconfis et q̄ on apelloit en lost des rommains emperēr, ilz osterent celle cotte, et prindrēt les togues et apꝛz quāt ilz furēt adplain descōfis par

q i.

lucius cornelius/sylla q̃ ue puꝰ pompey/ us et par marius. Les rommains repuin diẽt touſ les aournemens qui apperte/ noient a leur dignite ſicõme dit oroſe ou dit. ꝓ piii. chapitre. La cauſe de ces batail/ les ſocieles met eutrope ou. ii. chapitre de ſon. B. liure qui dit que ce fut pour ce q̃ cõ bien q̃ les marches les piſſais et les pelins gnes euſſent eſte long temps ſoubz lobe iſſance des rommains/ neantmoins ilʒ bouloiẽt eſtre peilʒ auꝝ rõmains en frã chiſe. et par ſentẽdement de druſus q̃ quãt il ne peut acõplir a rõme ſa boulente les eſmeut a ce/ laquelle choſe les rõmais ne bouldrent octroper/ et ainſi la touche oro ſe ou. ꝓ p̃. chapitre/ et iaſſoit ce q̃ nous ap ons dit que les batailles ſocieles ⁊ ciuiles duraſſent. p̃. ans/ touteſfois furẽt les ba tailles ſocieles auant/ et durerent enui ron trois ou quatre ans/ ⁊ les ciuiles du rerent le ſourplus du temps/ et ne eut q̃ que interuale de paiꝝ entre les batailles ſocieles et ciuiles.

De la diſcorde ciuile/ laquelle eſmeurent les ſediciõs ou diſcordeſ de grece ꝓ piiii

Mais les diſcordes que eſmurẽt les gracus par les loiꝝ qui ſappelſẽt agrarie/ ceſt a dire de diuiſer les cens furent cõmecement des mauſꝝ et ba tailles ciuiles/ car ilʒ bouloient departir au peuple les terres et les cens que les no bles tenoient mauuaiſement et cõtre rai ſon/ et leur oſter ce que ilʒ auopent ia lon guement tenu/ mais ceſtoit trop perilleu ſe choſe de bouloir eſbatre ou arracher deulꝝ leur mauuaiſtie qui ia eſtoit ſi en cueillie/ mais encores fut ce plus laide cho ſe, ſicõ meſmes le propre fait le dẽmoſtra qui eut il faictes doccisions quãt le pre mier graccus fut occis/ et auſſi quãt ſon autre frere fut occis ung pou de tẽps apʒ Ne certes lors ces batailles neſtoiẽt pas faictes par ordonnance ne par eſtabliſſe mens de princes ne de capitaines ou de gou uerneurs/ mais par batailles faictes par tourbles et par aſſẽblees de toutes gens/ ⁊ ſentretuoient nobles et non nobles aprʒ ce que le ſecond gracus eut eſte occis. Luꝰ cius põpiſius cõſul/ ſeq̃ l auoit eſmeu en ſa cite la bataille cõtre ce graccus/ ⁊ pour ce auoit eſte mort auec ſes cõpaignõs/ ain choiſ quil moꝛut auoit fait grãt occiſion de citoyens/ ⁊ apʒ en accuſa iudiciaremẽt ⁊ p enq̃ ſte les pourſuiuit tellemẽt q̃ il en miſt a mort quatre mil hõmes/ p ce ſen peut entendre et ſauoir con grant muſti tude il en peut auoir de mors en ce tribou lich et tourble conflict quãt il en peut tãt de condẽneʒ a mort p iugemẽt ⁊ p enq̃ ſte Cellui qui tua graccus bendit a ce luciꝰ ſa teſte ſon peſãt dor p marche ⁊ cõtract q̃ l en auoit p auãt a ce lucius/ en laq̃ lle ba taille fut auſſi mort marcus fuluius cõ ſul auecques ſes filʒ.

Eꝝ poſicion ſur ce chapitre.

En ce. ꝓ piiii. chapitre mõ ſeigneur ſaiſt auguſtin cõmẽce a mettre au auãt/ et a arguer cõtre les dieuꝝ des rõmains les maulꝝ des batailles ci uiles ⁊ traicter dune meſlee ou diſcorde qui ſourdit en ſa cite de rõme p tribuſ du peuple. Ceſtaſſauoir p ſes deuꝝ graccuſ q̃ le firent/ nõ pas enſẽble/ mais lun apʒ lautre/ et ceſte ſedicion ou diſcorde dit mõ ſeigneur ſaint auguſtĩ auoir eſte cõmencee des batailles ciuiles/ non pas quelle fut cauſe des batailles qui apʒ ſenſuiuirent mais pour ce q̃ entre ces maulꝝ et diſſeci ons des cptoyens/ dont il cõmece a parler en ceſt chapitre. Ceſte ſediciõ ou diſcorde pceda ⁊ fut pmiere en tẽps. et tãtoſt apʒ icelles diſcordes eſtaites ſe enſuiuirẽt les batailles ciuiles q̃ les citoyens de rõe eu rent les ungʒ cõtre les autres. touteſfoiʒ pour auoir ſentẽdemẽt des choſes q̃ ſõt di ctes en ce chapitre ſõt a notter ⁊ reprendre les choſes q̃ nous auõs racõtees de ſa ſe dicion de ces graccus cy deſſus ou. ii. liure ou. ꝓ pi chapitre. Et eſt aſſauoir que ſup poſe q̃ iceulꝝ graccus allegaſſẽt iuſte cau ſe pour euꝝ et pour le peuple cõtre les no bles. touteſfois alloiet ilʒ autrẽt qlʒ ne deuiẽt ⁊ entẽdiet a pire fin qlʒ ne demon ſtroiẽt/ ⁊ pour ce ſicõme dit balerius ma pimus ou.ii.chapitre de son.viii.liure ou paragraphe pay illa ͛ce.Le senat q̄ cõside ra sagemēt lintēcion de graccus thyberius tribū du peuple ͛ la fin a quoi il auoit fai cte et publiee la loy de la diuision des ter res et des chãps ētre le peuple ͛ quelle fut faicte egallemēt p̄ ceulx q̄ estoient appel lez triūuir. q̄ estoit vne dignite de rōme/ ilz le mirēt a mort/ ͛ en ce sicōe il dit oste rēt sa cause et le faiseur de tresgrieues se dicions en vng mesmes tēps. Apz̄ quant mōseigneur saint augustin dit que ilz vou soiēt diuiser les chāps il est assauoir que apz̄ q̄ les rōmains eurēt prises les citez de leurs ennemis/ et tue ses citoyens ou boutte hors de leurs possessiōs ou heri taiges. Les nobles rendirēt les possessi ons p̄ leurs eulx sās riēs distribuer au cōmun/laquelle chose sembloit au peu ple estre inique ͛ desraisōnable cōme ces choses eussēt este acq̄ses du sāg ͛ labour des cheualiers q̄ estoiēt du peuple pour la plusgrant partie, ͛ pour ce vouloient q̄ il fut egasement diuise entre eulx ͛ q̄ chas cun en eut sa p̄tye/ laq̄lle chose les nobles ytredisoiēt. p̄ quoi plusieurs tresgrieues sedicions, et dissencios, apz̄ q̄ les roys furēt boutez hors de rōme. furēt entre les nobles ͛ le peuple, sicōme tu pourras ve oir p̄ titus liuius ͛ p̄ florus en son epitho me, ͛ aussi en auōs nous pse ou second li ure ou .xxi.chapitre ͛ autres plās de ceste matiere ͛ de ces graccus. Apres quāt mō seigneur saint augustin p̄se de ce q̄ fist luci us oppimus apz̄s la mort du secōd grac cus. de ce parle orose en son.v. liure q̄ dit q̄ tout ainsi cōme il fut fort en bataille cō tre ses amis de ce graccus. Tout ainsi a pz̄ fut il cruel a en enquerre la verite de ceulx q̄ auoiēt este de sa p̄tye, car il en fist mourir pl̄ de trois mil, desq̄lz il en eust plusieurs q̄ ybien q̄l voulsissent prouuer leur innocence/ il ne les voult oncq̄s ouir en iugemēt/ de lui racōte encores vale rius maximus en sō.ix. liure ou.iiii cha pitre q̄ est de auaricia ou paragraphe Ce terū.q̄ cel oppimus athleta acheta la tes

te de ce graccus dū sie familier son poiē dor/ ͛ sa fit ficher en vng pel ͛ porter par mi la cite/ et dit q̄ aucuns diēt q̄ celui q̄ la lui vendit pour plus peser/ la pcha p̄ derriere, ͛ lemplist de plomb. Apz̄ quant mōseigneur saint augustin pse de la mort de marcus fuluius ͛ de ses deulx filz, cest vne hystoire q̄ met orose en son.v. liure q̄ dit q̄ le senat estāt ou capitole, ͛ le peuple assemble pour entrer ͛ conseiller de plusi eurs besōgnes, graccus ͛ fuluius q̄ ap pelle flaccus fului' a grāt quātite de gēs darmes monterēt ou capitole, ͛ aduirō nerēt le tēple de ianus ainsi comme se ilz voulsissent prēdre le doniong, ͛ se cōbati rēt trescruelemēt lui ͛ ses enfās desq̄lz il estoit aduirōne cōtre vng cōsul de rōme appelle decius brutus, ͛ fut recule ͛ rebu te ce fuluius tellemēt q̄ il sen fouyt lui ͛ lun de ses filz en vne maisō, ͛ cloirēt les portes sur eulx, ͛ tantost len rompit les murs. de la maisō, ͛ le occist on dedens, ͛ apres son autre filz q̄ estoit vng ieune ado lescent fut tue dun baston.

¶ De la maison de concorde q̄ fut faicte p̄ le conseil du senat ou lieu ou ces occisi ons et sedicions auoient este faictes
xxv.

Sainement par le hault et noble conseil du senat fut faicte et edi fiee la maisō et tēple de concorde en ce mesmes lieu/ ouq̄l ces occisions furēt faictes ou cheirēt et furēt occp̄s tāt de citopēs de tous estatz/ affin quelle fut tesmoing de la peine et mort de graccus et esmeut les peulx de ceulx q̄ si assēbleroi ēt et q̄lz eussēt memoire en leurs cueurs dicelles mors ͛ occisiōs, mais quelle au tre chose fut ce de faire ce tēple a celle deesse fors mocquerie et irrisiō de ces dieux, la q̄lle se elle fut en la cite elle ne seroit pas dēpue de tant de dissenciōs se parauen ture concorde nestoit coulpable de ce mes fait, laq̄lle pour ce q̄ elle auoit delaissie les corages des citopens elle auoit deserui a estre enclose en celle maisō aīsi q̄ en vne chartre/ se ilz vouloient faire chose afferāt

auṗ batailles quilz auoient pour quoy
nẏ forgerent ilz auant la maiſon de diſ-
corde/nul ne met aucune cauſe pour quoi
concorde ſoit deeſſe et diſcorde ne ſoit
pas deeſſe a ce que ſelon la diſtictiõ ġ fait
labeo ceſte ſoit bõne et celle ſoit mauuai-
ſe ꝯ ſemble ġ il ne ſe diſt fors pour ce que
il ſe aduertit ġ a rõme eſtoit le tẽple de fie
ure ainſi cõe le tẽple de ſalut ou de ſante ġ
ſont cõtraires/ꝯ dõcġs ſẽblablemẽt deuſt
il auoir fait/nõ pas ſeulemẽt le tẽple de
gcorde/mais auſſi le tẽple de diſcorde les
romains doncġs Sould̃ıẽt Siure perilleu-
ſemẽt ſoubz ceſte deeſſe courocee/ne ſil ne
leur ſouuint pas ġ ſa deſtruction de troẏe
priſt ſon gmẽcemẽt du couroup ġ eut icel-
le diſco. de/quelz merueilles car pour ce
ġſle ne fut pas ſemonce auecġs les dieup
elle mẏſt repoſtemẽt la pōme dor entre les
trois deeſſes dõt il ſourdit trop grãt debat
être elles/dõt ꝯ Venus Sainġ ꝯ heſaine ẽ
fut rauie et troẏe deſtruicte pour quoẏ ſe p
aduẽture elle auoit indignacion de ce ġſle
ne auoit nul tẽple en ſa cite de rõme ou de
ſerui a auoir. ꝯ pour ce elle tourbloit ia ſa
cite de tãt ꝯ de ſi grãt noiſes ꝯ batailles de
tãt deuoit elle eſtre plus curieuſement eſ-
meue a couroup/ quãt elle Seoit ſa mai-
ſon de ſon ennemẏe eſtre eſtablie ou lieu
de ſon euure/ceſta dire ou auoiẽt eſte les
occiſions et batailles faictes et cõmẽcees
p diſcorde. Nous riõs de ces Saines cho-
ſes ꝯ ces ſaiges maiſtres ſen couroucẽt et
ſen enfflent contre nous. Et touteſfois
ceulp ġ adourẽt ces bons ꝯ ces mauuais
dieup ne peuent pſſir de ceſſe ġſtion de con
corde ꝯ de diſcorde ſoient ġlz apẽt delaiſſe
a adourer ces deeſſes ꝯ aẏent mis au de-
uant la fieure et belone/ auſġlles ilz fi-
rent anciẽs tẽples/ ſoit ġl aẏent adoure ſes
Snes/ꝯ les autres cõe quãt cõcorde ſe fut de
ptie deulp diſcorde eſragee ꝯ fourſenee les
eut menez iuſġs a faire batailles ciuiles
Oppoſicion ſur ce chapitre.

¶ N ce. ppS. chapitre monſeigneur
ſaint auguſtin reprẽuue Sng fait
que fiſt en ce temps le ſenat de rõe, car cõ-
me ilz Souſſiſſẽt mettre fin aup diſcordes
inteſtines. ilz ordõnerent ġ ou lieu ou ſa
deſcõfiture auoit eſte des cyto(i)ẽs de rõme
en ſa ſedicion de graccus ſen fiſt Sng tẽple
de gcorde ſa deeſſe a ce ġſle ramenaſt et te
niſt les citoẏẽs en cõcorde ꝯ ce fait de ce tẽ
ple monſeigneur ſaint auguſtin ſe irriſe ꝯ
mocque et eſcharniſt/ ꝯ pour ce dit il au cõ
mencemẽt ſainemẽt p ſe hault conſeil. ꝯ ce
Apz quãt mõſeigneur ſaint auguſtin mõ
ſtre ġ au lieu ou ilz firent le tẽple de gcor
de ilz deuſſẽt trop mieulp auoir fait le tẽ
ple de diſcorde/ ꝯ ce demõſtre mõſeigneur
ſaint auguſtin premieremẽt p ce ġ ou fait
des rõmains ġ fut cauſe ou occaſiõ de fai-
re et edifier ce tẽple, il y apparut plus de
diſcorde ġ de gcorde/ ꝯ pour ce que aucuns
pourroiẽt dire ġ diſcorde neſt deeſſe ġlcon
ques/ mõſeigñr ſaint auguſtĩ Seult prou
er p ſe cõtraire par ſes dictz de labeo qui
dit ġl ſont aucuns bons dieup ꝯ aucuns
mauuais/ et ſẽble quiſ eut prinſ ſa cauſe
de ce dire pour ce ġ il auoit Seu a rõme le
tẽple de fieure de paſſeur ꝯ de rougeur et
auſſi le tẽple de ſante ꝯ le tẽple de ſalut ſẽ
blablement ilz auoiẽt Seu le temple de bel
lone ſe tẽple de paip/ ꝯ le temple des deeſ-
ſes ġ eſtoient gtraires entre eulp ceſta-
ſauoir de pallas, de iuno ꝯ de Venus. Et
pour ce ġ diſcorde eſtoit gtraire a concorde
ſen deuoit croire ġ diſcorde fut auſſi bien
deeſſe que gcorde/ de ſa diſtiction que fait
labeo de ces deup/ nous en auõs ple ſuiſ-
pi. chapitre du pmier ſiure. ꝯ de ſa deeſſe
fieure nous en auõs parſe cẏ deſſus ou ſe
cond ſiure ſur le. piiii. chapitre. Apz quãt
il dit ġ les rõmaĩs Sould̃rẽt Siure perilleu
ſemẽt ꝯc. il met Sne autre raiſõ a puuer ġ
les rõmaĩs deuſſẽt auoir fait ſa maiſõ de
diſcorde pluſtoſt ġ ſa maiſõ de cõcorde et
fait Sne raiſõ derriſoire en ſoẏ mocquãt ꝯ
irriſãt des rõmaĩs diſãt que ſe ſi grãt de-
eſſe cõme eſt diſcorde eſtoit couroucee a ſa
cite de rõme elle leur pouoit moult nuyre
ſi cõe il arps pla deſtruction de troẏe car
le couroup deſſe fut ſa pmiere cauſe de ſa
deſtruction dicelle/ doncques euſſe ce eſte

chose expedient aux rommains qlz eussēt fait vng tēple a discorde pour appaiser, sō pre, et si touche monseigner saint augustin vne fable douloze qui est de thetis et de peleus qui est de la pōme dor, laquelle est telle, cestassauoir que cōe iupiter amast thetis protheus lui deffēdit que il ne cou chast auec elle, affin quil nengēdrast au cun qui le chassat hors de son royaume, et pour ce par son amonestement fut elle dōnee a fēme a peleus qui estoit roy des peloponenciens A ces nopces fut ezeon qui estoit a pœuf de iason auec tous les dieux et deesses, excepte discorde la deesse qui ny fut point semonce, laquelle en fut tellemēt couroucee quelle getta la pomme dor entre les trois deesses, cestassauoir iuno palas et Venus, et estoit escript en celle pōme, pulcriori detur cest a dire, soit donnee a la plusbelle. Et pour ce que chascune delle se disoit estre la plusbelle, et la Vouloit auoir, ilz esleurent a iuge iupiter, lequel les enuoya a paris qui se dormoit en vng petit bois qui auoit a nom yde lequel iuga pour Venus et dit quelle deuoit auoir la pomme dor. Et pour ce que paris esleut Venus par dessus les autres vint le rauissement de helayne par quoy trope fut premierement destruicte, Toutesfois selon ce que dit fulgence ou liure de ses mithologies par ces trois deesses sont entēdues trois manieres de viure cestassauoir p pallas la vie contēplatiue, par iuno la vie actiue, et par venus la vie voluptueuse, et pour ce p maniere de figure tout ainsi cōme dieu neveult pas iuger des vies des gens, mais bailla a lhomme et lui laisse le franc arbitre de eslire laquelle vie il vouldra, ainsi iupiter q les poetes tiennent a dieu nevoult point iuger a qui la pomme dor deuoit appartenir, mais les rēuoya a paris filz de priam qui estoit homme, dont nous porrons prendre la verite estre telle q comme paris eut franc arbitrage de eslire laqlle vie il vouloit tenir, la vie actiue contēplatiue ou la vie voluptueuse, il esleut la

vie voluptueuse, et rauit helaine femme de menelaus dont la cite de trope fut destruicte, et pour ce applicquer en so propos dit monseigneur saint augustin q ce nest pas merueilles se discorde fut couroucee aux rommains quant ou lieu ou il lui appartenoit auoir son temple et qui deuoit estre sa propre place, cestassauoir ou lieu ou les discordes ciuiles auoient este les rommains auoit edifie le temple de son ennemie et aduersaire ¶ Cestassauoir de concorde quant pour ce seulemēt q elle ne fut pas semōce aux nopces de peleus et de thetis elle fut si couroucee quelle gecta la pomme dor et mist telle discorde entre les deesses que trope en fut gastee et deserte, et de ceste fable nous auōs parle par vne autre maniere cy dessus ou premier liure sur le. iii. chapitre Commēt ces trois vies soubz le nom de ces trois deesses sont paintes et figurees, fulgēce en parle assez largement ou liure de ses mithologies, si fait albericus soudouiēsis in sintillario, Et toutesfois pour ce que il chiet en la matiere, il est assauoir q pallas vault au tant comme mynerue laql le mynerue est appellee sapience, et dient les poetes que elle fut nee de la teste ou ceruelle de iupiter pour ce que la gist la sapience, et lengin de la personne. Elle estoit painte armee et auoit crette sur son heaume portoit vne longue lance, Et si estoit vestue de trois paires de robes, ilz la mettoient soubz la garde de la suette, et si auoit vne gorgone en la poitrine Ce q elle estoit armee signiffioit q sapiēce est tousiours garnye, et en seurete contre tous aduersaires ce qlle auoit le heaume et la grant creste signiffioit que le cerueu ou lē tendemēt de lhomme saige doit estre forment garny et arme et noblement pare, La grant lance que elle portoit en sa mai signiffioit que le saige parle et fiert loing contre ses folz et impzudens, Ce quel le auoit treble robe signifie que sapiēce est en plusieurs manieres et diuers effectz ou pour ce que quant elle est couuerte pdessus
q iii

esse soit moins congneue par dedēs. La gorgone quelle auoit en sa poitrine pmaniere de sermail, cestoit selō aucuns vne des ymages desbahissement et despeultement pour ce que ses sens et sa prudence du saige doit esbahir ses aduersaires, aucuns dient que ces trois gorgones furent trois filles dun roy qui auoit a nom sorcus, dont la premiere selon ce que dit theotindus qui fist les histoires des anthiques eut a nom medusa, et estoient toutes ses trois dune sorte et dune beaulte mais celle de medusa qui estoit aymee par son labour et par sa prudence atraict merueilseusement le royaume, et pour ce georgi balent autant a dire cōme laboureur de terre, et estoit ceste medusa painte a vng chief de serpēt, pour ce que elle estoit plus hardie et plus entreprenant que nestoiēt les autres soeurs, et selon autres poetes ses trois gorgones signifient trois manieres de temps, dont le premier est appelle en grec scenuo, qui vault autāt comme foible ou foiblesse, pour ce q̄ il affoiblist et amenuise sentendement et la pensee, le second a a nom empable en grec, q̄ vault autant cōme large profundite qui ainsi cōme vne parfonde terre ou esbahissement tourmente sa pensee, et le tiers qui nō pas seulemēt boute ou effoxe de mettre lentēdement de sa congnoissance des choses, mais eschauffe la veue est appellee medusa pour ce que il ne peut estre veu, et de ces trois gorgones qui signifient ces trois temps est la fable de pseus ou ses poetes faingnent que a layde de mynerue ce perseus tua ces trois gorgones et destruit et ainsi la fable de pegasus et de son legier vol et cōment il rōpit la fontaine des muses de son pie. Toutes lesquelles choses ses poetes attribuerent a sapience couuertement et soubz les fictiōs que ilz faisoient, et ce que ilz la mettoient en la garde de la suette signifioit que sapience mesmes en tenebres garde sa resplendisseur et sa lumiere, et pour ce faingnent ses poetes q̄ mynerue ou pallas auoit fait et sōdre la cite dathenes, pour ce que athenes en grec vault autant cōme minerue et athanataptene, vault autant cōme vierge immortelle pour ce que sapience ne peut estre corrompue ne mort. Apres iuno qui signifie la vie actiue et qui est dicte de iuuādo cest a dire de ayder, et pour ce est dicte la premiere es seignouries pour ce que chascun sestudie de acquerir estoit painte comme royne vng sceptre en sa main, pour ce que richesses si sont prochaines aux royaumes et aux seignouries, elle auoit la teste couuerte pour ce que ses richesses sōt tousiours mucees et repostes, elle estoit aussi appellee selon aucuns deesse denfantement, pour ce que sen accroistvolūtiers richesses, et que ses vnes richesses engēdrent les autres, et aucunesfois abortent et perissent, et aucunesfois pert on et principal et accessoire, elle auoit le paon en sa garde. pour ce que sa vie des riches gens si desire tousiours adornemens diuers, paremens et noblesses, et tout ainsi comme le paon quant il fait sa roue pour mōstrer la beaulte de ses elles et de ses plumes se descouure laidement par derriere ainsi les richesses seculieres ceulx q̄ elles adornent elles les laissent en momēt et definent laidement. Apres ce ilz mettent de coste laer du ciel pour ce que tout ainsi cō larc du ciel appert de plusieurs couleurs et sen va soudainement, tout ainsi fortune suppose que elle soit paree et adornee a present, toutesfois elle sen foupt de legier, et pour ce dit theofrastus en ses morales quant il parle de lhomme et de ses richesses, regarde dit il se demourant Et salomon dit ainsi, en la mort de sōme sōt descouuertes ses euures. Tiercemēt voluptuosite luxure ou delectacion qui selō les epicuriens est appellee bonne chose et saourent, et selon les striciens chose vaine, et se condēment ne ney nont cure et qui est appellee en grec ascolis qui vault autant cōme escume en latin, pour ce que ainsi cōme lescume vient soudainement, et soudainement se part, autel dient il de sa vie voluptueuse et de la delectaciõ charnelle et pour ce faignent les poetes quelle fut nee des genitoires saturnus qui furẽt coppees et gettees en la mer/elle est figuree nue ou pour ce q̃ elle despoulle et designe ceulx q̃ la desirẽt et la suiuẽt ou pour ce quelle na point de honte de mener ceste laide vie ou pour ce quelle ne scet celer sõ conseil/ mais la descouure par tout ou pour ce q̃ ce mestier appartient mieulx a faire a gens nudz que a gens vestus/ilz lup attribuerent les roses pour ce q̃ tout ainsi cõe la rose rougist et point au coeur fir ainsi luxure ou delectaciõ charnelle si a en sop vne vergongne pour la honte de leuure/et si point pour laguillon du peche et ainsi cõe la rose suppose q̃lle soit delitable a veoir/toutesfois se flatrist elle de legier et se coust et pt tantost sa beaute. Aussi fait luxure et delectacion charnelle/a elle estoient consacres les coulons et en sa garde/pour ce q̃ ce sont bestes chaudes et ardans en luxure. De rechief elle est painte noant en la mer pour ce que ai si que la mer est perilleuse et preste a noper et pericliter ceulx q̃ p võt tout aisi noie luxure ceulx qui p demeurent. Elle porte vne mouse ou vng oistre en sa mai pour ce que cest le beste imperfect ou fait de celle cõionction euure tout son corps/de ce p̃ iuba in phisiologis q̃ dit aisi vous iuges ie vous reqers que vous espaigniés aux ardeurs humains/ de toutes ces choses parle plus a plain sulgẽce et albericus es lieux dessus allegue/ ou on en pourra veoir plus plainemẽt. ¶ Apres quant il parle des bons dieux et mauuais et de la fieure q̃ ilz adouroiẽt pour les maulx et de bellone qui estoit deesse des batailles et de concorde et de discorde il estassauoir que toutes ces deesses estoient adourees a rõme et p auoient temples chascũe ou elles estoient adourees/et mõstre monseigneur saint augustin que il ne peut souldre a la question/laquelle ilz font de concorde et de discorde soit quilz aient adoure discorde et laissie concorde/ soit q̃lz aient adoure concorde et laisse discorde/ ou que ilz les aiẽt laissees toutes deux a adourer ou q̃ les aiẽt adourees toutes deux et puis ont adoure la fieure et bellone/ car se ilz ont laissie concorde et adoure discorde ce neust pas este chose raisonable/ et se ilz ont adoure concorde et laisse discorde la deesse/ce nest pas merueilles se elle les griefuz et se ilz les ont adoures toutes deux enssemble/encores ne il peuent il souldre la question tant pr̃ ce quelles ne se peuẽt entresouffrir cõme elles soient cõtraires et opposites/cõme par ce que concorde ne sen deust pas estre partie et discorde estre demouree/ ce que si fist/car elles les mena iusques aux batailles ciuiles/ et se ilz les laisserent toutes deux a adourer/ et adourent la fieure et bellonne/ et encores se deurẽt cõcorde et discorde plus courroucer contre eulx/

¶ Des diuerses manieres de batailles lesquelles sensuiuirent apres ce q̃ la maisõde cõcorde fut faicte et edifiee. xxvi.

Mais ilz cuiderent q̃ la maison de concorde laquelle estoit tesmoignaige de la mort et tourmẽt de graccus fust tresnoble empeschemẽt de discorde et que on la peust opposer et metre au deuant a ceulx q̃ vouldroient esmouoir aucunes discordes. Quel prouffit p eurent de ce ce Les choses qui sensuiuirent apres le demonstrent/car certes ces esmouuemẽs de la enauant labourerent et traueillerent/non pas a escheuer lexẽple des graccus mais a sourmõter leur propos/cestadire a acõplir plus haultement ce que les graccus auoient propose a faire/cestassauoir lucius sarturnius tribuns du peuple/ et graccus seruius preteur/et grant temps apres marcus drusus. par les discordes et sedicions de tous lesquelz adoncques premierement dessors ardient et esbouloient tresgriefues occisions. Et depuis les tresgriefues batailles sociales/cestadire des rõmains et de ceulx q̃ estoiẽt de leur societe et aliãce par lesquelz ptalie fut tresgrandement et formēt tourmētee ī menee iusques a ce q̄lle fut merueilseusemēt deserte ī gastee Apres sensuiuit la bataille seruile/cest a dire de serfz qui se rebellerent cōtre seurs seigneurs/et aussi sensuiuirēt les batailtes ciuiles/cest a dire des citoyens de rōe lun cōtre lautre. Quelles batailles en furēt faictes et cōmises cōbien de sāg espandu si q̄ a peines toutes les gēs ditasemēt ceulx dōt lēpire rommain estoit plus noble et plus beau ī plus puissāt ainsi cōe p maniere de tyrānie cruelle furent rōpus ī abatus de seur orgueil. Cōment lors de trespou de gēs cestassauoir demois de.l.pp gladiateurs la bataille seruile/ cest a dire des serfz fut ptraicte ī assēblee A com grāt nōbre de serfz aigres et cruelz elle puint. Quās ēpereurs du peuple de rōme ce nōbre de serfz sourmōta/īgmēt ilz gasterēt les citez ī regiōs a peines la peurēt declairer ceulx q̄ de ces choses escriprēt listoire/ ne celle bataille seruile ne fut pas seule/car parauāt la grāt multitude des serfz gasterēt ī pillerēt la cite de macedoine subīcte aux rōmains et puis sezise et toutes les contrees sur la mer Quās mauluxet com horribles aussi ilz cōmirent premieremēt en roberies et laucins Aprez les fortes batailles des lariōs de mer q̄ est celui q̄ pour la grādeur des choses se peut raconter ainsi cōe se il voulsist dire nulz.

Expposicion sur ce chapitre

En ce.xxvi.chapitre monseigneur sait augustin demōstre q̄ ce q̄ les rōmains edifierēt le tēple a gcorde ne seur porta aucun proufit Ne q̄ pour ce les rōmains ne vindrēt a aucunes de seurs ententes/car ilz edifierēt ce tēple de cōcorde a ce q̄ p ce les batailles ī discordes ciuiles cessassent ī q̄ p ce elles feussēt du tout ēpeschees/ī le iugemēt pour la mort des deux graccus q̄ auoiēt este mors/lesq̄lz auoiēt este cause des dictes sediciōs et discordes ciuiles/ī pour ce quāt monseigneur sait augustin dit q̄ ce tēple de cōcorde fut noble ostacle ī ēpeschemēt de ces discordes et sedicious/il se dit p maniere de derisiō ī de mocq̄rie. pour ce que ce admena plus de discorde q̄ de cōcorde/cestassauoir batailles ciuiles sociees et seruiles. Aprs quāt mōseigneur sait augustin pse de Lucius saturnius et de gapus seruilius preteur q̄ autremēt est appelle gapus glancus/cest vne histoire q̄ met orose en son. V liure ou.xxi.chapp. q̄ dit q̄.Di.cēs ī.lx.v. ans aprs la creaciō de romme aprs la mort des deux graccus/et lucius saturnius q̄ estoit ennemy de quintus metellus aprs ce q̄ il fut cree censeur/il chassa hors de sa maisō ī sen fist supr ou capitole ī la lassiega a grant quantite de gēs darmes mais les cheualiers rōmais q̄ en eurent grāt indignacion/le firēt leuer p force et p eut grāt occisiō/Et aprs ce p fraude ce saturnius gapus glaucus ī gapus mari⁹ q̄ estoit lors ꝯsul de rōe mirēt a mort vng q̄ auoit a nom. Annonius q̄ auoit reqs a estre tribun/en ce tēps q̄ saturnius auoit este cree et en lānee ensuiuāt/ ce mari⁹ fut fait.vi.fois cōsul/ī gap⁹ glanca fut fait preteur/ ī saturnius tribun du peuple/ tous lesq̄lz trois firēt ꝯspiraciō de enuoyer ce metellus en exil.et le firēt accuser de plusieurs crimes/ et au iour q̄ il se deust deffēdre cōme ces iuges mesmes fussent de la ptie de ceulx q̄ auoiēt faicte cōspiraciō telle q̄ dessus est dit p tuausse et par mauuaistie/ ilz le condemnerēt a aler en exil. dōt le peuple de rōe fut merueilseusemēt dolēt. Aprs ce saturnius occist vng appelle manius q̄ estoit saige et prudent ī home entier doubtāt q̄l ne fut fait consul en vne discorde q̄ sourdit en la cite de rōme/ ainsi cōe il sen fuyoit/ ī cōe le peuple fut merueilseusemēt esmeu ī trouble/ pour tāt de maulx q̄ faisoit ce saturnius marius cōsul appaisa ceste rumeur p vng petit sermō q̄ il seur fist. Aprs ce saturni⁹ fist vne grāt assēblee de peuple en sa maison ī les alia tellemēt a soy q̄ les vngz sappel soient roy/les autres sappelloient esperenr Ceste chose vint a la congnoissance de marius q̃ tātost assēbla le peuple et ordōna et mist ung cōsul en bataille en ung pēdāt p maniere dune arriere garde et il se mist au marche et rōpit les portes de lostel de ce saturnius/et sa eut grāde et dure bataille et p telle maniere q̃ il fut cōstraīt par les gens de marius a vuider le marche/et sē souyt tout droit vers le capitole. et la fut acōsuivi auant quil y peut entrer/la eut grāt bataille et grāt assault dune part et dautre/mais affin q̃ p meschef il ne prist le capitole/tantost marius fist trenchier tous les conduis par ou leaue venoit ou capitole/et quāt saturnius se veist ainsi oppresse/cōmenca a crper que marius estoit aucteur et consenteur de toutes les sediciōs q̃ auoiēt este faictes a rōme/et en disant ces parolles fut cōstraīt ce saturnius et deuy autres de ses compaignons lun appelle fansepus et lautre sabpenus deulp retraire dedēs sa court du capitole et fermer les portes sur eulp/ mais elles furēt tantost rōpues par les cheualiers rōmains/et les occirent en sadicte court/ et gapus glanca ou glancia q̃ sestoit mis a garand en sa maison de claudien en fut traict a force et occys/ de tous lesq̃lz leurs biens furēt cōfisquez p furius q̃ estoit tribun du peuple/et guepus dollobella frere de saturnius et lucius giganio q̃ sen fuyoient pmp le marche furēt aussi occys/ et ces occisions ainsi faictes et ces sediciōs ainsi cessees le peuple cuida estre en paip Et adōnc catho et popee a sa reqe du peuple doubliēt prier q̃ metellus qui auoit este banny peut retourner/mais il fut empesche p marius consul et furius q̃ estoit tribun du peuple qui auoiēt este gsentans de sa mauuaistie de senuoyer en epil. aps quāt monseignr saint augustin parle de marius drusus tribun du peuple lesq̃l ore se ou .ppii. chapitre de son.v. liure appelle selinus ou seiuiꝰ drusus/ il en ple pour ce q̃ ce fut cellui p qui premierement furent commēcees et esmeues les batailles socie

eles/ desquelles ple mōseigneur sait augustin en ce chapitre/et duquel noꝰ auōs ple en ce liure ou.ppiii. chapitre/ et aussi de la cause pourquoy il les cōmenca: de ce marcus drusus parle orose ou.ppii. chapitre de son.v. liure qui dit que en lan. sip cens. sip. aprez la creacion de rōme septus iusius cesar et lucius marcꝰ philippꝰ estās consulz de rōme/ ce drusus fut cause des batailles sociees/et la cause nous lauōs mise ou.ppiii. chapitre dessus allegue de lui raconte valerius mapimus en sō.ipt liure ou.v. chapitre en parlāt de lorgueil et de la fierte de lui que comme en une assemblee que ilz appellent concion pour ce que lucius marcus philippus lui recoppa sa parolle/ il lui toist sa bouche par ung sien propre valet/ non pas p le sergent commun se fist gecter si laidement en prison que il lui fist saillir grāt quantite de sang par le nez/et dit encores que comme le senat eut enuoye ver luy il respondit fieremēt et orgueilleusemēt pourquoy le senat nestoit venu a luy en une court prez du marche qui estoit appellee curia hostilia/ et dit encores valerius que il lui despleust forment de dire que ung tribun eut en despit le commandemēt du senat/ et que le senat eut obey aup postes dun tribun/ par quoy il est a entēdre que le senat obeyst et vint a lui/ Des batailles que esmeut ce marcus drusus/ nous en auons parse cy dessus sur ledit.ppiii. chapitre et peut apparoir qui fut cause des tresgrandes batailles sociees tant par ce quil gecta si vilainemēt ce lucius marcius philippus comme par ce quil ne daigna venir au mandement ne a lassemblee du senat/ mais eut en grant despit comme dit est ce q̃ il estoiēt venus a lui. Et quāt monseignr sait augusti dit q̃ il fut grāt tēpe aprez saturnius/ et gapꝰ seruilius/ il le dit pour ce q̃ ses sediciōs et discordes ciuiles gmencerēt lan. vi. cēs et lp.v. aps la creacion de romme. et drusus qui esmeut les batailles sociees fut en lan.vi. cēs et. sip et aissi y eut. piiii. ans diteruale sicome il

appert par oroſe ou. xxi ⁊ xxii. chapitres
de ſon. v. liure/ de ces batailles ſocielles/
pour quoy elles ſont ainſi appellees ⁊ dau
cunes dicelles batailles nous en auons p
le ou. xxiii. chapitre deſſus allegue mais
pour ſa grandeur dicelles encores en vou
lons nous vng pou parler. Et premiere
ment il eſt certain ſicome dit oroſe ou dit
xxii. chapitre q̃ pompedius ſe combatit con
tre ceulx de piſe ⁊ fut vaincu/ ⁊ lucius iu
lius ceſar ſui et ſon oſt fut deſconfy des
ſamnites/ et ſen fouit ⁊ luſius conſul q̃
ne voult croire le conſeil de marius qui eſ
toit ſon compaignon ⁊ ſe bouta en vne em
buche que auoient faicte les marſſes ou
il perdit tout ſon oſt ⁊ fut vaincu et mort
Et y eut mors viii. m. homes romains
entre leſquelz auoit pluſieurs nobles ho
mes. ſcipio fut deſconfit auſſi p vne au
tre embuche et occp des marſſes et des ve
ſtins/ lucius iulius ceſar aps ce quil eut
eſte ainſi vaincu des ſamnites. raſſembla
ſes gens et tua des ſamnites et des lucas
ſans nombre. marius en occiſt vi. m. marſ
ſes et en deſpoulla viii. mille/ et a brief
dire finablement catho deſconfit les etruſ
ques marius les marſſes/ carbo les lu-
cans/ ſylla les ſamnites/ g̃ pepus pompei
us ceulx de piſe/ plotinus les vmbres/
pompedius les aſculains q̃ ſe ſtoiēt eſten
dus par les chāps. Et dit oroſe q̃ il y eut
viii. m. marſſes qui eſtoient auecq̃s vng
empreur appelle franco/ q̃ furent mors
⁊ trois mil. prins ſicome tu p pourras veoir
pluſſargement en oroſe ou xxii. chapitre
deſſus allegue par anneus florus en ſon
epithome ou iii. liure ou cap̃ de bello ſoci
ali q̃ dit que oncques les batailles de hā
nibal ne de pirrus ne gaſterent ytale par tel
le maniere come les batailles ſocielles par
telle maniere q̃l diſt que lucius iulius ce
ſar apres ce quil fut deſconfit des ſamni
tes/ et quil eut perdu ſon oſt et q̃l fut ra-
porte en ſa cite tout naure il y eut bien ſa
moitie des romains qui ploureret leurs
amis q̃lz auoient pdus. Et ce ſouffiſſe
des batailles ſocielles auecq̃s ce q̃ nous
en auons dit deſſus ſur ledit xxii. ch̃ap.
Et pour ce monſeigñr ſaint auguſtin dit
que ptale fut forment gaſtee et tourmen-
tee et menee preſques a deſerte. ¶ Apres
quāt monſeigñr ſaint auguſtin parle des
batailles ſeruiles et des batailles ciuiles
il le dit notablemēt pour ce q̃ ſes batailleſ
ciuiles de ſylla pcederēt les batailles ſer
uiles/ car la bataille de ſylla comença ſe
lon oroſe en ſon v. liure ou xxiiii. chapi-
tre en lan ſix et lxxii. Et auāt que les ba
tailles ſeruiles comencaſſent et durerēt
p vi. ans/ et ces batailles ſeruiles eſtoiēt
proprement les batailles q̃ faiſoient les
gladiateurs q̃ ſe combatoiēt lun contre lau
tre/ come faiſoiēt les cheualiers ſauuages
ou ceulx q̃ ſe combatoient contre les beſtes
Et toutesfois la bataille ſeruile q̃ fut en
ſezile preceda les batailles ciuiles/ ſicome
il appert par oroſe en ſon v. liure ou derni
er chapitre q̃ dit. que vi. cens lxxix. ans
apres ſa creation de rome/ ou tēps de ſu-
culus ⁊ caſſius eſtoiēt conſulz de rome lxxiiii
gladiateurs ſe partirēt de lobeiſſance de
vng qui auoit a nō ſugdoneus lentulnz
q̃ tātoſt prindrēt place en vne montaigne
appellee veſubius et furēt trois ducz dōt
les deux eſtoiēt galles/ ⁊ eſtoit lun appel
le cripus et lautre cemomaus/ et lautre
eſtoit de trace q̃ auoit a nō ſpartacus/ et
come vng preteur de rome appelle clau
dius les euſt enuironez ⁊ aſſiegiz ilz aſ-
ſablerent leur ſiege et ſe ſerrerēt parmi
eulx et ſen chaſſerēt et piſſerēt tout ſon oſt
et dit oroſe que de ſa ilz ſe ptirēt et aſſable
rent merueilleuſemēt grāt oſt ē brief tēps
Et ſen alerent par pluſieurs citez dōt cri
pus aſſembla vingt mille. homes et ſp
tacus en aſſembla trente mille. Et de ce-
monaus il nen fait point mencion pour
ce que il fut mort en ſa premiere bataille
Et comme ilz boutaſſent les feux par
tout tuaſſent rauiſſent et efforcaſſent fē-
mes par ſi treſcruelle ⁊ orrible maniere q̃
pluſieurs q̃ ſe ſentoiēt vioffees ſe tuerēt
Lenenuopa cōtre eulx deux conſulz/ ceſt
aſſauoir/ Gelius et leuculus/ dont geli

ue dõmaiga merueilleusemẽt eŋ bataille cripus et leuculus fut chasse de spartacus/et depuis se rassemblerent ce gelius et leuculus auec grãt quãtite de gẽs darmes/mais ce fut eŋ Vaiŋ, car cõme ilz se combatissent cõtre spartacus tous deulx ꝑ apres ce quil eut desconfist leurs gens/ilz seŋ fouyrent. Apres fut enuoye contre ce spartacus gapus casius/lequel ce spartacus desconfit et occist: et comme il eut esbahy et esfree la cite de rõme et les habitans dicelle tresgrandement et autãt ou plus comme hanibal quant il vint deuant les portes de romme/lequel se partit et retrait pour la tempeste qui sourdit. Le senat ordonna vng consul appelle crasus auec certaines legions aulquelles ilz firent ꝯ adiousterent aucuns accroissemens que ilz nauoient pas accoustumez a faire/le quel tantost seŋ alla combatre contre ces gladiateurs qui autrement sõt appellez fugitifz/et en occist vi. mil ⁊ v. cẽs ⁊ comme il poursuiuit ce spartacus a vng fleuue qui auoit a nom sifaire ou il mettoit son siege auant que il sup peut liurer bataille/il encontra les galles et les germains qui estoient eŋ layde de ce spartacus et les desconfit et en occit. xxx. mil auecques leurs cheuetaines/et dernieresment se combatit a spartacus et a son ost que il auoit grant et puissant/et le descõfist par telle maniere quil en peut. lx. mil mors et. vi. mil prins et quatre mil qui furent prins a mercy cõme citoyens rommains. Et le demourant de ceulx qui se partirent de celle bataille eŋ fuyãt furẽt desconfis par parties par les ducz des rõmains qui les poursuiuirẽt diligãment Eutrope. ou. iii. chapitre dit que ceste bataille dura trois ans/et fut acheuee eŋ puille. Et de ceste bataille parle monseigneur saint augustin cy aꝑs ou. iiii. liure ou. v. chapitre. De la bataille de ces serfz fugitifz parle merueilleusemẽt anneuf florus ou. iii. liure de son epithome ou chapitre de bello spartaco qui dit ainsi p̃ maniere de admiracion ie ne scay dit il p les

Tercio.

quel nom ie appelle la bataille esmeue ꝑ spartacus. Quelle merueilles, car les serfz faisoiẽt fais de cheualiers ⁊ les gladiateurs cõmandoiẽt cõme empereurs ⁊ les hommes q estoient de plusieurs et plus bas degre/cest a dire les serfz adioustoiẽt et accroissoiẽt au peuple rõmai tresmauuaise ⁊ treshonteuse chetiuete, et dit encores q ilz gasterent toute cãpane/et si pillerent Bolemiterne, ceulx qui estoient ap pellez tarii ⁊ aussi toute methaponee ilz firẽt escus et armures dosieres lesq̃lz ilz couurirent de peaulx que de bestes ilz tuoient et mengoient, ⁊ des fers ou les serfz auoient este enferrez/ilz firẽt espees glaues et iauelos/et dit encores oultre que depuis ce spartacus eut premierement descõfit leuculus que encores descõfit il vne fois gapus crassus/et que il seŋ orgueilsist tellement de ses victoires que il se ordonna a assaillir la cite de romme/⁊ dit que il y auoit vng duc appelle mirmilo/ Et quant les rõmains veirẽt ce/ilz asseblerent tout leur effort, et firent leur capitaine de licinius crassus/lequel chassa iusques es dernieres parties de ptalie/et comme ilz ordonnassent deulx retraire en sezille/et ilz neussẽt pas assez nefz ou nauires ilz firent ainsi cõme vne maniere de pons de tõnneaulx, et de merriẽ sye ensemble/mais ce ne leur valut riẽs, car ilz furẽt poursuiuiz de si pres des rõmais q ilz furẽt tous mors et noyez, mais toutesfois se combatirent ilz si vaillãment et resisterent tant comme ilz peurent. Et ou ꝑmier assault fut mort ce sptacus q se desfẽdit tãt cõe y peut cõe vaillãt prĩce, et cõbien q mõseigneur sait augustin appel le ceste bataille seruile/toutesfois orose sappelle des fugitifz pour ce q suppose q q vng filz despe de son pere et trape arrie re/toutesfois nest il pas appelle fugitif/ Aꝑs quãt mõseignr sait augustin ple de la bataille seruile de macedoine, orose en ple eŋ soŋ. v. liure ou. xxvii. chap̃ q dit q eŋ laŋ. vi. cẽes ⁊ lxxiii. aꝑs la creaciõ de rõ me. Claudi᷈ si fut ordõne a ouurir sus ⁊

mettre hors aucunes gens qui gastoient et pissoient macedoine qui estoit subiecte au peuple de romme, et estoient mis aux montaignes denuiron qui estoient appellez montes rodopepe, et dit que cestoient gens sans pitie, et estoit grant horreur a veoir ce que ilz faisoient, car quant ilz auoient soif et nauoient a quoy boire, ilz coppoient la teste a vng de ceulx qlz auoient prins, et luy ostoient la ceruelle de dedens et escrachoient les cheueulx et la cher, et a ce testz ainsi souillie buoient ainsi cōme a vng beau hanap. Et cōme claudius les voulsist chasser hors du pays, il ne peut mettre remede tant par les besongnes q lup suruindrent comme par la maladie de laquelle il morut, et comme sen eut en uoye apres vng consul de romme appelle serbonius, il ne les osa assaillir. Mais sen alla en sardaine, toutesfois furent ilz depuis combatus et vaincus par vng appelle lucullus, et celle bataille fut .vi. ans auant celle des gladiateurs, car celle fut lan .sppip. sicomme il appert par orose aux chapitres dessus alleguez. Apz quant monseigneur saint augustin parle de la bataille seruile qui fut en sezile, il est assauoir que piso vng consul de romme, si assaillit et print leur chasteau qui auoit a nom memuarcus ou il occist. viii mil de ces serfz fugitifz, et tous ceulx q peut prēdre vifz, il les fist pendre a gibes. Auql succeda vng consul de romme appelle rutilius qui les poursuinit et print deux de leurs chasteaux ou fois ou ilz sen fuyoient tousiours a garād, et la en occist plus de .pp. mil. Il y eut autres batailles seruiles, desquelles parle anneus florus en son epithome en son tiers liure ou chapitre de bello seruili, dont nous auons parle cy dessus sur suppositiō du .ppii. chapitre du .ii. liure, desquelz fut sun ordonius qui gasta sezille, vng autre appelle cyr' qui faisoit saillir le feu de sa bouche vng autre appelle athenio qui fut vng bergier, desquelz nous auons parle plus largement ou dit chapitre. Et aussi en ple flo

rus ou dit chapitre de bello seruili, et quant monseigneur saint augustin parle des batailles des larrons, nous en auons parle en ce mesmes .ppii. chapitre et les auōs mis es batailles des acephales, cest a dire des gens sans chief. Comme sont les compaignes du nombre desquelz furent viriateurs, suzitanus et bargulus, plirius et les autres, dont nous auons parle ou dit chapitre. Et apres quant est des batailles des larrons de mer ql appelle pyrates. Eutrope en parle en son .v. liure q dit que encores durant la bataille de macedoine les larrons de mer si couroient par tout, et faisoient tel paour aux rommais, et a tout le mōde q escores ne se tenoiēt il pas asseur en mer et surent desconfis p guey° pōpeyus et dit eutrope oudit .vi. liure q ceguey° pōpeyus eut deux triūphes ensemble, cest assauoir lun des larrōs de mer sautre de mitridates, et dit que oncques homme neut si grant noblesse a son triūphe, car il dit que deuāt son char estoient menez les deux filz de mitridates les enfans de triganes et aristobulus qui estoit roy des iuifz, et estoit porte deuāt sui dor et dargent sans fin, et dit que lors nestoiēt nulles griefues batailles sur terre

¶ Il traicte icy de la bataille q fut entre marius et silla pyvii.

Mais cōme marius fut ia souffe et en sanglēte du sang ciuil par ce quil auoit occy plusieurs de la partye de sō aduersaire cest assauoir sylla et sen fut fouy comme vaincu et desconfi de la cite a peines la cite auoit reprise sō allaine assi q ie vse des poetes de tulle quāt il les sour mōta il vainq auecques symia q estoit de sa ptie. Lors pour verite les tresnobles hōmes de la cite occps la clarete et la sumiere de ceste cite furēt estaites, La cruaulte de ceste victoire vēga apz sylla ne il nest besoing de dire p com grant appeticemēt des citoyens de rōe et p̄ com grāde chetiueté et misere de la chose publicq̄/mais de ceste vengāce qui fut plus laide q̄ se les mesfais que il pugnissoit fussent demourez impugnis/dit Lucan en son.ii.liure telz motz/la medecine dit il excede sa mesure/et sa maniere de la main ensuiuit de trop pres ce qui menoient a la p̄rpe masade/car cōme il ny peut ia demourer vifz que les nuisans iceulx mesmes nuysans perirent en celle bataille de marius et de silla excepte ceulx ou sans ceulx q̄ furēt mors p̄ dehors en bataille/ En celle cite toutes les rues/les places/les marches les theatres et les tēples furēt tous ēplis des charōgnes des corps des mors et des gēs occis/en telle maniere q̄ ce fut fort a iuger/quāt les vainqueurs occirent plus de gēs ou deuāt leur victoire assi q̄ ilz vaīquisēt ou ap̄s ce q̄ il eurēt vaīcu. quāt p̄miemēt ap̄s sa victoire et q̄ il reuīt et se desitura de sepil. exceptees les occisiōs q̄ furēt p̄ toutes en chascune p̄tie le chief de octauius fut mis ou marche a rōme/cesar et fibria furēt tuez de leurs gēs en leurs maisōs les deux crassus/cestassauoir le pere le filz l'un v̄eāt l'autre. Febius et munitorius furēt mors p̄ ce que ilz furēt trais a cros de fer. et leurs entrailles toutes espādues/catulus soccist p̄ boire venin pour soy oster des mains de ses ēnemis. Meru la aussi q̄ estoit flamine dyal se fist couper les vaines pour sacrifier de son sāg a iupiter/et encores deuāt les yeulx des marius estoient tuez to⁹ ceulx q̄ l'asauoit q̄ ne fuit te doiēt sa mai tātost cōe il ses auoit sauuez Exposicion sur ce chapitre.

En ce. xxviii. chapitre monseign̄r saīt augustī demōstre q̄ le tēple de ocord q̄ firēt les rōmais en la cite de rōme et duq̄l il a p̄ley cy dessus ou.xxv. cha-pitre fut du tout inutile aux rōmais. Et ce dēmōstre il p̄ les grās discordes q̄ sap̄p̄turēt en la bataille ciuile q̄ fut de silla et de marius. Et dēmōstre sa grāt multitude dēs discordes des maulx q̄ furēt fais

en la cite quant marius eut sa puissance en la cite de romme. Pour sentendement du q̄l chap̄ sōt diligēmēt a noter et a rēdre les choses que nous auōs dit de silla et de marius sur sepposicion du xxvii chap̄. du premier liure/et quāt monseigneur saint augustin dit et p̄le de tulle et de ses paroles il se dit pour ce que tulle en sa tierce inuectiue cōtre catiline vse de ces mesmes motz/cestassauoir q̄ ap̄s ce syria auec marius sourmonterent sylla. cest a dire que ap̄s ce que marius sen fut soup̄ de romme/ il y retourna et se adioīct auec syria q̄ estoit compaignon de ces mauuaistiez. et firent les cruaultez dōt nous auons parle sur ledit xxvii. chapitre du p̄mier liure. Et dont tulle fait aussi mencion en ses inuectiues/et iassoit ce q̄ monseigneur saint augustin dye que marius auec sympa sourmonta sylla, car quant marius reuīt a rōme sylla il en sēd pour ceulx q̄ estoiēt de la p̄tie de silla, car quāt marius reuīt a rōme silla ny estoit pas mais estoit absent. Apres quant il parle du lucan il est assauoir q̄ ce sont des vers de son ii. liure pres du cōmencemēt ainsi cōme a deux foeulles. Ou apres la fin de ce vers minus iam pucrida mēbra restidit la toste sensuit/ Excessit medicina modū et ce. et se dit luca pour ce q̄ ap̄s ce q̄ marius eust toute corrūpue sa cite et fait si grāt occisiō les rōmais māderēt a silla que il retour nast a rōme pour sauuer le pays et la chose publicque de rōme/lequel il vint ainsy cōe se mire/leq̄l apporte le fer pour trēch̄er et oster les p̄ties pourries. mais se le mire coppe le mēbre sain il nest pas doubte que la medecine excede la maniere q̄mēt il se doit faire Et pour ce dit lucan que ain si le fist sylla, car il dit que il tua et mist a mort indiferāment et nocens et innocens. et pour ce dit il en adioustāt que en poursuiuant les nocēs il se hasta trop Car sans deliberacion/occist aussi les īnocens. et cest ce quil dit. Nimiūq̄ scuta ē qua morbi duere manⁱ. Et quāt il dit q̄ les nocens perirent/il se dit pour ce que

par la cruaulte de silla & de ceulx de sa par
tie furent tous fais sillains & noccens Et
ceulx peurēt demourer en vie seulemēt par
ce qͥlz vouloient occire tous les autres/ &
neātmois nen fut mis silla contēt/car il
en occist mesmes plusieurs q̄ estoiēt de sa
partye cōme dit orose/ & valerius en son
ix.liure ou.ii.chapitre qͥ est de crudelitate
dit q̄ mesmes sur les fēmes tira il son es
pee ainsi cōme se il ne fut pas assez saou
le des hōmes occire seulemēt/ & lucan ou
lieu dessus allegue dit q̄ en celle sourfen
nerie les serfz auoiēt conge et licēce de tu
er leurs seigneurs & les enfans leurs pe
res/ & generalemēt occioit chascun ce qui
lui plaisoit. Aprez quāt mōseigneur saīt
augustin pʳle du chef octauien qͥ fut mis
ou marche/ & lappelle de rostris il appel
le ainsi ce marche pour ce que les becz des
nefz qͥl auoit conqͥses lesquelz estoiēt do
rez/estoiēt la atachies en signe de victoi
res qͥl auoit eues/ & en estoit ce marche pa
rez/ & estoit ce marche ou chāp marcien/ &
pour ce sappelloit on rostrū/ & selō ce que
dit valerius maximus en son ix liure ou
v.chap.prez de ce marche auoit vne court
laquelle estoit appelle curia hostialia ou
les tribuns du peuple assēbloient le peu
ple pour traicter auecques eulx de leurs
besongnes/ & cestoit celle ou marcus dio
sus duquel nous auons pʳse dessus/ mā
da le senat qͥl venist a lui/mais la court
principal estoit ou capitole/ & en ce mar
che ou estoiēt ces becz dorez qui aucunes
foiz est appellee rostrū fut mis le chef de
ce octauien pour ce que cestoit le lieu plus
cōmun & ou il reparoit plus de gens Cel
octauien selon ce que dit orose en son v.li
ure fut cōsul auec cymia/mais ce cymia
soustenoit la partye de marius/ & octaui
us estoit au cōtraire/ & pour ceste cause oc
tauius print en sa cōpaignie quepus pom
peyus/ & se combatit contre sertorius qui
estoit de la partye de marius/sicōme nous
auons dit ou.xxv.chapitre du.ii.liure &
fut occis selon ce que dit titus liuius quāt
il fut desconfi. & reboute par cymia & ma

rius quant il enterent a rōme par force
& quilz conqͥrent la porte qui sappelloit ia
niculus. Aprez quant il parle de cesar/et
de sīmbria Ce cesar fut vng consul de rō
me et censeur/ et fut proprement appelle
lucius iusius cesar/ et fut consul ou tēps
du commencement des batailles socieles
dont nous auons parle ou chapitre pre
cedent/ et ce disons nous notablement a
la difference du grant iusius cesar q̄ fut
empereur de romme qui fut appelle gay
us iusius cesar. Ce lucius cesar fut occy
tres cruelement et vilainement par ce ma
rius au corps dun tres vil & tres sedicieux
et diffame hōme de qui se ardoit le corps
qui estoit lors la maniere des obsecques/
sicōme len fait a present les entrremens
Et quant est de sīmbria/ il est assauoir q̄
ilz furent deux appellez sīmbria lun qui
estoit de la partye de marius q̄ soccist ou
temple de esculapius par desesperance cō
me il fust assiegez de sylla/sicomme dit
orose en son.v.liure/et dont nous auons
parle cy dessus sur lexposiciō du.vii. cha
pitre/et lautre qui estoit de sa pʳtye de syl
la/ et est cellui dont monseigneur saint
augustin fait mencion/ et autrement
ne se peut il entendre bonnement pour ce
que ce grant sīmbria tint tousiours sa pʳ
tye de marius/ aprez quant mōseigneur
saint augustin parle de la mort des deux
crassus/ il est assauoir que ilz furent oc
cis par sīmbria lequel estoit de la iāce de
marius/lesquelz aprez ce quil les eut oc
cys il les fist deschirer et despecher par pie
ces/et ce dit lucā en sō.ii.liure ou il dit ces
moctz. truncos. i. truncatos lacerauit
sīmbria crassos/ de leur mort parle slo
rus en son epithome ou tiers liure ou cha
pitre de bello ciuili mariano qui dit q̄ aprz
ce que ilz furent occis en leus maisons pʳ
sīmbria ilz furent despechez piece a piece.
Et en vng autre liure quil fist sur la bre
uiaciō de titᵘ liuiᵘ il dit q̄ le filz fut occy pʳ
les gēs de cheual de sīmbria et le pre q̄ estoit
vertueulx/ se tua/ affin quil ne fut occy

par telle merdaille. Apres quāt il ple de tre
bius et munitorius lucan en son. ii. liure
pleure p vers merueilleusemēt leur mort:
ou il dit. Cum funera elegi flere iacet
et leur mort racōte par telle maniere que
fait mōseigneur saint augustin. Florus
ou lieu dessus allegue fors tant q il dit q
les bouchiers les chasserēt leurs entrail-
les ou bopaulp du ventre a grāt cros de fer
en les trapnāt pmp la ville τ pmp le mar-
che. Aprs quāt monseigneur saint augu-
stin ple de la mort de catulus q se donna a
boire venin. Valerius maximus ou. ix.
chapitre de son. ix. liure lappelle quintus
catulus/ τ dit q aps ce q lui τ marius cōe
cōpaignons enuoyez p le senat eurēt des-
confit les cimbres τ les theutoniēs/ il fut
ymade p marius q auoit este sō cōpaignō
que sey le mist a mort pour la souruenue
des discordes ciuiles/ τ q tātost cōe il vint
a sa cōgnoissāce il se mist τ enclost en son
retraict/ τ p chaulx τ p feu seschauffa tel-
lement q il se tua. A ce saccorde florus ou
lieu dessus allegue/ Touteffois y eut il
vng autre catulus q fut des gens de sylla
duquel eutrope parle en son. v. liure/ lequel
lepidus chassa τ poursuiuit aps la mort
de marius. Apres quāt mōseigneur saint
augustin parle de merula valerius en sō
ix.liure ou.vii.chapitre dit q cestoit sō fla-
mine dyal/ q il estoit cōsul de rōe auec ce
τ q affin qil ne fut mocque de ceulx q estoi-
ent de la partie de ceulx de marius/ il entra
ou temple de iupiter τ la se fist saigner τ cop-
per les vaines/ affi qil ne cheist en leur dā-
ger/ τ en arousa les feuz tresanchiez q es-
toient en ce teple/ τ ce mesmes dit florus
ou lieu dessus allegue. Apres quāt il par
se de ceulx q faisoit occire τ occioit q ne lui
tendoiēt la main si tost cōme il les sauoit
Florus ou lieu dessus allegue en met vng
exēple tel q dit q vng grāt hōme de rōme
appelle ancherius/ pour ce q tantost il ne
lui tendit la main cōme il se sauoit/ fut
mis a mort/ τ dit oultre telles polles que
eut il fait de maulx se il fut demourez cō-
sul par vng an quāt entre les kalendes τ

les ydes de ianuier il fist tant doccisions.
Aussi cōme se il voulsist dire q sil eut este
consul en vng an il eut tout mis a mort.

¶ Quelle fut la victoire de sylla. lequel
fut vēgeur de la cruaulte de marius

xxviii.

Mais ce q celle victoire de sylla sen
fut ensuiuie/ cestassauoir qil fust
vēgeur de celle cruaulte de mari-
us/ apres tant de sang espandu des citoy-
ens par leffusion duquel sang celle victoi-
re auoit este achetee La bataille ia finee τ
les ennemisties viuans et demourās cel-
le cruaulte sauāca de faire pl' de maulx
et plus cruelx en telle paix. Lors aussi
apres les trois nouuelles occisions prece-
dens que fist le grant marius furent ad-
ioustees a celles plus griefues/ p le ieune
marius/ et par carbo qui estoient de la par-
tye du grāt marius/ lesqlz marius et car-
bo pour ce que ilz sentoiēt que sylla venoit
ytre eulx τ ia se desesperoiēt nō pas seule-
ment de la victoire mais de leur ppre vie
et salut empirent tous les lieux τ places
de leurs occisions/ car oultre labbateis τ
occisions des mors qui estoient largemēt
espars et par diuers lieux. Le senat aus-
si assegie ou capitole/ il estoiēt trais hors
de celle court ainsi comme de vne chartre
et estoient tous menez et liurez a lespee/
Mucius sceuola euesque pour eschieuer la
mort auoit embrache lautel du teple de ve-
ste/ duquel nestoit tenu plus saicte chose
entre les rōmais τ la fut occis p telle ma-
niere que a pou qui nestaint de sō sang le
feu qui par la diligence et cure perpetuele
des vierges ardoit tousiours. Apres ce sil-
la quant il eut vaincu ses ennemis entra
en la ville publicque a tous/ lequel non
pas par bataille foursenee mais en celle
crueuse paix foursenee en commandant
non pas en combatant auoit de toutes
ps occis. vii. mil hōes de pied to' desarmez
τ en toute sa cite qlconques estoit de la par-
tye de sylla/ il feroit et tuoit cellui qui lui

plaisoit/dont il aduint que il y eut tant
de corps mors que len ne les pouoit nom
brer/et tousiours tuoit iusques a ce q̄ lui
fut dit et enhorte que il en laissast aucūs
viure/affin que il en y eut aucuns sur les
quelz ceulx qui auoient vaincu peussent
auoir seignourie et commandemēt. lors
ia restraint ce congie et lisence fourfenee
de tuer ca et la.et par tout qui len voufoit
Celle table fut mise auant et ordonnee a
grant iope/laquelle contenoit que deux
mil de chascun ordre noble et puissāt/c'est
assauoir des cheualiers et des senateurs
fussent occis/bannis/ou damnez ¶Le
grant nombre faisoit ou donnoit tritres-
se/mais la maniere du fait faisoit conso
lacion. nessen ne auoit pas tant de dolour
de ce que il conuenoit que tant en cheissēt
de leur estat. C'est adire quil en y eut tāt
de mors/bannis ou damnez/comme len
auoit grant iope et leesse pour ce q̄ les au
tres nauoient point de doubte deulx/et q̄
ilz se tenoient estre asseurez/mais aussi
celle cruaulte des autres combien quelle
fut sceure gemissoit les diuerses manie-
re des mors quil trouuopēt en aucuns de
ceulx qui estoient commandez a mourir
C'est a dire a estre occis. lun estoit despe-
chiez aux mains et aux ongles sās fer &
sans espee/que p meyssent ceulx qui ain
si les deschiroient et trop plus crueusemēt
despechoient les hommes vng homevif
que les bestes ne deuourēt ou desrompēt
vne charongne quant on se a gectee aux
champs. Lautre auoit les peulx creuez/
& tirez hors de la teste & les menbres cop
pez par partpes/et en tant si grās tour
mens len les constraingnoit ou laissoit
longuement viure ou qui plus estlōgue
ment mourir. Ainsi en la maniere que len
gaste villes champestres par guerre fu-
rent gastees aucunes nobles citez/mais
il en y eut vne entre les autres que len cō
manda quelle fut toute tourmentee/c'est
a dire que tous les edifices en feussēt des
truis/et tous les habitans en icelle tour
mentez et mors sans riens excepter tout

ainsi comme se ce fut vng seul malfai-
cteur qui fut cōmande a estre mis a mort
pour ses demerites ou meffais ces cho-
ses furent faictes ou temps de paix apres
la bataille/non pas affin de aduancer ou
haster la victoire que len voufoit obtenir
mais affin que icelle eue/ elle ne fust
despitee.paix se combatit de cruaulte cō
tre bataille et vaincquit. car sa bataille
occist les armes/et paix occist les nudz/
et desarmez/La bataille estoit telle q̄ au
moins qui estoit feru se il pouoit il refe-
roit. mais la paix estoit telle/non pas q̄
cellui qui estoit eschape vesquist / mais
affin que cellui q̄ len voufoit tuer ne mist
en sui aucune resistence. Quelle raige de
gens estranges/quelle cruaulte de bar-
bariens peut estre comparee a ceste victoi
re de citopens contre citopens.

Expposicion sur ce chapitre
En ce. xxviii.chapitre mōseigneur
saint augustin argue contre les
rommains qui auoiēt edifie la
maison de concorde. et monstre les grās
maulx et discordes qui apparurent en sa
bataille ciuile de silla et de marius quāt
icellup silla retourna de grece.Et p̄mie-
rement il met les maulx qui premieremēt
furent fais de ce marius/et de ses adhe-
rens pour raison du retour de spilla/et se
condement il touche les maulx q̄ furent
fais par silla et ses adherens apres sō re-
tour. et toutesfois pour auoir le vray en
tendement de ce chapitre et du precedēt sōt
a notter et diligēment considerer ce que
nous auons dit de ce marius & de ce silla
sur expposiciō du.xxii.chapitre du secōd
liure. et appert par ce que nous en auōs
dit et par ce que orose en dit en son.v.liure
ou.xx.chapitre que silla entra premier
en sa cite et que par deux fois il se comba
tit contre ce marius dont en la premiere
bataille marius le pere que mōseigneur
saint augustin appelle le plus grāt mari
us/lequel auoit este.vi.fois consul & cou
uoitoit le.vii. icellui silla le chassa hors

de romme/et la seconde fut apres la mort de ce marius. Car apres ce que il eut este chasse par silla/ce silla sen ala en grece contre mitridates roy de ponth et dermenie. Et pendāt ce quil estoit la/marius sen retourna en ytale et y fist tant de cruaultez et si grandes que les rōmains pour leur dessence retournerēt leur courage et renuoyerēt querir sylla en grece/mais auāt q̄ il peust estre retourne/marius le pere fut mort de sa mort naturelle. Si se combatit silla cōtre le filz/ lequel mōseigneur saint augustin appelle le iosne marius/ (z cōtre ceulx qui tenoient sa partie. Et fist trop de merueilleuses cruaultez et doccisions/ nō pas seulement de ceulx contre lesqlz il nen trouua point, car il mesmes en occist grāt quātite de ceulx de sa ptie. Et dit encores orose ē sō B. liure ou lieu dessus allegue quil se cōbatit en vng lieu qui sappelloit sattrepōt Et sa occist les gens de lost de marius le iosne iusq̄s a ppB.M. Sicō claudiē lescript. En la seconde bataille il se combatit deuant la cite de rōme a sa porte q̄ sappelle sa porte colline a vng appelle cāponius duc des sānites q̄ estoit de la ptie de marius. La eut tresgrieue bataille et dure/ iusques a leure de nōne. Toutesfois vāq̄t silla la bataille/et en y eut de morz sur le chāp quatrevingtz mille. Et pū. M. q̄ se rendirent/ et le demourant furent tuez en fuyant. Et tantost entra silla cōe vāqueur en sa cite q̄. iiii. M. hōmes q̄ sestoiēt rendus a luy par certaines messages qlz p auoient enuoyez, et q̄ se tenoiēt asseurs et estoient tous desarmez il fist occire contre rayson et contre sa foy quil leur auoit baillee. Et apres ce q̄l eut tue tant de ses aduersaires /cōe sans nōbre occist il de ceulx de sa partie si grant quantite q̄ orose dit en sō B. liure ou pp̄B. chapitre quilz furent estimez iusq̄s a ix. m. Et la sans difference qui voulait tuoit/ et finablemēt en tua tāt et fist tuer q̄ quintus catulus qui estoit de sa ptie cōmeca a crier publicquemēt. Sil la/aueucq̄s lesqlz vainq̄rōs nous se nous occions les armez en bataille/et les desar

mez en paix. Et pour ce dit monseigneur saint augustin que la victore de silla ensuiuit les fais cruelz de marius / Cestadire qu apēs ceste victore de silla sa bataille fut pluscruelle quelle nauoit este auāt sa victore. Et pour ce dit Valerius en son ix. liure ou chapitre de crudelitate que en excersant et accōplissant ses victores/il represētoit la psonne de hanibal q̄ auoit acoustume dexcerser cruellemēt de ses victores. Apres quant il parle de labsence de marius et de silla/il se dit pour sa cruaulte du iosne marius/ qui pendant ce que silla estoit en grece/et que vne ptie des senateurs sen furent fuys a luy a garand. Le iosne marius et vng appelle carbo furent fais cousulz/et tantost occirent six senateurs et les mirent a mort ple conseil dun appelle damasippus/ qui estoit preteur / Cestassauoir quintus sceuola carbo lucius/domicius publius antestius. lesqlz ilz enuoierent querre, et manderent quilz venissent a la court du capitole/ ainsi cōme se ilz eussent a conseiller des besongnes publicques/et tantost les occist. Et pour ce dit monseigneur saint augusti qlz estoiēt trais de la court cōme dune prison ou chartre et menez a la mort. Les corps desqlz selō ce que dit orose furēt trainez a crocz de fer (z gettez en la riuiere du tybre. Et p ce peut on sauoir qlz furent deux q̄ furent appelsez carbo/desquelz lun estoit de la ptie de marius/ et lautre de la ptie de silla q̄ estoit senateur. Et cest cessuy de qui monseigñt saint augustin ple/ de la mort duquel carbo dit orose en son B. liure que pōpeius qui estoit vng des ducz de silla le chassa et pour suiuit iusques en sezille/et la finablemēt le fist mourir. Valerius maximus racōte que cōe il fust trois fois consul: pōpre commanda en sezille quō le mist a mort/ se ql pria moult hūblemēt a ceulx qui le menoient mourir/qlz le laissassent aller purgier son ventre/ affin dalongier sa vie. Et cōe il enuoyast de ce q̄l demouroit tāt/ ilz sup copperēt la teste ou lieu ou il estoit tout acroupy a faire son aisement. Apres

quāt monseigñr saint augustin ple de mu
cius sceuola a eueſq̄/ Valerius maximus
en le ri.chapitre de son ir.liure dit q̄l estoit
si vaillant hōme et de si bōnes meurs quō
ne le pouoit assez louer. Toutessois fim
bria q̄ estoit de la partie de marius si mist
peine a ce q̄l fust occy au sepelture de mari
se pere/ et luy fist vne grāt playe de laq̄lle
il garit. Et quant ce vint a la cōgnoissā
ce de fibria/ il dist q̄l se vouloit accuser de
uāt le senat/ et quāt vint au iour q̄ on luy
demanda de quoy il vouloit accuser mu
cius/ Il dist q̄ cestoit pour ce q̄l luy auoit
toute son espee trop pou dedens le corps.
Toutessois fut il de puis tue/ sicāde mes
mes monseigñr saint augustin le dit en ce
chapitre/ a quoy sacorde lucan en son secōd
liure q̄ dit q̄l fut tue dedēs le tēple de veste
et q̄l estoit ia si cōsume de vieillesse q̄ a pei
ne getta il poit de sang de quoy il touffast
les feux q̄ estoiēt sacrez a la deesse veste/
toutessois florus en son abreuiacion de ti
tue liuius dit q̄ cōe p̄ lenortemēt et voulē
te de guepus marius q̄ estoit cōsul. Ce da
masippus de quoy nous auōs ple dessus
eust assēble toute la noblesse de romme et
fait tuer et mettre a mort/ du nōbre desq̄lz
estoit ce mucius sceuola souueraine eueſq̄.
Ce mucius sen fupt au porche du tēple de
veste/ et la fut occy. De ce tēple de veste et
des nōnaine vierges q̄ estoient cōsacrees
Noꝰ en auōs dit sur lexposiciō du xxviii
chapitre du second liure. Apres quāt mō
seigñr saint augustin dit q̄ silla entra en
la cite cōme vainqueur. Valerius maxi
mus ou.ii.chapitre de son ir.liure dit quil
ēplit toute la cite de rome et toutes les p̄
ties dicelle du sāg ciuil. Car cōtre sa foy et
sa p̄messe quatre legions q̄ se cōfioient de
luy et q̄ luy reqroient mercy fist occire ou
chāp marcien. Et quāt ilz furēt mors et de
trēchez/ il fist getter leurs corps dedens la
riuiere du tybre. De rechief vi m. de la cite
de penestre/ il fist venir hors de la cite pour
pler a luy ainsi cōe en seurete. Et cōme ilz
eussent oste leurs armures et se fussēt mis
a terre pour luy requerir mercy/ il les fist

tous occire et getter le corps pmy les chāps
Apres.iiii.M.et vii.cens rommains q̄l
auoit fait tuer pour ce q̄l les auoit bannis
et les fist escripre aux tables publiqs/ af
si quō eust memoire de ce fait. De ses au
tres cruaultez et tyrānies nous auons p̄
se sur lexposicion du xxii.chap.du second
liure. Et q̄ en vouldra veoir plus plaine
ment et plus largement/ voie iuliū firma
cū en son premier liure de iudiciis astrolo
gie. Et quāt est des batailles des bannis
desq̄lz monseigñr saint augustin ple en ce
chapitre Orose en son v.liure ou xx.cha
pitre dit q̄ apres ce que q̄ntus catulus eut
blasme et reprins silla de ce q̄l mettoit tāt
de gens a mort p̄ le conseil dun appelle lu
cius surdius/ il fist cesses tables infames
et plaines dinfamete de bānissemēt ou de
p̄scripcion. La premiere fut de iiii. xx.
hōmes entre lesq̄lz auoit quatre consulz.
cestassauoir carbo/ marius/ norbanus/ et
scipio/ et auecques eulx sertorius q̄ lors es
toit vng puissant hōme/ et estoit moult a
redoubter. En la seconde table auoit v.
cens hōmes/ et cōe vng vaillant hōme de
rōme sīple et innocent/ et q̄ ne cuidoit riē
auoir meffait/ appelle sosius/ sust cesse
table/ et soudainemēt y eust trouue sō nō
cōe paoureux et trēblant couurit sa teste et
sen cuida fuyr hors du marchie ou celle ta
ble estoit attachee/ mais en fuyant il fut
tue/ et toutessois nauoit il foy ne fin de ces
maulx en ces tables/ car ceulx mesmes q̄
ilz auoiēt bānis ilz occirent/ et les autres
ap̄s ce q̄lz les auoiēt tuez ilz bānissoiēt et
escripsoient. Et du nōbre de ces dānez et
bānis sont les docteurs a discord/ car mō
seigñr saint augusti en met.ii.M. auquel
sacorde florus en sō.iiii.liure de son epitho
me Valerius dit q̄l y eneut.iiii.M. et vii
cēs/ et orose ny en met sur tout q̄ v.cens et
iiii.xx. Apres quāt il ple de cestuy q̄ sās fer
fut descire et rōpu aux poings/ il est assa
uoir q̄ ce fut rebius q̄ estoit de la ptie de ma
rius selon ce que dit florus ou tiers liure
de son epithome. Et sa cause p̄ auentu
re fut pour ce q̄ lautre rebius qui fut de la

ptie de sillꝯ auoit auſſi eſte deſchire aux
poings/ſicōe il appt pſucā en ſon.ii.liure
Et le firēt aiſi aſſi deulx cōtreuēgier de
la moʒt de lautre rebius q̄ fut de la ptie de
sillꝯ. Apꝛes quāt il pſe dun autre a q̄ on
tira les peulx de la teſte/il eſt aſſauoir q̄
ce fut marcus marius/ſicōe nous auons
dit cy deſſus ſur lepꝑoſition du ꝑpii.cha
pitre.Et de la moʒt duql pſe ſſoʒus en ſō
iii.liure ou chapitre de belle mariano. Et
iulius firmacus ou lieu deſſus allegue/
q̄ lucā en ſon ſecōd liure q̄ deſcript ſa pite
uſe moʒt dont il fut moʒt. Apꝛe quāt mō
ſeignr̄ ſait auguſti pſe daucunes nobles
billes q̄ furēt gaſtees cōe citez. Ce furēt
deux citez deſpaigne q̄ auoiēt eſte de la p
tie de marius cōtre ſillꝯ apꝛs ce q̄ marius ⁊
ſes gens de ſa ptie furēt deſcōfis pꝑ les gēs
de ſillꝯ, dont lune eſtoit appellee caſegore
laqlle affianius pꝛint pꝑ le long ſiege qls p
fit q̄ tāt qls affama et pꝛint/ et finablemēt
ſardit et trebucha. Apꝛs quāt monſeignr̄
ſait auguſti pſe qls p eut ūne cite toute ga
ſtee aiſi cōe ſe ce fuſt tout ūng malfaiteuʒ
il le dit pour la cite de peneſtre dōt tous ſes
habitās furēt occis pꝑ ſilla de quoy lucā pſe
en ſon ſecōd liure. ou il dit q̄ la foʒtune de
ceulx de peneſtre dit tous les habitās eſtre
mis a lespꝯe. Et de ce pſe ſſoʒus en ſabꝛeui
acion de titus liuius q̄ dit q̄ ſilla ēpꝛiſt tou
te ptalie doccisions. Entre leqlles il q̄ mā
da quon tuaſt tous ceulx de peneſtre q̄ eſ
toiēt deſarmez/et ce meſmes dit il ou. iii.
liure de ſon epithome. Et dit plus q̄ la cite
de fuſſemone q̄ eſtoit anciēne et ampe de ſa
cite de rōme/ il pꝛint et fiſt tuer tous les ci
toiens.et apꝛes la fiſt ardre et deſtruire de
tous pois. La cauſe pourquoy il fiſt oc
cire ceulx de peneſtre et de fuſſemone/ fut
pour ce q̄ ceulx de peneſtre auoiēt receu le
ioſne marius cōtre luy/ ⁊ autre cite auoit
ſouſtenu la ptie de marius.

Qui dit oncq̄s de la cōparaiſon de laſ
ſault et deſcōfiture q̄ receurēt les rōmais
pꝯ les gothz quāt ilz gaſterēt rōe/ ⁊ des pe
ſtilēces q̄ les rōmais receurēt des galles
ou des faiſeurs des batailles ciuiles.ꝑpix

Qui dit oncq̄s choſe plus dolou
reuſe/ plus amtre/ plus triſtre.
ne plus obſcure q̄ rōme Aſſauoiʒ
mon teſqlz dōmagerēt plus les rōmais
ou les ſouruenues et aſſaulx des galles/
et auſſi ūng petit pauāt des gothz ou les
batailles et deſolacions q̄ firēt marius et
ſilla, ⁊ des autres treſnobles hōme qui eſ
toiēt en leurs pties/ leſqlz exerſerēt ty
rannie en leurs ꝑpꝛes mēbꝛes cōe en ſeurs
ꝑpꝛes limites. Certes les galles tour
mēterent et occirent le ſenat, et tout ce qlz
peurent trouuer p toute la cite/ foꝛs ceulx
q̄ eſtoient en larche du capitole/ lequel ca
pitole fut deffēdu aiſi quon peut . Mais
ceulx q̄ eſtoiēt ou foʒt en celle mōtaigne/
au moies leur rendirent les galles leurs
ūies pour qlz en eurēt/ ſaqlle ūie ſilz ne ſa
puſſēt auoir eue p feʒ ou p aſſault. Tou
teſſoys ſil ne leur euſt pleu/ ſes puſſēt ilz
auoir cōſumez et affamez p ſiege. Et les
gothz eſpagnerent a tāt de ſenateurs, ceſt a
dire qlz ne les occirent pas. Et ce fut plus
giant merueille de ceulx qlz eſpagnerēt que
de ceulx qlz tuerēt. Mais ſilla q̄ eſtoit ūaī
queur marius encoʒes ūiuant mōta ou ca
pitole ſeql auoit eſte tenu ſeuremēt cōtre
les galles. et ſe pʒint pour deuiſer ⁊ diſcer
ner des occiſiōs qʼl ūouloit faire. Et cōme
marius fuſt eſchappe pce qʼl ſen ſupt aſſi de
retourner plus cruel et plus deſirāt ſe ſāg
eſpādre/ et faire plus doccisions qʼl nauoit
fait Ce ſilla meſmes p le ſenat cō ſuf pꝛi
ua pluſieurs rōmains et de ūie ⁊ de biens
Et auſſi quāt ſilla fut abſent de rōme. qʼl
le choſe fut ſi ſaīcte ne ſi digne a q̄ ceulx de
la ptie marius eſpagnaſſēt quāt ilz neſpa
gnerēt pas a mucius ſceuola citoien ſena
teur ⁊ eueſque de rōme. lequel en ēbꝛacant
et aduironnant pour ſauuer ſa ūie lautel/
ou eſtoiēt ſicōe on diſoit les faitz rōmais
Ceſt a dire limage de palas qui autremēt
eſt appellee paladiū fut occy De rechief aſ
ſi que nous treſpaſſons les autres moʒs
ſans nōbꝛe. Ceſte derreniere table que fiſt
ſilla fiſt mourir plꝯ de ſenateurs que les
gothz ne peurent occire ne pillier. Par

quelle folle hardiesse doncques/p q̃l coeur p quelle īpru dēce/et p q̃lle follie/Mais a Biap dire/p q̃lle forsenerie ne mettēt sus ces choses a leurs dieux/et ilz les mettēt sus a nostre dieu iesucrist.

⁋ Exposicion sur ce chapitre.

En ce ppīx.chapitre leq̃l selō aucūs se cōmence en la fin du precedēt/q̃l se rage de gēs estrāges.τc. Et selon les autres ung pou aps ou il dit. Qui dit dōc q̃s chose plus douloureuse.τc. Monseigñr sait augusti fait une paraisō des maulx q̃ souffirēt les rōmais soubz les batail les ciuilles dentre eulx mesmes/Et des maulx q̃lz souffrirent p les estranges/et demonstre q̃ les maulx q̃lz souffrirēt de leurs ppres citopēs furent plus griefz q̃ quelconq̃s maulx q̃lz souffrissent oncq̃s des estrāges/car sicōe il dit les gotz τ les gales furēt les estrāges q̃ plus de maulx firēt a sa cite et aux citopens de rōme. Et toutesfois les gales aps ce q̃lz eurent occis les senateurs ilz Bindrent au capitole Leq̃l suppose q̃lz ne le peussent auoir pris dassault/toutesfois se pouoiēt ilz predre p affamer et p siege dōt ilz se pseuererent pce q̃lz se ranchonnerent p argent. Et les gothz espgnerent a ceux q̃ aloiēt a garāt cōe a seurete et franchise/cōe aux esglises dediees a dieu/mais silla assaillit le capitole/et le print et enchassa marius/τ si occist tout indifferāment tout ce q̃l up Bit a mal/fust nocēt ou inocent/et marius fist biē autāt de maulx ou plus/leq̃l fist tuer mucius sceuola euesque ou tēple de Beste.] Cōmēt les gales prīdrent la cite de romme/nous en auons pse sur l expositiō du xxii.chapitre du.ii.liure. mais cōe ilz occirēt les senateurs/titus liuius se racōte ou v.liure de sa p̃miere decade/laquelle est de origine Bibis/q̃ dit q̃ cōe a la Benue des gales les rōmais se desesperassent/et de leur cite et de leur Bie/τ q̃lz ne peussent deffēdre la cite/ilz ordōnerēt q̃ tous les iones hōmes de rōme q̃ estoiēt fors τ puissās a resistez/et a eulx deffēdre se mettroient ou capitole pour la deffendre/et q̃ les anciens demourroiēt en leur maisons. Et ceste ordonnāce faicte les senateurs āciens τ q̃ nestoiēt pas habilles a eulx cōbatre/ne a faire resistēce contre les gales/se Bestirent de leurs plus riches robes/et de seurs plus p̃cieux aournemēs chascū selō lestat dont il estoit et la dignite q̃l auoit. Et en cest estat attendant la venue des gales/se seoiēt en seurs maisons/et quāt les gales furēt ētrez en la cite/ilz occirēt tous ceulx q̃lz rencōtroient armez en leur Bope/ou q̃ mirēt aucune resistēce en eulx. τ aps quāt ilz entrerent aux maisōs/τ ilz appchurēt les āciens rōmais en ceste mageste et noblesse. Ilz les commencerent a adourer cōe dieux/et sen pssirent sās leur riē meffaire

Or p auoit entre les aucūs ung vieillart rōmaī appele marcus papirius q̃ pour ce que ung gale se prīt p la barbe/en fut telle mēt īdigne que dun bastō q̃l tenoit il se ferit tāt cōe il peut sur la teste. Pour laquelle chose les gales furēt tellement esmeus q̃lz occirent ce papirius. τ aps tous les autres senateurs/nonobstāt leurs aournemens. Et de la allerent assieger le capitole/et iassoit ce q̃lz seussent peu prēdre par lōg siege et p les affamer/toutesfois se ceurent ilz p rācon/et sen pirent p certaine sōme dor q̃lz en eurēt. De ceste matiere nous auons assez pse ailleurs en ce liure/τ pour ce nous nous en passons. Et quāt est des gothz cōe ilz entrerent en la cite/et cōe ilz espgnerēt pour le nō de n̄re seigñr iesucrist a ceulx q̃ aloiēt a garāt aux esglises a sui dediees et en son nō/et cōe ilz les sauuerēt et leurs biens/nous en auōs pse ou cōmecemēt du.i.liure. Et de silla cōe il entra xii. fois en la cite/cōe sa pmiere fois il chassa marius/et cōe aps ce q̃ marius retourna. et quelles cruaultez τ occisions chascun de eulx p fist/nous en auons pse sur le xxii. chap̃ du.ii.liure/et ailleurs en plusieurs lieux. Et quāt est de mucius sceuola euesque cōe il fut tue. nous en auōs pse ou chapitre p̃cedēt. Et quāt est des.ii.tables dōt monseigñr sait augusti pse en ce chap̃. que on appele tables de pscription/cest a dire de bānissement ou de mort/ car la estoient escriptz les nōs de tous ceulx q̄ estoiēt tenus ou iugiez pour ennemis de la chose publicque. Et tātost cōe ilz estoiēt escriptz/ il estoit licite a ūg chascū de les occire sans offence. Et pour ce quāt monseignr̄ saīt augustī ple de la derreniere table en delaissāt sicōe il dit des gens occis sās nōbre. Monseignr̄ saīt augustī innue quil y eut plus de deux tables/ a p ce sēble q̄ orose a luy ne sacordēt pas bien/ non fait valerius avecques eulx/ iassoit ce quon puist dire q̄ ny ait point de repugnāce/ pour ce quil y eut plusieurs telles tables de pscripcion.

¶ De la conēpion de plusieurs et trescrueuses batailles qui pcederēt ladvenemēt de nostre seigneur iesucrist. xxx.

Des crueuses batailles civiles ainsi cōme mesmes leurs acteurs le tesmoignerent furent plus griefues et plus ameres q̄ q̄lconques batailles hostiles. cestadire dennemis estrāgiers. et psq̄lles la chose publicq̄ fut iugee/ nō pas seulemēt estre fourmētee/ mais tout entieremēt pduee et anullee/ furent neez a auindrent long tēps avāt ladvenemēt de iesucrist/ et cōe tenans a dependās lune de lautre p maniere dune enchaineure de causes trescruelles et tresmauuaises puidiēt de la bataille de marius et de silla iusques aux batailles de sertorius a de catiline. desq̄lz lun/ cestassavoir sertorius fut banni p silla/ et lautre cestassavoir catiline fut nourri de silla. De celle bataille/ cestassavoir de catiline et de sertorius descēdit tantost la bataille de lepidus a de catulus lū desq̄lz/ cestassavoir lepidus couuoitoit et tēdoit a recoper et restraīdre les fais de silla. Et lautre cestassavoir catulus les vouloit soustenir et deffēdre. ¶ De ces batailles vint et sourdit tātost et descēdit la bataille de pōpee et de cesar/ desq̄lz deux lun cestassavoir pōpee avoit ensupui la secte de silla/ et ia avoit tāt fait q̄l estoit en pareille puissāce cōe silla/ ou aussi il savoit ia sourmōte de puissance/ mais iulius cesar ne pouoit souffrir ne porter la puissā-

ce de pōpe. Et cestoit pour ce quil navoit pas telle ne si grāt puissance cōe avoit pōpe. Laq̄lle puissance toutesfois pōpee occist et sourmonta/ cestadire q̄ quāt pōpee fut tue/ il eut plus grant puissāce q̄ pōpee navoit eue paravant. Et de la ces batailles vindrēt iusq̄s a lautre cesar/ q̄ depuis fut appele augustus cesar. Leq̄l ia estant ēpereur iesucrist fut ne/ car ce cesar auguste fist moult de batailles civiles contre plusieurs/ et en icelles furent occis a pris moult de tresnobles et vaillans hōmes/ entre lesq̄lz fut occy cicero/ cestadire tules eloquēt et sage/ maistre et gouuerneur de la chose publicq̄. Quelz merueilles. car gayus cesar q̄ avoit vaincu pōpee/ et leq̄l sestoit porte doulcemēt en sa victore civile envers ses adversaires/ et leur avoit donne biēs et dignitez pour ce q̄l couuoitoit avoir la seigneurie des rōmaīs p la cōiuracion des plus seurs nobles et grans senateurs/ ainsi cōe se ce fust pour la liberte et frāchise de la chose publicq̄. fut occy en celle mesmes court/ cestadire ou ppre capitole. ¶ Apres anthonius leq̄l fut moult dispareil en meurs de cesar et en vertus/ et q̄ estoit souillie a corrōpu couuoita sicōe il sēbloit a avoir la puissance et seigneurie de cesar/ auq̄l cicero/ cestadire tules pour celles mesmes franchises du pays resistoit moult puissāment. ¶ Lors sapparoit et venoit avāt ce lautre adolescent cesar/ lesq̄l estoit de noble lignee/ doulz/ amiable. et benin/ plain de vertus et de bonne doctrine/ a q̄ estoit a esmerueillier pour les biēs q̄ estoiēt en luy. Cellui estoit filz adoptif de ce gayus cesar/ leq̄l cōme iay dit fut depuis appele augustus cesar/ a ce iouuēcel a cel adolescent estoit moult favourable cicero/ et laydoit cōtre anthonius/ affin q̄ p sa puissance et ayde il fust nourri et esforcie en puissance. esperant q̄ la puissāce a auctorite de anthonius mise ius/ q̄ p icelluy cesar fut recouuree et restauree sa liberte et franchise de la chose publicq̄. Lequel cicero fut si aueugle et prīt si mal garde des choses qui estoient a avenir que ce mesme ionuẽcel cesar/duql il soustenoit et pcu‍roit la dignite et puissāce. promist delocci‍re et mettre a mort p certaī cōuenāt fait en secret/laccord de paix de lup et de anthoni‍us. Et souffrit ẽcores ce cesar q celle mes‍me chose publicq/pour laqlle ce cicero ses‍toit tāt debatu/et auoit tāt brait et tāt crie fut soubmise a la seigneurie et puissāce di cellup āthonius.

¶ Epposicion sur ce chapitre.

En ce xxx.chap.selon aucūs se gmē ce en la fi du pcedent ou il dit. par qlle folle hardiesse. ⁊c. Et selō les autres ou il dit les batailles cruelles de ce mati‍q Mōseignr sait augusti si sefforce de mō strer aux rōmais qlz ne scaiuēt qlz dient ne qlz sōt de ce qlz iputent leurs maulp a la religiō crestiēne cōe leurs maulp qlz ōt soufferts durāt le tēps des batailles ciui‍les. aiēt este plus griefz ⁊ plusours q ceulp qlz souffrirēt durāt le tēps crestiē/car les maulp qlz souffrirēt de ces batailles ciui‍les sociefes ⁊ seruiles furēt lōg tēps auāt laduenemēt de nostreseignr iesucrist/car la pmiere ciuile selō eutrope fut entre ma‍rius ⁊ silla/cōbien q pauāt il y eut grans maulp et grās batailles sicōe les sedicios de gracus et de saturnien/leurs occisiōs et leurs autres maulp dōt nous auons pse cy dessus en ce liure. et cōmēca ceste batail‍le selon orose ði.c.xpii. ans aps la creaciō de rōme: Et cesar auguste commēca a re‍gner ðii.c.p.āns aps la creaciō de rōme ou plii. an de lēpire duql nreseignr iesucrist fut ne/⁊ p qsequēt celle bataille ciuile fut deuāt la natiuite de nostreseignr iesucrist lxxxv.⁊ pii āns. Voire pres de centāns En ce chap mōseignr sait augusti fait.ii. cho‍ses. premieremēt il sadresse contre les rō‍mais pour les maulp et batailles ciuiles dōt mēciō est faicte en ce.iii.liure. Secō‍demēt il recite les autres maulp batailles ⁊ discordes q ne furēt pas seulemēt ciuiles mais plus q ciuiles. Et celle.ii.ptie se cō‍mēce ou il ple de cesar et de pōpre. Et quāt mōseignr sait augusti ple des batailles de sertorius ⁊ de catiline. Il est assauoir q

ce sertorius si fut de la ptie de marius. Et pour ce il lup bailla ðne ptie de sō ost/sicōe nous sauons dit cy dessus ou pii chap/le ql sertorius de puis fut bānp p silla et es‍cript aux tables/sicōe il appt p le xxðiii. chap.du.ii.liure. De ce sertoriꝰ racōte oro‍se en son ð.liure q cōme il fust tāt hardy ⁊ pu‍issāt/et gardast le plus ql pouoit de cheoir aux mais de silla/il se ptit daffricq ⁊ sen ðit en espaigne ou il assēbla plusieurs gēs et les esmeut a faire guerre contre silla/⁊ les rōmais q estoiēt de sa ptie. cōtre lesql fu‍rent ēuoiez ii. ducz/cestassauoir metellus ⁊ domicius dont domicius fut occy p lū des ducz de sertorius q auoit a nom herculep‍ auec tout son ost. De ce sertorius ple ageli‍us ou xxiii. chap. du xxðii. liure de noctib₃ acticis q dit ql estoit merueilleusemēt sage et expt a gouuerner gēs darmes ⁊ de ordōner ses ostz et ses batailles. Et pour mieulp auoir ses gens a sa voulēte fain‍gnoit souuēt ql auoit ðeues ðisiōs ou re‍uelacions de ce ql ðouloit faire/lesqlz on creoit: Et dit q entre les autres choses a‍uoit ðne cerue blāce belle a merueilles/la qlle lup fut dōnee p ðng appelle sucitanus lesql faisoit qlle lup estoit ðenue p les dieux cōe chose diuine. et qlle estoit ītroduitte de dyane la deesse pour dōner respōses de tout ce q on lup ðouldroit demāder/fust de biē. fust de mal / et cōmādda q on le creust/ et quāt il cōmādoit aux cheuasliers aucune chose a faire q leur sēbloit dure a faire/il faignoit q la cerue lup auoit dit/ et tātost obeissoiēt. Or auit q en ðng effrop dune bataille la cerue fut pdue ⁊ sen fuy en ðng mares/⁊ cuida on quelle fust pdue. mais assez tost aps ðit ðng ðarlet a lup q lup dist ql sauoit trouuee/auquel il cōmāda ql tenist la chose secrete/et que lendemain quāt ses amis seroiēt assēblez il z la lais‍sassēt aler/pour ce ql sauoit biē quelle ðē droit tout droit en sa maisō/⁊ aisi fut fait car lendemai il assēbla ses amis en sa mai‍son/et faisit q en dormāt il auoit eu en auisi on que sa cerue estoit retournee. Et en di‍sāt ces paroles la cerue que le ðarlet auoit laissee aler entra en sa chābre, dōt ilz furēt tous esmerueillez, et y creurēt plus q̄ deuāt. Et quāt est de metellus, il fut moult trauellé p batailles, et aussi traueilla il moult sertorius iusq̄s a ce quil se acōpaigna a pōpee. Et cōme pōpee sefforcast de secourir sautour vne cite, et il ne peust, cōbn̄ qil eust grāt ost, il sen suyt et fut sa cite prise p sertorius, et gasteé et pillee. Et pour lors pōpee auoit xxx.M. hōes de pie et .M. de cheual. Et sertorius en auoit lx.M. de pie, et viii.M. de cheual. Et depuis qil eut ainsi prise celle cite et gastee se cōbatit il a pōpee, et suy occist bn̄.v.M. de ses cheualiers et il en pdit pres dautāt. Ilz se cōbatirēt p plusieurs fois entre eulx, et firēt grās occisiōs dune pt et dautre. Entre les q̄lz menius q̄ estoit questeur de pōpee, et auoit espouse sa soeur y fut occy, et les deux freres de hercule py. Et pprnna q̄ estoit adiōt a sertorius et auoit laisse silla. Et de rexenie remēt.v. ans aps ce q̄ sa bataille fut commēcee, fut p fraude occy ce sertorius de ses gēs, et p ce fina la bataille, sicōe esse fist de Viriatus lusitanus, sicōe dit orose en son v. liure ou xxvii. chap Orose dit en ce mesme lieu q̄ toutes les citez q̄ estoiēt en obeissāce de ce sertorius se rēdirent, excepte. ii: q̄ resisterent. Et finablemēt furent prises et destruittes sicōe nous auōs dit sur le xposicion du xxviii. chap. Et quāt est de catiline seq̄l mōseignr saint augu, dit auoir este nourri p silla. Eutrope en sō vi. liure racōte q̄ vi. C. iiii. xx. et ix. ās aps la creaciō de rōme, ce catiline seq̄l il appsle sucius sergius qui estoit de noble lignage. Mais plain de mauuaises cōdiciōs, fist vne cōiuraciō auec plusieurs nobles et hardis de destruire son pays, cestadire la cite de rōme. Et q̄ en ce tēps de lors estoiēt cōsulz a rōme marcus tullius cicero, et guepus āthonius. et dit qil fut boute hors de la cite p cicero, et tous ses cōpaignons furēt estrāglez en prison, et catiline fut descōfit en bataille et occy p lautre cōsul āthonius : De ce catiline fist salustius vng liure q̄ sappele in catilinario, ouq̄l en plāt de bataille il dit telles parolles. La Bataille acheuee tu peusses regarder q̄lle hardiesse, quelle force de courage de gēs auoit a sēuiron de catiline, car sa place q̄ chascū prīt pour soy cōbatre, il tīt iusq̄s a la mort sās ptir, et tous estoiēt naurez p deuāt, et catiline fut trouue trapāt a la mort q̄ encores souspiroit assez loīg de ses gēs, ou milieu des charongnes de ceulx qil auoit occis, et monstroit ēcores en son visage la fierte qil auoit tousiours eue en son courage. De luy auons plé sur sepposicion du xxvii. chap. du .ii. liure. Aps quāt il plé de lepidus et de catulus, orose dit en son v. liure que apres la mort de silla lepidus q̄ estoit deffenseur de sa ptie de marius si recōmenca les batailles cōtre catulus q̄ estoit de la ptie de silla dont il y eut plat de rōmais mors, et sa cite dalbe assiegee et tourmētee p sat. Lors fut pris et mort scipio filz de lepidus. et brutus p la poursuyte q̄ fist pōpee fut mort et tout son ost q̄ auoit este de la ptie de marius, et pour ce dit monseignr saint augustī q̄ pōpee estoit de la ptie de silla. Et dit anneus florus ou .iiii. liure de son epithome, ou chapitre de bello ciuili sub lepido, q̄ celle bataille fut a peine aussi tost estaīte cōme esse fut cōmencee. Aps quāt monseignr saīt augusti plé de la bataille q̄ fut entre pōpee et iulius cesar, et de celle q̄ fut entre cesar et anthonius. Monseignr saīt augusti cōmece a plez des batailles q̄ furēt plus q̄ ciuiles, car les pmieres batailles furēt entre les citoyēs, et pour ce sont esses appelees ciuiles. mais les batailles q̄ furent entre iulius cesar et pōpee, et entre cesar et āthoine, furēt entre les freres cousīs et parēs, et pour ce sont esses appelees plus q̄ ciuisses, et aucūs les appelent ītestines. Quāt est des batailles q̄ furēt entre iulius cesar et pōpee, de ce sont hystores sans nombre Et aussi en auōs nous plé en ce liure sur sepposiciō du viii. chap. Et quāt est de lautre cesar il eut pmier a nom octauien, et puis cesar, et puis auguste. Et cel luy ou xlii. an de lepire duq̄l nostreseignr iesucrist fut ne. De luy dit eutrope en son

r.iiii.

Bii. liure q̄ quāt iulius cesar fut mort il estoit vng iofne (et adolescēt de l'aage de xviii. ās. Et dit q'l fut filz d'un senateur appele octauius/et du coste de p sa mere descēdit de enee d'une lignee q sappelloit iulia/laq'lle descēdit de iulius q fut filz de enee. Il auoit este nepueu de cesar q lauoit istitue son heritier/et son testamēt/ (et lup auoit laisse son nō/et cōmāda q'l se portast/et de puis fut appele auguste. Mais monseig̃r saict august̃ dit en ce chap̃. q'l fut le p̃mier filz p adopciō de ce cesar/laq'lle chose est vraye car il fut son nepueu naturel/et son filz p adopciō. Car sicōme dit eutrope il fut adopte p son testament a estre son filz. Et quāt est des batailles ciuiles q'l fist/il est assauoir q'l en fist cincq. L'une en laage de xviii. ās aps la mort de que puis iulius cesar q̄ p sa cōiuracion de .ii. cens (et lx. sena-teurs/et autāt de cheualliers rōmais fut tue en la court du capitole de greffes par xxiiii. playes quilz lup firēt. Et fist ceste bataille q̄tre āthonius q estoit de la ptie de iulius cesar/et les senateurs estoiēt au cō-traire/(et pour ce eu operēt cōtre lup cel octa-uien pour se poursuiuir. Et cōe cel āthoni-us seist de maul p sās nōb̃re/il fut decerne estre ēnemp de la chose public̄q/mais afin q'lz en peussēt venir plustost a chief: ilz a-ioidirent auec octauien pour le poursuiuir deup autres cōsulz de rōme/cestassauoir pāsa et hircius/lesq'lz tous trois se cōbati-rēt cōtre āthonius et se vaiq̄rent. Tāt p eut q̄ les .ii. ducz q̄ estoiēt auec octauie fu-rēt tellemt naurez en bataille q'lz en mou-rurēt/et ceulp q̄ estoiēt auec eulp en la ba-taille demourerēt sās chief se adioindirēt auec octauie. (et furēt fais de trois ostz vng sicōe dit eutrope ou .i. chap̃. de son vii. liure Anthoine et son ost aussi descōfis (et vaicus il sen ala et suyt p deuers lepidus q̄ auoit este maistre des cheualiers de cesar. Et p son apde et p son cōseil fist tāt q'l eut paip entre āthoine et octauie/et lup donna octa-uien sa soeur appelee octauia/et ce fait sef forca de vēgier la mort de son pere/et sē vit a rōme auec tout son ost/et fist tant q'l fut cōsul. Et aps firēt tāt lup (et āthonius q̄ lz bānirēt de rōme cēt (et xxxiii. senateurs/si cōe dit orose ou xxvii. chap̃. de son vi. liure Entre lesquelz cōe anthoine eust este ba-np/aussi tule/autrement appele cicero, q̄ estoit son ennemp/et lucius anthonius de quop nous plerons cy aps/on en y adiou-sta xxx. Et ce fait āthoine et octauien en-trepr̄indrēt le gouuernemēt de la chose pu-blicq̄ p armes et p puissance: et firēt mou-rir tule/et moult dautres nobles hōmes. Et aussi fist mourir lucius cesar octauie son oncle/frere de son pere adoptif/et lepi dus mist ou nōbre de ces bānis son propre frere qui auoit a nom lucius paulus. La seconde bataille q̄ fist octauien fut contre brutus et cassius q̄ auoiēt este p̃cipaulx de la mort de cesar/qui cōmencerent a faire forte et grande guerre/contre lesq'lz aleēt octauien (et marcus anthonius/et lepidus demoura pour deffendre le pays dytalie. La p̃miere bataille fut en vne cite de mace doine q̄ est grece applee philippp. Et est la cite a quop mōseig̃r saict pol escript quāt il escript ad philippp̄ses. En laq̄lle p̃mie-re bataille octauien et anthoine furēt des-cōfis/mais toutesfois crassus y fut mort de lautre ptie. Et en la secō̄de bataille bru-tus fut mort (et descōfit/et de ses gēs morz sās nōb̃re/sicōe dit eutrope ou dit .i. chap̃ is tre du vii. liure/mais orose ou dit xxvii. chap̃. dit q̄ bruttus et cassius p desespera-ce se firent tuer p deup varlez/l'un desq'lz coppa la teste a cassius/et lautre lup bou-ta vne espee parmp le corps ou pmp le co-ste/et ce fait deuiserent entre eulp sa chose publicq̄ / cestassauoir q̄ octauien tit les p-ties despaigne/de gale (et dytalie. Et āthonius si eut aspe ponth (et orient. sicōe dit eu trope ou chap̃ dessus allegue/et dit enco-res que en ce tēps lucius āthonius consul q̄ sestoit cōbatu auec cesar contre brutus et cassius si cōmenca a faire bataille ciui-le/lequel fut desconfit et pris a preuse vne cite de toscane/et ce fut la tierce bataille q̄ fist cesar. La quarte bataille fut cōtre sep tus pōpeius filz du grant pōpee q̄ en sezit

se auoit esmeu grāt bataille et assemblee. Les gens de brutus et de cassius qui estoient eschapez de la bataille en la desconfiture de ce brutus et cassius. Contre lesqlz se combatirent cel octauien et anthonius. Et finablement furent a accord ensemble Et fut celle bataille ou tēps que marcus agrippa faisoit les batailles en acquitaine/et que bancilius bassus descōfist trois fois les perses en sprie/ et occit paorones q estoit filz de orodus roy de pse, lequel orodus par vng sien duc appele sinena auoit occy crassus en vne bataille. De cest orodus parle iustī en son xxxxiii. liure/ qui dit que cōme les daces qui est vne partie dalmaigne se fussent mauuaisement combatus contre vne gēt qui auoient a nom les basternes, Cel orodus pour soy vengier de leur paresce et de leur lachete, ordonna que quant ilz se vouldroient couchier/ ilz se coucheroient a rebours, cestassauoir la teste aux piedz, et feroiēt de eulx mesmes tous les seruices que les femmes leur faisoient parauant/ et ne voulut oncques ceste chose muer iusques a ce quilz eussēt recouure par vertu darmes ce quilz auoient perdu par leur paresce et lachete. Et toutesfois combien que octauius et anthonius eussent fait paix/ toutesfois enfraint icelle paix ce sextus pompeius/ et pour ce fut poursuiui par mer et chasse iusques en aspe ou il fut occp.] La v. bataille fut de cel octauien contre anthoine, duquel octauien il auoit espouse la soeur appelee octauia, laquelle il repudia pour cleopatra q estoit royne degypte/ et pour ceste cause se meut grant guerre. La maniere cōment et pourquoy cel anthonius repudia octauia soeur de cesar octauien. Paconte orose ou xxx. chapitre du vi. liure qui dit que aps la mort de sexte pompee octauiē sub˙iuga la terre des illiriens, pannonie qui autrement est appelee honguerie et partie dytalie. Et anthonius par dol, par fraulde et par trayson si print le roy dermenie appele atarbanes, lequel il enchaina de chaines dargent, et cōstraindit a enseigner ses tresors/ et cōe il les luy eust enseigniez, il assaillit le chasteau ou ilz estoient, et trouua dor et dargent grāt nōbre et len emporta: et ploigueil de ce tresor qil trouua, il ordonna a faire bataille a ce cesar octauien, et repudia octauia sa fēme soeur de cesar et māda a cleopatra dalipādre, laquelle estoit royne degipte qlle luy venist au deuant a vng lieu q estoit appele aetus, et cōe la tierce ptie de ses gens fussent mors et gastez p fai, il respondit ql nen tenoit poit de ꝑpte et qil ne luy challoit puis que ses aduirōs estoient faulx, et q on ne fauldroit pas a maronniers, iusqs a ce qlz fussent en grece. Et cōe il se fust pti et mis en mer, agrippa q cesar auoit euoye deuāt luy pilla ses nefz chargees de viures et darmures q on luy enuoyoit degipte, de sprie, et daspe. De puis fut il desconfit p mer et p terre, et finablemēt vit au logis de cesar et fut desconfit. Au .iii. iour aps āthonius ordonna a soy gbatre p mer gtre cesar, et gbien que cesar eust .iii. c. et xxx. nefz a becq, et xxx. sās becq q estoient chascune a trois ordres dauirōs pareilles a gallees quō appeloit liburnes, et viii. legions dedens ces nefz sās cinq cohortes de preteurs, et q āthonius neust q C. et lxx. nefz, toutesfois suppose quil en eust moles en nombre, estoient elles plus grādes et plus puissātes que celles de cesar octauien, car il ny auoit celle qui ne sourmontast la mer de .x. piez de hault.
Ilz sentrencontrerent et eurent entre eulx merueilleux assault, qui dura depuis la v. heure iusques a la vii. Et de la iusques a sendemai, et gmenca la ptie de āthoni° a decliner, et tātost la royne cleopatra auec lx. nefz quelle auoit appareillees, sen fuyt, et āthonius sen fuyt aps elle, mais il pdit pii. m. cheualliers, et vi. m. q sen ptirent naurez q ne peurent estre garis. Mates choses y a qlz firent sū a lautre de puis et maites desconfitures ou anthonius fut tousiours vaicu, et finablement cōe atho˙ ni° fust descendu a terre et eust ordonne a soy gbatre de cheual cōtre cesar octauiē, finablemēt son nauire se tourna duers cesar

Et quāt il se vit ainsi despouillie et descōfit/il se recueillit en sō chasteau acōpaigne dū seul varlet. Et sa cōe cesar le poursuiuist aygremēt/il se naura a mort, et ainsi naure sē ala mettre ou tōbeau q̄ cleopatra auoit ordonne pour elle/et la trespassa. et cōe cleopatra sa fēme veist la victoire de cesar et quon auoit mise en garde sās mettre a mort/elle se ala mettre ou tōbeau de son mari de sa voulēte/et applicqua serpēs a son senestre bras pour mourir de coste āthonius. Et cōe elle fust desia dempe morte/et ce fust venu a la congnoissāce de cesar il enuoya certaines psōnes pour oster les serpens et succhier le venin de la playe a la bouche/mais rien ny valut/car ce non obstāt elle fut morte/si cōe dit orose ou dit xxx. chap. de son vi. liure. Eutrope ou .ii. chap de son vii liure dit que celle cleopatra quāt son mary se fut tue se para des plus beaulx aournemēs quelle auoit/et vit deuāt octauiē et se cuida mener a ce q̄l fust espris de sō amour p sa beaulte et p ses aournemēs/car elle estoit pute de cueur et de maniere/mais lup q̄ estoit hōe chaste garda sa continēce/et la fist traire arriere et mettre a part/affi q̄lle ne se feist cheoir en pechie de icontinēce. et quāt elle vit quelle ne le pouoit muer/elle seschappa de la prison et sen ala getter au tōbeau auec son mari. et mist vng serpēt auec elle/pour le venin du q̄l elle fut morte Et dit ēcores q̄ āthonius ētreprīt celle guerre contre octauiē a sa req̄ste/pour ce q̄lle vouloit regner en la cite de rōme. Anneus florus ou .iii. liure de son epithome ou chap. de bello āthonii et cleopatre/dit q̄lle sē fuyt la pmiere en vne nef dorée a vng voille de poupre. Et dit q̄ quāt āthonius se fut occy. elle se getta aux piez de octauiē et se cuida deceuoir p sa beaulte et p son doulx regart. Mais cesar octauiē regarda plus a sa chastete et a sa continēce q̄ a la beaulte delle. Et toutesfois ne fai soit elle pas ce q̄lle faisoit pour chose que cesar luy offrist a sauuer sa vie/mais pour ce q̄lle cuidoit attraire a ce q̄l fust son mari ou amy/et q̄lle fust cōpaigne du royaume. et quāt elle vit que cestoit pour neant et q̄lle appcheut q̄ se roy la faisoit mettre en garde et traire arriere/ainsi paree cōe elle estoit de ses bonnes robes elle se mist au tōbeau de coste son mari/ou q̄l auoit plusieurs choses odorās. et applicqua a ses vaines des serpēs pour mourir plus doulcemēt. Pline en son xxi. liure naturalle hystorie/ou .iii. chap. met autremēt sa mort de celle cleopatra/car il dit q̄ des lapareil de la bataille daspe/āthoine doubtoit bien cleopatra/ sa q̄lle il appelle mauuaise fēme et plaine de crime q̄lle ne se touchast. et pour ce ne mēgoit il de nulle viāde ne ne buuoit dont il ne feist auāt faire essay/ et cōe elle eust appceu elle a vng iour ēuenima ses brin doles ou brāches dun chapeau q̄lle fist faire et puis le mist en sa teste. Or estoit la coustume telle q̄ quāt ilz auoient disne/ou aucunesfois mesmes au disner les chapeaulx estoiēt mis en vng grāt hanap/et puis versoit on dessus du vin/et ce fait buuoiēt ēsēble/pour ce q̄ si cōe dit pline/ses oudeurs des fleurs confortoient le chief. et si amenoient leesse. Or auīt q̄ quāt elle vit āthoine faire bonne chiere/elle luy req̄st q̄lz beussent leurs couronnes ou chapeaulx/et cōe ilz fussēt mis ou hanap/et elle luy offrist a boire. il mist la mai au deuāt du hanap/et lors elle luy cōmēca a dire. Mon treschier amy et ne suys ie pas celle pour qui tu te gardes de nouueau et p si grāt diligēce/ien feray lassay/et se ie puis boire tu verras se tu as cause de toy doubter de moy/et ce dit sa fist mettre en vne chābre/et luy fist boire/et tātost cōe elle eut beu elle cheit morte. Aps quāt monseign: saict augusti ple de cicero et de sa mort/nous en auons pfe en ce chap. Mais ēcores de luy et de sa mort raconte valerius maximus ou iii. chap. de sō v. liure/ qui dit que vng apxpe popilius leq̄l il auoit deffēdu en iugemēt et desiure dun grāt crime capital que on luy mettoit sus. ne depuis ne sauoit greue ne de fait ne de parolle/ pourchassa cōe il fust mort/et cōe il fust vng de ceulx q̄ estoiēt mis en la table de pscripciō. autremēt dicte sa table de mort. Et pōpilius p̃a a marcus āthonius q̃l se voulsist poursui uir & mettre a mort,lequl sacorda & le pour suiuit iusques a vne cite ou ville appelee cagette ou il sen estoit ale a garāt, & sa soc iscet & apporta sa teste a romme. Et q̃ en vouldra veoir beaucoup motz, voye valere en ce lieu. Et est assauoir encores que ce cice ro resista a iulius quāt il veult de gale & qu̇l reqst se.ii.cōsulat. Et puis sicōe dit mon seignr̃ sait augusti il resista a anthoine & fut auec cesar octauien, affin de vouloir re mettre la chose publicque en liberte en frā chise, pour quoy il appt qu̇l fut hayneur et a cesar auguste & a āthonius. Et quāt mō seignr̃ sait augusti dit que iulius cesar ex cer̃sa doulcemēt ses batailles et ses victo res. Il se dit notablemēt a la difference de ceulx q̃ cruelemēt se portertēt aps leurs vi ctores, sicōe fist la dont nous auons p̃se cy dessus ou chap̃.pced. & hanibal q̃ estoit cru el en ses victores. Et oultre dit eutrope en son vi.liure ou chap.final que ētre les au tres ceulx qu̇l subiuga p armes. Aps qu̇l les eut subiuguez, il les vaīcqt plus p̃faicte mēt p de bonairete & p clemence, qu̇l ne ses eust vaīcus p bataille. Et pour ce dit mō seignr̃ sait augusti notablemēt qu̇l exer ṡa ses victores p doulceur et p clemence: et donna a ses aduersaires la vie dignitez et noblesses. Et dit encores eutrope q̃ oncq̃s hōme ne resist autāt en fait darmes ne en batailles cōe luy, car il se cōbatit.l. foies a batailles rēgees et banieres desployees: & p luy et ses gēs furēt mors E.iiii.xx.xii M. des ennemis des rōmains luy seul vai qt marcū marcellū q̃ sestoit cōbatu cōtre luy xxxix.fois, nul ne script oncq̃s si legi erement, ne ne seut si hastiuemēt cōme il faisoit. Il dit ot.iiii.epistoles ēsēble, sicōe dit eutrope en ce lieu. Et se tu en veulx ve oir plus largement & de ses vices, & de ses meurs, voy suetonius ou.i.liure des xii. cesariens ou tu en pourras veoir plus fors melemēt q̃ en hystoire nulle. ¶De sa mort nous auons p̃se cy dessus, mais nous na uons pas dit la cause que met eutrope ou

lieu dessus allegue q̃ dit q̃ quant ce iulius cesar retourna a rōme aps ses victores, il ꝗmenca a vser de puissance, autrement q̃l nauoit acoustume, et contre sa coustume des frāchises du peuple rōmai et a donner les honneurs et les dignitez tout seul a q̃ qu̇l luy plaisoit q̃ auoiēt este acoustumees a donner p̃se senat, ne ne se seuoit ꝗtre au cū deulx quāt ilz venoient en ꝗsitore. Et pour ce dit monseignr̃ sait augusti nota blement qu̇l faisoit ces choses cōe desirāt du royaume, cestadire quil desiroit a regner seigneurir ce q̃ nauoit oncq̃s este de puis ce q̃ tarqui auoit este boute hors de romme et pour ce q̃ ceste chose sēbla hayneuse aux rōmais et repugnāt a leur frāchise et liber te, sesq̃lz auoient acoustume a faire et or donner les choses peuple et p̃ se senat ilz fi rent giuracion ꝗtre luy, et sa ꝗspiracion p laq̃lle ilz ordōnerēt cōe ce iulius cesar fust mort. Par ce sōbart, autrement dit come stor q̃ fist histore scolasticq̃ dit q̃ le peuple de rōme fut si dolent de sa mort, qu̇lz voulu rent bouter le feu ou capitole & sardre auec tous ceulx q̃ auoient machine en sa mort. Aps quāt monseignr̃ sait augusti p̃se de āthonius, et dit qu̇l estoit moult dispareil de meurs a iulius cesar, et de ce nonobstāt il desiroit a seigneurir seul, il le dit pour ce q̃ tātost cōe iulius cesar fust occp, affin q̃ il seul peust entreprendre la seigneurie de rōme, il dit a ceulx q̃ estoient de la ptie de ce iulius cesar, et leur pmist de vengier sa mort. Et quāt monseignr̃ sait augusti dit qu̇l fut moult dispareil de meurs a iuli us cesar, il le dit pour ce qu̇l estoit homme plain de vices, sicōe dit tule en son.ii.liure āthoniarū, & florus ou.iiii.liure de son epi thome, tous lesq̃lz descriprent assez pticu lierement les meurs et les mauuaistiez dont il estoit plain. Et aussi en parle no tablement senecque en vne epistole
¶ Aps quāt monseignr̃ sait augusti re cōmande octauiē cesar, seqʼl fut de puis ap̃ pse auguste sicōe il dit, il le dit pour ce q̃ luy estāt en laage de v vii.ans il fut esleu duc & chieftain des rōmais cōtre āthonius

et au pp̄. ou il fut fait cōsul. Toutesfois met cy monseigneur saint augustī positiuemēt q̄ cōbien q̄ cicero q̄ autremēt est appelle tules. se fust p̄mieremēt mis de la p̄tie octauien en esperance q̄l deffendist cōtre anthoine les frāchises de la cite Toutesfois le mist il et fist mettre depuis aux mains de āthoine, mais pource que octauiē auoit apperceu que cicero auoit resiste a iulius cesar, et a luy, de la mort duquel il se disoit estre vēgeur, il le bailla a anthoine ainsi cōe pour cōfermer la paix entre eulx pour le mettre a mort, lequel en eut grāt ioye, pour ce que tule auoit laydemēt p̄le cōtre luy en vng liure q̄l fist q̄ sappelle. In philippicis. Toutesfois est il chose certaine q̄ cel octauien fist moult de biens a la chose publicque de rōme. car il y adiousta egipte, cātabrie, dalmacie, pannonie, acquitaine, pssiricū, ermenie, et plusieurs autres pays. Et que ceulx de cithe (et les iudes q̄ pauāt nauoiēt cōgneu les rōmais luy enuoierent grās dons. Galathie q̄ pauāt auoit este royaume fut fait prouīce de romme. Plusieurs roys aussi q̄ luy auoiēt este ēnemis, ainsi cōe sil fust trop du peuple rōmal, en lōneur de luy firent faire citez q̄lz apperlerent cesareas de son nom, sicōe iuba maritaine et palestine. Auecques ce plusieurs roys de plusieurs royaumes se vindrent veoir pour luy faire seruice et reuerēce (et vestus de togues et en habit rōmai couroiēt ap̄s son chariot, et apres son cheual. Il fut doulx enuers les citoyēs et loyal a ses amis, et les esleuoit (et hōnouroit tellemēt que a peine les faisoit il ses parelz. Il aimoit sur toutes choses virgille, flacus et les autres poetes. Il nacoitoit pas gēs de legier, et quāt il les cōgnoissoit bien, il ne les laissoit pas de legier, il estoit merueilleusemēt eloquēt (et de grāt estude aux ars liberaulx, et nestoit iour q̄l ne leust (et q̄l nescripsist, ou q̄l ne disputast, il estoit courtois agreable (et de doulx courage. Et si auoit tout le corps beau, et par especialles yeulx. (et toutesfois auecques ces bōnes cōdicions en eut il assez de mauuaises, car il estoit vng pou ipaciēt, il se couroucoit de legier, il estoit occultemēt euieux, publicqmēt orguilleux, couuoiteux de seigneurir plus quō ne pourroit croire, ioueur de dez, et luxurieux, et se gesoit tousiours ou millieu de douze enfās (et de douze pucelles, sicōme dit eutrope en sō .ii. chap. de sō viii. liure. Et se tu en veulx veoir plus grādemēt, voy suetonius en son .ii. liure ou ii chap. des pri cesariēs. Il accreut rōme et ēbelit de plusieurs grās edifices. Et pour ceste cause en soy donnant gloire dist ces motz Je trouuay ceste cite de tieules. (et ie la laisse de marbre, sicōe dit eutrope ou chap dessus allegue. Et dit ēcores q̄l ne fut ōcques hōe pluseureux en bataille, ne plus attēpre en tēps de paix. Et pour ce que mōseignr saīt augustī dit q̄l fut depuis appelle auguste. Il se dit pour ce q̄ quāt il eut acheuees ses trois des vi. batailles, desq̄lles nous auōs p̄le cy dessus, et q̄l retourna en la cite a triple triūphe, tous sapperrēt auguste q̄ est dit ab augēdo, pour ce q̄l auoit ainsi augmēte (et accreu lēpire de rōme Il regna lvi. ās. cest assauoir piii. ās auec āthoine. (et piiii. ās tout seul, (et trespassa en la cite de Nolle en laage de lxxvii. ās p ma ladie selō aucūs, (et aucūs diēt q̄ lune sa fēme derreniere q̄l auoit prise. faisse sa fēme scribonia le fist mourir en trayson, pour ce q̄lle doubtoit q̄l ne se fist retourner a agrippa sō filz de sa p̄miere fēme seq̄l p son ēhortemēt il auoit enuoye en exil, et q̄ luy reuenu il ne se vēgast delle. Quil fut occupp̄ sa fēme. Valere se dit ou liure q̄l fist ad rufsinū. Et ap̄s sa mort, le senat lōnoura de nouuelles hōneurs, car auec ce que sō viuāt ilz sappeloiēt pere du pays, ilz luy cōsacrerent plusieurs tēples tāt en sa cite de rōe cōe ailleurs. Et si croioēt publicqmēt telles poses. Pleust a dieu q̄ cel hōme q̄ en tresgrāt p̄tie estoit sēblable a dieu, neust oncques este ne, ou q̄l ne mourust iamais La porte de ianicule fut chose en sō tēps q̄ significoit tēps de paix q̄ depuis le temps de nypna morina pompilius nauoit este ouuerte que vne fois.

Com honteusement (sās vergongne
ceulx quō ne seuffre poīt aourer les dieux
mettēt sus a nostreseignr iesucrist les dō/
mages des tēps pfens cōe au tēps de pfti
lences fussēt ou temps mesmes quon les
aouroit   xxxi.

Ecusent leurs dieux de tant de
maulx ceulx qui a nostresei/
gnr sont ignras de tātz de si grās
biens. Certes quāt on faisoit ces maulx
les autelz des dieux estoiēt tous eschauf
fez des encens de sabba/et rendiēt ou deur
de nouueaulx chapeaulx. Les offices des
prestres reluisoient (estoient en grāt reue
rence/les tēples resplēdissoient/on sacri
fioit/on iouoit/on forsennoit en ces tēples
en ce tēps q tāt de sāg de citoyens estoit ca (
sa espādu/et nō pas seulemēt estoit espā/
du aux autres lieux que aux tēples. mais
aussi entre les autres autelz de ces dieux.
Cusius ne sceut poīt tēple pour soy sau
uer (mettre a garant quāt on loccist. pour
ce q sucius sauoit pour neant esleu/ mais
ceulx q moult plus īdignemēt (sās cau
se assaillent (enuaissent les tēps crestiēs
ou ilz sen fuirent a refuge aux lieux tresde
diez a iesucrist/ou mesmes iceulx barba/
ris ou estrāgiers les menerēt en ces lieux
affi qlz fussent asseur et besqssent. Ceste
chose scay ie/et chascun le cōgnoist legiere
ment auecqs moy sās en rien reqrir des p/
ties/affi q ie laisse les autres choses sans
repeter/dont iay parle dessus. Et encores
moult plus dautres q me sēblent trop lō
gues a racōter) Se lumai lignage eust
receu pauāt les batailles puniqs la disci
pline crestiēne: cestadire q les gēs de ce tēps
eussent receu la foy crestiēne. Et de puis
fut auenue telle et si grāde vastacion des
choses cōe elle auīt en ces batailles punic/
qs p lesqlles furēt destruittes. Europpe
et affriq/ nul neust les maulx de telles va
stacions (destructions q nous souffrons
a psent attribue ne mis sus fors a la reli/
gion crestienne.) Mais certes trop mois
seroiēt souffertes les paroles de ceulx tāt

quest aux rōmais. Ge apes la recepcion
et publicacion de la religion crestienne fu
ssēt auenues et ensuiuies/cestassauoir les
assaulx des gales/la iundaciō ou creuti/
ue soudaine de la riuiere du tybre/(le grāt
gast des feux/ou ce qui va deuant tous
maulx/cestassauoir les batailles ciuiles
Aussi les autres maulx iusqs a lors telz
quō ne les deust pas croire/si q on les pou
oit cōpter entre les mōstres et signifiāces
des choses q deuoiēt auenir silz fussēt aue
nus p leurs coulpes et par leurs pechiez.
Quelz merueilles/certes ie laisse a p/
ser des choses q plus firent a esmerueil/
lier quelles ne furent nuy sibles/cestassa/
uoir de ce que les beufz pferent des enfans
q encores nestoiēt nez/ mais estoient aux
ventres de leurs meres q dirent et crierent
aucunes paroles/des serpens q volerent.
femes q deuīdrent hōmes.(des gelines q
deuīdrent coqz, et des femelles qui deuin
drent masles/ et des masles femelles. Et
les autres choses sēblables q sōt trouuees
en leurs liures/nō pas fais de bourdes ne
de fables/ mais de leurs hystoires, lesquel
les choses soient quelles soient vrayes ou
fausses namainēt poīt de mal aux hōmes
mais les sōt esbahis mais quāt il plut ter
re/ quāt il plut blāce argille/ quāt il plut
pierres/ nō pas quon apele gresle/ mais
pierres en toutes manieres/ces choses sās
doubte peurent grandement blecer. Nous
lisons aux liures de ces hystoriens que les
feux du mont quon apele ethna en decou
rāt du plus hault dicellup mōt iusques a
la pchaine riue de la mer/ seschaufferent
tellement que les roches (pierres en furēt
eschauffees brulees et arses. (que la poix
des nefz fut fondue de la chaleur. Sans
doubte ceste chose ne fut pas pou nuysant.
iasoit ce que ce fust telle merueille q a pei/
ne le peut on croire) De rechief ces hysto
riens escripuent que seziffe p tres grāt cha
leur de feu/ et par la force des flamesches
fut si emplie et conchiee qlle ardit les mai
sons de la cite des cathenieciēs et abbatit p
la grant oppression du feu. Pour laquel

se meschance et misere, les romains meuz de misericorde seur espargnent les freuz de celle annee, a semblable demonstrance de mal aduenir escriuent les historiens de la grāt multitude de locustes qui appurent en affricque qui ia estoit prouice du peuple romal, car aps ce quelles eurent mengie les fruis et les foeulles de tous les arbres elles furent portees et iettees en la mer par vng vent ainsi come en vne forte nuee et iestimable Et aps ce que elles furēt mortes le mer les regetta a la riue dont lair fut tellement corrūpu & en sourdit telle pestillēce q̄ seulemēt ou royaume du roy masinissa il y eut mors p celle corrupcion viii. cēs. m. hōes, & si en y eut trop plus grāt quātite de mors aux terres voisines de la mer. Lors de xxx. mille cheuassiers qui estoiēt venus a vtice il nen demoura que x. sicōe eux mesmes le cōfermēt. Doncques celle vanite que nous souffrons & portons, & dont nous sōmes constrais a y respondre pour leurs mauuaises poses, quest il de ces choses que celle vanite ne mist sus a la religion cristiēne, se on les veoit aduenir aux tēples des crestiens, et toutesfois ilz ne mettent pas sus ces maulx a leurs dieux lesquelz ilz adourēt aussi que ilz ne soeufrent ces maulx ou murdres cōe de ceulx de qui ilz estoient adoures pauāt les souffrirent encores plus grans.

¶Exposicion sur ce chapitre:

Ence xxxi. & final chapitre monseignr̄ sait augustī se adresse & contre les romains et contre leurs dieux, & prēt son occasion tāt pour les maulx quil a racōtes cy dessus en ce liure cōe p les maulx quil racōte en ce chapitre, & fait deux choses en ce chap. Car premierement il resume les maulx dont il a plē Et secondemēt il en adiouste aucūs autres, & cest ou il dit que il delaisse ces maulx. &c. ¶Premierement monseignr̄ sait augustī demonstre que les dieux des romais souffrirent en ces batailles ciuiles, en boeussāt dire que ilz nestoient pas adoures souffisāment / Car lors on leur faisoit plus de seruice et

de reuerēce q̄ on ne seur auoit ōcques fait sicōe monseignr̄ sait augustī se declare p le tepte, & de ce pse notablemēt lucā en sō ii. liure qui dit Nec cuncte sūmi tēplo iacuere tonatis Diuisere deos et nullis deffuit aris Inuidiā fractua parens. Cestadire les matrones de rōe aouroiēt p tous les tēples et cherchoient p tout ainsi que ilz ne laissassent aucūs dieux qui peussent dire que on les eust oubliees et eussent eupe sur les autres, et qnāt il pse de sencnes de sabba la ou il dit / carebāt are numinū sabeo thure. il se dit pour ce que sa croist le Srap encens & non ailleurs. Et quāt il pse des chapeaux nouueaux & souef flairās, / il se dit pour venus a qui les roses sont attribuees, sicōe nous sauōs dit en ce liure sur lep posicon du xxiiii chap. & prēt cy mō seignr̄ sait augustī vne telle maniere de p ser cōe fait virgille en son pmier liure de eneydos quāt il pse du tēps de venus qui stoit en cypre en vne cite q̄ auoit nō paphus ou elle estoit adouree, ou en plāt des sacrifices que on faisoit acelle deesse il vse de ces propres motz. ¶Et quāt il pse du sang qui estoit espandu p tout, non pas seusemēt aux lieux publicques, / mais aux tēples entre les aares qui sont leurs autelz il se dit pour fibria et merula. et pour mucius sceuosa qui y furent occis sicōe il appert pse xxvii. chap. de ce liure. ¶Apres quāt il dit q̄ sās cause tulse esseut ou eust esseu de fuir aux tēples il se dit pour faire conparaison des tēples du tēps des batailles ciuiles ou tempe des cristiens & se monstre p mucius qui fut occy ou tēple et que p ce ny assa pas tusses cicero agarand que ce ne sup eust riens vassu. mais quāt la cite de rōe fut gastee p les gotz ilz espgnoient a tous ceulx que ilz trouuoient aux eglises & qui y alsoientā garand et encores en y menerent ilz aucūs pour p estre a sauuete Aps quāt monseignr̄ sait augustī pse de lassault des galles. nous en auōs pse sur lep posicion du xxii chapitre du .ii. liure & ailleurs ou .i. liure. Et de la cite qui fut ainsi gastee & la crutiue du tpbre. Nous en auons ple sur sepposicion du p̄vi. chapitre de ce liure. Aps quant il ple des pdigues/cestadire des choses q̄ si gnifiēt aduenement de mal, et sōt dictes a peul et dicta, pource q̄ de loings ils signi fiēt le mal auenir. Il le dit pour ce q̄ sils fus sēt auen⁹ aux tēps crestiēs/ilz les eussēt mis sus a sa religiō cṙestiēne. nōpas seule mēt pour ce q̄ ces choses faisoiēt mal de pṙ sēt, mais pour ce q̄s signifioiēt plus grāt mal auenir. Aps quāt il ple des buefs q pleret. Eutrope racōte en sa fi de son bi. li ure q̄ au pres de rōme cōe vng hōe menast ses beufs ⁊ les feist traire a sa charue et en batist luy, il cōmenca a pler et dire telles poles. Pourquoy me contrais tu. les fou mes ne deffauldrōt pas a la cite/mais les hōmes y deffauldrōt. Et dit q̄ ce fut vng des merueilseux portēt ou pdigue q̄ auit en la cite de rōme. A quop sacorde eu sebe en sa cronicq̄. Et sēblablemēt le raco te valerius maximus en son pmier liure ou chap de pdigiis, ⁊ dit q̄ ceste chose auit au cōmecemēt des batailles/et dit ēcores que la secōde bataille punicque vng boeuf dist a domicie q̄ estoit consul telles poles. Caue t̄ roma. cestadire garde toy rōme. et titus liuius ou .iiii. liure de sa .ii. batail le punicque dit que vng boeuf pla en sezil le. Aps quāt il ple des enfās qui pssus a moitie rētrerent ou vētre de seurs meres. Ce fut en la cite de sagōte ou tēps de sa. ii. bataille punicque. laquelle chose signifia sa destructiō de la cite. Et de ce nous auōs ple en ce liure sur sepposicion du pp. chapi tre. Et quāt est de ceulx q̄ plerent/titus en fait mēcion ou .iiii. liure de sa .ii. decade. A pres quāt monseignr sait augusti ple des gellines muees en coqs/⁊ des hōmes mu ez en femes: ⁊ des femes muees en hōmes. Quant est des gelines muees en coqs ti tus liuius se racōte ou ii. liure de sa secōde decade, et aristote ou en son liure de a mafib3, qui dit q̄ vne geline se cōbatit a vng cocq ⁊ la vāqt, et tātost luy cōmē cerent a croistre ses esperōs. Et quāt il ple aps des hōes muez en femes et des femes

muees en hommes, aucūs veulēt dire q̄ y deust auoir des femes conuerties en ho me seulemēt Et quāt est des choses pli ne en ple notablemēt ou v̇: cap. de son vii. li ure q̄ dit que i anualibz, cestadire aux fi ures des choses qui se fasoient chascū an, il troeuue q̄ ou tēps de lucius crassus cor nelius crassus et longiuius eulx estās cō sulz de romme vne fille deuīt home ⁊ a la on sauoir aux adeuineurs, cest assauoir aux aruspices quesse signifiāce ce toit. les quelz ordōnerent quesse fust portee en vne ysle deserte, et dit que ce fut en vne ville q̄ auoit a nom spolentū. ⁊ dit encores que lu cianus raconte que il dit a arges vne fille qui fut mariee et tātost la barbe luy com menca a croistre et luy vidrēt les mēbres de vng hōme, et aussi en vne autre ville q̄ auoit a nom zinitne. luy mesmes raconte que il vit vng appellee lucius conficius q̄ estoit feme qui le iour de ses neupces deuīt hōme, et agelius se racōte peissement en son pi. liure de noctib3 acticis, ⁊ titus liui us ou iiii. liure de sa seconde decade racon te de vne feme qui fut despoulee et tātost fut muee en hōme, toutesfois ne sont pas ces choses bien creables pour ce quelles ne sont poīt naturelles, et peut estre que ce fu rent fātasies ou illusions de diables, ou paueture que ce sont hermofroditi qui ont et lun et lautre sexe. Aps quāt monseignr saīt augusti ple de ce quil pleut pierres et des autres prodigues premieremēt quāt est de sa psuye de terre et de pierres, orose en ple en son v. liure qui dit que vi. cens et fp. ans aps la creacion de rōe p vii. iours pleut gresse ⁊ pierres ensēble, ⁊ titus liui us ou pmier liure de sa seconde decade dit que ou lieu q̄ appelle picenū il pleut pier res ⁊ en la mōtaigne des albais pleut pier res sēblablemēt p deux iours. Aps quāt il ple des feux des montaignes de ethna ce sont vnes mōtaignes q̄ sont en sezile q̄ gettent feu. orose en raconte ou viii. chap de son cinquiesme liure qui dit que par vng tremblement quelles firēt, elles get terent vng si tres grant et orrible brandon de feu quelles en furent toutes couuertes. Et en vng autre iour vne hisle qui sappelle ipparia fut tellement eschauffee et embrasee quelle abatit et ouurit les pendans des montaignes. Et eschauffa tellemēt la mer quelle cōmenca ainsi cōe a bouillir p tous les riuages. Et que les poissōs furent trouuez mors/ π ainsi cōe dem<i>p</i> cups. Et la poie qui estoit aux nefz fut toute fōdue/ et les nefz toutes despecees. Et les gens qui estoiēt dedens par la grant chaleur furent suffoquez/ especialemēt ceulx p qui ne sestoient trais arriere. Apres quāt il parle du grant feu qui yssit des montaignes. De rechief orose en parle en son v. liure ou pv. chapitre q dit quelles salumerent et embraserent tellemēt quelles ardirent vne cite/ et toute la region dentour q auoit nom catiue. Et dit que ce fut vi. cēs et xxvii. ans apres la creacion de romme/

Apres quant il parle des locustes/ cest vne hystore q met orose ou viii. chapitre de son v. liure qui dit quil a grant horreur de raconter la grant pestiffēce/ mortalite et corrupcion de lair qui auint de ces locustes/ car il dit quil peut mors en la cite de munidie ou ceste chose commenca viii cēs mille hommes Et sur le riuage de la mer pres de vtice selon carthage plus de deux cens mille. Et en la cite de vtice eut mors trente mille cheualliers que on y auoit en uoyes de romme Et fut ceste tempeste a si soudaine et si violēte que on porta en vng iour par lune des portes plus de mille π v. cens hommes mors hors de la cite. Et ce souffise pour lexposicion de ce tiers liure.

Ey fine le tiers liure de monseignr saīt august de la cite de dieu

¶ Cy commencent les chapitres du quart
liure de monseigneur saint augustin de
la cite de dieu:

¶ Des choses qui ont este disputees ou
premier liure. i.
Des choses qui sont contenues ou se
cond et ou tiers liure. ii.

¶ Assauoir mon se la haultesse de lem
pire, cestadire de sa grāt epire, laquelle
nest acquise fors par batailles doye estre
tenue et comptee aux biens des sages ou
aux biens des beneures. iii.

¶ Que les rengnes ou royaumes qui
sont sans iustice sōt semblables aux lar
chins. iiii.
¶ Des gladiateurs fugitifz a puissan
ce desqlz fut sēblable a la dignite royl. S

¶ De la couuoitise du roy ninus lequel
affin quil eust plus grant et plus large sei
gnourie esmeut premierement batailles
sinitiues, cesadire cōtre ses Voisins. vi.

¶ Assauoir mon se les rōmains terriēs
entre leurs accroissemēs soient aydes ou
delaissies a ayder pour les dieux. vii.

¶ Par la grace desqlz dieux cuident les
rōmains que leur empire eust este acreue
et gardee cōme apeines il aient creu quon
cōmist ou baillast a singuliers dieux la
garde des singulieres chose. viii.

¶ Assauoir se sa grandeur et sa longue
dure de lepire rōmain doit estre attribuee
a iupiter lequel est tenu pour souuerain
dieu de ceulx qui se hâtent a adourēt. ix.

¶ Que ceulx qui a diuerses parties du
monde pposerēt diuers dieux ensuiuirēt
deux oppinions. x.

¶ De moult de dieux q̄ les plus sages

des payens deffendēt et dient iupiter es
tre vng dieu et ce mesmes iupiter. xi.

¶ De loppinion de ceulx qui cuiderent
que dieu fust lame du monde et le monde
ilz cuiderent estre le corps de dieu. xii.

¶ De ceulx qui affermēt que seulemēt
les animaulx raisōnables, cestadire les
hōmes ou esperis entendans raison sont
les parties de dieu. xiii.

¶ Que len attribue sās cause a iupiter
les accroissemens des royaumes cōme se
Victore est deesse ainsi cōme ilz le veullēt
q̄ diēt, elle seule souffiroit a ceste besōgne
xiiii.

¶ Assauoir mon se cest chose cōuenāble
aux bons vouloir estendre et accroistre
leurs seigneuries. xv.

¶ Que fut ce adire que les rōmains a
toutes choses τ a tous mouuemens repu
terent singuliers dieux et voulurent q̄ sa
maison de repos fust dehors les portes de
la cite. xvi.

¶ Assauoir se souueraine puissāce est a
iupiter se on doit estimer ne cuider que Vi
ctore soit aussi deesse. xvii.

¶ Par quelle raison ceulx qui cuident q̄
felicite et fortune estre deesse font separci
on entre elles. xviii.

¶ De fortune feminine. xix.

¶ De Vertu et de foy que les payens hō
nouroient aux temples τ par sacrifices,
en delaissant a adourer autres biens. as
sauoir mon se ilz attribuerent iustemēt
la diuinite aux autres, cestadire les sacri
fices et seruices qui appartiennēt a faire
aux choses diuines. xx.

¶ Que ceulx qui nentendent pas que
Vertu soit vng dieu, toutessois doiuēt ilz
estre contendz de felicite. xxi.

¶ De la science de adourer les dieux de laquelle Barro se donne gloire de lauoir baillie de luy mesmes aux romains. xxii

¶ De felicite de laquelle les romains sont adoureurs de moult de dieux laisserent longuemēt a adourer dōneur diuine cōme elle seulle souffisist a adourer pour tous. xxiii.

¶ Par quelle raison les payens deffendent/que entre les dieux que ilz adourent les dons diuins et si ne sceuent qui sont ces dieux xxiiii:

¶ De vng dieu que on doit seulement adourer duquel iasoit ce quil soit mescōgneu de nom/toutesfois on sceut bien qͥl est donneur de felicite. xxv:

¶ Des ieux scelques lesquelz ces dieux vouldrent que ilz leur fussent fais a celebres de ceux qui les adourent. xxvi

¶ De toutes manieres de dieux desqͥlz seuesque sceuola disputa. xxvii.

¶ Assauoir mon se adourer les dieux pourffita aux rommains a obtenir et eslargir leur royaume. xxviii

¶ De la faulsete de la ruspite/ & establire de la diuinacion que on faisoit par les oyseaulx/par lequel on iuga estre iugee et signifiee la sorte et establete du royau me rommain. xxix.

¶ Quelles choses aussi se confessent sentir des dieux des gens ceulx qui les adourent. xxx:

¶ Des oppinions de Barro qui reprēue la persuasion du peuple iasoit ce quil ne paruenist point a la congnoissance de dieu toutesfois il iuga que on deuoit adourer vng dieu seulement xxxi.

¶ Pour quelle espece de vtilite et pourffit/les princes des gens voulurent que les faulses religions demourassent au peuple subiectes a a eulx. xxxii

¶ Que par le iugement et par la puissance du vray dieu soient et aient este or donnes les temps de tous les roys et de tous les royaumes. xxxiii:

¶ Du royaume des iuifz lequel fut institue et gar de dun et vray dieu tāt quil demourerent a tindrent en vraie religion xxxiiii:

¶ Cy fine la table du quart liure de mō seignͬ saint augustin de la cite de dieu

Quarto.

Cy cōmence le quart liure de monsei-
gneur saint augustin de la cite de dieu.

Cest le prologue du translateur:

Our ce que au cōmence-
ment de ceste oeure en fai-
sāt la diuision de ce liure
nous lauōs diuisee en plu-
sieurs parties. Et p espe-
cial en deux pties principaulx dont la se-
cōde ptie pricipalle se cōmēce a le .pi. liure
et la premiere partie nous lauons diuisee

en deux cestassauoir que chascune ǫtieut
cincq liures/et encores ceste premiere ptie
des cincq premiers liures auons diuisees
en deux autres parties/dont lune contiēt
les trois premiers/et la seconde les deux
Ey laquelle premiere ptie mōseigneur
sait augusti demonstre q̄ la cite de rōme
ne peut attribuer a la religion crestienne
les maulx quelle souffrit auy tēps des
crestiens pour ce quilz ne adouroient que
ung dieu/cestassauoir iesucrist/de laq̄lle
partie nous nous sōmes deliures au mi
eux que nous auōs peu a layde de dieu

Et en ceste seconde ptie qui contient le iiii et le v. liure/monseigneur saint augustī veult demōstrer que les rōmains ne peurent attribuer a leurs dieux les biēs qui leur sont venus/et pseque lz lēpire de rōme a este si grādement accreue/mais les doiuent attribuer a nostre seignr iesucrist Et pmieremēt ou quart il demōstre que lacroissemēt de lēpire de rōme ne doit pas estre attribuee a leurs faulx dieux. Se condement ou v. liure il demōstre quelle est la cause et la raison de lacroissemēt de ce temple.

¶ Il traicte icy des choses qui ōt este disputees ou premier liure :   i.

En cōmenchant a dire de la cite de dieu cest a dire quāt ie cōmencay a faire mon liure. Je tins premierement que iauoie a respōdre aux ennemis dicelle, que ensuiuāt les iopes terriēnes et entendant aux choses vaines et sinitiues de cest mōde/tout ce que.ilz seuffrent en eulx de tristresse et de doleur est plus par la grace de dieu qui les admoneste a eulx corriger que pce quil les veust picquer perruaulte il met tout a la religion ppienne se escriet a autre voix laqlle religiō crestiēne est vne droicte voie et couenable au salut de lame et vraie religion/ et pour ce que ainsi come le peuple mesmes est mal enseignie ilz se meuuēt plus griesmēt contre nous et en nostre hayne ainsi come par lauctorite de leurs docteurs pour ce que les foles gens pmaginent q̄ en leurs tēps sont aduenus aucunes choses nō acoustumees et qui par le tēps pauāt nauoient pas acoustumees a venir. Et iassoit ce que plusieurs de ceulx sceuent leur oppiniō estre faulse/toutesfois aussi quil sēblast quilz eussēt iuste cause de murmurer cōtre nous ilz confermēt leur intention p dissimulacion de leur conscience/ p les liures que leurs acteurs auoient cōmāde a escripre affin de memoire pperuelle/pour cōgnoistre les histores q̄ auoient este faictes aux tēps precedens et pour ce estoit il a demōstrer cōmēt il estoit de trop autremēt q̄ ilz

ne cuidoient/et quil leur couenoit enseignier auec ce que leurs faulx dieux q̄ ilz douroient tant en appt cōe en couuert q̄ aduoient encores estoient ore espritz tresmalicieux et tres deceuans diables p telle maniere quilz se delitent en tous crimes soient vrais ou faulx/ q̄ encores de ceulx mesmes qui ont cōmis/ lesquelz ilz vouldriēt quilz leur fussēt celebres q̄ faire aux iours de leurs solennites affi que le somet ou fragilite de nature humaine ne peust estre retournee ou retraicte de faire et perpetrer ces fais dānables. pour ce que a iceulx fais en suiuir il sēbloit que lauctorite diuine p eust dōne son consentemēt Ces choses nous auons prouue/ nō pas par nostre coniecture/mais en partie par fresce memoire. car q̄ nous mesmes auōs veu telz choses et telz seruices auoir este fais a ces dieux/ q̄ en partie par les liures de ceulx qui les firent et les laisserent a leurs successeurs/ non pas cōme a la confusion de ces dieux/ mais ainsi cōe a leur grāt honneur par telle manere que quāt varro qui entre eulx estoit tenu hōme tresage q̄ de tresgrāt auctorite quāt il fist diuers liures de choses diuines q̄ baillāt a chūn liure ce qui lui appartenoit selō sa dignite/ cest a dire que aux liures diuins il traicta des choses diuines/ et aux liures humains des choses humaines il ne mist pas les ieux sceniques entre les choses humaines/ mais les mist entre les choses diuines/ia soit ce que les rōmains eussent este seulement bons et honnestes ilz ne deussent auoir souffert en sa cite que ieux seniques/ eussent este cōptes aux choses humaines Laquelle chose pour certain il ne fit pas de son auctorite/ mais pour ce q̄ estoit nez et nourry a rōme les trouua aux choses diuines. q̄ pour ce q̄ nous auons mis en la fin du pmier liure des choses q̄ estoient a dire apz q̄ desq̄lles nous deuons traicter Et dicelles nous apons dit aucune chose es deux liures subsequēs Nous congnoissons ce qui est encores a dire et qui reste encores a ceulx qui attens dent a lire ce liure.

¶ Expposicion sur ce chapitre.

Pour l'entendent de ce pmier chap. il est assauoir que ce liure contiét pp̄viii. chapitres/et en ce pmier chap. il demonstre cōment il a procede aup trois liures pcedens/en arguant contre les romains en reprouuāt leurs dieup p leurs propres escriptures et p leurs lettres auf quelles ilz adioustent soy pour ce que par icelles ilz sont plus legiers a conuaincre. Et ap̄s il les a conuaīcu et procede cōtre eulp p les faiduires que lup mesmes veit qestoient manifestes ē si apperte que eelles ne pouoiēt estre celees ne nyees en q̄l que maniere. Et quant il p̄le d'un peuple rude et mal enseignie ē de seur folle oppinion, il se dit pour ce que iasoit ce ql y eust plusieurs grans maistres en seur loy qui sceussent ces nouuelles oppinions du cōmun, quāt a la nouuellete de ces maulp et nouueaulp sacrifices que ilz faisoient et trouuoient de iour en iour estre faulses et faintes. Toutesfois les dissimuloient ilz et ne les en reprenoient point/ ne ne seur enseignoiēt pas la verite de la chose affi que tāt qui demouroient plus en seur folle erreur et cōe ilz y estoiēt plus fors fichies ē affermes ilz murmurassēt plus grādement contre les bons crestiens Ap̄s quāt il p̄le de la declaracion que les dieup p̄endoiēt en faisant les sacrifices de seurs crimes fussent vrais ou faulp de ce nous auons p̄le cy dessus ou second siure sur le viii. chap. ¶ Apres quāt il parse des choses quil dit quil a veues il en est p̄le cy dessus ou second liure sur le iiii. et pp̄vi. chap. Apres quāt il parle des ieup sceniques nous en auons parle cy dessus ou premier et second liures en plusieurs lieup et pour ce nous nous en passons ē quāt il p̄le de varro il en p̄le en plusieurs sieup en ce liure et le reēmāde moult cōe hōme de telle loy cōme il estoit/sicōme on pourroit veoir en ce precedent chapitre

¶ Des choses qui sont contenues ou second et ou tiers liures: ii.

Nous auons doncques p̄omis a dire aucūe chose ōtre ceulp qui ramainent et iputent a sa religion crestienne les meschiefz et les tēpestes de la cose publicque de rōme/ē aussi auons p̄omis a recorder tous les maulp quelz et quelsconques dont il nous pourroit seuuenir ou au mois quil souffiroit que celle cite souffrit/ou les p̄ouices ap̄tenās a son ēpire auāt que on eust deffē du ces sacrileges ces sacrifices ces tēpestes et ces p̄doles tous/ lesquelz maulp sans doubte il nous attribueroiēt se dessors ou nostre religion fut appue ou que aussi elle seur deffendist ces sacrileges sacrifices ē ces choses selō mō sesaduis nous auōs asses cēmonstrees/cestassauoir ou ii. siure en traictāt des maulp des meurs/les qlz maulp doiuēt estre reputes les seulp maulp ou les tresgrās/et ou tiers nous auons traite des maulp que les folz resō gnēt a souffrir/cestassauoir des maulp du corps ē des choses foraines. Lesquelz maulp seufrēt souuent aussi biē les bōs cōe les mauuais/mais ces maulp p̄ lesquelz ilz sont fais mauuais et dont ien ay aucū peu nōme de celle seule cite et de sō ēpire. ē non pas encores tous ceulp qui sont auenus iusques a cesar auguste ie se dy qui les ont et portet vousentiers et non pas patiāment. Que fusse se ieusse voulu recorder ē assembler/nō pas ceulp que les hōmes sentrefont/sicōe destructions vastacions et trebuchemens qui ad uiennent par ceulp qui secōbatent/mais qui aduiennent aup choses terriēnes par les elemens de ce monde/ lesquelz appu sepus met en vng liure briefment/en ce liure quil fist lequel est ititule se liure du monde ou il dit ces motz/ Toutes ces choses terriennes se muent et tournent ē meurent ē prendent fin/car affi que vse de ces paroses par petis crolemens de terre la terre souurit et la cite et les peuples furent soudainement englouties/aussi aucues regions ont este toutes destruites par grant habundāces ē effusions de

z iii

pſayes Celles auſſi q̃ parauāt auoient
eſte tres cōtinées et fermes deuidrent iſſez
peſtrāges eaues et fleuues q̃ ſouruenoiēt
et les deptoiēt des autres terres, et autres
terres regions ou iſles ou lēn ne pouoit
aller que par eaue et p̃ mer p̃ grāt retrai-
cte de mer, deuindrent tellemēt q̃ lēn y al-
loit a piet, auſſi lēn a veu les citez tres bu-
cees p̃ vens et p̃ tourmēs et feu pſſir des
nues p̃ leſqlz les regiōs douēt q̃ en furēt
enflāées, en furēt peries, et les p̃ties des
regiōs doccidēt p̃ trup et grās eſbouſſe-
mēs et eſcouſis deaues auoir aduenu ces
meſm̃es et pareilles tēpeſtes Auſſi lēn a
veu iſſir du plus hault du ſōmet de la mō-
taigne de ethna, et deſcēdre aual et ainſi q̃
ſe lēn gectaſt aual p̃ eſcuieles flābes de feu
diuin en la maniere q̃ fait le ruiſſel ou ri-
uiere q̃ deſcend de la montaigne. Se ie
voulſiſſe aſſēbler auſſi q̃ faire le pourroie
ces choſes q̃ aduidrēt en ces temps auant
que le nō de ieſuſcriſt eut riēs reſtrait, et oſ-
te ces baines choſes ſe qlles eſtoiēt et ſōt
contraires et nuiſans a vray ſalut. Iauoie
auſſi p̃mis a demōſtrer q̃lz eſtoient leurs
meurs, et pour q̃lle cauſe le vray dieu en
la puiſſance duquel ſōt tous les rōmais
a daignie accroiſtre et augmēter ſempire
rōmain, et q̃mēt rien ne leur apent ha ſu-
ne ap̃s ceulx q̃ cuidēt eſtre dieux, mais
q̃ plus eſt leur ap̃t nup en eulx deceuāt
et traiſſāt, dont il me ſēble q̃ iaye plus a
dir̃e a p̃nt de laugmentacion ou accroiſſe-
mēt de lēpire rōmain, car iay dit meſme-
mēt ou ſecōd liure, nō pas pou de choſes
de la nuiſible deceuāce et fauſſete des dea-
bles leſquelz ilz adourēt cōe dieux. quās
et com grās maulx il apent mis en leurs
meurs, mais p̃ tout les autres trois li-
ures q̃ iay acōplis, nous auōs mis auſ-
ſi ou il nous a ſēble eſtre cōuenable, com-
bien et com grāt ſoulas aydes et conforc
dieu ait voulu dōner p̃ le nō de ieſucriſt
auſſi aux mauuais cōme aux bōs meſ-
memēt es maulx des batailles auſquelz
les barbarins, ceſt a dire les gotz q̃ por-
terent tāt donneur contre la couſtume des

batailles, et fiſt il en la maniere quil fait
naiſtre et lupre ſon ſoleil ſur les bōs et ſur
les mauuais Et fait plouuoir ſur les iu-
ſtes et ſur les nō iuſtes. vōs dōcq̃s a p̃nt
q̃ ceſt q̃ oſent attribuer a ces dieux ſi grā-
de et ſi durable fermete de lēpire rōmai les
q̃lz dieux meſmes il ſe dient auoir adou-
re hōeſtemēt p̃ le ſeruice de leurs ſais ieux
et p̃ miniſtere ou ſeruice dhōes diffames
Expoſicion ſur ce chapitre.
En ce .ii. chapitre monſeigñr ſaint
auguſtin pourſuit ſon traicte, et
p̃ſe de ce dōt il a parle aux trois
liures p̃cedēs pour deſcēdre a ſa matiere
et cōtinuer ſō proces, et pour monſtrer auſ-
ſi q̃mēt il entend a p̃ceder en ce quart li-
ure et ou ſubſequēt Et p̃ iterpoſe aucunes
choſes en briefuez parolles q̃ lui ſemblēt
q̃ apptiēnent a la matiere du tiers liure,
ceſt aſſauoir aucuns maulx q̃ aduien-
nēt p̃ les choſes terriēnes et p̃ les eſemēs
Et pour mōſtrer en p̃tye il allegue vng
docteur appelle appuleyus, le q̃l ſucceda
hermes autremēt dit mercurius trimegi-
ſtus, il fiſt cinq liures. Lun q̃ ſappelle de
dogmate platonis, lautre de deo ſocratis
Le tiers qui ſappelle croſmografia appu-
leii Le quart de magia, ouquel il ſe deffēt
cōtre ceulx q̃ l accuſoiēt q̃l vſoit dart ma-
gique, duq̃l monſeigñr ſait auguſtī fait
mencion cy ap̃s ou .viii. liure ou .xix. cha-
pitre Le .v. q̃ ſappelle de aſino aureo q̃ au-
tremēt eſt appelle methamorphoſeos ou-
quel il racōte trop de merueilleuſes trāſ-
mutaciōs faictes p̃ art magicque, et racō-
te q̃mēt lui meſmes fut mue en vng aſ-
ne doi, et de ce liure fait mēcion mōſeigñr
ſait auguſtin cy ap̃s ou .xviii. chapitre du
.xviii. liure, toutesfois macrobe en ſon li-
ure q̃l fiſt de ſōpnio ſcipionis dit q̃ ce fu-
rēt choſes faictes, et pour ce quāt il p̃ſe des
fables il diſt ainſi, deſq̃lles fables ſe dit
il nous nous eſmerueilſōs q̃mēt appu-
leyus ſen eſt aiſi ioue. Ces choſes toutes
fois q̃ mōſeigñr ſait auguſti admaine,
ſōt de ſō liure q̃ ſappelle croſmografia, et
p̃nēt mōſeigñr ſait auguſti le ſens et nō

pas les parolles/et veult mõstrer appu
sepus q̃ toutes choses terriênes ont trãs
mutacions p telles manieres q̃lles ne de
meurent point en vne mesmes disposiciõ
iassoit ce touteffois q̃ la terre demeure en
sa substãce/et que elle se diuersifie en sa
disposicion ou ordonnance. Aussi aucu
nes choses qui sont conuersion de mort/
cest a dire que elles meurẽt dont aucunes
sont corrumpues a mortes et puis retour
nent a la sẽblable fourme q̃ elles auoyẽt
parauãt. Ainsi cõme se ilz voulsissent di
re que en la transmutacion de ces choses
terriênes/cest aisi cõme vng cercle ou cir
cuite/et de ces choses il met epẽple p les
mouuemẽs de la terre q̃ esmeurent et es
meuuẽt si la terre que elle engloutist les
citez q̃ fondent en abisme dont sen ne voit
iamais neant. Sẽblablemẽt des grans
inundacions et deluges q̃ sont aucunes
fois si grãs et si ipetueulx que ilz noient
vne region sicõme fut deluge qui fut en
thessalie et lautre q̃ fut en achaye ou tẽps
de ogige desquelz parle orose ou pmier
liure de son oume/ aucunesfois se sent a
soubzsieue vne partie dela terre q̃ estoit
ioincte auecques autre terre ferme. et sen
va par la mer qui la soustient iusques q̃
ce quelle sarreste/ cest faicte vne isle/ sicõ
me iustin raconte en son.iiii.liure qui dit
que ainsi fut faicte sezille vne isle/ et que
iadis elle fut conioincte a ptalie et vne ci
te appelee athelaus qui estoit assise a ter
re ferme en sezille fut p la mer trenchie et
esleuee/et fut faicte vne isle sicomme dit
orose ou.pvii.chapitre du.ii.liure Et au
contraire par pareille maniere et fourme
ce qui a aucunesfois este isle quãt la mer
et les eaues sen partent et retraiẽt demeu
re a secq/ a p va len par terre sãs nef a sãs
bateau de lune terre a lautre/ sicõme soli
raconte en son liure de mirabilibus mun
di ou chap̃.di tasie/ aucunesfois sourdẽt
telles et si grãdes tempestes a si fors a si
soudaines p vens a croslemẽs de terre/a
autremẽt que les citez et les villes en sõt
tresbuchees a destruictes/ et de ce ple oro

se ou.vi.chapitre de sõ.ii.liure/ aucunes
fois sont arses et fourdroies sicõe furent
les cinq citez de sodome/ sicõme la bible
le tesmoigne et orose en son pmier liure/
Aucunessois p le deluge de feu/ sicõe fut
par le deluge de pheton dõt platon p le en
sõ liure q̃ lappelle In tpmeo vers le cõme
cemẽt duquel deluge les poetes faingnẽt
la fable de phetõ q̃ voult mener les chars
de son pere qui estoit le soleil, et pour ce q̃
il ne les sceut mener/ cõbien q̃ de ce il lup
eut baille certaines rigles il ardit tout/
dont sõ pere tresbucha cheuaulx et chare
tier et chars et tout en la mer/et cõme ses
seurs le ploutassent elles furẽt mueez en
arbres et leur frere fut muẽ en vng cisne
sicõme len peut veoir ou second liure do
uide le grãt q̃ lappelle methamorphoses
os/lequel ouide et les fables dicelluy tho
mas valensis moralisa moult notable
ment et exposa. et aussi sẽblablement de
la montaigne de ethna q̃ est en sezille/est
aucunesfois yssu si grãt feu a q̃ decouroit
aual la mõtaigne par si grãs motteaulx
et flãbeaulx q̃ sẽbloit q̃ ce fut vng grant
ruisseau de feu q̃ descẽdoit aual, tãt descẽ
doit tost a hastiuemẽt/ a quãt a sa matie
re q̃ descẽdoit et quãt a sa quãtite, et pour
ce dit appulepus q̃ ses fleuues de ces flã
bes couroiẽt et appelle ce feu diuin pour ce
q̃l ne sẽbloit pas q̃l venist naturellemẽt/
mais q̃ pcedast de ire des dieux/ a quãt
il dit q̃ on les versoit cõe de hanaps il prẽt
ces hanaps pour toutes manieres de pe
tis vaisseaulx cõe escuelles, voirres ou
fioles p lesquelz sen peut vuider aucune
chose a cõe ou sõmet de celle mõtaigne eut
plusieurs pertuis pou ces motteaulx de
feu, t de flambe yssoiẽt il appelle ces lieux
hanaps/ car ces feux en issent a descendẽt
sa sẽbloiẽt ensẽble a sẽbloit q̃ ce fust vng
grãt ruisseau qui couruft/ de ces feux de
celle mõtaigne de ethna p le orose ou dit.ii
liure ou.pvii.chapitre q̃ dit que par vng
grãt trãblemẽt q̃ de terre/ celle mõtaigne
de ethna sesboullist tellemẽt de feu a de
flammesches q̃ lle ardit plusieurs chãps

villes voisines/ ⁊ de ce nous auōs parle ou chapitre final du liure precedent
¶ Assauoir mō se la haultesse de lempire cest a dire de grāt empire, laquelle nest acq́se fors p batailles dope estre tenue et comptee aux biens des saiges/ ou aux biens des bieneurez.   iii

Iassoit q̄ ie Vueille auāt q̄ng pou encq́rre q́lle soit la raisō/q́lle soit la prudēce de soy vouloir glorifier dauoir empire grant ⁊ large cōme en ce tu ne puisses monstrer la beneurete des hōmes qui en ce faisant trauaillēt et entēdent tousiours en tēpestes de batailles/⁊ en espādre sang ciuil ou hostile/toutesfois humain en obscure/doubte/et paour/et en couuoitise pleine de sang/saq́lle beneurete peut estre comparee a la leesse dune Verriere q̄ reluist en fragilite dōt lē doubte tousiours plus horriblemēt quesse ne brise soudainemēt Affin q̄ ceste chose soit plus legieremēt iugee/ne alons poit vagāt en diuerses manieres/cōme se nous fussions demenez p parolles pleines de vēt. et recoupons lintencion de parler trop aguemēt et soubtilsemēt par motz haulx sonnans ainsi cōme nous oyons dire les peuples les royaumes et ses prouinces/mais cōstituōs deux hōmes/car vng chascun singulier hōm̄e est cōme vng elemēt en vne cite/et en vng royaume com large quil soit ⁊ en com grāt quātite q̄l occupe de terre ainsi cōme en vng mot ou en vng sermō vne lettre est vng elemēt, desquelz deux hōmes pēssons ou faingnons q̄ lun soit poure ou qui plus est moyen/et lautre soit tresriche/mais nous mettrōs le riche estre āgoisseux de paour p lourer en paisible douleur/ardant en couuoitise/nulle fois asseur/tousiours sās repos, trauaillāt en contencions/⁊ batailles de perpetuelles haynes/accroissant sainemēt p ces miseres son patrimone oultre mesure/ Et en faisant ces accroissemēs il assembla aussi tres ameres et tres doloureuses cures ⁊ pensees/mais cest hōme moyen q̄ a sa petite chose familliere domesticq̄ bien ordon

nee/cest a dire q̄ de son petit auoir il ē bien ordōne ⁊ bien lui souffist/seq̄l est tresbien aime de ses gens q̄ voit tresioieusement en tresdoulce paix ⁊ est en ioye auecq̄s ses voisins ⁊ amis/il est religieux/piteulx benuin en pensee/sain/benvin de corps/de sobre vie/chaste de meurs/seur de ōsciēce. Je ne scay sil est aucun si fol ne si rassote q̄ ose doubter seq̄l des dieux il mette deuāt/cest a dire seq̄l il tiēnent le plus beneure/doncq̄s sil est ainsi en deux hōmes il sensuit p rigle de eq̄te ⁊ de droicture quil soit aisi en deux maisnages. aisi en deux peuples/ainsi en deux royaumes/saq̄l leequite et droicture diligāment adioustee ou entendue se nostre intenciō est corrigee ⁊ legieremēt ou habite vanite/⁊ ou habite felicite. Pour quoy se sen adoure le vray dieu et le sert on de bonnes vrapes et saictes honneurs/cest chose pourfitable q̄lz regnent lōguemēt ⁊ q̄lz aiēt grant et large seignourie. Ne ce nest pas si prousfitable chose a eulx cōme a ceulx sur q̄ ilz rengnēt car en tāt q̄ a eulx appartiēt seur de bōnairete/⁊ seur bonte q̄ sōt grās dōs de dieu souffist a eux a vraye felicite/ ou beneurete p laq̄lle et ceste vie soit bien menee ou gouuernee et aps soit eue la vie p durable dōcq̄s en ce mōde se regne des bōs nest pas tant ordōne a eulx cōe aux choses humaies. mais le regne des mauuais nuist plus aux regnans q̄ gastent leurs corages par ce quil ont plusgrant licence ou auctorite de mal faire/⁊ a ceulx qui en les seruāt sont subiectz a eulx ne nuist riens fors leur propre iniquite/car quelcōq̄s maulx soiēt aux iustes p leurs mauuais seigneurs. Ce nest pas paine de crime/mais cest espreuuemēt de vertu pour ce est il ainsi se le bō sert il est frāc/mais le mauuais suppose aussi q̄ il regne/si est il serf. Ne ce nest pas dun seul hōe/mais qui est chose plus griefue de tāt de si grans cōme vices/desq̄lz vices cōe la saicte escriture fait mencion elle dit de ce dont aucū est vaincu/il est fait serf a cellui.
Expposicion sur ce chapitre.

En ce .iiii. chap̃ auãt q̃ mõseigneur saĩt augustĩ viẽgne au principal pp̃s de sõ liure, il demõstre q̃ les rõmaĩs ne se doiuẽt pas dõner gloire de laccroissemẽt de leur empire. Cõmē en accroissãt icellui ilz ap̃nt tousiours vescu en guerres en batailles ꝛ en occisiõs de gẽs, ꝛ fait deux choses en ce chapitre. Premierement il demõstre cõment se ilz sen gloifiẽt cest vne vaine gloire ꝛ que leur gloire est nulle et desraisõnable. Secõdemẽt il demonstre q̃ la grãdeur ꝛ accroissemẽt dempire, peut estre prouffitable a ceulx q̃ ont la seignourie ꝛ celle secõde ptye se ꝗmece la ou il dit, ꝛ pour ce se le diẽ dieu ꝛc. En ce chapitre ne a nulle hystoire, mais len y peut p̃dre trois enseignemẽs moraulx, ꝛ le p̃mier est q̃ la seignourie des bõs princes est prouffitable tãt a eulx cõe a leurs subgectz. Et premieremẽt les seigneurs acquierent merite p̃ faisant ses bõnes euures vertueuses, ꝛ les subgectz si sõt faiz vertueulx p̃ en obeissãt es choses vertueuses q̃ ilz leur ꝗmãdent. Et en suiuant leurs operacions vertueuses, ꝛ pour ce quãt mõseigneur saĩt augustin dit q̃ celle seignourie est plus prouffitable a lun q̃ a lautre il suppose q̃lle soit prouffitable ꝛ a lun ꝛ a lautre. Le secõd enseignement moral est q̃ telle seignourie a plus de bien prouffitable aux subgectz q̃ aux seign̄rs car cõe les subiectz prendent de telz p̃ces les biens de lame et bõnes loix ꝛ bõnes rigles, et selon lesquelles on dit vertueusement auecques ce que il gardent et deffendent leurs corps et leurs biens qui ne sont que accessoires aux biens de vertu. toutesfois pour celle cause ne recoiuent les princes de leurs subiectz aucũs telz biens, mais tãt seulement les biens de fortune q̃ sont trop malement petis cõe honneurs richesses digites, et pour ce dit mõseigneur saint augustĩ q̃ telz princes prouffittent trop mieulx a leurs subiectz que a eulx ꝛ que telle seignourie ꝛ tel royaume a plus de bien de honnestete ou prince que aux subiectz, car ou il ya plus de biẽs de

vertu il ya plus de biẽ dõnestete, dõcq̃s en cellui q̃ a la seignorie et le gouuernemẽt sont requis plus expresses vertus, ꝛ fault que ilz aiẽt toute la police du gouuernemẽt, ꝛ p̃ ꝗsequẽt toutes leurs meilleures meurs, et doit estre droitemẽt le p̃ce cõe se miroir voire miroir de meurs. Et pour ce ont les p̃nces couronnes en leurs testes pour signifier les peuples, sur lesq̃lz ilz ont seigneurie ꝛ desquelz ilz sont aduirõnes ainsi cõe dune couronne, sicõe dit psi˜dore ou pip̃. liure de ses ethimologies, se q̃l isidore en vne autre lieu en ce mesmes liure en demonstrãt quelle chose est couronne dit ainsi, la courõne est vng signe de maieste ꝛ vne especiale demõstrace de dignite dauctorite de victoire de benefice ou de puissege, ꝛ iasoit ce quelle soit noble ꝛ belle. toutesfois ē celle chargee ꝛ si est vne mauuaise et saide charge a hõe q̃ nest biẽ morigine, et laquelle encores ne deliure pas de fais ꝛ de charge deuie cellui qui la p̃ent suppose quil soit sage ꝛ proueu. Et pour ce dit climent le tiers en vne epistre q̃l fist ap̃s ce q̃l fut cree pape ces poses, sa ches que recheu le gouuernemẽt de leglise vniuersal, ne cest hõneur ne no˚ es lieue ē orgueil q̃ est acõpagie des fais ꝛ des charges ĩportables, ne les delices que nous auons ne nous esiouissent poĩt lesquelles les grans cures q̃ nous auõs ēpechẽt et occupẽt, et en vng autre epistre, cest assauoir en sa tierce en laq̃lle il escript a vne roine dēgleterre, laq̃lle lui auoit escript sa grant ioie quelle auoit de sa promociõ il luy rescript p̃ telle maiere, nous nous esmerueillõs ꝗment tu fais feste de nr̃e estat, et cõment tu nous as escript de la ioie que tu as de nostre promociõ ne commẽt tu p̃ peulx trouuer leesse ou no˚ puisons larmes ꝛ plourõs chascũ iour quãt no˚ app̃cheuõs ꝛ cõgnoissõs q̃ no˚ auõs receu lhõneur q̃ ne nous apptenoit pas et que nos espaules sont chergees de fais ĩportables. pour celle cause sa refusa fabius maximus duq̃l nous auõs parle ou premier liure sur lexpositiõ du vi. chap̃.

Le tiers enseignement moral est que iasſoit ce que le bõ prince ayme plus ſes ſubgectz de la ptye de la puiſſãce ouurãt que nous diſons en latin, ey parte potẽcie operatis/ pource que il a meilleure volente et plus haulte vertu, toutesfois de la ptye de lobꞩ. et terminans les ſubgectz doiuẽt plus amer leur ſeigneur, car de tãt cõe il eſt meilleur en ſoy de tãt fait il plus amer ainſi cõme dieu ayme plus les creatures pour ce q̃ elles ſõt faictes du createur ſãs tu que au cõtraire iaſſoit ce q̃ ſa creature ayme plus dieu obiectiuemẽt pource que elle a fruicion de dieu cõe de bien finable et derrenier/ mais dieu na poit ceſte fruicion/ mais vſe de la creature tãt ſeulemẽt Aprez quãt il dit/ ſe noſtre intẽciõ eſt corrigee Ɔc. Ces poſles ſe rapoꝛtẽt a ce quil a dit cy deſſus en ce chapitre ou il pſe de recoppeꝛ τ retõdꝛe les haultes poſſes Car en ce monſeigñr ſait auguſtin veult dire q̃ la haulteſſe de noſtre engin τ de noſtre intencion p̃ laq̃lle nous auõs õſideraciõ et entẽdons a aucune choſe eſt retondue τ aſſoſſee quãt elle entend aux motz de telles dignitez τ nõ pas a la verite ne a ſeſ̃fect/ mais aprez ceſte intencion eſt corrigee quant oſtez telz motz et telle vanite elle õſidere la choſe τ leffect dicelle τ a ce quil y appartient. Aprez quãt il dit q̃ ſuppoſe q̃ le bon ſerue. toutesfois eſt il franc et le mauuais ſuppoſe que il regne eſt il ſerf/ ceſt vne autre propoſicion notable qui ſe declaire doublemẽt car pmierement ſe le bon ſert, neãtmoins eſt il franc quãt a ſame laquelle tient les paſſions du coꝛps ſubiectes a elle/ et q̃ plus eſt ſe le coꝛps ne eſt ramene en ſeruitude ſe courage ne peut chaſtier ne reſtraidꝛe ſes paſſiõs du coꝛps Secõdemẽt car ſe le mauuais rengne de tant comme ſon coꝛps eſt plus franc τ plus deſlie et a ſa volente de tãt les paſſiõs qui ſont en ſon coꝛps ſont moins chaſtiees τ plus eſmeues et cõme le mauuais courage nait pas vertu ne puiſance de reſiſter de tãt eſt il fait plus ſerf a ces paſſions.

Que les rengnes ou royaumes qui ſõt ſãs iuſtice ſõt ſẽblables aux larrecis. iiii

Dõcques iuſtice oſtee q̃lle choſe ſõt les royaumes foꝛs grãs larrecis car et quelle choſe ſont larrecins foꝛs petis royaumes/ Certes la cõpaignie et la puiſſance des hões eſt telle quelle eſt gouuernee p̃ cõmandemẽt de price elle eſt lyopee et ioincte p couuenãt et pꝛomeſſe de cõpaignie, ſa pꝛopꝛe eſt diuiſee et ptye p ſoy de coꝛde, τ ſe ce mal/ ceſt a dire ce larreciẽ tãt accreus p aſſemblee dõmes perdus que il tienne lieu/ il eſtabliſſe ſieges il occupe pꝛienne ou tienne citez il face peuples a lui ſubgectz il empꝛient plus clerement nõ de royaume, lequel lui donne ia en apert non pas couuoitiſe q̃ en ſoit oſtee, Mais lui donne ce q̃ p ſa puiſſance qʼl a ia acqſe le y ne ſe puniſt pas de ſes meſfais. Certes vng larron de mer q̃ fut puins reſpondit notablemẽt et braiemẽt a cel alepandꝛe le grãt car cõme le roy demandaſt a ceſt hõme qʼl lui ſẽbloit de ce qʼl toꝛmẽtoit ainſi la mer il reſpõdit plainement et que te ſemble il de ce que tu toꝛmentes ainſi toute la terre mais pour ce que ce q̃ ie fais ie ſe fais p petit nauire ie ſuis appelle larron et pour ce q̃ tu ſe fais a grãt nauire tu es appelle empereur.

Eppoſicion ſur ce chapitre.

En ce .iiii. chapitre monſeigñr ſait auguſtin demõſtre q̃ a vray royaume eſt requiſe iuſtice ou autrement entre vng royaume tant ſoit grant et entre larrecin na point de difference et ce pꝛeuue il en deux manieres ſune p eypꝛeſſe et ſautre p auctoꝛite. Se eyẽple eſt en ce chapitre, et ſauctoꝛite eſt ou. vi. chapitre de ce liure. et quã teſt de ſeyẽple du maiſtre des ſarrons qui dit q̃ alepandꝛe fiſt pꝛiedꝛe Johannẽ ſalberienſe en parle en ſõ tiers liure ou. iiii. chap̃ de pſicratu τ eut nõ dyonides et racõte q̃ aprez ces poſſes eu es eſtre alepãdꝛe τ lui ce dyonides deut dire a alepãdꝛe q̃ ſe il auoit cheuãce p laq̃lle il ſe peut viure ſãs robeꝛ / il verroit bien comẽt il ſe viuoit. Auq̃l alepãdꝛe rñdit que il laisseroit et seroit sil pourroit muer sa fortune en mieulx/ et le rettvers luy et luy bailla estat/ lequel se porta si bien depuis que il fut vng des bons cheualiers qͥ il eut. Et de ceste respōce ple plainement agesius en son liure de noctibus acticis/ de la recōmandacion de iustice ple notablement et haultement aristote en son liure qͥ est de secretis secretorū. Et dit entre ses autres choses q̄ cest la plusforte de toutes les vertus/ et q̄ les hōmes regardent a plusgrāt merueilles et si delictēt plus a regarder qͥ a lestoile iournal ne a celle de la nupt. Et que lucifer ne hesperus qͥ est vne autre estoille q̄ dit qͥtre la nupt ne sōt poit si cleres/ car de celle vertu de iustice vse en soy mesmes et en sō sēblable/ et cestui qui nest pas iuste en vse en soy mesmes contre soy et les siēs/ ne ce nest pas ptie de vertu mais est toute vertu. Tout ainsi cōme malice nest pas ptie de vice/ mais tout vice/ dōt tusle en sō liure qͥl fist de re publica selon ce q̄ racōte macrobius de sōpnio scipionis dit q̄ platon qͥ fut expers en toutes choses naturelles/ et qͥ sen deuoit mettre es couraiges des hōmes amour de iustice sās laq̄lle ne la chose publicque de gēs non pas vne petite maisō ne peut demourer en estant/ mais q̄ plus est dit tusle en sō liure de officiis q̄elle est necessaire a vng hōme solitaire/ et q̄ se il ne sa il est repute iniuste. se est elle a tous marchās/ si est elle a tous larrōs/ car ilz ne peut viure entre eulx ne demourer ensēble sās aucune ptie de iustice. Car se entre eulx il y auoit aucun larrō q̄ robbe ses cōpaignōs il ny peut demourer/ et se cellui q̄st capitaine des autres larrōs ne depart leaulmēt le pillage/ et ce q̄ doit venir a butin, il sēsuit necessairemēt lune des deux choses ou q̄ ses cōpaignons le laissēt ou q̄ ilz se tuēt/ q̄ plus est ilz ōt loix certaines q̄ ilz gardēt entre eulx. et a quoy ilz obeyssēt/ dōt bargulus isiri' les q̄l estoit larrō/ et duquel ple theopōpus eut grāt seigneuries et grāt richesses pour ce q̄ il deptit egalemēt le pillaige/ et encores les eut plusgrādes viriatus sufitan

qui descōfit p plusieurs fois les rōmais et de ceste matiere se peuuet veoir beaucop motz ou dit liure de tulle de officiis ou il dit entre les autres choses et fait vne comparaison disant q̄ se la vertu de iustice est telle que elle garde et accroist les richesses mesmes de ceulx qui sont larrons q̄lle vertu et force doit elle auoir entre les loix et les iugemēs de la chose publicque/ Car pour ce q̄ anciennemēt le plusfort mengoit le plus foible. La multitude du peuple esleut ducz et chieuetains bien morignez pour eulx deffēdre des pluspuissans qͥ p force et contre raison leur tolloient le leur/ et furēt dictz reges a regēdo/ cest a dire de gouuerner/ et ceulx p raison et p cōte et sa/ et en ce fut trouuee la cause de cōstituer et ordōner estre eulx les loix et les droix q̄ estoiēt cōmuns a tous ainsi cōme silz passēt tous accordablemēt p vne voix. et pour ce dit aristote de secretis secretorū/ q̄ iustice est vne louable cōmendacion et pprietes du treshault simple et glorieux et q̄ royaume doit estre a cellui que dieu a esleu et ordōne sur le peuple. A q̄ sen peut et doit cōmettre ses besongnes et le gouuernemēt des subgectz/ q̄ doit garder et deffendre leurs possessions et richesses/ et aduiser et considerer toutes leurs euures tout ainsi cōme dieu regarde les seurs/ et en ce sont fait semblables a dieu se treshault et le trespuissāt. Par iustice sitōme il dist fut faicte et cree la terre sēs roix constituez et ordonnez. Les estranges fais priuez. Les loigtains approcher/ et les ames sauuees et purgees de to' vices et de toute correction enuers les roys/ et pour ceste cause tindrent les indiens que la iustice de cellui q̄ a gouuernemēt est plus prouffitable a ses subgectz que nest la fertilité du tēps et cellui q̄ seignourist en iustice meilleur que la pluye du vespre ou de la nupt, ceste ymaige de iustice selon ce q̄ racōte agelius en sō vbi. liure de noctibᵣ acticis: descript crisipus p couleur de parolles hōnourables. com dignement et par grāt beaulté. Quel merueilles/ car il dit que par les anciens paintres et gouuerneurs des citees elle estoit painte et figuree presqz en ceste maniere Cestassauoir que elle auoit forme et vestemēt dune vierge elle estoit raisonnable et fort et puissāt de regart, il sēbloit que les lumieres de ses ieup susseut fieres et aigres, et toutesfois nestoient elles ne trop hūbles ne trop cruelles, mais aiſi cōme dune maniere de dignite de tritresse reuerent, et par la significacion de cel pmage ilz vouldrēt entendre que cellui qui a le gouuernemēt de iustice doit estre grant personne sainct cruel sans corrupcion qui nait cure que on le flate, quil soit sans misericorde contre les mauuais et nocens ꝗuil ne rechoiue nulle prieres diceulp ne pour eulp, ⁊ ꝗl soit esseue grāt et puissant et terrible en la maieste de quite et de verite. Et iasoit ce que iustice comprengne en soy toutes les autres vertus Toutesfois selon ce que dit lactēce en son liure de fassa Vera religione, en y a il deup principaulp qui ne peuent estre diuisees ne separees delles, cestassauoir pitie et equite. Car inocence, attēprance, et autres vertus semblables peuēt estre es personnes qui ne sceuent quest de iustice, et qui tiennent ces choses de nature ou par sintroduction ou ordonnāce de leurs pars ſicōme il a touſiours este, ⁊ de ces vertus se glorifient ceulp qui se souloient glorifier de iustice lesquelles combien ꝗlz peuſſent venir de iustice, auſsi en peuent elles estre sepees ⁊ diuisees, mais pitie et equite sont comme deup vaines de iustce, ⁊ de ces deup est toute iustice. mais se chief et la naissance de iustice est en la pmiere ptie, cestassauoir pitie, ⁊ la second de cestassauoir equite, gist toute sa force et toute sa raison de iustice: ¶ La pmiere cestassauoir pitie, mercurius trimegistus diffinist tresuraiement en disāt que pitie nest autre chose que la ꝯgnoisace de dieu duquel auoir la cōgnoissāce est que tu ladoures il nest pas doubte que cellui ne cōgnoist poīt iustice qui ne diēt sa religion de dieu, car ꝗment peut cellui cons

gnoistre sa puissance sil ne scet dont elle naist ne dont elle sourt. Platon pse dun dieu pſequel il dit que le monde fut fait et cree, mais il ne pſe poīt de religion. Et pour ce certainement il auoit songie dieu mais il ne sauoit pas ꝗgneu, lequel se il ou autre eust vosu prendre sa dessēce pour iustice il deust pmierement auoir tresbuchie et destruit les religions des faulp dieup ou des diables, pour ce quelles sōt ꝗtraites a pitie Et pour ce que socrates sen essorca il fut gette en prison et fut mort p veni que il beut pour monstrer exēple aup autres qui vouldroient deffendre iustice et seruir a vng dieu nostreseigneur Lautre ptie de iustice est equite, non pas seulement de bien iuger, mais de soy sauoir⁊ vouloir conformer auecques les autres, laquelle chose fait a recōmander a vng hōe iuste, car nostreseignr qui a cree les hōmes et les inspire egaulp, cestadire qui les veult estre peīlz ſeur baiſſa vne mesmes condicion de vnion, il les engendra tous a sapience ⁊ pour estre saiges il ꝓmist a tous īmortalite. ne il ne sepa aucuns de ses benefices cestadire de sa glote de padis, car tous aiſi cōme il ſeur diuiſe egalement sa lumiere ⁊ leur ſiure a to' ses pauīs ⁊ fontales leur admistre seurs viures et leur donne ſeur dormir et leur doulz repos, auſſi eſpād il ⁊ donne atous equite et vertu. nulz nest serf deuers ſup ne nulz np est seignr, se donques il est pa tous ꝑpareil droit nous sōme tous frā ne nulz nest poure que cellui q̄ a deffaulte de iustice, nul nest riche fors cellui qui est plain de iustice, nul nest notable pson ne que cellui q̄ est bon et inocent, nul nest trescler fors cellui qui fait largement les eunres de misericorde, nul nest parfait fors cellui qui acomplist tous les poins et degres de iustice.
¶ Des gladiateurs fugitifz sa puiſſāce deꝗlz fut sēblable a la dignite royasse. v

Et pour ce ie laiſſe a ſequerir ꝗl les gens romusse aſſēbla pour ce ꝗl ſeur fut grādemēt pueu qnt

de celle mauuaise vie/ilz furẽt cõ-
paignons de la cite et cytoyens de romme
et que iceulx fais ainsi citoyens ilz delais-
sent a penser aux peines qui leur estoiẽt
deues pour leurs mauuaises vies. laquel-
le doubte de peine les faisoit encourir en
plus grãt delitz/et ce leur fut pourueu af-
fin que de la en aps ilz fussẽt plus doubtz
et plus debonnaires aux choses humai-
nes. Je dy ceste chose pour ce q̃ cel epire de
rõme ia estant grãt par moult de gens
a luy soubmis et aux autres espouenta-
bles et faisãt a resongnier oppsse nõ pas
des cheuer grãt tẽpestes et occisions p̃ petit-
tes besongnes sentp durement et doubta
griefment/quãt vng trespou de gladia-
teurs en eulx ptãt et fuiãt du lieu q̃lz fai-
soient en cãpaigne/assẽblerent grãt ost
et firent trois ducz gasterent ptasie tres-
grãdement tressargement et trescruelle-
ment Dient quel dieu aida tãt ces gla-
diateurs que de petite et despitable assem-
blee de larrons ilz puessent iusques au
royaume/la puissãce desquelz les rom-
mais doubterent qui iã estoient si grans
de force et dengi/ou on npera quilz aiẽt es-
te aydes des dieux pour ce q̃lz ne durerẽt
pas longuement. mais icelle vie du cha-
cũ hõme est aisi cõme ppetuelle/par ceste
raison doncques les dieux ne aident nul-
luy a regner pour ce q̃ vngchascũ meurt
tãtost/ne on ne doit pas reputer a benefi-
ce q̃ en petit de tẽps se suaunist cõe fumee
en vngchascũ hõe et par ce peissement en
pcedant en tous Mais que a il prouffite a
ceulx q̃ soubz romul' adourerẽt les dieux
et pieca sont mors/ce que aps leur mort
lepire rõmal fut si grãdemẽt acreu et aug-
mente cõe ilz demaiẽt a psent leurs cau-
ses en enser auec les diables. lesquelles se
elles sont bonnes ou mauuaises ce ne ap-
tient pas a la chose psente. et ce est a enten-
dre de tous ceulx q̃ p icellui epire ia soit ce
que le trespassent ou succession des psõ-
nes mortelles il soit entendu p longues
espaces il aient passe soudaiement et cou-
samẽt en petis et en briefz iours de leurs

vies/et portãt auec eulx les cherges et far-
deaux de leurs fais Mais aussi ces bene-
fices q̃ sont de tresbriefz tẽps sont a attri-
buer a laide de leurs dieux/ Ces gladia-
teurs q̃ firent a resongnier et a doubter a
sa haultesse rõmaine ne furent pas petite-
ment aides q̃ rõpirent les copes de seruit-
le condicion sen fuirent/eschaperent assã-
bferent ost grãt et tresfort obeirent aux g-
sauly et g̃mãdemens de leurs roys q̃ fu-
rent moult doubtes de haultesse rõmaine
et q̃ ne peurent estre vaincus daucũs ẽpe-
reurs rõmais ilz prẽdrent moult de cho-
ses ilz iouirẽt de plusieurs victoires vse-
rent de leurs voulẽtes et delitz telz q̃ vo-
lurẽt/ilz firent ce que sup̃re seur enorta
ilz regnerent et vesq̃rent treshaulz ius-
ques a ce que dernierent ilz furent vaĩc'
laquelle chose fut faicte a tresgrãt diffi-
culte/mais venons a plus grãt chose.

¶Epposicion sur ce chapitre.
En ce v. chap mõseignr saĩt augu-
sti applicq̃ ce q̃l auoit dit en g̃ñral
au pce xent chap du royaume et du larchi
au royaume des rõmais en especial/et es-
pecialment quãt au commencement dicel-
lui royaume. et fait monseignr saint au-
gustĩ deux choses en ce chap: premiere-
ment il demõstre que le royaume des rõ-
mais quãt a son gmencement ne diffe-
roit poit a larchi. fors tãt seulement que
ceulx q̃ p vindiẽt furent asseurs q̃lz np se
roient point punis de leurs meffais/car
les larrons doubtent tousiours quilz ne
soient attrappes/et quilz ne soyent pu-
gnis de leurs malfais/mais ceulx que
romulus assẽbla en la cite de rõme lacl-
se il auoit faicte et lesq̃lz ilz fist citoiẽs
et bourgois de la cite de romme ne dou-
toient point quil fussent punis/car ro-
mulus mesmes en les receuãt leur auoit
promis impunite/et pour ce auoit consti-
tue le temple qui estoit appelle asile ou
tous malfaiteurs qui y aloient a garãd
estoiẽt en seurete/secõdemẽt ou il dit diãt
q̃ dieu etc. il sadresse ẽtie les faulx dieux
Quant au pmier il est a sauoir q̃ ceulx

que romulus assēbla, estoient mauuais ꝛ telz que ailleurs ne pouoient pas uiure seurement, ꝛ desquelz nous auons parle ou ii. liure ou ꝓ ii. chapitre, toutesfois ceste seurete leur donna, que apres ce ilz furent fais plus paisibles et plus prez et plus ordonnes a bien uiure desoubz ung prince, et ce ne fut pas merueilles car la doubte de pugnicio qui tient les mauuais iusques a desperace, les contraint ꝛ maine a faire pis quilz ne feroient se ilz auoient espance de mieulx ou de remission, si cōme monseignr sait augusti le proeuue en ce chapitre p le peuple quil met des serfz gladiateurs qui doubtās sa fureur ꝛ cruaulte de leurs seignrs sen fuyrent et firēt les maulx que monseignr saint augusti touche en ce chapitre et ou ꝓꝓ i. chapitre du tiers liure.

¶ De la couuoitise du roy ninus lequel affin quil eust plus grant ꝛ plus large empire esmeut premierement batailles finitimes cestadire contre ses uoisins   ui.

Iustin qui ensuiuit trogus pōpeyus escript listoire des grecz ou q̄ plus e pelerine, cestadire de toꝰ pays non pas tant seulement en latin si cōme fist ce trogus, mais aussi briefmēt cōmence leuure de ses liures en telle maniere. Au cōmencement des choses des gens et des nacions lempire estoit aux roys lesqlz esleuoient ou pourueoient a lōneur et haultesse de celle maieste, non pas couuoitise populaire, mais la moderacio attendue et eue entre les bons les peuples nestoiēt abstrains ne lies de nulles loip les uoulentes et ordonnaces des princes estoient tenus pour loy, il estoit fors plꝰ de coustume de garder ꝛ deffedre les termes de ung chascun epire, q̄ de eslargir ꝛ estendre ses royaumes finoient ou pays de ung chascū roy, ninus roy des assiriēs fut le pmier de tous qui lacien q aisi eueillp ūsa de estre contēd de son epire mua p nouuelle couuoitise de grāt epire ꝛ seigneurie, ce ninus fut le pmier q fist bataille a ses uoisins, et les peuples qui encores estoient rudes a resister ꝛ a eulx deffendre dompta ꝛ soumist a luy iusques aux dernieres pties de libe, et ung petit aps dit ce iustin ninus conferma, en continuel et ferme possessiō la grādeur de la seigneurie q̄ auoit conquise. Doncques quāt il eut dōpte ꝛ soumis a sui ses prochains et uoisis cōme il passast aux autres par plus grāt force q acreue sup estoit, et chascune uictoire prochaine a ceulx q estoiēt a uaincre estoit ainsi cōme īstrument de subsequēt uictoire il soumist tous les peuples doriēt. mais p quelconque certainetes des choses, ce iustin ou trogus aient escript, car autres lettres pluscreables et autres histoires demonstrent q̄ aient mēti daucunes choses toutesfois entre ses autres escripuais historiens est cōtenu que le regne des assiriens fut p ce ninus estē du ꝛ acreu en long et en large, ꝛ pseuera et dura si longuement lēpire rōmai nest pas encores de laage de cestui, car aisi cōme iceulx escrirent q̄ poursuiuirēt listoire de la cronicq̄, cestadire listore des fais q aduidrēt en diuers tēps, ce royaume des assiriens dura du p̄mier ay ouquel ninus ꝯmēca a regner iusq̄s a ce quil fut trāspor te a ceulx de mede mil. ii. cens. pꝛ ās, donc ques chose peut on appeller fors grās larchins faire batailles a ses cousis ꝛ amis et apres proceder contre ses autres, ꝛ par seule couuoitise dauoir grāt royaume, a batre et soumetre a luy les peuples q̄ ne sont contraire ne moleste.

¶ Exposicion sur ce chapitre.

En ce ui. chap mōseignr sait augusti demōstre q̄ aisi cōme le royaume des rōmais ne fut que ung sarchī. quāt a sō cōmencemēt tout aisi fut il du royaume des assiriens quāt a son cōmecement et fait monseignr sait augꝰti deux choses ē ce chap, premieremēt il fait cōpaisō de lun royaume a lautre quāt est au commēcement Secodemt il cōpe lū a lautre quāt a la longueur du tēps q̄ chascū royaume dura pourquoy monseignr sait augusti fait mēciō du royaume des assiriēs

il appert par son propre proces et ple cha
pitre ensuiuāt/et se fonde monseigneur
saint augustin sur les dictz de iustin. Et
iustin fut abreuiateur de trogus pompei
us ainsi cōme florus fut abreuiateur de
titus liuius. Trogus fist pliiii. liures
distoires/et iassoit ce quil fut rommain:
toutesfois escript il plus distores estran
ges cōme des grecz des spthes des perses
et des autres terres estranges que il ne fit
des rōmains/et escript ainsi cōme de tous
les ropaumes du monde sicōme il dit en sō
prologue/et si fait iustin qui fut son abre
uiateur cōme dit est/et si fist ce iustin au
tant de liures cōme fist trogus pōpeius/
cestassauoir pliiii. liures/et combien que
chascun deup cōprinst les histores briefz
ment en latin/toutesfois les cōprinst iu
stin encores plus briefmēt. Et pour ce dit
monseigneur saint augusti de iustī quil
ensuiuit trogus/non pas en faisant son
histoire en latī tant seulement/mais dit
quil escript plus briefmēt/sicōme il appe
par le prologue de iustin. Et trogus et iu
stin furent en ūng mesmes temps. et pour
ce ses alegue il en especial et les amaine
contre les rōmains contre lesquelz il dis
pute pour ce que il ne les peuent reprou
uer. Et quāt monseigr saint augustin
dit que ce ninus fut le pmier qui fit guer
re a ses ūoisins il se met notablement a
ses ūoisins pour ce que auant ce ninus
il peut bien autres rops sicōme ni se rop
des egypciens. et candaus rop des spthes
lesquelz firent bien guerre auāt ce ninus
mais non pas a leurs ūoisins/mais les
firent en estrāge pays. Ee ninus fut filz
de bellus qui premierement fit adourer
lymage de son pere apres sa mort ou pli
an du quel abraham fut ne/et de ces cho
ses parle monseigneur sait augusti cy a
pres ou ii.et ou ppii.chapitres du pūiii.
liure: Et quant monseigr saint augu
sti dit que iceulp trogus et iustin menti
rēt en aucunes choses il se dit pour les cho
ses dont ilz racontent en leur ppūi.liure
Eestassauoir de iacob des filz israel de

mopse et des iuifz/lesquelles choses sont
du tout contraires a la sainte escripture
Apres quāt il dit que le ropaume des assi
riens perseuera et dura tāt que cellup de
rōme nest pas de tel aage/monseigneur
saint augusti le dit en parlāt de son tēps
Ear il fut ou tēps de honorius et de archa
dius qui fuerent ēpreurs de rōme qui cō
mencerent a regner mil.cent plip. ans a
pres la creacion de rōme/selon orose en sō
ūii. liure/et par consequent selon monsei
gneur saint augusti qui dit que ce ropau
me dura mil ii.cens et pl. ans / combien
que iustī die ql durast mil.iiii.cens le rop
aume des assiriēs dura plus que ceulup
des rōmains quatre ūingtz et ūng an/et
encores plus selon la cōputaciō de eusebe
et de bede en leurs cronicques/car a ram
ner et mettre tout en ūne somme tous les
ans des rops que il metteut/le ropaume
des assiriens dura mil. iiii.cens et plūiii.
ans. par consequent il dura plus que le
ropaume des rōmains a cōpter du tēps
de sa creacion iusques au tēps de monsei
gnr saint augusti ii. cens quatre ūingtz
ans et plus. Apres quāt il dit iusques
a ce qui fut transpoite es medes De ceste
translaciō des assiriens aup medes no
auons parle cp dessus ou second liure sur
lepposicion du pp.chapitre:

¶ Assauoir mōse les rōmais terriens
entre leur accroissemēs ou descroissemēs
sont a pdes ou delaisses a ayder par les
dieup.   ūii

Ece ropaume de assiriens fut
si grant si long et si estendu sās
quelconques ayde des dieup
pourquoy attribue lē. a dōne aup dieup
rōmains le ropaume des rōmains auoir
este p eulp grāt et large de sieup et auoir
dure par si long temps/certes quelcōqs
cause est celle telle est celle ¶ Mais se
ilz dient que ce doit estre attribue a sai
de des dieup ie demāde desquelz car certes
les autres gens que ninus dompta et sou
mist a lui ne adouroient autres dieup ou
les assiriēs auoiēt ppres dieup cōe plus

saiges feures ou forgeurs de faire et de garder sêpire, estoient ilz fors mors quât ilz prindrent cel empire ou pour ce que on ne leur papa pas ne rendit bien leur foper ou pour autre plus grant promesse, ilz eurent plus chier a eulx transporter aux medes, et de la en apres sen alerêt de rechief aux perses, par la constrainte que cirus leur fist, et quil leur promist aucune chose plus pourfitable. Laquelle gent apres le regne de alixandre de macedoine qui fut grant de sieup, et tres brief de temps dure encores en son royaume iusques acy non pas en petites estroites contrees dorient. ¶ Sil est ainsi ou les dieux sont desloiaulx qui delaissent et se tournent a leurs ennemis, ce que mesmes camillus qui estoit homme ne fist pas quant il se combatit, et vainquit la cite qui estoit rebelle, et il sentit et perchut que rôme pour ce quil sestoit combatu a auoit vaincu, lui fut ingrat et contraire. Laquelle toutesfois depuis il oublie de finiure, ramembrât de son pays, de rechief il deliura des galles ou ces dieux ne sont pas si fors ql appartiêt que dieux soient, fors qui peuent estre vaincus par consaulx ou forces humaines, ou les dieux qui sont propres dieux de chascune cite ainsi comme ilz se combatent entre eulx ilz ne sont pas vaicus des hommes, mais parauenture les aucuns sont vaincus dautres dieux, dôcques ont ilz haynes et ennemistiez entre lesquelles ilz prendent et ont chascune pour sa partie, et pour ce la cite ne deust pas adourer ces dieux plus que les autres, desquelz les leurs seroient ou fussêt apdez. ¶ Dernierement en quelque maniere que ce puist auoir esee ou suptte ou passemens, ou deffaulte en bataille, ou en delaissement encores nauoit pas fors cest temps et en ces parties de terre este preschie le nom de iesucrist, quât ces royaumes par ces grans tempestes de batailles furent perdus et translates. Car se apres mille et deux cens, (et ce qui court en lialendes, quant le royaume des assiriens leur fut oste. La religion crestiêne eust ia preschie autre royaume pardurable, et eust deffendu les sacrifices sacrileges des faulx dieux. Quelle autre chose eussent dit les saiges hommes de celles gês fors ce que le royaume qui si lôguement auoit dure et este garde, ne peut auoir pery pour nul autre cause, fors pour ce que ilz eussent delaissees leurs religions et recheu la religion crestiêue. En laquelle soit qui pouoit estre paroles de vanite, ceulx qui sont apresent considerent leur miroir et resongnent et aient honte, se en eulx a point de vergongne de eulx complaindre de semblables choses, iasoit ce que lempire de romme soit plus afflict et tourmente que mue. Laquelle chose luy aduint en autre temps quant le nom de iesucrist, et de celle affliction fut reforme, la qlle chose nest pas a despiter encores en ce temps par qui est cellui q de ceste chose côgnoisse la voulente de dieu.

¶ Exposicion sur ce chapitre.

E
n ce viii. chapitre monseignr saint augustin veult demonstrer que lacroissement de lempire de romme nest point a attribuer aux dieux des rômais et fait monseigneur saint augustin deux choses en ce chapitre. Premieremêt il preue par vne maniere de similitude ce quil a dit du royaume des assiriens et du royaume des rommains. ¶ Secondement quant il dit en ceste maniere ccet. il monstre aussi par vne similitude de maulx que le royaume des assiriens souffrit, q les maulx que les rommains souffriêt en leurs temps ne doiuent pas estre iputes aux temps crestiens. Et fait monseigneur saint augustin vng tel argument en vne telle raison. Le royaume des assiriens fut accreu et dura longuement, si comme il appert ou chapitre precedent. Doncques ou ces choses sont a attribuer a aucun dieu ou non, se il ne sont point a attribuer a aucu dieu, on ne peut dire ql q

rayson pourquoy lacroissement et duracion de lempire de rôme doyt estre attribue aux dieux. Et se ces choses peuêt estre attribuees a aucuns dieux/ ou ce fust aux dieux des assiriens/ ou aux dieux des autres gens subgectz a nynus et aux assiriens. Que ne peut estre dit des autres gés il appert par ce que les gens du temps de nynus eurent propres dieux a eulx quilz adouroient. Et silz veulent dire que ce a este par layde de leurs dieux prinez/ mõseigneur saint augustin demãde que ces dieux firent quant le royaume des assiriens fut transporte aux medes/ et des medes aux perses/ ou lors ilz estoient mors/ et pour ce ne les deffendirent ilz pas/ ou pour ce quon ne les vouloit pas bien payer de leur deserte/ sicomme du pariurement de laomedon/ leql se pariura de ce quil auoit pmis aux dieux quãt ilz luy reedifficèret la cite de troye/ ou par auenture ses medes auoient promis aux dieux quant ilz luy reedifficerent plus grãt salaire/ ou y auenture ilz nestoient pas si fors quilz peussét deffendre les assiriés des medes/ et ceulx des medes furent plus fors et vainquirent les dieux des assiriens/ ainsi comme silz eussent aucune amour auecques les medes. Ainsi comme ses dieux des assiriens auoient les assiriens/ et toutesfois quelq oppinion quon tienne ne quelq chose quon en confesse/ cest chose mauuaise a croire q telz dieux peussent donner ou transporter vng empire. ¶Apres quant monseignr̃ saint augustin parle du royaume des assiriens comment il fut transporte aux medes Nous en auons parle cy dessus ou second liure sur lepposicion du pp. chapitre ¶Apres quant monseigneur saint augustin dit que ce royaume des medes fut de rechief translate aux perses/ quant est de ceste transsacion iustin en son premier liure en parle en ceste maniere/ qui dit que comme ce royaume des medes eust dure iusqs a vng roy appele astrages. leql auoit vne fille tant seulement/ il songa et luy vint en aduision que de la nature de sa fille ys

soit vne vigne/ dont les branches en contenoient toute aspe. De ce fut moult esbahy astrages: Et tantost fist assauoir par les aruspices et adeuineurs quelle signifiance ce stoit. Lesquelz luy respondirêt que elle auroit vng filz qui le bouteroit hors de son royaume/ dõt astrages eut grãt doubte/ et pour ce maria sa fille a vng homme de bas lignage appele cambises qui estoit du lignage de perses/ mais ce lignage estoit ia decheu/ affi que suppose quil y eust enfant delle quil eust nulle/ ou au moins petite puissance de resister côtre astrages son ayeul. Et toutesfois ne fut pas astrages si hors de doubte que quant il sentit sa fille grosse quil ne la feist traire ps de luy Et quant il sceut qlle eut enfant/ il se fist prendre par vng sien secretaire appele arpagus/ et luy commãda quil portast hors et quil le meist a mort/ lequel doubtant q la fille de astrages luy succedast ou royaume/ et quelle ne preniſt vengance de luy se il occioit son filz/ le bailla a getter a vng pasteur qui gardoit les bestes du roy/ leql le getta en vng bois. Et quãt il eut ce fait sen retourna a sa femme et luy compta ce quil auoit fait. Laquelle pour sa grant pitie qlle en eut pria a son mary quil lallast querre/ et luy promist quelle se nourriroit lequel y retourna. Et quant vint au lieu ou il lauoit laisse/ il trouua vne chienne q la laictoit/ et qui se deffendoit des bestes et des oyseaulx Et quant il vit que celle chienne pnoit si grãt cure de le garder/ il luy en print pitie/ et meu de misericorde/ sicomme il auoit beu la chienne/ se print et laporta aux bergiers/ combien que sa chienne se poursuiuist tousiours aigrement/ et tãtost comme sa femme le vit/ elle se prit entre ses mains/ et lenfant luy commêca a rire et monstrer tel semblãt quelle en fut tellemêt meue quelle pria a son mary que en lieu dun filz quilz auoient/ ilz le voulsissent prendre adopter. et nourrir comme filz/ et getter leur propre filz en lieu dicelluy/ et ainsi le firent/ et quant il fut nourri/ ilz luy mirent a nom spartacus/ qui

f.i.

vault autant en language de perse cõme chien. ⁂ Or aduint que comme il conuer sast entre les enfans des pasteurs ilz en fi rent leur roy/et luy mirent a nom cyrus et quant ilz leurent fait roy il les commen ca a batre et a chastoier comme roy a faire iustice entre eulx. Ceste chose vint a la cõ gnoissãce du roy p clameur qͥ en firẽt les ẽ fans des pasteurs de ce qͥl les batoit ainsi: qͥ tātost le fist venir deuãt luy a luy demã da pourquoy il batoit ainsi les ẽfans/leqͥl sans muer contenãce a sans changier cou leur respondit que ilz sauoient fait roy/a que pour ce les chastioit il quant ilz mes prenoient/de sa responce et de la contenã ce fut moult astrages esmerueillie.⁂ Et luy souuint de ce quil auoit songie et de la responce que luy auoient fais les interpre teurs ou adeuineurs de songes/et quant il eut bien regarde son visaige a la semblã ce de sa forme/et aduise le temps qͥl auoit este iette/a sa cõfession du pasteur qui sac cordoient enssẽble/il congneurẽt qͥ cestoit son nepueu/et cuida pour ce que les pas teurs en auoient fait leur roy que son son ge fust acomply. Et se commẽca a appai sier du couroux que il auoit encontre luy. mais il noublia pas ce que arpagus na uoit pas fait son cõmandement/car pour soy vengier de ce il fist tuer le propre enfãt arpagus a luy fist mengier. Et comme il ne sceust que il mẽgast quant il cuida que arpagus fust soule il luy fist ietter deuãt luy pour congnoistre que ce fust son filz. De ce fut moult doulant arpagus et non sans cause/mais il dissimula cautemẽt la vengance iusques a ce quil luy sembla quil fut temps de soy en vengier/a escript vnes lettres a cyrus cõment il sauoit gar der de mort/cõment pour ce quil auoit sau ue sa vie comment son ayeul auoit cõmã de quil fust mort il luy auoit fait mengier son propre filz, et luy manda que il assem blast ses ostz et alast en perses et pour cer tain il feroit transporter et luy le royau me de mede/a pour ce que le roy astrages faisoit garder les yssues et entrees de son royaume. a ce que nul ne portast riens qui ne se sceust fust lettres ou autres choses si cõme on fait en lombardie ou tout passe par bullette/il prit vng secret a loyal mes sage pour porter ses lettres/et luy pendit au col vne roys a prendre lieures et vng lieure leqͥl auoit tout vuidie dedẽs leqͥl il mist ses lettres bien enueloppees affi que on ne sen apperceust et que on cuidast que ce fust vng chasseur qui eust pris ce lieure au file a ainsi passa sans empeschement et porta les lettres a cyrus lequel icelles eues assembla grans ostz et grãs cheuau chees/mais toutesfois sicomme dit iusti celle nupt que ces lettres luy vindrent il eut en vision que le premier quil encontre roit lendemal il acompagnast. Or aduit que au plus matin quil se leua il encõtra vng serf en ferre appesse cybaes lequel il defferra et lamena auecques luy en vne ci te trespuissãte de perse appelee persipolim et la assembla le peuple/et le peuple assẽ ble fist tant par certaines manieres que iu stin met quilz firent auec luy et tantost or donna a faire guerre contre les medes/et comme ce venist a la congnoissance de as trages, il comme fol et non recordant de finiure que il luy auoit faicte a harpagus Et cuidoit aussi que celluy harpagus seust oublie le commist et ordonna a al ler contre cyrus lequel mist tantost en la main de cyrus tous ceulx quil auoit ame nes auec luy/et quant astrages ouyt les nouuelles il assembla quancques il peut auoir de gens/et sen vint en perse/et cou rut sus a cyrus et pardeuant et par derri ere/et commanda que on tuast aussi bien ceulx qui sen fuioient que ceulx qui seroi ent trouuez en bataille/ et comme il eust apou desconfit les perses/et tellement es bahys que le plus sen fuyoient leurs me res et leurs femmes leur vindrent au de uãt leurs robes reuersees par derriere ius ques sur leur dos/en leur monstrãt tout leur derriere, en leur disant filz vouloiet rentrer dont ilz estoient yssus. ⁂ De la quelle chose ilz eurent telle vergongne et en prindrent tel hardement en eulx que ilz retournerent cōtre ses medes et les vain/quirent et prindrent astrages/ mais tou/tesfois ne voulut point cyrus que il mou/rust/ mais seulemēt luy osta le royaume de mede et le transporta aux perses/ & qui plus est luy donna le royaume des hirca/niens & fut le p̃mier roy qui regna pour ce quil ne voulut retourner en mede/ et dit iustin que en ceste victoire cyrus se monstra plus nepueu que vainqueur/ et cy fut la fin de lempire des medes/ qui parauant auoiēt regne trois cens et cinquāte ans. Et pour ce que ceste hystoire semble estre merueilleu/se en deux poins. Lun de la maniere com/ment ce cyrus fut ainsi gette & expose aux bestes sauuages/ fut depuis si grāt roy & lautre q̄ sēble estre écorcs pl9 merueilleux & plus orrible. cest assauoir de ce que astra/ges fist mengier a haspargus son propre enfāt/ de ces choses sōt epēples notables en autres pareilles manieres. Et p̃miere/ment quant au premier point il en y a deux exemples notables. Lun de remus et de romulus qui fonderent romme lesquelz furent gettes & exposes aux bestes & nou/ris par vne louue.] Le second fut edipus qui fut filz de layus roy de thebes. lequel comme sa femme fut grosse fist equerir p̃ les adeuineurs quel enfant il auroit/ au quel fut respondu quil auroit vng enfāt qui tueroit son pere/ et espouseroit sa me/re/ & pour ce tantost quil fut ne son pere cō/māda quil fut iette et tue/ mais il en print pitie cellui a qui on lauoit commis a le faire si luy perca ses cuisses et le pendit a vng arbre/ lequel vng pasteur trouua/ & le donna a vng homme ancien de corinthe qui se donna au roy polimpus qui cheit tel/lement en la grace du roy et de la roine q̃ ilz adopterent et si doulcement le nourri/rent que il cuida estre leur filz/ mais quāt il fut grant il entendit que cestoit cellui de qui on auoit dit quil tueroit son pere et es/pouseroit sa mere. & pour ce se partit et sen ala cōme en exil pour eschuer ces choses ce quil ne peut. car il tua son pere ygnorā/ment et depuis espousa sa mere apres la mort de son pere/ laquelle estoit roine de thebes. Et laquelle depuis quil eut espou/see se congneut en vng baing par les cui/sses quelle luy vit percees et par les paro/les quilz sentredirent/ et sceut que cestoit son filz et que elle estoit sa mere/ et quant il sa perchut il entra en vne fosse & se creua les yeulx lesquelz ses enfās quil auoit euz de sa mere fouleret aux piez & se mocque/rent de luy. De ceste matiere parle plaine/mēt stacius in libro theobardos. Si fait senecque ou tiers et cinquiesme liures de ses tragedies. Et quant est des peres qui mēgerent leurs enfās il en est deux nota/bles exēples. Lūe est des actreus & de thies/tes qui furent freres. car comme thiestes eust viole la femme de actreus son frere il en prinst telle vengance que il lexilla et de royaume et de pays/ et encores ne luy souffist il pas/ mais faint que il vouloit rappeller et faire bonne paix auec luy/ et luy manda quil luy enuoyast ses enfans en ostage lequel les luy enuoya/ & quant il les eut pardeuers luy il fist vng grant disner ouquel il fist mengier a thiestes ses enfans et boire leur sāg meslee auec vi̅/ et aps luy fist getter les testes deuāt luy & de ceste hystore parle grandemēt stacius ou liure dessus allegue/ et senecque en sa se/conde tragedie. Lautre de progne et philomena qui furent filles de pandion roy dathenes desq̃lles thereus roy de tra/ce eut lune espousee/ cest assauoir progne lequel thereus apres ce quil leut espousee ala a athenes pour veoir le roy pandion son seigneur: Et quāt il fut la il vit phi/lomena la soeur de sa femme & tantost la couuoita/ & pour faire mieulx son fait pri/a a pandion quil la luy voulsist baillier pour aler veoir sa soeur Lequel cuidāt q̃l deissist voir luy bailla/ mais moult enuis et auant que il la luy baillast luy fist pro/mettre que il la luy rameneroit. lequel luy promist/ & ce fait thereus lamena en vng isle et la corrompit et violla par force & puis luy coppa sa lāgue q̃lle ne len scusast

et la mist en garde en vne maison quil a﹐
uoit la Et puis sen tourna a trace deuers
sa femme/et luy donna a entendre que sa
soeur estoit trespassee en chemin. Or auit
que philomena qui sauoit ouurer de soye
fist vng drap ouquel elle escripst toute la
desloyaulte que luy auoit faicte thereus et
lenuoya a prone sa seur. Laquelle en fut
moult dolente/ et pour luy vengier faint
quelle luy vouloit faire la solennite qui se
faisoit au dieu bachus/ cestadire au dieu
de vin ou a liber pater Et fist tant quelle
fist venir secretement philomena sa soeur
secretement ou chasteau/et quant ilz fu﹐
rent ensemble/ ilz auiserent come ilz pour
roient vengier celle desloyaulte que auoit
faicte thereus. Et ymaginerent quelle ne
pourroit estre mieulx vengee que par luy
faire mengier vng sien filz quil auoit ap
prlee achim/ lequel il aymoit merueilleuse
ment et plus nen auoit/et ainsi fut fait.
Et comme il eust mengie son filz il dema
da ou il estoit/ auquel sa femme respodit
quil auoit deuant luy ce quil demandoit
Et en ce disant philomena yssit hors du﹐
ne chambre/ a luy getta la teste de son filz
quil auoit mengie ou visaige ¶ Et de ce
pourra sen veoir plus largement ou liure
ouide methamorphoseos. Et iassoit ce q
ouide le mette pour fable/ toutesfois est ce
vne vraye hystore iusques a la transmu﹐
tacion ou il dit que progne fut muee en ai﹐
ronde/ a sa soeur en aloe/ et thereus en vne
huppe. Laquelle transmutacion si morali
se en maintes manieres. Et par especial
la moralise notablement thomas valen
sis en son liure quil sist sur lexposicion des
fables douide/ lesquelles il moralisa.
¶ Apres quant monseigneur saint augu
stin parle du royaume des perses lequel il
dit quil ne fut pas estroit ne comprins en
petis termes. Il veult dire que les pses ne
furent pas contendz de leurs termes seule
ment/ mais estendirent largement les fis
de leur empire/ et passerent les termes do
rient/ et furent les plus grans apres le roy
alixandre. Et dit notablement monsei﹐

gneur saint augustin que le royaume da
lexandre fut tresgrant a comprendre les
lieux et pays sur quoy il regna/ Mais il
fut de brief temps/ considere que le temps
par lequel il regna/ il ne regna que douze
ans tant seulement/ ne ne tint sa monar﹐
chie que cincq ans selon bede. Et auant ql
tenist la monarchie/ il tint le royaume de
macedoine/ pourquoy on peut dire que les
pses en ce temps neurent pas de royaume
mais toutesfois ilz se recouurerent apres
la mort dalexandre. Et de la dura le roy
aume iusques au temps de monseigneur
saint augustin/ voire iusques au tēps pre
sent/ car les tartares le tiennent et occupēt
au iour duy Et est tout vray que le royau
me de perse fut tousiours si grant et si pu
issant et a este/ que iassoit ce quon dye que
les rommains fussent seigneurs du mon﹐
de/ toutesfois ne peurent ilz oncques sub﹐
iuguer a plain les perses/ mais souuente
fois vaincquoient. souuentesfois estoient
vaincus/ sicomme il appert par sastus en
son liure quil fist des prouinces subgectes
a lempire de romme ¶ Et quant monsei
gneur saint augustin parle de camisus/
nous en auons parle ou premier/ si auōs
nous ou second ou xviii. chapitre.

¶ Par le yde desquelz dieux les rōmais
tindrent que leur empire ait este accreu et
garde comme a peine ilz aient creu que on
commeistet baillast a siguliers dieux la
garde des singulieres choses   viii.

A pres sil vient a plaisir deman
dons quel dieu de la tourbe telle
et si grande de tant de dieux que
les rommais adourent/ lequel deulx pri
cipalement ou lesquelz dieux ilz croient
auoir accreu et garde lempire Ne certes

en telle et si noble euure et plaine de si grãt dignite/ ilz nosent attribuer aucunes parties dicellup acroissement & duracion a la deesse cloatine. Cestadire a la deesse des chambres copes. Ou a Voluptine la deesse des superfluittez et de defectacion/ laquelle print son nom de Voluptate et Volupte. Ou a lupentine deesse de lupure ou de couoitise qui a sõ nom de libido/ cestadire de lupure couuoitise ou delectacion charnelle. Ou dun autre dieu appele Vagitanus qui sentremet des pleurs des enfans/ et p entend/ et leur ayde. Ou a cunine qui administroit les berceulp diceulp. ¶Mais quant pourroient ilz estre racõtez en ung lieu de ce liure tous les noms de ces dieup et de ces deesses/ lesquelz ilz peurent a pine comprendre et escripre en grans Volumes en departissant et baillant a chascune chose propres offices des dieup/ ne ilz ne iugerent pas la garde des champs a la deesse ruffina Le plushault des montaignes au dieu iugatĩ Aup plushaulp mõ temens/ dicelles montaignes la deesse collatine/ que nous appelons les pendans ou les farris. Aup Valees ilz ordonnerẽt et mirent Valone/ ne ilz ne pouoient pas trouuer une telle sagesse/ cestadire deesse des bledz/ a laquelle ilz eussent une fois baillee a garder les bledz. Mais ilz Voulurent que quant les fourmens estoient semez tant quilz seroient en terre que la deesse sepe p entendist et les gardast/ et ilz seroient sur terre et seroient bledz en point de soper la deesse segesse/ et les fourmẽs cuillis et engranchiez/ affin quilz fussent seurement gardez et que le lieu fust sauff/ a ce faire commirent la deesse cuculina. Et toutesfois ne souffisoit il pas aup hõmes qui auoient ceste multitude de dieup qui la chetiue ame en refusant lembrasemẽt du Vray dieu et chaste fust abandonnee a la tourbe des dyables a qui il ne sembloit pas q̃ celle segesse deust souffire a la garde des dieup bledz de puis quilz Venoient en herbe/ et durant le temps quilz p esoi-

ent iusques a tãt quilz mõtassent en esppq quilz fussent sectz & meurs et pres de soier/ & pour ce ilz mirent proserpine a la garde des fourmens quantilz germoient. ¶Quant le ble se germe premierement & se noue et monte en tupaup/ le dieu nodotus en lenuelopement des foeulles la deesse Volutine/ et quant les foeulles se oeuurent et estendent affin que lespp en ysse la deesse patelane/ quant les bledz sont egaulp de nouueaulp espis et dune haulteur/ la deesse hastiline laquelle est ainsi appellee pont ce que les anciens disoient que hostin/ cestequari qui Vault autant cõe estre egal et dune haultesse/ aup formens flourissans cõmirent la deesse flora/ quant ilz estoient en laict le dieu laturnus/ quant ilz Venoient a meurete la deesse mature/ quant on les sopoit de terre la deesse runame concine. ne ie ne les raconte pas tous/ car il me desplaist de ce dont il nont pas honte. Et pour ce iap dit ces trespou de choses affin quil fust sceu et entendu quilz ne deuroiẽt oser dire en nulle maniere ces dieup auoir fait accreu & garde lẽpire rommain/ lesquelz estoient ordonues chascun deup a ses propres offices par telle maniere que on ne commist riens a lun ou a aucuns deup en general ou qui fust uniuersal. Quant doncques cesse eust celle segesse mist peine a lacroissement ou cõseruacion de lempire de romme. a laquelle il ne lopoit pas de prendre la cure des bledz et des arbres ensemble/ quant eust pense la deesse cunine des armes et des batailles laquelle estoit seulemeut ordõnee aup petis enfans es aercoeup ne il ne lup estoit pas licite a epceder ces termes/ quãt apderoit en bataille le dieu nodotus qui nappartenoit pas a la fueillette de lespp/ mais tant seulement appartenoit au neusseme/ chascun met ung huissier a sa maison/ & pour ce que cest ung homme il souffist seul ace faire du tout en tout/ ceulpcp mirent trois dieup a garder les huis/ cest assauoir forculus qui gardoit les entrees des portes Cardee aux charniers et aux ferrures des huys Limentinus au soeul de luys: Et ainsi forculus ne pouoit gar der ensemble la charniere et le soeul. De laissee doncques ceste tourbe des menus dieux/ou ung pou mise arriere. Nous de uons enquerir loffice des plus grans dieux p loffice desquelz comme fut faicte si grã de. Et a ce quelle eust si longuement sei gneurie sans tant de gens.

¶Exposicion sur ce chapitre.

Deinde queramus si placet. &cete. En ce huitiesme chapitre monsei gneur sait augustin traicte des plus grãs dieux que les rommains adouroient. Et estoient ces plus grans dieux dis et nom mez selecti/quasi seorsum efecti Ce la di re les grans dieux esseuz et mis a part cõ me les plus grans/entre lesqlz ilz tindrẽt iupiter estre le plus grant. Et pour ce a sup comme le souuerain roy de tous les au tres baillerẽt ung ceptre a tenir en sa maĩ Et luy firent ung temple au plus hault lieu du capitole ou ilz se mirent. Ce iupi ter selon les anciens estoit figure en diuer ses manieres. Premierement selon ce que dit Barro/les rõmains entre leurs dieux auoient acoustume de adourer lpdole du soleil/et celle ydole ilz appeloient iupiter Et dit que son ydole estoit painte dun vi saige resplendissant/et tenoit en sa main deptre le nombre de trois. Et selon ce que dit fulgencius en son liure de ornatu vr bis/comme les rommains eussent adou re plusieurs dieux/entre les autres ilz es leurent et adourerunt iupiter pour ce quil sourmontoit tous les autres en benignite et quil secouroit plus que nul autre en tou tes necessitez/sicomme ilz disoient. Et pour ce estoit appele iupiter a iuuãdo/cest a dire de ayder. Son ydole estoit figure a trois esles/en la premiere desquelles estoit escript desia ie laccepte. Par lequel iupiter selon aucuns moralisseurs la premiere esle signifie la pacience de iesucrist/la seconde sa misericorde/la tierce sa bonte souuerai ne. ¶ Aucuns autres comme les poetes figuroient iupiter comme une vertu et a mour de beniuolẽce. Et ceste amour estoit ainsi figuree/cest assauoir quil auoit la te ste cornue ainsi comme la teste dun mou ton/pour ce que aries est dit de ares en grec qui vault autant comme vertu en latin. Secondement il auoit ung sceptre dune palme en la main en signe de puissance et de victore/pour ce que les poetes attribuẽt a iupiter la puissance de toutes choses. Il estoit paint vestu dune robe dor comme vi ctorien. Et en ceste semblance comme au cun rommain auoit triumphe/il estoit ve stu dune robe dor/et aucunesfois de celles de iupiter/et estoit mis en ung chariot a thele a quatre cheuaulx blans/et en cel estat estoit mene ou capitole. Il estoit fi gure a face iouant et reluysant. Apres auoit ung estuy et sapettes que on appele ung tarquois tout plain de sapettes enflã mees. Apres il estoit situe et mis aux are nes/et par especial auoit son temple prin cipal aux arenes de libe selon lucan. Se lon les autres/cest assauoir selõ ses droiz poetes/il estoit figure assis en ung trosne diuoire/comme en sa mageste tenãt ung sceptre royal en une main & en lautre foul dre quil gettoit aual par quoy il reprimoit les iopaulx ainsi cõme sil les tenist soubz ses piez. Et si auoit ung aigle de coste luy qui voloit/lequel tenoit ung tresbeau en fant entre ses piez appele ganimedes/le quel elle auoit rauy. Toutesfois est la ve rite que iupiter fut roy de crete/su purieux sur toutes gẽs/lequel rauit ce ganimedes qui estoit filz de titan. Et pour le rauir cõ me dient les poetes se mist en fourme dai gle Et qui de ce vouldra veoir la moralite

en telle et si noble euure et plaine de si grât dignite/ ilz nosent attribuer aucunes parties dicelluy acroissement et duracion a la deesse cloatine, cestadire a la deesse des chambres coyes. Ou a Voluptine la deesse des superfluittez et de defecacion, laquelle print son nom de Voluptate et Volupte. Ou a lupentine deesse de lupure ou de couuoitise qui a sõ nom de libido, cestadire de lupure couuoitise ou delectacion charnelle. Ou dun autre dieu appelé Vagitanus qui sentremet des pleurs des enfans, et y entend/ et leur ayde. Ou a cuuine qui administroit les berceulx diceulx. Mais quant pourroient ilz estre racõtez en vng lieu de ce liure tous les noms de ces dieux et de ces deesses, lesquelz ilz peurent a peine comprendre et escripre en grans volumes en departissant et baillant a chascune chose propres offices des dieux/ ne ilz ne iugerent pas la garde des champs a la deesse ruffina Le plus hault des montaignes au dieu iugati Aux plus hault mõ temens, dicelles montaignes la deesse colsatine, que nous appelons les pendans ou les farris. Aux valees ilz ordonnerêt et mirent Valone/ ne ilz ne pouoient pas trouuer vne telle segesse, cestadire deesse des bledz, a laquelle ilz eussent vne fois baillee a garder les bledz. Mais ilz voulurent que quant les fourmens estoient semez tant quilz seroient en terre que la deesse sepy entendist et les gardast/ et ilz seroient sur terre et seroient bledz en point de soyer la deesse segesse/ et les fourmês cuillie et engranchiez, affin quilz fussent seurement gardez et que le lieu fust sauff/ a ce faire commirent la deesse cuculina. Et touteffois ne souffisoit il pas aux hõmes qui auoient ceste multitude de dieux qui la chetiue ame en refusant lembrasemêt du vray dieu et chaste fust abandonnee a la tourbe des dyables a qui il ne sêbloit pas q̃ celle segesse deust souffrir a la garde des dieux bledz de puis quilz venoient en herbe/ et durant le temps quilz y estoi-

ent iusques a tât quilz mõtassent en espy et quilz fussent fectz et meurs et pres de soier/ et pour ce ilz mirent proserpine a la garde des fourmens quant ilz germoient. Quant le ble se germe premierement et se noue et monte en tuyaup/ le dieu nodotus en lenuelopement des foeulles la deesse Volutine, et quant les foeulles se oeuurent et estendent affin que lespy en ysse la deesse patelane/ quant les bledz sont egaulx de nouueaulx espis et dune haulteur, la deesse hastiline laquelle est ainsi appellee pont ce que les anciens disoient que hostin, cestequari qui vault autant cõe estre egal et dune haultesse/ aux formens flourissans cômirent la deesse flora/ quant ilz estoient en laiste le dieu laturnus/ quant ilz venoient a meurete la deesse mature, quant on les soyoit de terre la deesse runame concine, ne ie ne les raconte pas tous, car il me desplaist de ce dont il nont pas honte. Et pour ce iay dit ces tres pou de choses affin quil fust sceu et entendu quilz ne deuroiêt oser dire en nulle maniere ces dieux auoir fait acreu et garde lêpire rommain lesquelz estoient ordonnez chascun deux a ses propres offices par telle maniere que on ne commist riens a lun ou a aucuns deux en general ou qui fust vniuersal. Quant donques celle eust celle segesse mist peine a lacroissement ou cõseruacion de lempire de romme. a laquelle il ne losoit pas de prendre la cure des bledz et des arbres ensemble/ quant eust pense la deesse cunine des armes et des batailles laquelle estoit seulemeut ordõnee aux petis enfans es aerceup ne il ne luy estoit pas licite a excedez ces termes/ quât apderoit en bataille le dieu nodotus qui nappartenoit pas a la fueillette de lespy/ mais tant seulement appartenoit au neuseme/ chascun met vng huissier a sa maison/ et pour ce que cest vng homme il souffist seul a ce faire du tout en tout/ ceulx cy mirent trois dieux a garder les huis/ cest assauoir forculus qui gardoit les entrees

ne se treuuent pas. ¶Certes se ces choses estoient ainsi comme ilz dient leurs anciens demonstreroient mieulx estre trois elemens du monde, et non pas quatre, affin que les siguliers mariages des dieux fussent departis et deuisez en singuliers elemens, mais certes ilz ont afferme par toutes manieres ether estre vne chose, a air estre vne autre chose, cestadire que ilz dient que la prochaine partie qui ioinct a lair par dessus estre autre chose que nest lair, mais leaue soit celle dessus ou celle dessoubz, touteffois elle est eaue. Et la plus basse terre qui est plus aual que peut elle estre autre chose que terre. Par quel cō que diuersite quelle puist estre destruitte, En apres veez cy que le monde corporellement complet ou parfait en ces trois ou quatre elemens. Ou sera minerue, quelle chose tendra elle, quelle chose empira elle, certes elle est constituee et mise ensemble auecques eulx ou capitole. Combien quelle ne soit pas fille de ces deux. Ou se ilz dient que minerue tient la plushaulte partie de lair. Et pour ceste occasion ilz dient que les poetes faingnēt quelle fut nee de la ceruelle de iupiter. Pourquoy dōques nest elle pour ce quelle est souueraine au dessus de iupiter, reputee royne des dieux Ou pour ce que cestoit chose indigne, ou mal afferant mettre sa fille deuant le pere. Pourquoy ne fut gardee celle iustice di cellup iupiter euers saturne son pere pour ce quil ne fust vaincu. Doncques se combatirent ilz. Il nest pas ainsi se dient ilz, cest garrulosite, ceste bourde est de fables Veez cy quilz dient que on ne croye pas aux fables, et que les meilleures choses delles soient seties et retenues. Et quant on leur demande, Pourquoy doncques ne fut donne au pere de iupiter pareil siege de honneur se on ne lup voulut donner plus hault siege: Ilz diēt que cest pour ce que saturne signifie la longueur du temps. Et pour ce doncques ceulx qui adourent saturne adourēt le temps. Et iupiter se roy

des dieux est demonstre ou il dit estre venu du temps, mais ce iupiter est le ciel, et iuno est la terre. Quelle chose et com indigne dit on se on dit q̄ iupiter et iuno soyēt neez du temps, comme il soit vray que se ciel et la terre ayent este fais, car certainement leurs maistres et leurs saiges ōt ceste chose en leurs liures, ne ce nest pas des fictions des poetes, mais des liures des philosophes. ¶Il est dit p̄ Virgille. Tu pater omnipotens fecundis ymbribus ether. Coniugis in gremium lete descēdit Cestadire lors ether le souuerain air quil tient pour iupiter descendit liement en semblance de pluye au gyron, cestadire ou vētre de sa femme, cestassauoir ou ventre de tellure ou de la terre, car ilz y veullent cy mettre aucunes differences, et cuident q̄ en celle mesme terre autre chose soit tellus autre chose terre, autre chose tellumon, et ont appelé tous ces dieux par leurs nōs distintez, themesez et separez par leurs offices. Et ont chascū deulx propres autelz et sacrifices, ausquelz on leur fait reuerēce et sont honnourez. Ilz appelent aussi celle mesme terre mere des dieux, affin ia les poetes puissent faidre ou ouoir fait ces choses plus tollerables, ce non pas seulement selon les liures des poetes, mais par les liures des choses sainctes ou consacrees, il est ainsi Iuno nest pas soeur et femme de iupiter, mais elle est aussi sa mere. Ilz veullent aussi dire celle mesme terre estre ceres, et que celle terre est vesta, ia soit ce touteffois quilz diēt le plussouuēt que vesta nest autre chose que feu appartenant aux feux, sans lesquelz la cite ne peut estre ne durer, et que pour ce ses vierges souloient seruir a vesta, pour ce que ainsi comme riens nest ne ne engendre de vierge, ainsi nest riēs ne ne engēdre de feu. Toute laquelle vanite il conuient oster et estaidre par cellup qui est et fut ne de la Vierge. Qui sera cellup qui puist souffrir que comme il porte tant damour ainsi cōme de chastete, ilz nont pas eu honte dap peſer auſſi aucuneſſois celle Veſta Venus affin que Virginite qui eſt honnouree ſe departe de ſes chamberieres. Ceſt adire que les Vierges fuſſent ordonnes a ſeruir ou temple de Veſta, que puis que celle Veſta eſtoit appelſe Venus, ſes ſeruantes ne doiuent pas eſtre Vierges. Car pour certain ſe Veſta eſtoit Venus, comment par raiſon pourroient ſeruir a lup ſes Vierges. En elles abſentant et ſouffrant de faire ſes euures de Venus, ou ilz ſont dieupVeu que lune qui eſt Vierge z lautre qeſt femme ceſt adire qui neſt pas Vierge, ou qui plus eſt ilz en ſont trois. Ceſt aſſauoir vne des Vierges, laquelle eſt ainſi appelee Veſta, et eſt des mariees. Et la tierce Venus eſt des ribauldes, a laquelle auſſi les feniciens faiſoient don de leurs filles proſtituer, ceſt adire corrompre ou violer au lieu de proſtibulacion ou bordeau auant quilz les mariaſſent ou feiſſent coucher auecques leurs maris. Laquelle dicelles Venus eſt matrone, ceſt adire femme de Vulcanus, Certes ce neſt pas la Vierge, car elle a mari. Ia naduienne auſſi que ce ſoit ſa proſtibuleresſe, affin quil ne ſemble pas q nous Voulons faire iniure ou villenie au filz de iuno ouurier ou feure de minerue, ceſt aſſauoir Vulcanus. On entend donques q celle Venus appartient aup mariees, mais nous ne Voulons pas que les mariees enſuiuent Venus en ce quelle fiſt auecques mars le dieu de batailles. Et quant on leur dit ces choſes ilz reſpondent et dient Tu retournes de rechief aup fables.

Quel iniuſtice eſt ce de eulp courroucer a nous de ce que nous diſons telles choſes de leurs dieup, et ilz ne ſe couroucent pas a eulp meſmes qui regardent treſvoulentiers aup theatres ces crimes et ces villenies que on fait de leurs dieup. Et laquelle choſe ſeroit non creable, ſe elle neſtoit prouuee treſfermement. Car ces meſmes crimes des dieup que on fait et ioue en ces theatres, ſont fais et eſtablis en lonneur et reuerence diceulp dieup.

Eppoſicion ſur ce chapitre

En ce dipieſme chapitre monſeigneur ſaint auguſtin repreuue la ſeconde erreur deſclairee ou chapitre precedent, ceſt aſſauoir de Virgille qui diſoit que toutes choſes ſont plaines de iupiter Et monſtre que ceſt faulp, par ce q eulp meſmes monſtrent de leurs dieup, car ilz dient que iupiter tient la ſouueraine partie de lair. Et pour ce toutes choſes ſont plaines de lair ceſt adire de ether. Et que iuno tient la partie de lair, z pour ce toutes choſes ſont plaines de iupiter. Monſeigneur ſaint auguſtin demande pourquop on baille a iuno ſa partie de lair. Et ſelle tient celle partie de lair, doncques ne ſont pas toutes choſes plaines de iupiter, car ilz mettent difference entre lair et ether, z dient que ether ceſt la partie deſſus lair ou ſont tous les corps ſuperceleſtiens, et des philoſophes et autres anciens, eſtoient tenus eſtre de ſa nature du feu, et lair ſieſt la partie de deſſoubz. ¶ Pourquop a lentendement des choſes ſubſequentes ou il parle de neptunus, de pluto, et de ſalathia. Il eſt aſſauoir que les poetes faignent que ſaturnus eut trois filz. Ceſt aſſauoir iupiter, pluto et neptunus, et mettent iupiter ou ciel, neptunus en ſa mer, pluto en enfer, Et auſſi eut trois filles ſicomme ilz faignent. Ceſt aſſauoir iuno, et celle ilz dient eſtre deeſſe de lair, ceres des blez, z Veſta du feu. Et faignent encores que iuno eſt ſoeur et femme de iupiter. Et ſalathia femme de neptunus, et proſerpine eſtre femme de pluto, laquelle ilz dient eſtre fille de ceres. Les interpreteurs des fables ont eppoſe ces choſes par ceſte maniere. Ilz dient que ſaturnus eſt prins pour le temps. Iupiter pour ſa partie de deſſus lair. Iuno pour lair. Neptunus pour ſa plus haulte partie z cumuleuſe z ſcopuleuſe de la mer/et sa Thia pour la derniere p̱ tie de la mer. Pluto pour la partie de deſſus ſa terre/Proſerpine pour ſa partie de deſſoubz. Et faingnent les poetes de ceſte matiere que Iupiter fut filz de Saturne/ et Cibele ſa femme. Apres ilz faingnẽt que Minerue eſt deeſſe de ſapience/ t̃ quelle fut nee du cerueau de Iupiter/et pour ce ſe cõplaingnant monſeigneur ſaint Auguſt̃. demande/ou celle Minerue ſera miſe/ne quel lieu elle tendra/ou quel lieu elle empſira/car ſelle eſt nee de la cerueſſe de Iupiter/et pour ce quelle doye tenir ſa partie de Ether/nõ pas de lair/pourquoy elle neſt tenue royne ſouueraine par deuant Iuno. laquelle ilz dient tenir ſa partie de lair/ Ou pourquoy Saturnus neſt point mis plus hault que Iupiter ſõ filz/ou au moins en ce meſmes lieu. Et touteſfois ou capitole ilz mettent Minerue au coſte de Iupiter/ou pourquoy ceſt quilz ne mettent ſa terre auecques Iupiter/ou en lair de coſte lup. laquelle eſt ſa femme ſelon le dit de Birgille en ſon ſecond liure de georgiques ou il met les vers que monſeigneur ſaint Auguſt̃ met en ce chapitre ou il dit. Tũc pater omnipotens fecundis ymbrib; ether coniugis in gremium lete deſcendit. &c. Par leſquelz vers Birgille prent q̃ ether quil eſt appelle le dieu tout puiſſant deſcẽdit ou gyron de la terre/laquelle il appelle ſa femme la Vierge/ par pluyes grãs t̃ habondans. Et touteſfois tiennent ilz q̃ Iuno fut ſa ſeule femme combiẽ quil euſt pluſieurs concubines et ribauldes/ſicomme il appert par Seneque en ſa p̱miere tragedie/et par le liure de la naiſſance des dieux. Et ce ſouffiſe tant q̃ a preſent pour la poetrie/mais pour traire la verite ſelon ce que les docteurs en ont ſenti/ t̃ que nous en auans peu comprendre par eulx. Et ẏ eſpecial ſelon Alberinum ſudonienſẽ fulgencium/ in libro mithologiarum Femigium in commento Marcianũ de nupciis Mercurii/et Philoſogie ſeruium/ in commento Virgilii. et autres qui ont parle de ceſte matiere/nous en dirons ce que nous en auons peu ſentir Saturnus qui ſelon methode le Martir eſt appele Nemport fut roy de Crete/et fut treſſage homme des choſes ſeculieres/t̃ qui appartenoient au gouuernement du monde. Et eut grant guerre contre les Gapans. Et diẽt aucũs que ſon filz meſmes le chaſſa hors de ſon pays/et de la ſen vint en ytalie ou il trouua Ianus nepueu de Iaphet/ lequel fonda vng chaſteau ou eſt Romme appele Ianiculus qui lors regnoit en ytalie qui receut moult courtoiſement/et lup baiſſa partie de ſon royaume ou il fonda vne cite/ qui fut appelee de ſon nom Saturnienne. Il fut tres eppert et tres diligent en labouraiges de terres. Et enſeigna aux peuples q̃ encores eſtoiẽt rudes/et ainſi comme ſauuaiges a viure ſelon rayſon/ ſelon ce que dit Tulles ou premier liure de ſa rethoricq̃ Auecques ce il leur eſeigna a labourer ſes vignes/et a ſoper ſes blez a la faucille/ t̃ labouroit ſi continuellement et ſi bien/ et auoit ſi grans reuenues/et en donnoit ſi largemẽt/t̃ repaiſſoit ceulx qui en auoiẽt beſoing quil aſſembla tres grant peuple ſoubz lup/et pour ce quil les ſauloit a ſaturando/il fut dit et appele Saturnus. Il eſtoit figure comme vng homme ancien/ triſte/canu ſa teſte droitte couuerte dune couuerture verdace comme couleur de mer deuourant ſes enfans/portant vne faulx en ſa main. Il tenoit vng dragon q̃ gettoit fen et flamme/et mẽgoit ſa queue La cauſe et ſa rayſõ pour quoy il eſtoit ainſi figure/nous le vous dirons ſelon les oppinions que nous en auons trouue par les deſſuſdis et autres. Selon les poetes il eſt paint a triſte face comme vaincu et chaſſe de ſon pays. Et ſelon ſes aſtronomiens et philoſophes qui ont enquis de ceſte matiere. Il eſt deſcript a triſte face/ pour ce q̃ leſtoille de Saturne en ſa naiſſance ſignifie touſiours choſes plaines de meſtificaciõ ãpieuſes triſtes t̃ douloureuſes car quant il eſt ou ſigne du capricorne/ il

fait et esmeut tresgrandes pluyes et tem﹐
pestes/par especial en ytalie: Et pour ce
nest il mie prins sans cause pour le temps
Car semblablement quant il est ou signe
de lescorpion/il signifie gresses .en autres
signes vens. et autres signes fouldres/
en autres choses nuysibles tellement que
a peine a il nul bien en luy.ne il ne signifie
ne na quelconque bōne significacion. En
cores le sōt ilz triste pour autre cause/cest
assauoir pour ce quil est plus tardif en sō
cours q̄ toutes les autres estoilles ne pa
rettes/car comme la lune face son cours
en vng mois/le soleil et mercurius et ve﹐
nus en vng an/mars en deux ans/iupi﹐
ter en douze ans. Toutesfois saturnus
met a faire son tour et son cours xxxii.ās
Il est paint viel et ancien. Car tout ainsi
comme la chaleur des iosnes hommes et
des iosnes psonnes saffoiblist et deffault
en vieillesse/ et que pour ce que le sang sa﹐
menuise ilz se refroidissent et tremblent/
Aussi est celle estoille tresfroide/ et sa ray
son p̄ est trop bōne et droitte naturelle. car
elle est tresesloignee du soleil/dont toute
chaleur viēt et naist/ʒ est voisin des eaues
supcelestiennes/car elle a ses propres mai
sōs en aquarius et en capricornus qui sōt
signes tresfrois et trespluuieux/ʒ qui sōt
tresloing du soleil. Et quelz signes sup﹐
pose que le soleil y soit quāt il y est si nous
amene il grant froideur. Toutesfois sōt
ilz aucuns qui diēt que sa substance ne de
sa nature elle nest pas froide/mais p̄ son
effect elle est froide/cestadire nuysāt pour
ce que par sa constellacion contraire il oc﹐
cist les hommes/et il est vray que ceulx q̄
sont mors sont/tresfrois. Et se cest vray il
nest pas sans cause paint ou descript viel
et ancien pour ce que les anciens sont tous
iours prochains et voisins de la mort. Et
pour ce aucūs si sappelent froit pour ce seu
lement quil nuyst aux creatures humai﹐
nes/et aux biens terriens. Et ce mot pa﹐
pese froit/ qui est dit pour nuysāt nest pas
mot nouueau/ne nouuelle interpretacion

Car de ce on a exemple en virgille/qui dit
frigidus o pueri fugite hinc latet anguis
in herba. Lequel vers expose notablemēt
et desclaire maistre iehan de mehū en son
liure quil fist de la rose ou chapitre du ia﹐
loup ou il dit. Enfans qui cuillez les flo
rettes et les roses fresches ʒ nettes.le froit
serpent qui gist soubz lerbe fuyez enfans.
car il enherbe/il empoisonne et enuenime
toutes choses qui de luy sapprochent. En
cores nest il pas figure sans cause ancien:
car tout ainsi comme les anciens par na﹐
ture habondent en humeurs fleumaticqs
par froideur/tout ainsi luy estant aux si
gnes de aquarius ʒ de capricornus sur les
quelz il a seigneurie/ et ou sa maison est
comme dessus est dit. Auxquelz signes il
est en iauier et en feurier/ nous auōs plus
de pluyes et de froidures q̄ en autre tēps/
Et ēcores pour ceste mesme cause est il dit
canu pour ce que les nesges et les bruynes
viennent plus en ces deux mois que aux
autres. ⸿ Ce quil a le chief couuert signi
fie que tout ainsi comme luy froit et tar﹐
dif en son mouuement/ tout ainsi nous de
uons nous garnir et pourueoir contre le
froit Ce quil a sa teste couuerte de couleur
verdace signifie quil est froit/ et de caueu
se nature/ aīsi comme sont estoilles. Se
lon les autres/et par especial selon sulgē
ce en son liure de ses mithologies Satur
ne est pris selon les philozophes pour vne
maniere et signe de temps pour ce que cro
non en grec vault autant comme temps
en latin. ⸿ Et pour ce aucune le veullent
mettre la teste couuerte/pour ce que on ne
scait quel sera le commencement du tēps
Ce que on dit quil fut chatre de son filz.si
gnifie le tēps qui en aucune maniere prēt
sa naissance du temps precedent en succe﹐
dant/ duquel il semble quil boute hors le
temps precedent. Et ce quil est dit tel par
les grecz/ Cest pour ce que T. en grec si﹐
gnifie trois cens en latin. ⸿ E. signifie
cincq/ et P. sihnifie soixante: Auxquelz
iours selon le compost lan est accomply/

Car tant de iours a il en vng an. ¶ Apꝰ ilz le figurent deuourant ses enfãs/pour ce que ter en son interpretacion vault autant comme mengant ou degastant. Et ce est dit pour ce que le temps engendre/il consume et reprent/car sicomme dit le phi losophe toutes choses qui sõt nees/et tou tes choses qui croissent senuieillissent.

Il porta la faucille ou la faulx en sa mai ou pour ce que les fruictz quil fait croistre sur terre sõt cueuillis a la faucille ou pour ce que il baissa premierement aux latins ou rommais lusaige de vser de la faulx ou faucille qui est courbe et courbee tous les temps se tournent en sup. Le dragon qui tient en sa main qui gette flamme et q̃ autrement est appelle flamminiuomus en latin et qui mengue et deuore sa dernie re partie de sa queue signifie le tẽps et les circuites de lan qui vient et retourne et de uore de rechief ce quil a mis hors. Aucuns autres dient que tant comme saturne fait son droit chemin ou son droit cours il nest pas malfaisant ne nupsant/mais quãt il est retrograde il est perilleux et nupsãt ainsi comme la faulx. Et pour ce sup est elle baillee a tenir en sa main Car quant on la tourne elle ne coppe riens/mais a son retour elle trenche tout ⁊ ne laisse riẽs derriere sup. Autres sicõe fulgẽce diẽt que saturne est figure son chief couuert pour ce que les fruis que les arbres gettent sont en leur commencement couuers et enuelloppes de foeulles sicomme icelsui fulgẽ ce se met ou liure de ses mitologies

¶ Aucuns aussi dient que saturne combien quil soit figure ancien/toutesfois est il figure sans barbe ainsi comme se il fust iosne/et cest selon la fiction des poetes pour ce que le temps va a declin en yuer et se renouuelle en este/ainsi comme se il deuint en nouuel aage/⁊ ce souffise quãt a ce/et q̃ en vouldra veoir plussargement soie ses acteurs dessus alleques ou il en pourra plus grandement et plus largement veoir/mais pour ce que nous auõs

raconte en ce chapitre les vers de virgile/selon ce que les met monseigneur saint augustin il est assanoir que ce mot telluris nest point des motz/ainchois p est coniugis/mais il sentent de ces mesmes vers quil fault prendre que cest la terre/pour ce que len ne peut pas dire que sa plu ye soit descendue en lair quil appelle iuno et pour ce es vers qui ensuiuent les precedes cestassauoir en sa cõtinuaciõ diceulx apres ce quil a dit. Leste descendit il sẽsuit ou vers apres ce mot descendit/et omnis mannus alit magno coniunctus corpore fetus. Qui ne se peut entendre autremẽt que de la terre/car les pluyes et les rousees qui en prin temps descendent du ciel en la terre sont germer les fruictz de terre et getter hors herbes leurs verdures/leurs fleurs/et leurs fruictz/et pour ce en pour suiuant sa matiere Ce virgille en ce mesme lieu en adioustant dit ainsi. Parturit abimis ager ⁊cet. Et appelle en ces vers sicomme nous auons dit Ether qui est prins pour iupiter le pere tout puissant. Et esta noter en ceste partie pour ce que monseigneur saint augustin parle de tel lure que il le dit ⁊ innue expressemẽt pour demõstre la differẽce q̃ les payẽs ⁊ poetes anciens metoient entre terram tellurem et tellumonem/car selon ce que dit pappe Terra est/la partie de la terre qui est sãs labeur et sans fruit. Tellus est la partie de dedens ou les racines des herbes se adherdent et tiennent ensemble/et est dicte a tenendo/cestassauoir de tenir/et est vne ptie de la terre/et non pas toute la terre. Et selõ les autres tellus est celle terre seu lement qui apporte/et terra est dicte pour toute terre/et tellumo/cest la deesse de la terre/laquelle aucuns appelent sibelle/et la dient estre mere des dieux et femme de saturne. Et se cest celle qui est dicte femme de saturne/il sensuit quelle soit mere de iupiter. Et par consequent ne peut estre que en ce les payens napẽ terre/Et quil ne faille que ilz confessent que elle ait este mere ou femme et soeur de Jupiter: ¶Apres quant monseigneur saint augustin parle de Vesta et de Ceres, il mostre quil semble quil ait repugnance en leurs dis, pour ce que Vesta selon les aucuns est dicte de Vestio, et en ceste partie elle est prinse pour la terre pour ce q̃ la terre est vestue et couuerte et comptee derbes de plantes et darbres. Et de ce fait menciõ ouide en son sixiesme liure de fastis. Et en ce mesme liure dit il q̃ cest vne mesme chose de Vesta et de la terre. Les autres dient q̃ Vesta vault autant comme feu, comme il appert par ouide ou sixiesme liure de fastis, ou il dit Nec tu aliud Vestã q̃ viuã itellige flãmã Et pour ce que le feu nengendre riens, ilz lappelent vierge. Et pour ce est il ainsi q̃ les vierges seulement seruent en son temple, pour ce dit ouide ou liure prealegue q̃ on ne peut entendre par Vesta que viue flame. Et pour ceste cause selon icelui ouide ysidore ou viii. liure de ses ethimologies dit ilz faisoiẽt vne mesme ymage a la terre et au feu pour ce que ilz disoient que le feu estoit muchie soubz la terre ainsi cõme se ilz eussent vng mesmes lieu, dont ouide parle en son liure de fastis, et touteffois faisoient ilz a Vesta vng propre ymage ou ydole, mais ilz nen faisoient point au feu pour ce que le feu ne pouoit bonnement estre figure ne auoir protractiõ aucune. Et encores ceste Vesta estoit aucunesfois appelee venus selon les aucus, laquelle venus ne pouoit estre dicte vierge, se ainsi nestoit que on tenist quil en fust deux, cestassauoir vne vierge, et lautre mariee ou femme, cestadire corrompue. ¶ Et pour ce dit monseignr̃ saĩt augustin quil y en auoit deux. Et en verite tãt en muẽt les papẽs anciennement. Lune que les vierges, les chastes, et les mariees adouroient. Et la seconde que les ribauldes, et femmes dissolutes adouroient. La premiere auoit nõ Verticordia ainsi dicte de verto et cor. pour ce quelle tournoit les coeurs des persõnes. De laquelle parle ouide en son quart liure et Valerius maximus ou derrenier chapitre de son huitiesme liure qui dit que comme le senat veus les liures de sebille eust ordonne que par certains iuges qui estoiẽt appelez diphomme, on feist vng simulacre ou ydose a ceste verticordia. A ce que le couraige des femmes pucelles et mariees retournast plus legierement a virginite et a chastete. Et pour ce faire ilz eussẽt esleu de toutes les matrones et vaillantes femmes de romme cent, et de cent dix, affin q̃ par ce elles peussẽt eslire la plus prudente femme et la plus vaillante, finablement vne appelee sulphicia femme de fusuius flacus fut esleue et mise au deuant comme la plus saincte matrone de toutes les autres. Et de ce mesmes fait mencion solinus ou chapitre de pudicicia, et de son liure intitule de mirabilibus mundi. ¶ Ilz adourerent vne autre venus, laquelle estoit deesse de putcrie, de laquelle parle ouide en son quart liure de fastis. Et celle estoit appelee venus circina. Mais monseigneur saint augustin dit quilz deussent mieulx estre trois que deux, cestassauoir lune des vierges, et celle est Vesta, lautre des mariees et continentes, et celle est appelee Verticordia. Et la tierce des ribauldes et prostibuleresses, et celle est appelee circina. ¶ De ceste tierce dit monseigneur saint augustin que les feniciens si auoiẽt acoustume de prostituer leurs filles, cest adire de les faire corrompre et desserrer auant que ilz les mariassent. Et des dons que on leur donnoit pour ce faire et souffrir ceste descloture faisoient dons et sacrifices a celle Vesta que ces feniciens adouroient. ¶ Semblable exemple raconte iustin ou vingtdeuxiesme liure des socreciens, cestadire de ceulx de calabre, que comme ilz fussent durement oppressez et molestez dunes et dautres gens leurs voisins qui estoient appelez regini: Ilz vouerent que silz pouoiẽt auoir victore des regines que ilz feroient toutes leurs filles prostituer, et des dons quilz receueroient de celle obcenosite, ilz feroiẽt sacrifice a ceste venus deesse de luxure et de lupanerie.

de ceste matiere racōte marcus paulus de mirabilibus oriētis qui dit/ quil pa ōng pape ou les meres aūāt quelles mariēt leurs filles les font cōghoistre charnelle ment a plusieurs hommes/ et de chascun qui les congnoist prennēt aucun petit dō Et celles qui plus ont este congneuees dhommes et qui mōstrent plus de dons sont tenuees les plus honnourees:

¶ Apres quant monseignr̄ saint augu stin, ple de ōenus de mars et de ōulcanus Cest une fable de poetes que les payens faingnent estre ūrapes/ ⁊ pour ce monsei gneur saint augustin se mocque deulx en ceste partie/ et est la fable telle quilz disoi ent que ōulcanus quilz faingnent estre dieu du feu fut filz de iupiter et iuno leql eut espouse ōenus/ et comme mars leust trouue couchie auec sa femē ōenus il les lopa de chaines inuisibles et les tint en cel estat iusque a ce que les dieux fussent ōe, nus pour eulx mocquer deulx Ce ōulca, nus estoit appelle se on les poetes le feure de iupiter/ ⁊ estoit figure en maniere dun feure tenant ōng marteau en sa main/ et estoit fait boiteux et contrefait/ et estoit fi gure dencoste lup mars ⁊ ōenus qui estoi ent ioinctz ensemblē/ ⁊ commēt il sen ūou soit fuyr/ mais il ne pouoit pour ce quil es toit boiteux/ et tout a lentour de lup estoi ent les dieux qui se mocquoient de lup et qui pour ceste cause se trebucherent du ciel dont il fut ainsi boiteux et contrefait. Et qui uouldra ūeoir linterpretacion de ceste fable ūoye albericum sudoniensem fulgē tium remigium. Et de ceste fable parle aussi largement ouide en son quart liure de transformatis qui aultrement est appel le methamorphoseos. ¶ Tant ya que pour ce que monseigneur saint augustin dit que il est aisi cōme ap de aux euures de minerue il se dit pour ce que minerue est aucunesfois prinse pour bellone deesse des batailles/ et est aisi appellee bellone pour ce qle est deesse et tenue estre mere des ba, tailles/ et pour ce que aux batailles les armes sont necessaires lesquelles se font

par les feures pour ce est appellee ōulca, nus apde, et ainsi comme ouurier de mi, nerue ⁊ bellone pour ce quil fut feure de iu piter et fist les armes de mars qui est le dieu des batailles. ¶ Apres mōseignr̄ saint augustin parle de retourner aux fa bles il se excuse que de ces fables et de ces choses q̄ il a mises et dictes en ce chapitre: de leurs dieux. Ceulx qui les adourent ne se doiuent pas courroucer a lup pour ce sicōme il dist que aux theatres ou on fai, soit les ieux scenicques publicquemēt ilz regardoient et se delittoiēt a regarder les iengleurs et autres qui cōtrefaisoient les contenances de ces dieux/ ⁊ racōtoiēt pu bliquement leurs mauuaisties ⁊ laidu, res/ et tenoient que ces choses estoient fai ctes en lōneur de leurs dieux et que ilz les auoiēt tresagreables sicōme nous sauōs declaire plus plainement ou premier li, ure/ et ce souffise pour ce chapitre.

¶ De moult de dieux que les plus sages des payēs deffendent ⁊ dient iupiter estre ōng dieu et ce mesmes iupiter. pi

Preuuent doncques ⁊ affermēt ce quil leur plaist par raisōs ⁊ dis putacions naturelles/ prenons que iupiter soit maintenant lame la force et uigueur de ce monde corporel q̄ emplit et met toute ceste pesāt masse du mōde fai cte et assemblee par quatre ou par tant delemens quil leur plaist/ maintenant ⁊ apres ce il leur donne ses pties/ cestadire ptie de ses puissāces il soit maistenāt ether Cestadire le hault air ⁊ embrace iuno ql di ēt estre air leql est espādu ⁊ estēdu dessus lup/ maistenāt tout ensemble auecq̄ lair il mesmes soit tout le ciel et ql soit ainsi la terre cōe sa femē ⁊ cōme sa mere ⁊ la fa ce germer ⁊ produire p pluies ⁊ p semēces habūdans/ ⁊ ceste chose nest pas leyde a mettre et dite ces choses dines/ mais assi q̄ a p̄sent il ne soit pas necessite de croire p toutes ces choses. pn̄de q̄ il soit ōng dieu duql ilz troeuuēt q̄l soit dit du t̄snoble pa ete/ cestadire de ūirgille q̄ dieu ūa et est p toutes terres/ par la mer/ et par tous ses traictz et regurgitemens, & aussi par tout le ciel qui est hault et parfont. Il soit iupiter en ether comme dit est. En l'air il soit iuno. En la mer neptunus. Il soit aussi au plus parfont de la mer la deesse salacia, en la terre y soit pluto, ou parfont de la mer y soit proserpine, aux feuz priuez, cestadire aux feuz des maisons y soit vesta, en sa fournaise ou aux fournaises: des feures quil soit appelle vulcanus, aux estoilles y soit soleil, et lune, et estoilles, aux deuinacions y soit apolo, aux marchādises mercures. En terminus qui est dieu des bōnages et des fis, il termineur ou fin. En temps il soit saturnus qui est dit estre dieu du temps. Il soit aux batailles mars et bellonne, aux vignes il soit repute liber qui est repute dieu des vignes. Il soit aux fourmens ou aux bledz appelles ceres, et forestz dyane. Aux engins et sciences il soit minerue. Il soit aussi derrenierement en celle tourbe des dieux plebepus. Cestadire aux dieux communs du peuple, par le nom de liber il soit establi & ait puissance sur les semences des hōmes et ou nom de libera sur les semences des femmes, cestadire des concepcions et engendremens. Il soit dit dispatri le dieu qui face venir l'enfant à clarte. Il soit dit la deesse mena quilz ont establie sur les mēstrues, cestadire sur les fleurs des femmes. Il soit lucina la deesse denfantement, & soit appelee des femmes quant elles trauaillent denfant, il face apde aux enfans quantilz naissent en eulx receuant sur terre. Et soit appele opis, il euure sa bouche aux petis enfans quant ilz sont nez et ilz gettent leurs premiers cris. Et soit appelle le dieu vagitanus, il lieue l'enfant de la terre: et soit appelee la deesse leuana. Il soit garde des bercheulx des enfans & soit appelee cunina qui en est deesse. Il ne soit autres, mais il soit en ces deesses qui chātent ou deuinent les destinees qui auēdrōt & doiuent auenir aux enfans quātilz naistront, lesquelles sont appelees carmentes. Il soit aussi entendu sur les choses de fortune et soit appelee fortune. Il soit la deesse rumina, et mette et appareille sa teste a l'enfant et face son office, car les anciens appelerent rumina mamelle. Ou nom de celle deesse potiua il leur administre a boire. En la deesse edusuta il baille et donne le papin. De sa paour que ont les enfans il soit nommee pauencia. De l'esperance q̄ il leur viēt il soit nommee benilia. De la delectacion ou delict il soit nommee volupia. De leurs euures il soit agenoria. Des aguillons desquelz l'omme est constraint a trop grant fait faire et emprendre il soit appelle sa deesse stimula. En faisant nobles fais il soit appelee sa deesse strenua. Il soit appelle en faisant nombres ou cōptes sa deesse numerea, laquelle apprēne a compter. La deesse camena qui apprēne a chanter. Il soit appele le dieu consulz en baillant consaulz & en inspirant les sentēces aux iuges. Il soit appelee sa deesse sentia. Il soit aussi appelee sa deesse iuuenta qui apres la vesture de ioine aage que on appelle en latin pretexta, cestadire de vesture que les iosnes enfans des haulx & nobles hommes rommains vestoient tant quilz estoient soubz verge & quilz apprendoient et receuoient les commandemens de leur ionesse il soit dit fortune barbee qui les enfans parcreus veste de barbe, lesq̄lz ilz ne volurēt pas honourer auant quilz eussent barbe affin que se dieu quelconques il fust au moins dieu masle, ou il fust appelle et dit de barbe le dieu barbe. Sicomme des noeus le dieu nodotus, ou certes nō pas fortune mais pour ce q̄l a dominaciō sur les barbes il fut apele le dieu fortunius, il mette et ioingne ensemble les maries ou nom du dieu iugatinus, et soit appelle iugatinus il soit appelle quāt on deschaint pour aler coucher auec sō mary la chaiture vporizona de la vierge, cest assauoir de l'espousee, & soit appelle la deesse virginēsis il soit mutunꝰ vel tutunꝰ se nous ne auōs hōte de l'appeller priapꝰ q̄ me fōt les grecz il soit appᵉlle toutes ces choses que iay dictes cy dessus.

Et toutesfois celles quelsconques que ie nay pas dictes, car ie nay pas emprins ne ordonne a dire toutes les choses qui seroient a dire. ¶ Tous ces dieux & toutes ces deesses soit vng iupiter. Soit q̃ toutes ces choses soient ses parties ou ses vertus ou puissances ainsi que bon semble a ceulx quil plaist quil soit appele animus mundi, cestadire la force et vigueur, ou essence de ce monde, laquelle sentẽce est tenue ainsi comme des grandes et de plusieurs leurs docteurs. Et se ces choses sont ainsi ie ne demãde pas encores quelle chose cest, mais ie demãde quelle chose ilz prẽdroiẽt se par plus prouffitable voie & plus briefue ilz adoureroiẽt vng seul dieu, mais quelle chose, ou quelle partie de luy seroit desprisee quant il seroit adoure. Et se on doubtoit que ces parties ne se couroucassẽt selles estoient delaissees a adourer ou mises en oubly, donc ques sensuyuroit il par leur fol entendement q̃ toute ceste vie nest pas ou ne seroit ainsi comme dun animãt Laquelle vie contient tous ses dieux ainsi comme ses vertus, ou ses membres ou ses parties, mais chascune partie auroit sa vie separee des autres, se ainsi estoit q̃ lune ptie se peust courroucer sãs lautre, lũ appaiser & lautre esmouuoir. Et se on dit quelles peuent estre toutes ensemble couroucees, cestadire que tout ce iupiter peust auoir este ou estre tout couroucé se ces parties nauoient este adourees chascune singulierement et a par soy. Cestadire p ses menues pties, cest follement dit Quelz merueilles, car on ne delaisseroit nulle de ses parties a adourer quãt luy vng & seul qui comprendroit toutes ces parties seroit adoure, car affin que ie laisse a parler dautres choses qui sont tant que sans nombre Comme ilz dient que toutes les estoilles sont parties de iupiter, et quelles viuent toutes, et quelles ont ames raysõnables Et pour ce sans aucune doubte ilz les tiennent et dient estre dieux. Ne voyẽt ilz pas comme ilz ne font poĩt de memoire de grãt plente deulx, lesquelz ilz nadouroiẽt poĩt ne ilz ne leur font maisons temples ne autelz, Lesquelles choses toutesfois ilz ont cuide, et tindrent que on les deust faire a trespou deulx, ou de ces estoilles, & que lõ ne les deust pas adourer chascune p soy. Se dõcques ces dieux se couroucent pour ce quilz ne sont pas adourez chascun par soy. Ne doubte pas doncques ceulx si pou en adourent de leur vie quãt tout le ciel est courouce a eulx, mais silz adourent toutes les estoilles, pour ce quelles sont en iupiter quilz adorent. Par ceste voie briefue et prouffitable ilz pourroient supplier & adourer en icelluy seul tous les autres.

¶ Sil estoit ainsi fait, nul deulx ne se couroucerait, cõme nul deulx en luy vng seul dieu ne seroit despite ou delaisse a adourer. Et seroit plus grant cause deulx couroucer se les aucuns on delaissoit a adourer. Les autres a ceulx qui delaissez seroient qui seroient en trop plus grãt nõbre, mesmement comme a ceulx qui sõt resuisans du souuerain siege, cestadire du ciel on proposeroit et mettroit au deuãt de eulx le dieu priapus laydemẽt descouuert de son membre et estendu.

¶ Exposicion sur ce chapitre.

En cest pi. chapitre monseigneur saĩt augustin preuue quil souffist a adourer vng dieu, cestassauoir iupiter, et que cest chose superflue ou sans cause de adourer tant de dieux. Et ce preuue il par les oppinions de ceulx qui en parlent par raysons naturelles, et non pas par poeterie et en manieres de poetes. ¶ Et pour ce quil y a deux oppinions de iupiter, desquelles suppose quon ottroye lune ou lautre. Monseigneur saint augustin mõstre quelle est son intencion. Et pour ce dit il au commencement de ce chapitre quilz prẽnent et arguent laquelle des oppinions q̃ mieulx leur plaira de celles quil met en ce chapitre tantost apres le commencement Et sont deux dictions, quodlibz, id est quod placet,c'est a dire q̃ mieulx leur plaira de ces oppinions, et fait monseigneur saint augustin en ce chapitre deux choses

¶ Premierement il recite les deux oppinions de ceulx qui parlent naturellement des dieux ou qui par raisons naturelles veullent demonstrer la multitude

¶ Secondement il demonstre que lopinion que len tient estre plus renōmee q̃ c'est supfluite de adourer plusieurs dieux et q̃ cecy sensuit c'est demonstre par lautre oppinion, et pour entendre plus clerement ceste matiere, il est assavoir que il y eut deux oppinions. L'une que il mist q̃ iupiter estoit tout dieu ou tous dieux en telle maniere q̃ la multitude des dieux autres nestoient que la multitude des noms de ce mesmes dieu. Pour ce sicōme il disoient quil emplissoient toutes les pties du monde, et cestoit loppinion de Virgille en ses bucoliques. Tercia egloga, qui disoit Omnia iouis plena, sicomme nous sauons dit sur lexposicion du. ip chapitre de ce liure en parlant a la personne de cathon. Jupiter est quodcunq̃ vides quodcunq̃ moueris. C'est a dire que iupiter est tout ce que tu vois et tout ce on tu vas. Et pour ce est il aucunesfois appelle animus tocius mundi, c'est a dire la pẽsee force ou courage de tout le mõde pour ce que il ensuit tout le monde.

Aucunesfois est tenu pour une partye, pour ce que il retient seulement la party de ether, et laisseroit a fair ung autre nō c'est assavoir sicomme se lair estoit appelle iuno, ou aucunesfois que tout ether et aer, c'est a dire lair soit appelle iupiter, et laissie a la terre le nom par lequel elle soit appellee Ceres ou mere des dieux, ou femme de iupiter et ainsi des autres: Et pour ce monseigneur saint augustin met exemple en ce chapitre de nōs diuers lesquelz ung chascun significe iupiter iusques la ou il dit ou ainsi cōe aucũs veullent dire et.ce. Ou monseigneur saint augustin met lautre oppinion de sa preuue. C'est a dire que tous les autres noms signifient diuerses parties ou forces dun seul iupiter, lequel il tiennent estre le couraige ou la force du monde qui en lattin est appelle Animus mundi, et quãt monseigneur saint augustin dit que c'est saper de chose aux choses diuines, c'est a dire q̃ une femme soit a seur et espouse de iupiter, il le dit par maniere de derision et de mocquerie comme en autres personnaiges que aux choses diuines ce soit sap de chose a merueilles et quãt il use du tres noble poete ifentēd de Virgille en son. iiii. liure de georgiques et quant il parle dapolo aux diuinacions il le dit pour ce ql estoit appelle dieu des diuinacions Et a lui alloit sen querre les respons. Et c'est assauoir quilz furent deux de quoy chascun deulz fut appelle appollo. Combie que ceulx qui adouroient ses ydoles, ne meissent aucune distinction ou separacion entre eulx / ¶ Sicomme il appert par le. iii. chapitre du. pviii. liure de ceste euure Apres quant il parle de mercurius, il le dit pour ce quil estoit appelle des poetes dieu des marchans et des marchandises et qui vouldra veoir, pour quoy il estoit ainsi dit, voye fulgēce ou liure de ses mithologies et ysidore ou liure de ses ethimologies, car proprement il est dit mercurius quasi merciũ cura. C'est a dire ql a la cure des merceries ou medius currēs, pour les parolles qui courent entre les marchans tant par leurs courretiere ou par ce que ilz courrent et par mer et p terre et de paps en paps, et dient aucunes que pour ce est il appelle dieu de sermōs et de eloquence, et que il fut ne en archade pour ce que sicomme dit remigius, in cōmento super marcianum: Ce pais la plus q̃ les autres sest estudie en eloquēce et en beau pler Et marcianus en son liure de nupciis mercurii et philozogie et luy donna en douaire les vii. ars liberaux /

¶ Et pour ce philozogie vault autant en son interpretacion comme estude ou amour de raison, et est mise en la personne de raison, et mercure si est en semblãce de faconde et de sermon, et pour cest il que quant ces deux choses couiennent en une personne saige, cestassauoir viue raison et bonne faconde et beau parler, cest le mariage que on peut dire p lequel mercurius et philosogie sont assemblez, et pquoi len peut entendre sa science de .vii. ars liberaulx selon les autres, cestassauoir selon tulle de natura deorũ, ilz furent plusieurs mercures, mais pour ce que len ne scet la verite que ilz furent len scet loppinion des fables. Toutesfois tiennent aucuns que ce mercurius fut cellui q est appelle hermes, pour ce que mercurius en grec vault autant cõme hermes, et ceulx qui tiennent ceste oppinion tiennent que quant il estoit ione il coucha auec venus et que son nom et de venus il punst le nõ de hermes, pour ce que sicõe nous auons dit que hermes vault autant cõme mercurius, et venus vault autant cõme affrodissa qui vault autant cõme escume, car affros en grec vault autant cõme escume, et qui vouldra veoir pourquoy est le est dicte escume, voye albericũ soudoniensẽ ou chapitre de saturne, ce mercure selon les poetes, et par especial selon fulgence en son liure des mithologies, et selon rabanus en son liure de natura reruz estoit figure ung hõme q auoit esles aux talons et en sa teste, et tenoit en sa main qui estoit aduironee de serpens et si auoit ung glaiue tortu, et tenoit une fleute en sa main quil applicquoit a sa bouche, et auoit ung cocq dune part, et ung hõme mort tout plain de peulx dautre part, et si auoit la teste couuerte de ung chapeau et se tu vueulz sauoir q ces choses signiffient et pourquoy il estoit ainsi figure voi remigiũ in cõmento albericũ soudoniensẽ q parlẽt aplain de ceste matiere auec les dessus alleguez, cest assauoir q ceste verge que portoit mercurius estoit appellee caduceu, pour ce q a la parolle du saige hõme quãt elle se met entre deux parties aduerses brisse et casse leur noise, et les appaise, et pour ce selon ce que dit titus liui

us en son premier liure de origine vrbis, les legatz et messaiges de la paix estoient appellez caduceatores tout ainsi cõe ceulx q denoncoient les batailles estoient appellez feciales, et toutesfois pour ce q nous parlons de mercurius, il y eut ung hermes seql fut autremẽt appelle mercurius trimegistus, seql fist ung moult tres notable liure qui est par maniere de dyalogue a esclepius son disciple. Aprz quant monseignr sait augustin parle de ianus et quil dit quil estoit cõmenceur, il se dit pour ce q ses poetes attribuẽt et attribuoient a ianus le gmẽcemẽt de toutes choses, et pour ce estoit il aucunesfois paint bis frons, cest a dire qil auoit deux fourmes et deux visaiges, et de ce nous parlerons plus aplain cy aprez sur sepposicion du .vii. siure. Aprez quãt mõseignr saint augustin parle de liber qui estoit attribue aux vignes, il se dit pour ce q cestoit le dieu du vin, qui vault autãt cõme bachus. autremẽt ce liber fut appelle dyonisius q se ghatit contre les indes, et les vainquit a layde des femmes lesqlles il enyura et eschauffa p boire vin, dõt depuis ces femmes faisoiẽt chascun an sa feste au dieu de vin, et couroiẽt cõe fourcenees, et estoit appellee celle feste q se faisoit chascun an, sacra bachanalia pour ce q ses femes y puisoient, humoient et buuoient vin a grant vaissel. Aprz quãt mõseignr saint augustin parle de lucina, ce stoit la deesse des enfantemẽs et ou les femes q estoiẽt grosses alloient en peserinaige pour elles desiurer ainsi cõme les femmes crestiennes vont a saincte marguerite,] et auoit son temple en ung bois pres de romme, et pour ce q nous auoˀ parle ailleurs parauant nous nous en passons, et qui en vouldra veoir plus auant cõment les ymaiges q len lui offroit et ses miracles q elles faisoit estoient atachees p les hayes sur le chemin par ou len alloit a sõ temple, voy ouide de fastis en son .iii. liure. Aprez quãt il parle de opys, cest berecinthie la mere des dieux et deesse de la terre laquelle a plusieurs noms/et dicelle no[us] auons parlé ou premier liure et ou secōd et pour ce nous nous en passons/ Apres quant il parle dune robe quil appelle pretepta/cestoit vng māteau que les enfās nobles portoient par honneur iusques a leage de.p[pour].vi. ans/ɾ tant cōme ilz estoiēt en discipline et soubz correction /sicōme dit psidore ou.ix.liure de ses ethimologies/ Apres quāt il p[ar]le du dieu q[ui] selō les grecz est appellé priapus cestoit vng dieu q[ue]lz appelloiēt p[ar] vng autre nō beelphegor/selō ce q[ue] dit psidore ou.viii.liure de ses ethimologies/ leq[ue]l fut d[o]ue cité appellee sapsatū/laq[ue]lle est en hellesponth q[ui] a present est appellee le brach saint george lequel en fut chassé/et depuis pour la grandeur du mēbre q[ui]l portoit les grecz en fuēt vng dieu q[ue]lz appellerent le dieu des iardins/ Et quant il parle quil estoit laidemēt descouuert et estendu/il se dit pour ce q[ue] son p[er]sonaige estoit figuré a vng grāt mēbre pudibū de desnué et descouuert/cellui dieu estoit adouré par soy/et pour ce sicōme dit mō seigneur saint augustin/les estoilles des q[ue]lles il p auoit si grāt nōbre ɾ desq[ue]lles lē auoit delaissé a faire les sacrifices deuoyent auoir grant indignaciō de ce quelles nestoient adourees aussi bien chascune p[ar] soy cōme ce priapus/ Et est encores assa uoir q[ue] quāt monseigneur saint augustin parle en ce chapitre et dit q[ue] dieu va p[ar] toutes terres et quil allegue le noble poete/ cest Virgille/ɾ sont vers du.iiii.liure de georgiques.

¶ De loppinion de ceulx q[ui] cuiderēt que dieu fut lame du mō de ɾ le mō cuiderēt estre le corps de dieu.   p[ii]

Ceste chose doncq[ue]s ne doit elle pas mouuoir les hōes saiges et aguz ou q[uel]cōq[ue]s hōmes / certes il nest ia besoing a ceste chose excellente dengin ne mouuoir de ce grant contēpcion p[ar] entēte de grāt estude se le couraige ou force du monde est dieu/et a ceste ame force ou couraige/le mōde est cōme son corps/a ce q[u]e soit cōme vne beste q[u]i est opposee de couraige ou force de corps/ Et q[ue] icellui dieu soit cō tenāt en luy mesmes toutes choses en aucun saing ou gyron de nature/ cest a dire en vne chose ou toutes choses peuēt estre q[ue]tenues a ce q[ue] de sō ame/ p[ar] laq[ue]lle toute ceste pesanteur/et masse est diuisee sopent prises les vies et les ames de tous viuās pour sa part ou force de vug chascun ɾ qui ne demourra rien q[ui] ne soit partye de dieu Et sil est ainsi q[ue] ne doit cōm grāde mauuaistie et nulle religion sen ensuiue Si q[ue] tout ce sur quoy vng chascun marchera il ait marche ou passé sur partye de dieu/ Je neueil pas dire toutes les choses qui peuent venir au deuant a ceulx q[ui] y peussent/ car elles ne pourroient estre dictes sans honte ɾ sans vergoingne:

Exposicion sur ce chapitre.

En ce.vii. chapitre na hystoire ne poeterye/et pour ce nous nous en passōs De ceulx qui affermēt que seulement les animaux raisōnables/cest a dire les hōmes et esperis entendans raison sōt p[ar] tie de dieu.   p[iii]

Et se ilz mettent ou contendent les seules bestes raisōnables /sicomme les hōmes estre p[ar]tye de dieu/ Certes ie ne voy pas se tout le monde est dieu/ cōment ilz puissent les bestes diuer tir ne separer de ses parties/ mais q[ue]l besoing est il darguer/ Quelle chose peut estre creue plus maleureuse et plus chetiue de lanimant raisonnable cest a dire de lōme que quāt vng enfant crye dire que vne partye de dieu crie/qui est il se il nest hors du sens qui puist souffrir ou octroyer que ia les parties de dieu soient faictes supuricuses saisllanes et ioyans maluaises desloyaux et du tout en tout damnable/ derrenierement quelle chose est ce a dire quil se courouce a ceulx desquelz il nest point adouré cōme il ne sont point adourez de ses parties mesmes. donc ques sensuit il q[ui]lz diēt q[ue] tous leurs dieux ont vie et vng chascun deulx vie a lui mesmes et q[ue] nulz deulx nest p[ar]tye de quelcōques autre/mais doit len tous ceulx adourer qui

peuēt estre ꝯgneus ⁊ adoures car il en pa
tāt q̄ ilz ne pourroiēt estre tous congnus
ne tous adoures desquelz iupiter pour ce
quil est leur roy par dessus tous / ie croy
quilz cuidēt quil ait fait establp et accreu
lempire de rōme / car se il ne fait que lau-
tre dieu pourroient ilz croire quil peust a
uoir emprins si grant euure cōme ilz soi
ent tous epeches ⁊ embesongnes de seurs
propres offices et ouuraiges et que lun
ne se mesle ne boute en loffice ne en lou-
urage de lautre / doncques peut le royau
me des hommes estre fait et accreu par le
roy de dieux.

¶ Exposicion sur ce chapitre.

En ce piii. chapitre na aussi poetrie
ne hystoire et pour ce nous en pas
sons nous encores.

1. Que len attribue sās cause a iupiter
les accroissemens des royaumes cōme
se Victore est deesse ainsi cōme ilz le veul
sent et dient elle seule souffiroit a ceste be
songne. piiii.

Ie demande cy premieremēt pour
quoy cilz mesmes royaume ou
empire nest aussi aucun dieu / car
pourquoy nest il ainsi se Victore est deesse
ou quelle necessite de iupiter en ceste cause
se Victore est tousiours fauourable et ap
dēt ⁊ se elle ba tousiours ⁊ tourne a ceulx
quelle veult estre vainqueurs. Quelles
gens demourroiēt sans subiection qui ne
cuideroiēt estre aucuns royaumes / se cel
le deesse estoit fauourable et propice sup
pose que iupiter fust oyseau ou quil fist
autres choses / ou parauēture il desplait
aux bons cōbatre par tres desloyal mau
uaistie et enuair par batailles voulun-
taires leurs prochains et voisins paisi-
bles et quil ne leur font nulle villenie af
fin destendre leur royaume / certainemēt
se ilz ne sentent ainsi ie se loe et appreuue

¶ Exposicon sur ce chapitre.

En ce piiii. chapitre monseignr̄ sait
augustin monstre que il fault q̄
les rōmains ydolatres ont a otroier et a

confesset que accroistre vng royaume il
ne soit point necessite de auoir layde de iu
piter iassoit ce que il ne doie appartenir a
aucun̄ a accroistre royaume fors a cessui
dieu qui est roy de tous les dieux / et le
monstre son propos doublement. Pre-
mierement en ce quil dit que tout ainsi q̄
Victore est mise pour dieu et pour deesse /
aussi peut estre vng royaume estre prins
pour dieu / ⁊ par consequent ce dieu pour
ra accroistre les royaumes. Secondemēt
par ce que Victore qui est deessl souffist si
cōme il se proeuue a accroistre les royau
mes.

¶ Assauoir se cest chose couenable aux
bons vouloir estendre et accroistre seurs
seigneuries. pv.

Doncques a ce quil soient que pa
uenture il nappartiengne pas
aux bons et preudhōmes deux
esioir de croistre royaume / car sa mauai
stie de ceulx ausquelz on a fait iustes ba
tailles aide a ce que le royaume fust ac-
creu Lequel royaume fut petit se le paix
et iustice des voisins nesmeust par nulle
iniure a faire bataille ou guerre cōtre lui
Et ainsi les choses humaines estās plus
beneureuses tous petis royaumes seroi-
ent en ioye en leesse par concordable pro-
chainete / et ainsi seroient au monde plu
sieurs royaumes de gens cōme en vne ci
te plusieurs maisons de citoyēs. Pour ce
est il que de faire guerre ou bataille et par
gens desconfire et soubmettre a croistre
royaumes il sembla aux mauuais que
cestoit beneurte / et aux bons il semble q̄
ce soit necessite / mais pour ce que ce seroit
pire chose se les mauuais auoiēt seigneu
rie sur les plus iustes et sur les plus bōs
pour ce nest pas dicte sans raisō ceste cho
se estre beneurte. mais sans doubte cest
plus grant beneurete ou felicite auoir bō
voisin et paisible que subiuguer et soub-
mettre a sa seigneurie mauuais voisins
par batailles. Ce sont mauuaises cou-
uoitises de desirer et couuoiter auoir au-
cun que tu heez ou que tu craingnes affin

quil puist estre aucun que tu vaincques/ Se doncques les rommains peurent acquerre si grant empire en faisant iustes batailles/ non pas crueuses ne desloyaulx ne deueroient ilz pas aussi adourer estrange iniquite come deesse nous veons qlle a moult ouure a ce q lépire ait este fait laqlle faisoit les iniures affin qlz fussent aucuns ausquelz ilz peussent faire iustes batailles/ & q pce lempire fut augmente et acreu/ mais pourquoy ne seroit liniquite destranges gés deesse le paour. passeur ou fieure ont deserui a estre dieux des rommains/ doncques p ces deux dieux/ cestassauoir pestrange iniquite & pla deesse victoire/ puis q iniquite esmouuoit les causes des batailles/ & que victoire acheuoit bieneureusement ces mesmes baitailles.

Lépire de rôme crut suppose q iupiter fut oiseux/ mais qlles ptyes auroit cy iupiter come les choses q len pourroit penser estre ses benefices ou ses vertus soient tenus pour dieu sont appellees dieux sont iceulx mesmes appellez pour leures ptyes côme dieux/ mais auroit il cy aussi aucune ptye sil estoit appelle royaume, ainsi côe celle est appellee victoire ou se empire ou royaumes est ou sont dons de iupiter/ pour quoy nest aussi victoire tenue pour son don Ce q on entendroit en verite se len ne adouroit point celle pierre q est ou capitole cest a dire lidole de iupiter/ mais fut congneu et adoure le vray dieu roy des roys et seigneur des seigneurs.

Exposicion sur ce chapitre.

En ce .xv. chapitre monseigneur saint augustin demôstre q il fault q les rommains cofessent que nô pas seulemêt vng royaume dessopal pourroit estre acquis et augmête sans layde de iupiter/ mais semblablemêt pourroit estre acqs & augmête sans sô ayde vng royaume iuste/ & fait monseigneur saint augustin deux choses en ce chapitre/ car pmierement il demôstre que cest mediere bien daccroistre vng royaume/ suppose q ce soit iustemêt & p iustes batailles q ce que il soit grât foison de petis royaumes q se siouissent de la paix & côcorde qlz ont a leurs voisins/ Secondemêt il demôstre q au iuste accroissemêt dun royaume des deesses souffisent sans iupiter/ La seconde partye se commêce ou il dit ce doncques en faisant iustes batailles &c. Après quant il parle de iniquite la deesse/ il demôstre q estrange iniqte ou daultrui doit estre tenue & reputee pour deesse, car il mettêt la fieure et passeur et paour/ desqlles nous auons plé cy dess⁹ ou second liure ou xiiii chapitre estre deesse/ & toutesfois ces choses sont mauuaises a hôe/ & pour ce q ia soit ce q iniqte soit aucun mal/ pour ce ne doit on pas reputer qlle ne soit deesse puis q len voit q elle leur a proussite ou fait proussit. Apres quât il ple des ptyes de iupiter ne peut riés faire soit en cession ou en augmêtacion de royaume/ & môstre par ce q len tient estre les dons ou benefices de iupiter sont aucuns dieux ou deesses qui euurêt peulx, et sont les choses q lê pourroit attribuer a iupiter/ sicôme il appert de victoire et semblable quelle peut estre dicte benefice de iupiter/ mais elle est mise vne deesse par soy qui oeuure delle mesmes et fait cellui vaincre a qui elle a faueur/ et ainsi en autres parties qui semblent estre ou pouoir estre les benefices de iupiter ainsi côme mynerue q est tenue pour deesse de sapiêce laqlle dône sapiêce & bône fortune/ parquoy il appert q iupiter ne peut auoir qsconques ptie a octroyer qlcôques benefices/ apres quât môseigñr saint augustin ple de la pierre du capitole lydole de iupiter q est de pierre/ laqlle est en son têple. leql têple est aucunesfois appelle capitole pour la môtaigne ou ce têple est assis/ Ne les rommains au comêcemêt qlz firêt leur cite. ne depuis long têps apres ce q ilz eurent chasse hors le roy tarqn de rôme ne firent aucunes ydoles dor ne dargent et pour ce q lydole de iupiter fut la premiere fut elle faicte de pierre.

Que ce fut a dire que les rommains a toutes choses et a tous mouuemens de

Lib.10.

puterent singuliers dieux/et voulurēt q̄ la maison de repos fut dehors les portes de la cite. ꝑvi.

Mais ie mesmerueille que comme ilz aient attribue singuliers dieux aux choses singulieres et a peines a chascuns singuliers mouuemens/ ilz appellerent la deesse agenorie qui excitast ⁊ esmeut les gens a faire aucune chose/la deesse stimula/laquelle aigu.llon nast a faire et besongner oultre mesure/ la deesse murcia qui ne smeut point homme a faire aucune chose oultre mesure/ ⁊ ainsi que dit pōpilius elle fist lōme murcide/cest a dire parescheux et nonchallāt La deesse strenua qui fist lōme noble et puissant ilz ont a tous ces dieux et deesses fait temples publicques/mais repos quilz appelloient affin quil fist lōme estre a repos et a pais comme il eut sa maison dehors la porte cosine/ilz ne le voulurēt receuoir en leur cite/mais se refuserent publicquement ☙ Assauoir se ce fut signe et demonstrāce de couraige qui veult estre sās repos/ou qui plus est fut ainsi signifie/affin que ceulx qui perseueroient a adourer ceste tourbe/non pas a dire verite des dieux mais des deables ne peussent auoir certainemēt celle paix de cueur/a laquelle le vray medecin appelle disant. Aprendez de moy/car ie suis debonnaire et humbles en cueur/et vous trouueres repos en vos ames

Opposicion sur ce chapitre.

En ce.ꝑvi.chapitre mōseignr̄ sait augustin reprent ⁊ redargue les rōmais de ce q̄ cōe ilz receussēt et eussent plusieurs dieux en leur cite q̄ les esmouuoient a combatre et a estre sās repos/ilz mirent la deesse de repos hors de la cite ne ne la voulurēt receuoir en icelle auecques les autres dieux ꝯmūs ⁊ publi ques/lesq̄lz ilz disoiēt q̄l auoient la cure de la chose publicq̄. Aꝑs quāt monseignr̄ saint augustin ꝑle de la deesse murcia son office estoit de faire les hōmes parescheux et pour ce ainsi cōe ilz adouroiēt la fieure

affin que elle ne les tenist ⁊ bleschast aussi adouroient ilz iniure et difseme/afsi q̄ ilz ne deuenissēt parescheux ⁊ non challās

Assauoir se souueraine puissance est a iupiter se len doit estimer ne cuider q̄ victoire soit aussi deesse. ꝑvii.

Ou par aduēture ilz cuidēt q̄ iupiter enuoye sa deesse victoire ⁊ que elle obeist a luy ainsi comme au roy des dieux ⁊ q̄lle viengne a ceulx ou il aura ꝯmande q̄lle voye et se tiēgne a leur partye: En verite ceste chose est dicte non pas de ce iupiter/seq̄l selon leur oppinion ilz faingnent estre roy des dieux/mais est dit dicellui vray dieu des sieules q̄ enuoye non pas victoire laquelle nest aucune substance/mais son angle/et face vaincre q̄ quil lui plaira se conseil duq̄l peut estre secret mais il ne peut estre mauuais/car se victoire est deesse pourquoy nest triūphe dieu ⁊ ioinct auecques victoire cōme son mari ou cōme son frere ou sō filz. Quelz merueilles ilz ont cuide celles choses de leurs dieux lesquelles se les poetes le faingnent et esquelles fussēt de menees/ilz responderoiēt q̄ ce seroient fictions de poetes/desquelles lense doit rire/et q̄ len ne se doit pas attribuer aux vrais dieux/et toutesfois ilz ne se mocquoient pas deulx mesmes quāt ilz lisoient telles discordances et foursenneries de leurs dieux/non pas auec les poetes/ mais les adouroiēt aux temples. Doncques ilz suppliassent et requerissēt de toutes choses iupiter/et suppliassēt a lui tāt seulemēt/car certes se victoire est deesse ⁊ elle est dessoubz le roy iupiter/elle neust ose resister a son ꝯmādement daller ou il voulsist enuoyer ne faire sa voulunte cōtre son cōmandement.

Opposicion sur ce chapitre.

En ce.ꝑvii.chapitre mōseignr̄ sait augustin par sa rn̄ce q̄ len pourroit donner aux choses q̄ ont este arguees de victoire ou.ꝑv.chapitre de ce liure preuue son intencion/cest assauoir q̄ pour laccroissemēt dun royaume il souf

firoit appeller vng dieu tant seulement
côme iupiter selon l'oppinion des rômains
et quât il demâde pourquoy triûphe n'est
tenu pour dieu/ il se dit pour ce q̃ le triû-
phe est moult prochain et côioinct a victoi-
re/ car le triûphe et l'onneur q̃ l'en fait pu-
blicquemêt a cellui qui a la victoire/ Et
pour ce ainsi côme aux autres deesses ex-
cepte victoire l'en leur adioingnoit leurs
prochains ou maris ou freres ou enfans
sicôme iuno qui est seur et femme de iupi-
ter, a douree auecques lui Et aussi nep-
tinus pluto et vulcan⁹ aussi deust l'en a-
uoir ioict a victoire triûphe p̱ pchain etc.

¶ Par quelle raisô ceulx q̃ cuidêt felici-
te et fortune estre deesse font separacion
entre elles. pviii

Q̃u'est ce que felicite est deesse elle a
prins maison elle a desserui q̃'elle
ait autel l'en lui fait sacrifices cô-
uenables. doncques seroit elle seule a a-
dourer. Quel bien est il qui ne fut ou el-
le seroit mais q̃ veult ce estre que l'en cui-
de fortune estre deesse et q'elle est adouree
ou felicite est une chose et fourtune est au-
tre chose/ pource q̃ fortune peut estre mau-
uaise/ elle ne seroit point felicite. Certes
nous deuons cuider que tous les dieux
de l'un et de l'autre sexe se sexe auoient ne
sôt q̃ bons ce dit plato ce dist les autres
philosophes et les excellés gouuerneurs
de la chose publicq̃ du peuple cômêt est dâ-
q̃s la deesse fortune aucûesfois bonne au-
cunesfois mauuaise ou p̱ auêture quât
elle est mauuaise elle n'est pas deesse mais
elle est soudainemêt quertie a tournee en
vng mauuais deable/ Quâtes sont dô-
ques ces deesses pour certain autant cô-
me de hômes fortunez, c'est a dire de bon-
ne fortune/ car côme ilz soient plusieurs
autres hômes ensêble/ c'est a dire en vng
temps mal fortunez ou de masse fortune
se elle estoit deesse ne seroit elle pas ensem-
ble et bonne a mauuaise a ceulx cy. vne a
aux autres autre. ou celle q̃ est deesse se-
roit elle tousiours bonne/ doncques elle
est felicite/ pourquoy leur baille l'en di-

uers noms/ mais est a souffrir/ car vne
chose scet estre appellee p̱ diuers noms
et quant on leur demande pourquoy ont
elles diuerses maisons diuers autelz di-
uers sacrifices/ ilz respondent que la cau-
se est pource que felicite est celle q̃ les bôs
ont/ pource que ilz ont parauant desserui
par leurs merites/ mais ceste fortune qui
est dicte bonne aduient daueture aux hô-
mes et bons et mauuais sans desserte ou
aucun examen de merites/ doncques elle
est bonne qui vient aux bons a aux mau-
uais sans quelconques iugement. ¶ Ne
pourquoy est elle adouree qui est si auue-
gle qui moult souuêt elle trespasse a lais-
se ceulx qui se adourent. Et va pour tant
contre eulx et se ahert et tient a ceulx q̃ la
despitent, ou se ceulx qui l'adourêt prouf-
fissent en aucune chose a ce qui'lz soient
veus et amez de elle ce suiuroit ia les des-
sertes ou merites. et ne vien droit pas d'a-
uenture. Ou est celle diffinicion de fortu-
ne/ ou est ce aussi quelle a prins nô pas de
chose fortuite/ c'est a dire de aduenture cer-
tes se elle est fortune c'est nul prouffit de
lui adourer, et se elle deuise ou dept ceulx
qui l'adourent, assi qu'elle leur baisse ou
prouffite/ elle n'est pas fortune. a aussi iu-
piter mesmes s'euope en quelque lieu qui
lui plaist. Doncques soit il seul adoure ce
iupiter, car certes fortune ne peut resister
q̃'elle ne voist ou il lui cômandera/ a nô
pas a sa voulête ou pour certain ses mau-
uais l'adouroient qui ne vueillent auoir
nulle merite/ par lesquelz la deesse felici-
te puist estre esmue ou seimôce a les amer

Opposicion sur ce chapitre

En ce pviii. chapitre monseigneur
saint augustin demôstre que c'est
superfluite de adourer grât mul-
titude de dieux pour quelconques biês im-
petrer, et fait en ce chapitre deux choses
¶ Premieremêt il preuue que la deesse fe-
licite laquelle il adouroient deuoit souf-
fire pour tous dieux et deesses. ¶ Se-
condemêt il demonstre en especial que la
deesse fortune est adouree a que elle est su-

perssue du tout en tout. La seconde ptye se cômence ou il dit Que veult ce estre ĩc. Et en celle seconde ptye fait encores mon seigneur saint augustin deux choses, car premieremẽt il enquiert sil est aucune reelle difference entre fortune et felicite Se condemẽt il demõstre selon la difference q̃ ilz luy donnent que elle nest poit a adouter, et celle seconde partye se cõmence ou il dit. Cest la cause ce dient ils ĩc. Et quãt mõseigneur saint augustin demãde pour quoy len adoure fortune sacelle est aveugle, il est assavoir q̃ lydole ou pmage de fortune estoit figuree en la figure dune fẽme estant au millieu dune roe, ainsi cõe se elle la tournast continuelemẽt ĩ avoit vne partie de sa face reluisant ĩ lautre obscure pour demõstrer q̃ ceulx sont reluisans lesquelz elle soustient et nourrist et que ceulx q̃ elle poursuit et persecute sont obscurs, et cõbien quelle eust telle face, toutesfois estoit elle aveugle de chascune face qui signiffioit q̃ elle na poit de consideracion aux merites des persõnes ĩ q̃ elle nourrist aussi bien les mauuais cõme les bons, dont selon ce quil se treuue ou liure de moribus philosophorũ, autremẽt de dictis philosophorũ len demãda a chilo qui fut lun des. vii. saiges, q̃lle chose estoit fortune, lequel respõdit que cestoit vng phisicien nõ sachant, car elle aveugle maintes psonnes, de ceste fortune de sa maison du lieu ou elle habite q̃ envouldra veoir plus aplain voye alain in antichaudiano en son. vii. liure, Duq̃l maistre iehan du mehũ ou liure de la rose ou chapitre de fortune, print son texte et sa sentence, et semble quil ne fist q̃ le trãslater en ce pas, car ou alain dit, Est rupis in medio maris quem berberat equor, maistre iehan du mehun dit vne roche est sur la mer seans ĩc. En poursuiuant le satī de alain, et q̃ vouldra veoir belle disputacion de fortune, voye boece de consolacion en son. ii. liure pix

De fortune femine.

Sainement tant attribuẽt il a celle deesse ainsi cõme a dieu quil appellẽt fortune, cestassavoir q̃ ont mis en memoire lydole de fortune qui fut dediee p matrõnes, et est appellee fortune feminine pour ce q̃ elle parla, nõ pas vne fois seulemẽt, mais deux, et quelle auoit que les matronnes sauoient faicte et dediee iustement, ĩ pour certain se cest vray il ne nous en conuient poit merueiller, car aussi ce nest pas forte chose aux mauuais deables de deceuoir les ars et faces desq̃lz ilz deussent auoir entẽdu et eschevie q̃ celle deesse qui diet dauenture nõ pas celle qui diet par merites ait parle, certes nous disons q̃ fortune parla, et felicite fut merite. A q̃lle autre chose ont il prins fortune en leur apde et cõseil fors assi q̃ les hõmes ne feissẽt nul compte de viure droiturieremẽt puis quilz auoient a eulx fortune cõciliaue, laq̃lle les fist fortunez sans auoir aucune bonne merites Et certes se fortune parla au mois neust ce pas elle la feminine, mais aincois eut parle la fortune virile, affin q̃ celles qui firent et dedierẽt lydole ne cuidassent tel et si grant miracle auoir este fait par iengalerie de femmes.

Epposicion sur ce chapitre.

En ce. pix. chapitre monsiigñr saint augustin demõstre cõmẽt les deables deceurent les hõmes par la deesse q̃ appelloient fortune, et fait mencion en ce chapitre de lydole ou simulacre de fortune feminine, De celle ydole ou simulacre fait mencion titus liuius ou second liure de origine vrbis q̃ dit q̃ comme marcus curiolanus qui auoit este consul de rõme en eust este bãnis et enuoye en iexil il alla devers les vulsques qui auoient guerre cõtre les rõmains, Et se adioinct auec eulx, lesq̃lz en firẽt leur duc ĩ soubz son gouuernemẽt dõmaigerent merueilleusemẽt les rõmais et assiegerẽt sa cite, et p telle maniere ĩ tellemẽt les esbahy q̃ ilz furẽt cõstrains a enuoyer deuers luy pour traicter de paix ĩ pour se rappeller a la cite/ ⁊ pour luy prier q̄l ne leur fist pas du pis q̄ il pourroit/ leqūl ne tint cōpte des messaiges/ mais les renuoya laidemēt et leur respōdit moult sourdemēt ⁊ moult fierement ⁊ quāt les rōmains beirēt ceilz en uoperēt p̄ueers lui sa mere sa feme ⁊ les ēfās/ et deup des anciēnes matrones de rōme pour lui prier q̄ il se voulsist desister de plus assaillir la cite/ ⁊ de estre pour les Bulsques contre les rōmains/ laq̄lle chose ilz obtindrent par leurs prieres ce q̄ les rōmains ne legatz nauoiēt peu impetrer deuers lui/ et pour ceste cause les femes ⁊ les matrones de rōme q̄ auoiēt ce impetre furent moult honnourees des rōmains a leur retour et pour cause de ce firēt ⁊ edifierēt ūg tēple/ leq̄l ilz dedierent et sacrerēt a fortune feminine/ et aīsi appellerēt celle ydole. de celle ydole ⁊ cōment elle p̄la raconte Valerius mapimus en sō premier liure ou. Bi. chapitre en ceste maniere/ et dit ainsi/ lydole ou pmaige de fortune feminine q̄ est en la Voye latine a deup lieues pres de rōe. parla nō pas une fois mais deup ou tēps q̄ la mere feme et enfans de curiolanus ⁊ les matrones de rōme se retrapr̄et de plus guerroyer sa cite ⁊ ouq̄stēps les rōmains lui firent et consacrerent une maisō/ Les parolles furēt telles/ Vous mauez dōne iustemēt ce tēple/ Vous le mauez dedie iustemēt et conuenablement. Apz quāt mōseignr̄ saint augustin parle de felicite/ muette il le dit notablemēt pour ce q̄ felicite ne parla ne ne parle point ainsi cōme fortune/ toutesfois il est assauoir q̄ les rōmais adourēt deesse la muette ou taisible/ et estoit faicte sa solēnite en feurier selō ce q̄ dit ouide en son second liure de fastis/ mais elle ne estoit pas dicte ne appellee deesse de felicite/ car celle deesse muette estoit adouree/ affin q̄ elle estoupast la bouce des ennemis et des maulz parliers/ selon ce q̄ dit thomas Valensie/ Apz quāt il dit q̄ fortune Virile/ cest a dire de homme eust peu mieulp parler/ il est assauoir pour auoir la congnoissance de ce tēple q̄ les rōmains adouroiēt plusieurs fortunes/ car ilz en adouroient une q̄ estoit appellee fortune publicque/ affin q̄ elle fist les choses publicques fortuneuses ⁊ eureuses/ et sa solēnite de ceste estoit en apuril ou q̄l tēps lē lui faisoit ses sacrifices selon ce q̄ dit oui de de fastis en sō quart liure/ et se y auoit fortunes priuees/ dont lune estoit appellee fortune Virile/ cest a dire des hōmes et a celle len sacrifioit en apuril/ ⁊ se y auoit une autre fortune q̄ len appelloit feminine/ de laq̄lle il parle en ce chapitre. ⁊ pour ce dit mōseigneur saint augustin q̄ se fortune Virile parlast et non pas la feminine/ il eut este plus legier a croire q̄ de fortune feminine/ car il est a croire q̄ ses femmes qui sont en parliers et iengleresses/ ayent ces choses faintes mauuaisement et en mentant de fortune. ⁊ ce nous disōs non pas de nous/ car nō ny veismes onques q̄ tout biē. mais les parolles de saī augustin emportent ce q̄ nous auōs dit.

⁌ De Vertu et de foy q̄ les payens honnourerent aup tēples et par sacrifices en delaissant a adourer les autres biēs qui semblablement faisoient a adourer Assauoir se ilz attribuoient iustement la diuinite aup autres/ cest a dire les sacrifices et seruices q̄ appartiennent a faire aup choses diuines. pp

Ilz firent aussi Vertu deesse/ laq̄lse pour certain se elle estoit deesse elle faisoit a mettre deuant plusieurs autres/ ⁊ maintenāt pour ce quesse nest pas deesse/ mais est don de dieu soit īpetree celle Vertu de celui seul duquel elle peut estre donnee/ et toute la tourbe des faulp dieup soit toute esuanouye/ mais pourquoy croit len que foy est deesse. Et a pris aussi tēple ⁊ autel/ laq̄lle q̄cōques la cōgnist saigemēt il lui fauit autel de soy mesmes mais dōt sceuēt ceulp q̄ lauouent q̄ cest de foy cōme son pmier ⁊ tres grant office est quel en crope ou v̄iai dieu Mais aussi pourquoy ne leur souffisoit Vertu/ nest pas foy la ou Vertu est/ certai

nement quant ilz ont regarde que vertu doit estre partye en quatre parties/ Cest assauoir prudence, iustice/ force attēpiance/ et pour ce chascune delles ont leurs especes foy (t aux parties de iustice (t a tres grant lieu a nous. Quiconques qui sauons que cest a dire que le iuste vit de foy Mais iay merueilles de ceulx q̄ desirent la multitude des dieux. Se foy est deesse pourquoy ont il fait villenie a tāt dautres deesses en elles lisāt/ ausq̄lles ilz eussēt sēblablemēt peu faire maisōs et dedier autelz/ pourquoy ne a desserui attēprance quelle nest pas deesse cōme ou nō de elle plusieurs royaumes aient acquis gloire non pas petite mais grande/ De rechief pourquoy nest force ou fortitude deesse qui fut auecques mucius quāt il bouta sa main deptre au feu/ et laquelle fut aueques curcius quant il se tresbucha pour la sauuete du pays et la terre q̄ estoit ouuerte. Qui estoit auecques decius le pere et decius le filz quant ilz se vouerent pour leur ost et pour la bataille/ Toutesfois se v̄raye force ou fortitude estoit en toutes ces choses/ dont len ne fait riens a presēt. Pour quoy est ce que prudence et sapience nont desserui nulz lieux entre les dieux/ ou cest pour ce que toutes les vertus sont adourees ou nom general de esse/ Cest a dire de vertu/ et doncques pourroit estre ainsi vng dieu adoure/ duquel seul cui de tous les autres dieux estre ses parties Mais en celle vne vertu sont et foy et prudence/ lesquelles toutesfois desseruirent auoir autelz et leurs maisons dehors la cite/ ces deesses a fait vanite nō pas verite
Opposicion sur ce chapitre:

En ce. pp. chapitre monseignēur saint augustin argue q̄tre les rōmais de ce q̄ ilz adourēt la deesse qui est appellee vertu/ et la deesse q̄ ilz appelloient foy/ et toutesfois ilz delaissoient les quatre vertus cardinales/ cest assauoir force prudēce (t attēprāce ou q̄tinēce desq̄lles les vtus toutesfois foi ē ptie cest assauoir de iustice (t celle foy qui est partie de iusti

ce nest pas foy/ cest a dire celle foy qui est vertu theologalle/ de laquelle le propre fait est croire/ mais est celle foy vne vertu moral qui en qmū lāgaige ē appellee fidelite ou fiance plaq̄lle vngchascū sert lealmēt enuers autrui soit enuers dieu soit enuers lhomme soit enuers aucune communaulte/ et quant monseigneur saint augustin demande pourquoy cest q̄ attēperance nest appellee et tenue pour deesse pour ce que selon ce que il dit plusieurs romains ont par elle acquis moult grant gloire/ il est assauoir quilz en y eut plusieurs dont valerius maximus en raconte aucuns en son. iiii. liure ou. iii. chapitre de dictis et factis memorabilus. Cest assauoir entre les autres scipio se affriquā Marcq cathon fabricius et plusieurs autres desquelz il descript la continence ou attēprance. Apres quant monseigneur saint augustin parle en ce chapitre de mucius/ il est assauoir que ce mucius fut appelle mucius sceuola duquel il parle cy apres ou. pvi. chapitre de son. v. liure/ Et titus liuius aussi ou second liure de sa premiere decade/ laquelle est de origine vrbis raconte de lui que aps ce que tarquin lorguilleup. vii. et derrenier roy de rōme fut chasse hors de la cite/ il sen alla a porsenna qui estoit roy des estruciens pour auoir secours et ayde de lup/ lequel soffrit benignement a lui aider, non pas pour ce seulement que ilz auoient boute hors le roy de la cite/ mais pour ce que ilz auoiēt abatu et destruit le nō de roy et la dignite royal quil sembloit chose tresabhominable a lui et aux autres roys voisins/ Cest assauoir que pour le peche dun roy ceste noblesse et dignite fut abatue (t pour ceste cause lui offrist et promist ayde (t confort et lui fist (de fait/ et sen vint auecques tarquin assieger la cite de rōe/ par lequel siege il mist les rōmains en grant necessite/ et les cuida bien prēdre et auoir pour faire long siege. Or est voir que durant le siege ce mucius requist que len lui donnast congie daller veoir lost de porsē ne/lequel luy fut donné/et y alla et vint iusques au logis du roy et a son siege ou il occist le scribe du roy qui est bug nom de dignité/lequel estoit decoste lui/et tantost fut prins et menes devant le roy/et a son iugement/lequel se confessa estre romain/et quil estoit venu pour tuer le roy et que comme romain il estoit venu pour tuer et pour estre tuez disant que cestoit chose appartenant a homme romain/et de faire et de souffrir toutes choses/et quant le roy leut ouy vueillant enquerir plus avant de la besongne commanda que len luy fist aucune constraincte par feu/ce mucius esté dit sa main dedes le feu/et la tint sans muer iusques a ce que le roy par la grant frayeur et honneur quil en eut/commanda quil lostast en lui disant que il sen allast franchement et quil avoit ose souffrir plus de peine de soy mesmes/qil ne luy en eust ose donner/lequel regardant la courtoisie du roy luy dit ie te vueil rendre dit il la courtoisie que tu mas faicte/et te diray de ma voulunte ce que tu nas peu avoir par force/saches que nous sommes trois cens princes de la iuuente de romme qui sommes tous assermentez et coniures q̄ nous te assauldrions lun apres lautre et ne finerons iusques a ce que tu soyes mors/et devons chascun espier son coup/et pour ce ie tay assailli le premier esseu. de ce fut le roy porsène moult esmerueille en quel considerant le grant peril ou il estoit de trois cens ducz romains qui avoient tous iurez sa mort. En vopa devers les rommains messaiges et fist tant quil y eut accord avecques eulx par certaines condicions/et par ce laissa tarquin son osté sen alla a son pays. Ce mucius recommande merueilleusement Senecque en sa. lxxxvi. de ses epistres/toutesfois il est assauoir que monseignr̄ saint augustin ou.xviii.chapitre du.v.liure/dit que pour ce que mucius faillyt a ferir le roy/il mesmes la mist au feu et le fist ardoir/a quoy saccorde Valerius maximus ou.iii.chapitre de son.iii.liure de dictis et factis memoralibus. Apres quant

monseigneur saint augustin parle de cucius/cest une hystoire que met titus livius ou.vii. liure de sa premiere decade. Et Valerius maximus en son.v. liure du.vi. chapitre qui dient que trois cens quatre vingtz et dix ans apres la creacion de romme la terre souurit ou milieu du marchie/et y apparut une tresgrant fosse horrible qui alloit iusques en abisme/et ne pouoit on len scauoir que cestoit. Sieurent en respons les rommains que se il vouloient auoir la chose publicque sauue et perpetuelle/que ilz bouassent a celle fosse et iectassent la plus noble chose/et la pluspuissant dont ilz pourroient finer Curtius qui entendit ce respons interprete que la chose dont les romains estoient plus puissans/cestoit darmes et de gens. Si sarma richement et puissamment et monta sur ung riche destrier paré et saillyt en celle fosse lui et son cheual/et tantost la terre se recloit. Ceste hystoire met monseigneur saint augustin cy apres en son.v.liure sur le.xviii.chapitre/sicomme il se pourra veoir en procedant. ¶ Apres quant monseigneur saint augustin parle de decius le pere et decius le filz. Ce sont deux hystoires et en fait mencion monseignr̄ saint augustin cy apres ou.xvi. chapitre du.v.liure. et Valerius maxim' si fait titus liuius en sa premiere decade qui est de origine vrbis qui dit que comme ce decius fut fait consul/il fut enuoye pour faire guerre avecques maulius torquatus/contre les latins et par nuit ainsi comme par maniere de vision apparut a ce decius ung homme qui lui dit que en celle bataille en une partie lempereur cherroit et seroit mort et vaincu/et de lautre ptie cherroit son ost ouql lepereur ou cheuetain q̄ sofferoit et seopposeroit à mort en lost de ses aduersaires/et se voueroit et donneroit aux dieux defer son ost vaincroit/et come depuis ce decius se fut mis en bataille et eut veu q̄ ses gens desqlz il estoit duc et chieuetain venoient ainsi comme a desconfiture/et en la subiection de leurs aduersaires aiant memoire de la vision qͥl auoit veue se voua et son ost aux dieux denfer p̃ telles parolles/ iupiter mars pere quirin/ cest a dire romule bellona/ cest a dire la deesse des batailles Lares/ cest a dire les dieux du pays/ les ieux iouuenticieulx/ cest a dire les dieux qui seruoient deuant iupiter/cest a dire les dieux qui sappeloient indigetes/cest a dire les dieux q̃ sont fais dieux des hommes/ les dieux d̃esers et les dieux des mors/ Je vous prie a h̃oneure et vous dis que ie desire que le peuple rõmain ait la victoire et q̃ vous tourmentez les ennemis des quirites/cest a dire rommains par paour τ par esbahissement/ et les faces mourir/ et ainsi comme iay dit ces choses publicquement τ en la presence de plusieurs tout ainsi pour la tuicion et deffence de la chose publicque ie me voue et rens a vous et a top terre toutes les legions et aydans et souldoyers de ces ennemis/ et tantost ces choses faictes decius monta a cheual et se bouta ou millieu des ennemis qui tantost et a luy ost et a lautre sembla estre plus beau/ et plus excellent quil nauoit oncques semble et quil nauoient oncques iamais veu ce leur sembloit h̃ome en bataille. et tantost la paour que auoient eu les rõmais des latins/ tourna sur les latins/ et fut en celle bataille mort decius selon ce q̃l sestoit voue aux dieux/ et lui mort tantost les lattins furent desconfis/ et quant est de decius le filz titus liuius ou .p. liure de sa premiere decade en raconte pareil exemple qui dit que cõme il fut ordonnez a faire la guerre cõtre ceulx de lucie que nous appelons tosquans en layde desquelz estoient venus les galles/ et y veist que ses gens auoiẽt du pis/ et estoient sur le point de estre desconfis/ il luy souuint du veu que auoit fait son pere/ et semblablemẽt se voua aux dieux denfer/ et fist tãt quil fut mort/ et tantost les rommains eurẽt victoire/ et pour ce demande m̃oseigneur saint augustin notablement en ce chapitre pourquoi ilz ne tenoiẽt force pour deesse

qui fut presente quãt mucius mist sa main au feu/ quãt curcius saillit a cheual tout arme en la terre qui estoit ouuerte ou millieu du marchie et quant decius le pere et decius le filz se vouerent aux dieux denfer/ et se firent occire voluntairemẽt pour sauuer lost des rommains Touteffois dit titus liuius en son.viii.liure de la premiere decade que ung consul ou ung preteur qui estoit cheuetain des rommains nestoit pas tenu de se vouer en psõne aux dieux denfer/ pour le salut de lost/ mais pouoit pour ce faire eslire quesconques cheualier qui lui plaisoit de legiõ q̃ estoit escripte et receue a gaiges. Aprez quant monseigneur saint augustin parle et demande pour quoy prudence ou sapiẽce nestoit tenue pour deesse/ il se dit pour ce q̃ elle nauoit point de propre nom de deesse ne dautel/ cõbien q̃lle fut adouree soubz le nom de mynerue qui estoit deesse de sapience/ et ce dit il pour ce quilz ne la firẽt pas deesse ainsi comme foy et chastete Mais mirent mynerue deesse de sapience Ou monseigneur saint augustin parle cy de sapience prinse proprement et estroictement sicomme est a auoir la cõgnoissance des choses diuines/ mais mynerue est dicte deesse de sapience iustement cest assauoir par laquelle sen treuue sciẽce ou sapiẽce en chascun art/ et chascun hõme qui a aucune prudẽce et qui a present a aucune science ou aucun art est appelle saige en cel art/ et celle mynerue est appellee deesse des ars/ et quãt est des deesses de foy et de chastete/ Valerius maximus en parle en son.v.liure ou chapitre de pudicia et ou chapitre de fide publica/ τ aussi de celle deesse de chastete quil appelle pudicicia/ fait mencion monseigneur saint augustin cy dessus ou .xxvi.chapitre de son ii.liure/ et comment elle estoit laidement honnouree/ et lappelle monseigneur sait augustin la chastete du ciel/ et nous en auons parle sur lexposicion dudit chapitre/ et pour ce nous nous en passons

¶ De ceulx qui netendēt que Bertu soit vng dieu/toutesfoiz doiuent ilz estre contens de felicite. xxi.

Ces Bertus sōt aussi dōs du vray dieu et non pas deesses/toutesfoiz la ou Bertu est & felicite que demande on autre chose. Quelle chose souffist il a cellui qui a Bertu & felicite ne souffissent/quelz merueilles Bertu comprent et embrache toutes les choses que on doit faire/et felicite toute les choses q̄ sont a desirer/se iupiter estoit adoure affi quil dōnast ces choses/car se largueur et longue duree despire est aucun dieu il apptiēt a celle mesmes felicite. pour quoi ce nest il estendu ces Bertus ou ces biēs est dōs de dieu/et non pas estre deesses/& se on tiēt ou cuide q̄lles soiēt deesses au mīos on ne querist pas autre tourbe de tant de dieux/car cōsiderees les offices de tous les dieux et de toutes les deesses quilz ōt fais ou fains ainsi q̄l leur a pleu selō leur oppnion troeuuent silz peuuēt aucūe chose qui peut estre dōne daucūs dieux a hōme qui a Bertu et felicite. Quelle chose de doctrine deuoit on demāder a mercure cōe Bertu eust toutes ces choses auec soy. Quelz merueilles/car Bertu fut diffinie p̄ les anciēs/quel chose estoit cel mesmes art ou science de viure bien ou droituierement/dont ce que le non de Bertu est appellee en grec arche/ilz cuiderent q̄ les latins eussent trāsporte ce nō dart a eulx Mais se Bertu ne pouoit venir fors aux ingenieux quel besoing estoit il du dieu cautius pere q̄ fist les hōmes caulx. cest a dire agutz et subtilz comme felicite peut donner ce mesmes. Quelz merueilles naistre ingenieux/cest felicite dōt aussi la deesse felicite ne peut estre adouree de cellui qui encores est a naistre/affin quel le requise ou q̄seillee lui donnast ceste chose/cest a dire quelle fist ingenieux elle dō nastce a ses parens/cest a dire a son pere et a sa mere qui ladouroient/affin q̄l eus

sent enfans ingenieux Quelle necessite estoit aux femmes qui enfantoient dapp pesser la deesse lucina/comme se felicite p̄ fut elles nenfantassent pas seullement bien/mais aussi elles auroient bons enfans/Quel besoing estoit de cōmander les enfans naissans a ops la deesse les plourans et crians au dieu vagitanus/ La deesse cumna les ēfans gisans aux berceaulx/Ceulx qui alaitoient la deesse rumina au dieu statilinus les enfans quant ilz commencoient a aller/et ceulx qui alloient a la deesse adeona a la deesse abeona ceulx qui partoient des mains a la nourrice pour aller a la deesse de pēsee affin quilz eussent bonne pensee au dieu volumn° & a la deesse volune affi q̄z voulsisent bien aux dieux des nopces affi q̄z fussent bien mariez aux dieux agrestes/ cest a dire des champs/et mesmement a la deesse fructista/affin quilz eussent habundance de fruiz cras et bons a mars & a bellōne/cest a dire au dieu et a la deesse des batailles/affin q̄z se q̄batissent bien a la deesse victoire affin quilz vainquissent au dieu honorinus/affin q̄z fussent hōnoures a la deesse pecune affin quilz fussent abondans en pecune ou mōnoye au dieu esculanus & a son filz argētinus affin quilz eussent pecune ou monnoye daraing et dargent/car ilz appellsoient esculanus pere de argentinus pour ce que mōnoye daraig fut en vsaige et en cours auāt q̄ celle darget & celle darget fut aprs & sur ce ilz cuiderēt q̄ esculan° fut pere de argentinus/mais ie mesmerueille pour quoi argentin° nengēdra aurinus pour ce que la monnoye dor vint aprs & suiui la monnoye dargent/lequel dieu. cest assauoir aurinus se ilz leussent mis deuant argentinus et son pere deuant esculanus son ayeul/ainsi comme ilz mettoient iupiter deuant saturne son pere Quelle necessite doncques estoit il pour ces biēs du corps ou de lame ou autres biens forains/de adourer si grant tourbē de dieux. ¶ Lesquelz ie nay pas tous nommez/ne les rommains mesmes ne peurent pas a tous les biens humais pti culierement et singulieremēt pouruoir de menus dieux particuliers et siguliers comme la deesse felicite peust donner par grant brieste et legiere toutes choses/ Ne sen ne queroit quelconques autres dieux non pas seulemēt a prēdre ses biēs mais a rebouter les maulx/ Mais pourquoy seroit a prier ou a requerir la deesse fesso nia pour les lassez ou trauaillez/ La deesse pellonia pour rebouter les ennemis/le medecin appolo ou esculapius pour les malades ou tous deux ensemble/ quant il y auroit grant peril/ne le dieu spinien sis pour esracher les espines des champs ne la deesse rubigo qui rougist les bledz/ ne seroit point priee affin quelle ne benist point/puis q̄ Vne et seule felicite fut presē te et deffendant que nulz maulx ne sour uenissent/et silz venoient ilz feussēt tres legierement reboutez et ostez/ derrenieremēt pour ce q̄ nous traictons de ces dieux et deesses/ce tassauoir de Vertu et felicite Se felicite est loyer de Vertu elle nest pas deesse, mais elle est dom de dieu/ et se elle est deesse/ pourquoy ne dit on elle peut dōner Vertu quant certainement acq̄rir Vertu cest aussi grant felicite.

Epposicion sur ce chapitre.

En ce. xxi. chapitre monseigneur saint augustin repreuue la multitude des dieux que les rōmais adouroiēt par ceqlz en auoient fait deux q̄ pourroiēt souffire a tous/ ce tassauoir felicite et Vertu/ et fait mencion de moult dautres dieux/ desqlz il eppose leurs offices dequoy ilz seruent des aucuns ꞇ des autres il eppose cy dessus ou. Viii. et. xi. chapitres de ce quart liure/ et quant il pse de mercure/nous en auons parle cy dessus sur lepposicion de. xi. chapitre/ꞇ pour ce nous nous en passons. Si aussi nous de lucina qui est appellee deesse des enfantemens/laq̄lle est ainsi appellee pour ce

que esse admaine premieremēt les enfās a la lumiere/et est dicte lucina propremēt luna a sucendo/pour ce que esse suist sicōme dit psidore ou Viii. liure de ses ethimologies. Et quant est desculapius et Sappolo nous en auons parle cy dessus sur lepposicion du xVii. chapitre du iii. liure. Et quant il parle de la deesse rubigo il est assauoir quelle estoit du nombre dicelles qui pouoient nupre ꞇ qui ne pouoient apder/sicomme fieure paleur et paour/ desq̄lles nous auons parle ou xViii chapitre du ii. liure/et pour ce estoit elle adouree affin seulemēt quelle ne nupsist ne blechast les blez/et estoit sa feste en april selon ce que il se vouldra Voir en oui de de fastis en son iiii. liure.

De la science dadourer les dieux de laq̄lle Varro se dōne gloire de sauoir baillee de luy mesmes aux rōmains. xxii

Quest ce doncques que Varro se Vā te soy bailler a ses citoiēs pour grāt benefice car il ne fait pas seulemēt memoire des dieux q̄l q̄ soiēt estre adourez des romains/ mais aussi il dit q̄lle chose il apptiēt a chascun deux Car ainsi cōme il dit pour ce que riēs ne Vault ou ne prouffite a lhōme congnoistre le nom et la fourme daucun medecin ou phisicien/ ou mescōgnoistre q̄lle chose soit medecin/ aussi dit il peut prouffiter sauoir que esculapius soit dieu/ se tu ne sces qui baille ou peut prouffiter et apder a auoir sancte/ et p ce ne saches pourquoy tu se doies prier/ce mesmes afferme Varro par autre similitude disāt que nul hōme ne peut pas tant seulemēt biē Viure/ mais ne peut en quelque maniere Viure/ sil ne congnoist q̄ est le feure et qui est se taillendier ou boulenger / et qui est se couureur de maisons duquel il puist demander aucuns Vtencilles qui luy sont necessaires a gouuerner sa Vie lequel il puist prēdre sō adiuteur sō meneur ꞇ sō dōcteur/ affermāt ce Varro q̄ p sēblablemā ere nul ne doit doubter la cōgnoissāce des dieux estre aussi proufitable Se len sçet quel force faculte ou puissãce chascũ dieu ait sur chascune chose/ et par ce sicomme il dit/ nous pourrons sauoir quel dieu & pour q̃lle cause nous le pourrõs appeller et prier/ affin que nous ne faisons ainsi que seulent faire les iougleurs/ et que nous ne demandons a liber qui est dieu du vin de seaue/ et vin des nimphes deesses des eaues/ pour certai cest grãt prouffit dauoir congnoissance deulx/ q̃ seroit cellui q̃ renderoit graces a Varro sil eust demonstre vrayes choses/ et eut enseigne aux hõmes le souuerain vrai dieu/ duq̃l tous les biens viennent.

Epposicion sur ce chapitre.

En ce .xxii. chapitre monseigneur saint augustin recite loppinion de Varro qui disoit que cestoit necessaire chose de sauoir/ non pas seulemt les nõs des dieux leurs offices & dequoy chascun seruoit/ et met vng exẽple de ce Varro/ cestassauoir sicomme il dit/ affin que len ne face ainsi comme les iougleurs dient aucunes choses toutes contraires/ a ce de quoy ilz parlent et aucunesfois il semble quelles saccordent/ et touteffois ne sont ce pas choses a croire/ et ainsi seroit il sicomme dit ce Varro/ q̃ ne sauroit les offices des dieux/ sicõme se len demandoit au dieu bachus qui autremẽt est appelle liber de seaue et aux nimphes. cest a dire aux nimphes qui sont deesse des eaues se len leur demandoit du vin.

❡ De felicite laq̃lle les rõmains q̃ sõt adoureurs de moult de dieux laisserẽt lõguemẽt a adourer donneur diuinite cõe elle seulle souffisist a adourer pour tous   xxiii

Mais dequoy parlõs nous a presẽt de leurs liures et leurs sacrifices soient vrays et que felicite soit deesse pour quoy ne seroit elle adouree vne et seule/ laq̃lle est ordonnee a ce q̃lle puist donner toutes choses/ et en brief tẽps faire homme beneure/ Car qui est cellui qui couuoite ou desire aucune chose pour autre chose fors affin quil soit beneure/ pour quoy fist et establi si tard lucuiuus apres tant de princes rommains maison a ceste si grant deesse/ pour quoy fut ce q̃ romulus mesmes qui desiroit a faire cite beneuree ne fist pncipalement tẽple a ceste deesse ne il ne prioit les autres dieux pour autre chose/ lesquelz il ne lui couuenist point prier se elle y fust presente/ car ne il mesmes neust pas este premieremẽt roy et aps dieu ainsi cõme ilz se cuidẽt sil neust eu celle deesse en ayde Pourquoy doncques establi il aux rommains dieux Cestassauoir ianus/ iupiter/ mars/ picus fanus/ tyberinus/ hercules/ et autres. Pourquoy y adiousta titus tacius saturne ops le soleil la lune vulcanus et lumiere ou clarete/ et quelcõques autres quil y adiousta/ entre lesq̃lz aussi il mist la deesse cloatine Cest a dire sa deesse des chambres copes et il delaissa felicite pour quoy fut ce que numa establi tãt de dieux et tant de deesses sans ceste/ ou par aduẽture il ne la peut veoir ou perceuoir en si grant tourbe/ ❡ Ne certes tullius hostilius neust pas introduictz nouueaulx dieux comme paour et palleur pour luy estre en ayde sil eust congneu et adoure ceste deesse/ car felicite presente toute paour et palleur ne seroient pas appellez/ mais silz estoient appellez ilz sen fuiroient Apres quelles choses peut ce auoir este q̃ lempire de romme croissoit ia en long et en large/ et encores nul homme ne adouroit felicite/ ou ce fut a ce que lempire fut plusgrant que plus beneure/ mais qmẽt eust este sa vraye felicite ou il nauoit põt de vraye pitie/ car certainement adourer le vray dieu cest vraye pitie/ nõ pas adourer tant de dieux comme de dyables mais apres ce que felicite fut ia receue ou nombre des dieux sensuiuit grant malheurete des batailles ciuiles/ ou par auenture felicite fut indignee et eut iuste cause destre couroucee pour ce quelle fut appellee & semonce si tard/ et non pas a honneur/ Q̃ris aincois a villenie et con tempt.

En telle maniere q̃ priapus et cloatine paour paleur et fieuere estoient adourez auecques elle Lesqlz nestoient pas dieux de ceulx qui les vouloient adourer mais estoient les crimes blasmez ou pechez de ceulx qui les adouroient/ dernierement se il sembla bon que si grande deesse feist a adourer auecques si grãde et si vil tourbe de dieux/ pour quoy ne sadouroit on plus grandement et plus notablement q̃ les autres/ mais qui est cellui qui pourroit porter ou souffrir que felicite ne fust mise et constituee entre les dieux consentans/ Lesquelz dieux ilz dient estre adioustez au conseil de iupiter/ ne entre les dieux quilz appellent dieux esleus affin que aucun temple luy eut este fait q̃ eust este souuerain et apparant dessus les autres de haultesse de lieu et de dignite douuraige/ mais pour quoy ne fist len aucune chose meilleur que a ce iupiter/ car nul ne dõna a iupiter royaume fors celle mesmes felicite/ se toutesfois il fut beneure quãt il rengnoit et meilleur est felicite de royaume. Certes nul homme ne doubte que on ne trouuast de legier homme qui auroit doubte de estre fait roy/ Mais on ne trouueroit nul quil ne voulsist estre beneure/ mais se ces dieux peussẽt qlz peussent par augures qui sont vne maniere dadeuinemens faiz par opseaux estre conseillez de ceste chose cestassauoir silz vouldroient faire lieu a felicite/ suppose que p aduenture le lieu fut ia occuppe des maisons et autelz des autres dieux/ ou quel lieu len deust faire maison a felicite plus grande et plus haulte des autres/ pour certain ce mesmes iupiter bailleroit lieu a felicite affin quelle eust mesmement la souueraine haultesse du mont du capitole. Certes nul homme ne resisteroit a felicite fors ce qui ne peut estre ce tassauoir cellui qui ne vouldroit pas estre beneure. Ne se iupiter estoit bien conseille il ne feroit en nulle maniere ne par quelconque voye ce que trois dieux luy firent Cestassauoir/ mars. terminus/ et iuuenta/ qui au plus grant et a leur roy/ cestassauoir a iupiter ne voulurent faire place ne donner lieu/ car ainsi comme il est escript en leurs liures/ comme le roy tarquin voulsist edifier a iupiter le capitole et veist le lieu q̃ plus sembloit couuenable a ce faire estre pauaut puns et occupe des dieux estranges/ et nosast riens faire cõtre leur voulunte/ et cuida que de leur voulunte ilz se deussent partir et faire lieu a tel et si grant dieu/ et a leur prince/ car il y en auoit moult la ou le capitole est assiz/ il encquist et demanda par augurement silz voulroient faire lieu a iupiter/ et se ilz se vouldroient tous departir. Tous le vouldrent fors ces trois/ dont iay parle ci dessus/ cestassauoir mars/ terminus/ et iuuenta/ et pour ce se capitole fut ainsy fait que aussi ces trois demouroient dedẽs par telz signes et si obscurs que a peines le peurent sauoir les tressaiges hommes Doncques ce iupiter ne refuseroit ou despiteroit felicite par quelconque maniere ainsi cõme il fut despite et villene de mars terminus et iuuenta/ Mais aussi ceulx mesmes qui ne se departirent point pour iupiter/ sans doubte ilz feroient lieu a felicite/ laquelle leur auoit fait roy iupiter Ou se il ne lui faisoient lieu ou ne sen deptoient ilz ne se feroient pas en son despit. et contempt. mais ilz feroient ceste chose pour ce que ilz amerẽt mieulx estre en obscur lieu et mucez en la maison de felicite que sans elle ilz seussent clers et apparans en leurs propres lieux. ¶ La deesse felicite ainsi constituee en lieu tressarge et treshault/ les citoyens apprẽdroiẽt de qui et dont len deueroit demander ap de en bon desir/ et par ladmonnestement de nature delaissee soutraigeuse multitude et superflue des autres vne seule felicite seroit adouree/ len lui supplieroit comme a vne seule. Le temple dune seule felicite seroit frequente et hante des citoiens qui vouldroient estre beneurez/ desquelz nauroit aucun qui ne le voulsist estre/ et ainsi elle seroit reqse de elle mesmes

qui estoit demandee de tous. Et qui est cel
luy qui souldroit prendre a auoir daucun
dieu autre chose que felicite ou beneurete:
Ou ce quil penseroit qui appartenist a fe﹐
licite. Pour ce est il q̃ se felicite a en sa puis
sance auec quel homme quelle soit/ ⁊ selle
est deesse elle sa. Quelle follie est ce a la
par fin de la demander daucun dieu/ laq̃l
le tu pourroies impetrer ⁊ auoir delle mes
mes.) Ilz deussent doncques auoir celle
deesse honnouree p̃ dessus les autres dieux
encores mesmes de dignite de lieu.) Cer﹐
tes sicomme on treuue deuers eulx escript
Les anciens rommains adouroient plus
que iupiter/ ne scay quel dieu appele som
manus/ auquel ilz attribuoient les foul
dres et tempestes de nupt. Et a iupiter ap
partenoient les fouldres et tempestes de
iour. Mais puis que on eut ediffie a iupi﹐
ter si noble et si hault temple/ la multitu
de du peuple y acourut pour la dignite de
celle maison ou temple/ par telle maniere
que a peine on treuue qui se recorde dauoir
seu le nom de ce sommanus/ lequel desia
ilz ne peuent oir. Mais se felicite nest pas
deesse pour ce quelle est don de dieu/ laq̃l
le chose est vraye. Soit doncques puis cel
luy dieu qui la peut donner/ et soit delais
see la nuysible multitude des faulx dieux
Laquelle la vaine multitude du peuple
ensuyuent/ qui fait a celluy dieu les dõs
de dieu. Et celluy dieu de qui ces dons sõt
couroucé par lostinaciõ dorgueilleuse vou
lente. Et ainsi celluy ne peut faillir a feli﹐
cite ou a malseurete qui adoure felicite cõ﹐
me deesse/ et delaisse dieu qui est donneur
de felicite/ ainsi comme celluy qui lesche le
pain paint/ et ne se demande pas de lom﹐
me qui a le vray pain ne peut faillir quil
nait faim.

¶ Exposicion sur ce chapitre:

En ce xxiiii. chap. monseigneur saict
augustin repreuue le sacrifice q̃ fai
soient les rommains a la deesse felicite.
Et quant au temps quilz se commēcerēt

premierement a adourer/ ⁊ quant au lieu
ou ilz luy edifficrent son temple. Premie﹐
rement quant au temps quilz la commē
cerent a adourer/ car ce fut long temps a﹐
pres ce quilz eurent fais et adourez les au
tres dieux. Et le premier qui luy ediffia
le temple fut appele luculus/ sicomme il
dit. Mais on ne peut pas bien sauoir seq̃l
luculus ce fut qui luy fist edifficr son tem
ple/ pour ce q̃lz furent deux luculus tous
consulz de romme en vng mesme temps/
Sicomme dit orose en son vi. liure de son
ormeste. Et eutrope ou vi. liure des hys﹐to
res rommaines/ dont lun estoit appele lu
cius licinius luculus/ et lautre eut nom
marcus licinius luculus.) Lucius fut p̃﹐
mierement fait consul/ et fut en lan vi.c.
lxxvi. apres la creaciõ de romme. Et fut
celluy q̃ fut enuoye contre mitridates roy
de ponth/ et triganes roy dermenie/ et qui
print merueilleusement de villes et de cha
steaulx/ lequel tulle recõmande merueil
leusement en vng liure qui sappele ad or﹐
tencium/ qui est fait par maniere de dyalo
gue. ¶ Et lautre qui fut appele marcus
luculus/ fut celluy qui mena la guerre en
macedoine. Et fut fait consul selon orose
en son vi. liure vi. cēs lxxix. ans apres la
creaciõ de romme/ lequel print moult de
chasteaulx et de citez. Et entre les autres
il desconfist vne gent qui habitoient en mõ
taignes en grece/ qui sappeloient adopep
ens. dõt philis fut et ou elle se pendit pour
lamour de demophon/ sicomme dit ouide
en son liure depistres en la seconde epistre:
Desquelz rodopeyens qui estoient cruelz
⁊ de leur cruaulte/ et des horribletez quilz
faisoient a leurs prisonniers. Eutrope ra
conte oudit vi. liure/ car il dit q̃ quant ilz
auoient soif et ilz nauoient poit de hanap
ilz coppoient la teste de lun de leurs prison
niers et la plumoiēt et escorchoient ⁊ puis
faisoiēt vng trou par ou ilz boutoiēt hors
la ceruelle. Et auant ce quelle fust paruis
dre ne sauee/ ilz versoient du vin dedens
et buuoient comme a vng beau hanap/ et
combien q̃ ces deux luculus eussēt acheue

t.i.

plusieurs grosses et grandes batailles/ Et tant quilz auoient desserui chascun a auoit triumphe. Toutesfois leut lucius lucullus qui se combatit contre mitridates plus grant et plus noble/ pour ce quil auoit desconfit plus grans royaumes τ pays notables. Et pour ce on ne scait pas bien lequel ediffia et fist faire le temple a celle deesse felicite/ mais toutesfois appert il bien que qui des deux le fist faire. Ce fut plus de sip cens soixante ans apres la creacion de romme car ilz furent fais consulz tous deux ou temps de la bataille ciuille de marius et de silla. Toutesfois semble il quil fut fait par le premier/ pour ce quil fut au commencement des batailles ciuilles. ⁋ Apres quant il parle de romulus et demande pourquoy il constitua aux romains dieux. Cestassauoir ianus/iupiter.ꝯ. Titus liuius en sa premiere decade de origine vrbis si dit que romulus ordonna temple a hercules et a luy faire sacrifice a la maniere et a la guise des grecz et autres dieux a la guise des albais/ cest adire de la cite dalbe ou estoient les dieux qui estoiēt venus de la cite de lauine. Lesquelz eneas qui auoit fonde celle cite y apporta apres la destruction de troye/ mais il ne dit point que romulus feist temples a ceulx que monseigneur saint augustin nomme en ce chapitre/ ne a ceulx quil nōme que numa et titus tacius firent: mais peut estre quil les print du liure que varro fist de natura deorum. ⁋ Apres quant il parle de ianus/ il est assauoir que ce fut vng des filz ou nepueu de iaphet qui sa demoura et habita/ dont le mont de ianicule print son nom. Et fut cellup qui receut saturne quant il fut chasse de crete par iupiter son filz. Et luy partit son royaume par telle maniere que saturnus y ediffia vne cite quil appela saturnienne. Et de ce nous auons parle sur lepposicion du second chapitre du tiers liure. La feste de ce ianus estoit celebree a rōme le premier iour de ianuier selon ouide en son premier liure de fastis. Et de la print le mois de ianuier

son nom. ⁋ Apres quāt il parle de piccus il fut filz de saturne selon ce que dit eutrope en son premier liure ou premier chapitre dont les fables dient que par vne enchanteresse qui auoit a nom circes/ pour ce quil luy refusa samour/ il fut mue en vng oyseau de ce mesme nom. ⁋ Et quant est de fannus il fut filz de piccus/ τ pere du roy latin/ duquel eneas espousa sa fille: Et regnerent ce piccus et fannus aux lieux ou depuis regna le roy lati. Et furent ce piccus et fannus appelez dieux des montaignes selon ouide en son liure de fastis. Et estoit la feste de ce fannus celebree en feurier selon ouide en son second liure de fastis. ⁋ Apres quant il parle de tyberius/ ce fut vng roy qui regna a romme/ et fut le neufiesme roy apres ascanius filz enee. Et pour ce quil se noya en vng fleuue qui auoit nom albula/ ce fleuue perdit son nō τ fut appele le tybre/ τ est le fleuue q̄ court a present a romme. Et en firent vng dieu pour ce quilz se cuiderent estre translate auecques les autres dieux/ ou se cuiderent estre dieu de ce fleuue appele le tybre pour lusaige dicelluy qui estoit moult necessaire a romme ⁋ Apres quant il parle de titus liuius/ si comme nous auons dit ou .viii. chapitre du tiers liure. Ce fut cellup qui regna auec romulus qui par auant auoit este duc des sabiniens/ lequel adiousta moult de dieux a romme/ et entre les autres la deesse cloatine/ cest adire la deesse des chambres coyes/ et quant est de numa. cest cellup qui succeda a romulus sās moyen/ qui fut tout dedye a la religion aux sacrifices des dieux/ et duquel parle largement titus ou premier liure qui est de origine vrbis vers le cōmencement/ Si fait florus ou premier chapitre de son epithome ou premier liure: ⁋ Apres quant monseigneur saint augustin parle de tullius hostilius/ ce fut le tiers roy de rōme/ et cellup qui succeda sans moyen a numa pompilius. Et fut cellup qui premierement fist temples a paour et a paleur: Et fut quāt apres ce q̄ l eut fait paix aux albais il recommenca guerre contre les sedenates. Et appela a son ayde le duc de ces albains appele mecius suffecius, et quant il se cuida combatre, on luy vint dire que mecius et ses gens se stoient retrais et partis de la bataille dont ilz eut telle paour qͣl se voua a ses dieux et deesses. Sicomme dit titus liuius ou premier liure de sa premiere decade, laquelle est de origine vrbis Et leur fist faire deux temples, assi que paour et paleur se partissent de son ost, et quil vaincquist. ¶ Comment il se vengea de celle mauuaistie, nous en auons parle cy dessus, et pour ce nous nous en passons. ¶ Apres quant il parle des dieux consentans. Il est assauoir que ses poetes faingnent que iupiter ne pouoit getter aucunes fouldres ne aucunes tempestees, sans auoir le consentement daucuns dieux, lassoit ce que par soy il peust donner et conferer toutes manieres de beneficés. Et estoient appelez dii proceres, cestadire princes ou les beaulx dieux. Et varro ceulx que monseigneur saint augustin appele si consentans, les appeloit selectos, cestadire seorsum electos, cestadire esleuz a par sus tous les autres. ¶ Apres quant il parle de trois dieux qui resisterent Titus liuius raconte en son premier liure de origine vrbis, que comme tarquin lorgueilleux qui fut le derrenier roy de romme voulsist faire vng temple a iupiter au plus hault du mont tarpeien, qui depuis fut appele le capitole a capite. Cestadire pour la teste dun homme mort que on y trouua en faisant les fondemens, et voulsist mettre hors tous les autres dieux et despecer et prophaner leurs temples. Le dieu terminus y resista, ne ne voulut que son temple fust pphane. mais des deux autres dieux Cestassauoir de mars et iuuenta. Titus nen parle point, non fait ouide, mais parle tant seulement de terminus, sicomme il appert par ces vers ou second liure ou il dit. Quid noua cum egeret. &c. Et pour ce quant monseigneur saint augustin parle des autres dieux, Cestassauoir de

mars et de iuuenta, il dit qͫ furent mis par obscurs signes, cestadire que leurs ymages ou ydoles furent tellemēt mucees ou temple, que a peine sauoit on que cestoit. Je croy quil le print des liures de varro, q͂ sont intitulez de natura deorum. Car titus ne parle q͂ de terminus, ne ouide aussi. Et dit encores ouide en ce mesme lieu, que la feste de ce dieu terminus estoit celebree en feurier ¶ Apres quant il parle du dieu sommanus. Cestoit pluto qui selon les poetes est le dieu denfer, et frere du tres grant iupiter. Et est appele sommanus pour ce quil est souuerain dieu en enfer entre ses autres dieux. Son temple selon ce que dit ouide ou sixiesme liure de fastis vers sa fin fut refait a ce sommanus ou temps que les rommains eurent guerre contre pirrus roy depire, et quil vint en ytalie pour courir sus aux rommains, lequel dit ainsi en deux vers. Reddita quis quis, id est summane templa feruntur. Tunc cum romanis pirre timendus eras Cestadire que en ce temps que pirrus faisoit a redoubter et a resongnier des rommains, Lors furent rendus les temples & refais a summanus qui que fust celuy Et a ce se ioinct monseigneur saint augustin quant il dit ces motz. Je ne scay quel sommanus. Et combien quil semble que ilz soient a discord luy et ouide, pour ce q͂ ouide dit que son temple fut fait ou temps de pirrus, qui fut long temps apres ce que les roys furent boutez hors de romme Et monseigneur saint augustin dit que quāt tarquin fist le temple a iupiter, q͂ deslors perit a peine toute sa memoire de sommanus. Toutesfois sont ilz a accord. Car ouide ne dit pas quil fust fait ou temps de pirrus. mais dit que ces tēples luy furent rendus. qui ne peut estre entendu que lors ilz luy fussēt fais de nouueau, mais est a entendre quilz fussent remis en estat

¶ par ȷlle rayson les payens deffedent
t.ii.

que entre les dieux quilz adouret les dons
diuins/et si ne scaiuent qui sont ces dieux
xxiiii.

Ais il est licite considrer rapsõs
quilz diet iusques a quant se di-
ent ilz seroit il a croire noz plus
grans anciens auoir este si folz/quilz ne
sceussent pas ces choses estre dons diuins
ou de dieu/et non pas dieu/mais pour ce
quilz sauoient que telz choses ne pouoiēt
estre donnees a nul homme/fors par au-
cun dieu qui les donnoit. Les noms des
quelz dieux ilz ne trouuerent pas. Ilz les
appeleret dieux par les noms des choses
lesquelles ilz sentoient estre donnees par
eulx/en faingnant de ce aucuns. sicomme
de batailles ilz appeloient bellonna/non
pas bataille. sicomme de cuna en lati qui
est berceau en francois. Ilz lappeloient cu
nina et non pas cuna ou cuue/sicomme de
seges qui est adire ble/ ilz appeleret seges
se/non pas seges. Des pommes ilz diret
pomona/non pas pomme/ Et aussi si-
comme de beufz ilz appelerent bufona/nõ
pas beuf. Ou certes ainsi comme les cho-
ses sont nommees sans faire declinacion
ou variacion de mot/ Sicomme pecune
est dicte qui donne pecune. Et touteffois
nest pas tenue ceste pecune du tout deesse.
Et ainsi de vertu qui donne vertu/de hõ-
neur qui donne honneur. De concorde qui
donne concorde/ de victore qui donne vic-
tore. Ainsi et par telle maniere dient ilz q̃
cõme felicite soit deesse que ce nest pas cel-
le qui est donnee/mais esta considerer le
nom de cellup dont felicite est donnee:

Opposicion sur ce chapitre.

En ce xxiiii. chapitre monseigneur
saint augustin demonstre comme

ceulx qui adourent plusieurs dieux/ assi
gnent ses raysons pourquoy ilz appelent
ainsi leurs dieux/et dient quilz les nom-
ment de leurs effectz. Et cest pour ce quilz
declinent aucuneffois vng pou le nom de
ce dieu du nom de la chose/ sicomme de ba-
taille ilz dient bellone estre deesse des ba-
tailles. Et aucuneffois ilz vsent dun mes-
me nom/ ainsi comme dun nom equiuoc-
que. Et pour la chose que dieu donne ou
fait/ sicomme pecune qui vault autant cõ-
me monnoye/est aucuneffois prinse pour
monnoye/aucuneffois pour sa deesse qui
la donne.

De vng dieu que len doit seulement a
dourer/duquel iassoit ce quil soit mescon
gneu/touteffois on scet bien quil est don-
neur de felicite. xxv

Certes se lhummain lignage a
ia senty que felicite ne peut estre
donnee fors daucun dieu/et qu
aient senti les hõmes qui adouroient tā
de dieux/ et esquelz ilz adouroient ce mes
mes iupiter le roy deux/et pour ce quil ne
congnoissoient le nom de cellui/ duquel
felicite estoit donnee/ pour ce se soufuret
il appeler par le nom de la chose quil croi-
ent estre donnee de lup. Doncques ilz de-
monstrent asses que felicite ne pouoit estre
donnee de iupiter lequel ilz adouroient
Mais certes estre donnee de cellui qui se
noient deuoir estre adoure ou nom de fel
cite. Je conferme du tout eulx auoir creu
felicite estre donnee daucun dieu quilz ne
congnoissoient. Ce dieu doncques soit q
cellui soit adoure et il souffist. La noys
des dyables soit reboutee/ ce dieu ne sou
fisse pas a cellui a qui son donne souffist
Ne dieu qui est donneur de felicite ne sou
fisse pas a adourer a cellui a qui il ne sou
fist pas a prendre telle felicite/ car lhom

a qui il souffist na plus chose que il puist oultre ce desirer, serue a vng dieu d'homme de felicite, ce nest pas celluy quilz appelent iupiter, car sil congnoissoit quil fust donneur de felicite, pour certain ilz nen querroient ne demanderoient autre dieu ou autre deesse que luy de qui felicite fut donnee. Ne ilz ne cuideroient pas que ce iupiter fist a adourer par tant de villenies et ordures qest plain de tant et si grandes iniures. on se dit commettre adultere auec estranges femmes, il est luxurieux ameur et rauisseur du bel enfant dont il estoit dit alebrogue.

⁋ Exposicion sur ce chapitre.

En ce pnt chapitre monseigneur saint augustin argue contre les rommains pour la raison de la multitude de leurs noms, et preuue deux choses ceste assauoir leur nom puissance, et que la grant multitude des dieux est superflue. Et quant il dit que se ilz congnoissoient celluy dieu qui est donneur de beneurete ou de felicite ilz ne querroient autre. ne ne cuideroient que ce iupiter fust a adourer par tant de laidures et de villenies. il se dit pour ses ieux sceniques qui estoient fais et celebrez en lhonneur des dieux. Esquelz on recordoit les crimes des dieux et par especial de iupiter qlz tenoient pour leur souuerain dieu, sicomme il appert p la premiere tragedie de senecque, en laqlle se iuno la deesse femme et seur de iupiter se coplait des ribauldes de iupiter et de ses enfans Lesquelles tragedies se faisoient aux scenes. Et quant monseigneur saint augustin parse des crimes de iupiter et dit quil estoit aduoultrie des femmes estranges, cestadire quil commettoit aduoultrie, et que sans chastete il estoit ameur et rauisseur du bel enfat. Isidore en son viii

liure de ses ethimologies ou chapitre final, en parlant des crimes de ce iupiter, dit ainsi ilz dirent aussi que par vng ticle priue, cestadire a especial, a iupiter estre le tresbon comme il eust este incestueux aux siens. Cestadire quil eut congneu charnellement celles de son lignage, Et sans chastete enuers les autres lesquel ilz faingnent maintenant estre vng toreau pour le rauissement de europe, maitenāt auoir corrūpu dyane, par sa pluye dor qil fist cheoir en son gyron. maintenant vng aigle pour lenfant ganimedes quil rauit en celle fourme, maitenāt au serpēt pour ce quil rāpe ou grimpe, maintenant vng cyne pour ce quil a chāte. Toutes lesquelles choses ne sont pas figurees, mais sōt plainement les fais de ses crimes. De ces crimes pour ce q̄ monseigneur saint augustin en parle briefment si fait psidore Nous declareros ces choses plus largement, Et premierement quant au rauissement de europe, quant a la fable les poetes faingnent que iupiter pour rauir europe se mist en guise dun tresbeau toreau Et se mist sur la riue de la mer ou celle europe auoit acoustume daler iouer. et quāt europe sa vitesse se approcha de luy et sup mist sa main sur son dos et se commenca a applennoper, et pour ce quil luy sembla debonnaire elle monta sur luy. Lequel la transporta tantost oultre la mer et se congneut charnellement, et cest la fiction, mais la verite est telle que europe fut fille de agenor roy de libe, or est vray q iupiter qui estoit roy de crete auisa comment il la pourroit rauir. si passa la mer en vne nef au bout deuant de laquelle auoit figure vng toreau pour noblesse ou pour espouentement et arriua en libe Car cestoit coustume que ou becq deuāt des nefz eust tousiours aucūe chose ou vng serpent ou vng beuf ou autre chose estrange dont nous auons dit que quant les rommais prendroient aucunes nefz de ceulx de carthaige ilz en ostoient les becqz et les atachoient par noblesse au marchie ҃ ou lieu

f.iii.

ou on plaidoit. Or auint que sup arme en rope qui souuēt sen alloit iouer sur la riue de la mer/quant elle veit celle nef si belle entra dedens pour la veoir/et tantost iupiter fist singler ꝯ semmena en crete/ou selō les autres il la rauit ꝯ la mist en sa nef et la transporta en crete ou il sa corrompit et ainsi le met psidore ou lieu dessus alle gue en substance. Et aussi monseigneur saint augustin cy apres parle de ce rauissement/sicomme il se pourra veoir en pro cedant/et celle partie et religion/il appele europe de son nom Apres quāt il parle de di ane/nous en auons pse sur lepposiciō du vii. chapitre du second liure. Apres quāt monseigneur saint augustin parle du bel enfant quil rauit/ce fut ganimedes qui fut filz de tros qui fut roy de troye et dont elle print son nom/lequel il rauit en forme dun aigle/et de ce nous auons parle cy dessus et encores en pourra on veoir ou ii. liure douide de fastis. ꝯ en son liure de trās formatis.] Item les poetes faingnent q̄ il coucha auecques leda qui fut femme de tindarus en figure de vng cyne/dōt il eut deux oefz desquelz furent nez castor et polup. de rechief il coucha auecques aleume na femme de amphitrion et se mua en sa figure/de laquelle il engendra hercules le grant/dont iuno fut tant doffēse que elle seppose a douze horribles monstres tous lesquelz il vaincquit/sicomme on se peut veoir par seneque en sa premiere tragedie ou paragraphe. ⁋ Sed vetera sero querimur. Et qui vouldra veoir de ses putteries aduoulteries ꝯ rauissemēs de or tu deorum. Et seneck ou lieu allegue qui en met par especial vng exemple sans celui de hercules. Et par ce on peut clerement veoir comment ce iupiter estoit plain de toute maniere de luxure et contre nature et selon nature car il eut a faire a homme cestassauoir a ganimedes que monseigneur saint augustin appele bel enfant/ et ainsi cōmist il peche contre nature dont il est appele alobrogue il eut a faire a femme de son lignage et de son sang/ comme

a iuno sa soeur ꝯ a ceres qui estoit aussi sa soeur de laquelle il eut proserpine et de iu no vulcanus/et ainsi commist il incestū: il corrompit plusieurs femmes mariees/ et par ce commist adultere/il corrompit et despucella plusieurs pucelles. et par ce cōmist lautre partie de luxure que nous appelons stuprum/ et non seulement il fut violeur/mais auecques ce rauisseur/qui emporte peine de mort il se mesla auec toutes ribauldes/et par ce commist fornicacion. Et ainsi nous auons vi. manieres de luxures. Lune contre nature/ laquelle a des parties sans nombre. Et cincq selon nature dont lune est de non mariez a non mariez Et cest proprement simple fornicacion. La seconde est quant on a afaire a celles de son lignage et de son sang. Et ceste est appelee proprement incestus. La tierce est quāt on desflore vne pucelle ꝯ oste sen sa virginite/et cest ce qui proprement est appele stuprū. La quarte est quant len a afaire a femmes mariees. ꝯ ceste espesse est proprement appelee adulterium. La quinte est rauissemēt quāt sen rauist vne fille de lostel de son pere ou de ses parens suppose ecores que ce soit pour espouser. ⁋ Comment doncques estoient les romains si aueuglez que ce iupiter qui estoit plain de tant de crimes ilz tenoient a souuerain dieu et ladouroient par dessus toꝰ les autres.

⁋ Des ieux sceniques lesquelz ces dieux voulurent quilz leur fussent fais et celebrez de ceulx qui les adouroient. ꝯꝯvi.

Ais tulius dit que omers saignoit ces choses ꝯ humaies choses il trāsportoit aux dieux/cest adire que les choses humaines cōe les vices des hommes il les transportoit et metoit sus aux dieux. Je aymeroie mieulx que les choses diuines fussent transportees a nous. A ce vaillant hōme tullius qui estoit de grant poix et de grant auctorite. Omer qui estoit poete despleut a bonne cause/ pour ce quil faint que les dieux faisoient crimes et pechiez. Pourquoy doncques sont fais les ieux scenicques a lonneur des dieux ou lieu ou ces choses sont dictes et chantees et demenees ou deschātees souuēt, et sont escriptes des tressaiges entre les choses diuines. Cy sescrie ou deueroit escrier cicero/ cestadire tullius/ nō pas côtre les fictions des poetes, mais contre les establissemens des plusgrãs. Ou ceulx mesmes ne sescriroient ilz pas en hault, et demāderoient quelle chose auōs nous fait. Ces dieux ont requis cruelsement et commāde tresaigrement ā ces choses leur fussēt faictes a leurs hōneurs Et anoncerent parauant que tēpeste z occision leur vendroit silz ne les faisoient/ pour ce que on en delaissa aucune chose ilz sen vengerent trescruelusement/ pour ce q̄ ce dont on auoit este negligent fut fait ilz se demonstrerent estre appaises. Len racōte entre leurs vertus et fais merueilleux ce q̄ ie diray il fut dit a titus latinus vng villain de romme qui estoit grant mesnager, et qui auoit grant famille a gouuerner ainsi comme il se dormoit quil allast dire au senat que on establist les ieux rōmains pour ce que le premier iour que on les deuoit faire auant quon les commencast. Il auoit fait batre vng sien serf/ et lauoit fait mener iusticier en la presence du peuple qui attēdoit ces ieux/ z q̄ les dieux qui sattendoient a eulx resiouyr diceulx ieux que on deuoit faire se stoient courouces et leur auoit despleu ce triste commandement Et cōme celluy qui auoit este admoneste en son dormant nosa lendemain faire ce qui lui auoit estecōmande. La secōde nupt apres on luy cōmanda pluscruelusement q̄ deuant a faire ceste chose. Et pour ce quil ne le fist pas il perdit son filz. La tierce nupt il fut dit a cel homme q̄ sil ne faisoit ce que cōmāde luy estoit que plusgrāt peine luy auendroit. Et cōme il nosast ceste chose ainsi faire/ il encheit en aigre z forte maladie et horrible. Lors p le conseil et sentence de ses amis il alla adnoncer z desclairer ceste chose aux magistratz/ et fut porte au senat en vne littiere. Et tantost quil leur eut expose et desclaire son songe il fut incontinent sain et haite, z sen ralla assez brief en sa maison. Le senat esmerueille de tel et si grant miracle cōmanda q̄ les ieux fussēt fais et establis p plusgrās coustz de monnoye quatre fois q̄ on y mettoit pauant. Qui est lōme de saine entēdement q̄ ne voye les hōmes subgectz aux mauuais dyables de la seigneurie desq̄lz ne peut nul desiure: fors la grace de dieu p iesucrist nostre seigneur estre constrains a baisser p force z faire telz ieux qui pouoiēt lors estre iugez lay des choses p droit conseil et loyal iugement Certes en ces ieux les poetes publiēt les crimes de ces dieux. Les q̄lz ieux furent establis p le cōmandement du senat p ces dieux ou dyables q̄ a ce faire les constraingnoient. En ces ieux les tresfais iengleurs chantoiēt q̄ iupiter estoit corrompeur de chastete/ ilz faisoiēt ces ieux ilz plaisoient a ces dieux. Se ces choses fussent faintes ilz se fussēt coucouces/ mais se iupiter se delectoit en ces crimes/ et y auoit plaisance/ suppose que ilz fussent faulx/ quant fustil adoure se on voulsist seruir au dyable. Cestui iupiter aussi feroit il/ agrandiroit il ou garderoit il vng empire qui est plus vil que nul homme rōmain a qui telz choses despaisoient. Donnent ceste felicite ou beneurete q̄ estoit si maleureusement adoure, ainsi cōme sil voulsist dire certainement que nō et sil ne fust ainsi adoure il sen couroucast plus maleureusement.

¶ Exposicion sur ce chapitre.

En ce xxvi. chapitre mōseigneur saīt augustin met sa responce de tulles contre les crimes que on imposoit a iupiter. Et la repreuue en ce q̄ tulles disoit que ces choses omerus les faignoit/et se preuue par ce que ces ieux scenicques ou se faisoient et disoient ces blisfemies des dieux, et par iengleurs/et par ceulx qui faisoient les contenances et contrefaisoient les personnages/Varro les mist entre ses choses diuines.] Et quant est de listore de titus latinus laquelle il met en ce chapitre/elle est toute clere. Et pareillement la met titus siuius ou second liure de sa premiere decade. Si fait Valerius maximus en son premier liure ou B.chapitre. Et ces ieux q̄ monseigneur saint augustin appelle en ce chapitre scenicques/et desquelz il raconte listore pour merueille ou miracle. Certes se stoient ou furent les ieux circenses/si come raconte titus et Valerius aux lieux dessus alleguez/mais monseigneur saint augustin nen tient compte quant a ceste presente matiere et propos de mettre differēce entre ses ieux scenicques et circenses pour ce ql na regart que aux laidures et aux horriblētez qui se faisoient en ces ieux que les dieux requeroient que on leur feist/car aux ieux scenicqs on faisoit choses q sēbloiēt laides et horribles/et aux ieux circēses on faisoit a peu cer soit choses q sēbloient plus estre forcenerie et deruerie que ieu. Et a generalement parler tous leurs ieux estoient ieux de reproche et de laydure/a qui estoiēt a reprendre de tout homme de sain entendement. Dont psidore ou xbiii.liure de ses ethimologies/en parlant de ces ieux scenicques circenses et autres dit ainsi. Quel merueille dit il, ces ieux qui sont institu ez par le commandement des dyables/doiuent estre reputez pour neant a tous bons crestiens. Comme ces ieux circenses soient fais par une maniere de forcenerie/ceulx des theatres p̄ maniere de putterie/ceulx des amphitheatres p̄ une maniere de cruaulte/ceulx qui se font aux araines par une maniere de atrocite. Et dit encores q̄ cellui nye dieu qui presume telles choses a faire. Et cellui est fait preuaricateur de la foy crestienne qui desire a veoir et faire de nouueau ce a quoy il a renonce a baptes

me/cestassauoir au dyable et a toutes ses pompes et festes.] Quelz sont ces ieux circenses. Nons en auons parle ou trentetroisieme chapitre du premier liure. Et est assauoir que ce dont monseigneur sait augustin fait mencion en ce chapitre, auint dixneuf ans apres ce que ses roys furent boutez hors de romme. Si comme dit titus siuius ou lieu dessus allegue.] Et quant il dit que on mist quatrefois tant dargent a restablir ces ieux/Il peut estre quil le print des liures de Varro/car titus ne Valerius nen font quesconque mencion.

¶ Des trois manieres des dieux desq̄lz leursque sceuola disputa   xxbii.

L'En treuue escript aux liures de sceuola le tressage euesque auoir dispute a traicte trois manieres de dieux auoir este baillez. Cest assauoir lune des poetes, lautre des philosophes/la tierce des princes de la cite. La premiere il dit quelle est nugatoire Cest adire que on se doit tourner a truffe/pour ce que plusieurs choses indignes sont faintes de ces dieux. La seconde il dit quelle nappartient ou naffiert pas aux citez/pour ce quil y a aucunes superstluitez, cestadire aucunes choses que les sauoir et congnoistre ce seroit chose nuysible au peuple.] Des superfluees ce nest pas grant chose/ Car les sages de droit seulent dire que choses superflues ou habondantes ne nuysent pas. Mais qui sont ces choses lesquelles selles estoient dictes en la multitude du peuple nuyroient. Ce sont ces choses dist il/ dire que hercules/esculapius/castor/a pollux ne sont pas dieux/car les sages dient que ilz furent hommes/ et quilz mourrurent comme hommes par humaine condicion] Quelle autre chose est ce a dire que es citez nauoient nulz vrais ydoles ou ymages de ceulx qui estoient dieux. fors ce que le vray dieu na ne sexe ne aage ne mēbres de corps dimencionnez ou mesurez. Cest euesque ne veult pas que ses peuples sa chent ces choses pour ce quilz ne les cuidêt pas estre faulses. Et pour ce cuide il que cest chose expediente que les citez soient deceues en leur religion, laquelle chose Varro mesmes ne ressongne pas a dire en ces liures qui sont des choses diuines. Dieu com cest tresnoble religion, a plus que autre a laquelle sine et doie venir cellup qui est malade pour estre gary et deliure. Et en enquerant la verite par laquelle ilz sot deliurez, il croye que cellup soit prouffitable chose quil soit deceu. Sainement la cause pour quoy sceuola refuse la maniere des dieux que les poetes baillent, nest pas teue en ses liures Cestassauoir quilz en laidissent et sont villenie et iniure aux dieux en telle maniere que nez ilz ne sont pas dignes destre comparez aux preudes hommes, comme il face lun embler a lautre commettre adultere et estre conchieur de femmes. Ainsi ce sceuola dit de rechief que ces poetes dient ces dieux dire aucune chose autrement lapdement, et autremêt faire indeuement. Ilz diront que trois deesses estriuerêt ensemble pour se souper de leur beaulte, et que les deux surent vaincues de Venus, a pour ce troye sut destruite: Ilz dient que mesmes iupiter sut mue en beuf ou en cyne, affin quil peust gesir auecques aucune femme. Ilz dient vne deesse auoir couche auecques vng homme Saturne auoir deuoure ses enfans. Finablement il nest rien de merueilles ne de vices qui puisse estre faint ou dit, qui ne soit la trouue. Cestadire en leurs liures, et qui ne soit moult loing de la nature des dieux. O sceuola tresgrant euesq oste ces ieux se tu peux, commande aux peuples quilz ne facent ne ne baillêt telles honneurs aux dieux immortelz, ou il conuiêne que on ait merueille des crimes et des vices de ces dieux. Et te plaise ensuiuir les choses qui peuent et doiuent estre faictes. Et se le peuple te respont, entre vous euesques vous nous auez commande de faire ces choses. Prie ces dieux qui tont costraint a commander telles choses qui ne cammandent pas quelles leur soient faictes, lesquelles se elles sont mauuaises e pour ce ne face pas acroire que elles ne soient en nulle maniere de la mageste des dieux. Cest plus grant iniure aux dieux desquelz telles choses sont faintes quant ilz se seuffrent sans en faire punicion que a ceulx qui les faingnent. Se ilz ne te veulent oyr, saches que ce sont dyables ilz enseignent mauuaises choses, a se iouissent de laides choses, ne ilz ne reputent pas seulemêt estre villenie et iniure se ces choses sont faintes deux. Mais qui plus est ilz ne peuent souffrir, mais se tiennent pour iniuriez se ces crimes et laydures ne soient faictes aux iours de leurs solennitez. Et se tu requers iupiter contre eulx mesmemêt pour cause de ce que en ces ieux scenicques on fait et raconte de luy plusieurs crimes, mesmement se vous lappelez dieu et tenez quil soit cellup par q tout ce monde est gouuerne et administre, ne luy faictes vous pas vne tresgrant villenie par ce que vous cuidez quil soit a adourer auecques iceulx dieux, et que vous tenez quil soit leur roy.

⸿ Expposicion sur ce chapitre.

EN ce vingtseptiesme chapitre mõseigneur saist augustin reprent les docteurs des rommains comme varro sceuola, et les aultres souueraine docteurs des payens qui seffoxcoient de celer la verite de leurs dieux a ceulx qui les adouroient, et de eulx deceuoit p aucunes faulsetez quilz escriuent a sexcusacion de leurs dieux, lesquelz ilz ne peuêt toutesfois excuser pour ce que par sauctorite des plus grans, on seur a fait a celebre ses ieux aus quelz on chante et raconte publicquement leurs crimes a mauuaistiez. Aps quât il parle de sceuola euesque, nous en auôs parle cy dessus ou tiers liure sur le vingt huitiesme chapitre. Et comme il sut vne.

Et appert quil fut content de la bataille ciuile qui fut entre marius et sila. De sup raconte Balerius mapimus en son Biii.liure ou Biii.chapitre que longuement il ordonna bien les droiz des citoiens et les serimonies des dieux: Apres quant il parle des choses superflues/ z dit que elles ne nupsent point/ il se dit pour ce que les iuristes dient que habondant les cautelles ne nupst pas pour ce que ce qui fut habondé en une matiere/ on en peut prendre ce qui en est necessaire pour sa matiere et laisser le remanant/ seil semble quil ny face riēs Aps quāt monseignr sait augustī demōstre que les choses sceuola enseigna estre superflues auƥ dictz des philosophes/ Cestassauoir dire que hercules castor et pollup desquelz nous auons parle cy dessus ou ppB. chapitre, et aussi esculapius duquel nous auons parle sur le ppii.chapitre du tiers liure qui semblablement nestoient pas dieup. ¶Lautre chose supflue est de ce quilz disoient que de ceulp qui estoient Brais dieup/ les citez nauoiēt pas simulacres ou ydoles conuenables/ pour ce sicōme il dit quilz nauoiēt pas sepe ou figure de masle ou de femelle/ ne aage josne ou Biel ne les membres du corps telz cōme spdose ou figure representoit. ¶ Apres quant il dit quilz faisoient lun adultere z laut ͬ e larron/ sicomme mercure, iupiter; et mars/ nous en auons largement pse cy dessus en ce liure/ et pour ce nous nous en passons ¶Apres quant il parle des trois deesses. Cest listoire de la pomme dor dont nous auons parle ou tiers chapitre du premier liure/ et ou ppB.chapitre du tiers siure ¶Apres quant il parle de sa deesse qui a couche auecques ung homme/ nous en auōs parle en sepposicion du tiers chapitre du tiers liure. ¶Apres quant il parle de saturne qui deuoure ses filz/ cest une fable que met ouide en son liure de fastie. Et isidore en son huitiesme liure des ethimologies qui dit que saturnus si est prins pour la longueur du temps/ pour ce quil se saoule dans. Et de ce parle monseignr

saīt augustin cy aps ou Bi. liure/ ou huitiesme chapitre Et qui Bouldra Beoir plus aplain de saturne et de son ethimologisacion et de sa poeterie et de la Berite/ Bope alberi ͨ um ludontensem/ et fulgence en son liure des mithologies ou il en pourra Beoir plus aplain / Et quant il parle de iupiter qui fut mue en beuf ou en cyne/ ce sont les fables de europe et de leda dōt nous auōs parle sur sepposicion du ppB. chapitre de ce liure.

¶Assauoir se aourer les dieux pourfita aup rommains a obtenir et eslargir leur ropaume. ppBiii.

Doncques telz dieup qui sōt appaisez ou qui plus est accusez de telz honneurs a ce que se crime soit plus grant de ce quilz se desfient et esbatent plus de ces fausses choses que on dit deup/ que se on les disoit Brapes ilz ne peussent en nulle maniere auoir accreu ne garde lempire Certes silz peussent ce faire ilz eussent donne plus tost si grant don aup grecz qui en ces manieres de choses diuines/ cestadire en ces ieup sceniques / les adouroient plus honnourablement z plus dignement. Quant ilz ne se retrapoient pas des morsures et des pointures des poetes/ cestadire des poses poingnās z mordās.desquelles ilz Beoiēt les dieux estre diffamez en donnāt a iceulp congie et licence de pser mauuaisement des hōes ce quil leur plairoit: Et mesmes ceulp q faisoiēt ces ieup sceniques ilz ne les iugerent pas estre lais et Bilz. Cestadire personnes diffames, mais les tindrēt en grāt reuerēce z dignes de tresnobles hōneurs/ et alsi cōme les rōmais peurent auoir pecune ou mōnoie dor.iassoit ce q ilz nadourassent point le dieu aurinus aussi peussēt ilz auoir et monnoye dargent et mōnoye darain/ se ilz nadouroient point ne neussēt adoure ne argentinus ne son pere escula ͦ nus/ z aussi peussēt ilz auoir toutes choses/ lesqlles me desplaisent a raconter:

doncques ilz ne peussent en quelque maniere auoir eu royaume se se vray dieu ne le soussist/ mais ces faulx et moult daultres mescongneus ou despitez. et icelluy sup vng dieu congneu ⁊ adouré de pure ⁊ vraye foy/⁊ par bōnes meurs ilz auroiēt cy meilleur royaume com grāt quil fust/⁊ apres ce ilz auroiēt le royaume pardurable sup pose que ilz eussēt cy royaume ou q̄lz nen eussent point.

¶ Exposicion sur ce chapitre.

En ce xxviii. chapitre monseigneur saint augustin conclud p̄ ses choses quil a duant demonstrees que la grāt multitude des dieux ne peurent acroistre lempire de romme/ et ce mesmes il conferme par ce quil dit que se les dieux eussent eu aucune puissance ilz eussent auant acreu lempire des grecz/ car ilz adourerent trop mieulx ses dieux/ sicomme il appert par monseigneur saint augustin ou ii. liure ¶ Apres quant il parle du dieu aurinus/ cestadire doz/ lequel il dit que ses rōmains nadourerent point/ et du dieu darain/ et du dieu argentin il en a este parle au xxi. chapitre de ce liure/ ⁊ pour ce nous nous en passons.

¶ De la faulsete de lauspice/ cestadire de la diuinacion que sen faisoit par les oyseaulx par lequel sen iuga ⁊ estre iugee et signifiee la force ⁊ establete du royaume rōmain. xxix.

Mais ques est cel auspice ou diuinacion quilz dient auoir este tres beau du quel iay parle vng pou cy deuant/ cestassauoir que mars terminus et iuuenta ne se voulurent partir de leurs lieux pour faire lieu a iupiter le roy des dieux: Certes ilz dient que ce fut signifiance que la gent marcienne/ cestadire rommaine ne deuoit laisser a nul hōme se lieu quelle tiēdroit/ ⁊ pour ce le dieu terminus nul homme ne pourroit mouuoir ne oster ⁊ diuiner ses temps rōmais Cestadire ses metes de lempire/ ⁊ aussi que pour la deesse iuuenta sa iouuēte rōmaine ne se partiroit pour nul homme/ Voye doncques comment ilz tiennent ce iupiter pour roy de leurs dieux et dōneur de lempire ou royaume/ affin quilz suy baillassent les aduinemens pour auersaires auquel ce seroit belle chose de suy nō baisser lieu aucun/ iassoit ce que ces choses sont vraies ilz nont pas quelle chose ilz deurent dire en quelque maniere. Car ilz nont pas a confesser que ses dieux qui ne se voulurent partir pour iupiter/ se soient departis pour iesucrist ⁊ quilz suy aient fait lieu. Quelz merueilles ilz se peurent departir pour iesucrist/ sauues ses sins et saufz ses termes de lempire ⁊ des sages de leurs lieux/ et mesmes du cuer qui de ceulx qui croient en eulx/ mais toutesfois auant que iesucrist venist prendre chair en la vierge marie auāt que ces choses que nous disons de leurs liures fussent escriptes/ et apres ce que lauspice fut fait soubz le roy tarquinus sost rommal fut espandu/ cestadire quil fut desconfit et sen fupt/ et lauspice fut monstre estre faulx/ par lequel celle deesse iuuenta ne sestoit pas partie pour iupiter et sa gent de mars/ cestadire rōmaine fut p̄ ses gaules q̄ les assaillirent et vindrent sur eulx desconfire en celle mesmes cité/ cestadire en rōme/ et aussi les termes de lempire furent moult rappeticez a la venue de hanibal par ce que plusieurs citez desaillirent Cestadire laisserēt les rōmains ⁊ se tournerent duers hanibal. Ainsi appert il que la beaute des auspices fut toute vuidee/ cestadire q̄lle neut point de verite. sliure et sa cōtinēce demoura. nō pas des dieux. mais des dyables demoura cōtre iupiter

Mais cest autre chose de soy non partir, & autre chose de retourner au lieu dont tu testoies parti, iaſſoit ce que apres ces choſes par la voulente de lempereur adrien aux parties dorient ayent este muez les termes de lempire romain, car il bailla a lepire de perse trois nobles prouices, cest aſſauoir armenie meſopotamie et aſſirie qui parauant estoient de lempire de romme, et ce dy ie affin quil appere que terminus qui selon ceulx q reprochent les teps deffendoit les termes romains et les meſtes, & par ce tresbeau auſpice qui ne ſestoit pas parti de son lieu pour faire lieu a iupiter ait plus doubte adrien roy des hommes que le roy des dieux, & ces prouinces deſſus dictes recouurees en autre temps et a peine de nostre memoire adiouſtees de rechief a lempire de romme. ¶ Ce terminus ſe tourna arriere et laiſſa ſa place quāt lempereur iulien lequel ſestoit tout donne aux reſpons des dieux commanda par deſordonne et deſmeſure hardement que ſes nefz fuſſent arſes eſquelles eſtoient portez les viures de ſon oſt, par quoy loſt fut tout diſpers et iulien tāntost occy et mort par la playe que luy firent ſes ennemis, ſoſt tourne a ſi grant pourete et ſouffraite que de ce nul ne fuſt eſchape, pour ce que la cheualerie eſtoit tourblee pour la mort de lempereur et que les ennemis les aſſailloient et conuenoient de toutes pars ſe par accord & conuenant de paix on euſt accorde que les termes et les fins ou mettes de lempire de romme ſeroient la faictes, et que lempire ne paſſeroit plus auant, ou elles ſont encores au iour dhuy, mais ce ne fut pas fait a ſi che par ſi grant perte de lempire quil fut fait par adrien, pour ce quil fut fait p cōpoſicion moyenne. ¶ Donques fut vain laugure par lequel le dieu terminus ne ſe departit pas pour iupiter qui donna lieu et obeyt a la voulente de adrien il obeyt et auſſi donna lieu au fol oultrage de iulie et a la neceſſite de iouininus: ¶ Les plus

ſaiges plus entendans et plus vaillans hommes des rommains veirent ces choſes, mais ilz pouoient pou contre la couſtume de la cite qui auoit eſte toute obligee au ſeruice des dyables, car auſſi eulx meſmes ſilz ſentoieēt q ces choſes fuſſent vaines. Toutesfois cuideroient ilz ſe religieux ſeruice qui est deu a dieu deuoir eſtre fait et baille a ſa nature des choſes, Laquelle est conſtituee ſoubz le gouuernement et commandement de vng vray dieu, ſeruans ſicōe dit lapoſtre plus toſt a ſa creature que au createur q eſt benoiſt au ſiecle. ¶ De ceſſui vray dieu eſt ſa pde neceſſaire duquel fuſſent enuopes les ſais hommes et vrayement debonnaires qui mouruſſent pour vraye foy et religion, affin que ces fauſſes choſes fuſſent oſtees de entre les vifz.

¶ Expoſicion ſur ce chapitre:

En ce ppix chapitre, monſeigneur ſaint auguſtin repreuue les aruſpices ou augures des rommains, et par eſpecial laruſpice dont il a parle ou ppiiii chapitre de ce liure, et eſt proprement aruſpice vng adeuinement qui ſe fait au commencement daucune euure ou auant ce q on la commence pour ſauoir a quelle fin la choſe pourra venir, et ſe fait par le regard & vol ou eſmouuemēt des oyſeaulx. Et eſt ainſi dit de auis et ſpicium. C eſt a dire inſpiciū qui vault autant a dire & regard doyſeaulx. Et auguremēt eſtoit toute diuinacion q ſe faiſoit et ſe trouuoit par le chant des oyſeaulx. Et auſpice eſtoit proprement dit ceſſui qui ſe faiſoit au commencement comme dit eſt. Et ceſſui q faiſoit ces auguremēs eſtoit appelle augur, & eſtoit vne dignite a romme qui du roit a die, et augurement estoit linquisicion de la chose dont len vouloit savoir lauenement. Et quant elle estoit commencee selon laugurement, on disoit quelle estoit auspicquee. ⸿ En ce chapitre monseigneur saint augustin fait deux choses ¶ Premierement il repreuue cel auspice quant a sa totalite, Car il dit que se tel auspice estoit vrai il escōuenoit ilz eussēt iupiter qestoit leur dieu souuerai et ausi ne Car par leur auspice ilz interpreterent q̄ pour ce q̄ ces trois dieuz, cestassauoir mars terminus et iuuenta cestadire la deesse de la iouuente de romme ne se partirent point pour iupiter ne ne lup firent point de place que cestoit signifiance que ilz ne se partiroient point pour leurs ennemis ne ne perdroient pays. Et pour ce aussi que se leur auspice fut vray il sensuit que ses crestiēs ne bouterent pas hors leurs dieux ne napeticerent leurs termes a lauenement de nostre seigneur iesucrist, et par consequent que ilz nont cause de eulx mocqr des tēps crestiens ne des crestiens. Apres quant il dit que lost des rommains a aucuneffois este chasse &c. Il est assez monstre par le xbii. chapitre du quart liure. ⸿ Apres quant il parle de la gent marcienne il se dit pour les rommains qui estoient ainsi appeles pour ce quilz estoient grans guerroieurs et grans bataillers, et mars estoit dit dieu des batailles, et pour ce quilz disoient que romulus qui edifia la cite de romme auoit este engendre de mars en la fille de minotor appelee rea siluia, et comment la cite de romme fut gastee des gaules, nous lauons asses monstre ou xpii. chapitre du second liure. Et quant il parle des cites des rommains qui vindrent en lobeissance de hanibal et se rendirent a luy, nous en auons parle ou xix. chapitre. ⸿ Apres quant il dit que autre chose est sop non partir &c. il sourclost vne respōce q̄ pourroient dire les rōmains Cestassauoir que suppose que leurs termes fussent appeticees pour les cites qui se tournerent vers hanibal, touteffois les

recouurerent ilz depuis, et ceste responce il deboute en disant que autre chose est sop departir autre chose est retourner dont on est partp. ⸿ Apres quant il parle de adrien ce fut vng empereur de rōme qui fut appele helpe adrien lequel succeda sans moyen a trapan lempereur, car il eut vng autre empereur apres lup qui fut appele helius pertinap et fut esleu et prouueu empereur a la promocion de plotine femme de trapan Cel adrien sicōme dit eutrope en son viii liure ou troisieme chapitre alla iusques en inde et iusques a la rouge mer il fist iii prouinces, cestassauoir armenie assirie et mesopotamie, et separa lempire de romme en despit de tropan aiāt enuie de la glore quil auoit eue qui les y auoit adioustees, et autel veust il faire de dace, mais il se laissa pour doubte que plusieurs rommains ne cheissent en leurs mains. Et veust les termes de romme aler iusques au fleuue de eufrates il refist sa cite de hierusalem et lappela helie de son nom, et en la refaisant fist enclore dedens ses sains lieuz, sicomme le sepulcre de nostre seignr̄ et autres lieuz. Apres quant il parle des prouinces qui depuis retournerent soubz lempire de romme, il le dit pour ce que la prouice des assiriens fut recouuree ou tēps de marcus anthonius q̄ fut empereur de romme, lequel succeda a marcus anthonius puis il prinst seleuce vne cite des assiriens a tout quatre cens mille hommes et si eut victoire des parthes dōt a son retour il deseruit a auoir triumphe. Lautre prouice, cestassauoir mesopotamie remist a lempire de romme, et fut recouuree ou temps de lempereur galien, car sicomme dit eutrope en son ix. liure, comme cel empereur ne tenist cōpte de la chose publicq̄ et la tenist ainsi comme deserte les perses furent vaincus par vng appele odenacus qui deffendit sirpe et recouura mesopotamie. Parquop il appert que les parties do rient furent deffendues par cel odenacus La tierce prouince est nommee. Cestassauoir armenie fut recouuree ou temps de dioclecian lempereur, car sicomme dit eutrope oudit neufiesme liure vng appelle galerius maximinus qui estoit euoye de par dioclecian en espaigne se combatit contre narses ayeul de sapor et de hormusda p telle et si grant vertu quil chassa ce narses, et luy fist vuider son pays. Il luy abatit ses villes et ses chasteaulx, il print ses femmes et ses concubines, et ses enfans et les chassa luy et ses plus nobles de son pays iusques en la fin de perse. ¶ Apres quant il parle de iulien lempereur, il est assauoir que ce iulien fut apostat, ydolatre et nigromancien, et vsant de tous mauuais ars. Car il est certain quil fut crestien premierement et religieulx. Et depuis renya sa religion et la foy catholicque, et comenca a regner selon orose seul. mil cent. et pvi ans apres la creation de romme. et iouinien mil cent et dixsept. Et archadius et honorius, ou temps desquelz fut monseigneur saint augustin commencerent a regner en lan mil cent quaranteneuf aps la creation de romme. Et pour ce dit monseigneur saint augustin que ceste restrainte de lempire fut faicte, ainsi come en son temps ce adire q encores en estoit si gras memoire en son temps. Laquelle restrainte iouinien fist par necessite, mais iulien fut cause de celle necessite. Quil soit vray il appert, car sicomme il se treuue In hystoria tripartita sur la maniere et la cause pourquoy il ardit ses nefz plaines de fourmens. ¶ Il est dit que la cause fut telle quil alla en vng temple pour auoir les respons des dieux ou des dyables. Auquel vng dyable respondit par ceste maniere. Nous irons tout maintenant tout de coste le fleuue de citen et rapporterons le triumphe a la deesse Victore, et ie seray leur duc et leur cheuetain. Et mars sera gouuerneur des combateurs Et ce furent les propres parolles que le dyable luy disten parlant tant a sa personne comme en la personne des autres dyables. Et de ce et par leurs respons il se tint si certain de la victore, et se asserra tellement, que pour ce il se tenoit certainement

que par la victore qui luy estoit annoncee ¶ Il trouueroit des viures plus quil ne luy fauldroit par vne folle oultrecuidance et desmesure hardement. Il ardit ses nefz qui portoient les viures de luy et de son ost, auecques tous les viures qui estoient dedens. Et de ce fait mencion monseigneur saint augustin cy apres, sicomme il se verra en procedant. Et ce mesme raconte fastus dictator en abreuiacion

¶ Et est assauoir que selon ce que dit ce fastus ses nefz estoient ou fleuue de eufrates, ou il auoit mene son ost assi que soudainement il peust prendre vne cite appellee thesifons. ¶ Ce iulien fut sicomme nous auons dit tresmauuais et tresdessloyal ydolatre et nigromancien, et aloit aux ydoles, et aux ydolatres priuees de la foy pour auoir conseil des besongnes, et sauoir quel effect elles auroient. Et sacrifioit aucunesfois aux dyables hommes et femmes. Dont il racote ou lieu dessus dit Cest assauoir in hystoria tripertita. Que comme la bataille fust sourse contre les perses, laquelle il acheua tresmauuaisement auant quil alast en la bataille ou temple dune cite qui auoit a nom cerra, apres ce quil eut fait son sacrifice fut trouuee vne femme pendue p les cheueulx les bras estendus, ouuerte et fendue par my le ventre, et en regardant le iugier dicelle auoit iugie quelle deueroit auoir victore de la bataille ¶ En son palays aussi furent trouuees boites, aumaires, et coffres, plaines de testes de hommes mors: ¶ Il se treuue aussi en sa vie des perres q il euoya vng dyable priue quil auoit pour sauoir laduenement de la bataille. Lequel par la priere dun hermite qui sceut sa venue, lequel fut en oraisons continuelement par lespace de dix iours empescha ce dyable quil nalast auant a la besongne. ¶ De la fin de ce iulien et coment il mourut mauuaisement sont diuerses oppinions. Car orose en son septiesme liure dit que depuis quil se departit et transporta dune cite laquelle est appellee thesifonte. Pardol il fut mene par vng qui se faingnoit estre bany de celle cite auec tout son ost en certais lieux desers/ausquelz ne croissoit ne pain ne vi ne ne pouoit on trouuer quelconque susten tacion. Et comme son ost perist de faim et de soif/ et fust ainsi comme aneanti par la grant chaleur du soleil/et par les terres sablonneuses: Et ce iulien se eschapast sou lement par ces desers/il encontra vng sie ennemy de cheual quil occist dun coup de glaiue ou de baston. ¶ Mais eutrope en son dixiesme liure/lequel se dit auoir este present en la bataille/dit que pour ce quil se mist a la bataille despourueument et sans conseil. Il y fut mort dun de ses ennemis. et dit que ce fut apres ce quil eut mis en sa subiection plusieurs villes et chasteaulx des perses/et quil eut pillie les assiriens Et dit encores que ce fut en sen retournant du siege quil auoit fait deuant thesifonte quil fut ainsi naure a mort. ¶ Les autres dient sicomme bernardus guidonis et au tres/que comme en sen alant contre les p ses/et passast par capadoce et cezaree/Il fist moult diniures et villenies a monsei gneur saint basile euesque de celle cite/auoit voue tout sang crestien a ses dieux sil auoit victoire des perses. ¶ Ceste chose vint a la congnoissance de monseigneur saint basi le/et pour y resister mist en ordonnance son peuple a ieuner et a soy mettre en orapsons Et comme ce iulien apres euste este mene par la maniere que dessus est dit par les deserz il fut naure a mort. Et luy ainsi naure et voyant quil se mouroit, il emplit sa main de son sang/et se getta contre le ciel en des pit de dieu/en disant a iesucrist et en lappe lant gallileen/pour ce quil voulut naistre en gallilee/en apat despit de lappeler dieu Gallileen tu mas vaincu/et ainsi mou rut mauuaisement en blasmant le nom de nostre seigneur. Toutesfois il se treuue en la vie de monseigneur saint basile que pour les laydures et villenies quil disoit de nostre seigneur iesucrist/la benoiste vi erge marie vint au tombeau dun cheua lier appele morice/lequel long temps a-

uoit este en terre et ensepueli/laquelle luy commanda quil se leuast et alast tuer ce mauuais crestien/lequel se leua tantost et le ala occire./et tantost rentra en son tom beau/et fut trouue son glaiue pendu en le glise tout senglant. ¶ Et combien qil fust mauuais crestien et apostat Toutesfois il eut moult de tresnobles condicions/et si nobles que la moindre partie ce semble souf firoit a vng gouuerneur dun empire. Si comme dit eutrope vers la fin de son dix iesme liure/mais ie ne vueil pas raconter ses condicions/pour ce que son apostasie et ses autres mauuaistiez quil fist contre la foy crestienne/corrompirent tout son bien se aucun en auoit. Toutesfois furent les rommains bien si maleureux quilz le mi rent entre ses dieux. ¶ Et quant est de io uinien qui luy succeda sans moyen/il est assauoir que apres la mort de iulien les ro mains esleurent ce iouinien pour empereur Lequel respondit quil estoit crestien/et qil ne vouloit point seruir aux payens. Au quel tous ceulx de lost respondirent quilz estoient tous crestiens/et pour ce print le gouuernement. Car auant la mort de iu lien/et apres ce que ce iulien eut desconfit les gales/les alemans/et quil eut eu plusi eurs victoires/et quil eut fait plusieurs cre stiens combatre les vngz contre les autres Il se rendit tellement payen et aduersaire de la foy crestienne/plus par subtilite que par puissance/quil ordonna et fist crier pu blicquement que nul crestien ne fust doc-teur des estudes liberaulx/et que tout che uallier adourast les ydoles/ou quil lais sast sa cheuallerie. Pour laquelle cause plusieurs laisserent leurs offices. Et en tre les autres iouinien qui estoit establi che uetain de mil cheuallieres/ayma mieulx a renoncer a son office/et a sa dignite que a la foy crestienne Et ce nonobstant ne lo sa laisser iulien pour la grant necessite qil auoit. ¶ Or est vray que apres ce que iuli en fut mort/et quil fut esleu empereur. Il trouua luy et son ost en si grant perplexite et si assiege/qil ne pouoit trouuer maniere comment il peust partir lup et son ost sãs perte. Et pour ce affin de sauuer lup e ses gens/traicta auecques sapor rop de perse Et laissa aux perses ung chasteau qui auoit a nom nisibp/et partie de mesopothamie/cestassauoir la partie de hault. et com bien que on tenist que ce traicte ne fust pas honnourable/touteffois leur fut il assez necessaire. Car par ce il ramena lost des rommains seurement et sauuement: et se deliura/non pas des assaulx des enemis seulement/mais du peril des lieux ou ilz estoient mis et boutez comme mal conseillez. Et pour ce dit monseigneur saint augustin notablement q ce ne fut pas si grãt detrpement ou dommaige des rommais.

⁋ Car adrian auoit laisse trois prouinces et separees de lempire de romme/et ce iouinien nen auoit laisse que la moitie dune. cestassauoir de mesopothamie auecques ung chasteau par composicion. Et pour ce conclud monseigneur saint augustin en ce chapitre que laugurement des rommains fut fol par lequel ilz iugerent que leur dieu terminus ne se partit pas pour iupiter. Et touteffois il se partit p la voulente de adrian/et par la follie iulien. Et par la necessite de iouinien:

⁋ Que les choses aussi se confessent sentir des dieux des gens ceulx qui les adourent.   xxx.

Icero/cestadire tulles augur / cestadire adeuineur sur le chant des oyseaulx qui sõt appelez augurement/escharnist ces augurementz e repreuue les hommes qui attemptent ou ordonent leurs consaulz de leur vie/ p la voip du corbeau et de la cornaille. Cecicero qui estoit achademeen qui croit ou depute que toutes choses sont incertaines/ nest pas digne quil ait aucune auctorite.

⁋ Quitus lucilius balbus en son secõd liure de la nature des dieux dispute cõtre lup ainsi comme sil interposoit rapsõs naturelles et de philosophie de ces choses. e comme ce tulle ameine aucunes superstitions de la nature des choses ainsi comme naturelles et de philosophie. et touteffois est il indigne de linstitucion de ces simulachres ou ydoles/et de leurs oppinions fabuleuses ou menssongieres en disant ainsi. ⁋ Ne veez vous pas dist il que des choses naturelles trouuees bien et prouffitablement/on escript ces te rayson iusqs aux fains dieux e menteurs/laquelle chose a engendre faulses oppinions et obscures/ et ainsi comme vielles supersticiõs. Certes nous congnoissons les fourmes des dieux/leurs aigles/leurs vestures / et leurs aournemens. Oultre nous cõgnoissons leur generacion ou genealogie. leurs mariages/leurs cognacions ou signees Et toutes ces choses estre amenees et cõparagees a la semblãce de la fragilite humaine/car ces choses chaiet aux pensees troublees. Certes nous auons prins/cest adire veu et considere les couuoitises des dieux/ses maladies/ses haynes/et courroux ou ires: Ne certainement ainsi comme les fables diet les dieux ne furet pas sans assaulx et sans batailles. Et non pas seulement ainsi comme omer le tesmoingne en deux ostz contraires / ou les ungz estoiẽt dune part/et les autres daultre. Mais aussi firent ilz et menerẽt leurs propres batailles ainsi comme silz feissẽt leurs assaulx ou batailles encontre les titans ou titaniens/ou comme contre les gayans. Ces choses sont dictes et creues tresfollement et sont plaines de vanite e de souueraine legierete ou faulsete/ Veez cy ce que pendant ces choses ceulx qui defendent les dieux des gens confessane:

⁋ Apres comme ces choses quil a deuãt dictes ie dye appartenir a supersticion/et a la religion/les choses quil semble quil enseigne selon la maniere des stoiciens/q est cellup qui nentende quantil doubte la coustume de la cite/quil ne sefforce de foer la religion des plus grans / et qui ne la vueille separer de supersticion. Comme

non pas ce dit il seulement les philoso‑
phes/mais aussi nos plus grās separerēt
religion de supersticion.car ceulx si cō‑
me il dit prioient tous les iours et sacrifi
oient affin que leurs enfans demouras‑
sent en vie apres eulx estoient appellez
supersticieulz ne sont pas aussi supersti‑
cieulz ceulx qui establirent les simula‑
cres ou ydoles des dieux distinterent de
eage et de vestures leurs especes dont ilz
sont venus leurs mariages leurs cogna‑
cions ou lignages/toutes lesquelles cho‑
ses ce cycero reprent/donc ques cōme tou
tes ces choses soient blasmees et reprises
comme supersticieuses/Ceste coulpe ou
blasme implicque et loe les plus grans q̄
sont institueurs et adoureurs de telz si‑
mulacres ou ydoles/et mesmes implicq̄
ou enuelsoppe ce cicero/lequel par grant
eloquence ou par quelcōques maniere de
parler qui sesforce ou veulle esforcer de
luy tourner en francise il se mist en neces
site de honnourer.ne il qui estoit saige no
seroit ce quil dit en ceste disputacion mur
murer en lassemblee du peuple. Doncq̄s
entre nous crestiens faisons et rendons
graces a nostre seigneur nostre dieu/non
pas au ciel et a sa terre sicomme cicero le
dispute/mais a luy qui fist le ciel et la ter
re qui par la treshault humilite de iesu‑
crist par la predicacion des apostres par
la foy de ses martyrs qui moururēt pour
verite et viuent auec verite a subuerti ces
supersticions par la franche et deliure ser
uitude des siens/nō pas seulement aux
cueurs de religiō/mais aussi aux cueurs
des supersticieux desquelz les supersti‑
ons et balbus ose apeines reprendre com
me besgues on besgoiant.

¶ Exposicion sur ce chapitre:

En ce xxx.chapitre monseigneur
saint augustī argue cōtre la ma
niere dadourer ses dieux p̄ ses dictz de ci
cero/cestadire tulles q̄ auoit a nō marc⁹
cicero. Et fait en ce chapitre deux choses
Premierement il monstre que a simple‑

ment parler sauctorite et raison,de tulle
ne vault riens quant a monstrer aucune
certainete en ceste matiere dauguremēs
Secondement il recite les dictz de tulle.
qui sōt a propos/pour ce que ceulx contre
qui il argue les tiennent de grant auctori
te/et celle seconde partie se commence ou
il dit.Quintus lucilius balbus depute
ʒcet.¶ Premierement il demonstre in‑
sufficience de sauctorite que tulle met des
dieux/et monstre que ses fais sont repu‑
gnās et contredictz a eulx mesmes par ce
que monseigneur saint augustin dit/car
comme ce tulle sicomme il dit fut augur
et q̄ en blast p plusieurs fois/toutes fois
il se mocq̄ des augures/car en son p̄mier
liure de diacione il introduit deux psōnes
cestassauoir carneades et panecius qui ē
quirent par maniere de mocquerie et de
derisiō dont ce vient que iupiter cōman
da que corbeau chātast a dextre et la cor‑
naille a senestre/et ce queroient ilz pour
ce que ilz tenoient q̄ se corbeau estoit tres‑
bon a leurs auguremens/ʒ signifioit en
tre eulx eureux auguremēt/et la cornail
le signifioit maleureux auguremēt/et
que se chascun chātoit a dextre cestoit bō
auguremēt/et se ilz chantoient a senes‑
tre cestoit le contraire selon loppiniō des
augures: ¶ Secondement il reprent ē
cores linsufficience de sauctorite de tulle
Car il dit que comme achademien il nye
toute certitude/et sont achademiens vne
maniere de philozophes qui disoiēt quil
nestoit riens certain et estoiēt dictz acha
demiens dune ville ainsi nommee qui es
toit de platon ou de lescoile de platon ou
ceste philosophie et science commenca/et
ceulx cy furent les nouueaulx achademi
ens Monseigneur saint augustin met la
distinction ou difference ou second chapi
tre du ix liure.cestassauoir encoires que
contre les achademiens mōseigneur sait
augustin fist trois liures.¶ Apres quāt
il parle de la disputacion de lucilius bal
bus.il estassauoir que la coustume de tul
le en ses liures soit de induire aucunes

personnes parlans l'un contre l'autre en enſuiuant platon qui ainſi ſe faiſoit ſicõme il appert in tineo/et pour ce il admaine ce lucilius balbus diſputant et parlãt de ceſte matiere/et combien quil ſemble q̃ ce ſoit les parolles de ce lucilius / touteſfoiz en verite ce ſont les parolles de tulle Et eſt aſſauoir que monſeigneur ſait auguſtin en ce chapitre met deux auctoritez de tulle/deſquelles la premiere ſe cõmence ou il dit. ne veez vous pas ꝛce. Et precedent ces parolles iuſques la ou il dit/ veez cy ce que pendantetc. ou monſeigneur ſaint auguſtin parle. et ſõt ces parolles prinſes du ſecond liure de natura deorũ vng pou auant la fin/et quãt monſeigneur ſaint auguſtin dit/ Et cõme ce tulle ꝛc. et parle des ſuperſticions Ce ſont les parolles de monſeigneur ſait auguſtin qui reprent tulle de ce q̃ il repreuue les ſuperſticions du cõmun/ et touteſfois met il maintes ſuperſticions en ſon liure et les p met comme ayans leur naiſſance de philoſophie naturelle/leſq̃lles mõſeigneur ſaint auguſtin a reprouue en ce liure ou ix. x. xi. xii. ꝛ xiii. chapitres et eſt aſſauoir de ſuperſticiõ a propremẽt parler eſt tout ſacrifice ſuperflu en qlque maniere ql ſoit ſupflu ſoit p ſa ſupfluite de ceulx a qui l'en ſacrifie ſoit des choſes que l'en prent pour ſacrifier ſoit par ſa maniere de prendre le ſacrifice/ Toutes ces choſes ſont entendues ſouz le nom de ſuperſticion de quelque lieu que ce mot print ſa naiſſance ou ſon cõmencemẽt de quoy pluſieurs autres ont ſentu diuerſemẽt ſicõme nous dirons cy apres en ce chapitre/et eſt ſuperſticion contraire et oppoſite a religion ainſi cõme vice qui vient par ſuperhabundance eſt contraire a vertu ꝛ foſſe largeſſe a liberalite/ Apres quant il parle de la fortune des dieux il ſe dit ou p ar maniere d'interrogacion ou par maniere de mocquerie ainſi comme ſe il vouſſiſt dire qu'ilz ne ſceuſſent riens de toutes ces choſes ꝛ q̃ elles feuſſent meſcongneues quãt a eulx. Et pour ce que ceulx qui leur ſõt

ſimulacres ou ymages a leur ſemblance ou qui afferment leur generacion ou leur genealogie errẽt malemẽt. Aprs il ple des batailles des dieux q̃ les fables faignẽt Tulle repreuue les fables des poetes q̃ faingnent que les dieux ſe combatirent/ ſicomme homer faint de la bataille de tropes qui faint que les dieux troyens eſtoient pour ceulx de tropes/ Et les dieux des grecz. et deffendoit chaſcun ſa partie dont les poetes faingnent que iuno ꝛ neptunus eſtoient pour les grecz/ et q̃ venus eſtoit de ſa partye des troyens/ ſicomme il appert par virgile en ſon liure de eneydos. et de ce nous auons parle cy deſſus ou tiers chapitre du premier liure. Et encores fait virgile mencion en ſon ſecond liure de eneydos des dieux qui ſe combatoient l'un contre l'autre chaſcun pour ſa partie que il auoit et qui lui faiſoit ſacrifice/ Et ouide en ſon .xii. liure methamorphoſeos en parlant de hector de troye dit ainſi en vng vers. Hector adeſt ſecũ q̃ deos p prelia ducit/ceſt a dire hector y eſt qui ſen va en la bataille et maine auecques lui ſes dieux/ et auſſi faingnent les poetes q̃ les gayans ſe combatoiẽt q̃tre les dieux leſquelz iceulx poetes appellent titanes. Et faingnent que ilz vouloient boutter hors et chaſſer les dieux du ciel/ et que ilz mettoient montaigne ſur mõtaigne. afffin que ilz y peuſſent auaindre/ mais iupiter les fouldroya ceſte fable met ouide en ſon. v. liure de faſtis vers le cõmencemẽt et yſidore la touche en ſon. ix liure des ethimologies ou. ii. chapitre en ſa fin Et ſolin en ſon liure de mirabilibz mundi ou. xii. chapitre qui eſt de macedone dit q̃ en vne iſle appellee flegra en laq̃lle fut depuis fait et fõde vng chaſteau de ce nõ fut ceſte bataille de gayãs q̃tre les dieux pour ce que la ſen treuue les os des p̃ſonnes a grant multitude et deſmeſureemẽt grans que c'eſt grant horreur de les veoir Et eſt la renõmee la que ce ſont des os de ces gayans/ et ſe ſi treuue pierres grãdes a merueilles/ dont l'en dit quilz ſe comba toient contre les dieux. ¶Apres quãt il dit Veez cy q̃ pendãt ces choses les dieux confessent ⁊c. Ce sont les parolles de mõseigneur saint augustin qui prise les parolles de tulle. Apz quãt il dit q̃ les plus anciens separerent religion de supersticion, non pas les philosophes seulement, Il met la seconde auctorite de tulle qui dure exclusement iusques la ou il dit. Qui est cellui qui nentende quant il doubte la coustume de sa cite ⁊ce, esquelles parolles tulle enseigne dont vint le nom de supersticion et qui furent ceulx qui premierement furent appellez supersticions, de ce sont diuerses oppinions, car lactence ou v. liure de ses institucions dit que religion est sacrifice de chose vraye et supersticion de chose faulse. Et lucrecius dit que ceulx sont appellez supersticieux, nõ pas quil desirent a auoir enfans qui leur souruiuent pour ce que cest vne chose que chascun desire, mais ou ceulx qui adourẽt la memoire q̃ est demouree apres le trespassement de leurs amis, ou qui adourent leurs ymages ou ydoles en leurs maisõs comme dieux priuez, lesquelz ydoles ilz auoient fait faire apres leur mort. Car ceulx qui prenoient nouuelle maniere de adourer les mors en la maiere des dieux lesquelz ilz cuidoiẽt estre fais dieux dhõmes et receus ou ciel, iceulx estoient appellez supersticieux, et ceulx qui adouroient les dieux publicques anciẽs estoient appellez religieux, et agelius en son iiii. liure de noctibus acticis dit ainsi, cest chose religieuse que pour aucune sainctete ce mot religieux qui est dit de relinquẽdo, cest a dire a delaisser est estrange et eslonge de nous. ¶Apres quant il dit ⁊ demande qui est cellui qui nentende ⁊ce. Ce sont les parolles de monseigneur saĩt augustin esquelles il demonstre que cycero, cest a dire tulle plus par paour que pour verite se efforce de loer la religiõ des plus grans, des pluspuissans et des plus anciens de romme, et icelle distinguer et separer de supersticiõ, car par les parolles de tulle, il peut apparoir q̃ les plus grans estoient appellez supersticieulx Et non pas religieulx, ⁊ toutesfois voulloit il faire separer religion de supersticion, ⁊ pour ce demonstre il lesquelz estoient appellez supersticieulx selon les plus grans et anciens rõmains, et se ceulx seulement qui sacrifioient continuelemẽt pour leurs enfans, affin quil les suruesquissent sicõme ilz diẽt estoient supsticieulx les plus grans et anciens rommains peussent estre excusez de supersticion, mais pour ce que sicõme il appert cy dessus par la premiere auctorite de tulle, il appelle supersticiõ les simulacres ou ydoles des dieux leurs mariages et autres choses semblables, esquelles les plus grans et les plus anciens de romme estoient les plus principaulx, Il appert que tulle ne peut pas souffisament excuser les plus grãs ⁊ plus anciens rõmains de rõme de ces supersticions, mais qui plus est les accuse. Aps quãt il dit que tulle mesme se implicque, cest a dire que il senueloppe ⁊ boute en ces supersticions il ne sen peut deslier q̃ ne soit en coulpe, car combien quil semble q̃ parle franchemẽt et exprime la plaine verite selon ce quil sa concheue en ses liures q̃ tre les simulacres ou ydoles des dieux Toutesfois sicomme dit monseigneur saint augustin neust il este si hardy deuãt la multitude du peuple de murmurer de ces choses ne delaisser a adourer les ydoles. Apres quant il dit que nous duõs rẽdre graces a dieu, non pas au ciel ne a la terre, il se dit notablement pour ce en ce chapitre mesme sicõme dit mõseigneur saint augustĩ tulle ramaine le seruice ou sacrifice de ces dieux a aucunes raisõs naturelles, et ceulx qui ce font, mettent iupiter le ciel iuno lair pluto la terre, ou iupiter estre animus mundi, cest assauoir la force et puissance de tout le monde duq̃l vne partie soit comme ou ciel, et lautre partie soit en la terre, et pour ce ilz adourent le ciel et la terre, sicõme nous auons dit cy dessus ou .ix. et .x. chapitres de ce liure:

Et quant a la fin de ce chapitre il parle de Balbus, dont il a parle ou commencement, il se dit pour ce que tusse liniure come disputant de la nature des dieux. Et aussi par maniere de derision, car il est appellez balbus qui vault autant come begue ou barbeteur, et tel se repute monseigneur saint augustin de nom et de parolle.

⁋ Des oppinions de Varro qui repreuue sa persuasion du peuple iassoit ce que il ne paruenist point a sa congnoissance du vray dieu, toutesfois il iuga que len deuoit adourer vng dieu tant seulement. xxxi.

Quest ce q̃ Varro en moult de lieux en ses liures comme religieux en horte de seruir et honnourer les dieux, lequel nous plaindons de ce quil a mis les ieux scenicques entre les choses diuines, iassoit ce quil ne les y ait pas mises de son propre iugement ou auctorite, ne confesse il pas ainsi. Cest assauoir quil neussent pas de son iugement ou oppinion les choses quil raconte de la cite de romme a establies ou institueés et ne doubte point confesser que sil auoit affaire ou ordonner vne nouuelle cite quil ne sa deust mieulx dedier selon la formule ou ordonnance de nature les dieux et leurs noms mais il dit lui deuoir tenir lhistoire acceptée du peuple anciens des noms et des surnoms des dieux en la maniere quelle fut baillee par les anciens, et ces choses escripre et enquerir a ceste fin que le peuple les voulsist mieulx adourer que despriser. p lesquelles paroles tel homme tressaige et tres agu demonstre assez quil ne declaire ne oeuure toutes les q̃sses se elles nestoient teues ne seroient pas a desplaisance a lui tant seulement, mais aussi semblablement elles seroient a despriser au peuple mesme. Je deusse auoir cuide coniecturer ces choses sil ne dit euidamment en autre lieu ou il parle des religions monst de ces choses estre vrayes lesq̃sses ce ne seroit prouffitable chose, maintenãt quele peuple les sceut, toutesfois aussi se elles sont faulses il seroit chose expedient au peuple quil les cuidast estre autrement. Et dit ce cicero que pour ce les grecz eclorent de murs les lieux ou len faisoit les purgacions quilz appellent en grec celetas, et les misteres, affin q̃ le peuple noist ne sceut ce que len faisoit. Certes ce Varro descouurit ainsi come tout le conseil des saiges, par lesquelz les citez et les peuples seroient ou fussent gouuernez, toutesfois les mauuais esperis se delictẽt de ceste fallace par merueilleuses manieres quilz tiennent et possessent ensemble et les deceueurs et les deceuz de sa puissance et seignourie desquelz dyables riens ne les deliure ou peut deliurer fors la grace de dieu par iesucrist nostre seigneur. Ce mesme tressaige et tres agu aucteur Varro dit ainsi que ceulz seulement on aduerti ou entendu quelle chose dieu est q̃ creurent quil estoit ou est ame gouuernant le monde par mouuement et par raison, et par cesil ne tenoit point encores ce que verite tient, cest assauoir q̃ le vray dieu nest pas ame, mais il est faiseur et conditeur de lame, toutesfois sil pouoit estre franc et deliure de la coustume et vsaige que le peuple tient il confesseroit estre vng dieu et lequel on deueroit adourer et demõstreroit et enseigneroit quil gouuerne le mõde par mouuemẽt et par raisõ en telle maniere que ceste question demourroit sopite quãt a lui et le diroit, cest assauoir dieu auant estre createur de lame qui se dit estre ame, aussi dit il que les anciens rommains adourerent les dieux sans simulacres ou ydoles par lespace de cent. lxx. ans et plus, laquelle chose sicome il dit selle fut ainsi demouree les dieux feussẽt adourez et seruis plus chastement ou plus religieusemẽt. A laquelle sentence prouuer entre les autres choses il amaine en tesmoingnage les iuifz ne il napas doubte de conclure sur ce pas, et dire que ceulx qui premierement auant ou firent au peuple les simulacres ou ydoles des dieux osterēt paour de leurs citez et y adiousterēt erreur pēsāt sagemēt les dieux estre legier desprisez ē sa folie de telz simulacres ou ymages mais ce qͥl ne dit pas qͥlz baillerēt erreur aux peuples/mais sy adiousterēt Certes ce veult estre ainsi ētēdu que ces dieux auoir este ainsi adourez sans simulacres ou ydoles ce stoit erreur/et pour ce cōme il dit ceulx seulement auoir auerty et entendu quelle chose est dieu qui croiēt quil fust ame gouuernant le monde et estime ou pense que la religion seroit plus chastement ou plus sainctement gardee sans auoir simulacres ou ymages que a les auoir. Qui est cestui qui ne voye cō bien il approca pres de verite. pour certai sil peust aucune chose contre la vieillesse ou ancienete de tel et si grant erreur il iu geroit en ung dieu estre duquel il croiroit le monde estre gouuerne et que on deuroit ce dieu adourer sans simulacres/et suy trouue si pres de verite par auenture il se roit de legier esmeu de la mustablete de lame/a ce qͥl sentiroit aincois ou mieulx la nature incōmutable ou nō muable es tre le vray dieu laqlle pour certain auroit fait celle ame. Et cōme ces choses soient ainsi quelconques mocqueries de mout et de plusieurs dieux telz hōmes aient es cript en leurs liures ilz ont plus este con trains a confesser ces choses par reposte voulēte de dieu que ce quilz se soient effor cez de les prouuer. Donc que se de ce au cuns tesmoignagez sont baillez ilz sont baillez a eulx de redarguer qui ne veulēt auertir ou entendre de quelle ou cōm grāt mauuaistie puissance des diables nous deliure le singulier sacrifice de tant sainct sang espādu pour nous et le don du sait esperit qui nous est departy et donne;

⁋ Exposicion sur ce chapitre:

En ce xxxi. chapitre monseigneur saint augustin reproeuue la mani ere de adourer plusieurs dieux par laucto rite mesmes de varro. qͥ escript plusieurs

liures des choses dines/a leqͥl fut grāt hō me et de grant auctorite deuers les rom mains/et amaine plusieurs des dictz de varro par lesquelz il appert que il sentit mauuaisement des choses que se cōmun tenoit des dieux/et aussi demonstre il ce que varro sentit de dieu. Et quant il dit que il cuidoit ces choses coniecturer et que varro les eust dictes ainsi cōme vne ma niere de coniecture il veult dire que il cui dast que varro eust ainsi coniecture se ce ne fussent les propres parolles de varro qui demonstrent expressement la voulen te et son courage; ⁋ Apres quant il parle des purgacions et des misteres qͥ faisoiēt les grecz/lesquelles purgacions il appe le en son texte thesetas en latin/il est assa uoir quil en parle plus largemēt cy apres ou ix. chapitre du v. liure/et quāt est des misteres/ce sont secrez sacrifices desquelz varro dit qͥlz les encloüēt entre les murs et entre les parois par sa maniere de taci turnite. ce ta dire quil n'estoit licite a faire ne a regarder que en certains lieux secres et enclos. Et est assauoir quil y peut trois raisons ou trois causes pour les diables Et aussi leurs prestres voulurēt ces pur gacious et misteres tenir et estre tenue se cres. La pͥmiere fut pour ce que sen eust peut conuaincre de legier telles erreurs/ sil eust este chose conuenable d'en parler et disputer publicquement. L'autre raison ou l'autre cause fut pour ce que entre ces misteres estoient contenus les vrayes cō dicios et les vrayes naissances des dieux que sen adouroit et requeroit/cest assauoir quel fut iupiter/dōt il vint premieremēt Et aussi des autres dieux/et se telles cho ses eussent este publiees. en cōmun ilz eus sent eu les dieux en despit et n'eussent te nu compte/et par ce toute la paour que sen auoit des dieux eust este ostee laquel le chose eust fait grāt dōmage a la chose publicq' et aussi a la cōmunaulte des hō mes/et pour ce dit titus liuius de origine vrbis en son premier liure en parlant de numa pōpilius qͥ c'estoit souuerainemēt

v iii

necessaire chose que les gens doubtassent les dieux. ⁋ La tierce cause fut pour ce que en secret ilz faisoient repostement aux purgacions et sacrifices si detestables que le peuple en eust eu grant horreur silz eussent estes fais deuant eulx et fussent venus a leur congnoissance, car ilz sacrifioient souuent enfans et femmes grosses et moult dautres choses horribles pour appaiser leur diables, et les faisoient repostement, sicome il appert de iulien lempereur, duquel nous auons parle en ce liure sur le xxix. chapitre, et euseBe raconte de lempereur mapence que il gtoit les nobles femes, et les fendoit par le milieu et queroit ses adeuinemens aux entrailles des petis enfans, et pour ceste cause ses prestres gardoient souuerainement, q telz misteres et telles purgacions ne fussent demostrees au peuple, et pour ce en chascun temple ou on adouroit ysis et serapis qui estoient dieux ydoles auoit vne ydose ou ymage qui tenoit son doy ataßie a sa bouche, qui sembloit quelle amonestat que on se tenist de dire que ces ydoles ou les personnes quilz representent ou representoient eussent oncques este homes, sicome il appt par le second chapitre du xviii. liure. Les egyptiens tenoient q cellup estoit crimineulx et digne de grant punicion q disoit q ysis q estoit fille de pnacus eust oncques este feme, et ces choses procuroient par diuers ses manieres. Dont macroBe qui en son liure qui est de sompnio scipionis vers le comencement raconte que come vng home appele numenius qui estoit bien curieux denquerir des choses secretes des dieux, eust publie en la cite elusme et interprete plusieurs choses des deesses qui estoient adourees, cest assauoir de ceres et de proserpine sa fille, il en fut malement et cruellement reprins, car en dormant ces deesses sapparurent deuant lup en vision, en habit de ribauldes toutes droites, et estoient deuat vng bordeau qui estoit tout ouuert, et come il fust de ce moult esmerueille pour ce quil lup sembsoit bien que ce nestoit pas bien chose afferant a deesse, et enquist la cause pourquoy ce estoit, elles lup respondiret qlles estoient courouces ee de ce que pforce elles estoient diffamees par lup de leur chastete, et ainsi come par lup prostituees a dire diffames iusque a puttains publicques et comunes.

Semblablement a rome estoient a merueilles tenus secrez les misteres des dieux dont valerius maximus en son pmier liure ou premier chapitre de factis et dictis memorabibus, raconte que pour ce q marcus duumvir (cest vne dignite a rome) Baissa a transcripre a vng appele protonius saBinien le liure quil lup estoit Baille en garde, ouquel estoient contenues les secres des dieux le roy tarqui de rome sefist couldre en vng sacq de cuir nome culeꝰ a geter dedes la mer, et dit valerius q ce fut fait tresiustemeut, car on doit faire peisle vengance de ceulx q sont cotre les dieux et de ceulx qui sont cotre leurs peres et pes

⁋ Par quelle espece dutilite et proufit les princes des gens voulurent que les faulses religions demourassent aux peuples subgez a eulx. xxxii.

Ce Varro ou liure de la generacion des dieux dit ainsi, que les peuples furent plus enclins aux poetes que aux philosophes naturiens, et pour ce ilz ont creu les plus grans, cest a dire leurs plus anciens romains auoir constitue ou estably leur secte leurs generacios et leurs mariages, cest a dire leurs dieux ou deesses, laquelle chose pour certain ne seBle estre faicte pour autre cause fors pour ce que lentente ou la Besongne des homes prudens et sages fust ainsi come pour decepuoir le peuple aux religions, et en celle mesme chose, non pas seulemet adourer, mais ensuiuir les diabses, lesquelz ont tresgrant couoitise de decepuoir Car ainsi come les diabses ne peuet possesser ne auoir fors ceulx qlz auront deceuz en deceuant, aussi les homes qui sont prices et non pas iustes en verite/ mais semblables des diables enhortent au peuple ou non de religion et soubz celle couleur les choses qui sauoient et cognoissoient estre faulses et vaines come se elles fussent iustes & vraies/ atians par telle maniere & atraians plus appertement iceulx peuples a cōpaignie ou societe ciuile/ pquoy iceulx peuples subgetz a eulx il les peussent possesser et auoir peissement/ mais qui seroit lhōme foible de courage/ & pou saige qui eschaperoit/ et les princes de la cite et les dyables ensemble deceuans.

℃ Exposicion sur ce chapitre:

En ce xxxii. chapitre monseigneur saint augustin demonstre cōmēt non pas les dyables seulement/ mais se blassement les princes & gouuerneurs du peuple/ faisoient errer les subgetz en la maiere daourer & de sacrifier a ces dieux Et quant il dit q̄ les peuples estoiēt plus enclins aux poetes q̄ aux philosophes naturelz/ la difference et distincion qui est mise ētre eulx quāt a sa maniere de leurs sacrifices est touchee/ & appert par ce quil en a dit ou viii chapitre de ce liure:

L Que par le iugement et p la puissance du vray dieu soient et aient este ordonnes les tēps de tous les roys & de tous les royaumes: xxxiii.

Doncques icellui dieu lequel est dōneur & accroisseur de felicite pour ce quil est seul vray dieu/ il dōne les royaumes terriens & aux bōs et aux mauuais/ & ce fait il non pas folement ne aussi cōme dauenture/ car il est dieu & non pas fortune/ mais il les dōne selon sordonnāce ou ordre des choses ou des tēps/ laquelle ordre est occultee & mucee quant a nous/ et trescongneue quant a luy. A laquelle ordre de tēps/ touteffois il nest pas subgect ne il ny sert pas/ Ains le gouuerne/ attempre/ et cōpose/ mais il ne donne felicite, fors aux bons/ car celle felicite peuent auoir/ et nō auoir ceulx qui seruent/ & aussi les peuent auoir & nō auoir ceulx qui rengnēt. Laquelle felicite/ touteffois sera plaine en celle vie ou ia nul hōme ne seruira a aucun. Et pour ce il dōne les royaumes terriēs et aux bōs & aux mauuais/ affin que ceulx q̄ sadourent et qui en leur cōmencement sont ancores de petit entendement ou de petit courage pour resister ou cōuoiter ou desirer a auoir de luy telz dons cōe vne autre grāt chose Et ce tel sacremēt du viel testamēt ouquel nouuel estoit repost et muce pour ce que sa a ceulx q̄ sentendent sont punis les dōs tēporelz/ & q̄ lors sōt fais espirituelz quāt ilz les ōt/ iassoit ce q̄ ce ne soit pas en appert q̄ sa par durablete seur soit signifiee en ces choses tēporelles et en qlz dons de dieu soit la vraye felicite.

℃ Exposicion sur ce chapitre.

En ce xxxiii. chapitre monseigneur saint augustin conclud par ce q̄l a dit dessus que vng seul dieu & vray, est cellui q̄ dōne les royaumꝭ tēporelz a q̄ quil luy plaist. Aucunesfois aux bons aucunesfois aux mauuais/ et rend la cause pourquoy il les donne aucunesfois aux mauuais.

℃ Du royaume des iuifz lequel fut institue et garde dun vray dieu tantquilz demourerent et se tindrent en vraye religiō xxxiiii.

Et pour aussi affin q̄ fust cōgneu iceulx biens terriens seulemēt tendēt & beent ceulx qui ne cuidēt estre nulz meilleurs biens estre mis en sa puissāce dicelluy mesmes vng et vray dieu/ non pas en sa puissance de plusieurs faulx dieux q̄ les rōmains croient pauant que se ly les deust adourer/ icelluy dieu multiplia en egypte son peuple de trespou de gent et les en destura p signes merueilleux. Ne les femes qui estoient auec eulx en egypte ne appelerent

pas sucina la deesse quāt icelluy dieu gar
da leurs enfans affin quilz creussent et
multipliassent par merueilleuses manie
res/et q̄ icelle gent/cestassauoir les iuifz
multipliassent tellement que apeines es-
stoit ce chose a croire et les garda et leurs
enfans des mains des egyptiens qui les
poursuiuirēt pour eulx occire/ilz allait
terent sans appeler sa deesse rumina/ilz
furēt aux berceulx sans cunina/ilz prin-
drent bien la viande et le boire/beurent et
mengerent sans edula et sās potina/ilz
furent bien nourris et esseues sans tant
de dieux enfantieux/ilz furent mariez
sans les dieux des noceps/ilz se messe-
rent et ioindre a leurs femmes sans ap-
peler le dieu priape/la mer souurit et se
partit en deux quāt ilz passerent parmy
sans appeler neptunus/et ses floes de la
mer quant ilz se rassemblerēt ensemble
noierent bien leurs ennemis qui les pour
suiuirent. Ne ilz ne consacrerent aucune
deesse qui fust appelee manna quant ilz
prindrent la manne du ciel/ne ilz nadou
roient pas les nimphes quant ilz eurent
soif/et que la pierre ferme leur dōna eaue
ilz firent batailles sans les forsenez/sa-
crifices de mars et de bellonne. Et vraye-
ment ilz vainquirent bien sans la deesse
victore/et touteffois ilz eurent celle victo
re/non pas comme deesse/mais comme
don de leur dieu/ilz eurent bledz sans se
gecia/beufz sans bolona/miel sans mel
lona/pōmes sans pomona. Et oultre
ilz eurent et prindrent de vng vray dieu
toutes choses/pour lesquelles auoir les
rōmais cuidrent q̄ se deust supplier atelle
et si grant tourbe de faulx dieux. Et si
neussent peche en luy/cestadire en dieu p
mauuaise curiosite ainsi comme silz fus
sent deceuz des ars magicques en decou
rant aux estranges dieux et aux ydoles
Et dernierement en occiant iesucrist ilz
eussent demoure en ce mesmes royaume
et sil ne fust si grant et si large comme le
royaume des rommains/touteffois fut
il plus heureux. Et maintenant ce quil

sont dispers et espandus apeine par tou-
tes terres/cestadire quilz nont pas de roy
aume ne propre habitaciō/cest par la pro
uidence dicelluy vray dieu/affin que ce
que les simulacres autelz et temples qui
sont abatus et destruis et que leurs sacri
fices sōt deffedus/il soit proeuue p̄ leurs
liures comment il a este prophetise grāt
temps parauant affin que parauenture
se on les lisoit en noz liures que on ne cui
dast que ce fust chose qui eust este sainte
de nous. Or est ia temps de veoir et re
garder ce qui ensuit ou volume qui vient
apres/et cy est a donner ou ordonner sa
maniere de ceste prolixete

¶ Exposicion sur ce chapitre.

En ce xxxiiii. chapitre et final mō
seigneur saint augustin monstre
comment le vray dieu demonstre appert-
tement que il seul et nul autre est seignr̄
de toutes ces choses temporelles / et fait
deux choses en ce chapitre. Premieremēt
il demonstre son propos par ce que nostre
seigneur fist en egypte au peuple des iuifz
en ce que il les garda mourir et soustint/
Et secondemēt il met la cause pourquoy
il la delaissa et souffrit quil fust dispers
par tous pais/et celle seconde partie se cō
mence ou il dit. ¶ Sil neussent peche en luy
ꝗcet. Et fait monseigneur saint augusti
en ce chapitre mencion de plusieurs dieux
desquelz il a nommes leurs noms selon
leurs offices cy dessus en le xi chapitre/
appert pour ce quil dit en ce chapitre quel
office chascun auoit et de quoy il seruoit.

Cy fine le quart liure de monseignr̄
saint augustin de la cite de dieu.

¶ Cy commence la table du cinquiesme liure de monseigneur saint augustin de la cite de dieu, et contiẽt ṗṗvi. chapitres.

¶ Que la cause de lempire de romme et de tous les royaumes nest point en estat par fortune ne par la posicion ou constellacion des estoilles. i.

¶ De la semblable ou dissemblable force des iumeaulx. ii.

¶ De largument que nigidius mathematicque print de sa roe du pottier de terre en la question des iumeaulx. iii.

¶ De esau et de iacob q̃ furent iumeaulx qui furent moult disparaulx et differens entre eulx de la qualite de leurs meurs et de leurs oeuures. iiii.

¶ Par quelle maniere soient conuaincus les mathematiciens a confesser leur science estre vaine. v.

¶ Des iumeaulx dissẽblables de sexe. vi.

¶ De leslection du iour ouquel on prent femme, ou ouquel on plante ou semme en vng champ aucune chose. vii.

¶ De ceulx qui appellent soubz le nom de fat, non pas la posicion ou constellacion des estoilles, mais la cõnexion des causes de prendre la volẽte de dieu. viii.

¶ De prescience de dieu et de la franche voulente de lhomme contre la diffinicion de cycero, cestadire tulle. ix.

¶ Se aucune necessite a seigneurie sur la voulente des hommes. x.

¶ De la general ou vniuersal prouidence de dieu soubz la foy duquel toutes choses sont contenues. xi.

¶ Par quelles meurs les anciens romains desseruirent que le vray dieu accreust leur empire combiẽ quilz ne ladourassent pas. xii.

¶ De lamour de loenge laquelle cõbien que ce soit vice on cuide que ce soit vertu pour ce que par elle sont restrains plus grans vices. xiii.

¶ De regecter et retrencher lamour de louenge humaine pour ce que toute la louenge des iustes est en dieu. xiiii.

¶ Du loyer ou salaire tẽporel que dieu rendit aux bõnes meurs des rõmains xv

¶ Du sallaire des sains citoyens de la cite pardurable ausquelz les exemples des vertus des rommains sont prouffitables. xvi

¶ Par quel fruit les rõmais firẽt leurs batailles et combiẽ ilz en donnerent ou apporterent a ceulx qui vainqrent. xvii.

¶ Combien les crestiens doient estre estranges deux vanter silz ont fait aucune chose pour lamour du pays pardurable comme les rommains en aient tant fait pour la gloire humaine, cest adire du monde et pour la cite terrienne. xviii.

¶ En quoy se different conuoitise de gloire et conuoitise de seigneurir. xix.

¶ Que les vertus seruent aussi laidement a humaine gloire comme a la delectacion du corps. xx.

¶ Que le royaume des romains a esté ordonne et dispose de dieu le Roy de q̃ est toute puissance et par sa prouidence duq̃l toutes choses sõt gouuernees. xx.

¶ Que les temps et les fins ou yssues des batailles deppendent du iugemẽt de dieu. xxii

¶ De la bataille en laqlle radagapsus roy des gotz qui adouroit les ydoles fut vaincu en vng iour auec grant multitude de ses gens darmes. xxiii

¶ Quelle et com Braye soit felicite ou beneurete de ẽpereurs crestiens. xxiiii

¶ Des prosperitez que dieu ottroya a cõstentin empereur crestien: xxv:

¶ De la foy et de la pitie de theodosius auguste:

¶ Cy fine la table du B. liure de monseigneur saint augustin de la cite de dieu:

Quinto

¶ Que la cause de lempire de rome et de tous autres royaume nest point en estat par fortune/ou par la constellacion ou posicion des estoilles. i:

Pour ce que felicite ou beneurete est plainete de toutes les choses qui sont a desirer si elle nest pas deesse. mais est don de dieu Et pour ce ne doye aucū dieu estre adoure des hōmes/fors cellui seulemēt qui les peut faire beneures/Dont se celle felicite estoit deesse sen auroit cause dadourer et le seule. Pour ce est il raison que nous veons consequament pour quelle cause dieu qui peut donner ces biens que peuent auoir semblablement ceulx qui ne sōt pas bons Et par ce aussi ceulx q̄ ne sont pas beneures ait voulu lempire de romme estre si grant et durer si longuemint pour ce que certes celle multitude de faulx dieux que ilz adouroient ne la pas fait. Et nous auons ia cy dit moult de choses et ancores en dirons la ou il nous sēblera

blera estre conuenable chose den parler.
Doncques la cause de la grandeur de sempire de rôme nest fortuit ne fatale/selon la sentence ou oppinion de ceulx qui dient les choses fortuites ou fortuneles estre telles ou qui nont nulles causes/ou qui ne viennēt par aucun ordre raisōnable. Et les choses fatales estre celles qui auiēnent par necessite daucū ordre sans la voulente de dieu et des hōmes/sans doubte les royaumes sont constituez par la prouidēce diuine. Et se pour ce que aucuns appellent ceste voulente de dieu/ou sa puissāce soubz le nō de fat et lattribuent a fat/tiēgnēt la sentence et refraingnēt la langue Car quant aucun luy demande que cest adire de fat/pourquoy ne dit il premierement ce quil fault quil dye apres/cestadire pour quoy il ne dit auāt/q ce soit auāt fait par la voulente et puissance de dieu/ql dye que ce soit fait par fat/car quāt les hōmes errent par cōmun vsage de lāguage il nentendent autre chose estre fat/que la force de la posicion ou constellaciō des estoilles siēde elle est quāt aucū est ne & cōceu. Laquelle chose les aucuns estrangēt de la voulente de nostreseigneur/& aucūs cōferment que ces choses deppendēt de sa voulente. Mais ceulx qui cuidēt q sans la voulente de dieu/les estoilles facēt iugement ou dicernent ce que nous faisons ou ce que nous auons de biens ou q nous souffrons de maulx/sont a rebouter des oreilles de toutes gens/nō pas seulemēt de ceulx qui tiēnent la vraye religiō/cest adire des crestiens/mais de tous ceulx q veulēt adourer quelconqs dieux/iassoit ce quilz soient faulx/car quelcōque autre chose fait cest oppiniō. fors que len ne prie ne adoure quelconqs dieu Contre lesqlz nostre disputaciō nest pas ordōnee ou institue de present/aincois est ordōnee contre ceulx qui se rendent auersaires a la religiō crestiēne/pour deffense de ceulx qui cuident estre dieux. Mais ceulx q̄ en aucune maniere soustraient ou souspendent de la voulēte nostreseignr̄/la cōstel

lacion ou posiciō des estoilles/& tiēnēt di cernēt et iugent/quel vngchascū soit/q̄ bien luy doit venir ou ql mal: Se ilz cuident q ces estoilles aient celle puissāce/et q par leur voulēte il iugent & dicernēt ces choses par puissāce q dōnee leur en est de celle souueraine puissāce/sans doubte il font grant villenie ou ciel/ou ql ciel q est ainsi cōe en vng trescler senat et vne court tresreluisāt ilz cuidēt q̄ sen iuge & de faire cruaultez & mauuaistiez. Lesqlz maulx & crimes se aucune cite terriēne les eust diceruez afaire elle seroit a trebucher par le iugemēt des hōmes humais Apres ce ql iugemēt est delaisse a dieu des fais des hōmes/quāt sen y adiousta la necessite des choses celestiēnes/cestadire la necessite q ilz sont ou mettēt les cōstellaciōs ou posiciōs des estoilles cōe il soit seignr̄ des hōmes & des estoilles. Ou silz ne dient pas q les estoilles prinse la puissāce de dieu se souuerai puissēt dicerner & iuger ces choses a leur voulente mais acōpli de tous poins ses cōmandemēs en faire ou gouuerner telles necessitez. len ne doit pas sentir mauuaisemēt de dieu/laqlle chose appert tres iniq a sentir de la voulēte des estoilles/cestadire qlles aient telle volēte et se on dit ces estoilles signifier plus ces choses q les faire/a ce q celle maniere de pler soit vne posiciō anonchāt les choses auenir/et non pas faisāt cōe celle sentēce ne fut pas des moyēs hōes docteurs car les mathematiciēs ne seuloiēt pas pler ainsi cestassauoir ainsi cōe p maniere de exēple ql diēt Mars mis ainsi signifie homicide/mais il fait homicide/toutefois assi no⁹ ottroiōs qlz plēt. nō pas sicōe ilz doiuēt & ql fault prēdre des philosophes rigle de pler A anōcer ce ql cuidēt trouuer en la posiciō des estoilles/qst ce quilz ne peurent oncques riens dire pourquoy en la vie des deux/ enfans iumeaulx/en leurs fais/en leurs aduenemens/en leurs possessions/en leurs ars ou sciēces en leurs honneurs et autres choses q appartiennent a la vie humaine/Et aussy mesme a la mort ait souuent si grant diuersite que moult destrages soient plus semblables a eulx en ce qui appartient a ces choses que ces iumeaulx separez en naissant en si petit interuale de temps / et qui ont este conceuz par vng seul ioindre ou assemblement et mesme encores en vng moument.

Opposicion sur ce chapitre.

Aucuns ont voulu faire de ce chapitre premier deux parties / dont la premiere se estend iusques la ou il dit / Donceques la cause de la grandeur etce / et la prendent le comencement du chapitre / et le comencement iusques a ce point il reputent ainsi come vng prologue / Et les autres ne font de tout que vng chapitre. Or est assauoir que en ce. v. liure monseigneur saint augustin demonstre quelle fut sa cause et sa raison / pourquoy nostreseigneur dieu creut lempire de rome et icellui accreu le conserua et garda / et y a. xxvi. chapitres / ou premier desquelz il fait deux choses. Premierement il demonstre son intencion. Secondement il comence a sa poursuiuir / et sa .ii. partie se comence la ou il dit Doncques la cause et la grandeur etce. Et quant il dit se celle felicite estoit deesse / il se dit pour ce que les romains firent vne deesse de celle felicite / sicome il a este dit dessus ou .iiii. liure. Et quant il parle de la croissement et duracion de lempire de romme quant est de laccroissement il est certain que toute europe et toute affricque / et a peines toute aspe furent par aucuns temps subgectes / et soubzmises a lempire de rome / et ancores appert plus expressement la grandeur et accroissement de lempire de rome / par les prouinces que luy furent subgectes / desquelles festus dictator fist vng liure ouquel liure il appert aussi que onceques les romains ne auoient eu entierement ne simplement la seignourie de tout le monde / et par especial des pses Car a peines eurent il onceques paix ensemble / et maintenant vainquoient les vngz maintenant estoient vaincus / et quant est

de sa longe duree et coment il dura iusques au temps daugustin nous en auons parle cy dessus ou .vi. chapitre du .iiii. liure Apres quant monseigneur saint augustin dit doncques la cause de la grandeur etce Cest sicome nous auons dit la seconde partie de ce chapitre / en laquelle il entend a poursuiuir son propos et intencion de ce v. liure / Et premierement il comece a traicter du fat que on appelle destinee selo le comulagage / affin quil demostre coment la grandeur ou accroissement de lempire de rome ne doit point estre attribue a fat / mais a la diuine prouidence ou pourueance / et demonstre premierement quelle chose est signifiee ou entendue par le nom de fat / et quelle difference ou diuersite il a entre fortune et fat Et secondement ou il dit / mais ceulx qui en aucune maniere soustraient ou souspendent la voulente de nostre seigneur etce. il destruit le fat a le predre en celle signification en laquelle les mathematiciens parlent et seffocent de puser de fat que nous appelons come dit est destinee ou destinacio : Apres quant il demande pour quoy cellup qui apele sa prouidence diuine son nom de fat ne dit premierement ce quil conuient quil die / Apres il veult dire que se aucun veult attribuer toutes choses a fat pour ce que par ce fat il entend la voulente et la puissance de dieu ainsi come senecque le dit lequel il allegue cy apres ou viii. chapitre / il doit dire au comencement et quil deuroit dire se il estoit interroguez ou on lui demandoit quelle chose il entend par fat / et assigne la cause pour quoy il le doit dire au comencement / cest assauoir pour ce que non fase sonne autre chose selon le comun vsage de puser. car les mathematiciens si dient que cest vne force de la posicio des estoilles et pour ce dit il que se aucus lappellet ainsi tiengne sa sentece et constraigne sa langue / car suppose que il entende bien / Toutesfois le pronoce il mal. Et est encores assauoir que ce nom de fat est prins en autre maniere / car boece en son quart liure de consolacion dit que la pen see diuine mise en la souueraineté de sa haultesse ordonne mainte maniere de faire les choses/laquelle maniere quãt elle est regardee et entendue a la purete de celle diuine intelligence elle est appellee prouidence/mais quant elle est raportee ou ramenee aux choses que elle meut ou ordonne. Selon les anciens elle est appellee fat/car prouidence est celle mesme raison diuine constituee ou souuerain prince de tous/laquelle ordonne toutes choses/mais fat est vne disposicion adherét aux choses mobiles ou mouuans par laquelle prouidence ioint et lye vng chascũ par ses ordres et par ses droites rigles/car prouidence embrace et lye ẽsemble toutes choses/iassoit ce que elles soient diuerses ou infinies/mais fat adresse et ordonne toutes choses distribuees ou diuersees en lieux/en fourmes et en temps/A ce q celle explicacion de lordre temporel adueue en la presence ou au regard de la pensee diuine soit dicte prouidence/ Et celle mesme aggregacion diuisee et explicquee en ces temps soit appelle fat/ toutesfois agelius en son .v. liure de noctibus acticis dit que crisipus qui fut prince & souuerain de la philosophie des sociens qui fut vne seye daffini fat en ceste matiere/ car il dit que fat est vne sempiternelle et indeclinable ordre des choses &vne chaine tournant et enueloppant soy mesmes par perpetuelz ordres de conuenence/ par lesquelz ordres elle est lyee et ordõnee/ toutesfois sicomme icellui mesme dit/combien que icellui crisippus tiengne que de fat viengne aucunesfois voulenté de bien faire a aucun/toutesfois ne nye il pas francq arbitrage. Selon les poetes il y a trois fatz ou trois destinees/cestassauoir selõ le cõmencemét le moyen et la fin de la vie humaine/et dient que cloto gouuerne le commencemét lachesis le moyen/ & atropos la fin/desquelles parle albericus fou donien et seruius en son .g. mt dõt seruius dit q lune parle lautre escript/et lautre demaine les filz/et selon omer lune porte la que

noulle lautre file et la tierce rompse le fil. Et est interprete cloto euocaciõ lachesis sort et attropos sans ordre/par lesquelz trois noms toute la disposicion et ordonnance de la vie humaine est ordõnee/car premierement les hommes viennent ou sont appellez de non estre a estre ou du ventre de leur mere a la lumiere et au iour/ Aprez succede le sort/cestassauoir en quelle maniere vng chascun doit viure/ & derenierement vient la mort qui fait la fin de la vie/laquelle est dicte sãs ordre pour ce que elle traicte a soy indifferãmét toutes personnes sans espargner a foible ne a fort a riche ne a poure/a viel ne a ieune Aprez quant il dit/mars aussi mis signifie homicide/ il se treuue en vng liure qui sappelle ptimetarium clementis q se pere de saint climent qui fut pape/seql succeda a saint pierre dit q quant mars tiét son centre en sa maison et regarde saturne en tetragone qui est vne figure dastronomie auecques mercure a son centre Et la plainesune vient dessus en la generacion ou concepcion/elle fait les homicides et ceulx qui doiuent estre tuez par glaiue gens plains doccisions/purongnes/luxurieux/sortileges et sacrileges / mais albunasar ou liure de iudiciis ou .viii. traictie vse dun mot de significacion disantque mars selõ vne seule partie signifie occisions et larecine.

¶ De la semblable et dissemblable force des deux iumeaulx. ij

Ocero cest a dire tulles dit q pposcras qui fut tresnoble medecí laissa en escript que comme deux freres feussent ensemble acouchez malades Se eut veu leurs maladies enforcher/et empirer en vng mesme temps assegier il supp̃chõna qlz estoiét iumeaulx/ & possidom9 stoicus q estoit moult dedié & enclí a astronomie affermoit quilz auoiét estenez & gceuz en vne mesme cõstellacion ou cõstituciõ destoilles/& creoit le medecí reste chose pour la sẽblable attẽperance de force quilz auoient/et lastronomien philosophe disoit ceste chose estre et appartenir a la constitucion et force des estoilles ⁊ constellacion quil auoit este ou temps quilz auoient este conceuz et nez/ en ceste cause la coniecture du phisicien est trop plus a accepter et plus pres destre creue pource q̃ ainsi comme leurs parens estoient dune mesme force et voulente de corps ou affection quant ilz sassembleret pour engendrer/ Aussi les cõmencemens de ceulx q̃ furent conceuz peurent estre tellemẽt ordonnez que ensuiuant du corps de la mere/ les premiers accroissemens ilz fussẽt nez dune mesme force. Apres ceulx q̃ sont nourris en une maison de ungs mesmes alimens ou medecines tesmoignẽt q̃ fait et la scituacion du lieu et la force des eaues vault moult a receuoir ung corps bien ou mal/ ⁊ aussi par acoustumees ecercitacions il adourroiẽt si semblables corps quil seroient esmeuz a estre malades en ung mesme temps / et semblablemẽt dune mesme cause/mais par la constitucion du ciel ou posicion qui fut faicte quãt ilz furent conceuz ou nez vouloir traire a ceste pareillete de maladie/cest a dire destre malades en ung mesmes temps et dune mesme maladie ie ne scay dont viẽt ceste fourcennerie comme telle quantite de corps de tres diuers gendres et de tres diuers desiriers/ ⁊ aduenemens qui sont subgectz a ce mesme ciel / puissent auoir este conceuz et nez en la terre dune region et soubz ung mesme tẽps mais no⁹ auõs ognes iumeaulx q̃ nauoiẽt pas seulemẽt diuerses euures ⁊ diuerses pegrinacions cest a dire diuerses meurs et diuerses forces/mais aussi souffrir maladies dispareilles/de laquelle chose ypocrates selon ce quil me semble rendroit tres legiere raison comme par diuers alimens/ et p̃ diuerses ecercitacions qui ne viennẽt point de attempance du corps/mais de la voulente du couraige dessemblables ou dispareilles forces ou maladies leur puissent estre aduenues/ mais touteffois ce

mesme merueille se possidonius ou ung autre tel qui tiengne la posicion fatale et la force de la constellacion ou scituacion des estoilles peut cy trouuer q̃l die au contraire ou quil responde sil ne veult mocquer les pensees des folz aux choses dont ilz ne sceuent riens/car ce quil sefforcẽt de faire ou conclure du petit ĩteruale de temps que eurent les iumeaulx quãt ilz furent nez pour la petite p̃tye du ciel ou len met la notte ou moment de leure quil appellent oroscopum/qui est proprement lascendent/ou elle nevault pas tant comme la grande diuersite qui est trouuee aux voulentez aux fais aux meurs aux aduentures des iumeaulx dõt il ne mettẽt tresgrãt diuersite fois p̃ fueze en laq̃lle chascũ est ne/ ⁊ pce se ung iumel est nez si tost apres lautre que la p̃tye de soroscope/ cest a dire lascendent ne se meuue/ Je quiers toutes choses estre pareilles/ lesquelles choses ne peuent estre trouuees en nulz iumeaulx/ et se la tardite de lautre oroscope ensuiuant se mue/ Je quiers diuers peres et meres laq̃lle chose deux iumeaulx ne peuent auoir.

Exposicion sur ce chapitre.

En ce second chapitre mõseigneur saint augustin demonstre la vanite ou vaine oppinion des mathematiciens qui mettoient le fait pour les choses q̃ aduenoiẽt a deux iumeaulx ⁊ a ceulx q̃ estoiẽt nez ensẽble/ ⁊ fait mencio en ce chap. de possidom⁹/duq̃l nous auõs p̃le en nostre p̃mier prologue ⁊ des se cõmencemẽt duquel / cest assauoir de fat tulle raconte en son liure de fato aucunes choses/ ⁊ aussi met il une narracio de tulle/ laquelle est de son second liure de diuinacione ou de sõ liure de fato/ et aussi en sõ liure q̃l fist q̃ sappelle de sortibus il dispute moult de choses de ces iumeaulx cõbien q̃ il ne dye pas q̃ ceste narracio y soit

⁋ De largumẽt que nigidius mathematicque p̃int de la roe du potier de terre en la question des iumeaulx

oncques est pour neant mis auant ce comment ou fiction de
la roe du potier de terre que res
pondit sicomme ilz dient nigidius qui
estoit tourble de ceste question/ et pour ce
il fut appelle potier car comme il eust fait
tourner la roe du potier si fort et si rade
ment quil peut et eust feru de errement
deux coups en nombre sur ceste roe ainsi
en ung lieu ou point que la roe tournoit
plus radement. Et apres ce que le mouuement de la roe fut arreste ou cesse/ les
signes ou coupz qui auoit fichies furent
trouues en lextremite dicelle roe distans
lun de lautre/ non pas de petite interuale
ou de petite distance/ ainsi est il ce dist il
se aussi en telle et si grant rapacite du ciel
Cestadire rade cours du ciel lun de ces
iumeaulx est ne lun apres lautre en tel
le hastiuete que ie feri la roe deux fois
La distace ou espace est ou ciel trop plus
grande et plus distant que en la roe de ce
dist il viennent toutes les choses dissem
blables ou differêtes qui viennent aux
mouuemens et auentures des iumeaulx
Ceste fiction ou similitude est plus frail
le et plus foible que les vaseaulx qui sont
fais en celle rotacion/ cestadire ou mouuement differe tant longuement ou ciel
quil ne puist estre comprins es constella
cions/ si que a lun de ces iumeaulx vien
gne heritage et a lautre nen viengne poit
Pourquoy osent ilz dire aux autres qui
ne sont iumeaulx quant ilz ont regarde
leurs constellacios telles choses lesquelles appartiennêt a ce secret que nul homme ne peut comprendre ne attribuer aux
momens ou mouuemens de ceulx q̃ nai
scent/ mais sil dient telles choses estre es
engendreures des autres/ pource que ces
choses appartiennent a plus longues espaces ou distances de temps et ces momens de ces menues parties que les iumeaulx peurent auoir entre eulx quant
ilz naiscent estre attribuees aux trespeti
tes choses quil leur auiennêt/ desquelles
len ne se scet pas conseillier aux mathe

maticiês/ car qui est cellui qui scace dire
ou conseiller daucun. Quant il se doye
seoir/ quant il doie aler/ quant et quelle
chose il doie mengier/ ne disôs nous pas
ces choses quant nous demonstrons plu
sieurs choses et tres diuerses aux meur̃s
aux euures et aux auentures des iumeaulx:

¶Exposicion sur ce chapitre.

En ce troisiesme chapitre monseigneur saint augustin reproeuue
une responce que donnent les mathema
ticiens aux choses quil leur sõt arguees
ou precedent chapitre. Et quant il parle
de nigidius il est assauoir que de luy par
le grandemêt agellius en son liure de no
ctibus acticis/ et par especial en son iiii
liure il dit q̃ luy et Uario furent deux tres
saiges hõmes du lignaige des rõmains

¶De esau et de iacob qui furent iumeaulx et qui furent moult dispareulx et
differens entre eulx en la qualite de leur̃s
meurs et de leurs oeuures: iiii.

Affin que ie parle des nobles per
sonnes par la memoire de nos
anciens peres/ deux iumeaulx
furêt nez si tost lũ apres lautre que le der
nier tenoit la plante du pie du premier/
toutes diuersites furent en leurs vies/ et
en leurs meurs/ tant grande dispareille
te ou difference en leurs fais/ et tant de
difference ou de diuersite en lamour que
le pere et la mere eurent a eulx si grãt dis
semblablete en lamour quilz eurent a
leur pere et mere que mesmes celle difference les fist estre ennemis entre eulx.
Ne dit on pas que quant lun assoit lau
tre se seoit/ et lun dormant lautre veillãt
Lun parlant lautre taisant lesquelles
choses appartiennent a ces minutes qui
ne peuent estre comprinses ou entendues

de ceulx qui escripuent la constitucion des estoilles en laquelle vngchascun naist ou est ne, et de ce soit demāde conseil aux mathematiciens. L'ung mena vie de seruitude marchāde, cestadire quil se voua et seruit cestassauoir iacob, lautre ne seruit pas, cestassauoir esau. L'ung fut ayme de sa mere, lautre ne fut pas ayme L'ung qui fut tenu pour le plus grant deulx, perdit son honneur, lautre prīnt honneur. Que diray ie de leurs femmes. quelle chose de leurs filz ou enfans. quelle de leurs choses. Com grande en fut la diuersite. Doncques ces choses apptiennēt a ces minutes des tēps q̄ les iumeaulx ont entre eulx, et ne sont pas attribuees a leurs constellacions.

¶ Pourquoy sōt ces choses dictes des autres, quant on regarde leurs constellacions. Et se ces choses sont dictes pour ce quilz appartiennent, non pas aux minutes qui ne peuent estre comprinses, mais elles appartiennent aux espaces des tēps qui peuent estre gardees et notees. Quelle chose fait a ce la roe du pottier, fors ce q̄ les hommes aient cueur de vope ou de terre soient mis en ce tournoiment, affin q̄lz ne soient conuaincus du vain parler des mathematiciens.

¶ Exposicion sur ce chapitre.

EN ce .iiii. chapitre mōseigneur saint augustin conferme ce quil a dit ou chapitre precedent par ce que la saincte escripture raconte des deux iumeaulx, cest assauoir de iacob et de esau.

¶ Par quelle maniere soient conuaīcus les mathematiciens a confesser leur sciēce estre vaine. B.

QVest dist ypocras quant il les vint veoir par maniere de medecine, et il eut apperceu que leur maladie apparoit ou sembloit estre plus legiere ou plus griefue tout en vng temps il souppeconna quilz estoient iumeaulx. Ne redarguent ilz pas assez ceulx q̄ veulent donner ou attribuer aux estoilles ce quil leur venoit par semblables attēprance de leurs corps, car pour certain ne furēt ilz semblablement malades en vng mesmes temps. L'ung premier et lautre apres ainsi quilz auoiēt este nez lung apres lautre, ce fut sans doubte pour ce quilz ne peurent naistre ensemble. ¶ Ou se ce que ilz furent nez en diuers temps neut point de moment a ce quilz fussent malades en diuers temps pourquoy dient ilz le temps diuers ou dissemblable q̄lz eurent en naissant valloir aux diuersitez ou differēces des autres choses. ¶ Pourquoy est ce que pour ce ilz furent nez en diuers temps, ilz peurēt aller ou cheuaulcher en diuers tēps aller en diuers lieux et pais, prendre femmes en diuers tēps, engendrer filz ou enfans en diuers temps, et moult dautres choses. ¶ Pcelle mesme cause ilz ne peurēt aussi estre malades en diuers temps, car se la dissemblable ou different demeure q̄ fut quant ilz furent nez mua loroscope, Cestadire lascendent, et bailla des pareillete ou difference aux autres choses, pourquoy leur demeura ce en leurs maladies que leur concepcion auoit en la qualite du temps. Ou se les fatz ou destinees de force ou de sante sont en la concepcion, et des autres choses soient dies en la naissance, Ces mathematiciens en regardāt les constellacions des natiuitez ne deueroient rien dire de sante ou de force quant il ne leur est pas donne de regarder ou iuger de leur de la cōception, mais silz adnoncēt les maladies pour ce que les mains des naissans le demonstrent et enseignent sans regarder loroscope de la constellacion, cestadire lascendent, commeut diroiēt ilz a vng chascū de ces .ii. iumeaulx de leure de leur natiuite quātilz deueroiēt estre malades cōme lautre qui nauroit pas este ne en celle mesme heure fust necessairement malade ensemble auecques lautre. ¶ Apres il demande sil ya si grant distance de temps

en la natiuite ou naiſſance des iumeaulx
que par ce il conuienne que les conſtellaci
ons leur ſoient faictes diuerſes ou diſpa-
reilles pour diuers oroſcopes ou aſcendés
et pour ce ſoient diuers ou diſparelz tous
les cours ou eptremitez de leſſeul du ciel/
ou telle et ſi grant force eſt miſe/ceſtadi-
re ce par quoy le ciel tourne que auſſi de ce
ſoient diuers fatz ou diuerſes deſtinees/
dont peut ce venir comme leur concepcion
ne puiſt auoir diuers temps.] Ou ſe les
fatz ou deſtinees des deup conceus en ung
moment de temps pouoient eſtre diſparelz
ou diſſemblables a leur naiſſance ou na-
tiuite. Pourquoy eſt ce que de deup nez en
ung moment de temps ne peuent eſtre diſ
parelz fatz ou deſtinees a viure ou a mou
rir/car ſe ung moment ou quel deup fu-
rent conceus/nempeſcha pas que lun fuſt
premier et lautre derrenier. Pourquoy nē-
peſcha aucune choſe ſe .ii. ſont nez en ung
moment a ce que lun muire premier et lau
tre apres.] Se la concepcion du momēt
peut ſouffrir ou porter deup iumeaulp en
ung eſtre auoir diuerſes fortunes/ pour
quoy auſſi ne permet ou ſeuffre la natiui
te dun moment quelzconques deup ainſi
nez auoir diuerſes fortunes ou auentures
en terre. Et ainſi ſoient oſtees de cel art ou
ſcience mathematicque toutes les fictiōs
ou a mieulp dire vanitez.⁋Que peut ce
eſtre q̃ les conceus en ung temps et en ung
moment/et ſoubz une meſme poſicion du
ciel aient diuerſes deſtinees ou auentures
ou diuers fatz/ qui les meine a la natiui-
te des diuerſes heures/ ceſtadire quil les
face naiſtre a diuerſes heures. Et les en-
fans des deup diuerſes meres nez enſem
ble en ung momēt et ſoubz une meſme po
ſicion de temps et de ciel ne puiſſent auoir
diuerſes deſtinees ou diuers fatz qui les
meinent a diuerſe neceſſite de viure ou de
mourir ou les conceus nont ancores fatz
ou deſtinees ne auoir ne ſes pourrōt/ fors
quant ilz ſeront nez.] Queſt ce doncques
quilz dient/ſe leure de la concepcion eſtoit
trouuee/ moult de choſes ſeroient dictes

plus diminueemēt diceulp iumeaulp dōt
len raconte auſſi de pluſieurs que ung ſa
ge homme eſleut leure en laquelle il cou-
cheroit auecques ſa femme dōt il peuſt en
gendrer enfant merueilleup/ ou qui fuſt
a eſmerueiller.⁋Derrenierement dont
vient ce que poſſidonius ce grant aſtrono
mien et philozophe de ces deup iumeaulp
qui furent enſemble malades. Reſpōdoit
que ceſtoit pour ce quilz furent nez en ung
meſme temps/ et en ung meſme temps cō
ceus. Car pour ce y adiouſtoit il la conce
pciō/affin quil ne luy fuſt dit qlz ne peuſ
ſent clerement ne aplain eſtre nez en ung
temps/ leſquelz il apparoit certainemēt
quilz auoient eſte conceus en ung temps:
a ce que on deiſt quil nattribuaſt pas ce q̃
ilz eſtoient pareillement et enſemble ma-
lades/ au pareil attemprement du corps
qui eſtoit ſi prochain/ mais a faſt aup for
ces des eſtoilles celle pareilete de force ou
de ſante.⁋Se doncques telle et ſi grant
force eſt en la concepcion quil conuienne a
voir les iumeaulp/ou ceulp qui ſont enſē
ble cōceus equalite de fatz ou de deſtinees
quilz eurent quant ilz furent conceus. ne
deuſſent pas auoir eſte muez/ pour ce qlz
ſont nez en diuers temps: Auſſi la vou-
lente de ceulp qui viuent ne mue elle pas
les fatz ou deſtinees de leur natiuite/ cō
me lordre des naiſſans mue les fatz ou deſ
tinees de la concepcion/ iaſſoit ce auſſi que
iceulp concenemēs des iumeaulp auſqlz
certainement ſōt parelz/et ungz meſmes
momens dont il eſt fait/et auient q̃ ſoubz
une meſme cōſtellacion fatale lun ſoit cō
ceu maſle/ et lautre femme ou femelle.

⁋Expoſicion ſur ce chapitre:

En ce v. chapitre monſeigneur ſaint
auguſtin pourſuit ſa diſputacion
contre les mathematiciens. Et principa-
lement contre la reſponce de poſſidonius
miſe ou ſecond chapitre de ce liure/et cōtre
la reſpōce de nigidius miſe ou .iii. chapitre

Et premierement il enquiert la ssie nota
cion ou point de leure soit oroscope. Cest
adire lascendent, laquelle ilz iugent du
fat ou destinees. Assauoir se cest de leure de
la concepcion, ou se cest de leure de la nati
uite, et repreuue toutes ces deux oppini
ons. ⁋ Apres quãt il ple du sage hõme q̃
esseut leure en laq̃lle il iroit coucher auecq̃
sa fẽme. ⁊c. Il se treuue pareil exẽple en li
store dalixandre de neptanabus et olipi
as q̃ fut mere dalixandre, et fẽme du roy
philippe de macedoine, auecq̃z laquelle ce
neptanabz coucha p̃ cautelle, et esseut leu
re en laquelle il coucheroit auec elle pour
auoir ung merueilleux enfant. Et cõe el
le Boulsist auoir enfant et traueillast, il
ẽpescha quelle ne seust iusques a certaine
heure. ⁋ q̃ Bouldra Beoir listore plus a plaĩ
Boie lystore dalixandre, laquelle Bincent
racõte ou .B. liure du miroer historial. Et
cõbien que aucũs tenissent que cestup ali
xãdre sust filz de neptanabus, touteffois
dit iustinen son p̃. liure que ce roy philip
pe de macedoine ung pou auant sa mort,
publia que alixandre nestoit point son
filz. Et que pour ceste cause il repudia oli
pias sa fẽme. mais alixandre pour soy
Bouloir monstrer plus grãt, et filz de plus
grant pere, et plus noble que se roy philip
pe Et aussi abbatre la Billenie de sa mere
que le roy philippe auoit repudiee, Il sub
sourna et corrõpit les prestres du temple:
Et apres ce q̃ il les eut subbornez y alla, se
q̃l tantost les prestres saluerent cõe le filz
de dieu ãmonis. Et il se oyt ainsi appeser
il en fut si ioyeux q̃ cõmãda quil fust al
si appese, et que on le tenist ainsi.

⁋ Des iumeaulx dissẽblables de sexe.
  Bi.

N ous auons cõgneu iumeaulx
de diuers sexe, ilz Biuẽt ancores
tous .ii. ilz sont en fort aage, des
quelz cõ bes sourmes des corps soient sẽ
blables p telle maniere cõe il peut estre en
diuers sexes, touteffois de maniere de or
donnance et de proposs de Bie ilz sõt si despa

relz que hors les fais les q̃lz il est necessite
destre differens, cestassauoir les fais se
minins des fais des hõmes et aux dons
de dieu que cestup cheuaulche ou fait son
fait en office de cheuallier, ⁊ a peine q̃l Ba
Et est tousiours hors de sa maison, ⁊ celle
se ne se depart point de la terre de son pere
ne de son pays dont elle est nee. ⁋ En seur
que tout se les fatz ou destinees des estoil
les qui est chose plus nõ creable, sõt creus
pous certain ce nest pas merueilles se on
a regart aux Boulentez des hõmes ⁊ aux
dons de dieu et se on y pense. ⁋ Cestup est
marie, ⁊ celle est Bierge sacree, cestup a en
gendre tres grant lignee, celle ne cest pas
mariee, mais certes si cõe ilz dient la for
ce de soroscope ou ascendẽt y Sault moult
Que ceste chose cestassauoir ces satz ou
destinees ou constellacions des estoilles
ne sa force de soroscope ou ascendẽt ne soit
rien, ie say assez dispute ⁊ desclaire. mais
que q̃ chose que se soit, ilz se dient Baloir
a la natiuite. ⁋ Nest il pas doncques ain
si en la natiuite en laquelle il est tout cler
que en celle heure somme gist auecques sa
fẽme, ⁊ la fẽme auecques sõme. Et la for
ce de nature est telle que quãt la fẽme a cõ
ceu, elle ne puit nullement conceuoir au
tre. Pourquoy il est necessite en sa concep
ciõ des iumeaulx estre ungz mesmes mo
mens. Ou p auenture pour ce en diuerses
oroscopes ou ascendens en naissãt. cestup
fut mue en masse ⁊ celle fut muee en fẽme
⁋ Doncq̃s cõe il ne puit estre dit du tout
sans cause, aucuns inspiremens ou issu
ences des toilles Baloir aux seules diffe
rences des corps, si cõe nous Beons mes
mes aux aduenemens et departemẽs du
soseil les tẽps de lan estre muez et chargez
Et placroissement ⁊ descroissement de la
lune aucũes manieres de choses estre aug
mentees et diminuees, si cõe ung poisson
de mer quon appese ethinus, et les cõques
de mer, cestadire moules et oistres. et sem
blables, ⁊ les merueisseux croissemens ⁊
descroissemens de la grant mer que on ap
pese la mer doccean. Et touteffois on ne
p.ii.

peut dire raysonnablement les voulentez des courages des hõmes estre submises et subgectes aux posicions des estoilles. Or est ainsi que a present ces mathematiciẽs cõe ilz sefforcent de restraindre noz fais, ilz nous admonnestent q̃ nous demãdõs dont ceste rayson peut estre que ces influẽces ne sestendent pas aux choses corporelles, car ql̃q chose ne seur est plus apparte nant au corps que se seye du corps. Et tou tesfois ces iumeaulx de diuers seye peuẽt estre cõceus soubz vne mesme posicion des toilles: Et pce quelle chose peut estre dicte ne creue plus follement que la posicion des estoilles qui fut vne mesme posicion aux deux iumeaulx a seure de leur concepcion non auoir peu faire que elle, cestassauoir la fẽme neust pas seye diuers de son frere. auecq̃s lequel elle auoit este cõceue en vne mesme constellacion, et la posicion des es toilles q̃ fut a seure de leur natiuite auoir peu faire quelle fust si dissemblable de sui comme en saincte Virginite.

⁋ Exposicion sur ce chapitre.

En ce vi. chapitre monseign̄r saĩt augustin reprent les mathematiciẽs pce quil dit q̃l vit de deux iumeaulx masle et femelle. Et quant il ple de ethinus, cest vng petit poisson qui na pas pie et demi de long leq̃l a espines ou asettee poingnantes lesquelles en temps de tẽpeste il fiche en vne nef, et areste la nef, non pas p la force du poisson, mais pource quil est de telle nature.

⁋ De selection du iour duquel on prent femme, ou auquel on plante ou seme en vng champ aucune chose. Vii.

Qui souffrira ia ceste chose, cest assauoir quilz sefforcent de mettre aucune nouueaux fatz ou destinees en eslire les iours de leurs fais. Cestadire quilz regardẽt et eslisent en ql iour ilz les feront. ⁋ Nestoit pas ce sage homme ne en celle constellacion, cestadire ql eust filz qui feist a esmerueillier, mais qui plus est affin quil engendrast tel qui feist a depriser. Et pour ce icelluy sage hõme esleut seure en laquelle il coucheroit auecques sa femme. Doncques fist il fat, lequel il nauoit pas, cestassauoir en sa natiuite. Et de son fat commenca a estre fatal en soy ce qui en sa natiuite nauoit pit este fatal. Cestadire qui se feist dependãt du fat ou destinee qui nauoit point este en sa natiuite. ⁋ O folie singuliere on eslit iour ouquel on prengne femme, ie croy se le iour nest esleu, que pour ce on peut ancores en iour qui nest pas bon, a prendre fẽme maseureusement et meschãment. Ou est doncq̃s ce que les estoilles auoiẽt ia iuge estre quant il fut ne. Peut doncques sõme par eleccion de iour muer ce qui ia suy auoit este constitue en sa natiuite. Et que ce quil aura constitue ou ordonne en essire iour ne pourra estre mue p autre puissance. ⁋ Apres ce les hommes tant seulemẽt sont submis et subgectz aux cõstellaciõs et non pas toutes les choses qui sont dessoubz le ciel. ⁋ Pourquoy essisent ilz autres iours ordonnez a planter vignes ou arbres, ou a semer bledz. Et aussi essisent ilz autres iours a prẽdre bestes pour elles appriuoiser et nourrir, ou pour les mettre auecques les masses. Desq̃lles bestes soient engendrees et nez les troppeaulx de cheuaulx, de iumẽs, et de beufz, et autres bestes, et choses de pareille condicion. Et se pour ce les iours esseus vallent ou pourfittent a ces choses q̃ la posicion ou situacion des estoilles a dominacion ou puissance selõ la diuersite des temporesz momẽs des estoilles sur tous les corps terriens et animaulx, cestadire ayans vie et ame. cõsiderent cõe ilz sont des choses tant q̃ sans nombre qui sont neez ou engendrees ou commencees soubz vng point, ou soubz vng moment de tẽps. Et si ont depuis fins si diuerses, et si dissemblables, affin qlz entendent que ces obseruaciõs qui sa amõnestent a estre et garder ces obseruacions ne sont que ris et mocquerie a quelsconque enfant, car qui est cestuy qui est si hors du sens qui ose dire que tous arbres, toutes bestes, tous serpens ayent divers momens de naistre lun apres lautre. Toutesfois aucuns hommes pour esprouver sa sciece des mathematiciens leur apportent et anoncent les constellacions des bestes mues, les naissances ou nativitez dicelles, desquelles ilz regardent et enquierent diligamment en leurs maisons pour savoir la verite de ceste inquisicion, cestadire seure des se iour de sa nativite. Et ces mathematiciens y mettent devant les autres, se silz dient quant ilz ont regarde aux estoilles que homme nest pas ne, mais une beste. Aussi osent ilz dire quelle beste est nee, se elle est ou sera prouffitable a porter saine ou a porter fais, ou mettre a la charue, ou a garder la maison. Car on les assaye aussi des fatz ou destinees des chiens. Et quant ilz y respondent, vrayement ilz en sont grant feste pour sa grande admiracion et cry que ceulx qui de ce ont enquis en font. Ainsi faisoient les hommes quilz cuident quant ung homme naist que les naissances de toutes autres choses soient si contraintes ou si deffendues que avecques seme quant il naist ne puist estre nee une seule mouche soubz une mesme partie du ciel. Et silz le confessent, cestadire que une mouche puist naistre avecques ung homme quant il naist, largement procede, cestassavoir quil fault quilz confessent que de petit en petit, et de degre en degre il vienne des mouches aux chevaulx, aux elephans, et aux autres bestes, cestadire q tout aussi bien peuvent naistre toutes manieres de bestes a seure que lomme naist come fait la mouche. Ne ilz ne veullent pas considerer que es seul se iour que on veult semer ung champ que tant moult de grains viennent et naissent ensemble, germent ensemble. Et quant le ble est ne, il devient herbe ensemble croissant et iaunissant. Et toutesfois des espis qui sont pareilz aux autres, et grenus comme les autres. Les ungz sont mengiez des vers, les autres les oyseaulx les men-

guent, les hommes cueillent les autres. Comment diront ou oseront ilz dire ces choses avoir eu autres constellacions, lesquelles ilz regardent et devoient avoir si diverses bornes et fins. Ou ilz se repentiront desdire toutes a ces choses appartenir au decret ou iugement celeste, et submettront les hommes tant seulement aux estoilles, ausquelz ung seul dieu a donne en terre franche voulente. Toutesfois ces choses considerees on ottrope, non pas sans cause comme les astronomiens respondent merveilleusement moult de choses que ce font il par reposte ou mucee instigacion non pas de bons esperis, mais des mauvais sa cure ou soing desquelz est de semer et mettre avant aux pensees humaines ces fausses et nupsibles oppinions des fatz, ou destinees des estoilles, et de se confermer, non pas par aucun art de regarder et noter sascendent quilz appellent oroscope: laquelle art est nulle.

Exposicion sur ce chapitre.

En ce vii. chapitre monseigneur saint augustin reprent les mathematiciens, et demonstre que cest chose folle et vaine de iuger des fais et des advenemens des choses humaines, non pas selon leure seulement, mais ancores selon le iour. Et fait deux choses en ce chapitre. Premierement il repreuve lordonnance de ceulx qui eslisent les iours. Secondement il demonstre dont ce vient que ces mathematiciens dient aucunesfois verite. Et ceste seconde partie se commence la ou il dit. Toutesfois ces choses considerees. &c. Et quant monseigneur saint augustin parle du sage homme qui eslent leure. Il entend ce sage homme cestuy dont il a parle ou v. chapitre. Apres ou il dit. Se les hommes seulement. &c. Il argue contre les mathematiciens plo cum a divisione. Cestadire par le lieu de sufficiente division, en voulant dire ainsi. Ou les hommes seulement sont submis a la necessite du fat ou non. La premiere

p.iii.

ptie ne cōcedent pas ou ottroient les ma‐
thematiciēs/car mesmes aux autres cho‐
ses eslisent ilz certains iours. Si ȩ̄ sūt
doncqȝ qlz ne puissēt nyer le second poīt
leql confesse/il appt leur sottie et leur va
nite. Et que leur argumēt ne pcede point
p la tresgrāt diuersiteȝ īcertainete des cho
ses q̄ sont a auenir aux autres choses par
telle maniere q̄l appt īcontinēt que ce soit
chose īpossible de dōner iugement certain
de laduenemēt de ces choses ou tēps a aue
nir] Apres quāt il dit que les hōmes seu
sent apporter a ces mathematiciens ou as
tronomiens les cōstellations des bestes
mues pour essayer quilȝ scaiuent. Il re‐
pueue la sottie de ces mathematiciēs ou
astronomiens q̄ sentremettēt des natiui‐
teȝ des bestes mues. Et aussi la sottie de
aucuns hōmes/q̄ voulās essayer la scien
ce des mathematiciens quāt aucune beste
est nee en leur maison/ilȝ regardent et cō‐
siderent diligāmment leure q̄lle a este nee/
Et ce fait sēn̄ vōt a ces mathematiciens
et dient/ a telle heure de tel iour mest nee
ūne beste en ma maison. Je vous deman
de quelle beste et de q̄lle espece/ou de quelle
nature. Et silȝ dient verite/ilȝ sen esmer
ueillent moult/ainsi cōe silȝ tenissēt q̄lȝ
en eussent vraye congnoissāce. Mais mō‐
seignr̄ saint augustin repueue cestechose
Car sicōe il dit se on pouoit sauoir quelle
beste seroit nee/et de q̄lle espece/p auoir cō
gnoissāce de la seule heure et de la natiuite
Il sensupuroit q̄ a leure que ūng homme
naistroit ūne mouche ne peust naistre/
car p celle rapsō q̄ on vous dioit ottroyer q̄
ūne mouche pourroit naistre/il fauldroit
ottroyer q̄ toutes bestes peussent naistre/
a prendre pr̄tit a petit de la moīdre beste ius
q̄s a la plus grande Et aussi se ūne mou
che peut naistre quāt lomme naist/p celle
rapson il peut naistre ūne brebis. Et par
celle mesme rapson ūne autre beste qui est
ūng pou plus grande dune souris/et ain
si de degre en degre venir iusques aux che
uaulx et iusques aux elephans. Et p cō‐
sequent se ūng homme (ūne mouche peu

ent naistre ensēble/p ceste mesme rayson
pruent naistre toutes manieres de bestes a
uerqȝ homme cōe elephans/beufȝ/lyons
vaches/lieppars.

(De ceulx q̄ appelent soubȝ le nom du
fat/non pas la posicion ou constellacion
des estoilles/mais la connexion des cau‐
ses deppendātes a la voulēte de dieu. viii.

M ais ceulx qui appellent p le nom
du fat ou de destinee/non pas la
constitucion ou cōstellacion des
estoilles/sicōe il est quāt aucune chose est
conceue/nee/ou cōmencee. Mais ilȝ appe
lent fat ou destinee la connexion ou allia
ce et ordre de toutes les causes/pour laql
le ordre est fait tout ce qui est fait. Il ne se
conuient pas moult trauaillier a arguer
contre eulx de la diuersite ou controuersie
de ce mot quant ilȝ attribuent a la vou‐
lente et puissāce du souuerain dieu lordre
des causes/et la connexion qui est ainsi cōe
ūne aliance. Lequel dieu est creu tres vray
ment/et sauoir toutes choses auant quel
les soient faictes/et rien laisse desordonne
duquel sont et viennent toutes puissāces
iassoit ce que les voulēteȝ de tous ne soiēt
ou ne viennent pas de suy.] Doncques
il est ainsi prouue q̄ȝ appelent principale‐
ment fat ou destinee celle mesme voulen‐
te de souueraī dieu. La puissance duquel
est estendue p toutes terres sās estre sour
nōmee daucun.] Se ie ne suis deceu ces
vers qui sensuiuent sont damnes. seneca
Souuerain pere & seigneur du hault ciel
maine moy en quelque lieu quil te plaist
ie ne vueil faire nulle demeure de obeir a
toy/ie suys prest et ne suis pas paresseux
say ce que ie ne vueil pas/ie laccōpliray
en gemissāt. Et souffriray faire cōe mau
uais ce q̄ est licite a faire a ūng bon fat et
destinee meinent le voulāt et le nōn vou
lant traīt malgre luy. Certes en ce vers
derrenier il appela tresēuidāment ces cho
ses estre fatz ou destinees/ lesqlȝ il auoit
p dessus appelees la voulēte du souueraī

pere/auquel il dit ql est appareille dobeyr et quil soit mene suy voulant/affin quil ne soit trait suy non voulant/pour ce que les fatz ou destinees meinēt cessuy qui se veult/et le non voulant trayent. Et a ceste sentence ces vers de omer/lesquelz cicero/cestadire tusses les transsata de grec en latin Celses sont les pensees des hommes cōe sa lumiere de laquelle ce mesme pere iupiter a auironne ses terres. ¶ Ne la sentēce du poete nauroit auctorite en ceste question/mais pour ce que cicero dit q̄ les stoiciens affermēt sa force du fat. Il dit les stoiciens auoir vsurpe iceulx vers de omer. Cestadire quilz les seusent alleguer a seur propos. Mais on traicte/non pas de soppinion de ces philozophes cōe il soit tresappertement desclaire'p ces vers quilz adioustent a seur disputacion/quelle chose ilz sentēt q̄ se soit de fat ou destinee pur ce quilz appesent iupiter/lequel ilz tiēnent et cuident estre se souuerain dieu. Cessuy duquel ilz dient deppendre sa cōnepion ou alliāce de ces fatz ou destinees

¶ Epposicion sur ce chapitre.

En ce viii. chapitre monseignr̄ saint augustin demōstre que fat ou destinee est prins daucuns soubz autre entendement que pour sa force de sa posicion des estoilles/soubz sequel entendement nous auons ia dispute cy deuant cōtre ce fat ou destinee. Car aucunessois il est pris pour sa connepion ou ordre des causes. Laquelle cōnepion aucuns ont dit estre sa voulēte de dieu/ou de proceder de cesle voulente de dieu. Et ainsi a il este touche ou .i. chap de ce siure. Et cesle chose prueue mōseignr̄ saint augustin par les dis de senecque & de homer. Et ce dit de homer veult il ancores consermer par sauctorite des stoiciens ¶ Apres quāt il parle de la connepion ou ordre/ce dit saccorde a sa diffinicion de fat ou destinee laquelle met crisippus laquelle nous auōs mise sur le premier chapitre de cesiure: Apres quant il met les vers

de senecque/aucuns dient quilz sont aux tragedies/mais nous ne les y auōs pas trouuez. Les autres dient quilz sont dun siure qui sappelle de ludicris senece. Apres quant il dit en ces vers de senecque que ce dieu face ce quil ne veult pas/il sensuiura en gemissant ou en plorant/ice. Senecq̄ veult dire que suppose quil soit mis q̄l ne vueille pas faire ce q̄ a quop les destinees le veussent mener/toutessois conuiendra il quil se face en gemissant/cestadire a desplaisir. Et quant il dit ce quil est licite a faire aux bons/cestadire ce que le bon fait voulentiers. Et ce quil dit quil souffrira. Cestadire q̄l y sera trait/& sera ainsi cōme contraint a ce faire. ¶ Et pour ce quil sera fait de sa voulente/il sera en ce plus pacient que agent. ¶ Apres quant il parle des vers de homerus transsatez en satin p tusles Il est assauoir que tusse transsata les siures de homerus/& ses vers de grec en satin/sicōme mesme tusse se confesse ou v. sisure qui est de finibz bonorū et malorū/cest adire de la fin des bons et des mauuais. ai si cōme apres le millieu. ¶ Apres quant mō seignr̄ saint augustin dit. Ces vers de homerus nont point dauctorite en ceste question pour ce que sa ou on traicte daucune matiere naturelle ou de nature/et que on dispute/non pas seulement contre les oppinions des hōmes/mais a prouuer sa verite/sicōme on dispute a ce propos. Et en ce chapitre on ne sarreste point au dit des poetes/ne ny adiouste lenquelcouq̄ soy. Il veult monstrer sa cause pourquoy il ses pa amenez. Et dit que cest pour ce q̄ tusle ou siure de fato dit que les stoiciens q̄ mettent le fat/cestassauoir les destinees & sa force de sa posicion des estoilles estre de sa voulente ou puissance du souuerain dieu vsurperent et prindrent ces vers de homerus. Et pour ce ameine il ceste auctorite des stoiciens qui fut vne secte de grant auctorite. Toutessois tusles en son siure de fato argue contre crisippus qui fut prince et maistre de toute cesle secte. Et monstre comment il ne peut sauoir le fat ou le frāc arbitrage/ Cestadire ses destinees par la maniere que le fat est prins icy/ cestadire par la maniere quil est dit en ce chappitre que crisippus se met/ cestassauoir que cest la connexion et ordre des causes. ℣cc.

¶ De la prescience de dieu et de la franche Boulente de lomme contre la diffinicion de cicero/cestadire tulle. iv:

Cicero sefforce aussi de redarguer ces stoiciens/et ne cuide rien valoir contre eulx chose quil die sil noste la diuinacion/laquelle il sefforce a oster par telle maniere quil nye la science des choses auenir. Et contend ou dispute de toutes ses forces que du tout en tout elle est nulle/ou soit en dieu ou soit en homme. Et quil nest nulle predicacion des choses/et ainsi il nye la prescience de dieu. Et sefforce de destruire par vains argumens toute pphecie qui est plus clere que le iour Et en opposant a luy mesmes propose aucunes raysons et respōces/lesquelles peuent estre reboutees legierement. Et lesqlles toutesfois il ne conuaint ne destruit pas/mais sicōe il dit a rebouter ces coniectures des mathematiciens sa raisō regne Car vrayment elles sont telles que elles se destruisent delles mesmes. Et moult sont plus a tollerer ⁊ a souffrir ceulx qui dient que les estoilles sont les fatz ou destinees/que ne fait cicero qui oste la presciēce des choses auenir/cest tresapperte forsenerie. Et comme il dist ou vist ceste chose/il essaya a affermer ce qui est escript. Le fol dit en son cueur que dieu nest point Mais il ne dit point ces choses de sa persōne/car il vit bien cō hapneuse chose cestoit cōm griefue ou dure. Et pour ce ou liure de la nature des dieux il establit vng appelle cotta/disputant de ceste chose contre les stoiciens. Et ayma mieulx a rēdre sētēce pour lucilius balbus/lequel il auoit ordonne a deffēdre ou soustenir la partie

des stoiciens/que pour cotta lequel dispute et dit quil nest nulle diuine nature/cest adire quil nest point de dieu/mais en ces liures de diuinacion/il destruit en sa persōne tresappertement la prescience des choses auenir/et semble quil face affin quil ne consente que fat ou destinee soit et destruise franche voulente et arbitre/ car il cuide que ottroye la prescience des choses auenir que par ce il sensuiue que fat soit p telle maniere que on ne puist par quelcōq voye nyer quil ne soit. Mais en quelque maniere que ce aient ou puissent auoir ses trestortues contempcions ou disputaciōs des philosophes/nous en la maniere que nous confessons vng souuerain et vray dieu/ainsi nous confessons sa voulente et sa souueraine puissance/et sa prescience/⁊ nous ne doubtons point que pour nous faisons/non pas de nostre voulente ce que nous faisons de nostre voulente Car cestuy du ql la presciēce ne peut estre deceue/sceut parauant que nous ferions ceste chose/laquelle chose cicero doubta/ affin quil debatist la prescience/et aussi firent les stoiciens affin quilz tenissent que toutes choses auenissent de necessite/ia soit ce quilz cōtendissēt que toutes choses auenissent par fat ou par destinee. Quelle chose est ce doncques que cicero doubta en la presciēce des choses auenir a ce quil sefforcast de la destruire par disputaciōs detestables/cestadire mauuaises. Cest assauoir que se toutes choses auenir sont sceues parauant quelles auiennent. elles auendront par cel ordre par lequel elles sont sceues quelles sont a auenir. Et se elles auiennēt par cel ordre/lordre est certain a dieu sachant icelles choses parauant/⁊ se lordre des choses est certain/lordre des causes est certain. car aucune chose ne peut estre faicte que aucune efficien nait precede. Et se lordre des causes est certain/par lequel est fait, tout ce qui est fait. Il dit q toutes choses qui sont faictes sont faictes par fat Et sil est ainsi/rien nest en nostre puissāce/ ne il nest point darbitraire de franche

Doulente. Laquelle chose se dit il se nous ottroyons, toute lhumaine vie est tournee ce dessus dessoubz, les loix sont donnees ou baissees pour neant, on plaide pour neāt, car en vain sont adioustees ou pour chassees louenges ou blasmes, ou admonestemens. Et pour neant est establie iustice, & aux bons sont pour neant establis et ordonnez guerdons, et tourmens aux mauuais. ¶ Dont affin q̄ ces choses desraisōnables et mauuaises aux choses humaines ne sensuiuent. Il nye la prescience des choses auenir pour ce quil tiēt & cuide que lun et lautre ne puist estre, car si cō il dit se on met lun, et conuient lautre oster Cest a dire q̄ se nous eslisons presciēce des choses auenir, nous ostons franc arbitre de Voulente. Se on eslit larbitre de franche Voulēte, on toult la prescience des choses auenir. Et pour ce luy cō grant hōme et sage, et tresgrandement et tressagemēt conseillāt a la vie humaine, esleut de ces deux choses franc arbitre de Voulente. Et affi quil fust cōferme et approuue, il nya estre la prescience des choses auenir. Et p ce quant il veult faire les hōmes frās, il les fait sacrileges. mais le courage religieux eslit lun et lautre, et cōfesse lun & laultre par soy de pitie. cest a dire de vraie foy:
¶ Cōme peut ce estre ce dist il, car la presciēce des choses auenir, et toutes les choses qui sont conneuees sensuiuront iusques a ce que on vienne a ce que rien ne soit en nostre Voulente. par ces mesmes degrez retournans on vient a ce quil ne soit point de prescience des choses auenir, car on retourne au retour, aussi p toutes icelles choses en ceste maniere. Sil est franc arbitre de Voulente. Toutes ces choses ne sont pas faictes par fat ou destinee. Il nest pas certain ordre de toutes causes. Se certain ordre des causes nest pas, aussi nestil pas certain ordre des choses dieu sachant pauant les choses qui ne peuent estre faictes fors par ses causes precedentes et efficientes. Se lordre des choses nest pas certain dieu sachant icelles parauant toutes cho-

ses ne viennent pas ainsi quil soust parauant quelles estoient a auenir. ¶ De rechief se toutes choses nauiennent pas en la maniere quil les a sceues parauant a auenir Il dit que toute la prescience de toutes les choses qui sōt a auenir nest pas en dieu. ¶ Contre ces hardemens et sacrileges de soy paulx, nous disons et que dieu scait toutes choses auāt quelles soiēt faictes, et qnil scait que nous faisons de nostre Voulente, ce que nous faisons et congnoissons estre fait de nous, et non, fors de nostre Voulente. Mais nous ne disons pas que toutes choses soiēt faictes par fat ou destinee. Mais nous disōs que nulles choses ne sont faictes par fat ou destinee. Car nous mōstrons que le nom de fat ne sault rien en la maniere quil seust estre mis ou entendu de ceulx qui en parlent. Cest a sauoir en la constitucion des estoilles, en laquelle vngchascun est conceu et ne, pour ce que ceste chose est affermee vainement. ¶ Mais ne nous ne nyons fors dire des causes ou la voulente de dieu peut estre moult, ne nous ne lappelons pas p nom de fat, se ce nest parauenture en tant que nous entendons que ce fat est dit a fando, cest a dire de pler, car nous ne pouons nyer quil ne soit escript en la saincte escripture: Dieu a parle vne fois, iay oup ces deux choses, car puissance est de dieu, et a toy sire est misericorde qui rend a vng chascun selon ses euures. Et ce q̄ est dit, dieu a parle vne fois, est entēdu quil parla fermement et incommutablement ainsi cōme il a congneu incōmutablemēt toutes choses q̄ sōt a auenir, et q̄l a a faire. par ceste rayson doncques nous pourrons appeler fat a fando, cest a dire de parler, se ce nom nestoit acoustume destre entendu en autre chose, cest a dire en autre significacion Ou nous ne voulons pas q̄ les cuers des hommes soient enclins ou enclines, Mais il ne sensuit poīt pour ce se soldre de toutes sa cause est cōgneue a dieu q̄ pour ce rien ne soit en arbitrage de nostre Voulēte. Et quelz merueilles, noz Voulentez mesmes sõt en sordre des causes. leql ordre est certain a dieu et est contenu en sa prescience et congnoissance/car ꞇ les voulentez humaines sont cause des euures humaines. Et ainsi cellup qui a sceu ignorer noz voulentez. Lesquelles il solt pauant estre les causes de noz euures. Car ce que ce cicero dit / que riens nest fait se cause efficiente ne precede auant. Il a assez en ceste question a lup redargue. Car que lup ap de ce quil dit que rien nest fait sans cause. Mais toute cause nest pas fatale/car ilz sont trois causes ceſt assauoir cause fortuite/ceſtadire dauenture. Il est cause naturelle. Il est cause voluntaire. ¶ Il souffist/ car il confesse que tout ce qui est fait ne peut estre fait/fors p cause precedente: Ne certes nous ne disons pas que ces causes qui sont appelees ou dictes fortuites/ dont le nom mesme de fortune prit son nõ. soient nulles. mais nous disõs qlles sõt repostes et mucees/et les attribuons a la voulente du vrap dieu/ ou a la voulente de quelconque esperit. Ne nous ne partons nullement ces causes naturelles de la voulente de cellup qui est aucteur ꞇ faiseur de toute nature naturee. Mais ia les causes voulentaires/ou elles sõt de dieu et des angles/ou des hommes/ou de qlsconques bestes. Et toutesfois les mouuemens que les bestes qui nont mie rapsõ font selon leur nature/quant elles appettent ou desirent . ou escheuent aucune chose de bien ou de mal doiuent estre appelez voulentez. Mais ie dp les voulentez des angles /ou soient des bõs. lesquelz nous disõs angles de dieu. Ou des mauuais lesquelz nous appelons angles du dpable ou dpables. Et aisi des hommes/ceſt assauoir des bons et des mauuais. Et p ce on concluD que les causes efficientes de toutes les choses qui sont faictes ne sont. fors voluntaires de celle nature, ceſt assauoir laquelle est esperit de vie. Car se ceſt air ou vent/est dit ou appele esperit. mais pour ce ql est appele corps/il nest point esperit de vie. ¶ Doncques lesperit de vie le

ql signifie toutes choses. Ceſtadire dõnent vic a toutes choses/est createur de tout corps ꞇ de tout esperit cree. Il est dieu et esperit non cree. En sa voulente est souueraine puissance. par laqlle puissance le createur de tous esperis/apde ses bonnes voulētez des esperis crees/ꞇ iuge les mauuais. Toutes les ordonne et donne puissance a aucuns/et a aucuns non. Car si cõe il est createur de toutes creatures/ aussi est il donneur de toutes puissances/ nõ pas de voulentez. Quelz merueilles les mauuaises voulentez ne viennent pas de lup/pour qlles sont contre nature, la qlse est de lup. ¶ Les corps doncqs sont plus subgectz ou submis aux voulentes / les aucunes aux nostres/ceſt assauoir de toutes choses mortelles animaulx q̃ õt ame et vie. Et plus de hõmes que de bestes/ et les aucunes des angles/mais toutes choses sont tres principalement et tres grandement subgectes ꞇ submises a la voulente de dieu/ auquel mesmes toutes voulētez sont submises/ car elles nõt point de puissance . fors celle quil leur donne et ottroie de sa puissance et voulente. Doncques la cause des choses. laqlle fait et si nest point faicte/ ceſt dieu/mais les autres causes font et si sont faictes/ainsi cõe les esperis crees/mesmemēt les rapsonables/ mais les causes corporelles q̃ sont plus faictes qlles ne facent/ ne sont a cõpter entre les causes efficientes/pour ce quelles peuent ce que les voulentez des esperis font delles. Cõment doncqs sordre des causes. le ql est certain a dieu/ꞇ le scait pauant fait ce q̃ rien ne soit en nostre voulente/ cõe noz voulentez aiēt grãt lieu en tel ordre des causes. Argue doncques cicero cõtre ceulx qui dient cel ordre des causes estre fatale / ou q̃ plus est qlz appelēt p nom de fat/ceſt adire de destinee/ laqlle chose nous auons principalement en grant abhominacion/ pour la mort qui nest point accoustumee destre entendue en vrape chose. Ceſt adire en vrape significacion. ¶ Mais ancores les blasmõs nous plus/et le reprenons/

Cestassauoir cicero que les stoiciens de ce qͥ nye que lordre de toutes les causes soit trescertaine trescōgneu a la pscience de dieu Car ou il nye q̄ dieu soit. laq̄lle chose pour certai il sēble qͥl bueille dire ou nom daul tre psonne qͥl Induit a fait pler en ses liures qͥl fist de la nature des dieux. Ou il cōfes se q̄ dieu soit/ lequel il nye qͥ sache les choses auenir. Ainsi il ne dit rien/ fors ce q̄ celluy q̄ dit/ cestassauoir dauid. Le fol dit en son cueur que dieu nest pas. Certes celluy nest pas dieu q̄ ne scait les choses a auenir. Et pour ce tāt peuēt noz boulentez cōe dieu beult ou a bousu quelles puissēt et qͥl a presceu. Et pour ce elles peuent tres certainement ce qͥlles peuēt/ et ce quelles ont a faire/ elles feront du tout en tout/ Car celluy de qui sa prescience ne peut estre deceue/ scait ce q̄lles pourrōt. et ce quelles ferōt. Et pour ce si me plasoit adiouster nom de fat ou de destinee/ ou aucune chose/ ie diroye plustost celluy estre fat qui a en sa puissance la bouleute du plus puissant a du plus foible/ que ie ne feroie en cel ordre des causes/ seq̄l les stoiciens en leur maniere/ non pas en la maniere accoustumee appellent/ cestadire dient oster larbitrage de franche boulente.

¶ Exposicion sur ce chapitre

En ce ix. chap. monseignr̄ saint augustin repreuue loppinion de tulle qui boulant reprouuer loppinion des stoiciens q̄ mettoiēt q̄ fat ou destinee selō ce q̄ fat est dit bne ordōnāce ppetuelle des causes/ erra tellement qͥl nya la prescience de dieu des choses qui sont a auenir. sicōe il appt p sō. ii. liure de diuinaciōe. Et beult monstrer qͥl erra ancoes trop plus que ne firent les stoiciens. Car les stoiciens nerrerent en fat ou destinee que ou non) pour ce q̄ sicōe il dit fat peut estre prins en autre signification selon le cōmun language de pler/ scilz a fādo. cestadire de pler. Et toutesfois ce peut soustenir ce nom. Et par ce la boulente de dieu seroit dicte fat/ pour ce que dieu pse ou dit ce qͥl beult qui soit fait

selō ce que dit dauid en bng pseaulme du psaultier ou il est dit/ il fut fait. Mais an cores dit monseignr̄ saint augustin qͥl erra plus q̄ ilz ne firēt/ non pas seulement les stoiciens/ mais que les mathematiciens ou astronomiens q̄ mettēt fat en sautre signification que ne sont les stoiciens. et se preuuent pour sa force de la posiciō des estoilles. Cestadire selon les constellacions dicelles. Et toutesfois selon ces mathematiciens ne npēt pas dieu estre/ et qͥl nait sa prescience des choses a auenir/ ce q̄ npoit et nye tulles en mettant franc arbitre pour bouloir oster sa prescience de dieu des choses a auenir. ¶ Apres quant il par se et dit que ce tulle dit que cestoit chose enuieuse et hayneuse. &c. Mōseignr̄ sait augustī beult dire que nye dieu cestoit trop masement detestable chose et hayneuse. Et pour ce tulles en sō liure de natura deorum/ boulant escheuer hayne introduit autres psonnes parlans et disputans de ceste matiere/ cestassauoir de la nature des dieux/ et deffendant ces oppinions desq̄lles oppinions lune fut quilz nestoiēt aucūs dieux/ a laquelle oppinion tulles ne saccordoit pas bien. ¶ Pour lentendemēt de laquelle chose/ il est assauoir que en ce liure q̄ est de natura deorū/ il sēble que tulle bueille affermer que dieu nest point/ a que aucūs dieux ne sont/ et le dit/ nō pas de sa psonne/ mais par trois psonnages quil ameine et introduit disputans de la nature des dieux. Pour sa premiere ptie il ameine bng appelle gueypū epicratū/ qui estoit de la secte des epicuriens. Lequel repreuue les sentences de tous les philozophes qui disoiēt quil estoit aucuns dieux. Et en sa seconde partie de ce liure il ameine cotta/ lequel nye quil soit aucūs dieux. Ou ii. liure il ameine curtiū lucilium balbū de la secte des stoiciēs/ lequel afferme que les dieux sont. Et ou tiers liure il introduit ce lucilius balbue a cotta. deffēdant chascun sa partie selon son pouoir/ par oppinion par maniere de disputacion. Et en la fin du liure il dit ainsi cicero: Hec cū dicta essent discessimus ita guesseio cōste disputandum verior michi balbi ad similitudinem veritatis videretur propensior. Et c'est ce que monseigneur saint augustī dit q̄ nous opposons en francois quāt il dit quil ayma mieulx rendre sentence pour lucilius balbus, lequel il avoit ordonne a deffendre la partie des stoicieus. Et luy mesmes en disputant en sa personne contre lucilius balbus, et affermāt quelle chose est divinacion, et quelle chose il entend par ce mot divinacion. En sō. ii. livre de divinacione dit, q̄ divinacion n'est point des choses q̄ on peut prevoir en leurs causes. Sicomme l'esclipse du soleil qui est preveu en ses causes, n'est pas divinacion, elle doit estre des choses qui avienent d'aventure et par cas fortuit. Et apres tulle en ce livre dit ainsi. Il ne me peut sēbler se dit il quil chee en dieu quil face ce q̄ doit avenir des cas d'aventure ou de fortune. car s'il les scait, il avendroit certainement. Et s'il avient certainement il n'est nulle fortune, et toutesfois est fortune. Doncques dit il, s'ensuyt il quil n'est nulle prescience des choses fortuites ou d'aduentures. Et apres monseigneur saint augustin en ce chapitre met une deduction de tulle, par laquelle tulle veult prouver q̄ sa prescience des choses avenir ne peut estre avecques franc arbitre. Laquelle deduction nous n'avons pas veue en propre texte ou livre de tulle de divinatione. mais n9 savons bien veu en effect en sa rayson et son argument quil met en son livre de fato, lequel tulle en disputant contre ceulx qui mettent les choses a avenir estre urayes p l'ordre des causes en seternite fait ceste deduction en effect, et contre toutes ces dis de tulle argue monseigneur sait augustin en ce chapitre et ou subsequent, et argue contre ses raisons, et y soit. Et monstre cōment il est trois manieres de causes, et si met la difference dicelles, sicomme il appert p ce chapitre.

⁋Se aucune necessite a seigneurie sans la voulente des hommes. p.

Et pour ce ancores n'est point a ressongner celle necessite p̄ laq̄lle les stoiciens se travailset a distinguer ou deviser, en ressongnant des choses en telle maniere quilz en soustraisset aucunes de sa necessite, et aucunes en submissent a celle necessite. Et en celles q̄ ne voulurēt pas estre submises a necessite. ilz mirent aussi noz voulentez, pour ce quelles ne seroient pas franches, s'elles estoient submises a necessite. Et se on dit q̄ celle necessite soit nostre, s'q̄lle n'est pōt en nostre puissance. Mais fait aussi ce q̄ le peut, iassoit ce que nous ne sa voulons pas ainsi cōme, est la necessite de sa mort. ⁋Est tout cler q̄ noz voulētez p̄ lesq̄lles on vit bien et mauvaisement q̄ telles voulētez ne sōt pas soubz telles necessitez, car nous faisōs moust de choses q̄ se nous ne voulions nous ne les ferions pas. pour ce q̄ premierement il appticet vouloir avāt q̄ faire. Et se nous voulōs il est, et se nous ne voulons il n'est pas pour ce q̄ nous ne voulōs pas se nous ne voulons. Mais se on diffinist celle estre necessite selō laquelle nous disōs q̄ est necessite q̄ aucune chose soit ainsi ou q̄ elle soit ainsi faicte. Je ne scai pourquoy nous sa doubtōs, a ce q̄ elle ne nous oste sa liberte et franchise. ⁋Ne certes nous ne mettons pōt sa vie de dieu ne sa p̄science soubz necessite. Se nous disōs quil est necessite que dieu vive tousiours. et q̄l face toutes choses avāt quelles avienent. ainsi cōme sa puissāce de luy nest pōt deuisee quāt on dit q̄l ne peut mourir ne estre deceu. Et ce ne peut il certainemēt, pour ce que s'il le povoit il seroit de moindre puissance. Quelz merveilles il est dit droitturieremēt tout puissāt q̄ toutesfois ne peut mourir ne estre deceu, car il est dit tout puissāt en faisāt ce q̄l veult, non pas en souffrant ce q̄l ne veult, laq̄lle chose selle avenoit, il ne seroit pas tout puissāt. Et pour ce q̄l est tout puissāt, il ne peut pas aucunes choses. Ainsi est quāt nous disōs aucune chose estre necessaire, que quant nous sa voulons, nous voulons de liberal et

franc arbitre/ ⁊ sans doubte nous disons
verite Et pource nous soufmetons nous
p̄ franc arbitre a necessite. laq̈lle destruit
franchise de voulente. ¶ Doncques sont
noz voulentez, et elles mesmes font tout
ce que nous faisons en voulant, laquelle
chose ne seroit faicte se nous voulions.
¶ Mais tout ce que ungchascun seuffre
contre sa voulente de la voulente des au
tres hō mes vault mesmes celle voulēte:
Et suppose quelle ne soit pas de luy, tou
tesfois est ce voulente de hō me/ mais cest
puissance de dieu. Car se sa voulente y es
toit tant seulement/ et il ne pouoit faire ce
quil vouldroit. Il seroit empesche p̄ plus
puissante voulente. Et toutesfois sa vou
lente ne seroit q̃ voulēte. Et sil ne pouoit
accomplir ce q̃l vouldroit, sa voulente ne
seroit point voulente dautruy/ mais de
luy qui ainsi le vouldroit. ¶ Doncques
tout ce q̃ hōme seuffre hors sa voulente/ il
ne se doit pas attribuer aux voulentez hu
maines des angles/ ou de q̃lconque p̄son
ne cree. Mais a sa voulente de cellup q̃ dō
ne puissance a ceulx qui ont voulente/ ne
pour ce il nest rien en nostre voulente que
dieu a sceu tout ce qui est a auenir Car on
ne peut pas dire q̃ cellup sceust neāt, auāt
q̃ auāt se sauoit, toutesfois sil sceut ce qui
estoit a auenir en nostre voulente/ on ne
peut pas dire quil sceust neant, ¶ Mais
quil auoit presceu aucune chose/ car sans
doubte et luy prescient. Cest adire quil sa
che les choses a auenir/ est il aucune chose
en nostre voulente. ¶ Et pour ce suppo-
se que nous ottropons ou confessons sa p̄
science de dieu/ nous ne pouōs en quelque
maniere oster sa voulente de franc arbitre
Ou ottrope franc arbitre/ nous ne pouōs
aussi dieu nyer auoir prescience des choses
a auenir/ car ce seroit mauuaistie de le nyer
¶ Mais nous confessons et embrassons
vrapment et sopaument lun et lautre/ lū
affin que nous croions bien/ lautre affin
que nous viuons bien, car on dit mauuai-
sement se on ne croit bien de dieu, dont ia
nauienne que nous n'ayons la prescience de

Quinto

dieu/ affin que nous ayons franc arbitre
par lepde duquel dieu nous sommes ⁊ se
rons tous frans. ¶ Et pource ne sont
pas sans cause les loix/ les plais/ les ad
monnestemens/ les louenges ⁊ blasmes
Car parauant quelles fussent, il sceut q̃
elles estoient a auenir, et valent moult.
¶ Cestassauoir tant cōme il sceut auāt
quelles deuoiēt valoir, car les prieres va
lent a impetrer ce quil sceut q̈ ottroieroit
a ceulx qui se requerroient ou qui se depri
roient. Et si furent iustement ordonnez ⁊
cōstituez les louyers aux bienfais,⁊ les
tourmens aux pechiez. ¶ Ne certes lom
me ne peche point pour ce que dieu a sceu
quil pecheroit, mais pour ce quāt il peche
on ne doubte pas quil ne peche, pour ce que
cellup de qui la prescience ne peut estre de-
ceue/ non pas fat ne fortune, ne aucune tel
le chose auoit sceu quil pecheroit auant q̃l
pechast, lequel. Cestassauoir lomme ne
peche poīt sil ne veult. Et leq̃l sil ne veult
pechier, ancores le sceut il parauant, cest
adire dieu quil ne vouloit point pechier.

¶ Epposicion sur ce chapitre:

En ce v. chapitre monseigneur saint
augustin demonstre comment la
prescience de dieu ne met pas necessite de cō
trainte a voulente/ ne telle impossibilite
quelle puist estre eschue. Cestassauoir a
franc arbitrage, ne aussi aux choses pre-
sceues, cestassauoir a sa prescience de dieu
Et fait en ce chapitre deux choses/ premi
erement il demonstre ou en quoy franchi
se de voulente doit estre auecques necessi
te/ ou en quoy elle y repune. Secōdemēt
il demonstre que celle voulente peut estre
auecq̃s sa presciēce diuine. Et ceste.ii. p̄tie
se cōmence ou il dit. Ne pour ce il nest rien
en nostre voulente. ⁊ce. ¶ Quant a la
premiere partie, Il est assauoir que la ne-
cessite que les stoiciens doubterent, fut la
necessite du fat ou destinee/ repunant a
franchise de voulente. Dont si comme
dit agellius en son liure de noctibz acticis
Aps ce que crisippus q̃ estoit prīce des stoi

ciés eut diffini fat p la maniere que nous sauons dit ou pmier chapitre de ce liure. Et les autres luy eurent opposé q̃ sembloit q̃l voulsist destruire franc arbitre de voulente. Ce crisippus en desclairant son intencion dist que quant il auoit dit que fat estoit vne sempiternelle et indeclinable ordre des choses, et vne chaine tournant et impliquant soy mesmes p ppetuelz ordres de cõsequẽce, voulant garder franc arbitre de voulente disoit que en ce fat ou de ce fat proceddoit vne maniere de mocion a bien ou a mal. Et quant icelle voulente estoit attẽpree, elle faisoit les bonnes euures ou les mauuaises. A ce prouuer met vng exẽple dune pierre ronde, laq̃lle on gette en vng pendant, et descent contre val, icelluy pẽdant dont celluy qui la gette est cõmencement de sa descendue. Mais toutesfois la pierre quant elle est gettee se tourne delle mesmes, non pas que depuis elle soit remuee p celluy q̃ la gettee, mais ce mouuement elle a ia delle mesmes, apres ce quelle est esmeue de son tournement. Et de sa ronde ou spericale figure a ce conuenable et ordonnee quelle se tourne p ceste maniere. Et en telle maniere dit il quil est de lordre de la necessite du fat, car sicõe il dit les cõmencemens des choses esmeuuent les causes du fat, mais la force des cõsaulz et de noz pensees attempēt noz euures et noz voulentez, et les propres engins de la pensee de vngchascun. Tulle en son v. figure de fato dit que cõme crisippus sesforçast et labourast a trouuer et a sauoir cõe toutes choses peussent estre faictes p fat, et que neantmoins il demourast aucune chose en nostre puissance il ne se sceut despescher de ceste question ne monstrer celle oppinion, et y demoura intricque et enueloppe. Mais monseigneur saint augustin dit cy que celle necessite q̃ les stoiciens resõgnerent, et pourquoy ilz submirent aucunes causes a necessite, et a aucunes non, nest poit a ressongner. Entre lesquelles ilz mirent que noz voulentez ne sont pas submises a la voulẽte du fat. Et fut pour

doubte quilz ne tollissent franchise de voulente. Et pour cause de ce monseignr̃ saint augustin fait vne distinction de treple necessite. Lune qui vient de contrainte et est submise a necessite. Et celle est contre franchise et liberte, soit que ceste liberte et franchise soit de contrainte, soit que franchise ameine celle necessite, et celle touche il ou il dit. Car se len dit que celle necessite soit nostre. &c. ¶ La seconde necessite est de immutabilite laquelle est de dieu, ia soit quil ne soit pas submis a elle. Et celle nempesche pas franchise de voulente. Et celle touche il ou il dit. Mais se on diffinit telle estre necessite. &c. ¶ La tierce necessite si est et vient par supposicion laq̃lle est plus necessite de consequẽce que de consequent. Sicõe se on disoit ainsi. Se ie vueil vne chose necessairement, ie le vueil p franc arbitrage qui vient de constrainte, ne a franche voulente. Et celle tierce partie se commence ou il dit. Ainsi est il quant nous disons. &c. ¶ Apres quant il dit Doncques sont noz voulentez. &c. Il concludt aucunes choses estre en nostre voulẽte ou puissance, et demonstre quelles sont ces choses, et que les autres choses ne sõt pas en nostre puissance, toutesfois quant nous les souffrons, elles sont en nostre puissãce, et submises ou subgectes a nostre voulente, auant et mieulx que a la voulente de quelcõque creature humaine. Et quant il dit. Mais tout ce que vngchascun seuffre contre sa voulente des autres hõmes, il est assauoir q̃ le texte est moult obscur et vicieux en plusieurs lieux. Toutesfois est lentendement tel que quãt il dit. Mais tout ce que vngchascun seuffre de la voulente des autres hõmes cõtre sa voulẽte, vault mesmes celle voulẽte, cestadire en sa puissance, cest assauoir autre voulente. Et suppose q̃lle ne soit pas biẽ de luy, cestadire de celluy q̃ seuffre cõtre sa voulẽte, toutesfois est ce voulente dõnee, cest assauoir de celluy q̃ luy fait ce souffrir, cest adire que lomme a ce en sa puissãce, mais si comme il dit ceste puissance est de dieu.

cellup duquel il est dit q̃ a en sa puissance de faire mal a autruy/ ainsi cõme s'il voul sist dire que se celle voulente p estoit tant seulement/ cestadire quelle neust point defsect/ et il ne pouoit faire ce quil voul droit/ il seroit empesche par plus puissante voulente. cestassauoir par la voulente de dieu qui a puissance sur toute voulente/ et non pas par sat ou par aucune necessite fatale. Et quant il dit. Et touteffois sa voulente ne seroit que voulente. Cestadire q̃ ja soit ce que icelle voulente fust empeschee p telle maniere/ cestadire par plus puissante voulente/ neantmoins demourroit ancores sa voulente et si ne seroit que voulete epeschee/ car tel epeschement nost pas sa voulente. Et quant il dit que celle voulete ne seroit pas daustrup/ mais de sup/ cestadire de sa voulente empchee de cellup qui voul droit et ne pourroit. Et quãt il dit que tout ce q̃ hõme seufre hors sa voulente il ne se doit pas attribuer aup voulentez humaines des angles ou de quelconq̃ psonne cree. Cestadire cõe a la pmiere cause ou tres derreniere ou treseslongee/ mais q̃ plus est de cellup q̃ donne puissance aup voulentez pour ce que ia soit ce q̃ se mal de coulpe ne soit a ramener a dieu. Toutes fois ainsi cõe en cause p est a ramener le mal de peine. Apres quant il dit Ne pour ce doncq̃s nest il riens en nostre voulete. &c: Il demõstre q̃ franche voulete est auecq̃s sa prescience de dieu/ et oustre plus quelle nest pas auecq̃s elle seulement/ mais qui plus est sen supt delle.

¶ De sa generale ou vniuersale prouidece de dieu soubz les loip du q̃l toutes choses sont contenues. pi.

E t pour ce il est a croire en quel que maniere q̃ dieu souuerain et vray auecq̃s sa parolle/ cestadire auecq̃s son filz est auecq̃s le saiõt esperit. Les q̃lles trois choses sont vng/ vng dieu tout puissãt createur et faiseur de toute ame et de tout corps p la pticipacion du quel sont beneurez q̃conques sõt beneurez en verite/ nõ pas en vanite. Qui sist hõme beste rapsonnable de ame et de corps. q̃ ne sa pas laisse quãt il a pechie sans punicion ne delaisse sans misericorde. Qui a dõne eles aup bons et aup mauuais/ mesmes auecq̃s les pierres/ vie aussi seminable auecques les arbres/ vie sesitiue ou sensible auecq̃s les bestes/ vie intendible ou itellectuelle auecq̃s les seulz ãgles. Du quel est toute maniere ou sourme/ toute espece tout ordre/ du quel est et vient mesure nõbre et poids/ duq̃l est tout ce q̃ est tout ce q̃ est naturellemẽt de quelcõque gendre ou espece quil soit. De quelque prie vaseur ou estimacion q̃l soit/ duquel sõt et viennet toutes semẽces des sourmes les sourmes des semences. Les mouuemẽes des semences et des sourmes/ lequel a donne a toute creature cõmencement/ beaulte/ sorce/ habõdance de lignee/ disposicion de mẽbres/ sante/ concorde. Et q̃ a donne a lame nõ apat rapson/ cestadire a beste mue memore/ sens/ apetit. Et q̃ a donne oustre a lame rapsonnable/ pensee/ entẽdement et voulente. Lequel na pas delaisse non pas seulemẽt le ciel et la terre/ nõ pas vng seul angle et seul hõme/ ne aussi les entrailles dune petite et despitable beste apat ame et vie/ ne la plumette ou pẽne dun oyseau/ ne la sleur de lherbe/ ne la feulle de larbre sãs les cõcordaces ou apptenaces de seurs pties. Et ainsi cõe vne maniere de paip et de accordace ait voulu les royaumes des hõmes et leurs seigneuries et seruitudes estre estranges des loip de sa prouidence/ cestadire q̃l nait eu pscience de toutes ces choses

¶ Exposicion sur ce chapitre.

E n cest pi. chap. monseignr saict augustin demõstre que sa disposiciõ et ordonnãce des royaumes/ cestassauoir saccroissemẽt ou descroissemẽt et la duracion diceulp est submise a la diuine prouidẽce/ et le mõstre p moult dautres choses q̃ sõt subgectees a la diuine puidẽce q̃ sont moindres de trop/ si cõe il appt p le texte.

¶ Par quelles meurs les anciens romains deseruirẽt que le vray dieu accreut

leur empire/combien quilz ne ladouraſ
ſent pas. pii.

Et par ce ſceons quelles meurs
les rommains eurēt/et pour q̄l
le cauſe le v̄ra͡p dieu en ſa puiſſā
ce du quel ſont auſſi les royaumes terri
ens a daingne aydꝛ a accroiſtre lempire
de romme comme a faire ceſt accroiſſemēt
La puiſſance que ces dieux que eulx
meſmes cuidderent quilz fuſſent a adourer
par ces choſes meſongieres et fauſſes ſoit
nulle/affin que nous le puiſſons pluſle-
gierement deſclairer nous auons eſcript ſe
liure p̄cedent ſequel appartient a ceſte ma
tiere. Et auſſi auons nous eſcript les pꝛe
cedentes parties en ce liure/ leſq̄lles nous
auons demenees iuſq̄s acy pour oſter la
queſtion du fat. Ceſtadire de deſtinee qui
vault autant a dire comme dire que tou-
tes choſes auiennēt de neceſſite/ affin que
aucun a qui on euſt admonneſte que lem
pire de romme na pas eſte accreu ne cōſer-
ue par le ſacrifice q̄ on faiſoit a ces dieux.
ne ſattribuaſt pluſtoſt a ie ne ſcay q̄l fat/
que a la treſpuiſſante voulente du ſouue
rain dieu. Et pour ce les pꝛemiers et anci
ens rommains en tant comme leur hyſto
re lenſeigne et les en recommande/ iaſſoit
ce quilz adouraſſent les faulx dieux/ aiꝰ
ſi comme les autres gens/ excepte le peu-
ple des hebꝛieux et feiſſent leurs ſacrifices
et oblaciōs aux dyables ⁊ non pas a dieu
Touteſſois ces peuples rommains deſi
rans auoir louenge eſtoient liberaulx a
deffendre le leur/ ne ne tenoient cōpte dar
gent/ et vouloient richeſſes honneſtes et
gloire grande ainſi comme infinie. Ce-
ſte gloire ilz amerent treſardamment/ ilz
voulurēt viure pour icelle acquerir. Pour
icelle ilz voulurent vaincre/ et neſe reſſō
gneret̄ poit a mourir pour icelle acq̄rir. Pour
icelle ſeule gloire acquerir ilz mirent arrie
re et rebouterent toutes autres couuoiti-
ſes. Et apꝛes ce pour ce quil leur ſembloit
q̄ leur pais eſtoit en ſeruitude ceſtoit cho
ſe deſhonnourable/ et auoir ſeigneurie et

empire que ceſtoit noble choſe et gloꝛieuſe
Et couuoiterent pꝛemierement et mirent
peine de tout leur pouoir a ce q̄ le pays rō
main fuſt franc. Et apꝛes q̄l euſt ſeigneu
rie ſur autre pays dont il auint q̄ pour ce
q̄lz ne pouoient ſouffrir ſa ſeigneurie ro-
yalle/ ceſtadire du roy ſoꝛgueilleux ilz fi-
rent empires annuelz/ ceſtadire quilz re
gnerent par vng an/ et en firent deux qui
furent appelez conſulz pour conſeilliers.
Et nō pas roys ou ſeigneurs pour regner
et auoir ſeigneurie ſur eulx. Comme et
les roys meſmes ſembloiēt mieulx eſtre
appelez et dis roys a regendo. Ceſtadire
de gouuerner q̄ de regner et auoir ſeigneu
rie/ ſicomme du royaume on dit les rois
Mais ces roys ſicomme nous auons dit
ſont dis de gouuerner. Mais loꝛgueil roy
al/ ceſtadire de tarquin ne fut pas repute
a diſcipline ne de regent/ ceſtadire de gou-
uerannt beniuolence du conſeillāt/ mais
a loꝛgueil du ſeigneuriſſāt. Et pour ce
roy tarquin boute hoꝛs de la cite et les con
ſulz inſtituez. Jl ſeſuiuit ce que ce meſme
aucteur miſt aux louēges des rommais
Ceſtaſſauoir que les roys boutez hoꝛs et
la franchiſe acquiſe/ ceſt ainſi comme cho
ſe non creable a recoꝛder comment de tant
comme elle fut accreue en ſi brief temps de
tant fut elle plus couuoiteuſe dauoir ſoue
ge et gloꝛe. Ceſte couuoitiſe doncques de
louenge ⁊ couuoitiſe de gloꝛe fiſt moult de
ces choſes a eſmerueillier et a louer/ ⁊ qui
plus eſt gloꝛieuſes ſelon loppiniō des hō
mes. Ce ſa luſte ſoe deux grans hom-
mes nobles de ſon temps. Ceſtaſſauoir
mars cathon/ et gapus iuſius ceſar. En
diſant quil fut lōg temps que la choſe pu
blicque de romme neuſt aucun homme de
grant vertu ⁊ puiſſance. Mais de ſon tēps
furent ces deux/ leſquelz furent de grant
vertu et diuerſes meurs. Jl miſt toutes-
fois aux louenges de ceſar q̄l deſiroit nou
uelles batailles et grans oſtz et grant ſei
gneurie/ ou ſa vertu peuſt reluire/ et ſi ſe
confioit tant a la voulente des grans hō
mes vertueux qui eſtoient en ſon oſt quil

esmouuoit les chetiue gens et les demenoit par le flaiau en senglente de Bellõne Cest adire par epcercitemēs de batailles affin quil appust ou leur vertu reluiroit Et sans doubte ce faisoit ce desir de louenge et conuoitise de gloire/ et pour ce firēt il moult de grans choses: premierement pour lamour de franchise/ et apres aussi par conuoitise de seigneurie de louenge et de gloire. Et de chascune de ces choses leur rent tesmoignaige leur noble poete mesmes Quelz merueilles/ car il dit de ce en telle maniere/ non pas seulemēt les estranges ou gens priues/ excepte les romains le vouloient remettre en sa seigneurie/ Mais porsenna mesmes leur cõmandoit quil se peussent et constraingnoit la cite p grant siege quil y faisoit deuant. Ceulx qui estoient descendus de enee/ si comba toient pour leur franchise/ cest assauoir les romains/ et pour ce le peuple romaĩ tint a grant chose/ ou mourir en eulx for ment cõbatant ou viure cõme frans et de mourer en franchise/ mais quant ilz eurent acquis franchise ilz furent si conuoi teulx dauoir gloire que sse celle seule fran chise ou liberte que ilz auoiēt acquise leur sembla pou de chose se ilz nacqueroiēt do mination et seigneurie auecques celle frã chise Car sen tenoit lors a grãt chose ce q poete dit en la persõne de iupiter/ ainsi cõme iupiter parlast qui dit ainsi/ mais qui plus est laspre iuno qui traueille par pa our maintenant le ciel/ maintenant la ter re/ maintenant la mer/ ramerra son con seil en mieulx/ et nourrira et gardera auec moy les romains seigneurs des choses et la gent toguee/ car ainsi plaist il es tre fait/ seage venu apres les luseres/ cest a dire les espaces de cincq ans passes/ que la maison de assaracus mettra en sa ser uitude la cite appelee phisye/ et les nobles mecenes/ et si sera dame des argies et ar gines aeres ce quelle les aura vaincus/ Desquelles choses ce virgile en amenant ce iupiter cõme se il prenosticast des choses a auenir recordoit les choses q ia estoiēt

faictes et les regardoit de present/ mais iap voulu pour ce recorder ces choses affi que ie demontrasse que les romains a pres leur franchise eurent telle seigneurie quelle fut adioustee en leurs grans louenges. pour ceste cause sont aussi ces vers de ce mesmes poete/ lequel cõme il mist au deuant des autres gens/ les ars et sciences des romains/ de regner/ de seigneu rir/ et de subiuguer et combatre peuples il dit ainsi/ les autres forgeront les metaulx et les araines/ et ses amolloiront et en ferõt ymages qui semblera quilz se re muēt/ et croy quilz feront visages de mar bre ainsi cõme dif z/ et serõt maleureusp auocas que autres et seront astronomiēs et descripõt le rap du soleil et se cours du ciel/ mais toy peuple romaĩ il te souuen dra de gouuerner les peuples par seigneu rie/ tu auras telz ars et si auras telles meurs et telle condicions a faire paip que tu espargneras aup subgetz et combatras et metras en sugecion les rebelles/ Car ces ars ilz excercerõt de tãt plus sagemēt cõe ilz sabãdonerēt mois aup deli ces et cõme ilz desfraindiēt plus leur cou rages de couuoiter et acquerir ricesses/ et par icelles ars en corrõpant leurs meurs en rauissant les richesses des poures cytoiens et les distribuãt a ces difz et ors sceniciēs de tant furēt ilz plus maleureup et excercerēt plus folemēt ces ars. et ceulx qui ces ordes et mauuaises taches auoiēt sourmonte et qui estoient tous corrõpus de meurs quant saluste escrisoit ces choses et virgille les recordoit/ ilz conuoitoiēt a auoir la gloire et les honneurs/ non pas par ces ars/ mais par fraude et p tricherie. Dont ce saluste dit les gens tendirēt premierement a conuoitise de gloire que a couuoitise de richesses/ et cõbien que lun et lautre fust vice/ touteffois le vice de cõ uoitise de richesses est le pire/ car et le bon et non sachant desirent pareillement glo re et empire ou seigneurie/ mais si cõme il dit. Cellup va la droite voie qui tent a honneur et a empire ou seigneurie/ non

p.i.

pas a conuoitifes de richeffes/mais ceftup qui na nulles bonnes ars defire a venir a feigneurie par fraude et par tricherie ce font bonnes ars que de venir a feigneurie/a honneur/a gloire et victore par vertu/non pas p mauuaise conuoitife denrichir/lesquelles honneurs et gloire et de feignurir defirēt a auoir et le bō et le nō achāt cestadire et le fol et le sage. mais ceffup cest adire le bon va fa droite voie. Vertu est la voye par laquelle vngchascun sesforce de venir ainsi cōme en la fin de sa possesísion/cestadire de gloire dhonneur et de seigneurie Cefte chose eurent en eulp les romains au cōmencement/et ce tesmoingnēt quāt a eulp les maisons mesmes des dieup/cestassauoir de vertu et dhonneur lesquelles ilz edifierent tresioingnāt lūe de lautre Lesquelles vertus font dōnees de dieu/parquoy len peut entendre quelle ilz vouloient la fin de vertu/et a quoy la rapportoient ceulp qui estoient bons/ cestassauoir a honneur pource q̄ les mauuais ne sauoient pas/combien quilz couuoitassent a auoir honneur/laquelle ilz seforchoient dacquerre ou entreprendre pa mauuais ars/cestassauoir par dol et par tricherie et par falaces. Cathon est trop mieulp loe/car saluste dit de lup que de tant cōme il demādoit moins de gloire et dhōneur de tātle suiuoit elle plus Quāt doncques le iugment des hōmes qui sen tend bien des hōmes est gloire pour la couuoitife de laquelle auoir ilz ardvient pour ce est meilleur la vertu qui nest pas desprifee p tesmoignages de pſonnes fe la personne ne le tesmoigne dont lapostre dit/ noſtre gloire est tesmoignage de nostre cōscience/Et en vng autre lieu il dit ainsi· vngchascun proeuue son euure et lors il a ura gloire en foy mesmes tant seulmēt/ et nō pas en autruy. Doncques ne doit pas vertu suiuir gloire honneur et seigneurie que les bons rōmains desiroient a auoir et a quoy ilz tendoient a venir par bōnes ars/ mais doiuent ensuiuir gloire vertu et doit vertu aller deuant. Ne certai

nement il nest nulle vraye vertu fors celle qui tent a celle fin ou est le bien de lhōme duquel il nest nul meilleur/et pource ne deuoit pas demander cathon/cestadire monstrer semblant quil vousist auoir les hōneurs quil entendoit a auoir/mais sa cite les lup deuoit donner sans demāder pour la vertu de laqlle il estoit plain Mais cōme il soit memoire que lors ilz fufsent deup rōmains de grant vertu/cestafsauoir cesar et cathon/toutesfoies la vertu de cathon sembla estre plus pres de verite que celle de cesar Et pource veons en celle sentēce de cathon quelle sa cite estoit lors/et quelle elle auoit este pauāt leur temps/ne veulles dist il cuider que noz anciens et deuāciers aient fait la chose publicque de rōme/de petite grande par forces darmes/car sil estoit ainsi nous fauriōs plus belle de trop Quelz merueilles/car nous auons trop plus de gens darmes et de cheuaulp/mais il y eut autre chose q̄ les firent grans hōmes lesquelles font nulles en nous· cestassauoir doctrine et cure hōnefte a lostel/cestadre en la cite de rōe p dehors iuste seigneurie ou domiaciō franc courage et bonne voulente a conseiller sans estre oblige ne soubmis a peche· ne a couuoitise/mais pour ces choses nous auons lupure et auarice pourete en publicque habondance en priue/nous louons richeffes/nous suiuons paresce/ nous ne faisons point de difference ou de diuision entre les bons et les mauuais/ Couuoitise de gloire a et tiēt tous les soyers de vertu. Quelz merueilles/car la ou vous faictes vngchascun son conseil apart/ou vous serues en voz maisons/ ou en vostre cite a delices et a couuoitises et si serues cy ou a grace ou a argēt/il est necessite que voulente et force soit fait en la vuide chose publicque. Cuide cellui q̄ ouyt ces paroles de cathon ou saluste que tous les rōmains de ce temps ou plusíeurs diceup fussent telz cōme on les loe et recōmande/il nest pas ainsi. Ou il sen suiuroit que les choses que ce mesmes sa luste escript de rechief & que iay recitees ou second liure de ceste euure ne fussent pas vrayes ou il dit q̃ les iniures faictes des plus grans au petis/et pour lesquelles le peuple se departit des peres/cestadire des plus grans et autres discordes estoient ia dedens romme des le cõmencemẽt de ces choses/ne on vsa oncques de plus iuste droit ne plus attempre q̃ on fist les roys bouter hors de romme tant cõme ilz eurent doubte que le roy tarquin ne retournast/ et iusques a ce que la griefue guerre q̃ les ethuriens p̃ faisoient pour ceste cause fut finee/mais apres ces choses les grãs cõmencerent a seignourir sur le peuple cõe ilz fussent leurs serfz Les battre et fustez en maniere de roys. Cestadire cõme faisoit tarqui les bouter hors de leurs terres et champs et sans appeler ne demander quelconques conseil du peuple ordonner a leur voulente des choses de lempire de rõme. Desquelles discordes comme les grans voulsissent mescroire les petis/et les petis ne voulsissent demourer en seruitude La seconde bataille punicque/cest adire carthage p̃ mist fĩ/car derechief vne grant paour les constraint a reffraindre par plusgrãt entente leur corage desordõne et a rappeler a cõcorde ciuile/mais les grans choses estoiẽt administrees & gouuernees par aucun pou de romains qui estoient bons selon leurs condicions/& p ceulx maulx tollerez et attemprez par la prouidence ou pourueance daucune pou de bons/ceste chose publicque croissoit si cõme cel hystoriẽ mesmes le dit q̃ mesmes en lisant et oyant moult de choses il eut moult grãt plaisance en sõ courage a cõsiderer les grans fais & nobles q̃ le peuple de rõme auoit fait/tant au gouuernement de la cite par dedens et par dehors en batailles tant par mer cõme par terre et quelle chose cestoit qui plus auoit soustenu et porte si grans besongnes pour ce qui sauoit que les romains sestoiẽt souuent et pou de gens combatus nus. Il auoit aussi congneu que a petite quantite

de gẽs darmes et richesses ilz auoiẽt fait guerre a tresriches et trespuissãs roys/ & en pensant a ceste matiere et en la demenãt en soy mesmes il dit que sa noble vertu dun poure citoiẽ auoit fait toutes ces choses et que ce auoit este fait a ce que pourete sourmontast richesse, et le pou de gens la grant multitude/cestadire par vertu Mais sicomme il dit depuis, la cite fut corrompue par superfluitez ou delectacion & par auarice, de rechief la chose publicque par sa grandeur dissimuloit les vices des empereurs et des magistras. La vertu doncques dun pou de gens qui sefforcoient de venir a glore a honneur et a empire, cestadire a seignrie p̃ la vraye voye cestadire par celle vertu estoit loee et recõmandee de cathon. De la benoit gouuernement et la cure de la cite Laquelle cathon a recõdee a ce que le tresor publicq̃ fut plain et habondant et que les choses priuees fussent tenues / cestadire que la chose publicque fust riche et que nul ne tẽdist a prouffit particulier ne singuler. et par ce corrompus les meurs de la cite il mist a contraire pourete en publicque & richesse en habondance en priue/cestadire que les grans q̃ auoiẽt le gouuernement de la chose publicque estoient riches et cõblez et la chose publicque poure.

¶ Exposicion sur ce chapitre.

En ce vii. chapitre monseignr̃ saint augustin demonstre pour quelles meurs le vray dieu epauca et accreut lẽpire des rõmains/et pour ce demonstre q̃ les euures vertueuses precedoient aux rõmains auant que leur empire fust ainsi accreu, lesquelles toutesfois pour ce quelles nestoient par eulx ordonnees que a glore temporelle pour ce furent ilz remuneres de glore temporelle. Et loe les
p. ii

rōmains en prenant les paroles de saluste qui sont en son liure qui sappele in catilinario pres du cōmencement quant il dit/ touteffois ces peuples rōmains ꝛce: iusques ou il dit Ceste gloꝛe ilz apmerēt tresardāment ꝛce. Apꝛes quant il dit dōt il aduint q̃ pour ce q̃l ne peut souffrir la seigneurie royale ꝛce. il se dit pour le roy tarquin loꝛguilleup qui fut le dernier roy de rōme/ sicōme il appert par le texte lequel fut boute hoꝛs de rōme pour le peche de son filz qui auoit rauy lucrece/ sicōme nous auons dit cy dessus ou pviii. chapitre du second liure/ et ou pv. chapitre du tiers liure. Et touteffois en verite le nō de roy/ non pas seulement pour celle cause/ mais pour plusieurs autres fut ē grāt hayne ⁊ en grāt abhominaciō au peuple de rōme pour ce quil auoient cōmence a regner/ non pas cōme roys/ mais cōme tyrans. Car combien que pauant ilz ne fissent riens que par le conseil des senateurs et des consulz/ ilz cōmencerent a gouuerner seulz et oꝛdōner des besongnes de leur auctorite. Et pour ce que celle puissance estoit contre la liberte et franchise des rōmains aquoy ilz auoient touſiours tendu/ osterent ilz de rōme ⁊ bouterent hoꝛs non pas seulement le roy/ mais le nom royal/ et en lieu de ce firent deup consulz pour gouuerner la chose publicque. Lesquelz ne durerent que vng an dont nous auons parle cy dessus sur lexposicion du pviii. chapitre du second liure et ou pvi. chapitre du tiers liure. Et de la creacion de ces consulz a ce propos dit saluste in catilinario ainsi cōme au cōmencement en telle maniere. Quant lempire royal auoit este faict pour accroistre et garder la chose publicque se conuertit en oꝛgueil et en seigneurie/ le tēps mue ses rōmains firent deup bons empereurs annuelz/ cest adire qui duroiēt tant seulement p vng an. Apꝛes quant il dit quil sensuiuit ce q̃ ce mesmes acteur dit ꝛcet. il entend de saluste ou lieu dessus allegue iusques la ou il dit/ ceste conuoitise doncques ꝛcet.

Apres quant il dit que saluste loe deup grans ⁊ nobles hōmes de son temps/ cest assauoir. Marc cathon et gepus iulius cesar. Cest la sentence de saluste en ce mesmes lieu/ mais ce ne sont poīt ses pꝛopꝛes motz. Apꝛes quant il dit que ilz furent de grant vertu et de diuerses meurs Saluste seppose in catilinario. apꝛ ce quil a recite les oꝛoisons et oppinions des deup/ cestassauoir de iulius cesar et de cathon ⁊ est ou chapitre qui se cōmence. Postq̃ cathon assedit ꝛce. qui dit ainsi il estoient alsi cōme pareulz de lignage de aage et de eloquence (ilz estoiēt pareulz en grādeur ilz auoient ainsi cōme vne gloꝛe/ mais elle estoit autre en lun et autre en lautre/ Cesar estoit repute grant p larguesse et p benefices. Cathon estoit repute grāt par la bonne vie et entiere quil menoit/ cesar estoit repute grant par ce quil estoit doulz et debonnaire et misericoꝛdz. Et cathon pour sa rigueur de bonne iustice ⁊ q̃ ne flespissoit pour riens. Cesar acquist gloꝛe par donner par esleuer et par pdonner. Et cathon pour ce quil ne donna riens. cesar estoit refuge aup chetifz. Et cathon estoit perdiciō de mauuais. Len louoit la legiereté de cesar Et on louoit la cōstance de cathon. Apres quant il dit que cesar desiroit grās seigneuries grās ostz et nouuelles batailles ꝛcet. Ce sont les paꝛolles de saluste en ce mesmes lieu et en ce mesmes chapitre/ mais auant ces poles il dit ainsi Derꝛenierement cesar auoit oꝛdonne en son couraige traueiller veiller/ estre diligent des besongnes de ses amis et ne tenoit compte des siennes propres et ne refusoit riens qui fust digne destre dōne. Et puis sensuiuent les paꝛoles de mō seigneur saint augustī. Et sont ancoꝛes des louenges de cesar et se continuent iusques la ou il dit quil se cōfioit tant aup voulētez des hōes vtueup ꝛce Ou saluste ce lieu pourſuit ācoꝛes ses meurs dū chascun ⁊ q̃t il ple des volūtez des hōes vtueulp ꝛcet. Toutes ces poles sont de mō seigneur saint augustin Et qnāt il parle de bellone il le dit pour ce que bellonne est la deesse des batailles sicõme nous auõs dit ailleurs en ce liure/ et appelle le fiaiau de bellonne les armes et espees et glaiues qui sont ensenglentees en son combatãt Et quant il parle des grans ostz de cesar et des Boulētez des gēs vtueulx il le dit que pour ce que sicõme dit orose en son vi. liure ou ix chapitre/apres la coniuraciõ de catiline six cens quatre vingz et seize ans apres la creation de rome fut fait cõsul iulius cesar et lup furēt deputees iii prouinces auecques sept legions/ cest assauoir galle cysalpine et trãsalpine et plixicus et apres le senat comee. sa vie ses fais et les grans conqstes et victores quil eut par puissance darmes/ racõte suetonius transqllinus qui descript la vie des vii. empereurs/ et leurs meurs et aussi leurs fais plus particulieremēt que nul autre acteur que nous apons veu/ et la ou on pourra veoir aplain qui si vouldra esbatre. Apres quant il dit quil firent moult de choses. Premierement pour lamour de franchise acct. Il le dit pour ce que tant q tarquin vesquit pour doubte ql ne retournast il sembloit ql ne tendissent que a frãchise/ mais tantost cõme il fut mort il cõmencerent a couuoiter a auoir seigneurie et a mettre gens en sugection. Apres quãt il dit q de chascune de ces choses leur rent raison leur noble poete mesmes acc. Il sētend de virgille qui met ce quil raconte cy en son liure qui sappele enepdos ou viii. liure. Esquelz vers virgille faint que plusieurs dons furent dõnez a enee dont les rõmains descendirēt par sa mere venus Et entre les autres dons lup fut dõne vng escu/ lequel vulcanus mary de venº auoit forgie. ouquel estoient escriptes les choses qui deuoient auenir a sa lignee de enee/ et entre les autres choses y estoit escript cõment le rop porsene apres leppulsion de ce tarquin viendroit en son ayde/ et obsederoit la cite de rome affin que les rõmains le reprinssent/ et cest ce quil entend par ces vers de virgille/ et de ce noʳ

auons parle cp dessus ou quatreiesme liure ou vii. chapitre. Apres quant il parle de gloire de franchise quil ne leur souffist pas apres sa mort de tarquin se ilz nacqroient seigneurie/ et dit que de ce ple ce pote en sa personne de iupiter ainsi cõme se iupiter parfast/il estassauoir que ce sont vers du premier liure de virgille enepdos et cõmence monseigneur saint augustin en sa fin dũ ou il dit Quim aspera iuno ccet. Ou il amaine venus cõme parlant de sa cruaulte que iuno eut cõtre les troyens et cõtre enee/ pour ce que paris ne iuga pas pour elle/ dont nous auons pse cy dessus sur lexposicion du iii chapitre du premier liure. Et fait virgile que venus estoit mere de enee se plaignoit de iuno en depriant iupiter pour enee. et iupiter respondant a venus en ceste maniere. Apres aucunes promesses a lup faictes par iupiter aux vers qui precedent en ce liure de enepdos ceulx que met cy mõseigneur saint augustin en cõmencant a la fin du vers en disant, mais qui plus est laspre iuno/ cestadire qui maintenant est aspre et contraire aux troyens qui traueisse se ciel cõtre eulx/ cestadire quelle esmeut lair et les vens contre les troies/ et se dit pour ce quelle est royne de lair ramena son conseil en mieulx/ cestadire en la faueur des troiens. Et quãt il parle les rõmais gēt toguee. Il se dit pour vne maniere de vestement qui estoit ainsi appelé q estoit lõg iusques au pied dont ilz vsent en temps de paix ainsi cõme len vse maintenãt des grandes houpplandes. Et quãt il parle des lustres qui sont espaces de cincq ans Il le dit ainsi pour certaines purgacions qui se faisoient de cincq ans en cincq ans Et aussi en la cite se faisoit certaine solenite et cerimonies qui sappelent lustrum Apres quant il parle de sa maison de assaracus. il se dit pour les rommains qui descendirent des troiens/ et par especial de enee qui descendit de assaracus/ car assaracus engendra capin/ et capis engendra anchises qui fut pere de enee. Apres quãt

p. iii.

il parle/ cest vne cite de grece de laquelle achiles fut seigneur/ et quant il parle des meces/ cest vne cite de grece en laquelle agamenon regna qui fut cellup qui premierement trebucha trope. Apres quant il dit que la cite de rome sera dame des argies apres ce quelle les aura vaicus/ cest a entendre des grecz/car argiens vault autāt adire cōme grecz. Et iassoit ce que virgille en la personne de iupiter prenosticque ces choses cōme a avenir, toutesfois estoient elles avenues paravant long temps ce que virgile les mist en escript, car virgille fut du temps de cesar auguste/ avant lequel toute grece fut soumise aux romains/ sicōme il appert par festus en son liure quil fist des prouinces sugettes a lēpire de rōme. Et amaine monseigneur saint augustin ces vers de virgille/ a demonstrer cōment apres ce quilz eurent acquis franchise/ilz desiretēt a avoir seigneurie et dominacion sur autres gens/ & ace propos mesmes amaine autres vers de virgille du sizieme liure/ cōment ācises apparut a enee apres sa mort/ & comment il lup dit moult de choses avenir de sa posterite/ et se luy dit lexcellēce quil avoient pardessus les autres gens/ combien que aucunes gens peussent estre en aucunes choses plussoufisāmēt que les rōmais Et pource dit il en ces vers que aucuns pouront bien avoir science et art de forger laraing et de lamollier et de faire figures ainsi cōme se elles se remuasent. Les autres pouront entailler en pierres et en mabres et feront visages a ymages ainsi cōme se elles fussēt toutes viues les autres sertō meilleurs advocas et auront plus beau et meilleur langaige/ sicōme furēt ceulx dathenes. Les autres seront meilleurs astronomiēs & sauront trop mieulx le cours du ciel & des estoilles/ sicōme les caldes. Et apres sadresse a enee en disant ainsi. Souuiēgne toy dit il de avoir telz ars que tu saches mettre telles meurs et mesmes/ cestadire que tu mettes loix a fin davoir paix/ qui seront telles que tu

combatras les orgueilleux et mettras en sugection et garderas les debonnaires/ & ceulx qui se vouldront mettre en obeissance. Apres quāt il dit que de tant ilz ercerceroient plussagemēt ces ars cōme ilz sabandōnoient moins aux delices &cet: Il se dit assavoir que les premiers romains furent asses vertueux selon leur maniere et eurent asses bōnes vertus politicqs/ cestadire quilz furent asses de bon gouuernement/ mais ceulx qui vindrēt apres furent mauuais couuoiteux & luxurieux et enclins a tous vices et a toutes vanitez epigoient et prendoient sur le poure peuple/ & puis les dependoiēt aux ieux sceniques faingnāt que cestoit pour lutilite publicque/ et pour ce dit monseigneur saint augustin que avāt ce que les rōmains fussent ainsi corōpus et plais de si mauuaises meurs. ilz ercerceroiēt trop plus sagement les ars de regner et de cōbattre quilz ne firēt depuis quilz ne furent ainsi corrompus. Apres quant il dit quant saluste escriptsoit ces choses et virgille les chantoit &cet. Cestassavoir ou temps de cesar auguste ouquel temps et paravant long temps les meurs des rōmais estoient moult ia escoulees. & ainsi cōme ia toutes corrōpues, sicōme il apparut en la grant cruaulte des batailles civiles desquelles nous avōs parle cy dessus ou tiers liure. Apres quant il dit que les gens tendirent premierement a couuoitise de gloire plus que a couuoitises de richesses &cet. Ce sont les paroles de saluste in catilinario iusques la ou il dit, ce sōt bōnes ars de viure a seigneurie &cet. ou monseigneur saint augustin parle &c. Apres quant il dit que ce tesmoingnēt quant a eulx les maisons des dieux &c. Il estassavoir que de ces maisons/ cestassavoir de vertu & dhōneur raconte titus liuius ou vi. liure de sa seconde bataille punicq Et valerius maximus en son premier liure ou chapitre de religione qui dient que apres ce que marcus marcellus eut pris la cite des ciracusiens il voulut faire vn maison ou vng temple a vertu et a honneur/mais il luy fut deffendu p̃ les prestres qui luy dirent que ce ne deuoit pas estre fait pour ce que se len leur faisoit vng temple tant seulement a tous deuz et l'en vouloit requerir lauenem̃t daucune chose que l'en auoit accoustume a requerre p̃ sacrifice l'en ne pourroit sauoir auquel l'en se deuroit faire ne auquel l'en deuroit requerre conseil des choses diuines.

Et pour ce seur fist il deux temples/ lesquelz selon ce que dit mõseigneur saĩt augustin furent fais et edifiez l'un tresconioinct a lautre/et eppose en ce chapitre la cause pourquoy ce fut. Apres quãt il dit que cathon fut mieulx loe pour ce que de tant quil demãdoit moins de gloire a dhõneur de tant se suiuoit elle plus/c'est de saluste in catilinario. Pour lentendement de laquelle parole il estassauoir que quãt on faisoit a rõme election des consulz des magistras des tribuns ou autres officiers que l'en appeloit les comites ceulx qui se reputoient dignes dauoir office ou dignite venoient au lieu ou on faisoit lelection vestus de robes blanches et estoient appelez candidati/et la requeroiẽt les offices/et ainsi le fist ce cathon qui est appele vticensis iassoit ce quil monstrast et tenist mains de compte sicomme sembloit dauoir couuoitise doffice que les autres a q̃ autrem̃t ne les eust pas eues se luy s̃ bloit. Toutesfois dit deluy saluste q̃l aymoit mieulx estre bon que apparoir estre bon. Apres quant il dit/et pour ce veons celle sentence de cathon/ saluste in catilinario met ceste sentence et est contenue en loraison que fist cathon ou senat contre catiline/duquel nous auons parle ou v. chapitre du p̃mier liure et ailleurs ou tiers liure. Et sont les paroles de cathon que saluste raconte/et monseigneur saĩt augustin met cy iusques la ou il dit/cuis de cellui q̃ ouyt ces paroles de cathon ou de saluste &c. Ou mõseigneur saint augustin reboute vng faulx entendement

que len pourroit prendre ses paroles de cathon/car aucun pourroit tellement entẽdre ces paroles de cathon ainsi comme sil eut voulu dire q̃ tous ou la grigneure ptie des rõmains fussent telz comme cathon les descript/ mais monseigneur saint augustin reboute ceste oppinion & cest entendement par ses paroles mesmes de saluste ou premier liure de ses histoires/ & aussi en fait monseigneur saint augustĩ mẽcion ou xviii. chapitre du second liure/ & sa sont ces parolles eppofees. et sont ces paroles de saluste iusques la ou il dit desquelles discordes &c. Apres quant il dit que mesmes en lisant et oupãt moult de choses &c. Ce sont les paroles de saluste in catilinario tantost apres loraison de cathon iusques la ou il dit sa vertu donc q̃ d'un pou de gens &c. Ou il demonstre par les paroles de cathon que la vraie voie a venir a gloire laquelle est vertu est l'oee de cathõ aux polesq̃ sõt cy dessus recitees & q̃ sõt extraictes de saluste en loraisõ de cathon ou il dit que les gens rõmains ne acreurent pas la chose publicq̃ par armes mais par prendre honneste cure de gouuerner la cite par dedens p̃ auoir dehors iuste seigneurie et par les autres choses q̃ il met lesquelles appartiennent a vertu. Lesquelles choses monseigneur saĩt augustin en epposant que c'est a dire industrie a lostel dit q̃ c'est a dire q̃ le tresor publicq̃ soit grant et habondant/et les choses priuees tenues/et ce preuue il/ cat p̃ loraison de cathõ les meurs des rõmaĩs corrompues sensuiuent choses toutes cõtraires/ c'est a sauoir poureté en publicq̃ Et richesses priuees sicomme il appert par le texte en loraison de cathon ou il dit mais pour ces choses et cetera.

De lamour de louenge laquelle amour/combien que ce soit vice l'en cuide que ce soit vertu pour ce que par elle sont restrains plusgrans vices. viii

Pour laquelle chose iasoit ce que les royaumes doriēt eussent este de grant noblesse en veult aīsi faire ung dieu en occidēt qui fut dernier en temps et plus noble toutesfois de grandeur et daccroissement dempire que les autres, et sottropa par especial a telz hōmes pour subiuguer et abatre les maulx de plusieurs gens, lesquelz pour cause dhonneur de louenge & de gloire donnoient conseil ou pays ou ilz requeroient a auoir seigneurie, celle gloire et ne doubtoient point a metre au deuant le salut de ce pays a leur propre salut, en cōprimant et restraingnāt par ce vice seul / Cesta dire pour amour de louenge couuoitise dargent et plusieurs autres vices, mais cellup loue plus sainemēt q congnoist q amour de louenge est vice, laqlle ne fuit pas orace le poete quil dit, tu en orgueillis dit il et enfles pour lamour de louenge il ya certaines purgacions et remedes qui te pourrōt retraire se tu as trois fois ententiuement leu nostre liuret. Icellup mesmes orace en vne chancon quil fist en maniere de chancō lirique qui vault autant adire cōme de diuers motz & dit ainsi, tu regnes, cestadire tu regneras plus grandement en vainquāt ton esperit couuoiteulx, en chastoiant ton courage couuoiteulx dhōneur et de gloire, q se tu ioin gnoies libie qui est loingz des ysles de ga des ensemble et que lun et lautre fust en lobeissance de vng seul, cestadire de top. Toutesfois ceulx impetrent le saint esperit ne restraingnoient les plus seydes couuoitises en foy de pitie et en amour de beaulte intelligible, mais le faisoient plus par couuoitise de gloire et de louenge humaine ilz ne sont ia pour ce saint, mais

ilz sōt moins louez. Tulles mesmes ne peult de ce dissimuler en ses liures qil fist de la chose publicque ou il parle de constituer ou establir le prince de la cite. Lesquel il dit que len doit mourir de la gloire, et apres ensuiuant recorder ses ancies plus grās auoir fait maintes nobles choses et merueilleuses pour couuoitise de gloire. Et pource non pas resistoient a ce vice, mais tenoient que len le deuoit en cercer et alumer, cuidans que ce fust chose prouffitable a la chose publicque, iasoit ce que tulles mesmes en ses liures de philosophie ne dissimule pas ceste tempeste ou oeuure ou il la confesse plus cler q le iour, car cōme il parlast de telles estudes que len deuoit ensuiuir pour sa fin du vray bien, non pas par couuoitise de louenge humaine. il donna cel vniuersal et general sentence hōneur ce dit il nourrist les ars tous sont escriptz destudier affin dacquerir gloire, et les choses qui sont reprouuees de chascun gisent, cestadire que nul na cure des choses q chascun blasme.

Exposicion sur ce chapitre.

Selon aucuns liures et selon aucūs expositeurs sicōme thomas valensis il na point de chapitre, mais est ancores du viii. chapitre precedent iusqs la ou il dit, mais cellui dit plus sainemēt &cet. Ou il cōmence le viii. chapitre, et cecy disons nous notablement pour ceulx qui peurēt veoir autres liures que cellup sur lequel nous auons fait nostre translacion. Esquelz ilz trouuerent parauēture les chapitres cotez autrement, sicōme nous mesmes le veismes en autres liures plusieurs que nous auions auecqs se noſtre pṙincipal/ duquel nous nen veiſmes õcques nul₃ plus parfais/ car es aucuns ne ſe trouuoient aucunes rubṙices ne au cõmencement des liures ⁊ ſur chaſcun chapitre. Et nous ſemble a la multitude de liures que nous auons veu ⁊ viſite iuſques a ҳҳҳ. et plus/ et a la maniere du proceder que quant monſeigneur ſaint auguſtin fiſt ſon liure combien quil y fiſt xxii. liures/ il ne deuiſa poit ſes liures p̱ chapitres/ mais procedoit vng liure tout entierement ſans chapitre/ et nous meſmes ſauons ainſi veu en vng ou deux liures/ mais nous auõs ymagine que aucuns clers iugent mieulҳ affin de cõpṙendṙe pluſ legierement les ſentences de chaſcun liure/ ont fait les diuiſions des chapitres ſelon ce quil leur en a bon ſemble/ iaſſoit ce q̃ aux rubṙicez des liures nait q̃lconques difference/ et ce nous baille exṫcuſacion a ceulx qui trouueront les chapitres autrement cotez. Touteſfoies eſt il autrement aſſauoir que en ce chapitre monſeigneur ſaint auguſtin cy conclud toute lintencion de ce chapitre et du chapitre precedent/ et fait mention des royaumes doṙient et des royaumes doccident. Pour ſentendement de laquelle choſe il eſt aſſauoir quil appele les royaumes doṙient les royaumes des aſſiriens des perſes ⁊ des medes. Leſq̃elz trois royaumes quãt aux p̱euples ſugetz ne furent iadis a peine q̃ vng royaume/ mais quãt aux gens dont furent les roys ſucceſſiuemẽt et auſquels fut le chief et principalite de gouuerner ou de regner/ ce fuṙẽt iiii. royaumes. Car ces peuples qui furent premiers ſugetz a vng roy eurẽt roys aſſiriens qui furent xxxvi. en nõbṙe ſoub₃ leſquels le royaume dura par ſucceſſiõ mil deux cens et pl̃ ans/ deſquels le premier roy fut ninus/ ſicomme dit iuſtin en ſon premier liure/ et le dernier fut ſardanapaſus duquel nous auõs parle ſuṙ le xiiᵉ chapitre du ſecond liure. Apres le royaume fut tranſlate aux medes et y eut ſept roys/ deſquel₃ arbachus fut p̱mier ou arbaces et le dernier fut aſtrages ſicomme nous auõs dit ſur le vii. chapitre du iiii. liure ⁊ dura ſa monarchie ſoub₃ ces roys deux cens pl̃i an̄. Apres cel empire ou royaume fut trãſporte aux perſes ⁊ y eut xiiii. roys l un apres l autre/ deſquels le premier fut cyrus et le dernier fut darius fil₃ darſaing/ et dura ceſſe monarchie ſelon mõſeigneur ſaint geroſme en ſes cronicques deux cens trenteetvng an̄. Et ſõt ces royaumes appeſes doṙient pour ce que il₃ furent en aſye le maieur qui eſt dicte la partie doṙient de toute la terre habitable. Et europe et affricque au regard del̃ſe ſi ſont reputez en occidet. Apres ce que daire eut fait pluſieurs gran₃ aſſaux ⁊ batailles/ ou pluſieurs ſuccomberẽt p̱ occiſiõ ⁊ q̃l eut regne ⁊ q̃l eut eſte occp̱s/ le royaume fut trãſporte a aſepandṙe ſes grant et aux grecz qui ſont en europe/ et ainſi doṙient en occident/ leſquelz ne regnerẽt pas ſeuſemẽt en icelle ṗtie d euroṗe ceſt aſſauoir en grece. mais regnerẽt ẽ aſie apres fut trãſlatee la monarchie aux rõmais q̃ eurẽt ſeigneurie ſur toute europe ⁊ affricq̃. Et pour ce fut le royaume des rommains gregnieur des autres. Apres quant il dit, mais cellup voit p̱ uſſainement etcetera. Ou ſicomme nous auõs dit aucuns commencent le treziéſme chapitre. Il prouue par l auctorite des rommains que ceulx rõmains alloyent hors des termes de vraye vertu qui leur eſtoit neceſſaire pour eſtre vertueuҳ par ce que il₃ queroient gloṙe ⁊ louenge humaine. Et pour icelle firent tout ce que il₃ firent/ Et fait cy deux choſes/ Car premierement il prouue que l appetit deſordonne d ambicion quil₃ auoient ou couuoitiſe de gloṙe ou louenge humaine eſt vicieuſe/ Secondement il prouue que ſes rommains tendirent entierement a ceſſe fin/ Et ceſſe ſeconde partie ſe commence la ou il dit/ Culle meſmes ne ſe peut diſſimuler etcetera.

La premiere partie il preuue p̃ deux ditz de oiace le poete, desquelz le pmier est en la premiere epistre du liure de ses epistres laquelle il escript a ung appelle mecenatus, en laquelle il luy enseigne comment il peut escheuer uices et estre les autres met le uice dappetit ou de couuoitise de gloire ou de louenge et dit ainsi en trois uers q̃ sont ou texte ⁊u tesses dit il sou tu es en sle damour de louenge, mais il ya certains remedes parquoy ce uice sen pourra aller ⁊ sera efface ⁊ te pourront recreer lequel uers est tel. Ter pure lecto poterũt recreare libello, cestadire recreer, se tu lis mon liuret trois fois ententiuement et de pur cueur lequel est escript cõtre les uices et te pourront recreer et donner solas. Le secõd dit dorace est en ung autre liuret qui sappelle in odis, cestassauoir en la ʃode. Et appele monseigneur saint augusti ce liuret le liure des dictiers liricques pour ce que oda ceste chãt ou dictier ⁊ pour ce q̃ est de diuers metres ⁊ q̃ souuẽt se uarient il appelle liricq, et ainsi est ethimologie par psidore en son viii liure des ethimologies a lira, cestadire de la haipe qui fait diuers sons, et pour celle uariacion lappellent il carmen liricuz, car selon papie il en ya en ce liure pxix paire de metres les uers nous auõs expose en translatant le texte, fors tant que quant il pse de libie il estassauoir que cest une prouince daffrice q̃ est pres de la fin de asie, ⁊ gades est une ple ou sõt les coulõpnes de hercules selon psidore ou p viii. chapitre du uiii. liure de ses ethimologies, ⁊ se dient gades en plurier nombre. Ou pour ce que aucunessois ces coulõpnes de hercules sõt, appelees gades herculis, ou pour plusieurs petites plses habitees qui respondẽt a celle grãt ple et sõt toutes habitees de ceulx daffricque ⁊ombien que celle ple soit entre affricque ⁊ europe, ⁊ pour ce dit il supose que lunet lautre peue, cestadire affricque fut en ton obeissance act·, cestadire lune et lautre affricq, car ceulx de carthage sõt aucunessois appelez affricquas

aucunesfois penis, et sont ces plses decoste ung lieu en la mer qui sappelle mediterraneum ist de soccea selon psidore dessus allegue. Et est ui. py pas en sa mer le principal isle. Apres quant il parle de tule ce sont deux epẽples par lesquelles monseigneur saint augustin ueult monstrer que les rommains estoiẽt entechez de ces uices, cestassauoir de couuoitise dõ neur et de gloire desquelz lun est de tulle de re publiqua, et lautre est ou premier liure de tusculanis questionibus.

⊂ De regetter et retrebucher lamour de louenge humaie pour ce que toute la louenge des iustes est de dieu: piiii.

Ⓣ pour ce sans doubte il resiste trop mieulx a celle couuoitise de gloire que sen obeist ou que sen ne luy donne lieu, car de tant est ung chascun plus semblable a dieu cõme il est plus net de cest ordure, laquelle supose quelle ne soit pas du tout arachie du cueur pour ce quelle ne cesse de tẽpter les courages bien prouffitãs, toutessois soit sourmontee couuoitise de gloire p̃ de lectacion de iustice a ce que se les choses q̃ sont reprouuees de chascun gisent en aucun lieu se elles ne sont bonnes et droittu rieres. ⊂elle amour mesmes de humaie louẽge ẽ ait uergõgne ⁊ hõte et face lieu a amour de uerite Certes ce uice est si en nemy de urape et debõnaire foy se la couuoitise que sen a dacquerir gloire, est plus grãnt ou cueur que sa paour ou lamour de dieu, p̃ laquelle couuoitise nostreseigneur disoit. Cõment pouez uous croire Cestadire auoir urape creance qui attendez gloire lun de lautre et ne querez pas la gloire qui est du seul dieu. De rechief daucũs q̃ creoiẽt ẽ luy ⁊ se resõgnoiẽt a cõfesser publicqmẽt disoit leuangeliste. ilz ont mieulx aymela gloire des hões q̃ de dieu laq̃lle chose ne firẽt pas les sais apostres qui cōme ilz pressassēt le nom de iesucrist en ces lieux ou il nestoit pas seulemēt reprouue sicōme il dit/cestadire tulle quāt il dit. Les choses qui sont reprouuees de tous gisent æcet. mais qui plus estoient de souueraie detestaciō entre tant de maudissons & Villenies que sen leur disoit entre les griefues persecuciōs & cruelles paynes qui souffroiēt ne furent pas esbahis de prescher du salut des gens pour si grāt mussitacion ou murmuremēt de la mauuaistie ou coulpe des gens/tenant ce quil auoient ouy de leur bon maistre & mire de leurs pensees/disant se aucū me renye deuant les hōmes/ie le reniray deuant mō pere qui est aux cieulx ou deuant ses angles/& que par ce quilz faisoient diuines choses/cestadire sainctes oeuures & quilz Biuoient diuinemēt cōbatus et amoliez les durs cueurs/et mis en iceulx cueurs paix de iustice grant gloire sen ensuiuit en leglise de iesucrist/ilz ne se reposerent pas en celle gloire cōme en la fin de leur Vertu Mais en rapportāt aussi celle Vertu a la gloire et louenge de dieu/ilz enflāboient ceulx quilz conseilloient a lamour de celluy par lequel ilz fussent fais autelz cōeulx car leur maistrise/cestassauoir iesucrist les auoit āsseiguez quilz fussēt pas bons par humaine gloire disant. Gardez que Vous ne fachez Vostre iustice deuant les hōmes/affin que soiez Veu deulx ou autrement Vous naures point de loier deuant mon pere qui est aux cieulx. Mais de rchief affin que ceulx qui ces choses entendoient mauuaisemēt ne doubtassent a plaire aux hōmes & quilz prouffitassēt moins en denonçant qlz fussent bons et demoustrant a quelle fin ilz se deuoient faire cōgnoistre dit ainsi/luisent oeuures deuant les hōmes affin quilz Voient les biens/et quilz glorifient Vostre pere qui est aux cieulx. Donques non pas affin que Vous soies Veuz deux/cestadire en ītencion que Vous les Veullez conuertir a Vous/car Vous nestes riens par Vous/mais affin quilz glorifient Vostre pere qui

est aux cieulx auquel ilz soiēt conuertis ce que Vous estes. Se ensuiuirēt les martirs qui ont sourmonte les sceuoles les curciens et les deiciens/non pas en eulx donnant paines/mais en portant celles q sen leur faisoit et par grape Vertu pour ce que cestoit pitie & en multitude sans nōbre/mais ilz fussent en la cite terrienne/ausquelz pour icelle estoit ordonne la fyn de tous offices la force diceulx roaumes non pas ou ciel/mais en terre/nō pas en Vie pdurable/mais celle q gisoit ou tres passemēt des moranz & successiō diceulx qui auoient a mourir quelle autre chose amassent ilz que gloire par laqlle ilz Vouloient mesmes apres la mortainsi cōme Viure en la bouche de ceulx q ses souoient

⁋ Exposicion sur ce chapitre.

En ce piiii. chapitre monseigneur saint augustin demōstre que couoitise de gloire et dhonneur ne prouffite point a Vertu/mais luy nupst/et ce dist il contre ce que tulle disoit & maintenant en ses liures q maintenoit le contraire/si cōe il appert par le chapitre precedent. Et fait deux choses en ce chapitre. Premieremēt il demōstre que la doctrine de tulle est contraire a la doctrine de leuangille ōt trop mieulx creu et ont este trop plus excellēs en creance q en creant ce que tulles dit/et celle secōde ptie se cōmece la ou il dit Se ensuiuirent les martirs æce. Apēs quāt il ple de sceuola qui est appelle mutius sceuola leql getta sa maī ou feu ardāt/& de marcus curtius q se getta tout arme luy et son cheual dedens la fosse et ouuerture du marche/& des deux deiciez Cestassauoir le pere et le filz q pour sauuer lost des rōmais se firent tuer et se cōsacrerēt et Vouerent aux Dieux nous en auons ple cy dessus ou pii. chapitre du q iiii. liure/& pour ce nous nous en passōs

⁋ Du loyer ou salaire tēporel que dieu tendit aux bōnes meurs des rōmais. p V

Ceulp doncques a qſl nauoit pas a donner la vie pardura/ble auecques sains angles en sa cite celestienne, a la cōpagnie desquelz vraye pitie maine, laquelle ne demonstre pas seruitude de religion que les grecz appellēt latria cōme il appert p̄ ces mettres/

Nullia communis homini q̄ deo q̄ paratur. Atq̄ deo soli latria iure datur.

Sozs a ung vray dieu s'il ne leur eust ot/troie, ne ceste gloire terrienne de cest eſpelēt empire s'en ne rendroit pas loper a bōnes ars, cestadire aup vertus par lesquelles ilz s'estozcoient dattaindre a si grant gloire. Certes de telles gens lesquelz il semble q̄ aient fait aucun bien fait, affin q'ilz fussent glorifiez des hōmes dit ainsi nostreseigneur: Je vous dp certainemēt que ilz ont receu leur loper par ceste maniere pour la cause cōmune, cestadire pour la chose publicque ceulp cp despriserēt leurs choses priuees et leurs tresors resisterent a auarice, conseillerent les pays par frāc cōseil, ne ne firent obliger selō leurs loip a peche ne a couuoitise ou defectatiō. Par toutes ces ars ainsi cōe par la vraie voye ilz se sont essozcez de venir a honneurs a empires et a gloire, ilz furent honnourez a peines en toutes leurs gens de leur empire, ilz īposerēt et baillerēt loip amoult de gens, car au iour d'hup en hystoires et en liures sōt glorieusp a peines en toutes gens, il nya riens dōt ilz se puissent plaīdre de la iustice du souueraiŋ a vray dieu car ilz ont receu leur salaire.

Exposicion sur ce chapitre:

En ce p̄. chapitre mōseigneur saict augustin demonstre pourquop dieu remunera les oeuures vrtueuses des romains de si grant gloire tēporelle, a dit quil fist affiŋ que nulle bōne oeuure ne demourast sās loper ou sans deserte. Se doncques aup romais ausquelz dieu nauoit pas a donner la vie pardurable pour ce que eulp mesmes ne lauoient pas desseruie, il neust donne gloire tēporelle pour laquelle acquerir ilz auoiēt tant traueillie. Il sēblast q'il neust pas procede iustement auecques eulp, et recite cp monseigneur saint augustiŋ les vertus des romains, en soy fondant sur les dictz de cathon que nous auons recite ou pii. chapitre de ce liure.

⁋ Du sallaire des sains citoiens de la cite pardurable, ausquelz les exemples des vertus des romains sont prouffitables.   p̄vi

Mais le salaire des sains est trop autre, et mesmes ceulp q̄ soustienent honte blasme a vilenie eŋ ce monde pour la verite de dieu, pour laquelle verite est hapneuse a ceulp qui apment ce monde. Celle cite est perpetuelle eŋ laquelle nul ne meurt pour ce que nul ny naist. La est plaine et vraye felicite, noŋ pas la deesse, mais le don de dieu. La ne lupst pas le soleil sur les bōs et sur les mauuais, mais le soleil de iustice, cestadire dieu desfent et garde les bons tant seulemēt. La naura plusgrāt maistrise ne grant subtilite a enrichir le tresor publicque les choses priuees estans poures a petites ou le tresor de verite est cōmun. Et pour ce na pas lempire romaiŋ este accreu a estēdu a humaine gloire seulemēt, affiŋ que a telz gens oŋ rendist tel sallaire, mais aussi affiŋ q̄ les cytoiēs de celle cite pdurable tant cōe ilz sōt leur pelerinage de celle cite terriēne regardent diligēmēt et sobremēt ces epēples a q'il voient q'il amour a quelle direcciō oŋ doit auoir au souueraiŋ pays pour la vie pardurable.⁋ Se la cite terrienne a tant este aymee de ces citoiens pour la gloire des hommes. Car eŋ tant comme il appartiēt aceste vie de gens mortelz laquelle se demaine, a desfine eŋ pou de iours:

Que chault il a lhomme qui a a mourir soubz quelle seigneurie ou empire il viue se ceulx qui ont seigneurie ne le constraingnent a aucunes choses mauuaises τ iniques. Ou en quoy nupret les romains aux gens ausqlz ilz bailleret leurs loix quant ilz les eurent subiuguez fors parce que ce fut fait par grans occisions et desconfitures de batailles/ τ se cestoit fait cordablement il seroit fait par trop meilleur aduenemet que ce que on leur tollist a force apres ce que on les auroit descofis. Mais ceulx qui auroient victore et triuphe/ ne auoriet point de glore/ ne certes les romains ne viuoient pas soubz les loix quilz bailloient aux autres. Se ce estoit sans mars et sans bellonne/cestadire concordablement sans batailles et q̃ victore neust pas de lieu pour ce que nul ne vaincroit quant nulluy ne se combatroit ne seroit pas tout vne codicio aux romains et a toutes autres gens mesmement se on gardoit la forme et la maniere q̃ de puis fut faicte a rome treshumainement et tresagreablemet/cestassauoir que tous ceulx qui appartenoient a lepire de rome prinssent la copagnie de la cite et fussent fais cytoiens de rome/et par ce/ce qui estoit pauant dun pou de gens fust fait maintenant de tous/τ le peuple qui nauroit ses chaps ne ses terres vesquist du publicque ou du comun et leur seroit deliure leur viure plus gracieusemet par bons gouuerneurs de la chose publicque de ceulx q̃ seroient dun accord

¶ Opposicion sur ce chapitre.

En ce pvi. chapitre monseigneur saint augustin demostre co grat differece il ait etre le loyer et sallaire de nostre seigneur dont sont recopenses les cytoiens de ce monde quil appele la cite terrienne. ¶ Apres quant il demande quil

chault a lhome qui a a mourir en quelle seigneurie ou empire il viue τcet. Aucũs liures font cy le comencemet du dixseptiesme chapitre. Et veult monseigneur saint augustin mostrer que la glore pour laquelle les romains soustindret tant dauersitez soit petite chose. Et oultre demonstre que la glore de seigneurie et de dominacion fait pou de difference entre les homes/et ou chapitre ensuiuat pour ce quil se deppend ainsi come de ce chapitre Il demostre que cest chose expediet aux citoies de la cite celeste/ cestadire a ceulx qui tendoient a auoir sa roye parduralle/a considerer com grant peine et com grant tourment souffrirent ceulx de la cite terrienne pour acquerir icelle glore terriene Et celle seconde ptie se comence ou chapitre subsequet ou il dit/ mais v sons mesmes en ces choses τcet. Quant a sa premiere partie monseigneur sait augustin demonstre ces choses. La premiere q̃ il doit pou challoir aux gens soubz q̃lle seigneurie ilz viuent se ceulx qui ont seigneurie ne constraingnent ceulx sur qui ilz ont seigneurie a aucunes choses mauuaises et iniqs. Secondement il demostre quil ya pou de difference entre les romains qui sont subgetz a vng prince/ et les autres gens qui sont subgetz a ce mesmes empire et a ce mesmes prince/et celle seconde partie se comence ou comencement du chapitre subsequent ou il dit/ mais ie ne voy nullement τcet. Quant a sa premiere partie il demostre q̃ a ceulx qui furent soubmis a lempire de romme et qui furet fais leurs sugetz se il leussét aussi bien fait sans resister et sans mars qui est dieu des batailles/ τ sans bellone qui est deesse sicome nous sauons dit dessus/ce neust post este en leur preiudice ne a leur nuysance/mais leur eust prouffite celle sugectio et obeissance volutaire/si come dit monseigneur saint augustin. Et quant il dit que par ce il seroiet fais citoyes des romais ceste pole est plaine dune grat setece pour letendemet de laqlle il est assa uoir quil auroit difference entre eulx que les rōmains prendroient de force, et ceulx qui sans eulx mettre a deffence se rendoient aux rōmains, car cōme il se troeuue en sa glose de la seconde epistre ad thimoteum, ou chapitre final au cōmencemēt quant les rōmains faisoient les conquestes pour estre seigneurs du mōde ceulx qui leur Venoient audeuant et se rendoient a eulx, et leur apportoient couronnes estoient fais citoiens rōmains et acqueroient franchise telle cōme de faire court. et consulz tout ainsi cōme auoient les rōmains, et ainsi vsoient des mesmes preuileges et libertez que Vsoiēt les rōmains. Sicōme il appert ou xxii chapitre du fait des apostres, ou il treuue que mōseigneur saint pol apres ce quil eut receu sa Vision de nostreseigneur et quil fut cōuertp Vint en la cite de rōme pour prescher, et comme les iuifz eussent en indignaciō sa predicacion disans quil nestoit pas digne de Viure, et pour ce eust este mene a sope pour estre batu et tourmēte il demāda au centuriō se il laissoit abstre ne tourmenter vng citoien rōmain sās cōdennacion Lequel ouyt ceste parolle se tourna au tribun et luy dist que saint pol luy auoit dit, lequel tribun luy demanda se il estoit citoien rommain. Et apres ce quil eut respōdu que oup il ne luy osa toucher et le laissa et le fist desloper sicomme il se trouue en ce chapitre. Apres quant il parle du peuple qui nauoit ses champs ne ses terres il se dit pour ceulx qui estoiēt citoiens de romme qui ne pouoiēt despouller leurs champs ne auoir bon Viure par force de guerre, ou qui estoiēt assiegez, ou a qui les ennemis auoiēt tout gaste, car a ceulx ilz deuoient adminstrer et secourir de tous biens puis quilz estoient citoiens de rōme ce quilz ne faisoient pas a ceulx quilz conqueroient p guerre et par bataille, car a ceulx ilz ne siuroient riens ne ne Viuoient selon leurs loix, mais leur bailloient telles loix cōme ilz Vouloient. Et aussi y auoit il plusieurs citez qui se rendoient p certaines condicions, et cestoit la difference qui estoit entre eulx que les rōmains conqueroient par force, et ceulx qui se rendoient de leurs Voulentes.

¶ Par quel fait les rōmains firēt leurs batailles, et combien ilz en donnerent et apporterent a ceulx qui Vaincrent. Cap. Viii.

Ais ie ne Voy nullement a sante ne a bonnes meurs qui pour certain sont les dignitez des hommes quil y ait point de difference en ce que les Vngz ont Vaincu, les autres ōt este Vaincus. Se ce nest ce tresgrant orgueil ou quel ceulx ont receu leur loyer quil pour couuoitise de ceōt este eslabes, pour ce ont fait grans et horribles batailles. Ne leur paient pas leurs terres tribu, ne leur cōuiēt ilz pas apprendre ce quil nest pas licite aux autres, na il pas en autres terres plusieurs autres senateurs qui ne Virent oncques en face la cite de romme O ste orgueil et Vanite quelle autre chose sont tous les hōmes fors hōes, et la mauuaistie du monde souffroit que quiconqs seroient meilleurs fussent plus a hōnourer, ancores ne deuroit on pas tenir pour grant chose lhōneur humaine q est chose de Vil poidz, mais Vsōs mesmes en ces choses du benefice de dieu nostre seigneur Considerous cōm grant choses desprirent qlles choses souffriēt, qlles couuoitises sourmonterent pour auoir la gloire du monde, ceulx qui deseruirent a auoir cese humaine gloire pour se faslaire de telles Vtus. Et aussi nous baille a reffraidre et restraidre orgueil a ce qui ne semble q les citoiens de si grāt pays aiēt fait aucune grāt chose en ce qlz ont soustenu aucūs maulx, ou fait aucūes bōnes euures pour icelle acquerir, sicōme celle cite en laqle il nous est promis a regner, soit autāt eslāguee de ceste terrienne cōme le ciel est loigz de la terre et sa Vie pdurable de les ioissemēt tēporel, et sa ferme gloire de Vaines souenges la compagnie des angles de la compagnie des hommes mortelz, et la lumiere du soleil et de lame.

Comme iceulx rōmains pour icelle glo
re terriēne ia acquise aient tant fait de cho
ses et tant souffert de maulx. mesmement
car la remission des peches qui assemble
ces citoyens au pays pardurable a aucu
ne voulente aquoy aussi p̄ ung vmbre/
C'est asile de rōme fust semblable/ ouq̄l
seurte et ipunite, c'est adire remission de
tous delictz/ assembla celle multitude de
gens/ p laquelle seroit faicte et assemblee
celle cite.

⁌ Exposicion sur ce chapitre.

En ce p̄vii. chapitre monseigneur
saint augustin monstre et prou
ue la seconde ptie de sa subdiuision que
nous auons mise ou chapitre precedent/
c'est assauoir quil a pou de difference entre
les rōmains qui sont subgectz a ung pri
ce et les autres gēs que eulx mesmes sub
mettent a ce prince et a celle seigneurie/ et
quant il demande se leurs cens et leurs
terres ne leur payent pas trou il veust di
re que oup/ car tous les champs priuez et
toute leurs terres estoiēt taillees chascū
an et deuoiēt truage qui estoit mis ou tre
sor publicque pour le fait de la guerre tout
ainsi cōme faisoient les autres prouīces
subgetz a lempire de rōme. Apres quāt
il demande se il n'ya pas moult de sena-
teurs en moult d'autres citez sugettes a lē
pire de rōme il veust dire que oup/ et se dit
pour les citez qui estoient venues a l'encō
tre des rōmains et apporte les courōnes
dont nous auōs p̄le ou chapitre precedēt
Esquelles citez ilz pouoient auoir con-
sulz et senateurs pour gouuerner leur
pays et citez sās venir a rōme. Aps quāt
il fait cōparaison de l'asile de rōme q̄ fist
romulus et la cite pardurable/ou sont
ceux ceulx qui ont pardō de leurs pechez
De celle asile de rōme nous auons parle
cy dessus ou xxxviii. chapitre du premier
liure.

Combien les crestiens doiuent estre
estranges deux vanter ou orguillir se ilz
ōt fait aucūe chose pour l'amour du pais
pdurable cōme les rōmains en aient au-
tant fait pour la gloire humaine/ c'est adi-
re du mōde et pour sa cite terrienne. p̄viii

DOncques com grant chose est
ce despriser quelconq̄s ioieulx
blandissemens, ou flateries de
ce monde pour se pays celeste pardurable
se pour celle cite terriēne/ brutus peut ses
enfans occire aquoy faire celle cite souue
raine ne constraint nullup/ mais certes
c'est plusforte chose de tuer ses enfans que
ce qui est a faire pour celle cite pdurable.
C'est assauoir q̄ ce quil sembloit que len
deust assembler et donner a ses enfās dō
ner/ aux poures/ ou se perdre sil y a tēpta
cion q̄ constraigne a ce faire pour foy et
iustice/ car les ricesses terriennes ne sont
pas noz ne noz enfās beneurez ou celles
q̄ sont a perdre nous viuās ou q̄ aps n̄re
mort seront tenues et occuppees p gens q̄
nous ne sauōs q̄ilz sont/ ou que nous
ne vouldriōs pas q̄ ses tenissēt/ mais
dieu qui est vraie richesse et habondāce de
noz pēssees fait les beneurez/ mais ce po
ete mesmes q̄ a accoustume a loer les bōs
et les fais vertueulx demonstre tesmoi-
gnage de sa maleurte/ pour ce quil occpt
ces enfās qui dist ainsi. Le pere appela ses
enfans a pine pour la belle liberte de sa ci
te. Lesquelz esmouuoient nouuelles ba-
tailles. Maleureup les enfās racontrōt
p tout ces fais/ mais ou vers ensuiuant il
resconforta ce maleureup ē disāt. l'amour
du pays et la grant couuoitise de louēge
a vaincu/ c'est adire amour paternele/ ces
deup choses/ c'est assauoir franchise et cou
uoitise de louenge humaine sont celles q̄
ont constraint les rōmains a faire mer-
ueilleup fais/ ⁌ Se doncques pour la
franchise de ceulp qui auoient a mourir,

et par conuoitise de glore et de louenge, q̄ desirent et requierent a auoir les personnes mortelles, les enfans peuent estre occis par leurs peres, que peuz tu tenir a grant chose se pour brape franchise q̄ nous fait frans de la seigneurie du dyable de iniquite et de mort, non pas pour couoitise de glore humaine, mais par charite de deliurer les hommes, non pas du roy tarquin, mais des dyables et du prince des dyables les enfans ne sont pas occis, mais les poures de iesucrist sõt comptez entre les filz.) Aussi se lautre prince rommain sournõme torquatus occpt son filz non pour ce quil se fust combatu contre son pape, mais mesmes pour son pape, toutesfois iassoit ce quil eust vaincu pour ce que contre son commandement, cestadire contre ce que son pere lup auoit commande, lenfant attaine contre son ennemy par ardeur de ionesse sest combatu, affin que ce ne fust pas plus de mal exemple en ce que le commandement de lempereur auoit este contempne quil auoit de bien en la glore de lenemy qui auoit este occis par lenfant. Pourquoy se vantent ceulx qui despitent tous les biens terriens pour les loix du pays immortel. Lesquelz biens terreiens on ayme trop moins que ses enfans. Se furius camillus aussi q̄ auoit reboute du iug la seruitude des veienciés trescruelz enemies des rõmains son pays mesmes qui lup auoit este ingrat fut banny de romme pour aucuns qui auoiēt eu enuie sur lup, la deliura de rechief des galles pour ce q̄ ne auoit meilleure ville ne plus grande ou il peust viure glorieusement. Pourquoy esleue on ainsi comme sil eust fait vne grant chose celui qui par auenture a souffert en leglise de dieu vne si grant villenie et vne grant iniure de ses ennemis et ne fist tourner ou transporter a ses enemis herites, ouquel nait fait aucune heresie contre ceste eglise, mais qui plus est de tant comme il a peu la deffendue de la tres laide mauuaistie des heritres, comme il nen ait point dautre, non

pas ou len viue en la glore des hommes mais ou len acquiert la vie par durable. De mucius pour ce q̄l ne peut occire personne qui cõtraingnoit les rõmains par griefue guerre et q̄ comme deceu, occpt vng autre pour lup, affin q̄ paix se fust faicte auecques ce roy persenne, tendit sa main dextre dedens le feu ardant en disant quil en viendroit maintauel cõme lup qui auoient tous iures sa mort. En resongnant la force duquel et la coniuracion des autres telz, sans nulle dilacion fist paix aux rommains et se restraint de celle bataille. Qui est cellup qui ou royaume des cieulx doye imputer ces merites se pour icellui acquerre, non pas vne main ne en soy faisant oultre autre mal, mais en souffrant cellup qui se persecute tout son corps est consumme en feu et en flamme. De curtius tout arme en obeissant aux respõs de ses dieux en poignãt son cheual se getta en vne grant fosse de la terre qui estoit ouuerte emp le marche pour ce quilz auoient commande que ilz gettassent dedens ce quilz leur sembloit tresbon, ne ne peussent autre chose entendre quelle chose ilz eussent fors hommes et armures, parquoy il esconuenoit que par le commandement des dieux vng homme arme fust gette en celle fosse ou perdicion, q̄ se pourra auoir fait pour le pays par durable, cellui qui en souffrant le sien ennemy de la foy, non pas en se mettant et boutaut auant en telle mort, mais qui sera mort p̄ vng autre quil lup aura mis ou enuoye, quant pour certain il a prins plus certain respons de son seigneur, et auecques ce roy de son pays qui dit ainsi, ne doubtēt point ceulx q̄ occient les corps mais ilz ne peuent occire lame. Ses deciens se vouerent a occire en eulx consacrant aucunement par aucunes paroles a leurs dieux, affin que par leur mort et en appaisant les couroux de leurs dieux pour leur sang, lost des rommains fust deliurez, ne sorguillissent en quelconque maniere. Les sains martirs ainsi cõme

filz eussent fait aucune chose digne pour la participacion de ce pays ou est pardurable et vraye felicite/ ont souffert iusques a leffusion de leur sang/en aymant/sicomme il est escript en foy de charite/non pas seulement leurs freres pour lesquelz il estoit espandu Mais aussi leurs ennemis. par lesqlz il estoit respandu en eulx combatant en charite de foy Se marcus puluillus en dediant le teple de iupiter/ de iuno/ & de minerue despita tellement la mort de son filz/ laquelle luy fut adnoncee faulsement de aucuns siens enuieulx/ affin quil sen partist comme trouble/ et que son compaignon eust la glore de sa dedicacion par telle maniere quil commanda que on les gettast sans ensueulir/ et par ce sa couoitise de la glore auoit vaincu la douleur quil auoit eue en son cueur de la mort de son filz Quelle grant chose se peut dire auoir fait par la predicacion de la saincte euangille/ par laquelle les cytoyens du souuerain pays sont deliurez et assemblez de diuerses erreurs. Cessuy qui estoit ententif denterrer son pere/ auquel nostreseigneur dist Sieu moy. et laisse les mors enseuelir leurs mors. Ce marcus regulus affi quil ne deceust ses ennemis trescruelz de ce quil auoit iure. retourna de rome a eulx. et eust respondu a iceulx rommains qui le vouloient retenir que puis quil auoit este serf aux offices/ cestadire a ceulx de carthage/ il ne pouoit auoir dignite a romme de honeste cytoyen. Et lequel marc regule ilz tuerent par cruel tourment/ pour ce quil auoit fait contre eulx ou senat de rome. Lesquelz tourmens sontce qui ne sont pas a despiter pour la foy dicelluy pays. a sa bieneurete duquel celle foy meine.
¶Ou que pourrons nous retribuer a nostreseigneur pour toutes les choses quil a retribuees/ se pour la foy qui luy est deue lomme seuffre telles choses quelles ce regulus souffrit/ pour la foy quil deuoit a ses trescruelz ennemis. Mais comment so sera ung homme esleuer/ ou ung crestien loyer qui est poure de sa voulente/ affin q

ou pelerinage de ceste vie/ il soist plus desliure par la voye q meine ou pays ou dieu mesmes est les vrayes richesses. Comme il lise ou oye lucium vaserium q fut mort en son consulat/ et fut si poure quil fut en terre des deniers communs/ ou qui luy furent donnez par le peuple. Oye ou lise qncium cincinnatum. Lequel comme il eust quatre arpens de terre tant seulement/ et les labourast de ses mains/ il fut amene de sa charue pour estre dictateur qui estoit par tout plus grant honneur que de consul. et desconfit ses ennemis. Et combien que de ce il eust acquis grant gloire/ demoura en celle pourete ¶Ou qui sera cessuy q preschera quil ait fait aucune grant chose qui par nul loyer ne par nulle promesse de ce monde naura este seduit ou deceu de ce pardurable pays. comme il ait apprins q fabricius pour promesse que luy fist pirrus roy des epirotees de tant de dons/ et q luy eust promis la quarte partie de son royaume. Il ne se peut oncques oster de sa cite de romme. ne faire departir dicelle. Cest adire de sa loyaulte/ mais ayma mieulx demourer comme priuee personne en sa pourete Mais combien quilz eussent sa chose publicque/ cestadire la chose du peuple la chose du pays/ la chose commune tresplentureuse et tresriche/ estoient. ilz eulx mesmes si poures en leurs maisons que luy deulx qui ia auoit este deux fois consul/ fut boute hors de celle office de consul par laccusacion des poures homes q laccuseret deuant le censeur/ & par ce censeur en fut boute hors et banni come infame. Et sa cause fut pour ce q on trouua dix poids dargent en vaisselle en sa maison. ¶Les crestiens doncques qui par plus excellent propos sont leurs richesses communes se lon ce quil est escript es fais des apostres que on distribue selon ce que ung chascun en a besoing/ & que nul ne dye aucune chose estre propre sienne. Mais que toutes choses leur soient communes. Nentendent ilz pas que pour ce ilz ne se doiuent demener y nul orgueil ne par nul bobant en ce faisant

pour acquerir la compaignie des angles
comme iceulx rommains mesmes aiēt
fait apeine aucunes telles choses pour gar
der et conseruer la gloire des rommains.
Ces choses et autres se on en treuue nul
les en leurs liures quāt fussent elles si ap
paruees et venues a congnoissance quant
les prescheroit on et liroit par si grant renō
mee se lempire de romme ne fust accreu en
long et en le par si solennelz fais, Et pour
ce par cel empire si large et qui a tant du-
re et qui a este si noble de hommes de tāt
de vertus, et le loyer quilz qroient a leur
intencion leur a este rendu, et a nous sont
proposees exemples de necessaire admoni
cion, en telle maniere que se les vertus des
quelles cestes sont semblables en tout et p
tout. Et lesquelles les rommains tindiēt
pour la gloire de sa cite terrienne. Nous ne
tenons pour la tresglorieuse cite de dieu,
nous napons point de honte. Et se nous
les tenons que nous ne nous esleuōs pōt
en orgueil. Car sicomme dit lapostre, les
passions ou tourmens de ce temps sōt in
dignes Cestadire ne sont pas assez en la
gloire auenir q sera reuelee en nous, mais
a la gloire humaine et de ce temps present
leur vie sera extimee assez digne. Dont
mesmes les iuifz qui occirent iesucrist les
quelz par la reuelacion du nouueau testa
ment qui estoit couuert en lancien, auoiēt
que non pas pour les benefices terriens et
temporelz que sa diuine puidence ottroye
aux bons et aux mauuais indifferāmēt
Mais pour sa vie pardurable et dons per
petuelz, et pour la compaignie de celle sou
ueraine cite soit adoure vng dieu et viay,
furent tresiustemēt donnez a sa gloire de
ces royaumes a ce que eulx qui auoient q
se et acquise la gloire terrienne par quelcō
que vertu vaincquissent ceulx qui p grās
vices et pechiez occirent et refuserent le dō
neur de la vraye gloire et cite pardurable.

Exposicion sur ce chapitre.

EN ce xviii. chapitre monseigneur
saint augustin que eue consideraci
on a ce que les rommains firent pour acq
rir sa gloire temporelle que cest chose legie
re et petite, ce que dieu nous requiert que
nous facons pour auoir la gloire perpetu
elle. Et fait monseigneur saint augustin
deux ce choses en ce chapitre, car premiere-
ment il cōpare les euures vertueuses des
rommais aux euures vertueuses des cre
stiens. Secondement il demonstre com
grant prouffit ce fut aux crestiens de con
gnoistre et sauoir les euures vertueuses
des rommains. Et ceste seconde partie se
commence la ou il dit. Ces choses et au-
tres. Et pour prouuer ces deux conclusi
ons, il ameine douze exemples ou douze
hystoires. Et par especial pour monstrer
com grans biens et com grans deffices les
rommains ourent en despit pour acquerir
sa gloire et honneur terrienne. Le premier
exemple est de Brutus qui tua ses enfans
pour lalliance quilz auoient faicte aueccs
les enfans de tarquin lorgueilleux et ses
alies de se remettre en la cite de rōme aps
ce quil en eut este banny. Et ceste hystoire
nous auōs traictee et demenee sur le p vi.
chapitre du tiers liure, ouql chapitre mō
seigneur sait augustin desclaire ses vers
par luy mis en ce chapitre, lesquelz sōt du
vi. liure de virgille en son liure eneydos.
Le secōd est dun appele torcatus qui en
son droit nom est appele maulius torqua
tus, et print ce sournom pour vne torche
ou vng treche dor ql auoit oste a vng gal
se qui se portoit entour sō col, lequel estoit
merueilleusement grāt et fort, et offroit a
soy combatre contre tout rommain corps
a corps, contre lequel ce maulius se com-
batit et loccit, et luy osta celle treche dor du
col et la mist entour le sien, et pour ce fut ap
pele torquatus. Et par ce donna ce nom a
sa posterite, comment il occit son filz qui
si vaillamment sestoit combatu. nous en
auons parle cy dessus. Le tiers exem-
ple est de furius camillus, duquel nous
auons parle plus largemēt. Et aussi fait

monseigneur saint augustin sur le xviii. chapitre du second liure. ¶ De mucius sceuola, cest le quarte exẽple duquel nous auons parle cy dessus sur lexposicion du vingtiesme chapitre du quart liure. Et aussi du cincqiesme auec le sixiesme exẽple en ce mesmes lieu. ¶ Le septiesme est appele marcus oracius qui autrement est appele marcus pusuisus, duquel racõte Valerius ou derrenier chapitre de sõ v. liure. Et titus liuius ou secõd liure de sa premiere decade, qui est de origine vrbis, que comme luy et vng autre appele Valerius publicola fussent consulz a fault sist dedyer sa maison de iupiter qui estoit ou capitole, ilz sortirent lequel le dediroit. et cheit le sort sur ce marcus, dont les amis de lautre consul furent dolens et courouces. Et ainsi comme on faisoit sa dedicacion et sefforcassent les amis de lautre ptie de trouuer voye comment elle fust faicte de son compaignon. Et a ceste fin queriss sent voyes obliques et diuerses. Finablement ilz enuoierent vng homme qui dist et adnonca a ce marcus que son filz estoit mort, et par ce maintenoient contre luy q̃ linterpretacion de la loy, puis quil auoit corps en sa maison, il ne pouoit dedyer le temple, et ce disoient ilz affin que leur amy dedyast le temple. Lequel nen tint cõpte, mais commanda que on gettast sa charonne sans ensepuelir. Toutesfois se il cuida que son filz fust mort ou nom, titus liuius se laisse en doubte sãs determiner, mais Valerius maximus sattribue a sa constance, et innue que son filz fut mort en verite. Et aussi le innue monseigneur saint augustin en ce chapitre. Et la cestassauoir en Valerius maximus se peurent veoir beaux motz a ce propos. ¶ Le viii. exemple est de marcus regulus q̃ autrement est appele actilius regulus. Et de cestuy nous auons parle sur le xv. chapitre du tiers liure, et sur le quinziesme chapitre du premier liure. ¶ Le neufiesme exemple est de lucius Valerius, lequel a verite dire est appele publius Valerius puꝫ

blicola qui fut quatre fois consul. duquel parle titus liuius ou second liure de sa premiere decade qui dit q̃ agripa numenio et publio postunio estans consulz, il trespassa si poure quil se conuint enterrer de largent du commun. Eutrope en son premier liure dit que ce fut cinq ans apres ce que les roys furent boutez hors de romme Et dient aucuns quil ne fut pas mort estant consul, mais apres ce quil laissa a estre consul. Toutesfois y eut il vng autre qui fut appele publius Valerius publicola, lequel quarantehuit ans apres ce que les roys furẽt boutez hors de romme. Et fut consul auecques le filz de apius claudius, lequel estoit appele colin claudius lequel fut mort luy estant consul en la bataille contre herodonius duc ou capitaine des bannis de romme, et des serfz, duquel parle titus liuius en son tiers liure de sa premiere decade, ou chapitre Accipiunt, ou paragraphe Trepidare ¶ Le x. exemple est de quincius cincinatus, duq̃l raconte titus liuius ou tiers liure de origine vrbis, que comme vne gẽt appelee gẽs equorum, cest a dire des cheuaus, eussent assiege municium auecques sõ ost en vne mõtaigne pres de romme appele asgidus et rumeur en fust venue en la cite, ilz creerent vne nouuelle dignite, cestassauoir de dictateur qui estoit plus grande que de consul, et esseurent a celle dignite ce quincius qui estoit vng poure laboureur, qui partout nauoit que quatre arpens de terre q̃l labouroit de ses mains, car combien que pauant il en eust sept, toutesfois en auoit il perdu trois pour vne plesgerie ou fideiussion quil auoit faicte pour vng sien amy. Ilz allerent querre ce quincius a la charue oultre le tybre, ou il menoit ses beufz, et luy firent despouiller son rochet buriste, et puis luy vestirent vne robe riche que on auoit ordonnee pour cel estat, et ainsi vestu fut amene a grãt feste en la cite, et luy vindrent tous a lencontre senateurs et autres. Ce fait il ordonna ses besõgnes, et alla ou ce mucius estoit assiege

z.ii.

¶ Le deliura luy & ses gēs, & mist tous ses ēnemis soubz le ioug, dist seruitude, et ce fait les laissa aller, mais il eut auāt par deuers luy tous leur capitaines, et si eut toute la propre & tout le pillage lequel il de partit tout aux cheualliers qui estoient a lez auecques luy, et nen donna rien a cel luy quil auoit deliure, en luy disant tel les parolles. Cheuallier dist il tu faul dras a auoir ta part de la prope de tes en nemis, ausquelz tu as este au iour dhuy en auenture destre prope.) Toutesfois se combatit il moult vaillamment, & se por ta grandement a la venue de ce quincius) Et dit notablement monseigneur saint augustin en ce chapitre que cel office de di ctateur estoit plus grant que de consul, car sicomme il se treuue en digeste en la secon de lop de la naissance de droit, ou paragra phe ep actis. Apres ce que les roys furent boutez hors de romme, on crea deux con sulz, ausquelz on auoit recours pour de mander les souuerais drois quilz auoiēt a faire, mais affin quilz ne sattribuassēt par tout puissance de roy, ilz firēt vne loy telle que premierement il estoit licite a ap peler deulx, & quilz ne peussent tuer ne ba tre cytoyen rommain sās commandemēt mais bien le peussent mettre en prison & en ferrer. Et de celle loy se apda monseignr saint pol, comme nous auons dit ou v̄. chapitre precedent. Et apres furent creez les censseurs. Et apres pour les grās ba tailles qui leur sourdirēt, firent vne mai strise de plus grant auctorite, cestassauoir dictateur. Et de celluy ne pouoit on appe ler, et si auoit puissance et auctorie de ius ticier de batre et de fuster tout cytoyen rō main sans conge, et pour ce quil auoit si grant puissance ne pouoit estre en office q sip mois. iaissoit ce que ysidore ou ix. liure des ethimologies dit quilz regnoient cinq ans, mais cest contre loppinion des au tres hystoriēs, car a peine se treuue il quil ait regne sip mois entiers. Ancores auoit il difference entre les dictateurs & les con sulz, car les consulz se faisoient et creoiēt

chascun an par quoy loffice de consulat es toit continuel, Mais le dictateur nestoit cree que en tresgrant necessite, excepte q a auguste il fut donne a perpetuite pour cau se de honneur.) Ce quincius tantost cō me il eust ainsi desconfit les ennemis des poulla sa belle robe, et reuetit la sienne, et sen alla a sa charue comme deuāt sās sop glorifier de sa victore, et laissa loffice de di ctateur p̄ vi. iours apres ce quil auoit este dictateur. Sicomme dit titus ou lieu des sus allegue. ¶ Le onziesme exemple est de fabricius, et est listore telle selon eutrope en son second liure ou septiesme chapitre. Cestassauoir que les tarentins qui sont en la derreniere partie ditalye, pour ce qlz auoient fait villenie aux messagiers et le gatz des rommains, furent deffies, & fut ordone et iuge que on leur feroit guerre, Et comme ilz ne fussent pas assez fors cō tre les rōmains ilz appelerēt en leur aide pirrus roy des epirottes, lequel a leur ree queste vint en ytalye, et commenca a fai re guerre aux rommains. Et fut la pre miere guerre que les rommains eurent cō tre ceulx de oultre la mer, cōtre lequel fut enuoye vng consul appele publius vale rius leuinius, lequel print toutes les espi es & cheuaulcheurs de pirus, & les fist me ner par tout lost des rommains, affin q ilz vissent tout leur estat, et quilz se peus sent reporter a pirrus. Et ce nonobstant se combatirent pirrus et son ost contre les rō mains, lesquelz furent desconfis par les elephans qui les esbahirent, pour ce quilz ne les congnoissoient ne ne sauoient q ces toit. Celle bataille cessa pour la nuyt qui souruint, et en celle nuyt sen fuyt ce leuini us qui estoit chieuetain des rommains. en laquelle bataille et fuitte furēt prins .m. et huit cens rommains, lesquelz pirrus eut et tint en grant reuerence, et leur porta vng moult grant honneur, et fist enter rer les mors ou aidie selon la coustume de lors. Lesquelz mors cōme il les eust veuz gesans a terre, et tous naurez par deuant & les visages cruelz quilz auoiēt. Il leua les mais au ciel & dist que se dieu luy eust donne quil peust auoir fine de telz cheualliers, il peust a seur ayde auoir este seigñr de tout le monde. ¶ Apres il assembla les sannites, les lucains, et les bruciés, et cheuaucha iusques a romme, et ardit et tua tout ce qui luy vint au deuant. Il pissa campane, et vint iusques a la cite de pæneste q̃ est a xviii. mille de romme, cestadire neuf lieues. Et pour ce la paour que les rommains eurent deulx et de leur duc qui les menoit se retrairent a campane. ¶ Ce pendant les rommains enuoierent certains messages a pirrus pour raenconner les prisonniers lesquelz pirrus receut hõnourablement, et renuoya a romme franchement les prisonniers a romme sans quelsconque raencon. Et comme entre les messagiers qui luy auoiẽt este enuoiez, il eust congneu que fabricius estoit poure, et pour le tourner deuers luy, luy eust promis la quarte partie de son royaulme, et eust apperceu quil nen eust tenu compte, il envoya a romme vng sien duc appele cyneas pour faire paix sur certaines condicions. Cest assauoir que ce quil auoit acquis en italye luy demourast. Ceste offre ne pleut pas aux rommains. ¶ Le senat luy demãda que sil ne se departoit du tout dytalie que il nauroit point de paix. Et ce fait ordonnerent que tous ceulx q̃ auoient este prins par pirrus (et renuoiez a romme) fussent tenus et reputez pour infames, qui auoiẽt peu estre prins armez, et qui ne sen peussẽt reuenir a leur estat premier et dignite iusques a ce quilz eussent autãt rapporte des armes des ennemis quilz conq̃ssent pour celles quilz auoient perdues. ¶ Ainsi sen retourna cyneas le messagier ou legat de pirrus. Et cõe pirrus luy demandast q̃lle chose il auoit trouue en sa cite de romme Il respondit quil auoit trouue romme et le pays, et les telz gens cõe on tenoit que estoit pirrus a epire. ¶ Apres ceste responce furẽt enuoyez contre luy deux consulz. Cestassauoir decius et publius sulpicius pour le combatre, en laquelle bataille il

fut naure, et ses elephans tuez, et vingt mille de ses gens mors, et des rommains cinq mille, et ainsi naure et desconfit sen fuyt a tarente. Enlan passe fut enuoye contre luy ce fabricius lequel il nauoit peu conuertir a soy, combien que pour ce il luy eust promis la quarte partie de son royaume. Et comme luy et pirrus fussent logez assez pres lun de lautre, le phisicien de pirrus vit de nupt a fabricius, et luy pmist q̃ sil luy vouloit promettre ou donner aucune chose, q̃l empoisonneroit son maistre pirrus, lequel lenuoya tout lyé deuers pirrus, et luy fist compter ce que son phisiciẽ auoit ymagine contre luy. Et quant pirrus eut oy le message, il dist ainsi. Cest plus forte chose dist il de oster le cours au soleil, que doster fabricius de sa loyaulte et de son honnestete. ¶ Et est assauoir q̃lz furẽt deux qui furent appelez pirrus, lũ fut le filz dachiles qui fut a la bataille de troye, duquel nous auons parle ou quinziesme chapitre du tiers liure. Et lautre fut cellup dont il parle a present, qui fut long temps apres la desconfiture de troye Et fut de ce mesme lignage de pirrus.

¶ Le pii. exemple est dun qui fut boute hors du consulat pour dix liures dargẽt en vaisselle q̃l auoit achetees, et ne se nõme pas: Mais ce fut cornelius ruffinus duquel raconte valerius maximus en son premier liure de dictis et factis memorabilibus, ou chapitre penultime qui est de censoria Nota que cõme il eust este deux fois consul, (et vne fois dictateur, et il eust achete dix poids dargent en vaisselle qui sont dix liures, pour ce quil sembla que cestoit chose de mal exemple de couuoitise, ou de viure trop delicieusement, il fut mis hors de son office par le cẽsseur qui estoit cellup qui iugoit des meurs. ¶ Et quant il dit. Mais soient toutes choses communes. &c Il le dit pour ce que sicomme dit iustin en son pliii. liure ou temps que saturnus regnoit en italye, ou il fut plaĩ de si tresgrãt iustice que onques en son tẽps nul ne fut soubz luy en seruitude, ne nul nauoit biens particulierement.mais estoiēt toutes choses cōmunes a tous/ ainsi cōme tous neuf sent que vng patrimoine.

⁋En quoy se differēt entre eulx couuoitise de gloire et couuoitise de seignourir.   xix.

☙ainement il ya difference entre couuoitise de gloire humaine/ et couuoitise de seigneurie et de domi naciō/ car combien que ce soit chose assez legiere que cellup qui se delicte trop de lumaine gloire.couuoite aussi ardāmēt a auoir seignourie et dominaciō. Toutesfois ceulx qui desirent vraye gloire/ iasoit ce quelle soit des humaines louenges demonstrent ou font euures telles par lesquelles ilz ne veulent pas desplaire a ceulx qui ont bon iugement. Car il ya moult de biens et euures desquelz plusieurs iugēt bien/ cōbien q̄ plusieurs naient pas iceulx biens/ et par ces biens de meurs ilz sefforcent de venir a gloire et empire ou dominaciō. desquelz salusse dit. Mais cellup sefforce daller la droitte voie. Mais cellup qui sans couuoitise de gloire par laquelle lomme ressongne a desplaire a ceulx qui ont vray iugement desire a auoir seigneurie ou empire/ querent souuent et ancores par tresgrans crimes et cruaultez auoir et obtenir ce quil ayme. Et pour ce cellup qui desire a auoir gloire/ ou il va la droite voie/ ou il sefforce de y venir par fallaces et par dol/ en voulant soy demōstrer estre bon ce quil nest pas. Et pour ce cest grāt vertu a cellup qui a vertu de despiter gloire pour ce que ce pourquoy on la en despit est en la presence de dieu/ mais ce nest pas ouuert par iugement humain/ cestadire que ces choses ne viennent pas a la congnoissance ne au iugement des hommes/ pour ce quilz ne scaiuent pas leur intenciō.car tout ce que homme fait parquoy il appere

aux yeulx des hōmes/ cestadire a la veue du monde quil desire a auoir gloire/ affin de acquerir par ce plusgrant gloire. ⁋Il nya rien dont aux sens des hommes qui en ont suspiciō/ il se demonstre estre autrement quilz ne souppeconnent. Mais cellup qui desprise le iugemēt de ceulx qui de luy donnent louenge/ il desprise aussi la follie des souspeconnans/ desquelz toutesfois sil est bō/ il ne desprise pas le salut. Car cellup qui a ces vertus de lesperit de dieu est plain de si grant iustice/ que mesmes il ayme ses ennemis/ et ancores ayme il y telle maniere ses hayneux ā ceulx qui se mocquēt de luy/ que iceulx corrigez et amendez/ il les vueille auoir ses compaignons/ non pas en terre/ mais ou souuerain pays. ⁋Mais en ceulx qui le loēt combien quil tienne petit compte de ce que ilz le loent/ toutesfois ne tient il pas petit compte de ce quilz sayment.Ne il ne veult pas deceuoir ceulx qui le loent/ affin quil ne decoiue ceulx qui sayment: Et pour ce entent il et veille ardāment a ce q̄ mieulx et plustost cellup soit loue duquel lomme a tout ce de quoy il est loue en soy.mais cellup qui desprise gloire et est couuoiteux dauoir seigneurie/ cellup sourmonte les bestes de vices ou de cruaulte ou de luxure/ Certes telz furent plusieurs rommains car perdue la cure destre louez/ ilz ne furēt point sans couuoitise de seigneurie. Listoire demonstre quil en y eut plusieurs telz/ mais cesar nero fut le premier qui eut la souueraineete de tous ces vices/ et ainsi cōme sa haultesse ā la roche duquel la luxure fut si grāde q̄l ne doubtoit chose a faire q̄ hōme peust faire a sa cruaulte/ telle et si grande q̄ ne les auroit.on cuideroit q̄l eust este hōe sās doulceur q̄lcōq̄.Ancores a telles gens mesmes nest pas donnee puissā ce de dominaciō ou seigneurie/ se ce nest y sa pourueance de dieu le souuerain/ quāt il iuge q̄ les choses humaines sōt dignes dauoir telz seigneurs ⁋De ce est toute clere la voix diuine/ parlant la sapience de dieu quant il est dit. par moy les roys re

gnent/et par moy les tirans tiennent ter-
res. Mais affin que par ses tirãs ne soiēt
pas entendus les mauuais et tres dsselop
aulx roys/mais selon se nom ancien dis
et entendus par ce mot tirans les hōmes
fors et puissās/desquelz Virgille dit. Ce
me sera partie de paix que ie puisse toucher
a la main dextre du tirāt/il est dit de dieu
tres appertement en autre lieu aussi. Qui
fais regner comme ypocrite pour la mau
uaistie du peuple. ¶ Pour laquelle cho-
se combien que selon mon pouoir/iaye as
sez expose pour quelle cause dieu vng vray
et iuste ait seson aucune fourme dune cite
terrienne aydees bons rommains a at-
taindre a la gloire de si grãt empire. Tou
tesfois y peut il auoir ancores vne cause
plus latente ou mucee pour diuerses meri
tes de humain lignage/laquelle est plus
cōgneue a dieu que a nous/comme il soit
certain entre ceulx qui sont veritablemēt
bons que nul ne peut auoir vraye vertu
sans pitie vraye/cest adire sans le seruice
de dieu le vray/ne auoir celle vertu quant
il sert a humaine gloire. toutesfois ceulx q̄
ne sont pas cytoiens de la cite pardurable
laquelle en noz sainctes escriptures est di
cte la cite de dieu quant ilz ont icelle vertu
que se ilz nen eussent point/mais ceulx q̄
esleuez en vraye pitie viuent bien silz ēsui
uent bien celle science de gouuerner les peu
ples/il nest rien plus bieneure aux choses
humaines silz en ont ceste puissance par
la misericorde de dieu.mais telz hommes
nattribuent leurs vertus com grandes q̄
ilz les puissent auoir en ceste vie/fors a la
grace de dieu/pour ce quil leur a dōne ces
vertus/eulx voulans creans et requrans.
Lesquelz auecques ce entēdans com grãt
deffault il a en eulx a la perfection de iusti
ce telle comme elle est en la compaignie de
ses sains āgles/a laquelle compaingnie
ilz sefforcent destre adioinctz. Et par q̄l-
conque maniere quilz louent ou preschent
ou exaulssēt vertu/laquelle sans vraye
pitie soit a la gloire des hommes. Toutes
fois nest elle pas a comparer aux petis cō

mencemens des sainctes personnes / les-
quelz ont mise toute leur esperance en la
grace et misericorde du vray dieu.

Exposicion sur ce chapitre.

En ce dixneufiesme chapitre monsei-
gneur saint augustin fait vne com
paraison de couuoitise de gloire humaine e
temporelle a couuoitise de dominacion ou
de seigneurie/ a fait quatre choses en ce cha
pitre. Premierement il demonstre la diffe
rence qui est entre eulx. Secondement il
demonstre que les hommes vertueux cō
tent de gloire est moult a louer et recommā
der. Tiercement il demonstre comment
ce despit et contēpt de gloire soit perilleux
aux mauuais qui sōt couuoiteux dauoir
seigneurie. Quartement il fait vne com
paraison des vertus qui sont ordonnees a
humaine gloire/et de celles qui sont ordō-
nees a vraye gloire. | La seconde partie se
commence ou il dit. Et pour ce est grant
vertu a cellup qui a vertu. ¶ La tier-
ce se commence ou il dit. Mais cellup qui
desprise gloire. ¶ La quarte se commē
ce ou il dit. pour laquelle chose. ¶ Et
quant il parle de saluste/cest a entendre/
in catilinario. Et sont ces parolles de sa-
luste mises plus entierement cy dessus ou
douziesme chapitre de ce liure/desquelles
parolles monseigneur saint augustin ne
met cy que tant seulement ces motz.mais
cellup va la droitte voie. Et toutes les au
tres parolles sont de monseigneur saint
augustin. | Apres quant il dit que tout ce
que homme fait. ace. Il veult dire et prou-
uer que contēpt et despit de gloire humai-
ne est tousiours notore et congneu a dieu.
Car prenons que aucun sappelle tel quil
desprise a auoir gloire humaine/et toutes

fois il sefforce de ce faire/affin ql ait plus grant gloire des hommes par ce quil desprise ceste louenge de gloire/ et que les autres cuident quil soit ainsi. Ceste souspicion de tel homme ne peut estre tollue par chose q̃ il puist monstrer/ne il ne peut rien faire p dehors quil ne demõstre que les hommes ayent mauuais souspicion sur luy/ car il ne pourroit autrement demonstrer ce par quoy il despriseroit louẽge humaine/fors par les euures de dehors. Mais ce ne souffist pas a forcloire ou rebouter ceste souspicion/comme ceste souspicion soit telle que on desprise gloire et louenge / affin que on sacquiere plus grant. Et pour ce suppose que somme desprise veritablement toute louenge humaine/toutesfois ne peut il de monstrer ce content a ceulx qui ont souspicion contraire cõtre luy. Et pour ce se peut il monstrer a dieu seulement. ⁋ Et par ce quant a ce il ne luy fault en tant comme a luy touche q̃ despite la folie du mauuais iugement diceulx/combien que en tant cõ me ceste de ceulx qui ont le mauuais iugement de luy/il doit mettre peine a lescheuer. ⁋ Apres quant il dit. Mais celluy q̃ desprise gloire. ⁊c. Cest la tierce partie de ce chapitre/en laquelle partie il demonstre comment cõtent ou despit de gloire soit perilleux a celluy qui desire a seignourir/et fait cy trois choses. ⁋ Premierement il demonstre com grant mal fait desir de seignourir/ou il a contend de gloire et de louenge. ⁋ Secondement il demonstre que aucunesfois nostreseigneur ottroye a telz gens ce quilz desirent/cestassauoir grant seigneurie. ⁋ Tiercement il conclud vne cause qui na pas este touchee parauant/pourquoy dieu accreut et augmenta lempire des rommains. ⁋ La seconde partie se commence la ou il dit. Pour laquelle chose. ⁊c. Quant a la premiere partie il dit que ceulx qui sont couuoiteux de seignourir/et ne tiennent compte de louenge ne de gloire humaine/sourmontent les bestes des vices/et principalement de deux: Cestassauoir de cruaulte et de luxure/⁊

dit que telz furent plusieurs rommains. que combien quilz ne tenissẽt cõpte de bien q̃lz fissent pour auoir louenge/ne ne seut chaloit que les autres souspeconnassẽt de eulx/toutesfois firẽt ilz moult de maulx pour couuoitise de seigneurie/entre lesq̃lz neron fut le principal/qui fut le v. ẽpereur apres cesar auguste De la luxure duquel neron racõte orose en son vii. liure quil fut si luxurieux quil nespgna mere ne soeur: cousine ne prochaine/ne quelconque femme de sõ lignage pour prochainete ne pour reuerence de lignage/il se mettoit en guise de femme. ⁊ faisoit habiter vng homme auecques luy aucunesfois faisoit vng autre homme en guise de femme/et abitoit auecques luy en la maniere que font les sodomites. ⁋ Et quant est de sa cruaulte/orose en sõ septiesme liure dit quil bouta le feu a rõme/⁊ fist bouter en sept lieux pour veoir comment troye auoit este arse/et regardoit le feu dune tour ou il estoit/et rioit et chantoit la tragedie de troye. Ce feu dura six iours et six nups/et gasta a peine toute la cite/il tua grant partie des senateurs/et si destruit a peine toute lordre des gens de cheual. Il fist tuer sa mere sa soeur et son frere/⁊ tous les plusprochains de son lignage. Aucuns dient quil fist tuer sa mere pour veoir le lieu ou il auoit este conceu/et q̃ quant il la vit morte il dist quelle auoit este belle femme. Mais suetonius en son liure des douze cesariens dit que quant il eut fait tuer sa mere. Il regarda diligamment tous ses membres/il en loua les aucũs/les autres il blasma. Et ãcores dit quil fut le premier qui fist tourmenter et mourir les crestiens a romme: Et aussi le commanda il a faire par toutes les prouinces subgectes a lempire de rõme: Et pour estaindre et effacer le nom crestien/il fist mettre a mort monseignr̃ saint pierre et monseigneur saint pol apostres de nostreseigneur ⁋ Et combien que mõseigneur saint augustin ne ple q̃ des deux vices/cestassauoir de luxure ⁊ de cruaulte toutesfois eut il autres vices sãs nombre et par especial il fut tresmerueilleusement couuoiteux, et si fut merueilleusement delicatif et homme dissolu en vice, sicomme dit suetonius qui dit q̃ a l'entree de la nupt il prenoit vng chappeau ou vng heaume ⁊ s'affubloit ⁊ s'en alloit aual la ville aux popines ou on appareilloit a mengier, et espioit parmy les rues ceulx qui venoiẽt de soupper, et pour son esbatement les batoit, ⁊ quãt ilz disoient mot il les n'auroit dont il estoit souuẽt en grant peril de mort en tant pour ce quil commenca a taster, ⁊ vouloit prendre ainsi comme a force la fẽme d'un appele saticlauus, il fut battu et naure iusques au pres de mort. ¶ Il faisoit porter sa chaiere aux theatres et aux scenes, et la se desguisoit et chantoit comme en la maniere que faisoient ceulx qui faisoient les personnages d'aucune tragedie ou d'une comedie. ¶ Il prenoit si grant deduit et si grant plaisance a iouer de la harpe, que quant il commencoit vne chãson, suppose que la terre tremblast il ne se partoit iusques a tant quil eust acheue sa chancon, ne il n'y auoit cheuallier qui s'osast partir iusques a tant quil eust acheue sa chãcon. ¶ Il aymoit tant les instrumẽs qu'il auoit grant enuie sur les autres qui en sauoient iouer, et en estoit si curieux q̃l en auoit grant ioye quant on l'appeloit ses petur harpeur ou de harpe. ¶ Il ne tenoit coumpte des philosophes, ne de persõne tãt fust notable ne de grant engin, Aincois les desprisoit et persecutoit cõme ennemis de l'empire ⁊ de sa mageste, mais tenoit cõpte tant seullement des iengleurs et des menestrelz lesquelz il supuoit ⁊ faisoit ce quilz vouloient: Sicomme dit iohãnes in pollicraticum ou septiesme chapitre de son premier liure. Aincores dit il de luy que combien quil fust auaricieux par telle maniere quil ne donnoit office de dignite a q̃lconque personne tant fust vaillant sans aucun don, Aincois quãt on les luy demãdoit, il respondoit. Ne scais tu pas q̃ ma mestier, et que cestuy qui est dessus tous a besoing de toutes choses, neantmoins il

donnoit a iengleurs et a menestrelz or ⁊ argent sans nombre, ⁊ si leur bailloit offices et dignitez selõ ce que bon luy sembloit ¶ De son auarice ⁊ de sa couuoitise pse ancores orose ou v. chapitre qui dit que apres ce quil eut ainsi fait ardre romme, laquelle auguste son predecesseur auoit tellemẽt reparee quil disoit quil auoit faicte de marbre, comme il eust trouuee de tieulle, il ne voulut souffrir que nul apportast rien de ce qui estoit eschappe du feu, mais applicqua tout a luy. Et qui plus est il constraignit le senat de romme a luy rendre et deliurer chascun an six cẽs mille setirs de ble pour sa despence. ¶ Ancores dit iohannes in pollicraticum ou dit septiesme chapitre que il prenoit si grant plaisance a chanter en sa voix, que affin quelle ne fust empesschee, il ne se tenoit pas seulement de mengier pommes ⁊ autres fruis qui pouoient nupre a sa voix, mais prenoit clisteres et purgaciõs par dessoubz, et vomissoit ⁊ rẽdoit par sa bouche. Et qui plus est par le conseil des phisiciens, il se couchoit a senuers, et faisoit charger son ventre de plõb Ancores dit orose de luy ou dit v. chapitre du septiesme liure quil peschoit a roithz dor, et ses cordes a quoy il tiroit sa roithz estoient de pourpre. La cause pourquoy il y peschoit rend iohannes in pollicraticõ q̃ dit que cestoit pour ce que les poissons ayment naturelement or Ancores dit il quil se baingnoit et oingnoit souuent d'oignemens frois et chaulx. Il vestoit chascun iour robe nouuelle. Et sa femme se baingnoit en lait de chieure pour auoir sa chair plus blãce et plus deliee, ⁊ se cuir plus doulx et plus souef. ¶ Ce neron apres ce quil eut fait tant de maulx fut desclaire estre ennemi de la chose publicque, et q̃ pour estre mis a mort selõ la coustume du pays. La quelle estoit telle selon ce que dit eutrope en sa cronicque, que on se menoit tout nu parmy les rues. Batant de verge et de bastõs, vne fourche ẽtour le col, et battoit on tant quil estoit pres de mort. Et se trebuschoit on d'une haulte roche contre terre.

Mais il ne peut estre trouue pour ce quil en fut accoisté, et sen suyt, et puis se fist copper la teste a ung ql auoit frāchi, mais oro se dit que il se tua de sa main. Si fait florus en son epithome en son neufiesme liure, et q la fut toute destruitte toute la famille des cesariens, et ceste oppinion est plus creable, car il se treuue en suetonius ou .vi. liure des douze cesariens, que quāt il sētit quil luy conuenoit mourir, il pria a deux de ses prochains amis quilz se tuassent, lesquelz en eurēt tel horreur quilz le laisserent. Pour laquelle chose il respōdit et dist quil veoit bien quil estoit hay de tous, et si ne se vouloit nul tuer. De ce neron fist senecque qui fut son maistre, et lequel il fist mourir par saignie selō marti une tragedie en laqlle il descripst tous ses fais et toutes ses mauuaistiez, et sappelle celle tragedie octauia, et est la iiij.tragedie, en laquelle tragedie en la premiere partie de sa seconde partie qui se commence. Quid me potens. Ce senecque se complaint de ce quil eut oncques si mauuais maistre, et de ce quil estoit venu en son seruice. Et en la seconde partie de celle seconde partie il reprent neron de ses cruaultez et de ses mauuaistiez, laquelle se commēce, perage ipata. Et sadresse nerō son prefect, en luy commandant quil face copper les testes a plautus et a silla, qui estoient citoyens de romme, et qui estoient de la ptie du commun de romme qui estoit dolēt de ce que neron auoit enuoye en exil octauie sa femme et prins une autre, et pour ce dit ainsi neron Enuoye aucun qui mapporte les testes de plautus et de silla. Et le prefect respond quil accomplira son commandement. Et tantost comment ung dyalogue de senecque et de neron, et commence senecque a se reprendre de son cōmādement, et dit ainsi. Il nappartient point de ordōner aucune chose follemēt en ceulx qui sont ses prochains, et ce disoit il pour ce plautus et silla qui estoiēt ses prochaīs a quoy neron respond. Cest dit il assez legiere chose de tenir le commandemēt pour iuste a celluy qui na point de seurete, et ce disoit il, pour ce quil tenoit que tant comme ce plautus et silla viuroient, il seroit en doubte et en paour. A quoy senecque respond. Cest grant remede contre paour de user de clemence et debonnairete, et neron respond que cest tresgrant vertu de mettre a mort son ennemi, et senecque respōd que cest plus grant vertu a luy qui est empereur et pere et seigneur du pays de garder ses citoyens. Apres neron se mocque de ceste responce, et dit a senecque que a homme biel debonnaire appartient a apprēdre les enfans, et senecque respond que la serueur de ladolescence est plus a refraindre et a gouuerner, et se dit pour ce que ses delictz et pechiez sont plus grans aux adolescens, cest adire de ceulx qui ont passe quatorze ans que aux enfans. Et neron respond quil a assez aage, pour soy cōseiller de soy mesmes. Et senecque luy respond quil sache telz fais et gouuerne tellement que les dieux appreuuent ses fais et son gouuernement, et il respōd que pour neāt doubtera les dieux quant luy mesmes ses fait, et ce dist il pour ce que a quelque personne nestoient ordonnees a faire ses honneurs diuines ne reputtez pour dieux par lempereur ou par le senat, ainsi comme le siege de romme fust canonise par les sais Et senecque luy respōd quil doit plus ressongner ses dieux quil ne face chose qui ne luy soit licite a faire, et neron respōd et dit que sa fortune est telle qlle souffrira toutes choses a faire, pour ce quelle la mis en tel estat quil peut tout faire. Et senecque luy respond quil y ait pou de fiance, et la crope pou, pour ce quelle est deesse legiere et muable, et neron respond que cest signe de grant nom, sans ce quon ne sache ce qui est licite a faire. Et senecque luy respond que cest grant louenge de sauoir ce qui est licite a faire, et quil appartient a faire, et neron respond que le commun despite le prince qui a paour et qui est paresseux, et senecque respond quil met a mort et a destruction tout ce quil het, ainsi comme s'il

Bousist dire que cest mauuaise chose de prince qui esmeut son peuple a hayne cōtre luy et neron respōd q̄ les gens darmes gardēt et deffendent le prince. Et seuecque respōd que ancores se garde mieulx sa loyaulte et lamour de son peuple. Et neron dit quil appartient que le prince soit doubte. Et senecque dit q̄ ancores appartient il mieulx quil soit ayme, et neron dit quil est chose necessaire que le peuple doubte, et senecq̄ respond que cest griefue chose au peuple de souffrir ce qne le prince veult faire exptor quer par force et par violēce. Et neron dit obeissent doncques a noz commandemēs Et senecque respond, commāde leur chose iuste, et neron respond quil establira et fera ses droix, car a luy appartient a faire, et senecque respond quil luy appartiēt voirement a faire ses droix, non pas comme priuee personne, mais comme sa chose publicque. Et pour ce dit il quil les face telz que le peuple les conserme, et quil les ait agreables. Car ilz ne sont ratiffiees fors que en tāt comme le peuple luy dōne auctorite de faire ses loix: Et pour ce de constitucionibus principum en sa loy p̄miere est dit que ce qui plaist au prīce a force de loy, pour ce que le peuple luy en a dōne toute sa puissance et seigneurie, car au commencement il y eut la loy de douze tables. Et apres comme il y eust discension entre les grās et ceulx du peuple pour ces loix de douze tables, le peuple voulut faire soy quil appele plebiscita, lesq̄lles les grans ne vouloient tenir, ne que celles eussent quelconque vertu. Finablement par vne loy que fist ortencius, il fut dit q̄ ces loix seroient gardees comme les autres loix. Et pour ce quant vng prīce fait vng statu de prince, en tant comme prince, et pour ce ne peut estre ratiffie. Et pour ce dit senecque quil face telles loix quelles soient ratiffiees par le consentement du peuple. Aps neron dit quil leur fera tenir vueillent ou non par lespee, et senecq̄ luy respond quil se garde bien quil ne face telle mauuaistie, et que a luy qui est prince

nappartient pas a faire telle mauuaistie Et neron demande se il se laissera tuer et ainsi fouler, et que on le mette a mort, ou mette hors de sa dignite, ainsi comme il voulsist dire que non, et que tous les plus grans seront mis a mort, et senecque luy respond que cest belle chose de apparoir estre le plus digne et le plus vaillant entre les haulx hommes et nobles princes conseillier, et estre prouffitable a son pays, espargnier a ceulx qui sont en tribulacion, soy obstenir doccire gens par cruaulte et par tyrannie, delayer la vengance de son ire, de donner aussi repos a son pays, et paix au monde, cest belle chose. cest ce dist il souueraine vertu, par telle peut on aller aux cieulx. Et met exemple de octauien, lequel les rommains firēt dieu apres sa mort, pour les biens quil fist a la chose publicque de romme. Et ce souffise de neron) Apres quant il dit. Par moy les roys regnent, et les tirans tiennēt les terres. ꝛ cetera. Ce texte de monseigneur saint augustin est pris des soixante et dix interpreteurs ou translateurs. Et ou lieu ou ilz ont tyrans, nous auons legi. mcōditores. Cestadire les faisans des loix, mais les anciens voulurēt par les tyrās estre entendus les fors hommes et puissans, combien quilz fussent bonnes persōnes, sicomme il se preuue par les vers de eneydos mis en ce chapitre ou il dit. Ce me sera partie de paix. ꝛcetera.
Le vers est tel.) Versus.
pars michi pacis erit dextram̄ tetigisse tyranni.) Et est ce vers faint du roy latin en la personne denee quant il descēdit en ytalie et il vint ou pays du roy lati

) Apres quāt il dit. Toutesfois ceulx qui ne sont pas citoyens de sa cite pardurable. ꝛcetera. Il fait vng comparayson de la vertu des rommains a vraye gloire ꝛ fait trois choses. Premierement il demōstre que les vertus des rommains ne furent pas vrayes vertus. Et ce tesmoigne il et afferme ou il dit. Comme il soit certain entre ceulx q̄ sōt. ꝛc. Secondement

Il demõstre que ancoꝛes fut ce plus pꝛouf fitable chose aux rommains quilz eussẽt ces vertus, que quilz nen eussent nulles. Et celle seconde partie se commence ou il dit. Toutesfois ceulx qui ne sont pas cytoyens. ⁊ce. Et tiercement il demonstre que les gꝛapes vertus qui sont oꝛdõnees a la gloꝛe de dieu, valent plus. Et quant au gouuernement des autres (⁊ q̃ en eulx mesmes elles sont trop meilleures que ne sont les autres.) Et ce demonstre il ou il dit. Mais ceulx qui sont esleuez en gꝛape pitie. ⁊ce. Et quant au sourplus le chapitre est tout cler.

¶ Que les vertus seruent aussi saydement a humaine gloꝛe comme a sa delectacion du coꝛps.   xx.

Les philosophes qui mettẽt la fin de bien de nature humaine en celle vertu pour faire honte a aucuns philosophes qui looient ces vertus. Mais ilz les mesurent par la fin des delices coꝛpoꝛelles et delectacions charnelles. Et cuident que celle vertu soit par soy a desireꝛ et a couuoiter, et les autres pour ceste, ont accoustume de paindꝛe vne table p paroles et figures en laquelle voluptee, cestadire delectacion se siet en vne chaiere ꝛoyalle, ainsi comme vne ꝛoyne pleine de delices, a laquelle les vertus sont subgectee comme chamberieres, et luy obeyssẽt comme a dame en gardant sa volente ⁊ en faisant ce quelle commande. Laquelle commande a pꝛudence quelle enquiere diligamment comment superfluite et delectaction regne, ⁊ quelle soit saine. Laquelle commãde a iustice q̃ se luy baisse tous les benefices que elle peut, pour auoir ⁊ acheteꝛ amistiez necessaires au pꝛouffit des coꝛps, quelle ne face villenie a aucun a ce que par mettre empeschement en ses loix ou oꝛdõnãces delectacion ne puist viure seurement. Laquelle commande a foꝛce q̃ se aucune douleur auient au coꝛps, telle toutesfois q̃sse ne le meine pas a sa moꝛt: quelle tienne sa dame, cestadire volupte ou delectacion foꝛtement en pensee de courage, affin que par sa memoire de recoꝛdacion des delices quelle auoit par le memoꝛe, auant elle attempꝛe les aguissons et pointures des pꝛesentes douleurs. Laq̃lle commande a attempꝛance quelle pꝛenne tant de nourrissemens et assimens ⁊ autres choses ou elle pourra pꝛendꝛe delectacion, affin que par desattẽpꝛance il ny ait rien qui trouble sa foꝛce, et que sa delectacion laquelle ses eppcuꝛiẽs mettent estre tresgrant chose, mesmemẽt en la sante de l'homme ne soit tresgriefment blecee. Et par ainsi les vertus auecques toute sa dignite de leur gloꝛe seruiront a delectacion comme a vne deshonneste femme, ainsi comme a vne emperris. ¶ Ilz dient quil nest rien plus lait ne plus deshonneste de celle painture, et que se regart des bõs puist moins souffrir, et ilz dient vꝛay, mais ne cuide pas que en celle painture ait assez de beaulte se mesmes ou les vertus seruẽt a gloꝛe humaine, elle est fainte estre telle. Car iaꝼoit ce que ceste gloꝛe ne soit pas fame acoustumee a delices, toutesfois elle est enflee et a moult de vanite. Et pour ce ne sert pas a elle conuenablement vne fermete et entermete de vertus, a ce q̃ pꝛudence ne pouruoie aucunement iustice, ny distribue en aucũe maniere foꝛce aussi ny dissimule rien, atempꝛance ny face aucũ attempꝛemẽt, se ce nest dõt on puisse plaire aux hommes et seruir a vaine gloꝛe.

¶ Ne ceulx ne deffendent point de ceste puantise ou oꝛdure qui comme ilz espeꝛet les iugemens des autres, ainsi comme despꝛiseurs de gloꝛe se tiennent et reputtent a sages, et plaisans a ceulx mesmes. Car leur vertu se toutesfois elle est aucune elle est submise ⁊ subgecte en aucune maniere a louenge humaine, ne pour certai celluy qui plaist a soy mesmes nest pas hõme. Mais celluy qui par vꝛaye pitie croit en dieu, leql il ayme, et ou q̃l il a espeꝛãce et se attent a luy/entent plus aux choses en quoy il se desplaist/que aux choses sil en a aucunes en luy/lesquelles ne plaisent pas tant a luy comme a verite/ne dont il puisse plaire/il nattribue fors a la misericorde dicelluy auquel il doubte de desplaire/en luy rendant graces des choses dont il est gary/et en luy depriant de ce de quoy il est ancores a curer et a garir.

C Exposicion sur ce chapitre.

En ce xx. chapitre monseigneur saint augustin demonstre comme ce soit layde chose de ordonner les vertus a vaine gloire comme a bien final/et ce demonstre il par vne similitude/et fait deux choses en ce chapitre. Premierement il ameine sa similitude. Secondement il_applicque sa similitude a son propos. C La seconde partie se commence ou il dit: Mais ie ne cuide mie. &c. Celle similitude est prinse dune painture faicte par ymaginacion ou p parolle. Et celle painture simulee ou ymaginee fut trouuee par vng philosophe appelle cleantus/sicomme il semble q tulle se met en son second liure de finibus bonorum et malorum. Et quant il dit q en aucune maniere celle vertu est submise a louenge humaine. Il le dit sicomme luy mesmes seppose pour ce q celluy q plaist a soy mesmes est lhomme/et en son courage il loue ce qui luy plaist. Et ainsi celle vertu est submise a louenge humaine.

C Que le royaume des rommains a este ordonne et dispose de dieu le vray de qui est toute puissance/et par la prouidëce duquel toutes choses sont gouuernees. xxi.

Et comme toutes ces choses soiët ainsi nattribuons pas la puissance de donner & ottroyer royaumes fors au vray dieu qui donne bieneurete et le royaume des cieulx aux debonaires. Cestadire aux bons tant seulement. Et aux bons & aux mauuais le royaume terrien/sicomme il luy plaist/ auquel aucune chose ne plaist desraisonnablemët. car combien que nous ayons dit aucune chose laquelle il ait voulu estre apperte & descouuerte a nous. Toutesfois cest grant chose a nous et qui moult surmonte noz forces et nostre puissance discuter les choses des hommes reposees ou mucees et iuger les merites des royaumes par cler examen. Celluy vng et vray dieu doncqs qui par ayde ne par iugement ne delaisse lumain lignage/donna aux rommains royaume quant il voulut/et si grant cöe il luy vint a plaisir/qui le donna aux assiriens ou aux perses mesmes desquelz estoient aournez seulement deux dieux/lü bö &l autre mauuais/sicomme leurs escriptures se contiennent/affin que ie me taise du peuple hebrieu/cestadire des iuifz lequel et quant il regna ne adoura q vng dieu/duquel peuple iay ia dit tant comme il ma sëble quil fust assez congnu. Celluy doncques qui donna les bledz aux perses sans faire sacrifice ne adourer la deesse segesse/et qui a donne les autres biens de terre sans adourer tät de dieux. Iceulx rommains proposerent singuliere a chascune chose singuliere/ou plusieurs mesmes aux choses sigulieres. Celluy mesmes donna royaume et seigneurie sans adourer ne faire sacrifice de ces dieux/par le sacrifice desquelz ilz cuidët auoir regne et auoir seigneurie. Celluy mesmes a donne royaumes aux hommes/et celluy qui le donna a marius/le donna mesmes a gayus cesar/& celluy qui se donna a auguste/se donna a neron. Et celluy qui se donna aux vespasiens fut au pere ou au filz lui furent tresdoulx et tresepeureux. Celluy mesmes se donna a domicien qui fut trescruel. C Et affin quil ne soit pas necessite de descourre par toutes les personnes singulieres. Celluy qui dõna royaume a cõstantin sempereur qui fut crestien. Celluy mesmes se donna a iulien lapostat/la bonne ionesse duquel la faulse et sacrilege curiosite deceut pour lamour & couuoitise de seigneurir. Par laqlle curiosite il fut tellement enclin aux respons des dieux par les respōs quilz luy firent quil estoit seur de sa victoire/ql ardit les nefz qui portoient les viures necessaires a luy et a son ost. Et apres comme par folle hardiesse il fut ardāt de poursuiuir ses ennemis/il y fut mort par sa follie/et laissa son ost poure et chetif comme ou millieu de ses ennemis par telle maniere que se il se eust peu autrement partir se contre lauspice du dieu terminus/ dont nous auons parle ou liure precedent/les termes et fins des rōmains ne se fussent remuez/cestadire se ilz neussent perdu terre et laisse par composicion a leurs ennemis. ‖ Certainemēt le dieu terminus fist place/et donna lieu a necessite/lequel ne sestoit voulu partir pour iupiter/ne luy faire place. Ces choses gouuerne vng et vray dieu plainement/sicōme il luy plaist/suppose quil le face par causes mucees et repostes/toutesfois ne sont elles pas desraysonnables.

⁋ Exposicion sur ce chapitre.

En ce xxi. chapitre mōseigneur saīt augustin demōstre que combien q̄ on doie tenir fermement/et sans quelconque doubte/que a dieu vng seul et vray appartienne a donner les royaumes/et leq̄l les donne selon ce quil luy plaist. Toutesfois ne pouons nous pas sauoir les causes/pourquoy il les donne a ceulx a q̄ il les donne. Et fait deux choses en ce chapitre. ‖ Premierement il demonstre q̄ donner les royaumes et seigneuries ne soit pas en la puissance de plusieurs dieux. lesquelz les rommains adourerent/ mais en la puissance dun vray dieu. ⁋ Secondement quant il dit. Aussi mesmes aux hommes/ etc. Il demonstre que dieu en donnāt les royaumes ne regarde pas tousiours aux merites de ceulx a qui on les donne: Et pour ce est la cause pourquoy il se fait moult secretement et non congneue quant a nous. Apres quant il parle du royau-

me des assiriens ou des perses/nous en auōs parle cy dessus en ce liure sur le vii. chapitre. Et quant il dit que ces perses ne adouroient que deux dieux tāt seulemēt/ ce que ne firent pas les rommains/cestassauoir vng bon et vng mauuais. Il appt que par ce ilz furent en ceste partie semblables aux manicheiens qui mettēt deux premiers principes ou commencemens/ lun de tous biens/lautre de tous maulx. Et toutesfois eurent ces assiriens ou perses monarchie et royaume. ‖ Apres quant il parle des hebrieux/cestadire des iuifz/et dit quilz nadourent que vng dieu souuerain/ il veult prouuer et monstrer par ce q̄ silz nont tenu que vng dieu et vne place/ que ceste infortune nest pas a escripre ne a mettre sus a la puissance de dieu ne de fortune. Et quant il parle de la deesse segesse et de la multitude des dieux que adourēt les rommains/nous en auons assez parle ou quart liure en plusieurs chapitres.

Apres quant il parle de marius/il se dit pour ce que marius fut trop merueilleusemēt cruel/sicomme nous sauons dit sur lexposicion du xxii. chapitre du second liure/et du xxviii. du tiers liure. Et gayus cesar/cestadire iulius cesar fut tresdebonaire et tres misericors/sicomme nous sauons dit cy dessus sur le vii. chapitre. Eutrope en son vi. liure dit de luy q̄l fut plain de si tresgrant debonairete que ceulx quil auoit subiuguez par armes se tenoiēt plus vaincus par sa debonairete que autremēt. ⁋ De luy et de sa clemence fist vng chapitre suetonius en son liure des xii cesariens et comment il estoit courtois et treslegier a pardonner et a soy vengier. Et toutesfois fut ce cestuy qui premierement tint la monarchie/ car on tient quil fut seigneur de tout le monde. Apres quant il parle de auguste et de neron/cel auguste fut octouien/ lequel succeda sans moyen a iulius cesar/ et la tint sa monarchie par lespace de quarātequatre ans/duquel nous auōs parle cy dessus ou dixiesme et onziesme chapitres du tiers liure. De ses meurs et de ses condicions dit eutrope en son septiesme liure que les tourbes qui vouloient faire batailles/il les tentoit et leurs deffendoit le plus quil pouoit en telle maniere que oncques a quelconques gens il ne fist ne ne voulut q̄ len fist guerre sās auoir tresiuste cause et disoit que cestoit signe de baterie/ou de trop legier courage desmouuoir ses citoiens a bataille pour ardeur de triumphe, et de prendre lauenture dicelle qui estoit incertaine pour vne couronne de laurier/de laquelle les feulles estoient sans fruit, combien quelles soient redolētes et odoriferātes..) Auecques ce il disoit que on ne deuoit esmouuoir bataille/se ce nestoit pour plus grāt prouffit, pour doubte que suppose que on eust victoire, le dommaige ne fust plus grant que le prouffit de la victoire. Et faisoit comparaison de celluy qui peschoit a vng hameçon dor/ lequel quāt il pert son hameçon/pert plus assez quil na guaingne au poisson quil prent. ¶ Ancores de sa bonairete dit eutrope en ce lieu mesmes que apres sa mort le senat ordonna quil fust honoure de diuers honneurs/ et quil fust reputte entre eulx comme dieu/et luy firent plusieurs temples/tant a romme comme ailleurs. ¶ Toutesfois dit eutrope en ce liure mesmes quil fut vng pou impacien, et se couroucoit de legier/ et si estoit couuoiteulx oultre mesure dauoir seigneurie/ il estoit euieulx a pt. et en publicque il faingnoit moult de choses dont il auoit cōtraire intencion. Nulz de luy ne furent ōcques plus euieulx en bataille/ ne plus attempre en temps de paix ¶ De sa mort furent si dolens ses rommains quilz crioient publicquemēt et souhaidoient/ ou quil neust oncques este ne/ ou quil neust oncques este mort/ pour ce q̄ il estoit sicomme il disoient en toutes ses euures comme pareil a dieu. ¶ De ses autres meurs et condicions parle sargemēt suetonius en son dit liure des douze cesariens. Et quant est de neron il est vray quil fut de tresmauuaises meurs et de tresmauuaises condicions/ sicomme nous auōs dit et monstre sur seppoficion du dixneufiesme chapitre de ce liure. ¶ Apres quant il parle des Vespasiens soit le pere ou le filz. Eutrope ou septiesme liure de sa cronicque dit que Vespasien fut de petit lignage. Et neantmoins estoit il tel que on tenoit grant compte de luy entre les plus nobles et les plus grans de romme. Il fist trētedeux batailles/tant en allemaigne cōme en bretaigne. Il fut si courtois et si debonaire que oncques homme qui lēdist cōtre sa mageste que nous appelons crime de lese mageste/ il ne voulut quil fust mis a mort/ mais luy souffisoit quil fust banni seulement. combien que on deist que il fust couuoiteux dassembler argent/ toutesfois ne tolloit il rien a quelque persōne sans cause et ce quil faisoit, il faisoit a bōne itencion. Car quant il auoit assemble par grant diligence, il se departoit p̄ grāt estude et par grant examinacion. Et par especial a ceulx p̄ quil sauoit qui en auoient grant necessite. ¶ Il mist le royaume des iuifz en sobeissance des rommains. et iherusalem a chape licpe ro debisance cōmage ne et trace/ et plusieurs autres qui estoiēt franches auant son temps/ et qui auoient este gouuernees sans roys, lesquelles il ramena a prouices de romme. Il oublioit de legier les villenies et offēces que on luy faisoit. Et sur toutes choses il estoit diligēt sur le fait des gēs darmes/ et de les reprendre et corriger quant ilz mesprenoient Il aymoit tellement ses enfans que combien quilz eussent faictes plusieurs cōspiracions contre luy/ toutesfois il les dissimuloit et nen tenoit compte/ combien quil le sceust bien. Et disoit en plain senat que ou ses enfans luy succederoient/ ou q̄ nul luy ne luy succederoit. ¶ Suetonius en son dixiesme liure des douze cesariens raconte de luy que quant il fut cree empereur il fist plusieurs miracles/ et entre les autres en fist deux. Lun fut dun qui auoit la iambe rōpue. Et lautre dun qui ne veoit goutte, lesq̄lz vindrēt a luy et luy dirēt q̄ seraphis qui est vne deesse sestoit apparue

c. ii.

eneulx en Bision, et quelle leur auoit dit quilz allassent a Vespasien, et fissent tant qlz moillassēt locupl de sa saliue a celluy qui ne veoit goutte. Et celluy qui auoit la iambe rompue, il touchast de son solier, et ilz seroient gariz, lequel le fist ainsi, et tantost furent tous deux gariz. Et quant est de son filz titus, eutrope dit que en ce mesmes lieu quil fut hōme plain de toute vertu, tellement que on disoit de luy q cestoit lamour et les delices de humain lignage. Jl fut de tresbeau parler et hōme trespuissant en batailles et tres attempre) Et lassault qui se fist en iherusalem ou il estoit soubz son pere, il tua pii. hommes a douze coups de sagettes. Jl fut de si grant debōnairete a romme quil ne vouloit faire punicion de quelconque meffait. Et ceulx mesmes qui estoiēt conuaincuz dune coniuracion quilz auoient faicte contre luy, cest a dire qui auoient iure sa mort, il les laissa aller, et tint en telle amistie cōme il auoit eue parauant a eulx.) Jl fut plain de si grant liberalite et de si grāt franchise quil ne sauoit rien refuser a quelconque personne, et comme ses amys sen reprinsent, il respōdit que nul ne se deuoit deptir couroucé deuant le prince. Apres comme il lup fust souuenu a vng souper que le iour il neust rien donne, il dist a ses amis quil auoit perdu ce iour.) Josephus raconte de luy en son liure de bello iudaico ql se siouit tellement pour vne victore quil auoit eue que vne maladie le print que tous les physiciens ny pouoiēt trouuer remede. Et cōme son pere Vespasien se desesperast de sa sante, ce iosephus qui ia auoit este pris demanda se titus auoit nul parfait ennemi et qui le hayst mortellement, et que on luy fist venir. Et tantost on luy amena vng que titus ne pouoit veoir tant le hayoit, lequel il fist asseoir en vng hault dois, et le fist seruir comme roy par les gens mesmes de titus et en sa presence, lequel contre la leesse quil auoit eue, print si grant coup de lonneur que on luy faisoit a sō ennemy quil en garit. Jl fist a romme vng

amphiteatre, lequel sicomme nous auōs dit est la moitie du theatre ouquel se chantoient comedies et tragedies. Et estoit sa scene ou millieu de cel āphiteatre, ouquel se faisoient les ieux scenicques en la dedicacion ou solennite, duquel amphiteatre il fist tuer cinq mille bestes sauuages. Jl ne regna que deux ans viii. mops et vigt iours depuis ce quil fut cree empereur aps la mort de son pere, et trespassa en la ville mesmes en laquelle son pere trespassa, et auoit quarante et vng an.) De sa mort le peuple de romme fit si grant doeuil comme se chascun eust corps en sa maison. Et quant il vint a la congnoissance du senat ql estoit mort, ilz allerent tous a sa court et luy porterent et firent aussi grant honneur cōme ilz auoient oncques fait luy present et vif, et se reputerent comme dieu, et le mirent entre les dieux.) Ou temps de ce titus et de ce Vespasien sō pere fist la grāt desconfiture des iuifz iherusalem prinse et le temple ars qui auoit dure depuis quil auoit este premierement ars mil cent et ii. ans. Jl y eut mors six mille iuifz en celle bataille selon ce que raconte suetonius en son dixiesme liure, et cornelius hystoriographe. Josephus qui fut iuif et qui fut en celle bataille et descōfiture, et qui fut pris par Vespasien et receu a mercy en son liure de bello iudaico raconte quil en y eut de mors tant par glaiue comme par faim pi. cens mille. Et le demeurant des iuifz qui monta a quatre vingtz mille furent vendus et espandus par le monde par diuerses manieres et condicions.) Apres celle desconfiture ce Vespasien et titus entrerēt tous deux a romme en vng curre a triumphe, lequel de trois cens et vingt triū phes qui auoient este a romme de puis sa creacion fut le plus grāt triumphe qui onc ques y fust.) Ce triumphe fut moult noble, et moult fut notable ceste chose a veoir le pere et le filz auoir victore, et desconfist ceulx qui nauoiēt tenu compte du pere ne du filz. Cest assauoir qui nauoient creu en dieu le pere, et si auoient mis a mort sō filz nostreseigneur iesucrist/sicomme dit orose en son septiesme liure/et iulius florus en son huitiesme liure. ¶ Ancores dit orose en ce lieu que Vespasien apres ce triumphe mist les rommains a paix/et ferma le ianicule de romme qui nauoit este fermé de puis le temps octauien.) Apres quant il parle de domicien lempereur/il fut frere de titus et filz maisne de Vespasien. Il fut au commencement de son empire si doulx si amiable et si courtois. sicomme dit suetonius en son douziesme liure des douze cesariens que les bestes que on sacrifioit il deffedit a tuer pour lorreur du sang/ mais apres il fut si mue sicomme dit eutrope ql resembla plus a neron que a son pere ne a son frere tant de putterie de ire/de cruaulte comme dauarice. Il se fist tāt hayr de tout le peuple que a peine souuenoit il du bien que son pere et son frere auoient fait a la chose publicque de rōme. Il tua ses cousins freteurs et pars et tresnobles senateurs de rōme. Il se fist appeller dieu/ne ne Voulut oncques souffrir que son ymage ou stature fust mise ou temple/ fors dor ou dargent. Il fut persecuteur de leglise et vng des grans qui oncques fust/ et enuoya par tout pour les plus persecuter. Julius florus en son huitiesme liure dit que les senateurs quil fist tuer/il les fist tuer par enuie et par couuoitise dauoir le leur/ et que les vngz il fist tuer publicquemēt/les autres il enuoya en exil/ et la les fist mettre a mort. Il fist de lupure et de incontinence tout ce que homme en peut faire et penser. Ce fut celluy q̄ enuoya monseignr̄ saint iehā leuāgeliste en exil en lisle de pathmos.

¶ Ou pViii. an de son empire il sefforca de faire les persecucions contre les crestiēs. Et ceulx ql fist mettre a mort et les lieux se peuent veoir plainement par iulius florus en son dit huitiesme liure/ et en plusieurs lieux. ¶ Ancores se treuue il en ce lieu enquerir deuers les iuifz trescruellement tant par questiōs comme par diuers tourmēs sil estoit nul demeure du lignage de dauid/ en commandant que tous ceulx q̄ on en trouueroit fussent mis a mort/pour ce quil disoit quil se trouuoit par ses prophetes que du lignage de dauid deuoit ancores venir aucun qui pourroit prendre le royaume des iuifz. Finablement par ses mauuaistiez il fut tellemēt hay de son peuple que ses gens mesmes machinerent en sa mort/ et le tuerent en son palays ou dix huitiesme an de son empire/ Sicome dit eutrope ou chapitre final de son septiesme liure/et fut porte en terre p larrons et merdaille en vne ciuiere ou on portoit les povres gens de la ville enterrer/et fut enterre deshonnestement. A ce saccorde orose ou septiesme liure de son ou meste/ et iulius florus ou lieu dessus allegue.) Apres quant il parle de constentin et de iulien lapostat. Il est assauoir que ce constentin selon ce q̄ dit orose en son Vii. liure fut le xxxiiii. empereur apres cesar auguste. Et apres lup tous les empereurs rommais ont este crestiens iusques a present/excepte iulien lapostat/ lequel combien quil fust premierement crestien/toutesfois fut il de puis apostat et renpa sa foy. et fut constentin/ Ce constentin fut ou temps du pape seuestre le premier/et fut moult vaillant homme et moult religieux. Et comme il fust enteche de meselerie/il se fist baptiser par le pape seuestre. et tantost si fut gary de sa meselerie. Il eut guerre contre maxence que les senateurs pretoriens auoient esseu empereur de romme en son absence. Et comme il se desfiast de la bataille quil auoit contre ce maxence/ il vit en son dormāt ou ciel le signe de la croix resplendissant a les angles qui lup dirent quil vaincroit en ce signe/et ce fait seueilla/et porta ce signe de la croix auecques lup en sa bataille/et en signa son frout et ses cheuallieres/ et tantost desconfist maxēce qui se noya sur vng pont quil auoit fait. et depuis ne se combatit poit quil neust le signe de la croix en ses banieres.) Ce fut merueilles commēt en brief temps il accreut leglise. Et pour ce q̄ on auoit acoustume a romme de crucifier les condemnez a mort en reuerence de la saicte croix il deffendit a plus faire ce tourment. ⸿ Il ediffia a romme lesglise de saint iehan baptiste ou palais de latren/ et par denociõ porta a ses espaulles douze hottees de sa terre des fondemens/ et voulut ceste eglise estre chief et mere de toutes les autres eglises. Et pour ceste cause fist escripre sur sa porte orient ces vers. ⸿ Dogmate papali datur ac simul imperiali. q̃ iñ cunctarum flos et lux ecclesiarum Laquelle esglise pape silueſtre dedya sollennelement/ et ou tempe de sa dedicaciõ sapparut ou mur de lesglise vne ymage painte en la fourme de nostreseigneur/ laquelle ne fut point painte par hõme. mais par sa grace du sainct esperit. Et laquelle p est et a este ãcores iusques au iour dhuy. Ancores fist il lesglise de saint pierre ou tẽple dappolin/ et aussi lesglise de saint pol Ausquelles il y donna moult de richesses et si fist mettre leurs corps en deux precieuses chasses. Lesq̃lles chasses pape vibain derrenier trespasse na pas empirees ne en lapidies/ mais enbellies/ car ou front de chascune il a mis deux riches fleurs de lis dor. garnies de perles et de pierres precieuses/ lesquelles luy furẽt donnees ou a ses deuanciers par les roys de france en demõstrant la grant deuocion ou affection que les roys de france ont tousiours eue a lesglise et au saint siege de romme. ⸿ Il fist lesglise saint laurens/ il ediffia ou rediffia la cite de bizante et sapella constentinnoble/ en laq̃lle il ordonna son siege pour ce quil auoit donne romme auecques plusieurs autres parties a lesglise. ⸿ Aucũs dient sicomme il se treuue in hystoria tripitita que ce cõstentin en la fin de sa vie se fist rebaptiser par vng appele eusebe euesque de nychomedie/ lequel estoit arrien/ mais cest faulx. Car monseigneur saint gregoire en son liure qui sappelle In registro/ en parlant de luy a seue que naurice sappelle homme de bonne memoire. Et mesmes en celle hystoire qui sappelle triptita se tieuuent ses bons fais et ses bonnes oeuures: Et monseigneur saint ambroise mesmes

en son exposicion sur le xiii. pseaulme dit quil est de grant merite deuers dieu pour ce q̃ ce fut le premier empereur qui ouurit et laissa aux princes la voie de foy et de deuociõ. et pour ce les grecz se mettẽt en leur cathalogue des sais/ et fõt sa feste a grãt solennite le xxi. iour de may. Ne il nest pas semblable a veoir que homme de si grant deuociõ eust renye le baptesme quil auoit receu de siluestre par leq̃l il auoit este guary corporellement et espirituellement. Et que nostreseigneur iesucrist lequel il confessoit auoir veu en le baptisãt il eust laisse/ et se fust consenti a baptiser. Et pource quil fut de si grãt deuocion euers le clerge/ on tient quil fut mauuaisement faint et controuue contre luy par ses aduersaires de sa foy/ et ce peut apparoir clerement Car tãtost comme il fust baptisie il cloit les temples des payens/ et fist ediffier les esglises/ mais on treuue bien que toutes ces choses furent vrayes de constant son filz sicomme toutes ces choses. ⸿ Bernardus guidonis q̃ fut de loidre des pscheurs et iquisiteur des alobrogues et hereses ou royaume de france/ racõte en son cathalogue des papes de romme ou chapitre de siluestre le premier et de marcus qui fut pape apres luy. Et aussi en parle martin en sa cronicque/ si fait eusebe en sa cronicque si fait iulius florus en son huitiesme liure Lequel dit quil eut affection a faire punicion tellement quil fist mourir son filz appelle oripus/ et le filz de sa soeur appelle sicinius. ⸿ De luy de ses bontez et de sa deuocion quil eut a lesglise et ou clerge pourra len veoir plus largement in historia tripertita: Et quant est de iulien lapostat/ nous en auons parle cy dessus ou xxv. et xxix. chapitres du quart liure/ ausquelz chapitres les choses que mõseigneur saint augustin dit de luy sont recitees plus plainement.

Que les temps ou les fins ou yssues

des batailles deppẽdent du iugement de dieu. xxii.

Ainsi mesmes iceulx temps des batailles gouuerne il si comme il luy plaist. Et est en sa puissãce de conforter ou de tourmenter lumain lignage par son secret et iuste iugement, et par misericorde a ce q̃ les ungz royaumes furent plustost et les autres plustart par causes raysonnables, lesquelles cõe dessus est dit ou chapitre precedent, suppose quelles soiẽt occultes ne sõt elles pas desraysonnables ¶ La bataille des larrõs de mer fut acheuee en si brief tẽps p̃ põpee & si hastiuement que a peine est ce chose creable, si fut la tierce bataille punicque, cest a dire de carthage par scipion. ¶ La bataille aussi des gladiateurs fugitifz, iaſsoit ce quilz eussent desconfit plusieurs ducz rõmains et deux cõsulz par quoy ptalie fut terriblement gastee et comprimee toutes fois fut elle acheuee en la tierce annee aps ce que les rõmains eurent grandement pdu. ¶ Les picences les marsses et les peliguez qui nestoient pas gens estrangiers mais estoient dptalie mesmes. Apres plusieurs nacions subiuguees a lempire de romme, et que carthaige fut destruicte cesserent a esleuer leur testes contre les rommains et de uouloir estre frans, et pour ce firent guerre aux rommains en laquelle bataille dptalie, combien que les rõmais fussent souuent uaincus, ou il eut deux consulz mors, et plusieurs tresnobles senateurs peris, touteffois ne dura pas mal par long temps, car le cinqiesme an donna fin a celle bataille, cestadire quelle fut acheuee en cinq ans. mais sa secõde bataille punicq̃, cestadire de carthage affoiblopa et degasta a peine toute la force des rommais par lespace de dixhuit ans au dommage & pourete de la chose publique. Il y eut mors en deux batailles pres de soipante & dix mille rommains. La premiere bataille punicque cestadire de car

thage fut acheuee en xxiii. ans. La bataille de mitridates en quarante. Et affin q̃ aucun ne cuide les commencemens des rõmains qui sont moult louez en toute uertu auoir este plussois a acheuer les batailles que aux temps de parauant. Il est assauoir que sa bataille des sannites dura et print traict par lespace de cinquante ãs. en laquelle bataille les rommains surẽt tellemẽt uaincus que mesmes ilz furent mis soubz le ioug en signe de seruitude. ¶ Mais pour ce quilz naymoiẽt poĩt gloire pour iustice, mais sembloit q̃ ilz aymassent iustice pour gloire, ilz rõpirent la paix et saliance quilz auoient faicte auecques les sannites. ¶ Je recorde ces choses pour ce que plusieurs q̃ ne scaiuent rien des choses passees, et aussi aucũs dissimuleurs de leur science silz uoient aux temps crestiens aucunes batailles ung pou durer lõguement. Ilz courent sus tantost tresorgueilleusement a nostre religiõ crestienne en creant que se ce ne fust elle ou adourast les dieux en la maniere ancienne, icelle uertu rommaine qui par septe de mars et de bellonne auoit acheue tant de batailles et si grandes, & si hastiuement acheueroit ces mesmes batailles hastiuement. ¶ Recordent doncques ceulx qui ont seu com longues batailles, de com diuers aduenemens, et de com douloureuses desconfitures ont este faictes par les anciens rõmains ainsi cõe tout le monde a acoustume estre demene par diuerses tẽpestes et de telz maulx, ainsi cõme une mer tres tẽpestee, et confessent aucuneffois ce que ilz ne ueullent pas confesser, affin que de leurs mauuaises langues en plant cõtre nostreseigneur ilz ne se occient et quilz ne decoiuent les nonsachans.

¶ Epposicion sur ce chapitre.

En ce xxii. chapitre mõseigneur saĩt augustin demonstre q̃ tout ainsi q̃ nostreseigñr p̃ son secret iugement donne les royaumes, aussi dõne il ses uictores
C.iiii.

et met si aux batailles quãt il luy plaist, et fait deux choses en ce chapitres. ¶ Premierement il raconte moult de batailles, et de desconfitures que les rommains souffrirent en eulx mesmes. ¶ Secondemẽt il sadresse contre et commence a arguer cõtre eulx des choses quilz souffrirẽt en ces batailles, & aussi de ce qlz attribuent aux crestiens les maulx que romme souffrit par les gothz. ¶ La seconde partie se commẽce la ou il dit, Je recorde ces choses .tc. premierement au cõmencement de ce chapitre, il fait mẽcion de la bataille que fist le grant põpee contre les larrons de mer dont nous auons parle cy dessus ou tiers liure sur leppocicion du xxvi. chapitre, & aussi fait il mencion de la premiere bataille punicque, cestadire de carthage qui fut si tost acheuee, de quoy nous auons parle cy dessus ou xxi. chapitre du tiers liure. ¶ Apres quantil parle des pisences & des marsses ilz firent vne bataille sociele, de quoy nous auons parle cy dessus ou xix. chapitre du tiers liure, ou il appert que en deux batailles, Cestassauoir de tranze menus en la bataille de cauues, Il y eut mors pres de soixãte et dix mille rõmais Apres quant il parle de la bataille de mitridates, nous en auons parle cy dessus, sur le xxii. chapitre du tiers liure. ¶ Aps quant il parle de la bataille des sannites Il est assauoir que les sannites sicomme dit eutrope en son second liure estoient al sicomme ou milieu de pise de campane et dappuille, & commenca celle bataille des sanites et des rõmais enuiron quatrecẽs ans apres la creacion de romme. ¶ Comment les rommains furent mis soubz le ioug. Nous en auõs parle sur le dixsepti esme chapitre du tiers liure. Et quant est des conuenances que les rommains rompirent dont il parle, il est assauoir que cõe les rommains fussent enclos aux fourches des candines dont nous auons parle cy dessus sur le xviii. chapitre du tiers liure. Les sãnites laisserẽt aler les rõmais retenus vii. cens cheualliers en hostage,

sicõe dit titus liuius ou ix. liure de origine vrbis. Mais auant quilz les laississent aller les rõmains enuoierent deux cõsulz Cestassauoir titus venturius et spurius postumus par deuers le chieuetain des sanites appelle poncius pour demãder paix par certaines condicions, ausquelz poncius respondit quil couenoit premieremẽt que tous les rommains se desarmassent Et eulx tous desarmez quilz passassent par dessoubz le ioug en signe de seruitude et de gens desconfis, lequel ioug estoit fait par telle maniere que on seuoit deux lances contre mont, et en mettoit on vne de trauers en hault en maniere devnes fourches en signe quilz estoient en leur voulente de les faire pendre ou faire mourir de telle mort cõe il leur plaisoit. Et les faisoit on passer par dessoubz, et leur faisoit on promettre quilz rendroiẽt aux sanites leurs terres qlz auoient occuppees, et en feroiẽt ptis les gens quilz y auoient fait venir demourer & y demoureroiẽt ses sanites. Et aussi seroient les samnites de leurs soiz et les rommains des leurs. et que par ces condicions ilz auroient paix a eulx & non autrement. Ausquelz les consulz respondirent q ilz ne pourroient ilz pas faire sãs le consentement du peuple et des feciaulx qui estoient les prestres qui prenoient les conuenances et faisoient faire les seruices et autres cerimonies q les rommains gardoient en tel cas. Et toutesfois promirẽt ces deux consulz, et aussi les tribuns des cheuasliers & les questeurs que la paix se feroit sur ces condicions. Ainsi se partirẽt les consulz et autres rommains, laissez leurs hostages, et sen allerent a rõme & dirent aux rõmains la maniere de la paix quilz auoient faicte auecques les sanites & les condicions, lesquelz le eurent tresdesagreable, et dirent quilz ney tendroiẽt riẽ et quil falloit trouuer voies comment ces conuenens seroient rõpus. Et apres plusieurs paroles et traictez eux entre eulx, spurius postumus qui auoit este vng des consulz enuoyez, cõseilla que les consulz et tous ceulx qui auoient promis ces conuenãces fussent enuoyez par le secial tous soppez en lost des sānites, et ainsi fut fait. Et quant poncius dit quil estoit ainsi renuoye il dist a spurius quil auoit assez biē fait son deuoir quant a luy pour estre desiure de sa promesse, mais le peuple rōmain nestoit pas pour ce deliure, car se la couuenāce ne plaisoit aux rōmains ilz ne deussent pas seulement auoir renuoye ceulx q auoient fait cesse conuenance, mais tout lost des rōmains qui auoient este prins. Et pour ce requeroient quilz renuoiassēt tous les rommains ou lieu ou ses conuenances auoient este faictes, et il seur rendroit seurs armures. Et eulx armez sist chascun du mieulx quil pourroit, τ par ce il tendroit les conuenances nulles. ou autrement il nestoit tenu de receuoir ceulx q soffroient a rendre a eulx, lesquelles choses les rommains refuserent a faire. Et qui plus est assēblerēt les rōmains plus grant ost quilz nauoient fait deuant cōtre les sānites. Et pour ce dit eutrope en son second liure que silz eussēt garde aux sānites la loyaulte quilz Bouloient quoy seur gardast quant ilz auoient aucun mis en subgection, ou il ne fust nulz rommais ou ilz fussent sers aux sānites. Toutesfois titus en ce mesmes lieu en Boulāt excuser les rōmains dit que oncques la conuenance ne fut cōfermee, pour ce sicomme il dit ilz retidiēt les hostages deuers eulx

¶ De la bataille en laquelle radagaisus roy des gothz qui adouroit les ydoles ou dyables fut Baincu en Bng iour auecques grant multitude de ses gens darmes.
xxiii.

Toutesfois ne recordent ilz mie en rendant graces a dieu ce que dieu a fait par sa grant pitie et par sa grant misericorde en ce temps et si nouuellement, mais qui plus est en tant cōme a eulx est ilz sefforcēt de tout leur pouoir q ceste chose fust oubliee. Laquelle chose se nous taisions nous seriōs igratz ainsi cōe eulx. ¶ Comme radagaysus qui estoit roy des gothz a tresgrant fort et puissant ost fust Benu si pres de rōme que ses rommains se peussent appercenoir, et lequel Benoit pour destruire romme et mettre a mort tous crestiens. Il fut en Bng iour si hastiuement desconfit, et sans ce que Bng seul rommain y fust, ie ne dy pas mort, mais naure que iceulx rommains descōfirent τ mirent a mort de ses gens plus de cent mille, et il fut prins et tantost puny de la peine quil auoit deserui. Mais se ce radagaysus qui estoit si cruel fust entre a romme auecques tant de gens quil auoit et qui estoiēt si mauuais et si cruelz, ausquelz gens eust il este espargne, ausquelz lieux de martire eust il porte hōneur. En quelle personne eust il doubte dieu. A qui eust il sauue la Bie. Desquelz et desquelles eust il regarde sa chastete. ¶ Mais comment empausserōt ilz seurs dieux, commēt en parseroient ilz, comme sen Banteroiēt ilz par grant esmeute. sil eust Baincu, sil eust eu si grant puissance, pour ce que chascun iour il adouroit ses dieux, τ chascun iour leur faisoit sacrifices τ les deprioit τ appaisoit. Lesquelles choses la religion crestienne ne souffroit a faire aux rommais, car comme il approchast les lieux ou il fut mort et desconfit par la Boulente de dieu, comme sa renommee commēcast a croistre τ a multiplier, on nous disoit a carthage que les payens se Bantoient τ se moient par tout que on ne deuoit croire en quesque maniere que le roy radagaysus peust estre desconfit de ceulx qui ne faisoient aux dieux des rommais semblables ou parelz sacrifices, τ que ses dieux qui estoient ses amis, et ausquelz il supplioit chascun iour et sacrifioit le deffendoient et aydoient. Et toutesfois ces chetifz rommains ne rendent pas graces a nostre seignr de si grāde misericorde cōme celle de quoy il a ouure euers eulx, car cōme il eust ordōne de tourmēter de plus grans peines et pluscruelles/plus vaillans et mieulx moriginez/si comme ont acoustume a faire les barbariens en leurs assaulx quant ilz prennent gens par force et par violēce: Nostreseigneur dieu attempra son indignacion par si grant doulceur que premierement il fist quil fut vaincu merueilleusement/affin que on ne dōnast gloire aux dyables/ausquelz il estoit certain quil supplioit chascū iour et leur faisoit sacrifices et que les courages et pensees de ceulx qui estoient malades ne fussēt subuerties. Et apres q̄ rōme ne fust prinse de telz payens qui contre toute coustume de batailles en la reuerence et honneur de la religion crestienne deffendissent ceulx qui fuioiēt en franchise et se mettoient a garant aux sainctes eglises et aux lieux dediez et cōsacrez a lux et a ses sains. Et que ceulx q̄ estoiēt ainsi contraires au nom crestien/et q̄ mesmes a iceulx dyables/a la formule ꝯ maniere des sacrifices que on leur faisoit chascun iour desquelz ilz sorguillissoient ꝯ estoient orguillis/ilz fussēt contrains aux crestiens par telle maniere quilz fissent de trop plus grant guerre ꝯ cruelle contre ces dieux que contre ces hommes. ⁋ Ainsi le vray seigneur et gouuerneur des choses tourmenta les rommains en sa misericorde. Et par ce que ces armeures de dieux ausquelz ilz supplioient furent vaincus. tellement que a peine fut ce chose creable/ Il demonstra que ces sacrifices nestoient pas necessaires nez pour le salut des choses presentes/affin que par ce ceulx qui cōsiderent sagement et ne contendent pas follement ne hastiuement/ sachent quon ne doie pas delaisser la religion crestienne pour les presētes necessitez. mais sa tiēne sen plus forte pour la tresbiēneurete et loyale entente de la vie pardurable.

⁋ Exposicion sur ce chapitre.

En ce xxiii. chapitre monseigñr saīt augustin reprent les rōmains qui se mocquent des tēps crestiens/et demonstre comme nostreseigneur a ouuert cuers eulx de vraye misericorde. et fait en ce chapitre deux choses. Premierement il demonstre comment ou temps de la persecucion que firent les gothz cōtre les rōmains la grant misericorde quil fist en ce quilz furent mors et occis auant quilz pussēt venir a la cite de rōme. Et le roy mesmes q̄ les menoit prins et mort/cestassauoir le roy radagaysus: ⁋ Secondement il demonstre commēt nostreseigneur aucteur de misericorde auecques eulx quāt il souffrit que lautre roy des gothz appelle alarit entrast a romme pour eulx corriger de leurs mauuaistiez. Et toutesfois ne courut il sus a personne quelconques qui se mist a garant aux esglises dediees a dieu Et de ces deux roys et comme ilz persecuterent les rommains et autres/nous en auons parle au commencement du p̄miere liure.

⁋ Quelle et com grande soit la felicite ou bieneurete des ēpereurs crestiēs. xxiiii.

Nous ne disōs mie que aucūs crestiens aient este bienheurez pour ce q̄lz ont regne plus lōguemēt/ou pour ce q̄lz ont este mors de mort agreable/et ont laisse leurs enfans q̄ les ont souruescus/ou pour ce quilz ont mis en obeissance et vaincu les ennemis de la chose publicque/ou quilz ont peu escheuer et mettre en subgection les cytoyens leurs ennemis qui se combatoient contre eulx. Ces choses et autres dons ou soulas de ceste chetiue vie deseruirent mesmes a auoir aūcuns adouremens des dieux/ lesquelz nappartenoient point ou royaume de dieu. A quoy ceulx cy appartiennent/ꝯ ce a este fait par la misericorde de dieu/ affin que ceulx qui creoient en luy ne demādassent a auoir ces biens comme biēs souuerains. Mais nous disons ceulx estre bienheurez silz gouuernēt iustemēt/ silz ne seslieuēt poīt pour ceulx q̄ les honnorēt hautemēt. les seruēt ꝯ saluēt doulcemēt mais leur souuiéne q̃lz sont hõmes. Se ilz sont leur puissance chãberiere a accroistre le seruice de dieu, ou a sa louenge ou a sa mageste. Silz craindẽt dieu aymẽt et adourent, silz aymẽt plus le royaume ou ilz ne doubtẽt poit a auoir cõpaignõs ou parelz a eulx, cestadire le royaume de paradis. Silz vengent a tart et pardonnent de legier, silz fõt (et exercent vne mesmes vengance pour la necessite de garder ou deffendre la chose publicque, non pas pour saouler ses haynes et eulx contreuenger, silz dõnent vng mesme pardon, nõ mie a ce q̃ le messait demeure ĩpuni, mais affin de correction et damendement silz cõpensent p largesse des benefices (et de doulceur de misericorde ce a quoy ilz sont aucunesfois constrains a decerner ou dire par rigueur ou par aspre iugement se leur luxure est plus restrainte a eulx de tant comme elle y pourroit estre plus habandõnee Silz aymẽt mieulx a estre maistres ou seigneurs de restraindre mauuaises couuoitises q̃ dauoir seigneurie (et ẽpire soubz q̃lconques hõmes, et silz font toutes ces choses, non pas pour ardeur ou couuoitise de vaine gloire. Se ilz ne sont pas paresseux ne negligens doffrir a leur vray dieu sacrifice de humilite (de bienfait et do raysõ. Telz ẽpereurs crestiens nous disons estre bienneurez ce pendãt, cestadire durant ceste vie en esperant. Et aps quãt ce teps vendra lequl nous attendõs, nous les disons estre bienneurez.

Expositiõ sur ce chapitre.

En ce xxiiii chapitre monseignr̃ saĩt augustĩ demonstre que regner ne fait pas lomme bienneure ne de fait ne en esperance, mais que bien gouuerner (et biẽ regner fait les hommes bienneurez, et si non de fait. Toutesfois le fait il en esperance. Et fait deux choses en ce chapitre.

¶ Premierement il demonstre que regner et auoir seigneurie ne fait pas vrayement les hõmes bienneurez, pour ce que auoir royaume et seigneurie cõpette aux bons (et aux mauuais. Secondement il demõstre cõment en regnant bien et iustement aucun peut acquerir felicite et bienneurete ¶ La seconde partie se cõmẽce la ou il dit Mais nous disons ceulx estre bienneurez etc. Et met cy douze ou viii. condiciõs des princes qui gouuernent bien.

¶ Des prosperitez que dieu ottropa a cõstentin empereur crestien.   xxv.

Car le bon dieu affin que ceulx q̃ creoient et tenoient que on se deuoit adourer pour acq̃rir la vie pardurable ne cuidassent que aucuns ne peussent attaĩdre ou auenir a ses haultes seigneuries ou royaumes silz ne faisoiẽt sacrifices aux dyables (et leur supplioient et que ces esperis valoient moult a telles choses. Il ẽplit costentin lempereur de tãt de biens terriens et si grans que nul ne so feroit plus grant souhaider, lequl ne suplioit pas aux dyables, mais adouroit icelluy vray dieu auquel aussi il ottropa quil fist vne cite. Laquelle fut alsi comme compaigne de rõme, mais toutesfois sãs aucun temple de dyables ou ydoles ¶ Il regna long teps et comme seul ẽpereur, Auguste tint (et deffendit tout le mõde des rommains. Il fut tresvictorieux a ordonner et faire les batailles des rõmains, et fut eureux et fortune en tout (et p tout a cõfundre et mettre en subgection ses tirans. Il mourut de maladie en grant aage (et en bonne vieillesse, et laissa ses enfãs empereurs. Mais de rechief affin que aucũs ne se fissent crestiens pour deseruir la biẽneurete (et felicite de constentin comme vng chascũ doie estre crestiẽ pour acquerir la vie p durable. il est assauoir q̃ dieu osta de ce siecle iouinie lẽpereur. Il souffrit q̃ gracien fust mort de la glaiue du tirãt, mais plus courtoisement (et plus doulcement, toutesfois de trop q̃ le grãt põpee qui adouroit ainsi comme ses dieux rommains/car ce pompee ne peut estre venge par cathon/lequel il auoit laisse en aucune maniere son hoir de la bataille ciuile/mais cestuy/cestassa uoir gracien q̄ auoit este plus couuoiteux dauoir compaignie loyale que cōpaignie de grant puissance/fut venge par theodosius lequel il auoit son compaignon de sō empire/combien quil eust vng petit enfant et vng frere. Iassoit ce que ses ames debonaire/cestadire des sainctes personnes ne requierent pas telz soulas ne telles vengances/

℄ Epposicion sur ce chapitre.

En ce vingtcinquiesme chapitre monseigneur saint augustin demonstre q̄ a faire les royaumes z gouuerner iceulx la multitude des dieux ne soit pas necessaire. Et ce demonstre il premierement p̄ les fais que fist constentin lempereur/ et ou chapitre subsequent il se demonstre par les fais que fist theodosius lempereur qui fut homme trescrestien. ℄ En la premiere partie il fait deux choses. Premierement il demonstre la grant et longue prosperite de constentin. ℄ Secondement il rent la cause pourquoy dieu ne donne semblable prosperite a tous les empereurs/ suppose quilz soient iustes et bons. ℄ La seconde partie se commence ou il dit. Mais de rechief. ⁊c. Quant au premier point il est assauoir que constenti fut le xxxiiii. empereur selon orose en son septiesme liure. Et fut cree empereur luy estant en bretaigne la grāt qui a p̄sent est appellee engleterre/les fais du quel et prosperites sont escriptes ou p̄al ou premier second et tiers liures de listoire qui sappelle tripertita/ z aussi p̄ orose ou septiesme liure de son ormeste. ℄ Et quāt il dit quil fist la cite qui estoit compaigne de romme/il se dit pour ce que quant il eut

donne a pape seuestre pour luy et pour ses successeurs romme z toutes ses parties de occident/il se transporta en grece/et la ediffia ou au moins repara la cite de constantinnoble qui parauant auoit a nom bizante/et lappella de son nom la cite de constentin/car polis en grec vault autant comme cite. Et ainsi constentinnoble vault autant a dire comme la cite de constentin ainsi comme les angles et les bretons appellent toutes leurs villes z citez ⁊c. z les nomment de leur nom sicomme ⁊c. iud ⁊c. ceurit/et plusieurs autres/desquelles on pourra veoir en brut pr̄ guillermū monnumentensem Et la cite ainsi ordonnee/il y a amene des senateurs auecques luy/et en fist chief dempire/lequel a tousiours depuis dure/et ācores dure/ et scq̄l veult estre ce siege pareil au siege de romme en temporalite/et sappelle lempire dorient/sicomme il se treuue in cronografia et sont grās empereurs z puissans. Aps̄ quant il dit quil regna longuemēt. il est assauoir que selō orose ou septiesme liure z eutrope ou diziesme liure il regna xxxi an, et en vesquit soixante et six. et trespassa en nicomedie/z fut denoncee sa mort sicomme dit eutrope en son diziesme liure par vne comette qui sapparut. ℄ Apres quant il dit quil tint et deffendit tout le monde rommain. ⁊c. ℄ Il se dit notablement pour ce que tout le monde ne fut pas subgect aux rommains. Car mesmement quāt monseigneur saint luc dit que cesar auguste fist son edict, et commanda quō nombrast tout le peuple du monde, il entendoit du peuple subgect a lempire de romme tant seulement/car ne les scites ne les indes ne furent oncques subgectz a lempire de romme/combien que eutrope en son septiesme liure dit quilz luy enuoieret des dons/ne aussi ne soient pas les perses ne les ethiopiens fussent parfaictement subgectz aux rōmains. Aincois vaincquoiēt aucunesfois et aucunesfois estoiēt vaīc°. sicō dit festus ou liure des puices subgectes a rōe. Aps̄ quāt il dit qͤl fut tres victo

Quinto

rieux a monstrer et gouuerner les batail/les. A ce propos eutrox en son septiesme liure dit de luy en ceste maniere. Il auoit se dit il vertus sans nombre, et de corps et de courage. Il estoit tresdesirant dauoir gloire de cheuallerie ou de cheuallier. Il fut ho~me tresfortune en guerre et en batailles, il acquist grant gloire enuers les barbariens. ⁋ Apres quant il dit qlestoit moult eureux de subiuguer et fouler les tirans, il se dit pour maxence. Ce fut ung tres grant persecuteur et cruel de mettre a mort les crestiés. Et fut cellup qui fist mourir madame saincte katherine, et fut filz de maximinien lempereur qui fut e~pereur auecques dyoclecien. ⁋ A cellup fist guerre constantin ou cinqiesme an de son empire et lup desconfist beaucoup de ses gens, et derrenierement comme il persecutast les nobles hommes de romme, il les vaincqt. Et quát est de licinius qui auoit la soeur de constetin. Orose en son septiesme liure dit que soudainement ainsi comme tout forsene, il fist boutter tous les crestiens hors du palais de romme dont grát guerre sen suiuit entre lup et constentin. Mais constentin le vaincquit premiereme~t aup parties de pánonie. Et apres le foulla et oppima tellement quil le fist venir a sa subgection, et se rendit a lup a sa voulente. Et pour doubte quil ne recommencast ses mauuaistiez se fist occire en priue. Et touteffois estoit ce licinius compaigno~ de constentin en lempire. ⁋ Apres quát il dit quil laissa trois enfans qui tous lup succederent a lempire de constentinnoble. cest assauoir constentin le mineur constant et constante. ⁋ Apres quant il parle de iouinien et de iulien, ce iouinien fut tresbon catholicque, et fut cellup qui apda a enterrer le corps de iulien auecques sapor roy de perse, duquel se pourra veoir largeme~t en listoire qui sappelle tripertita en la premiere partie, il succeda sans moyen a iulien lapostat. ⁋ Et quant il dit que dieu osta de ce siecle auant ce iouinien que iulien. Il se dit pour ce que ce iulien regna deux ans

e huit mois, et iouinien ne regna que vii. mois selon orose, et de ces deux no~s nous auons parle cy dessus ou quart liure sur le pxix. chapitre ⁋ Apres quant il parle de gracien. Orose ou septiesme liure de so~ orme ste raconte de lup que ce fut le quarante et ungiesme an apres cesar auguste q tint lempire de romme. Et paulus cassinen. en son onziesme liure lequel continua lystoire des rommains que auoit commecee eutropius qui en auoit fait dix liures, dit quil fut de petit lignage, et quil fut premierement appele cordier pour une corde que il portoit vendre en la cite de cibales, laql le cheualliers ne lup peurent oncques estacher des mais, et que pour ceste cause il fut fait cheuallier, et puis pteur et empereur apres iouinien, et dit que comme il tenist lempire ainsi comme en ione aage, il desconsist une multitude de gens sans nombre qui sestoient ia mis aup termes et aux fins de lempire de romme, et acheua la bataille a leyde de dieu en qui il se fioit et non point par armes, car il ny eut oncques ho~me des siés naure ne mort, mais comme il veist que celle multitude croissoit tousiours, et doubtant que par ce lempire de ro~me ne fust gaste, il mada theodosius qui estoit en espaigne, et le vestit de sa robe de pourpre, et se constitua et ordonna sur le~pire de trace et dorient. Or est vray que co~me ce theodosius menast les batailles en orient, et lup venissent ses choses eureusement, et ainsi comme a voulente. Ung apele maximus qui estoit homme hardy et puissant et digne destre empereur sil eust este loyal, mais il fut le sixiesme aps neron qui persecuta les crestiés et fut cree empereur en bretaigne contre la voulente du senat, sico~ dit iulius florus, lequl p traysonet par fraulde et p dol occist gracien le~pereur et chassa. Bernardus guidonis en son cathalogue ql fist des papes des epereurs et des roys de france, ou psi. chapitre des empereurs. se ql ple de gracié le~pereur, et dit que ce gracié fut occp de parisiens a lyon par ceulx qui estoient soubz le gouuernement dung de leurs ducz appele merobaudus/ et pour ce estoient appelez merobaudi. Et par ce il semble q̃ ou tẽps de Valentinien eust ia a paris ducz et gouuerneurs. Et pour ce q̃ nous sommes a loriginaciõ des frãcois et du tẽps de la fondacion de paris/ et aussi des ducz et des roys qui premierement y habiterẽt. Nous en parlerons vng pou selon ce que nous auons peu veoir et sentir ⁊ les cronicqueurs qui ont traicte ceste matiere/ sicomme hesinand bernardus guidonis/ guillermus armoriatanus/ maistre hugues de saict Victor/ et cellup qui fist la diuision du mon̄de qui se commence Jn exordiis rerum. ⁊c. Lequel cronicqua comme fist Vincent/ et dist moult de choses singulieres/ ⁊ ne voulut nommer hugo floriacen̄. et orose en son orneste/ et plusieurs autres qui en ont parle moult diuersement/ et en diuerses manieres. Les vngz treuuent que apres la destruction de trope/ anthenor se partit auec ques douze mille de ses gens et vingtdeup nefz/ et vint iusques a pannonnie qui au iour dhuy est appelee hongrie/ la auy palus ou maretz qui sappeloient meotides edifierent vne cite quilz appelerent sicãbre/ la ou est a present vne cite qui est appelee bude. ⁊ y demeurerent longuement. ⁊ y multiplierent en grant gent. Or auint que ou temps de Valentinien vne gent que on appeloit les albains/ q̃ estoient venus de saponie se rebellerent contre les rommains. lequelz estoient dis albains dun fleuue qui sapele albanus/ ainsi cõe les alsemans sont dis dun autre fleuue q̃ est appele almanus. Et comme Valentinien qui lors estoit empereur veist que il ny pouoit mettre remede/ et sceust telles gẽs que anthenor auoit amenez. et qui la sestoient logez estre fors puissans et hardis. et qui autresfois auoient resiste contre les rommais/ combien q̃lz fussent fors seurs tributaires/ et leur offrit a refascher leur tribu/ mais quilz voulsissent mettre ces albains en lobeissance des rommais/ lesquelz luy accorderent et le firent. Et pour ce eurẽt remission par dip ans de leur truage. mais les dip ans passez ilz refuserẽt a payer le tribu. Et pour ce les rommais sappareillerent pour leur faire guerre/ et les francois mirent peine a eup deffẽdre et resister/ et assemblerent ensemble a tel dommage/ toutesfois des francois que a pou ilz nen receurent grant perte/ sicomme dit sigisbert en sa cronicque. ⁋ Autres cronicques dient quil naccreut mie Valentinien/ mais sen partirent et vindrent selon le rin en germanie/ ⁊ apres sen vindrẽt deuers cambray et deuers tournay et les prindrent/ et de la en france. ⁊ la conquirẽt ⁋ De ceste matiere parle hugues de saict Victor. qui dit que aucuns deup furẽt dis francois dun duc appele francio qui estoit vng homme trespuissant en bataille. Jl y a autres opinions plusieurs sur sa maniere de venir en hongrie/ de leur departement/ et quelz chemins aussi ilz tindrẽt ⁊ quelles terres ilz habiterent. Et pour ce sicõme nous auons dit ceste matiere chict en trois poins. Lun de la naissance des p̃miers francois/ desquelz descendirẽt les premiers roys de france. Le second des p̃miers roys francois. Et comme ilz ẽprindrent premierement a auoir seigneurie et en quelz lieup. ⁋ Et le tiers quant sa ville de paris fut edifiee qui est le chief et la plus principale ville du royaume de frãce. Nous en dirons ainsi comme nous auõs dit de romme. ⁋ Prins et retenu pour repete ce que nous auons deuãt dit ⁊ eppose Mais hugues de saint Victor en sa cronicq̃ et cellup qui fist les cronicques de france/ la diuision du monde en son liure q̃ sappele in exordiis rerũ/ racõte de la naissãce des francois en ceste maniere. Et ancores cellup qui fist celle cronicque i exordiis rerũ. dit q̃ en a vne de hugues plus parfaicte q̃ de hugues de saict Victor/ et racõte que fracio filz de hector qui fut filz priã. et turcus q̃ fut filz de troilus qui semblablement fut filz de priã roy de trope apres sa destruction dicelle ville de trope senfuyrent et eschapperent cautement et soubtillement a tresgrant multitude de gens darmes. Et peissemēt aussi sen partirent helenus ung adeuineur, lequel estoit aussi filz de priā, et enee le filz dachises, et que cellup helenus a tout mil et deup cens hommes vit en grece, τ y fist plusieurs chasteaup, villes et citez, et y demoura sup τ sa poste tite, et enee sen vint en ptalie, et espousa la fille du roy latin, τ desconfist turnus qui estoit roy des rutisiens. Et francio τ tur-cus se deuiserent en deup parties, dōt les vngs supuirent francio, et les autres sui uirent turcus, et firēt chascune partie leur duc, cestassauoir les vngs de francio, et les autres de turcus. Turcus vint en scite et y demoura et habita, et pour ce sōt ilz ancores dis turs de turcus. Et frācis sen vint en hongrie ou il ediffia la cite de sicābre de coste les palus ou marestz meo tides, dont nous auons parle cy dessus. Et fut ou temps de dauid, et quant il y eut demeure enuirō deup cens et trente as le peuple quil y auoit amene creut y telle maniere quil ny auoit pas assez lieu pour eup y habiter, si sen ptit de sa enuiron ppii. mille hommes pour querir lieu conuena ble ou ilz peussent habiter, passerent ger manie et le rin, et vindrent iusques sur la riuiere de saine, et auiserent le lieu ou est a presēt paris, τ pour ce qlz le virent beau et delectable gras et plentureup et bien as sis pour y habiter, y firent τ fōderent vne cite, laquelle ilz appelerent lutece a luto. Cestadire pour la gresse du pays, et fut ediffiee celle cite ou temps de amasie roy de iuda, τ de ieroboan roy disrael huit cēs et trente ans auant lincarnacion de nostre seignr: Et sappelerent parisiens ou pour paris le filz du roy priā, ou de parisia en grec qui vault autāt comme hardiesse en latin, a quoy saccorde guillermus armo ritanus en sa cronicque quil fist de philip pes le hardy dit autrement dieu donne, la queste est appelee philippica quant a ce q ilz se nōmerēt parisiens, ou il dit en vng vers que les frans qui vindrent a lutece, appelerent parisiens, lequel nom signifi

oit quilz estoiēt hardis. Et sont les vers telz. V. Et se pariseos diperunt noie fran ci, q sonat audaces, Ace, Si fait il quant a sa premiere venue des tropens a paris. Car il recite et dit que apres ce quilz eurēt ediffie celle cite de sicambre, comme ilz fus sent creuz et merueilseusement grant gent, et en grant multitude ung leur duc ou chieuetain appele pbor auecques ppii. mille de ses gens vint querir pays pour habiter, et alla tāt quil arriua ou lieu ou a present est paris. Et pour ce que comme dit est se pays luy sembla gras, et y edif fia sa cite de lutece, qui a present est appe lee paris, lequel sappela de son nom lute ce pour la cause dessusdicte. Et aussi edif fierent plusieurs villes pour habiter a sē uiron de paris quilz appeserent de ce nom sicōme rueil en parisi, qui fut chasteau royal et chief de chastelaine, cormeisses, louure, roissy, qui toutes furent nōmees en parisi, et ville parisie. Toutes lesquel les retiennent ancores ce nom. La demou rerent et habiterent paisiblement iusques a ce que les autres se partirent de sicams bre par la force de lempereur valentin qui leur fist guerre, pour ce quilz ne voulioēt payer le truage aup rommains, et ayme rent mieulp a eulp en partir que demou rer soubz le truage. Et demourerent ces gens de pbor a lutece et aup parties denui ron auant que les autres francoys y venis sent. Mil deup cens quatrevingtz et dip ans ou enuiron. Cestassauoir huit cens et trente ans auant lincarnacion, et se de meurant apres lincarnacion. La mani ere du departement fut quilz se departirēt soubz le gouuernement de trois ducs, cest assauoir suno gerebaudus et martonius Suno et gerebaudus sen vindrent en ger manie sur la riuiere du rin, et subingue-rent les allemans, les turingues, les bel ges, les sapons, τ les sorrains prindrent coussougne, et gasterent plusieurs viss-es. Et demourerent en vne partie dalle maigne q pour eulp a a nom ancores pour le presēt franconia. Et celle cronicq nous

nous auons veue et leue/et est moult no/
table et est moult singuliere. Aucunes cro
nicques dient que Suno serebaudus (mar
conius demourerent en germaaine san
passer le rin/et que la mesmes en germai
ne fut fait pharamondus filz de marconi
us roy des francois. Et apres ce marconi
us et suno furent mors/le peuple voulut
auoir roy ainsi comme les autres pays.
Et esleurent a roy ce pharamondus filz
de marconius/lequel fut constitue roy en
germanie ou temps de honorius sempereur
ou ix.an de son empire quatrecens et xx.
ans apres la natiuite de nostre seigneur/
et regna enuiron xi.ans sans passer ger
manie/et en son temps fut faicte la loy sa
lique dont nous auōs parle cy dessus ou
tiers liure sur lexposicion du xxi.chapitre
Et ce est assez creable, car par le liure mes
mes de celle loy salique il appert quelle fut
faicte en allemaigne par quatre des plus
grans/sicōme nous sauons mis ou lieu
dessus dit. (Apres regna clodio son filz. et
fut ou temps de theodosius le secōd/(fut
le premier roy de france qui passa le rin et
qui transporta de ce le rin se royaume aux
francois qui parauant auoit este en ger
manie/et conquist cambray et tournay.
(Apres luy vint meronius apres la na
tiuite de nostre seigneur quatrecens quarā
teneuf ans. En son temps commenca sa
renommee des francois et des roys de frā
ce/et fut si vaillant et si puissant en son
temps que ses francois furent appelez me
ronei pour sa vaillance. Il commēca a re
gner ou temps de theodosius le iosne/ou
xxv.an de son empire enuiron quatrecens
et cinquante ans apres laduenemēt de no
stre seigneur/sicomme toutes choses ber
nardus guidoius met en sa cronicque. Or
est il vray que quant les autres francois
qui sestoient partis de sicambre sen vindrēt
a lutece/ilz leur voulurent faire guerre/
mais quant ilz sceurent que cestoiēt ceulx
que pbory auoit menez/et que cestoit tout
vng peuple/ilz sentrefirent grant feste et
demourerent ensemble paisiblemēt soubz

vng roy (soubz vne seigneurie. Et la vil
le qui auoit a nom lutesse. ilz lappelerent
paris/ disoient que cestoit lait nom et ort
de lutece. A loppinion quil parle de fran
cio et de turcus saccorde baldericus euesq
de dol. en sa cronicque quil fist du passage
doultre mer/ou tiers liure quil dit q les
turz tiennent que eulx et les francois sōt
tout vng peuple (partis dun. Et dient q
nul n'est digne destre cheualier sil nest frā
cois ou turc (Ancores pour demonstrer
lanciennete de paris et comme elle est fon
dee danciennete/il se treuue ou vi.liure de
iulius cessus/de bello galico/duquel iu
lius cesar fist partie que quant ce vint que
iulius vint en france pour ses rommais
paris estoit habitee de gens grans et puis
sans qui sappeloient parisiens et tenoient
la cite seulement/laquelle estoit si forte
pour lors/(estoit tellemēt fermee daues
que luy mesmes tesmoingne quon ny pou
oit passer. Or est atterri par grauoy fies
et autres ordures que on y a depuis gette.
Il fut longuement deuant/car ses parisi
ens qui estoient tout enuiron paris et ius
ques a mesun auoient vne telle coustume
que tantost comme guerre leur sourdoit.
ilz venoiēt tous a paris a secours/(pour
estre plus fors/et ne leur chaloit du demeu
rant. (Or auint que sicomme il faisoit
siege deuant paris/et que tous ses parisi
ens si estoient retrais/et vuide tout le de
meurant/il sauisa de prendre mesun/(se
print de fait. Et par ce fut seigneur de la ri
uiere/et pouoit venir assaillir de quelque
part quil luy plaisoit. Quant il eut este
long temps deuant sans rien faire/il fist
semblant de partir et de leuer son siege/ et
se alla tout droit a ville iuisue. qui a droit
pler est appelee ville iusliue/pour le corps
saint de celle saincte qui y repose. Et com
me vng appele camilogenus qui estoit de
rouen/auquel combien quil fust ancien es
toit baille pour sa vaillance tout le gou
uernement des gens darmes/ leur dist q
ce nestoit pas faintise/et quilz se gardas
sent bien quilz ne se poursuissent Ilz ne se

voulurent croire/ mais alerent apres et la taiditét/ et gés sestātost qͥl auoit laissie en embusche vindrent et les encloirēt et p eut grant desconfiture/ et ce fut la cause qui pour lors les fist estre tributaires des rõmains/ car oncques homme ny entra ne ne sa print par force/ dõt il fist le palays du terme qui estoit ainsi appele pour ce que la se paioient les tribus aux termes qui estoient ordonnez/ et adoncq les gés commencerent a edifier maisons a lenuiron de ce chasteau et a eulx logier. Et cõmenca celle partie lors a estre premierement habitee/ ne ancores ne depuis long temps ne fut lautre partie deuers saint denis laquelle est maintenant la plus habitee/ mais auoit par tout grant bois et forestz et y faisoit on moult dhomicides Le marchie des bestes estoit par deuers la rue aux bourbonnais au lieu que len dit le siege au deschergeur/ et ancores sappelle on la vielle place aux pourceaux. Et a la croix du crioir crioient les bestes et pour ce est elle propremēt appellee la croix du crioir pour les bestes que len y tuoit. Au carrefour guillory estoit le pillory ou len coupoit les oreilles/ Et pour ce a proprement parler il est appelle le carrefour guigne oreille. Et la boucherie estoit ou elle est a present comme tout hors de la cite et cestoit raison. Et apres ou perron gaselin estoit vne place ou on gettoit chiens mors qui sappelloit la fosse aux chiens/ et ancores y a il vne ruelle qui est ainsi appelle. Depuis fut habitee et fermee paris iusqͣs au lieu quon dit a sauchet sait martry/ ou il appert ancores le coste dune porte et la fut la maison bernard des fossez ou guillame dorenge fut logie quant il desconfit ysoire qui faisoit siege deuant paris. Ceste porte alloit tout droit sās tourner a la riuiere au lieu que lē dit les planches de mibray/ et la auoit vng ponth de fust qui sadressoit droit a saint denis de la chartre/ et de la tout droit parmy la cite sadressoit a lautre ponth que len appelle petit põt et estoit ce lieu dit a propremēt

parler les planches de mybras/ car cestoit la moitie du bras de saine/ et qui auroit vne corde et la menast de la porte sait marti iusques a la riuiere et par sa riuiere iusques a la iuprie droit au petit pont de pierre abatu et de la a la porte saint iaques elle proit droite comme vne ligne sās tourner ne cha ne la/ Apres on fist le cymentiere ou lieu ou est leglise des innocens qͥ estoit lors tout hors et loigz de la ville/ si comme on faisoit anciennement/ car len faisoit les boucheries et les cymentieres tout hors des citez pour les punaisies et corrupcions eschever. Pres de celle cymentiere on commenca a faire le marchie et sappelloit on champeaulx pour ce que cestoiēt tous champs, et ancores a ce lieu retenu le nom/ et pour raison du marchie y commencerent les gens premierement a faire loges petites et horbes cõe firēt les bourguignons quant ilz vindrent premierement en bourgonne, et puis petit a petit y edifierent maisons, et y fist on halles pour vendre toutes manieres de dentrees et ainsi crut la ville iusques a la porte sait denis et la fut fermee/ et fut abatue la ville muraille et apresent sestēt la ville iusqͣs a la bastille saint āthoine. Quil soit vray il appert. Car quant leglise saint magloire laquelle fut premierement en sa cite laquelle fut transportee ou lieu ou elle est a psent/ elle fut edifiee aux chāps et se troeuue ācores en la datte des lettres royaulx qͥ furent faictes pour lors ou il a uoitet a escript Donne en nre eglise de sait magloire lees champeaux pres de paris Ancores se troeuue il en la vie de saint barbolemqui ou temps de clodoneus fonda vne abbaye a saict mor qui lors estoit appellee les fossez que ou temps que iulius cesar fut en france et quil eut ainsi comme toute conquise il sen vint de sens a mesū: et de la vers paris par sa riuiere de saine entra en la riuiere de marne pour aller cõquerre la cite de meaulx et ariua ou lieu ou est leglise de sainct mor apresent/ et la demour atout liuer ouquel temps diuer les anciens se reposoient ne naisoiēt en la guerre iusques au printemps pour ce quil estoit le lieu beau & la place forte tant pour la riuiere cōme pour la situaciō du lieu il y fist faire ung chasteau trop merueilleusement fort qui se fermoit de deux costes de la riuiere de marne et par deuers paris de fors murs et de grans fossez, et fut ce chasteau appellé le chasteau begnus pour une maniere de gens ausquelz il le bailla a garder lesquelz estoiēt appelles begaulx. Et ce chasteau dure iusques au temps de maximien appelle herculeius q̄ fut enuoie en france pour mettre a mort tous crestiens et destruire toutes eglises et y fut enuoie par dyoclecien lempereur lequel le fist cōpaignō de son royaume. Ce maximien herculeius quant il vint en france trouua que amād et helie deux crestiens qui ne vouloient point estre subgetz aux rommains ne adourer les ydoles pour resister a maximiē sestoient mis a guarād en ce chasteau acompagniez de plusieurs begaulx. La vint maximien et fist siege deuāt le chasteau p̄ long tēps et finablemēt le print et mist a mort tous les begaulx et autres crestiens qui peut trouuer et arasa le chasteau tellemēt q̄ ny demoura que la place vuide. Des begaulx ainsi occis par ce maximien et de amand et de helien et comment ilz furent vaincus legierement, parle o rose ou viie. liure de son o rmeste ou xxxi. chapitre.

Ancores est il assauoir que en ce tēps que iulius cesar vint deuant paris et pour cōquerre france elle estoit gouuernee par certaines gens, si cōme dit iulius celsus en son vi. liure, il y auoit unes gens qui estoient appellez druydes et si auoit cheualiers et si y estoit le peuple duq̄l on ne faisoit point de compte, car ilz estoient ainsi comme serfz et quant ilz se voioient greuez ou oppresses par aucun ilz se rendoient au plus fort. Les druydes estoient ainsi comme les souuerains euesques qui gouuernoiēt et temporel et espirituel appendoient aux enfans doctrine congnoissoient de toutes manieres de causes et iugoient fussent criminelles ou ciuiles ou reelles. Tous les ans assembloient tout le peuple deuant eulx a certain iour en une montaigne consacree a iupiter, et qui apresent est appellee montiaont en latin mont iouie. La faisoient droit a chascun & sil en y auoit aucūs qui ne voulsissent obeir a leurs decrez et tenir leur iugemens il luy estoit deffendu a sacrifier ne ne receuoit on point ses sacrifices qui estoit une tresgrieuse paine a celluy a qui il estoit deffendu. Tous le fuyoient ne ne parloient point a luy non plus que a ung excommunie, & se ilz se plaindoient daucun on ne luy en faisoit point de droit. Ces druydes estoient quittes de tous tribus de tous ost3 et toutes cheuauchees ne ilz naloient en bataille pour quelcōques necessite et si estoiēt frās et quittes de toutes prestances redeuances que les autres paioient pour celle cause plusieurs assoiēt a lescole & apprēdoiēt. Entre les autres en y auoit ung souuerain qui auoit puissance sur tous les autres druides, & quāt il estoit mort on eslisoit le plus souffisāt apres, & sil y en auoit plusieurs de pareil estat on en eslisoit par le cōseil des autres druydes. Et aucunesfois lē combatoit pour auoir celle seigneurie selon ce quilz estoient puissaus. Lautre maniere de gens estoit de cheualiers, et ceulx nentēdoient a riens que aux armes et a faire iniure a leurs voisins ou rebouter ceulx qui leur faisoient iniure, & selon ce q̄ chascun estoit plus riche et plus puissant il estoit plus garny de gens. Quant il lescouuenoit armer il escouuenoit que les iosnes hommes se presentassēt ensemble et se il en y auoit ung qui demourast derriere ilz se faisoient mourir de trescruelle mort ilz ne souffroient pas que leurs enfans venissent deuant eulx iusques a ce quilz fussent en tel aage quilz se peussēt armer. Et disoient que cestoit layde chose que ung enfant auāt son aage sapparust deuant son pere, ilz estoiēt merueil leusemēt enclins aux religions de leurs dieux et a leurs sacrifices/ entre lesquelz ilz adouroient sur tous les autres mercure ⁊ apres appolin mars iupiter et minerue. ¶ Quant ilz estoient tourmentes daucunes griefues maladies ou en grāt peril de leur corps en aucune bataille. ilz sacrifioient a leurs dieux hommes vifz ou eulx mesmes se vouoient a sacrifier/ Car les druides leur auoient enseignie. que pour racheter la vie dun homme ou autrement ilz tenoiēt que le courous des dieux nestoit point souffisamment appaisie/ Ilz auoient autres sacrifices cōmuns/ Cest assauoir que ilz faisoient vne tresgrant ydole ou simulacre dosiere et emplisoient dhommes vifz/ et puis boutoient le feu dedens ⁊ les ardoient/ comment sont larrons robbeurs et gens conuaincus daucunes muuaistiez/ Et disoient que les dieux auoient ces sacrifices tresagreables. ⁊ en estoient les dieux plus fauourables a ceulx qui estoient ainsi condennez/ Et quant ilz auoient defaulte de telz gens ilz sacrifioient par telle maniere innocens/ ilz faisoient ainsi sacrifices des bestes que ilz auoient prinses/ Moult de choses ya autres que dit ancores ce iulius cesus lesquelles nous laissons pour cause de briefte. ¶ Tant ya que le pricipal de leurs temples estoit ou est maintenant montmatre qui estoit fois appele le mont de mercure pour ce q̄ son temple y estoit.) Le second estoit le temple dappolin et estoit a court dimenche qui se dit en latin curia dominica/ Et est oultre ponthoise ou lieu que on dit apresent sa mer dautpe: Le tiers estoit mont de iaonst qui estoit consacre de iupiter/ Et en tous ces trois se faisoient sacrifices en telle maniere/ que quant len faisoit a court dimenche qui estoit ou milieu on veoit des autres montaignes ce sacrifice. ¶ A celle montaigne de mercure fut enuoie par domicien mayence ⁊ mene monseigneur saint denis et ses compagnons pour sacrifier a mercure en son tēple q̄ la estoit et dont il appert ancores de la vielle muraille/ Et pour ce quil ne le voulut pas faire/ fut ramene luy et ses compagnōs iusques ou lieu ou est sa chapelle/ et la furent tous decollez Et pour celle cause ce mont qui auant auoit a nō le mont de mercure perdit son nom et fut appele le mont des martirs ⁊ ancores est Ce monseigneur saint denis fonda a paris trois eglises: La premiere de la trinite en leglise ou est adoure apresent sainct Benoit et y mist moynes. La seconde fut sainct estiene des grecs qui par corruption de nō est appelle sainct estiene des grecz et y fist vne petite chapelle ou il chantoit. La tierce nostredame des champs En laquelle eglise il demouroit et y fut prins Et ces choses nous auons dit pour demonstrer lancienne creaciō de paris/ Mais ancores pour le monstrer plus clerement. Guillermus monumetēsis en sa cronicque que len appelse le Brut. dit que ou temps que brutus se partit de grece et quil queroit pays pour habiter il vint en acquittaine dont golfranus estoit roy q̄ estoit poiteuin. Et apres ce quil fut desconfy de brutus il sen vint en france pour querir secours/ et dit que lors en france y auoit douze pers qui estoient parelz en dignite/ et dit que ce fut ou temps de hely/ Ancores dit il en ce mesmes liure que il y eut vng homme en france ou temps disape et osee les prophetes qui eut a noim aganippus lequel eut espouse la fille du roy dengleterre/ et vint a secours a aganippus qui passa en engleterre/ et a force darmes le remist en son royaume. Par quoy on peut veoir que la cite de paris fut fondee merueileusement long temps auant lempereur valentin/ et ces choses souffisent quant a ceste partie. Et quant monseigneur saint augustī dit que dieu souffrit que ce gracien fut mort plus courtoisement et plus doucement que ne fut le grant pompee. Il le dit notablement pour ce que la mort de gracien fut vengee par theodosius/ mais la mort de pompee

ne fut ne peut estre vengee/ ¶ Combien
quil eust laisse cathon pour se venger ainsi
comme heritier des batailles ciuiles. Et
ancores dit il ces chose pour ce q̃ quant pon
pee fut desconfit en thesalle de iulius ce/
sar et chasse auecques ses gens, sicomme
nous auons dit cy dessus ou troiziesme
liure sur le treziesme chapitre/ ¶ Tous
ceulx qui sen peurent suyr et peurent es/
chaper de la bataille sen vindrent a ca/
thon ainsi comme a leur duc ⁊ a leur prin
ce. ¶ Lequel les mist en deux cens nefz ⁊
les fist aller par la mer en fuyant. iulius
cesar pour les vouloir mener en affricque
et les mena par desers et par pays non
habitez qui estoient tous plains de ser/
pens et de couleuures/ ou ilz ne trouuoi
ent ne voyes ne sentiers ne viures quel/
conques parquoy ilz furent tellemẽt tour
mẽtez, et de faim et de soif et de serpens que
il en y auoit grant partie de mors et affa
mez. Par telle maniere quil despseut a la
plus grant partie deulx quilz sen estoient
oncques fuys deuant iulius cesar/ Si
comme dit lucan en son neufiesme liure
Et cathon mesmes quant il vint en vne
cite daffricque appellee vtice, pour ce que
il ne voulut pas viure soubz la seigneu/
rie de iulius cesar se tua luy mesmes/
Apres quant monseigneur saint augu/
stin parle de theodosius/ Lequel gracien
fist compaignon de son empire il voulut
dire que gracien ayma mieulx auoir seul
compaignon a son empire que plus grant
empire/ laquelle chose il eut eu sil eut re/
gne seul combien quil eut vng frere dune
autre mere.

de la foy et de la debonairete de theo
dosius auguste.　　　　　　　xxvi.

Et pource theodosius ne gar
da pas seulement a gracien en
sa vie la foy qui luy deuoit/
mais qui plus est a son petit frere appelle
valentinien que maxime auoit chasse, a
pres ce quil auoit occps gracien son fre/
re comme bon crestien. Il le recupteu par
ties de son empire. Et se filz gracien qui
estoit pupille il se garda par telle affecti/
on et amour comme le pere son enfant le
quel il eust este plus ardant de couuoiti/
se de regner ou de seigneurir que de chari
te de bien faire, il eust peu oster sans quel
conques peine ou traueil/ comme il fust
desnue et despoullie de toutes richesses/
mais gardee la dignite dempereur, il se
receust et si le resconforta par grace et
par humanite. ¶ Apres ce comme laue/
nement et succession de ce tyrant maxi/
mus espouentast merueilleusement the
odosius et quil semblast moult espouen
table a toutes gens. ¶ Toutesfois en/
tre ses grans angoisses de ces grans
cueurs, il ne decourut pas aux curiositez
sacrileges et desraisonnables. C'estadi/
re a supplier/ ne a faire sacrifices aux
dieux/ mais enuoya a iehan qui estoit en
egypte ou desert en vng hermitaige du
quel renommee il estoit que il estoit ser/
gent de dieu et auoit esperit de prophecie.
Et lequel eut de luy trescertaine respon/
ce par le message que il y auoit enuoye
que il desconfiroit ce maximus/ Tan/
tost apres ceste responce il desconfit ce ma
ximus et luy mort et desconfit il remist
ce valentinien aux parties de lempire
dont il auoit este chasse par tresgrant hõ
neur et par tresgrant misericorde. Et luy
ainsi restitue par le mesmes respons de ce
prophete/ en adiouustant certaine foy a
ses paroles) Il estaint et desconfit vng
autre tyrant appelle eugenius qui avoit
este subroge non pas conuenable en lieu
de ce maximus. Apres ce quil eut resti/
tue ce valentinien icelluy valentiniẽ fut
mort ou par traison ou par espies ou par
autres couenences ou par vng autre cas

auentureulx contre le fort et trespuissāt ost duquel eugenius et theodosius se cōbatit plus par oraisons en depriant nostre seigneur que par soy combatre. Les cheualiers qui estoiēt en ceste bataille nous racontèrent que de la partie de theodosius vng si fort vent vint droit en alant a ses auersaires que les dars et toutes les autres quelconques choses que ilz gettoient les gens de theodosius leur estoient ainsi comme eschachez des mains tresespessement, et nō pas seulemēt eschachez, mais par la force du vent retournoiēt les dars et gauelos des ennemis aux corps de ceulx qui les gettoient. Dont claudien le pere cōbiē quil ne fut pas crestien, mais payen, et quil ne sceust que ce estoit du nō de dieu, a la louenge ou louēges de ce theodosius dit ainsi. O trop ayme dieu pour qui lair se combat et a qui a son des trompes ou buisines les vens viennent aussi comme se ilz fussent cōiurez, mais apres ce quil eut eu ceste victoire sicomme iehan luy auoit anonchee, et que il a creu il deposa et abatit les ydoles de iupiter, qui auoient este contre luy consacrees. Je ne scay par quelle accoustumance et mises au plus hault lieu des montaignes, et pour ce que ces coureux se sioissoient de la victoire et disoient que des foudres qui estoient decoste de iupiter pour ce que ilz estoient dor, quilz voudroiēt bien estre foudroiez de telles foudres, il leur donna liement et debonairement. Les enfans de ses ennemis qui nauoient pas este ostes de son commandement, mais les auoit fait partir la force de la bataille (et ceulx aussi qui nestoient pas crestiēs et sen estoient fuys en leglise a garant, il voulut que ilz fussent fais crestiens pour celle cause, et les ayma en vraye et bonne charite comme bon et vray crestien, ne ne leur osta aucunes de leurs choses, mais qui plus est les accreut de grans hōneurs. Apres sa victoire il ne voulut souffrir que aucunes ennemistiez priuees regnassent il ne voulut point recommencer les batailles ciuiles, mais se voulut plus de ce que elles estoient commencees que ce que il voulsist que elles nupissent a aucun apres ce que elles estoient finees, non pas si comme cinna marius et silla et autres telz qui ne voulurent oncques metre fin, suppose que les fussent finees. Entre toutes ces choses des le commencement de son empire, il ne fina de secourir a leglise p tresiustes et tresmisericordes loix laquelle eglise estoit trauaillee et tribulee pour les mauuais desloiaulx, et aymoit mieulx estre menbre de leglise et se esioissoit plus que de regner en terre, en la quelle eglise valent qui estoit herite et fauourable a la partie des arriens q̄ est vne secte de heresie auoit formēt tourmentee, Il commanda que sen trebuchast les simulacres ou ydolles des gens quelconque part que ilz fussent car il entendoit asses que les biens terriens nestoient pas mis en la puissance des dyables, mais quelle chose fut plus merueilleuse de sa religieuse humilite, quant a la piere des euesq̄s il auoit promis pardon dune tresgrant cruaulte qui auoit este faicte en la cite de tessalobōne. Et neantmoins fut constraint a venger celle cruaulte par le tumulte daucuns qui estoient aueccques luy et que de puis il fut si mene par la discipline de leglise quil fist sa penitance p telle maniere que le peuple priant pour lui plouroit plus la haultesse de lempire en la regardant ainsi humiliee et abatue, quelle ne doubtoit celle haultesse ainsi courouchee en pechant, cestadire quant il faisoit occire les gens. Ces bōnes oeuures et autres semblables lesquelles longue chose seroit a recorder porta auecques soy cel empereur, de ceste temporelle vapeur de laquelle haultesse ou grādeur humaine, desquelz biens pardurable felicite est le loyer. De laquelle felicite pardurable dieu est donneur a ceulx qui sont vrayement debōnaires, mais de tous les biēs de ceste vie ou les haultesses ou aydes si comme le mōde la lumiere le mouuemēt des aers leur resplēdisseur, les terres les eaues, les fruictz same et le corps de lhō me, le sens sa pensee, sa vie, donne aussi nostre seignr aux bons et aux mauuais Esquelz biens sont aussi chascune gran deur de seigneurie laquelle il dispense et ordonne selon le gouuernement des temps, et pour ce aussi me semble il que iaye a respondre a ceulx qui come rebou tez et conuaincus par tresaspres enseigne mens par lesquelz leur a este demonstre que quant a ces choses temporelles, Les quelles les folz desirent a auoir tant seu lement le grant nombre des dieux ou di ables ne prouffite riens. Sesforcent de affermer que ces dieux ne sōt pas a adou rer pour le prouffit de ceste vie, mais pour celle qui est a auenir apres la mort. Car a ceulx qui veulēt adourer les choses vai nes pour les amistiez de cest monde. Et toutesfois se plaignent ilz que sē ne doit pas souffrir telz choses a gens iosnes de sens, nous auons asses respondu sicom me il me semble en ces cincq liures. Des quelz come ie eusse fais les trois premi ers et fussent venus en sa main de plusi eurs personnes ie ouy aucuns appareil ler en escripuant, ie ne scay quelle respon ce contre ces liures. Et apres me fut rap porte ce quilz en auoient escript. Mais ceulx qui ont ce fait quierent temps ou quel ilz le puissent monstrer sans peril: Lesquelz ie admoneste que ilz ne desirēt pas ce quil ne leur est prouffitable ou ex pedient. Car cest chose asses legiere quil semble que celluy ait respondu a chascun quil ne se veult taire, mais qui est chose plus habondante en parole que vanite la quelle ne peut pas ce que peut verite pour ce que se elle veult parler elle puist aussi plus hault cryer que verite, Mais considerent toutes choses diligemment et parauenture en iugant sans grant es tude de parties ilz regardent ces choses estre telles que elles puissent estre plus semenees que ostees ne esracee par force de ienglerie Et aussi comme par vne ma

niere de reprehension mordant ou legiere ennemistie refraingnant leurs bourdes et leurs mentries, a essisent que plutost soient corrigez par les sages que ilz soi ent louez des folz. Car se ilz attendent le temps, non pas a sa franchise de dire voyr, mais a sa licence de dire mal, iasoit ce que il leur auiengne ce que dit tulle dun qui estoit appelle bieneure pour ce quil auoit licence et auctorite de mal fai re. ⊙. com celluy estoit meschant a qui il plaisoit a pecher. Car se aucun cui de estre beneure pour ce quil a licence de mal dire. Ancores sera il de trop plus be neure se il ne luy plaist en quelsconques maniere de mal dire. Comme ostee tou te vanite de vanterie il puisse en ce temps mesmemēt ainsi comme par maniere des tude de conseil contredire tout ce quil vou dra, et ouyr honnestement grandement et franchement par disputacion amiable tout ce quil demandera et que ceulx pou rront sauoir ausquelz il se conseillera:

¶ Exposicion sur ce chapitre:

En ce vintesixiesme chapitre et fi nal monseigneur saint augu stin proeuue ce quil a dit ou chapitre prece dent de theodosius par les fais que il fist Et fait deux choses en ce chapitre. Pre mierement il descript la pitie et prosperi te de ce theodosius. ¶ Secondement il descript son humilite. ¶ La seconde par tie se commence la ou il dist, Mais quel le chose fut plus merueilleuse de sa religi euse humilite et cetera. La premiere par tie il diuise ancores en deux parties.

En la premiere partie il demonstre comment il occpst par iuste cause vng tyrant appelé maximus. ⁋ Secondement il demonstre comment il occpst lautre tyrant nommé eugenius / Et celle seconde partie se commence ou il dit. Et lup aussi restitue etcetera / Au commencement de ce chapitre il dit que il garda sy grant foy et si grant loiaulté a gracien apres sa mort que son frere valentinien q estoit merueilseusement iofne il restitua a lempire. Et ce dit il pour ce que son frere gracien qui estoit aisné de lup nauoit que dixneuf ans quant il fut occys / et qui plus est print en son gouuernement et de fait il garda le filz de ce gracien qui estoit pupille comme se il fut son pere. Lequel sans grant difficulté il pouoit et eut peu oster de lempire se il luy eut pleu se il eut esté autant garny de couuoitise comme il estoit de charité. ⁋ Apres quant il parle de maximus lempereur vous poués et devez sauoir ql touche coment theodosius lempereur vainquit et desconfit maximus lempereur qui auoit fait occyre gracien / dont il se treuue moult largement ou ix. liure de listoire q sappelle tripertita. ⁋ Pour lentendement de laquelle matiere il est assauoir q sicõe dit orose en son septiesme liure. Apres ce que maximus eut occps gracien / il fut trop plus puissant de gens que ne fut theodosius / mais ce theodosius mettoit toute sa fiance et son esperance en dieu / et par ce se tenoit plus puissant. Or est vray que apres ce que maximus eut occps ou fait occyre gracien / il fist tenir son siege en acquilée / et vng de ses comites ou compaignons appelé andragracius menoit la guerre pour maximus lempereur / et en uoit la cherge et le gouuernement comme auoit le connestable ou mareschal de france. Et comme theodosius fut dauenture en armes en acquilée.) Ce andragracius assembla certain nauire et se cuida prendre a descouuert / Mais ce theodosius en closit auant maximus et le print et le fist

occpre sans quelconque autre resistence Julius florus dit que cellup qui loccpst auoit a nom pompinius a quop bernardus guidonis saccorde en son cathalogue des empereurs.) Et tantost que andragracius sceut celles nouuelles il se laissa cheoir dune nef ou il estoit en leaue. Et apres ce que ce maximus fut ainsi occys / et que valentinien fust restitué a lempire de ptalie pour theodosius lempereur Ce valentinien sen vint en france / et comme la il gouuernast la chose publicque paisiblement / il fut estranglé a vienne par vng sien compaignon appelé arbogastes Et aussi que len cuidast que lup mesmes se fut estranglé et quil eut esté cause de sa mort fut pendu a vng tref ainsi comme se il mesmes se fut pendu. Apres quant monseigneur saint augustin parle dun hermite appelé iehan a qui ce theodosius se conseilloit. Ce estoit iehan lermite duquel il se treuue en la vie des peres que il auoit de dieu esperit de prophecie pour anoncher les choses auenir / non pas seulement a ceulx de la cité et des prouinces enuirõ / mais aussi a theodosius anõcã mesmes les adeuinemens de ses batailles Et comme il auroit victoire des tyrans et quelles durtez il souffriroit des barbarins. ⁋ Apres quant il parle dung autre tyrant appelé eugenius. il est assauoir que selon ce que dit paulus casiniensis diaconus en sõ pii liure de listoire des romains. Apres cest que arbogastes eut estranglé ce valentinien il crea cel eugenius empereur pour en auoir tant seulement le nom. Et que cel arbogastes eut tout le gouuernement de lempire / il estoit tresuil et tresort payen et sacrifieur aux simulacres et ydoles / il estoit fort robuste courageux hardy et puissant en bataille et assembla grãt multitude de gens infinis et tant que loeul par intuicion ne les pouoit denombrer tant de romains de toscans cõme de souldoiers esclauõs sarrasins barbarins ethyopiens et qplusieurs autres q tous le seruoiẽt a souldées

Et ce fait luy et eugenius vindrent prendre le pas des montaignes par ou theodosius pouoit passer ou par ou se luy pouoit faire secours/ la encloirent theodosius tellement que il ne pouoit auoir nulz viures et il eut fain/ il se mist en oraison/ Et iassoit ce que il sentist que ses gens se delaissoient et ne cuidast pas ainsi estre enclos de ses ennemis / en soy confiant du respons que luy auoit fait ledict iehan lermitte/ il sarma et seigna du signe de la croix/ et entreprinst de les combatre supposé que nul ne voulsist suiuir tenant fermement que il vainqueroit par le respons quil auoit eu de iehan/ qui les vainqueroit. Or auint que quant vint a lassembler vng si grant vent va sourdre par la vertu de nostre seigneur de la partie de theodosius a contre ses ennemis/ que il sembloit que se arrachast a force les dars que gettoient les gens de theodosius cōtre leurs aduersaires et ceulx que les aduersaires gettoient retournoient a eulx et estoient naures et tuez de leurs dars mesmes. Et pour ce les aduersaires de theodosius furent tellement oppresses et esbahis que ilz furent tous desconfis et mors/ et a petite perte de gens de la partie de theodosius/ La fut prins et occupé eugenius/ et arbogastes se tua de sa propre main/ De ceste victoire est par le in ecclesiastica hystoria en son xiesme liure. Et en celle qui sappele tripertita/ ou noeufiesme liure. Si fait claudien en son liure qui sappelle le grant claudien/ et ce disons nous pour ce quil en fist deux Cestassauoir le grant qui se commence/ phebeo domitus phiton. Et lautre qui sappele claudien le petit qui se commence: Jumenta secuit. Et est ou chapitre du tiers consula de honorus/ et sont les vers telz/ et dit ainsi: ℣. Obruit aduersas acies reuoluta q3 tela Vertit in actores et turbine re pulit hostes. O nimium dilecte deo cui fudit ab astris. Se iouis armatus vehemens cui militat ether: Et coniurati veniunt ad classica venti.
Et ces vers signifient en brief ce que nous auons dit cy dessus en francois. Et est assauoir selon ce que dit ysidore ou huitiesme liure de ses ethimologies q̃ les cors les trompettes et les buisines qui estoiēt pour assembler les ostz/ et les gens darmes estoient appelez classica. Apres quant il parle de iupiter qui estoit mis au plus hault lieu des montaignes et des fourdres dor qui estoient de coste luy/ Il estassauoir que les poetes attribuent a iupiter la puissance de getter fourdres et tempestes. et pour ce les payens affin de vaincre leurs ennemis quant il esperoient a auoir vne grosse bataille/ ilz mettoient aux plus haultes montaignes ydole de iupiter/ a ses fourdres de coste luy qui estoient a maniere de rayes/ affin q̃ confundist et fourdroiast leurs aduersaires/ Desquelz ouide fait mencion en son premier liure de fastis/ en racontant du premier temps des rommains/ ouquel temps ilz estoient poures et ne tenoient compte dor ne dargent/ et dit en deux vers que lors iupiter auoit si petite maison que a peines y pouoit il et quil auoit ses fourdres de terre mais depuis quilz furent riches ilz ne luy pouoient faire grant temple assez ne faire assez riches fourdres/ et les luy firent premierement dargent/ et puis luy firent dor. Les vers sont telz:
Jupiter antiqua vix stabat totus in ede.
In q3 iouis dextra fictile fulmen erat.
Titus liuius en son second liure de sa seconde decade qui est la seconde bataille punicque. dit que pour impetrer ancunes choses prestes a nupte a leurs aduersaires ilz ordonnoient premierement a donner a iupiter ces fourdres dor et luy en firent cinquante. Ces fourdres estoient mis a dextre/ et quant ilz cheoient a senestre ilz tenoient que cestoit bon signe/ sicōme dit albericus ludoniensis/ pour ce que quāt ilz sōt ou ciel a dextre/ an regart de nous en regardant en hault il semble estre a senestre/ et pour ce cel arbogastes affin de cōfire theodosius et q̃ iupit le fourdroiast auoit il mis ces ydoles au pl⁹ hault de ces

montaignes τ auoit mis ses foudres do
de coste luy.) Mais dieu a la pierre de the
dosius en demōstrant que telz dieux nōt
point de puissance ouura au contraire.
Car il fist soudre le grant vent τ la grāt
tempeste du coste de theodosius qui se bou
ta es aduersaires. parquoy ilz furēt tous
mors et desconfis.) Apres celle descon
fiture ainsi faicte et que theodosius eut
eu sa victoire ainsi comme ses gens cou
roient par les mōtaignes il vousut trou
uer celle ydole de iupiter et ses foudres
dor de coste luy, si les cōmencerēt a predre
ales getter les vngz aux autres pesbate
mēt τ pieu disans que ilz vouldroiēt bien
estre foudroiez de telz foudres.) Et
quant theodosius veit que ilz seyesbatoi
ent ainsi pour la grant ioye que il eut de
sa victoire ses leur donna liberalement
Apres quāt il dit des batailles ciuiles de
cinna τ de marius. de sa cruaulte de ceulx
cy nous auons parle ou second liure sur
lexposicion du vintedeuziesme et vinte
troiziesme chapitree, et sur lexposicion
du vintseptiesme chapitre du troiziesme
liure, et ailleurs en plusieurs lieux, les
quelles ne sauoient metre fin aux batael
les ciuiles, cōbien qlz eussēt eu victoire τ
q la victoire doie faire la fi de la bataille
mais il fut tout autremēt de theodosi⁹ car
il les blasma tant et detesta que oncques
il ne esmut bataille, mais il les trou
uoit esmeus contre luy. sicomme dit pau
lus casiniensis en son douziesme liure.
Apres quant il parle des tresiustes loix
et misericors quil establit.) De ces cho
ses parle paulus casiniensis en son dou
ziesme liure quil dit que valentinien qui
fut vaillant empereur et sage, acoeullz
valent son frere a lempire et len fist com
paignon, lequel valent fut baptisie par
vng euesque herite de la secte des arriens
appele eudius.) Et pour celle doctrine
qui est contre la foy sefforca de persecuter
les crestiens, mais son frere valentinien
qui estoit bon crestien se contraignist a
soy en desister tant comme il vesquist,

Mais tantost apres que valentinien sō
frere fut mort il commenca a faire perse
cucion aux crestiens Et a acheue ce quil
auoit empense et commanda que les
moysnes sarmassent, et allassent en la
guerre, τ ceulx qui ne le vouldroient fai
re il cōmanda quilz fussent mors et tuez
par ses tribuns et cheualiers dont il en y
eut grant foison de martirisiez et par es
pecial en egypte.) Ces moysnes a propre
ment parler estoient gens conuerties en
la foy crestienne, qui sestoient mis apart
pour mener vie contemplatiue et solitai
re et pour fuyr ce siecle, τ sestoient mis en
vng desert en egypte tresgrant quantite.
ou ilz menoient celle vie solitaire. Et ce
furent ceulx que ce valent voulut quilz
deuenissent hommes darmes et courus
sent sus aux crestiens et persecutassent le
glise dont la plusgrant partie pour ce que
ilz ne voulurent estre furent martirisez
sicomme dit iulius florus en sa cronique
Ces mauuaistiez et persecucions fist ce
valent en plusieurs prouinces, τ qui plus
est en uropa plusieu:rs euesques en exil, les
quelz il rappella de puis, mais ce fut a
tard quāt il sen alla combatre contre les
gothz par lesqlz il fut naure, et fut porte
en vne petite maisō en laquelle il fut tout
ars. Et fut sicomme dit orose en son sep
tiesme liure vray iugement de dieu, car
comme ilz eussent en uropa deuers ce va
lent affin quil leur enuoyast des euesqs
pour estre introduictz a la foy crestienne
Il leur enuoya plusieurs euesques arries
Et pour ce a bonne cause fut ars com
me celluy qui estoit herite, sicomme
dit orose ou septiesme liure de son ormeste
¶ La secte de ces arriens estoit telle, si
comme dit monseigneur saint augustin
en son liure de heresibus qui sadressa ad
aliquid velle deum. Que ilz tenoient
que le pere et le filz et le sainct esperit ne
vouloient pas estre dune mesme nature
ne dune mesmes substance ou a plus ex
presseemēt parler vne mesmes essence,
qui en grec est appelle vsia. mais disoient

que le filz de dieu estoit createur et que le saint esperit estoit createur de celle creature Cestadire quil estoit cree du filz laquelle chose est contre la foy crestienne. Apres quant il dit que il cōmanda a abatre toutes les ydoles il est assauoir que sicōme il se treuue en lystore qui sappelle tripertita Ce theodosius quant il se cōmenca a esleuer contre lerreur des payens il fist clore et fermer tous leurs tēples par son general edict/mais depuis iulien lapostat en renouuelant sa mauuaistie et lerreur ancienne les refist. Pour laquelle chose ce theodosius les fist tous abatre et destruire. Aps quant il parle de sa religieuse humilite/cest vne histoire que touche hugo floriacensis en sa cronicque laquelle est telle que cōme en la cite de thessalle autrement thessalonicque fust sourse vne grant noise entre aucuns du peuple (& soumist les iuges dont il y eut plusieurs iuges tuez et lapidez par ceulx du peuple/ Et combien que a la requeste des euesqs il eust pardonne le cas/neātmoins a la sugestiō de plusieurs (& par leur importunite il cōmāda q on mist a mort les coulpables et innocens et ainsi fut fait. Or auint que a vng iour de pasques il voulut entrer en la mere eglise de milan de laquelle monseigneur saint ambroise estoit euesque/lequel eut recordaciō de la tyrānie q luy auoit faicte (& contre les promesses qui luy auoit faictes et aux autres prelatz/ fist fermer contre luy les portes de leglise au visage/& luy deffendit lentree disant quil ny entreroit ia iusques a ce qil sen fust repenty et fait penitence publicque et couenable/lequel recongnoissant son meffait commenca a plourer deuant tous et estre en telle affliction et contricion que ce fut merueilles et se offrit (& soumist a faire telle penitāce cōme mōseigneur saint ā broise luy vouldroit bailler ou cerger (& le fist/ (& pce fut recōseille/et ce dit paulus casinīesis dyaconus en substance ou pii: liure de son histoire rommaine ou premier chap dont il auint que quāt theodosius

alla a constantinoble et il veit que la procession luy vint au deuant il se reputa a vne maniere de flaterie/(& dit quil nauoit trouue euesque fors ambroise: A ce theodosius escript mōseigneur saint ambroise plusieurs belles epistres notables et moraulx lesquelles nous auons veues/ (& qui vouldra veoir ses meurs voye paulum casimensē en son pii. liure. ¶ Ou pp viii. an de son ēpire q fut le dernier ou il fut mōseigneur saint augustī esleu euesque de pponense en affricque sicomme dit bernardus guidonis. Apres quant il dit quil fault a respondre a ceulx q dient qui ne fault pas adourer les dieux ne leur faire seruice pour sa vie presente/mais pour celle a auenir. Monseigneur saint augustin demōstre quelle a este la matiere des liures precedens/et quelle intencion il a des cinq liures subsequens et fait deux choses. Car premierement il demonstre que aux liures precedens il a asses prouue son intencion. Secondement il reprēt le vain parler (& desraisonnable daucuns desquelz il dit cy apres que ilz ne desirent pas ce quil ne leur est pas eppedient/car quant il eut dit ces paroles il veult dire que ce nest pas chose eppedient de monstrer et mettre auant les choses quilz ont escriptes. Esquelles il nya quelconques verite. Et ceste seconde partie se commence ou il dit. Desquelz comme ie eusse fait les trois premiers liures. ¶ Et quant il dit que cest legiere chose a croire/il semble que cestuy qui ne se veult taire ait respondu a chascun. ¶ Il se dit pour ce que suppose que il semble a aucuns que vng iengleur ait respondu a chascun quant il parle fort/ Toutesfois ne se semblera il pas aux sages gens ne a ceulx qui consideront et ymagineront bien diligemēt ses paroles. ¶ Apres quant il parle de la satire legiere ou enuie il se dit pour ce que les satires/ Ce sont vers ou dictz qui demonstrent ceulx qui blasment generalement tous les vices daucunes personnes ne il ne leur estoit point deffendu

quilz ne peussent dire tout ce quilz vou∕
loient en leurs satires/et pour ce estoient
ces poetes qui faisoient telz oeuures appe
les satiriens ou reprehenseurs/sicomme
fut iuuenal persius et plusieurs autres
comme dit psidore ou viii. liure de ses ethi
mologies.

⁋ Cy fine le v. liure de monseignr
saint augustin de la cite de dieu.

⁋ Cy commence la table des rubrices
du vi. liure de monseigneur saint augu∕
stin de la cite de dieu, qui contiennēt vii.
chapitres.

⁋ De ceulx qui dit qui adouroient les
dieux/non pas pour ceste vie presente/
mais pour la vie pardurable a venir. i.

⁋ Quelle chose est a croire que ce philo
sophe varro ait sentu des dieux des gēs
desquelz il descouurit les lignees & les sa
crifices estre fais telz quil eut fait plus re
ueramment auecques ceulx se du tout il
seust teu diceulx. ii.

⁋ Quelle soit la particion ou diuision
des liures de ce philosophe varro lesqlz
il fist des anciennetes des choses humai
nes et diuines. iii.

⁋ Que par la disputacion de varro les
choses humaines sont trouuees p̄us an
ciēnes oeuures q̄ de ceulx qadourent les
dieux que ne soiēt les choses diuines. iiii

⁋ De trois manieres de theologie selon
varro, cestassauoir lune plaine de fables
cestadire fabuleuse, lautre naturelle,
lautre ciuile. v.

⁋ De la theologie misticque cestadire
fabuleuse ou plaines de fables, et de la ci
uile contre varro. vi.

⁋ De la similitude et concorde de theo∕
logie fabuleuse et ciuile. vii.

⁋ Des interpretacions des raisons na
turelles lesquelles les plus sages payēs
sefforcēt de mōstrer pour leurs dieux. viii

⁋ Des offices dūchascun des dieux. ix

⁋ De la franchise de senecque qui reprēt
plus efforceement la theologie ciuile que
varro ne fait la fabuleuse. x.

⁋ Quelle chose seneque sētit des iuifz. xi

⁋ Que descouuerte la vanite des dieux
des payens il ne soit point adoubter que
les dieux ne puissent donner a aucuns la
vie pardurable, lesquelz ne peurent ay∕
der a la vie temporelle. vii.

⁋ Cy fine la table du vi. liure de mō∕
seigneur saint augustin de la cite de dieu.

(De ceulx qui dient q̃ adourer ses dieux
non mie pour ceste vie presente, mais pour
la vie pardurable.   .i.

Il me semble que iaye assez
disputé aux cinq liures prece
dens contre ceulx q̃ cuidẽt
que pour le prouffit de ceste
vie mortelle. et des choses
terriennes on doye honnourer et adourer
p̃ telle ordonnance et seruitude / cestadire
p̃ape religion qui en grec est appellee la+
tria, laq̃lle est deue a vng p̃ap dieu seu+

sement / plusieurs dieux a faulx, lesquelz
la verite crestienne conuaint estre p̃oses
non prouffitables / ou ores esperis et mau
uais dyables / ou certes creatures / et non
mie createur Et qui est celluy qui ne sache
q̃ ces cinq liures ou autres de q̃lconq̃ grãt
nombre ne peuent pour certain souffire a
tresgrande folie ou obstinacion quant on
cuide q̃ icelle gloire de vanite ne donne lieu
a aucunes forces de verite en sa mauuai+
stie. Toutesfois de celluy en qui si grant
vice a seigneurie, car non pas par la mau
uaistie du medecin mais du malade sa
maladie est faicte non curable et immuable
                                            A.i.

contre toute la science du gariffant. Mais ceulx qui lisēt ces choses ou qui les ont en eulx et les considerent et auisent sans aucune/ou non mie si grant ou trop grāt oßstinacion de erreur ancienne iugerōt plus legierement que par ce nombre de cinq Volumes acomplis nous auons determine auant plus que moins plus que sa necessite dicelle qstion ne requeroit. Ne ne pour roit doubter toute lenuie laquelle les folz sefforcoient faire a sa religion crestienne des pestillēces de ceste Vie et de la douleur et mutacion des choses terriennes / non mie leurs sages dissimulans ces choses: aicois en ce quilz sōt fauourables en eulx contre leurs consciēces/lesquelz mauuaistie sourcenee tient q celle enuie ne soit Vaine et Vuide de droicte pensee et de rayson q plaine de treslegiere follie et tresmauuaise hardiesse. Doncques a present pour ce q ceulx sont aussi dorefenauant a rebouter et enseigner sicōme lordre que nous auōs promis le requiert. Lesquelz contendent q les dieux des gens lesquelz la religiō crestienne destruit doiuent estre adourez non mie pour ceste Vie/mais pour celle q est a auenir apres sa mort. Il me plaist a prēdre le commencement de ma disputacion de Vraye parole du saint pseaulme qui dit ainsi Cellup est bienneure de qui nostre seigneur dieu est lesperance/ et na pas regarde aux Vanitez et fourseneries mēterresses ou mensongables. Toutesfois en toutes les Vanitez mensongables les phizosophes sont a ouyr pluspaciāment aus quelz ont despleu ces oppiniōs et erreurs des peuples. Lesquelz peuples ont establp pdoles aux dieux/et ont faict creu moult de choses faictes et idignes de ceulx lesquelz ilz appellent les imortelz/et mesle icelles choses par eulx creues a sadoure ment et seruice diceulx dieux et aux ordōnances de leurs sacrifices. Dōcques auec ques iceulx hommes/cestassauoir les philozophes lesquelz et si nō en preschāt franchement a apptement/au moins en murmurant comment que ce soit en leurs dispputacions/lesquelz on tesmoingne quilz ont reprouue telles choses/cestassauoir faire pdoles aux dieux/pour ce nest pas desconuenablement iusques cp traictee ceste question/cestassauoir sil est chose conuenable pour la Vie laquelle est a auenir apres sa mort/adourer nō pas Vng seul dieu qui fist toute creature espirituelle et corporelle/mais plusieurs dieux lesquelz sont fais dicellup dieu et mis hautement Ce que aucuns diceulx philozophes ont sentu plus excellens et plus nobles. Toutesfois qui est cellup qui seuffre quoy dye et debate que iceulx dieux donnent Vie pdurable a quelconques psonnes. Desqlz dieux iap ramenteu aucuns ou quart siure/auxquelz singulierement offices singuliers de petites choses sont distribuees et commises. Ou ces tressages hommes et tresagus q pour grans beneficies se glorifient auoir enseigne les choses escriptes a ce que on sceust pourquoy on deust supplier a Vng chascun dieu. quelle chose on deust demander a chascun/ affin que par tressaide absurdite/laqlle sceut estre faicte en Vng menestrel ou iengleur par maniere de ienglerie/on ne demandast care a ce dieu appele liber /et aux nimphes du Vin. Ces tressages hōmes serōt aucteurs a chascū des hōmes/suppliās aux dieux immortelz/tellement que quant aucuns deulx aura demāde du Vin a ces deesses appellees nimphes/et ilz lup ont respondu/nous auons leaue/demande le a ce dieu liber q icellup suppliant puisse droicturierement dire a ces deesses. Se Vous nauez le Vin au moins donnez mop Vie pdurable.) Quelle est plus monstrueuse que ceste absurdite/ ne sont pas celles delles riantes /et selles nont affection de deceuoir comme les dyables/car elles sōt assez enclines a rire de legier /elles respondront de legier au suppliant ce qui sēsuyt O tu homme cuides tu que nous ayōs la Vie en puissance/lesquelles tu oys nō auoir la Vigne en puissance. Doncques Vient il de folie treshonteuse de demander ou esperer la vie pardurable de telz dieux lesquelz on afferme deffendre si singulieres parties de ceste vie tresbriefue et plaine de tant de miseres que suppose que aucunes choses appartiennent a icelle vie administrer et fournir que se on demande celle chose laquelle est soubz la garde et puissance de lun diceulx dieux a lautre. Cest la chose si inconueniente et si mal afferant quelle semble estre tressemblable a lecherie ou sa dure ennemie/laqlle chose quant les iengleurs qui se sçauent le font ou theatre ou on rit et a bon droit. Mais quant elle est faicte des folz non sachans ilz en sont mocquez plus dignement en ce monde. Il est doncques subtillement trouve des sages et recommande en memoire au quel dieu et a quelle deesse et pour quelle chose on supplie tant cōe il appartient a iceulx dieux/lesquelz les citez establirent et ordonnerent/sicomme quelle chose on doit supplier au dieu appelle Liber/quelle chose aux deesses appellees nimphes/quelle chose au dieu appelle Vulcanus/et aisi des autres lesquelz iay ramenteuz en ptie ou quart liure/et partie ou il ma semble bon iay teu. Toutesfois se cest erreur de demander vin de celle deesse appellee ceres/et pain de ce dieu appelle liber/eaue de ce dieu appelle Vulcanus/et feu de ces deesses appellees nimphes. Com plus grant follie et fourcennerie doit estre entēdue se aucuns diceulx dieux on supplie pour la vie pardurable. pour laquelle chose quāt nous faisons question du royaume terrien/cest assauoir lesquelz dieux ou deesses on doie croire quilz aient pouuoir de donner a hōmes icelluy royaume terrien. Toutes choses discuttees il est monstre que cest chose moult estrāge de verite les royaumes terriens estre ainsi comme establis a tout le mois de quelcōnqs de ces plusieurs dieux et faulx/ne vient il pas de tresforcennee mauuaistie: Se on croit que la vie pardurable puist estre donnee de quelconques de ces dieux/laquelle sans aucune doubte ou cōparaison est a preferer a tous royaumes terriens: Ne pource ne doit on pas q telz dieux napent pas le pouoir de donner le royaume terrien/pour ce quilz sōt grās et si haulx/et ce royaume si petit et despit que eulx constituez en si grāt hautesse ne daingnassent auoir ne tenir compte de chose si petite ne si basse/mais se en quelq maniere aucun par sa cōsideracion de humaine fragilite desprise et a bon droit les hautesses trebuchans de ce royaume terrien/Iceulx dieux se sont apparus telz que ilz ont este veus tresindignes a ce que ces choses/cestassauoir terriennes leur deussent estre commises ou baillees et gardees. Et par ce se aucun dieu de celle multitude ou cōmune des dieux petis ou plebeyes ou de la cōmunaute des dieux plus principaulx et plus auctorisez nest conuenable chose dōner aux hommes mortelz les royaumes mortelz/sicomme les choses precedentes traictees aux deux prochains liures ont enseigne de combien moins peut ung de ces dieux faire hōmes immortelz de mortelz. ¶ A cecy vient ou sensuyt. Cestassauoir q se oreendroit nous auons a faire auecques ceulx qui cuident que ses dieux doiuent estre adourez/non pas pour ceste vie/mais pour celle laquelle est auenir apres sa mort. Ilz ne sōt pas du tout a estre adourez au moins pour icelles choses lesquelles non pas p rayson de verite. mais par oppinion de vanite sont ottroyees aīsi comme de parties et propres a sa puissāce de telz/sicomme iceulx croient qui contendent que adourer iceulx dieux est chose necessaire pour le prouffit de ceste mortelle vie/cōtre lesquelz iay assez dispute tāt comme iay peu aux cinq liures precedens. Lesquelles choses comme elles soient aīsi se laage de ceulx qui adouroient la deesse appellee iuuenta flourisist plusnoblement/et ceulx qui la desprisoient mourussent dedēs ses ans de ionesse ou refroidassent en icelle ionesse comme en corps ācien ¶ Aussi se celle deesse appelle fortune barbue vestit plusbeau et plusioyeusemēt les iosnes qui la adourent/Et veissons ceulx

A.ii.

desq̃lz elle est despitee sans barbe ou mal barbez/mesmes ancores se nous disons tresdroitturierement icelles deesses chascune par soy estre aucunement limitees/ et iusques a ores pouoir vser de leurs offices. Et par ce ne dirions nous pas que la vie pardurable ne deuroit pas estre demãdee de celle deesse appellee iuuenta/laq̃lle ne donneroit pas barbe/ne aussi esperer aucune chose de bien apres ceste vie. De ceste deesse appellee fortũe barbee de laquelle la puissance seroit nulle en ceste vie a ce q̃ au moins elle donnast ce mesme aage/le quel est vestu de barbe. Mais orendroit comme sadourement dicelles ne soit pas necessaire ne/pour icelles mesmes choses lesquelles ilz cuident estre subgectes a elles/car plusieurs qui adourent icelle deesse appellee iuuenta/nont pas eu vigueur en cel aage/cestassauoir de ionesse/et plusieurs qui ne lont point adouree ioissẽt de force de ionesse. Et de rechief plusieurs qui ont supplie a celle deesse appellee fortune barbue/nont peu auenir a aucune barbe neiz saide/et se aucuns sõnourent pour impetrer barbe sont mocquez des barbus qui sa desprisent Ne rassotte pas en quelle maniere cueur humain quil croye sadourement des dieux estre fructueux pour sa vie pardurable/desquelz il congnoist la dourement estre vain et plain de mocquerie pour ces mesmes temps et pour iceulx dons qui tantost passent/ausquelz dons iceulx sont tesmoingnez auoir seigneurie Cestassauoir singulierement chascun au sien Et ceulx nont ose dire q̃ iceulx dieux apent pouoir de donner icelle vie pardurable lesquelz ont attribue a iceulx dieux a ce q̃lz fussent adourez des peuples folz Cestassauoir ces oeuures temporelles/ mesmement diuisees pour ce quilz cuiderent iceulx dieux estre en trop grant nombre que aucun deulx ne demourast oyseux

Opposicion sur ce chapitre.

Cy cõmence le vi. liure ouq̃sse cõmence vng nouueau traicte des dieux. ou cõtre leurs dieux/car aux cinq liures precedens monseigneur saint augustin appreuue que le seruice quon fait a plusieurs dieux neprouffite point a la prosperite ou bienneurete de la vie presente/mais en ces cinq liures subsequens il demonstre q̃ aussi ne prouffite il point au temps de la vie auenir. A lentendement toutesfois du proces que monseigneur saint augustin garde en ces cinq liures. Il est assauoir quil est double diuision des dieux. Lune laquelle il met cy dessus ou vingtseptiesme chapitre du quart liure.de laquelle leuesque scenola est aucteur qui dit quil est vne maniere de dieux baillez par les poetes/lautre des princes de la cite/et lautre des philozophes/et selon ce il est triple theologie/cest assauoir la poeticque/la ciuille/et la physicque/cestadire la naturelle/laquelle diuision est ainsi de varro sicomme il apperra par le cinquiesme chapitre de ce liure. Monseigneur saint augustin dispute premierement contre la theologie poeticque: et secondement cõtre la theologie naturelle/et ce fait il ou viii. liure La seconde diuision ou distinction des dieux est quil en ya aucũs q̃ sont dictz et appellez dieux plebeyens/cestadire du peuple/pour ce q̃ ilz sõt de plus bas ordre. Les autres q̃ sõt appellez dieux barons ou plusgrãs ou selecti/cestadire seorsum electi qui vault autant comme esleus a part/pour ce que ilz sont de plus hault degre/et de plus grãt souuerainete. Et ceste diuisiõ appert ou huitresme liure/et ou neufiesme chapitre du quart liure. Premierement donques en sa principale intencion il dispute contre les dieux plebeyens. Secondement il dispute contre les dieux de plushault degre qui sont appellez selecti/et ce fait il ou septiesme. Ce sixiesme liure contient douze chapitres/ou premier desquelz il fait deux choses: Premierement il met aucunes choses au deuant ainsi comme par maniere de prologue. Secondement il poursuyt son pri cipal traicte et intention. Et celle seconde partie se commence ou il dit. ¶ Toutesfois qui est ce qui seuffre que on ope. &c. En ceste premiere ptie qui est reputee pour prologue il fait deux choses.] Premierement il recite les choses qui ont este dictes et faictes aux precedens liures. Et monstre quil a este suffisamment demonstre, et plus par auenture que besoing ne fust contre ceulx qui mirent ou tindrent que on deuoit adourer plusieurs dieux pour acquerre sa bienneurete de ceste presente vie. Mais que toutesfois ceulx contre lesquelz il a dispute veullent obeyr et acquiescer a rayson, et quilz ne veullent pas estre obstinez. Et en la seconde partie qui se commence ou il dit. Doncques a present pour ce que ceulx qui sont aussi doresenauant a rebouter. &c. Il demonstre ce qui reste et demeure a faire ou traicte subsequent:] Et ausquelz il doit commencer, et auecques lesquelz il pourra plus legierement demener son traicte, cestassauoir auecques les philosophes, pour ce que ce sont ceulx qui voient et scaiuent aucune chose de verite. Lesquelz suppose quilz nosent publicquement reprouuer lerreur du peuple, toutesfois demonstrent ilz par quelle maniere q ceste erreur leur desplaist. ¶ Apres quant il dit Qui est cellup qui seuffre quon die &c. Monseigneur saint augustin comme cecy a poursupir son intention principale de ce liure, Et entent a prouuer que ces dieux plebeyens ou du peuple ne peuent ottroyer la bieneurete de sa vie pardurable, desquelz dieux moult de choses ont este dictes ou quart liure en plusieurs chapitres. Et par especial aux viii. xi. xxi. xxiii. et xxiiii. chapitres. Et preuue monseigneur saint augustin ou demourant de ce chapitre son intencion. Premierement p les dictz de varro, lequel sicomme il appt par le vingtdeuxiesme chapitre du quart liure distribue tellement a chascun dieu singulierement son office que cest mocquerie et derision de demander du vin aux nim

phes qui sont deesses des eaues tant seulement. Et ainsi ces choses semblent estre dignes de mocqueries ainsi comme les parolles que les iengleurs dient ou theatre qui sont contraires a repugnantes, affin quelles facent les gens rire. Et doncques se ces nimphes nont ne vin ne vigne, mais soit le vin en la puissance de liber qui est le dieu du vin, et pour ce est appelle bachus lequel toutesfois ne peut point donner de eaue. Il nest pas vray semblable que telz dieux qui ont telle puissance si estroitte et si limitee puissent donner sa vie pardurable. Et pour ce monseigneur saint augustin quant il dit cy en son chapitre. Ou ces tressages hommes et tressagus. &c. Il se dit pour varro qui est si grandement recommande de sens et de prudence sicomme il appt ou chapitre subsequent. ¶ Apres quant il dit que les niphes sont de legier esmeues a rire et a eulx mocquer, il se dit pour ce q ses payens tenoict que ces niphes estoient deesses. Et toutesfois en verite cestoient dyables qui de nupt se mocquoient des gens et les faisoient fouruoier en leur chemin. Et quant homme peut cheoir en une fosse ou quil y auient aucune meschance, ilz saillent, et se vont mocquant et riant de lup. ¶ Apres quant il dit. Car se on voit que telz dieux. &c. Il reboute une response que on pourroit faire a largument quil a ia fait, cestassauoir quil appartient a la mageste des dieux plus grant chose que le royaume temporel. Mais monseignr saint augustin monstre le contraire en disant, que iassoit ce que ce soit vray que ces haultesses du royaume temporel soient a despriser comme petites choses. Toutesfois ne sont pas ces dieux si dignes que les puissances de ces royaumes terriens leur soient commises.] Apres quant il parle des dieux plebeyens et des dieux barons Nous auons parle des dieux plebeyens cy dessus ou quart liure ou huitiesme chapitre. Et des plus grans dieux quil appelle les barons ou neufiesme chap. dicellup

A.iii.

siure. ⸿Apres quant il dit. A cecy diēt ou fensupt. ꝛc. Monseigneur saint augusti pieuue ā tiercement son ītenciō/et fait vne telle rayson On dispute de present se dist il contre ceulx qui dient que on doit adourer plusieurs dieux pour les biens qui sōt auenir apꝛes ceste vie/et non pas pour la vie pꝛesēte/pour ce que cecy a este assez disputé aux v. liures pꝛecedēs. Toutesfois pꝛenons quil soit ainsi comme dict ceulx Les dictz desquelz nous auons reprouué en iceulx liures/cestassauoir que chascun dieu puist faire son office. Et tassauoir ꝗ la deesse iuuenta puist donner force aux iosnes hommes. Et fortune barbue donner ses barbes/pour ce que cest son office: ia pour ce ne peuent ilz donner la vie par durable. ne aucun bien en la vie auenir ou il nya ne ionesse ne barbe.) Par plusforte rayson puis quilz ne peuēt accōplir leurs offices/sicomme il appert de ceulx ꝗ les adourēt qui ne reputtent point ces choses estre plus en la puissance des dieux quilz adourent que sont ceulx qui ne les adourent point. Jlz ne doiuent point estre adourez en quelque maniere pour la vie auenir Car fortune barbue ne fait pas venir la barbe aux ioues de ceulx qui ladourent/ ne ne fait estre sans barbe ceulx qui ne las dourent.

⸿ Quelle chose est a croire que ce philozophe varro ait sentu des dieux des gēs desquelz il descouurit les lignees et les sacrifices estre telz quil eust fait plusreueramment auecques eulx se du tout il se fust teu deulx. .ii.

Di est cellup qui encquist plus curieusement/qui trouua plus sagement/qui considera pluse tentiuement/qui distingua plus subtillement/qui escript plus diligamment et plus plainement les choses dessusdictes ꝗ fist ce philozophe appellé marcus varro. Lesquel suppose quil soit moins deulx en par ser/toutesfois ⸿ il si plaist de doctrine ⸿ de sentences que en toute sa doctrine/laquelle nous appellons seculiere/et les autres lappellent liberale. Cestup varro enseigne autant cellup qui estudie aux choses comme ce philozophe appelle cicero delicte cestadire gloꝛifie cellup qui estudie en parolles: ⸿ Certes icellup tulles porte tel tesmoignage a varro quil dit aux liures qui sont appellez achademiens quil a eu celle disputacion/laquelle est issue demesnee auecques icellup varro. Homme dist il treslegier tresagu et tressubtil de tous ⸿ tresenseigne sans aucune doubte. ⸿ Il ne dit pas treseloquent ou tresbeau parlant. pour ce que en verite il estoit moult disparrit a tulle en ceste science/cestassauoir de beau parler/mais il dit de legier tresagu: Et en iceulx liures/cestassauoir achade micques ausquelz icellup tullius contēd toutes choses estre doubteuses. Il adiousta en parlant de cellup varro ces motz/ Et tresenseigne distil sans aucune doubtance. Certainement il estoit si certain de cestechose quil osta la doubte laquelle il sceut adiouster en toutes choses/ainsi cōme celup qui auoit a disputer de ceste seule chose pour la doubtance des achademicques eust oublié soy estre achademicque ⸗

Mais comme il pꝛeschast ou pꝛemier liure ses oeuures des escriptures dicellup varro, il dit ces parolles Ces liures dit il nous ont ramenez ainsi comme en nostre maison qui estions pelerins et errans comme hostes en mere cite/aussi que nous peussons aucunesfois cōgnoistre ꝗ nous estions et en quel lieu nous estions. Tu as ouuert et desclaire laage du pays sa descripcion des temps. Les dꝛois des sacrifices/les dꝛois des pꝛestres. la discipline pꝛi uee/la discipline publicq. Tu as ouuert et de faire les lignages/les offices/les causes des sages/des regions/des lieux et de toutes les choses diuines et humaines. Cest homme doncques/cest assauoir Varro si noble et de si expellente sapience/& ce que dit de luy briefment terence en vng petit vers tresauctorisiez. Varro dit il ce tressage homme de toute part qui tant de choses a leu que nous nous esmerueillons de ce que il na riens laissie de ce qui est a escripre que il nait escript. Et qui a escript tant de choses que nous ne creons pas quelque homme puisse auoir leu tant de choses. De cest homme dy ie si grant engin & si grant en doctrine fust auersaire et destruiseur des choses, desquelles il a escript comme diuines et les dist appartenir/non pas a religion/ mais a supersticion. Je ne scay quil escripuoit en ces liures tant de choses pour estre mocquees desppitees et reprouuees/mais comme il eust adoure iceulx mesmes dieux/ & ayt tenu que on doie adourer en telle maniere que il dist/en icelle mesmes oeuure de ces escriptures ql se double que iceulx dieux ne perissent, non pas par assaulx denemis/mais par la negligence des citoyens Laquelle negligence ainsi comme ruine il dist iceulx dieux estre deliurez par soy et estre repos et gardez par ses liures en la memore des bons par plusproffitable cure & diligence que metellus ne garda de embrasement les ydoles du temple de celle deesse Vesta/ne que eneas ne desiura les dieux priuez de la destructiō de troye quāt elle fut prise et arse. Et toutesfois icelluy Varro met auant aux peuples icelles choses pour estre sceues/lesquelles a bon droit sont iugees des sages et des folz quelles doiuent estre reboutees & iugees treseuuidmees a la Verite de religiō quelle chose deuons nous cuider fois ce tressage & tresappert homme/ non pas toutesfois franc p le saint esperit auoir este constraint a ce p la coustume et par les loix de sa cite: Et que toutesfois il ne voulut taire les cho-

ses par lesquelles il estoit esmeu soubz lespece de recommander sa religion.

¶ Exposicion sur ce chapitre.

En ce second chapitre monseigneur saint augustin de com grant aucorite/marcus Varro fut entre les clers rommains qui firent et escriprent liures. affin que par ce il appere que non pas sās cause on lameine a tesmoingnage contre les rōmains q adourent plusieurs dieux Et que sil peust destruire sa sentence & abatre son oppinion/il destruira les seruices et sacrifices que les rommains font a plusieurs dieux. Ce marcus Varro selon eusebe fut ou temps de lempereur auguste car il fut mort ou xxv. an de son empire. en saage de pres de quatrevingte et dix ās pourquoy il appert que aussi viuoit il ou temps de iulius cesar/& ou temps des batailles ciuilles/et par consequent que luy et tulle que on appelle cicero furēt en vng mesmes temps. ¶ En ce chapitre monseigneur saint augustin fait deux choses. Premierement il demoustre de com grant auctorite fut ce Varro. Secondemēt il mōstre par quoy on peut congnoistre que il sentit mauuaisement des dieux. Et ceste seconde partie se commence ou il dit: Cest homme doncques/cest assauoir Varro.&c. ¶ La premiere partie il preuue par les dis de tulle et de terence/car tulle en sō liure de achademicis questionibus recommande merueilleusemēt ce Varro/ lequel tulle fist trois liures de ses questions qui sappellent de achademicis questionibus. Ou commencement desquelz il dit de Varro ce que monseigneur saint augustin allegue cy. ¶ Apres quāt il parle des liures achademiens il recommande cy sa parolles de tulle quil dit de Varro/ car tulle tit sa doctrine de Varro des achademiens lesquelz tiennēt quil nest nulle certainete de quelque chose/et toutesfois en parlant de ce Barro il le recommande de toute sa certaineté quant il dit que sans nulle doubte il est homme tresenseigné/et ainsi semble que tulle soit contraire a sa propre oppinion. Apres quant il parle du premier liure de tulle sur la recommandacion de Barro. Lintencion des choses que dit tulles se demonstre par ce que monseigneur saint augustin dit ou chapitre subsequent ouql il raconte le nombre des liures de Barro.

Apres quant il dit, Est homme doncques, cestassauoir Barro. ⁊c. Monseignr saint augustin demonstre comment on peut conuaincre Barro & congnoistre quil ait mal sentu des dieux des rommains. Et dit que ce ne peut estre premierement congneu par ce quil escript moult de choses de ces dieux qui sont a despiter et a blasmer Et toutesfois nest il pas vray semblable que si grant et si sage homme ne tenist en son cueur q̃ ces choses pouoient estre vrayes Car il dist quil se doubtoit que les dieux ne perissent et cheissent tous hors de la memore des hommes/et pour ce escript il & fist escripre des liures/affin que la memore en demourast deuers les bonnes persones/et dit que ce fut plus prouffitable chose que ce que metellus et eneas firent quant ilz osterent les dieux du feu Et toutesfois bailla il ses liures des dieux a lire/ne ne les muca pas/sicõme les autres q̃ auiserent plusieurs sacrifices q̃ se faisoient ailleurs secretement. Mais publia les choses qui par le iugement de tous saiges sont grandement contraires a vraye religion. ⁊ pour ce sẽble il quil nestoit licite autrement bailler ne exprimer ce quil sentoit des dieux/pour sa loy et coustume des citoiens soubz la couleur de recommander religion. Il exprima de ces dieux ce a quoy les choses q̃ se mouuoient a sentir mauuaisement deulx

Quant est de metellus qui osta lydole de Veste du feu/nous en auons parle sur le dixhuitiesme chapitre du tiers liure/et quant est de enee comment il osta les dieux du feu quãt troye fut arse/nous en auons parle sur le tiers chapitre du premier liure

Quelle soit la particion ou diuision des liures de ce philozophe Barro lesq̃lz il fist des anciennetez des choses humaines et diuines. .iii.

Icelluy Barro escript plusieurs liures danciennetez, et les deuisa des choses humaines et diuines/et en donna vingtcinq aux choses humaines et ꝑvi. aux choses diuines. En ensuiuant ceste rayson en celle diuisiõ. affin quil les dõnast six et six en quatre parties des choses humaines qui sont xxiiii. Car il entend a monstrer que ceulx qui facet ou ilz facent quant ilz facent quelle chose ilz facent/dont en six premiers liures il escript des hommes, aux six secõdz il escript des lieux/aux vi. tiers il escript des temps/ et aux six quars derreniers il escript des choses absolues. Et quatre fois vi. font xxiiii./mais il en mist ung singulierement au commencement, lequel parla auant de tous communement.) Par celle mesmes maniere garda il vne mesme fourme de diuision aux choses diuines tant comme il appartient aux choses lesquelles sont a estre faictes aux dieux/ Car sacrifices leur sont offers des hommes en lieux et en temps.) Icelluy Barro a compris en liures triseaulx/cestadire fais trois et trois ses quatre choses que iay dictes/cestassauoir hommes lieux temps ⁊ sacrifices. Car il escript les trois premiers liures/cestadire de ꝑvi. dessusdis des hommes/les .iiii. ensuiuans les troisiesmes des temps/et les trois quatriesmes des sacrifices. En recommandant icy pour certain par tres briefue et subtille distiction/qui sont ceulx qui offrent quãt ilz offrent et qlque chose ilz offrent. Mais pour ce quil conuenoit dire ⁊ ce mesmement il estoit reqs a qlz ilz offrẽt/pour ce script il les trois derreniers

liures diceulx lieux, a ce q̃ troisfois cīq̃ fiſ
ſet p̃ƀ. Mais iceulx tous ſõt p̃ƀi. ſicõme
nous auons dit, car il en miſt ƀng ſingu
lier au cõmencement de ceulx cy, ceſtaſſa
uoir de ces p̃li. lequel p̃a auant de tous cõ
munement. ſeq̃l liure p̃fait icelluy Varro
enſupuãment ſubdiuiſa ſes trois liures
precedens de ceſſe diſtribucion, ptie en ƀ. leſ
q̃lles apptiennent aux hõmes, ceſtaſſa
uoir en ceſſe maniere q̃ le premier ſoit des
eueſq̃s, le ſecond des augures, et le tiers
des hommes des ſacrifices.) Les trois ſe
condz appartenãs aux lieux il diuiſa en
telle maniere q̃ en ſun deulx il p̃a des pe
tis tẽples ou chapelles, en lautre des mai
ſons ſainctes ou ſacrees. Et ou tiers des
lieux religieux, mais les trois q̃ enſuiuẽt
ceulx cy et leſq̃lz appartiennẽt au temps
Ceſtadire aux iours de feſtes il diuiſa en
telle maniere q̃ l fiſt l'un deulx des feſtes
ou foiries, lautre des ieux appellez circẽ
ſes, et le tiers des ieux ſcenicques.) Des
trois quatrieſmes appartenans aux ſacri
fices il donna a ſun les conſecracions, a
lautre les ſacrifices priuez, a lautre les ſa
crifices publicques. Aux trois liures qua
trieſmes qui demeurent, iceulx dieux en
ſuiuent ainſi cõe ceſte põpe de ſeruice ou de
reuerence. Auſquelz dieux tout ce ſeruice
ſacrifice eſt dõne, ceſtaſſauoir ou premier
liure des dieux certaiz̃, ou ſecõd des dieux
non certains, ou tiers derrenier, de tous
les dieux principaulx qui ſont eſſeuz a pt
En toute ceſte treſbelle et treſſubtille or
dre et diſtinction il appert treſlegierement
a chaſcun homme qui ne ſera a ſoy ẽnem
y cueur obſtine par les choſes que nous a
uons ia dictes, et leſquelles nous dirons
cy apres q̃ on q̃rt pour neant ƀie pardura
ble, et q̃ on leſpere ou deſire treſhonteuſe
ment Car ces eſtabliſſemẽs ſõt ou de hõ
mes ou de dyables, non pas ſi cõe ilz appe
ſent ces dyables bons, mais a ce que ie py
ſe plus appertement oz eſperis et ſans q̃l
que contradiction mauuais, leſquelz par
enuie merueilleuſe ſẽbatent occultement

aux penſees des mauuais, (t aucuneſfois
appertement en leurs ſens, et cõfermẽt p
teſmoingnage deceuable de quãq̃ ilz peu
ent les oppinions nuiſibles leſquelles lẽ
uie humaie de plus en plus ſoit faicte Vai
ne et Vuide, et par leſq̃lles elle puiſt eſtre
non cõuenable a ſoy aherdre a la Verite in
conuenable z pardurable.) Mais ceſtuy
Varro teſmoigne quil a eſcript des choſes
humaines premierement et des choſes di
uines apres pour ce q̃ les citez furent auãt
et puis ces choſes furẽt eſtablies des citez
Certes Vraye religion neſt pas eſtablye
de quelque cite terrienne, mais elle a p̃ai
nement eſtably ſa ſaincte cyte. (Et iceſte
Vraye religion inſpire et enſeigne le Vray
dieu donneur de Vie pardurable a ceulx q̃
ladourent Vrayment.

Eppoſicion ſur ce chapitre.

En ce tiers chapitre monſeigñr ſaint
auguſtin argue des liures de Var
ro cõtre le ſacrifice ou ſeruice fait a pluſi
eurs dieux. Et fait monſeigñr ſait augu
ſti ii. choſes en ce chap premierement il bail
le lordre de nõbre et de diſtiction des liures
de Varro. Secõdement il argue cõtre ſes
dieux p lordre et p ſa cauſe de lordre de ces
liures. Et ceſte ſeconde partie ſe cõmence
ou il dit. En toute ceſte ordre. zc. Quant
a ſa premiere ptie monſeigñr ſaint augu
ſtin dit que Varro eſcript p̃li. liures. Aux
xxƀ. deſq̃lz il traicta des choſes humai
nes Et eſt le premier diceulx xxƀ. liures
ainſi cõe ƀng proheme ou prologue, z les
xxiiii. il deuiſe p quatre fois ƀi. ſelon les
quatre manieres dõt il traicte Et des cho
ſes diuines il eſcript aps xƀi. liures, deſ
qlz xƀi. le premier eſt aiſi cõe ƀng prolo
gue Et les quize il deuiſe ſelon ſes ƀ. ma
nieres dõt il a pſe trois liures qui ſõt xƀ.
Apres quant il dit des quinze hõmes
q̃ eſtoiẽt ſur les choſes religieuſes, ceulx
cy auoiẽt la cure eſpeciale z la garde, z ſami
niſtraciõ des choſes ſacrees, ſi cõe reſpõs

des lieux repos ou on alloit querre les responses des dieux, et aussi les liures de sebile ausquelz on alloit quant on vouloit auoir conseil daucune besongne. Dont agelius dit en son premier liure de noctibus acticis que quant on vouloit auoir aucun conseil des dieux ou aucuns respons, on alloit aux liures de sebile pour en auoir responses tout ainsi que on faisoit a leur ydoles ou a leurs dieux. Apres quant il parle des petis temples et des maisons sacrees. Il est assauoir quil y auoit difference entre ces petis temples et les maisons sacrees tout ainsi comme il y a difference entre les chapelles qui seruent a aucun hostel ou a aucune famille, et les eglises communes. Car en ces petites chapelles quil appelle sacellum, on adouroit les dieux priuez q̄ sont dictz en latin penates, lesquelz vng chascun eslisoit selon sa deuocion. Dont trebacius ou second liure de regionibus, dit que sacellum est vng petit lieu auecques vng are consacree a vng dieu. Mais aux maisons sacrees estoient les lieux ausq̄lz les dieux estoient adourez publicquement. Et les lieux religieux si estoient et sont, ou sont les sepulchres, cestadire les corps enterrez, suppose quil ny ait chapelle ne monstier, sicomme il appert en institute ou tiltre de rerum diuisione. Apres quant il dit quil bailla a lun les consecracions et a lautre les sainctes choses priuees, il se dit pour ce que consecracion est vng fait q̄ appartient au prestre quant on consacre aucune chose. Mais les choses sacrees fussēt publicques ou priuees estoient dictes celles qui appartenoient aux seruices des dieux communs ou priuez, sicomme les liures des vestemens ou aournemens de leurs dieux ou ydoles leurs ydoles leurs sacrifices, et telles choses semblables. Apres quant il parle des dieux certains et non certains. Il est assauoir q̄l appelle les dieux certains ceulx qui auoient certain office ou seruice, et desquelz aussi leur naissance et leur institucion estoient certains par lois

dre des plebeyens, car Varro distingue et fait distinction deulx contre les souerais dieux. Les dieux incertais estoient ceulx desquelz loffice ou institucion estoient incertaines, sicomme il appra ou xviii. chapitre du septiesme liure. Apres quant il dit. En toute ceste tresbelle et tressubtile ordre, &c. Il sadresse contre les rommais et demonstre que nul homme ne peut esperer sa vie pardurable de nul de ces dieux desquelz Varro fait diuision et distinction Et la rayson si est pour ce quilz sont institues et ordonnez ou par les hommes ou par les dyables mauuais. Et est assauoir que demon en grec selon ysidore ou viii. liure des ethimologies vault autant a dire comme sage et eppert des choses a auenir, et faisoient distinction les anciens rommains et les grecz entre calodemones et cacodemones, car ilz disoient que les calo demones estoient bons, et que les caco demones estoient mauuais ainsi die de cacoz en grec qui vault autant a dire en soy comme mal, et calo en grec vault autāt come bōy en latin. Mais touteffois nous tenons et les calodemones et les dyables tout vng, et tenons quilz sont tous mauuais, et de ce pourra len veoir en lactence de vera et falsa religione ou second liure.

¶ Que par la disputacion de Varro les choses humaines sont trouuees plus anciennes enuers ceulx q̄ adourēt les dieux que ne sont les choses diuines. .iiii.

La rayson doncques de Varro qui confesse quil a escript premierement des choses humaines, et apres des choses diuines pour ce q̄ les choses humaines sōt establies des hōmes, est ceste.

Le paintre sicōmune il dit est auant la table painte, et le macon auāt que sedifice. Aussi les citez sont auant que les choses qui sont establies des citez. Mais il dit ql̄ eust auant escripsist des dieux et puis des hōmes sil escripsist de toute la nature des dieux, aīsi comme sil escriue daucune nature des dieux et non pas de toute, ou certes de nulle, iassoit ce que toute nature des dieux ne doyve pas estre premiere que celle des hommes. ¶ Quelle chose est ce que Varro en ordonnant diligamment en ces trois derreniers liures, ses dieux certaīs non certains et superessleuz ne semble pas trespasser ou laisser aucune nature des dieux. ¶ Questce doncques quil dit, se nous escripsions dit il de toute la nature des des dieux et des hommes, nous eussions aincois parfait les choses diuines, que nous eussons emprins les choses humaines. Car ou il escript de toute sa nature des dieux ou daucune, ou de nulle entierement. Sil escript de toute certes elle est a mettre auant les choses humaines, ou nest pas aucune partie des dieux digne destre mise auant toute nature des hommes. Et ce est assez conuenable que aucune partie diuine soit mise auāt les choses humaines au moins est ycelle partie digne destre mise et posee auant les choses humaines. ¶ Quelle merueille, il escript les choses humaines, non pas tāt comme il en appartiēt a tout le monde. Mais tāt comme il en appartient a rōme seulemēt. Lesquelz liures toutesfois il dit que en sordre descripre il les a mis a son droit auāt les liures des choses diuines, sicomme il a mis le paintre auant la table painte, ou le feure ou le macon auant sedifice. En cōfessant tresappertement que aussi ces choses diuines sont establies et faictes des hōmes, sicomme la paiture et sicomme ledifiement. ¶ Et par ce il sensuyt que on entend ql̄ a escript de nulle nature des dieux et quil na pas voulu ce dire appertement mais quil la laisse a ceulx qui sentendent

Car ou on dit non pas toute, on entend ȳ vsage aucune. ¶ Mais aussi peut on entēdre quelle soit nulle, pour ce que celle q̄ est nulle, nest aucune ne toute. Car sicōme il dit, se ce fust toute la nature des dieux de laquelle il escripsist, elle fust a mettre auant les choses humaines par ordre de escripre: Mais se elle ne fust pas ancores toute, mais que au moins elle fust aucune, si seroit elle pour certain a mettre auāt les choses humaines, supposeque Varro sen taise, sicomme Verite se crye. ¶ Mais icelle nature des dieux est mise apres les choses rommaines doncques est elle nulle. ¶ Icelluy Varro ne veult pas doncq̄s mettre auant les choses humaines aux choses diuines. Mais il veult mettre auāt les choses faulses auant les vrayes, car aux choses lesq̄lles il a escriptes des choses humaines, il ensuyuit listore des choses qui ont este faictes, mais cellses que il a escriptes des choses quil appelle diuines, quelle chose est ce fors les oppinions des choses vaines. ¶ Ce nest pas merueilles ce quil veult monstrer soubz telle signification pourquoy il auoit ce fait. Non pas seulement en esciuant des choses diuines aps les humaines, mais aussi en rendant rayson pourquoy il fait fait laquelle chose sil eust teue, son fait eust este deffendu dautres autrement par auenture Mais en icelle rayson laquelle il rēdit, il ne laissa aux autre voulēte de souspicionner aucune chose, et prouua assez quil auoit mis les hommes auāt les choses establies des hommes, et non pas la nature des hommes a la nature des dieux. Ainsi il a confesse quil a escript les liures des choses diuines, non pas de la verite qui appartient a nature. Mais la faulsete laquelle appartient a erreur, laquelle chose il mist pl'us appertement ailleurs sicomme nous lauōs ramenteu ou quart liure. Cestassauoir quant il dit que de la fourme de la nature des dieux, ¶ Il eust mis par escript se il feist nouuelle cite.

Mais pour ce quil la trouuoit ia vielle et ancienne/il dist quil nauoit peu ensuiuir fors la coustume dicelle.

⁋ Expoſicion ſur ce chapitre.

En ce quatrieſme chapitre monſeigneur ſaint auguſtin conferme ce quil a dit cy deſſus pour conuaincre lintẽcion de Barro/ceſtaſſauoir quil ſent mal les dieux des rommains/et combien quil ne leur oſaſt exprimer publicquemẽt/ toutesfois leur baillait ſubtilſement a entẽdre. Et fait en ce chapitre deux choſes. Premierement il recite les dis de Barro. Secondement il argue contre luy de ſes dictz contre luy a ſon propos. Et celle ſeconde partie ſe commence ou il dit. Car ou il eſcript de toute la nature des dieux. xcete. Et la fait il ancores deux choſes/car premierement il preuue ſon intencion par les dictz de Barro qui ſont recitez en ce chapitre Secondement il preuue ſon intẽcion par les dictz de Barro mis cy deſſus ou quart liure ou xxxi.chapitre.

⁋ De trois manieres de theologie ſelon Barro/ceſtaſſauoir lune plaine de fables ceſtadire fabuleuſe/lautre naturelle/ lautre ciuille. D.

Apres quelle choſe eſt ce que icellui Barro dit eſtre trois manieres de theologies/ceſtadire de la raiſon laquelle eſt ordonnee des dieux et que lune de celles manieres de theologie eſt appellee mithicõ/lautre phiſicon/ la tierce ciuille. Nous appellerions en latin ienglerie la maniere de theologie laquelle il a miſe premiere ſe vſage le ſouffroit. Mais diſons ſa fabuleuſe ou ienglerie/car mithicõ eſt dit de fables pour ce q̃ mithozen grec vault autant et eſt dit fable en latin. Mais la couſtume et maniere de pſer ſeuffre que la ſeconde maniere de celle theologie ſoit dicte naturelle. ⁋ Il a auſſi pronõce la tierce maniere en latin laquelle eſt appellee ciuille. Apres ilz dient quilz appellent mithicon celle de laquelle par eſpecial les poetes vſent/ a phiſicon celle de laquelle leurs philozophes vſẽt/ et la ciuille de laquelle les peuples vſent. En ſa premiere maniere de theologie que iay dicte. diſt icelluy Barro quil y a moult de choſes faictes contre ſa dignite et la nature des choſes immortelles. car en celle eſt dit ou fait que vng dieu ſoit ne dune teſte/ lautre de la cuiſſe/lautre des gouttes de ſang. En icelle eſt dit que les dieux ont emblé a qlz ont eſte larrons/quilz ont commis adultere/quilz ont ſerui a homme.: ⁋ De rechief en celle theologie toutes choſes ſont attribuees aux dieux/ leſquelles choſes peuent auenir ou eſcheoir/ non pas tant ſeulement en homme. mais certes en homme tres deſpit et tres vil. ⁋ Pour certain il exprima icy ſãs aucune obſcurete de doubte/la ou il peut/la ou il oſa/et ou il cuida quil ny euſt point de punicion. Com grãt iniure on faiſoit a la nature des dieux par fables tres menſõgieres/car il parloit nõ pas de la theologie naturelle ne de la ciuille. mais parloit de la theologie plaine de fables/lequel cuida quil la peuſt blaſmer franchement. ⁋ Or veons quelle choſe il dit de lautre/ceſtaſſauoir de la naturelle ⁋ La ſeconde maniere diſt il laquelle iay demõſtree eſt telle de laquelle les philozophes ont laiſſe moult de liures/auſquelz il eſt dit qui ſõt les dieux/ en quel lieu ilz ſont/leur lignage/et quel il ſoit/ ſilz ont eſte pardurablement et quel temps/ſe ilz ſont du feu ſicomme croit ce philozophe eraclitus/ou de nombres ſicomme croit pifagoras/ou de tres petites parties appellees athomes/ſicomme croit epicurus

Et ainsi les autres choses lesquelles les oreilles peuvent souffrir plus legierement en lescole dedens les parois que dehors ou marchie. ¶ Icelluy Varro ne blasme rien en ceste maniere de theologie laquelle ilz appellēt phisico, laqlle apptiēt aux philozophes. Il ramentoit tāt seulemēt les debatz dentre eulx par lesquelz est faicte grant multitude de sectes discordables ou singulieres, il osta toutesfois ceste maniere de theologie du marchie, cestadire des peuples, et senclot aux escolles et aux parois, mais il nosta pas des citez celle premiere maniere tresmensongiere et tressale de. ¶ O religieuses oreilles de peuple, et en ces choses aussi les rommains, elles ne peuvent souffrir ce que les philozophes disputent des dieux immortelz, et ce que les poetes en chantent, et que les gouliardois et iengleurs en font pour ce que ces choses sont faintes contre la dignite et contre la nature des dieux immortelz, et qui peut cheoir, non pas seulement en hōme, mais en homme tresvil et tres despit, ilz ne seuffrent pas seulement, mais les opent voulentiers, et ce ne seuffrent ilz pas tant seulement, mais iugent que ceste chose plaise aux dieux, et que on les doye appaiser par telles choses. ¶ Or dira aucun devisons nous de ces deux manieres de theologie, cestassavoir mithicon et phisicon, cest assavoir la plaine des fables, et la naturelle de ceste ciuille, de laquelle nous parlerons orendroit, pour ce que icelluy Varro les diuisa Et veons orendroit cōment il ordonne celle maniere de theologie ciuille. ¶ Certes ie voy pourquoy sa plaine des fables doit estre diuisee, cestassavoir de la ciuille, car cest pour ce que selle est plaine de fables elle est faulse laide et indigne mais vouloir diuiser la maniere de la ciuille, quelle autre chose est ce fors certes confesser quelle est ciuille a mensongiere, car se celle maniere est naturelle, quelle chose a elle de reproche a ce quelle soit mise hors Mais se celle theologie qui est dicte ciuille nest pas naturelle que a elle de merite a ce

quelle soit receue? ¶ Certes la cause pour quoy il escript auāt des choses humaines et apres des diuines fut pour ce quil ēsuyuit aux choses diuines non pas sa nature des dieux, mais les establissemēs des hōmes. Or regardons sainement la theologie ciuille. ¶ La tierce maniere dit icelluy Varro est celle laquelle les cytoiens mesmement les prestres doiuent savoir et administrer aux citez en laquelle est dit, qlz dieux on doit adourer publicquement, et qui doie faire les sacres ou sacrifices. Aui sons ancores ce qui sensuyt. La premiere theologie dist il par especial est appropriee au theatre. La seconde au mōde. La tierce a la cite. Qui est celluy qui ne voye a sql seil ait donne la victore ou le pris. Certes il a donnee a la secōde, cestassauoir la naturelle, laquelle il a dicte parauant estre des philozophes, car il a tesmoigne quelle appartient au monde de qui ceulx cy ne cuident rien estre plus excellēt aux choses Mais ya diuisees et ioinctes icelles deux theologies, sa premiere et sa tierce, cestassauoir celle du theatre et celle de la cite, car nous ne veons pas que ce qui est de la cite puisse appartenir cōtinuellemēt au monde, iassoit ce que nous veons les citez estre au mōde, car il peut estre fait que on adoure et croye ces choses en sa cite selō les faulses oppinions, desquelles choses la nature ne soit quelque pt ou monde ou dehors le monde. Mais ou est le theatre, fors en la cite. Qui establit le theatre fors sa cite. Pourquoy sa elle estably, fors pour les ieux scenicques. Ou sont les ieux scenicques, fors aux choses diuines de iceulx liures de Varro sont escriptes par si grant entente et diligence.

Exposicion sur ce chapitre.

En ce cinquiesme chapitre monseigneur saint augustin demonstre comment Barro mist trois manieres de theologie, cestadire treple raysō ou sermō des dieux pour ce que theologie est dicte de theos en grec qui vault autant comme dieu, ou logos qui est a dire sermon, cestadire sermō de dieu ou des dieux. Et fait en ce chapitre deux choses premieremēt il met trois manieres de theologie selon Barro, a demonstre comment chascune est nommee. Secondement il poursuyt les dis de Barro de chascune de ces trois theologies. Et la seconde partie se commence ou il dit. La premiere theologie dit il est attribuee aux theatres. xc. ¶ Quant a la premiere partie il est assauoir que ceste treple diuision de theologie que met cy Barro saccorde a celle que met sceuola leuesque cy dessus ou vingtseptiesme chapitre du quart liure, a par auenture la print il de sceuola, car ce sceuola fut long temps auant luy. Aps quant il dit La premiere theologie. xc. Et est ou la seconde partie de ce chapitre se commence. Il poursuyt les dictz de Barro de chascune de ces manieres de theologie, selon ce est ceste partie diuisee en trois parties. Car pmieremēt il poursuyt les dictz de Barro de la theologie poeticque. Secōdement de la theologie phizicque ou naturelle. Et tiercement de la theologie ciuille La seconde partie se commence ou il dit. Or soyons quelle chose il dit de lautre. xc Et la tierce se commence ou il dit. Odira aucun. xc. Quant a la premiere partie qui est de la theologie poeticq, Barro mist assez ceste premiere maniere. Et si osa assez dire expressement ce quil en sentoit Et pour ce luy mesmes reproche expressemēt ceste maniere de theologie poeticque comme celle qui est en vitupere a derision aux dieux, car les poetes faingnent vne deesse estre nee de la ceruelle de iupiter ou de sa teste, cestassauoir minerue laquelle ilz diēt estre deesse de sapience, ou qui plus est desse des ars. Ilz mettent aussi que Bachus quilz appellent dieu du vin fut ne de la cuisse de iupiter. Car ilz faingnent que semelle qui fut vne femme conceut ce bachus de iupiter, laquelle de puis fut fouldroiee, pour laquelle chose auant quil fust temps qlle eust ce bachus iupiter le sopa a sa cuisse iusques a ce quil fust temps quil nasqst et quil venist a meurete, dont ouide en sō tiers liure de fastis dit ainsi en vng vers: v. Expletū est patrio corpore matris op⁹ Cestassauoir que loeuure de sa mere quil appele semele fut acheuee ou corps du pere. cestassauoir de iupiter ¶ Semblablement aussi ce Bachus est faint estre ne de la cuisse de iuno selon ysidore ou huitiesme liure de ses ethimologies. ¶ De rechief ilz faingnent que vne deesse fut nee de gouttes de sang, car sicomme albericus dit iŋ sintilario poetarum. Les poetes faingnent q saturnus coppa ses genitoires a celius sō pere. Et les autres dient que ce fist iupiter qui les coppa a saturnus son pere et les getta dedens la mer, dont venus fut nee. Et combien que on vueille dire selon ses poetes q saturnus fut le premier roy, sicomme se met cellup q fist theodolet aux quatre vers dont le premier se commence. Primus creteis saturnus venit ab oris. Aurea per cunctas. xc. Toutesfois est il certain selon ses autres qui firent la genealogie des dieux que amphion fut le premier qui selō ses poetes neust point de commencement lequel engendra celion, a celion engendra saturne. ¶ Ces poetes aussi faingnēt les dieux estre larrons a embler, sicōme mercure que on fait estre dieu des larrons du quel les poetes faingnent, sicomme il appert par ouide en son tiers liure de trāsformatis que nous appellōs methamorphoseos que ce mercurius embla ses beufz de peseus lesquelz il trouua sans garde, et les muca entre les montaignes. ¶ De rechief ilz faingnent q appolo fut enamoure de la fille du roy admetus. Et pour en cheuir a sa voulente seruit le roy en loffice de bergier, dōt ouide fait mēciō en sō .ii. liure dessus allegue, si fait mōseigr saint augustin ou xviii. chapitre du xviii. liure

Apres ilz mettent et faignent q̃ les dieux commettent adulteres et putteries/sicom me de iupiter q̃ estoit le souuerain de leurs dieux/duquel nous auõs parle cy dessus ou vigtseptiesme chapitre du quart liure Aussi de ladultere de mars auecques ve nus/nous en auons parle ou quart liure semblablement ou vingtcinqiesme chapi tre. ¶ Apres quant il dit. Or veons quel le chose. &c. Il poursuyt les dictz de var ro de la theologie naturelle/de laq̃lle var ro raconte plusieurs opinions et diuerses des philozophes. Car plusieurs philozo phes desquelz lymaginaciõ ne passa pas oultre les choses corporelles creoient que les dieux estoient certains corps/ et pour ce eurent ilz autelle oppinion des dieux cõ me ilz eurent des corps. Et note cy mon seigneur saint augustin que varro ne re preuue pas ceste theologie/iassoit ce quil dye que on oye plus voulentiers aux esco les les disputacions que les philozophes font de ces dieux quilz ne les oyent deuãt le peuple/lequel varro touteffois iassoit ce quil ait reprouue la theologie poeticque comme faulse. Touteffois ne nye il pas que le peuple ne soye voulentiers. ¶ Aps quant il dit. O religieuses oreilles de peu ple. &c. Il argue contre les rommains de ce quilz adouroient voulentiers publicq ment ceulx qui parloient lapdement de leurs dieux/et le dit par maniere de deri sion et de mocquerie/et pour ce nomme il par expres les rommains. ¶ Apres quãt il dit. Or dira aucun. &c. Il poursuyt cy les dictz de varro quant a sa seconde theo logie/cestadire quant a la theologie ciuil le. Et fait cy deux choses. Car premiere ment il demonstre en quoy selon varro sa theologie ciuille se deuise de la fabuleuse. cestadire de la poeticque. Secondement il demonstre quelles choses appartiennẽt a la theologie ciuille. La seconde partie se commence ou il dit. Or regardons disli gamment et sainement la theologie ciuil le. &c. Quant a la premiere partie anco res fait il deux choses. ¶ Premierement

il demonstre comment la ciuille est disti guee de la fabuleuse. Secondement il de monstre que par ceste distiction celle ciuil le theologie est menteresse et plaine de fa bles/et quelle doit estre exceptee et rebou tee de tout le peuple. ¶ Apres quant il dit pourquoy il escript auant des choses hu maines/et apres des choses diuines. Ce varro mesmes se confesse/sicomme il est dit ou tiers chapitre de ce liure. ¶ Apres quant il dit. Or regardons sainement. &c. Il demonstre quelles choses selon varro appartiennent a la theologie ciuille. Et fait cy deux choses. Premieremẽt il recite ce quil a dit de quoy elle sert. Secondemẽt il demonstre que par ses dictz de varro la theologie naturelle est a preferer a sa ciuil le. La seconde partie se commence la ou il dit. Auisons ancores ce qui sensuyt. &c.

¶ Apres quãt il dit en la fin de ce chapitre Ou sont les ieux scenicques fors aux cho ses diuines. &c. ¶ De ces ieux scenicques nous auons parle cy dessus ou xxxi. cha pitre du premier liure. Et ces ieux scenic ques met varro entre les choses diuines/ sicomme nous auons dit ou tiers chapi tre de ce liure/ou il est dit que varro en es cript cinq liures cõe de choses diuines. Et veult conclure monseigneur saint augu stin par les paroles de varro que sa theo logie poeticque ou fabuleuse fut instituee par la cite. Car sa cite ordonne le theatre affin que en la scene. cestadire le lieu qui es toit dedẽs le theatre on demenast celle the ologie poeticque ou fabuleuse/et par con sequẽt quelle nest point distinctee ou sepa ree de la theologie ciuille/ laquelle chose appert ancores clerement par ce que ce mar cus mist ces ieux scenicques entre les cho ses diuines \ Quelle chose est theatre & de quoy il seruoit/nous en auons parle sur lepposicion du xxxi. chapitre du pre mier liure.

¶ De la theologie miticque, cestadire fa
buleuse ou plaine de fables et de la ciuille
contre Varro.   Si.

O Marc Varro comme tu soies hō
me tresagu sur tous autres, et
tressage et tresenseigne sans au
cune doubte. ¶ toutesfois homme. nō pas
dieu/ne esleue par lesperit de dieu a veoir
et denoncer les choses diuines en verite et
en franchise ¶ Tu regardes combien les
choses diuines peuent estre separees des
truffes et mensonges humaines. Mais
tu redoubtes de blecer les oppinions z cou
stumes des peuples tresplaines de vices.
Lesquelles quant tu les considereras du
tout en tout et comme vostre escripture se
sonne tout a lenuiron. Tu scais estre hor
rible et en grant abhomination a la natu
re des dieux ou de telz quelz/ lenfermete
de humaine pēsee les souspicionne. ou cui
de aux elemens de ce monde. ¶ Que fait
cy humain engin, iassoit ce quil soit tres-
excellent. Que te ayde en tes angoisses
la doctrine humaine/iassoit ce quelle soit
grande et multipliee. ¶ Tu desires ou
conuoites a adourer les dieux naturelz,
et tu es constraint a adourer les dieux ci
uilz. tu as trouue les autres dieux plais
de fables contre lesquelz tu vomis et rens
plus frachement ce que tu sens dont veul-
les ou ne vueilles tu arouses iceulx dieux
ciuilz. ¶ Quelles merueilles tu dis les
dieux plains de fables estre appropriees:
Les naturelz au mōde, les ciuilz a la cite
comme le mōde soit oeuure diuine. mais
la cite et les theatres soient oeuures de hō
mes/ne autres dieux ne sont moquez aux
theatres que ceulx qui sont adourez aux
teples. Ne vous ne faictes ne ne mōstrez
ieux a autres dieux que a ceulx ausquelz
vous sacrifies. ¶ De combien plus frache
ment et plus subtillement deuiseroies tu
ces choses. Se tu disois les dieux natu-
relz estre autres, et les dieux establis des
hommes estre autres, Mais que les escri
ptures des poetes contiennent autre chose
Et que toutesfois icelles deux escriptu-
res sont si ampes entre elles par compai-
gnie de faulsete que toutes deux sont agre
ables aux dyables/ ausqlz la doctrine de
verite est ennemie. ¶ Doncques vng pou
mise a part sa theologie laquelle ilz appe
lent naturelle/ de laqlle nous auons ail
leurs a discuter. Est il licite finablement
a demander ou esperer la vie pardurable
des dieux des poetes des theatres z de ces
fais et orz ieux scenicques. Ja nauienne
ainçoys mette hors le vray dieu telle forse
nerie tāt vaine et tant sacrilege. ¶ Quest
ce/ doit on demāder vie pardurable de ces
dieux ausquez ces choses plaisent et q les
appaisent comme les crimes deulx soiēt
la haulx. Nul hōme sicomme ie croy nest
si hors du sens quil viēne iusques a si grāt
tresbuchement de telle desloyaulte tresfor
cenee. ¶ Doncques nacquiert aucun vie
pardurable ne par theologie fabuleuse ne
par ciuille. car la fabuleuse seme en fain-
gnant laides choses de iceulx dieux. La
ciuille se cueult en deceuant/ icelle respāt
les mensonges/ ceste les cueult, celle en-
suyt les choses diuines par faulx crimes
ceste embrace les choses diuines les ieux
de leurs crimes ¶ Celle sonne et exprime
doulcement par chancons ou ditties fais
des hommes choses faictes des dieux/ ce
ste les consacre aux festes de iceulx dieux
celle chāte les pechiez ou mauuaistiez des
dieux. Ceste les ayme. Celle desclaire et
faint iceulx pechez et mauuaistiez. Ceste
porte tesmoingnage aux vrays/ ou se de-
licte aux faulx. ¶ Toutes les deux cesta
dire la theologie fabuleuse z la ciuille sōt
laydes, toutes deux sōt dānables/ mais
celle qui est ou theatre/ cestadire la fabu-
leuse confesse laydeur publicque. Ceste q
est de la cite adoure laydeur dicelle fa-
buleuse. ¶ Sera doncques esperee vie p
durable/ ce dont ceste vie briefue et tempo
relle est touchee Et la cōpaignie des mau
uais hommes ne concoit elle mie pour cer
tain nostre vie silz se enbatēt en noz desirs

Et la compagnie des diables qui sont adourez par leurs crismes ne touche elle pas sa vie lesqlz crismes se ilz sont graps com grandement sont ilz mauuais/ et se ilz ne sont faulx/ com mauuaisemēt sōt ilz adourez. Quāt nous disons ces choses il peut sēbler pauētuře a aucū trop nō sachant des ces choses que icelles seules choses sont indignes a la maieste diuine et que ce sont grans derisions et detestables q̄ elles soiēt celebrees de telz dieux lesquelles sont chantees par dictiers de poetes/ et lesquelles sont souuent faictes et demenees aux ieux sceniques/ Mais ilz leur semble que ces sacres et sacrifices/ non pas que les iengleurs font/ sont purgiez et estranges de toute honte et laidure. Sil estoit ainsi iamais nul ne iugeroit que les laidures quon fait aux theatres fussent celebrez en lhonneur diceulx dieux. Ne ces dieux ne commanderoient iamais que senleur fist ne monstrast: Mais ce nest pas honte de faire telle chose aux theatres au seruice des dieux/ pour ce que sen fait sēblables choses aux temples ¶Apres comme lacteur dessusdit/ cestassauoir Varro/ sefforce de diuiser la theologie ciuile de la theologie fabuleuse ou poeticque et de sa naturelle come une tierce matere il la voulut estre plus entēdue attempree de lun/ et de lautre. car il dit que les choses que les poetes escripsent/ sont moins a ce que les pensees les doiuent ensuiur/ mais les choses que les philosophes escripsent sont plus que les peuples ne doiuent enchercer. Lesquelles choses dit il sont si abhominables/ q̄ toutesfois aux raisōs ciuiles sen peut plusieurs prendre de lune et de lautre theologie. Cestadire de la theologie des poetes qui est dicte fabuleuse/ et de celle des philosophes qui est dicte naturelle. ¶Pour quoy escripsons nous les choses qui sont communes ensemble auecques les propres/ par lesquelles nous deuons auoir plusgrant compagnie auecques les philosophes que auecques les poetes. Donc

ques nestelle pas nulles auecques les poetes/ mais aucune, et toutesfois en ung autre lieu des generacions des dieux icelluy Varro dit que les peuples ōt este plus enclins aux poetes que aux philosophes Car il dit cp̄. cestadire en la theologie des poetes estre escript quelle chose doiue estre faicte: ¶Il dit que les philosophes ont escript pour cause de utilite/ et les poetes pour cause de delectaciō/ et par ce les peuples ne doiuent pas ensuiure les crismes des dieux. ¶Les choses qui sont escriptes des poetes sont les crismes des dieux/ lesquelz crismes toutesfois se delitent et les peuples et les dieux/ car sicome il dit les poetes escripsent pour cause de delectaciō/ et nō pas pour cause dutilite Toutesfois escriuent ilz des choses que les dieux requierēt et que les peuples fōt et demonstrent.

¶ Expposicion sur ce chapitre.

En ce vi. chapitre mōseigneur saint augustin reprent Varro, et fait trois choses en ce chapitre. Premierement il se reprēt de simulacion et de fictiō pour ce q̄l a fait et escript autrement des dieux quil ne sentoit. Secondement il reprēt ses escriptures de la distinction quil a mise entre la theologie fabuleuse/ cestadire poeticq̄/ et la theologie ciuile. Tiercement il demonstre que sen ne doit pas esperer la vie pardurable des dieux appartenans soit a la theologie ciuile ou a la theologie fabuleuse ¶La seconde partie se commēce ou il dit Quelz merueilles tu ditz ace. Et la tierce partie se commence ou il dit·Doncques ung pou acet: Ou commencement de ce chapitre quant il appelle Varro hōme tresagu et sans nulle doute tresenseigne et tressage il le dit par maniere de mocquerie et de derisiō/ en reprenant les paroles de tulle mises ou secōd chapitre de ce liure. Apres quant il dit

vi.

quil a trouue les autres dieux plains de fables dont il arrouse les dieux ciuilz seulent ou ne daignent ꝯcet. Il le dit pour ce que Barro si exprima franchement son intention des dieux appartenans a la theologie fabuleuse ou poeticque en disant q̑ ilz estoient faulx et faictz, et pour ce luy fault il aussi confesser des dieux appartenans a la theologie ciuile. Apres quāt il dit. ⸿ Quelz merueilles, il reprent ce Barro de ce quil a mis et distingue trois manieres de theologies selon trois manieres de dieux, et dit quil ne deust pas auoir fait celle distinction, mais peust auoir distingue plus raisonnablement pour ce que suʒ̄me il dist les dieux apartenans a la theologie ciuile, ⁊ ceulx appartenans a la theologie fableuse sont tout vng. Apres quant il dit doncques vng pou mise a part la theologie ⁊cet. Il demonstre que des ieux sceniquees ⁊ ciuilz on ne doit point esperer sa vie pardurable, ⁊ fait cy deux choses. Premierement il proeuue son intention par la laidure de chascun des dieux. Secondemēt il foureclost vne responce quon pourroit donner a la deffence de ces faulx dieux, et celle seconde partie se cōmence ou il dit. Quant nous disōs ces choses ⁊cete. En la premiere partie il veult mettre apart ou sequestrer de ce traictie la theologie naturelle pour ce quil en penſſe a parler partout son viii. liure Apres quant il dit. Quāt nous disons ces choses ⁊cet. Il reprouue la responce dont pse est incontinent, et fait deux choses. Premierement il reprouue par raison ce que len dist pour le seruice des dieux sont laidement faictes, ⁊ non pas celles qui sont faictes par les prestres. Secondement il reprouue ce mesmemēt par les dictz de Barro. La seconde partie se cōmence ou il dit. Apres lacteur ⁊cet. Et est assauoir q̑ monseigneur saint augustin amaine cōtre ce Barro deux de ses dictz. Le premier est que il dit que la theologie ciuile est distinctee et separee des autres dieux, cestassauoir de la fabuleuse et de la naturelle

non pas dist il quelle en soit du tout separee mais dit quelle prenoit moult de choses de lune et de lautre. Et touteffois deust elle mieulx auoir prins de sa naturesse q̑ de lautre, et ainsi en ceste auctorite de Barro est touchee ce que len deuroit faire ou q̑ deuroit estre fait. Lautre dict de Barro si exprime ce qui est fait ⁊ non pas ce quon doit faire, car iassoit ce que sa theologie ciuile se deuroit mieulx accorder auecques la naturelle que a sa theologie fabuleuse ⁊ poeticque, touteffois pour ce que ses poetes pour cause de sa delectacion escripsoient choses delictables. Le peuple fut plus incline aux poetes que aux philosophes qui escrisoient des choses natureses. Et pour ce dit monseignir saint augustin adioustant que en verite les poetes escrirent telz choses cōme les dieux vouloiēt que len leur escrisist et que ilz vouloient q̑ le peuple leur si stet demonstrast tant en meurs cōme en laidures qui se faisoient aux theatres dont nous auons parle cy dessus en plusieurs lieux ou second liure

⸿ De la similitude et concorde de la theologie fabuleuse ⁊ ciuile. vii.

DOncques la theologie fabuleuse theatricque scenique plaine de deshōneur ⁊ de laidure est ramenee a la theologie ciuile, ⁊ touteceste theologie, cestassauoir fabuleuse de laq̑lle est ⁊ a bō droit on iuge q̑lle doit estre blasmee ⁊ refusee est ptie dicelle, cestassauoir de la ciuile laquelle est iugee a estre adouree et gardee. Sainement elle nest pas partie desconuenable si comme iay or donne a monstrer ne telle quelle soit estrāgee de tout le corps et desconuenablemēt conioincte a luy cōme membre dung mesmes corps. Car quelle autre chose demōstrent ces ydoles les fourmes, les aages les sexes, et les habis des dieux, nō pas les poetes ce dieu iupiter barbe, se ce dieu mercure sans barbe & les euesques ne sont pas/nont pas fait les iengleurs le membre naturel fait et honteux a ce dieu priapus et les prestres ne sont pas fait ainsi/ Est il autremēt a adourer aux lieux sacres q̄ il ne va aux theatres ou on se rit et mocque de luy: Nest pas ce dieu saturnus anciē et ce dieu appolo iosne il ont leurs statues ou ymages/non pas comme les statues ou ydoles des temples/ mais cōme les personnes des iengleurs qui font diuerses contenāces Ces deux ce staffauoir forculus qui garde les portes. Et limentinus qui garde le soril de lhuys pourquoy sont il dieux masles/& entre eulx ceste deesse cardea est femme la quelle garde les charnieres d'la porte ne sont pas ces choses trouuees aux liures des choses diuines lesquelles choses indignes les solēnelz poetes ont amenees ou ordonnees et leurs dictiers et chancons. Ceste deesse dyane du theatre ne porte elle pas armes & ceste en la cite elle est simplement vierge. Ce dieu scenique appolo/ nest il pas ioueur de harpe/et ce dieu desphicus nen fait il riens/mais ces choses sont les plus honnestes en la comparaison des plus laides/quelle chose sentirēt de ce dieu iupiter ceulx qui mirent sa nourrice ou capitole/nont il pas porte tesmoignage a ce docteur grec appele euemerus qui nō pas par iengleriz plaine de fables mais par diligence de histoires escript q̄ tous telz dieux auoient este hōes et mortelz Ceulx aussi qui establirēt ces dieux comme ceulx qui se seoiēt a la table de iupiter quelle autre chose voulurēt ilz fors quilz fussent iengleurs aux choses sainctes, car se il eut moie dit cestassauoir sil eust dit que iceulx dieux mengeurs fussēt seruiteurs adioustez a la table de iupiter pour certain il eust semble quil eust quiz occasion et matiere de rire. Icelluy Barro dit et se dit non pas quant il mocquoit les dieux/mais quant il les recōmandoit. Les liures des choses diuines/non pas des choses humaines/tesmoingnent que icelluy Barro escript ceste chose et non pas/la ou il opposoit les ieux sceniques/mais la ou il demōstroit et manifestoit les droiz du capitolle. Apres icelluy Barro est vaincu par telles choses/et confesse quil a creu que iceulx dieux se delitoient aux delectacions humaines par telle maniere comme ilz ont fait iceulx dieux en fourme humaine. Car les mauuais espritz/cestadire les dyables ne deffaillirent pas a leur besongne affin que ilz affermassēt ces oppinions nuisibles par les pensees humaines qui decheuoient. Dont aussi celle chose est. Cestassauoir que vng qui estoit garde du tēple de hercules qui estoit oyseux et faiseur d' festes ioua auecques soy mesmes de deux dez, en les gettant dune main en lautre/et que lune de ses mains fut nōmee hercules/et lautre soy mesmes par telle condicion que sil vainquoit il appareileroit vng māger du salaire du temple & y amēroit samie. Et se la victoire escheoit a hercules/il feroit ce mesmes d' son argent a sa delectaciō de hercules/il donna a ce dieu le mengez ordōne & a celle tresnoble ribaude appelee laurentine, et comme icelle laurentine se fut endormie ou temple elle veit en son songe ce dieu hercules estre cōioinct a elle et que il luy auoit dit quelle se partit de la et que elle demourast auecques le p̄mier quelle encontreroit et que devers celuy elle trouueroit le soyer lequel elle cuidoit que hercules luy deuoit payer. laqlle le fist. Et ainsi comme elle sen alloit vng appele tarucius tresriche iouuencel luy vint premieremēt au deuant, lequel la tint longue espace de temps auecques soy et layma moult. Et quant il trespassa il la fist son hoir/ Laquelle quant elle eut acquis par ce tresgrant auoir/affin quil ne semblast quelle fust ingrate du soyer diuin elle fist le peuple de romme son hoir, ainsi comme ce iosne homme le auoit fait delle laquelle chose elle cuida estre tresagreable aux dieux & cōe fut puis Dieu son testament fut trouue p̄ lesquelles merites ilz dirent que aussi elle se deseruit a auoir les honneurs diuins Se les poetes faingnissent ces choses se les iengleurs les fissent sans doubte elles fussent dictes appartenir a la theologie fabuleuse et fussent iugees estre separees de la dignite de la theologie ciuile, mais quant telles laidures sont manifestees par si grant acteur estre non pas des poetes, mais des peuples, non pas des iengleurs, mais des dieux sacrez, non pas des theatres, mais des temples, cestadire, non pas de la theologie fabuleuse, Mais de la ciuile. Pour neant ne faingnent pas les iengleurs par les ars de leurs ieux la laideur des dieux laquelle est si grande, mais a pser pour plainement neant sesforcent les prestres ainsi cõe par leurs formules sacrees faindre lonneste des dieux, laquelle est nulle les temples sacres de celle deesse iuno sont ou elle fut espousee a iupiter, et estoient celebrez en icelle p̄se appelee Samo aymee dicelle iuno laquelle estoit scene Les temples ou lieux sacrez de celle deese Venus sont ou estoit adōt le tresfort iouuēcel q̄ elle aymoit et est plaint, lequel luy fut tue p̄ le dent dung sengler. Les temples ou lieux sacrez de la mere des dieux sont ou ce beau iouuēcel, attis que elle aymoit et que elle chastra par sa ialousie de femme est ploure p̄ les maleuretez mesmes des hommes chastres lesquelz ilz appellent gallos. Comme ces choses doncq̄s soient plus laides et de toute ordure scenique quelle chose est ce que ilz sesforcent aussi de separer les fictiōs fabuleuses des dieux, dictes par les poetes lesquelz se iouent ou theatre de la theologie ciuile, laquelle ilz veulent appartenir a la cite ainsi, comme se ilz sesforchassent de separer les choses indignes et laides des choses honnestes et dignes. Et ainsi est il dont mieulx quon rende graces et que elles soient deues aux iengleurs qui ont espargnie aux ieux des hommes q̄ nont pas descouuert en leurs ieux publicques toutes les choses qui sont mucees dedēs les parois des maisons sainctes. Quel se chose peut on sētir de biē en leurs tēples lesquelz sont couuers de tenebres comme les choses lesquelles sont monstrees en lumieres soient tant detestables. Et certes eulx mesmes prennent garde que les choses ilz facent celeement et en repost par hommes chastrez et mols, cestadire effeminez. Toutesfois nont il peu mucer iceulx hommes eneruez et chastrez maleureusement et laidement. Saccnt entendent a qui ilz pourront que il puissēt faire aucune saincte chose par telz hommes, lesquelz ilz ne peuent nyer quilz ne soient nombrez et qui ne paroīt entre les sainctes choses. Nous ne sauons quelle chose ilz font. Mais nous sauons bien par quoy ilz les font, mais nous auons sceu quelle chose ilz font ou lieu scenique ouquel lieu ne en la compagnie de ribaudes ne entra oncques homme chastre ne mol, cestadire effemine. Et toutesfois hommes lais et infames font ces choses ne elles ne doiuent pas estre faictes des hommes honnestes: Quelz doncques sont iceulx temps ausquelz faire sainctete a esleu telz hommes lesquelz sordure de ces chanteurs musiciens sceīques sur le settrin ne rechoit point en leur scene.

¶ Exposicion sur ce chapitre:

EN ce septiesme chapitre monseigneur saint augustin demonstre comment ces deux theologies. Cestassauoir la ciuile et la poeticque se ont entre elles et quelle conueniēce il paet proeuue en ce chapitre deux choses: ¶ Premierement il proeuue q̄ la theologie ciuile nest point distinguee de la poeticque en telle maniere que len puist dire que elle en soit separee du tout. Secondement il demonstre que la theologie ciuile nest point plus honnourable que la theologie poeticque ou fabuleuse: La seconde partie se commence ou il dit: Ceulx aussi establirent ces dieux commensaulx &c. En la premiere partie il fait ancores deux choses/

Car premierement par ce qui est dit ou chapitre precedent il concludt que la theologie fabuleuse est ramenee a sa ciuile comme celle qui sensuit delle ou est auecques elle/ sicomme il appert par les choses dictes et alleguees incontinent ou chapitre precedent/ & appele ceste theologie poeticque fabuleuse theatricque et scenique poeticque pour les acteurs qui la firent fabuleuse pour ce que elle est faicte et faincte toute de fables. ¶ Theatricque pour ce que ou theatre qui estoit demy ront hors de la scene. cest adire de la petite maison q estoit ou milieu ou ces choses estoient faites par les iengleurs et gouliars q contrefaisoient les personnages de ceulx de qui on iouoit.) Scenique pour ce que en celle petite maison qui estoit close ou milieu de ce theatre les poetes chantoient et recitoient ces choses.) Secondement il demonstre que ceste theologie fabuleuse est partie de la theologie ciuile/ non pas comme partie de trente de comptage/ mais comme adherent sicomme une partie qui est comme afferant et couenant a son comptage Et celle seconde partie se commece la ou il dit: Et ceste toute &c. Et ce proeuue par ce que les fourmes & figures de leurs dieux ou de leurs ydoles sont telles en leurs temples comme les poetes les escrisent ou figurent aux theatres/ sicomme il se monstre en procedant et comme il se peut veoir en lisant. ¶ Or est il certain que les dieux des temples et lesquelz les prestres et les peuples adourent appartiennent a la theologie ciuile. Et ainsi il appert manifestement q quāt aux dieux

il nya point de distinction entre la theologie fabuleuse et la theologie ciuile. mais se raporte la ciuile a celle fabuleuse/ & a commence auecques luy/ sicome le tout a sa partie/ car la ciuile a deux parties/ Cestassauoir deux manieres de adourer ungz mesmes dieux/ desquelz lune maniere est ou temple et lautre ou theatre/ & celle appartient aux poetes/ et ainsi elle est partie de la theologie ciuille pour autre cause. Car la theologie ciuile a trop plus de dieux que na sa fabuleuse ou poeticque/ mais la fabuleuse ney a nul que sa ciuile nait ¶ Apres quant il parle dapolo ephebus qui a figure iosne & sans barbe, il se dit pour ephebus qui a propremēt parler estoit ung iouuēcel tresbeau & tres reluisant et tel estoit figure apolo en son temple/ lequel il appeloit le soleil qui estoit ainsi paint selon ysidore ou huitiesme liure de ses ethimologies pour ce que il naist chascū iour et chascū iour a nouuelle lumiere. Apres quant il parle de dyane la theatricque il se dit pour ce que elle estoit adouree ou theatre selon lordonance des poetes/ laquelle estoit appelee deesse des chasseurs & des bois/ & pour ce estoit elle figuree tenant larc & les salettes pour ce que la lune gette les rays de soy mesmes/ sicomme dit ysidore ou huitiesme liure de ses ethimologies. ¶ Et quant est de celle dyane et de la cite/ elle estoit figuree armee/ non pas comme simple vierge doulce et debonaire ne aournee sicomme doit estre une vierge/ mais a visage assez cruel. Celle dyane est aussi aucunesfois appelee selon les poetes lucina qui est la deesse denfantement. Aucunesfois est appelee proserpine Aucunesfois luconia pour ce que elle fut fille dun appele lucon sicomme dit ysidore ou huitiesme liure de ses ethimologies ou chapitre des dieux/ Ouide en son quatriesme liure de transformatis dit q antheō apma celle dyane et pour ce que il la vit a une fontaine ou elle se lauoit toute nue se mua ē ung cerf et tantost ses propres chiés le commencerẽt a chasser ne ne le recõgneurẽt. Les autres dient que cõme il se fust destourne en ung bois et fust venu a une fontaine il trouua ladpane qui se baignoit toute nue, laquelle affin quil ne sencusast le mua en cerf et tantost souruindrent ses gens lesquelz pour ce quilz ne se congneurent se chasserẽt et firent chasser par ses propres chiens, et cest la fable, mais la verite est telle que antheon fut ung tresgrant et noble homme qui fut du lignage dagenor lequel sicomme dit anaxemines en son liure de figuris si ayma merueilleusemẽt la chasse. Et quant il fut viel et ancien il regarda les perilz qui estoient a chasser et que cestoit art et science de nul prouffit si se retrait de plus chasser, mais combiẽ quil fuist le peril de la chasse, toutessois ne laissa il pas le desir ne laffection que il auoit aux chiens aincois les nourrit et garda si longuemẽt que il despendit tout le sien, et cest ce que on dit quil fut deuoure de ses chiens. Ceste fable est moralisee en plusieurs manieres sicomme il se pourra veoir par thomas valensis en sa moralisacion quil fist sur ouide. Albericus ludoniensis met aussi une fable disant que ung appele perdices ayma sa mere. Et fut cellup qui premierement trouua comment on faisoit la cire. Il eppose ainsi ceste fable et dist que ce pdices estoit ung grãt chasseur et pour ce dit on quil ayma dpane qui par les poetes est fainte estre desse des eaues et des forestz et de toutes manieres de chasses, et quant il eut grandement trape et despendu, et quil veit le petit fruit qui y estoit a la grant peine et le grant trauail et il vit comment les autres chasseurs en estoient venus a mauuaise fin, sicomme adon ou adonis ypolite et antheon il y renonca et se mist a labourer terres et deuint grant laboureur et la same sgria grandement par la grãt peine quil mettoit a labourer. Et pour ce que la terre est engenderresse de toutes choses et quil ayma tant a labourer pour ce dit il quil ayma sa mere. Apres quant il parle dappolo quil appele scenicque il le dit pour ce que cest appolo qui estoit a soure en la scene, estoit figure tenant une harpe en sa main ainsi cõme il estoit en son principal temple qui estoit en lisle de delphos, et pour ce est il propremẽt appele appolo delphicus qui estoit le lieu principal ou on alloit querre les responses. Et estoit figure tenant une harpe en sa main pour ce que ce fut le premier qui trouua le ieu de la harpe. Cest appolo auoit plusieurs noms selon plusieurs significaciõs et proprietez, sicomme il se peut veoir p fulgence ou liure de ses mithologies, et per albericum ou chapitre dappolo et in scintilario poetarum, et aussi en auons nous parle ailleurs en ce liure. Apres quant il parle de la nourrice de iupiter qui fut mise ou capitole decoste sup il veust prouuer quil fault que les rommains confessent que ce iupiter fut hõe mortel puis quil eut nourrice. Et par consequent que tous les autres dieux le furent comme ilz tiennent iupiter a leur souuerain dieu et toutessois ce fait de mettre celle nourrice ou capitole ne fut pas faint par les poetes, mais fut fait par les citoiens de rome. Laquelle appartenoit a la theologie ciuile, et non pas a la fabuleuse. De ceste nourrice parle remigius en son conuent sur ung liure qui sappele marcianus lequel fait que ceste nourrice fut vesta une deesse ainsi appelee vesta terrestris, cest a dire terrestre. Pour ce sicomme il dit que le feu terrien nourrist le feu celestien, et vesta vault autant a dire comme feu, cõbien que ce nom vesta ait plusieurs significacions. pour ce ouide ou cinquiesme liure de fastis dit que ce fut une chieure du lait de laquelle il fut nourry. Et estoit appele almatea pour une femme qui le muca en ung bois affin quil ne fust trouue de son pere saturnus qui deuouroit ses enfans. Laquelle le nourrissoit du fait de celle chieure, laqlle chieure iupiter transporta de puis ou ciel, et est ung signe qui supt ou ciel lequel nous appellons capricorne. Et estoit celle chieure appellee almatea pour la femme a qui elle estoit, laquelle auoit nõ aps almathea.

¶ Apres quant il parle de euemerus, ce fut ung aucteur grec de quoy monseignr saint augustin fait mencion cy apres ou vingtseptiesme chap du septiesme liure.

¶ Apres quãt il parle des dieux quil appelle epulones ainsi dis de epulo, ou de epulare qui vault autant comme viandes ou mengier viandes. Il demonstre q̃ la theologie ciuille mesmes quant a celle partie qui a regart aux temples et qui appartient aux prestres nest poit plus honnourable ne nest plus a honourer que la fabuleuse poeticque. Et premierement il le preuue par la maniere de sordonnance par le mouuement et par la cause de adourer ces dieux aux temples. Secondemẽt il preuue ce mesmes par la condicion des prestres pour lesquelz ilz sont adourez en ces temples. Et celle seconde partie se cõmence ou il dit. Toutesfois nont ilz peu acce. premierement il demonstre son propos par les choses qui apperent. Secondement cõment on doit mauuaisement sẽtir p ses choses latẽtes, et se cõmẽce celle ptie ou il dit. quelle chose peut on. acce. Et ce preuue il en trois manieres. Premierement par la maniere dadourer, secondement par la cause de adourer. Et cest ou il dit. Dont ainsi celle chose. acce. Tiercemẽt pour rayson du lieu, et celle partie se cõmẽce ou il dit. Les temples ou sacres de celle deesse iuno. acce. Quãt au premier il est assauoir que sicomme nous auons dit sur le dixseptiesme chapitre du tiers liure quant on faisoit les ieux qui sappellent sectisternia, ilz manderent les gens ainsi comme a venir menger en lonneur de leurs dieux. Tutesfois monsegneur saint augustin touche cy que au menger de iupiter ilz mettoient autres dieux de cõste luy pour menger a sa table quilz appelloient parasites, cestadire assis a sa table de iupiter, et estoient appellez epulones comme ceulx qui mengoient auecq̃s iupiter. Ou par auenture monseigneur saint augustin se fait et le dit par droit despit des dieux, et en parlant les appelle epulones, cestadire gloutons et deuourãs sicomme il est dit cy dessus ou tiers liure quant il parle des dieux quil appelle epulones et hulluones, et dit monseigneur saint augustin que ceste maniere de adourer aux temples nestoit point differente du seruice des iengleurs qui cõtrefaisoiẽt aux theatres ses contenances des dieux et leurs fourmes. Et toutesfois est ceste maniere de adourer approuuee de varro.

¶ Apres quant il parle de la garde de la maison de hercules et de la ribaulde q̃ ses rommains firent deesse pource quelle auoit fait le peuple rommain son hoir. Il veult prouuer que en la cause de adourer les dieux, il na pas plusgrant honneste te en la theologie ciuille quil a en la fabuleuse, et de ceste nous auons ple ailleurs. Ou par auẽture celle ribaulde de quoy il fait cy mencion fut une autre ribaulde, et ainsi ilz ont deux deesses ribauldes. Ceste hystore de celle garde du temple de hercules qui iouoit aux dez a deux mains. dont lune de ses mains iouoit pour luy et lautre pour hercules. Et aussi de celle ribaulde met lystore macrobe en son premier liure qui sappelle saturnalium. Et dit en adioustant que cecy auint ou temps de ancis marcus qui fut le quart roy de romme, et que celle ribaulde fut enterree en ung lieu tressolennel de la cite, et dit quil fut ordonne que le sacrifice delle fust fait aux dieux denfer, ou des ames quilz appellent dii manes. Et parce macrobe ne tient pas quelle soit deesse, mais dit que on faisoit sacrifices pour elle aux dieux denfer. ¶ De la maison ou temple de celluy hercules dit solin ou premier liure de mirabilibus mundi, que on luy fist une

petite chapelle en ung lieu qui sappelle se
marchie bonere. Et dit que la ne entre ne
mousche ne chien/ ꞇ sa cause pourquoy les
chiens ny entrent est sicomme il dit pour
sa massue qui est a lentree dhups/ laql
le tantost comme les chiens le slairēt ilz
sen fuient. Ce hercules vainquit douze
horribles monstres. lesquelz met seneque
en sa premiere tragedie ꞇ la en pourra on
veoir largement.] Apres quant il parle
des temples de iuno monseigneur saint
augustin demōstre que auoir regart aup
lieux ou on adoure et fait les sacrifices
aup dieux la theologie ciuile nest point
de plus grant honnestete que la theologie
fabuleuse ou poeticque. Car on adouroit
souuerainemēt les temples des dieux la
ou les poetes faingnoient et racontoient
par vraye histoire les laidures que auoi
ent commis leurs dieux.] Sicomme il
dist que en ce temple de iuno qui estoit as
sis en lisle de samos/ iupiter espousa sa
soeur iuno qui est grande laidure a dire
et a recorder/ et aussi les temples de ceres
qui selon les poetes est deesse des bledz /
ou sa fille proserpine qui selon les poetes
est tenue deesse denfer/ fut rauie de pluto
dieu denfer qui fut frere de iupiter. laquel
le celle ceres qst et sist querir en ce lieu ou
est le temple. Ouquel lieu ilz sireut et or
donnerent certains prestres en memoire
de ce rauissement qui quierent tousiours
celle proserpine et ne la peuent trouuer.
et fut ce lieu ou celle proserpine fut pduee
et rauie de pluto en sezille decoste les mō
taignes qui sappellent ethna / sicomme
dit ouide de fastis. Et la met ouide ceste
fable a plain du rauissement de celle pro
serpine/ et claudien aussi en sist ung petit
liure qui se commence. Iuuenta secuit ꝛc.
que on appele le petit claudien. Apres il
se demonstre par les temples de venus
ou adon ou adonis q̃ les poetes faingnēt
qui fut son amy fut tue par ung sengler/
ꞇ est plaint chascun an de ses prestres qui
en ce temple sont ordonnez au seruice de

venus / duquel adonis ouide fait sa fa
ble en son ix. liure de methamorphoses/
ou il monstre que celle eut plus grāt cau
se de ordonner laniuersaire de cest adonis
que neurent ses autres. Du pleur de cest
adonis est fait mencion en ezeciel ou hui
tiesme chapitre / ceste fable de cest adonis
desclaire remigius in commento / qui dit
que par venus il sētend la beaufte de la
terre qui plaist le soleil qui par sa rigueur
de lyuer occist ses herbes ainsi comme de
dens de sengler, et lore commence a get
ter sa rousee ainsi comme larmes. Fulgē
ce ou liure de ses mithologies sentend au
trement, car faint que une femme appel
lee mirra ayma son pere et sist tant quel
le se pura ꞇ puis coucha auec luy, lequel
quant il saperchut quelle estoit grosse la
chassa une espee traicte pour soccire / ꞇ tā
tost elle fut muee en ung arbre appele mir
re, et comme son pere eust feru cest arbre
adonis en fut ne. Ceste fable il expose ain
si, il dist que mirra est ung arbre q̃ croist
en ynde qui pour sa challeur du soleil se
nourrist iusques a meurete, ꞇ apres se fēt
au sōg en plusieurs lieux par lesquelles
fentures yst une liqueur que on appelle
mirre. Et pour ce par la force du soleil ce
mirre se concree en cest arbre / lequel soleil
il diēt estre pere ꞇ ēgēdreur de toute gene
racion ꞇ par lequel toutes choses viennēt
a meurete ꞇ pource est ce mirre dit filz du
soleil / ce mirre descend en terre par ces fē
dures par petites gouttes ainsi cōme lar
mes ꞇ pour ce dit on que adonides en fut
ne. car adon en grec vault autant comme
suauite/ et ce que se dit que venus layma
cest pour ce que luy mesmes estoit mer
ueilleusement chault a esmouuoir natu
re dont patronius arbiter dit que pour es
mouuoir a supure il buuoit ung beuura
ge affaictie de mirre.] Mais ieronimus
dit que selon les fables des poetes cel adō
ou adonis fut ung tresbeau iouuencel le
quel fut amy de venus qui premieremēt
fut oecy en ung mois de iuing/ et se fai

soit chascun an son anniuersaire ou il es̄ toit plaint et ploure merueilleusement p les femmes et puis dit que il rauiuoit de quoy on faisoit grant feste et chantoit on en ce temple de Venus/ et de ce nous auōs parle sur le quart chapitre du secōd liure) Apres quant il parle des temples de la mere des dieux (et de athis le beau iouuen cel qui fut chastre et des autres quil appe le gallos qui se pleurent par seur maleur te/ desquelz nous auons parle oudit iiii. chap. du second liure/ il se dit pour plus a plain et plus expressement demonstrer le fait de cel athis ou les prestres du temple de celle mere des dieux appele cibeles en la pseurant estoient si maleureux quilz se chastroient eulx mesmes.) Apres quāt il demāde quel bien on peut sentir de seurs temples il demonstre quil est a presumer que occultemēt ilz faisoient trop de plus laides choses quant ilz en faisoient tant appertement. Et inuue cy monseigneur saint augustin que moult de tres laides choses se faisoient par les prestres de celle mere des dieux lesquelz il appele gallos et molz.) Apres quant il parle de ces hō mes laidement enerues il demonstre que a prēdre (et regarder la qualite de ces prestres il neut ne nauoit quelque honnestete en ce seruice de ces dieux considere q leur estoi ent fais et celebrez en seurs temples par si ors et si deshonnestes prestres (et q ceulx qui chantoient aux scenes estoient anco res plus honnestes que eulx/ et toutesfois estoient infames ceulx qui ainsi iouoiēt et chātoiēt en ces scenes sicōe nous lauōs dit sur le viii. chapitre du tiers liure et p plus forte raison sōt infames les prestres lesquelz les iengleurs ne rechoiuent pas en leur cōpagnie en leurs scenes pour les laidures. et iassoit ce que les iengleurs et ceulx qui font les personnages faignent et facent semblant par aucune maniere q ilz se chastrent/ toutesfois nen font ilz ri ens defait/ mais en ont grant horreur et grant abhominacion.) Et quant il ap

pele celle laide chose du theatre temesique il se dit pour ses iengleurs (et musiciens q en diuers instrumēs comme orgues viel les harpes et autres instrumens musi caux chantoiēt en ces theatres tādis cōe on faisoit ces ieux/ et sont dictz temesicy pour ce que ilz chantoient en estant deuāt le lettrin qui en grec est appele temese/ si comme dit psidore ou p viii. liure de ses ethimologies/ et sont ces gens qui sont ap peles temesici comptez entre les officiers du scene.

(Des interpretaciōs des raisons natu relles lesquelles les plussages payés se forcent de mōstrer pour seurs dieux viii

Ais pour certain sicōme ilz di ent ilz ōt aucunes philosophies cestadire aucunes interpretaci ons des raisons naturelles/ toutesfois ainsi se nous querons en ceste disputaciō philozphie/ cestadire non pas la raisō de nature/ mais de dieu. Car iassoit ce que cellui qui est vray dieu soit de dieu/ non pas par oppinion/ mais par nature/ tou tesfois toute nature nest pas dieu. Car sans doubte nature est de hōme (et de beste et de arbre et de pierre desquelz aucū nest dieu/ mais se le chief de cest interpretaciō cest assauoir quāt on traicte des sacres de la mere des dieux pourquoy ārōs nous autres choses. Quelle chose a aydé plus clerement a ceulx q dient q tous ces dieux furent hōes/ car aussi sont ilz terriēs cōe la terre leur est mere. mais en sa vraye the ologie la terre est oeuure de dieu/ nō pas mere de dieu. toutesfois en quelq maniere qlz īterpretēt les tēples ou sacres dicelle mere des dieux (et les raportēt a la nature des choses/ ce nest pas selō nature. mais cōtre nature cestassauoir hōes souffrir es tre emasculez et chastrez ou qlz se metent ou permettent mettre dessoubz les fēmes

Ceste maladie ce crime ceste honte a au‑ctorité entre iceulx sacres ou sacrifices. La quelle chose a apeine confession entre les tourmens aux meurs peruerses ou vicieuses des hommes ¶ Apres se iceulx sacres ou sacrifices lesquelz sont conuain‑cus estre plusieurs entre les laidures sceni‑ques sont excusez et purgez par ce que ilz ont leurs interpretacions par lesquelles iceulx sacrifices ou sacres sont demonstrez signifier la nature des choses, pourquoy aussi ne sont excusez et purgez les dis des poetes. Car iceulx poetes ont interprete moult de choses de vne mesme maniere, ou a vng mesmes sens en tant que ce que aucuns interpretent celle trescruelle et tres mauuaise chose laquelle ilz ont dicte, c'est assauoir que saturne a deuoure ses filz. Aussi plusieurs interpretent que la proli‑pite ou longue espace du temps, laquel‑le est signifiee par le nom de saturne. De gaste tout ce quelle engendre. Ou si com‑me icelluy Varro se cuide que saturne ap‑partienne aux semences, lesquelles reche‑ent en la terre, delaquelle elles naissent de rechief. Et les autres ancores s'interpre‑tent par autre maniere, et les autres cho‑ses semblablement. Et toutesfois ceste theologie qui est dicte fabuleuse, et auec‑ques toutes ses interpretacions dessusdi‑ctes est reprinse et recitee et reprouuee. Et pour ce quelle a faint choses indignes des dieux elle est iugee et a bon droit a estre deboutee, non pas seulement de la theolo‑gie naturelle, laquelle est des philosophes mais aussi certes de ceste theologie cille de laquelle on afferme appartenir aux citez et aux peuples ¶ Et par ce conseil q'n'est pas chose merueilleuse, c'est assauoir pour ce que les hommes tresagus et tressensei‑gnez, desquelz ces choses sont escriptes, entendoient que toutes ces deux theolo‑gies deuoient estre reprouuees, c'est assa‑uoir celle fabuleuse et ceste ciuille, mais ilz osoient bien reprouuer celle, et n'osoient reprouuer ceste. Ilz proposerent que celle, c'est assauoir la fabuleuse deuoit estre blas‑mee, et opposerent ceste, c'est assauoir la ci‑uille estre acompaignee semblable a celle ceste assauoir a la fabuleuse, non pas a ce que ceste, c'est assauoir la ciuille fust esle‑uee a estre tenue par deuant celle, mais affin quelle fust entendue a estre refusee auecques icelle, et ainsi l'une et l'autre des‑prisee sans le peril de ceulx q redoubtoient reprendre la theologie ciuille, icelle theo‑logie quilz appellent naturelle trouuast lieu enuers les meilleures pensees, c'est a dire entre ceulx qui mieulx sentoient, car la ciuille et la fabuleuse sont toutes deux fabuleuses et toutes deux ciuilees. Cel‑luy les trouuera toutes deux fabuleuses qui regardera sagement les vanitez et or‑dures des dieux. Et celluy les trouuera ciuiles qui auisera aux festes et solenni‑tez des dieux ciuilz et aux choses diuines des citez, les ieux scenicques appartenans a la theologie fabuleuse. ¶ Comment doncques donne l'en la puissance a quel‑conques de ces dieux de donner vie pardu‑rable, lesquelz leurs ydoles et leurs sa‑cres conuaincquent estre tressemblables aux dieux fabuleux qui sont tresapperte‑ment reprouuez en formes en aage en se‑xe en habit et en generacions en manieres et en ordonnances En toutes lesquelles choses on entent quilz ont este hommes, et que en eulx ont este solennitez et sacrifi‑ces establis pour la vie et pour la mort de vngchascun deulx par les dyables q'ont insinue et afferme cest erreur ou certes sont entrez hastiuement aux pensees des hom‑mes affin quilz soient deceus par quelque occasion du tresort esperit.

Exposicion sur ce chapitre:

En ce huitiesme chapitre monsei‑gneur saint augustin argue con tre ceulx qui dirt que les choses qui sont faictes et l'onneur des dieux sont faictes pour representer aucunes raisons naturelles/et se dit affin que par ce ilz soient excusez des choses qui sont demonstrees selon la theologie ciuile/et argue contre celle excusacion en quatre manieres. Premieremẽt par ce que celle ne fait riens a propos/car on traicte peu de theologie/ non pas de philosophie. C'est a dire de la raison de dieu/ɇt laquelle n'est d'autre nature ou condicion que dieu | Secondement il argue contre celle excusacion et monstre que par l'interpretation de la raison naturelle quilz font il vient a sa conclusion et a son intencion. Et celle seconde partie se commence ou il dit / mais se le chief de celle interpretation &c. Car ilz dient que la mere des dieux est terre / et selle est terre il s'ensuit que les dieux engendrez soient terrestres.) Tiercemẽt il argue contre ceste excusacion pour ce ǧ ou seruice de ces dieux se font moult de choses/lesquelles sont contre nature/si comme ceulx qui se chastroient et les effeminez et autres de quoy il parle mesmes illecques/et ceste tierce partie se commence ou il dit. Touteffois en quelque maniere &c. Quartement il argue contre ceste excusacion/ Et monstre que par autre maniere ou par autelle raison come on peut excuser la theologie ciuile par autelle maniere peut on excuser la fabuleuse ou poeticque. Et ceste iiii. ptie se commence ou il dit Comment doncques &c. Et fait ancores monseigneur saint augustin deux choses. Car premierement il demonstre par l'exemple de saturne. lequel les poetes faingnent quil deuouroit ses enfans qu'on peut excuser la theologie fabuleuse ou poeticque/par interpretacion de raison naturelle ainsi come on excuse la theologie ciuile/ Et touteffois nonobstant ces interpretacions est reprouuee celle theologie fabuleuse ou poeticque. Et ceste chose il conferme par l'interpretacion de saturne que fist Varro de celle fiction de saturne. Et est assauoir ǧ en toute fable de poete a aucune verite couuerte selon l'intencion du poete qui faint ou fait celle cause dont ysidoe ou huitiesme liure de ses ethimologies dit que l'office des poetes est de raconter la verite soubz aucunes couuertures/dõt il ya aucunes fables qui ont exposiciõ naturelle aucunes historiale aucũes morale. mais l'exposiciõ de la fable de saturne qui deuoure ses enfans laquelle met monseigneur saint augustin est naturelle / toutesfois a elle autre exposiciõ. Car sicõme nous auons dit autreffois elle a autre exposicion historiale/ c'est assauoir que saturne qui fut roy de crete & pere de iupiter fut en verite cruel enuers ses enfans. | Et qui vouldra veoir de ses interpretacions et de ses fictions voye fulgence ou liure de ses mitologies. Apres ou il dit/ et par ce conseil qui n'est pas merueilleux &c. Il assigne la cause pourquoy les sages hõmes anciens/sicomme Varro et ses autres reprouuerent la theologie fabuleuse ou poeticque/ & non pas la ciuise & dit que ilz ne reprouuoient pas la ciuile expresse ment pour ce quilz n'osoient. Et pour ce ilz reprouuoient la fabuleuse & poeticque en ce en quoy elle estoit semblable a la ciuile / Car a dire verite et la poeticque et la ciuile sont toutes deux menterresses & fabuleuses/& si sẽblent estre toutes deux ciuiles Car toute la substance de ces ieux sceniques laquelle est en raconter fables & en chanter est faicte et demonstree ou seruice de ces dieux ciuilz. | Apres quant il dit. Comment doncques &c. Il conclud sa conclusion principalle a quoy il a tendu/ c'est assauoir qu'on ne doit point plus esperer la vie par durable des dieux ciuilz que des dieux poeticques/ comme ilz soient semblables en tout et partout et que les fourmes et figures de ces dieux demõstrẽt que ilz ont esté aucunessois hõmes.

⁋ Des offices dunchascun des dieux. ix

Quelle chose est ce de ces offices des dieux si vilement et menuement detrenchēt pourquoy ilz dient que il leur conuient supplier pour le propre dom de vngchascun deux dont nous auons dit ia moult de choses/ non pas de toutes/ne saccordent pas ces offices dessusdis plus en saideure ennemie q̄ a dignite diuine. ⁋ Se aucun ordonnoit a vng enfant deux nourrices desquelles lune ne donnast riens fors que viande: Et lautre ne luy donnast riens fors que boire/sicomme ceulx cy ont ordōne a ces deux deesses/cestassauoir edulitam et potinam ne sembleroit ce pas rassoter et faire en sa maison aucune chose semblable a ienglerie ou a menestraudie/ ilz veulent que ce dieu liber soit dit et appele de ce nō laurence a ce que les masles soient desliures par beneficez de semēces mises hors en faisant les oeuures de nature Et celle mesmes chose ilz veulent dire que celle de esse quilz appelēt liberale fait aux femmes/laquelle deesse ilz cuidēt estre ainsi venus pour ce q̄ ilz demōstrent que celles deesses libera et venus facent mettre hors les semences/et pource ilz veulent que icelluy mesmes membre naturel du corps de lhomme soit mis ou temple a ce dieu liber et icelluy mesmes membre naturel du corps de la femme a celle deesse libera Ilz adioustent a ces choses les femmes qui sont attribuees ou ordonnees a ce dieu liber et si adioustēt le vin pour esmouuoir la delectacion charnele. Ainsi les ieux quilz appelent bachanalia sont en leurs sacrifices celebrez par tres grans fourseneries la ou varro confesse que telles choses ne peussent estre faictes de ceulx qui cel ebrēt celle solennite fors que par pensee esmeue. ⁋ Ces choses toutesfois despleurent depuis a la plus saine partie du senat et commanda que elles fussent ostees: ⁋ Icy au moins parauen-

ture sentirent ilz finablement quel pouoir aient les mauuais esperis aux pensees des hommes quant iceulx mauuais esperis sont reputez pour dieux. ⁋ Pour certain ces choses ne seroient pas faictes aux theatres. Quelz merueilles/ilz se iouent illec et ne fourscennent pas/iassoit ce que auoir telz dieux qui se delitēt p̄ tel se maniere a telz ieux soit semblable chose a fourcennerie/mais quelle chose est ce que comme icelluy varro diuise les religieux de saine religion par celle distinction/ Cestassauoir quil dit que les dieux sont doubtez ou resongniez des religieux tant seulement cōme pere et mere/et non pas comme ennemies. Et dit icelluy varro que tous iceulx sont si bons que il est plus legiere chose a eulx despargner aux mauuais que de blecher quelque innocēt Touteffois recorde il quil a trois dieux ordonnez ne garde a la fēme grosse apres ce quelle a enfante/affin que ce dieu appele siluanus ny entre par nuyt et sa trauelle. ⁋ Et pour signifier la cause de ces trois gardes icelluy varro veult que trois hommes enuironnent les entrees de la maison et quilz fierēt et frapent le sueil de la maison premierement de la congnee apres dun flaiau ou p̄steau/tiercement pour nettoier ou froter de balays a ce que par ces signes que len donne de adourer il soit deffendu a ce dieu siluanus a y entrer pour ce que les arbres ne sont coupez ne taillez sans fer ne souruent confit sans flaiau ou pesteau ne les bledz assēblez sans balay/ ⁋ Mais icelluy varro veult ētēdre de ces trois choses iii. dieux Cestassauoir le dieu quil appele intercidionē du trenchement ou scision de la congnee le dieu piliminum du flaiau ou pesteau et la deesse deuerarif pour cause des balays par lesquelz dieux qui sont gardes/la femme qui a enfant fust gardee contre la force de ce dieu siluanus. ⁋ Ainsi la garde des bons dieux ne vauldroit pas contre lhorrible cruaulte du dieu q̄ est nuysant se ilz ne fussent plusieurs contre vng/ et se ilz ne contrestassent a icelluy dieu qui est aspre a doubter & mal assemilie et desarre par signes ainsi comme sauuages de aourer ainsi come sauuaiges a luy. Et ainsi ceste innocence et ceste concorde des dieux/ ne sont pas ainsi les dieux saulueurs des citez a mocquer plus que ne sont les ieux des theatres. Quant le masle et la femelle sont conioictz on y adiouste ce dieu iugatinus. Soit ce souffert/ mais quant on doit mener celle qui est espousee en sa maison ce dieu appele domiducus y est applicque a ce quelle demeure auec son mary/ celle deesse appelee muturna y est adioustee. Que demande on plus soit espaigne a vergongne ou a honte humaine le desir de la chair et du sang par sa ces autres choses en pourchasant le secret de la chastete. Pourquoy est en pry le lit de lassemblee des dieux quant les amis sen departent et que ce lit est plain de ladicte assemblee de dieux. Non pas pour ce que quant ilz congnoissent leur presence ilz mettent plus grant diligence a garder la chastete/ mais a ce que sans aucune force virginite soit ostee a la femme enfermee de peur et paoureuse pour la nouueltete par leyde que les dieux y sont Car la est presente celle deesse appelee virginensis et ce dieu appele pater subigus et celle deesse appelee materprema & celle deesse appelee partunda et venus et priapus. Quest ce dit il se il conuenoit que lhome qui se trauueille & fait tout son pouoir en celle oeuure eust mestier de leyde des dieux ne souffiroit il pas vng aucun dieu ou vne aucune deesse. Seroit ce pou de celle deesse venus toute seule laquelle elle mesmes est appelee pour ce que sans la force delle femme ne laisse point a estre vierge. Se aucune honte est aux hommes laquelle nest pas aux dieux quant les espousez croient que tant de dieux de diuers sexes sont presens et quil a. en cent celle oeuure/ ne sont il pas si sourpris ou esprins de honte que lhomme soit mois esmeu/ cestassauoir a icelle oeuure et la femme aussi par telle maniere que ancores pour certain il resiste elle plus/ & se celle deesse virginensis est presente a ce que la chainture de la vierge soit deschainte. De ce dieu subigus est present a ce que elle soit mise soubz lhome/ & celle deesse prema est presente a ce que elle soit mise soubz lhomme elle soit empressee assi quelle ne se remue/ que fait la celle deesse partunda.) Ait honte et sen voye hors & face le mary aucune chose:] Cest chose moult deshoneste que ce que elle est appelee aucun lacomplisse fors luy. mais par auenture on soeuffre que telle deesse y soit pour ce quelle est dicte deesse et non pas dieu. car se on cuidast quelle fust masle/ et quelle fut appelee partundus le mary demanderoit plus a aydecontre luy pour la chastete de la femme que celle qui a enfant ne se requiert contre le dieu siluanus Mais que diray ie comme sa soit ce dieu masle appele priapus dessus le tresfait et tresgrant membre naturel/ duquel la nouuelle espousee estoit constrainte a soy asseoir a la coustume et maniere treshoneste et tresreligieuse des matrones. Aillent ancores. Cestassauoir ces philosophes dessudictz et sefforcent par telle subtilite comme ilz pourront de diuiser sa theologie ciuile de la theologie fabuleuse les citez des theatres les temples des scenes cestadire les lieux ou les ieux secques sont fais les sacres ou consecracions des euesques des dictiers des poetes ainsi comme choses honnestes sont diuisees des laides choses vrayes des faulses choses pesans des legieres.) Les festes des ors champs qui se font aux ieux choses qui sont a desirer ou a appeter de celles qui sont a refuser. nous entedons bien quelle chose ilz font: Ilz sceuent que celle theologie theatricque et fabuleuse deppend de celle theologie ciuile: Et sceuent quelle se represente a elle des dictiers des poetes ainsi comme le miroir dicelle.) Et pour ce ceste cy qui sensuit/ Cestassauoir la theologie ciuile qui est mise auant de laquelle ilz nosent blasmer ilz arguēt et reprouuent plus fraccement la face de ceste Cestassauoir la theologie fabuleuse, de laquelle la ciuile est pmage et ce q ceulx qui cōgnoissent quelle chose elles peulēt desprisēt icelle mesmes, cestassauoir la theologie ciuile de laquelle icelle theologie fabuleuse est pmage Laquelle toutesfois iceulx dieux cōme seilz regardēt en vng mesmes miroir cōment affin q sa en lune et lautre theologie on voie qui (q̄lz ilz sont. Dont certainemēt iceulx dieux mesmes ont constrait ceulx quiles adouroient par cōmandemēs espouentables a ce quilz leur accomplissent ou cōsacrassent lordure de theologie fabuleuse et la missent en leurs solennitez et leussent entre les choses diuines, et pour ce ilz enseignerēt plus clerement que eulx mesmes estoient tresors esperis et firent ceste theologie theatricque, cestadire fabuleuse regetee et reprouuee membre et partie de ceste theologie ciuile cōe esleuee (q approuuee a ce que vne partie dicelle soit aux escriptures des prestres, Et lautre partie aux chancons (q dictiers des poetes comme elle toute soit laide et fausse et contiengne en soy dieux sainctz et saulx, mais se elle a autres parties cest vne autre questiō Je cuide que iay assez demonstre pour diuision de Varro que la theologie de sa cite et celle du theatre appartiennēt a vne theologie ciuile. Dont comme toutes ces deux choses soient de laideur pareilles in dignete et faulsete ia nauiengne que hōmes religieux esperēt vie pardurable ne de lune ne de lautre: Apres icelluy Varro cōmenca a raconter (q nombrer les dieux des le cōmencemēt de la conceptiō de lhōe Et cōmenca a nōbrer et a cōmencer de ce dieu appele ianus, et icelle ordre il demena iusques a sa mort de hōme tresancien et fist la fin diceux dieux appartenans a icelluy hōe a celle deesse appelee nenia laquelle est celebree aux funeralles, cest adire aux enterremens ou obseques des acies Apres il cōmēca a mōstrer les autres

dieux lesquelz appartiennent / non pas a icelluy hōme, mais les choses lesquelles sont de lhōme, sicōme est viure (ves ture et quelcōques autre chose lesquelles sont necessaires a ceste vie, et monstre en toutes ces choses qui est le don de chascun et pour q̄lle chose on doit supplier a chascun en toute laquelle diligence il na monstre ou nombre aucūs dieux desquelz on dope demander la vie pardurable pour laquelle chose seule nous sōmes proprement crestiens: Qui est doncques si rude qui nentende rest hōme / cestassauoir Varro qui expose si diligēmēt la theologie ciuile et en la demonstrant semblable a la theologie fabuleuse estre indigne et reprouue (q en enseignāt tresclerement celle theologie fabuleuse estre partie de celle ciuile. Que cest hōme nait voulu autre chose fors appareiller lieu aux pēsees des hōmes a celle theologie naturelle laquelle il dist appartenir aux philosophes cestassauoir par ceste subtilite quil repriēt sa theologie fabuleuse, mais certes il no se reprendre la ciuile, mais la monstre reprenable en la descouurāt. Et aussi quāt lune et lautre, cestadire sa ciuile et la fabuleuse est reprouuee par le iugement des entendās, il sensuit droicturierement quō doie eslire la seule theologie de laquelle nous determinerons plus dilligēment en son lieu a lepde de dieu.

(Exposicion sur ce chapitre.

En ce ix. chapitre mōseigneur saīt augustin demonstre que a bien regarder et considerer les offices des dieux du tēple ou de sa cite, la laideur de la theologie ciuile nest point moindre que celle de la theologie fabuleuse ou du theatre. Et fait en ce chapitre deux choses monseigneur saint augusti

premierement il demonstre ce quil a dit. ¶ Secondement il demonstre que de ces dieux ciuilz on ne doit attendre ne esperer en quelque maniere la vie pdurable qui est la conclusion principalle de ce vi. liure Et celle seconde partie se comence vers la fin ou il dit. Dont come toutes ces deux soient de laideur pareille ꝛcet. La premiere partie est diuisee en trois. ¶ Premierement il va par les offices des dieux et demonstre com grans laidures ⁊ com grãs superfluitez il a en iceulx dieux. ¶ Secondement il sadresse contre ceulx q̃ veulent mettre la theologie ciuile cõe la plus honneste auant la theologie fabuleuse.
¶ Tiercement il demõstre lordure des dieux qui se delitent en ces ordures de ces fables et de ces fictions mensongieres / La seconde partie se comence ou il dit. Ailsent ancores ꝛcet. La tierce partie se comẽce ou il dit Laqlle touteffois ꝛc. Quant a la premiere partie il touche diuers offices des dieux desquelz il fault demander choses singulieres selon leurs offices sicõme il a este dit ou premier chapitre de ce liure / desquelz dieux mõseigneur saït augustin a mis les offices et distingue en partie en plusieurs chapitres du quart liure. Apres quant il dit il adioustent a ces choses ꝛc. Il veult dire que en la feste et solennite de liber pater qui autremẽt est appele bachus / cestadire le dieu du vin on faisoit venir femes et les enyuroit on tellement quil sembloit quelles fussent toutes hors du sens et sappeloient propremẽt orgia bachi / ⁊ les autres sappeloient sacra bachanalia / cestadire la solennite de bachus. Ces ieux durerent long temps. mais touteffois ilz furẽt ostez ⁊ mis ius pour la grãt ordure et laidure de celle forsennerie de ces femes qui ainsi senyuroiẽt sicõme dit monseigneur saint augusti ou viii. chapitre du pviii. liure / mais titus liuius ou viii. chapitre de bello macedonico raconte autre cause pourquoy ces ieux furent abatus et ostez et dit que il vint vng homme de grece a rõme qui

dit quil vousoit enseigner noui̇elle maniere et nouuelle ordonnance de adourer ce liber pater autremẽt appele bachus et de faire ces solennitez. Et premierement il fist faire ⁊ celebrer p treshonnestes matrones et estoient fais tous de iours. Et apres aucun temps furent continuez iusques a la nuit / ⁊ finablemẽt furent tous fais de nuit. la deonient gẽs en grãt multitude hommes et femes et petis enfans et la cõmenca on a faire tant de mauuaistiez tant de hõmes de femmes cõme den fans que ce seroit horreur de la raconter / car il abusoient de hommes de femmes et de enfans et ceulx qui ne se vouloient consentir a eulx il les occisoient. ¶ Finablemẽt ceste chose vint a la congnoissance du senat par vne chãberiere de vne matrone de romme qui auoit suiuy sa dame iusques au lieu ou se faisoient ces ordures a laquelle il en despleut merueilleusement / et aussi fut il sceu p vng toũecel a qui elle auoit tout reuele ce quelle auoit veu / et celle chose venue a la congnoissance du senat en enquist ⁊ fist encquerre diligemment la verite. Laquelle trouuee ilz commanderent quon mist et fist mettre a mort tous ceulx que sen trouueroit estre coulpables de ces ordures et en peut occps maint milliers que dhommes que de femes / et par ce cesserent ces ieux. Et pour ceste cause ordonnerent dorenauãt q̃ nul ne fust ne trouuast nulle nouuelle maniere de adourer se ce nestoit par lauctorite du senat. De ces ieux et comment ilz furent abatus fait mencion valerius mapimus en son sixiesme liure ou troiziesme chapitre. Et dit que ce fut ou temps que spurius postumus albinus ⁊ quintus marcus philippus estoient consulz de romme. Et dit que lors le senat manda que sen encquist bien tost et diligemment lesquelles femmes sestoient fourfaites en leur mariage / ⁊ cõe on eust trouue tresgrant quantite / ilz regarderent que cestoit grant laidure et moult grant reproche a la tresnoble cite de romme /

Et pour ce en prindrent telle Bengāce que ilz les mirent a mort et si osterēt ces ieux. Apres quant il parle du dieu siluanus/ Ce dieu selon les grecz lequel ilz tiennēt a vng dieu sauuaige ou des champs est autrement appelé pan et est appelé dieu incube/ cestadire de ceulx q̄ habitēt auecq̄s les femmes et sont proprement mauuais esperis dont les vngz sont appelez incubes et les autres sont appelez succubes dont monseigneur saint augustin p̄le ou xxi. chapitre du xvi. liure/ et nous en parlerons plus plainement ou il escherra soit la soit ailleurs. ¶Et pour ce quil est dieu sauuaige ou de bois pour ceste cause ainsi comme cellup qui a horreur de laboutage on le chasse par trois signes qui appartiennent a labourages/ desquelz le premier signe appartient a sincision des arbres pour ce quil fault deffeicher et copper auant que len puist labourer. Le second appartient au nettoiemēt des bledz et fourmēs. Et le tiers appartient a les assembler a auenir/ et pour ce faingnent ilz ces trois dieux/ lesquelz ilz diēt quilz semonnoiēt pour garder la femme en sa gesine apres ce quelle a eu enfāt et le iour plus du septe est tout cler quant a ce: Ce dieu siluanus selon ysidore ou viii. liure des ethimologies est appellé en grec pan qui vault autant adire en francois comme tout. Ces grecz le figurent cōme fait de tous les elemens il a cornes a la semblance des rays du soleil et de la lune.

¶Il a le peau tahie de diuerses taches pour les estoilles du ciel, il a la face rouge a la semblance de lair, il a vne flute de sept pertruis ou a sept petis flagos q̄l tient en sa main pour larmonie du ciel/ ou il a sept tons et sept diuisions de voix il est velu et plain de peaulx pour ce que la terre quant elle est vestue des herbes en este et le vent demaine celle herbe elle en est plus belle et plus plaisant. il a la partie de dessoubz le pié q̄ orde qui seuffre les arbres les bestes sauuages et autres bestes/ il a ongles de chieure pour monstrer la fermete de la terre pour ce que la chieure a le pied merueilleusement dur et ferme. Et pour ce est il appelé pan que ilz dient quil est dieu de nature. Car comme dit est dessus pan en grec vault autant a dire comme omne en latin. cestadire tout. Et quant est des autres dieux que monseigneur saint augustī nomme en ce chapitre il exxpose dequoy il seruent chascun en son office excepte la deesse appelee partunda laq̄lle estoit celle q̄ quant le mary estoit sur sa femme selō les poetes aidoit a acheuer son oeuure et a getter sa semence: Et pour ce dit monseigneur saint augustin que cest chose tres deshonneste que ce que celle la est appelee. cestadire partunda ainsi dicte pour loffice dont elle est nommee autre accomplisse loffice que cellup. cestadire que le mary qui laboure. Apres quant il parle du dieu priapus, ce fut le membre naturel de liber pater qui lauoit si grant si ort q̄ si lait que pour ceste cause il sappele masle/ q̄ sappele monseigneur saint augustin fascinū pour ce que auāt que on trouuast lusage des brayes pour le bouter on senueloppoit de bendeaux ou lopens ainsi comme on lope les enfans/ si comme dit hugucce lequel est appelé en la saincte escripture beelphegor. si comme dit ysidore ou viii. liure de ses ethimologies ou chapitre des dieux/ Et fut vng grant ribault qui fut dune cite quon appele lapsaton qui estoit en eleponth/ leq̄l pour le grandeur de son membre qui estoit si ort et si excessif fut chassé hors dicelle cite, et touteffois depuis fut il tenu pour dieu et le appellerēt le dieu des gardīs si cōe dit seruius/ q̄ fut ainsi appele pour ce q̄ suppose que les terres ne portent que vne fois lan touteffois par il tousiours fruis aux iardins. ¶Apres quant il parle des dieux de ceulx qui les adourent lesquelz exp̄torquerrēt ces ieux de leurs seruiteurs et de ceulx qui les adouroient, et boulurent que len leur fist Nous en auons parle ou xxvi. chap du quart liure ou nous auons monstre comment les dieux des rommains voulurent que sen leur recõmencast les ieup sceniques. Apres quāt il dit que cest vne autre question se ceste theologie a autres parties / ¶ Il le dit pour ce que hors les choses escriptes et les autres choses qui estoient publiees et recitees publicquemēt aup scenes et aup theaties / il y auoit choses repostes et murees que les prestres faisoiēt lesquelles estoiēt tropplussaides. Apres quant il dit que toutes les deup theologies / cestassauoir la ciuille et la fabuleuse ou theatricq sont de vne mesmes laideur. Il conclud la cõclusiõ a quoy il a tendu principasemēt. et fait ey deup choses.) Car premierement par les choses deuant declairees il demõstre quil a son intencion.) Secondemēt il se declaire plainement par les dictz de Barro et fait il ancores deup choses Car premierement il met les dictz de Barro et la distinction quil fait entre les dieup qui appartiennent a hõme et aup choses qui sont de somme. Secondement il conclud que Barro entendoit autrement en son cueur et en sa pensee de ceste theologie ciuille et fabuleuse que ses paroles ne demonstrent de prime face.

¶ De la franchise de seneque qui reprent plusfort la theologie ciuile que Barro ne fait la fabuleuse. v.

Certes la franchise laquelle deffaillit a cestup Barro en telle maniere quil nosa reprēdre apertemēt ceste theologie de sa cite quil appelle ciuille tressemblable a sa theologie des theatres ainsi comme il blasmoit celle Cestassauoir la theologie des theatres. icelle franchise pour certain ne deffaillit pas du tout mais de aucune partie a ce philozophe appelle anneus seneca lequel nous auons trouue par aucuns enseignemens quil florist et fut en grant auctorite

ou temps de noz apostres / car celle franchise luy fut presentee en escripsant, et luy deffaillit en viuant. Car ou liure lequel icellup seneque fist cõtre vaines religions il reprent moult plus largement et plus fermement ceste theologie ciuile et citoiēne que Barro ne fait la theatricque et sabuleuse. car comme icellup seneque parlast des ydoles il dit en ceste maniere. ilz dedierent les sais dieup immortelz incorrompables en matiere tresvile et nõ mouable et q ne se peuent mouuoir / ilz leur vestent habit de hommes et de bestes sauuages et de poissons. et aucuns les vestent de diuers corps de double seye / cestadire de femele / et icellup ilz appellēt sais lesquelz leur sembloient monstrez aup choses abhominables se ilz prendoiēt esperit de vie soudainement et leur venoiēt a lencontre, et puis vng pou apres ce que il eut demene les sentences daucuns philozophes en parlant de la theolozie naturelle il opposa a soy mesmes vne question et dit ainsi. Aucun pourra dire en lieu croiray ie le ciel et la terre estre dieup et les vngz dieup estre dessus la lune. et les autres dessoubz. Macorderay ie a ce philozophe platon et a ce philozophe stratiõ perypatheticq. desquelz lun fist dieup sans corps et lautre le fist sans ame, et en respondant a ce. icellup seneque dist ainsi finablement, quest ce doncques dist il seqtz songes sont plus vrays ou de titus tacius ou de romulus ou de tulius hostilius / titus tacius dedia celle deesse appellee cloacina / romulus dedia ces dieup appellez piccus et tiberinus / et hostilius dedia ces deesses appellees paour et paleur Cestassauoir les tresespouētables desirs ou affections des hommes lesquelz lun / cestassauoir paour est mouuement de pēsee espouentable. et lautre du corps. et touteffois nest point paleur maladie / mais couleur / croiras tu mieup ces dieup et les receueras ou ciel. mais cõ frāchemēt escript il de ces ordonnances et manieres de adourer cruellement laides / cestup dit

il se couppe ses membres genitoires sau
tre se trenche les bras ou doubtent ceulx
les dieux courouchez qui desseruent a les
auoir si secourables, et les dieux desser‑
uent ceste chose ilz ne doiuent estre adou
rez en aucune maniere. Et que ses dieux
soient appaisez par telle maniere sa sour
cennerie de sa pensee tourblee et mise hors
de son siege & de son ordōnance y est si grā
de que les hommes ilz se combatent les
ungz cōtre les autres ne sourcēnēt pas si
laidemēt es tyrans plais de cruaulte tres
espouētable, laquelle est escripte aux fa‑
bles ont deschire les membres de aucuns
mais ilz ne cōmanderent oncques a aucū
quil deschirast ses membres. Aucuns ōt
este chastrez ou plaisir ou desir de sa rap
ase superfluite, cest a sauoir de la defecta
cion charnelle des roys mais oncques p
commandement de seigneur homme ne
mist les mains en soy affin quil ne fust
homme. Quant ilz se tuent ou decoup‑
pent aux temples par leurs plaies et par
leur sang. Se aucun a loisir et temps de
regarder quelle chose ilz sont quelle cho‑
se ilz souffrent il trouuera tāt de laides
choses aux gens honnestes, tant de cho‑
ses indignes aux frans, tant dissembla
bles aux sains, quil nest homme qui fa‑
ce doubte quilz ne sourse nassent se ilz ne
sourse nassent en plus petit nōbre, mais
la grant multitude de ceulx qui sourcen
nent est apresent la deffence de leur sante
Qui est celluy qui croye que ces choses q̄
icelluy seneque raconte que sen a acoustu
me a faire icelluy capitose, et lesquelz il
reprent du tout sans quelque paour, qui
est celluy dy ie qui croie que ces choses soi
ent faictes de ceulx qui sen mocquent ou
qui sont hors du sens, car commes aux
sacrifices des egiptiens il se fust mocque
de ce quilz plouroient la perte de osirim ma
ry de ysis royne de egypte, & tantost se res
iouissēt apres ce quilz sauoiēt trouue com
me la perte et sa trouue dicelluy soient
fainctes, toutessois icelle douleur icelle
leesse sont exprimees Vraiement de ceulx

qui nont riens perdu ne riens trouue Et
neantmoins dist il quil ya certain temps
ouquel se fait ceste sourcennerie, ceste cho
se dist il a souffrir ou tollerable de sour‑
cenner Une fois say, de sa dist il, ie Vins
ou capitose, ce sera hōteuse chose a sa sour
cennerie que iaye publie de raconter ce que
Vaine sourcennerie satribue dossicee. Seql
met les dieux estre subgetz a iupiter. lau
tre luy fait sauoir les heures le sur teus y
est deuāt luy, aussi y est celluy qui oingt
ce dieu, lautre qui ensuit cellui q̄ les oingt
par le Vain mouuement des bras. La sōt
femes qui ordonnent les cheueulx a iuno
ou a minerue. il y en a qui sont soingz du
tēple, non pas de lydole seulemēt, mais
q̄ remuent les dois en sa maniere de ceulx
qui tournent les cheueulx pour mettre a
point. il en ya qui tiennent le miroir. La
sont ceulx qui appellēt ses dieux a leurs
gaigeries et plegeries. La sont ceulx qui
leur offrent leurs libelles, et leur demō‑
strent et les enseignent de leurs causes:
Ung sage menestrel anciē et ia Viellart
appele archimimus, cest adire principal
des autres faisoit chascuy iour dinstru‑
mens ou capitose ce qui pouoit ainsi cō‑
se ses dieux entendissent ou cōsiderassēt
Voulentiers ce que ses hommes auoient
entrelaisse. La sarrestent et seruent a ces
dieux immortelz ouuriers de toute ma‑
niere dartifice, et ung pou apres il dit ai
si, se ceulx cy promettent aussi a dicu Vsa
ge Vain et Vuit ou qui de riēs ne sert. tou
tessois nest il pas iname. Je y a aucūes
qui se seoiēt ou capitose lesquelles cuidēt
estre aymees de iupiter et lesquelles ne
sont point espouentees du regard de celle
deesse iuno, laqlle se tu Veulz croire aux
poetes est tres ireuse. Varro ne Veust pas
ceste franchise, il a ose reprendre la theolo
gie des poetes tant seulemēt, mais il na
pas ose reprendre la ciuille laquelle cel‑
luy, cest a sauoir seneq̄ a abatue ou laiss‑
se cheoir. Mais se nous considerons le
Voir les tēples ou ces choses sont faictes
sont pires que ne sōt les theatres ou elles

ſont faint/dont ſeneque ayma mieulx
a eſlire a vſages ces parties en ces ſacrifi
ces de ſa theologie ciuille a ce que il ne les
ait pas en ſon courage par vraye religiõ
mais les faingne par fais ſuppoſez/ car
il dit ainſi toutes leſquelles choſes le ſa
ge gardera comme cõmandees par loip
nõ pas tãt agreables aux dieux. ¶ Ung
pou apres il dit. Queſt ce diſt il q̃ nous
ioingnons les mariages des dieux/ɛ ſi
ne ioingnons pas ſainctement ceulx des
freres et ſoeurs. Nous donnons celle de
eſſe Bellona a ce dieu mars/celle deeſſe ve
nus a ce dieu vulcanus/celle deeſſe ſala
tia a ce dieu neptunus. Touteſfois nꝰ
en laiſſons aucuns qui maintẽ vie cha
ſte ainſi comme ſe le lignage ſoit failly/
meſmement comme il en y ait aucunes veſ
ues/ ſicomme celle deeſſe pupuſona ɛ ful
gra/et celle deeſſe dina et rumina. Les
quelles ſelles ont failly a requerir nẽ
ay pas merueilles/nous aourerons diſt
il ainſi ceſte tourbe ou multitude vil
ſaine des dieux/laquelle vaine religiõ
a aſſemblee de long temps et de grant a
age a ce quil nous ſouuiengne que abou
ter celle tourbe ou multitude appartient
plus a accouſtumance ne eſtabliret pas
en ſa theologie ciuille choſe qui ſuſt a
greable aux dieux qui nappartenist a ſa
verite. mais ceſtui ſeneque lequel les phi
loſophes firent ainſi comme franc pour
ce quil eſtoit noble ſenateur du peuple rõ
main hõnouroit ce quil reprenoit. faiſoit
ce quil contrediſoit ɛ adouroit ce qͥl blaſ
moit/car il auoit aprins de philoſophie
aucune grande choſe affin qͥl ne fuſt val
religieux ou monde/ɛ quil ne fiſt pas ce
que le ſcenique faignoit ou theatre. mais
ſenſuiuit ou temple par les loix des citoi
ens et les accouſtumances des hommes
Et en ce faiſant le fiſt plus dannablemẽt
par ce que il faiſoit les choſes leſquelles
il faiſoit menſſongierement en telle mani
ere que le peuple cuidoit quil les fiſt vrai
ement/ɛ celluy qui faiſoit le ieu ſcenique
ſe delictaſt plus en iouant que il ne les

decepuſit en faingnant ou decepuant

¶ Expoſicion ſur ce chapitre.

En ce p̃ſent chapitre mõſeigneur ſaint
auguſtin pourſuit la ſentence et
lintencion de ſeneque et de ſa theologie ci
uille/ et fait deux choſes en ce chapitre:
¶ Premierement il met ſeneque au deuãt
de varro/ pour ce que plus franchement et
plus expreſſement et ſans quelconques
crainte il miſt en eſcript ce quil ſentoit eſ
tre de verite des dieux: ¶ Secondement
il reprent de faintiſe ɛ de ſimulacion var
ro pour ce que cõtre ce quil en ſentoit, et qͥl
en auoit eſcript il adourolſes dieux/ɛ cel
le ſeconde ptie ſe cõmence ou il dit/mais
ceſtuy varro que les philoſophes ɛcet.
En ſa premiere partie il fait trois choſes
premieremẽt il demonſtre comment franche
ment ſeneque reprent ces dieux. Secon
dement cõment franchement il reproeuue
leurs cerimonies ſacrifices et ordonnan
ces. Tiercement il reproeuue les maria
ges de ces dieux: La ſeconde partie ſe cõ
mence ou il dit/ mais com̃ franchement
eſcript il de leurs ordonnances ɛcet. et la
tierce ou il dit, et ung pou apres ɛcet. Ce
ſeneque fut hõme moult moral et fut du
temps des apoſtres de noſtre ſeigneur. ſi
cõme il ſe peut apparoir par les epiſtres
que ſaint pol eſcript a luy/ et luy a ſainct
pol, il fut maiſtre neron et fiſt moult de
belles oeuures et ſolẽneles tẽdãs a mora
lite ſi cõme ſes epiſtres ad lucium/les tra
gedies ſabregie de titus liuius quon ap
pele epithomes des quatre vertus cardi
naulx de clemence de ira a lempereur ne
ron/ des queſtions naturelles/ des reme
des contre fortune ou choſes fortuites. les
declinacions ɛ pluſieurs autres oeuures
que len peut veoir et trouuer en pluſieurs
lieux. Aps qͣnt il parle du diuers habit

E ii.

des dieux il veult dire quilz estoient adou
rez en diuers lieux et soubz diuerses four
mes. Et pour ce est il cy a noter la fable
des geans qui entreprindrent a mettre
les dieux hors de leurs sieges & de les chas
ser du ciel, et firent vne grant assemblee
telle et si grande que les dieux se muceret
pour eulx et prindrent autres fourmes
quilz ne auoient parauant affin quilz ne
fussent congneuz. Dont iupiter print la
fourme du boucq ou du mouton, et soubz
ceste fourme estoit il adoure en affricque
ou temple qui sappeloit le teple amonis
sicome il appert par listoire de alixandre
combien que lup et appolo fussent adourez
a romme en fourme humaine. Derechief
phebus qui vault autant comme appolo
cestadire le soleil, prinst la fourme dun
corbeau, phebe, cestadire la lune que les
poetes faignent et appellent dyane prist
sa fourme dune cerue, iuno la fourme
dune vache, venus dun poisson, et pour
ce estoiet ilz adourez e diuers lieux soubz
ces fourmes et manieres. Dont clemens
in itinerario en son v. liure en parlant des
dieux des egiptiens qui furent premiers
ydolatres et qui premiers adourent les
ydoles dit que aucuns deulx adoureret
le beuf, lautre la brebis, lautre le bouc,
lautre le serpent et plusieurs autres. De
la maniere de adourer le beuf ou thoreau
parle plinius en son liure naturalis hys
torie qui est vne chose moult merueilleu
se, et selon ce que ilz sont de diuerses na
tures et de diuerses maieres leur sot fais
diuers sacrifices, cestassauoir a mars vng
sengler, a bachus vng bouc, a iuno vng
pan, a iupiter vng toreau, a appolo vng
aignau, a venus vng coulon, a mineue
vne chuette, a ceres des grains, a mercu
re ilz font plusieurs autelz ilz sement
le temple dercules de fueilles de pouplier
et le temple de cupido il sement de roses
& celle fable met ouide ou v. liure de trans
formatis ou methamorphoseos en son v.
liure de fastis. Apres quat il dit quil les
vestent aucunesfois entremellez il se dit

pour ce quilz faingnent aucunesfois qlz
sont masles aucuesfois quilz sont femel
les, et pour ce ilz les fourmet aucuesfois
en guise de masles et aucunesfois en figu
re de femelles, & aucunesfois leur baillet
lun sexe et lautre ensemble, sicomme lon
dit de vng appelle hermofroditus lequel
les poetes faingnent quil fut filz de mer
cure et de venus, dont ces deux appellez
hermofroditti. qui ont vne nature & lau
tre, cestadire membre ou sexe de homme
et nature de femme, ou par auenture ilz
les adouroient en vng lieu soubz fourme
de femelle, ou ilz fourmoient ensemble
deux corps, cestassauoir de masle et de fe
melle et les tenoient pour vng mesmes
dieu. Apres quant il parle des dieux que
firent titus tacius romulus et tulius, il
en a este parle cy dessus ou xviii. chapi
tre du quart liure. Apres quant il parle
de ceulx q couppoiet les parties de nature
ou naturelles, cest a entedre des prestres
de cibelles la mere des dieux, dont il a es
te parle ou vii. chapitre de ce liure, & quat
est de ceulx qui se couppoient les bras, il
se dit pour les prestres qui saignoiet des
bras de lancettes ou flegmetes affin que
de leur sang ilz peussent faire sacrifice a
leurs dieux ainsi comme auoient accous
tume a faire les prestres du temple de ba
al qui de lancettes & de couteaux se detre
coient pour auoir de leur sang, sicomme
il est escript en la bible ou pviii. chapitre
du tiers liure des roys. Apres quant il
parle de la delectacio charnelle ou volup
tuosite royal, il touche cy vne abhomia
ble coustume que auoiet les roys payes
qui faisoient chastrer les enfans ainsi co
me se on les fist de masles femelles pour
la barbe quilz perdoient affin quilz prin
sent plus grant delectacion dauoir afaire
a eulx sicomme ilz auoient auecques fe
mes. Laquelle coustume dura iusques
au temps de domicien lempereur lequel
osta ceste coustume pour abhominacion
Et touteffois dit monseigneur saint au
gustin que nul de ses enfans ne se chastia

oncques. mais les chastroit on cōtre leur voulente au plaisir des roys ce que faisoient les prestres du teple de celle mere des dieux qui se faisoient de leur voulente.
Apres quant il parle de osiris, les romains prindrent cel osiris des egyptiens sicomme dit lucan en son viii. liure et aussi firent il ysis ou ysiris sicomme il a este dit ou xxiiii. chapitre du second liure.
Cel osiris fut mary de ysis royne degypte laquelle les egypties firent deesse pour les biens quilz tenoient quelle leur auoit fait. Papie dit q̄ osiris fut occy et despece par ung sien frere geant appele titan, et que ysis le quist par long temps, et quāt elle se eut trouue elle se salua: dōt depuis le peuple qui lacoure a tenu ceste coustume, car chascun an ilz le quierēt en plourant, et quant ilz le ont trouue ilz en sōt grant feste et le saluent par telz motz.
Osiris debonnaires en dieu ou oeuures de dieu. Apres quāt il parle de ceulx qui soumettēt a eulx tous les nōs des dieux Il raconte cy les folies et les vanitez que dit seneque que les ung faisoient en ordōnances de ces dieux quilz adouroient.
⁋ Premieremēt il dit cellup qui soumettoit a iupiter toutes choses et tous les autres dieux comme au souuerain dieu, et roy par dessus les autres. Lautre q̄ suy anonçoit les heures en demonstrant que le soleil la lune et les estoilles par lesq̄lz les temps sont distinguez ou distituees seruent a ce iupiter. Lautre il dit quil se faisoient son teittur, cestadire cellup qui occioit ce que len vouloit sacrifier, et aussi aup autres dieux faisoiēt ilz chascū et chascun son signe pour demōstrer q̄ chascun deup estoit prest de seruir aup dieux et de leur plaire. Les autres faisoient autres signes affin de receuoir aucuns benefices des dieux, sicomme ceulx qui appelo'ent leurs dieux a leurs gaigures quāt ilz bailloient gages pleges ou caussion pour paier la gagure se ilz en dechesoient affin que les dieux leur fussent en aide, et pareil de ceulx qui plaindent qui a celles mesmes fin leur offroient leurs libelles et leurs supplicacions. Et aussi les ungz seruoient par droicte obeissance. les autres pour plaire, les autres pour en auoir prouffit. Apres quant il parle du sage archimimus, il se dit pour ce que quāt il fut si viel q̄ ne peut mais seruir aux scene ne aux theatres ne faire apsaint sa menestraudie tel comme il conuenoit faire en ces lieux ou il fut mis ou capitole pour en faire tout ce quil pourroit deuant les dieux. Et aussi faisoit on de tous les autres viellars qui par auant auoiēt serui aup dieux daucune oeuure manuelle Apres quant il parle de celles qui se seoient ou capitolle pour ce queelles cuidoient estre aymees de iupiter, Il le dit pour ce quil en y auoit aucunes qui se faisoient a ceste fin, et les autres se faisoient pour atraire iupiter a leur amour. Et quant il dit quil ne se espouentent point du regard de iuno qui se courouce tres de legier selon les poetes, il se dit pour ce que iuno estoit adouree en ce temple de iupiter laquelle fut femme de iupiter selon les poetes, laquelle pouoit veoir les contenances que ces femmes faisoiēt en sa presence pour atraire iupiter a leur amour, et pour ce iuno est celle qui se couroucoit de legier elle se deuoit courocer de ce q̄lle leur veoit faire en sa presence. Commēt celle iuno se couroucoit de legier, et comment elle estoit fēme tresireuse, virgille le demonstre en son liure deneydos ou il demonstre cōment elle demonstra sō couroup contre ceulx de troye quant elle fut destruite, et aussi en parle ouide en plusieurs lieux des vengances merueilleuses delle, si fait seneque en ses tragedies, et p̄ especial en sa premiere tragedie quant il raconte cōment elle demena hercules, et cōment elle se fist expposer a pū horribles mōstres lesquelz il vainquit tous, Apꝭ quant il dit, et ung pou apres ace. Il re proeuue les mariages des dieux sicōme de iupiter et de iuno qui estoient frere et soeur, leq̄l mariage ne seust pas atribue

conuenablement. si fait il de Bellona qui vault autant comme pallas/ laquelle les poetes faingnēt estre nee de la teste ou cer uelle de iupiter/ laquelle fut fille de iuno et fut mariee a mars qui fut filz de iuno et lequel mariage nest pas si blasme cōme des autres/ pour ce quilz ne sappartenoi ent pas de si pres/ et touteffois est il a no ter pey/ que combien quon die que celle Bel lona qui vault autant a dire comme mi= nerue fust mariee a mars/ touteffois fai gnent les poetes quelle fut vierge. sicom me il appert par monseigneur saint au= gustin ou .pii. chapitre du pviii. liure.

Apres quant il parle de ceulx qui sont fains estre chastrez aussi cōme la condici on sust faillie/ cestadire de lun des mariez/ il se dit pour ce que aucunes estoient fain tes vesues. et si nestoient nouuelles quel les eussent oncques este mariees/ sicōme celles nommees ou texte. lesquelles mō seigneur saint augustin recite par la nar racion de seneque et desquelles seneque dist que ce nest pas merueilles se il ny auoit nul qui les demandast a femmes.

¶Quelle chose seneque ait sentu des iuifz. pi.

Estuy seneque qui entre ses au tres saines religions de la the ologie ciuille reprent aussi les sacremens ou sacrifices des iuifz et mes= mement les sabbatz/ et afferme q̄ iceulx iuifz font dōmageusement ce que en vac quant par ces chascūs iours septains en treposez/ cestadire de sept lū/ ilz prendēt pres de la septiesme partie de leur aage/ et se soiss oient de ce q̄lz delaissent moult de choses a faire tresnecessaires. Toutes fois il nosa faire mencion de lune partie ne de lautre des crestiens qui deslors estoi ent tresennemis aux iuifz/ affin qͥl ne les louast contre lancienne coustume de son pays/ ou que par auenture il ne les blas= mast cōtre sa propre voulente/ sainemēt cōme il parlast des iuifz il dit ainsi. Cō

me pendāt ce que la coustume de ceste tres mauuaise gent fut en puissance et quelle fust ia receue par toutes terres iceulx qui estoient vaicus dōneient loy a leurs vain queurs. ilz se esmerueilloient en disāt ces choses et si ne scauoient quelle chose estoit faicte par lordōnance de dieu il adiousta plainemēt. cestassauoir seneque par laql le il signifiast q̄lle chose il sentist de la rai son de leurs sacremens/ car il est dit, tou teffois ont il congneu les causes de leurs ordonnaces et de leurs fourmes et la grei gneur partie du peuple le fait, et si ne scet la cause pourquoy il sa font/ mais des sa cremens des iuifz/ cestassauoir ou pour quoy ou iusques a quāt il aient este esta= blie par sauctorite diuine ou soient ostez apres du peuple de dieu par celle mesme auctorite ou temps qui la conuenu faire/ auquel peuple le mistere de sa vie pardu rable est reuelee de ces choses dessus dites nous sauons autresfois dit/ mesmemēt quant nous parliōs cōtre les manichees sicomme il sera dit en ceste oeuure en plus conuenable lieu.

Expposicion sur ce chapitre.

En ce pi. chapitre monseignr̄ saint augustin demonstre cōment se= neque senti des cerimonies des iuifz et par especial cōment il reprent leur sabbat. cest adire le vii. iour quilz gardoiēt et gardēt lequel ilz tiennent le samedi. dont aussi plusieurs se sont mocquez en demandāt pourquoy cestoit/ si fait aussi iuuenal et sen mocque et les reprēt. Apres quāt il par le de leur coustume il veult dire que apres ce q̄ les iuifz furent destruis p titus et ves pasien et quilz furent respandus p toutes terres cōme chetifz et fuitifz eulx qui estoi ent vaincus attrairent moult de gens a garder ce sabbat/ et pour ce dit il les vai cus dōnerent loix aux vainquās. cestassa uoir que les iuifz q̄ estoient chetifz publie rent leur loy et cōmunicqrent entre ceulx ou ilz estoient en chetiuoisō assi quilz des quissent selon leur loy/ et de dieu cōment ilz sont hays de toutes gēs/car seneque mesmes qui estoit tressage hōme et payen et lequel mōseigneur saint ierosme met cōtre ses excellens clers en son liure quil appelle de Viris illustribus les appele gent trescruelle pour doubter la mauuaistie deulx. Apres quant il dist quil parlera de ces sacremens des iuifz en autre lieu, cest a entendre ou V. chapitre du p. liure.

¶ Que la Vanite des dieux des payēs descouuerte on ne puisse doubter q iceulx dieux puissent donner la vie pardurable a aucun, lesquelz dieux ne aident point a la vie temporelle.   p.ii.

On endroit se pour les trois theologies lesquelles les grecz appellent miticō phisicō politicō, cestadire fabuleuse naturelle et ciuille. Les choses qui sont dictes en ce volume ne souffisēt a aucū a ce que sen ne doit pas esperer vie pardurable ne de la theologie fabuleuse laquelle iceulx qui ont adoure plusieurs dieux ont reprinse tresfranchemēt, ne de la theologie ciuille, de laquelle theologie fabuleuse est conuaincue estre partie et de laquelle ceste ciuille est trouuee estre sēblable ou plus mauuaise, si adiouste aussi les choses qui sont deputees aux liures precedens du dieu qui est donneur de felicite, et mesmemēt ou quart liure. Car se felicite ou beneurete estoit deesse aq deue roient estre les hōes consacrez pour la vie pardurable fors a vne felicite, mais pour ce quelle nest pas deesse, mais est don de dieu, auquel dieu deuons nous estre consacrez fors a ce dieu qui est dōneur de felicite, que aymons p pitoiable charite la vie pardurable, en laqlle est vraye & plaine felicite, mais ie cuide par les choses q sont deuant dictes que nul hōme ne doit doubter quelcōques de ces dieux estre dōneur de felicite, lesquelz dieux sont adourez par si grande laideur, et se couroucēt moult plus laidemēt se ilz ne sōt ainsi ahourez et par ce se recōgnoissent estre tres ors esperis, mais qui ne dōne felicite cōment peut il dōner vie pardurable. Quelz

merueilles nous disons la vie pdurable telle ou felicite ou beneurete ē sās fin, car se la me vit aux peines pardurables esquelz iceulx ors esperis seront tourmentez, celle est mieulx mort pardurable que vie. ¶ Quelle merueille nulle mort nest greigneur nest pire que la ou sa mort ne meurt point, mais ce que la nature de la me ne peut estre sans quelcōqs vie par ce quelle est cree immortelle, lalienaciō ou priuaciō de la vie de dieu en pardurablete de tourment, luy est souueraine mort empdurablete de tourment. Doncques icelluy seul dōne la vie pardurable, cestadire beneurete sans fin. Lequel dōne vraye felicite ou beneurte, laquelle felicite pour ce q iceulx dieux le sqlz aourent ceste theologie ciuille sont cōuaincus quilz nōt pouoir de la donner pour ce ne ses doit on pas adourer, non pas seulemēt pour ces choses tēporelles et terriēnes, laquelle chose nous auons monstre es V. liures precedens, mais par plus forte raison ne sōt pas a adourer pour la vie pardurable, laquelle chose nous auōs aisi demenee ē cestuy seul liure, cestassauoir Vi. a layde des V. precedēs, mais pour ce que la force de coustūe ancienne a ses racines trop basses ou en parfond, sil sēble a aucun q iaye pou dispute de ceste theologie ciuille cōment elle doit estre refusee et escheuee, applicque son courage et mette sen tête a lautre volume lequel a laide de dieu sera aiouste a cestuy.

¶ Exposicion sur ce chapitre.

En ce p.ii. chapitre mōsegnr fait augustī prēt et traicte la cōclusion a laquelle il tēdoit prīcipalemēt en ce liure cestassauoir q lē ne doit poīt esperer ne attēdre la vie pdurable de plusieurs dieux & quō doit esper felicite ou bñurete pdurable nō pas seulemēt ples choses q sōt demiees en ce liure, mais aux V. liures pcedēs & aussi ou liure subsequēt ou les choses sōt declairees plus a plain.

¶ Cy fine ce Vi. liure de mōseignr saīt augusti de la cite de dieu.

E iiii.

¶ Cy cōmence la table des rubrices du
viii. liure de monseigñr saint augustin de
la cite de dieu lequel cōtient xxxv. chapitres

¶ Se il est acroire que deite puisse estre
trouuee aux dieux plus grans et esleuz a
part qui sappellent selecti cōe il soit chose
certaine que icelle deite ne soit point en sa
theologie ciuile.   i.

¶ Qui sont ces dieux esleuz apart
ou selecti et assauoir se il sont excetez des
offices des dieux plus vilz et plus ors.   ii.

¶ Que la raison soit nulle p laquelle lē
puist mōstrer selectiō particuliere daucuns
diceulx dieux cōe plus excellente ad
ministraciō soit cōmise a plusieurs dieux
qui sont de plus bas degre.   iii.

¶ Que il a este mieulx fait auecques les
dieux de plus bas degre qui ne sont diffamez
daucuns reproches q auec les dieux
ou aux dieux superesleuz qui sont appellez
selecti desquelz on chante et celebre tāt
de laidures :   iiii.

¶ De la doctrine plus secrete et des raisōs
naturelles des paiens.   v.

¶ De loppiniō de Varro p laquelle il cuida
que dieu fust lame du mōde lequel mon
de toutesfois ait en ses parties ames desquelles
soit la diuine nature.   vi.

¶ Assauoir se ce fut chose raisōnable de
diuiser en deux nōs ces deux dieux ianus
et terminus.   vii.

¶ Pour quelle cause ceulx qui adourēt
ce dieu ianus ont figure sō pmage a deux
frons / cestadire a deux visages lequel pmage
toutesfois ilz veulent aussi sēbler
auoir quatre frons: viii.

¶ De la puissance de iupiter et de la cōparaison
de luy a ianus.   ix.

¶ Assauoir se entre ianus et iupiter est
vraie diuisiōn ou separacion.   x.

¶ Des surnōs de iupiter lesquelz ne sōt pas
rapportez a plusieurs dieux / mais a vng
mesmes seul.   xi.

¶ Que iupiter est appele monope   xii.

¶ Que quātlē oppose quelle chose est
saturne ou quelle chose soit genius lēenseigne
que vngchascū deux.   xiii.

¶ Des offices de mars et de mercure p iiii
¶ Daucunes estoilles lesqlles ses payens
ōt appelees des nōs de leurs dieux.   xv

¶ De appolo et de diane et des autres esleuz
apart   xvi

¶ Que Varro aussi ait pronūcie es oppiniōs
douteuses des dieux.   xvii.

¶ Laqlle cause est plus a croire p laqlle
lerreur de la payēnete soit accreue. xviii.

¶ Des iterpretaciōs p lesqlles la raisō
de adourer saturne soit cōuaincue: xix

¶ Des sacrifices de celle deesse elusina. xx

¶ De la laidure des sacrifices quō fait a
ce dieu appele liber pater.   xxi.

¶ De ces dieux ou deesses. cestassauoir neptunus
salatia et venila: xxii.

¶ De la terre laqlle Varro cō ferme estre
deesse   xxiii

¶ Des surnōs de la terre et de leurs sinificaciōs.
                                              xxiiii.

¶ Quelle iterptaciō ait trouue sa doctrine
des sages grecz de labscisiō de cel enfant
athis.   xxv.

¶ Des lais sacrifices de la grāt mere. xxvi

¶ Des fictions des philozophes qui nourent
pas la vraie diuinite: xxvii.

¶ Que la doctrine de varro de la theologie
ne se concorde en quelq ptie.   xxviii

¶ De toutes les choses que les philozophes
rapportent au monde.   xxix.

¶ Par quelle ptie soit diuisee la creature
du createur.   xxx.

¶ Desquelz benefices de dieu vsāt pprement
ceulx q ensuiuēt la verite   xxxi

¶ Que le sacremēt de la redēptiō de iesu
crist ne faillit ōcqs es tēps passes. xxxii.

¶ Que par la seule religiō crestienne a
peu estre maifestee la fallace des mauuais
esperis.   xxxiii.

¶ Des liures de numa popillius lesqlz
ce senat cōmanda quō ardist.   xxxiiii.

¶ De idromancie par laquelle numa
pompilius veues aucunes pmages des
pdoles fut mocquie:

¶ Cy fine la table du vii. liure de mon
seigneur saint augustī de la cite de dieu.

Septimo.

Ey cōmence le pmier chapitre du vii. liure. ouql il traicte sil est a croire que dei te puist estre trouuee es dieux plus grās et esleuz apart qui sont appelez selecti cō il soit chose certaine que celle deite ne soit point en la theologie ciuille. i.

Es plusapres et meilleurs englīs auſqlz les liures pcedens souffisēt assez et oultre ceste chose demōstrer/ cestassauoir que les dieux des payēs ne doiuēt point estre adourez ne pour la vie temporelle ne pour la vie pdurable deueront paciamēt porter et souffrir ce que ie me suis efforcie de mō petit pouoir de ouurer auecques la grace et eide de cestuiq peut ce cōme vray dieu de arracher et extirper le plus dilī gemment que iay peu les oppinions mauuaises et anciennes / Lesquelles sont ennemies a sa verite de pitie et de mi sericorde. Cestadire a la foy crestienne Lesquelles longue erreur afichie et bou te plus par fondemēt et plus tenāmēt aux courages obscurs de lhumain lignage.

Et ne deueroīt pas cuider ces engins que ce soit chose superflue pour les autres. laquelle il sentent que desia elle nest pas necessaire a eulx mesmes/cest moult grant chose a dire et a demener quāt on presche que la dignite papale et vraiement sainte doit estre q̄ſe q adouree. nō pas toutesfois pour la vapeur q fumee de la vie temporelle mais pour la vie beneuree/laq̄lle nest autre chose fors que la vie pdurable / la soitce que par icelle diuinite nous soient aussi donnees les aides necessaires a ceste fragilite. laquelle nous portons ap̄ſēt Ceste diuinite ou deite affin que ie la nōme ainsi car il ne suffit pas aux nostres cestadire aux latins vser de ces motz deite/ affin quilz translatēt plus expresse ment du langaige des grecz ce quilz appellēt theotota/ cestuy dis ie dōcques a qui se di. liure lequel nous auōs fine prochainement na pas assez prouue que ceste diuinite ou deite nest pas en celle theologie laquelle les papes appellent ciuile/ q̄ laquelle est epplicquee en vvi. volumes p marcus varro. cestassauoir quon ne peut venir a la beneurete de la vie pardurable par adourer telz dieux lesquelz sont establis a estre adourez par les citez q cōmēt ilz le doiuent estre: Icelluy naura plus quelq̄ chose il desire oultre pour despecher et mettre affin ceste question quāt pauenture il aura leu ce liure vii. car peut estre que aucun cuide que au moins a adourer les dieux supereſleuz et principaux/ lesquelz icelluy varro a cōprins ou dernier volume/ et desq̄lz nous auōs dit pou de chose sont a adourer pour la vie beneuree laquelle nest autre chose que la vie pardurable En laquelle chose ie ne dy chose q̄ ce que terculianus a dit parauenture plus pour esbatemēt que pour verite ces paroles/ se les dieux sont esleuz apart cōme ces poissons bulbi/pour certain tous les autres sōt iugiez pour mauuais: Ce ne dy ie pas/ car certes ien soy aucuns q̄ sōt esleuz estre ancores par dessus esleuz a aucune chose greigneure et plus auctorisee si

cōme en cheualerie quant les escuiers ou souldiers sōt esleuz/ on eslit de ceulx mesmes aucuns a aucune greigñr besongne darmes Et quant aucuns sont esleuz en leglise a estre puostz pour certain les autres ne sont pas reprouuez cōe a bon droit tous sont nōmez loiaulx bōns q̄ esleuz. en vng edifice sōt esleuees pierres ordōnees a faire les coingz et les autres ne sōt pas pour ce reprouuees lesquelles sont ordōnees aux autres parties de la machonnerie. Len eslit les grappes des roisins pour menger/et les autres ne sont pas reprouuees. lesquelles nous laissons pour faire du vin pour boire, il nest pas besoing de courir par moult de choses/cōe ceste chose soit clere et manifeste/ cest assauoir que se daucunes choses les vngz sont esleuz. les autres soīt pour ce reprouuees/pour laquelle chose/ ou cestuy qui escript/ cest assauoir varro. ou les adoureurs diceulx dieux/ ou iceulx mesmes dieux ne sont pas a blasmer de ce que aucuns ont este esleuz en plusieurs et mis a part. aīcois est mielx a prendre garde qui sont ces dieux esleuz apart/ et a quelle chose il semble estre apart esleuz:

⁋ En ce vii. liure a exposicion comme il sensuit.

En ce vii. liure monseigñr saint augusti poursuit la theologie ciuile quāt aux dieux esleuz apt cōme les plus grās lesquelz il appele selectos/ cestadire seorsū electos qui vault autāt adire come esleuz apt ou triez apart pour souuerainete, et entēd a demonstrer cōment on ne doit beup attendre ne espere la beneurete pdurable. et cōtiēt ce liure xxxv. chap desquelz ce pmier est vng prologue ouq̄l il fait deux choses. premieremēt il se excuse de la longueur de ce traicte, et le dit pour la haultesse de la matiere. Seconde mēt il demonstre sa necessite de loeuure. et celle seconde partie se commence ou il dit, Ceste diuinite et cetera.

Ou aucuns commencent le premier chapitre, ou il fait ancores deux choses: premierement il demonstre la naissance de l'oeuure pour ce quil nest pas ancores souffisamment prouue que de ces dieux esleuz apart on ne doie pas esperer la vie pardurable, car ou lieu precedent il na parle que des dieux plebeyens et commune principalement et pou de ces dieux esleuz apart, desquelz dieux Varro traicte en son dernier volume des choses diuines, sicomme il a este dit ou tiers chapitre du liure precedent. Secondement il reprouue le dict de tercullien, qui en Veullant parler contre ceulx qui mirent aucuns dieux esleuz apart disoit ainsi. Ce ces dieux sont esleuz, cestadire triez ainsi comme sont busbi qui sont Vngz poissons de tresmauuais goustz selon papie, pour certain distil tous les autres sont iugiez mauuais, car combien que ce soit courtoisement dit et ioyeusement et eloquamment, toutesfois preuue ancores monseigneur saint augustin par plusieurs exemples que ce ne souffist pas ne nest pas dit a sa droite verite pour auoir vray effect de ces parolles. Et celle seconde partie se commence ou il dit. Ce les dieux sont esleuz apart &c. Et le sourplus du chapitre est tout cler.

⁋ Ey commence le second chapitre ouquel il declaire qui sont ces dieux esleuz apart ou selecti, et assauoir se ilz sont exceptez des offices des dieux plus Vilz et plus ors. ii.

Certes Varro recommande ces dieux esleuz apt en vng liure, cestassauoir ianus iupiter saturnus, genius, mercure, appolo, mars Vulcanus, le soleil, orcus, liber pater, tellus ou la terre, ceres, iuno, la lune, dyane, minerue, Venus et Vesta. Esquelz tous qui sont ainsi comme vingt. Il en y a vii. masles & viii. femelles. Ces dieux sont esleuz ou pdessus les autres ou pour ce quilz ont greigneurs administracion, ou monde, ou pour ce quilz ont este congneuz des peuples et que greigneur honneur seruice ou sacrifice leur a este monstre. Ce cest pour ce que greigneurs oeuures sont par eulx administrees ou monde, nous ne les deussons pas trouuer entre celle multitude de dieux plebeyes: Et aussi comme laquelle multitude est deputee aux autres petites oeuures menues. Car icelluy dieu ianus oeuure premierement sentree a receupoir la semence quat senfantement est conceu dont toutes icelles oeuures meuuent distribuees aux dieux menues prennent commencement. Illec est ce dieu liber qui liure le masle, apres sa semence espandue Illec est la deesse libera. Laquelle ilz Veullent aussi estre. Venus laquelle donne ce mesmes benefice a sa femme a ce que aussi elle soit siuree apres sa semence espandue, toutes ces dieux sont de ceulx lesquelz sont esleuz apart, mais illec est aussi celle deesse apeslee mena laquelle a seigneurie sur les fleurs des femes ou sur le flux menstrueux, et toutesfois est elle nonnoble, iassoit ce que elle soit fille de iupiter, et ceste mesmes pourucace de ces fleurs ce mesmes acteur aux liures des dieux superesseuz assigne a celle deesse iuno auecques celle mesmes deesse mena sa fillastre, sa sont aussi ie ne scay quelz deux dieux tres obscurs, cestassauoir Vitunnus et sentinus, desquelz lun donne lenfantement la vie, et lautre le sens. Et ces deux dieux donent moult plus, iassoit ce quilz soient plus Villains que ne sont tant de dieux principaulx et superesseuz, et ce nest pas merueilles, car pour certai qlle chose est tout ce qest contenu ou Ventre de la feme quant ce qui est sans Vie & sans sens fors Vne chose tresVille & tres despitee laquelle est comparee a limon et a pouldre.

¶ Expposicion sur ce chapitre.

En ce second chapitre monseigneur saint augustin commence son tractie de ces dieux esleuz apart comme souuerains, et fait deux choses en ce chapitre. Premierement il raconte ces dieux et les nomme selon la doctrine de Varro dont leurs offices et de quoy chascun sert seront declairez en procedant. Secondement il reproeuue selection de ces dieux, & celle seconde partie se commence ou il dit/ Ces dieux sont esseuz pdessus les autres &c: En celle seconde partie il fait ancores deux choses. Car premierement il demande la cause pourquoy ces dieux sont esleuz et mis apart. Et en sa question il met deux choses par maniere de distinction. Secondement il demonstre que toutes ces deux causes sont desraisonnables, et celle seconde partie se commence ou il dit. Se cest pour ce que grigneur chose &cet. Premierement il poursuit une des causes et apres il poursuit lautre ou chapitre ensuiuant ainsi come aps le milieu. La cause pourquoy il les reproeuue en ce chapitre, si est de ce quil est dit quil ya vingt dieux comptez et mis apart et qui sont plus grans q̃ les autres pour ce quilz ont greigneur administracion au monde que nont les autres dieux/ & ceste cause il reproeuue p deux raisons, dont la seconde partie se commence la ou il dit. La sont aussi ie ne scay quelz deux dieux &ce. La premiere raison est fondee sur ce quil dit que ses dieux qui sont tenus pour souuerains & esleuz aps administrent choses aussi petites comme les autres petis dieux qui ne sont pas ainsi esleuz, et aucunesfois concurent en administracion aucune de ces grans dieux auecques les autres qui ne sont pas de si grant auctorite/ sicome il appert par les exemples. Le premier est de ianus qui est dit ung des grans dieux/ & touteffois luy est attribuee ladministration de petite chose/ cest assauoir de ouurir le chemin a la semence, et saturne aussi q̃ est de ces grans

dieux est attribue lauctorite de donner la semence & mettre hors. a sider de suier son me apres la semence/ et a Venus de sa femme semblablement Varro attribue a iuno sa prouidence du flup du sang q̃ nous appellons les fleurs et touteffois concurrent auec luy et a celle mesmes puissance une fille de iupiter qui nest point mise entre les grans dieux/ mais entre les plebepens et petis, et celle est appelee mena. et est appelee fillastre de iuno pour ce que elle fut de iupiter et aussi une autre femme appelee latona/ mais a realement parler mena vault autant comme dyane, et dyane autant comme la lune/ mais elle est appelee mena pour ce q̃ elle a seigneurie sur ces fleurs des femmes/ sicomme nous disons dyane et la lune pour diuerses offices/ et ainsi est il du soleil et dapolo/ & touteffois sont il mis come deux dieux de ces grans esleuz et mis apt. & ainsi est il de la lune & de dyane/ et touteffois mena nest pas mise ne comptee entre ces dieux ou deesses esleuz. Touteffois appele cy monseigneur saint augustin iuno sucia/ cest adire sa deesse de luiere q̃ sicome dit papie donne clarete & lune a ceuly q̃ naissent qui autrement est dicte la deesse den fantement dont ouide parle ou tiers liure/ de fastis et aussi en auons nous parle cy desus. Apres quant il parle de ces dieux tres nobles. cest la seconde raison qui est prise de ces deux dieux qui ne sont point comptez entre ces dieux esleuz/ mais sont appelez dieux obscurs/ cest adire que len ne scet qui ilz sont ne de noblesse ne de lignage/ mais sont ainsi comme mescogneuz et touteffois sont ilz plus grans choses que ne font ces grans dieux esleuz apart. Et fait cy monseigneur saint augustin deux choses. Car premierement il escript leur office. Secondement il argue p ce pour uenir a son propos ou intencion. cest assauoir ou chap. ensuiuant. qui sont ces dieux et de quoy ilz seruent il les nome/ cest assauoir Vitunnus qui donne la vie & sentinus qui donne le sens.

Cy commence le iiii. chapitre ouquel il declaire que la raison soit nulle par laquelle on puisse monstrer leslection particuliere daucũs diceulx dieux cõme plus excelent administraciõ soit commise a plusieurs dieux q̃ sõt de plus bas degre. iiii.

Quelle cause doncques constraint tant de dieux esleuz apart a ces oeuures tres petites la on en la distribucion de administrer ces dons ilz sont sourmontez de ces deux dieux Vitunnus et sentinus/lesquelz renommee obscure respõd ou muce. car ce dieu esleu apart appele ianus donne lentree/et ainsi comme la porte/ a la semence et ce dieu saturnus aussi esleu apart donne celle semence/& ce dieu liber qui est esleu apt donne aux hommes le mission de icelle semence/et celle deesse libera laquelle est dicte ceres ou Venus donne ce mesmes aux femes/& celle deesse supesseue appelee iuno nõ pas seulemẽt/mais auecq̃s celle deesse mena la fille de iupiter donne les fleurs menstruecup a laccroissement de ce qui est conceu et ce dieu obscur & Villain Vitunnus donne la vie/et ce dieu obscur et Villain sentinus donne le sens lesquelz deux/cestassauoir la vie & le sens sõt plus apriser et plus dignes de ces choses donnees des dessusdis de tant cõme iceulx vie et sens sont Vaincus oumoins dignes que ne sont raison et entendemẽt Car pour certain ainsi comme les choses lesquelles vsent de raison & qui entendẽt sont plus dignes que celles qui viuent et sentent sans entendement et sans raison sicomme les bestes mues/aussi les choses lesq̃lles sont garnies de vie et de sens sont et a bon droit deuant celles qui ne viuent ne ne sentẽt. ces deux dõcques Vitunnus qui donne la vie sentinus qui dõne le sens doiuent mieulx estre mis entre les dieux superesleuz que ce dieu ian⁹ administreur de semẽce/& que saturnus donneur ou semeur de semence/et que liber et libera esmoueurs ou espandeurs de semences lesquelles semẽces peser est chose indigne se elles ne viennent a vie & a sens/lesquelz grans dons. cestassauoir de vie et de sens ne sont pas donnez de ces grans dieux esseuz apart/mais de vngz dieux qui sont mescongneuz et despis pour la dignite des grans dieux esleuz/

Et se on respond que ce dieu ianus a la puissance de tous commencemẽs & pour ce aussi lup est attribue et a bon droit ce q̃ est ouuert a la conception · et que ce dieu saturnus a la puissance de toutes semences / et pour ce la semiacion deshomme ne peut aussi estre disioincte ou separee de loperacion dicessup saturne, et que ce dieu liber & icelle deesse libera õt la puissance de toutes semẽces estre espandues et pour ce aussi sõt ilz sigulieré aux choses lesq̃lles appartiennẽt a substituer les hommes, et que la deesse iuno a la puissance de purger & enfanter toutes choses et pour ce elle ne deffent pas aux purgacions des femmes et aux enfantemens des hõmes ceulx qui respondent ces choses auisent soy quil responderont de ces dieux Vitunnus et sentinus. Assauoir se ilz veulent ottroper que iceulx dieux ayent la puissance de toute choses qui viuẽt et sentent et se ilz saccordẽt prennent gar de de combien ilz les doiuent mettre plus hault que les autres dieux. Car naistre des semẽces cest estre en terre et de terre/ mais viure et sentir ilz cuident que se soient les dieux du ciel ou des estoilles. Et se ilz dient que les choses qui viuent seulement en la chair et soient administrees de sens soient attribuees a ces dieux Vitunnus et sentinus/pourquoy est ce que icelly dieu qui fait toutes chosses viure et sentir ne dõne aussi vie a sa chair, lequel aussi donne ce don aux enfantemens par son operacion vniuersalle/& quel besoig est il de ces dieux Vitunus et sentinus /& se il est ainsi que ces choses charnelles cõme dernieres & basses soiẽt cõmises a ces deux dieux/ cestassauoir Vitunnus et sen tinus comme a Balles de ce dieu qui a souueraine seigneurie de la vie et du sesne sont pas ces dieux supesseux si desgarnis & mesnie q̃ ceulx mesmes ne trouuoiēt aussi a q ilz cōmissēt ces choses/ácores furent constrains auec toute la noblesse. par laquelle ilz sēblent estre superesseux de adourer auec les dieux nõ nobles. celle deesse iuno combien quelle soit superesseue royne et soeur et femme de iupiter/ Ceste deesse touteffois est conduisseresse des enfans et fait oeuure auec les deesses tres villaines/cestassauoir abeona & adeona. Ilz mirent illec aussi celle deesse appelee pensee laquelle fist bonne pensee aux enfans/et celle deesse nest pas mise entre les dieux superesseux ainsi comme se elle peust donner a homme aucune chose plus grande/mais celle deesse iuno y est mise pour ce quelle est conduisseresse daler hors les enfans en la maison ainsi comme se aucun peust prendre le chemin et estre mene par elle en sa maison se il na bonne pensee/ duquel don de bonne cogitacion et pēsee ces superesseuz ne mirent pas celle deesse entre les superesseuz. Laquelle deesse pour certain estoit a mettre auec celle deesse minerue/a laquelle par ces menues oeuures ilz ont attribue la memoire des enfans. Car qui est celluy qui doubte que auoir bonne pensee ne soit de trop meilleur chose que auoir memoire tant soit grande. ¶ Pour certain nul nest mauuais qui a bonne pensee/mais aucuns tresmauuais sont de merueilleuse memore/& de tant sōt ilz plus mauuais comme ilz peuent moins oublier ce quilz pensent mauuaisement/& touteffois celle deesse minerue est entre les dieux supesseuz. mais la vile multitude/cestassauoir des dieux non nobles a mucee et couuerte celle deesse appelee pensee. Quelle chose diray ie de celle deesse appelee vertu quelle chose de celle deesse felicite/desq̃lles nous auōs ia dit plusieurs choses ou quart liure lesquelles comme ilz les tenissent pour deesses ilz ne seur voulurent donner aucun lieu entre les grans dieux superesseuz/ou ilz donnerent lieu a ces deux dieux mars et orcus/ desquelz lun fait les mors lautre les rechoit. doncq̃s cōe nous voions iceulx dieux supesseuz ouurer ensēble auec les petis dieux/ainsi cōe se senat auec le peuple en ces oeuures menues lesquelles sont menuement distribuees a plusieurs dieux/et nous trouons que moult plus grandes choses et meilleurs sont administrees des aucuns dieux lesquelz on ne cuide pas estre superesseuz que de ceulx qui sont appellez superesseuz il est a penser que ces dieux sont appellez & principaulx superesseuz/ nõ pas pour les administraciõs plus auctorisees au monde. mais pour ce quil leur est auenu que ilz furent plus congneus au peuple/ dont icelluy varro nous dit que ygnobilite ou estat non noble est auenu a aucuns dieux peres et a aucunes deesses meres ainsi comme il est auenu aux hõmes. Donc que se felicite na pas deu estre entre les dieux superesseux pour ce par auenture iceulx dieux ne sont pas venus a ceste noblesse par leur merite mais da uenture/au mois fut mise ceste deesse fortune auec eulx ou aincois auant eulx/ Laquelle fortune ilz dient estre deesse non pas p̃ disputacion raisõnable/ mais pour ce quelle donne ses dons seulemēt si comme il eschiet a chascun. ¶ Ceste deesse fortune deust tenir la souueraineté entre les grans dieux superesseuz/esquelz mesmes elle mōstre quelle chose elle peut quant nous veons iceulx dieux superesseuz/ nõ pas par vertu especialle/ ne par felicite raisonnable/ mais par folle puissance de fortune/ sicomme ceulx qui les adourent la tiennent de icelle/ Car et saluste homme tres eloquēt auisa aussi par auenture iceulx dieux quant il dit ces motz/mais pour certain fortune a seigneurie en toutes ces choses. Ceste honneur aneantist et desprise toutes choses plus p̃ plaisāce q̃ p̃ verite. Car ilz ne peuēt trouuer la cause pourquoy venus soit honnouree et vertu soit desprisee comme toutes deux soient deesses consacrees par eulx et les merites delles ne soient pas a comparager.) Ou se ce a desserui estre a noble p̃ le desirent comme plus de gens appetent venus ou luxure que ilz ne font vertu/pourquoy est celle deesse minerue honnouree et celle deesse pecune cestadire monnoye est desprisee comme en lhumain lignage/auarice attira plus de gens que ne fist science/ et en iceulx mesmes qui seuent aucun mestier tu en trouueras pou qui nait son art et son mestier vendable pour loier dargent et soit tousiours plus prisie ce q̃ pour aucune chose est faicte que ce qui est fait pour autre chose. Doncques se ceste superelection des dieux est faicte p̃ le iugement de folle multitude pourquoy nest pas celle deesse pecune ou monnoye auant que minerue cõe il soit moult de ousuriers pour pecũ/et se celle election est faicte par le iugement dun pou de sages pourquoy nest mise celle deesse vertu auant q̃ venus comme raison le mette auant de trop Aumoins pour certain se icelle deesse fortune laquelle sicõme iay dit seignourist en toute chose/et laquelle honneure et desprise toutes choses plus de voulente que de verite/sicomme plusieurs sup attribuent se celle fortune a tant de pouoir aux dieux que par son fol iugement elle honnourast ceulx quelle voulsist/ et desprisast ceulx quelle voulsist elle auroit lieu plus principal entre les dieux superesleus/laquelle est aussi de puissance sy autorisee entre iceulx dieux. et se celle fortune ne peut estre illec/cestadire entre les dieux superesleus ne doit on pas cuider que celle fortune aussi na eu autre chose fois fortune contraire. doncques a elle est contraire a soy mesmes/laquelle a fait les autres dieux nobles:

¶ Opposicion sur ce chapitre:
En ce chapitre tant par ce qui est dit ou chapitre precedent comme par ce qui est dit ou commencement de ce chapitre. monseigneur saint augustin argue affin de demonstrer son propos et prouuer son intencion/cestassauoir que ceste election de ces grans dieux esleus et mis a part laquelle met varro soit desraisonnable/ et fait deux choses en ce chapitre. Premierement il met sa raison. Secondement il la fortefie par choses semblables Et celle seconde partie se commence ou il dit. Ilz mirent aussi celle deesse pensee et Ancores fait il deux choses en sa premiere partie. Premierement il fait sa raison en son argument. Secondement il fourclost vne responce quon pourroit mettre contre sa raison et celle seconde partie se commence ou il dit/et se on respond et.
Lintencion de monseigneur saint augustin quant a la raison quil fait appert assez par le texte/toutesfois dit il que iuno auec mena vault aux fleurs menstrueuses a laccroissement et nourrissement de ce qui est conceu. Pour lentendement de laquelle chose il est assauoir q̃ ces fleurs ou sang menstrueux ont double entendement ilz sont prins en vne maniere pour les fleurs que les femmes mettent hors chascun mois pour la purgacion de nature/en autre maniere ilz sont prins pour sang qui est purgie par autre qui est mis hors. mais a proprement parler ce sang qui est appele purgacion est appele flux menstrueux/ et cestuy ne aide point a accroissement de ce q̃ est conceu se ce nest par accident/cestadire pour tant quil est mis hors. car on met hors ce sang cestuy duql lenfãt prent nourrisement et fait plus pur et plus net et est meilleur a laccroissement de ce q̃ est conceu/mais monseignr saint augustin parle cy largement et extensiuement et appele ce sang qui nettoie et purifie flux menstrueux. Aps quant il dit/et se lez respond et. Il reboute vne responce que len pourroit faire cõtre raison/ et fait deux choses. Premierement il met la responce que len pourroit faire. Laquelle est toute clere p̃ le texte Secondement il argue au cõtraire. et se gmẽce celle ii. ptie ou il dit.

Et ceulx qui respondent ces choses aduisent soy quilz responderont ꝛc. Ou il fait ancores deux choses. Car premierement il argue contre ceste responce. Secondement il fourcloit de rechief vne autre responce, car sicōme il dit on pourroit dire que cellup qui est donneur vniuersal de vie et de sens seroit de ces deux dieux a donner la vie et le sens contre quop il argue p vne similitude. car semblablemēt les autres dieux q̄ sōt esleus et mis apt pour leur noblesse deussent auoir ministres et officiers qui fissent et executassent ces petis offices et ne les fissent pas eulx mesmes, et par especial iuno laquelle est trop ne des dieux et seur et fēme de iupiter. et toutesfois elle fait aucūes trespetites choses par elle et se adioict auec deux deesses tresptites a faire trespetites choses car elle maine leurs ēfans et ramaine en leur maison auec deux autres deesses cestassauoir abeona et adeona desquelles lune fait aller ⁊ lautre retourner en la maisō et iuno est auec elles laquelle est aucūesfois appelee interduca pour ce quelle maine aucunesfois lenfant entre ces deux deesses, et aucunesfois est appellee domiduca pour ce q̄lle les maine en leur maisō, et est dicte domiduca a domo qui est adire maison ⁊ duco ducis qui est mener qui vault autant adire comme mener en la maison. Apres quant il parle de la deesse appelle pensee, il conferme sa raison precedente par la similitude de ceste deesse pēsee quil semble quelle deueroit estre mise auant iuno et auant minerue, et semblablement fait il de vertu ⁊ de felicite, desquelz a este pse ou quart liure et ou pviii chapitre et aux autres ensuiuās iusques au ꝓviii. Et lesquelles aussi deuroient estre mises au deuāt de mars qui est dieu des batailles, et finablement a ce dieu orcus qui est le dieu des morɩ̄ lesquelz deux dieux. Cestassauoir mars et orcus sont mis ou nombre de ces dieux esleup. Aps quant il dit doncques comme nous veōs iceulx dieux ꝛc. il cōclud p ce, ce quil a dit

cy deuant que selection de ces dieux ainsi esleus a part nest pas faicte pour plus grant proufit quilz facent ne pour greigneur administracion quilz aient, mais pour ce quilz estoient plus congneus du peuple. Laquelle conclusion est cōfermee par les dictz de Barro. Apres quant il dit Dōcques se felicite ꝛc. il proeuue en ceste partie q̄ ceste cause de ces dieux estre plus cōgneus na pas este cause raisōnable ne souffisant pour les dieux qui ont este nōbrez et comptez ou commencemēt du chapitre precedent, doiuent auoir este plus esleus et mis apart que les autres dieux Et fait vne telle raison et dit ainsi: Ceste election fut faicte, non pas par la mere des dieux, mais par fortune, et par consequent sa deesse fortune qui tous les sist nobles et grās dust estre la plus baillāt entre les dieux esleus apart. Et pour ce quelle ne fut pas mise entre les dieux supereseus, il semble quelle mesmes fortune et vne masle fortune contre soy et que ceste election de ces dieux ait este faicte p fortune, il appert par le dict de Barro ou chapitre precedent. et aussi est trouue ce mesmes tant par saluste in catilinario, tantost apres le commencement comme aussi p experiēce double, dōt lūe est de vertus ou de vertu, et lautre est de pecune ou de monnoye, et est toute clere lintencion de monseigneur saint augustin.

⁋ Cy commence le quatriesme chapitre ouquel il declaire quil a este mieulx fait auec les dieux de plus bas degre q̄ ne sont diffamez de reproces aucunes que auec les dieux supereseus qui sōt appellez selecti desquelz on chante et celebre tant de laidures.   iiii.

Aucun qui desire noblesse et clarté se sejourroit en ces dieux superesleuz et les diroit estre fortunez sil ne les veoit estre superesleuz plus a villenies que a honneurs, car ignobilité a couuert celle basse compaignie malade des dieux non nobles, affin quelle ne fust esquachée de reproches. Certes nous rions quant nous les veons ordonnez entre eulx, aourez, partie par fiction doppinions humaines, ainsi comme ceulx qui meinent les vistures ou denrees pour ung petit salaire, ou ainsi comme ouuriers en la rue ou on oeuure dargent, en laquelle ung petit vaisseau passe par plusieurs ouuriers a ce quil soit parfait, combien quil peust estre parfait dun parfait ouurier, mais on na pas cuidé que on peust autrement conseillier a la multitude des ouuriers, fors que chascun singulierement aprinst tost et legierement ses singulieres parties de lart ou mestier, affin quilz ne fussent tous constrains a tart et a grant peine a estre parfais en ung mestier. ¶Toutesfois trouuera len a peine aucun des dieux non superesleu qui ait trait renommee imfame par aucun crime. Mais a peine trouue len aucun des haulx dieux superesleu qui nait pris en soy tache de quelque crime notable. Ces dieux superesleuz sont descendus aux oeuures basses des dieux non nobles et ne sont pas venus aux crimes des dieux superesleuz. Certes il ne me eschiet pas de legier aucune chose de ce dieu ianus, laquelle appartienne a crime, et par aueture fut il tel quil vesquit plus innocent et plus loing de pechiez et de mauuaistiez que les autres. Il receut benignemēt saturne qui sen fuioit, et a icelluy saturne son oste donna vne partie de son royaume, a ce que chascun deulx fist vne cité, cestassauoir ianus celle cité appellee ianiculum, et saturnus la cité saturnienne. Mais ces payens qui adourerent les dieux appetent toute villenie en laideur, icelluy dieu ianus duquel ilz trouuerent la vie moins laide par laideur monstrueuse et abhominable de ydole, en le faisant aucunesfois a deux frons, aucunesfois a quatre frons, cestadire a deux testes et a quatre visages ainsi comme sil fust doublé. Ou ilz voulurent par aueture que cestui ianus pourtant apparut plus frontu de tant qʼil auoit esté plus innocent pour ce que plusieurs dieux superesleux auoient perdu en faisant choses honteuses, cestadire quilz estoient effrontez, car eulx qui nont point de honte de rien, on les appelle effrontez.

¶Exposicion sur ce chapitre.

En ce iiii. chapitre monseignr sait augustin demonstre que ces dieux superesleuz ne sont point mis en plus grant honneur que les autres, et fait deux choses en ce chapitre. Premierement il demonstre que toute leur noblesse est opposee a mocquerie et a derision. Secondemēt il demōstre que toute leur noblesse est plus plaine de ifamie et de villenie q̄ des autres dieux. Et le dit pour ce q̄ a peine ya il aucuns de ces dieux quilz tiennent a nobles et qui sont esseuz a part, qui nait esté de vie diffame. Toutesfois en exceptoit il par especial ce dieu ianus, lequel regna en ytalie, et lequel receut et acompaigna aueques luy saturne, lequel son filz iupiter auoit chassé de crete, et le laissa regner auecques luy, sicomme dit ouide en son premier liure de fastis. Et pour ce en lancienne monnoie des rommains auoit dune pt lymage dianus, et dautre part vne nef pour saturnus qui sen vint a romme en vne nef. ¶Autres diēt que en la monnoie de saturne auoit dun costé vne faulx et de lautre vne nef. Et pour ce ancores est il figure par les poetes quil tiēt vne faulx en sa main, dont ouide dit en vng vers. Falcifer ille senex. &c. Ce ianus fist vne cite a romme en vne petite montaigne, qui auoit a nom ianicule, et appella sa cité de ce nom, laquelle montaigne fut de puis adioustee a la cité par anchus marcus q̄ fut le quart roy de romme. Et de ce nous auons parle plus plainement sur seppoſicion du tiers chapitre du tiers liure. Et ſaturne fiſt vne autre petite cite quil appella la cite ſaturnienne, et lediffia ou lieu q̃ de puis fut appelle latium, dont eutrope dit que ancores voit on la muraille aux finages de toſquanne pres de romme. Et iaſſoit ce que on ne liſe pas q̃ ce ianus fuſt de ſaydes meurs ou mauuaiſes. Toutesfois luy firent les rommains ſon ymage ou ſimulachre laydement & en maniere de monſtre de quoy il ſera parle cy apres ou viii. chapitre de ce liure.

Cy commence le v. chapitre ouquel il traicte de la doctrine plus ſecrete et des rayſons naturelles des payens: v.

Mais opons aincois les interpretacions naturelles des payens pleſq̃lles ilz ſefforcet de coulourer la laydeur de leur treſmeſchant erreur ainſi comme par maniere de doctrine plus haulte & plus parfonde. Premierement Varro recommade ſes interpretacions en telle maniere quil dit que les anciens ont fait ou figure les ydoles des dieux leurs nobleſſes et leurs aournemens, leſquelles choſes quant ceulx qui fuſſent aſſez iuſq̃s aux miſteres de la doctrine les euſſent auiſees aux peulx ilz peuſſet veoir en leur penſee lame du monde & les parties dicelluy Ceſt a dire les vrais dieux, & quil ſeblaſt que ceulx qui ont fait les ydoles en figure de homme en ſupuiſſent ceſte oppinion, ceſt aſſauoir q̃ la penſee ou le courage des choſes mortelles, lequel courage ou penſee eſt en corps humain treſſemblable au courage immortel aiſi comme ſe on mettoit vaiſſeaulx pour cauſe de ſignifier les dieux, & que ce vaiſſeau a mettre vin qui eſt appelle onophoru. come dit yſidore ou vp liure de ſes ethimologies fut eſtably en la maiſon de ce dieu liber lequel ſignifiaſt le vin, pour ce quil contient ce qui eſt contenu, lame rayſonnable fuſt ſignifiee par ydole qui auroit fourme humaine. pour ce que ceſte nature, ceſt aſſauoir lame rayſonnable ſeult eſtre contenue ou corps humain, ainſi comme en vaiſſeau, de laq̃lle nature il veult oſter le dieu ou les dieux Ce ſont les miſteres de la doctrine, leſq̃lz ceſt homme treſſage auoit trouuez ſoutiuement et tres en parfont, a ce quil peuſt mettre ces choſes a clarte. Mais o homme treſagu nas tu pas perdu en ces miſteres de doctrine ceſte prudence par laquelle il ta ſeble iuſtement et ſobrement q̃ ceulx qui premieremet eſtablirẽt les ydoles aux peuples accrurent paour a ſeurs cytopes. et leur y adiouſterent erreur, & que les anciens rommais gardereẽt plus chaſtemet les dieux ſans ydoles, car iceulx romais anciens te ont eſte aucteurs a ce que tu oſaſſent dire ces choſes contre les rommains qui ſont venus apres. Car ſe iceulx tres anciens rommais euſſent adoure les ydoles, ilz euſſent par aueture deſtruit tout ce ſens des ydoles non eſtre eſtabli. Et touteſſois tu teuſſes la verite par paour ou preſchaſſent pluſ eſloquamment & plus hautement ces miſteres de doctines en telles manieres de fictions mauuaiſes & vaines. Ton ame touteſſois ſi ſage et ſi ingenieuſe en quoy nous te plaidons moult na peu venir en aucune maniere par ces miſteres de doctrine au ſouuerain dieu, ceſt aſſauoir celluy de q̃ elle eſt faicte, no pas auecq̃s leq̃l elle eſt faicte, ne duq̃l elle eſt porciõ, mais duq̃l elle eſt faicture, ne celluy qui eſt lame de tous, mais qui a fait toute ame par ſenluminemet duquel ſeul toute ame eſt faicte bienneuree, ſe elle na ſa grace deſagreable. Mais les choſes q̃ ſen ſupuent monſtret quelz ſoient ces miſteres de doctrine, et combien ilz ſoient a peſer. Ceſt home treſſage varro confeſſe apres lame du monde, & les pties dicelluy mode eſtre vrays dieux, par quoy on entend toute la theologie dicelluy, ceſt aſſauoir icelle meſmes naturelle a laquelle il attribue moult q̃ celle ſeſt peu eſtẽdre iusques a la nature de lame rapsonnable Car icelluy Varro parle tres peu en ce liure de la theologie naturelle/ou ql liure nous Verrons sil peut ramener p iterptacions naturelles a ceste theologie naturelle. La theologie ciuille sa qlle il escript derreniere des dieux supesseux. Et sil a peu faire. Cestassauoir ramener sa theologie naturelle a sa ciuille/elle sera toute naturelle. Et ql besoing estoit il de desioidre ou diuiser sa ciuille de la naturelle par si grant entente de distinction. Mais se celle ciuille est separee de sa naturelle p droite difference ou diuision quāt ceste cy nest pas Vraye q sa naturelle luy plaist. Car elle Vient iusqs a lame/et non pas iusqs au Vray dieu/leql a fait lame/de cōbiē est plus Vile et plus fausse ceste ciuille/sa qlle est occupee mesmement enuers la nature des corps. Sicōe les iterpretacions dicelluy Varro escherchees et desclairees dicelles p si grant diligence se demonstreront/desqlles il me conuient recorder aucunes choses necessaires.

Expposicion sur ce chapitre.

En ce V. chap. monseigñr sait augusti repreuue la theologie ciuille des dieux esleuz et mis a part quant aux iterpretacion qui sōt faictes des choses qui se font enuiron ces dieux. Car ce Varro se sforce de demonstrer q les choses que on dit de ces dieux/q que on fait enuirō eulx sōt faictes a signifier et represēter aucune chose naturelle. Et fait deux choses en ce chapitre. Premieremēt il met les dictz de Varro de ceste matiere Secōdemēt il les repreuue. Et celle seconde partie se commēce ou il dit. Mais o hōme tres agu: ꝛc. Quant a la pmiere ptie il est assauoir q Varro en Voulant mettre la cause pourquoy ilz sōt aucune dieux simulachres ou ydoles sēblables aux hōmes. dit q pour ce est il fait a ce q ceulx q les Voyent des yeulx p corporelz/et Veullēt en leurs pensees aller iusques aux misteres/cestadire iusqes au secret de ces sacrifices/peussēt Veoir en leur pensee ou courage lame du monde et les pties dicelluy desquelz sont Vrays dieux ou simulachres ou ydoles de ce corps/q ainsi cōe en aucun signe/car lame humaine ou du corps humaī est tressemblable a lame du monde/la qlle ame du monde est dieu. Mais le corps humain est ainsi comme Vng Vaisseau contenant ou qui cōtiēt et pour ce le corps humain qui est ainsi cōe Vng Vaisseau contenant icelle ame dōne a signifier celle ame et le simulachre ou ydole donne a signifier icelluy corps. Et a ce prouuer il ameine Vng exēple dun Vaisseau a Vin. leql est appelle onophoru q est ainsi dit selō psidore ou pp. liure de ses ethimologies/pour ce quil porte le Vin ou ql est porte dedens. pour ce q onophore Vault autant a dire cōe Vin. Et ainsi est il se dit il a ce propos de lydole du corps humain/sicōe de ce Vaisseau a Vi se on le mettoit ou temple de liber pater/cestadire bachus q est dieu du Vin pour signifier le Vin/et le Vin signifiroit que ce bachus seroit dieu du Vin. Apres quant il dit Mais o hōme tres agu. ꝛc. Il repreuue les dictz de Varro. Et premieremēt il les repreuue quant a ce ql met cy des misteres de ces simulachres/pour ce que ces dictz sont cōtraires a autres dictz de celluy mesmes Varro, lesquelz monseigñr sait augustin recite icy. et lesquelz il a mis cy dessus ou .iiii. liure ou xxxi. chapitre/p lesquelz dictz ce mesmes Varro a reprouue ces simulachres ou ydoles. Et est assauoir que monseigneur saint augustin appelle souuent ce Varro hōme tresagu et tresenseigne/laqlle chose il ne dit pas fois pour les dictz de tulle et de terēce/mis de ce Varro cy dessus ou ii. chapitre du Vi. liure/desquelz monseigñr saint augustin prent aucunesfois Vne similitude Secondement et quant il dit Et touteffois tu teusse la Verite p paour ꝛc. Il demonstre que ses dis de Varro qui ont ia este cy dessus recitez quāt a autres choses sont aussi autrement a reprouuer

Car ne la theologie naturelle a laquel
le Barro ramaine la ciuille par interpreta
cions. & luy plaist comme celle qui ne Brap
ne contient aucune Berite/ mais est faul
se. Et par consequēt est icelle theologie ci
uille plus faulse de trop. Et au surplus le
chapitre est cler et appt de lintencion de mō
seignr saint augustin.

¶ De loppinion de Barro par laquelle il
cuida que dieu fust lame du monde/ tou
tesfois ait en ses parties plusieurs ames.
desquelles soit la diuine nature: Bi.

Icelluy Barro doncques en par
lant ancores plus auāt de la the
ologie naturelle dit quil cuide q̄
dieu soit lame du monde/ lequel monde
les grecz appellent cosmon/ et cuide aus
si cellup mesmes monde estre dieu. Mais
il cuide que le monde soit dit dieu de pla
me/ cōme il soit composé de corps et dame
toutesfois est il dit sage par lame. Il sem
ble que aucunement il confesse ung dieu.
Mais aussi affin qͥl entroduist plusieurs
il adiouste que le monde est diuisé en deux
parties/ cest assauoir en la partie de lair et
en la terre. Et la terre est diuisee en deux p
ties/ cest assauoir en eaue et en terre/ desqlz
il dit que ether est le souuerain/ lair le se
cond/ leaue le tiers/ et la terre se plus basse.
Toutes lesquelles quatre parties il dit
estre plaines dames/ cest assauoir les im
mortelles en icelle partie quil appelle ether
les mortelles en lair en leaue et en la terre
¶ Mais du souuerain circuite du ciel ius
ques au siecle de la lune/ il dit que la sont
ames quil appelle etheriennes/ pour celle
partie qui sappelle ether/ cest assauoir les
grans estoilles comme orion/ et les estoil
les erratiques et autres estoilles/ et quel
les ne sōt pas seulement entēdues/ mais
sont Beues estre dieux. Mais entre le tour
ou circuite de la lune et les haultesses des
nupes & des Vens il dit estre ames de hair

Mais il dit quelles sont Beues par pēsees
non pas par les yeulx/ et quelles sont ap
pellees heroes et lares/ et genios ou genii
En ceste parole Briefment est proposé ceste
theologie naturelle. Laquelle a pseu non
pas tant seulement a cestui Barro / mais
a plusieurs philozophes/ de laquelle est a
discuter fors plus diligamment quāt a sep
de dieu le Brap ie auroy acheué ce qui de
meure de la theologie ciuille tant comme
il touche ou appartient aux dieux supers
esseuz.

¶ Epposicion sur ce chapitre.

En ce Bi. chapitre monseigneur saint
augustin met et epplicque la sentē
ce de Barro quil met des dieux. laquelle sē
tence appartient a la theologie naturelle.
et laquelle sentence il met icy. pour ce q̄ en
la matiere ensupuant il Vse moult et sou
uent en arguant delle/ et la reprouuāt en
plusieurs lieux/ si comme il apperra en p
cedant. Et fait cy monseigneur saint au
gustin mēcion de trois manieres dames.
dōt il appelle les Vnes heroes/ les autres
lares/ les autres genios ou genii. Entre
lesquelles ames on peut faire telle distin
ction. cest assauoir que les heroes furēt les
hommes de tresepcellente Vertu ainsi dis
selon psidore en son Biii. liure des ethimo
logies ab aere/ cest adire de lair pour ce qͥls
les sont en lair/ et sōt dignes destre ou ciel
Lares sont dieux prinez qui gardent les
maisons/ desquelz ouide parle en son se
cond liure de fastis/ & fait Vne telle fable.
Car il dit que iupiter appella les niphes
de la riuiere du tpbre/ qui a proprement par
ler sont les deesses des eaues/ et leur dist
comment il en aymoit Vne qui auoit nom
Viturne/ et quil conuenoit quil couchast
auec elle/ et leur dist que elles tenissent la
chose secrete/ lesquelles toutes luy accorde
rent. Or est Brap quil en y auoit la Vne la
quelle estoit la plus principale qui estoit ap
pellee napssat/ laqͥelle sala tantost gēgler

a celle Saturne, et luy conseilla a quelle se destournast. Et ainsi la sa elle gengler a iuno la fame de iupiter par quoy il faillit a son fait, combien que son pere luy eust dit par plusieursfois quelle tenist sa langue, et la bailla a mercure pour mener en enfer, et la estre des nimphes denfer, affin que iamais elle nencusast nulluy, ne ne gengsast, la quelle mercure print et la mena en ung bois et la eut a faire a elle et sengroissa, et eut ii. enfans qui furent appellez lares. Et ce sont ces dieux qui gardent les quarrffours, et les maisons, sicomme saint ouide oudit lieu, et dit que quant ce quelle accusast iupiter elle luy avoit a nom napsar, mais après quant elle seut accuse on luy doubla se nom de lar, et fut appellee larfar, pour sa grant genglerie, lequel mot est dit de abaper ou de gengler, et depuis quant elle eut couppee sa langue, elle fut appellee sa deesse muette. Après quant est des iii. quil appelle genios ou genii. Il est assavoir que selon remigiu en son coment sup marcianum. Genius est prins, pour le dieu de nature qui est par dessus toute generation, dont alberiuus lu donieniis in scintillario poetaru, dit que nous servons et obeissons a genius, toutesfois que nous servons a delectacion charnelle. Et au contraire toutesfois que nous comprimons ou restraignons la delectacion charnelle, nous allons contre genius, si comme dit terence quant il dit. Suu deffraudans genium. Cest adire en deffraudant son genius quil appelle se dieu de nature. Mais genii si sont autres dieux lesquelz les poetes dient estre deputtez aux hommes, ainsi come quant ung home naist deux angles luy sont deputez ung bon et ung mauuais, dont alberiuus ou lieu dessus allegue, dit que quant nous naissons nous en auons deux, lun qui nous enhorte a bien, lautre qui nous enhorte a mal. Et qui en souldra voir plus largement voie alberiuu et seruiu ou lieu dessus alle gue: Toutesfois ne semble il pas que ce varro veuille icy distinguer en ceste maniere. Mais veult dire que toutes les ames

soient heroes fares ou genios, sicome il apperra et appt ou viii. chap. de ce liure. Après quant il dit quil parlera de ses interpretacions plus a plain, il entend du viii. liure ou il traicte de la theologie naturelle.

⁋ Le vii. chap. ou il traicte assauoir se ce fut chose raysonnable de diuiser en deux ces dieux ianus et terminus vii.

IE demande doncques qui est cestuy dieu ianus duquel ceste theologie ciuille prent son commencement On respond que cest le monde, ceste response est plainement briefue et apperte. Pour quoy dit on doncques que les commencemens des choses appartiennent a icelluy dieu ianus, et les fins a ung autre dieu, lequel ilz appellent terminus. Car ilz tesmoingnent que, ii. mois sont dediez a ces deux dieux pour les commencemens et pour les fis sans les dix mois desqulz mars est le chief iusques a decembre, cest assauoir ianuier a ce dieu ianus, et feurier a ce dieu terminus. pource dient ilz ces solennitez appellees terminalia estre celebrees en ce mois de feurier quant on faisoit le sacre purgatoire lequl ilz appellent februum, dont ce mois print ce nom. Ne appartiennent pas les commencemens des choses au monde qui est ianus, et non pas les fins, a ce que autre dieu leur soit estably. Ne confessent ilz pas que toutes ces choses sont terminees au sien ce monde. ⁋ Quelle vanite est ce donner a ce dieu ianus dempe puissance en seu ure, et luy donner face double en spdose. Ne interpretassent ilz pas plus haultement et plus grandement ce dieu avoir deux fronts silz dissent estre a ianus et terminus, et donnassent une face aux commencemens, et lautre aux fins, car cestuy qui euure doit aviser lun et lautre, cest adire le commencement et la fin, pour ce que cestuy qui en tout le mouuement de son accion ou oeuure ne regarde le commencement, il nauise point sa fin. Dont il est necessite que lintecion auisant soit coioicte a la memoire regardant, car cestuy

qui oublira ce quil aura commēce ne trou
uera point cōment il le finera. Et pour ce
silz cuidoient q̄ la vie bieneuree eust cōmē
cement en ce monde quelle fust parfaicte
hors de ce monde. Et pour ce donnoient a
ce dieu ianus au monde la seule puissan
ce des cōmencemēs. pour certain ilz met
toient ce dieu terminus auāt luy, et ne les
trangoiēt pas des dieux superesseux/ iaē
soit ce aussi q̄ orendroit quāt les cōmence
mens et les fins des choses sont traictees
entre ces deux dieux/ on deust plus dōner
de honneur a ce dieu terminus, car la ioye
est plus grande quant la chose est parfai
cte/ mais les cōmencemēs sont plains de
souspirs iusqs a ce quilz soient menez a fin
laquelle fin cesluy mesmes qui cōmēce au
cune chose, appete auise, attent et desire,
ne se sioist point de la chose commencee se
elle nest acheuee;

Epposicion sur ce chapitre.

En ce vii. chapitre monseignr saict au
gustin repreuue les interpretaciōs
des choses naturelles qui sont attribuees
a ces dieux esseuz. Et par especial il trai
cte des choses que Varro attribue au dieu
ianus. Car ce Varro dit q̄ ianus est le mō
de, et q̄l luy attribue les cōmencemens de
toutes choses, et lautre dieu, cestassauoir
terminus, il attribue les fins. Ausq̄lz aus
si furent cōsacrez deux mois, cestassauoir
a ianus ianuier, et a terminus feurier,
duq̄l ianus la feste estoit celebree le iour
de ianuier, et a terminus le xx. iour de fe
urier, ne en ces mois nauoit nulle autre
feste. Ce mois de feurier anciennement es
toit le derrenier mois de lā, et mars estoit
le cōmencement. Et ce mesmes dit soit de
mirabilibz mundi, et de ce mois de mars
qui estoit le premier cōe dit est ilz cōptoiēt
iusqs a decēbre qui estoit le x. mois, et de
fut appelle decēbre de dece. et pareillemēt
septēbre pour ce q̄ cest le vii. mois apres
mars, et octobre et nouēbre p pareille voie
Et est assauoir q̄ iassoit ce q̄ feurier fust le

derrenier mois, et ouq̄l se faisoiēt les so
lennitez de ce dieu terminus q̄ sappellēt fe
sta terminalia. Toutessfois la cause pour
quoy il estoit appelle feurier, rend ouide
ou tiers liure de fastis q̄ dit en vng vers,
Romani februam dixerūt piamina prēs.
Cestadire q̄ les āciens rōmains tenoient
q̄ les ames des trespassez voloient en ce
mois de feurier plair, et q̄lles corrēpoiēt
lair, et pour ce ilz faisoient certaines pur
gacions et certaines penances & sacrifices
laq̄lle purgacion faicte ilz tenoiēt que les
ames retournoient en leurs sepulchres, et
celle purgacion ilz appelloient februum.
Et quant est de la double face de ce dieu ia
nus de laq̄lle mencion est faicte en ce chapi
tre, nous en parlerons ou chapitre subse
quēt, & le surplus du chapitre est tout cler

❡ Le viii. chap. ouq̄l il desclaire p quelle
cause ceulx q̄ adourerēt ce dieu ianus ont
figure son visage a deux frons, cestadire
a deux visages, laq̄lle ymage ilz veullēt
aussi sēbler auoir quatre frons.   viii

Mais mettons auāt ou disons lī
terpretacion de lidole de ce dieu ia
nus qui a .ii. frons. Ilz diēt q̄ ce
dieu a ii. faces deuāt & derriere a ce nostre
beement quāt nous ouurōs la bouche soit
vēsēblable au monde dont les grecz ap
pellēt le palais vranū, et aucūs poetes la
tins sicōe dit Varro ont appelle le ciel pa
lais, duq̄l beement ou ouuerture de la bou
che sentree par dehors est tournee vers les
dens, et p dedens aux ioes. Decy ou le
mōde est amene p le mot de nostre palais
soit grec ou poeticq̄, mais q̄lle chose faict
cy a lame. Quelle chose faict ce a la vie p
durable. Soit adoure ce dieu pour les seu
les saliues pour le sq̄lles auasser & eglou
tir en partie, & en ptie pour cracher, & lune
et lautre porte est ouuerte soubz le ciel du
palais. Mais q̄lle chose est plus incon
ueniente ou plus grant absurdite q̄ ce que
on ne peut trouuer en ce mōde deux portes

assises lune contre lautre p lesquelles icelluy mõde ou recoiue en soy/ou mette hors de soy aucune chose. Et pouoir cõposer de nostre bouche et gorge/desquelz le monde na point de similitude a ce dieu ianus vne ydole du monde pour le seul palais duql icelluy ianus na poit de similitude. Mais quant ilz fõt icelluy dieu ianus a quatre frons ou a quatre faces et lappellẽt double/ilz iterpretent ceste chose auẽ quatre pties du mõde ainsi cõe on attẽde aucũe chose dehors sicõe fait ianus p quatre faces

Apres ce ianus est le monde/et le monde est cõpose de iiii. pties / lydole de ianus a deux frons est fausse/ou se celle ydole est vraye pour ce q̃ tout le mõde seult estre entendu p le nõ dorient et de occident quant nous nõmons les ii. autres pties/cestassauoir septẽtrion est de sa ptie de midy nõmee auster/dira aucun le monde estre double/sicõe ilz dient icelluy ianus a quatre frons estre double. Ilz nont point en quelle maniere dont ilz interpretent a sa similitude du monde .iiii. portes/lesqlles apperent et se monstrent a ceulx q̃ entrent et yssent/sicõme touteffois ilz ont trouue quilz diroient de ianus a .ii. frons a la maniere ou coustume de hõme. Se p auẽture ce dieu neptunus ny ayde q̃ mette aucũ bien en bouche a q̃ aussi les ioes et la dextre et la senestre apperent sans le beement de la bouche et de la gorge. Et touteffois aucune ame neschieue ceste vanite p tãt de portes/fors celle q̃ oit verite/laquelle dit ie suis la porte.

¶ Exposicion sur ce chapitre.

En ce viii. chap. monseignr saint augustin repreuue linterpretacion naturelle que fait varro de lydole ou simulachre de ce dieu ianus/lequel est aucunesfois fait a deux faces ou visages opposites en vne mesme teste qui regardent les parties du mõde. Et aucunesfois on luy faisoit quatre faces / Et pour ce lappellent aucunesfois ianus bifrons/cestadire a ii. visages, aucunesfois quadrifrons. cestadire a iiii. visages, et aucunesfois lappellent ianus geminus/cestadire double. Monseignr saint augustin doncques repreuue premierement linterpretacion de ce ianus a ii. visages. Et secondement il sa repreuue a quatre faces ou a quatre visages. Et celle seconde partie se commence ou il dit Mais quãt ilz sont ce dieu ianus a quatre frons et a quatre visages. etc. Quant a la pmiere partie, il est assauoir que aucuns poetes grecz et aussi aucuns latins appellerent le palais le ciel pour ce q̃ est rond et quil est par dessus la basse ptie de la bouche/cestadire en hault au dessus de la langue. Et pour ce que quant sõme bee et a la bouche ouuerte il ya double porte ou alee. lune a mettre dehors devers les dens q̃ a regart a lissue et a la partie de dehors. Et lautre par dedens en allant a la gorge et ou ventre. Pour ceste cause et rayson firent ilz deux faces a ce ianus. Ceste interpretacion mõ seigneur saict augustin repreuue premierement p maniere de derision et mocquerie quant il dit De ce comment le monde est amene. etc. Et est le texte tout cler. Secondement il demonstre comment cest chose desraisonnable de ce dire et maintenir. Et est quant il dit. Mais quelle chose est plus inconueniente ou plus grãt assurdite que on ne put trouuer dedens le monde deux portes opposites par lesquelles on puist mettre dedens aucunes choses ou mettre dehors quant on vouldra/et vouloir faire ydoles du monde a ianus de nostre bouche et de nostre gorge desquelz le monde na quelcõque similitude pour nostre seul palais et duquel ianus na point de similitude/et fait monseigneur saint augustin deux telles raysons. La premiere est telle: Le monde na pas deux portes par lesquelles il recoiue et mette hors: Et pour ce iassoit ce que louuerture de la bouche les ait. Ce ne fait rien au propos du monde/et par consequent pour la cause de la bienneurete de nostre bouche. Le monde ne doit pas auoir ydole ou simulachre a deux visages La seconde rayson est telle/iassoit ce se dit il que le palais selon les poetes ait la semblance du ciel. Toutesfois le monde na pas la sēblance de la bouche ne de la gorge Mais sont ces deux/cestassauoir lentree et lissue de la bouche/et de la gorge autres Et par consequēt pour celle bouche et pour celle gorge/on ne doit pas ainsi figurer celle ydose de ianus a deux visages/qui est a dire le monde. Toutesfois est il assauoir q̄ len assigne autres raysōs pourquoy lydole de ce ianus est figuree a deux faces de quoy ysidore met sune ou viii. liure de ses ethimologies ou chap. final q̄ dit ainsi Ilz appellēt ce dieu ianus ainsi cōme la porte du monde du ciel et des mois.et luy font deux visages pour orient et pour occident. Et quant ilz luy sont quatre faces. ilz appellent ce dieu ianus geminū/cest a dire double/et se rapportēt aux quatre parties du monde/et aux.iiii. elemens. et aux iiii. tēps/mais il dit oultre q̄ quāt ilz faignent ces choses ilz ne font pas ung dieu mais ung monstre. Et ceste cause touchee par ysidore/touche icy aussi monseigneur saint augustin. Ouide en son liure de fastis touche deux autres causes pourquoy il est ainsi figure/lune est/car selon aucūs philozophes et poetes. Le monde fut aucunesfois une masse confuse que on appelle chaos/et tous les elemens estoiēt meslez ēsēble/et nestoiēt point separez ne distinctez p lieux/et q̄ a ces choses representer ce ianus est fourme a double face/sune deuāt lautre derriere pareille a celle de deuant/pour denoter q̄ entre deuant et derriere nauoit point fors de distiction.mais estoit lun et lautre tout ung en la psonne de ianus/dont ouide dit ainsi en deux vers ou lieu dessus allegue/en parlant a la psonne de ianus. ♉ Nunc quoqz cōfuse qm nota pua figure. Ante quod est ī me post qz videtur idē. Et sont ces vers pres du cōmencement/et q̄ en souldra veoir plus largemēt voye se en ce lieu/et il verra be

aulx motz.) Lautre cause si est/car a ce ianus est cōmise la garde du monde/ai si cōe a portier. Et pour ce ainsi cōme se portier dun hostel a a garder les entrees et les issues/aussi ce ianus sans tourner et sās re tourner sa teste voit les deux pties aduerses du monde/cestassauoir orient et occident. Et pour ce est il fourme a deux visages/desqlz lun a regart a orient/et lautre a occidēt.) Apres quant il ple de ce ianus a.iiii. frons q̄ est aussi appelle double il se repreuue/et demōstre quil ne peut biē estre appelle double/pour ce q̄ le monde nest pas double. Ne aussi ne peut il estre fi gure raysonnablemēt a quatre visages/ tant par ce que au monde na pas quatre entrees plesquelles on entre et ysse/ainsi cōe il ist de la bouche ouuerte/pour laquelle chose ce ianus est figure a quatre visages/comme par ce que en la bouche de some/dont ce ianus bifrons print son nom ne a nulles telles quatre choses dont on peust arguer que on se deust figurer a qua tre faces/se ainsi nest se dit il que neptunus qui est le dieu de la mer suy emple la bouche daucun poisson/et luy face si enfler les ioes quil semble quil ait deux faces. Et les deux autres faces appartiennent a la bouche et a la gorge.

(Le neufiesme chapitre ouquel il traicte de la puissance de iupiter et de la comparaison de luy auecques ianus ix

Ais dient quilz veullent estre entendu ce dieu iouis/lequel est a si dit iupiter/Ilz diēt que cestle dieu qui a la puissance des causes par lesquelles aucune chose est faicte au monde.

Le tresnoble vers de ce poete Virgille tesmoingne comme ce soit grãt chose, c'est assavoir avoir celle puissance. Lequel vers dit ainsi. Cellup est bienheure qui a peu congnoistre les causes des choses. Mais responde nous cel homme tresagu et tresenseigne. C'est assavoir Varro pourquoy ianus est mis avant iupiter. C'est ce dit il pour ce que devers ianus sõt les choses premieres, et devers iupiter sont les choses souveraines. A bon droit doncques est iupiter roy de toutes choses, pour ce que les choses premieres sont values des choses souveraines. car ia soit ce que les choses premieres soient paravant en temps, toutesfois les souveraines se surmontent en dignite. ¶ Mais on se diroit droitturierement se des choses faictes on cuisoit & discernoit les premieres choses et les souveraines, sicomme le commencement daucun fait est lemprendre, et le souverain est dit attaindre. ¶ Le commencement de ce qui est fait est commencer a apprendre le souverain est la percepcion de doctrine. Et ainsi en toutes choses les commencemẽs sont les premieres choses, et les fins sont les souveraines. Mais ceste besongne est ia discutee entre ce dieu ianus et ce dieu terminus. Toutesfois les causes lesquelles sant donnees a iupiter sont choses faisãs non pas faictes. Ne il ne peut estre fait en quelque maniere que icelles causes soient preuves des choses faictes ou des commencemens dicelles choses faictes. Car tousiours la chose laquelle fait est premiere et avant que celle qui est faicte. Pour laquelle chose se les commencemens des choses faictes appartiennent a ce dieu ianus, pour ce ne sont ilz pas iceulx commencemens avant que les choses efficiẽtes ou faisans lesquelles ilz attribuent a iupiter. Car sicomme riẽ n'est fait de quoy la cause faisant ne soit paravant. Aussi riens n'est commence pour estre fait de quoy la cause faisãt ne soit pavant. Certes se les peuples appellent iupiter cellup dieu ouquel sont toutes les causes des fais de toutes natures et de toutes choses naturelles et lequel ilz adourent par si grandes hontes et par crimes si mauvais, iceulx peuples se abstraingnent & obleguent par sacrilege plus oscur & plus lait que se du tout ilz ne le cuidassent point estre dieu. ¶ Dont il leur devroit estre chose plus convenable de nommer aucũ autre du nom de iupiter qui fut digne de lap des honneurs et plaines de incontinence et quilz supposassent une vaine fiction laquelle ilz blasmassẽt plus licitement, sicomme on dit q̃ une pierre fut mise devant ce iupiter dieu & faiseur de tonnoirres et de adulteres, et gouvernant tout le monde, et decourant par tãt de adulteres, et qui a en soy les souveraines causes de toutes natures et de toutes choses naturelles, & qui n'a pas les siẽnes causes bonnes. ¶ Apres ie demande quel lieu ilz donnent orendroit a ce dieu iupiter se ce dieu ianus est le monde. Ce Varro diffinit et determina le monde et les parties du monde estre vrays dieux. Et pour ce cellup qui n'est ce, c'est a dire le monde et les parties du monde n'est pas vray dieu selon ceulx y cy. ¶ Diront ilz doncques que iupiter est l'ame du monde, a ce que ianus soit le corps dicellup, c'est a dire ce monde visible. S'ilz dient cecy il ne sera rien par quoy ilz dient que ce ianus soit dieu, car le corps du monde n'est pas dieu selon ce q̃ ilz dient, mais l'ame du monde et les parties dicellup, dont icellup mesmes Varro dit tresappertement qu'il cuide que l'ame du monde soit dieu, & que icellup mesmes monde soit dieu. Mais sicõe l'õme sage cõme il soit composé de ame et de corps. Et pource le seul corps du mõde n'est pas dieu mais la seule ame de lup est dieu, ou le corps et l'ame ensemble. En telle maniere toutesfois que ce ne soit pas de par le corps mais de par l'ame. Doncques ce ianus est le monde, et ianus est dieu. Ne convient il pas quilz dient que iupiter soit aucune partie de ianus a ce quil puisse estre dieu. Car ilz ont plus accoustume de attribuer a iupiter tout le mõde dõt cecy est escript.

Toutes choses sont plaines ou replaines de iupiter. Doncques ne peuent ilz cuider que iupiter soit autre que le monde, a ce quil soit dieu, et mesmement quil soit le roy des dieux, affin quil regne sur les autres dieux, lesquelz selon ceulx cy sont les pties dicelluy. certes icelluy mesmes Barro expose en ceste sentence vng vers, Valerius soranus en ce liure, leql icelluy Barro escript a part hors de ceulx cy de ladourement des dieux, lesquelz vers dict ainsi Jupiter le tout puissant premier pere des roys, des choses et des dieux, et premiere mere des dieux. Vng dieu et tous dieux. Jceulx Vers sont ainsi exposez en icelluy liure cõe ilz cuidassēt ce dit Barro le masle estre celluy qui met hors la semence, et sa femelle estre la fēme qui la recoit. Et iupiter estre le monde et mettre hors de soy toutes semences. Et les receuoir en soy pour qlle cause dit il escript ce soran⁹ estre premier pere et mere. &c. Ne vne chose ne toutes choses ne sont pas moins vne mesme chose, car le moude est, et neantmoins toutes choses sont en luy lequel est vng.

Exposicion sur ce chapitre.

En ce ix. chapitre monseigneur saint augusti repreuue les iterpretaciõs naturelles des dieux, lesqlles sōt dictes de iupiter. Et fait .ii. raisōs en ce chapitre contre ces interpretacions, desqlles .ii. raysons la seconde se cōmēce ou il dit. Apres ie demande. &c. En sa premiere raysō il fait trois choses, car premierement il met la sentence des autres qui adourent les dieux en demādant qlle chose est iupiter. Et dit monseignr saint augustin qlz diēt qu'il est dieu q a la puissance des causes et le cōferme p vng vers de Virgille qui est ou ii. liure de georgiques. q se cōmence Felix q potuit. &c. Et pourquoy on met ianus au deuāt de iupiter selō la sentence de Barro. Secōdement il dit. Mais on diroit droitturierement. &c. Il repreuue ceste sētence et mesmement et principalemēt quāt au dit de Barro q met q ce ianus va deuāt iupiter, pour ce sicomme il dit que a ianus sont attribuez les cōmencemens, et a iupiter sont attribuees les treshaultes et souueraines choses. Et pour ce ilz dient que iupiter est le souuerain roy. Laquelle chose monseignr saint augustin repreuue en disant que suppose que en ces choses q sōt faictes la dignite et la souueraineté soit en la fin et en lacomplissement de leuure, et non point au commencement, toutesfois nest il pas ainsi aux choses qui ne sōt pas faictes, mais sont causes et efficiētes ou effectiues. Car suppose que en ces choses qui sōt faictes, le souuerain bien et la souueraine dignite soit en la fin et non ou commencement. Toutesfois aux choses qui ne sont pas faictes, mais sont causes effectiues et efficiens des autres. Il conuient necessairement que ce qui est cause effectiue et tresdigne soit aussi la premiere. Or demonstre il comme iupiter est tel, cest a sauoir ql est la souueraine cause efficiente par leur confession mesmes. Tiercement ou il dit. Sainement. &c. Il demōstre que puis quilz ont sentu de ce iupiter tant de choses si grandes et si haultes ilz commettēt grant sacrilege quant ilz chātent et recitent en leurs theatres par grāt honneur les grans blasmes et les grans crimes que on luy met sus, et quil vauldroit mieulx et seroit plus honneste chose quilz faignissent vng autre dieu ou vng autre ydole quilz appellassēt iupiter, du quel ilz fissent et faingnissent telz crimes ou telles laidures, sicōme mesmes il appert par ouide ou .iiii. liure de fastis q raconte q pour ce que saturne deuouroit ses enfans, iuno tātost comme iupiter fut ne le muca en vng boys pour doubte que saturne ne le deuourast, et mist ou berceau ou lieu de luy vne pierre en maniere dun enfāt. Ou sicōme dit cy apres mōseignr saint augustin vne motte de terre couuerte dherbe/laquelle saturnus deuoura cuidant q̃ ce fust son filz. ⸿ Apres quant il dit. Apres te demande. &c. Il met sa seconde rayson et preuue par leurs dictz mesmes quilz fault quilz ottroient q̃ iupiter soit vne partie de ianus ou du monde/sicõe il a este mõstre ou ·vi· chap̃· de ce liure/auecq̃ laq̃lle oppinion saccorde Virgille en ses bucoliques en la tierce eglogue/qui sont les dis de chieuures pour la saydeur de la matiere q̃ dit en vng vers. Toutes choses sõt plaines de iupiter. A quoy Varro aussi en vng liure quiffist du seruice des dieux hors les ·vi· liures des choses diuiues/ desquelz mẽcion est faicte cy dessus ou· iii· chapitre du ·vi· liure/ameine ces vers de Valerius soranus/et les eppose par sa maniere que monseigñr saict augustin les eppose en ce chapitre assez clerement.

⸿ Le p̃·chapitre ouquel il desclaire de la diuision ou difference dentre iupiter et ianus.   v·

DOncques cõe ianus soit le mõde/et iupiter soit le monde/et le monde est vng/pourquoy sõt ianus et iupiter deux dieux Pourquoy õt ilz leurs temples diuisez/autelz separez/sacres diuers et pdoses dissemblables Se cest pour ce que la force des commencemens estre autre/et lune a prins le nom de ianus et lautre de iupiter. Sensuit il se vng hõme a deux puissances ou deux ars en diuerses choses que pour ce il soit dit deux iuges ou·ii· ouuriers/pour ce que la force de chascune des deux puissãces ou des deux ars est diuerse, ainsi cõe sil voulsist dire q̃ non. ⸿ Aussi doncques vng mesmes dieu suppose quil ait la puissance des cõmencemens et la puissãce des causes / est il necessite que on cuide celluy dieu estre deux dieux pour ce que ses commencemens et les causes sõt deux choses Laq̃lle chose silz cuident estre iustice/ cest

adire q̃ vng dieu doybe estre dit deux dieux pour ce q̃l a puissãces diuerses. Diết dõc q̃s icelluy iupiter estre autãt de dieux cõe ilz luy õt donne de surnõs pour plusieurs puissances/car toutes les choses pour lesq̃lles iceulx surnoms luy sont attribuez. sont plusieurs et diuerses/desquelles ie sais mencion daucunes.

Epposicion sur ce chapitre.

En ce v· chap̃· monseigñr sainct augustin fait et met sa tierce rayson contre les choses qui sont dictes et faictes euiron ce iupiter· Et appṽt clerement de la rayson et itencion de monseigñr sainct augustĩ· et conclud sa rayson et maniere a ce q̃ iupiter et ianus ne soient pas deux dieux/s̃il nest ainsi q̃lz veuillent dire que ce iupiter soit autant de dieux·cõe il a de surnoms.

⸿ Le vi·chapitre ouquel il traicte des surnõs de iupiter lesq̃lz ne sõt pas rapportez a plusieurs dieux/mais a vng mesmes dieu·   vi·

ILz ont dit icelluy iupiter estre vainqueur nõ vaincu/secoureur/constraigneur/establisseur enforceur/reuerseur/côteneur et sousteneur du mõde/nourriceur/allaiteur et autres surnõs lesq̃lz longue chose est a poursuyuir Mais ilz iposent ces surnõs a vng dieu pour causes et puissãces diuerses. Et toutesfois ne se constraignent ilz pas a estre aussi autant de dieux pour tãt de choses/ cestassauoir pour ce quil vaincquist toutes choses/q̃l ne fust vaincu daucun/q̃l donnast ayde a ceulx q̃ en ont besoĩg. Que il eust puissãce de esmouuoir ou cõstraindre de establir de affermer de reuerser q̃l contenist et soustenist le mõde/sicõe vng tresq̃l nourrisist toutes choses/et q̃l nourrisist les bestes de sa mãmelle. ⸿ En ces choses aucunes sõt grandes/aucunes sont petites/sicõe nous le pouõs veoir/et toutesfois vng seul est tesmoigne faire les vnes et les autres. ⸿ Je cuide q̃ les causes et les commencemens des choses pourquoy ilz voulurent estre deup dieup/cestassauoir iupiter et ianus estre plus prochains entre eulp q̄ contenir le monde et donner la mamelle aup bestes. ¶ toutesfois nōt ilz pas este cōstrains a estre deup dieup pour ces deup oeuures si loing diuerses entre eulp en force et en dignite. Aincois vng seul iupiter pour celle chose/cestassauoir pour cōtenir ou soustenir le mōde il est appelle tignus ou tigillus/cestadire vng petit tref ¶ pour dōner la māmelle aup bestes il est appelle ruminus. ¶ Je ne vueil pas dire que icelluy Varro peust mieulp dire icelle deesse iuno dōner la māmelle aup bestes allaitans que iupiter/mesmement comme elle fust aussi deesse allaitāt ou nourrice/laq̄lle iuno fist apde ou seruice a icelluy iupiter en ceste oeuure/cestassauoir a allaiter les bestes/ Car ie pense que on y eust peu respondre que celle iuno nest rien autre chose que iupiter selō ses vers de Valerius soranus qui sont telz. Jupiter omnipotens regum rerumq̄ deumq̄. Progenitor genitripq̄ deum.¶ Ausq̄lz il est dit iupiter le tout puissant / pere des roys et des choses et des dieup et mere des dieup Pourquoy donques est il dit ruminus/ cestadire allaiteur/comme il soit trouue estre aussi celle deesse rumina/Cestadire nourrice/pour ceulp qui par auenture en enquerroient plus diligāment. Car se droituurierement il sembloit estre chose indigne a la mageste des dieup que en vng esi sum dieu apptienne a la garde du genouillet /lautre a la garde du fenillet .ou est le ble/de cōbien est ce plus indigne chose que vne tresbasse chose soit gardee par la puissance de deup dieup/sicomme les bestes soient allettees es māmelles des dieup de iupiter: Icelluy roy de toutes choses soit lun/et ne face pas ceste chose au moins auecques sa femme/cestassauoir iuno Mais auecques ie ne scay quelle deesse non noble appellee rumina/se ce nest pour ce quil est aussi icelle mesmes rumina qui est appelle ruminus par auentu-

re pour les masles allettans/et rumina pour les femelles ¶ Quelle merueille ie diroie quilz nauroient pas voulu imposer a iupiter nom femini/se en iceluy vs cestassauoir de Valerius soranus ne fust dit et nomme pere et mere. Et se ie ne trouuasse en ses autres sournōs quil fust appelle pecune nous auons trouuee estre ces changeurs et autres gens qui sentremettent de monnoye/et de ce nous auons fait mencion ou quart liure/mais comme en masles et femelles aient pecune/auisent soy pourquoy icelluy iupiter nest appelle et pecunia et pecunius/sicomme il est appelle rumina et ruminus.

¶ Expoficion sur ce chapitre.

En cest pi. chapitre monseigneur sait augustin argue contre les choses qui sont attribuees a iupiter. Et fait en ce chapitre trois choses. Premierement il recite ses noms et ses surnoms par lesquelz ilz nomment ce iupiter Et assigne la cause de leur rayson. Secondement il conferme la tierce rayson quil a mise ou precedēt chapitre. Et tiercement il reprenue aucunes choses qui sont selon les nominaciōs de ce iupiter. La seconde partie se commēce ou il dit Je ne vueil pas dire. ¶ce. Qui bien auise et considere les parolles de mōseignr saint augustin en recitant les nōs de ce dieu iupiter/il appt que luy mesmes les eppose. Car il dit que ce iupiter est appelle vaincqueur pour ce quil vait toutes choses. Et est appelle non vaincu pour ce quil ne peut estre vaincu daucun. Jl est appelle secoureur pour ce quil donne ayde a ceulp qui en ont besoing. Jl est appelle cōstraigneur pour ce quil a puissance de cōpeller et de constraindre. ¶ Jl est appelle statuteur pour ceq̄l a puissance de ordōner ¶ de establir. Combien que titus liuius en son premier liure de origine vrbis dye quil est appelle stateur pour ce que en la bataille des rommains et des sabiniēs comme ses rõmains sen fuissent il pria a iupiter que ses gens sarretassent et il luy feroit vng temple & ainsi fut fait, & pour ce luy fist vng temple lequel est appelle iupiter stateur, il est appelle centipeda pour ce quil a puissance de donner establete, et que luy mesmes est estable, & pour ce dist il quil sefforce de cent piedz. il est dit suppinalis, cestadire renuerseur pour ce quil a puissance des choses renuerser, il appele tigillus qui vault autant cõme tref ou cheueron pour ce qui contient et soustient tout le monde, il est appele nourrisseur pour ce quil nourrist toutes choses, il est appelle allaiteur pour ce quil nourrist & allaite toutes choses ainsi cõme de sa mamelle especialement les bestes, & ces nõs de iupiter met appulleius en son liure q̃ sappele cosmographia & en son liure quil fist de mundo vers la fin. Apres quant il dit, ie ne veul pas dire &cet. Il argue contre ce qui est dit cy dessus de iupiter cestassauoir quil est appele ruminus q̃ vault autant cõme allaiteur, pour ce que sicomme ilz dient quil allaitte toutes bestes de sa mamelle, contre laquelle chose mõseigneur sait augustin argue premieremẽt Et dit que cest office de alaitter est plus conuenablement a attribuer a fẽme que a hõme, & par consequent a iuno que a iupiter, laquelle est royne des dieux. Car elle auoit soubz luy et a son obeissance la deesse rumina, cestadire sallaitteresse q̃ la seruiroit desquelle est faicte mencion en se xi. chapitre du quart liure. Contre laquelle chose monseigneur saint augustin respond et dit quil sensuiuroit que iupiter ne fust pas appelle ruminus, cestadire allaiteur, mais rumina, cestadire allaitteresse se ainsi nest qui veullent dire qui soit dit ruminus pour ce quil allaitte le masle et rumina pour ce quil allaitte la femelle, et touteffois celle deesse rumina nest mise ne cõpter être ces dieux supesleuz & mis apt, mais est mise entre les dieux non nobles et plebeyens. Apres quant il plse du dieu nodotus &c. il veult monstrer que cest grant erreur a dire que iupiter puist estre ancores dit. ii. dieux, et le preuue par lespy de bled, car sicõme il dit se ce sembloit estre chose desconuenable que en vng espy eust deux dieux desquelz lun, cestassauoir le dieu nodotus q̃ appertenist au premier noeu qui est appele le petit genoul ou patelina et volutina en sa fueillete ou est le grain desquelz nous auõs parle ou viii. chapitre du iiii. liure. Ancores est ce chose plus desconuenable que a vne chose tresbasse ait deux dieux, cestadire pour allaitter les bestes desquelz iupiter soit lun qui le face, non pas auec iuno sa fẽme, mais auecques vne deesse non noble et plebeyẽne. Apres quant il parle de la deesse pecune, cest ancores vne raison par laquelle il veult destruire ceste pluralite de nõs de ce iupiter. Et quant il parle des changeurs ou qui se meslent de pecune faire et donner et dit quil en a parle ou iiii. liure, aussi a il ou pmier ou xxi. chapitre ou il parle de esculano, cestadire de ceulx qui se meslent de mõnoye daraing, et de argentariis, qui se meslent de mõnoye dargent. aquoy ilz attribuerẽt deux dieux cestassauoir esculanus ou esculinus. a la mõnoye darain et argentinus. a la mõnoye dargẽt, ainsi cõme la deesse pecune qui donne la pecune ou la monnoye.

℄ Le xii. chapitre ouquel il declaire que iupiter est appele pecune ou mõnoye. xii

Ais cõment ont il excellãmẽt rendu sa raison de ce nõ, et iupiter ce dient il est appele pecune pour ce que toutes choses sont a luy. ⊙ com grande raison de nõ diuin, mais pour certain cestuy a qui sont toutes choses est nõme pecune tresvilemẽt & tresõteusement, car a toutes choses lesquelles

e k

sont cōtenues ou ciel & en terre: quelle chose est pecune du tout en toutes les choses lesquelles sont possessees des hōmes ou nō de pecune/ mais auarice imposa. & nō pas de merueilles. ce nō iupiter a ce que qlcōques ayme pecune/ ie ne cuide pas aymer chascun dieu. mais icelluy roy de tous c'est assauoir iupiter / mais ce fut de trop autre chose se ce iupiter fust appelle richesses / car autres choses sont richesses / autre chose est pecune/ car nous disōs les sages les iustes les bōs estre riches qui nōt point ou pou de pecune pour ce quilz sōt rices plus de vertus p lesquelles ce quilz ōt leur souffist ē icelles necessitez des choses corporelles/ mais nous disons les aueres ou auaricieux estre tousiours poures desitās et souffreteux/ car ilz peuēt auoir tant grādes pecunes cōe il te plaist a nōmer/ mais ilz ne peuēt estre que souffreteux en quelq grant habondances discelles/ & droituriereme͞t nous disons icelluy vray dieu estre riche/ non pas toutesfois de pecune/ mais de toute puissance/ Et aussi ceulx q habondēt en pecune sōt appellez riches/ mais se ilz sont couuoiteux ilz sōt souffreteux c'est a dire en cueur Doncques qlle doit estre celle theologie a celluy qui est sage ou le roy des dieux a prins le nō de ceste chose / c'est assauoir de pecūe laquelle nul sage ne a couuoitee car se aucune chose fust dicte en ceste doctrine laquelle appartenist a la vie pdurable/ de cōbien plus legiereme͞t le dieu gouuerneur du monde fust appele deux. nō pas pecune/ mais sapience. l'amour de laquelle purge desordures d'auarice / c'est a dire de l'amour de pecune:

⁋ Expposicion sur ce chapitre.

En ce p̄ii. chapitre monseignr̄ sainct augustin argue cōtre les choses qui sōt attribuees a iupiter / car ilz dient que iupiter est pecune ou monoye/ et assignent sa cause/ et dient que c'est pour ce q̄ toutes choses sont pecune laquelle chose il repreuue/ car il dit que ce nō si est fait & vil a ce souerain dieu / sicōe il appt par sa cōparaisō q̄l fait de pecune & de toutes autres choses qu'on peut auoir pour pecune ou pour argent/ au regart des choses que le ciel et la terre contiennēt entrelesquelz pecune ou monoye quāt est en soy & de soy est chose assez ville et le remanant du chapitre est tout cler.

⁋ Chapitre viii. ouquel il declaire que quant on eppose quelle chose est saturne. ou quelle chose soit genius on enseigne q̄ chascun deux est vng iupiter   p̄iii

Mais pour quoy dira on plus de choses de ce dieu iupiter ouquel p aueture ses autres dieux sōt a estre rapportez a ce que soppiniō de plusieurs dieux demeure cōe icelluy mesmes iupiter soit tous les dieux ou quāt on cuide d'iceulx dieux estre les pties ou les puissances d'icelluy ou quāt la force de lame laqlle ilz cuidēt estre espādue par toutes choses a prīs les nōs aīsi cōe de plusieurs dieux des pties de ceste masse ou pesāteur esquelles ce monde visible se dresse ou lieue p mainte maniere de administracion de nature/ car qlle chose est ce saturne c'est ce dit varro vng dieu des priuees oeuures sequel est seigneurie de toutes semences/ ne dit pas l'expositiō des vers dessudictz de valerius soranus que iupiter est le monde et q̄l met hors de soy & recoit en soy toutes semences. Quelle chose doncques est genius/ c'est le dieu dist il q̄st deuāt mis a la force de toutes choses a estre engendrees/ quel autre dieu croiēt il auoir ceste force fors le monde a q̄ il est dit aux vers dessusdictz. iupiter pere et mere: Et quāt icellui varro dit en vng autre lieu icellui genius estre le courage la pensee ou l'ame raisōnable de chascū / & pour icelluy genius estre chascun courage ou ame de chascun. & il dit l'ame ou le courage du mōde estre cellui dieu, certes il ramaine a ce ceste mesmes chose. cestassauoir que icellui genius soit creu estre lame du monde come vng dieu vniuersal. Doncques est ce cellup lequel ilz appellent iupiter. car se genius est tout dieu et tout courage ou ame de home est genius il sensuit que tout courage ou ame de home est dieu, et se icelle absurdite les constrait a en auoir horreur, cest assauoir de auoir plusieurs dieux il conuient qlz dient que icelluy genius est singulieremēt et excellamment le dieu lequel ilz dient lame du monde, et par ce ilz se diront estre iupiter.

¶ Eposicion sur ce chapitre.

En ce viii. chapitre monseigneur saint augustin demonstre que sicōme il appert mesmes par les dictz de Varro et des autres la multitude des dieux est superflue pour ce quilz sont tous ramenez en vng iupiter. car ou ce iupiter au regart des autres dieux se a cōme le tout a ses parties et par ce hors tout icellui iupiter il nest nul autre dieu ou iupiter aprendre simplement sicōme il est en soy est de tous dieux, car il est lame du monde laqlle est respādue p toutes ses parties p telle maniere que par les diuerses pties de sa pesāteur ou masse de ce monde lesquelles elle administre ou gouuerne il soitist plusieurs nōs ainsi cōme de plusieurs dieux, iassoit ce que en verite il soit vne simple ame ou vng simple courage de tout le mōde. Et de chascune de ces choses ont eu aucunes oppiniōs sicōme il appert par le vi. chap. du quart liure et quil faille tenir vne de ces cōclusiōs il se preuue pour ce que les choses mesmes qui sont attribuees aux autres dieux appartiēnent a iupiter, sicōme de saturne ouquel on attribue la puissance des semences laquelle mesmes on attribue a iupiter sicōme il appert p lexposiciō que fait Varro sur les vers de Valerius soranus q sont mis cy dessus ou texte du ix. chap. auec lexposicion dicelux. et pareillemēt appert il de

genius, lequel il dit estre dieu de nature et de toutes choses qui sont engendrees, car aussi sēble il que ce soit iupiter, sicōme il appert par ces vers mesmes et par leur exposiciō, et par ce aussi de ce quil a dit ailleurs de ceulx quil appele genius et de lame du monde.

¶ Le viiii. chapitre ouquel il traicte des offices de mars et de mercure.

Mais ilz ne trouuerent pas cōmēt ilz rapportassēt ces dieux mercure et mars a aucunes pties du monde et aux oeuures de dieu lesquelles sont aux elemens, et pour ce ilz eytablirent iceulx dieux, cestassauoir ministres de pler et de batailler, desquelz deux dieux ce mercure a la puissance de la parole des dieux, aussi a il la seigneurie sur icellup roy des dieux, cestassauoir iupiter, se ce iupiter parle selon la voulente dicellup mercure ou se il a prins de lup la puissāce de pler laquelle chose dire est en tout grant assurdite, mais son dit q seulemēt la puissance de pole humaine est attribuee a icellui mercure. ce nest pas chose creable que iupiter ait voulu descēdre, nō pas seulemēt a allaicter les ēfans de sa mammelle, mais aussi les bestes dōt il est nōme ruminus et quil nait voulu a lup appartenir la garde de nostre pole p laquelle nous sourmontons les bestes et par ce icellup mesmes est iupiter et mercurius, et se icellup mercure est dit pole sicōme les choses le monstrent lesquelles sōt interpretees de lup, car il est dict et appele mercure ainsi cōme moyen courant pour ce que la parole court moyenne entre les homes, et q pour ce est il dit hermes en grec que aussi la pole ou linterpretaciō laqlle appartient a la parole est dicte herménia et que pour ce est il dict auoir auctorite sur les marchandises, car entre les vendās et les achetans on y fait poles moyēnes et que les elles dicellup mercure quil a ou chief et aux piedz signifiēt la hastiueté de la parole qui est portee par lair, et qil est dit messagier pour ce que toutes choses pensees sont exprimees par paroles. Ce doncques mercure est icelle parole, pour certain par leur confession mesmes il nest pas dieu/ mais quāt ilz sont a eulx iceulx leurs dieux lesquelz sont dyables en suppliāt aux mauuais esperis ilz sōt tenus de ceulx q̄ ne sont pas dieux, mais dyables. De rechief pour ce quilz ne peurent trouuer a mars aucun element/ ou aucunes parties du monde/ ou il fist q̄lque oeuure de nature/ ilz le dient estre le dieu des batailles la q̄lle chose est oeuure des hommes/ laquelle ilz ne doiuent pas desirer/ doncques se felicite dōnoit par du ra sete. mars nauroit quelq̄ chose a faire mais se mars est icelle bataille sicōme mercure est parole ie bouldroie que aussi cōme cest chose manifeste que il nest pas dieu q̄ aussi il ne fust pas bataille ou que faussement il soit appele dieu:

⁋ Exposicion sur ce chapitre.

En ce xviii. chapitre monseigneur sait augustin cōmence a reprouuer les choses q̄ les paiēs disoient de mars et de mercure/ lesquelz sicōme il est dit cy dessus ou second chapitre/ sont mis et nōbrez entre ces dieux supesseurs et mis apt de ces dieux fut double oppinō. lune de ceulx qui tenoient que ces deux dieux nestoient rapotez a quelcōques pties du mōde cōme presidēs a icelles pties/ mais estoient seulemēt rapotez aux fais des psonnes humaines cest assauoir que mercurius fut ramene ou rapote seulemēt a sermon ou a parole/ De ceste oppinion estoient ceulx desquelz il est dit ou xxviii. chapitre des fais des apostres/ car ilz appelloient saint barnabe lapostre iupiter/ et monseigneur saint pol ilz lappelloient mercurius pour ce quil estoit maistre de prescher et de esloqūce/ & mars estoit raporte aux batailles/ & lautre oppinion les raportoit a estoiles/ et disoient q̄ cestoient deux estoilles ou ciel/ touteffois en ce chap. mon

seigneur sait augustin repreuue ceste oppinion. Et premieremēt quant a mercure secōdemēt il la repreuue quāt a mars Et celle secōde partie se cōmence ou il dit De rechief pour ce quilz ne pouoiēt trouuer &c: Contre ce qui est dit de mercure il argue & repreuue q̄ nest autre dieu q̄ iupiter/ & ce conclud il necessairemēt. suppose que ce mesmes mercure ne soit ce mesmes pler ou sermō. mais ait seigneurie sur les poles ou sermons soit de dieu et des hōmes ou des hōmes tant seulemēt, car sil a seigneurie sur ses sermōs des dieux ou poles cōme ce soit assurdite de dire que aucū ait seigneurie sur les paroles de iupiter/ fors iupiter mesmes. il sensuit que mercure soit iupiter/ et se il a seigneurie sur les sermōs ou paroles des hōmes tant seulemēt/ cōme il ne soit pas vray sēblable q̄ on attribue a iupiter q̄ est rop des dieux les oeuures moins dignes/ et aux autres dieux les oeuures plus dignes/ et ce soit plus digne chose de pler ou de parole que de allaicter les bestes. Et cest allaitemēt des bestes soit attribue a iupit̄ pour laq̄lle chose il est appele le dieu ruminus. cest adire allaicteur/ ainsi dit a rumina ou ruma q̄ est adire mamelle. sicōme nous auōs dit cy dessus en le pi. chap. il sēsuit p plus forte raison q̄ on sup attribue la puissāce de noz poles/ & p consequēt q̄ ce iupiter est mercurius. ou que ce mercure soit n̄re sermon. A ce sacordēt plusieurs choses q̄ len dit de mercure car mercuri⁹ en lati vault autant adire cōme medius currēs. cest adire courāt entre deux, cest assauoir ētre celluy q̄ ple et celluy q̄ escoute. Ou pour les poles qui courent entre les marchans/ & pour ce est il dit dieu des marchādises ou des merceries/ sicōme dit fulgence en son liure des mithologies/ il appele aussi hermes/ sicōme dit monseigneur sait augusti et hermenia/ et ce mesmes dit psidore ou viii. liure de ses ethimologies/ et quant est de mars lintēciō de monseignr̄ sait augustin appert assez par le texte.

❡ Le pB. chapitre ouquel il traicte de plusieurs estoilles lesquelles les paiens ont appelleez des nõs de leurs dieux. pB.

Se par aventure il nest ainsi q̃ ces estoilles soiẽt iceulx dieux lesq̃lles ilz ont appelees p̃les nõs diceulx. car ilz appellẽt vne estoille mercure et aussi vne autre mars. illec est aussi celle estoille laquelle ilz appellent iupiter/et toutesfois iupit̃. feur est le mõde. illec est aussi celle estoille laquelle ilz appellẽt saturne/ & toutesfois sans ce la ilz dõnent a icelle/ nõ pas petite substãce mais grande/ cestassauoir de toutes semences. illec est aussi celle estoille la tres clere de toutes laquelle est appellee deux Venus/ & toutesfois veulent il icelle mesmes Venus aussi estre la lune/ iassoit ce que celle estoille tresresplendissãt iuno et Venus se debatent selõ eulx ainsi cõe de la põme dor/ car aucuns diẽt que celle estoille nõmee lucifer est de iuno/ aucũs diẽt quelle est de Venus/ mais Venus a vaincu sicõe elle a accoustume/ car les plusieurs de trop attribuẽt icelle estoille a Venus p telle maniere que a peines treuue on aucũ dieux q̃ ait autre oppiniõ/ mais q̃ est celluy q̃ ne rie et se mocque de ce q̃ lestoille de Venus p si grãt clarete cõe ilz disent ieussẽ iupit̃ estre roy de toutes choses car de tãt doit estre icelle estoille de iupit̃ plus resplendissãt des autres cõe iupiter est plus puissãt/ ilz respondent et diẽt q̃ aussi le semble il estre pour ce que icelle estoille laquelle on cuide estre plus obscure et plus haulte et trop sussloing de la terre. Dõcques se la greigneur dignite a deserui le plus hault lieu pourquoy est illec saturne plus hault que iupiter/ ou la fable que fait iupiter roy ne peut attaindre iusques aux estoilles/ & au moins a obtenu saturne a present ou ciel ce quil ne peut obtenir ẽ sõ royaume ne au capitolle. mais pourquoy na pris ianus aucune estoille se cest pour ce qlest le mõde & q̃ toutes sõt en luy/ aussi est iupiter le monde/ et tou-

tesfois a il estoille ou ce ianus composa et ordõna sa cause sicõe il peut et puist tãt de faces en terre pour vne estoille laquelle il na pas etre les estoilles. Apres se ilz cuident que mercure & mars pour ces seules estoilles soient pties du monde/ a ce quilz les puissẽt auoir a dieux pour ce q̃ pole et bataille ne sõt pas pties du mõde mais sont fais des hões/ pourquoy ne firent ilz aucuns autelz aucũs sacres aucuns tẽples a ces signes du ciel/ cestassauoir au moutõ au thorel au cancre u les scorpiõ et aux autres de semblable maniere/ lesq̃lz ilz diẽt estre les signes du ciel. ã lesquelz ne sont pas cõposez chascun de vne estoille/ mais sont chascũ cõposez de plusieurs estoilles & lesq̃lles il tesmoingnẽt estre assis ou souuerain ciel au dessus de ceulx cy/ Cestassauoir de mercure et de mars ouq̃l ciel mouuemẽt plus p̃fait dõne aux estoilles le chemĩ ipossible a racõter. & iceulx signes deuãt dictz il nõt pas eu ne tenu pour dieux ie ne dy pas entre les dieux superesslez/ mais non pas aussi entre ces dieux plebeiens ou cõmune.

❡ Eposicion sur ce chapitre.

En ce pB. chapitre monseigñr saĩt augustin repreuue lautre oppiniõ de mercure et de mars/ cestassauoir celle qui ses met dieux et que neãtmoine ce sont les estoilles qui appelees p̃ces nõs/ de ceste oppiniõ furẽt ceulx desquelz il est estoit dit ou viii. chapitre du liure de sapience/ ou ilz cuiderẽt le feu ou lesperit ou air ou le cours ou le circuite des estoilles ou les tresgrãs eaues/ ou le soleil et la sune estre dieux et gouuerneurs du monde Et ou quart liure des roys ou pVii. chapitre ou il est dit quilz aourẽt toute la cheualerie du ciel &c. Et p auenture ceste opinion ne se discorde pas de la p̃cedẽte quãt a ceulx qui ont ceste oppiniõ/ car ceulx q̃ cuidẽt que ceste planete mercure soit dieu cuident aussi que il dõne eloquẽce a lõme Et pareillemẽt de la planete de mars que

Eiii:

esse cause les batailes et donne les victoires. Et fait monseigneur saint augustin deux choses en ce chapitre. Car premierement il repreuue ceste oppinion par les choses q̃ cōpetēt aux autres dieux supesseux Secondement il la repreuue par les choses qui cōpetēt aux autres estoilles/ et celle seconde partie se cōmēce ou il dit. Aps se ilz cuident que mercure et mars &c et.

En la premiere partie il fait deux choses Car premierement il repreuue celle oppinion p̃ les choses q̃ apptiennēt aux dieux supesseuz, desquelz aucunes planetes ont le nō sicōe iupiter venus et saturne: Secondemēt il la repreuue p̃ les choses qui sont sacrifiees de ianus q̃ est dieu supesseu et duquel aucune planete na se nō. Et celle seconde ptie se cōmence la ou il dit, mais pourquoy na pris ianus le nō daucune estoille &c. Pour sentendement de ce chapitre trois choses sont a notter. La premiere que le viii. espere desquelles il en ya ix. ou ciel en laquelle sont les estoilles q̃ sappellent les estoilles fixes et tous les signes desquelz monseigñr saint augustin pse en ce chapitre ne sont pas estoilles singulieres, mais sont cōposees de plusieurs estoilles et si sont en plus hault lieu que les planetes. Et cōe ilz soient vii planetes, il est assauoir que saturnus est la plus haulte de toutes/ et apres lui est iupiter, et aps iupiter mars, et aps mars le soleil/ et aps le soleil venus/ et aps venus mercure, et aps mercure la lune laq̃lle est la plus basse. Le second notable est que venus entre toutes les autres planetes ou estoilles/ apres le soleil et la lune est la plus belle et la plus clere quāt a nr̃e regard dont marcien en son astronomie dit quelle est le tiers corps celestien q̃ fait vmbre sēsible. Le tiers notable est de linterpretaciō de celle fable de iuno et de venus desquelles chascune cōtendoit a auoir la pōme doret que venus vainquit iuno, car aucuns sont interpretee de lucifer, et pour ce q̃ aucũ iadis dirēt q̃ lucifer estoit iuno et voulotēt que celle fust appelee iuno. car

il leur sēbloit q̃ pour ce q̃ iuno estoit royne des dieux que la plus belle estoille luy deuoit estre attribuee/ et les autres tenoiēt q̃ lucifer nestoit autre chose q̃ venus. et desmaintenāt nul ne sappele iuno/ mais sappellent tous venus ce lucifer/ et ainsi lucifer et venus sont vne mesmes planete. Et pour ce que venus a obtenu en ceste cause et est son nō demoure il semble q̃lle ait vaincu iuno/ et ces choses cōsiderees il appert assez de lintēciō de monseigñr saint augustin mais monseigñr sait augustin dit pcy que aucuns ont voulu prēdre venus pour la lune/ laq̃lle chose nest pas a entendre de celle estoille q̃ est appelee venus/ mais de la lune mesmes/ et sēble que virgille veulle ce entēdre en son pmier liure deneydos ou il amaine eneas qui appele venus/ et sappelle eneas virgille et soeur de phebus, cest adire du soleil, car la soeur de phebus nest pas fainte pse poetes estre autressfois dyane/ si cōe il sera dit ou chapitre pcedēt et suiuāt.

¶ Le p̃vi. chapitre ouquel il traicle de apposo et de dyane et des autres dieux esseuz apart lesquelz les paiēs voulurent estre les parties du monde. p̃vi.

Cōmbiē que iceulx paiēs veulsent ce dieu apposo estre diuineur et mire/ toutesfois ont il dit aussi q̃l est le soleil a ce que ilz lestablissent en aucune partie du monde. Et sēblablemēt ont il dit de dyane sa soeur estre la lune et garde des voyes et des chemins/ et la veullent ancores dire vierge pour ce que la voie nenfāte rien. Et pour ce dient ilz que tous ces deux dieux, cest assauoir apposo et la lune descēdēt leurs rays du ciel iusques a la terre. ilz veullēt que ce dieu vulcanus soit le feu du monde/ et ce dieu neptunus estre les eaues du monde/ et ce dieu dit pater/ cest assauoir orcus estre la tresbasse et terrienne ptie du monde. Ilz ordōnent et preposent ce dieu liber et celle deesse ceres aux semences ou cellup/cestassauoir liber pater aux masles et libera aux femmes ou cellup a la liqueur et celle a la seicheur des semences: et certainemēt tout ce est rapporte au mōde/cestassauoir a iupiter. Lequel pource est dit pere et mere que il met hors de soy et recoit en soy toutes semēces quāt aussi ilz veulent pour certain icelle deesse estre la grāt mere/laquelle ilz ne diēt estre autre chose que la terre/et celle mesmes ilz tesmoingnēt estre iuno/ et pour ce luy attribuent les secondes causes des choses/ cōe toutesfois il soit dit a iupiter qi est pere et mere des dieux/pource que selō eulp iupiter est tout le mōde. Ilz ont dit aussi celle deesse miuerue estre ou le souerain air ou aussi la lune pource qlz sont attribuee aux airs humains et nōt point trouue estoille ou ilz leussent mise/ et si ōt aussi cuidie q celle deesse Vesta fust la tresgrāde des dieux pource qlle est la terre/ iassoit ce quilz aient creu a elle estre depute le feu plus legier du mōde/lequel apptiēt aux visages legiers des hōes/non pas le feu plus violent lequel est de dieu Vulcanus. Et par ce ilz veulēt tous ces dieux superessieuz estre ce monde/cestassauoir tout en aucūs/ et les pties dicelluy en aucune/sicōe genius. Et la grāt mere.cest adire la terre.sicōme le soleil et la lune ou aincois appolo et dpane. Et aucunesfois font vng dieu estre plusieurs choses sicōme icelluy iupiter/ car iupiter est dit et tenu tout le monde/et iupiter est le ciel seul et iupiter est vne seule estoille. Et de rechief iuno est la dame des causes secondes/iuno est lair/iuno est la terre/iuno est vne mesmes estoille se celle vainquist Venus. Semblablement minerue est le souuerain air/ minerue aussi est la lune: laquelle ilz ymaginēt estre ou plus bas lieu ou chemin de lair/mais ilz font vne chose estre plusieurs dieux/ car ianus est le monde/et iupiter est le monde/et iuno

est la terre et la grant mer de sa terre/ et ceres est la terre/et aussi ilz ne explicquent ou esclarcissēt pas/ aincois impliquēt les autres choses sicōe celles desqlles iay fait mencion p maniere de peuple/et sicōe par force de leur oppinion erronee ses mains ilz saillent et resaillent puis ca/ puis la/ puis deca/ puis dela/ en telle maniere q ce Varro mesmes dit mieulp vouluz doubter de toutes choses que en affermer aucūe

¶Eposicion sur ce chapitre.

En ce pvi. chapitre mōseigñr sait augustin poursuit les iterpretatiōs des autres dieux superessieuz desqlz il na poit ancores este depute/ et fait deux choses en ce chapitre. Premieremēt il recite linterpretaciō naturelle quō fait de ces dieux: Secondemēt il cōclud p ses dictz com grāt discordāce et diuersite il a en ces interpretacions/ et celle seconde partie se cōmēce ou il dit/et par ce ilz veulēt tous ces dieux etcet. En la primiere ptie il fait mencion dappolo et de dpane laquelle il appelle germaine dappolo/ car les poetes faingnent que iupiter de latona sille dung geāt appele censis engēdra appolo et dpane/ et estassauoir quilz furent deux appolo/ sicōe il appert par monseigñr sait augustin ou viii. chapitre du pviii. liure. Apres quant il parle de dispater/ cest tout vng mot q vault autāt cōe orcus/ ou cōe pluto le dieu denfer. Apres quāt il dit que liber et ceres sont preposez aux semeuces aussi est prepose saturnus sicōme il appt par le pip chapitre de ce liure. Et ceres st vault autāt adire cōe libera. Apres quāt il dit que iupiter est pere et mere.cest en reprenāt les motz des vers de Valerius soranus mis ou ix. chap. de ce liure. Apres quant il dist que celle mesmes ilz tesmoignēt estre iuno etc. Ceste chose a este prouuee par les vers de Virgille ou p. chapitre du quart liure. Apres quant il ple du feu plus violent de Vulcanus/ il le dit pource que Vulcanus est dieu des feups et feust

E iiii.

de iupiter/et cestuy qui luy fait ses foudres/et pour ce sappese feu violent. Les poetes sicōme albericus in scintillario remigius in cōmento sup marcianū fulgēcius en sō liure qui sappese mitologiarū. ⁊ seruius in cōmēto virgilii faignēt que ce vulcanus fut ne de la cuisse de iuno, et pour ce qlse en fut trop malade elle le getta du ciel a terre parquoy il fut fait boiteux/et dit quil cheit en lisle de lēnos /⁊ q̄ pour ce fut il appesé vulcanus leninus. La cause pourquoy ilz faignēt quil est boiteux cest pour ce que la foudre ne chiet poit droit/mais en trauersāt et en tournant et est torte cōme vne faucille. Et la cause pourquoy il est fait quil cheit en lisle de lennos et que la il forge si est ceste/il est certain que a ce que a vng feure puist bien forger il fault quil ait du feu et des souffes qui soufflent. Or est il certain q̄ celle isle de lennos est assise entre les mōtagnes ardās de sezile q̄ sappellēt ethna et vne autre isle qui sappesse separa. de la quelle fut seigneur et en laquelle demoura eolus le roy des vēs/et pour ce q̄ p̄ les grans challeurs se cōcreent les foudres et les tempestes en lair/pour ce se mettēt il ou milieu des vens et du feu/car selon les naturiens le tonnoirre nest autre chose que vne mistiō de feu en la nuee. ⁊ pour ce diēt il quil cheit en cesse isle laquele est ou milieu des vens. Ilz appellent ce vulcanus mulciber pour ce que le feu amolie et adoussist la durte du fer/et est dit ne de iuno pour ce q̄ iuno est lair et toute foudre si se engendre en lair et chiet de lair/et pour ce est il dit vulcanus. cest adire chaleur voluntaire selō fulgēce en son liure Et selon seruiū et remigium volāt chaleur/⁊ pour ce est il mis selon remigium maniere de feu terrien ainsi cōme iupiter signifie le feu celestiē. Ancores est il assauoir que selon albericū il y a difference entre iupiter vulcanus ⁊ vesta/que iupiter est le feu dessus lair simple qui ne nuist poit/vesta est le feu publicq̄ de quoy les persōnes mortelles vsent. Et vulcanus

est vng feu nuisant qui se concree par la chasseur de lair selon les philozophes.
⁋Apres quant il dient que iupiter est le seul ciel sicōme ilz dient/il le dit pour ce que ainsi le dit ouide en son quart liure de fastis en vng vers ou il dit. ℣ Sub ioue durauit multis immota diebus : Apres quant il dit que ainsi seroit celle iuno estoille se elle valcquoit ben⁹/il le dit pour le debat q̄ fut entre venus et iuno de la pōme dor dont nous auons parlé ou chapitre precedent.

⁋Le pviii. chapitre ouquel il traicte que ce varro ait aussi pronōcie ces oppinions doubteuses des dieux. pviii.

Ar cōme icessup varro eust finé le premier liure des trois derreniers. lequel p̄se des dieux certains icessup varro cōmencant a dire en lautre liure des dieux non certains dit telles paroles. Quant ie auray dit il mises en ce petit liure les oppinions doubteuses des dieux ie nen deuerap pas estre repris. car cestui qui cuidera estre chose conuenable et possible den iuger si le fera ie puis dist il plutost estre mené a ce que ie rappelle en doubte les choses que iay dictes ou premier liure q̄ ce q̄ ie adresse a aucune certaineté toutes les choses que ie escripray en cestui. Ainsi icessup varro fist incertain/nō pas seulemēt icessup liure des dieux incertains. Toutesfois de puis que icessup varro en cestup tiers liure eut parlé des dieux superessup desquelz il cuida estre a parler auāt que de sa theologie naturelle quant il deut entrer aux baites ⁊ foisceneries mēsongieres de ceste theologie ciuile. la ou nō pas seulemēt la verité des choses ne le menoit pas/mais aussi lauctorité des greigneurs le contraingnoit. Il dit ie escripray en ce liure des

dieux publicques du peuple de rōme aus/
quelz ilz ont edifie maisons et les ont a/
dournez de plusieurs signes. mais ien es/
criptay dist il sicōme ce philosophe xeno
phanes colophonius escript. cest adire ien
mettray ce que ien cuide, non pas ce que
ien vouldray tenir ne maintenir. Car a
uoir oppiniō de ces choses a hōme affiert
Donques icelluy Barro cōme doubteuy
a parler des choses lesquelles sōt establi
es des hōmes promet a en parler cōe des
choses qui ne sont pas attaītes aplain ne
creues tresfermement, mais oppinees et
doubteuses. Car icelluy Barro ne pouoit
affermer de ce dieu ianus quil fust le mō
de, ou trouuer de saturne cōment il fut pe
re de iupiter, & fut fait subgect a icelluy iu
piter, regnant & telles autres choses par
telle maniere cōme il scauoit le monde es
tre le ciel et la terre, et le ciel resplendissāt
des estoilles, et la terre habondant de se
mences et autres choses sēblables, et cōe
il creoit par certaine fermete de pensee,
Ceste masse & nature toute estre gouuer
nee & administree par vne force inuisible
et trespuissant.

Il determine ou premier des dieux cer
tains, ou second des dieux incertains, &
ou tiers des dieux superestēz.) La pre
miere auctorite de Barro si est prinse de ce
second liure ouquel il fait mencion des
choses quil auoit dit ou premier liure en
disant ainsi comme en ce petit liuret, cest
adire le second q̄ est des dieux incertains
ie aie mises doubteuses oppinions ie nen
doy pas estre reprins.) Cestadire ie nen
suis pas a reprendre. iassoit ce que les cho
ses que iay dit en ce petit liure ie les die p
maniere de doubte et doppinion. Car cel
luy q̄ cuidera que les choses que ie diray
puissent estre pronncees fermemēt & iugi
es cōe vraies, & q̄l puisse estre fait aussi
quāt il aura ouy ce que ie diray affermer
les estre certaines se il cuide que bon soit
Ainsi comme se il dist ie nen feray autre
chose. La seconde auctorite est prinse
du tiers liure deuant dit ou il se ayde des
dictz de xenophanes et dit quil mettra
ce quil cuide, non pas quil en argue ne q̄
il le soustiengne pour vray.

¶ Exposicion sur ce chapitre.

En ce xviii. chapitre monseignr̄ saīt
augustin demōstre q̄ les īterpreta
tions qui sont dictes de leurs dieux nont
poīt de certaīete de chose quilz dict. mais
qui plus est quilz ne sceuēt ces choses
ne les croient fermement. mais en parlēt
ainsi comme par oppinion et pmaginaci
on, laquelle chose il repreuue par deux
auctoritez de Barro. Et pour entendre la
matiere de ce chapitre, il est assauoir que
sicomme il appert par le troiziesme cha
pitre du sixiesme liure, Barro si fist xv
liures des choses diuines et les partit en
cinq parties en chascūe ptie trois liures
Et ou derenier cinq des trois dereniers

¶ Le xviii. chapitre ouquel il declaire
la cause laquelle est plus a croire par la/
quelle lerreur de la payennete soit creue.
xviii.

Desquelz dieux on rent raison
plus creable quant on demon
stre quil ōt este hommes et que
par ceulx qui en flatant les ont veu estre
dieux. Et a chascun diceulx dieux selon
sengin les meures les fais et les aduentu
res diceulx ont este establis autelz sacri
fices et solennitez, et petit a petit en trai/
nant ces choses par les ames des hom/
mes semblables aux dyables et couuoi/
tises de ces treslaydes ordures quilz chā
toient aux scenes et aux theatres lesqlz

ōt voulu ces choses estre publiees au lōg et au le par les mensonges des poetes q̄ les auoinēt ou embellissent par les faulx esperis qui en deceuant les mainēt a ces choses. Car il peut estre fait q̄ ung mauuais iouuencel et felon ou qui se doubtoit estre tue de son pere et couuoiteux du royaume chassast son pere du royaume que ce que varro interprete / cestassauoir q̄ saturne se pere ait este sourmōte ou vaincu de iupiter son filz pour ce que la cause laquelle apptient a iupiter est auāt que les semences / laquelle semence apptiēt a saturne / car se il estoit ainsi oncques saturne neust este ne auāt que iupiter pere de iupiter. car sa cause procede tousiours de la semēce ne ōcq̄s neust engendre de semēce mais quant les hōmes mesmes les tresagus sefforcēt de hōnourer ainsi cōe p̄ interpretacions naturelles les fables tresvaines ou les choses faictes des hōes ilz seuffrent si grandes āgoisses que aussi nous sōmes constrains a plaindre la vanite dyceulx:

⁋ Expposicion sur ce chapitre.
En ce p̄viii. chapitre monseigneur saint augustin demōstre que linterpretaciō des rōmains des choses q̄ sōt attribuees aux dieux et laquelle les dist estre hōmes / et la rapporte aux choses q̄ sōt dictes des dieux est plusfoible q̄ celle interpretaciō q̄ raporte ces choses aux causes ou aux fais naturelz / et ce preuue il p̄ ce que len dit de iupiter quil vaīcquit son pere et le chassa hors de son royaume. car cest chose trop prouffitable que ce soit dit pour ce que saturne fut cruel a ses enfans Et pour ce dist on quil les deuoura et iupiter sen partit / partie par constrainte. ptie par couuoitise de regner ⁊ de auoir sō royaume. et se cōbatit contre luy ⁊ le vainq̄t Que ce varro faint de ce / cestassauoir q̄ pour ce est il dit de iupiter ou faint q̄l est cause / et saturne est la semence et ne soit point engēdree la premiere cause de semēce il sensuit q̄l ne soit point engendre de saturne ⁊ toutesfois ce varro dit le cōtraire cestadire q̄l est le filz de saturne. quare ⁊c.

⁋ Le pix. chapitre ouquel il traicte des interpretacions p̄ lesq̄lles sa raison de a doubter saturne est conuaincue: pix
Ilz dient ce dit varro que saturne a acoustume de deuourer ses semēces lesquelles estoient neez de soy / a ce que par ce les semēces reuenissent de la dont elles sont nees / et ce q̄ une motte de terre fut mise deuant saturne affin quil la deuourast ou lieu de iupiter signifie ce dit varro q̄ les bledz prins pour semer sont a estre respādus par les mais des hōes auāt que se prouffit de arer les terres fust trouue / doncques deust saturne estre nōme la terre. ⁊ non pas les semēces / car icelle terre desceuure aucunemēt les choses lesq̄lles elle a engēdrees quāt les semēces nees delle reuiennēt ⁊ depuis sont receues en elle. Et ce que saturne est dit auoir prins ceste porcion de terre pour iupiter / quelle chose vault ce / a ce que la semence est couuerte de terre par la main des hōmes / nest pas pour la semence deuouree / si cōme les autres choses pour ce quelle est couuerte de terre / et se est ainsi dicte aussi cōe cestui qui ait oste la semēce qui mist la motte de terre deuāt saturne / si cōe ilz tesmoingnēt que iupiter ait ⁊ fut oste a saturne pour ce que sa motte de terre fut mise deuant luy et nait pas fait la motte en courant la semence estre plus diligēment deuouree. Apres iupiter en ceste maniere est la semēce / ⁊ non pas cause de la semēce / laquelle chose estoit dicte ung pou parauāt: Mais quelle chose serōt les hōes que quāt ilz interpretēt des choses foles ilz ne tiēnēt pas quelle chose soit dicte sagemēt. Saturne ce dit varro a sa faulx ⁊ cest enseigne de labourages de terres / certes quāt il regnoit il nestoit ancores de labourages de terres memoire / et pour ce les temps dicelluy sont tesmoingnez estre premiers si comme icelluy varro interprete les tres petites fables.

Car il dit que les pmiers hõmes viuoient de la semence que la terre portoit de sõ gre/cestadire sans estre labouree. Prinst saturne la faulx quant il eut perdu son ceptre a ce que il qui aux premieres temps auoit este trop oiseux fut fait aps ouurier de labeur ou laboureur tant cõme sõ filz regnoit. Aps de ce q̃ len auoit accoustũe de sacrifier les enfans a icelluy saturne. sicõme de ceulx de charthage et daffricq̃ et daucuns apres les plusgrans sicõme des galles/varro dit que cestoit pour ce que lhumain lignage est la tresbonne semence de toutes. Quel besoing est il de dire plus de choses de ceste vanite tres cruele. Auisons plus principalemẽt et tenõs que ces interpretaciõs ne doiuẽt point estre rapportees au vray dieu qui est vne nature incorporelle et imuable/duquel la vie par durablemẽt beneuree doit estre demandee/mais quelles choses sont les fins aux choses corporelles temprelles muables et mortelles. Ce varro dit que ce q̃ len dit saturne auoir chastrecation sõ pe signifie la semence diuine estre deuers saturne/non pas deuers le ciel. Pourquoy donne on ce a entendre, car riens ne naist ou ciel de semẽce/mais se saturne est filz du ciel il est filz de iupiter / car ilz asserment diligemment & sans nõbre q̃ iupiter est le ciel. Ainsi ces choses les q̃lles ne vienent pas de verite se destruisent elles mesmes souuent sans ce que aucũ les cõtraigne a ce. Icelluy varro dit que saturne est appele chronũ qui signifie en grec lespace de tẽps sans laquelle dist il la semẽce ne peut estre fecunde ne plentureuse. ces choses et maintes autres sont dictes de saturne. & sont toutes rapportees a la semẽce/mais aumoins se saturne auec si grãs de puissãce souffisoit aux semẽces/pour quoy ont il requis autres dieux a ces choses/mesmemẽt ce dieu liber et celle deesse libera/cestadire ceres/desq̃lz icelluy varro dit de rechief tant de grãt choses de ce q̃ appartient a semences ainsi comme sil neust riens de ce saturne.

Septimo:

Eposicion sur ce chapitre.

En ce xix. chapitre mõseignr sait augustin demonstre que leurs interpretaciõs naturelles quilz ont fait de saturne sont fausses et ipertinẽtes / et q̃ les se destruisent elles mesmes/et repreue monseignr saint augustin en ce chap. cincq interpretacions et les causes qui viẽt des choses qui sõt attribuees a saturne. sicõme il apperra au cõmencement de ce chapitre. il touche la fable de la motte de terre que saturne deuoura cuidant que ce fust son filz iupiter/laquelle est mise ou ix chapitre de ce liure. Et repreuue ceste interpretacion de ceste fable / sicõme il appert par le texte clerement. Apres quãt il dit que il a la faulx il repreuue la seconde interpretaciõ de varro de ce quil dit q̃ a la faulx/et ainsi estoit fourmee sõ pdole ou pmage. La raison de ce rend varro selon lystoire laquelle monseigneur saint augusti repreuue par les autres dictz de varro. Et cy sont assauoir deux choses. La premiere que saturne regna premieremẽt en crete et luy regnãt la furẽt labourees les terres. Apres il regna en ytalie auecques ianus et auant quil y vint on ne sauoit que cestoit de labourages de terres. Touteffois dit eutrope en son premier liure des hystoires des rõmains ou pmier chapitre que il enseigna les peuples dita lie q̃ ancores estoiẽt rudes/a edifier maisons a planter a semer & a viure ordineemẽt cõme parauant ilz fussent ainsi cõme sauuaiges gens qui ne viuoient que de glan/et pour ceste multitude de gens qui nauoient pas aprins a veoir si sage hõme se tindrẽt pour dieu. Et ainsi appt que en son temps cõmencerẽt les ytaliẽs a labourer/et pour ceste cause luy est attribuee la faulx. & estoit ceste faulx en sa mõnope dune pt & de lautre vne nef sicõme dit ouide en sõ pmier liure de fastis. Albericus ludõniẽsis i scitilario dit q̃ la cause pourquoy il porte la faulx/est pource q̃ lẽ ceuille les fruis a la faulx ou pour ce q̅ il enseigna a en vser/ come parauant ilz arrachassent les blefz aux mains ou trenchassent a cousteaux/ ou pour ce que a la semblance de la faulx qui est courbe ou courue tous les temps retournent en luy) Et pour ceste cause a il decoste luy vng dragon qui gette flame quilz dient en la fin samicuruus lequel deuoure sa queue qui signifie lan. pour ce que lan se tourne en soy et rechoit chascū an les fruis & chascun an les deuoure ou rechoit. Autres disēt que saturne quant il va droit ne nupst point. mais en son retour/ cestadire quāt il est retrograde il nupst/ et que pour ce tiennent il la faulx/ car quant on la gette elle ne fait nul mal. mais quāt on la retraict elle trenche et couppe tout ce quelle attaīt Secondemēt il est assauoir pour les choses que dit Varro que les poetes faindirēt quatre siecles/ lun fut dor/ & cestuy fut ou temps de saturne. & de ce est fait mencio ou theodoset ou premier mettre qui se come̅ce. Primus creteis. Le second fut darget et cestuy fut ou te̅ps de iupiter.) Le tiers fut daraing. Et le quart fut de fer ou les batailles comencerent par tout le monde Et ce fut assez demonstre en figure par la statue qui sapparut a nabugodonosor ou temps de daniel le prophete/ sicōme il est trouue danielis secondo capitulo/ car il vit en vision vne statue. Cestadire vng grant ymage lequel auoit le chief & le col dor/ ses bras et la poitrine dargent le ventre et les rains daraing/ les iambes et les cuisses de fer/ et les piedz de boe/ la quelle vision daniel luy expose a sa cause pourquoy on attribue plus a saturne les siecles dor que a iupiter/ cest pour ce quil enseigne a semer a planter a mettre gens en vnion a viure ensemble et soubz obeissance et a viure selon raison et bones meurs sicōme dit Varro/ et de ce fait mencio̅ tulle au comencemēt de sa rethoricque. Apres quant il parle des enfans que len sacrifioit a saturne/ monseigneur saint augustin repreuue la tierce interpretacion/ cest

assauoir la cause q̅ rent Varro pour quoy ilz sacrifient leurs enfans a saturne. De ces sacrifices parle orose ou quatriesme liure de son orneste ou neufiesme chapitre (Et iustin en son xviii. liure qui dit quilz sacrifioient leurs enfans ainsi come les bestes et ancores les innocens qui estoiēt au dessoubz de xiiii. ans ausquelz les ennemis mesmes prinse vne cite ont accoustume a espargner.) Apres quant il parle des galles qui sacrifioient leurs enfans/ de ce parle iulius cessus en son sixiesme liure de bello gallico/ qui en racontant les meurs des galles dit/ que quāt ilz faisoient leurs sacrifices et les noces deffailloient ilz sacrifioient les innocēs De ce parle aussi solin qui dit que les galles auoient apris de sacrifier des creatures humaines. et aussi en parle iustin ou xxvi. liure ou il parle de la guerre que eut anthigonus contre les spertains & contre les galles qui dit que comme pour sauoir saduenemēt de la bataille. ilz eussēt tue vng enfant & regarde aux entrailles et sorty par celle science qui sappelle pedomancie/ que ilz deuoient estre desconfis ainsi comme hors du sens/ ilz asserēt tuer leurs femmes et leurs enfans et sacrifierent a leurs dieux pour les appaiser/ et affin quilz eussent la victoire/ et toutesfois furent ilz desconfis/ de ceulx aussi qui sacrifioient leurs enfans est il dit ou psaultier ou il dist.) Et immolerent leurs filz et leurs filles aux dyables ancores se troeuue il de telles immolacions en orose ou douziesme chapitre du premier liure qui dit. que vng tyrant degypte appele busiridis tuoit tous les innocens q̅ se herbregoient en sa maison et sacrifioit aux dieux de leur sang. Les fors et grās nigromanciens tiennent que le sacrifice fait de creature humaine est le plus grāt et cestuy qui a le plus grant effect et dequoy les dyables ont le plus grant ioye et en quoy ilz se delittent le plus/ tant pour la mauuaise et dure creance de cestuy qui fait le sacrifice/ comme pour

Septimo

la haine et mal vouloir quil a a lhomme a grant ioie quāt il le voit occire. Apres quant il parle de cellui qui fut pere de saturne auquel il couppa les mēbres genitoires il reprenue la quarte iterpretaciō et assigne la cause pourquoy saturnꝰ est appele filz de celꝰ ⁊ pourquoy il lup couppa les genitoires. et ce appert par le texte Apres quant il parle de cronoy il met la quinte interpretaciō par laquelle il rent la cause pourquoy saturne est appele cronos en grec qui vault autāt adire cōme le temps en latin, et est lintencion de mōseigneur saint augustin assez clere, toutesfois est il assauoir que psidore ou viii. liure de ses ethimologies assigne aucūes causes autres pour lesquelles il est appele saturne que ne fait varro.

℣Le xx: chapitre ouquel il traicte des sacres ou solēnitez de celle deesse appellee ceres eluzine.

Ais entre les autres sacres ou sacrifices on presche les solēnitez de celle deesse appellee ceres elusine lesqlz furent tres nobles oeuures ceulx dathenes des que ce varro ne interprete riens fors ce qui appartient au fourment lequelle icelle ceres trouua, et a proserpine laquelle elle perdit quāt orcus la rauit, et icelle mesmes proserpine il dist mesmes signifier labondance ⁊ la plente des semences, laquelle habondāce cōelle fust faillie en aucuns temps et la terre se plaindist de celle sterilite ou deffaulte icellup varro dit que soppiniō sourdit q̄ orcus auoit rauie ⁊ portee en enfer sa fille de ceres, cestadire icelle habondāce de semēces, laquelle est dicte proserpina a proserpendo, cestadire de entrer de soigz couuertemēt, laquelle chose cōe elle eust este celebree p̄ pleur publicque pour ce que de rechief icelle plente retourna, leesse fut nee pour proserpine qui fut rendue et de ce furent les solēnitez establies. Apres dit icel

lup varro moult de choses estre baillees aux ministres de celle ceres laquelle nappartient fors a la tourneure des bledz.

℣Eposicion sur ce chapitre.

En ce xx. chapitre mōseignr saint augustin met sinterpretacion de varro des sacres ou solēnitez de ceres laquelle est appellee elusine pour vne cite de grece ainsi appelee, ou se faisoiēt ces solēnitez, et p̄ special se faisoient plus grādemēt en la cite dathenes pour ce que cestoit la plus principale cite de grece et la plus noble, et en laquelle toute science flourissoit. Pour lētendemēt de ce chapitre il est assauoir que du rauissement de proserpine fille de ceres quon dit estre deesse des bledz, ouide en son quart liure de fastis met la fable diffusemēt ⁊ longuement Si fait claudien en son liure quil fist du rauissement dicelle, lequel sappelle claudien le petit, et faint ouide que celle proserpine fut rauie par pluto en sezille, sicōme elle ⁊ ses pucelles estoiēt assises coeullit des fleurs aux prez, car ses pucelles la laisserēt ou pōirēt ou elle mesmes les laissa, ⁊ quāt pluto q̄ est le dieu denfer sa percut et la veit seule il sa rauit ⁊ lēmena auec lup en enfer, et quāt ses pucelles retournerēt a tout leurs fleurs pour les lui presenter et ne ses lup eussēt pas trouuee elles cōmencerēt a crier tellemēt quelles furēt oupes p̄ toutes les montaignes de sezille, ceste clameur de ces pucelles esbahit moult ceres et la cōmenca a crier ahucher et a querir p̄ tout, et cōme elle eust q̄se p̄ diuerses terres sās boire et sans mēger ⁊ sās prēdre quelq̄ sustētaciō elle alla tāt quelle vint a vng port pres dathenes ou la cite elusine fut depuis constituee et fut la au soleil p̄ plusieurs iours toute seule tristre et dolente de sa fille quelle auoit p̄due ⁊ fut ou lieu ou estoiēt les chāps ⁊ les terres dun appele celeus vng hōe ancien lequel le mena en sa maison ⁊ la fist mēger Apꝛes ce elle auirōna toute la terre pour la q̄rre, et cōe celle ne la peust trouuer en qlq̄

que lieu ne nen peust ouÿr quelque nou/
uelle elle se partit de la terre et monta ou
ciel et la luy fut dit du soleil q̃ orcus, ceſt
adire pluto le frere du soleil ſauoit rauie
et quant ceres ſceut ce elle ſappaiſa et laiſ
ſa ſa complainte pour ce que pluto auoit
deſiree ſa fille quelle auoit eue de iupiter
qui eſtoit ſon frere et proſerpie eſtoit fille
de iupiter, et finablement fut ce iupiter
vaincu par les prieres de ceres, et en eut
telle compaſſion q̃ iaſſoit ce que en toutes
manieres elle vouſiſt deſcendre en enfer
affin q̃ ſa fille luy fuſt rendue, il ordõna
que par ſip mois de lan elle ſeroit auec
ſa mere et ſip mois elle ſeroit auec ſõ ma
ry et comme iupiter luy euſt ce ottroÿe ce
res fut rappaſee et reuit en ſon premier eſ
tat et luy fut rendue labondãce et la ferti
lite des ſemences, laquelle auoit deffail
ly par long temps, et par ces choſes doui
de appert clerement lintention de monſei
gneur ſaint auguſtin. Et touteſfois eſt
il aſſauoir que ſelon linterpretacion dau
cuns, proſerpine eſt prinſe pour labondã
ce de la terre. Aucuneſfois elle eſt prinſe
ſelon les autres pour la plus baſſe partie
de la terre Iſidore ou viii. liure de ſes ethi
mologies ou chapitre final dit que celle
proſerpine eſt dicte et appelle proſerpina
pour ce que delle naiſſent les bledz, remi
gius dit quelle eſt dicte a proſerpendo et
que ceſt adire de grant croiſſance, et pour
ce il luy attribue la force de toutes herbes
qui naiſſent et croiſſent de la terre, et ſi la
mettent les poetes pour pucelle pour ce q̃
chaſcun an les ſemences ſe renouuellent.
Apres ce diſt ſeruius ceres eſt dicte a creo,
ceſt adire creer, et ſi eſt dicte terre pour ce q̃
elle cree toutes choſes, mais tulle dit q̃ el
le eſt appelle, non pas ceres, mais geres
a gerendo, ceſt adire de porter pour ce que
la terre porte toutes manieres de fruis.
La premiere lettre ceſt aſſauoir. G. mue
en. C. Et ceſt proprement la fable de ceſ
te matiere, mais la verite eſt telle, ceſt aſ
ſauoir que ceres eſt dicte a ſerendo, ceſt a
dire de ſemer les bledz, et vault autant

ceres cõe iope, et pour ce quant les bledz
ſont beaup et grans on en a grãt iope. car
iope habonde ou il y a grãt habõdance et
grãt fertilite, et ce quõ dit q̃ proſerpine eſt
ſa fille, ceſt pour ce que proſerpine eſt di/
cte cõme dit eſt a proſerpendo, ceſt a dire
de bien enrachiner ou bien germer. Quil
ſoit vray il appert. car ceſte proſerpine eſt
appelee en grec hecate, ou hecatõ q̃ vault
autant cõe cent en latin, pour ce que dun
grain bien ſeme et bien prins il en reuient
cent, et celle eſt fainte rauie de pluto pour
ce que pluto eſt la terre, et quãt ſes grais
ſont bien ſernez et bien enracinez en la ter
re. De tant viennent il mieulx a greignr
prouffit, et ce que on dit que iupiter ordõ
na que celle proſerpine demouroit ſip
mois en terre auec ſon mary pluto, la ve
rite eſt quil eſt ainſi dit pour ce q̃ les bledz
demeurẽt ſip mois en terre auant quil y
pere riens ou pou deſpy, et ſip mois deſ/
ſus iuſques au cueillir, ou pour ce q̃ dit
ſeruius hecate vault autãt cõe la lune la
quelle croiſt par vi. mois et p vi. mois deſ
croiſt. et laquelle en chaſcun mois a pv.
iours de croiſſãce et pv. iours de decours
et pour ce quant elle croiſt elle ſemble q̃lle
ſoit en hault, et quãt elle deſcroiſt il ſẽble
quelle ſoit en bas. Ou ſi cõ dit fulgence
ilz mettent naturement celle proſerpine
hecate qui vault autant cõe la lune, car
ilz ne luy baillent q̃ la moitie de lan pour
ce quelle ſuit de nupt ſeulement et de iour
non, par quoy il ſemble quelle ne face que
demy tour auec le ſoleil, et ſi eſt certain q̃
a peines eſt il choſe en terre qui ne ſe ſente
de la lune ſelon ſa naiſſãce ou ſõ decours
et ce ſouffiſe quant a preſent. Et pour ce
que ce chapitre pſe des ſacres ou ſacrifices
ou ſolennitez de ceres et que il eſt pſe de ſa
cres en pluſieurs lieux en ce chap. Lequel
nõ de ſacres a pluſieurs ſignifications,
Il eſt aſſauoir pour lentendemẽt de ce cha
pitre et des autres de ce liure, que ſacres
eſt prins en maintes manieres. Aucuneſ
fois il eſt prins pour les ſolennitez des
feſtes, aucuneſfois pour le ſeruice diuin,

Aucuneffois pour les temples/aucunes fois pour les reliques/aucunesfois pour sacrifier.) Aucuneffois pour la chose mesmes que len offre ou sacrifice a ces dieux: Aux sacres qui faisoient en lonneur des dieux auoit telle ordonnance que quant on faisoit aucune oblacion ou sacrifice tous ceulx qui les faisoient auoient la teste couuerte affin quilz ne regardassent ne cane la ne quilz veissent aucune chose qui empeschast la deuocion de leur sacrifice/de ce fait Virgille mencion en son tiers liure de eneydos quant il ple du sacrifice de helenus De rechief on tenoit que cestoit grant mal de interrompre les solennitez des dieux dont Virgille dit en ung vers que palas la hardie deffendoit que ilz ne fussent interrompues dont il auint ung exemple tel/que comme on fist a romme et celebrast au dieu apposin les ieux circenses/et len eust denocie aux rommains quil les faisoient que hanibal assalloit la cite de romme a vne porte qui sappelloit la porte coline tous coururent aux armes pour deffendre et le deffendirent/et come ilz doubtassent quilz neussent mesprins de auoir laissee les ieux et les solennitez/et en retournant au cirse ilz eussent trouue vng viellart qui sailloit et auoit tousiours treppe a basse deuant les dieux/ilz tindrent que les solennitez nestoient point interrompues/et de la fut ce prouerbe a romme que le viellart saillant toutes choses estoient sauuees De rechief il ne loisoit point a differer les sacrifices anniuersaires pour ce quilz ne pouoient estre reiterez selon les ordonnaces de la loy/dont Virgille dit en ce mesmes lieu en vng vers. Annua qz differo nephas.Cestadire quil ne loisoit point a les reiterer/mais les solennitez du commencement des mois qui sappelloient sacra kalendaria ou kalendariū. se ilz estoient entrelaissez pour cause pouoient bien estre recommencez/& celle solennite estoit proprement celle qui selon les hebrieux est nommee neomenia dicte de mene en grec/qui vault autant a dire comme lune en francois et nouus qui vault autant a dire comme neuf,cestadire nouuelle lune, et de ce sa estoit dit neomenia, et estoient ces iours solennelz pour ce que on comptoit les mois selon les commencemens de chascune lune/dont il est dict ou psaultier. Bucinate deo in neomenia tuba. In insigni die solennitatis vestre Dont ysidore dit ancores queau commencement de la nouuelle lune ses prestres estoēt sur les portes de la cite pour veoir la nouuelle lune comment elle croissoit et come elle montoit et tantost sanoncoient a leur euesque. Ancores est il assauoir quil nappartenoit point a bailler vne beste lopee quant on en faisoit sacrifices aux solennitez/dont Virgille dit que quant helenus voulut adeuiner, il fist desloper toutes les bestes desquelles on vouloit faire sacrifice/affin quelles ne fussent empeschiez de aller iusques aux dieux: Mais aux sacrifices on pouoit loper les choses que len offroit/sicomme iuuenal dit en vng vers qui se commence. Sed procul extensum &c.) Ancores est il assauoir que quant on deuoit sacrifier par sa lop daucunes bestes qui ne pouoient pas bonnement estre trouuees on sacrifioit de pain ou de cire/et combien que ce ne fust pas sacrifice/toutesfois estoit il tenu pour viay) Apres il est assauoir que il y auoit certaines ordonnances et certaines cerimonies q se faisoiēt aux dieux d'bas ceftadi denfer/et aux dieux denhault. Ceulx q sacrifioient aux bas dieux/cestadire aux dieux denfer estoient arrousez dpane par vng rainseau dolliuier/et ceulx qui sacrifioient aux dieux denhault estoient laue; deaue.) Apres quant il sacrifioient sacrifice de vin/ilz offroient seulement de vin aux dieux denhault/& aux dieux denbas ilz gettoient les vaseaux ou feu auecques le vin/dont stacius thebaidos parle quant il parle de la sepulture de archemoris. Apres les dieux dēhault auoient ares & autelz/et ceulx denbas nauoient que, ares/aux solennitez qui se faisoient

aux dieux quant sen seur offroit vne bes
te sen seur gettoit le vin entre les cornes:
Et quāt on sacrifioit aux dieux den bas
on lup plongoit le museau dedēs le vin/
Ancores est il assauoir que la beste quon
vouloit offrir estoit lopee par la teste et y
auoit atache vne flāmiche a vng tourtel
lequel estoit fait de sel et de leuain/et sap
pelloit mola salsa dōt pline fait mencio
en son liure naturalis histoire. Ancores p
auoit il vne telle cerimonie que les mou
tons ou les brebis quon imoloit ne deuoi
ent point auoir sa queue conchiee ne tachie
ne sa langue noire ne soreille plate/ne on
ne receuoit en ces solēnitez q sappellēt sa
crez beste ou il eust quelcōques deffaulte
ne aussi beufz qui onques eussent traict
se ce nestoit apres la victoire ou on sacrifi
oit le thoreau ou le beuf, cestadire apres
le triūphe, car ceulp qui chassoient les en
nemis nauoient pas pour ce triūphe. Et
pour ce ne sacrifioient il pas les beufz.
Mais de brebis/et estoient dis ouans
a3 ouibus qui valent autant cōme brebis
pour ce que cestoit le petit triūphe. Tant
pa q nul tēps a iupiter on ne sacrifioit de
thoreau fois apres le triumphe. mais dū
iosne beuf q onques nauoit traict ne por
te colier, dont il auint que cōme eneas eut
sacrifie vng thoreau en graisse a iupiter:
il sencourut pmy le tēple vng monstre τ
vne treshorrible chose. Ancores y auoit il
formule de esprouuer se ce que on sacri-
fiot aux dieux estoit conuenable. car se il
alloit sans paour iusqs a lp dose et souf
froit debonnairemēt ce que len luy faisoit
comme dorer les cornes et autres pare-
mens, on tenoit que il estoit conuenable/
Et se il resuitoit ou sen fuioit ou sesfreoit
on tenoit que il nestoit pas conuenable.
Len croissoit aussi les sacrifices par en-
cens ou par vin que len gettoit ou feu sur
la beste qui estoit sacrifice/ et quāt cestoit
fait on disoit que le sacrifice estoit accreu
et sappeloit proprement meta. Aucunes
fois ilz sacrifioiēt vne beste toute entiere
Aucunesfois sans les entrailles/ aucu-
nesfois les entrailles tant seulement les
quelles ilz lauoiēt, aucunesfois se sang,
tant seulement quilz mettoiēt en grans
hanaps, aucunesfois dune des parties
de la beste. Albericus in scintilario,
dit que quant les rommains vouloient
aller en bataille/ promettoiēt aux dieux
que silz auoient victoire ilz douroient
vne partie de sa prope, dōt il dit que vng
tēple fut fait a romme de telles proies. le
quel estoit appele le temple iupiter se pre
dacteur, duquel virgille fait mencion en
deux vers ou il dit, Irruimus foco αcet.
Et quant ilz reuenoient ceulp qui auoi-
ent chasse les ennemis qui estoient appel
lez ouans comme dit est asseoient aux pe
tis dieux montez sur vng cheual, et of-
froient des brebis. Et ceulp qui les auoi
ent plainement desconfis et auoient triū
phe, venoiēt a quatre cheuaulp blās et
estoient menez ou capitole, et la offroiēt
des beufz τ des thoreaux, τ silz adouroiēt
les dieux den bas ilz senclinoient contre ter
re. Et se ilz adouroient les dieux dēhault
ilz estoient tous drois et regardoient le
ciel dont virgille dit en vng vers deny-
dos. Ac pater anchises oculos ad sidera
letus eptulit αcet. Aux sacrifices estoient
requises taciturnite et aux ieux parler a
haulte voix, et celle taciturnite ilz lappe
loient fauere ou dont orace dit fauere lin
guis αce. Ancores selon ce que dit isidore
ou xix chapitre du vi liure des ethomo-
gies, hostie estoit propremēt dicte le sacri
fice que sen faisoit aux dieux auant que
len alast en bataille ainsi dicte, ab hoste/
uel ab hostibus. Et victima estoit le sa-
crifice que sen faisoit apres ce que len auoit
desconfit les ennemis. Et estoit dicte
victima a vinco vincis, cestadire de vain
cre. Et estoient ces victimes plus grans
sacrifices que nestoient les hosties. Les
autres dient que elles estoient dictes vi-
ctimes a vincio vincis, cestadire loper
pour ce que len les menoit soiees aux sa-
crifices ou pour ce que elles estoient tuees
tout a vng coup.

Seruius dit que les brebis que on sacrifioit deuoient estre de deux ans, et non de plus ne de moins daage. Et dit que pour ce sont elles dictes bidentes quasi biennes cestadire de deux ans, ou pour ce que ses viii. dens des brebis il en ya deux plus grandes des autres, lesquelles saperent a deux ãs. Ancores est il assauoir quil ya holocaustes et libacions, les holocaustes estoient dis quãt toutes les bestes estoiẽt bruslees et arses, ce estoient ainsi dictes de holon en grec qui vault autãt en francois cõe tout. et caustis qui est asumement, pour ce que tout estoit ars et consũme, sicõ dit psidore ou lieu dessus allegue. Et les libaciõs estoiẽt quãt on offroit les hanaps plais de vin ou de sang ou de lait, et les gettoit on ou feu sur les bestes, ou en la mer quãt ilz estoiẽt en aucun peril. Ancores est il assauoir quilz ĩmoloient a leurs dieux chascun selon son ordonnance. Cestassauoir a mars vng sengler, a bachus q̃ est dieu du vin vng bouc, a iuno vng paon, a apollo vng aigneau, a venus vng coulomb. a iupiter vng thoreau, a mineruie vne chuette, a ceres du leuain, a mercure, ilz faisoient plusieurs autelz. Ilz adouroient le temple de hercules de feulles darbres, & le tẽple de cupido de roses. Et si leur faisoiẽt ces ors et puans ieux scenicques desquelz nous auons parle en plusieurs lieux. Et est ancores assauoir que toutesfois q̃ les solennitez des dieux estoiẽt renouuelees les ydoses se remuoient sicomme dit alberictus sudoniensis.

Des sapdures des sacrifices ou solennitez lesquelz estoient celebrez a ce dieu liber. xxi.

Mais orẽdroit certes il me poise de dire pour la pfidite de sa parole et nõ pas pour sorgueilleuse follie de ceulx cy a com grande sapdeur soiẽt venus la solennite de ce dieu liber, lequel ilz ont prefere aux cleres semences: Et pce non pas seulement aux licqueurs des fruitz desquelz le vin tient aucunement la seigneurie, mais aussi aux semences des bestes. Entre les autres choses lesquelles ie suys cõstraint a trespasser pour ce quelles sont plusieurs: Icelluy varro dit aucuns sacres ou solennitez de ce dieu liber estre celebrez aux quarssours dytalie a si grant licence de sapdeur que en lonneur de luy, les membres honteux de somme estoiẽt adourez, non pas en aucũ lieu secret et aucunement mois hõteux, mais en appert par mauuaistie esiouissant, car ce membre sait estoit mis en petis chariotz et porte a grant honneur par les iours des festes de ce dieu liber. Premierement aux champs aux quarssours & apres iusques a sa cite. Mais au chasteau laminien tout vng mois estoit donne a vng dieu liber. Auquelz iours de ce mois tous vsassent paroses tresribauldes iusques a ce que ce membre fust porte par le marche, et se reposast en son lieu. Auquel membre deshonneste il estoit chose necessaire que vne matrosne treshonneste luy mist vne couronne deuant tous. Ainsi estoit ce dieu liber appaise pour les auenemẽs des semences. Ainsi estoit cest enchantemẽt a bouter hors des champs a ce sa matrosne fut cõstrainte faire en publicque ce que on ne deuoit pas souffrir vne ribaulde a faire ou theatre se les matrosnes estoient presẽtes ou la regardoient. Pour ces choses on ne croit pas que saturne seul peust souffrir aux semences a ce que same orde et sapde trouuast occasion de multiplier dieux, et a ce que esse de vng seul vray dieu par deserte de ordure, et abatue par sa couuoitise de plus grant ordure p plusieurs faulx dieux appellast ces sacrileges sacres, et donnast soy mesmes a estre violee et ordoiee aux tourbes et aux assemblees des dieux qui sont ors dyables.

Exposicion sur ce chapitre.
f.i.

En ce xxi. chapitre monseigneur saint augustin parle de la narracion que fait Varro de la solennité daucus de leurs dieux, & demõstre par com grant laydure seurs dieux sont adourez. Et le demonstre p(ar) les solennitez que on faisoit en plasie a ce dieu liber pater, cestadire a bachus qui est le dieu du vin. Lequel liber ilz disent aussi auoir seigneurie sur les semences des bestes et des herbes. Et luy faisoit on ces ieux ainsi laiz et ainsi ors & puans affin que les semences venissent a grant plãte quãt elles estoiẽt semees aux chãps et que tous enchantemens cessassent. Et attribuoient aux semences des hommes liber, et aux semences des femmes la deesse libera. Et pour ceste cause en leurs tẽples, ilz mettoient a liber le membre naturel de lhomme. ¶ A ce dieu liber estoiẽt attribuees les femmes pures, et le vin pour les esmouuoir a luxure, ou pource que a layde de ces femmes ainsi pures il conqst ynde. Et pour signifier q̃ liber ne sestoit oncques combatu sans telles femmes, & quil en fust tousiours memore, et que par elles il auoit desconfit les yndes. ¶ De ce fait mencion orose en son ormestre qui dit que ce liber arrousa et moulla toute la terre dinde de sang. Il lemplit doccisions, & la conchia toute de ribauldes et de putteries. Ainsi estoient les solennitez de ce liber faictes par celle forcennerie, dõt Varro dit que on ne peut faire tel desroy se ceulx qui ce faisoient neussẽt la pensee troublee & esmeue, car les femmes couroient & racoutoient ainsi comme se elles fussent toutes hors du sens. Ancores est il assauoir que quant il y auoit aucune nouuelle mariee il falloit quelle fust assise sur ce grant et lait membre ainsi comme vne religieuse & treshonneste matrosne seroit en vng siege honneste. Et quant il parse des terres qui estoient enchantees quil appelle fascinacion. Il le dit pour aucunes femmes sortileges qui par fois et enchantemeus corrõpoient p(ar) leur regard les fruis et les chãps de ceulx quelles hayoient, et faisoient ces choses par seul regarder dont Virgille en ses bucolicq̃s dit en vng vers. Nescio q̃s teneros oculus michi fascinauerit hedus. Je ne scay dit il q̃l ouel menchante ou corrõpt p(ar) seul regart, dont p(ar)se pline Naturalis hystorie, et aussi fait lucan q̃ dit quilz sõt aucunes femmes qui par seul regart corrompent et ensorcellent, et sont femmes qui ont doubles paupieres. Et les naturiens comme pline et autres dient q̃ se vne femme en son souueral degre de ses fleurs regarde vng miroir, elle se conchie et fait vne tache qui iamais ne sen peut aller. Et q̃ plus est se en cel estat elle regarde parfaictemẽt vng enfant nouueau ne elle se corrompt tellement quil en meurt, comme sil estoit empoisõne, ou au moins est en grant peril. ¶ Ancores dit pline naturalis hystorie ou xxvi. chapitre q̃ cest la chose plus mortelle de ce fluy mẽstrueux: et la en peut on veoir aplain. De ceste matiere de fascinacion se peut ancores veoir aplain per guillermum parisiensem en son liure de vniuerso en la tierce partie, et sur lepistre ad galathas Qui vos fascinauit.

¶ Le xxii. chapitre ouquel il traicte de ce dieu neptunus et de ces deesses salathia & venalia. xxii.

O(r) fait ainsi ce dieu neptunus celle deesse salathia a sa femme la q̃lle il eust dit estre la basse eaue de la mer. ¶ Et pourquoy est adioincte auec elle celle deesse venilia, fors pource q̃ la semence des dyables fust multipliee sans q̃lconque cause de sacres necessaires par laquelle seule delectacion de lame abbatue et trebuchee, mais soit mise auant linterpretacion de celle noble theologie. la quelle en rendant aucune rayson nous retrape de ceste reprehencion. Venilia ce dit Varro est leaue laquelle vient a la riue ou riuage, & salacia est leaue qui retourne en la mer. Pourquoy doncques sõt elles faictes deux deesses comme leaue qui vient et retourne soit vne eaue. Certes icelle delectacion foumenee est celle qui embrase ou eschauffe en plusieurs dieux. Car iasoit ce que leaue q̃ va et revient ne soit pas doublee, cestadire ne soit q̃ vne/ touteffois la mer laq̃lle va en ceste erreur et ne retourne point est plus conchiee par loccasion de ceste vanite p sa semẽce de ces deux d̃ables. Je te prie Varro ou vous qui auez leues telles escriptures de si sages hommes/ et vous vantez de p auoir aprins aucunes choses tresgrandes interpretez moy ceste chose/ ie ne vueil pas dire selon ceste nature pardurable et incõmuable qui est vng seul dieu mais au moins selon lame du monde et les pties dicelluy lesquelz vous cuidez estre vrais dieux. Ceste erreur a souffrir dauoir fait a vous ce dieu neptune. la ptie de lame du mõde laquelle passe par la mer. Sont doncques deux pties du mõde ou deux parties de lame du monde, lune qui vient au riuage/ et leaue qui demeure en la mer. Leq̃l de vous est si rafolle quil sente cecy. Pourquoy doncq̃s vous ont ilz fait deux deesses / fors pour ce quil a este pourueu de voz souuerains plussages, non pas que plusieurs dieux vous gouuernassent/ mais q̃ icelles plusieurs dpabsleries vous teniss̃et, lesquelles seiouiss̃et de plusieurs vanitez τ faulsetez. Mais pourquoy perdit celle deesse salacia p ceste interpretacion la basse ptie de la mer p laq̃lle elle estoit subgecte a sõ mary. ceststassauoir neptune. car vous sauez mis au dessus de leaue quant vous la tesmoingnez maintenant estre fleuue retournant. Ou est ce pour ce que celle deesse salacia mist hors son mary/ cest assauoir vulcanus des haultes parties de la mer courouscee pour ce quil auoit prins celle ribaulde venilia:

Exposicion sur ce chapitre.

En ce xxii. chapitre mõseigneur sait augustin repreuue les choses q̃ sõt dictes en ce chapitre de neptune q̃ est le dieu de la mer/ et lequel est mis ou nombre des dieux superssexluz et mis a part/ et de salacia et de venilia ses femmes Et de la distinction quil met/ τ comment salacia elle est aucuneffois prinse pour la plus basse ptie de la mer. Aucuneffois pour la plus haulte partie dicelle. Et appt assez par le texte

Le xxiii. chapitre ouquel il traicte de la terre laq̃lle varro confesse estre deesse pour ce que icelle ame du monde. laquelle il cuide estre dieu passe par elle comme ptie basse de son corps. et luy donne force diuine.
xxiii.

Car la terre est vne laq̃lle pour certain nous voyons plaine de ses bestes/ Mais touteffois pour quoy veullent ilz icelle estre deesse. laq̃lle est vng grant corps entre les elemens/ et si est la basse partie du monde. Est ce pour ce quelle est plenteureuse. pourquoy doncq̃s ne sont mieulx les hõmes dieux lesquelz la font plus plenteureuse en labourant icelle/ non pas quant ilz sadourent. mais quant ilz larent. Mais ilz dient que la partie de lame du mõde laq̃lle passe p elle la fait deesse ainsi cõe se lame ne soit pas plus clere ou plus apparant aux hõmes/ laquelle se elle est la questiõ est nulle Et touteffois les hommes ne sont pas tenus pour dieux/ et si sont submis p erreur merueilleuse et meschante a honnourer et a adourer ceulx q̃ ne sont pas dieux et desquelz ilz sont meilleures. Et certes icelluy mesmes varro afferme en ce mesmes liure des dieux supersexluz estre trois degrez de toute ame en toute vniuersale nature/ lun degre qui passe par toutes les parties du corps/ lesquelles viuẽt et na point de sens/ mais tant seulemẽt a puissãce a viure Et ceste force ou puissãce il dit descendre aux os et aux ongles ainsi comme les arbres sont nourris et croissent ou monde, et viuent en leur aucune maniere sans sens. Le second degre de lame est celle partie en laquelle il a ses. Et ceste force il dit qlle vient aux yeulx, aux oreilles, aux nariues, en sa bouche, et en atouchement ou en taster.) Le tiers degre de lame il dit estre souuerain, lequel est appelle sa pensee ou lame en laquelle se sentendement a seigneurie.) Il dit toutes choses mortelles estre priuees de ce degre, fors lhôme.) Ceste partie de lame du monde il dit estre dieu, mais en nous il la dit estre appellee genius. Mais il dit les pierres et la terre lesquelles nous voyons ou il ny a point de sens estre ou monde ainsi côme les os et les ongles de dieu. Mais il dit le soleil et la lune et les estoilles lesqlles choses nous sentons, et par lesquelles icelluy monde seult estre le sens dicelluy, et le ciel estre lame dicelluy. Et dit sa force laquelle vient iusques aux estoilles iceulx faire dieux. Et ceulx qui par celle force passent iusques en la terre faire icelle tellus, cest adire la terre deesse. Mais ce qui de sa sen passe en la mer iusqs en occidêt il dit estre le dieu neptunus. Retourne soy doncques icelluy varro de ceste theologie laquelle il cuide naturelle, la dont il est pssu traueille et lasse de ces doubles ou doubteuses voyes et tortues ainsi comme soy reposer. Retourne dy ie retourne icelluy varro a sa theologie ciuille. Je se tien ancores ainsi et ancores de ceste parle ie. Je ne dy pas ancores que se la terre et les pierres semblables a noz ongles et a noz os que semblablement ilz napent point dentendement, si côe ilz napêt point de sens. Ou se noz os et noz ongles sont dis auoir entendement, pour ce quilz sont en homme lequel a entendement. Aussi fol est celluy qui dit les pierres et la terre estre dieu ou monde, comme celluy qui dit les os et les ongles estre hommes en nous. Mais par auenture ces choses sont a estre demenees auecqs les philozophes. Mais ore droit ie vueil

ancores ce varro estre politicque, car il peut estre fait que iassoit ce quil semble quil ait vousu seuer vng pou sa teste, ainsi comme en celle franchise de sa theologie naturelle. Toutesfois ancores en tournant ce liure et pensant soy estre tourne et demene en icelluy lisant, et sait aussi apres regarde. Et pour ce ait dit ceste chose pour ce que ses souuerains et les autres ne croyent q ilz ayent ouure vainement ces dieux telsus et neptunus. Mais ie dy ainsi la partie de lame du monde laquelle passe par la terre ainsi comme elle est vne terre, laquelle il dit estre tellus, pour ce ne fist aussi icelle partie vne deesse. Et sil le fist ainsi ou sera ce dieu orcus frere de iupiter et de neptune, lequel ilz appellent dispater. Ou sera sa femme proserpine, laquelle nest pas tesmoingnee estre la plente de la terre, mais la plusbasse partie dicelle selon sautre opinion mise en iceulx mesmes liures. Et silz dient que la partie du môde face dieu icelluy dispater, cestadire neptune quant elle passe par la plushaulte partie de sa terre, et face icelle deesse proserpine quant elle passe par la plusbasse. Quelle chose sera celle tellus, car en ceste maniere tout ce quelle estoit est diuisee en deux parties et en deux dieux. A ce que celle seconde partie ne puisse estre trouuee qui elle soit, ne ou elle soit. Se ainsi nest que aucun dieu que iceulx dieux ensemble, cestadire orcus et proserpine sont vne deesse tellus, et non pas ia est trois dieux, mais vne deesse ou deux dieux. Et toutesfois ilz sont dictz trois, ilz sont tenus pour trois, ilz sont adourez trois en leurs autelz, en leurs têples en leurs sacres en leurs ydoles par leurs pstres, et par leurs dyables qui corrompent par fallaces lame degettee et abatue. Soit ancores respondu a ce que la ptie de lame du monde face ce dieu tellumo par quelque partie dicelle terre elle passe. Il nest pas ainsi se dit varro, ancores est vne mesmes terre a double force, cest assauoir de masle pour ce quelle met hors ses semences, et de femme pour ce quelle ses

recoit et nourrist. et pour ce dit icelluy Var
ro q̃ celle terre est dicte tellus par sa force
de la femme / et tessumo pour la force du
masle. sicomme il le dit] Pourquoy dõc
ques en y adioustant deux autres dieux
sont les euesques choses diuines a quatre
dieux/cestassauoir a tessus a astor a tel-
sumo et a rusor/de tessus et de tessumo il
a ia este dit.] Pourquoy doncques sa fõt
ilz a astor: pour ce dit il que toutes les cho
ses lesquelles sont nees sont nourries de
la terre. Pourquoy a rusor/pour ce dit il
que toutes choses retournent de rechief en
luy mesmes.

⸿ Opposicion sur ce chapitre.

.

En ce ṕiiii. chapitre monseignr̃ saĩt
augustin repreuue les choses qui
sont dictes de la terre/laquelle est aĩsi nõ
mee et comptee entre les deesses superes-
seues et mises a part/iassoit ce quelle soit
mise ⁊ nombree soubz le nom de plusieurs
autres noms. car elle a plusieurs autres
noms sicomme il appert par ce chapitre /
et sicomme nous sauõs ia dit ailleurs en
ce voulume. Et fait deux choses en ce cha
pitre. premierement il repreuue ce que on
dit la terre estre deesse. Secondement ce
que on luy attribue plusieurs dieux. Et
celle seconde partie se commence on il dit.
Mais ie dy ainsi.⁊c. En la premiere par
tie il fait trois choses: ⸿ Premierement il
preuue que la terre nest point desse. Secõ
dement il met la sentence de Varro de la ter
re et des autres parties du monde appar
tenãtes a la theologie naturelle. Tierce
ment il rappelle ce Varro a la theologie ci
uille. Le seconde partie se commence ou
il dit. Et certes icelluy mesmes Varro. ⁊c.
Et la tierce ou il dit Retourne soy doncq̃s
icelluy Varro. ⁊c. Quant a la premiere
partie il preuue que la terre nest point des

se / ne pour habondance ne pour la partie
de lame du monde qui vient a elle/sicom
me Varro et plusieurs autres sont mis.
⸿ Apres quãt il dit Et certes icelluy Var
ro. ⁊c. Il met la sentence que Varro met de
la terre et des autres parties du monde /
lesquelles ilz sõt dieux / laquelle chose ap
partient a la theologie naturelle. Et est
la sentence de Varro telle quil dit que sur
le tout ilz sont trois degrez de ames. Cest
assauoir vne de lame vegetatiue/laquel-
le est des arbres et des herbes/laquelle est
aux ongles et aux cheueulx de lhomme
tant seulement. La seconde de la sensitiue
laquelle est aux peulx et aux autres par
ties originaulx du corps de lhomme. La
tierce de lame intellectiue/laq̃lle a le sou
uerain degre/⁊ de ce degre il appelle lame
ou sa pensee/laquelle il dit estre en lhom-
me genius. Mais ou tout vniuersel il se
dit estre dieu. duquel vniuersel il met que
en aucunes de ces parties est le degre de la
me vegetatiue/sicomme en la terre ⁊ aux
pierres qui sont aĩsi comme les ongles de
dieu. Et aucunes ont le second degre. cest
assauoir de lame sensitiue comme les es-
toilles/lesquelles sont ainsi comme les
peulx de dieu et ses sens par lesq̃lz ilz sõt
Et sa terre est de lame intellectiue/Et est
vne maniere de force ou puissance laquel-
le monte iusques au ciel ⁊ aux estoilles fi
chees/ et par tous les moyens descend ius
ques a sa terre / laquelle fait les parties de
cel vniuersel estre dieux/ dõt par celle for
ce quelle vient a la mer/ cest neptunus/ ⁊
par celle force par laquelle elle attaĩt a sa
terre elle est appelle tellus. ⸿ Apres ou il
dit que ce Varro se retourne a sa theologie
ciuile/il fait trois choses. premierement
il admonneste ce Varro quil laisse la theo
logie naturelle / et quil retourne a sa ciui
le. Et la cause est pour ce q̃ cest tout hors
de la terre. car tout le principal propos et
intencion de Varro est de parler des dieux
selon la theologie ciuile sicomme il apṕt
par le V. et vi. liure / se aĩsi nestoit q̃l peust
ramener celle theologie naturelle de la ci-

uise/laquelle selle differe et se discorde a la ciuile (t nŷ puist estre ramenee. Ce nest de rien a ppos/ne Barro ne se deuoit poit partir de ses termes. Mais si côme dit mõ seigneur saint augustiŷ il auoit auirõnee celle theologie ciuile/et tourne ca ⁊ la. Et pour ce que par icelle il nauoit peu attendre a la Berite/il sestoit du tout retourne comme a sa sa theologie naturelle/ ainsi comme pour soy ŷng pou reposer/ Secondement ou il dit. Je ne dy pas. ⁊c. Jl touche la rayson par laquelle on peut reprouuer celle theologie naturelle/pour ce quil attend a la reprouuer ou Biii. liure
¶ Apres quant il dit que il Beult ce Barro estre ancores polsiticque. Jl le dit pour Bouloir cuider que Barro ait mise ceste sentence naturelle en aŷant regart a la ciuile/cestassauoir a ce quil desclaire que les citez et les anciens nõt pas adoure en Balces dieux tellurem ⁊ neptunum. Et pour ce monseigneur sait augustiŷ qͯl se Beult estre ancores polsiticque/ cestadire theologien ciuil/et non pas naturel. Pour celle cause et multitude de dieux laquelle est attribuee a ŷng element de la terre car ilz sont Bi. ausquelz ilz fõt diuers sacrifices: Cestassauoir ortus qui est appelle dispater. et pluto lequel ilz diẽt estre frere de iupiter et filz de saturne/ ⁊ proserpine fille de ceres. laquelle selon linterpretacion daucuns est la fecondite de la terre, sicõme nous auons dit cy dessus en lexposicion du ʳxx. chapitre. Et selon linterpretacion des autres elle est la plus basse partie de la terre. Et toutessois hors ces deux ilz y en ŷ a si oustent ancores quatre/ cestassauoir tellumus tellus altor ⁊ rusor. La rayson est signification des noms desquelz appert p le texte/et aussi lintencion de monseignẽ saint augustiŷ.

¶ Le ʳxxiiii. chapitre ouquel il traicte des surnoms de celle deesse tellus et des significacions diceulx/lesqͣlz surnoms ne deussẽt pas aussi confermer leso ppinions de plusieurs dieux/iassoit ce quilz signifiẽt plusieurs choses xxiiii.

DOncqͤs dont Bne terre auoir quatre surnoms/non pas faire quatre dieux pour ceste force doublee en quatre ainsi comme Bng iupiter ŷ tant de surnoms/en tous lesquelz Bne force est dicte estre multipliee appartenant a Bng dieu ou a Bne deesse/et ausquelz la multitude des surnoms ne fait pas multitude de dieux. Mais certainement sicomme il ennuye et desplaist a ces tresBiles femmes et se repentent des tourbes ou multitudes/lesquelles elles ont pourchassees par delectaciõ/aussi il a aucunesfois despleu a lame/laquelle est faicte Bile et submise aux ors esperis a multiplier dieux a soy par lesqͤlz elle fust abbatue pour estre ordoŷee ou conchiee ainsi comme cellup a pleu plusieursfois. Car icellup Barro ainsi comme honteup de celle tourbe de dieux et deesses Beult que icelle tellus soit Bne deesse/ilz diẽt ce dit il icelle mesmes/ cest assauoir tellus estre la grãde mere et par ce quelle a Bng tympbre elle signifie toute la terre. Et par ce quelle a atoures en sa teste estre signifiez chasteaulx. Et pour ce que sieges sont figurez entour elle que ce signifie quelle ne se mouuoit/côbien q̃ toutes choses se meuuent. Et par ce quilz õt fait hõmes chastrez pour seruir a celle deesse qui signifie quil conuient que ceulp qui ont souffrete de semence ensuiuent la terre. Quelle merueille/car toutes choses sicomme ilz dient sont trouuees en elle. Et par ce quilz se lassent et demeinent en elle quil est commande dit que ceulp q̃ cultiuent la terre ne se seent pas/ car il est necessite que tousiours ilz besõgnent/ car q̃lz apent tousiours a faire le son des cymBales le son de ferremens/ le demeinemẽt des bras et des mains. Et dicelle chose q̃ est faicte en labourant le champ le demonstre. Et ce q̃ ces cymbales sont darai/ signifient que les anciens labouroient icelle ter re par arain aincois que le fer fust trouue ⁋ Ilz y adioustent dit il a elle vng espon deffope et priue a ce quilz demonstrent que il nest aucune maniere de terre tant soit es longnee ne si formēt sauuage laquelle ne puist estre submise a labourage. ⁋ Apres il adiouste et dit que par ce quilz appele‍rent ou surnommerent celle tellus mere par plusieurs noms et par plusieurs sur‍noms, par ce ilz cuiderent estre plusieurs dieux. Ilz cuiderēt dit il icelle tellus estre apde. pour ce quelle soit faicte meilleure p oeuure. ⁋ Ilz lappelent mere pour ce que delle naissent plusieurs choses, ilz lappe‍lent grande pour ce quelle enfante la via‍de. Ilz lappelent proserpine pour ce q les blairies senracinent et croissent delle. Ilz lappelent vesta pour ce quelle est vestue de herbes. ⁋ Ainsi dit il rameinent ilz ses autres deesses a ceste icy, et non pas sās cau‍se. Doncques se icelle tellus est vne deesse laquelle a dire verite pour certain nest pas ce pendant pourquoy va len a plusi‍eurs deesses ⁋ Ces noms plusieurs soiēt a vne deesse, et ne soient pas tant de plu‍sieurs deesses cōme il y a de noms. Mais lauctorite des plusgrans qui eurent tribou sent icelluy et se constraignēt a faire doub te apres ceste sentence. Car ilz adiouste et dit ainsi Auecques lesquelz, cestassauoir ceulx qui rameinent les autres deesses a celle deesse tellus, auecques lesquelz dit il loppinion des plusgrans lesquelz ont cuide de celle deesse estre plusieurs deesses ne se combat point, cestadire ne contredit point. Mais comme est ce que icelle oppini on ne se combat point, ainsi comme se mō seigneur saint augustin voulsist dire, cer tes si fait Comme ce soit moult autre cho se vne deesse auoir plusieurs noms, et au tre chose soit vne deesse estre plusieurs: Mais icelluy varro dit quil peut estre fait que vne mesme chose soit vne, et en celle soient plusieurs choses. ⁋ Il accorde dit mōseigneur sait augustin plusieurs cho ses estre en vng homme, sensuyt il pour ce que il y ait plusieurs hommes. Aussi ie cō

fesse plusieurs choses estre en vne deesse, pa il pour ce plusieurs deesses. Certes nē np. Toutesfois diuisent les a seur vou‍sente facent multiplient reploient et em‍ploient. Ce sont les nobles mysteres de tellus, et de la grande mere dont toutes choses sont rapportees aux semences mor telles et lexcercice des labourages, et aus si le tabour ou tymbre, les tours les cha‍steaulx, le demeinement fourcene des mē bres. La noise des cymbales et la fiction des lyōs rapportez a ces choses et qui ont ceste fin. Ces choses dessus dictes promet‍tent ilz a aucun la vie pardurable, et ces gasses chastrez seruēt ilz aussi a ceste grā de deesse, a ce quilz signifient quilz conuie nent suuir sa terre a ceulx q̄ ont deffaul te de semences, ainsi cōe ce seruice ou seruitude ne les face auoir plus grāt deffaulte de semence. Car ie demande sensuiuant ceste deesse ilz acquerent semences cōe ilz nen aient point. Ou qui plus est cōme ilz aient semence se ensuyuant ceste deesse ilz la perdent. Est ce iterpreter ceste chose ou sa despiter, ne on nauise pas combien les dyables mauuais ayent eu grant pouoir lesquelz en ces solennitez nont ose promet‍tre aucunes choses grandes, et si ont peu epiger et constraindre a choses si cruelles Se la ne fust deesse les hōmes missēt les mais en elle labourāt affi q̄ ilz neussēt se mēces p elle. non pas en faisāt cruaulte en eulx mesmes a ce q̄ ilz pnissēt semēces pour elle. Selle ne fust deesse, elle seroit faicte si pstureuse p mais estrāges a ce q̄ sle ne constraidist pas hōme estre fait brehaig, de ces pures mais pour elle. Certes ce q̄ aux sacres ou solennitez de ce dieu liber vne matrone courōnoit les mēbres hon‍teux de lōme ce voyāt la multitude du peu ple, et ou le mary y auēture est presēt rou ge et suāt se aucuue hōte est aux hōmes, Et ce q̄ en la solennite des nopces la nou‍uelle mariee estoit commandee a seoir au plushault de cest oit mēbre. Ces choses des susdictes sont de trop loing plus a souf‍frir et plus legieres que nest ceste laydeur

trescruele en ceste cruaulte tressapde/ cest
assauoir que soy chastrer. Jllec lun a lautre
seye/cestadire homme et feme est moc
que aux solennitez des dyables. tellemēt
touteffois que lun et lautre nest occp de sa
playe. Jllec lenchantement des chaux est
doubte. icy la priuacion et le trenchement
des chaux membres nest point doubte. Jl
lec sa bergongne de sa nouuelle espousee
est si deshonnouree que non pas seulemēt
sa fecondite luy soit ostee/ mais non pas
aussi sa birginite/ icy la vertu de lomme
est trēchee. en telle maniere quil ny soit cō
uerti en femme, ne il ne demeure homme

Epposicion sur ce chapitre.

En ce xxiiii. chapitre monseigñr saiñt
augustin comēce a reprouuer les
solennitez et mysteres de celle deesse appel
lee tellus/ cestassauoir la mere des dieux
Et sont ces misteres les choses qui se fai
soient en sa solennite en lhonneur delle/ af
fin de representer aucunes autres choses/
Et fait deux choses en ce chapitre, car pre
mierement il recite aucuns de ces misteres
et les eppose. Secondement il demōstre
la lapdure et banite diceulx. Et celle se
conde partie se commence ou il dit. Ce sōt
les nobles misteres. &c. En la premiere
partie il fait trois choses. Premierement
il demonstre qui meut barro a mettre que
tellus fust bne deesse tant seulement/ et
touteffois elle auoit plusieurs surnoms
lesquelz nous auons nommez en partie
ou chapitre precedent/ et aussi en y a il de
touchees en ce chapitre. Et les autres
nous auons touchees cy dessus ou xxx.
chapitre du premier liure/ et ou quart cha
pitre du second liure La cause qui meut
barro a ce mettre fut la honte et lennuy q̄
il auoit tant de dieux et de si grant multi
tude. Secondement il eppose selon loppi
nion de barro aucuns misteres & aucuns

noms de celle deesse tellus/ laquelle est ap
pelee la grant mere des dieux. Et celle se
conde partie se commēce ou il dit. Jlz diēt
ce dit il celle mesmes. &c. Touteffois les
choses qui sont cy recitees par monseigñr
saint augustin de celle grant mere/ ysido
re les met et plusieurs autres en son viii.
liure de ses ethimologies. Pour sentendre
ment desquelles choses il est assauoir que
lydole de celle deesse estoit figuree tenant
bne clef et bng tibre ou tabour. Et auoit
en sa teste bne couronne ronde faicte en la
maniere dune tour/ ou auitōnee de tours
et de chasteaulx. Ce simulachre ou ydole
estoit mis en bng char/ et estoit porte p̄ la
cite le iour de la feste dicelle mere des dieux
sicomme il a este dit ou iiii. chapitre du se
cōd liure. Et y troiēt ce char ou estoit celle
ydole quatre lyons priuez/ et entour ce si
mulachre ou ydole auoit sieges. Et apres
ce char alloient les prestres de celle grant
mere/ et les ministres tous armez lesq̄lz
se chastroient eulx mesmes ou estoiēt cha
stres/ lesquelz estoient appellez galles et
coribans desquelz nous auons fait men
cion cy dessus ou quart chapitre du secōd
liure. Et ces galles ou coribans en manie
re de furieux et de hors du sens se gettoiēt
leurs membres et se demenoient tressay
dement/ et frappoient les cymbales da
rain ensemble. et grans fers de charue a
quil peust grant noise et grant son fait et
horrible. et auoiēt toutes ces choses leurs
significacions misticques et leurs myste
res. Premieremēt elle portoit la clef pour
signifier que la terre se clot en yuer. et seu
ure en este. Elle auoit le tymbre pour la
rondesse de la terre/ de laq̄lle rondesse le
monde est dit ront/ & ainsi des autres cho
ses sicomme il appert par le texte. Et aus
si eppose barro aucuns noms delle/ et p̄
ce appert lintencion de monseigñr saiñt au
gustin. Tiercement ou monseigñr saiñt au
gustiñ dit. Mais lauctorite des plus grans
grent. &c. Jl demonstre cōe barro p̄ paour
ou p̄ doubte est a ce mene q̄l beult mōstrer
q̄ se dit de ceulx q̄ ont mis plusieurs dieux

et plusieurs deesses estre sa terre ne repugne pas a son dit par lequel il sa dit que celse tellus est vne deesse tant seulement, et quelle a plusieurs noms et surnoms. La quelle chose monseigneur saint augustin preuue, sicomme il appert par le tepte tresclerement.) Apres quant il dit Ce sont les nobles mysteres de tellus, &c. Il demonstre la vanite et les laidures de ces misteres, et fait trois choses. Premierement il demonstre quelles sont vaines pour ce que en nulle maniere ilz nappartiennent a la vie bieneuree et pardurable, laqlle chose est son principal propos, de le monstrer en ces cinq liures. Secondement il demonstre ces choses estre folles et nuysibles, sicome il appert aux galles qui se chastrent et sont priuez de semence a signifier que cestuy qui a besoing de semences a doit prendre de la terre. Et celle seconde partie se commence la ou il dit. Et ces galles chastrez. &c. Tiercement il demonstre quelles choses sont tres laydes et tres deshonestes aux solennitez de celle mere des dieux. Et prefere monseigneur saint augustin celle laidure de ce que les galles se chastroient ainsi aux deux autres laidures q se faisoient en la solennite de ce liber, cest assauoir de ce quilz sa soient mettre a vne des plus nobles matrosnes vne couronne sur ce tresfait et tres ort membre. Et de ce que on faisoit asseoir la nouuelle mariee le iour de ces nopces ou plus hault lieu de ce mesme, Et veult dire que ce nestoit pas si layde chose de trop comme cestoit de soy chastrer soy mesmes. Et de celle couronne et de ces matrosnes nous auons parle ou ppi.chapitre du premier liure. Et de celle nouuelle mariee ou ip.chapitre du vi.liure et sur lepposicion du ppi.chapitre de ce liure.

¶ Le ppv.chapitre ouquel il desclaire ql le iterpretacio la doctrine des sages grecz a trouue du chastrement dun appelle athis. ppv

Mais icelluy athis nest pas rank teu ne sinterpretacion nest pas requise de cestuy varro en memoire de lamour duql athis se galle se chastre et est detrenche. Mais les grecz, enseignez et sages nont pas teu ceste raison si saincte et si noble. Quelle merueille porphire ce philozophe tesmoingna celiatum, signifier les fleurs pour la face de la terre en prin temps, laquelle est lors plus belle que aux autres temps. Et icelluy athis il dit trenche ou chastre, pour ce q la fleur chiet auant le fruit. Doncques nont ilz pas compare icelluy homme ou comme homme qui est appelle athis a la fleur, mais y ont compare les membres genitoires dicelluy. Quelles merueilles iceulx membres cheirent luy viuant.) Mais pour certain ilz ne cheirent pas ne ne furet pas esrachez, mais plainement deschirez, ne depuis celle fleur perdue quelque fruit ne sequruit, mais sterilite sen est aincois ensuyuie. Quelle chose est doncques cestuy qui est demoure chastre, a quelle chose luy est demouree quelle chose est dicte signifiee. A quoy est il rapporte, quelle interpretacion est prononcee de ce. Ne admonestet ilz pas tresparfaictement en eulx efforçat dencherchier ces choses pour neant et sans rien trouuer sa ce que sa renommee a tenu de somme chastre. Et laquelle est recommandee par escript, a bon droit a este contraire a cestup, cest assauoir a prophire nostre varro, ne il ne veult pas ce dire, combien que pour certain si tressage homme nen fust pas ignorant.

¶ Epposicion sur ce chapitre.

En ce ppv.chapitre monseigneur sait augusti repreuue vng mistere qui se faisoit de celle mere des dieux, duquel mistere varro delaissa lepposicion ou interpretacion, et laqlle pphire qui fut vng philozophe grec epposa. Et est de athis vng iouuencel qui fut de grece, lequel celle mere des dieux/laqlle est appellee cibeles apma/et lequel se coppa les membres genitores/duquel nous auōs parle et mis la fable cy dessus ou .iiii. chapitre du secōd liure. Laqlle chose prophirius exposa et interpreta de la fleur qui chiet auant le fruit pource que athis sault autant en grec cōe fleur en latin. Mais monseignr saint augustin repreuue ceste exposicion ou interptacion. Et pource il conclud q̃ ce fut chose pluss͂emblable a veoir que ce fut aucū hōe qui se chastra pource quil estoit si eschauffe ou enamoure dune femme quil ne sen pouoit retraire/et pource quil nen pouoit iouyr et quil nen pouoit porter lardeur de la couuoitise et delectacion charnelle dont il estoit embrase/ il se chastra/duquel est faicte la fable dessusdicte. Et pour ce laissa par auēture ce varro sexposicion ou interpretacion de ce mistere.

¶ Le xxvi. chapitre ouquel il traicte de la laydeur des sacres ou solennitez de la grant mere. xxvi

Et de rechief icellup varro ne veult rien dire/ne ie ne me recorde pas que ie laye leu quelque part des motz consacres a icelle grant mere/cestassauoir la deesse tellus contre toute la vergongne des hommes et des femmes. Lesquelz motz iusqs au iour de hier alans en maniere de semmes pses places τ rues de la cite de carthage/les cheueulx moistes ou mouillez/la face blāche/les mēbres degoutans pourchassoient des peuples dont ilz peussent viure laydement. ¶Jcy faillit interpretacion/raysōn y eut honte/ τ beau pler se teut.] La grandeur du crime τ nō pas la deite dicelle grant mere a vaincu tous les dieux ses filz. La laydeur de ce dieu ianus qui est figure cōe vng mōstre

Jcellup ianus auoit en ses ydoles ou simulachres seule difformite ou laydure/cestassauoir entendre en ses sacres ou festes la ydecruaulte. Jcellup auoit ses mēbres mucez entre pierres/cestadire les mēbres pdus entre ses hōmes. ¶ Les ribauldes dicellup iupiter/lesq̃lles sont tāt et si grandes ne vaincquent point ceste honte. Jcellup iupiter diffama le ciel dun enfant appelle ganimedes entre les corrupteles des femmes. Ceste cy a conchiee la terre/et a fait villenie au ciel de tant de molz chastrez ꝓ fes et publicques. Par auēture nous pourrions amener saturne ou mettre deuant ceste deesse en maniere de cruaulte/ lequel saturne est tesmoingne auoir chastre son pere. Mais aux sacres de saturne les hōmes peurēt auant estre occps par mains estranges/q̃ estre chastrez par leur mains. Jcellup saturne deuoura ses enfans sicōdient les poetes.) Et les naturiens interpretent de ce q̃lz veullent. mais il ses tua sicō lypstore se monstre. Mais ses romains neurent pas agreable ce que ceulx de carthage sacrifieroient leur filz a icellup saturne. Mais certes ceste grāt mere des dieux mist les chastrez dedēs ses tēples des rōmains et garda ceste cruaulte et coustume et ait on cuide quelle sup apdoit aux forces des rōmains ꝑ copper les genitoires des hōes. Quelz sont ces enuers/ce mal/ ses larrecins de mercure/les ioliuetez de venus/ses ribauldises et ses laydures des autres dieux. Lesquelles choses nous raconterons des liures selles ne fussēt chascun iour chantees et dācees aux theatres Mais que sont ces choses enuers si grant mal/la grandeur duquel mal appartiēt tant seulemēt a la grande mere. Mesmement cōe on dye ces choses estre faites des poetes/ainsi comme se les poetes aient ce faint/cestassauoir que ces choses soient agreables τ acceptables aux dieux. Soit doncques impute a la hardiesse ou a limportunite des poetes ce que ces choses furent chātees ou escriptes.] Mais certes il nest pas a croire que ces choses fussent adioustees aux honneurs et choses diuines par le commandement et exhortacion diceulx mesmes dieux. Quelle chose est ce fors le crime des dieux/mais est certes la confusion des dyableries et la decepcion des meschans. Mais les poetes nont pas faint ce q̃ la mere des dieux a desceuir estre adouree de la cõsecraciõ des chastrez aĩcois en ameret mieulx en auoir horreur que en chanter Et quelconques homme a consacrer a ces dieux superesseux a ce quil puisse viure bienneureemẽt apres sa mort ausquelz dieux homme consacre ne peut viure honnestement auant sa mort, seẽlg est si subgect a si puantes vanitez et oblige aux dyables or̃e. Mais toutes ces choses se dit icelluy Barro sõt rapportees ou monde. prenne soy garde quelles ne soient auant raportees a orde chose. Mais quelle chose ne peut estre rapportee au monde laquelle est demonstree estre au monde/mais nous querons le courage ou lame/ lequel confiant en vraye religion ne adoure pas le monde comme son dieu, aincois loe le monde a cause de dieu comme euure de dieu/et lequel nettoye des ordures mõdaines vienne a dieu qui fist le monde.

Mais certes nous veons que ces dieux superesseux sont congneus pluscleremẽt que les autres dieux/non pas toutesfois orde que leurs merites fussent plus esclarcies/mais ace que leurs laydures & vituperes ne fussẽt mucees. et pour ce est plus creable chose que iceulx dieux ont esté hõmes/sicomme les escriptures/nõ pas des poetes seulemẽt, mais aussi sicomme les escriptures des hystores sont baille. Car vng appelle euemerus raconte toute l'istore de ce que Virgille dit de saturne/cestadire que saturne vit le premier du ciel supãt les armes de iupiter/et epilse ses royaumes lesquelz luy furent ostez, & les autres choses lesquelles sensuyuent appartenãs a ceste chose/laquelle hystoire vng appelle ennius transfata en langage latin, et pour ce que ceulx qui auant nous ont escript contre telles manieres derreurs ou

en langage grec ou en satin en ont raconte plusieurs choses. Il ne ma pas pleu arrester en ce ste chose.

⸿ Exposicion sur ce chapitre.

En ce xxvi chap̃. monseign̅r saint augustin demõstre la laydure du seruice q̃ se faisoit a la grant mere des dieux especialement dun seruice que on luy faisoit/duquel Barro ne autre ne rend aucune rayson Et fait en ce chap. ii. choses premierement il reprenue sa laidure de ce seruice ou decelle maniere de adourer en especial. Secondement il prent aucune conclusion de ces dieux superesseux en general La. ii. ptie se cõmence ou il dit. Et quelcõques homme a consacrer a ces dieux. &c. En la premiere ptie il cõpare la laidure du seruice qui se faisoit a celle deesse a la laydure des trois premiers dieux superesseux. Cestassauoir de ianus de iupiter et de saturne. Et apres la compare a la laydure des autres dieux. Et celle seconde partie se cõmence ou il dit Quelles choses sont enuers ce mal les arrectz de mercure. &c. En la premiere ptie ancores fait il deux choses. Premieremẽt il desclaire de sa laidure de ce seruice q̃ se faisoit a celle deesse. Secondement il se compare aux autres laydures. Et celle seconde ptie se cõmence ou il dit. La laydeur de ce dieu ianus. &c. Quant au premier il est assauoir que aucuns se chastroient eulx mesmes en lonneur de celle mere des dieux, lesq̃lz monseign̅r sait ougusti appelle molz, & croient aucũs q̃ ce furent les prestres de celle deesse q̃ aussi sõt appellez galles Mais il nest pas aisi sicõe il appt p le tepte de monseign̅r saint augustin/car du chastremẽt de ces galles est redue la rayson cy dessus ou xxiiii. & xxv. chap. Mais de ces molz il dit q̃ oncques il neut rayson de Barro ne il ne se recorde q̃l sait ailleurs leue sicõe il appert par le commencemẽt de ce chapitre. Et pour ces molz estoient consacrez a autres choses par plus grant especiaute que

ne stoient les galles. Et par especial estoi
ent chastrez en telle maniere q̃ ilz souffroi
ent q̃ les hommes eussẽt a faire a eulx cõ
me sodomites. Ainsi comme en lonneur
de Venus plusieurs femmes estoiẽt prosti
tuees/sicomme il a este dit ou x. chapitre
du quart liure. ⁋Apres quant il parle de
la laydeur du mõstre de ianus il compa
re ceste laydure a la laydure des trois pre
miers dieux superesseuz. Et appert que
ceste difformite fut plusgrande que la mõ
struosite de ianus laquelle estoit toute en
son ydole en ce quil estoit figure a.ii.ou a
quatre faces/sicomme il appert par le v.
chapitre de ce liure. ⁋Secondement il la
compare a la laydure de iupiter/et preu
ue ancores quelle fut pluslayde que celle
de iupiter/car combien que iupiter vio
last plusieurs femes. Toutesfois il na
bu ja oncques que dun seul enfant/cestas
sauoir de ganimedes qui fut filz de tros q̃
fut roy des dardaniens/lesquelz furent
de puis appellez tropens de tros. Lequel
enfant tantalus roy de frige rauit tresai
dement pour accomplir la luxure de iupi
ter/pour se rauissement duquel grant ba
taille sourdit/sicomme dit orose en son pre
mier liure ou vii.chapitre/a celle deesse en
fist abuser plusieurs. ⁋Tiercement il
compare ceste laydure aux laidures de sa
turne ausquelles elle est mieulx comparee
et les surmonte quãt a autres choses/car
iassoit ce que on faingne que saturne cha
stra son pere. Toutesfois nul ne se cha
stra en son temple/iassoit ce que on y en oc
cye aucuns pour luy faire sacrifice/sicom
me nous sauons touche ou vii. chapitre
de ce liure. Et aussi touche monseigneur
saint augustin vne autre laydure de satur
ne et sa sottie des rommains. Et appert
clerement lintention de monseigneur sait
augustin par se texte. ⁋Apres quant il pr
le des larrecis de mercure.ꝯꝛ. Il fait com
paraison de la laydure de ceste deesse a la
laydure des autres dieux superesseuz/ et
fait trois autres choses. Premierement
il demõstre q̃ ses crimes des autres dieux

suppose quilz fussent braps sõt moindres
que ceste laydure/sicomme les larrecins
de mercure et ladultere de iupiter/desq̃lz
il a este dit ou cinquiesme chapitre du vi. si
ure/⁊ pareillemẽt des crimes des autres
dieux. ⁋Secondement il demonstre que
ce sont moindres crimes pour ce que au
cuns ont voulu dire que ce ne furent pas
vrayes crimes/mais furent fais par les
poetes. ⁋Tiercement il demonstre que la
fiction de ces poetes nest pas la cause pour
quoy telz crimes estoient fais et celebrez
en lõneur des dieux aux scenes pour eulx
appaiser. Mais estoit extorcion des dya
bles qui requeroient que on leur fist sicõ
me il a este dit ou quart liure sur le xxvi.
chapitre. ⁋La seconde partie se commẽ
ce ou il dit.Mesmemẽt comme on dye icel
les choses.ꝯꝛ. Et sa tierce se commẽce ou
il dit. Ainsi comme se les poetes.ꝯꝛ.

⁋Apres quant il demande sil est quelcõ
que homme comme a consacrer ces dieux
ꝯꝛ. Il conclud par ce quil a dit deuãt des
dieux superesseuz deux conclusions des
quelles la seconde est ou il dit. Mais cer
tes nous veõs que ces dieux superesseuz.
ꝯꝛ. Et apres les crimes et laydures des
sus recitees/il conclud sa premiere conclu
sion. Et appert sa conclusion et intencion
par le texte ⁋Apres il conclud vne excu
sacio des laydures dessusdictes/lesq̃lles
varro rapporte au monde/car mõseignr̃
sait augustin dit que non sont/ mais sõt
rapportees a choses immondes et ordes.
⁋Apres quant il dit. Mais certes nous
veons.ꝯꝛ. Monseigneur saint augustin
des choses precedentes conclud cy vne au
tre conclusion qui contiẽt deux membres
Le premier est quil dit que ces dieux super
esseuz sont esseuz et mis a part a leur ver
gõgne et a leur villenie. Et cecy a dit mõ
seigneur saint augustin ou quart chapi
tre. ⁋Le second membre est que cest cho
se plus a croire que ce furent hommes qui
commirent telz crimes que dieux. Et que
les poetes prindrẽt leur fictions de la vraye
hystoire/ et ce preuue il p les vs de virgille

en son viii.liure de eneydos/ausquelz il faint que saturne fut chasse du ciel par son filz iupiter/dont vng hystoriographe de grece appelle euemerus fist hystoire en grec Et ēnius le poete le trāslata en latin. La vraye histore est que iupiter chassa saturne de crete dont il estoit roy/lequel sen fuyt en ytalie. Et cest hystoire nous auōs touchee en ce liure en plusieurs lieux.

¶Le xxviii. chapitre ouquel il traicte des fictions des philozophes lesquelz nadourent pas ne vraye diuinite ne par celle maniere de adourer. par laquelle vraye diuinite doit estre adouree.   xxviii.

Quant ie considere ces rapsons naturelles par lesquelles les hōmes sages & subtilz sefforcent de ramener les choses diuines aux choses humaines. Je ne voy fors oeuures temporelles et terriennes/et nature corporee/ou suppose mesmes quelle fust inuisible. toutesfois muable auoir peu ramener ce qui en quelque maniere nest vray dieu. Mais au moins ce ceste chose fust demenee par significacions conuenables. pour certain on deueroit estre dolent se on nauoit adnōce et presche a ceulx cy vng vray dieu/toutesfois ce seroit chose a souffrir en aucune maniere que choses si ordes & si laydes ne fussent pas faictes et commandees. Et cōme on endroit ce soit chose deffendue a adourer corps ou ame pour vray dieu. par laqlle seule ame habitant en luy & faicte bien euree comme p plus forte rayson est ce chose deffendue a adourer ces choses dessusdictes. En telle maniere que le corps et lame de cellup quilz adourent nait ne salut ne beaulte humaine) pour laquelle chose se aucun esemeut du monde a aucun esperit cree/iassoit quil ne soit pas ort et mauuais/est adoure en temple par pstre et par sacrifice./laquelle chose est deue au vray dieu. Ceste chose nest pas mauuai

se pour ce que icelles choses sont mauuaises/par lesquelles icellup element ou esperit est adoure/mais pour ce quelles sōt telles p lesqlles icellup seul vray dieu doit estre adoure/auql telle maniere de adourer/et tel seruice est deu. Mais se aucū sefforce de adourer vng vray dieu/cest assauoir le createur de toute ame et de tout corps par sottie ou horreur de pdoses/par sacrifice de homicides/par couronnement des mēbres honteux des hōmes/par salaires de ribauldises/par trenchemēt des mēbres/par copper les mēbres genitores. par consecracions de ces motz/par festes de ieux ors et puans.¶ Icellup adourant ne peche pas pour ce que cellup ne doit pas estre adoure seql il adoure/mais pour ce qil sadoure p la maniere p laqlle il ne doit pas estre adoure. Mais cellup qui par telles choses laydes et mauuaises adoure/non pas le vray dieu qui est faiseur de lame et du corps/mais adoure creature/iassoit ce qlle ne soit pas mauuaise/soit ame ou corps/ou ame et corps ensemble. Icellup adourant peche deux fois contre dieu Car il adoure en lieu de luy la chose laqlle il nest pas/et si sadoure par telles choses p lesqlles il ne doit pas estre adoure/ Mais ceulx cy p quelle maniere/cest adire cōm laydement et mauuaisement ilz aiēt adoure il appert cleremēt. mais obscure chose seroit sauoir qlle chose/ou quelz dieux ilz apent adoure/se lhistore diceulx ne se tesmoingne/que ces mesmes choses lesquelles ilz confessent puantes & ordes auoir este rendues aux dieux qui les reqrent terriblement. Dont toutes doubtes ostees/il est certain que les mauuais dyables et tresors esperis sont semons & appelez par toute ceste theologie ciuile mesmes aux folz cueurs pour estre visitez p ces foles ymages/et estre tenus p icelles.

¶Exposicion sur ce chapitre.

En ce xxviii. chapitre monseigneur saint augustin demonstre q ceulx qui adourent ces dieux desquelz nous auons parle cy dessus errerent en maintes manieres/et non pas en vne chose tāt seulement. Et fait en ce chapitre deux choses premierement il demonstre la multitude de leurs erreurs/et ql y en ya plusieurs Car sicōme il dit ilz errerent non pas seulemēt en ce quilz trayent ou rapportēt du tout les choses diuines aux choses humaines/ou au moīs aux choses temporelles et muables/et ainsi comme a rapsōs naturelles. Mais aussi errerent ilz en deux autres manieres. Premierement ilz errerent pour ce quilz adouroiēt ce q nest pas a adourer/laqlle chose nous seroit moult obscure se les escriptures q fist Barro des dieux ne se tesmoingnoient. ¶ Secondement car ilz les adourent par telle maniere que ne dieu ne cestuy qui ne seroit pas dieu ne seroit pas ainsi a adourer.) Et ce demonstre monseigneur saint augustin par plusieues exemples et par plusieurs choses qui se faisoient tressaydemēt en lōneur de leurs dieux/sicomme de ces sayieux desquelz nous auons parle ou .iiii. chapitre du second liure/et ou v. chapitre du vi. liure. Lesquelz ieux les dyables requeroiēt que on leur fist/sicomme il a este monstre ou xxvi. chapitre du .iiii. liure ¶ Secondement il conclud sa conclusiō par ce quil a dit. laqlle appert par le texte Et ceste seconde partie se commence ou il dit. Doncques ostees toutes doubtes. xc.

¶ Le xxviii. chapitre ouquel il traicte q la doctrine de Barro de la theologie ne se accorde en aucune partie. xxviii.

Qve vault doncques ce que Barro homme tressage & tresagu sefforce ainsi comme par disputaciō subtille de ramener tous ces dieux au ciel et a la terre/et il ne peut. Ilz decourēt ilz ressaillent/ilz trebuchent ilz cheoient auāt de leurs mains. Car quant icestuy Barro veult parler des femmes/cestadire des deesses/il dit ainsi.) Pour ce dit il si comme iay dit ou premier liure ouquel il est traicte des lieux deux commencemens des dieux sont auisez/cestassauoir du ciel et de la terre de quoy les dieux sont dictz partie celestiens/et partie terriens/sicomme nous auons fait commencemēt aux choses dessusdictes quāt nous disōs de ce dieu ianus/leql les vngs dirēt estre le ciel/les autres se dirent estre le monde Aussi en escripsant des femmes faisons nous commencement de celle deesse tellus ¶ Je sens com grande moleste seuffre tel et si grant engin/cestadire sēgin dicelluy Barro/car il est mene par vne rayson qui semble estre vraye/cestassauoir que le ciel soit la chose laquelle fait/a la terre soit la chose laquelle seuffre. Et pour ce il attribue a icelluy ciel la chose masculine/ et a icelle terre la force feminine/ et ne prēt pas garde que ce soit mieulx cellup lequel fait icelles choses/et lequel a fait lun a lautre cestassauoir le ciel et la terre/cestassauoir le vray dieu. Et pour ce aussi icelluy Varro interprete ou liure precedent les nobles misteres des simotraces. Et promet ainsi comme tresreligieusement a leur exposer en escripuant/et a leur enuoier iceulx misteres lesquelz ne sont pas congneus nez aux siens/car il dit quil a veu et compris plusieurs enseignemens et demonstrances le ciel signifier autre chose aux ydoles a la terre autre chose/et les exemples des choses/lesquelles plato appele ydees Autre chose/car il veult iupiter estre entēdu le ciel/iuno la terre/et minerue les ydees Le ciel/cestassauoir par quoy aucune chose est faicte/la terre de quoy elle est faicte/lexemple selon quoy elle est faicte. En laquelle chose ie laisse a dire ce que platō dit les ydees auoir si grant force que sans elles le ciel nait pas fait aucune chose/ mais aussi selon elles le ciel ait este fait. Je ne dy pas que ce Barro ait perdu en ce liure des dieux superflueuz celle rayson de .iii. dieux. cestassauoir iupiter iuno & minerue par lesquelz il embrace ainsi comme toutes choses, car il attribue les dieux masles au ciel, et les femmes a la terre. Entre lesquelles il mist minerue, laqlle il auoit mise parauant par dessus icelluy ciel.

¶ Apres icelluy masle neptunus est en la mer, laqlle chose appartient mieulx a la terre que ou ciel.) Apres icelluy dieu dispater qui est dit pluto en grec qui aussi est masle frere des deux, cest assauoir de neptun° et de mineruc, icelluy est tesmoing estre dieu terrien tenant la terre de dessus Et a proserpine sa femme la terre de dessoubz. Comment donques sefforcent ilz de rapporter les dieux ou ciel et les deesses a la terre. Quelle chose ferme, quelle chose estable, qlle chose attepree, qlle chose determinee a ceste disputacion. Mais icelle deesse tellus est le commencement des deesses, cest assauoir la grande mere enuers laquelle sa lapdeur foursennee des molz des mehaingnez et de ceulx qui se chastret eulx mesmes, et en demenant leurs membres fait telle noise. ¶ Quest ce doncqs ianus est dit le chief des dieux, et tellus le chief des deesses, ne erreur ne fait pas chief qui soit ung la, cestadire ou ciel, ne foursenerie ne fait chief qui soit saing icy, cestadire en la terre.) Pourquoy ne sefforcet ilz pour neāt de rapoter ces choses au mōde, laquelle chose silz pouoient faire nul hōme debōnaire nadoureroit le mōde pour vray dieu. Et touteffois Verite appte les conuaint qlz nont pouoir de ce faire. Y apportent doncques auāt ces choses aux hōmes mors et aux tres mauuais dyables, et il ne demoura aucune question.

¶ Exposicion sur ce chapitre.

En ce xxviii. chapitre monseigneur sait augustin repreuue sa doctrine que met Varro des dieux, et par especial quāt a ce qil veult ramener tous ces dieux au ciel et a la terre ainsi cōe a deux princes ou a deux commēcemens en telle maniere q ianus qui est le ciel soit le commencement des dieux masles, et tellus qui est la terre soit commencement des femmes.

) Et pour ceste cause quant Varro commenca a traicter des dieux superessleuz en son siure qui est le derrenier siure quil escrist des choses diuines. Et il traicta des dieux masles superessleuz, il commenca a ianus. Et quant il Voulut traicter des femmes il commenca a tellus, laquelle il mist deuant toutes ses autres deesses, sicomme il appert par le secōd chapitre de ce liure. Et la cause pourquoy il mist ces choses fut pour ce que le ciel a Vertu actiue cestadire de agēt, et la terre si a Vertu passiue. Or est il ainsi que la Vertu actiue compette au masle, et la passiue a la femelle.

) Apres monseigneur saint augusti dit quil sceut bien comme si grant engin est si tourble comme celluy de Varro pour ce qil Voit qil se Veult efforcer de prouuer ces choses, et touteffois ne se peut il faire, mais appert q ses dictz sont repugnans a eulx mesmes. Et pour ce monseigneur sait augustin fait deux choses en ce chapitre. Premierement il met les dis de Varro par lesqlz on peut prendre son intencion aux choses quil a deuant dictes. Secondement il repreuue son intencion p ses dictz. Et celle seconde partie se commēce ou il dit. En laquelle chose ie laisse a dire ce que platon etc.) En la premiere partie il recite deux des dictz de Varro desquelz sū et lautre est prins du liure des dieux superessleuz.) Le premier dit se commence ou il dit Pour ce dit il que au premier liure iay dit et parle des dieux. etc. Lequel premier liure est des temples priuez, sicomme nous sauōs dit sur lepposicion du tiers chapitre du Vi. liure. Car le secōd ou le tiers des liures est des choses diuines. Et la il ple des lieux et le premier de ces trois liures q parse des lieux, est de ces petis monstiers ou tēples ausquelz sont adourez les dieux priuez

Mais la ou il dit quilz sont deux princi
pes ou commencemens des dieux consi̇de
rez du ciel iusq̃s a la terre/dōt les dieux
sont dictz en partie celestes et en partie ter
restres.&c. Par ceste auctorite de Varro il
appert quil rameine les dieux masles ou
ciel/et les femelles a la terre. Mais par la
seconde auctorite de Varro monseignr̃ sait
augustin veult prouuer que la cause pour
quoy Varro rameine les dieux masles ou
ciel et les femelles a la terre/estoit celle
rayson qui a este cy dessus touchee. Et re
cite cy monseigneur saint augustin seule
ment la sentence & nō pas les ppres motz
Et pour ce dit il que Varro en lautre liure
cestassauoir ou premier liure dessus alle̊
gue qui est des dieux superesleuz/il dit q̃
comme il interpretast les nobles misteres
de ces dieux a vne gēt qui auoient a nom
samotraci/cestassauoir aux gens de celle
terre qui estoient ainsi appelez & leur eust
promis a leur expposer ce dont ilz nauoiēt
point de congnoissance/et leur enuoier re̊
ligieusement: Il dit ql auoit la recueilli
ly par plusieurs iugemens ou enseigne̊
mens qui apperent aux ydoles des dieux
que lun simulachre signifioit le ciel/laů
tre la terre/et lautre les exemples des cho
ses lesquelles platon apele ydees. Pour
ce que sicomme il veult dire que le ciel est
cestuy qui fait la terre et de quoy on fait/&
lexemple ou les ydoles sont ce selon laq̃l
le aucune chose est faicte. ⁋ Apres quant
il dit. Pour laquelle chose ie delaisse. &c.
Il repreuue les dictz de Varro cy dessus re
citez/& fait deux choses. Premierement il
enseigne comment on peut arguer contre
les dis de Varro par les dictz de platon In
timeo qui dit que le ciel est fait selon les
ydees/et que le ciel na rien fait sans elles
Secondement il argue contre Varro de
ses propres dictz. Et celle secōde partie se
commence ou il dit. Je ne dy pas. &c. Et
en celle seconde partie il fait ancores deux
choses/ car premierement il demonstre q̃
toutes les deesses ne sōt pas rapportees a
la terre/ne aussi tous les dieux ou ciel.

Car Varro met minerue entre les deesses
sicomme il appert par le secōd chapitre de
ce liure. laquelle touteffois nest pas rame
nee ou rapportee a la terre comme ce Var̊
ro dpe et confesse ailleurs quelle est nee de
la ceruelle de iupiter/et par consequent el̊
le est ainsi comme dessus le ciel. Sembla
blement neptunus qui est dieu de la mer.
Et dispater/cestadire pluto qui est dieu
denfer et frere de iupiter et de neptune/et q̃
a espouse proserpine/ sicomme nous auōs
dit ou ppxiii. chapitre de ce liure sōt dieux
masles/et touteffois ne sont ilz pas rap̊
portez ou ciel. Secondement quant il dit
Comment doncques sefforcent ilz. &c. Il
conclud par les dictz de Varro et monstre
sa contrariete en ce q̃l veult faire. ii. chiefz
Cestassauoir ianus et la terre/car en la
premiere partie il peut erreur de faire auāt
plusieurs chiefz que vng. Et dautre part
il peut fureur ou foursenerie de cestuy qui
fist vng de ces chiefz nō sain/cestassauoir
tellus quilz apelent la grant mere. En
la feste et solennite de laquelle apperceut
appertement ces foursenneries/ sicomme
il appert par le ppxiiii. chapitre de ce liure.
Et est ancores assauoir que quant mon̊
seigneur saint augustin parle des nobles
misteres des samotraciens/ il se dit par
maniere de derision et de mocquerie.

⁋ Le ppix. chapitre ouquel il desclaire q̃
les philozophes deussent auoir rapporte
a vng seul vray dieu toutes les choses les
quelles ilz ont rapporte au monde & aux
parties dicelluy.　　　　　　　　ppix.

Ar auisons en ceste maniere cō
ment toutes les choses lesquel̊
les sont rapportees par eulx au
monde/ainsicomme par raysons natů
relles de la theologie diceulx dieux com̊
ment/cestassauoir sans aucun scrupule
ou empeschement de oppinion sacrilege/

toutes icelles choses soient mieulx attribuees au vray dieu qui fist le monde et qui est createur de toute ame et de tout corps/ Nous adourons dieu/non pas le ciel et la terre/desquelles deux parties/cest assauoir le ciel et la terre ce monde est. Et nadourons pas lame ou les ames espandues par quelconques choses viuans. Mais adourons dieu qui fist le ciel et la terre/et toutes les choses lesquelles sont en ciel et en terre/qui fist toute ame/soit quelle viue en quelque maniere sans ce que elle ait sens ou rayson/soit quelle sente ou entende Et a ce ql cōmēce oredroit a racōter icelles oeuures dun dieu et vray/ pour lesqlles ceulx cy ōt fait a eulx plusieurs dieux et faulx tant comme ilz sefforcent ainsi comme honnestemēt interpreter les sacremēs tresfais et tresmauuais.

¶ Exposicion sur ce chapitre.

En ce xxix. chapitre et xxx. pour ce q ilz deppendent lun de lautre iusqes la ou il dit. Mais toutes ces choses fait et oeuure vng vray dieu.&c. Ou se lon aucuns se cōmence le xxx.chapitre. Et tout ce qui est parauant du xxix. et xxx. ne sōt que vng chapitre iusques la: Monseignr saint augustin demonstre comment toutes les choses q Varro attribue a ces dieux superflueux selon les raysons naturelles quil met. Lesquelz dieux il met estre partie du monde/peuēt estre attribuez a vng dieu createur du monde/sans quelcōque doubte de erreur de sacrilege. Et ce preuue il par les effectz de ces dieux superflueux qui leur sont attribuez. Et pour ce quil y a xx. dieux superflueux par loppinion de Varro/et qui ont chascun son ordre et son propre effect qui luy est attribue. Il attribue ses effectz a nostre seigneur/ et cōmēce a ianus/et va ainsi par ordre aux autres sicōme il se pourra veoir ou il dit. Nous adourons icelluy dieu.&c.ou le xxx. chapitre commence/et est la matiere toute cle-

re.) Apres ou il dit que ces choses fait et oeuure vng vray dieu. Monseigneur saint augustin demonstre que a dieu comme a vne essence et premier commencemeut efficient/ competent et appartiennent toutes les choses qui sont dictes parauant/ Et touteffois fait il moult de choses par causes moyennes. sicomme par ses ãgles qui sont creez de luy/ et aucunes il fait par luy mesmes sans moyen. Et appert clerement lintencion de monseigneur saint augustin.

¶ Le xxx. chapitre ouquel il traicte par quelle pittie soit mise difference entre le createur et les creatures/ affin que tant de dieux comme ilz sont de oeuures dun aucteur ou faiseur ne soient adourez pour vng ou en lieu de vng. xxx.

Nous adourons icelluy dieu lequel a establi aux natures creez de luy commencemens et fins et de estre et de mouuoir/ lequel a les causes des choses et les congnoist et les ordonne Lequel a fait la force des semences/ qui a donne ame raysonnable/ la quelle est dicte pensee a iceulx viuans ausquelz il a voulu. Qui a donne la puissance et vsage de parole ou de parler: Lequel a donne aux esperis ausquelz luy a pleu le dom de dire les choses auenir pour ceulx quil luy plaist/ et chasse hors les mauuaises maladies par ceulx q il luy plaist estre fait. Lequel quant lumain signage est a amender et a chastoier par batailles. Il attempre par commencemens par moyēs et par fins. lequel crea et gouuerne le feu treshatif et tresviolēt de ce monde pour le tresgrant attemprement de toute nature/ lequel est le gouuerneur et le createur de toutes les eaues/ seql a fait le soleil tresçler sur toutes lumieres corporelles/et luy a donne force et mouuement conuenable. Leql certes noste pas aux choses basses seur dominacion et puissance/ lequel a establp les semences et les nourritures des choses mortelles ou seches ou moistes attribuees aup natures conuenables. Leql sõde la terre et la fait plentureuse/ lequel donne les fruis dicelle aup bestes et aup hommes/ lequel a congneu τ ordonne nõ pas seulemẽt les causes pñcipaulp. mais aussi celles qui sen ensuiuẽt/ lequel a establp a sa lune sa maniere/ lequel donne les Sopes celestes et terrestres ou du ciel τ de sa terre par mutacions de lieup/ lequel a donne aup engins humains lesquelz il a creez sciences τ diuers ars a sepde de Sie et de nature/ lequel a establp la coniunction du masle τ de la femelle a sepde de multiplier lignee/ lequel a ottrope a la cõpaignie des hommes le don du feu terrien les ql ilz applicquassent a Sages treslegiers par feup et par lumieres. Certes ces choses sont telles lesquelles Varro hõme tres subtil et tressage sefforca par ie ne scap ql les interpretacios naturelles de distribuer aup dieup superesseuz. Lesquelles choses ou il les print ailleurs/ ou il les cuida ainsi estre. Mais Sng dieu et Srap fait et demeine ces choses/ τ comme dieu Sng mesmes tout partout/ non pas enclos en aucuns lieup. Non pas siez daucuns spens non pas diuisible en aucunes parties/ et qui nest muable de quelque partie. Lequel remplist le ciel et la terre par puissance pñsente/ non pas par nature qlle ait souffrete de quelque chose. Et ainsi il administre toutes les choses lesquelles il a crrez. que aussi il les laisse epcercer et demener leurs propres mouuemens/ car iassoit ce que elles ne puissẽt estre aucune chose sãs lup/ toutesfois ne sontelles pas ce ql est: ¶ Mais il fait aussi moult de choses par les angles/ mais il ne donne pas bieneurete aup angles/ fors de sop mesmes. Et pour ce iassoit ce ql enuoie les angles aup hõmes pour aucunes causes/ toutesfois ne donne il pas bieneurete aup hommes des angles/ mais de sop mesmes. De ce dieu Sng et Srap nous esperons la Sie pñ

durable.

¶ Le pppi. chapitre ouquel il traicte desquelz benefices de dieu Bsent proprement ceulp qui ensuiuẽt Berite/ mise hors la generale largesse de lup: pppi.

Certes nous auons de lup/ cest assauoir de dieu grant signe τ demonstrance de grant amour τ pñpre de biens sans iceulp benefices lesquelz il donne aup bons et aup mauuais pcesse administracion de nature/ de laquelle nous auons dit aucunes choses. Car cõbien que nous ne puissons souffire a lup rendre graces de ce que nous sommes/ de ce que nous Biuons/ que nous Boyons le ciel et la terre/ que nous auons pensee et rapson par laquelle nous querons cellup mesmes qui a fait toutes choses. Toutesfois quelz cueurs/ quelles langues peuẽt souffire a lup rendre graces de ce quil ne nous laissa pas du tout qui estions chargez et escachez depechez et essoignez de sa contemplacion/ et aueuglez de lamour de tenebres/ cest adire de mauuaistie. Et qui nous enuopa sa parolle qui est Sng seul filz de lup par lequel ne et tourmente en chair humaine prise pour nous. Cognoissons com grãt chose dieu tenoit et faisoit pour hõme Et fussions nettopez de tous pechez par icellup sacrifice singulier/ et q par dilection espandue en noz cueurs par lesperit de lup nous Bissons toutes difficultez surmontees en repos pardurable. Et en la doulceur de la contemplacion di cellup lequel nous est impossible a raconter.

¶ Epposicion sur ce chapitre.

En ce pppi. chapitre monseigñr sait augustin demõstre qlles τ quãtes choses nostre seignr a fait a lõme. p espcial affin de le mener a la vie pardurable/ Et quant il dit. Sans iceulx benefices. ꝛc. Il le dit pour le soleil quil fait luyre sur les bons et sur les mauuais. Et pour les autres choses desquelles les bons et les mauuais vsent indifferamment.

¶ Le xxxii. chapitre ouql il traicte que le sacremẽt de la redẽpcion iesucrist nait poit failly en aucũ temps passe / et ait este presche tousiours par diuerses significacions xxxii.

Ce mistere de la vie pardurable a ia este presche par les ãgles des le cõmencemẽt de lumain lignage p aucuns signes et sacremẽs conuenables aux temps a ceulx ausqlz il esconuenoit ¶ Apres le peuple des hebrieux/ cest adire des iuifz a este assemble en vne chose publicq / laqlle fist sacrement / ce q est fait de laduenemẽt iesucrist iusqs a psẽt. Et depuis fut pronõce p aucuns sachãs et p aucuns non sachans estre auenir. Et aussi icelle mesme gent espãdue apres entre les gens / cestadire entre les payens / pour le tesmoingnage des escriptures par lesquelles le salut pardurable est dit par auant estre auenir en iesucrist, car nõ pas tant seulement toutes les prophecies lesquelles sont en paroles / ne tant seulemẽt les cõmandemens de vie lesqlz confermẽt les meurs et la pitie / ⁊ lesqlz sõt cõtenus en icelles escriptures: Mais aussi les sacrifices ou solennite des prestres / le tabernacle ou le temple / les autelz / les sacrifices. les cerimonies / les iours des festes / et qlque autre chose q apptient a celle seruitude de laqlle est deue a dieu / et est propremẽt dicte en grec latria. ¶ Les choses dessusdictes ont signifie et pnonce icelles choses lesqlles nous creõs estre a eplir / et voyõs accõplir et auons fiance quelles seront ẽplies ou tẽps auenir pour la vie pardurable des loyaulx en iesucrist.

¶ Exposicion sur ce chapitre.

En ce xxxii. chapitre monseignr sait augustin demonstre cõment le ministere de la vie pardurable des le commencement du monde iusqs a iesucrist ⁊ auãt qǀ fust monstre p iesucrist fut pronõce ⁊ figure par maintes manieres. Et appert tout le tepte cler.

¶ Le xxxiii. chapitre ouql il desclaire q la fallace des mauuais esperis a peu estre maifeste p la seule religiõ crestẽne. xxxiii

Doncques p ceste religion vne et vraye on a peu desclairer que les dieux des gẽs / cestadire des payens sõt dyables tresors / lesqlz couuoittẽt que on les creust estre dieux soubz occasions de ames de trespassez. Ou soubz especes de creatures mondaines en eulx esiouissant par ordure orgueilleuse ainsi cõme en diuines hõneurs en icelles mesmes choses mauuaises et laydes / et qui auoiẽt en uie sur les courages humains de leur conuersion au vray dieu de la seigneurie tres cruelle et tres mauuaise / desquelz est deliure quant il croit en celluy qui a soy releuer donna epẽple de humilite tant grãde par cõm grãt orgueil iceulx dyables cheirent et trebucherent. De ce sont / non pas seulement iceulx dieux desquelz nous auons parle moult de choses, et vngz ⁊ autres dieux semblables des autres gens ⁊ des autres terres / mais aussi ceulx desqlz nous parlons orendroit comme superesseuz plainement / non pas p dignite de vertus / mais p noblesses de crimes. Desquelz dieux quãt varro sefforce de rapporter les sacres ou solennitez / ainsi comme a raysons naturelles. En querant honnourer choses laydes: Il ne peut trouuer cõe p icelles raysons il les accorde pour ce que les causes diceulx sacres ne sont pas telles lesqlles il cuide / ou qui plus est il veult estre cuidees. Car se icelles causes fussent / non pas seulement celles / cestassauoir lesqlles varro cuide ou veult estre cuidees. Mais aussi se elles fussẽt quelqs autres de ceste maniere / cõbien qlles nappartenissent en rien au vray dieu et a la vie pdurable/laqlle on doit querir en religiõ cestassauoir crestienne. Toutessois icel=les causes assoulegassēt aucunemēt la coulpe ou meffait/laquelle aucune say=deur ou absurdite non entēdue auoit fait en ces sacres/sicõe icellup varro sest effor=ce de faire en aucunes fables des theatres ou aux misteres des temples/ou icellup varro ne absoult pas les theatres p la sē blance des tēples. Mais aicois dānā les tēples p la sēblance des theatres: Tou=tessois il sest tefforce aucunement a ce que sa rayson rendue ainsi cõe des causes na=turelles assoulegast le sens courouce ou tourble par choses horribles

¶ Exposicion sur ce chapitre.

En ce xxxiii. chapitre monseigneur saint augustin demonstre cõe p la foy de iesucrist tout le seruice de ces dieux ou ydoles est subuerti a trebuche. Et fait ii. choses en ce chapitre. Premierement il de=monstre cōment p la foy de iesucrist nous sōmes deliurez de ceste erreur/sicõe il ap=pert p le texte qui est tout cler. | Seconde=ment ou il dit Les sacres ou sacrifices des quelz. zc. Il demōstre ce qui moult agrie=fue la coulpe de ceulx q adouroient les ydo=les. Et dit q ce q moult aggreueur coul=pe fut ce que oncques leurs sacres ou sacri=fices/ou leurs solēnitez ne peurent estre ramenees a aucunes causes naturelles/ cōbien q varro sefforcast moult de les p ra=mener/mais ce fut en vain/car il ne peut oncqs rien trouuer. | Car en aucunes fa=bles q estoient recitees ou theatre et en au=cuns misteres qui faisoient aux tēples. Icellup varro sefforca moult de faire que les choses q se faisoiēt laydemēt aux the=atres peussēt estre excusees de coulpe/pour sicõe il disoit q elles se faisoiēt aux tēples qui auoient leurs causes naturelles selō son oppinion. Et toutessois nestoiēt pas p ce excusez les theatres/mais qui plus est en sont les tēples dānez/car autelles

saydures cōe on faisoit aux theatres / on les faisoit pareilles aux tēples/et anco=res plussaides assez/sicõe il a este dit ou vii.chapitre du vi.liure.| Mais sil y eust eu aucūes causes naturelles de faire aux sacres solennitez ou sacrifices/lesquelles varro assigne et met/ou quelconques au tres causes naturelles/suppose mesmes quelles nappartenissent pas a dieu. An=cores eussent elles peu attēprer leurs coul pe Laquelle saydure et absurdite ce quilz nauoient pas entendue la rayson naturel le en leurs sacres auoir fait.

¶ Le xxxiiii.chapitre ouql il traicte des liures de numa põpilius lesquelz le senat cōmanda quilz fussēt ars.affin q les cau ses des sacres ne venissent a congnoissā=ce/lesqlz estoiēt cōtenus en iceulx liures.
xxxiiii

Mais nous trouuons au contrai=re sicōme icellup hōme tressage: cestadire varro se demōstra des liures dun appele numa pompilius q les causes des sacres nont peu estre tollerees en aucune maniere ne reputtees pour di=gnes/a ce que non pas seulemēt leues ve=nissent a congnoissance aux religieux. Mais q quant elles seroient escriptes que au moins elles fussent repostes en tenebres

Certes ie diray orendroit ce q iauoie p mis ou.iii.liure de ceste oeuure a dire en sō lieu. Car sicōe il est leu deuers icellup mes=mes varro ou liure du seruice des dieux. cōe vng appele terencius eust vne piece de terre pres du ianicule de rōme. Et cellup qui gardoit ses beufz menast la charrue ioingnāt du sepulchre de numa põpilius et eust mis hors de la terre les liures dicel=lup numa/ausqlz les causes des sacres ou solennitez instituez estoient escriptes/ il les porta au preuost en lacite. Et cōme icellup preuost eust regarde les commēce=mēs diceulx liures il porta au senat ceste tant grant chose. Ausquelz cōe les plus a=ciés eussent leu aucunes causes pourquoy chascune chose auoit este establye aux sa cres et solennitez des dieux. Le senat sac cordâ a icelluy numa qui estoit mort. Et cōme peres religieux et sages discernerent q̃ le preuost les ardist. ¶ Trope chascun quil cuide, mais de pechascun, noble deffẽdeur de tant grant impiete ce q̃ ceste contencion forcenee sur auedra a estre dit. ¶ Souffise moy admonnester q̃ les causes des sacres escriptes du roy popilius establisseur des sacres des romains ne deurẽt pas venir a congnoissance ne au peuple ne au senat, ne au moins a iceulx prestres, et que icelluy numa popilius attaist par curiosite reprouuee a iceulx sacres de dyables, les quelz sacres certes il escripuit a ce q̃l eust dont il fust admōneste en les lisant. mais toutesfois cōbienquil fust roy qui ne doubtoit aucun ne les osoit il aprendre a aucun ne perdre ne les effacant ou degastant en aucune maniere. Et ainsi icelluy numa qui ne creoit pas que la charrue peust approcher de son sepulchre, les getta ou il les cuida estre seurement, ce quil ne voulut pas que hōme sceust, affin quil ne seignast aux hommes choses mauuaises. Mais il doubta a les corrompre, affin qu'il neust les dyables courouceez contre luy. Mais cōe se senat redoubtast danner ou reprouuer ses religions des plus grans. Et pour ce fut constraint a soy accorder a numa, toutesfois iuga il iceulx liures estre si mauuais q̃l ne les recōmanda pas estre repostz cōe pauant, affin que curiosite humaine ne quist moult plus fort la chose ia reuelee, mais cōmanda ses recordaciōs mauuaises estre deffacees par flãme ou par feu, affin que pour ce quilz cuidoient que a dōt necessaire chose estoit faire iceulx sacres que on errast plus aiseement par non congnoistre les causes diceulx que la cite fust troublee pour congnoistre icelles causes.

Exposicion sur ce chapitre.

En ce xxxiiii. chapitre monseigneur saint augustin preuue quil a dit ou chapitre precedent, cest assauoir que ces solennitez sacres ou sacrifices des payens na aucunes raysons naturelles par lesquelles ilz doiuent auoir este ainsi fais. Et le preuue par vne chose que varro raconte ou liure du seruice des dieux. Et ce mesmes auoit promis monseigneur saint augustin a raconter cy dessus ou ix. chap. du iii. liure. Car premierement il met la narracion des liures que numa popilius q̃ fut second roy de rome auoit muceez. Et du fait et de l'ordonnance du senat. ¶ Secondement ou il dit Et icelluy mesmes numa ace Il rent la rayson des choses quil a racontees, cest lintencion de monseigneur saint augustin toute clere. Toutesfois est il assauoir que ce que varro raconte. acet. Titus liuius le met de bello macedonico, valerius maximus en son v. liure de dictis et factis memorabiz qui raconte ainsi, et dit que ou chāp du scribe q̃ estoit vng nom doffice a rōme, lequel estoit appele lucius petilius, lequel chāp estoit soubz le mont qui sappelloit ianiculus, ainsi cōe ses laboureurs seuoient la terre furent trouuees deux arches de pierre ou ii. voultes En lune desquelles lescripture q̃ y estoit demonstroit quil a auoit enterre ce numa popilius, et lautre escripture demōstroit qu'il y auoit vii. liures escrips en latin, lesquelz estoient du droit des euesques. Et iceulx les rōmains gardoient par tres grāt diligence. Et autres vii. escrips en grec q̃ estoient de sa discipline de sapience, a iceulx sa pour ce quil leur sēbloit quil estoient contre sa religion et quilz sa peussent auoir destruicte, ilz furent condēpnez a ardre par l'auctorite dudit senat.

¶ Le xxxv. chapitre ouquel il traicte de l'art appele pdromancie par lequel numa estoit enchante par veoir les ymages daucuns dyables.

Car icelluy numa auquel aucū prophete de dieu nestoit venu. Auquel

aucun saint angle nestoit enuoye / fut constraint a faire icelluy art appele pyromancie / affin quil visten leaue les ymages des dieux / Ou qui plus estles enchantemens des dyables desquelz il ouyst quelle chose il deuroit establir et garder aux sacres ou solennitez des dieux. Laquelle maniere de diuinacion icelluy Varro dit estre rapportee de ceulx de perse / et de laquelle maniere de diuinacio icelluy Varro fait mencion que icelluy numa en vsa apres ce phisozophe pitagoras. Ouquel art en adioustant sang / icelluy Varro tesmoingne esmouuoir ou susciter ceulx defer. Et dit que cest art est appele en grec nigromacie / Cest celle mesme chose ou il semble que les mors adeuinent. Prennent soy garde par quelles ars icelles choses furent faictes / car ie ne vueil pas dire coment mesmes auant laduenement de nostre seigneur iceulx ars aient acoustume destre deffendus aux citez des gens par les loix / et estre vengees par peines trescruelles. Je ne vueil pas dy ie dire ce / car par auenture telles choses estoient adoncques licites Toutessois ponpilius ayrint icelluy sacres par iceulx ars desquelz sacres il reuela ses fais et repost les causes. Et ainsi il doubta ce qlapyint desquelles causes le senat ardit les liures reuelez. Pourquoy doncques ne interprete Varro ie ne scay quelles autres causes / ainsi coe naturelles diceulx sacres / lesqlles selles eussent este contenues en iceulx liures Pour certain les sages peres ne ses eussent pas ars / ou semblablement ilz eussent ars iceulx ftures de Varro escripz et presentez a cesar leuesque. Ce doncques que numa metttoit hors / cestadire apportoit hors de leaue / dont il fist art appele pyromacie / pour ce est il dit auoir eu a femme celle deesse nimphe appelee egeria / stcoe il est eppose ou liure dessusdit dicelluy Varro. Car aisi seulet les choses faictes estre trouuees en fables par arrousemes de mesonges. ¶ Doncques ayrint icelluy roy tommain trescurieux / cestassauoir numa popilius en celluy art appele pyromacie les sacres lesquelz les euesques eussent en leurs liures. Et si ayrint les causes diceulx sacres lesquelles il ne voulut q hōme sceust q luy. Et aisi il fist aucunemet mourir auecques soy icelles causes escriptes a part quant il entedit a les substraire ainsi de la congnoissance des hommes et a les enterrer. ¶ Doncques estoient ilsec escriptes les couuoitises des dyables si ordes et si nupsibles / ou a ce que par elles toute celle theologie ciuise apparust a semblast despitte et reprouuee enuers les hommes / lesqlles auoient receu en iceulx sacres moult de choses si honteuses / ou q tous iceulx dieux nestoient reuelez ou de monstrez estre rien autre chose / fors q hōmes mors / lesquelz les peuples des gens auoir quis toue par si longue anciennete de temps auoient. creu estre dieux immortelz comme iceulx mesmes dyables se delectassent en telz sacres / lesquelz dyables se souffroiet estre adourez par iceulx hōmes mors / lesquelz ilz auoient fait cuider estre dieux par aucuns tesmoingnages de faulx miracles. Mais par sa celee ou secrete pouruoeāce du vray dieu il a este fait diceulx dyables requis par iceulx ars par lesquelz celle pyromancie puet estre faicte souffrirent confesser toutes icelles choses a pompilius leur amy. Et toutessois ne souffrirent ilz pas quil fust admonneste a ce pompilius que quāt il mourroit il les ardist / aincois quil les respondist / lesqlz dyables a ce que ces choses ne venissent a congnoissance ne peurent contrester / ne a la charrue par laquelle elles furēt mises ne au stille ou traicte de Varro par lequel les choses lesquelles en sōt racontees sōt venues a nostre memore / et p lequel nous en auons eu la congnoissance, car iceulx dyables ne peuent faire les choses lesquelles ne leur sont pas souffertes a faire.
¶ Mais ilz sont souffers par le iugemet hault et droitturier du souuerain dieu a faire ce quilz sōt selon les merites de ceulx lesquelz iuste chose est estre tourmentez de tonrmēs tant seulemēt. Ou aussi estre

submis p̃ les dyables a estre deceups par eulp) Mais il peut estre entendu com grã dement ces escriptures soient iugees mau uaises/et estranges du seruice de la vraye diuinite par ce que le senat ayma mieulp p̃ ardre icelles lesquelles pompilius repost que doubter ce quil auoit doubte/lequel ne fut pas si hardy quil osast ce faire/cesta dire les ardre. Cellup doncques quere p̃ telz sacres solennitez et sacrifices la vie p̃ durable/lequel ne la veult auoir debonai re maintenãt. Mais cellup qui ne veult auoir compaignie auecques mauuais dy ables ne craigne point les vaines religi ons par lesquelles ces diables sont adou rez/aincois congnoisse la vraye religion. Cestassauoir la foy crestienne par laq̃lle ilz sont manifestez et vaincus.

¶ Epposicion sur ce chapitre.

En ce xxxv. chapitre monseigñr saint augustin demonstre comment ce q̃ estoit escript en ces liures de numa vint a la congnoissance des rommais. Et fait trois choses en ce chapitre. Premierement il demonstre comment ilz en eurent la cõ gnoissance. Secondement quoy et quel les choses ce numa escrist en ses liures. Et celle seconde partie se commence ou il dit Doncques ou la estoient. ce. Tierce ment il demonstre cõment la diuine prou uance ouura sur ce et sur les autres cho ses semblables. Et celle tierce partie se cõ mence ou il dit. Mais locculte ou reposte pourueance du vray dieu. ce. Premiere ment il enseigne cõment ce roy numa prit ces choses du dyable par ydromancie qui est vne diuinacion qui se fait aux eaues/ Car il auoit vng dyable soy priue a qui il parloit souuent a secret/ et se conseilloit a lup de ce quil vouloit faire. Dont il est fait par les poetes quil auoit a femme ou ampe vne nymphe/ cestadire vne deesse dyane laquelle estoit appelee egeria/ ain si dicte ab egerendo. Cestadire de mettre

hors/pour ce quil traictoit de leaue et re gardoit dedens/et en icelle il veoit le dya ble qui lup apparoit et a qui il parloit. Ce ste deesse adourerent les rommaines/ sico me il appert par ouide en son tiers liure de fastis qui dit quil y a vne eaue qui est ap pelee egeria en laquelle auoit vne nimphe a laquelle numa se alla conseiller de ce q̃ appartenoit aux choses diuines. Titus liuius en son premier liure de origine v̄bis dit que numa estoit introduit en vne sci ence quil appele thetricque. cestadire triste de laquelle les anciens sabiniens vsoient laquelle est vne espece de nigromãcie/ ou par auenture cestoit celle mesmes science de pyromancie quilz appeloient thetricq̃/ pour ce que cest chose tristre et espouenta ble de parler au dyable. Et ainsi lappelle monseigneur saint augustin en ce chapitre ou nigromancie lesquelles ars furent def fendues ancores auant laduenement de iesucrist soubz griefues peines/ dont ap puleius en vng liure qui sappele magia/ sen deffendit contre vng qui laccusoit de nigromãcie. Aussi par les loix des xii. tables qui furent faictes auant laduene ment de iesucrist/ ces ars magicques furẽt deffendues/ et grans peines imposees a ceulx qui en vseroiẽt/ sicõ le dit tulle en sõ premier liure de re publicqua. Cest art vit et fut apporte des perses et en vsa pitago ras dont valerius maximus en son viii. liure dit que puis quil eut este en egypte et q̃l eut apris leurs sciences. Il retourna en perse ou il aprint les ars magicques.

Ancores est il assauoir q̃ ce numa sain gnoit q̃ plusieursfois il aloit de nuyt a cel le deesse egeria/ affin que ce quil disoit au peuple de ses sacres solennitez ou sacrifi ces ilz leussent plus agreable.

¶ Ey fine le vii. liure de monsei gñr saint augusti de la cite de dieu

Ey commẽce la table des rubriczes du viii. liure de monseigñr saint augusti de la cite de dieu/ le q̃l contient xxvii. chap

⁋ De discuter la question de la theologie naturelle auecques les philozophes dexcellente science. .i.

⁋ Des deux manieres de philozophes: cestassauoir ytalicq̄ et iouicque ⁊ de leurs aucteurs. .ii.
⁋ De la discipline de socrates. .iii.

⁋ Que il est par especial a disputer de la theologie auecques les platoniciens a lopinion ou iugement desquelz les doctrines ou enseignemens de tous autres philozophes sont a mettre arriere. .iiii.

⁋ De platon qui fut le plusgrant entre les disciples socrates lequel deuisa toute philozophie en trois parties. v.

⁋ Du sens des platoniciens en celle partie de philozophie qui est appele phisicque ou naturelle. vi.

⁋ Com̃ gradem̃t on doit tenir ⁊ auoir les platoniciens plusexcellés des autres en logicque/cestadire en philozophie naturelle ou racionnelle. vii.

⁋ Que aussi les platoniciens tiennent la souuerainete en philozophie moral. viii.

⁋ De celle philozophie q̄ plus approchapres a la verite de la foy crestienne. ix.
⁋ Quelle soit lexcellece dun religieux crestien entre les ars et sciences de philozophie. x.
⁋ Dont vint ce que platon peut acquerir telle science et entendement, par laquelle il approcha a la science de la religion crestienne. xi.
⁋ Que aussi les platoniciens. iassoit ce q̄ ayent bien senti de vng et vray dieu/toutesfois iugerent ilz et ordonnerent a faire sacrifices a plusieurs dieux. xii
⁋ De la sentence de platon par laq̄lle il iuga que les dieux nestoient autres/fors ceulx q̄ estoient bos et amis de vtus. xiii

⁋ De loppinion de ceulx qui disoient q̄ les ames raysonnables estoient de trois manieres/cestassauoir aux dieux celestiens/aux demones qui sappelent esperis de lair/et aux hommes terriens. xiiii.

⁋ Que ne pour les corps aeriens/cestadire qui sont en lair ne pour les plushaultes habitacions/les demones ou esperis aeriens ne sont point a mettre au deuant des hommes. xv.

⁋ Quelle appuleius qui fut platonicien/cestadire qui tiēt ou ensuit loppinion de platon sentit des demones ou dyables. xvi

⁋ Se cest chose digne que iceulx esperis soiēt adourez de lõme des vices desquelz il couienne aussi lõme estre deliure. xvii.
⁋ Quelle soit la religion en laq̄lle on enseigne ou presche q̄ les hõmes affin qlz soient cõmandez aux bons esperis ayent et vsent et prendent en leur ayde cõe leurs aduocatz les demones: xix.

⁋ Son doit croire que les bõs dieux se meslent plus voulentiers auecques les demones ou dyables que auecques les hommes xx.

⁋ Se les dieux vsent de dyables messages ou interpreteurs/et se ilz sõt ignorãs quilz soient deceuz par eulx ou silz le veulent. xxi.

⁋ De laisser ou mettre arriere le seruice des dieux contre loppinion de appuleius xxii.

⁋ Quelle chose hermes trimegestus ait senti de lydolatrie et dont il ait peu sauoir q̄ les supersticiōs des egipciens estoient a oster. xxiii.
⁋ Comment hermes cõfessa lerreur de ses parēs/⁊ plait tant ce q̄lle estoit a destruire. xxiiii.
⁋ Des choses q̄ peuēt estre cõmunes aux sais angles et aux bons hõmes. xxv
⁋ Que toute la religiō des payēs ait este accõplye aux hõmes q̄ sõt mors xxvi

⁋ De la maniere de lhonneur que les crestiens font aux martirs. xxvii.

⁋ Le premier chapitre du viii. liure ouql
il traicte de discuter la question de la theo
logie naturelle auecqs les philozophes
de excellente science.   .i.

Λ nous couient il a present
proceder de moult plussub
tille et pfaicte itecion q il ne
a couenu a souldre les que
stions et a determiner la sē
tence des sept premiers liures cy dessus
escrips. Quelz merueilles, car nous en
tendōs a auoir collacion ou estrif. nō pas
auecqs chascun, mais seulement auecqs

les philozophes de celle theologie qlz ap
prent naturelle, car elle nest pas dicte fa
buleuse ou ciuile, cestadire theatricque ou
citoienne. Dōt lune, cestassauoir celle du
theatre ramētoit les crimes ou mauuai
stiez des dieup. Lautre, cestassauoir la ci
toienne demonstre les desirs ou uoulen
tez des dieux pluscriminelz ou plusmau
uais. Et p ce il appt quilz doiuēt mieulx
estre dis mauuais dyables que dieux.

⁋ Et se nous interpretons ou epposons
en langage latin ce nom de philozophe

qui est nom grec/il vault autāt a dire cōe amour de sapience. dont il ensuit q̄ ce dieu par lequel toutes choses sont faictes est sa pience/ sicomme lauctorite diuine et veri te le demonstre. Cellup qui est vray philozophe ayme dieu. Mais pour ce que en tous ceulx qui se glorifient destre nōmez philozophes celle chose de laquelle est ce. Ce nom de philozophie nest pas. cest assauoir sapience/ne ilz ne sōt pour certain cō tinuelz amours de sapiēce. car pourquoy to{us} philozophes naymēt pas ceste vraye sapience. Certainement pour ce est il que entre ceulx dont nous pouons sauoir lin tēcion en leurs escriptures. Nous essirōs aucuns particulierement auecques lesq̄lz nous puissions dignement traicter de ceste question. Ne certes ie nay pas em prins en ceste oeuure a confōdre ou reprouuer toutes les vaines oppiniōs de tous philozophes. fors celles seulement qui ap partiennēt a la theologie par lequel mot qui est grec nous entendons la science qui rēd rayson ou p̄le de la diuinite. Ne nous nentendons pas a reprendre ou redarguer en ceste matiere les oppinions de tous les philozophes/ mais tāt seulemēt de ceulx lesquelz combien quilz ottroient estre diuinite quant en cure creature humaine. Toutesfois ne cuident ilz pas quil souf fise seruir ꝛ adourer vng dieu immuable pour acq̄rir la vie bieneuree apres la mort Aincois cuident que pour ce il conuienne seruir et adourer plusieurs dieux fais et establis de par le dieu souuerain. Et les philozophes de ceste oppinion desia mesmes surmontent loppinion de Varro com me plus apprōchans de la verite. Car ce Varro peut bien entendre toute la theologie naturelle tant comme le monde ou lame du monde comprend. mais ceulx cy cō fessent estre vng dieu surmontant toute nature diuine/ ꝛ qui ait fait non pas tant seulement ce monde visible/ appelle aucunesfois ciel ꝛ terre/ mais ait fait toute maniere dame. Et est cellup qui lame raysōnable et entendible sicomme est lame hu

maine fait estre bieneuree en la participacion de sa lumiere/ laquelle nest muable ne corporelle.) Ces dessusdictz philozophes sont appelez platonicques p̄ diriuoison ou descēdue dun maistre solennel appele platon/ sicōme scait chascū q̄ de ce ait opiler tant soit pou. Je toucheray dont brief uemēt de ce platon ce que ie cuide estre necessaire a ceste question p̄sente. En faisāt auant mencion des autres philozophes qui en celle mesmes maniere de langage grec de lettres ou de science se precederent en temps.

¶ Eppoficion sur ce chapitre.

En ce viii. liure apres ce que monseigneur saint augustin a reprouue aux deux liures precedens le sacrifice que on fait a plusieurs dieux qui appartient a la theologie fabuleuse/ lequel sacrifice se faisoit aux theatres et aux scenes/ Et cellup qui appartient a sa theologie ciuile/ lequel se faisoit en leurs temples/ en demonstrant que les dieux appartenans a ces deux theologies ne sont point a adou ter pour quelconque bien que on peust esperer ou ottendre deulx apres la mort. Il commence a disputer auecques les philozophes contre la theologie naturelle En voulant demonstrer que ceulx quil appelle dieux ou dyables ne sont point a adouter pour aucun bien de la vie qui est a auenir. Et ceste partie se deuise en trois p̄ties ainsi comme il y a trois liures iusques a se xi. liure. ou se commence sa seconde partie de toute ceste oeuure. Premierement il demōstre q̄ telz dieux ou diables pour telz biēs attēdre/ ne pour telles expectacions ou attēdues ne sont poit a adourer. Et cest ce q̄l fait ꝛ de quoy il traicte en ce viii. liure Secōdemēt il enq̄rt assauoir silz sōt aucuns bons dyables qui soient a adourer par celle maniere/ et monstre que non. Et cest ce quil fait ou liure subsequent q̄st le ix. ¶ Tiercement il demonstre que les

bons angles ne desirent point estre adou-
rez/mais veullent que on adoure ung
dieu tant seulement/ce fait il au p. liure
❡ Ce liure contient ppvii.chapitres/des-
quelz le premier est ainsi comme ung pro-
logue ouquel il fait deux choses. Premi-
erement il compare son traicte des dieux
qui sont contenus en ce liure. Et aux au-
tres deux subsequens au traicte quil a eu
aux liures precedens/et mesmement ioupte
les difficultez. Et demonstre ce traicte estre
plus fort que des liures precedens pour rai-
son de ceulx contre lesquelz ilz eurent a dis-
puter. lesqlz furent appelez philozophes
desquelz pitagoras fut le premier qui sap-
pela de ce nom. sicomme il appert par le cha-
pitre subsequent/et fait monseigñr saint
augustin mencion de trois theologies dont
il a parle cy dessus ou v.chapitre du vi. li-
ure. ❡ Secondement il demonstre con-
tre quelz philozophes il veult ancores ar-
guer. Car il ne veult pas arguer contre
tous ceulx qui sappelent philozophes/es-
pecialement contre ceulx q nient ung dieu
ou qui tiennent quil ne luy chault des cho-
ses humaines/ne nen veult auoir la cure
sicomme furent les epituriens qui nyoient
la prouidence diuine/et attribuoient tout
a fortune. Desquelz parle monseigneur
saint augustin cy apres en lonziesme cha-
pitre du pvi.liure. Et celle seconde partie
se commence ou il dit/Pour ce est il que
entre ceulx.&c. Mais les platoniciens/
cestadire ceulx qui ensuiuirent la secte & do-
ctrine de platon mirent ung dieu duquel p-
cedoient plusieurs dieux/et tenoient que
non pas on deuoit adourer ce dieu seule-
ment/mais aussi plusieurs autres. Et si
tenoient que dieu auoit la cure des choses
humaines. Et pour ce dit il que auecques
eulx on doit disputer:

❡ Le second chapitre ouquel il traicte de
deux manieres de philozophes/cestassa-
uoir italiques et ioniques/et de seurs au-
cteurs:

En tant cōe il touche au langage
grec q est le plus noble entre les
autres langages des papes. nous
trouuons.ii.manieres de philozophes. lu-
ne est ptalicque ainsi dicte du pays dytalie
Lautre ionicq du pays q apresent est appe-
le grece. pitagoras dit samius p surnom
fut le pmier solēnel philozophe ētre ceulx
dytalie. Et auecq̄s ce dict aucuns q ce nō
philozophe fut premierement de luy ipose
ou nōme. car cōbien q auāt sō tēps les an-
ciēs q en aucune maniere appoient mieulx
savoir q autres p honnestete ou soy de bō-
ne vie fusseut appelez sages. Ce pitago-
ras requis q̄l il se reputoit estre. respōdit q̄l
estoit philozophe/cestadire vertueux & ap-
meur ou amy de sapiēce. car il luy sēbloit
q cestoit grant arrogance soy reputter ou
appeler sage ❡ De lautre maniere des phi-
lozophes du pays q fut nōme ionicq fut
prince ou souuerain ung philozophe appe-
le thales. Et fut ung de ceulx que on ap-
pele les vii.sages. mais il auoit differen-
ce entre eulx/et en maniere de viure/et en
certains cōmandemens ordonnez a biē vi-
ure. Ce thales philozophe de grant excel-
lence encercha la nature des choses. & mist
en escript les ocuures/affin q̄lz multipli-
assent apres ses successeurs de sa secte. Cil
fut principalement merueilleux q par my
ses principes de astrologie il peust sauoir
quāt il feroit esclipse de soleil ou de lune.
Il cuida touteffois q leaue fust pricipe ou
cōmencemēt de toutes autres choses. et q
de leaue ou existence ou estre tous escmēs
le monde/& toutes autres choses q y sont
fussent engēdrees. Et ne fist oncq̄s menci-
on q sa pensee diuine sentremist de faire q̄l-
q chose q soit. cōbien q ceste oppinion soit
moult merueilleuse q bien cōsidereroit le
monde. ❡ Apres luy vint ung sien disci-
ple nomme anapimander qui eut autre
oppinion de la nature des choses du mon-
de. Car il ne cuida pas que toutes choses
nacquissent dune/ sicōme son maistre tha-
les cuidoit/ mais cuida q chascune chose

nacquist ou venist de ses principes. Et q̃ ces principes de une chascune chose fussēt sans nombre, et quilz engendraissent mōdes sans nōbre, ⁊ toutes choses qui y naissent. Et ancores cuida que ces mōdes aucunesfois estoient corrōpus, aucunesfois estoient engēdrez selon ce que chascun mōde pouoit durer plus long aage. Et neantmoins en tant de diuerses oeuures, il ne cuida point que la pēsee diuine sentremist daucunes dicelles. Icelluy anaximander laissa son successeur ung sien disciple appele anaximenes, lequel attribua a sair espace ifinie. ⁊ ne nya pas ne teut q̃ dieux ne fussent, mais il ne creoit pas q̃ icelluy air fust fait des dieux. Mais creoit que les dieux fussēt fais de lair. ¶ Apres anaxagoras son disciple apperceut et dist que la voulente de dieu faisoit toutes choses que nous veons et que toutes estoient faictes dune matiere ifinie composees de tres petites parties semblables lun a lautre, ⁊ que chascune chose estoit de ces petites parties a la chose singulieremēt appropriees mais ce faisoit la voulente diuine. Dyogenes ung autre disciple de anaximenes disoit que lair estoit la matiere dont toutes choses estoient faictes, et que cel air auoit en soy diuin entendement, sans leq̃l rien ne pouoit estre fait de luy. Apres anaxagoras dit ung sien disciple nomme archelaus qui semblablement sicōme son maistre cuida que de ces petites parties semblables entre elles fussent faictes toutes choses de la voulente diuine q̃ tout fist en deseurant ou en ioignant ces corps par du rables, cestadire ces petites parties. Socrates disciple de archelaus fut maistre de platon, pour leq̃l briefment iay fait mencion des choses dessusdictes.

¶ Opposicion sur ce chapitre.

En ce second chapitre cōmence se traicte de ce liure ouquel monseigneur saint augustin commence a parler des cōdicions de platon et daucuns autres philozophes et de leurs doctrines auant q̃ il commence a disputer contre eulx. Car sa disputacion contre eulx cōmēce ou viii. chapitre de ce liure. Et premierement il parle des philozophes qui precederent platon Et de platon il commēce a parler cy apres ou quart chapitre. Mais toutesfois en ce chapitre il traicte des philozophes q̃ precederent socrates qui fut maistre de platō Et fait en ce chapitre deux choses. Premierement il met et distigue deux manieres de philozophes qui estudierent en grec ou en grece, dont les ungz estoient appellez ytalites, et les autres ioniques. Les philozophes ytaliens estoient ainsi nommez pour ce quilz estoient ytaliens, pour ce q̃ ilz estoient de celle partie dytalie, q̃ iadis fut appelee la grant grece. Car sicōme dit ysidore ou viii. liure de ces ethimologies italie fut iadis occupee ou habitee des philozophes grecz, et pour ce fut elle appelee la grant grece, et depuis fut appellee saturnienne. Et apres sacion pour saturne qui si vint mucer quant il fut chasse de crete par iupiter son filz Et apres fut appelee ytalie, pour ytalus roy des sicules qui y regna. Pourquoy il semble selon ysidore que toute ytalie soit la grant grece. A quoy saccorde ce semble ouide en son quart liure de fastis qui dit ainsi en ung vers. v. Itala nam tellus grecia maior erat. Cestadire que la terre ytale estoit la plus grant grece, pour ce que les plus grans de grece soccuperent et y vindrent demourer Sicomme euander, les compaignons de hercules, et plusieurs autres grās desquelz ouide fait mencion. Et solinen parle plus expressement en son liure de mirabilibus mondi vers le commencement ou il parle de ceulx qui fonderent la cite de romme, et nous mesmes en auons parle largement sur sepposicion du tiers chapitre du tiers liure. Toutesfois mōseignr saint augustin icy ⁊ monseigneur saint ierosme ou prologue de la bible veulent dire ce semble que une partie d'italie seulemēt fut appelee le grant grece, τ peut l'oppinion de chascū auoir vray entendement pour ce que iadis ptalie n'estoit appelee ptalie fors celle partie que en occuppoit le roy ptalus. Et depuis toute sa terre qui est entre les deux mers qui sont appellees adriaticum et tyrenum, et les montaignes qui sont diuision entre gasle τ cizalpine. c'est adire lombardie τ gasle tranzalpine fut appelee ptalie dont ysidore met en ptalie le fleuue q̄ s'appelle erudian⁹. c'est adire se padre, mais q̄ une ptie dicelle terre q̄ est appellee ptalie fut iadis appellee grece il semble q̄ solin se die en parlāt des parties d'italie et du siege d'icelle qui dit ainsi. donques en ptalie en laquelle est l'ancien chasteau appelle sacium partoit de sa bouche du tybre et s'estendoit iusques au fleuue qui s'appelloit sirius. Et en celle partie d'italie qui fut appelee la grant grece sont la cite de tarente, la cite de crotone et plusieurs autres citez qui furent fondees par les grecz. Les philozophes qui sont appellez ionicques habiterent en une terre ainsi appelee. laq̄lle n'estoit point nōmee grece, et estoit ainsi dicte pour ung roy appellé ionus qui regna en une partie de grece dont ces philozophes furēt ainsi appelez Et selon ysidore ou .viii. liure de ses ethimologies de ce royaume ionus furēt les atheniensiens appellez iones.] Et aussi est ce ung lāguage de grece en laquelle grece sont trois lāguages selon les aucuns : et selon les autres cincq, dont les ionicq̄s sont l'un des lāguages.] Apres monseigneur saint augustin parle de pitagoras il commence a parler de ces deux manieres de philozophes. Et premierement il parle des philozophes ptalicques desq̄lz pitagoras fut le premier, et fut appellé samius pour ce q'il fut d'unisse de mer appellee samos, car selon ce q̄ dit orose en son premier liure. Ou temps de tarquin sorguilleux s'apparut a romme ung philozophe appellé pitagoras qui estoit ne de l'isle de samos q̄ est en la mer qui s'appelle

se mare egenum, et vint a crotone et de la s'en alla a metaponte demourer ou il trespassa. De ce pytagoras dit iustin moult de choses en son vingtiesme liure. car il dit que il fut filz d'un riche marchāt appelle demaracus, et cōme il fut introduit grandement en science il partit τ s'en alla premierement en egypte et puis en babilonne pour aprendre et enchercer les mouuemens des estoilles la naissance τ creacion du monde, et puis s'en reuint de crete en lacedemonie pour aprendre les loix et veoir les meurs des gens, et quāt il fut bien introduit en toutes ces choses il s'en vint a crotone et la le peuple qui estoit tout dedie a luxure et a putterie et a toutes superfluitez et delectacions, il ramena a chastete a continēce et a sobresse il bailloit τ preschoit chascū iour les vertus et les vices de luxure de incontinēce de delis et voluptuositez. Il desprisoit et monstroit les grans citez qui auoient este trebuchees et gastees par telles choses Et tant prescha ces vertus et ces continēces que ce fut merueilles des incontinences que il ramena a sobresse et a continēce. Maintes fois les femmes laissoient leur maris et leurs enfans leurs peres. Et venoient secretement a luy pour aprēdre sa doctrine. Lequel seur enseignoit comment ilz deuoient viure, et appelloit la maniere de viure agilite frugalite, et disoit que elle engendroit toutes vertus: Laquelle frugalite est une vertu qui est moienne entre auarice et folle largesse. si comme dit chatolicum, et aux enfans il apprenoit sa science que il sauoit, et finablement prescha tāt les matrones de celle cite que toutes leurs riches robes τ leurs nobles aournemens dont elles estoient aournees, elles porterent au temple de iuno et les luy consacrerent et disoient q̄ leurs vrais aournemens si deuoient estre bonnes vertus, comme chastete, continence, sobresse et autres vertus: Non pas leurs robes ne leurs adournemens. Et quāt il eut demouré xx. ans a croton

H.i.

il sen alla a metaponte ou il trespassa, & dit ancores iustin que ce pytagoras fut de si grant amiracion au peuple que apres sa mort ilz firent ung temple de sa maison et la aourerent comme dieu. Ce pytagoras disoit que cellui estoit franc q estoit serf a honnestete et qui ne perdoit riens des choses qui sont deues a lame pour qlques couuoitise de nature. Il dit ung homme richement vestu qui parloit desordonnement auql il dit. Ou tu poses de paroles conuenables a tes robes, ou tu te vestes de robes semblables a tes paroles. Apres il dit ung vieillart qui auoit grãt voulente dapprendre, mais il en auoit honte, auquel il demanda pourquoy il auoit honte destre meilleur en la fin de sa vie que au commencem̃t. Aussi a ung enfant qui ne vouloit apprendre il dist ainsi.) O mon enfant se tu nendures le labour dapprendre discipline il te fauldra souffrir le labour et le traueil dignorance. Quant il estoit en sa chaiere il vsoit de telz chastiemens. Ordonnez disoit il voz piedz mesmement voz pas, en allãt souuent attemprez voz couuoitises, & vostre sauuete durera. Vsez de iustice, & voseres amez. il disoit que celluy qui se pouoit garder de quatre maulx ne pouoit estre greue, cestassauoir de hastiuete non conuenable, de obstinacion, darrogance et de presce, pour ce sicomme il disoit que hastiuete engendroit repentance, obstinacion engendroit perdicion, arrogance engendroit haine, et presce engendroit despit et contempt. Comment il alla en diuers pays pour acquerre science parle Valerius maximus ou vii. chapitre de son viii. liure. Laquelle chose il commande merueilleusement, mais comment il sappella philozophe, tulle en parle largement en son v. liure de tusculanis questionibus.) Apres quant il parle de thales milesius il commence a parler des philozophes ionicques, lequel thales fut ung des sept sages et lequel estoit en la fleur de sa science ou temps de tulius seruilius sixiesme roy des rommains. Ces sept sages furent thales, milesius, solon, athenensis, pitacus, corintius & bias priuignus. Ou tẽps desquelz selon ce que dit ysidore en sa cronicque baltazar regna en caldee, auquel daniel exposa lescripture escripte ou mur qui se cõmencoit. Mane cethelphares ⁊cet. / De ces sept sages parle mõseigneur saint augustin ey apres ou vingtquatriesme et vingtcinquiesme chapitres du pviii. liure, mais en tous ces sept sages ny eut nul philosophe que thales, et les autres sept pour aucuns enseignemẽs de viure que ilz baillerẽt aux gens furent appellz sages, mais thales fut philozophe naturel et si fut astronomien, dont apulleius raconte que en sa vieillesse il trouua la grandeur du tour du cercle du soleil, et comme il eust aprẽs a ung appelle mendritus premensis, et pour la grant ioye quil en auoit luy eust demande quel sallaire il vouloit auoir de ce quil luy auoit aprins. Thales luy respõdit en ceste maiere. Ce me sera dist il assez saillaire se quãt tu apprẽderas aux autres ce que ie tay aprins. tu ne dies pas que tu laies trouue, mais dies a ceulx a qui tu lapprenderas que ie le tay aprins Cestuy thales ne fist oncques mencion de la pensee diuine ne sentremist de faire qlque chose qui soit, et la cause pourquoy il nen tenoit compte fut pour ce que il nyoit diuine prouidence, et autel fist son successeur anapimander, auquel succeda anapimenes. Et de ces deux parle monseigneur saint augustin ey apres ou vingtcinquiesme chapitre du dixhuitiesme liure.) Cel anapimenes fut orateur ou aduocat et grant dicteur ⁊ fut maistre de alexandre. Anapimenes succeda a anapagoras lequel selõ eusebe fut ou temps que les rommains comencerent a auoir consulz duquel valerius en sõ huitiesme liure ou septiesme chap. dit, que apres ce quil fut alle par plusieurs pays pour acquerre science il sen retourna en son pays Et quãt il vit q toutes ses terres estoiẽt

desertes (en friche) il dit ces paroles. ie ne fusse pas dist il sauf se ces terres ne fussent perdues. cestadire que sil eust entendu a labourer ses terres il neust riēs peu apprendre de science. Cestuy anaxagoras disoit que hōme estoit la mesure de toutes choses, sicomme dit ysidore ou pᵉ liure de methaphisicque. Valerius maximus en son septiesme liure dist que cōme vng homme luy demādast qui estoit biēeure, il respōdit nul3 ce dist il de ceulx que tu cuides qui sont bieneure3 ne se sōt Car ceulx qui habondent en richesses et honneurs ne sōt pas les bieneure3. mais cestuy qui contend dun pou de terre (a poīt couuoiteux) dacquerre qui est leal et de bonne doctrine, cestuy peux tu mieulx appercheuoir estre bieneure par ces oeuures que tu ne le peulx apperceuoir en son frōt
Simacus en vne epistre dit de luy que comme en disputant on luy eust apporté soudainement nouuelles que son fil3 estoit mort il nen fist quelque semblant, et Valerius en son cinquiesme liure dist que il respondit au message quil ne lui disoit riens quil ne sceust bien qui deuoit auenir Car deslors dist il que ie lēgendray ie sauote bien quil mourroit, et pour ce ceulx qui veulent bien considerer ceste responce ne niront point les enfans estre ne3 quil ne faille quil3 muirent sans prendre courroup de leur mort, car ainsi comme nul ne meurt quil nait eu vie, aussi ne peut aucun viure quil ne meure. Ancores se troeuue il de luy que luy estant hors pour apprēdre il fut blasme de ses amis en luy demādāt se il ne tenoit cōpte de son pays en estendant ses bras et demonstrant le ciel il respondit q̄ oup. ceste terre cy est cōme mon pays. Monseigneur saint augustin ou pli. chapitre du p̄viii. liure dit que il fut condenne a athenes pour ce quil dist que le soleil estoit vne partie ardant. Et fut mort par venin quon luy donna a boire, sicomme dit boece ou premier liure de consolacion. Et la cause fut pour ce que ceulx dathenes tenoient q̄ le soleil estoit

dieu, et pour ce en furent il esmeu3 contre luy. Apres quant il parle de diogenes il est assauoir que luy et anaxagoras furēt disciples de anaximenes, toutesfois eut diogenes vng autre maistre de qui il ouyt retoricque qui fut appelle ātistenes sicomme dit monseigneur saint ierosme en son second liure contre iouinianum.
Ce diogenes fut appelle ciuicus, cesta dire chemin pour ce quil enseigna que len congneust charnellemēt les femmes publiquement deuant toutle monde sans poīt de hōte. Laq̄lle chose toutesfois fut puis muchee pour le grāt vergōne du fait, sicomme dit monseigneur saint augustin cp apres ou piiii. liure. Eusebe en sa cronicque dit quil fut ou piii. an de ata xerces le second, toutesfois est il certain quil fut du temps de alexandre le grant sicomme il appert par monseigneur saīt ierosme en son liure contre iouinianum, par helinant au p̄vii. liure de ses histoires Et par Valerius maximus en son quart liure, et aussi par terculien in apologetico. De ce diogenes raconte moult de choses ieronimus ou second l̄iure contra iouinianū. Et entre les autres il dist que cōme vne fois il allast aux ieux qui sappelloient les olimpes qui estoient ieux qui se faisoient de cincq ans en cincq ans lesquel3 ieux estoient expercitement cōe de luiter les gens les vng3 cōtre les autres ou contre les bestes sauuages, ainsi comme on fait au iour dhuy ses ieux, de pris de la luitte et autres ieux, et il se fust assis sur le bort dun chemi pour vne fieure quil lauoit prinse, et ses amis le voulsissēt emporter et mettre en vng chariot ou littiere, il nen voulut rien faire, mais se traina iusq̄s en lombre d̄ un arbre et leur dist q̄l3 se allassent, en disant telles paroles ceste nuit me fera vaīcqueur ou vaīcu, et se ie vaincq la fieure ie yrap apres vous, et se la fieure me vaincq ie descenderay en ēfer, et la demouray toute nuit la goule bee disant quil ne se mouroit pas tāt cōme il estoit en la fieure p̄
h ii.

mourir/ macrobe in libro saturnasiũ dit ancores de lup/ que comme il fust venu de franchise en seruitude par ce quil auoit este prins et vng appele zemades de cho rinthe se voulsist acheter il lup enquist de quel mestier il estoit lequel lup respondit quil sauoit et auoit apprins de comman der aup hommes/ cestadire apprendre sci ence. De laquelle responce zemades fut tout esmerueillie ⁊ tantost se laissa asser comme franc, et lup bailla ses enfans en lup disant. Prenez dit il mes enfans qui sont frans auquel tu pourras comman der. De ce diogenes raconte ancores he sinand en son vbii. liure que comme il se seist aucunesfois au soleil sur le chemi ⁊ vng aueugle passast pardeuant lup qui le hurta de son baston/ il lup dist quil os̾ tast son oeul/ ⁊ appeloit le bastō son oeul pour ce que cestoit ce qui le cōduisoit. An cores dit de lup seneque en telle maniere/ Diogenes dit il estoit plus puissant que alepandre qui possedoit toutes choses.
Car sicomme il dit cestoit plus grāt cho se de ce que diogenes ne vouloit prendre que tout ce que alepandre pouoit donner A ce sacorde cellup qui fist le liure qui sap pelle le liure et chastiemens des anciens philozophes ou il est dit que comme ale̾ pandre fust venu au deuant de lup il ne tint compte/ ⁊ il lup demanda pourquop cestoit ⁊ quil sembloit qiul leust en despit Auquel diogenes respondit en ceste ma̾ niere. Quel besoing dist il ap ie de cel lup qui est varlet a mon serf/ et lors ale̾ pandre lup demanda comment il estoit serf de son serf/ auquel il respōdit. ie suis dist il maistre de restraindre les couuoi̾ tises et les metz en sugection affin quel̾ les me seruent/ mais tes couuoitises sōt maistresses de top et tu leurs sers/ et par consequent tu es serf de cellup qui mest serf. Adoncq lup dist alepandre que si vou loit aucune chose dont il lup peust ayder contre le mōde quil lup doneroit auquel diogenes respondit comment me pour̾ roies tu donner quant ie suis plus riche

de top. Car ce pou que iap me souffist mieulp que cesse richesse que tu as. ⁊ quāt alepandre se dit si poure quil nauoit rien du sien il lup demāda q senteroit quāt il seroit mort. Et il lup respondit que ce seroit cellup qui se vourroit traire arriere de sa puanteur et horrent de sa charon̾ gne. Valerius mapimus en son quart liure ou iii. chapitre raconte de lup que cō me il fust vne fois ou soleil et le rop ale̾ pandre le fust venu voir et se fut mis de̾ uant lup ⁊ lup demandast sil vouloit ri ens quil peust, il lup respōdit en telle ma niere. ie te prie dist il sur toutes choses que tu ne mostes point mon soleil. Ancores dist il en ce mesmes lieu/ que cōme ce dio̾ genes en vne cite des ciracusiens fut asse a la riuiere et lauast sa ses chous vng ap pese aristipus qui auoit este son compa̾ gnon et qui sauoit laissie pour aller ser̾ uir denis rop de sezille se vinit veoir. Et quāt il se dit en cest estat lup dist. Se tu voulsisses flater denis tu ne fusses pas ainsi. Lequel lup respōdit tantost/ mais se tu voulsisses estre cōme mop tu ne fla̾ tasses pas denis. Ce diogenes sicomme dit vng aucteur que on appelle saturus fut contend de si pou que quantil auoit froit il vestoit se manteau de son disciple il auoit vne escherpe pour sop soier / vng baston ou massue pour sop soustenir pour sa fragilite ou foiblesse de son corps pour ce quil estoit viel et ancien/ il demouroit souuent a sentree des portes/ et mengoit ce que chascun lup donnoit/ il auoit pour especiale maison vng tonneau duquel il tournoit la bouche selon le temps/ cestas̾ sauoir quant il faisoit froit il tournoit la bouche deuers midp/ et en este deuers septentrion. ⁊ en quelque lieu que le soleil se tournoit il tournoit le bouche de sō ton neau/ et quant il le tournoit il se sioissoit de ce quil disoit que il auoit maison qui se tournoit auec le temps. Il nauoit fois vne petite foisselle ou hanap de fusta̾ quop il buuoit/ et pour ce que il vit vng petit enfant qui sans potet sans godet̾ buuoit a sa main il se getta cõtre terre en disant ie ne scauoie pas dist il que nature portast son hanap auec sup. Ancoxes dist de sup terculianus in apposonetico que il tenoit si petit compte de noblesses & richesses de ce monde que a ses piedz tous eslevez il marcoit et deffoulsoit ses litz et pare͠mens de platon. Et fulgence ou liure de ses mithologies dit que cõme il fust vne fois arreste en vng lieu pour vne grant douleur que il souffroit et il vit les gens qui couroient a lãphiteatre ou se faisoiẽt les ieux/et eycercitement il commenca a crier et dire ainsi Veez cy dist il cõ grãt follie de ces hões ilz courent pour voir les hommes qui se combatent contre les bestes/& ilz me laissent quilz voient qui me com͠bas contre la douleur naturelle.] Et cõme ses amis sup defissent que sil se mouroit la il seroit deuoure des bestes sauuages, il demãda vng baston pour les chasser, et comme il sup deissent quil ne les sentiroit point il respondit/ et se ie ne les sens point quel mal me pourront il faire et de ce parle tulle en son liure de tusculanis questionibus: Et diogenes souoit son maistre ainsi comme sil se blamast et disoit. Cestup ma fait de riche poure/ Et pour sa grant maison que iauoie ma fait demourer en vng tonneau/ et ce disoit il notablement pour ce que son maistre sup auoit enseigne a oster toutes superfluitez De rechief comme il eut vng sien serf fuitif appele mathẽ qui sen estoit fup de sup et on sup voulsist ramener il ne voulut que sen sup ramenast en disant. Ce seroit dit il sayde chose se mathẽ pouoit viure sans diogenes & diogenes ne pouoit viure sans sup. ¶ De rechief ou liure des sentences et des philozophes/ se troeuue q̃ cõe vng homme de tresláyde figure eust mene dyogenes en sa maison pour la voir & il eut veu que tout son ostel reluisoit dor et de pierres precieuses il sup cracha au visage en disant quil nauoit riens veu plus lait en tout son ostel. De rechief comme vng homme sup racontast que vng sien amy

disoit mal de sup ie ne scay dist il se mõ amy se dit/ mais ie scay bien que tu le me dis, et comme vng autre sup eust dit que vng chascun se mocquoit de sup. il respondit qui faisoit que le sage souffreist du fol. ¶ Ancores se treuue il en ce mesme liure que comme vng larron fust venu de nuit a son lit/ et il eust sentu que cen sup vouloit embler vng sachet dargent quil auoit soubz son cheuech il sup dist/o te le malheureux affin que nous puissõs tous deup dormir. ¶ Ancores se treuue il en ce liure que ce diogenes fut cestup duquel ceste noble sentence par laquelle est dit q̃ la conscience sourmonte tout ce que la lãgue peut faindre de mal ou de mauuaistie. Ancores se troeuue il au liure qui sap pelle de la vie et chastiemens des anciẽs philozophes dessus allegue que il auoit vne telle coustume que a quelcõques heu re quil sup prenoit voulente de menger fust de nuit fust de iour il mengoit et en toutes places sans quelconques vergongue. Or auint que sicõme il parloit a ale xandre il vint deuant sup vng versifieur ou menestrel de bouche qui se commenca merueilseusement a louer/et quant dyogenes vit ce il print du pain et commenca a menger et nen tint conpte/et comme on sup demanda quil faisoit ¶ Il respondit hastiuement quil faisoit ce qui sup estoit plus pourfitable que ouyr les mensongnes que lautre disoit en disãt au roy tel les paroles/ se tu as bien fait pourquoy se loue on/ tu nen vouldras ia pour ce mieulp. Ce diogenes vit vng iosne hõe bien morigine/toutesfois auoit il lait vi sage auql il dit: Amy ta bouche donne moult de beaute a tõ visage. Dautre pt il vit vng hõe qui auoit vng trop beau vi sage et qui ne sauoit riens/ et tantost cõ͠menca a ester et dire dieup dist il comme decy bonne maison et mauaie hoste. A pres il vit vng cocquart quil portoit vng aneau dor auql il dit. Cest aneau te fait plus de deshonneur quil ne te pare. De rechief il vit vng viellart quil taingnoit

h iij.

ses cheueux chanus auquel il dist. Suppose que tu ceuures tes cheueux pour ce ne cueures tu pas ta vieillesse. Ancores se treuue il qui dist vng homme qui espousoit vne femme. Hee dieux dist il com ce pou de repos amaine grant labour.

Apres il dist vng homme qui enterroit sa fille qui auoit este mariee nouuellement Hee dieu dist il com tu as bon gendre. Apres il dist vng qui riens ne scauoit en estat sur vne pierre, et tantost dit q̃ cestoit vne pierre sur vne pierre. On luy dist vne fois villenie et comme il ne respondist point on luy demanda pourquoy cestoit quil ne respondoit, et il respondit q̃ il ne se pouoit plus villener q̃ se estoit villene en luy disant villenie et il ne luy en auoit point dit. Et dung autre il respondit a ceulx qui luy demandoient pourquoy il se taisoit q̃ sa vertu du bon homme estoit aux oreilles et la force du mauuais en sa langue. De rechief on luy demanda pourquoy il ne se couroucoit point dung qui disoit villenie de luy, lequel respondit quil disoit verite ou que il mentoit, et que se il disoit verite il ne se deuoit pas couroucer, et sil mentoit ancores sen deuoit il moins couroucer quant il ne sa uoit quil disoit. Et comme on luy deist que celluy auoit mesdit de luy en son absence, il respondit en telle maniere q̃ men chauuroit il se tu me feroies en mon absence. Il passoit vne fois par vng paiage et ceulx qui le gardoient luy demandoient sil portoit riens, lequel respondit que oy, et tantost mis ius sa robe quil portoit a son col, et comme ilz eussent quis tout par tout et ne trouuassent riens qui deust paiage il luy demanderent ou estoit ce q̃ il disoit quil portoit, et lors il descouurit son pis et leur dist que la estoit ce quil disoit quil portoit. Vng sien amy luy demanda vne fois comment il pourroit troubler son ennemy, auquel il respondit quil ne le pourroit plus troubler q̃ pestre tresbon Il disoit quil nestoit nul meilleur tresor que sens ou discrecion ne plus grant po-

urete que ignorance, ne meilleur amy q̃ bonnes meurs ou bonne maniere, ne meilleur heritage que bon enseignement, ne meilleur gouuerneur que fortune. Ancores disoit il que maladie estoit la prison du corps, et tritresse estoit la prison de lame, il ya de luy plusieurs autres choses notables, mais nous les laissons pour cause de briefte. Apres anaxagoras succeda archelaus qui fut son disciple duqel archelaus socrates fut disciple, sicomme dit cy monseigneur saint augustin, à la qlchose semble estre merueilleuse pour ce q̃ a compter selon les cronicques de eusebe. socrates fut mort deux ans auant que diogenes venist en auctorite. De rechief selon monseigneur saint augustin en son second liure contra iouinianum. Socrates fut maistre de antistenes et si fut maistre de dyogenes a luy apprendre sa retoricque, sicome nous sauons dit parquoy il appert que diogenes fut apres socrates Et pource ou ilz furent deux diogenes ou ce diogenes vesquit long temps aps socrates, et ainsi pourroit estre vray ce q̃ on dit du temps de luy et de anaxagoras car se ce diogenes qui fut disciple de anapimenes sicomme nous auons dessusdit nestoit que vng diogenes qui vesquit apres le temps de ces philozophes qui succederent lun apres lautre. cestassauoir de anapimenes de anaxagoras de archelaus de socrates de platon, et iusques a aristote qui fut maistre du grãt alexandre.

Toutesfois est il vray quil y eut deux diogenes, cestassauoir diogenes ciuicus duquel nous auons parle. Et diogenes de babilonne qui fut maistre de antipater, duquel parle tulle en son liure de officiis, ou il met la difference quil ya entre taire et celer, et cest ce que met monseigneur saict anceame en vne oraison moult deuote en parlant comment nostreseignr iesucrist pour la redemption de toute creature humaine prit chair humaine et couurit la diuinite et la force dicelle par humanite, car combien que en humanite fut couuerte sa diuinite, toutesfois ne fut elle pas deniee. Et se on dit que celle diuinite fust muchee ou couuerte, ce nest autre chose a dire ce dist il quelle ne fut pas manifestee, car suppose que verite ne se manifeste pas a tous, toutesfois elle ne se denie a nulluy. ¶ Ancores eut ce socrates vng autre maistre, cestassauoir gorgias leontinus, car il est assauoir qlz furēt appelez deux gorgias, lun qui fut de la cite de epire duquel raconte valerius maximus ou chapitre final du premier liure de dictis et factis memoralibus, lequel est intitule de miraculis, cestadire des miracles, que comme sa mere fust morte et on lapportast en vne littiere il issit du ventre de sa mere et commēca a crier, laquelle chose fist arester ceulx qui la portoient. Lautre qui fut appele gorgias leontinus duquel raconte valerius en son viii. liure quil fut des sages hommes de son temps et quant tous estoient assemblez il se asseoit en vne chaire pour respondre de toutes questions. De luy raconte aussi tulle en son liure de senectute, et ou premier liure de paradoxis quil vesqt cēt et vii. ans ne oncques ne cessa destudier, et comme lē luy demanda pourquoy il vouloit tant viure, il respondit quil nauoit riens pour quoy il deut acuser vieillesse ne soy plaindre delle. Jeronimus en sō pmier liure cōtra iouinianum dit de luy quil fist vng tresbeau liure de concorde pour les discencions qui estoient entre les grecz, et cōme vng sien enemy appelle mesencius leust ouy lire en soy mocquāt dist ainsi, cestuy dist il nous demande paix et concorde qui ne peut acorder luy et sa femme et sa chāberiere qui ne sont que trois en vne maison, et ce disoit il pour ce que sa dame estoit ialouse de sa chamberiere qui estoit tresbelle, et pour celle ialousie ne faisoit que rioter chascun iour son mary combiē quil fust homme treschaste.

Le iii. chapitre ouquel il traicte de sa discipline de socrates.

Socrates fut le premier philozophe dont on ait memore q sencli na a traicter de toute philozophie pour corriger et ordonner ses meurs des gens, car les philozophes qui furent deuant luy mettoient plus leur tresgrāt entente a enchercer la verite des choses naturelles. Et pour certain il mest auis quon puisse appercepuoir clerement se socrates se faisoit pour lennuy des choses naturelles ou obscures et incertaines. Et que pour ce il appliequa son entendemēt a trouuer aucune clere et certaine chose q fust necessaire a equerir la vie bieneuteuse pour laquelle il sembla que tous philozophe de toute leur industrie aient veille ou laboure ou que socrates le fist sicōe aucune par beniuolence sont cuidie. Car il ne vouloit pas que ceulx qui auoient les pensees ordes de couuoitises sefforcassent ne entendissent iusques a la diuinite mesmement quant il veoit quilz enqueroiēt les causes des choses, lesquelz les pmiers et souuerains il creoiēt estre en sa voulente du souuerain dieu, dōt il ne cuidoit que nul ne les peust comprendre ou entendre en sa pēsee se elle nestoit premierement nette et pure. Et pour ce disoit il q a grant instance il deuoit mettre paine a nettoier sa pensee pour acquerre bonnes meurs affin que sentendement descherge des delectaciōs ou plaisances dont abaissie il sesseuast par vigueur naturelle aux choses pardurables, et regardast par pure dentendement la nature de la lumiere incorporelle et non muable, en laquelle les causes de toutes creatures humaines viuent fermement. ¶ Toutesfois est il certain que ainsi comme se il confessast son ignorance ou dissimulast sa science mesmes en ses questions des moralitez, en quoy il auoit toute sentēte ce sembloit il demena et traicta sa folie daucuns nō sachās ou aiās oppinion de sauoir aucūe chose p̄ vng merueilleux aournemēt de p̄ ler et p̄ tressubtiue courtoisie/ dont il auit que haynes esmeues contre luy/ il fut condēne et mis a mort par crisme a luy imposé mauuaisement/ mais apres ce icelle mesmes cite dathenes qui publicquemēt lauoit condēne le ploura publicquemēt Et fut le peuple si tourne contre ses deux qui lauoient accuse que lun fut acrauēte de la multitude du peuple quil morut/ et lautre pour eschaper semblable peine esleut a aller en exil perpetuel. Ainsi socrates de si noble renommee et de sa vie et de sa mort laissa plusieurs disciples qui se suiuirēt en ses oppinions de philozophie desquelz toute sestude fut ainsi comme p̄ estrif a enquerir la verite des questions morales ou il est traicte dun bien souuerain sans lequel homme ne peut estre fait bieneure. Et pour ce quil ne leur apparut pas plainemēt de la verite de ce bien aux disputacions que faisoit socrates esq̄lles il mouuoit toutes questions/ affermoit et destruisoit/ tout chascun deulx en prī ce quil luy pleust/ et establirent la fin du bien souuerain chascun en ce que bon luy sembla/ mais la fin du bien est appele ce q̄ quāt aucun la acquise il est bieneure/ et aussi les successeurs de socrates q̄ de luy firent dictz socraticq̄s. tindrent diuerses oppinions de ceste fin en tant que apeines est il chose creable que les disciples dun seul maistre peussent trouuer tant de choses. Les vngz disoient voulente de delectacion estre souuerain bien sicomme aristipus. Les autres vertus sicomme antistenes: Et en telle maniere plusieurs autres tindrent les vngz vne chose/ les autres lautre lesquelz seroit longue chose a raconter.

¶ Eposicion sur ce chapitre.

En ce troisiesme chapitre monseigneur saint augustin parle de socrates le philozophe q̄ fut maistre de platon/ lequel selon eusebe fut ou temps de artaxerses renōme estre homme de tresgrant science/ du temps duquel monseigneur saint augustin fait mēcion cy apres ou septiesme chapitre du dixhuitiesme liure/ et fait en ce chapitre trois choses. Premierement il parle de sa doctrine lequel fut premier troureur de la science de etiques/ cestadire de la science morale selon monseigneur saint augustin. A quoy sacorde hue en son tiers liure qui sappelle didascalicon/ disant que socrates trouua premierement etiques/ cestadire science morale/ et en fist xxiiii. liures selon iustice positiue. De luy raconte aulius agelius en son premier liure de noctibus acticis/ qui disoit quilz estoient plusieurs gens qui desiroiēt et vouloient viure affin q̄lz mengassent/ mais il disoit quil vouloit boire et menger affin quil vesquist. Monseigneur saint augustin contre les pelagiens en son troiziesme liure dist de luy que les philozophes se glorifioient de ce que socrates estoit tousiours en vng estat. car il ne se esleessoit en prosperite. ne se couroucoit pour auersite. Et lactence en son premier liure de falsa sapiencia/ raconte que il ne scauoit cōme il disoit autre chose que ce quil scauoit qui ne scauoit riens Ancores dit de luy ieronimus contra iouinianum/ que socrates eut deux femmes Cestassauoir vne appelee pantipa et lautre mira/ laquelle estoit niepce de aristudes/ lesquelles tenoient tousiours lune a lautre pour ce quelles estoient ialouses de luy/ et comme il se mocquast delles elles commencerent a dire quelles estoient bien meschantes delles debatre pour vng tel homme si puant et si canu si pele et si bessu par les espaules et si tortu par les iambes: Et finablement sup coururent sus et se batirēt tant quil sen fuit les qlles se chasserent et poursuiuirent grant piece Or auint que cōme pantipa fust en vng sotier et dist plusieurs villenies a socrates, desquelles il se deffendoit le mieulx quil pouoit. Finablement elle luy getta eaue orde sur sa teste, sequel en torchāt sa teste ne dit autre chose fors que il scauoit bien que apres si grāt tōnoire sensuiuroit la pluye. Et comme alcibiades luy demādast pourquoy il ne chassoit hors icelle pātipe sa femme qui estoit si peruerse et si aigre, il respōdit q̄ de tāt q̄ souffroit plus delles en sa maison il apprenoit mieulx a les souffrir dehors. ⁋ Seneque dit de luy que comme archelaus seust semons en sa maison pour luy honnourer, il ne y voulut pas aller, en respondant quil ne vouloit prendre de luy benefice ne courtoisie quil ne luy peust rendre. ⁋ Cassianus en son premier liure des collacions, dit q̄ vng homme regarda vne fois socrates, et quant il seut regarde il cōmenca a soy escrier en disant: O peup corrompeur denfans, et comme ses disciples luy coururent sus et voulsissent battre pour la villenie qui leur sembloit ql auoit dicte de leur maistre il leur respondit, reposez vous, reposez vous mes souldiers, vraiement ie suis tel comme il dit. ⁋ Mais ie suis continent. Agellius en son premier liure de noctibus acticis, dit de luy quil auoit de coustume destre tout vng iour et vne nuyt en estant sans remuer pied mal bouche ne yeulx, en pensāt en philozophie ainsi comme se il fut raup et que lesperit luy fust party hors du corps. ⁋ En vng liure qui sappelle de la vie et chastiement des anciens philozophes, se treuue de luy que il ne voulut point que on escripsist sa science, mais voulut que on la retenist p cueur, car il disoit q̄ science estoit pure et nette, et pour ce estoit il chose raisonnable q̄lle fust mise aux ames et aux pensees pures et nettes, et non pas aux ordes peaux des bestes mortes, et pour ceste cause

ne fist il oncques nulz liures, ne nēsseigna oncques ses escoliers p liuree, mais tant seulement par paroles et p discipline, et dit quil sauoit a prins de thimeus son maistre, car quant il estoit iosne et il demandoit a son maistre pourquoy il ne souffroit quil escrisist ce que il luy enseignoit. il respondit, comment desires tu les viles peaux des bestes mortes. Et as en abhominacion ses nobles engins, prengz ce disoit il q̄ tu encontrasses vng homme en chemin qui te demandast ton oppinion de aucune question ne seroit ce pas plus honneste chose de retourner a ta pensee et a ton entendement pour trouuer sa responce prestement et se desiurer que de dire attens moy iusques a ce que ie retourne et que iaye trouue ce q̄ mes liures en dient. Pense doncques dist il et retiens en ta pensee ce que tu apprendras et tu le scauras mieulx y se il estoit escript en liure Et socrates ne fut pas seul qui ainsi le fist mais le faisoit on ainsi en france ou tēps de iulius cesar, car ses druides apprenoient ses enfans et nescripuoient riens iusques a vingt ans, si comme dit iulius cesus en son sixiesme liure de bello gallico. ⁋ Il disoit que sapience est leschielle du sage homme et qui failloit a sauoir il ne pouoit estre selon dieu. ⁋ Il se acompaigna vne fois auec vng homme riche que il trouua en son chemin. Et comme ilz veissent venir plusieurs larrons et bilgans pour eulx rober et piller. Le riche commenca a dire que il luy estoit mal auenu se ilz le congnoissoient. Et socrates luy respondit que il luy estoit bien auenu se ilz le congnoissoient. ⁋ Il escript au roy qui auoit son enfant mort affin de se resconforter que dieu auoit establi ce monde maison de tēpestes. Et lautre monde maison de leesses et de remuneracions et quil auoit ordonne les tempestes de ce monde a estre causes et occasions de remuneracone de lautre monde, vng homme luy dist vne fois grant paroles calumpnieuses et plaines de villenies

en luy disant qu'il estoit de oit et de bas li
gnage/ & il luy respondit/ se tu vaulz pis
si comme tu dis pour mon petit lignage
et ton lignage vault pis de toy. Il envoi
a une fois a ung vaillant homme et luy re
quist qu'il luy respondist de trois ques-
tions/ ausquelles s'il respondoit il seroit
son disciple. La premiere question estoit
qui sont les hommes desquelz on doit a-
uoir plus grant pitié et compassion. La
seconde pourquoy les besongnes de l'hom-
me vont mal. La tierce pourquoy l'hom-
me reçoit bonne retribucion de dieu. Le-
quel a la premiere question respondit
qu'il estoit trois manieres de gens de qui
on deuoit auoir compassion. La premie-
re est du bon qui est au gouuernement du
mauuais/ car il est tousiours dolent du
mal qui voit et qu'il oyt. La seconde est
de l'homme sage ou auisé lequel est gou-
uerné par mauuais hommes pour ce qu'il
est tousiours en labour et en tritresse. Et
la tierce est de l'homme liberal qui ne peut
riens auoir fors p[our] la mai[n] de l'ouurier car
tousiours est il en grant angoisse. A la
seconde question il respondit que les beso[n]-
gnes vont mal pour ce que on ne veult
oir ne mettre a effect celluy qui do[n]ne bon
conseil et que celluy qui a bonnes armes
n'en use point/ et gra[n]s richesses a ceulx
qui ne despende[n]t riens. Et a la tierce res-
pondit que ce estoit plaire a dieu et luy o-
beir a tous ses commandemens/ soy gar-
der de peché et faire bonnes oeuures. Et
tantost socrates vint a luy et fut son di-
sciple iusques a sa mort/ il aprinst music
que en sa vieillesse/ & comme on luy dema[n]-
dast s'il n'auoit pas honte d'aprendre en sa
vieillesse il respondit qu'il auoit plus grant
honte de estre ignorant en sa vieillesse. Il
vit ung iosne enfant qui auoit tout gas-
té le sie[n] qui cueilloit des oliues et les ma[n]-
geoit auql il dist/ se ces oliues dist il teus-
sent souffy a viure tu ne fusses pas venu
a si grant poureté. Une femme luy dist
une fois regarde viellart comment ton vi-
sage est lait/ et il respondit se le miroir dit

il ne fust trouble on veist mieulx ma be-
auté en moy que on ne fait la tiene en toy
Il vit une femme malade/ et tantost il
dist ung mal se repose en l'autre. Une
autrefois il vit une femme quon menoit
pour sacrifier et plusieurs femmes qui al-
loient plourant apres tantost commen-
ça a dire que l'u[n] mal plouroit l'autre. Une
autres fois il vit une femme q[ui] apprenoit
a escripre a laquelle il dist. ie te prie dit il
que tu ne mettes point mal sur mal. Il
fut si co[n]stant que comme on eust loué ung
varlet pour le blasmer et luy dire des vil-
lenies/ et celluy quon auoit loué fust ve-
nu a luy et luy eut fait des iniures/ se tu
scez dist il trouuer autre maniere que tu
peusses gagner de moy si le fay. On por-
ta une fois en une autre cause a ung au-
tre plus grant honneur que a luy et com-
me on luy demandast s'il n'estoit pas cou-
rouché que l'autre auoit esté plus honou-
ré que luy il respondit/ ie[n] seroie dolent
vrayem[ent] dist il se ie cuidoie estre pl[us] bas
de luy autrement non. Il vit ung hom-
me qui s'en fuioit d'une bataille comme vai[n]-
cu/ auquel il dist qui faisoit mal de fuir
sa mort pour venir a vie deshonneste. A
pres qua[n]t il parle de la mort de socrates
C'est la seconde partie de ce liure/ de la-
quelle parle tertulianus in appologetico
qui dit que socrates en despit des dieux
iuroit mauuaiseme[n]t le chieure le boucq/
et pour ce fut il de[m]né et condenné a mort
que il destruisoit ses dieux/ mais depuis
quant ceulx d'athenes sceurent la verité
de ceulx qui l'auoie[n]t ainsi mauuaiseme[n]t
accusé/ ilz les mirent a mort et firent son
ydole d'or laquelle ilz la mirent ou te[m]ple
Et dit ysidore en son vii. liure qu'il fut
mort par ce quon luy donna a boire en la
prison. Orose ou second liure de son o-
meste dit que ce fut par venin quo[n] luy po[r]-
ta a boire en sa prison/ lequel il osta des
mais de celluy qui le portoit. Valerius
maximus en so[n] viii. liure dit q[ue] p[r]inst le
venin de la main du boucher q[ui] luy portoit
Selon eusebe en sa cronicque il fut mort

en pi. an du roy artayerces et ou fpp. de son aage selon Vincent in speculo historiali Cellup qui fist le liure de la vie et chatiement des anciens philozophes dessus allegue dit que pour ce quil deffendoit a adourer ses dieux ydoles et quil vouloit quon nadourast que vng dieu il fut condenne a mort par les v.ii. iuges dathenes qui commanderent que on lup donnast a boire du venin quilz appelsoient oppiū, et dit que de ceste condennacion fut le roy moult dolent, mais il ne peut rappeler la sentence. Et neantmoins il differa la mort pour ce quil auoit enuoye vne grāt nef qui auoit porte dons aux temples la quelle nestoit pas si tost retournee pour les tempestes qui auoient este en mer, et le roy auoit de coustume quil ne mettoit nullup amort iusques a ce que sa nef fust retournee, & comme cellup qui lup apportoit le venin a boire de par ses iuges fust venu a lup et lup eut dist ql nestoit pas cellup qui locioit, mais faisoit le commandement de ses maistres seulement & quil presist ce quil ne pouoit refuser il lup dist Je scap bien dist il que tu es sans coulpe et en ce disant il prist le hanap et le beut, et tantost ses disciples qestoient entour lup commencerent a braire et a crier, et il les commenca a reprendre en disant. Ne scaues vous pas bien que iap renuoie ses femmes affin quelles ne feissent ce que vous faictes et ainsi fut mort. Ancores dist il en ce mesme lieu que quant il deut boire le venin sa femme commenca a plourer & il lup demāda pourquop elle plouroit & elle lup dist pourquoy elle ne ploureroit quāt elle scauoit bien q on le mettoit a mort contre raison, et il lup demanda selle aymoit mieux q on le meist a mort a cause ou sans cause. Apres quant il dit que socrates laissa plusieurs disciples q ensuiuirent sa science, cest la tierce partie de ce chapitre ou il parle des disciples de socrates, et par especial il en y eut deux, cest assauoir aristippus et antistenes qui diuiserent le souuerain bien en deux oppi

nions, car aristippus mist se souuerain bien en delectacion, et antistenes le mist en vertu, dont monseigneur sainct augnstin fait mencion cy apres ou ix. chapitre du pviii. liure. En vng autre liure qui sappelle des meurs des philozophes, se treuue que come on reprint cellup aristippus de ce quil viuoit lancemēt et largement il respondit que cestoit mal fait, et que se ce fust mauuaise chose on ne lup soufferoit pas a faire aux solennitez des dieux Il entra vne fois en vng bordeau ignorāt que cestoit, et come il y eust vne ribaude il saillit tantost hors, et come vng escolier eust honte de ce quil y estoit entre se apperchut, et lup respondit que ce nestoit point mauuaise chose de ce quil y estoit entre, mais cestoit mauuaise chose que on nen sceust issir. On lup dist vne fois q ses gens se mocquoient de lup, & il respondit que aussi faisoiēt les asnes deux et q ses asnes ne lup nauoient cure deux. Quāt est de antistenes qui fut maistre de dyogenes nous en auons parle ou chapitre precedent, et toutesfoies raconte de lup ieronimus contra iouinianum que come il eust apris moult glorieusement retoricque, et il eut oy socrates il dit a ses disciples, allez vous en dist il iap trouue maistre, Et tantost il vendit et distribua quacqs il auoit eycepte vng manteau quil retīt pour soy, il escript liures sans nōbre les vngz de philozophie les autres de rethoriq. Il eut aussi vng autre disciple appele phedron qui fut moult familier a lup & a plato q titula vng liure qui sappele de limmortalite de lame si comme dit aglius en sō secōd liure. Ancores se treuue il de socrates en ce liure dessus allegue ql auoit escript entour son seau sa piece & la credulite de lhōme fait homme vaincre. Et en sa chainture estoit escript par le regard et consideracion de sa fin acqui ert on se salut de lame et dn corps. Il vesquit quatrevingtz et dix ans: Tulle en son liure de tusculanis questionibz dit que ce tressage hōme socrates appela sa philosophie du ciel et sa mist aup citez et contraint a enquerir de la vie et des meurs et des bonnes choses.

⁋ Le iiii. chapitre ouquel il traicte de pla/ton qui fut le plus grant entre les disciples de socrates lequel diuisa toute philozo/phie en trois parties. iiii.

Ais entre les disciples de socra/tes platon resplendit de gloire tresepcellente qui en obscurcy du tout en toutes les autres. ⁋ Lequel com/me il fut ne a athenes de honneste paren/te et assast deuant tous ses compagnons en subtilite dengin merueilleup. Tou/tesfois pour ce que il cuidoit que sa doctri/ne ou celle de socrates souffriroit pou a p faire sa science de philosophie il sen alla en diuerses contrees deca et dela. ¶ se tras/porta en quelque lieu que sa renomee dau/cun philosophe se rauissoit ou transpor/toit pour la noblesse dacquerir science. Ainsi aprinst il en egipte toutes les haul/tes sciences qui p estoient et qui p estoient enseignees, et de illec sen vint es parties dptasie ou les disciples de pitagoras es/toient celebrez de grant renomee. et il/lec comprinst treslegierement toute la fleur de philozophie qui lors p estoit mainte/nue, et ce fist il en opant les solennelz docteurs du pays. Et pour ce quil amoit singulierement son maistre socrates, il or/donnoit en telle maniere ce quil disoit ou traictoit ainsi come se ce mesmes socrates parlast, ¶ aussi tout ce quil auoit aprins dautres ou quil auoit conceu par si grat entendemet come il pouoit il attemproit aourneement selon la maniere de parler et les questions morales dudit socrates Et comme toute lestude sapience soit or/

donnee a deup choses, cestassauoir a oeu/ure ou action et a contemplacion pourquoy lune partie de sapience peut estre nomee actiue Lautre contemplatiue. A lactiue ap/partient a demener la vie, cestadire a in/troduire bonnes meurs. A la speculatiue appartient considerer les causes de nature et la trespure verite, toutesfois socrates fut renome estre plus epcellent et lactiue. Et pitagoras sesforca de toute sa force de son entendement a la speculatiue, mais platon est a louer de ce quil parfist lune ¢ lautre philosophie ¢ les ioingnant ensemble laquelle il diuisa en trois parties, cestas/sauoir en phelozophie morale, laquelle est applicquee a oeuure, en philozophie naturelle laquelle sapplicque a contempla/cion, et en sa raisonnable laqlle enseigne a congnoistre le vray des faulx. Et ias/soit ce que ceste philosophie raisonnable soit necessaire a lactiue ¢ a la speculatiue Neantmoins la consideracion de verite appartient par especial a la speculatiue. Et pour ce ceste diuision de trois membres faicte cy dessus de philosophie nest pas co/traire a sa distinction p laquelle on dit q toute estude de philozophie soit ou en opa/cion ou en contemplacion, mais ie croy que longue chose seroit a declairer plainemet lintencio que ce plato eut de ces choses ou de leurs singulieres pties de philosophie cestassauoir en quoy il congnoissoit et cre/oit estre la fi de toutes oppacions la cau/se de toutes natures ¢ la lumiere de tou/tes raisons, et si ne croy pas q ce soit chose a afermer folemet, car come il voulsist gar/der la coustume notoire de son maistre so/crates en la psone duql il ple en ses volu/mes q auoit acoustume a dissimuler sa scie/ce ¢ so oppinio laqlle coustume lui plaisoit ainsi cest vne cause pourquoy les setences de platon en choses psondes ne peuet estre en/tendues legierement, toutesfois iay fait mencion dacunes des choses quon fist en ses liures ouquel il dit de soy ou quil ra/conte ou escript dautre que de lup estre di/ctes sicomme il lup semble quil fust bon.

Aussi fault il que nous mettons en ce liure tant ce en quoy ledit platon se conforme a la vraye religion que nostre foy recoit et soubstient comme soy en quoy il semble estre contraire a nostre foy en tant comme il touche ceste question ia touchee, cest assauoir se vng seul dieu ou plusieurs sont necessaires pour obtenir aps sa mort la vie q̃ vitablem̃et est bieneuree. car paueture ceulx qui ont les lotz et solennele renommee dauoir entendu plus subtillement et plus vrayement & dauoir ensuiuy platon lequel trop soing et droitement fut mis audeuant des autres philozophes paiés et preferé deuant tous sentent ou entendent dieu estre vne telle chose en laquelle soit trouuee et la cause de estre en nature et la raison de entendre et ordonnance de viure/ desquelles trois choses: La p̃miere appartient a sa partie naturelle. La seconde a la raisonnable. Et la tierce a la morale. Car se homme est ainsi cree que par ce qui est en luy plus excellent il ataigne par la congnoissance a ce qui surmonte toutes choses/ cestassauoir iusq̃s a vng seul vray et tresbon dieu sans lequel nulle nature nest fermement ne ne soustient aucunement nulle doctrine ne enseigne vrayem̃t nul vsage ne nest expediēt bonnement/ soit que icelluy en quoy toutes choses nous sont serues/ soit considere celluy en quoy toutes choses nous sont certaines/ soit ayme celluy en qui toutes choses nous sont iustes et droiturieres.

¶ Exposicion sur ce chapitre.

En ce iiii. chapitre mõseigneur saīt augustin commence a traicter de platon qui fut disciple de socrates & maistre de aristote,/ & fait en ce chap. trois choses: Premierement il demonstre coment platon prouffita en science. ¶ Secondement comment il bailla et aprint sa sciēce: Tiercement quelle chose de ses faiz et de sa doctrine monseigneur saint augustin uga estre mises en ce liure & en sõ oeuure/ la seconde partie se cõmence ou il dit Mais ie croy &cet.. Et la tierce ou il dit. Toutesfois iay fait mencion &cet.. Selon eusebe en ses croniques platon fut ne ou iiii. an̄ du royaume de darius nothus ou plxiiii.an̄ de socrates son maistre: Et du temps de sa natiuite fait monseigñr sait augustin mencion cy aps ou xxxviii chapitre du xviii.liure. De luy dist monseigneur saint ierosme en sõ premier liure contra iouinianum que eusippus qui fut nepueu de platon et autres a sa louenge escriprent que sa mere ainsi comme en fantasie auoit este oppressee dappolo & auoit este engendree de luy, car ilz disoient que cestoit chose impossible quil peust estre ne dune vierge. Appuleius en son liure quil fist de sa vie et de ses meurs dit quil fut filz dung appele ariston qui estoit du lignage de neptunus et sa mere eut nõ picoine. laquelle fut du lignage de solon q̃ fut sū des sept sages et celluy qui fist les loix. il commenca a estre en auctorite et flourit en science ou xviii. an̄ de artaxerces le second selõ eusebe en sa cronicque. Des voiages quil tint et des diuerses regions q̃l trespassa et ou il alla pour acquerre science par le monseigneur saint augustin,/ si fait Valerius maximus ou viii. chpitre de son huitiesme liure/ de dictis et factis memoralibus,/ lequel descript assez les regions et pays quil cherca et ou il alla pour acquerre science/ si fait monseigñr saint ierosme ou prologue de sa bible:

¶ Valerius maximus en son premier liure ou chapitre de p̃digiis dit que quāt il estoit á cores ou bercheau les mouches du vaisseau ou il font le miel luy apportoient a menger en son dormant le miel et luy mettoient entre les leures qui fut signifiance de doulce et soueraine eloquence/ il ne fut pas seul a qui ce aueint Car par sēblable maniere auit il á hiero q̃ fut mue en son enface ouquel les mou-

ches apportoient le miel en la bouche sicō
me il dormoit, et depuis fut trop de sezille
scomme dit Iustin en son xxoziii. liure, et
Valerius maximus ou lieu dessus alle-
gue dit, que ce Mida qui fut roy de Frige
tandis qͥl estoit petit enfant les fourmis
luy apportoient grains de fourmens et
luy mettoient en sa bouche en son dormāt
quil fut signifiance quil seroit le plus ri-
che homme du monde, et aussi fut il. An-
cores dit Apuleius ou lieu dessus allegue
que comme Ariston pere de Platō menast
Platō son filz a Socrates affin de linstrui-
re et apprendre science. La nuit deuant,
Socrates auoit songe que vng pouchin
tout blancq et de tresdouce voix estoit a-
uole en son sain du temple de Cupido la
deesse qui estoit en Achademie, et de son
sain estoit vole ou ciel enchantant. Et
que quant Socrates dit Platon il dist a A-
riston son pere que linterpretacion de son
songe estoit acomplie. De luy ancores
dit Ieronimus ou lieu dessus allegue que
cōme il fut riche et eust veu q̄ ce Diogenes
auoit touillé de ses piedz tous ors et tous
boeux ses chambres et ses paremens il es-
seut a aller demourer en vne ville qui a-
uoit a nō Achademie q estoit loigz de la
cite dathenes. Laquelle ville nestoit pas
seulement deserte, mais plaine de pesti-
lences, car la terre y trambloit ainsi com-
me continuelement. Et ce fist il affin
quil peust estudier et quil fust hors de tou-
tes delices et quil y peust auoir de toutes
maladies et quil peust reffraindre la de-
lectaction de sa chair. Dont il auint que
pour ceste cause plusieurs de ses disciples
se creuerent les yeux, il estoit moult con-
tinent dont il auint sicomme dit Vale-
rius en son quatriesme liure ou quatries-
me chapitre. que comme vng sien varlet
eust mesprins et il se doubtast que pour
cause de son couroux il ne excedast me-
sure en le batāt, il le bailla a batre a vng
sien amy appelle Senſippus et luy dist qͥl
le batesist a sa voulente. Valerius
dist ancores de luy que Denis le tyrant qui

fut roy de sezille et qui tant estoit mau-
uais quāt il sceut que Platō venoit en ba-
taille dōt il estoit seigneur il luy alla al
lencontre treshonnourablement et a tres
grant quantite de nefz, et en toutes icel-
les il fist mettre voilles blans. Hesināt
dit quil trouua ce Denis tout auironné de
gens darmes auquel il dist, cōment dist
il as tu fait tant de maulx qui te faille
garder a tant de gens darmes. Il estoit
vne fois ordonne a lire sa lichon et cōme
il retardast a lire, ses disciples luy demā-
derent pourquoy il ne lisoit. et il dist quil
attendoit tant que ses escouteurs fussent
venus, et quant Aristote fut venu il dist
lisons ses escouteurs sont venus sicōme
il se troeuue ou liure de sa vie et chastie-
ment des anciens philozophes. On luy
demanda vne autre fois qui seroit prouf-
fitable a bien gouuerner vne cite, et il res-
pondit que cestuy y estoit bien prouffita-
ble qui se sauoit biē gouuerner. Vne au-
tre fois on luy demanda comment il pou-
oit auoir venu a si grant science. et il luy
respondit pour ce dist il que iay plus vse
duyle en mon grasset que ie nay fait de
vin en mon godet. Il disoit quil estoit
deux royaumes, lun qui estoit compare
au iosne enfant, et lautre a vng vieillart
Se les reuenues dist il sont plus grādes
que la despence le royaume est iōne et fait
le de durer longuement. Et sil sont pa-
reulx ancores est il assez iosne. mais se la
despence estoit plus grant que les reuenu-
es le royaume est viel. Il dit vng iosne
hōme qui vendoit et gastoit tout leritai-
ge et toutes les terres qui lui estoient ve-
nues de succession. et lors il dist la terre de
uoure les gēs. mais cestuy deuoure la ter-
re. Quant est a la maniere de bailler
sa science, il est assauoir que en tous ses
liures il amaine tousiours vne personne
qui parle ou faint que autres parlēt lun
contre lautre. Et ne parle nulle fois
en sa persōne ne dit que ce soit il qui parle
e pour ce nest pas legiere chose a scauoi:
sō ītēciō des choses qͥl traicte en ses liures

¶ Auec ce selon ce que dit helinād si comme il peut apparoir il auoit accoustumé de intituler ses liures des noms de ses maistres ou des maistres de ses maistres/ces liures sont telz/typmeus pherdron gorgias et pitagoras/et quant est des autres choses de ce chapitre elles sōt assez cleres

¶ Le .v. chapitre ouquel il traicte quelle chose est par especial a disputer de theologie auec les platoniciens a loppinion ou iugemens desquelz les doctrines ou enseignemens de tous autres philozophes sont a mettre arriere. D.

Ce platon doncques dit celluy estre sage qui ensuit congnoistre et ayme ce dieu par sa participaciō duquel il est bieneure quel besoing est il dencherrer les autres philozophes: Nulz deulx naprocha si prez de nous crestiens en cōgnoissāce de dieu q̄ firēt ceulx cy/cestassauoir les platoniciens. Oidōnes doncques lieu a iceulx philozophes. non pas seulement celle theologie fabuleuse nourrissant et attraiant a delict les courages des mescreans par les crismes des dieux/non pas aussi seulement celle theologie ciuille en laquelle les ordȳables decepuās le peuple enclin a iopes terriennes veulent auoir leurs honneurs et humaines erreurs lesquelz dyables esmeuent ceulx qui les seruent a adourer par estude tresorde a regarder leurs ieux et leurs crismes ainsi cōme se cestoit leur sacrifice ou cultiuement/ et parquoy ilz ont ieux plus desitables en ceulx qui les regardent faire/se aucunes choses qui sēblent estre hōnestes sont faictes en leurs temples/elles sont deshonnestes faicte comōctiō delles au choses qui sont faictes au theatre. Et aussi quelques ordes choses faictes au theatre sont alouer se elles sōt comparees aux ordures faictes en leurs temples/a ces philozophes aussi/cestassauoir aux platoniciens doiuēt donner lieu/les choses que Barro interpretoit par telz sacrifices appartenir par signifiāce au ciel et a la terre et aux semēces et oeuures des choses mortelles. Car par telles cerimonies les choses ne sont point signifiees/combien quil sesforce de le demonstrer/et pour ce verite ne sensuit point pour son esforcement/ et ancores se il estoit ainsi si ne deueroit pas lame raisonnable adourer ou honnourer comme son dieu/les choses qui sont au dessoubz et moins dignes q̄lle nest/ne ne deueroit pas esleuer pardessus soy cōme ses dieux les choses desq̄lles il a faicte plus hault: Aux philozophes deuant nommez doiuent donner lieu les choses/cestadire les liures appartenans a telz sacrifices ou cerimonies lequel numa pompilius roy des rommains ordonna a estre mucees et mis auec soy en sō sepulcre apres sa mort Lesquelz depuis furent trouuez en tournant la terre et ars par le cōmandement du senat de romme. ¶ Et a ce que nous soupchōnons plus doucement dudit numa de ceste maniere selon ce sēblablemēt les choses declairees et demōstrees au roy alexandre. de macedoine par vng grant euesque des egyptiens appelle lpon/en quoy il luy demōstroit q̄ piceus/famus. eneas/romulus. hercules/ esculapius/ liber filz de semele/ cest bachus et les freres tindaridos/cestadire castor et polux filz de leda femme de tindarus. Et se aucuns autres mortelz estoiēt reputez pour dieux ne furent pas seulement hommes mais aussi furent dieux si cōme il disoit les haulx et grans dieux ētre les papēs desquelz tulle en son liure des questions tusculanes fait mēciō en lisāt leurs nōs cestassauoir iupiter/iuno. saturnus. vulcan⁹. vesta et plusieurs autres lesq̄lz varro sesforce de trāsporter aux pties ou elemēs du mōde lesq̄lles choses ainsi reueleʒ dud. euesq̄ ledit alipādre escript a sa mere

Et pource que icelluy euesque se doubtoit de ce quil auoit ainsi reuele telz misteres il requist alixandre admonnesta, que quãt il auroit escript a sa mere ces choses qui luy commãdast quelle ardist les lettres.) Doncques non pas seulement ces choses lesquelles la theologie fabuleuse et ciuile contreuuent, et doiuent donner lieu aux philozophes, de secte et disciple de platon qui dirent le vray dieu estre aucteur de toutes choses, et enlumineur de verite, donneur de bieneurete, mais semblablement les autres philozophes qui aiant leurs pensees enclines aux corps cuiderẽt de nature estre corporelz, donnẽt aussi lieu a si grans hommes congnoissans dieu, ceulx qui dirent sa cause et le principe de toutes choses estre corporelle sicomme thales qui disoit humeur estre telle cause ou pricipe anaximenes disoit que cestoit lair. les stoiques le feu, epicurus les athomes, cestadire corps trespetis et tres menuz qui ne peuent estre diuises ne apperceuz, et aussi plusieurs autres lesquelz il ne conuient pas nombrer, qui dirent ou corps composé, ou corps viuãs ou non viuans. mais touteffois corps estre cause pricipe des choses. Car aucũs deulx sicomme les epicuriens croient que les choses q̃ ont vie peussent estre faictes des choses sans vie. Les autres disoient que les choses aiant vie estoient faictes des choses viuans, mais ilz disoiẽt que les corps estoiẽt fais de corps, car les stoiciens cuiderent que le feu qui est vng des quatre elemens dont ce monde visible est fourme, eust en soy sapiẽce, ql eut fait le monde, que du tout en tout il fust dieu ⁌ Ceulx cy et autres leurs semblables ne pouoient penser fors ce seulement, que leurs cueurs qui estoiẽt estrois tenus de la sensualite charnelle leur disoient p maniere de fable.) Quelz merueilles? Ilz auoient en eulx ce quil ne veoient pas ne ymaginoient en eulx ce quilz auoient veu par dehors, et aucuneffois quãt ilz ne veoient pas ce dehors, mais en le pen

sant seulement.) Or est il ainsi que ql appert en sa pensee nest pas, mais sẽblãce de corps, et ce parquoy ceste semblance de corps est veue en sa pẽsee nest pas corps ne semblance de corps et parquoy est fait vray iugement se telle semblance est belle ou lapde. pour certai cest meilleur que celle semblance qui est iugee estre telle, cest la pẽsee humaine et la nature de same raisonnable, laquelle pour certain, nest pas corps se celle sẽblance de corps ne lest quant elle est cõsideree et iugee ou courage de celluy qui la pẽse. Dõt nest pas nr̃e pensee ou ame, ne terre, ne eaue ne air: ne feu, de qui sont dictes ces quatre elemens, dont nous veons ce monde corporel estre cõpose, et se nostre ame nest corps cõmẽt sera le createur de same corps.) Or donnent doncques lieu aux platoniciens, si comme iay dit et les vngz et les autres q̃ eurent vergonne de dire dieu estre corps. mais touteffois ilz cuiderent noz ames estre de celle mesmes nature dõt dieu est ne ne les osta de ceste erreur la mutabilite de same qlle attribuer a dieu est tres grant felonnie, mais ilz dient sa nature de same estre muee par le corps, car elle nest pas muable par soy mesmes, mais aussi bien peuent il dire sa chair estre nauree par aucun corps car elle nestoit pas nauree par soy mesmes.) Or est il ainsi que ce qui ne peut estre mue, ne se peut estre par chose du mõde, et par ce quil peut estre mue par corps peut estre mue par au cuue chose, aissi ne peut estre dit propre ment non muable.

⁌ Expposicion sur ce chapitre.

En ce cinquiesme chapitre mõseignr̃ saint augustin commence a pler des platoniciens a les mettre au deuãt de tous autres philozophes, et demõstre que en science et philozophie naturelle ilz furẽt plus excelens que les autres, T par especial que la doctrine des platoniciens de la congnoissance de dieu va deuãt toutes les theologies des hommes qui nont pas ne ne treuuent la foy de iesucrist. Et faict en ce chapitre deux choses. Premierement il met la theologie des platoniciés au deuant de la theologie fabuleuse ou du theatre/a de la theologie ciuile/toutes lesquelles ont este reprouuees aux deux liures precedens Ausquelz aussi a peine p tout la doctrine de Varro a este reprouuee. Et aussi les liures de numa pōpilius lesquelz il auoit escrips des dieux et des choses diuines et lesquelz il fist éterrer auecques luy/et qui depuis furent trouuez et ars par lordonnance du senat. Il a este p le ou vpiiii.a pvv.chapitres du Vii.liure Mais en lepistre que monseigneur saint augustin dit qui fut enuoyee a alexandre par leuesque degipte est faicte mencion de plusieurs choses. Premierement il y est faicte mencion de piccus et de samus/desquelz nous auons parle ou quart chapitre du premier liure. Et aussi en parle largemēt ouide en son tiers liure de fastis/Apres il est faicte mencion de eneas dugl titus liuius en son second liure lequel est de la naissance de rōme dit que a vng fleuue qui est appele munichius/il est adoure pour dieu. Et est appele des habitans de celle terre iupiter indigetes. cest adire fait de homme. Et aussi appellent ilz indigetes tous les dieux qui sōt fais de hōmes. Et de celle diffinicion fait mōseignr sait augustin mencion cy apres ou p.chapitre du pViii.liure. ¶Apres il fait mencion de romulus qui fut tenu pour dieu des rommais/de la deificaciō duquel nous auōs parle sur le pV.chapitre du tiers liure. Apres est faicte mencion en ceste epistre de hercules qui fut de thebes et de thebeiens q auecques ses compaignōs passa en espaigne/et de la retourna en ptalie ou lieu ou a present est romme/ou regnoit pour lors euander qui estoit parti darchade a estoit la venu demourer/et fut celluy hercules qui occist cacus vng grant larron qui luy

auoit emble ses beufz et traine a reculons par les cheueulx en vne quarriere/affin quil ne congneust les pas/si comme dit titus liuius en son premier liure/lequel hercules euader salua comme filz de iupiter: en disant que sa mere appelee carmentie interpreteresse auoit prophetize de luy quil deuoit accroistre le nombre des dieux celestiens. Et tantost fut dedye vng temple en vne aare a celluy hercules/ou depuis furent faictes par les rommains les solenitez de hercules. aussi pour les grans et merueilleux fais quil fist fut tenu pour dieu de plusieurs gēs/toutesfois est il as sauoir quilz furent plusieurs hercules/comme il appert par monseigneur saint augustin cy apres ou Viii.et vii.chapitres du pViii.liure. ¶De ce hercules dit ainsi aristote en son liure qui sappele de problematibus. Tous les hommes dit il q ont este excellens/soit selon philozophie ou selon politicie ou politicque/ou selon poetrie/ou selon les ars seulemēt estre me rencofieux. Et certes dit il hercules fut de ceste nature. Et sont telz gens empeschez de maladies qui viennent et sont causees de noire colle. Et pour ce la maladie des epilenticques par les anciens est denommee de hercules. ¶Apres en ceste epistre est faicte mēcion de esculapius dugl nous auons parle sur le pVii.chapitre du tiers liure. Apres de liber pater le dieu du Vin/qui autrement est appele bachus qui pareillement fut de thebes qui alla iusques en la fin de ynde/et leur aprint a labourer les vignes et a faire le Vin. Et pour ce est il faint par les poetes estre dieu du Vin/et faingnent ancores les poetes ql fut filz de iupiter et de semele. ¶De ce liber nous auons parle ou ppi.et ppiiii.chapitres de ce liure/et ou ip et ppi.chapitres du Vi.liure. ¶Apres il y fait mencion de castor et pollux qui furent freres de tindaris/lesquelz furent enfãs de leeda/et de iupiter selon vne maniere de fable. Et selon laultre fable helene a pollux furent enfans de iupiter a de leeda et de tindaris/a fut mor tef. La mort duquel son frere racheta par sa mort. La verite est telle que castor et polux furent freres et enfans de tindaris et de leeda/ desquelz quant ilz vint a leur congnoissance que paris auoit rauie helene leur soeur/ ilz se mirent en mer pour la rescourre/ lesquelz ne furent puis veuz pour ce qilz furent noyez par auenture. Et pour ce quilz napparurent plus/ on tint quilz estoient transportez auecques les dieux/ Et quant est des autres plus grans dieux cest assauoir de iupiter qui fut roy de crete: Et de iuno qui fut nee de lisle de samos/ et des autres dont monseignr saint augustin fait cy mencion/ et desquelz tulle traicte en son liure de tusculanis questionibz. Nous en auons parle cy dessus en plusieurs liures et en plusieurs chapitres.

⁋Apres quant il dit. Doncques non pas seulement. ꝛc. Cest sa seconde partie de ce chapitre en laquelle monseigneur sait auguStin prefere sa doctrine des platoniciens quilz eurent de dieu a la theologie naturelle des autres philosophes Et fait cy deux choses: premierement il demonstre comment les autres philosophes q mettent que dieu est ung corps se descordent des platoniciens. Et est soppinion toute clere Secondement il demonstre leur ignorance. Et celle seconde partie se commence ou il dit. Ceulx cy et autres semblables. ꝛc. Et la fait il ancores deux choses. premierement il reprueue en general tous ceulx qui mettent dieu estre ung corps. Secondement il reprueue en especial ceulx q mettent ou tiennent que dieu ne soit point ung corps/ mais il est de celle mesmes nature laquelle est lame. Et celle seconde partie se commence ou il dit. Or donnent doncqs lieu. ꝛc. Est assauoir quil estoit deux manieres de ces philosophes/ sicomme il appert par ysidore ou viii. liure de ses ethimologies/ laquelle monseigneur sait auguStin innue en ce chapitre/ car aucuns mirent que dieu estoit lame ou la pensee de lx demourant en toutes choses/ sicomme pitagoras a quoy saccorde ce que dit cathon

qui fut stoicien qui fist les petites eticques desquelles le commencement est tel que on appelle sa fable. Et deus est animus nobis ut carmina dicūt. Hic tibi precipue sit pura mente colendus. Les autres se dirent estre sa seule pensee ou courage/ sicōme tulle. Les autres se dirent estre esperit ou pensee/ sicomme varro. Et qui voulria veoir plus largemēt de ces sectes et des oppinions que en tenoiēt les philozophes voie ysidore ou vi. chapitre du viii. liure de ses ethimologies.

⁋Du sens des platoniciens en celle partie de philozophie qui est appelee phisicque ou naturelle: vi.

Es philozophes doncques lesquelz nous veons par leur merites estre esleus par dessus les autres en renom et glore. virent q nul corps estoit dieu/ Et pour ce esleurent sur tous corps leur entendement en querant dieu/ Apres ilz virent que nulle muable chose nest dieu souuerain/ et pour ce ilz esleurēt leur entendement sur toutes ames et sur tous esperis muables en querant le souuerain dieu: Aps ilz virēt que toute fourme qui est en quelōcque chose muable que ce soit en quelque maniere et quelconques nature que ce soit/ ne peut estre/ fors de celluy qui vrayment est/ car il est sans mutabilite/ et par ce ilz virent que cest le corps de tout le mōde. soiēt ses figures/ les qualitez/ les mouuemens/ ordōnes la disputacion des elemens du monde du ciel iusques a la terre. Et tous les corps q y sont soit toute vie qui nourrist et contient/ sicōme est aux arbres/ herbes/ plātes. cest appelee vegetatiue/ ou soit vie qui nourrisse et contiennt et auecq ses sēs/ sicōme est aux bestes mues poissons et oyseaulx. Et ceste vie ou ame est appelee sēsitiue/ ou soit vie qui nourrisse contienne et sente et auec ce a entendement, sicōme est en humaine creature, et est dicte entendible, ou soit dieu q̄ n'ait mestier de nourrissement, mais toutesfois contienne sente et entende, sicōme est aux angles. Ilz dirent dy ie que toutes ces choses ne peuēt estre, fors de cellup qui simplement est indiuisible sans composicion, l'estre duq̄l n'est point a sup autre chose que sa vie, cōme il ne puisse auoir esteet nō auoir vie, duq̄l aussi la vie n'est point a sup autre chose que bieneurete. car son entendemēt. car il ne peut auoir vie et non entendement l'entendement duquel n'est point autre chose que sa bien eurete. car il ne peut auoir entēdemēt et nō auoir bieneurete. q̄ n'est autre chose en sup q̄ estre. Quia oīa que in eo sunt sunt ipse deus. Pour ceste imutabilite et simplicite de dieu les dessus dictz philozophes entendent q̄l auoit toutes autres choses que sop, et que il ne pouoit auoir este fait d'autre. Car ilz considererent que quelcōque chose qui soit corps ou vie, c'est meilleure chose estre vie q̄ corps, et que l'espece du corps est sensible et l'espece de la vie est entendible. Et pour ce ilz mirent l'espece entendible au dessus de l'espece sensible. ¶ Nous disons celles choses estre entēdibles qui peuent estre entendues par consideracion de sa pensee ou entendement, car il n'est nulle beaulte corporelle, soit en estature de corps, sicomme est la figure, ou en mouuement sicōme est vne chancon qui ne soit iugee par sentendement. Laquelle chose pour certain ne pouroit estre, se telle espece en sentendement n'estoit meilleure sans estre enflee ou pesante sans aucun son ou strepist de voix, sans espace de lieu ou de temps. Et neantmoins se l'entendement n'estoit muable en cellup ne iugeroit point mieulx que l'autre d'une sensible espace. ¶ Ne cil qui seroit de meilleur engin ne iugeroit point mieulx q̄ cellup qui l'auroit plus rude, ne le plus sage mieulx q̄ le fol, ne le pl' expt mieulx q̄ le mois expt. Auecques ce vng mesmes entendement quant il purfite deuient de meilleur iugement que deuant. Or est

il ainsi q̄ ce quil recoit plus ou moins sās aucune doubte est muable. Dont les philozophes de grant engin et sages et bien hantez en telles choses legierement conclurēt que sa premiere espece n'est point aux choses ausquelles elle est trouuee muable. Doncques cōme ilz considerassent q̄ corps et ame eussent espece ou fourme selon plus ou moins, laq̄lle s'ilz n'auoient ilz deuendroient riens. Ilz apperceurent que aucune chose estoit en quop estoit vne premiere et non muable fourme ou espece. Et pour ce icelle nō estre corporelle, et en icelles courent tres vrapmēt estre le commēcemēt des choses, lequel principe ou commencement ne fut poit fait, et duq̄l toutes choses fussent faictes. En tant que dieu manifesta aus dis philozophes ce qui est sceu de sop. quāt les choses de dieu inuisibles par les choses qui sont faictes furent d'eulx congneues et entēdues. Verba pauli ad ro. .i. Et aussi sa vertu et diuinite pardurable, duquel certainemēt toutes choses visibles et corporelles sont creees. Ces choses soient dictes de celle partie de theologie, laquelle il appelent phisicque ou naturelle.

¶ Exposicion sur ce chapitre.

En ce vi. chapitre monseigneur sait augustin demonstre comment les platoniciens vindrent iusques a auoir cognoissance de dieu. Et fait en ce chapitre deux choses selon les deux voyes par lesquelles ilz vindrent a la cōgnoissance de dieu, desquelles l'une vient p maniere de causalite, et l'autre vient par maniere de eminence. La seconde partie se cōmēce ou il dit. Car ilz considererent. acc. Et est a noter en ce chapitre q̄ en dieu estre n'est autre chose que viure. a ce quon dye qui puisse estre et non viure ne viure autre chose et entendre vne autre chose, et ainsi comme s'il peust viure et non entendre.

I.ii.

Com grandemēt on doit auoir et tenir les platoniciens plus excellés des autres en logicque/cestadire en philozophie naturelle ou racionele. Ḃii.

Ais tant comme il appartiēt en la doctrine en laquelle est traictee l'autre partie quilz appelent logicque ou racionelle. Ja nauiēne que aux philozophes dessus dis soient comparez ceulx qui mirent iugement de verite aux sens corporelz/ et qui en leurs rigles desloyales et deceuables dirēt estre la mesure de toutes choses que on aprēt/ sicomme dient les epicuriens et quiconques autres de leurs sectes. Et aussi les stoiciens/ lesquelz comme ilz aymassent moult la subtilisite de disputer quilz appelēt dyaleticq. cuiderēt quelle fust a introduire ou demener des sens corporelz. Et affermoient q̃ par elle sentēdement conceut les cognoissances appelees en grec ennoeas/ cestadire des choses desquelles ilz desclairent p diffinicio. Et est ce que dit le texte q̃ est tel Hinc asseuerantes aim concipere nationes quas appellant ennoeas earum rerum scilz quas diffiniendo eppliquant: etc. Et affermoient aussi que de ce estoit engēdree ou ordonnee toute congnoissance ou maniere de aprendre ou denseigner. Dōt ie me suys moult merueille que cōe ilz dissent nulz estre beaulx/ fors les sages seulement par quelz sens corporelz ilz veoiēt ceste beaulte. p quelz yeulx corporelz ilz regardoient la fourme et la beaulte de sapiēce. Mais les philosophes lesquelz p raysons nous reputons plus excellés q̃ ceulx cy mettoient difference entre les choses cōgneues par lentendement/ et les choses cōgneues par les sens corporelz/ sans oster aux sens leur puissance/ et sans leur donner oultre ce quilz ne peuent. Et dirent la lumiere de lentendement a aprendre toutes choses estre icelluy mesmes dieu de qui sont faictes toutes choses.

Expoficion sur ce chapitre.

En ce vii. chapitre monseigñr saint augusti p̃fere les platoniciēs aux philozophes en la science de logicq ou raysonnable. Et fait trois choses en ce chapitre. Premierement il met ce en quoy les autres philozophes tant stoiciens cōme epicuriens conuient et saccorde. Secōdemēt pour ce quil semble que les stoiciēs aymēt mieulx p logicque ou dyaleticque q̃ les epicuriens/ et argue contre eulx p et ses repreue par especial. Et ceste seconde partie se cōmence ou il dit Dont ie me suys moult esmerueille. etc. Et tiercemēt il met la sētence des platoniciens. Et ceste tierce partie se commence ou il dit. Mais les philozophes lesquelz par rayson. etc. Et est le tendement de ce chapitre tout cler.

Le viii. chapitre ouquel il desclaire que aussi les platoniciens tiennent la souueraineté en philozophie morale. Viii.

L'autre partie de theologie est dicte moralle laq̃lle ilz appelent ethicque en laquelle est equis du bien souuerain auquel sont rapportees toutes choses que nous faisons/ lequel nous desirons non pour autre bien mais q̃ pour soy mesmes q̃ nous le querons/ nous ne demandons/ aucun autre bien/ par quoy nous soyons bienneurez. Et pour ce nest pas merueilles se ce bien est appele fin/ car pour luy nous voulons les autres biens. mais nous ne le voulōs pas pour soy mesmes. Et ce bien bienneure aucuns dirent que cestoit bien de corps/ aucūs que cestoit bien de lame/ aucuns que cestoit bien de lū et de lautre. Car ilz veoient homme estre compose de lame et du corps/ pour ce ilz creoiēt que de lun ou de lautre ou des deux ensemble q̃lz peussent estre bien p vng bien final/p̄ lequel ilz fussent bienneurez/auquel il rapportassent toutes choses quilz faisoient/et ainsi nenquissent plus oultre autre bien a qui icelluy fust rapporte. ¶Dont ceulx qui adiousterent la tierce maniere de bien et q̃ est appelee dehors ou forain/sicōe est honneur gloire richesse ou autres telles choses. Ilz ne luy adiousterent pas cōe bien final/cestadire cōe a desirer pour soy mesmes/mais pour autre bien par lequel icelluy bien forain fust bon aux bons/et mal aux mauuais. Aussi ceulx q̃ firent le biē dhōe ou de lame/ou du corps ou de lun et de lautre ne cuiderent q̃ autre tel biē fust a desirer/fors q̃ de hōme. Mais ceulx q̃ desirerēt ce bien de la ptie du corps se desirerent de la pire partie. Et ceulx qui la desirerent de la ptie de lame la desirerent de sa meilleure partie: Et ceulx qui de lun et de lautre se desirent de tout lomme/fust doncques dune partie de lōme ou de lautre ou de tout lōme nestoit ce q̃ de lōme. ¶Et pour ce que ces differences de bien sōt trois ne firent elles pas tant seulement trois dissencions et sectes de philozophes/mais plusieurs/car diuers philozophes ont eu diuerses oppinions et du bien du corps. et du bien de lame. et du bien des deux ensemble. ¶Ordonnent dōcques sieu tous telz philozophes a ceulx q̃ ne dirent pas homme estre biēneure par fruicion du corps ou de lame/mais de dieu/non pas sicōe lame vse du corps ou de soy mesmes/ou sicōe vng amy du autre/mais sicōe louefl vse de lumiere/et ainsi dautres choses selles peussent estre applicquees a ce p̄ similitude. Et q̃lle chose ce soit/nous le desclairerons a nostre pouoir en autre lieu a lepd̄e de dieu.

¶Epposicion sur ce chapitre.

En ce viii. chap. monseignr̄ saint augustin fait cōparaison des platoniciens aux autres philozophes/et les prefere a tous en la science morale. Et pour ce

que la fin derreniere et le bien souuerat est aux choses morales/aisi cōe le p̄mier pr̄ncipe ou cōmencement aux choses speculatiues. Pour ce demonstre monseignr̄ saint augustin que en ceste partie les platoniciens sentirent mieulx que les autres philozophes. Et premierement il met des oppinions quant a celle fin derreniere de ceulx q̃ disoient q̃lle estoit en fruicion daucun bien cree. Secondemēt il prefere et met au deuant loppinion de ceulx q̃ mirent le souuerain bien estre la fruicion de dieu/sicōe furent les platoniciens/sicōe il appt̄ par le chapitre ensuiuant. Et ceste seconde p̄tie se cōmence ou il dit. Ordonnēt doncqs sieu.&c. Pour lentendement de la premiere ptie. iassoit ce quil y ait moult grāt quantite doppinions/sicōe il appt̄ par le p̄p̄. liure ou premier chapitre/touteffois sont elles ramenees a toutes manieres desq̃lles la distinction se p̄ent ainsi. Pour ce q̃ nulz des philozophes ne mistle souuerain bien consister aux biens q̃ sont dehors lōme. Sicōe en honneurs en richesses/et autres choses sēblables. mais seulemēt aux choses par dedens. Lesq̃lz biēs sont ou ses biens du corps ou ses biens de lame/ou de tout lōme compose du corps et de lame/et selon ceste diuision ilz eurent trois oppinions. Il est aussi assauoir que par ce corps nest pas entendu le corps en sa maniere q̃ il est distingue contre lesprit ou lame. Et pour ce par ce corps on entend le corps qui enclot/et a en soy appetit sensitif. Les epicuriens doncqs mirent le souuerai bien la derreniere fin en volupte/cestadire en la delectacion du corps. Les stoiciens se mirent en la pēsee pour ce q̃lz se mirent en vertu et en bien de raysōn cree. Touteffois les peripateticiens lesquelz mirent double felicite/cestassauoir sa cōtemplatiue et sa ctiue la mirent aux biēs ou bien du corps et de lame. Cestassauoir de lōme tout cōpose de lun et de lautre. Apres quant il dit quil parlera de ceste fruicion de dieu en autres lieux/cestassauoir ou p̄p̄ix. et p̄p̄p̄. chapitres du p̄p̄ii. liure.

J.iii.

¶ Le ix.chapitre ouquel il traicte de celle philosophie qui plus approcha pres a la foy crestienne. ix.

Or souffist ce que iay dit de platon quant a ce quil determina que la fin de bien fust en viure selon vertu/ laqlle chose fait seulement cil qui congnoist et ensuit dieu/et nest bieneure pour autre cause. Et pour ce il ne doubte pas q ce ouurer selon philozophie ne soit aymer dieu duquel la nature est corporelle/ dont il sensuyt q cil q estudie en sapiece est philozophe adonc bienneure il quāt comēce a vser de dieu. Car iassoit q cil qui vse de ce quil ayme ne soit pas bienneure incontinent. Car plus sont maleureux en aymant les choses qui ne sont pas a aymer a sont plus maleureux/car ilz en vsēt neantmoins nul nest bienneure q neuse de ce quil ayme/car ceulx mesmes qui ayment les choses qui ne sont pas a aymer/ ne se rapportent pas bienneurez en aymant mais en vsant.) Qui est dont cellui sil nest maleureux qui puisse renier que cil q vse de ce quil ayme/ et ayme le vray et souuerain bien ne soit bieneure.) Or dit platon que le vray et souuerain bien est dieu/ dont il veult q cellui soit philozophe qui ayme dieu. Et pour ce q philozophie tent a la vie bieneuree/ il veult q cil qui ayme dieu en vsant de luy soit benoist. Doncqs philozophes apperceurent du vray a souuerain dieu/ et quil soit faiseur de toutes choses crees et lumiere des choses cōgnoissables et bien des choses faisables/ a quil nous soit principe de nature et verite de doctrine et bienneurete de vie soient ou platonicques/ ou se attribuēt autre nom de leur secte. Ou soient aucuns plus solennelz en vne seule maniere de philozophie qui ces choses ayent a maintenir/sicōe fut ce platō et ceulx qui bien sentendirent/ou soiēt dytalie pour pitagoras et ses disciples/ ou p auenture autres de celle mesme secte/ou soient dautre pays des payens qui ont este sages ou philozophes/ sicomme athlāticques ou de la montaigne dathlas/ de libie/ degipte/ dīde/ de perse/ de caldee/ de scitie/ de galle despaigne ou autres q ce ayēt veu ou enseigne. Tous telz philosophes nous mettons deuant les autres et les disons plus prochains de nous crestiens/ car combien que aucū crestien tant seulement introduit aux escriptures de sa foy/ ait p auenture ignorance du nom des platoniciens ne ne sachent pas que en grec langage ayent este deux manieres de philozophes/ cestassauoir ionicques et ytalicqs/ si nest il pas si sourt en humaines choses quil ne sache bien que les philozophes sōt profession / ou de lestude de sapience ou de celle mesme sapience il est escheu. Toutesfois ceulx qui philozophient selon les elemens du monde/ non pas selon dieu de q est fait ce monde. Car il est admonneste p le commandement de lapostre a oyt en soy ce quil dist. Gardez vous que aucun ne vous decoiue par philozphie et vaine deception selon les elemens du monde. Et apres affin qil ne cuide pas que tous soiēt telz il eust ce que lapostre dit daucuns/ ce qui est sceu de dieu est en eulx manifeste/ car dieu sa manifeste en eulx. Car les choses de dieu nuisibles de puis le commencement du monde sont veues et entendues par les choses qui sont faictes/ et aussi sa vertu et diuinite par durable. Et comme lapostre parlāt a ceulx dathenes eust dit vne grāt chose de dieu/ a q pouoit estre entendue de pou de gent/ cestassauoir que en dieu nous viuōs nous auōs mouuemēt et sommes. Il aiousta et dist sicōe aucun des vostres dirent. Tel crestien aussi scait bien escheuer ceulx q errent en ce quilz diēt par erreur. Car ou lapostre dit que dieu leur manifesta a veoir par entendement ces choses inuisibles par celles qui sōt faictes. Il dit en lieu mesmes quilz nauoiēt pas honnoure dieu droittement/ car ilz attribuerent les honneurs diuines deues a dieu seulement a autres choses ausquelles il nappartenoit pas. Car eulx congnoissans dieu ne le glorifierent pas cōe dieu/ ne ne luy rendirēt graces/ aincois furēt vaincus en leurs cogitacions. ¶ fut en obscurite leur folle pensee/car eulx disans estre sages furent folz/et muerēt la gloire de dieu incorruptibile en semblance de lymage de lomme corruptible/et doyseaulx/de bestes/et de serpēs. Et en ce lieu de son epistre veult lapostre estre entēdus les romains les grecz et les egypciēs lesquelz se sont glorifiez du nom de sapience ¶ de ce nous disputerons assez tost avecqz eulx. Mais nous les mettons auant les autres en ce en quoy ilz saccordent avecqz nous de vng dieu acteur de ceste vniuersite q̄ nest pas tant seulemēt sur tous corps incorporelz mais est sur toutes ames incorruptibles qui est nostre principe nostre lumiere ¶ nostre bien.

Expposicion sur ce chapitre.

En ce ix chapttre monseigñr sait augustin demonstre cōe les crestiēs se doiuēt auoir entre les philosophes, ou les fupr ou eschcuer ou non eschcuer. Et pour ce q̄ ou bien quilz ont eu de dieu par reuelacion ilz ne sont point a fupr ne a eschcuer/ mais ou mal seulement. Pour ce fait .ii. choses monseigñr sait augustin en ce chapitre. Premieremēt il demōstre cōmēt aucuns de ces philosophes sentirent bien de la bienneurete et du souuerain bien/ sicōe les platoniciens ¶ tous les autres qui saccorderent a leur oppinion, ou qui furēt de celle oppinion. fussent iopans ou ptaliēs tous lesquelz philosophierēt en grec et nō point en latin. Car iusqʒ a ores en ptalie qui fut appellee la grant grece en ya ancores aucuns qui ont vne maniere de langage cōmun de grec/ soient daffricq̄ demourans en celle partie qui est de coste la montaigne dathsas/ soient de lisle qui est vne autre prouince daffricq̄/ laq̄lle est aucunesfois prinse pour toute affricq̄/ ou de quelconques pays ou regiō qlz soiēt Et en q̄lq̄ maniere q̄lz soient ditz nōmez et appelez silz ont sēti ainsi cōe platon/ cest assauoir q̄

la bienneurete ou felicite consiste en la fruicion de dieu. ilz ont sentu droittunieremēt et en ce ilz ne sont pas a fupr des crestiēs Secōdemēt ou il dit. Car cōbien que aucun crestien. ¶c. Il demonstre en quoy les philosophes sont a fupr ou a escheuer. car ilz furent plusieurs philosophes q̄ errerēt tant en la congnoissance de dieu et du souuerain bien cōe en la maniere de sadourer. Et ce sont ceulx de quoy lapostre parle en disant Gardez que aucun ne vous decoiue par philosophie. ¶c. Quant a la premiere erreur il adiouste vaine gloire ¶ seducion. Quant a la seconde il adiouste/ ¶ se lon ses elemens du monde/ car celluy qui est seduit p̄ celle maniere q̄l adoure les pierres et les bestes et les corps/ il est seduit a ce q̄l adoure selon les elemens du mōde Mais iassoit ce q̄ les autres philosophes ayent erre selon la seconde erreur. Toutesfois nont ilz pas erre selon la premiere sicōe les platoniciēs ¶ autres semblables Et pour ce sōt les philosophes a escheuer quant a ceste seconde erreur. Et pour ce q̄ monseigñr saint augustin en ce chapitre pse de fruicion/ il est assauoir que cōbien que on se prenne souuent pour vser/ cest toutproprement pse/ mais il est plus en vsage car on vse des choses tēporelles ¶ a temps Mais fruicion est de dieu et ppetuele, ancores est il assauoir q̄ ptalie fut iadis appellee la grāt grece/ sicōe dit psidore ou liure de ses ethimologies. Et en oultre quil y a trois langages en grec/ dont ionicque est lun pour vne partie de grece ainsi nōmee.

¶Le x. chap̄. ou q̄l il desclaire q̄lle soit lē cellēce d un religieux crestien entre les ars et science de philosophie. x.

On pour ce se aucun crestien ayant ignorance de leurs escriptures/ ne vsent poit en disputant de paroses q̄l na pas apris tāt q̄l sache appeler la naturelle en latin ou phisicq̄ en grec A celle ptie en laq̄lle celle ptie q̄ traicte de lq̄siciō de nature en tāt q̄l appele ceste ptie racionelle/ou logicque qui fait inquisiciõ cõment Berite puisse estre apperceue/ou tãt q̃ sache appeler celle ptie morale ou ethicque qui traicte des meurs et des fins des biens a desirer et des maulx a escheuer/il ne se sçupt pas pour ce que tel crestien ne sache q̃ de vng vray (et tressõt) dieu nature ne soit en nous/par laq̃lle nous sõmes fais en son ymage. Et que doctrine ne soit en nous par laquelle nous le congnoissons et nous mesmes/et grace aussi par laq̃lse nous sõmes bienheurez en nous confermant en luy. Decy doncq̃s la cause pour quoy nous mettons les dis philozophes au deuant des autres en excellence/Car cõbien que les autres ayẽt moult traueisse en mettant leur estude et engin en enquerre les causes des choses et quelse estoit la maniere de apprendre (et de viure. Toutesfois ceulx qui par la congnoissance quilz eurent de dieu trouuerent (et sceurent ou estoit la cause de lestablissement de toutes choses et la lumiere de apperceuoir Berite. et la fontaine de estre abreuue de bienheurete. Soient doncques ou ces platonicq̃s ou qsconques autres payẽs philozophes qui ayẽt sceu de dieu les choses dessus dictes/ilz sont dun sentement auecques nous. Mais pour ce q̃ les escriptures des platonicq̃s sont plus cõgneues/il nous plaist plus demener ceste cause auec eulx. Car les grecz mesmes dont le lãgage est plus notable entre les payens cõmanderent (et soureret moult leurs dictes escriptures et les latins aussi meuz de sexcellence et glore dicelles les aprindrent tresvoulẽtiers/Et en les translatant en latin les firent plus nobles et cleres.

(Exposicion sur ce chapitre.

An ce p. chap monseigñr sait augustin cõmence a assigner les causes plesq̃lles il veult mieulx disputer cõtre les platoniciens q̃ cõtre les autres philozophes. Et touche vne cause en ce chapitre disant q̃ la cause nest pas q̃ pour ce seu-

lement qlz ploient grecz/ilz eussẽt approche a la congnoissance de dieu. Car autel pourroient faire tous les philozophes de chascun langage/mais fut la cause pour ce q̃ leurs lettres sont plus congneues. (et est assauoir q̃ en ce chap. a deux enseignemens en effect. Lun est que ou tẽps de mõseigñr saint augustĩ la doctrine de platõ aussi cõme a presẽt est la doctrine de aristote estoit merueilleusement publiee. Et ancores dient aucuns q̃ les grecz preferẽt platon a aristote. Toutesfois la doctrine de aristote si passe a present celle de platon/ car elle procede plus de choses grosses (et espesses q̃ la philozophie platon saq̃lle procede p conceptions et astractiõs/sicõme les ydeees/des autres choses q̃ cheent plus en speculacion et en entendement q̃ ne soit q̃ elles se puissẽt monstrer p raysons naturelles.) Ancores a mõstrer cõment les platonicq̃s ou platonicieẽs approcherent plus pres de la foy crestiẽne/(et a la congnoissãce de dieu.) Monseigñr sait augustin eu viii. liure de ses cõfessions en plant cõmẽt il vint a sa cõgnoissance de dieu/(et en se regraciãt dist telles paroslles. (Tu mas dist il procure p vng hõme de grãt forume aucũs liures des platonicieẽs trãsfatez de grec en latin. Et en iceulx iay seu/non pas en propres motz/mais en substãce. sicõme il se peut prouuer p plusieurs raysons de ceste euangisse de monseigñr saĩt iehã) Jn principio erat verbum/et verbũ erat apud deũ/et deus erat verbũ. Hoc erat in pricipio apud deũ. Oia p ipm facta sũt/(et sine ipso factũ est nichil. Quod factũ est in ipso vita erat. et vita erat lux hoĩm: et lux i tenebris lucet/et tenebre eã nõ cõprehẽderũt. Et quãuis aĩa testimoniũ phibeat de luie. nõ tñ est ipa lumẽ/sz verbũ dĩ deus est eni lumẽ verũ quod illuiat oẽz hoiem venientẽ i hũc mundũ. Et qi ĩ hoc mũdo erat/et mundus p ipsũ fctũ est/(et mũdus eũ nõ cognouit. Mais il dit q̃ nẽp veit pas. Jn ppria venit et sui eũ nõ receperũt Quotquot aũt receperunt eũ dedit eis ptatẽ filios dĩ fieri credẽtibz ĩ noĩe ei[9]

Item dist qͥ seut la que deus Verbū nō eɣ carne non eɣ sanguine, non eɣ voluntate viri, neqʒ eɣ voluntate carnis, sed eɣ deo natus est. ¶Apres il dit qͥ a trouue q̄ leu en ces liures estre escript en moult de diuer ses manieres ces passes q̄ sentendent estre lepitre de monseigneur saint pol. Cest as sauoir qͥ sit filius in forma patris non ra pinam arbitratus est esse equalis deo q̄ naturaliter idipsū est. Mais il dit qͥl ne seut pas les autres passes de lepitre saint pol, ou il dit apres ces paroles. Semet ipsū epinaniuit formā serui accipiēs in si militudinē hois factus. 2c. Mais il trou ua ces paroles. Ante oia tēpora et supra, oia tempora incommutabiliter manet Vni genitus filius tuus coeternus tibi. Et q̄a de plenitudine eius accipiūt Vt beate sint et participatione manentis in se sapientie renouantur Vt sapientes sint. Et ne se merueille nul se nous auōs dit ces motz en latin, car nous sauōs fait pour la haul tesse de la matiere & pour la noblesse q̄ vail lance de ceulɣ qui ce mirent en escript.

Apres il dit au viii. liure q̄ cōme il sust venu a saint simplicien pour acq̄rir la gra ce de monseigneur saint Abroise qui estoit euesque de millan, leq̄l lapmoit cōme son pere. Et luy dist les inuolucions de ses er reurs et ses circuites, et luy racontast cōe entre les autres choses il auoit seu aucūs liures des platoniciens lesquelz on disoit que Victorinus qui fut crestien auoit trans late a romme de latin en francois. Il luy sist grant ioye de ce quil les auoit seuz & q̄l nestoit pas cheu a sire ses liures des au tres philozophes, pour ce quil disoit quilz estoient plains de falaces et de decepcions selon les elemens du monde. Mais ses li ures de platon insinuoient et dēmōstroient en toutes manieres dieu et sa parolle, cest a dire son filz. Q̄ Verbū.

¶Le pi. chapitre ouq̄l il traicte dont viēt ce que platon peut acquerir telle science et entendement par laquelle il approcha la science de sa religion crestienne.

Ais aucuns acompaignez auec ques nous en iesucrist se merueil lent quant ilz oyent et lisent que platon ait sentu de dieu ces choses lesq̄l les ilz sçauient moult appartenir a la ve rite de nostre religion crestienne, et en tant que aucuns cuiderent que quant il alla en egipte il veist ieremie le prophete, ou quil eust leu en ce voyage les escriptures des p̄ phetes, laquelle oppinion iay mis en au cuns de mes liures. Mais sa rayson du tēps considere diligamment selon ce quil est contenu auɣ hystores des cronicques, demonstre que platon fut ne pres de cēt ās apres le temps que ieremie prophetisa, se quel cōe il eust vescu quatrevingtz & vng an, on treuue pres de sɣ ans de espace du tēps de sa mort iusques au tēps q̄ protho somee roy degipte req̄st auoir de iudee les escriptures des prophetes de sa gēt des he brieuɣ, et sist diligence tant q̄l les eut trās latez par sɣɣ. interpretateurs qui estoiēt hebrieuɣ, et sauoiēt aussi le langage grec Et pour ce platon en son dit voyage degi pte ne peut veoir ieremie qui si grant tēps deuant estoit mort, ne il ne peut lire les di ctes escriptures qui nestoient pas ancores translatees de hebrieu en language grec ouquel il estoit excellent. Et se estoit ce de tressubtil engin, il les aprint par interpre teurs ainsi cōe il sist celles degipte, non pas affin quil les trāslatast et meist en escript sicōe sist faire pthosomee p̄ sa deserte pour grant benefice, et q̄ aussi pouoit estre dou te pour sa puissance royale. Mais affin q̄ en parlant auecques linterpreteur il sceust ce que contenoient les dictes escriptures en tant cōe il en pouoit comprendre. Et pour ce affin que on se crope ou cuide ses iuge mens, ce semble sa monnestemēt p̄ ce que le liure de genese se commēce ainsi. Dieu sist au commencement le ciel et la terre, et estoit la terre inuisible et sans composicio Et tenebres estoient sur abisme, et lespe rit de nostreseigneur estoit porte sur seaue

Or dit platon en son liure de thimeus lequel il escripst, ouql il traicta de lestablissement ou constitucion du monde q̃ dieu en icelle oeuure conioinct premieremẽt la terre et le feu. Or est il certain que au feu il attribue le lieu du ciel. Ceste sentence dont a aucune similitude de celle par laql̃le il est dit ou cõmencemẽt dieu fist le ciel et la terre. Apres il dit q̃ leaue et lair sont les deux moyẽs p lesquelz interposez les deuant dictes eptremitez estoiẽt couplez ensemble, dont on cuide quil entendist ainsi ce qui est escript, et lesperit de dieu estoit porte sur leaue. Quelz merueilles, car cõe on entendist pou p quelle maniere lescripture seult appeler lesperit de dieu, pour ce que lair mesmes est dit esperit. Il peut sembler quil auoit oppinion que p celle escripture fussent entendus les quatre elemens. Apres riens nest si doulx ne si soif flairant en la saincte escripture cõe ce qui est dit, cestassauoir que le philozophe est a auenir de dieu. Et mesmement ceulx q̃ mesmes moult a ce que ie maccorde a dire que platon ne fust pas ignorant de ces liures. Cest ce que les parolles de dieu furent denoncees par langle a saint moyse en telle maniere que quant il luy demanda quel estoit le nom de celluy qui luy commandoit aller desliurer degipte le peuple des hebrieux. Il luy respondit Je suis q̃ ie suis. Tu diras aux filz disrael. Cellup q̃ est menuope a vous ainsi cõe en comparaison qui diapmẽt est, car il est non muable. Les choses qui sont faictes ne se soiẽt pas. Ce tint parfaictement platon et cõmanda ou esprouua tres diligamment. Et ie ne scay se ce est point trouue en aucun lieu aux liures de ceulx qui furent deuant platon, fois ou lescripture dit, Je suys q̃ suys et leur diras, cellup q̃ est menuope a vous.

Mais de quelque part que celluy platon ait apprins ces choses soit aux liures des anciens q̃ le precederent, ou soit (a mieulx si comme dit lapostre. Car ce qui est sceu de dieu est manifeste et appert en eulx que dieu leur a manifeste, car les choses inui

sibles de dieu sont sceues et entendues par celles qui sont faictes de puis lestablissemẽt du monde, aussi est sa vertu diuinite pdurable pour ce et nõ pas sãs cause ay ie esleu les platoniciẽs auecques lesquelz ie disputeray ce que on quiert en ceste q̃stion. laq̃lle nous auons maintenant prinse de la theologie naturelle. Assauoir se pour la bieneurete ou felicite laq̃lle est a auenir apres la mort il conuienne faire sacrifices ou solennitez a plusieurs dieux Je crop q̃ ie saye assez exposee, voire en tant cõme il touche la theologie poeticq ou fabuleuse. et sa theologie ciuile, et non pas en tãt cõe touche la theologie naturelle.

¶ Expposicion sur ce chapitre.

En cest xi. chap. monseign̄r sait augustin assigne autre cause double doublet rayson, pourquoy il veult plus arguer ou disputer auecq̃s les platoniciẽs q̃ auecq̃s les autres philozophes, et pa douible cause pourquoy il se fait, lune pour ce q̃ semble q̃ platon eust leues les sainctes escriptures, lautre car il attaĩt plusp̃s des choses q̃ nous auons aux saictes escriptures. Et fait ii. choses en ce chap ¶ premierement il traicte loppinion de ceulx q̃ disoiẽt q̃ platon auoit apprins des prophetes ou des sainctes escriptures ce ql auoit ensei gne. Secõdemẽt q̃ suppose q̃ celle oppinion soit vraye ou faulse, toutesfois doit on plus disputer auecq̃s les platoniciẽs que auecq̃s autres: Et ceste ii. ptie se cõmence ou il dit Mais de qlq̃ pt q̃ icellup platõ, xc. En la i. ptie il fait iii. choses. Premieremẽt il met loppinion daucũs laq̃lle a ii. pties soubz vne distinction. Lune q̃ platõ vit et opt ieremie le prophete, ou qui ne le vit pas, mais toutesfois quil apr̃st des liures de ieremie aucunes choses, et aussi de la saincte escripture, laquelle oppiniõ monseigneur saint augustin met ancoxes ailleurs ou second liure de la doctrine crestienne) Secondement il repreuue vne partie de ceste oppinion comme faulse simplement Cest assauoir que platon opst et veist ieremie le prophete. Et lautre partie il repreuue comme faulse en ung entendement, Cest assauoir quil ait dit aucunes choses des liures de ieremie ou des autres sainctes escriptures, laqlle chose est faulse se on entend des liures qui ont este trãsfatez de grec en latin, mais monseigneur saint augustin repreuue et lune oppinion et lautre par le compte des ans qui coururent entre ieremie et platõ, et ētre la mort de platon et la translacion des soixante & dix interpreteurs qui translaterent de hebrieu en grec le viel testament Mais quãt est du tēps qui courut entre ieremie et platon, il est assauoir selon eusebe en sacronicque que entre la mort de ieremie il y eut plus de cent ans, car ieremie fut occy ou pmier an de astrages roy des medes qui regna xxxvi. ans. Apres lequel regna cyrus qui fut pmier roy des perses xxx. ãs. Et apres luy regna cambises huit ans. Apres les deux freres qui estoiēt appelez magi regnerent vii. mois. Apres iceulx dacius yptassis regna xxxvi ans, apres lequel regna xerses le premier xx. ans, Apres artabanus sept mois, apres artaxerses regna quarante ans, apres xerses le second deux mois, auquel succeda sogdianus qui regna sept mois, apres lequel regna darius nothus dixneuf ãs, ou iiii. an du royaume duquel platon fut ne. Et ainsi de la mort de ieremie iusqs a ce q platon fut ne, coururent cent cinquante ans quatre mois ou enuiron. Mais monseigneur saint augustin dit que du temps q ieremie prophetisa iusques a la natiuite de platon coururent ainsi cõme cent ans. Et ne veult pas mettre nombre certain pour ce que les computacions des cronicques sont diuerses, et ne sont pas bien accordables. Et pour ce doit on plus tenir lincertainete en telles cõputaciõ, car il fut tel temps que les ans nestoient pas si grans cõe de vii. mois parfais selon sa cõputaciõ des anciens, et si ne tenoit on compte des

iours ne des bisseptes. Et pour ce se peuēt a peine trouuer nulles vrayes computacions, considere ancores que les anciēs prenoient leur compte, les aucuns selon les ciclades, les autres selon les olimpiades et plusieurs autres manieres q nous laissons pour ce que cest hors de la matiere: platon vesquit quatre vingtz et ung an, qui est le nombre quatre ou quadre de neuf Car ix. fois ix. font iiii. xx. et ung an, lequel est nombre parfait selon les philozophes. Et pour ce apres sa mort les philosophes le adourerent, & luy firent sacrifices sicomme nous lauons dit dessus ou vii. chapitre du second liure. Et affin q nous ny retournons plus, et pour donner declaracion aux autres textes et expositiõs tãt precedens comme subsequens, pour ce qon dit que vnes gens appelez magi luy firent sacrifices, il est assauoir q sicõme il se treuue aux hystoires, et sicõ catholicon se tesmoigne, ilz sõt appelez magi pour grãdeur de science, cest a dire a magnitude Et ceulx que les grecz appelent philozophes les perses les appelent mages, & les iuifz les appelent scribes, et les latins les appelēt maistres Toutesfois dit vguce quilz estoient prins pour ce quilz regardoient aux estoilles et iugoient des natiuitez des tēps. platon fut mort ou xxi. an du roy ochus roy de perse qui apres la mort de platon regna v. ans apres ce quil eut regne en arges iiii. ans apres ce que darius arcemi nus eut regne vi. ans. Apres ce que alexãdre le grant eut tenue sa monarchie v. ãs. et ainsi furent accomplis xx. ans. Apres regna ptholomeus q fut filz lagi qui fut roy degipte, et fut appele sother xl. ans: Auquel succeda sãs moyen ptholomeus philadelphus q fut p les lxx. interpteurs fist translater sa saincte escripture, cest a dire les cinq liures de moyse selon aucuns de hebrieu en grec, et ainsi appert quil eut lx. ans entre deux. Tiercement ou il dit que platõ ne peut veoir ieremie ne lire ses escriptures, &c. Il demõstre cõ sa. ii. ptie de son oppiniõ deuãt dicte se peut soustenir

selon ung entendement lequel il met pre/
mierement/ et appert assez le texte. Apres
il ameine aucunes choses par lesquelles
il semble que cel entendement puist estre
conferme/ et est par trois choses qui sont
trouuees en ses liures/ lesquelles semblēt
estre prinses de la saincte escripture/ l'une
est ou secōd liure qui est appelle in tymeo
platonis/ ou il dit que dieu ioingnit et as
sembla premierement la terre et le feu. La
secōde quil dit q̄ le philozophe est amour.
La tierce quil appela dieu theon/ q̄ en grec
est a dire estre ou essence/ qui en latin est a
dire qui est. Et le surplus du chapitre est
cler.

¶ Le vii. chapitre ouquel il traicte q̄ les
platoniciens/ iassoit ce quilz ayent senti
de ung vray dieu/ toutesfois iugerent ilz
et ordōnerēt a faire sacrifices a plusieurs
dieux.   vii.

E t pour ce que iay plus specia/
lement esleu ceulx cy/ cestadire
les platoniciens. Et ce nest pas
merueilles pour ce que de tant comme ilz
eurēt meilleure sentēce de ung qui fist ciel
et terre/ de tāt sōt ilz plus glorieux et plus
nobles que les autres. Et sont en tant es/
leuz sur les autres p le iugement de leurs
successeurs que combien que aristote disci
ple de platon homme de excellent engin/
et non pas pour certain pareil a platon en
eloquence. Mais qui legierement en ce le
surmontoit eust fait et ordonne la secte ap
pelee peripateticque/ pour ce quil auoit a
coustume a disputer en alant/ et eust assē
ble en son heresie plusieurs disciples com
me excellent en grant renomme platō son
maistre ancores viuāt. Et apres la mort
de platon eusipus filz de sa soeur et seno/
crates son disciple tint apres luy son escole
qui estoit en achademie. Et par ce et eulx

et leurs successeurs furent appelez achade
micqs. Toutesfois ses plus nouueaulx
et tresnobles philozophes a qui il a pleu
a ensuyuir platon ne voulurent poit estre
appelez peripateticques ou achademicqs
mais platonicques/ dont il y a de trois no
bles philozophes de grece. Cest assauoir/
plotin, iamblicque et prophire/ mais ap
puleius daffricque fut noble platonicque
en l'une et en l'autre langue/ cest assauoir
grecque et latine/ mais tous ceulx cy des/
sus nommez et autres de ceste secte/ et pla
ton mesmes cuiderēt que on deust sacri/
fier a plusieurs dieux.

¶ Expoficion sur ce chapitre.

E n ce vii. chapitre monseigneur sait
augustī demōstre q̄ on doit mieulx
disputer contre les platoniciens et ceulx q̄
se disoient disciples de platon que contre
les autres philozophes. Et fait en ce cha
pitre. ii. choses. Premierement il demōstre
comme il eut disciples excellens. Secon
dement comment tous saccordoiēt en une
erreur/ pour laquelle il conuenoit dispu/
ter contre eulx. La seconde partie se com/
mence ou il dit. Mais tous ceulx cy. ce.
En sa premiere partie il fait deux choses
premieremēt il recommāde les disciples
de platon qui estoient appelez peripatetic
ques ou achademiens/ de la secte desqlz
peripateticiens aristote fut le premier du
quel eusebe dit en sa cronicque q̄ ou xxxiii
an. de acta persee en laage de xviii. ans.
il fut disciple de platon. De luy dit tulle
en son dyalogue quil fist ortencium/ que
les parolles quil gettoit de sa bouche es/
toient comme une riuiere dorou doree. Et
ailleurs il dit que pour certain rien nestoit
plus agu ne plus polly de sa parolle. Age
lius en son xxi. liure de noctibus acticis/
dit de luy que en toutes choses humaines
il fut tressage et tresexpert. Tulle en son
v. liure de finibus bonorum et malorum

prepose platon a aristote et dit ainsi. Aristote dit il est le prince des peripateticques anciens seul ie scay ou dy par rayson estre prince des philozophes de platon. Et aussi monseigneur saint augustin se prepose a aristote/non pas de excellence dengin/car platon fut moult eloquent duquel quintilien ou derrenier liure de sa rethoricque dit que comme tulle se fust tout ordonne a enfupuir les grecz il trouua reluire la force de demostenes la coppie de platon/cestadire la noblesse de son eloquence/& la iocundite de socratres. et ailleurs en ce mesmes liure il dit que ce tulle fut vray imitateur de platon/cestadire quil ensuiuit platon en eloquence. De luy dit ancores Valerius maximus ou vii. chapitre de son viii. liure/en ceste maniere. Se iupiter dist il fust descedu du ciel/il ne peust auoir plus elegant ne plus bienheuree maniere de parler. Aristote en grec vault autant comme accomply de bontez/selon ce que dit celluy qui fist le liure de la vie & chastiement des anciens philozophes. Il fut ne dune ville qui estoit appelee stagica/& descedit du lignage deesculapius. Il fut souuerain philozophe et tresgrat medecin/& fut phisicien du pere du roy philippe de macedone qui fut pere dalexandre. Son pere se mena a athenes qui lors estoit appelee la cite des sages/et des vii. ans estudia en gramaire en poetrie en rethoricque ix ans: et iusques au xx. an/ouquel il deuint disciple de platon. Et quat platon sen alla sa derreniere fois en sezile/il laissa aristote en son lieu pour tenir les escoles/et fut en vng lieu qui estoit appele epydemia ou il aprenoit les escolliers forains et trespassans. Quant platon fut mort le roy philippe de macedoine senuoya querir et vint aristote a luy en macedoine/et la demoura et enseigna tant comme philippe vesqt. Et apres sa mort retourna a athenes et y demoura xx. ans apprenant et enseignant tousiours sa sciece. Or auint que vng rustre eut enuie sur luy et enoita le peuple ql fust couenu et accuse de ce quil nadouroit

les ydoles/ainsi come faisoient ceulx dathenes dot il fut acolte. pour ce pour doubte que on ne luy fist autel comme a socrates lequel ilz auoient fait mourir en prison par venin quilz luy auoient donne a boire Il sen partit & alla demourer en sa cite dot il auoit este ne en laquelle il tint escolles et aprint comme ailleurs et enseigna comme il auoit fait. Et apres se print a faire oeuures de charite et donner du sien largement aux poures gens a pupilles et orphelins et a ses marier/a poures escolliers estudians en quelque science quilz estudiassent. Il fist plusieurs liures tant de logicque comme de philozophie de natures et de moralitez. Il trespassa le lxviii. an de son aage. Et quant il fut mort ceulx de la ville prindrent ses os et les mirent en vng beau coffre/sequel ilz porterent ou lieu ou quel on auoit acoustume de traicter des grades et grosses besongnes. Ilz prenoient grant delectacion destre entour ce coffre/ouquel estoient ses os. Et quat ilz estoient epeschez en vne grosse besongne laquelle ilz ne sauoient pas bien desnouer ne en auoir la certainete/ilz retournoient a ce lieu ou estoient ses os/et la se tenoient si longuement en arguant qz en peussent auoir la verite. Et tenoiet que par ce quil auoit este si excellent clerc/et que ses os estoient la/ilz en auoient plus soubtil entendement et plus vray ingemet. Et aussi le faisoiet ilz pour le honnourer apres sa mort/si comme toutes ces choses se treuuent ou liure dessus allegue. Il estoit blanc et de bonne grandeur/il auoit gros os/petis yeulx/grosses narines petite bouche, large poetrine. Il auoit bien acoustume destudier en allant. Et quant il estoit seul il alloit tost/et quat il auoit compaignie il alloit bellement. Et a ceulx qui luy demadoiet aucune chose il respondoit bien & a brieues parolles/et tousiours estudioit en qsque liure. Il portoit continuelement vne spere ou vng autre instrument de astrologie Il donna a alexandre qui fut son disciple plusieurs bos enseignemes/& luy escript

L.i.

plusieurs epistres, entre les autres choses qu'il luy dist, il luy dist deux choses notables, lesquelles pour ce que nous y avons prins plaisance nous les avons cy mises: La premiere est telle. Se tu n'ais, dist il, premierement adresse et rectifie, tu ne pourras rectifier ton peuple ne le gouverner toy errant. Car en quelque maniere pour ramener ung aveugle l'autre, ung povre enrechir ung autre, ung homme sans honneur honnourer ung autre, et le foible comme pourra il secourir de force a ung autre. Certainement dist il nul temps aucun ne pourra adresser autrui, fors cellui qui saura gouverner et adresser soy mesmes, et pource se tu veulx oster les ordures des autres, nettoye en premierement ton cueur pour ce que ton ame orde ne pourra les autres nettoyer se tu ne veulx faire comme le medecin qui s'efforce les autres d'une maladie de laquelle il ne scait guerir. L'autre est. O alexandre dist il par user de seigneurie autrement que bien, et autrement que on ne doit envie naist, d'envie vient mensonge, de mensonge vient hayne, de hayne vient injustice, de injustice vient enemistie, de ennemistie vient bataille, p bataille les loix perissent, et si pert on ce que on a. Et au contraire par usant de seigneurie si côme on doit, verite se procree, de verite vient justice, et de justice croist amour, par amour viennent dons et la deffence se lieue par lesquelz la iustice est maintenue, et le monde est acreu des peuples.

Quant le roy philippe de macedoine luy envoya son filz alexandre pour introduire en sciences et en meurs, il luy envoya une telle epistre. Philippe a aristote man de salut. saches qu'il m'est ne ung filz pour laquelle chose ie ne rens graces aux dieux. Non pas pour ce qu'il est né, mais ce qu'il est né ta vie durant, car iay esperance que apres ce que tu l'auras nourri et endoctriné qu'il sera prouffitable a nous. Et apres nous au gouvernement de nostre royaume. Il fist moult de belles escriptures et moult de beaulx livres tant de logicque côme

de philozophie naturelle et morale. Des autres choses qui sont a sa recommandacion nous nous passons pour ce qu'elles sont assez publiees par les escolles. Apres quant monseigneur saint augustin parle de eusipus et de zenocrates, c'est la seconde partie en laquelle il parle de l'autre maniere de philozophes qui estoient appelez achademiens, pour l'escolle de platon qui estoit en achademie, qui estoit a demye lieue d'athenes, si comme dit vguce. Ce cusipus fut nepueu de platon de par sa mere qui estoit soeur de platon, il vesquit quatre ans, et non plus apres platon, durant lequel temps il tint les escoles de platon. Apres eusipus vint zenocrates qui selon tulle fut tres excellent entre les philozophes. Duquel raconte valerius ou v. chapitre de son second livre, qu'il fut de si grant auctorite que comme on l'eust une fois fait venir ou temple pour iurer qu'il avoit rapporte verite d'une grant chose qui luy avoit este chargee, et il voulsist iurer, tous se leverent et commencerent a crier qu'il ne iurast, et que on se devoit croire par sa simple parolle de tout ce qu'il disoit. Ce fut cellui qui quant on luy demanda en une compaignie de mocqueurs ou il estoit, pourquoy il ne parloit, respondit que oncques ne s'estoit repenty de soy taire, mais il s'estoit bien repenti aucunesfois de ce qu'il avoit parle. De luy parle valerius maximus en plusieurs lieux, et aussi en avons nous parle cy dessus en ce viii. livre. Et est assavoir qu'ilz furent trois manieres de philozophes achademiens, sicomme il appert par le second chapitre du pviii. livre.) Apres quant il parle des plus nouveaulx platoniciens il recommande non seulement ceulx qui furent non pas disciples de platon, mais ceulx qui ensuyvirent sa doctrine qui furent de sa secte. Et pource se nommoient platoniciens, desquelz platon fut l'un, duquel nous parlerons cy apres ou v. chapitre du ix. livre. L'autre philozophe fut ung appele iamblicus et porphirius, lequel fut ou temps du grant constantin, et apuleius affer/cestadire daffricque/duquel nous auons parle ou.ii.chapitre du.iiii.liure/ De lup et de ses condicions met moult de choses monseigneur saint augustin en sa premiere epistre ad marcellum/ laquelle se commence Illustri viro et eloquentissimo.ccc.

¶ Le .viii. chapitre ouquel il traicte de la sentence de platon/ par laquelle il iuga q̄ les dieux ne soient autres fois ceulx qui estoient bons et ampx des vertus. viii.

Combien doncques que ces philozophes dessusnommez soient a discord auecques nous en moult dautres choses/ et toutesfois en ce que iay dit na gueres/ pour ce q̄ ce nest pas petite chose/ et de ce est il question ourendroit. Je leur demande premierement a quelz ilz si tiennent que on doie faire ce sacrifice ou ce seruice/ ou aux bons ou aux mauuais diuisement/ ou aux bons q aux mauuais ensemble. Mais de ce nous auons la sētence de platon disant que tous les dieux sont bons/ et q̄ nulz des dieux en quelque maniere nest mauuais. Dont il sensuyt q̄ telz sacrifices soient a rendre aux bons/ car lors sōt iceulx redus aux dieux pour ce quilz ne sont pas dieux se ilz ne sōt bōs ¶ Et sil est ainsi car q̄lle autre chose appartient il a croire des dieux. pour certain soppinion est fausse de ceulx qui cuident q̄ les mauuais dieux soient a apaiser p sacrifices/ affin quilz ne blesche̅t/ et les bōs a appeler affin quilz aydent/ car les mauuais ne sōt pas dieux. Mais si cōe ilz diēt l'oneur des sacrifices doit estre rendue aux bons Qui sont doncques les dieux qui ayment les ieux scenicques quilz requerent quilz soiēt adioincts aux choses diuines et quilz leur soient rendus a leur hōneur: desq̄lz se droit ne les demonstre pas estre nulz. Mais pour certain qui nest pas merueilles telle affection les demonstre estre mauuais. Car il est tout notoire ce q̄ platon sentoit des ieux scenicqs quātil iuga

q̄ les poetes deuoient estre boutez hors de la cite pour ce q̄ ilz auoient fais dictiers ou chansons non dignes de la mageste ou bōte des dieux. Qui sont doncques ces dieux q̄ escripuēt a platon des ieux scenicques/ il ne veult souffrir et a bon droit que les dieux soient diffamez p faulx crimes. Et ilz commandent que leurs hommes soient celebrez de telz et si grans crimes. En apres cōe ces dieux cōmandassent a establir telz ieux en requerant vilxes choses et laydes. ilz firent auecq̄s ce mauuaistiez. Car ilz firent mourir le filz de tites latine/ et a lup ilz enuoierent une maladie. pour ce q̄ l'auoit denye a faire leur cōmandement. et lup osterent sa maladie quant il eut acōply leur cōmandement. Mais cestup platon ne les cuide point a doubter cōbien quilz soiēt ainsi mauuais. Aincois en retenant tresfermement la force de sa sētence ne doubta point a oster au peuple bien ordonne toutes truffes et fables et sacrifices en quoy se delitent ces dieux pour la cōpaignie dordure et de vilite Et platon fut mis et estably p labeo entre les demy dieux. dont iay ia fait mendon ou second liure. Leq̄l labeo cuida que les mauuais dieux fussent a appaiser p sacrifices ensēglentez et p telles manieres de supplicacions/ et les bons par ieux a telles choses appartenans a ioye a a leesse. ¶ Cōment est ce doncq̄s que platon demy dieu ose hardiment et par grant constance oster/ non pas aux demy dieux/ mais aux dieux q̄ ancores sont reputez bōs telles plaisāces pour ce quil les iuge estre laydes et ordes. Lesq̄lz dieux certainement regettent la sētence de labeo. Car ilz ne se demonstrerēt pas tant seulement en cite latine mignos et esiops/ mais cruelz et espouentables. Exposent nous doncques dont viennent ces choses q̄ les platoniciens q̄ cuident selon la sentence de leur aucteur platon que tous les dieux soient bons et honnestes a cōpaignōs de sagesse et vertu. Et tiēnēt q̄ ce soit felonnie de croire autremēt daucūs dieux. Nous le pxposerōs ce dict ilz cy apres

F. ii.

¶ Exposicion sur ce chapitre.

En ce viii. chapitre monseigneur saint Augustin commence a disputer avec les platoniciens contre la multitude des dieux, et repreuve en ce chapitre deux manieres de dieux, cest assavoir les mauuais dieux et ceulx des scenes. Car sicomme il a este dit ou viiii. chapitre du second liure, les rommains auoient aucuns dieux bons et aucuns mauuais, lesquelz ilz adourerent plus aux temples que aux scenes. Et les dieux scenicques estoient ceulx desquelz on chantoit et racontoit les crimes et lappduree aux ieux scenicques. Et fait monseigneur saint augustin trois choses en ce chapitre. Premierement il repreuve les dieux mauuais par les dis de platon en prouuant que tous dieux sont bons. Secondement ou il dit. Qui sont doncques ceulx qui escripuent. acet. Il repreuue par ces mesmes dis de platon les dieux qui requierent que les hommes leur facent ces ieux scenicques dont il a este parle ou dixseptieme chapitre du .ii. liure, ouquel celle hystoire que touche icy monseigneur saint augustin de titus latinus, est mise plus plainement et plus formeement. Lequel platon en son liure quil fist de la chose publicque dit que on deuoit bouter hors dune cite bien ordonnee les poetes par lesquelz les dieux estoient adourez en ces scenes.

¶ Tiercement ou il dit. Mais cestuy platon, ace. Il argue par especial contre cestuy philozophe appele labeo come cestuy qui afferme les mauuais dieux, et qui aussi se dit estre deffenseur des ieux scenicques, et qui iuge que ses dieux mauuais on les doit appaiser par sacrifices de bestes et autres. Et les bons on doit adourer par festes et par solennitez aux theatres et aux scenes duquel labeo de ses dis et de ses dieux bons ou mauuais, et aussi de platon il a este parle ou viiii. chapitre du ii. liure dessus alleguee. Et pour ce que labeo met platon estre demy dieu, pour ce argue monseigneur saint augustin, premierement contre luy par les dictz de platon, ouquel il adiouste foy, et se ayde de ses tesmoingnages. Secondement ou il dit. Lesquelz dieux certainement regettent la sentence de labeo. ace. Il argue contre luy du fait des dieux par ce quilz firent enuers ce titus latinus. duquel il a este parle en ce chapitre, et appert quilz nestoient pas gens qui boulsissent telz ieux ne quilz boulsissent iouer tant seulement mais aussi les demonstrerent ilz estre cruelz et terribles. Et tiercement quant il dit. Exposent nous doncques ces choses. ac. Monseigneur saint augustin demande et fait une interrogacion aux platoniciens. Cest assavoir quilz exposent comme ces choses se peuent accorder a la doctrine de platon, cest assavoir quil veult que tous dieux fussent bons, et que les dieux se delictent et prennent plaisance en telz ieux scenicques.

¶ Le viiii. chapitre ouquel il traicte de lopinion de ceulx qui disoient que les ames rayonnables estoient de trois manieres, et dieux et dyables et hommes terriens.

viiii.

OY oyons doncques se dient ilz ententiuement ce quilz dient. Ilz dient que toutes bestes viuans ausquelles est ame rayonnable sont diuisees en trois manieres, en dieux, en hommes, en dyables. Les dieux sicomme ilz dient tiennent le plus excellent lieu, les hommes le plus bas, les dyables le moyen. Car le siege des dieux est ou ciel, celuy des hommes en terre, et celuy des dyables en lair. Et ainsi come ilz ont diuerse dignite de lieux ont ilz diuerses dignitez de natures, dont les dieux sont plus dignes des hommes et des dyables. Et ainsi come les hommes sont establis au dessoubz des dieux et des dyables en ordre des elemens. Aussi sont ilz en difference de merites. Doncques ainsi come les dyables sont a mettre apres les dieux dessoubz lesquelz ilz habitent, car si comme ilz ont allecques les dieux immortalite de corps, aussi ont ilz avecques les hommes les passions des ames. Et pour ce ilz dient que ce nest pas merueilles silz se deffectent en vilitez et ordures de ieux et aux fictions des poetes quant ilz sont pris des affectiõs humaines desquelles les dieux deffaillent trop loing, et en sont estrãges en toutes manieres. ⁋Dont il sensuit q platon en maudissant et deffendant les fictiõs des poetes, ne priuoit pas du delict des ieux scenicques les dieux qui sõt mis au dessus et qui sont tous bons, mais en priuoit les dyables. Et se ces choses sont telles quelles soient trouuees estre dictes daucuns platonicques. neantmoins apuleius demanda lequel estoit platonicque fist ung liure de ceste chose seulemẽt. Et voulut quil fust intitule du dieu de socrates, ouquel il traicte et exppose de qlle maniere de dieu estoit ce dieu adioinct, et ainsi cõe asspe par amistie audit socrates, duquel dieu il tesmoigne quil estoit acoustume de amõnester icelluy socrates de delaisser a faire ce qͤl vouloit faire aucuneffois quant ce nestoit pas chose a auenir pour soy. Car il dit tresclerement et afferme tresha būdāment que ce nestoit pas vng dieu mais vng dyable, en traictant par p dili gente disputacion ceste sentence de platon en gettant les poetes hors de la cite de hautesse des dieux, et de la bassetur des hõmes et du moyẽ des dyables. Et sil est dõcqͤs ainsi cõmẽt osa platon en gettant les poetes hors de la cite, oster a certes les delictz theatricqͤs aux dyables cõbien qͤlz ne soient pas dieux, car selon luy les dieux sõt separez de toute tacche humaine. Pour quoy le fist il fors pour tant quil amonnesta lumain lignage, iassoit ce quil soit encores en corps mortel, a despiter pour la resplẽdisseur de honnestete, les ors commã demens des dyables et amẽder toute leur ordure. Car ce platon argue et deffẽd tres honnestemẽt ces choses. Pour certain les dyables se requirent et commanderẽt tres lapdement. Doncques ou apuleius est de

ceu, ou socrates neut point damp de ceste maniere de dieux, ou platõ eut en soy mesmes sentẽce controuuee en honnourãt les dyables aucuneffois, et autreffois en met tant leurs delices hors de sa cite bien ordonnee, ou socrates ne se doit point esiouir de lamistie dung dyable, de laquelle icelluy apuleius eut vergongne en tant quil inti tula du dieu socrates ce liure lequel il deust appeler non pas du dieu mais du dyable socrates selon sa disputacion. Mais il ay ma mieulx a ainsi mettre en sa disputaci on que ou tiltre de son liure, car p sa vraye doctrine qui a enlumine les choses humaines tous ou anques tous ont horreur du nom des dyables. Et tant que quicon ques ieust le tiltre du liure de apuleius du dyable de socrates auant quil recomman dast en sa disputacion de son liure la disli gẽce des dyables, il neust pas cuide quil eust teu saine pensee. Et que peut trouuer cel apuleius dont il peust louer les dyables, fors subtilite et fermete de corps, et lieu de leur habitacion plushault. car quãt il parla generasement de toutes choses, il ne dit pas seulement nul bien de seurs meurs. aincois en dist moult de mal. fi nablement leu sedit liure nul ne sesmer ueille se les pdoses õt voulu auoir sa laideur scenicque aux choses diuines, et qͤlz ne se puissẽt delicter aux crimes des dieux cõe ilz veulẽt q on cuide quilz soiẽt dieux et quil ne leur puisse appartenir tout ce qui en leurs ordres solennitez ou sapdecruaulte est desrision ou horreur horrible.

⁋ Opposicion sur ce chapitre.

En ce p̄iiii. chapitre mõseigneur sainct augustin reprueue lopposicion des platoniciens par laquelle ilz sefforcent de demonstrer la maniere par laqͤlle on put entẽdre que les dieux sesiouissent et prẽnẽt

L. iiii.

plaisance en ces ieux scenicques. Et fait deux choses en ce chapitre. Premierement il reprenue leur declaracion. Secondement il dispute par especial contre ce philozophe appelé apuleius, ledit duquel il ameine a confermer le droit de sa declaracion. Et celle seconde partie se commence ou il dit. Et sil est ainsi.&c. En sa premiere partie il fait ii. choses. Premierement il desclaire coment ces choses se desclairent. Il dit que ces philozophes mettent ces dyables estre moyens ou mediateurs entre les dieux et les hommes, pour ce quilz sont au dessoubz des dieux, et au dessus des hommes, & quilz sont passibles ainsi comme les hommes, et pour ce ilz se delictet & prenet plaisance en ces ieux. Et en sa seconde partie il argue contre leurs dictz, & p̱ leurs dictz il sensuit q̄ leurs ieux ne sont pas fais aux dieux mais aux dyables.) Apres quant il dit. Et sil est ainsi.&c. Il argue par especial contre apuleius. Et fait ii. choses de ces dictz en ce qui peut touchier le service des dieux ou des dyables. Premierement il demonstre coment apuleius en son liure qui sappelle de deo socratis aueczq̄ la presente opposicion saccorde quant a la distinction des dieux des hommes et des dyables. Et aussi quant a ce il dit que les dyables sont moyens entre les dieux et les hommes. Il appert assez de lintencion de apuleius. Toutesfois est il icy a auertir & a considerer que en ce chapitre a construction suspensiue. Et pour ce quant il est dit en ce chapitre Et se ces choses sont telles. Aps il rapporte ces motz en disant. Sil est doncques ainsi.&c. Ouql lieu il argue contre cel apuleius/ou qui plus est de ses dictz q̄ tre se seruice de ces dieux. Et fait deux choses, car premierement des dictz de apuleius et de platon ausquelz apuleius ne contredit ou contrediroit point.) Il demeine vne conclusion en la diuisant en trois membres, cestassauoir que ou socrates neut aucun dieu son amy ou familier de ceulx qui requeroient que on leur fist ces ieux, cestadire des dyables, ou que platon est con-

traire a soy mesmes, ou que on ne se deuoit point esiouyr ou faire feste de ce quil auoit lamistie du dyable.) Secondement la ou il dit. De laqlle icelluy apuleius eut vergongne.&c.) Il conferme ce derrenier membre par apuleius, et ce fait il doublement. Premierement par le tiltre de son liure, lequel il intitula du dieu socrates, et non pas du dyable socrates. Secondement il conferme ce mesmes par les maulx que cel apuleius escript des dyables en ce liure lesquelz maulx monseigneur saint augustin met cy apres ou pvi. chapitre, par lesquelz maulx il appert que ce sont tresors esperis. Et pour ce nest ce pas merueilles silz se delictent en ordures.

¶ Le pv. chapitre ouquel il traicte q̄ pour les corps aeriens, cestadire qui sont en lair ne pour les plus hautes habitacions les dyables ou esperis aeriens ne sont poit au deuant des hommes a mettre. pv.

Et pour ce ia nauienne que courage d'rap religieux et subgect au d'rap dieu cuidet les dyables estre meilleurs de soy pour ce silz ont les corps meilleurs. Car autrement aussi deueroit homme mettre au deuant de soy en bonte plusieurs bestes qui nous vaicquet et en excellence des sens, et en mouuemet tres legier et tres isnel, et en vaillances de forces & en fermetez de corps de plus longue vie.) Quel homme est egal en veue aux aigles, & aux vultours en odorant, aux ciges en goutat. Il hoe est pareil en isnelleté aux lieures aux cerfz, et a tous oyseaux. Qui est de telle puissance come les lyons et les elephans. Qui est pareil en longuement viure aux serpens, desquelz il est tesmoingne que en ostant leur peau ilz muent vieillesse en ionesse. ¶ Mais si comme nous sommes meilleurs q̄ toutes choses en aydant rayson et entendement aussi en viuant bien et honnestement des uoꝰ nous estre meilleurs que les dyables car pour ce sont donnez aucuns meilleurs dons corporelz p̄ sa pourueāce de dieu a aucunes choses dont il est certain que nous sōmes meilleurs q̄ elles en quoy nous vallōs mieulx que elles/cest lame nous fut par ceste maniere recōmandee a adourer et gouuerner par moult plusgrant cure que le corps. et a puissons a despiter ceste excellence corporelle/laquelle nous saurions les dyables auoir pour sa bonte de vie en quoy nous sommes mis deuant eulx: qui sommes a auoir les corps immortelz non pas quilz doiuent estre tourmentez p̄ durablement/mais laquelle sa purte de courage precede. ¶ Apres ceste mocquerie destre esmeu de la haultesse du lieu de ce q̄ les dyables habitent en lair et nous en terre. Car ainsi mettrions nous au deuant de nous toutes choses volans. Mais ilz dient que quant telz choses volans sont traueillees en volant/ou quant elles ont a repaistre le corps de nourrissement quel les retournent a terre ou a repos ou a repaistre /ce ne font pas les dyables. Dōques puis quilz dient ainsi ne leur plaist il pas que les oyseaulx nous surmontent et q̄ les dyables surmontent les oyseaulx en excellence. Et se ceste oppinion est tres forcenee il nest en quoy nous doyons cuider les dyables estre plus dignes pour ce quilz habitent en plus hault element/ausquelz nous nous doyons submettre en affection religieuse. Car aisi cōme il peut estre fait q̄ les oyseaulx de lair ne soiēt pas tāt seulement/non pas deuant mis a nous q̄ sōmes terriens/aincois nous soient subgectz pour la dignite de lame raysonable qui est en nous. Aussi peut il estre fait que combien que les dyables soient plus appropriez a lair que les choses terriennes. Ne soiēt pour ce meilleurs de nous se lair est plus hault que la terre/aincois sommes a mettre deuant eulx/pour ce q̄ leur desesperance nest point a comparer a lesperāce

des preudommes. Car la rayson de platon par laq̄lle il allye et ordonne les quatre elemens en proporcions/en mettant entre les deux derrenieres/cest assauoir entre le feu mouuable et la terre sans mouuement. Les .ii. autres moyens/cest assauoir lair et leaue. En telle maniere que de tant comme lair est plus hault que leaue. et le feu que lair /de tāt est leaue plushaulte q̄ la terre. Celle rayson nous admonneste assez que nous ne deuons pas estimer les meritez des bestes selon les degrez des elemens plushaulx ou plus bas. Et pour certain icelluy apuleius dit homme estre beste terrienne auecq̄s les autres/q̄ neant moins est deuant mis aux bestes deaues cōe platon mette leaue au dessus de sa terre, a ce que nous entendons que vne mesmes ordre nest pas a tenir quant on traicte des merites des ames/lequel ordre sēble estre quāt on traicte des degrez des corps. Aincois peut estre fait que vne meilleure ame habite en vng corps plus bas/ et vne plus mauuaise en vng corps plus hault.

¶ Expposicion sur ce chapitre.

En ce vii͞i. chapitre monseignr̄ saint augustin cōmence a arguer contre vne chose que les platoniciens disoient en vne exposition/car sicōe il appert par le chapitre precedent/ilz disoient que les dyables estoient a preferer aux hōmes / cōtre laquelle chose monseigneur saint augustin argue cōtre les dictz de apuleius amenez ou chapitre precedent. Car ou chapitre precedent en planct des dyables/il leur attribue deux choses/ausquelles il dit q̄ ilz surmontēt les hommes/cest assauoir subtilite et fermete de corps/Et lieu plus hault et plus souuerain. Et premierement il demonstre quilz ne sont point meilleurs ne a preferer a nous pour la plus grant dignite de leurs corps/ou pour la bonte ou

L.iiii.

fermete deulx. Secondement il demonstre q̃lz ne sont pas a preferer a nous pour la haultesse du lieu ou ilz habitent. Et y ameine deux raysõs/dont sa premiere est prinse par la comparaison que fait apuleius de lomme qui est beste terrestre aux oyseaulx volans. Secondement mesmes par la comparaison quil fait des hommes aux poissons qui noent. Et celle seconde partie se commence ou il dit. Dont puis quilz dient ainsi. ⁊ce. Et est assauoir que quant monseigneur saint augustin parle des dyables/ Il en parle selon lintencion des platoniciens/ et non pas selon sa propre oppinion.

Le p̃vi. chapitre ouquel il traicte ⁊ declaire quelle chose apuleius qui fut platonicien/ cestadire quil tient et ensuit loppinion de platon sentit des dyables. pvi

Et comme icelluy apuleius platonicque parlast des meurs des dyables/ il dit que ainsi comme les hommes/ ilz sont demenez en leurs courages par perturbacions esmeus par iuures/ appaisez par seruices ou par dons esiouys par diuerses honneurs delectãs et cerimonies de sacrifices/ et courroucez se aucune chose y est faicte en negligence/ Et briefmẽt en mettant la diffinicion des dyables. Il dit que les dyables sont selon nature bestes passibles/en courage raysõnables en pensee de nature de air en corps pardurables en temps. Et dit que de ces cinq condicions/ ilz ont les trois premieres communes auecques nous/ la quarte leur est propre/ la quinte leur est commune auecques les dieux. Mais ie voy que des trois condicions quilz ont auecques nous/ ilz en ont les. ii. auecques les dieux Car il dit que les dieux mesmes sont bestes. Et en distribuant les bestes par les elemens/ il nous mist entre les bestes terriennes auecques les autres qui viuẽt en

terre ⁊ sont sensibles. Et mist les poissõs entre les aquaticques/ ⁊ les autres bestes qui noẽt/ les dyables en lair/ et les dieux en sa partie ou est le pur feu. Et ainsi par ce que les dyables sont bestes/ ilz ne sont pas seulement en ce de vne condicion auecques nous/ mais auecq̃s les dieux et les bestes mues. Et ce quilz sõt raysõnables en pẽsee/ ilz sõt cõmuns auecq̃s les dieux et auecq̃s les hõmes. En ce quilz sont pas durables en temps/ ilz sont commũs seulement auecq̃s les dieux. En ce quilz sõt passibles en courage/ ilz sont seulemẽt cõmuns auecq̃s les hõmes. Et en ce quilz sont de corps de air/ ilz sont tous seulz. Dont silz sõt naturelemẽt bestes ce nest pas grãt chose/ car aussi le sont les bestes mues. En ce quilz sont raysonnables ne sont ilz point sur nous/ car aussi les sommes nous. En ce quilz sont pardurables quel bien ont ilz silz ne sont bienheurez. Car mieulx vault felicite tempourelle que pour estre en misere. En ce quilz sõt passibles en courage/ cõme sont ilz sur nous quant nous le sommes/ ne nous ne le sussõs point se nous ne fussons meschans. et en misere. En ce quilz ont corps de lair ques ce a priser/ cõe quelconques nature domme soit mise deuãt tout corps/ ⁊ pour ce le seruice de religion qui doit estre fait de lame/ ne doit poĩt estre fait a chose moĩs digne ou plus basse que lame. Mais se entre les choses que apuleius dit q̃ les dyables ont/ il eust dit quilz eussent vertu/ sapience/ felicite/ pour certain il eust nõ mece qui est a desirer et grandement a priser. Et neantmoins silz auoient ce/ si ne les deuerions nous pas adourer comme dieux/ aincois deuerions adourer celluy de qui nous sauriõs quilz auroiẽt ces choses. De tant doncques sont les bestes de lair moins dignes de honneur diuine/ sỹ q̃ elles sont raysõnables a ce quilz puissẽt estre en misere/ a ce quelles soient en misere. Et sont pardurables a ce quilz ne puissẽt finer leur misere Et pour ce affin que ie laisse a parler des autres choses / et que

ie parle seulement de ce que les dyables ōt
commun auecques nous, c'est assauoir les
passions de courage. De tous les quatre
elemens sont plains de leurs bestes, sicō-
me le feu et l'air des bestes immortelles,
l'eaue et la terre des mortelles, ie deman-
de pourquoy les dyables sont demenez
de turbacions et tempestes. Car turbaci-
on vault autant a dire comme pathos en
grec, dont il veult appeler les choses pas-
sibles en courage. Car ainsi comme en pre-
nant mot pour mot, mouuement de cou-
rage cōtre rayson seroit dit pathos ou pas-
sion. Pourquoy doncques sont telles cho-
ses aux courages des dyables qui ne sont
point aux bestes mues. Car combien quil
appere aucune chose semblable estre aux
bestes, ce n'est pas par turbacion de coura-
ge, car elle n'est pas contre rayson, pour ce
qu'elles n'ont point de rayson. Mais que
telles perturbacions soient en hommes,
ce fait follie et misere, car nous ne sōmes
pas ancores bienneurez en celle felicite de
sapience, laquelle nous est promise en la
fin quant nous serons deliurez de ceste
mortalite. Or dient les platonicques
que les dieux ne seuffrent pas telles ptur-
bacions, pour ce qu'ilz ne sont pas tāt seu-
lement pardurables, aincois sont auec-
ques ce bienneurez car ilz tesmoingnent
q auſſi ces dieux ont ame raysonnable,
Mais elles sōt tres pures de toutes taches
et pestilence. Doncques se les dieux ne sōt
perturbez, pour ce qu'ilz sont bestes biēneu-
rees sans misere. Et les bestes mues ne
sont point perturbees pour ce qu'elles sōt
bestes, lesquelles ne peuent estre bienneu-
rees ne en misere. Il senſuyt que les dya-
bles ainsi comme les hommes sont pertur-
bez, pour ce qu'ilz sont bestes non pas biē-
neurez, mais en misere.

Exposicion sur ce chapitre.

En ce xvi. chapitre mōseigneur saīt
augustin monstre que par la diffi-
nicio des dyables que met apuleius en ce
chapitre, ilz ne sont point a preferer aux
hommes. Et fait en ce chapitre trois cho-
ses. Premierement il recite aucunes parol-
les de apuleius, desqlles il argue cy aps.
Entre lesquelles est la diffinicion par la-
quelle il diffinist les dyables. Et la de-
claracion de celle diffinicion, et est le texte
assez cler. Secondement il demonstre la
sufficience des dis de apuleius, par lesqlz
il desclaire celle diffinicion. Et celle secon-
de partie se commence ou il dit. Mais ie
voy que les trois condicions. &c. Et tier-
cement ou il dit. Dont silz sont naturelle-
ment bestes. &c. Il argue de son propos de
celle diffinicion des dyables, et argue dou-
blement. Premierement il argue de tou-
tes les differences de celle diffinicion en de-
courant par toutes ces differences. Se-
condement il argue par especial d'une dif-
ference, et s'arreste a icelle en delaissāt les
autres. Et celle seconde partie se commen-
ce ou il dit. Et pour ce affin que ie laisse a
parler. &c.

Le xvii. chapitre ouquel il desclaire se
c'est chose digne que icenlx esperis soient a-
dourez comme des vices desquelz il cō-
uient aussi estre deliures. xvii.

Par quelle follie doncques mais
qui plus est p quelle derueric sō-
mes nous subgectz aux diables
pour aucune religion comme par vraye re-
ligiō nous soiōs deliurez du vice en quoy
nous leur resemblons. Car comme les
dyables soient esmeuz par pre, laquelle
chose cel apuleius est constraint a confer-
mer, combien quil les espargne moult, et
quil dye quilz sont dignes de honneurs di-
uines. Vraye religion nous commande

que nous ne soions esmeus par ire/mais que nous luy resistons a nostre pouoir. ⁋Apres comme les dyables senclinent a dons/vraye religion nous commãde que nous ne soyons fauourables a aucuns p acceptacion de dons. ⁋Apres cõe les dya‍bles soiẽt assouages par hõneurs/vraye religiõ nous cõmãde que nous ne nous esmouuons en aucune maniere par telles honneurs. ⁋Aps comme les dyables hay‍ent aucuns hommes et en ayment aucũs autres/non pas par iugement de prudẽce ne tranſquilite. mais par courage pas‍sible/sicõe sapese ledit apuleius. Vraye religiõ nous commande q̃ nous aymõs noz ennemis. Finablement vraye religiõ nous commande a delaisser tout mouue‍mẽt de cueur/tout asault de pẽsee/toutes perturbacions et tempestes ausquelles il dit les dyables eschauffer et chanceler. Quelle cause est ce dont fors que follie et erreur miserable par laquelle tu te rẽs hũ‍ble en adourant cellup a qui tu couuoi‍tes estre dissemblable en viuant. Et q̃ tu honneures par religion cellup que tu ne veulx pas ensuiuir comme sa forme de re‍ligion soit que tu ensuyues cellup q̃ tu hõ‍noures.

⁋Exposicion sur ce chapitre.

En ce p̃vii. chapitre mõseigneur sait augusti preuue que les dyables ne sont point a preferer a nous ne a adourer. de nous/par les vices que apuleius leur attribue/sicõe il appert p̃ le chapitre prece‍dent/desquelz vices nous sommes deli‍urez par vraye religiõ/cestadire par le ser‍uice que nous faisons a vng vray dieu. et est le chapitre tout cler.

⁋Le p̃viii. chapitre ouquel il desclaire q̃l se soit la religion en laquelle on enseigne ou presche que les hommes affi q̃lz soiẽt commandez aux bons esperis/ayent et vsent ou prennent en leur ayde cõe leurs aduocas les dyables.   p̃viii

Pour neant doncques leur porta ce st honneur apuleius/et tous ceulx qui sentent ainsi et sacor‍dent a luy/et les establissans moyens en‍tre le ciel et la terre/a ce pour ce que aucun dieu nest mesle auec homme. Et est ce q̃ ilz tesmoingnẽt platon auoir dit q̃ iceulx dyables portoient aux dieux les prieres des hommes/et dilec rapportoient aux hõ‍mes ce quilz auoient impetre/car ceulx q̃ crurent ces choses cuiderent q̃ ce fust chose non digne que les hommes fussẽt meslez auecq̃s les dieux/ne les dieux auecques les hommes. Et que ce fust chose digne q̃ les dyables fussent meslez auecques les dieux et auecques les hommes/affin q̃ facent leurs requestes p deuers les dieux pour les hommes/et leur apportent ce qui leur sera ottroye. Et que somme chaste et estrange de la felonnie des ars magicq̃s ou enchanteresses/les adiouste a soy com‍me ses patrons par lesquelz il est ouy. cep‍auce des dieux qui ayment ce par quoy hõ‍me est fait plus digne silz ne sayment point et quilz se doiuent plus legierement ã plus voulentiers epaucer ou oupr. ⁋ Quelz merueilles/ilz ayment les lapdures des ieux scenicques. lesquelz chastete nayment pas. Ilz ayment mille manieres de nupte aux malefices des enchanteurs/lesquelz innocence nayme pas. Doncques se cha‍stete ou innocẽce veult impetrer des dieux aucune chose/elle ne pourra riens impetrer par ses merites sans la priere de ses enne‍mis. Il npa riens pourquoy apuleius se doie efforcer de iustifier telles fictions poe‍ticques ne telz ieux theatricques. Nous auons cõtre ces choses platõ leur maistre q̃ fut repute deulx de si grant auctorite q̃ dit que se honte humaine est de si male deserte enuers soy mesmes que nõ pas tãt seulemẽt elle apme sapdes choses, aiçois cuide quelles sont agreables a sa diuinite

⁌ Epposicion sur ce chapitre.

En ce p̃Biii. chapitre monseigñr saĩt augusti repreuue se dit de apuleius quãt a la cause motiue quil auoit de adourer et de faire seruice aux dyables. Son motif estoit q̃l disoit q̃ nul dieu ne se mesloit auecques les hommes ne communicquoit auecq̃s luy, et disoit q̃ ce ste oppiniõ sentit platon. Et pour ce disoit il quil failloit auoir mediateurs entre les dieux et les hõmes par lesq̃lz les dieux peussẽt cõgnoistre les fais des hõmes, et que les hõmes peussent auoir des dieux ce quilz requeroient. Laq̃lle chose monseigñr saint augusti repreuue en ce chap. ⁊ aux subsequẽs par six raysons. Et fait deux choses en ce chapitre. premierement il demonstre q̃ il semble q̃ ceulx qui ce dient sentent mauuaisement des dieux, ce tassauoir q̃lz les ayent agreables, ne recoiuent si ores esperis cõe moyẽneurs, ⁊ q̃ ses mauuais soiẽt plus prochains d'eulx que les bons. Secondement pour ce q̃lz ameinent platon pour eulx, il allegue platon contre eulx. Et ceste seconde partie se cõmence la ou il dit Il n'y a riens par quoy apuleius. ⁊c.

⁌ Le pix. chapitre ouquel il traicte de la mauuaistie de science ou art magicq̃ qui se fait par leyde des mauuais esperis. pix

Mais toutesfois ne smouueray ie pas et ameneray en tesmoĩg celle lumiere publicque encõtre les ars magicques, desquelz aucũs trop maleureux et trop felons se glorifient en plaisances. Car pour quoy sont telles choses punies si griefment par rigueur des loix

se ce sont oeuures pour honnourer les dieux, ou par auenture les crestiens establirent les loix selon lesquelles telz ars magicques sont punies. Les establirẽt ilz par autre entendemẽt, fois pour ce q̃ telz ars sans nulle doubte estoient dõmagables a humain lignage. Le tresnoble poete Birgille en eneydes dit ou il ple de dido royne de carthage qui se plaignoit a anne sa soeur de enee pour ce quil sauoit, ainsi laissee, dont elle disoit ainsi. Chiere soeur ie appelle a tesmoingnage les dieux, ⁊ tõ doulx chief q̃ ie mẽt remetz cõtre ma volente des ars magicq̃s. Et de ces mesmes ars parle il ailleurs ainsi. Je Bei dit il les bledz semez estre transportez dun lieu en autre pour ce que par la cruelle et felonne doctrine de telz ars, les fruitz dautrui sõt tesmoingnez auoir este transportez en autruy terre. Ne tesmoigne pas tulles estre escripten xii. tables, cestadire aux tresanciennes loix des rommaĩs q̃ cellup q̃ vse de telz ars doit souffrir certain tourment

Apres ne fut pas accuse de telz ars apuleius enuers les iuges crestiens Lesquelles ars contre luy proposees, sil sauoit q̃ les fussent diuines et religieuses et conuenables aux diuines puissances Ne les deuoit il pas non pas tant seulement confesser, mais du tout affermer en blasmant les loix par lesq̃lles telles choses estoient deffendues, et si cuideroit on que les choses fussent dãnees lesq̃lles il cõuendroit a merueillier et hõnourer Car en faisãt ainsi ou il eust par telles p̃suasiõs fait encliner les iuges a sa sentence, ou si lz eussent sentu ces loix iniques ou felonnes et q̃ en pres chant et approuuant telles choses, il eust este condãne a mort diceulx iuges, les dyables guerdonnassent l'ame de luy dignes dons pour ce quil neust pas doubte a mourir pour prescher leures oeuures diuines, ainsi comme noz martirs quãt on seur reprochoit la religion crestienne comme crime, par laquelle religiõ ilz sauoiẽt q̃lz seroient sauuez et tresglorieux pdura blemẽt auecq̃s le Brap dieu. Ilz ne sseurẽt pas a eschapper des paynes corporelles en la renyant, aincois les en la confessant tesmoingnant preschant et en souffrant toutes choses pour elle foyaument et fermement, et en mourant en seurte de soy ilz straindirēt a ressongnier ses loix par lesquelles leur estoit deffendue la religion crestienne et les firent muer.) La rayson trescopieuse et tressubtille de ce platonicq philosophe apuleius par laquelle il se deffendoit et disoit quil estoit tant estrange du crime des ars magicques, ne autrement il ne se vouloit monstrer innocent fors q en nyant quil eust fait chose que ung innocent ne peust faire ou cōmettre. ⊙ Or est il ainsi que tous les enchanteurs lesquelz il disoit a droicturierement estre a dāner sōt fais par les doctrines et oeuvres des dyables.) Or regarde et voie doncques pour quoy il adiuge a honneur comme necessaires, sicōme il est afferme a presenter aux dieux noz prieres telz desquelz nous devons escheuer les oeuvres se nous voulōs que noz prieres puissent au vray dieu.

⊙ Apres ie luy demande quelles prieres des hommes il cuide que les dyables alleguent aux bons dieux. Assavoir se elles sōt magicques Cest adire deffendues ou licites, car silz leur alleguent prieres magicques, ilz ne veulent point que telz dyables les leur presentent. Et se aucun pecheur repentāt face ses prieres mesmemēt qui ait cōmis le crime dart magicque, reçoit il apres pardon a la reqste de ceulx. p les mouvemēt & faveur desquelz il se cuyt estre cheu en ce pechie ⊙ Ou les dyables affin quilz puissent ipetrer pdon pour ceulx qui se repentent du peche quilz ont fait par eulx dient ilz premierement quilz les aiēt deceus, affin que de puis ilz sen repentēt.

⊙ Oncques homme ne maintint ceste chose des dyables, car silz estoient ainsi, ilz ne seroiēt iamais requerir q ses hōneurs divines leur fussent rendues quant ilz desiroient en repentant a eulx appartenir la grace de impetrer pardon, car en lun, cestassavoir desirer les honneurs divines

est orgueil detestable. Et en lautre, cestassavoir en requerant pardon est humilite; miserable.

⊙ Exposicion sur ce chapitre.

En ce pix chapitre monseigneur saīt augustī preuve que les dyables ne sont point mediateurs entre les dieux et les hommes en confermāt ce quil a dit ou chapitre precedent, et ce quil en avoit prouve. Et premierement il se preuve p le dit de apuleius mis cy dessus ou p vi. chapitre. Car la ilz dient que a eulx appartiennent les divinacions des augurememens, Et par eulx viennent les choses qui semblent estre miracles par enchantemens & mauvaises ars par quoy il appt qlz sōt faiseurs des ars de nigromance et autres ars deffendues. ⊙ Or est il ainsi que les ars magicqs et autres deffendues sont a escheuer, doncqs devons nous supr & escheuer ceulx q les amonnestent a faire, et a en vser Et par consequent ilz ne sont poit a eslire a estre moyens ou mediateurs entre les dieux & les hōmes. q q ces ars soiēt a supr et a escheuer. Il se preuve par deux dis de virgille, desquelz lun est du. iiii. liure de eneydos ou virgille faint que dido parle a vne sienne soeur appelee anne dune grant sorciere ou enchanteresse et de sa puissāce dont elle se apdoit pour retenir enee, en disant ainsi en vng vers. ⊙ Hec se carminibus promittit soluere mentes. Cest adire que ceste sorciere par son art & p ses charmes ou coniuraciōs savoit muer & desloper les pensees des hommes. Et tātost met les vers q met monseigneur saīt augustin en ce chapitre qui sont telz: Testor cara deos et te germana tuumq3 Dulce caput magicas sultā accigier artes Cest adire quelle appele a tesmoing les dieux et sa chiere soeur en son doulx et debonnaire chief, que comme constrainte et maulgre esse/esse fait ces ars deffendues et en vse. L'autre dit de ce Virgille mesmes ou viii. prologue de ses bucoliques qui vault autant cōme sermon ou chant de chieures. lequel est parlant des merueilles qui se font par ces ars deffendues entre les autres choses dit ainsi en ung vers lequel monseigneur saint augustin met ou texte lequel est tel. V. Atqȝ sathas alio vidi traducere messes/c'est adire q̄ virgille se dit telȝ enchantemēs transporter bledȝ dun lieu en autre. Secondemēt il se preuue par la loy des douze tables. Et tiercemēt il se preuue par le fait d'apuleius qui fist ung liure et escripst/ lequel est intitulé de arte magica lequel se cōmence. Certus equidē erā proqȝ vero obtinebam. Lequel contient la maniere cōment il se deffendit deuant claudien le tresgrant procōsul de romme contre ung sien hayneux q̄ l'accusoit de auoir vse de ces ars magicqȝ et s'efforcoit se prouuer contre luy par plusieurs argumens pour venir a son intencion/ affin que apuleius en fust cōuaincu Mais il n'y a tout/ et se deffendit si beau et si bien et si clerement que tous ceulx qui estoient en iugement en furent tous esmerueillez et qlȝ furent entierement dementes Touteffois est il certain que monseignr saint augustin en sa premiere epistre ad marcellum/ dit qu'il estoit moult ententif et moult curieux enuers ces sciences deffendues Et innue monseigneur saint augustin en celle epistre qu'il se deffendit par faulses allegaciōs. Et apuleius mesmes en vng liure qu'il fist leq̄ est intitulé de asino aureo/ c'est adire de l'asne d'or/ dit de luy mesmes qu'il eust tresvoulentiers apris ces ars. mais il dit qu'il luy en auit mal. Car sicō il voulait aprendre ces ars il luy sembla qu'il fut mué en asne/ tellement que eius risus rugitus erat. Et de ce parle monseigneur saint augustin cy aps ou pvii. chapitre du pviii. liure.) Apres quant monseigneur saint augustin dit. Ie demande apres. &c. Il ameine une autre rayson a prouuer son intencion/ c'est a

sauoir que les dyables ne soiēt point moyēneurs ou mediateurs entre les dieux et nous/ et quilz presentent pour nous les supplicacions aux dieux/ et est la rayson toute clere par le texte. Et quant est des loix des douze tables/ il est assauoir selō titus liuius en son tiers liure q̄.iii. cēs .ii. ans apres la creacion de romme furēt apportees d'athenes a romme les loix que son auoit fait en p. tables lesquelles furēt baillees a p. hōmes pour corriger/ lesqlȝ en p adioustant aucunes/ et en detriāt aucunes en firent douze tables. Et par celle loy des douze tables ceulx q̄ vsoient de ces ars estoient punis/ sicō dit tulle en son liure de re publicqua. Aussi est il mis au code ou ix. liure/ ou chap. pvii. la ou il dit que ars mathematica dānabilis et interdicta est o'imodo/ et qȝ eorū sciencia punienda et seuerissimis merito legibus iudicāda est

¶ Le pp chapitre ouquel il traicte se on doit croire q̄ les bons dieux se messēt plus voulentiers auecqȝ les dyables que auecques les hommes. pp

Oy dient ces platonicques quil ya cause artatiue cogent et trescōstraingnant qui fait que les dyables offrent aux dieux les desirs des hōmes et rapportent aux hōmes ce qlȝ ont impetre des dieux ¶ Mais finablement ql̄le est la cause et quelle est ceste necessite/ ilz dient que sa cause/ et pource que nul dieu n'est messe a hōme.) A com̄ Becy tresnoble saicte de dieu qui n'est point messe a homme suppliant/ et il est messe a dyable orgueilleux et arrogant. Il n'est poīt messe a homme repentant/ et il est messe a dyable deceuant. Il n'est point messe a hōme recourant a sa diuinite/ il est messe a dyable soy faingnant estre diuinite. ¶ Il n'est point messe a homme pardon requerant. mais il est messe et entrelache a dyable felonnie admonnestant. Il nest point mesle a hōme boutant hors les poetes de la cite bien ordōnee p ces liures de philozophie et il est mesle a dyable requerant des princes et euesques de la cite les mocqries ou derisions des poetes par ieup scenicques Il nest point mesle a hōme deffendant q on ne faigne crime des dieup/ et il est mesle au diable soy delictāt aup faulp crimes des faulp dieup. Il nest point mesle a hō me fuyant la conuersacion du dyable/ et il est mesle au dyable introduisant p art magicq la deception de hōme. Mais pour certain de ceste erreur ou absurdite et indignite si grant/est la necessite si grāt et telle qlsensupuroit q les dieup du ciel q ont cree humaine creature ne sauroiēt pas ce q feroient les hōmes terries. se les dyables de lair ne leur denoncoient. pour ce q le ciel est loig de la terre q estendu au plus hault et lair moyen ioint au ciel et a la terre;

O q secy merueilleuse sapience. Quelle autre chose sentent ilz des dieup selqlz ilz maintiennent qlz sont tous bōs/ fors pour ce qlz ayent la cure des hōmes/ affin ql ne semble qlz ne soient pas dignes destre adourez/ et q les dieup ne sachēt pas lestat des hōmes p la distāce des clemēs affin que les dyables soient creuz comme messages necessaires. Et p ce quilz soient reputez dignes destre adourez cōe ceulp p lesqlz les dieup peuent aprēdre a sauoir ce q fait humaine nature. Et aussi quant il est mestier qlz puissent ayder aup hommes. Et sil est ainsi le dyable est plus cōgneu de ces bons dieup p son corps qui leur est prochaī que nest hōme par bon courage
O que secy une tres dolente necessite ou q est mieulp dicte vanite a mocqr et a mau dire a ce quil ne soit uaine diuinite. Car se les dieup peuent veoir nostre ame quāt elle est deliuree de lobstacle du corps/ ilz nont point mestier a ce de message des dyables. Et se les dieup du ciel apperceuoit par leurs corps les demonstrances corporelles des courages/ si cōe sont parolle vi sage mouuement/ et par ce concoiuent ce

q les dyables leur denoncent. Il sensuyt quilz peuent estre deceus par les mensonges des dyables. Mais se la diuinite des dieup ne peut estre deceue des dyables/ aussi ce que nous faisōs ne peut estre ignore dicelle diuinite.

Exposicion sur ce chapitre.

En ce pp. chapitre monseigneur saīt augustin ameine la quarte rayson a prouuer que les dyables ne sont mediateurs entre les dieup et les hommes. Et repreuue cy sa cause mise cy dessus ou dip huitiesme chapitre. Laquelle mouuoit apuleius et les dyables a ce tenir, laquelle cause estoit pour ce sicomme ilz disoient q les dieup ne se messoient ne nauoiēt poit de communicacion auecques les hommes Et ce repreuue monseigneur saint augustin/ car ilz mettēt que les dyables se messent auecqnes les dieup/ a les dieup auecques les dyables. Mettre doncques q les dieup ne communicquent point auecques les hommes/ ce derogue a leur santite/ car cest mettre quilz communicquēt auecques les mauuais/ et non pas auecques les bons. Apres ou il dit. Mais pour certain de ceste erreur. acc. Ou se commence le ppi. chapitre selon aucuns. Monseignr saint augustin argue ācores contre ceulp qui mettent que les dyables soient mediateurs entre les dieup et les hommes. Et est la cinqiesme rayson qlfait cōtre eulp Ceulp qui tindrent ceste oppinion mettēt que les dyables sont mediateurs ētre les hommes a les dieup. Et les font ainsi cōme noz messagiers pour rapporter aup hommes les fais des dieup q aup dieup les fais des hommes/ pour ce quilz sont trop loing de nous et les dyables sōt plus prochains de eulp qui sont hault/ et des hōmes qui sont bas. Car ilz sont en lair et les dieux sont ou ciel/et nous sommes sur sa terre. Et pour ce quilz ont la cure de nous ilz veulent ainsi estre instruis de noz fais/contre lesquelz monseignr sait augustin argue en ceste maniere. Ou dit il les dieux congnoissent les pensees des hommes et des dyables sans aucun iugement corporel/ou ilz ne les congnoissent point/silz les congnoissent/donc ques nont ilz mestier de seruice ou mistere du dyable pour congnoistre ses voulentez des hommes comme plusprochains Et silz ne les congnoissent/ilz sensupuent deux choses plaines de absurdite. Lautre est par ce que lemauuais dyable est mieulx congneu des dieux par son corps que comme nest p son bien. Lautre est que les dieux pourroient estre deceus p les dyables. Car ilz ne pourroient sauoir se les signes corporelz p les quelz ilz demonstroient noz fais/saccorderoient a la concepcion de la pensee par dedens/et par ce ilz ne sauroient se les dyables mentiroient.

℃Le xxi. chapitre ouquel il traicte se les dieux vsent des dyables messages ou interpreteurs/et se ilz sont ignorans quilz soient deceus par eulx/ou silz le veulent xxi.

Mais ie vouldroie bien que ces philozophes me dissent se les dyables ont poit denonce aux dieux ce qui desplaisoit a platon des fictios poetiques ou des poetes faictes des crimes des dieux. Et silz leur ont cele ce quilz y auoient plaisance/ou silz ont cele lun et lautre/et quilz aient mieulx ayme q̃ les dieux napent rien sceu de toutce/ou se ilz leur ont demonstre lun et lautre/cest assauoir la religieuse prudence de platon enuers les dieux et leur plaisance iniurieuse contre les dieux/ou se ilz voulurēt que les dieux ne fussent diffamez des faulx crimes par la felonne licence des poetes/ Et quilz neurent pas honte/ne ne doubterent a demonstrer aux dieux leur felonnie/par laquelle ilz ayment les ieux scenicques. ausquelz les honteux crimes des dieux sont celebrez. Et lisent de ces quatre parties que iay proposees en demandant/laquelle ilz veulent z entendent q̃ mal ilz attribuent aux bons dieux en chascune dicelles parties ou membre Car se ilz eslisent le premier/il conuient quilz confessent quil nest pas licite aux dieux habiter auecq̃s le bon platon qui deffendit que on ne leur fist liures. affin q̃ les bōs dieux ne peussent congnoistre le bon hōme loigtain deulx/fors p mauuais dyables/ les quelz iceulx dieux ne peussent cōgnoistre combien quilz fussent prochains deulx. Et silz eslisent le second membre et maintiennēt q̃ les dyables apēt cele aux dieux lun et lautre. En tant q̃ les dieux ne sceussent en quelq̃ maniere/ne la soy religieuse de platon ne la delectacion sacrilege des dyables. Quelle chose peuent sauoir les bons dieux prouffitables aux creatures humaines/quant ilz ne scaiuent les choses qui sont ordonnees par la religiō des bons hōmes contre la plaissance des mauuais dyables. Apres se ilz eslisent le tiers et respondent que par le message des dyables les dieux sceurent et la sentence qui defendoit les iniures des dieux. et la felonnie des dyables q̃ se iouyssoient des iniures des dieux/ est ce faire message aux dieux ou eulx assaillir. car ainsi les dieux oyent et entendent lun et lautre et voyent quilz ne degettent pas seulement de leurs acres ses dyables couuoitans et faisans ce qui est contraire a la dignite des dieux/ et a la religion de platon. Aincois auecq̃s ce enuoient donc au bon platon qui leur est loingtain par ces mauuais dyables q̃ leur sont prochains. Car ilz sont en telle maniere aliez par vng ordre enchaine des elemens quilz peuent bien estre conioins a ceulx desquelz ilz sont blasmez/z quilz ne peuent estre conioinctz a celuy de qui ilz sont deffendus/combien quilz en soiēt sachās et cōgnoissans lun z lautre/mais

ilz ne peuent tranſmuer le poids de laic/
du ciel et de la terre. ⁋Et ſilz leſſiſent le
quart qui eſt le derrenier il Vault pps que
les autres de deuant/car ſe ſes dyables ōt
denonce aulx dieulx les fictions criminel⸗
les des dieulx immortelz et les deriſions
et mocqueries indignes des theatres/et
leur propre couuoitiſe treſardant/et leur
Voulente treſplaiſant quilz ont en toutes
ces choſes: Et ont teu a iceulx dieulx com
ment platon par grāt ſens de philozophie
adiuga toutes ces choſes eſtre oſtees hors
de la choſe publicque bien ordonnee/ et que
par ce ſes bons dieulx ſoient conſtrais ſa⸗
uoir par telz meſſages ſes malices des tres
mauuais/non pas dautres/mais de ces
meſſages meſmes (q que on ne ſeuffre pas
ſauoir le contraire/ceſt adire les biēs des
philozophes/qui pourroit eſtre de ceſte op
pinion Comme lautre partie ſoit a finir
te diceulx dieulx. (a ceſte ſoit a leur hōneur
ainſi comme ſil Voulſiſt dire que nul ne
doit eſtre de ceſte oppinion.

Expoſicion ſur ce chapitre.

Once xpi.chapitre monſeignr ſaint
auguſtin met ſa Vi.rayſon contre
eulx/laquelle eſt fondee ſur le diſcord ou
debat qui eſt entre platon et les dyables:
Car platon Voulut que on miſt hors de la
cite ſes poetes qui faiſoient ces layides cho
ſes de quoy on aourroit les dyables en ces
ieulx ſcenicques. Et les dyables qui reque
roient que on leur fiſt et qui ſen eſiouiſſoi
ent Vouloient que les poetes demouraſſēt
en ſa cite. platon en ſa faueur des dieulx
ne Veult pas que les poetes faingnēt telz
crimes des dieulx/ne que telz crimes ſup
poſe qſz ſoient faulx on chante en ces ieulx
ſcenicques: Et pour ce monſeigneur ſaict
auguſtin argue per locum a diuiſione/par
Vne diſtinctiō de quatre membres.laquel
le appert clerement par le texte.

⁋ Le xxii.chapitre ouql il traicte de laiſ
ſer et mettre arriere le ſeruice des dieulx cō
tre loppinion de apuleius.   xxii.

Pvis que doncques riens de ces
quatre parties ou membres neſt
a eſlire/affin que on ne maintiē
ne des dieulx tant de maulx ſelon chaſcun
diceulx mēbres. Il ſenſupt que ce ne ſoit
pas a croire que apuleius ſeſforce de mō
ſtrer de prouuer ou amonneſter/et quicō
ques autres philozophes dicelle meſmes
ſentēce. Ceſt aſſauoir q̄ les dyables ſoiēt
moyens entre les dieulx et les hommes cō
me meſſages et iterpreteurs qui de cy leur
portent noz peticions/et deulx nous rap
portent leurs ſuffrages. ⁋Mais eſtre a
croire quilz ſont eſperis treſcouuoiteulx de
nuyre/eſtranges du tout en tout de iuſti⸗
ce/enflez dorgueil/ courouces et nourris
en enuie/malicieulx en falace/leſquelz cer
tes habitent en ceſt air. pour ce ilz furent
degettez de la haulteſſe du pluſ hault ciel/
par la merite de leur tranſgreſſion non re
couurable. ⁋Doncques ilz ſont dānez en
ceſt air comme en chartre a eulx conuena⸗
ble. Et pour ce ſe le lieu de lair eſt au deſ⸗
ſus de la terre et de leaue ne ſurmontent
ilz pas les hommes en merites/ leſquelz
hommes ſe ſurmontent treſlegierement:
non pas en corps terrien/ mais en pēſee re
ligieuſe pour eſlire le Vray dieu en ſon ayde
⁋ Mais ces dyables ont plainement ſei⸗
gneurie ſur pluſieurs comme leurs chiefz
et ſubgectz qui ne ſont pas dignes de par⸗
ticiper la Vraye religion. A ceſte partie de
hōmes meſmement ſe demonſtrēt iceulx
dyables eſtre dieulx p ſignes merueilleux
& deceuables des fais ou des choſes deuāt
dictes/mais aulx autres qui conſiderent
aucuneſfois plus ententiuement et plus
diligāment leurs Vices. Ilz ne peuēt mō
ſtrer quilz fuſſent dieulx/et pour ce ſe fal
dirent eſtre moyens meſſages impetrans
de beneficez entre les dieulx et les hōmes.

Et touteffois se les hōmes ne cuiderent pas que on leur deust au moins porter cest honneur pour ce que ilz ne creoient pas q̄ ilz fussent dieux/car ilz veoient quilz estoient mauuais/ & ilz vouloient dire que tous dieux estoient bons/ et neātmoins ilz nosoiēt dire q̄lz fussēt du tout īdignes de hōneur/ mesmemēt a ce q̄lz ne courou chassent le peuple lequel ilz veoiēt seruir a eulx par tant de sacrifices aux temples dācienne et vaine ou faulse religion.

Epposicion sur ce chapitre.

En ce xxii. chapitre mōseigneur saīt augustin concludt son intencion a quoy il a tendu aux quatre chapitres precedēs/cest assauoir que les diables ne sōt mediateurs entre nous et les dieux/ cōe ceulx qui dient quilz portoient noz requestes ou supplicaciōs aux dieux/et q̄ nous apportent les allegemēs q̄ nous leur requerons/et aussi qui ne sont point a preferer a nous/ et fait cy deux choses. Premieremēt il demonstre et cōcludt p ce quil a dit que pour la haultesse du lieu ou ilz sont: ilz ne sont point a preferer a nous cōme meilleurs de nous/ mais au contraire q̄ les bōnes persōnes les sourmōtent. Se condemēt ou il dit/mais les dyables ont plainement seigneurie &c. Il demonstre la cause et assigne pourquoy les dyables ont seigneurie sur plusieurs hōmes/ laquelle nest pas sicōe il dit pour ce q̄lz soiēt meilleurs ne pour ce q̄lz soiēt en plus haultlieu.mais pour ce que les hōmes se sōt souffers a prēdre et deceuoir p eulx/ Les ungz pour ce quilz les croient estre bōns dieux/ & les autres/ iassoit ce q̄lz ne les crussent pas.touteffois ōt ilz este aisi menez & aisi amōnestez & p telle maniere deceuz & seduis p les dyables. q̄lz croient quilz fussent mediateurs entre eulx & les dieux/et que en ce ilz feissent grāt seruice et grant benefice/car iassoit ce quilz crussent q̄lz ne fussent pas dieux/touteffois nosoient ilz dire quilz ne fussent dignes que on leur fist seruice et leur attribuast on les honneurs diuines.

Le xxiii.chapitre ouquel il declaire q̄ se chose hermes trimegistrus ait sentu de lydolatrie/et dont il sait peu sçauoir que les supsticiōs des egyptiēs estoiēt a oster

Mais hermes egyptciē autremēt appelle trimegistrus sētit & escript diuerses choses diceulx dieux. Car apuleius nye bien quilz soient dieux. mais quāt il dit q̄lz sont ainsi cōe moiens entre les dieux et les hōes/ il ne separe point leur seruice de la religion des dieux souuerais ou haultais/ mais cel egyptien dit estre aucūs dieux fait du dieu souuerain/et autres faiz des hōes/ Cellup q̄ ne oyt ce dire ainsi cōe ie se mescuide quil soit dit des ydoles ou simulacres pour ce que ce sont oeuures de mains humaines/ mais il afferme que telz ydoles visibles & maniables sont ainsi cōme les corps des dieux/ & q̄ ont en eulx ung esperit semihome appellé qui ont puissance aucune ou a nuyre ou a acōplir aucuns desirs de ceulx qui leur font les hōneurs les sacrifices diuines/ et dit que soldre et coupler par certain art ces esperis inuisibles aux choses visibles corporelles et materielles en telle maniere q̄lz soient mis ainsi cōe corps aiās ame/ de ydoles dediez et sugectz a telz esperis. Ce est faire les dieux et que les hōmes ōt eu ceste merueilleuse puissance de faire les dieux. Je mettray cy les paroles de cellup egyptien selon ce quelles sont translatees en nostre lāguage latin/ dit ainsi en parlant a ung autre: O asclepy/ pour ce q̄ nous auons a pler de saffinité & cōpagnie des hōes & des dieux, tu doiz cōgnoistre la vertu & puissance dhōme/le seignr dist il et le pere ou ce q̄ est tressouueraine chose dieu aisi cōe il est faisant les dieux du ciel/ aussi est hōe saigneur des dieux qui sont contenus aux tēples p humain:

prochaineté/cestadire par estre prochaîs
des hômes/et puis dist il Ung pou apres
Aussi creature humaine aiant tousiours
memoire de sa nature et de sa naissâce persē
uere en ensuiuāt la diuinité en telle maniere
que sicōe le pere & seignr fist les dieux par
durables affin qlz luy ressēblassent. Ain
si hōe en humaîe figurast ses dieux a sa
sēblāce de sō seul et de sa face/et cōe cestuy
asclepius a qͥ il parloit pͥncipalement res
pondeist & dist. O trimegestre sont ce sta
tues ou ymages que tu dis. lois il dit. O
asclepe voy tu ces statues ou ydoles/assi
q tu naies pas fiance quelles soiēt viuās
plaines de sens et desperit q facēt si grās
choses et telles quelles sachent les choses
a auenir/et qͥsles ses pdīēt par sort de di
uinaciō p sōges & par plusieurs autres
choses/& quelles facēt auoir foiblesses et
maladies aux hōes et en garissēt/&
leur facent auoir tritresse ou lcesse selōi
leurs merites. O asclepe dit il ne sceiz tu
pas que egypte est limage du ciel/ou a p
ler plus ueritablemēt q egipte soit trāspor
temēt ou descēdue des toutes choses q sōt
gouernees & expercees ou ciel. ou sil est a
dire plus veritablemēt nostre terre est tē
ple de tout le mōde. Et toutesfois pour ce
quil appartiēt que le sage face toutes cho
ses aicois quelles auiengnēt/Vous ne de
ues pas ignorer ou nō sçauoir ceste chose
Ung est dist il a auenir ouquel il apperra
que les egyptiens ont gardé en vain la di
uinité p deuote pensee et par religion entē
tiue. Apres cestuy hermes pourssuit ceste
matiere par maintes poles en quoy il sē
ble qͥl die et prononce le tēps ouquel la re
ligion crestienne de tāt cōme elle est plus
vraye et plus saincte de tant plus retour
ne elle plus & abat plus fort et plus france
ment toutes fictiōs decepuables a ce que
la grace du tresvray sauueur deliure hō
me des dieux que hōme fait et le soumet
a cestuy dieu que hōme a fait/mais quāt
hermes dist ces choses il parloit ainsi cōe
des ludificatiōs ou cerimonies faictes
aux dyables/ne il ne declara pas plaine
ment le nō crestien. aincois ainsi cōe se on
luy ostast et efforcast les choses en lesql
les gardant sa semblance du ciel fut gar
dee en egypte/āsi tesmoigne il ces choses
a auenir en ploūāt p une maîere de pͥdica
ciō plaintiue/car il estoit de ceulx de qͥ sa
postre dit/que eulx congnoissās dieu ne
se glorifient pas cōe dieu/ne ne luy rendi
rēt graces / aicois seuanouirēt en leurs
pēsees et fut obscurcy leur fol courage/
Et eulx disans qͥlz estoient sages furent
faiz folz et muerent la glore de dieu icor
ruptible en sa sēblance de lymage dhōme
corruptible auec autres choses qui sensui
uent la. Lesquelles longue chose seroit a
raconter. Et quelz merueilles ce philozo
phe dit moult de telles choses veritables
de ung vray dieu qui fist le monde / et ne
scay cōmēt il chiet ē telle obscurité de cuer
q veulle ses hōes estre tousiours sugectz
aux dieux. lesquelz il confesse estre faiz
des hōmes et plaigne ces choses estre oste
es et perir ou tēps auenir ainsi cōe se nul
se chose ne fust plus chetiue a hōme sur le
qͥl ses oeuures et saignemēs ont seigneu
rie. Cōme ce soit plusegiere chose que hō
me ne soit pas hōme en adourāt cōe dieux
ceulx q uil a fait/ que ce nest par son sacri
fice ce quil fait deuiēgnēt dieux. Car il a
uendroit plustost que hōme estant en hō
neur soit cōpare aux bestes mues q ne se
roit que soeuure dhōme soit plus digne et
esleuee sur hōme qui est oeuure de dieu fai
te a sa semblance. Et pour ce a bonne cau
se homme deffaillit de cestuy qui sauoit
fait quant il esleua sur soy ce qͥl auoit fait
Ce hermes egyptien se doubtoit pour ce
quil sauoit que le tēps auenir ouquel les
sacrileges vains decepuables et domma
gables seroient ostez et periroient/ mais
aussi cōe il le sauoit sans prudence sē doul
soit il sans vergongne/car le saint espe
rit ne luy auoit pas reuele ces choses ain
si cōe aux sains prophetes q veās ces cho
ses auant quelles auenissent disoient a
grant ioye/se hōme fera dieux/et Becy il
ne sont pas dieux. Et en autre lieu dit

nostreseigneur/en ce iour auendra que ie destruiray les nõs des dieux de la terre/ ne sera plus memore deulx/ mais en tãt cõe touche ce propos en tãt cõe il pouoit regarder egipte prophetisa proprement psaie disãt/ les ydoles degypte faictes a la main seront ostees de deuãt sa face. ⁊ leur cueur sera vaincu en eulx. et les autres de celle condicion. Et de ceste maniere de prophetes estoient ceulx qui se iouissoiẽt de ce q̃ cestuy quil sauoient a auenir estoit venu sicõme symeon/ sicõme anne q̃ congnut tãtost que iesucrist estoit ne/ sicõme elizabeth q̃ congnut aussi en esperit quil estoit conceu/ sicõme saint pierre q̃ par la reuelacion de dieu le pere dist. Tu es iesucrist le filz de dieu le vif/ mais a cestuy egipcien/ ce tassauoir trimegistrus auoient demõstre le tẽps auenir deleur perdiciõ. ses esperis qui dirẽt treblãs a nostre seignr present en humanite/pourquoy nous es tu venu destruire deuant le tẽps. Et ce disoiẽt il pour ce que ce seur auenoit soudainement q̃lz cuidoient venir plustard ou pour ce quilz disoient que cestoit seur perdicion pourquoy leur congnoissãce seroit desprisee. Et ce estoit auant le tẽps/ cesta dire auant le tẽps du iugement/ ouquel ilz seront punis par dennacion pdurable auec tous les hõmes qui sont detenus en leur compagnie si cõme le dit sa religion Cestadire sa saincte escripture qui ne descoit point ne ne peut estre deceue/ non pas sicõme cel egyptien demaine ca ⁊ la/ ainsi cõme de tous sens de doctrine ou mesla̋t verite auec fausete a doseur pour ce que sa religion perira. laquelle il dit apres estre erreur/ car aps moult de choses il retourne a ce quil dit des dieux que les hões ont fait. ⁊ en parle en telle maniere cõme dit est dessus. mais de telles choses soit assez dit/telles choses retournons dit il de rechief a hõme et a raison/ puis que a hõme par le don diuin est dit quil est beste raisonable/ car les choses qui sont dictes dhõmes sont moins a merueiller. car vait la merueille de toutes merueilles que hõme peut trouuer et faire nature diuine.

¶ Eposicion sur ce chapitre.

En ce xxiii. chapitre monseignr saint augustin cõmẽce a poursuiuir les dictz de ce philozophe appelle hermes trimegistrus. Ce hermes fut ne degypte et succeda a apuleius selon la cronique de hugo floriacensis. laquelle chose ne sacorde pas bien a ce que dit monseignr saint augustin ou viii. et xiii. chapitres du xviii. liure. se ainsi nest quilz soient plusieurs mercures trimegistres. car il y fut auant platon/ toutesfois est il certain que mercure qui fist ce liure des constellacions fut a pres plotin q̃ fut platonicien. ⁊ p consequẽt aps platon/ mais il est assauoir que hermes en grec vault autãt adire en latin cõme mercure/ sicõme il appert par le piiii. chapitre du vii. liure. et est dit trimegistrus selon ysidore ou viii. de ses ethimologies pour la multitude et grandeur de sa science, ainsi cõme on diroit trois fois tresgrant/ sicõme en breton trifol vault autant adire cõme trois fois fol. ⁊ de ces liures nous parlerons ou derrenier chapitre de ce viii. liure. ¶ Reprouuee dõcq̃ la doctrine dapuleyus q̃ mist des dieux monseigneur saint augustin cõmence en ce chapitre a traicter de la doctrine de ce trimegistrus/ et fait trois choses en ce chap: premierement il met ses dictz p lesquelz il appt en quoy il discorde dapuleyus. car apuleyus mist que les dyables nestoient pas dieux. mais quilz estoient moiẽs entre les dieux et les hõmes. Et trimegistrus dist quilz sont dieux/ et le dit ou liure q̃ escript ad esculapiũ/ lequel est fait par maniere de dyalogue/ ouquel il dist que dieu dõna merueilleuse puissãce aux hõmes/ cestassauoir quilz puissent faire dieux/ lesquelz dieux sont ceulx qui sont adourez aux ydoles et aux simulacres. car il dit que leurs ydoles ou ymages sont ainsi cõme les corps de ceulx ausquelz p

L ii.

la puissance des hōes ses esperis sont si alliez que ce sōt ainsi cōme les ames de ces simulacres ou ydoles. Secondement il met ses dictz par lesquelz la destructiō de ces ydoles despites estoit a auenir/laqlle fut faicte depuis par iesucrist/ausquelz dictz il demonstre cōment il disoit telles choses en plourant/et par quel esperit il les disoit. Et tiercemēt il met ses dictz de trimegistrus par lesquelz il cōfesse la grant erreur de ceulx q firent les dieup de toutes lesquelles ydoles il plera plus plainemēt en procedant. La seconde ptie se cōmēce la ou il dit. Et toutesfois pour ce quil appartient &c. Et la tierce partie se cōmence la ou il dit. Car apres moult de choses il retourne a cet.

Le xxiiii. chapitre ouquel il traicte cōment hermes confessa lerreur de ses pens et plaict tāt ce q il estoit a destruire. xxiiii

E pour ce dit ce mercure que noz ayeulz ou antecesseurs q nauoient pas creance/erroient moult enuers la rayson des dieup et sās auoir auis au seruice et religion diuine/ilz trouuerent vng art par lequel ilz seroient les dieup/et a cel art ainsi trouue ilz aiousterent la vertu conuenable de la nature du monde/ t en meslāt icelle pour ce q ilz ne pouoient faire les ames ilz appellerent ames des dyables ou des dieup Et les embatirēt et mirent en ymages p sains et diuins misteres par lesquelz les ydoles peussent auoir vertu t force de faire bien et mal. Je ne scay se les dyables estoiēt coniurez silz regehiroient ce que cestup maintient et confesse. Pour ce dit il q noz bisayeulz et antecesseurs sās creance ou icredules croiēt moult enuers la rayson des dieup et sans auoir auis au seruice et a la religion diuine ilz trouuerent vng art par lesquelz ilz seroient dieup/ne

dit pas cest egyptien que au moins auoi ent ilz erre moiēnement quant ilz trouue rent cest art de faire les dieup/ou sil ne lup souffist de dire quilz erroient sil na ioustast ou deist que moult ilz erroient/ Ceste grant erreur doncques et incredulite deup non auisant le seruice et la religion diuine trouua sart par sequel on feroit ses dieup/et toutesfois ce que la grāt erreur et incredulite et negligence du seruice de la religion des dieup trouua sart de faire ses dieup. Ce sage hōe deut estre oste cōe la religiō deust estre ostee en tēps auenir. Doy se par la vertu et force diuine il nest pas constraint de monstrer et declairer que lerreur de ses anciens pira. Et sil est constraint de douloir la peine des dyables/car se ces ayeulx ou antecesseurs en errant moult cōtre la raysō des dieup par incredulite et non appartenāce du seruice et religiō diuine trouuerēt vng art par lequel ilz seroient les dieup. Quel merueille est ce se tel art maudict. et tout ce quil a fait contraire a la religiō diuine est oste la religiō diuine/car verite amende erreur/ soy repēnt incredulite conuersion corrige auersion ou contrariete/car se il dit que ses ayeulx eussent trouue sart par lequel ilz feissent les dieup en taisāt les causes pourquoy ilz le firent il nous appartenist biē se nous sceussions aucun bien de religion ou de droiture a cō siderer et veoir que iamais ne fussent venus a auoir trouue sart de par lequel hō me fait ses dieup/se ilz neussent erre con tre verite. Silz eussent creu les choses di gnes de dieu se ilz eussēt tourne leur courage au seruice t a la religion diuine. Et toutesfois se nous disons que les causes de trouuer cel art fust la grant erreur et credulite des hōmes et auersion de courage errant et desloial contre la religion diuine. Ancores fut a souffrir aucunemt simpudēce ou folle entreprinse des resisteurs a verite. cōme doncques celluy mes mes qui semerueille sur toutes choses de cest art estre en hōme par lequel il luy est

ottrope a faire ses dieux et q̃ deust se tẽps
auenir ouquel tous ces faingnemẽs des
dieux et establis des hõmes soient cõmã
dez a estre ostez par lop/ neantmoins cõ
fesse il et exprime ses causes pour lesquel
les on trouua cel art disãt que ses aieulx
par mainte erreur et incredulite ou auer
sion de courage contre sa religion diuine
auoient trouue sart par sequel ilz feroiẽt
ses dieux. Que nous cõuient il doncques
dire ou faire fors rendre graces tant com
me nous puuons a dieu nostreseigneur q̃
toutes ces choses nous a ostees p causes
cõtraires a celles par lesquelles elles fu
rent establiee. Car la Loye de Verite a oste
ce que multitude derreurs a estably/ la
foy a oste ce que incredulite a establp. La
conuersion dun vray dieu a oste ce que sa
uersiõ du seruice de sa diuine religiõ a es
tablp. Et ce nest pas auenu tant seulemẽt
en egypte laquelle seule plaist lesperit des
dyables q̃ parloient en ce philozophe mer
curius/ mais est auenu en toutes terres/
ou on chante a nostreseigñr nouuelle cã
ticq̃/ sicõe ses escriptures vraies faictes et
prophetisees en verite sõt denonce ou lieu
ou il est escript/ chantez a nostreseigñr
nouuelle canticque toute terre chantez a
nostreseigñr. car ce tiltre de ce pseaulme
fut quant la maison de dieu fut edifiee a
pres sa chetiuete. Car une maison sa cite
de dieu q̃ est saincte eglise est edifiee a nre
seigñr aps celle chetiuete en laquelle ses
dyables tenoiẽt les hõmes chetifz desq̃lz
creans en dieu la vne maison est edifiee
ainsi cõme de viues pierres/ Ne certes il
ne sensuit pas se hõme faisoit ses dieux
quil ne fust tenu et possidé de ceulx quil
auoit fais quant il se transportoit en seur
cõpaignie en les adourãt en sa cõpaignie
dp ie/ nõ pas des folles ydoles. mais des
dyables peruers, car quelle chose sõt ydo
les fors ce que celle escripture dit/ ilz ont
yeux et si ne voient goutte et telle doit es
tre dicte quelconcques chose sans vie et
sans sens. Combien quelle soit forgee
et faicte de matiere mise et figuree en cer
taine fourme. ¶ Mais les ors esperis
racollez et adioinctz en ces ydoles par se
feson art dessus dit auoient chetiue mise
rablemẽt les ames de ceulx qui ses adou
roient en ses ramenãt en seur compagnie
dõt dit sapostre/ nous scauons que ydole
est neant, mais ses sacrifices que ses pay
ens font ilz ses font au dyable/ non pas
a dieu/ ie ne veul pas dit il q̃ vous soies
faiz cõpagnons des dyables. Doncques
est edifiee sa maison de dieu en toutes ter
res aps ceste chetiuete en laquelle ses hõ-
mes estoiẽt tenus des dyables malicieux
dont ce pseaulme prinst son tiltre ou il dit
Chantez a nostreseigneur et beneissez sõ
nom: chantez a nostreseigñr nouuelle cã
ticque toute terre chantez a nostreseigñr.
Chantez a nreseigneur a beneissez sõ nõ
denoncez bien de iour en iour son salut ou
sauuemẽt. denoncez sa gloxe aux papes
et ses merueilles a tous peuples/ car nre
seigñr est grant et tresdigne/ et est espou
etable sur tous dieux. car tous ses dieux
des payens sont dyables/ a nostreseigñr
fist ses cieulx. Cellup doncques qui dou
toit se temps auenir ouquel se seruice des
ydoles estoit a oster, a sa seignirie des dya
bles estoit a oster enuers ceulx qui ses a
douroient cõme esmeu et esprint de mal
esperit vouloit que ceste chetiuete durast
tousiours sacõse passee sa pseaulme chã
te sa maison de dieu estre edifiee en toute
terre. Hermes denõcoit ces choses auenir
en doulant se prophete ses denoncoit aue
nir en sop esiouissãt. Et pour ce que sespe
rit qui denõcoit ces choses p ses prophe
tes est vaicqueur ou victorien/ ce hermes
mesmes qui ne vouloit pas et se douloit
de ces choses qui seroient ostees, fut cõ-
trait de rechief a cõfesser merueilseusem̃t
quelles nestoient pas establies de sages
et sopaulx religieux/ mais de hommes
plains derreur et incredules et contrai-
res au seruice de la religion diuine/ seq̃l
cõbien q̃ ses appelle dieux/ Toutesfois

f iii.

quant il dist quilz sont faitz de telz hões desquelz nous ne deuōs pas estre pour certain demōstre veulle ou nō q ne sōt pas a adourer de ceulx qui ne sont pas telz cōme furent ceulx qui les firent, cestadire des sages loyaulx et religieulx, en demonstrant auec ce que ceulx qui les firent rapportereut a ceulx quilz eussent dieux qui nestoient pas dieux. Car le dict du prophete est vray qui dit. Se homme fera les dieux et se dit il cy qui ne sōt pas dieux. Et combien que ce hermes eust appelle telz dieux de telz hōmes diceulx faitz par art de telz hommes. Cest adire combien quil appellast les dyables adioinctz et alliez aux ydoles, par ie ne scay quel art des dieux de leurs conuoitises dieux faictz des hommes. Toutesfois ne leur donna il ne attribua ce que apulepus platonicque leur donna ou attribua dont nous auons ia assez parle et auons monstre comment cest grant inconuenient et rudesse de dire quilz furent exposeurs et moyens et requereurs entre les dieux que dieu a fait et les hommes que il mesmes a aussi fait. Et que de ca aual ilz portassent les requestes de lassus et rapportassent les doms et ottrois: Car cest trop folle chose a croire que les dieux faitz des hommes baillent plus enuers les dieux q dieu a fait q ne sont les hommes que yceulx mesmes dieu a fait. Quelz merueilles, car le dyable cōioinct et allie a lydole par art selon q̄ est fait dieu par homme, a cel homme qui la fait, non pas a tout homme: Quel est doncques tel dieu, lequel homme ne pourroit faire sil nestoit en erreur et sans creance et contraire au vray dieu Touteffois se les dyables qui sont adourez aux temples aioinctz et embatus aux ymages, cestadire aux ydoles vissibles, par ie ne scay quel art des hōmes qui par yceulx art firēt les dieux, quant ilz estoient en erreur et touteffois du seruice et religion diuine. Ne sont messages moy

ens et interpreteurs entre les hommes et les dieux. Et pour leur tresmauuaises et tresfaydes meurs, et que les hommes combien quilz soient en erreur incredules et restournez du seruice et de la religion diuine sans aucune doubte sont meilleurs q̄ les diables, lesqlz ilz ont fait par art, il senssuyt que tout ce que ilz peuent ilz peuent comme dyables. Ou quant en plus nuysant ilz donnent aucun benefice pour ce que ilz decoiuent plus, ou en mal faisant en appert, combien toutesfois que ilz nayent aucun pouoir en lun ou en lautre fors quant ilz en ont permission de la haulte et secrete puidēce de dieu Non pas quilz baillent aucunement enuers les hommes par lamistie des dieux ainsi comme se ilz estoient moyens entre les hommes et les dieux. Car ilz ne peuent en aucune maniere estre amis aux bons dieux, lesquelz nous appellons sains angles et raisonnables creatures ou puissances de la saicte habitacion du ciel, desquelz ilz sont aussi loingz et absens comme les vices sont loingz des vertus, et malice loingz de bonte.

Exposicion sur ce chapitre.

En ce vingtetquatriesme chapitre monseigneur saint augustin traicte aplain des dictz de ce philozophe trimegistrus. Et fait deux choses en ce chapitre: Premierement il traicte trois de ses dictz qui sont recitez ou chapitre precedent. Secondement il demonstre que trimegistrus dit mieulx que ne fist apulepus quant a aucunes choses. La seconde partie se commence ou il dit. Et combien que ce hermes eust appelle telz dieux de telz hommes dieux faiz par art et cete.

En sa premiere partie il fait trois choses
Premierement il demonstre comment
se tiers dict de ce hermes destruit le pmier
et appert cleremēt par se texte. ¶ Secō
dement il demonstre que il ne nous est au
cune necesite darguer contre luy pour ce
que luy mesmes destruit assez les dictz/
Et celle seconde partie se commence ou il
dit: ¶ Car sil eust dit que ses ayeulx eus
sent trouue lart par lequel acet. ¶ Tier
cement ou il dit. ¶ Ccomment doncques
celluy qui se merueille sur toutes choses
de ce st art acet. ¶ Il demonstre que nous
auons a rendre graces a nostre seigneur/
qui par son benoit filz iesucrist acomply
ce que ce hermes trimegistrus auoit dit
en son secōd dict de la distiction des dieux
ou ydoles et fait ancores deux choses en
ce chapitre. ¶ Premieremēt il demonstre
que la distinction des ydoles anocee, nō
pas par ce hermes tant seulement, mais
aussi prophetizee par les sains prophetes
et sains hommes soit acomplie par iesu
crist. Et non pas seulement en egypte
mais par tout le monde/ pour laquelle
chose declaire il amaine ses quatrevigtz
et quatre pseaulmes du psaultier / ouql
il expose comment il fut prophetize.

Secondement il demonstre que les
prophetes et aussi hermes estoient tour
mentez selon les choses quilz auoiēt pro
noncees a auenir. Et celle seconde partie
se commence ou il dit. Celluy doncques
qui douloit le temps auenir ouquel le ser
uice des ydoles estoit a oster acet. Apres
quant il dit. Et combien que ce hermes
eust appelle telz dieux acete. ¶ Il demon
stre quāt aucūes choses hermes pla plus
raysonnablement que ne fist apuleyus/
en ce quil ne dit pas que les dieux quil dit
quiestoient faictz des hommes fussent
mediateurs entre nous et les aultres dieux
ce que mist appuleyus/ et que en ce il pla
plus raysonnablement il se preuue tres
noblemēt, car ceulx de hermes sont faitz
dieux pas les hommes. Combien que en
verite ce soient dyables / parquoy il nest

pas vray semblable quilz puissent plus
deuers ses dieux que dieu a fait que ses
hommes qui ses ont faitz. ¶ Seconde
ment car ilz sont de tres lapdes et de tres
mauuaises meurs. Et tiercement. Car
ia soit ce que ses hōmes soient mauuais
et ydolatres, ancore sont ilz meilleurs
que ne sont les dyables/ cestadire moins
mauuais. Et pour ce nont ilz quelque a
mistie auec les dieux qui sont faictz de
dieu que nous appellons ses bons angles

¶ Le xxv. chapitre ouquel il traicte des
choses qui peuent estre cōmune aux sais
angles et aux bons hommes.   xxv.

On ne doit doncques nullement
couuoiter le moyennement des
dyables ainsi cōe conuenable a
acquerir la beniuolence ou benefice des
dieux. Ou pour mieulx dire ses sains ā
gles, mais par la semblance de la bonne
voulente par laqlle nous sōmes auec
eulx, et viuons auec eulx/ et adourons
auec eulx le dieu quilz adourent/ combiē
que nous ne les puissōs pas veoir de noz
yeulx charnelz/ mais en tant cōe nous sō
mes en mistere par dissēblāce de voulente
et par fragilite den fermete/ en tant sō
mes nous loings deux par merite de vie
non pas par lieu corporel. ¶ Car nous
ne sommes pas conioinctz aux choses
terriennes pour ce que nous habitons en
la terre pour sa condition de la chair.

Mais se les choses terriennes nous as
sauourons par ordure de courage, nous
nous y conioingnōs, mais quant nous
en sommes gueris ie dy que nous som
mes telz comme ilz sont/ Nous appra
chone deux cependant par foy. ¶ Se
nous creons que nous puissons ia estre

L iiii.

bieneurez de celluy par qui ilz se sont faiz mesmement par leur faueur et quilz sont enclins a nous.

Expposicion sur ce chapitre.

En ce ppv. chapitre monseigneur sait augustin conclud par les choses ql a dit deuãt q p le moyẽ des diables no⁹ ne pouõs venir ne attaindre en quelq maniere a acqrir la beniuolẽce des dieux faitz et crees de dieu/cest adire des bons angles et sains/et est le tex̃te tout cler.

Le ppvi. chapitre ouquel il declaire que toute la religion des crestiens a este acõplye/es hommes qui sont mors. ppvi:

Sauuement il est a considerer/ comment cest egyptien quãt il dousoit le temps estre a auenir ouquel les choses seroient ostees de jppte Lesquelles il confesse estre establies des hões errãt et moult increduses ⁊ tres tournez de la religion diuine dist des autres choses en ceste maniere. Adonq dit il ceste tressaincte terre laquelle est siege des eglises et des temples sera tres plaine de sepulcres et de mors/ainsi cõme sil voul sist dire que se ces choses ne fusent point ostees les hommes ne mourussent point ou que les mors seroient mis ailleurs q en terre. Et vrayement de tant plus vẽ droit le temps ⁊ de iours tant seroit le nõbre des sepulcres greigneurs pour plus grant nombre des mors/mais il semble quil plaigne ce que les memores de noz martirs succederoient en leurs temples/⁊ leurs eglises/affin que ceulx q lisent ce en leur courage mauuais ⁊ tres trournez de nous cuident que les payens adourasent les dieux aux temples ⁊ que nous a dourissiõs les mors aux sepulcres. Car les hommes felons font ainsi comme of

fence contre les montaignes par si grant aueuglemẽt/ne ne veulent veoir les choses qui firent leurs peur ace ilz nentendent pas comment en tous les liures des paiens nest pas trouue q les dieux naiẽt este hommes et que les hõneurs diuines ont este portees aux mors. Je delaisse ce que varro qui dit quilz cuident que tous les mors soient dieux infernaulx ou des fer/et le preuue par les solennitez qui a bien pou sont faictes a tous mors/ou la ou il fait mencion des ieux ou des sune railles ou obseques/ainsi comme ce soit tresgrant demõstrãce de la diuinite pour ce que on ne sceut point faire ieux fors aux dieux. Cestuy hermes de q nous parlõs orendroit/tesmoinge les dieux estre hommes en ce mesmes lieu ouquel ainsi com me en denoncant les choses a auenir/il dit en plourant ces paroles. Adonc ceste tressaincte terre laquelle est siege des eglises et des temples sera tresplaine de sepul cres et de mors. Car cõme il eust dit ses apeulx estans en maites erreurs incredules enuers sa raison des dieux/⁊ nõ tour nãs leur courage au seruice ⁊ a sa religiõ diuine auoir trouue vng art p lequel ilz feroient les dieux/auquel art ainsi trou ue sicõme ilz dient ilz adiousterẽt vne vertu conuenable de la nature du mõde. Et pour ce quilz ne pouoient faire ames en meslant icelle vertu/⁊ en appellant les ames des dyables ou des angles/ilz em batirent icelles ames en ymages ou ydo les par sais et diuins misteres. par qouy les ydoles peussent auoir vertu de bien faire ou de mal faire/⁊ aps poursuit ceste matiere ainsi cõme sil vousist prouuer p exẽples et dit vrayement O tu asclepe ton ayeul qui fut pmier trouueur de me decine auquel est cõsacre vng temple ou mont de libe enuirõ le riuage des crocodrilles ouquel il gist hõme mõdain/cest adire son corps/car le remanãt ou pour mieulx dire tout lhõme est en sens de vie retourna meilleur ou ciel et donne orendroit aux hõmes malades p sa deite sou tes les aydes qui souloit donner: par l'art de medecine. Veez cy comment on adouroit ung homme mort pour dieu ou lieu ou il auoit son sepulcre. Et estoit ce hermes faulx et deceuant en disant quil estoit retourné au ciel. Et aps(apres) aioinct autre chose disant. Hermes dit il qui est le nom de mon ayeul ne ayde il pas et garde tous mortelz venans de toutes pars ou pays non pas de so(n) iourné ouquel il est pour certain. Cestuy hermes le plus grant, c'est assauoir mercure lequel il dist estre son ayeul est tesmoig quil est en hermopolie qui est la cité de son grant pere. Veez cy comment il dit deux dieux auoir esté ho(m)mes cestassauoir esculapius et mercure. mais il ya difference entre ces deux cy / car les grecz et les latins ont une mesmes opinion de esculapius / mais plusieurs maintiennent de mercure quil ne fut pas mortel. Lequel toutesfoys ce hermes tesmoigne auoir esté son yeul / neantmoins cestuy est autre et cestuy autre combien qu'ilz soient nommez par ung mesmes nom / Je ne me veul pas moult debatre silz furent tout ung ou differens l'un de l'autre, mais toutesfoys ce mercure fut fait de homme dieu ainsi come esculapius selon le tesmoignage de ce trimegistrus son nepueu q(ui) fut ho(m)me si solennel entre les autres de sa secte. Ancores aiouste il et dit / nous sca(u)ons dist il comment ysis femme de osiris donne grans biens selle est amiable / et scauo(n)s bien comment elle nuyst a plusieurs quant elle est couroucee. Apres affin quil demo(n)strast que les dieux que les ho(m)mes font par cel art fussent de ceste maniere / dont il do(n)ne a entendre que les dyables cuident estre ben(oits) des ames des ho(m)mes mors. lesqu(e)lz il dit estre embatus aux ydoles p l'art q(ue) les ho(m)mes estans en grant erreur incredules et sans religion trouueret pour ce quilz ne pouoiet faire les ames come ilz eussent dit dune deesse appelee ysis ce que iay dit. cestassauoir nous scauo(n)s comment elle nuyst a plusieurs quant elle est couroucee, il aiousta et dit. Legiere chose est dist il q(ue) les

dieux terriens et monda(i)ns se courou(c)cent co(m)me ceulx que les ho(m)mes ont faitz et co(m)posez des deux natures, il dist des deux natures, cestassauoir de lame et du corps a ce que lame soit entendu le dyable, et le corps soit entendu l'ydole / dont il est auenu dit il que les ames de ceulx desq(ue)lles elles estoient consacrees en leur viuant soient appelez des egyptiens sainctes bestes et adourees par toutes leurs citez / et tant q(ue) leurs loix y soient gardees et soient nu(n)mees de leurs nons. ou est ceste co(m)plainte ainsi de plaines de pleurs que la terre degypte co(m)me le tressainct siege des eglises et des temples seroit ou temps auenir tresplaine de sepulcres et de mors. car lesperit plain de saface par lesmouueme(n)t duquel hermes disant ces choses estoit constraint p(our) icelluy mesmes regehir et confesser que celle terre estoit ia desfors tresplaine de sepulcres et de mors lesquelz ilz adouroient come dieux. mais la douleur des dyables ploit pour celluy q(ui) ploureroit les peines q(ui) leur estoient a auenir enuers les memoires des saintz martirs. car ilz sont tourmentez en plusieurs telz lieux, et les regehissent et sont gettez hors des corps des hommes ausquelz ilz habitoient.

¶ Exposicion sur ce chapitre.

En ce xxvi. chap(itre). monseigneur sainct augustin traicte ancores ses dictz de ce hermes trimegistrus plesq(ue)lz il dit q(ue) les temples et ydoles des dieux seroit plains de sepulcres des mors / et le dit pour la memoire des martirs q(ui) succederoient en leurs lieux, et fait trois choses en ce chap(itre). Premiereme(n)t il demonstre que ces poses quil met cy suppose quelles soient ou fussent vraies / toutesfois se(m)blent elles estre mises en telle maniere et a telle fin quelles engendroient faulse oppinion des crestiens aux pensees des payens / et de ceulx q(ui) sont contre la foy / cestassauoir q(ue) les crestiens adouri(n)t les hommes mors ainsi comme dieux.
¶ Secondement il demonstre que ce que les payens croient faussement des crestiens soit vray de ces mescreans /

Car en verite ilz aourent comme dieux ceulx qui sont hommes mors. et ceste seconde partie se commence ou il dit. Car les hommes felons æcete. et fait cy encore deux choses. Car premierement il demonstre ce qui est dit par Varro, qui croit que toutes les ames de ceulx qui sont trespassez, lesquelles il appelle manes soiēt dieux, laquelle chose il preuue par ce que on leur fait tout ce que on fait aux dieux seulemēt, sicōme sōt les ieux des corps q̄ sap̄ pellent funebres a funere. Cestadire du corps sesqlz se faisoiētē sōneur de ceulx sicomme furent ceulx que fist enee en sonneur de son pere ancises, desquelz parle Virgille en son cinquiesme liure de eneydos, laquelle chose estoit grant iugemēt de sainctete et de diuinite, et dit monseigneur saint augustin que il ne sentend pas a arrester principalement sur ce.

Et est assauoir que ilz ne faisoiēt pas seulement ces ieux, laquelle chose par la deification estoit signe de grant leesse. Mais aussi faisoient ilz grant sacrifices sicomme il apparut de pirrus filz dachilles qui lame de son pere immola et sacrifia ou sepulcre de son pere, polixene fille du roy priant, laquelle il auoit occise, et Virgille en son quatriesme liure raconte de dydo qui fut royne de carthage que a son mary sequel auoit a non sicheus, elle fist faire apres sa mort ung tresbeau temple sequel sicheus elle adouroit en icellui temple de merueilleux honneurs: pareillement sicomme il se treuue ou cinquiesme liure de Virgille eneydos, enee faisoit sacrifice a lame de anchises son pere: et fut le premier q̄ amena en ytalie la maniere de sacrifier aux ames sicomme dit ouide ou troiziesme liure de fastis. Et ceulx aussi qui estoiēt appellez dieux du pays qui sappelloient dii patrii estoient pour la plus grāt partie hommes mors de leur lignage. ¶ Apres ou il dit. Ce hermes duquel nous parlerons æcet. Il demōstre ces choses par quatre des dictz de ce hermes. Le p̄mier est de esculapius

q̄ fut apeul de esclepius, sequel il dit quil est adoure pour dieu. lequel en verite fut grant homme et tresgrant phisicien, car sicomme dit ysidore ou quatriesme liure de ses ethimologies, il amplya moult sa science de medecine et de cirurgie, et trouua sa medecine par experience, de quoy nous auons parle ou p̄viii. chapitre du troiziesme liure. ¶ Son second dict est de mercurius qui fut apeul de ce trimegistrus sequel aussi fut tenu pour dieu en vne cite q̄ fut appelee hermopolis cestadire la cite de hermes, pour ce que polis en grec vault en sasi autāt cōme cite, et sicōme nous auons dit hermes vault autāt cōme mercure. ¶ Toutesfois dit cy monseigneur saint augustin que combien que entre ses payens il ne fust point de doubte que il neust este hōme. ¶ Toutesfois on croit que ce hermes nauoit point doubte q̄ neust este hōme. mais est immortel, ia soit ce, toutesfois que trimegistrus son nepueu tesmoingne que il fut homme, mais aucuns dient que cellup mercure q̄ fut immortel ne fut pas apeul de trimegistrus, mais de tout ce ne peut il chaloir comme ce ne face riens au propos de ce chap̄ car pauenture trimegist[us] dit dy cellup qui fut hōme, et que depuis il fut tenu pour dieu qui ne sont pas choses contraires ne repugnans: ¶ Toutesfois est il assauoir pcp que en verite ilz furent plusieurs mercures ou hermes autres q̄ hermes trimegistrus et hermes se plus grant qui fut son apeul de par pere. Car athlas se grāt astronomiē fut son apeul de par pere, sicomme il appt̄ par monseigneur saint augustin ou xxxix. chap̄ du p̄viii. liure. & fut mercure se grāt ou tēps q̄ moyses mist hors degipte le peuple disrael sicōme il appert par le viii. chap̄ du p̄viii. liure. Et quil en y eut plusieurs autres que ces deux il se peut sembler: pour ce que il y en eut vng qui fut conseiller de osiris, sicomme il appert par le chapitre enssuiuant, sequel ne fut ne sun ne lautre. Quil soit ainsi il appert, car psis qui fut femme de psaac le patriache selon monseigneur saint augustin ou troizies̄me chapitre du dixhuitiesme liure. Doncques appert il que mercure ne fut ne lun ne lautre, comme entre le temps de psaac et de moyse coururent bien quatre cens ans selon ysidore ou cinquiesme liure de ses ethimologies. ¶ Apres il y eut ung autre mercure lequel trouua la harpe et le ieu dycelle. ¶ Et cestuy fut ou temps de gedeon, sicōme dit ysidore ou lieu dessus allegue. Entre lequel gedeon et psaac coururent plus de .viii. cens ans. Et entre gedeon et moyse coururēt plus de trois cens. ¶ Et aussi il semble que ce soit ung autre que ses autres trois. Et par auenture le premier de ces deux desquelz nous auons parle derrenierement fut si grant temps auant les autres que il nestoit mais memore quil eut oncques este. Et pource ilz ne croient pas quil eust oncques este homme. ¶ Il y eut ung autre mercure qui fist ung liure qui sappelle de cōstellacione, duquel il est certain que il fut apres platon, et par consequent que il ne fut nulz de ceulx dessus nommez. ¶ Cestuy qui fist le liure de la vie et chastiement des anciens philosophes dist que hermes en grec vault autant comme mercurius en latin, et en hebrieu, cestadire enoc et dit quil fut filz de iared. ¶ Et dit que hermes fut auant le grant deluge, et quil fut ne en egypte, et sen partit en allant par toute terre iiii. xx et dix ans preschant que on venist adieu Lequel hermes estoit expert de soixante douze languages. Pendāt lequel temps il edifia cent et viii. villes, et les aprinst en science. ¶ Et dit que ce fut cestuy qui premierement trouua la science des estoilles. il establit plusieurs festes et solennitez, sicomme en lentree du soleil ou commencement des signes.) En sa premiere veue de la lune en la conionction des planettes, et quant elles entroient en leurs propres maisons, et en leurs exaltacions et aux regardz des planettes, et y faisoient

et offroient sacrifice de chascune chose, si comme des fleurs ilz offroient, et des royes des grains ilz offroient du fourment et de lorge, des fruis, et des grappes, les beuurages du vin. ¶ Le tiers dict de tis megistrus est de ysis qui fut royne degipte, laquelle autrement est appelee po, la quelle aussi ilz tirent deesse, de laquelle nous auons parle ou dixiesme chapitre du sixiesme liure Le quart est des dieux faitz des hommes, ou par les hommes. lesquelz il dit auoir corps, cestassauoir le simulacre ou ydole et ame, cestassauoir le dyable. Car il veult que les dyables qui sont lame de celle y aient este ames de corps mors, dont il dit que les citez sont denommees du nom des hommes, desquelz les ames sont la adourees. Et ce appert par la cite de hermopolie qui est ainsi appelee pour hermes, dont nous auons parle cy dessus en ce chapitre, toutesfois monseigneur saint ierosme en son second liure contra iouinianum, dit que apeines toutes les citez degypte adouroient singulieres bestes et singuliers monstres, et pource leurs citez ont les noms des bestes. ¶ Aucuns qui euurent de la science de alquimie pour couurir le mistere de la science, mettent nom aux mettaulx et vsent de motz couuers et diuers par quoy on ne poeut pas bien venir aux effectz. Combien que selon aucuns les choses bien mises apoint on ya trouue assez bon effect. ¶ Et les autres dient que cest chose ainsi comme imposible de muer vne substance en lautre, combien que on puist faire rubrifications et dealbations par maintes manieres par selz et par soufres. ¶ Et toutesfois y ont plusieurs seigneurs este assotez de plusieurs entremeteurs, lesquelz silz eussent sceu faire or le eussent auant fait pour eulx que pour autruy.

Le xxviii.et dernier chapitre ouquel il traicte de la maniere de l'honneur que les crestiens font aux martirs. xxviii

Et toutesfois nauons nous pas establi a iceulx dieux temples prestrises solennitez et sacrifices car nō pas a eulx/mais se dieu d'eulx est le nostre/nous hōnourōs biē les memores d'eulx cōme des sais hōmes des dieux qui estriuerent pour verite iusques a la mort/affin que la vraye religion fust declairee et les faulses choses et vaines fussent vaincues/laquelle chose se aucuns scauoient par auant si le reboutoient ilz en doubte. Et qui est celluy qui oyt onc̄ques aucun sopaz crestien prestre estant a l'autel mesmes edifie en l'honneur et seruice de dieu sur le corps d'aucū martir dire en ses prieres/o tu saint pierre/o tu saint pol/o tu saint cyprien/ie te offre sacrifice, combien q̄ en leur memoire il soit offert a dieu qui les a fait et hōmes et martirs et les acō pagner a ses sains angles en honneur celestial: affin que en ceste celebracion nous rendons graces au vray dieu de leurs victores et que en renouuellant leurs memores dieu appelle en nostre ayde que nous soiōs amōnestez de ensuiuir telles courō nes et telles victores. Dōcques q̄lcōq̄s obseq̄s sōt faiz des crestiēs aux lieux des martirs/ce sont ournemens de leurs memores/non pas solennitez ou sacrifices appartenans aux mors cōme aux dieux. Qui concques aussi y portent leurs viandes/laquelle chose certainement ne font pas les meilleurs crestiens/et ancores plusieurs contrees nont point ceste coustume Neantmoins quiconques les font quelconques viandes quilz y mettent les de prient et emportent pour vser/ou a ce que elles soient donnees aux souffreteux ilz desirent quelles leur soient sainctifiees par les merites des martirs/mais celluy ne cōgnoist pas ces sacrifices estre des martirs qui cōgnoist vng sacrifice des crestiens/lequel est aussi la offert maie nous ne honnourons pas noz martirs par diuines honneurs/ne ne les seruons pas par crismes humains/sicomme ilz seruent et adourent leurs dieux/ne ne leur offrons sacrifices/ne ne seur conuertissons pas seur reproches en seurs solenni tez, car qui vouldra ou pourra sire si si se de ysis femme de osiris et deesse d'egypte et de leurs parēs lesquelz on croit tous a uoir este roys ausquelz ses parens cōme elle sacrifiast elle trouua sa blarie de fois ge et en monstra les espis au roy son marye et a mercure son conseisler/dont ilz beulent dire quelle fut appellee ceres qui est la deesse des bledz. Quelz et com grant maulx sont ramenez a memoire en seurs siures. non pas des poetes/mais de seurs lettres secretes/sicomme alexandre le grant escript a olimpias sa mere se lon ce q̄ spon prestre luy auoit demonstre Et qui ce aura seu si luy souuienigne et a voie quelz hōes mors ou pour quelz faitz deux les solennitez leur aiēt este estabsi es comme aux dieux. Ja ne auienne combien quilz les tiennent pour dieux/quilz les osēt en aucune partie compar̄et a noz sains martirs. Lesquelz toutesfois nous ne tenons pas pour dieux.

Car nous nestablissons pas prestres ne offrons sacrifices a noz martirs pour ce q̄ ce nest pas chose conuenable non deue non pas licite/et qui est deue a vng dieu tant seulement/affin que nous ne seur donnons delectaciōs pour leurs crismes ou par tres ors et sais ieux/sicomme ilz font qui celebrent a seurs dieux se ilz les coniurent ou perpetrent/quant ilz estoi ent hommes ou qui celebrerent les sain tes et bonnes delectacions denuysables aux dyables/se ilz ne furēt pas hōmes Socrates nauroit poit de dieu sil auoit vng dieu de ceste maniere de dyables. mais par auenture a vng tel hōme igno rant et innocent faire dieux par tel art/ilz ipulerent celluy dieu lequel ilz vouloient estre e vesset par cel art. Que diray ie donques plus/nul au moins q ait prudence moyennement ne doubte point que telz esperis ne sont point a adourer pour acquerir la vie bieneuree q est a venir aps sa mort mais par auenture ilz pourroient dire que tous les dieux sont bons/et q des dyables les vngz sont bons et les autres mauuais et tendroient que les dieux p lesquelz nous pouons venir a la vie bieneuree et pdurable sont a adourer/lesquelz ilz croient estre bōs: a quelle chose ce soit il est maintenāt a veoir ou liure ensupuant.

¶ Eposicion sur ce chapitre.

En ce xxvii. chapitre monseigneur saint augustin demonstre que les crestiens en toutes manieres honourerēt aucunemēt les sains martirs autremēt que ne font les payés leurs dieux/et fait deux choses en ce chapitre. Premierement il compare lōneur des dieux a lonneur des martirs. Et secondemēt il met sa pricipale cōclusion a laquelle il a tēdu en ce liure Et cōtinue les dictz de ce liure aux dictz cōtenus ou liure ensupuāt/et celle secōde ptie se cōmence ou il dit Que diray ie donques plus etc. En sa pmiere partie il fait acores deux choses. Premierement il declare cōment nous honourōs les martirs. et appert assez sintēcion p le texte. Secondement la ou il dit/mais nous ne honnourons etc. Il fait vne cōpaison de la maniere du seruice q les payes ōt enuers leurs dieux et que nous auōs enuers noz martirs a ce que pla defformite de lun apporte la beaute de lautre/et aussi au contraire/ car nous honnourōs les sais martirs saintemēt tāt seulement/mais les payes honnourēt leurs dieux sacremēt/sicōme il peut clerement apparoir pce q a este dit ou second liure et en plusieurs autres lieux/et que aussi ilz honnourerent ordes choses et ors esperis. Laquelle chose il preuue en ce chapitre p psis laquelle trimegistrus dit

estre deesse. Car delle sōt escriptes plusieurs mauuaises choses en plusieurs liures secretz qui furent faiz delle/sicōme racōte thomas valensis/et desquelles lon seue que instruit alexandre le grāt. sicōme il appert par lepistre quil enuoya a olimpias sa mere. delaquelle il a este touche cy dessus ou v. chapitre. Et aussi en fait il mencion ou x. chapitre du vii. liure. Et quant est de celle psis qui fut royne degypte/il appert que mōseignr saint augusti dit cy que cōme elle sacrifiast a ses parēs a sa guise et maniere que faisoiēt les payens/lequel sacrifice est appelle parentale C est adire de ses parēs/sicōme il appert par ouide en son secōd liure de fastis/elle trouua les blaries dorge lesquelz elle mōstra a osiris son mary et a mercurius qui estoit son conseillier pour laquelle chose aucuns voulurent quelle fust tenue et appelee ceres laquelle est la deesse des bledz pour ce q elle trouua pmierement la maniere de semer sorge cōe fist ceres le foumēt Et par ce qui est cy dit il appert que celle psis fut auant que on sceust lart de semer ne que on eust seme aucun orge en egypte. toutesfois croiēt aucūs q ce mercuris du quel est faicte cy mencion fut ayeul de trimegistrus/ et que ce fut celluy qui fist le liure de cōstellacione/ mais le pmier ne peut estre par ce q nous auons dit ou chapitre precedent/et pce aussi que monseigneur saint augustin dit cy en ce chapitre quil fut ou tēps de celle psis laqlle trouua pmierement a semer sorge/mais sicōme il appt par le ix chap. de epode en la bible sorge fut seme auant q les enfās dysrael yssissēt degypte. et p consequēt ce ne peut estre le pmier. Le second aussi ne peut il estre/ car en ce pmier liure de cōstellacione est recōmande plotinus vng philozophe q fut platonicque parquoy il sensuit que ce mercure q fist ce liure fut aps platō. Et cent ou miroir hystorial dit que ce fut trimegistrus q escript ce liure et ē fist deux autres desqlz lū est appelle de verbo perfecto ou il dist moult de choses du filz de dieu

Item le second de constellacion ouquel il sefforce de monstrer a esclepius qui fut nepueu desculapius que toutes choses auiennēt de necessite duqͫ liure les choses que monseignͬ saint augustin a dictes p̃ cy sont prises et aussi de ses dictz. Et toutesfois selon monseignͬ sait augustin cy apres ou ꝓpiͥ.chapitre du ꝑviii. liure/ Ce ne peut estre que ce trimegistrus ait escript le liure de constellacione, car il ꝓcede à long tēps les vii. sages de grece, ale siure de cõstellacione si fut fait aps̄ le tēps de platon Toutesfois il fist les deux autres liures

¶ Cy fine le viii. liure de monseignͬ saint augustin de la cite de dieu.

¶ Cy cōmencēt les rubriches du ix. liure de monseignͬ saint augustin de la cite de dieu qui contient ꝓii chapitres.

¶ A quelle fin soit venue la disputacion ꝓcedēte et par quelle disputacion on doit disputer du surplus de la question.   i.
¶ Assauoir se entre les dyables desquelz les dieux sont au dessus ou souerains sont aucune p̃tie des bīes desquelz lame de creature humaine puist venir a vraye felicite et beneurte.   ii
¶ Quelle apuleyus attribue aux dya bles ausquelz cōe il ne leur oste poit rayson toutesfois ne leur assigne il aucūe vtu iii
¶ Quelle soit la sentēce des perppateticiens et des stoiciēs et des perturbaciōs q̄ auiennēt au courage ou en la pensee.   iiii
¶ Que les passions ne tourmētent pas les pensees ou courages des crestiens ne ne les traient point en peche/ mais les eꝑcercent en vertu: v.
¶ De quelle passiō les dyables soient demenez p̃ confession mesmes dapuleyus p̃ le p̃de desquelz si cōme il afferme les hōmes sont ap̃des enuers les dieux.   vi
¶ Que les platoniciens affermēt que les dieux sont diffamez p̃ les fictiōs des poetes par estrif de cōtraires estudes cōe celles parties soiēt des diables aeriens a des hommes terriens.   vii

¶ Assauoir se lamistie des dieux celestiens peut pouruoir a homme par lintercession des dyables.   viii.
¶ Que selō la sentēce de platon les hōmes soiēt mois chetifz en corps mortel q̄ ne sōt les diables en leur corps p̃petuel ix
¶ De loppiniō des platoniciēs p̃ laq̄lle ilz cuident que les ames des hōmes soiēt faictes des dyables apres la mort.   ͯ
¶ De trois manieres de cōtraires en contrarietes par lesquelles selon les platoniciens la nature des hōes a des dyables est distinguee.   xi
¶ Cōment se les dyables ne sont bieneurez aueqͥs les dieux ne chetifz auec les hōes, il sensuit q̄lz sont moiens entre lūe partie et lautre sans la cōionction de lun et de lautre.   xii
¶ Assauoir se les hōmes cōe ilz soiēt mortelz peuent estre eureux de vraye felicite et beneurete.   xiii
¶ De homme iesucrist moiēneur de dieu et des hommes.   xiiii
¶ Assauoir se les platonitiēs ont raisō nablement diffiny que les dieux celestes qui fuient les conchinees et ordures terriennes ne se meslēt poit auec les hōes.   xv
¶ Que acquerir la vie bieneuree laquelle est en la p̃ticipaciō du souuerain bien hōe nait mestier de tel moiēneur cōe le diable mais de tel cōe est n̄reseignͬ iesucrist.   xvi
¶ Que la falace des dyables quāt elle promet vope a dieu p̃ son intercessiō elle sefforce de destourner les hōes de la voie de verite.   xvii.
¶ Que lappellacion ou denomiaciō des diables/ non pas ancores enuers ceulx q̄ les adourent ne peuent estre prinse en signification de quelque bien.   xviii
¶ De la qualite de la science qui fait les dyables orguilleux.   xix
¶ En quelle maniere dieu se voulut faire congnoistre aux dyables.   xx
¶ Quelle chose il ya adire entre la sciēce des sais āgles a la sciēce des diables.   xxi
¶ Que on attribue faulsemēt le nō de dieu aux dieux des gens.   xxii

Nono.

Cy commence le premier chapitre du ix. liure/ ouquel il declaire a qlle fin soit ve nue la disputacion precedente, et par laql le disputacio on doit discuter du surplus de la question. i.

Aucuns eurent oppinion q aucūs des dieux furēt bons ⁊ aucūs mauuais mais aucuns aiās meil leur sentemēt des dieux leur dōnerent tant donneur et de louēge q̇lz noserent croire aucūs des dieux estre

mauuais/ et ceulx q̇ dirēt q̇ aucūs fussēt bōs. ⁊ aucūs mauuais appelleroiēt les dia bles p̄ nōs des dieux. cōbien q̇ aussi feissēt il les dyables/ mais non pas souuēt/ en tāt q̇lz maīntiennēt iupiter lequel ilz dīt estre roy ⁊ prince des autres auoir este appel le dyable pour orner le poete/ mais ceulx qui affermēt que tous les dieux ne sōt fors q̇ bōs ⁊ meilleurs de trop que les hōes q̇ sōt demōstres estre bōs sōt a bō droit esmeuz des fais des dyables lesquelz ilz ne peuēt nper: Et pour loppinion quilz ont que telles oeuures ne peussent estre faictes en aucune maniere des dieux lesquelz ilz veulent tous estre bons/ilz sont cōstrais a mettre difference entre les dieux et les diables/en tant que tout ce q̄ a bō droit leur desplaist en eunres ou affectiōs mauuaises par lesquelles les esperis non apparans demonstrent leur force/ilz croiēt que ce soit oeuure de dyable/non pas des dieux/mais ceulx qui ainsi cōme se nul dieu ne se mesloit a homme cuidēt iceulx diables aussi estre moiēs entre les dieux et les hommes/affin quilz portent de cy lassus aux dieux les desires ou affectiōs des hommes/et de lassus ca aual leur rapportent interpretation de ces desirs/et ce tiennent les platonicques principaulx et tresnobles des autres philozphes auec lesquelz comme les plus excellens il ma pleu a examiner ceste question. Assauoir se le seruice de plusieurs dieux prouffite a acquerir la vie bieneuree qui est a venir apres la mort/nous auons enquis en ce liure precedent par quel conuenant les diables ainsi comme plus prochains et plus amis des bons dieux leur peussent prouuer les bons hommes/lesquelz dyables se sioissent de telles choses que les bōs hōmes contrarient et dennent/sicomme sōt vices et et crismes sacrileges ffagicieux/les fictions des poetes non pas dun chascun hōme/mais diceulx dieux mesmes et la violence maudite et dignite de estre punie des ars magicques ou enchanteresses/et a este monstre que par nulle raysō telz dyables ne peuent faire. Et par ce sicomme nous auons promis en la fin de lautre liure/cestuy deuera contenir la disputacion de la difference quilz veulēt qui soit/non pas entre les dieux lesquelz ilz veulent dire estre tous bons/ne de la difference des dieux et des dyables dont ilz les deuisent. Cestassauoir les dieux haulx et loings des hommes/et mettent les autres/cestassauoir les diables entre les dieux et les hommes/mais cō tendra la disputacion de la difference des dyables entre eulx laq̄lle chose apptiēt a ceste q̄stiō

Exposicion sur ce chapitre.

Cy cōmence le ix.liure ouquel mon seigneur saint augustin demāde se ilz sont aucuns bons dyables desquelz on doye esperer la vie pardurable apres la mort/et entent a prouuer quil ne y est nulz telz. Et contient ce liure xxiii.chapitres/ou premier desquelz il entend a demōstrer quelle est son intencion en ce liure. Et pour ce son intencion est de disputer des dyables/pour ce fait il en ce chapitre trois choses. Premierement il demōstre quelle chose ceulx appellent les dyables qui mirent que ilz estoient aucuns dieux mauuais/sicomme labeo et les autres/sicomme nous auons monstre cy dessus ou viii.chapitre du second liure/et ou viii. chapitre du viii.liure/car ceulx cy creoiēt les dyables estre vne maniere de dieux.

Secondement il demōstre quelle chose les platoniciens appelloient dyables: lesquelz platoniciens disoient que tous les dieux estoient bons/car ceulx cy/cest assauoir les platoniciens tenoiēt que les diables nestoient pas dieux/mais estoient mediateurs entre les dieux et les hōmes/sicōme il appt dapuleius ou viii. chapitre du viii.liure/et aux trois chapitres ensuyuans/ausquelz il a este disputé de ceste position. Tiercemēt il declaire sa volente et ce quil entend a faire en ce liure/laquelle chose est de disputer de la differēce des dyables entre eulx/la seconde partie se commence ou il dit. Mais ceulx qui affermēt que tous les dieux ne sont fors que bons ⁊ cet. Et la tierce se commence ou il dit. Et pour ce sicōme nous auons promis ⁊ce. ⁊ est le chap:tout cler.

¶ Le second chapitre ouquel il traicte/assauoir se entre les dyables/desquelz les dieux sont au dessus ou souuerains soit aucune partie des biens par lesq̄ de des q̄lz fame de creature humaine puist venir a vraye felicite et bienneurete. .ii.

Car plusieurs ont eu en vsage et ont acoustume de dire les vngs dyables estre bons et les autres mauuais/laquelle sentence ou soit des platoniciens ou de quelscōques autres philozophes Toutesfois ne cuide point aucun que les dyables soient a ensuiuir comme bōs. par lesquelz comme moyēs aup dieup/lesqlz il croit tous estre bons quāt il sestudie et desire de prouuer a ce q̄ puisse estre ainsi comme aueucq̄s eulp apres la mort/pour doubte quil naduienne quil ne soit surprins en lace et deceu par la falace des mauuais esperis erre contre le vray dieu/aueucq̄ lequel tout seul et ouql̄ tout seul et duquel tout seul lame humaine/cestadire lame raysonnable entendible et bienneuree.

¶ Expposicion sur ce chapitre.

En ce .ii. chapitre monseigneur saint augusti assigne sa cause pourquoy il veult disputer de la difference des dyables entre eulp/cest tout le chapitre assez cler.

¶ Le tiers chapitre ouquel il desclaire q̄ le chose apuleius attribue aup dyables/ausquelz cōme il ne leur oste point la rayson/toutesfois ne leur assigne il aucune vertu. iii.

Quelle doncq̄s est la difference des bōs dyables et des mauuais quant apuleius platonicqen determinant deulp vniuerselement et en parlant tāt de choses de leurs corps de nature de air/se teut des vertus de leur courage/desqlz ilz fussent aournez silz fussent bōs Doncq̄s il teut la cause de leur bienneure

te. Mais il peut traire sa demonstrance de leur misere et chetiuete/confessant leur pēsee par laquelle il les dit estre raysonnables/non pas au moins remplie et garnie de vertu/pour ce quilz ne donnent poit de lieu aup passions de courage desraysonnables/mais dit ancores que leur pensee est demenee de perturbacions/ainsi cōme par maniere de tēpestes selon ce que la coustume des folles pēsees est telle. Car ces paroles de ceste matiere sont telles/de ce nōbre de dyables dit il/les poetes nō pas essonge aucunement de la verite seulent faindre les dieux hayr ou amer aucūs hōmes/aup vngs donner prosperite et les esleuer/aup autres dōner aduersite et eulp tourmenter. Doncq̄s sensuit il quilz ont pitie et indignacion angoisse et lyesse/et toutes passions/et quilz seuffrent toute peine de courage humaine/et flotent en la mer de leur pensee par semblables mouuemens de cueur/lesquelz estourbillons et tempestes sont loing mis du tout et esslilez de la tranquilite du dieu du ciel. Je na poit de doubte en ces paroles q̄ les courages ou pensees des dyables/par lesql̄z ilz sont bestes raysōnables/et nō pas aucunes parties plus basses des courages sont troublees et tribolees de tempestes et de passiōs en la maniere que la mer est plaine de tempestes selon ce quil dit. En tant quilz ne sont pas dignes destre comparez aup sages hommes qui sās turbation de pensee resistent aup perturbacions des courages/sans lesquelles senferme te humaine ne peut estre/combiē quilz les endurent selon la condicion de ceste presēte vie/ausquelles ilz ne donnent pas lieu pour approuuer ou faire aucune chose qui soit contre la voye de sapience et la loy. Mais les dyables semblables/non pas en corps/mais en meurs aup mortelz hōmes folz et mauuais. Je ne les diray pas pires pour ce quilz sont plus anciens/et nō garissables de la peine qui leur est due/vaguent et flottent en leur courage q̄ est comme vne mer/sicomme ce philozophe

l'appela/ne ne sõt attachez ne fermez d'au
cune part de leur courage en verite et ver
tu/par lesquelles on se deffend contre les
affections plaines de turbacinos et mau
uaises affections.

⁋ Expposicion sur ce chapitre.

En ce tiers chapitre mõseigneur sait
augustin commence sa disputaciõ
des dyables. Et met cy deulx les parol
les et les motz dapuleius par lesquelles
il appert que les dyables si flotent et va
guent ainsi comme en une mer demenez p̄
vaines passions. Car sicomme dit cel a
puleius ilz ayment et hayent. ꝛc. Et sont
les motz de apuleius de puis ou il dit. De
ce nombre des dyables. ꝛc. iusques la ou il
dit. Il n'a point de doubte en ces paroles.
ꝛc. Pris du liure qni s'appelle de deo socra
tis/enuiron le meillieu du liure.

⁋ Le quart chapitre ouquel il desclaire
q̃lle soit la sentence des peripateticiens et
des stoiciens des perturbacions qui auien
nent ou courage ou en la pensee.   .iiii.

Ovp sentences ou oppiniõs des
philozophes sont de telz mouue
mens de l'ame ou de la pẽsee/ les
quelz mouuemens les grecz appelent pa
the. Mais aucuns de noz latins sicomme
tulles les appelent perturbaciõs. Aucũs
les appelent affections. Et aucuns sicõ
me fait apuleius les appelẽt de grec plus
eppresseement passions/dont aucuns phi
lozophes dient que telles perturbacions

ou affections ou passions peuent escheoir
ou auenir a sage homme/ mais elles sont
attẽprees et subgectes a rayson si que la sei
gneurie de l'ame ou de sa pensee seur ordõ
ne et impose en aucune maniere loix. par
lesquelles soient ramenees a necessaire at
temprance. ⁋ Ceulx qui tiennent ceste sen
tence ou oppinion sont de la secte de platon
ou d'aristote. Car aristote qui fist la secte
appelee peripatetique fut disciple de pla
ton. Mais il ne plaist pas a autres philo
zophes, sicomme sont les stoiciẽs que au
cunes telles passions eschieent ou auien
nent a sage homme. Et cõuaint tulles en
ses liures des fins des biẽs et des maulx
ces philozophes/c'est assauoir les stoiciẽs
et demonstre quilz escripuent plus de pa
rolles que de realite encontre les platoni
ciens ou peripateticiens quant iceulx stoi
ciens ne veulent pas que on appele biens
les choses qui appartiennent au corps.
mais veulent quilz soient appelez pour
fis du corps aux choses dehors/pour ce q̃
ilz ne veulẽt pas que aucune chose soit di
cte le bien de l'omme/ fors que vertu/laq̃l
le ainsi comme l'art de bien viure/ n'est fors
que en l'ame ou en sa pensee. Mais les au
tres/c'est assauoir les platoniciens ou pe
ripateticiens simplement et de commune
coustume d'appler les appelẽt biẽs. Mais
touteffois ilz les reputent petis et de moi
dre valeur au regart de vertu, par laquel
le on dit iustement. Dont il appert que en
quelque maniere que telles choses soient
appelees des ungs et des autres/ soit ou
biens ou pourfis que elles sõt touteffois
pseee de egal estimacion/ et que les stoici
ens ne se delictent point en ceste question.
fors que en nouuelletez de parolles. ⁋ Il
ne semble doncques quant on fait questiõ
assauoir se passions de courages chieent
point ou auiennent a sage homme ou nõ
quilz se debattent plus de parolles que de
la verite des choses. car ie cuide que iceulx
stoiciens n'ont autre entendement que en
ce que ont les platoniciens ou peripatetici
ens en tant comme il touche sa vertu force

des choses, non pas le son des parolles.

Et affin que ie delaisse autres raysons par lesquelles ie demonstre ce et que ie ne face trop long, ie diray vne chose q̃ est tres clere et treseuident. Vng philozophe appelé agelius homme de tres grant eloquence et de grãt science et facõde qui estoit moult peureux en nefz et en eanes, escripst en ces liures dont le tiltre est des nupz actiques ¶ Cestadire dathenes, quil estoit vne fois en mer auecq̃s vng noble philozophe stoicien. Cel agelius raconte par plusieurs longues parolles que ie comprẽdray briefment que comme leur maniere fust demenee tresperilleusement par horrible tempeste de lair et de la mer. Ce philozophe qui estoit auecques luy pallit par force de peur ¶ Ceulx qui la estoient lapperceurent, et cõbien quilz fussent en peril il consideroient diligamment se ce philozophe seroit point trouble en courage. Apres la tempeste passee, incontinent quilz furent asseurez, et q̃ celle seurte leur donna lieu de parler, aulsi de iengler ensemble, lun de ceulx de cels la nef q̃ estoit riches et superieux de la contree daspe, arraysona ce philozophe en le mocquant quil auoit eu paour et quil estoit pally. Et il auoit este ferme sans paour en toute leure que il auoit este en peril de mort. Mais ce philozophe luy raconta la responce de aristipus disciple de socrates Lequel comme vng glouton luy eust mis au deuant semblable reproche en cas pareil, luy respõdit que a bon droit ne deuoit il pas estre curieux pour la vie dun tresfelson glouton, mais quant de soy mesmes il deuoit auoir en doubte pour la vie daristipus. Et de ce riche homme ainsi deboute par ceste responce apres demanda agelius a ce philozophe, non pas par courage de moc{que}r ou de se demener. Mais pour cause de apprendre quelle estoit la rayson de celle effraison ou espouentement. Leq̃l philozophe affin quil enseignast luy q̃ estoit entre en la mer pour cause dapprẽdre mist tantost hors de son fardeau le liure de

epitecte stoicien, ouquel estoient escriptes les choses qui appartenoient aux decretz de zenon et de crisipus, lesquelz cõme nous sauons furent princes des stoiciens. Et dit agelius quil auoit leu en ce liure q̃ lopinion des stoiciẽs estoit, et leur plaisoit que quant visions des pẽsees, lesquelles ilz appellent fantasies viennent de choses espouëtables ou doubtables quil nest võit en puissance de homme de sauoir selles escherront ou quant en la pensee ou courage et quil est necessite quelles esmeuuent le courage du sage en telle maniere, ou quil espouente daucũ peu de paour, ou quil soit trouble de tristresse, ainsi comme ce soient passions qui auiennent, alcois que on se puisse auiser par sepde ou office de sa pẽsee ou de rayson. Mais toutesfois nest il pas necessite que pour ce soit engendree oppiniõ de mal en la penssee, ne quelles soiẽt approuuees, et que on se consente a elles. Car ilz maintiennent bien que ce soit en nostre puissance. Et dient que la difference du courage du sage et du courage du fol est telle que le courage du fol donne lieu a telles passions, et senclne par consentement de pensee, mais le courage du sage, combien quil les seuffre par necessite, toutesfois retient il en sa ferme pensee vraye et estable sentence des choses quil doit desirer ou fuyr par rayson. Jay cõpose, nõ pas plus prouffitablement que agellius, mais certainement plus briefment, si comme ie cuide les choses lesquelles il se dit auoir leu ou liure de epitecte, et lesquelles il dit et sentit par les degrez des stoiciens lesquelles choses selles sõt vrayes, il ny a nulle ou pres que nulle difference entre les oppinions des stoiciens et des autres philozophes des passions et perturbacions des courages. Car et ses vngz et les autres deffendent la pensee et la rayson du sage et de la seigneurie dicelles passions Et pource que par aueture dient les stoiciens quelles ne chaient point au sage car elles ne le obscurfissent ne troublẽt cõme

que ce soit par aucune erreur ou trestour
nent par aucū vice ou sapiēce/par laquel
le il est sage. Car ces passions auiennent
a la pensee du sage/salue la clerte de sapi
ence pour les choses quilz appelent prouf
fis ou dommages/combien quilz ne les
veulent pas appeler biens ou maulx/car
vrayment se ce philozophe neust tenu cō
pte des choses quil sapperceuoit perdre en
ce peril de mort/ Sicomme ceste vie prise
te ou le salut du corps il neust pas tant
doubte ce peril quil se demonstrast par le
tesmoignage de palir. Et touteffois pou
oit il endurer ceste commocion et tenir et
auoit en son courage ferme sentence que
ceste vie et ce salut du corps/ lesquelles la
cruaulte de ceste tempeste menassoit per
dre et destruire/ nestoient pas biens q̄ feis
sent bons ceulx qui les eussent/ sicomme
fait la vertu de iustice. Mais ce quilz dict
que telles choses ne doiuent pas estre ap
prisees biens/ mais prouffis/ ce doit estre
raporte a debat ou estrif de parolles/ non
pas a la realite des choses. Car que peut
il challoir quilz soient plus cōuenablemēt
appelez biēs q̄ prouffis/ neātmois que le
stoicien se doubte et palisse de la paour q̄
a quil ne se perde/ ainsi comme fait le pe
ripateticien/ non pas en les appelāt egal
sement/ mais en les reputtant egallemēt
Touteffois se ces deux philozophes es
toient constrains a encourre aucun vice
pour les perilz de ces biens ou prouffis/ si
que autrement ne les pourroient garder/
Ilz dient quilz aymeroient mieulx a per
dre les choses par lesquelles la nature du
corps est sauuee et saine/ que commettre
ou faire chose par quoy la vertu de iustice
fust corrompue ou violee. Ainsi la pensee
en laquelle ceste sentence est ferme en pro
pos ne seuffre point que aucunes pertur
bacions se elles auiennent aux basses par
ties de lame ayent puissance en eulx cō
tre rayson. Aincois les seigneurist et haul
ce le royaume de vertu. non pas en consen
tant/ mais en resistant a icelles perturba

cions. Virgile en son liure descript aussi
que eneas estoit tel/ ouquel liure il dit en
parlant de luy et de dido telles parolles.
Sa pēsee dit il est ferme sans soy esmou
uoir/ les larmes de dido sont espādues en
vain.

¶ Expposicion sur ce chapitre.

En ce quatriesme chapitre mōseignr̄
sait augustin pour rayson des cho
ses qui sont dictes ou chapitre precedent
des passions des dyables. Il commence
a parler de ces passions en tant et pour
tant comme il en est necessite en son princi
pal propos/ dont il traicte en ce liure. Et
demonstre en ce chapitre comment les phi
lozophes sentent concordablement de ces
passions. Et fait deux choses en ce chapi
tre. premierement il demonstre comment
entre les philozophes il ya vne discorde
verbal et apparente. Car les platonici
ens et peripateticiens dient que ces passi
ons peuent estre et cheoir en la pensee du
sage. Et les stoiciens le nyent. Laquelle
oppinion des stoiciēs seneque sefforce de
confermer par maintes raysons en vne
epistre ad lucillum. ¶ Secondement il
demonstre que ceste discorde nest pas ree
le ne essencial. mais est vne discorde de pa
rolles pour ce quilz se concordent en reali
te et en effect. ¶ Et ceste seconde partie se
commence ou il dit. Mais ces stoiciens/
et cetera. Et la fait ancores deux choses.
Car premierement il met en ceste discorde
la sentence de ce tulle/ laquelle est en son li
ure qui est appele de la fin des biens & des
maulx/ ou tiers chapitre pres du milieu.
et ou quart liure pres de la fi de ce mesmes
liure. Et aussi ou cinquiesme liure/ et ou p̄
mier liure de finibus/ et ou premier liure

de legibus. Et touche tulle double discord de quil dist estre entre les stoiciens et les autres philozophes. La premiere est des passions dessusdictes. La seconde est des biens du corps. Car les stoiciens naccordent ne ne confessent pas que aucuns biens soient du corps, ne que aussi aucuns biens soient de lomme hors lomme. Mais les biens que les peripateticiens appelent les biens du corps et les biens de lomme par dehors les stoiciens les appelent prouffis. ¶ Et quant a lung et a lautre de ces philozophes tulle sentit quilz nestoient a discord que de parolles, et non pas sur la verite du fait ¶ Secondement ou il dit, Il me semble doncques. acc. Il met sa sentence de ceste double discorde. Et premierement de la premiere Et quant a ce fait il trois choses premierement il met sa sentence, laquelle saccorde a la sentence de tulle. Et secondement ou il dit. Et affin que ie laisse autre chose. acc. Il conferme sa sentence par ung philosophe appelé epitectus, lesqualz dictz monseigneur saint augustin allegue a la relacion de aulius agellius en son ppi. liure noctium acticarum, cestadire des questions qui par nuyt se faisoient a athenes entre les sages philozophes, desquelles cel agelius fist ppi. ou ppii. liures. ¶ Et fut ce philosophe epitectus ung des plus grans philozophes des stoiciens. Et touteffois fut il de serue condicion, sicomme luy mesmes le raconte en son pvii. liure, Il se partit de romme ou temps de domicien lempereur, et sen alla demourer en une cite qui auoit nom nicopolis, pour ce que en son temps les philozophes par lordonnance du senat furent boutez hors de romme et dytalie. Et touteffois se treuve il par iuuenal en son liure quil rappela les poetes et les remist en honneur que estoient mis en celle pourete, et en tenoit on si pou de compte que les ungs sestoient mis a pastichier et les autres a tourner les moles des moulins a bras, et les autres a diuers ars mequanicques. Et est assauoir en ceste narracion que fait monseigneur saint augustin des parolles de agelius, il fait mencion de deux philozophes, cest assauoir de zeno stoicus qui fut stoicien, et de crisipus. Et pour ce il est assauoir de eulx, sicomme dit tulle ou tiers liure des fins des biens et des maulx que ce zeno fut prince des stoiciens, non pas pour ce quil trouuast premierement les choses, mais pour ce quil les mist par nouueau langage ou par maniere nouuelle de parler. ¶ Et ou liure qui est de la nature des dieux, il dit que crisipus fut tres grant interpreteur des songes entre les autres philozophes stoiciens. ¶ Tiercement ou il dit Lesquelles choses selles sont uraies acc. Il desclaire lintencion des philozophes quant a ce quil auoit dit quilz estoient a discord, a ce quil demonstre et puisse demonstrer quilz nestoient point a discord que des parolles, et non point de fait ne de realite, mais estoient a accord. ¶ Apres quant il dit. Mais ilz dient. acc. Il demonstre quelle chose il sent de la seconde discorde qui est entre les philozophes, et quil la sent et entend par la maniere que fait tulle. Et amene pour ce prouuer en sa fin de ce chapitre ung vers du quart liure de virgille, ouquel il dit que quant enee se partit de dido, laquelle sefforcoit de se retenir et ne pouoit touteffois iassoit ce quelle fust tourmentee de maintes douleurs pour son departement. Virgile disoit ce vers qui est en la fin du chapitre qui se commence par telles parolles. Mens imota manet. acc. En demonstrant la vertu et constance de enee.

¶ Le cinquiesme chapitre ouquel il desclaire que les passions qui tourmentoient les pensees ou courages des crestiens ne les traictent pas en pechie, mais les excer citent en vertu.　　　　　　　V.

Il n'est pas necessité de demonstrer a present en habondance et p̄ grāt diligence quelle chose sa divine escripture en laquelle sa doctrine crestienne est contenue dye ou enseigne de telles passions. Quelz merueilles, car elle submet icelle mesmes pensee a dieu estre gouuernee et aydee de lup. Et que les passiōs dicelle pensee soient attempeees et refrenees en telle maniere quelles soient conuerties en usage de iustice. Auecq̄s ce selon nostre discipline crestienne, on ne fait pas tant q̄stion. Assauoir se la pensee debonnaire de somme se courouce ou s'il est courouce. Cōme on quiert pourquoy il est courouce Ne se il se doubte comme on quiert pourquoy il se doubte. ¶ Car ie ne scay pas se aucū qui auroit saine consideracion reprēdroit cellup qui se courouceroit a aucun pecheur affin qu'il ne s'amendast, ou reprendroit cellup qui auroit tristresse en sop pour aucun qui seroit en tourment, affin qu'il ne le deliurast. Ou reprendroit cellup qui se doubteroit que aucun estant en peril ne perillast. Car la misericorde des stoiciens est de blasmer ceulx qui peschent. ¶ Mais de combien seroit ce chose plus honneste que ung stoicien fust trouble ou courouce pour la misericorde qu'il auroit de deliurer ung homme, que ce ne seroit d'auoir paour que cellup ne perillast. Certes tulle parla trop mieulx et plus humainement et plus propremēt a applicquer a l'entendement des crestiens a la louenge de cesar. Il dit de lup ces paroles. Nulles de tes vertus dit il n'est plus merueilleuse ne plus gracieuse que est ta misericorde. Quelle chose est ce dit il de misericorde, fors une compassion que nous auons en nostre cueur de la misere d'autrui par laquelle compassion nous sommes constrains et esmeus

a sup apder et secourir se nous pouons. Et se mouuement de courage sert a rapsson quant on fait misericorde en telle maniere que iustice est gardee. Soit ou quāt on donne aup souffreteup, ou quant on fait pardō a cellup qui se repent de ses mesfais. Ce noble parleur tulle ne redoubta point a appeler ceste misericorde vertu, la quelle ses stoiciens n'ont point honte de mettre ou nombre des vices, lesquelz neantmoins maintiennent que telles passions auiennent a la pensee du sage. Lequel ilz maintiennent estre franc de tous vices sicomme il est escript ou liure du tresnoble docteur appelé epictete, ouquel est faicte mention des decretz de zenon et de crisipus qui furent les principaulp de leur secte. Dont il s'ensuyt qu'ilz ne reputent pas telles choses estre vices puis que elles auiennent au sage par telle maniere quelles n'ont point de puissance contre la vertu et raison de sa pensee, et que une mesmes sētence se concorde en ce des peripateticiens des platoniciens et d'iceulp stoiciens. Mais ainsi comme dit tulle, le debat des paroles enforteille ia longuemēt les ieup plus couuoiteup de contemps ou debatz que de verite. Mais ancores a bon droit peut on faire question comme il appartienne a fermete de ceste presēte vie, que on souffre telles affections, et mesmes en quelz concques bonnes oeuures. Et les sains angles punissent sans couroup ceulp q̄ leur sōt baillez a punir selō la loy de dieu pardurable. Et aydent aup chetifz sans compassion de misere, et aydent sans paour a ceulp quilz ayment qui sont en peril. Et neantmoins les noms de ces passions leur sont attribuez par coustume de humain langage pour les oeuures qui s'entresemblent, non pas pour l'enfermete de leurs affections, ainsi comme dieu mesmes selon les escriptures se courouce, Et toutesfois n'est il point trouble par aucune passion. Car le fait de telle vengance a usurpe ou acquis telle maniere de par ler/non pas l'affection trouble

¶ Exposicion sur ce chapitre.

En ce cinquiesme chapitre monseigñr saint augustin demonstre quelle chose les crestiens tiennent de ces passions. Et fait trois choses en ce chapitre.] Premierement il monstre ce que on peut tenir de ces passions selon nostre foy et la saincte escripture.] Secondement il reprent les stoiciens en deux manieres.] Premierement pour ce quilz blasment misericorde/en disant que ce stoicien duquel il na parle ou chapitre precedent/ fut trouble pour doubte quil ne fust noye. ou peri en sa mer/laquelle chose monseigneur saint augustin preuue par les dis de ce epitectes que ce ne fut pas chose vicieuse Et touteffois eust ce este plus honneste chose sil eust este trouble par misericorde. Et ameine a ce ses dictz de tulle en une oraison quil fist a ung appele quintus siganus. En laquelle oraison il met misericorde entre les vertus et loue et recommande singulierement la misericorde de iulius cesar/ de laquelle chose on peut assez et pleuslargement veoir par sa luste in catilinario/ ou il descript les meurs de cesar et de cathon/ lesquelz nous auons mis cy dessus plainement. Et pour ce nous nous en passons de plus en mettre ne reciter en ce lieu. Apres il reprent les stoiciens de ce quil semble quilz veulent contrediere entre les autres philosophes de paroles tant seulement, et non point de realite de fait. Et ameine contre les stoiciens se dit de tulle en son liure qui sappele de oratore ouquel il blasme et repreuue les ieux qui sont plus couuoiteux de tel debat de

paroles que de la propre verite et essencialite de la chose.] Tiercement il met une question des passions dessusdictes/ cest assauoir se elles sont aux angles. laquelle question il ne determine pas. Touteffois est il certain et notore que elles ne se peuent trouuer aux angles en quelque maniere que ce soit/ comme ces dessusdictes passions soient en aucune maniere mouuement de l'apetit sensitif.] La seconde partie se commence ou il dit. Car et sa misericorde des stoiciens est de blasmer et reprendre ceulx q pechoient. &c.] Et la tierce se comence la ou il dit.] Mais ancores a bon droit peut on faire question comme il appartienne a l'enfermete de ceste presente vie que on seuffre telles affections. &c.] En ce chapitre sicomme il se peut veoir par sa nature dicelluy a deux notables/ Le premier est que en sa doctrine crestienne on ne quiert point se le courage ou pensee debonnaire se courouce/ mais on quiert pourquoy il se courouce/ ne sil est triste ou se doubte/ mais quelle chose il doubte.] Le second est que la misericorde des stoiciens est de blasmer et reprendre ceulx qui errent.] Du premier notable sensuiuent deux moraulx enseignemens.] Le premier est que de ces trois. C'est assauoir/ tristresse et paour/ ne sont pas mauuaises choses de leurs genres/ mais par leurs circonstances/ car il peut bien estre que la pensee debonnaire est triste/ et se courouce/ et si ne peche pas/ sicomme il se treuue ou quart pseaume du pseaultier ou il dit. Irascimini et nolite peccare in cordibus vestris, et in cubilibus vestris compungimini.] Cest adire/ ayez couroux et douleur se vous auez peche/ et gardez que vous ne pechez plus sciemment/ sicomme il se peut veoir plus aplain sur lexposicion de ce vers. Car tout homme doit auoir couroux, tristresse, et paour quant il peche/ et par especial sciemment. car le peche est plus grief a celluy qui congnoist se peche ql comet/ que sil en estoit non sauāt

¶ Le second enseignemēt est que ces choses morales la circonstance de la fin est plus principal que la substāce du fait, car sicomme il dit en ce chapitre. Se aucun se courouçoit, on ne demande pas tant la cause qui appartient a la substāce du fait comme on demande pourquoy on se courouce, laquelle chose appartient a la substance de la fin. ¶ Ou second notable ou il dit que la misericorde des stoiciens est de reprendre et blasmer ceulx qui pechent pour laqlle chose monstrer il ameine lauctorite de tulle qui parle de la misericode de iulius cesar, sont pris quatre moraulx enseignemens. Le premier est que misericorde est vraye vertu, car par les dis de tulle lesquelz monseigneur saint augustin appreuve, misericorde est mise entre les vertus de cesar. Le second est que ceste vertu si est tresacceptable et tresagreable en la personne dun prince. Car combien que iulius cesar fust plain de plusieurs vertus morales. Toutesfois fut il recommande singulierement de ceste vertu de misericorde comme noble et puissant prince. Si come il appt par saluste Incatilinario. Le tiers enseignement est que cest oeuvre de misericorde de blasmer ceulx qui pechent Car sicomme dit monseigneur saint augustin telle estoit la misericorde des stoiciens, cestassavoir de corriger ceulx qui pechoient. ¶ Le quart enseignement est q en ceste maniere de misericorde est souveraine vertu. Car comme ce soit plus grāt misericorde de relever ou vouloir relever autruy de misere et de chetiuete de tant comme la misere est plus grant, de tant est la misericorde plus grant. ¶ Or est il ainsi q la souveraine chetiuete et misere est ou mal de coulpe, tout ainsi comme les vertus sont biens souverains, par quoy ilz suffisent que comme les maulx de coulpe soiēt relevez par correction, que misericorde est la souveraine vertu. Et a ce propos il est dit que dieu veult misericorde et non point sacrifice.

¶ Le vi. chapitre ouquel il desclaire desquelles passions les dyables soient demenez par la confession, mesmement dapuleius par lepde desquelz comme il afferme les hommes sont apdez envers les dieux.   vi.

Laquelle question des sains angles mise en pendant en delayeons en quelle maniere les platoniciens dient que les dyables qui sōt establis moyens entre les dieux et les hommes chancellent vaguēt ou flotent p les chaleurs de telles passiōs. Car silz souffroiēt telz mouvemēs a q la pēseefust franche, et seigneurisist dessus telles passions apuleius ne dist pas quilz vagassēt perilleusement par la mer de leur pensee, par toutes leurs chaleurs ou ardeurs des cogitacions, cestadire qui sont demences comme vne nef en la mer degetee par vēs et par tempeste. ¶ Leur pensee doncquee, cestadire la plushaulte partie de lame par laquelle ilz sont raysonnables, en laquelle partie vertus et sapience se aucunes en avoient, auroient seigneurie sur les troubles passions des basses parties de lame: en les gouvernant et attemptant icelle pēsee diceulx, dy ie vague et decourt perilleusement en la mer de telles perturbacions, sicomme ce platonicien se confesse La pensee doncques des dyables est subgecte aux passions des delectacions de paour de ire, et de telles autres choses. Celle partie doncques de leur pensee est franche et prenable de sapience par laquelle ilz puissent plaire aux dieux et dōner conseil aux hommes a la semblance de bōnes meurs comme leur pensee submise et pressee de vices tout quanques elle a en soy de rayson naturelle elle entende a falaces et a decevoir, de tant comme de convoitise de nuyre la tient plus fort et plus aigrement.

¶ Exposicion sur ce chapitre.

En ce vi. chapitre monseigneur saint augustin preuue par les dis dapuleius mis ou tiers chapitre de ce ix. liure, que tous les dieux ou dyables sont mauuais. Et par consequent qlz ne sōt moyenneurs entre les dieux et les hommes, laquelle chose apuleius auoit dit et mis ou quatoziesme chapitre du viii. liure.

¶ Le septiesme chapitre ouquel il desclaire que les platoniciens afferment que les dieux sont diffamez par les fictions des poetes par escrips des contraires estudes comme celles parties soient des dyables et non point des dieux.

Et se aucun disoit que telz dyables ne fussēt pas du nombre de tous, mais du nombre des mauuais, lesquelz les poetes faingnent, non pas de la verite quilz hayent & aymēt les hommes. Car apuleius dit quilz flotent ou vagisent en la mer de leur pensee par tous les mouuemens de leurs cogitaciōs. Comment pourrons nous entendre cecy comme que quant il se disoit il ne descripsoit pas aucuns dyables. cestassauoir les mauuais estre moyens entre les dieux et les hommes. Aincois les descripsoit tous estre telz pour leurs corps quilz ōt en lair. Pour certain il dit que les poetes faignēt ce quilz sont dieu daucune du nombre de ces dyables, et leur imposent noms de dieux, & distribuēt de telz dieux les ungz amis, les autres ennemis a telz hommes qlz veulent parmy la licēce qlz ont de faire telles choses en leurs ditiers ou liures sans doubte destre punis de ce, combien quilz tesmoingnent que les dieux sont moult loing diuersez de telles meurs des dyables. Et par le lieu du ciel, et par la richesse de bienneurete. ¶ La fiction doncques des poetes est telle, dire que ceulx q̄ sont dieux quilz ne le sont pas. Et dire que soubz noms des dieux ilz estriuēt ensemble pour les hommes qlz ayment ou hayent selon lestudie des parties quilz essisent. Mais cel apuleius dit que ceste fiction nest pas loing de la verite. Pour ce que ceulx qui sont appelez par les noms des dieux, sont toutesfois descrips & desclairez estre telz dyables comme ilz sont.

¶ Et pour ce il dit que a ce propos parle omerus le poete de la deesse minerue, de laquelle il dit que comme ou milieu dune grant assemblee hector de troye assaillit achilles, elle vit ayder a achilles. Il veult doncques que ce soit fiction de poetes en ce quil dit que cestoit minerue, pour ce quil cuidoit que minerue fust deesse, et quelle fust mise entre les dieux, lesquelz il creoit estre tous bons & bienneurez ou hault siege du ciel, loing de la couersacion des choses mortelles, mais il cōfessoit que ce nestoit pas loig de la verite ce que les poetes auoient dit. Cestassauoir que aucun dyable eust este fauourable aux grecz, et contraires a ceulx de troye, sicomme ung autre eust este en ayde des troyens encontre les grecz. Lequel ce poete omerus appele venus ou mars, lesqlz cel apuleius maintient estre dieux habitans ou ciel, et lesquelz ne font point telles choses, et que iceulx dyables estriuassent pour ceulx q̄ ilz aymoient contre ceulx quilz hayoient De ces dyables dirent les poetes ces choses lesquelles cel apuleius tesmoigne vaguer perilleusement par tous les ardeurs ou mouuemens des cogitacions par semblable mouuemēt de cueur et en la mer de la pensee, sicomme sont les hōmes a ce qlz pensēt, non pas pour iustice

Mais ainsi comme le peuple semblable a eulx en chasses et chariemens hanter et exercer amours et haynes pour les ungs contre les autres selon laffection que ilz auoient aux parties quilz elisoient, car en ce veult le platonicque philozophe prendre cure et diligence a ce que combien que ces choses fussent chantees des poetes Lun ne creut pas quelles fussent faictes des dyables moyens, mais fussent faictes des dieux desquelz les poetes mettent les noms en faingnant.

Expoficion sur ce chapitre.

En ce septiesme chapitre monseigneur saint augustin reboute une response que on pourroit donner a ung argument par lequel il appreuue par le chapitre precedent que tous les dyables sont mauuais Car on pourroit dire que quant apuleius parla des dyables, et aussi des autres choses qui sont mises cy dessus ou tiers chapitre, il ne sentend pas de tous les dyables quant il les disoit estre passionnez, cestadire quilz souffroient plusieurs passions selon laffection des poetes, laquelle nest point loing de la verite, mais par soit des mauuais dyables tant seulement Mais monseigneur saint augustin preuue tout le contraire en deux manieres. Premierement il se preuue par ce que quant il les dit estre passionnez et quant il les dit estre mediateurs entre les dieux et les hommes, Il parloit de ces mesmes dyables si comme il appert et est apparu cy dessus par le quatorziesme chapitre du huitiesme liure. Et puis quil les mist tous mediateurs il les dist tous estre passionnez. Secondement ou il dit Que les poetes faignent &c. Il preuue ce mesmes en exposant lintention de apuleius en son liure quil fist de deo socratis, ou il dit que les poetes faingnent que les dieux estoient subgectz aux passions, laquelle fiction touteffois cel apuleius ne reputa pas moult loing de la verite. Par lequel dit de apuleius sil est entendu, il appert quil sentit indifferamment estre tout ung de tous les dyables, Mais selon apuleius le dit de ces poetes est une fiction pour ce quilz attribuent aux dieux ou aux dyables les choses ainsi comme silz fussent dieux, comme ilz ne soient pas dieux selon apuleius, et touteffois est le dit des poetes vray en ce que a tout le moins ces choses competent aux dyables et les appetent, lesquelles en les faingnant ilz attribuent aux dieux Apres quant monseigneur saint augustin parle de ce que apuleius recite de minerue de venus et de mars selon les dictz de omerus le poete. Il est assauoir que cel omerus faint que en la bataille de troye il eut aucuns dieux qui furent de la partie des grecz, et autres de la partie des troyens, et desquelz chascun estoit fauourable a sa partie. Entre lesquelz il mist et ordonna pour sa partie des grecz minerue, laquelle est deesse des ars, et aussi est elle deesse des batailles, Car aussi est elle appelee Bellone. Mais apuleius lappelle la minerue domerus. Et est la cause pour ce quil faint ceste chose de minerue, pour ce que ou milieu des batailles et des assemblees des grecz, elle vint en lepde dachilles qui estoit ung des pluspuissans et plus vaillans des grecz contre les troyens, et les opprima tellement que cestoit chose espouentable a regarder, et par especial opprima et sousa hector qui estoit le pluspuissant des troyens tant et en telle maniere que il fut occy par grant cruaulte de la main de achilles. Et pareillement de la partie des troyens, il mist autres dieux fauourables aux troyens et côtraires aux grecz, si come venus la deesse damours, et aussi mars qui est le dieu des batailles. Touteffois repute apuleius ce dit de omerus estre fait pour ce ql tient q̃ minerue Uenus & mars sont dieux/& quilz sont ou plushault du ciel/et quilz nont point de communicacion auecques les hommes/et neātmoins est ce dit pres de Uerite. Car selon cel apuleius ce qui est dit et propose aux choses dessusdictes est Uerifie/car helinand en son tiers liure dit que omerus fut tenu pour hors du sens des atheniensiens pour ce ql dist que les dieux se combatoient lun contre lautre. ¶ De celle bataille aussi des dieux pour les grecz et contre les tropens et des tropens contre les grecz fait mencion Uirgille en son second liure deneydos: ¶ Apres quāt il parle des chasseurs & des charretiers.&c. En tāt cōme il touche les chasseurs/monseignr̄ saint augustin le dit pour les gens qui estoient assemblez aux theatres & aux arenes pour regarder les hommes qui se combatoient contre les bestes sauuages.) Et quantil parle des charretiers/il le dit pour les ieux circeses qui a proprement parler estoient appelez les batailles des charretiers/sicōme il appert par listoire dalexandre.

¶ Le Uiii.chapitre ouquel il traicte de la diffinitiō que fait apuleius le platonicque des dieux celestiens et des dyables aeriēs et des hommes terriens. Biii.

ET que Ueult dire la diffinicion des dyables est elle pou a considerer enlaquelle pour certaince philozophe en determinant diceulx/cesta dire en faisant leur diffinicion les acueillit tous. Il dit que les dyables en gēre sont bestes passibles/et courage raysōnables en pēsee en corps de air/pdurables en tēps Aus q̃lles cinq choses nombrees par le nōbre de cīcq il ne dit en quel maniere que les dyables semblent auoir aucune chose

commune auecq̃ nous/au moins auecques les hōmes qui ne fust aux mauuais Car comme aucunesfois il cōprenist les hommes en les descripsāt plus plainemēt en parlant deulx en leur lieu comme des plus bas et terriens/comme il eust parle deuant des dieux du ciel/affin que quant il auroit toue les deux pties derrenieres/ou lextremite du hault ou du bas il parfast ou tiers lieu des dyables. Il dit aisi. pour ce dit il les hommes qui sont esiouissans en rayson resplendissans en parolle ou oraysō en ames non mortelles en mēbres mortelz/de legieres et angoisseuses pensees a corps de bestes brutes et subgect a elles dissemblables de meurs et semblables derreurs dimportunite hardiesse obstinez desperance de Uain labour/de fortune tresbuchant/mortelz singuliers/et lū apres lautre. Et toutesfois tous perpetuelz en leur espece en apant lignie suffisant muables en brief temps/tardifz en sapience hastifz de mourir/paītifz de Uiure habitans les terres. Comme ce philozophe dist tant de choses de ce qui appartiennent a plusieurs hommes/Ueult il traire a ce qui appartient a pou de hommes quant il dit quilz estoient de tardiue sapience/ainsi comme sil Voulsist dire que non. Laq̃lle chose sil eust laisse a dire il neust en q̃lque maniere determine a droit lumain lignage en si grāt diligēce de sa descripciō quil en fait. Et quant il recommāda a sapcessēce des dieux/il afferma que celle biē neurete estoit tres excellente en eulx. A laq̃lle les hommes peuent Uenir a sapience. Et pour ce il Uoulsist estre entēdu que aucunes des dyables fussent bons/il eust mis autre chose en leur descripcion. dont on cuida quilz eussent eu aucune partie de bienneurete auecques les dieux/ou quelque sapience commune auecques les hommes. ¶ Or est il ainsi quil ne fist oncques menciō daucunes de leurs bontez/par la quelle les bons fussent diuisez des mauuais/iassoit ce q̃l nespgnast a dire & exprimer frāchement et plainemēt leur malice

non pas tāt pour ce quil ne fist offence cō
tre eulx/comme pour ce quil ne la fist con
tre ceulx qui les adouroient/ausquelz il
parloit. Toutesfois il signifia aux sa
ges quelle oppinion ilz deuoient tenir di
ceulx quant il separa et diuisa du tout/
les dieux lesquelz il vouloit que on creust
estre tous bons et bienneurez de leurs pas
sions/et aussi sicomme il dit de leurs tur
bacions en les conioignāt seulemēt aux
dieux en pardurableté des corps en vilipē
dant et abaissāt tresclerement les dyables
en courage ou en pēsee/nō pas aux dieux
mais aux hommes/et les dit estre sēbla
bles aux hommes/non pas en la bonté de
sapience/de laquelle les hommes peuent
estre participans/mais en perturbacion
des passions/laquelle seigneurist sur les
folz et sur les mauuais/et est gouuernee
des sages et des bons/en telle maniere q̄
ilz ayment mieulx non auoir celle pturba
cion que vaincre. Car sil voulsist que on
entendist que les dyables eussent pdura-
bleté en ames et nō en corps auecques les
dieux certainement il ne separast pas ou
diuisast les hommes de ceste compaignie
pour ce que sans doubte il tint ainsi cōme
fait le philozophe platonicque que les hō
mes ayēt ames pardurables. Et pour ce
quant il descript ceste matiere de beste/cest
adire homme/il dit que les hommes ont
ames non mortelles et membres mortez/
cestadire le corps.

Exposicion sur ce chapitre.

En ce viii. chapitre monseignr̄ saint
augustin preuue que tous les dya
bles sont mauuais. Et se preuue par la
diffinicion q̄ met apuleius de ces dyables
en sō liure qui est appelé du dieu ou du dy
able de socrates vng pou apres le milieu/
Et laquelle diffinicion a esté mise cy des-
sus ou vi.chapitre du viii.liure/ contre

laquelle diffinicion monseigneur saint au
gustin argue en ceste maniere. Apuleius
sicomme il dit met trois manieres de be-
stes raysonnables/cestassauoir les dieux
les hommes et les dyables. Et met les dy
ables estre moyens entre les dieux et les
hommes. Mais en descripsant les dieux
en ce mesmes liure et en touchant ce qui est
plus noble en eulx/il leur attribue felicité
ou bienneureté. Mais en descripsāt les hō
mes des le commencement de ce mesmes
liure/il touche ce qui est/nō pas seulemēt
de tous hommes/mais aussi ce qui est de
bonté et excellence en pou de hommes/cest
assauoir sapience/laquelle aucune acque-
rent tard/et a grant labour. Mais quant
cel apuleius diffinist les dyables/et quil
touche les choses en quoy ilz conuiennent
auecques les hommes. Il ne leur attribue
en quelque maniere riens qui soit cōmun
aux hommes bons et a eulx. Ne aucune
chose en quoy il conuienne auecques les
dieux quant a ce en quoy est la bonté et ex-
cellence des dieux. Car iasoit ce qil mist
les dyables auoir conuenances auecques
les dieux quāt a leternité ou pardurable-
té des corps. Toutesfois quant a la pur-
té des courages ne les deliure il pas de ces
passions/lesquelz ilz appelent tribulaci-
ons en sō liure/mais diuise et separe quāt
a ce les dieux des dyables/par quoy il ap
pert que cel apuleius/sicomme dit mon-
seigneur saint augustin/dit que tous les
dyables estoiēt et sont mauuais/iassoit
ce que cel apuleius ne losast plainemēt cō
fesser. En ce chapitre a vng notable prin-
cipal/cestassauoir que entre les hommes
il en ya pou de sages. Et pour ce allegue
il se dit de apuleius qui en faisant la diffi
nicion de homme entre les autres choses/
dit quilz sont tardifz en sapiēce/hatifz a
mort et doubteux de vie. Et pour ce disoit
monseigneur saint augustin quil sauoit
que pou de gens auoient science/et que sci-
ence estoit congneue de pou de gens. De
ce notable sensuyuent deux conclusions/
La premiere quil est plus de hommes folz

que de sages/et pour ce dit il Paro sapientia ce stadire quil est pou de sages hõmes ¶La seconde conclusion est des hommes il en ya plus de Vicieux que de Vertueux/ comme prudence soit le charretier et la rigle des Vertus moraulx/ laquelle le fol ne peut auoir en quelque maniere/ mais de ce naist vne doubte telle. Car les choses qui sont naturelles auiennent plus cõmunement que les choses qui ne sont poit naturelles. Or est vertu plus naturelle a lomme en tant comme il est homme que nest vice. Par quoy il sensuyt que les hõmes sont plus communement vertueux q̃ vicieux. Toutesfois on peut respondre a ssi a ceste question. que se on enquiert diligamment et encherche les biens moraulx de lomme ilz sont plus multiplies en lõme que ne sont les vices ou autrement la policie des hommes ou humaine ne pourroit ester. Mais pour ce que a simplement parler nous ne disons vng homme estre Vertueux/sil na toute Vertu appartenãt a luy. Et si disons chascun estre Vicieux/ quelque poure Vice quil ait pour ce disõs nous q̃l y en a plus de Vicieux que de Vertueux/ainsi comme nous disõs q̃ en toute perfection il en ya pou dexcellens/ car ainsi comme beaulte est naturelle aux hõmes selon lappartenance et affreance humaine. Et pource en soit il plus de beaulx q̃ de lais en cõmun degre. Toutesfois en est il pou de beaulx en excellence. Et pour ce ceulx la sont tenus pour beaulx en excellence.

¶Le ix. chapitre ouq̃l il traicte assauoir se lamistie des dieux celestiens peut parueoir a homme par lintercession des dyables. ix.

Et pour ce se les hommes nont pas pdurable te comme auecq̃s les dieux pour ce quilz sõt mortelz en corps et les dyables sup ont pour ce quilz sont immortelz en corps. Quelz sont doncq̃s les moyenneurs entre les hõmes et les dieux/p lesquelz les hõmes desirent auoir les amistiez des dieux/ lesq̃lz dyables ont auecq̃s les hõmes icelle chose pire q̃ la meilleure chose qui soit en ce q̃ a vie/cestassauoir lame. Et õt auecques les dieux pcelle chose meilleure q̃ est en ce qui a vie pire. cestassauoir le corps. Car comme chose ayant ame cestassauoir beste soit composee de lame et du corps/desquelz deux lame est meilleure que le corps Et suppose quelle soit plaine de Vice et enferme. elle est bien meilleure que le corps. Voire q̃ le corps tressain et tresferme. pour ce q̃ sa nature plus excellente ne peut mois Valoir que le corps conceu par ordure de peche. Sicomme for qui est ort / est repute plus chier que argent ne plomb. ¶ sust tres pur et net. Ceulx moyenneurs des dieux et des hõmes p lesq̃lz les choses humaines sont ioinctes aux diuines ont auecq̃s les dieux corps pardurables, et auecques les hõmes lame Vicieuse. ainsi comme se la religiõ p laquelle iceulx philozophes Veulent que les hõmes soient ioictz aux dieux par les dyables estoit establie au corps/non pas en lame. Finablement q̃lle felõnie ou peine a suspẽdu ces faulx et deceuables moyenneurs. ainsi cõme le chief cõtre bal. Et en telle maniere q̃lz apent auecques les haulx dieux sa basse partie de lomme/cestassauoir le corps. et apent auecq̃s les hõmes qui sõt dessoubz la plus haulte partie. Cestassauoir lame et soient conioinctz auecq̃s les dieux du ciel en la partie serue, cestassauoir le corps et soient maleureux auecq̃s les hommes terriens en la partie seigneurissant/ cestassauoir lame Car quelles merueilles. le corps est serf sicõ̃e saluste dit quãt il dit Nous vsons plus du commandemẽt de lame et du seruice du corps. Et dit apres. Lun nous est cõmun auecques les dieux lautre nous est commun auecques les bestes sauuages/pour ce q̃ l parsoit des hõmes lesquelz ont corps mortel comme õt telles bestes. ¶Mais ceulx que les philo

N.i.

zophes nous proposerent estre moyẽs en
tre nous et les dieuʒ peuẽt bien dire pour
certain de lame et du corps lun estre com+
mun a nous auecques les dieuʒ, et lau+
tre estre commun auecques les hommes.
Mais ainsi comme iay dit ors dyables q̃
sont liez et suspendus ainsi cõme en mau
uaistie ont le corps serf auecques les dieuʒ
bieneurez a lame dame auecq̃s les hões
maleureuʒ esleuez en sa basse ptie, abais
sez en sa haulte partie. Doncq̃s se aucũ cui
doit quilz eussent pardurablete auecques
les dieuʒ pour ce que leurs ames ne se de+
partent point des corps par mort sicõme
font les ames des bestes terriennes. pour
ce nest il point a croire que leur corps soit
ainsi comme ung petit char ou vaisseau
des pardurables honnours, aincois soit
ung bien pardurable des dãnez.

Opposicion sur ce chapitre.

En ce ix. chapitre monseigneur saint
augustin argue ancores p̃ sa diffi
nicion quil a mise des dyables ou chapi+
tre precedent pour prouuer que tous les dy
ables sõt mauuais, et que on ne doit poit
tenir quilz soient moyens entre les dieuʒ
et les hommes. Et ce demonstre il par ce
que par sa diffinicion q̃ met apuleius de
ces dyables. Ilz ont ame et corps, laquel
se chose apuleius sentit pareillement des
dieux et des hommes. Or est il certain q̃
le corps est pire que nest lame, sicomme il
se preuue par le dit de saluste in catilina+
rio au commencement qui dit ainsi. Nous
vsons dit il plus du commandement de
lame et du seruice du corps, desquelz lun
nous est commun auecques les dieuʒ, et
lautre auecques les choses bestialles qui
sont ainsi comme sauuages et cruelles.
Or nest il pas doubte que les dyables
conuiennent ou ont similitude auecques
les dieuʒ quant a la bonne disposicion du
corps, cestassauoir quant a la pardura+
blete et eniternite dicelluʒ corps, sicomme

il appert p̃ leurs diffinicions. Mais quãt
a la disposicion de lame, ilz ont conuenã
ce seulement auecques les mauuais hom
mes, par quoy il sensuyt quilz sont plus
mauuais τ plus chetifz que ne sõt les bõs
hommes, mais qui plus est sont simple
ment meschans pour ce que sa partie qui
deueroit estre la plus haulte. Cestassauoir
de lame si secline aual vers les mauuais
hõmes ausquelz ilz resemblent ou auec+
ques lesquelz ilz ont conuenance. De
ce chapitre se peut prendre ung tel notable
Cestassauoir que toute beste est compo+
see dame et de corps, desquelz lame en q̃l
conque maniere quelle soit vicieuse, est
meilleure en sa nature que quelque corps
tant soit bien dispose ou ordonne, sicom+
me on dit q̃ lor suppose quil soit ort τ plaĩ
doirdure, vault mieulx que largent en q̃l
que maniere quil soit purifie, ou que on se
cuide plus chier. De ce notable se prennent
deux cõclusions. La premiere que les dy
ables en leur nature sõt meilleurs que q̃l
conques corps tant soient sains, pour ce q̃
tout ainsi comme lame en quelque mani
ere quelle soit vicieuse, surmonte quelcon
que corps par lexcellence de nature, tout
ainsi la substance espirituelle surmonte
la substance corporelle. La seconde
conclusion est que les bons angles sont
meilleurs que ne sont quelconques ames
bienneurees separees du corps, pour ce q̃
lexcellence de nature selon laq̃lle les an+
gles sa surmontent est plus grande cõme
elle soit de la nature du subgect que lex+
cellence de grace q̃ est vne fourme actuelle

Le v. chapitre ouquel il desclaire que
selon sa sentence de platon les hõmes sõt
moins chetifz en corps mortelz que ne sõt
les dyables en leurs corps perpetuelz. v.

Certainement plotin qui est pro+
chaĩ auʒ temps de nostre memoire

a louenge dauoir entendu platon pluseu resamment que les autres philosophes lequel comme il traictast des ames humaines dit ainsi. Le pere plain de misericorde faisoit dit il a icelles ames lieux mortelz ainsi il maintenoit apptenir a sa misericorde de dieu le pere ce q̃ les hommes sont mortelz en corps ce quilz ne fussent pas touteffois detenus en la misere de ceste vie. De ceste misericorde fut iugee estre non digne la malice des dyables / laquelle print en la misere de same passible corps / Non pas mortel, sicomme les hommes. mais pardurable.) Quelz merueilles, car ilz fussent plus bienneurez que les hommes silz eussent auecq̃s eulx corps mortelz / et auecq̃s les dieux ame bienneuree. Mais ilz fussent pareilz aux hommes silz eussent au moins deserui auoir auecq̃s eulx corps mortel. Touteffois silz acqueroient aucune merite ou aucune pitie par bonnes oeuures, affin que au moins ilz eussent apres sa mort repos de leurs maleuretez. Or est il ainsi que non pas tant seulement ilz ne sont pas plus bienneurez en ame miserable q̃ les hões, aincois plus maleureux q̃ eulx pour le loyen pardurable du corps Car ce philosophe plotin ne veult pas donner a entendre quilz peussent estre fais de dyables dieux, en prouffitant en aucune discipline de pitie et de sapience comme il le dit et appelast tresappertement dyables pardurables.

¶ Opposicion sur ce chapitre.

EN ce v. chapitre monseigneur sait augustin preuue que les dyables ne sont point moins maleureux pour ce silz ont les corps pardurables Et fait.ii. choses en ce chapitre. premierement il preuue que puis quilz sont passibles de courage, ilz sont fais deslors plus meschans: Et ameine a ce le dit de plotin lequel il dit quil fut ainsi en son temps, ou au moins

quil estoit memoire de luy en son temps. Et dit de luy en ceste maniere. Ainsi comme la bouche de platon en philosophie est tres purgee et tresclere et resplendissant, aussi ostees les nuees derreurs, elle apparut et resplendit par especial en plotin qui fut philosophe platonicien, lequel surmonta par telle maniere tous autres platoniciens, quil fut iuge estre semblable en toutes choses a platon, et quilz eussent vescu ensemble, et quil neust difference que du temps. Et ancores que quant plotin vint on cuida que ce fust platon qui fust reuesq Et macrobe en son liure de sompnio scripionis lappele prince auecq̃s platon entre les docteurs de philozophie. Et aristote en son liure de predicamentis se recommande merueilleusement, et lappese tresgrãt. orateur et philozophe. ¶ Si fait tulle le recommande merueilleusement, si fait mercurius en son premier liure de constelacione qui dit ainsi. Quelles parties dit il sont de philozophie auxquelles il natagnit. Comme sa doctrine ensuiuist la no blesse de sa vie, comme ce quil enseignoit ne se demonstrast pas par autruy exemples, mais par lexemple de sa vertu. Et aussi dit il de luy moust de choses qui sont merueilleusement a recommander. Il le blasma dune chose tant seulement, cest assauoir de ce quil nya le fat. Cest assauoir quil nyoit que toutes choses aueniss̃et de necessite, et mettoit franc arbitrage en somme, laquelle chose les payens nyoient, et mettoient la necessite du fat. Sicomme seneque mesmes qui dit en une tragedie, fato regimur credite fatis. Iulius firmacus en son premier liure qui sappele matheseos, lequel il fist des iugemens dastrologie, qui recite de luy ces parolles alleguees par mercure en disant ainsi Qui sont dit il les parties de philozophie quil nait attaint comme ses oeuures et sa vie en supuissent sa doctrine, car ce quil enseignoit il nenseignoit ou demonstroit pas par parolles dautruy, ne par autruy exemple: Mais par exemples de sa propre vertu de la bouche duquel estoient dictes sentences diuines/ainsi comme celles que les dieux donnoient aux lieux secretz/car il estoit sicomme il dit homme composé a tous a ournemens de vertus ferme en estude de toutes diuines composicions/iuste/fort pourueu/attempre/et tel quil tenoit que par rayson de prouidence ou de pourueance il pouoit surmonter toutes les forces et tous les assaulx de fortune. Et pour y resister sicomme il dit/il esleut premierement place et lieu paisible/affin qͥl fust hors de noise de toutes gens/pour soy deliurer de lenuie de fortune. Et que seulement il peust vacquer aux haultes sciences et instructions diuines/affin que contre ses menaces de fortune il sarmast du secours de vertu entier et sans corrupciõ. Et quant il se fut ainsi armé il regarda au gouuernement de son corps et a la garde et deffence dicelluy a ce quil ne laissast rien vuit ne nud ou que par oyseuse il ex cercast aucunes choses regardans la forcennerie de fortune. Il sordonna a demourer en la partie dune region qͥ tenoit estre saine et santiue au corps humain/cest assauoir en campane en ytalie. Qui est pays attempré sans trop grant froit ꞇ sãs trop grant chault/et a toutes bonnes taches que pays peut auoir/la demoura et refusa toutes honneurs / tenant expressemẽt quil nestoit autres honneurs que celles q̃ la prudence de sa diuine maistrise luy octroioit. Nulles richesses il ne voult fors celles par lesquelles il pouoit payer sa victorite de son courage ou de sa pensee. Et dit iulius que pour ce que en vne sienne oraison en laquelle il parloit du fat et de la cõstellacion et posicion des estoilles/il commenca a reprendre tresaigrement ceulx q̃ tenoient ceste oppinion ne qui doubtoient fortune/ne qui attribuoient rien a la puissance des estoilles. Et nya generalement tout fat/disant que tout estoit en nostre puissance. Finablement pour ce quil nya ceste conclusion/iulius dit quil perdit les membres et puis les yeulx/et puis deuint

tout pourri/tellement quil deuint tout p pieces/et dit quil vint a tel meschief pour ce quil nyoit le fat lordonnance linfluence.et la disposicion des estoilles. Laquelle oppinion de iulius est reprouuee p tous les bons crestiens/non pas que les estoilles nayent aucunes influences dispositiues/mais mettre le fat simplement et q̃ toutes choses auiennent de necessite/cest expressement contre la foy crestienne.
¶Apres quant il dit en la fin de ce chapitre. Car ce philozophe plotin.acc. Il exclud vne faulse chose que on pourroit prendre de lentendement des parolles de apuleius. Car aucun pourroit doubter que lintencion de cel apuleius eust esté de dire que les dyables eussent esté fait dieux p profit de sapience ou par parfaicte sapience. Et pourroit ceste oppinion estre nee des choses que dit apuleius des hommes/le quel met que apres la mort les hommes peuuent estre conuertis en dyables/sicomme il appert par le chapitre subsequent/ Mais monseigneur saint augustin oste ceste extimacion ou cuidance p les parolles de plotin. Ce plotin parla moult haultement de limmortalité de lame et en argua moult subtillement contre aristote/ sicõme il appt p macrobe ou lieu dessus allegue/cest assauoir de somp̃no scipionis.

¶ Le xi.chapitre ouquel il traicte de loppinion des platoniciẽs par lesquelz il cuida que les ames des hommes soient faictes dyables apres la mort.   xi.

CE philozophe apuleius dit que les ames des hommes sont dyables. Et que des hõmes ilz sont fais dieux priuez quil appele lares/quãt ilz font bonnes oeuures. Et quant ilz fõt mauuaises oeuures/ilz deuiennẽt lemures/cest adire fantasticques apparicions lesquelles apperẽt de nuyt ou les vmbres des trespasses ou leurs esperis ou ymages qui de nuit se mocquent des gens et se muchent aux angles de la maison lesquelz ilz appellent larues, et dit que les ames des hommes sont appellees dieux quant on ne scet de certain silz sont bõs ou mauuais lesquelz il appelle manes. En laquelle oppinion qui est celluy qui ne voit ou considere ung petit com par fondement ilz veullent demonstrer a ensuiuir mauaises meurs quant ilz dient que combien que aucuns hommes aient este mauuais ou cuident quilz aient pouoir de deuenir ombres des diables ou que les ames des hommes appellez manes puissent deuenir dieux lesquelz de tant cõme ilz couuoitent plus a nuyre de tant deuiennent ilz plus mauuais en tant quilz cuident que apres la mort on les ensuiue par aucuns sacrifices ainsi comme par honneurs diuines a ce quilz peussent nuyre, car il dit que les larues sõt dyables inuisibles qui sont faitz des hommes, mais de ce est autre question. Et dit ce philozophe que les bieneurez sõt appellez en grec eudemones pour ce quilz sont de bon courage, cestadire bõs dyables en confermãt aussi que les ames des hommes sont dyables.

¶ Epposicion sur ce chapitre.

En cest pi. chapitre mõseigneur saint augustin met la doctrine dapuleyus laquelle ilz tiennent des hommes apres leur mort. Et est moult perilleuse sa doctrine pour ce quelle est contraire a toutes bonnes meurs, et est prinse ce qui est allegue en ce chapitre du liure que fist apulepus de deo socratis. Et est assauoir que combien que appulepus mist que les ames des trespassez se conuertissoient en dyables, il ne sentendit pas tellement q̃ a parler par nature ou par pardurablete

ilz fussent muez, mais tant seulement p vne maniere de participacion ainsi comme par la maniere que nous disions que les dieux sont faictz des hommes. sicomme il est escript ou psaultier ou pseaulme qui se commence. Deus stetit in synagoga ou il est dit. Ego dixi dii estis &c. Cestadire que iay dit que vous estes toꝰ dieux voire par participacion &c. En ce chapitre mõseigneur saint augustin fait trois choses. Premierement il met son oppinion de la conuersion des ames, lesquelles apulepus dit estre conuerties en dyables ou estre faitz ces dyables apres la mort de lomme, lesquelz dyables toutesfois quil dist estre faitz des hommes, il distigue en deux especes ou en deux genres, cestassauoir que des ames des hões sont faitz ungs dieux des dyables quil appelle lares, & ungz autres esperis quil appelle lemures ou laruas, mais les ames il distingue en trois manieres, cestassauoir en lares lemures ou laruas manes ql dit tous estre dieux. Pour lexposicion desqlles choses, combien que nous en ayons ung pou declaire ou texte en translatant, toutesfois pour luy donner plus grãt declaracion ou exposicion, il est assauoir que dii lares cestassauoir ces dieux quilz appelloyent lares, estoient les dieux qui estoiẽt proprement gardes des maisons et des carrefours qui estoient ainsi cõme ung dieu encuseurs et glatisseurs desqlz parle ouide en son second liure de fastis, qui dit que iupiter eut grãt voulente dauoir sa cõpagnie dune nimphe qui estoit merueilleusement belle appelee Victurne Et affin den iouir appella les autres niphes et leur exposa son cas, et leur commanda quelles se tenissent secret, lesquelles luy promirent, et pespecial vne qui sa estoit presente qui auoit a nõ naysiar, laquelle tantost lala gengler a celle Victurne que iupiter vouloit auoir et luy dist quelle se destournast, et le fist et aussi elle lala gengler a iuno la femme de iupiter, ceste chose vint a la congnoissance de iupiter qui tantost luy coppa sa lãgue et sa bailla au dieu mercure pour mener en enfer, affin quelle ne accusast plus ne luy ne autre, lequel la mena en ung boys et la senforca et engrossa, laquelle eut .ii. enfans de luy qui eurent son nom, et furent appelez chascun deulx larfar, & de ce sa vindrent les dieux lares que les poetes faingnent quilz sont mis aux gardes des maisons & carrefours pour tout accuser & iengler. Et cest la fable que met ouide, mais la moralite est telle que ung mauuais iengleur engendra deux, et pour ce on leur dit copper les langues affin q̃ ilz ne ienglent plus. Et si ne leur peut on si copper, cest adire si deffendre quilz ne ĩ glent ou par signe ou par parolle. Car on ne peut si copper vne langue que on ne dye larfar larfar, ainsi comme on ne peut tollir a ung chie quil ne glatisse. Et pour ce est il dit en deux vers moraulx que on ne peut deffendre au chien quil ne glatisse ne mauuaise bouche quelle ne parle. Les vers sont telz. v. Non possum prohibere canem quin latret ubiq̃. Nec queo mor dacis claudere sabia viri. Et de celle lar nous auons parle cy dessus. Et quant est des lemures quil appele aussi laruas lesquelz monseigneur saint augustin appelle dyables nuysans, & lesquelles catholicon appelle fantasticques apparicions. Sicomme esperis de dyables ou transfi guracions desperis. Aucuns pourroient cy mettre aucune difference entre les lemures et laruas, et catholicon se notte asse;. Si fait ysidore ou viii. liure de ses ethimologies ou chapitre final. Car catholicon dit que lemures vient de lemur lemuris. Et dit que ce nom fut dit pour remus le frere de romulus mue .r. en .l. et pour ce dit il q̃ ce sont fantasies qui apperent de nupt & qui apparoient a romulus apres ce quil eut fait tuer son frere Et pour ce sont ilz appelez lemures quasi remures, desquelles orace parle en ung liure qui sappele epi gramata en ung vers ou il dit. v. Noctur nos lemures portentaq̃ tessala ride.

De lemur furent premieremẽt dictes ses festes de remus remuria, lesquelles se faisoient chascun an en may selon ce q̃ dit ouide en son v. liure de fastis q̃ de puis r. mue en l. furent appelees remuria festa. Et quant est de ce quilz appelent laruas, mõ seigneur sait augustin si dit que ce sõt les dyables nuysibles qui ont fais des hommes, car ainsi expose il sa pposicion ou entendement quant a ce que ysidore appele laruas ysidore ou chapitre final du viii. liure de ses ethimologies sinterprete par eillement. Et dit oultre q̃ ces laruas sõt dyables fais dhommes qui ont mauuaisement vescu: La nature desquelz est telle q̃ lz esbahissent les petis enfans de nupt et seruent de iengler aux maisons et aux anguetes ou il ny a point de clarte. Catholicon dit que cest vne figure ou fourme qui esbahist par especial enfans, et la met on deuant son visage, ou pour descõgnoissance ou pour faire paour. Et cest ce que nous appelons proprement barboieres ou faulx visages. Aucunesfois sicõ me dit pappe et aussi catholicon laruas sont prinses pour les ames des dãnez qui sont ordonnees a nupte. Aucunesfois selon ce que dit catholicon larua est prinse pour ung homme nigromancien ou enchanteur Et pour ce est il dit notablemẽt en lucan que quant erito vne enchanteresse voulust faire ses enchantemens pour iugier de la bataille qui estoit entre cesar et pompee, elle lopa ses cheuenlx de couleures et de serpens, ainsi comme de chapeaulx et lopens Et aussi dit claudien le petit que aux nopces de pserpine aletho qui est vne des forcenneries denfer y estoit tressee de petites couleuures et de serpens, ainsi comme bien paree. Et pour ce monseigñ saint augustin en la seconde partie qui se commence ou il dit. En laquelle oppiniõ &c. Il demonstre comment celle oppiniõ peut donner occasion de moult de maulx. Tiercement ou il parle que les ames sont faictes dieux aps la mort des corps lesq̃lles ilz apelẽt manes. Il est assauoir que selon ce que dit psidore ou .viii. liure de ses ethimologies ou chapitre final/ manes estoient dis ses dieux des mors.) La puissance desquelz estoit entre le soleil et la lune ☉ Ou pour ce sont ilz dictz manes pour ce quilz demeurent en lair qui est petit element et court/ pour ce q̄ manie cestadire brief/ et imanie cestadire grant, ou pour ce quilz vont par lair/ ou pour ce q̄ ilz sont debonaires sont ilz appelez manes au contraire de immanes/ mais sicomme dit la psidore ilz sont appelez manes per antifrasim sicō dit apuleius comme ilz soient orguilleux espouentables: ¶ Et auecques ce il est assauoir que pour ce que on tient q̄ ces dieux manes ou laruas sont prestz a nupre/ et en sont couuoiteux et de sirans/ pour ce leur font les nygromāciens/ et ceulx qui vsent des ars deffendues sacrifice. Car sicō dit psidore en son .viii. liure de ses ethimologies ou chapitre final Ceulx qui sacrifioient ainsi sont appelez proprement nigromanciens. Car ce sont ceulx quil sēble que a leur priere les mors ressuscitent/ et semble quilz respondent a ce que on leur demande/ pour lesquelz ressusciter ilz sy pēt leurs testes de couleuures et autres serpens quilz appelent vipres/ cōme fist celle erito/ de laquelle parle lucan. Et querent vng corps tout nouuellement mort quant les vaynes entieres lesquelles vont au pommon/ et sur font vne playe ou pis/ laq̄lle ilz emplent de sang nouueau. Et tiennent que par ce le corps se schauffe et reprent son esperit/ et respōd a ce que on veult demander. Et ainsi le recite ce noble hystoriographe lucan. Ainsi sauōs nous faint apres en nostre liure qui sappele la muse. Et de ce a fait mention monseigneur saint augustin ou trentiesquiesme chapitre du .vii. liure cy dessus Touteffois il est assauoir selon appuleius que les lemures et laruas cest vne mesme chose. Et ācores que combien que les lares soiēt appelez dieux vng des paÿs ou dieux priuez Touteffois apulei⁹ appele generalement ces dieux toutes bonnes ames/ lesquelles il appelent eudenones/ cestadire bons dyables. abeu quod ē bonū. et demones qui vault autant a dire comme bons dyables. Quant est de no⁹ a parler proprement selon ce que nous en pouons sentir lemures sont mauuais esperis que appelōs lutons ou folez que on dit qui escoutent les gens simples et nices Et ancores ou temps que les gēs estoiēt plus simples. Et quant ilz les appelent laruas, ancores tenons nous qʼil ny a pōt de difference essenciale/ car ce sont toutes fantasies ou apparicions fantasticques: Car tout ainsi q̄ vne creature se desguise et se demonstre en diuerses manieres/ tout ainsi le dyable se trāsfigure en plusieurs fourmes. et aucunesfois sicomme dit la saincte escripture se transfigure il en fourme de vray ange/ cestadire in angelum lucis. Touteffois la distinction de ces ames les payens tindrent diuerses oppinions. Car apuleius en distingua en vne maniere sicō il appert cy labeo en distingua en vne autre maniere/ sicomme il appert p le .viii. chapitre du .vii. liure/ et les autres en autre maniere/ sicomme il est dit en ce mesmes lieu. Et pour ce p ces dieux quilz appelent lares/ et p les dieux quilz appelent manes se peuent entendre plusieurs choses:

¶ Le .xi. chapitre ouquel il traicte des .iiii. manieres de contraires ou contrarietez p lesquelz selon les platoniciens la nature des hommes et des dyables est distīguee .xi.

Mais nous parlons a present de ceulx que ce philozophe apuleius descript en leur propre nature estre bestes en genre raysonnables/ en pensee passibles/ et courage de nature de air/ en corps pardurables en temps. Car cōme parauant il diuisast les dieux ou hault

N.iiii.

et les hommes en sa basse terre separez de eulx en lieu et en dignite de nature. Il conclud ainsi Vous auez dit il deux ou doubles bestes/cestassauoir les dieux q̃ sont disparez des hommes en haultesse de lieu en perpetuite de vie/en perfection de nature sans auoir ensemble aucune cõmunicacion prochaine comme il soit ainsi que si grande espace de haultesse desseure de treshaultes habitacions des trespassez. Et ia cestassauoir aux treshaultes habitacions du ciel soit bien pdurable et sans deffaillance. Et cy cestassauoir en terre soit vie tresbuchable et soudaine. La sont les engis esleuez a bieneuretez/ca sont a grãt misere abaissez. Je voy cy recordees trois choses contraires des deux derrenieres p̃ties de nature/cestassauoir des treshaultes et des tresbasses. Car trois choses sõt lesquelles il proposa a loer les dieux/ Il repeta icelles mesmes p̃ autres parolles affin quil en rendist autres trois cõtraires appartenans aux hommes: Les .iij. choses appartenans aux dieux sõt cestes haultesse de lieu/perpetuite de vie/perfection de nature. Ces trois choses il recorde par autres parolles a ce quil mist a lẽcontre de ces trois choses trois choses contraires appartenans a humaine condicion quant il dit que si grant espace de haultesse diuise ou separe les treshaultes habitacions des tresbasses/pour ce q̃l auoit dit haultesse du lieu. Et la soit dit il continuacion de vie pardurable sans deffaillance. Et cy soit tresbuchable et soudaine pour ce quil auoit dit perpetuite de vie Et la soient dist les engis esleuez a bĩeneurete. Ca soient abaissez a grant misere/pour ce quil auoit dit de perfection de nature. Il met trois choses appartenãs aux dieux/cestassauoir haultesse de lieu/pdurablete de bieneurete. Et apres met trois choses contraires appartenans aux hommes. Cestassauoir tresbas lieu/mortalite/misere/ou chetiuete. Entre ces trois choses quil met des dieux et des hõmes il nest nul debat du lieu pour ce quil mist

les dyables estre moyens: Quelz merueilles/car entre le treshault lieu et le tres bas/il ny a vng lieu qui tresconuenablemẽt est dit moyen. Or reste a dire contre les autres deux ausq̃lz on doit mettre plusgrãt entẽte. Cestassauoir cõment on puisse demonstrer ou q̃lles nappt̃iẽnent point aux dyables/ou quelles leur soient distribuees en la maniere que le moyẽ se requiert Mais ilz ne peuent estre estrangez de ce/ Car ainsi cõe nous disons q̃ le lieu moyẽ nest pas ne se hault ne se bas/aĩsi ne pouons nous pas dire proprement que les dyables cõe ilz soient bestes raisonnables/ne sont bieneurez ne maleureux/sicõe sõt arbres ou les bestes mues qui nont point de sens ou de rayson Doncques les choses qui ont rayson en eulx elles sont de necessite ou maleureuses ou bieneurees. De rechief nous ne pouons dire propremẽt les dyables estre mortelz et pdurables. Car toutes choses viuans ou elles viuent p̃durablement/ou elles finissent leur vie par mort. Mais ce philozophe dit q̃ les diables sont pardurables en tẽps. Que sensuyt il doncq̃s/fors que tant q̃ iceulx moyens ayent vne des deux choses apptenans aux haultes choses/cestassauoir aux dieux. Et vne des deux choses apptenans aux basses/cestassauoir aux hõmes/car silz auoient les deux choses apptenans aux basses/ou les choses appartenans aux haultes/ilz ne seroient pas moyens/aincois se souldroient ou sencli neroiẽt en lune partie ou en lautre. Pour ce doncq̃s q̃lz ne peuent estre sãs lune ou lautre de ces deux choses sicõe nous lauõs demonstre/ilz seront moyens en prenant de chascune ptie lune des choses dessusdictes Et p ce puis quilz ne peuent auoir des choses basses pardurablete/car elle ny est pas/ilz ont icelles des choses haultes. Et pour ce il ny a nulle autre chose q̃ ilz puissent auoir des choses basses pour accomplir leur moyen/fors que misere et chetiuete:

⁋ Expoſicion ſur ce chapitre.

En ce .viii.chapitre monſeigñr ſaint au
guſtĩ preuue que tous les dyables
ſont meſchans ou chetifz par les choſes
que apuleius attribue aux dieux et aux
hommes dont ilz ſont ſelon ſuy ſeparez
lũ de lautre. Et fait deux choſes en ce cha
pitre. Premierement il met les dis de apu
leius par leſquelz il appert que ces deux
beſtes/ceſtaſſauoir les dieux et les hom-
mes/il diſtingue par trois differences cõ
traires et oppoſites deſquelles oppoſici-
ons lune partie appartient aux dieux et
lautre aux hommes. Premierement ilz
ſont diſtinguez par haulteſſe de lieu et de
ſõ oppoſite/ceſtaſſauoir de baſſeur de lieu
comme ſi grant diſtance des haulx lieux
des dieux aux lieux bas des hommes les
ſepare et diuiſe. Secondement ilz ſont di
ſtinguez par eternite ou par durablete ou
par ſeur oppoſite/ceſtaſſauoir mortalite
Comme aux dieux ſoit vie perpetuelle
ſans fin/et aux hommes ſoit vie mortel
le cheable ſuccedent et paſſãt. Tiercemẽt
par felicite ou bieneurete/et p ſon oppoſi
te/ceſtaſſauoir miſere τ chetiuete. comme
les engins et entendemẽs des dieux ſoiẽt
eſleuez a bieneurete Et les engins de hõ
mes ſoient abaiſſez et enclins a miſere et
a chetiuete. Secondement quant il dit
Entre ces trois choſes quil met des dieux
κc. Il preuue par les dis de apuleius ſon
propos.et intẽcion

⁋ Le .viii.chapitre ouquel il deſclaire cõ
ment ſe les dyables ne ſont bieneurez a-
uecq̃s les dieux ne chetifz auecq̃s les hõ-
mes/il ſenſuyt quilz ſont moyens entre
lune partie et lautre ſans communicaciõ
de lun ou de lautre.   .viii.

Oncques ſelon les platoniciens
par durablete bieneuree ou bien
eurete pdurable appartiennẽt aux
haulz dieux. Et miſere mortelle ou mor
talite miſerable appartiẽnẽt aux hommes
dembas. Et aux dyables moyens appar
tient ou miſerable pardurablete ou miſe-
re pardurable. Car ce philozophe ne de-
monſtre pas ſicomme il auoit promis q̃
ilz ſoient moyens par les cinq choſes quil
miſt en la diſtinction des dyables/car il
dit quilz ont cinq choſes/les trois auecq̃s
nous.ceſtaſſauoir quilz ſont en genre des
beſtes rayſonnables en penſee/paſſibles
en courage. τ dit quilz ont vne choſe auec
ques les dieux/ceſtaſſauoir quilz ſont p
durables en tempſ. Et dit quilz ont vne
choſe de leur propre/ceſtaſſauoir que leur
corps eſt de la nature de lair. Comment
doncques ſont ilz moyens quant ilz ont
vne choſe auecq̃s ſes haulz/ et trois cho-
ſes auecq̃s ſes bas. Qui eſt cellup qui ne
voit combien ilz ſenclinẽt et abaiſſẽt vers
les choſes baſſes en laiſſant le moyen.
Mais ilz penent icy plainement ia eſtre/
trouuez moyens en telle maniere que ilz
ayent vne choſe propre/ ceſtaſſauoir que
leur corps eſt de la nature de lair/ ſicõme
chaſcune des choſes haultes τ des baſſes
a propre et ſinguliere choſe. ceſtaſſauoir q̃
les dieux ont corps celeſtial /τ les hõmes
corps terrien/et deux choſes leur ſont cõ-
munes. ceſtaſſauoir quilz ſont beſtes en
genre et rayſonnables en penſee. Autres
deux choſes ſont reſidues/ceſtaſſauoir q̃
les dyables ſont paſſibles en courage/ et
pardurables en tempſ/deſquelles deux
choſes ilz ont lune auecques les choſes de
deſſoubz/τ lautre auecques les choſes dẽ
hault/ſi que le moyen peſe par rayſon p̃
porcionnee ne ſoit eſleue en hault ne com
prait en bas. Mais ceſte miſerable pardu
rablete ou miſere pardurable eſt des dya
bles/car cellup qui les dit eſtre paſſibles
en courage/ les euſt voulentiers appelez
maleureup/ ſe il neuſt eu honte et vergon
gne de ce dire et prononcer deuant ceulx

qui les adouroient/ mais pour ce que si com̄e iceulx mesmes philozophes confessēt le monde estre gouuerne par la pourueā ce de dieu le souuerain/ non pas p̄ lerreur ou folie de fortune/ iamais leur misere ne seroit pardurable/ se leur malice nestoit grande. Se doncques les bieneurez sont p̄ droit appelez en grec eudemones/ cest a dire bōs dyables iceulx dyables q̄ iceulx philozophes mirent ou milieu entre les dieux et les hommes ne sont point eude‾ mones. Quel est dōcques le lieu des bōs dyables qui sont sur les hōmes et au des sus des dieux/ et donne aux vngs ay de aux autres seruice/ car silz sont bons et p̄ durables pour certain ilz sont bieneurez. Et leur bieneurete pdurable ne peut souf frir quilz soient moyens/ car elle les com pare moult aux dieux et les separe moult des hommes. Dont sefforcent pour neāt ces philozophes a demonstrer comme les bons dyables puissēt estre moyens entre les dieux immortelz et bieneurez/ et entre les hommes mortelz et maseureux/ car cōe ilz ayent auecq̄ les dieux l'ung et lau tre/ cestassauoir bieneurete et imortalite. et nayent rien de ces deux choses auecques les hōmes maseureux et mortelz comme ne sont ilz mieulx diuisez des hommes et conioincts aux dieux quilz ne soient esta blis moyens entre les vngs et les autres Car adonc seroient ilz moyēs silz auoiēt deux choses/ non pas communes auecq̄ les parties des vngs et des autres/ cest a dire des dieux et des hōmes. mais singu lierement lune auecques les vngs/ et lau tre auecq̄ les autres. sicōe hōme est moyē entre les bestes brutes et les angles. Car sicomme la beste brute est inraysonnable et mortelle/ et angle beste raysonnable et imortelle/ hōme moyen est au dessoubz des angles/ et dessus les bestes brutes q̄ auecq̄ les bestes brutes a mortalite et rai son auecq̄ les āgles. Et pour ce est il dit beste raysonnable mortelle. Ainsi dōcq̄ quant nous q̄rons moyen entre les bieneu rez imortelz et les maseureux mortelz/

nous deuons trouuer aucune chose mor telle bienenree ou imortelle maseureuse.

Exposicion sur ce chapitre.

En ce viii. chapitre monseigneur saint augustin demonstre q̄ p̄ la rayson par laq̄lle apuleius dit les dyables estre moyens ētre les dieux et les hommes qlz sont meschās et chetifz. Et fait trois cho ses en ce chapitre. Premierement il demō stre par la diffinicion des dyables q̄ met apuleius quil ne les mist pas raysonna blement estre mediateurs ou moyens en tre les dieux et les hōmes. laq̄lle chose tou tesfois il sest efforce de faire. Sicōe il est apparu par le viiii. chapitre du vii. liure.

Secondement il demonstre comment selon la diffinicion deuantdicte ilz peuēt estre dis moyēs/ cestassauoir selon natu re ou selon aucune equalite et pareille di stance des extremitez/ duq̄l moyen/ cestas sauoir p̄ lequel ilz peuent estre moyens/ il conclud quilz sont chetifz et p̄ consequēt q̄lz ont este et sont mauuais/ pour ce que aux dyables estre mal et auoir este/ cest tout vne mesmes chose. Apres ou il dit. Se doncq̄ les bieneurez. etc. Il demōstre q̄ suppose q̄lz soient aucuns eudemones. Cestassauoir aucuns dyables bons et bie eurez. Toutesfois ne sont ilz point me diateurs ne moyens entre les dieux et les hommes Et ple du moyen ainsi q̄l a fait deuant. Et appert assez lintencion de mō seigneur saint augustin.

¶ Le viiii. chapitre ouquel il traicte assa uoir se les hommes cōe ilz soiēt mortelz peuent estre eureux de vraye felicite ou bi eneurete. viiii.

CEst vne grant question ētre les hommes/ assauoir se lhomme peut estre bieneure et mortel.

Car aucuns cõsiderent plus humblemẽt leur condicion, et npent que lõme peuſt eſtre priuable de bienneurete tant comme il vit mortellement. Et aucuns autres ſeſſeuerent et oſerent dire que ceulx q̃ peu eut acquerir ſapience, peuent eſtre bienneu rez eulx eſtans mortelz. Et ſil eſt ainſi pourquoy ne ſont telz bienneurez auant eſtablie moyens entre les mortelz maleu reux. Car pour certain ſilz ſont bienneu rez, ilz nont enuie ſur nulluy. Car quel le choſe eſt plus maleureuſe que enuie. Et pour ce ceulx de ceſte oppinion doiuent cõ ſeiller aux maleureux quilz mettẽt tou te peine a acquerir bienneurete, affin quilz puiſſent eſtre immortelz apres ſa mort et eſtre conioincts aux angles immortelz (et bienneurez

⁋ Expoſicion ſur ce chapitre.

En ce .viii. chapitre monſeign̄ ſaint auguſtin demande et fait vne tel le queſtion en effect, ceſt aſſauoir ſe aucũ peut eſtre conuenablement moyen ou me diateur entre les dieux et les hommes, et pour ce que ceſte queſtion depend de ſautre pour ce met il premierement celle en met tant ſa diuerſite des oppinions ſelon icel le queſtion. Et demonſtre que ſelon vne oppinion, laq̃lle touteſſois ſemble eſtre moins vraye. On mettroit plus raiſon a blemẽt que aucuns hõmes fuſſẽt moyens ou moyennaſſent entre les dieux et les hõ mes q̃ les dyables. Et eſt loppinion de monſeigneur ſaint auguſtin toute clere. Et appert aſſez toute lintencion du texte

⁋ Le p̃u. chapitre ouquel il traicte de hom me ieſucriſt moyenneur de dieu et des hõ mes. pu.

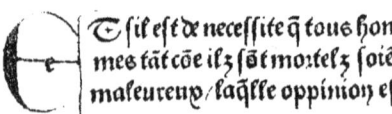

Et ſil eſt de neceſſite q̃ tous hom mes tãt cõe ilz ſõt mortelz ſoiẽt maleureux, laq̃lle oppinion eſt

diſputee plus creablement et plus prouua blement. Il cõuiẽt q̃r vng moyen qui ne ſoit pas hõme tãt ſeulemẽt, mais ſoit a uecq̃s ce dieu, affin q̃ ceſte mortelle miſe re ſa benoiſte mort ou mortaliſe de ce moy en en ſe mettant ou miſieu meine les hõ mes a la bienneurete immortelle, ſeq̃l il neſtoit pas neceſſite q̃l ne fuſt fait mortel ne il neſtoit pas neceſſite quil demouraſt mortel. Car il fut fait mortel, non pas pour ce q̃ ſa diuinite de luy fuſt faicte ma lade de ſoy, mais pour lenfermete de ſa chair quil print. Mais il ne demoura pas mortel en ceſſe chair, ſaq̃lle il reſſuſcita des mors pour ce q̃l eſt fruit de ſa moyen nete ou de ſon moyen, affi q̃ ceulx p̃ demou raſſẽt en ſa mort pdurable de ſa chair pour ſaq̃lle deſiurer il fut fait moyen. Aps il conuenoit q̃ le moyẽneur entre dieu et no⁹ euſt et mortaliſe treſpaſſant et bienneurete pdurable ou pmanent en telle maniere q̃ p ce q̃l treſpaſſa il ſe ꝯformaſt a ceulx qui ont a mourir, (et aps ſa mort les tranſporꝰ taſt a ce q̃ eſt ſans fin. Les bons angles dõcq̃s ne peuẽt eſtre moyẽs, car ilz ſont i mortelz auecq̃s les vngs (et maleureux a necq̃s les autres. A ceulx cy eſt cõtraire ſe bõ mediateur q̃ contre leur immortalite et miſere veult eſtre mortel a temps. Et ſi peut demourer bienneure pdurablement. Et ainſi il deſtruit par ſumilite de ſa mor talite et par ſa benignite de ſa bienneurete ceulx q̃ eſtoient immortelz orguilleux et nuyſans maleureux. Et en ces choſes deſi ura de leur treſorde ſeigneurie ceulx deſq̃lz il nettoya les cueurs p ſa foy. Dõcq̃s hõe mortel eſt maleureux eſlõge et deſſeure des immortelz et bienneurez. Q̃l moyẽ eſſira il af ſi q̃l ſoit adioict a immortalite et bienneurete

Ce q̃ pourroit plaire a limmortalite des dyables eſt merueilleuſe choſe et ce q̃ peut faire offẽce a limmortalite de ieſucriſt ny eſt point. Illec q̃s doncq̃s eſt a eſcheuer miſe re pdurable. Ey neſt point ſa mort a doub ter q̃ ne peut eſtre pardurable. Et y eſt a aymer ſa bienneurete pardurable. Car a ce ſentremet ſe mauuais dyable immor tel et maleureup deſtre moyen, affin qͣl ne laiſſe paſſer les hommes a immortalité bieneuree, car touſiours luy demeure ce quil lêpeſche, ceſt aſſauoir ceſte maleureté, mais le mortel et bieneure, ceſt aſſauoir ieſucriſt ſe fiſt moyen a ce que apͤs ſa mortalité trepaſſee il feiſt des mors immortelz laquelle choſe monſtra en ſoy reſuſcitāt et quil fiſt des maleureup bieneurez de laquelle bieneureté il ne departit onc̄qs Autre eſt doncques le mauuais moyē q̄ ſepare ſes amis, et autre le bō moyē qui reconcille ſes ennemis, et pour ce ſont il pluſieurs moyens qui ſeparent. Car la multitude qui eſt bieneuree eſt bieneuree par ſa participacion dun dieu, par la priuacion de la participacion duquel ſa maleureuſe multitude des mauuais angles laiſſe ſe oppoſe plus pour empeſcher q̄ le ne ſentremet pour ayder a auoir ceſte bieneureté fait noſe a tempeſte a grant ſō affin que on ne puiſſe paruenir a cellup ſeul bien qui fait les bieneurez. ouquel biē affin que nous p fuſſiōs menez il neſtoit meſtier de pluſieurs mediateurs, mais dun ſeul. et ceſtoit de cellup meſmes par ſa participacion duquel nous fuſſiōs bieneurez, ceſt aſſauoir par le filz de dieu, nō fait par lequel toutes choſes ſont faictes. Touteſfois neſt il pas moyēneur pour ce quil eſt filz de dieu, car luy qui eſt tres p̄faitement bieneure eſt loingz des mortelz maleureup, mais il eſt moyenneur par ce quil eſt homme, par quoy il demonſtre certainement quil ne nous conuiēt point querir autres moyenneurs, par leſquelz nous deuōs croire que nous puiſſions paruenir et monter a icellup bien, nō pas tāt ſeulement bieneure, mais qui fait les bieneurez. Car cellup bieneure faiſant les bieneurez en dieu, qui eſt fait participant de noſtre humanité, a donne vng abrege ment de participer ſa diuinite, ne pour certal il ne nous deliure pas de mortalité et miſere, ne ne nous maine pas aux ágles imortelz et biēeurez, affin que par ſa participacion deux nous ſoions immortelz a

bieneurez, mais nous maine a ceſte trinité par ſa participacion de laquelle les angles meſmes ſont bieneurez, et pour ce il veult eſtre au deſſoubz des angles en forme de ſergent, affin quil fuſt moyenneur et ſi demoura en forme de dieu ſur les angles, ceſt adire quil eſtoit ſope de vie aux choſes de ça deſſoubz lequel eſtoit vie aux choſes de laſſus, car ce neſt pas verite ce que ce platonicien dit que platon diſt que nul des dieux neſt meſle ou adioinct a hō me. Et dit que ceſtoit la principalle conſgnoiſſance des dieux, ce quil ne ſont point maculez ne troubles p aucū atouchemēt des hommes.

⁋ Eppoſicion ſur ce chapitre.

En ce pñt. chapitre monſeigneur ſaint auguſtin demonſtre q̄ aucun peut cōuenablement eſtre moyenneur entre les dieux et les hommes, et fait deux choſes en ce chapitre. Premierement il demonſtre que nul ne peut conuenablemēt eſtre moyenneur ſil neſt fait mortel. Et pour ce meſmes les angles bieneurez ne peuēt eſtre moyenneurs entre dieu et hōe. mais le peut eſtre le ſeul benoiſt filz de dieu ieſucriſt. que combien quil fuſt mortel fut auſſi bieneure. Secondement ou il dit. mais les mauuais angles peuent eſtre moyēs acet. Il demonſtre commēt les mauuais āgles peuēt eſtre dis moyens, a fait deux choſes. Car premieremēt il demonſtre q̄ les dyables ſont moyēs, mais ceſt en autre maniere que ieſucriſt. car cōme double moyen ſoit entre aucunes choſes, ceſt aſſauoir le moyen q̄ conioinct ainſi cōme le point continue entre les deux pties de la ligne, a le moyē q̄ diſtingue diuiſe ou ſepare aiſi cōme entre affricq̄ a europe. il eſt certā q̄ nreſeign̄r ieſucriſt eſt le pmier mediateur ou moyen en ſa pmiere maniere a les dyables le ſont en ſa ſeconde maniere.

Apres ou il dit. Touteffois nest il pas moyenneur pour ce. ⁊c. Il demonstre selõ laquelle nature iesucrist est mediateur être les dieup et les hommes, et est le tex te tout cler.

¶ Le xvi.chapitre ouquel il traicte assavoir se les platoniciens ont raysonnable mēt diffini que les dieux celestes q̃ supēt les posucions et ordures terriennes ne se meslent point auecques les hommes, par lesquelz les dyables leur apdent a lamistie des dieup.

Se philozophe doncques confesse q̃ les dyables peuent estre macules et soullez, et pour ce ne peuent ilz nettoier ceulx desquelz ilz sont macules et soullez, et sont ors les vnges ⁊ les autres, cestassauoir et les dyables par le touchement des hommes, ⁊ les hommes par le seruice quilz font auxp dyables. Ou se les dyables peuent estre atouchez et estre meslez aux hommes, et ne peuēt estre maculez ne soullez, pour certain ilz sont meilleurs que les dieux. Car se les dieup atouchoient les hommes, ilz en seroient enordis et maculez. Car la principale chose qui soit aux dieup, est que eulx qui sõt separez haultemēt ne peuent estre enordis ou maculez par atouchement.

¶ Certes ce philozophe apuleius afferme que le dieu ⁊ souuerain createur de toutes choses, seul nous disons le vray dieu estoit repute de platon estre cestuy seul qui ne puisse estre compris tant soit pou par la pourete de humaine parolle par quelcõques soquence, et que a peine entresuit sen tendement de ce dieu aux sages hommes quant ilz se sont substrais du corps ou esleuez par rigueur de leur pensee tant cõe ilz peuent. Et silz apment aucunesfois il leur entresuit ainsi comme vne clere lumiere en tressoudain espart ou clarte fait en obscures tenebres. Se dõcques cestuy qui est veritablement dieu sur toutes choses entresuisant par vne maniere de presē ce qui ne peut estre entendue ne racontee, Et sil auient touteffois se presente il aucunesfois ainsi comme vne clere lumiere en tressoudain espart ou clarte aux pensees des sages quant ilz se sont soustrais du corps, cestadire q̃lz ont oste leur cueur de toutes choses terriennes, esleuez tant comme ilz peuent, et si ne peut estre enordi ou macule dieu. Pourquoy est ce que ces dieux sõt establis et mis en hault lieu affin quilz ne soient enordis par atouchement humain, ainsi comme se vne autre chose deuoit souffrir veoir les corps du ciel de sa lumiere desquelz la terre est esluminee tant quil souffist. Certainemēt se les estoilles ne sont point enordies ou macusees quant on les voit, lesquelles ce philozophe dit estre toutes visible. Il sēsupt que les dyables ne sont point enordis ne maculez par le regart des hommes, iassoit ce quilz soient veus de pres. Mais par auenture seroient ilz enordis ou maculez par humaines parolles, cõbiē quilz ne se soient pas par le regart des yeulx. Et pour ce ont ilz les dyables leure moyēs q̃ leur denoncent les parolles des hommes, desq̃lz ilz sont tressoing a ce quilz perseuerent tres nets estre sans ordure. Que diray ie orendroit des autres sens, car ne les dieux silz estoient presens ne les dyables quāt ilz sõt presēs ne pourroient estre eordis ou maculez en odorāt ou ffairāt pr tāt de vapeurs et ordures q̃ pssēt des vifz corps humais silz ne sont ēpuēstie p tant de charrongnes sacrifices. Et quāt aux sēs de goutter ilz ne sõt poit cōstrains par aucune necessite de repaistre leur mortalite dõt il leur cōuienne cōe aprs fai de q̃lz viandes. Mais se les datouchement est en leur puissance, car combien q̃ latouchemēt soit pricipalemēt de ce ses, touteffois se pourroiēt ilz mesler auecq̃s les hõmes silz vouloiēt a ce q̃lz vissēt et fussēt veus ⁊ les oupssēt ⁊ fussēt oups. Mais quelle necessite est il de atoucher. Car les hommes mesmes ne loseroient couuoiter quant ilz vseroient du regart et du parler auecques les dieux ou les bons dyables. Et silz estoient si curieux quilz le voulsissent/comme pourroit aucun toucher dieu ou dyable contre sa voulēte q̄ ne pourroit pas toucher vng moyneau sil nestoit puis. Les dieux dōcques pourroiēt estre meslez auecques les hommes corporellement en voyant et en eulx offrant au regart des hommes/et en parlant et en opāt. Mais par ceste maniere si comme iay dit se les dyables se meslent/et ne sont point maculez ou enordis/et se les dieux se meslent et ilz sont enordis. Ces philosophes tiennent doncques que les dyables ne peuent estre maculez et les dieux le peuēt bien estre. ¶ Et se les dyables peuēt estre maculez que peut prouffiter aux hōmes eulx mesmes qui sont ors/et qui estans ors ne peuent nettoier les hommes/affin q̄ quāt ilz sont nettoyes/ilz les puissent faire attaindre aux dieux qui sont nets. Entre lesquelz dieux et les hommes iceulx dyables sont establis pour moyens/ou se ilz ne peuent donner aux hommes ce benefice. q̄ leur peut prouffiter amiable moyennement des dyables. Ou est ce non pas pour ce que les hōmes apres la mort soiēt translatez aux dieux par les dyables/mais pour ce quilz viuent ensemble les vngs et les autres tous maculez et soullez/et ainsi ne les vngs ne les autres ne soiēt bienneurez/se ce nest par auenture q̄ aucun dye que les dyables nestoiēt leurs amis par maniere desponge ou dautres telles choses si que de tant ilz soient plus ors de tant que les hōmes demeurēt plus nets quant ilz sont maculez deulx. Et sil est ainsi les dieux qui ont escheue la prochement de latouchemēt des hommes affin quilz ne fussent maculez/sont meslez aux dyables qui sont plus ors et plus maculez. Ou les dieux peuēt ilz nettoyer les dyables soullez des hōmes/ et ne peuent estre soullez deulx/et q̄ ilz ne puissent aussi nettoyer les hōmes. Qui a tel sente

mēt fors cellup q̄ les dyables tous plais de falace ont deceu. Et quest ce estre veu et non pas veoir/enordist ou macule. Les dieux quil dit estre visibles sont veus des hōmes/cest assauoir les tres cleres lumieres du monde/et les autres estoilles. Et les dyables sont ilz plusseurs de ceste pollucion des hommes/lesquelz dyables ne peuent estre veus silz ne veullent. Ou se veoir enordist et non pas estre veu nyent doncques ces philozophes que ces tres cleres lumieres du monde/lesquelles ilz tiēnent estre dieux voyans les hōmes/combien quelles estendent leurs rays iusqs a la terre/lesquelz rays toutes fois espandus par quelconques ordures ne sen ordissent/et les dieux seroient enordis silz estoient meslez aux hommes/supposé quil fust chose necessaire en faisant ayde aux hommes de les atoucher. car la terre est atouchee des rays du soleil et de la lune/et si nen ordist poit leur lumiere. Mais ie me merueille moult cōment ces sages hommes q̄ iugerent toutes choses corporelles et sensibles estre mises derriere les choses incorporelles et entendibles firēt menciō datouchemens corporelz quant on traicte de la vie bienneuree. Ou est le dit de plotī ou il dit. On doit dit il fuyr au tres cler pays/cest adire de paradis/et illec te apporront toutes choses. Quelle fuyte ou nauire est ce dit il de vouloir estre semblable a dieu. se dōcq̄s vng chascū de tāt cōe il est plus sēblable a dieu/de tant sup est il plus prochain/il nya nul autre essongnemēt de luy que destre dessēblable a luy. Mais de tant est lame de lomme plus dissēblable a cellup incorporel pardurable. et non muable/cōe elle est plus couuoiteuse des choses temporelles muables et transsitoires

Expposicion sur ce chapitre.

En ce pvi. chapitre monseigneur sait auguustin commence a reprouuer le dit de ce philozophe apuleius. lequel sēble repugnant et estre contraire aux choses q̄ ont este dictes de iesucrist ou chapitre precedent. Car apuleius en son liure qui est appele de deo socratis, dit que nul dieu ne se mesle auecques homme sans moyenne ne communicquet auecq̄s luy/ ne nest conioinct auecques luy. Et est sa rayson pour ce quil dit que les dieux ne sont souillez et ensachez par quelzconq̄s atouchemens. Mais ceste cause ou rayson mōseigneur saint augustin repreuue en ce chapitre par trois raysons, desquelles la premiere appert clerement ou commencemēt de ce chapitre. La seconde rayson laq̄lle est confirmacion ou fortificacion de la precedente, et se commence ou il dit, Certes ce philozophe apuleius afferme. ccc. Et preuue par decourāt par chascun des sens de homme quil ne conuient pas que les dieux soient souilliez ou enordis par la coniunction ou communicacion quilz ont auecques lomme. Ou pour ce que les sens sont telz par lesquelz lomme nest mesle ne auecq̄s dieu ne auecq̄s ses dyables, sicōme les sens de gouster et de flairier, ou se il ya aucunes autres sens ou autre operacion par laquelle dieu soit conioinct a hōme, sicōme veue, oye et parolle, aussi la pour ce dieu ne sera souillie ne macule. Et ce preuue il par especial de la Veue. Et premierement il se preuue quant au dieu souuerain, lequel selon plato a fait tous les dieux. Car dicesluy dieu dit apuleius selon la doctrine de platon q̄l peut estre ueu domme en aucune maniere par entendement, et en autre maniere par mouuemēt par laquelle Veue corporelle on Voit une resplēdisseur hastiue soudainemēt et trespassant, non pas toutesfois par telle maniere quelle puist estre comprinse, ou que le regart de la pensee y puist estre fichie a plain. Et toutesfois se souuerain dieu nē est de rien souille ne enordy. Secondement quāt aux autres dieux seconds ou secōdaires, sicomme les estoilles q̄ platō et apuleius mirēt estre dieux lesq̄lz peuēt estre veus des yeulx corporelz. Et toutes

fois ne sontilz point enordis ne maculez. Et semblablemēt leurs rays se estendent et passent par choses ordes, et si ne sōt point maculez ne enordis. Et quāt aux autres sens corporelz, lintencion de monseignr̄ saint augustin appert assez. Apres ou il dit. Mais le mesmerueille moult. ccc. Il met sa tierce rayson par laq̄lle il repreuue le dit dapuleius. Et premieremēt il met sa rayson contre ce q̄ dit apuleius de la touchement corporel. Iassoit ce q̄l pse toutesfois de la vie bienheuree et des choses qui cheent en bon entendemēt, lesquelles selon luy mesmes surmontēt toutes choses corporelles. Secōdement ou il dit Ou est le dit de platon. ccc. Il conferme sa rayson par le dit de plotin mesmes q̄ entendit souuerainement platon, sicōme il a este mōstre cy dessus ou p. chapitre Mais pour ce quil auoit dit que on deuoit supra cler pays, affin que on ne sentendist de saffaire corporelle, sicomme cesluy qui sen fuyt par mer en une nef/ il adiousta ces motz. Quelle est doncq̄s la maniere dit il ou sa fuyte de soy faire semblable a dieu. Ainsi cōme sil dist. Se tu veulx venir a ce trescler pays, cestadire la ioye de paradis, tu nas besoing de nauire ne de la suyte corporelle. mais te souffira destre fait semblable a dieu. Et de ce dit de plotin preuue monseigneur saint augustin q̄ estre prochain a dieu ou se mesler ou estre conioinct a dieu ne vient pas par atouchemēt corporel. mais par assimilacion, car de tant est fait lomme plus semblable a dieu cōme il est plus eslongie des choses corporelles.

Le p̄ uii. chapitre ouquel il descleire q̄ acquerir la vie bienheuree, laq̄lle est en la p̄ticipacion du souuerain bien, hōme nait mestier de tel moyenneur cōme se dyable mais de tel cōme ung nostreseignr̄ iesucrist
p̄uii.

Ais pour ce que ses choses de ca bas mortelles et ordes ne peuent cōuenir ou soy ioidre a la purte mortelle qui est haulte souuerainement il est maistre pour guarir de ce dauoir mediateur/non pas tel qui ait corps immortel prochain aux choses treshaultes, et lame maladiue semblable aux choses basses p̃ laquelle maladie il ait plustost enuie que nous ne soions guaris/quil nait volente de donner ayde, affin que nous soions guaris. mais soit mestier de tel. lequel semblable a nous en mortalite des corps veritablement nous doint ayde diuine pour nous nettoier et desiurer par sa iustice de sesperit immortel/par laquelle il demoura aux choses treshaultes, non pas en distance de lieu/mais en excelle̅ce de similitude. Lequel qui s̃rapm̃et estoit dieu et imuable, ia nauienne quil doub∫tast estre enordy ou macule de l'homme q̃l vestit, ou des hommes entre lesquelz il conuersa en homme. Cestadire q̃ luy mes̃mes estoit homme/ne pour certai ces choses quil monstra ce pendant sainctement en son incarnacion ne sont pas deux petites choses. Cestassauoir que sa grape diuinite ne peut estre enordie ne maculee de par sa char et que ses d̃ables ne sõt pit a reputer meilleurs que nous, pour ce q̃ ilz nont pas chair. ¶ Cestuy est iesucrist homme mediateur de dieu & des hommes de sa diuinite duquel et de la q̃lle il demeure p̃durablement/en laquelle il est fait s̃emblable a nous. Il nest pas icy lieu q̃ nous en parlons si suffisamment selon ce que nous pourrions b. en faire.

Exposicion sur ce chapitre.

En ce p̃viii. chapitre m̃oseigneur saint augustin demonstre comme nous auons tresconuenable mediateur en iesucrist. lequel ne peut estre soulie ne enordy et si peut bien nettoier les ordures & maculez, et par ce ioindre a dieu ce qui est net ceulx qui deuant estoient ors et maculez de peche.

Le p̃viii. chapitre ouquel il desclaire que la falace des d̃ables quant elle permet uope a dieu par son intercession, elle sefforce de destourner les hommes de verite. p̃viii.

Mais ces faulx & decepuables mediateurs les d̃ables, lesquelz combien q̃ en maintes oeuures ilz apperẽt clerement estre maleureux et mauuais p̃ lordure de leur esperit, neantmoins sefforcent ilz par interuales de lieux corporelz & par sa legierete de leur corps dair de nous rappeler et trestourner du prouffit de nos ames, ne ne nous donnent pas sa vope de aller a dieu, aincois empeschent que on ne se tienne quãt pour certain et en icelle uope corporelle qui est tresfausse et plaine der∫reur, en laquelle droicture ne fait poit sõ chemin Car nous deuons monter a dieu non pas par haultesse corporelle, mais p̃ similitude espirituelle, cestadire incorporelle. Toutesfois en icelle uoie corporelle, laquelle les amis des d̃ables ordonnent entre les dieux du ciel et les hõmes terriens, en establissant iceulx d̃ables de nature de air, comme moyens. ilz cuidẽt que ces dieux aiẽt telle pierogatiue ou especialite que pour cet interuale de lieux ilz ne puissent estre maculez ou enordis par atouchemẽt humain. Et par ce ilz croiẽt que les d̃ables doient mieulx estre ma∫culez et souilliez des hommes, que les hõmes ne sont nettoiez des d̃ables, et que les dieux peussent auoir este souilliez se ilz ne fussent garnis de haultesse de lieu Qui est cestuy qui est si maleureulx q̃ cuide estre nettoye par ceste uope en laq̃l∫se les hommes sont reputez ordoyans ou conchians les diables conchiez ou touillez les dieux conchiables et qui ne doye mieulx eslire sa uope en laquelle il puisse plus eschouer la polucion des d̃ables et en laquelle les hommes sont nettoies de dieu immuable pour aller en sa cõpagnie des angles purs sans ordure.

Expposicion sur ce chapitre.

En ce vhiii. chapitre ne fault point deppositcion pour ce quil est tout cler.

Le pix chapitre ouquel il declaire que lappellacion oudenominacio des diables non pas ancores enuers ceulx qui les a doutēt ne peut estre prinse en significaciō de quelque bien.

Mais pour ce quil ne semble pas que nous veullons estriuer de poles pour ce q̄ aucūs de ces adureurs des dyables du nōbre desq̄lz labeo est tesmoingnāt q̄ ceulx dyables sōt daucuns appellez angles lesquelz ilz appellent diables, il me semble conuenable chose que ie dye aucune chose des bōs angles lesquelz ilz nyperent point q̄lz ne soient. mais ilz veullent mieulx appeller les bons dieux dyables que āgles mais nous lisons bien en lescripture selō laquelle nous sommes crestiens que aucuns angles sont bons et aucuns mauuais, mais nous ne lisons pas que aucuns dyables soient bons, aincoins par tout ou tel nom est trouue en icelle escripture soient appellez diables ou dyables on nentēd par ce autre chose fors les mauuais esperit. Et ceste coustume de parler ont les gens ensuiuy par tout en tant q̄ aucune des payens q̄ maintiēnent q̄ plusieurs dieux et dyables doient estre adourez ne soit a bien pou si hardy tant soit lettre et sage qui ose dire plouenge soit mesmes a son serf tu as le dyable, aincois ne

doit point doubter quiconques vouldra ce dire que on nentende par ce autre chose fors tant quil ait voulu maudire. Quelle cause doncques nous peult contraindre a epposer ce que nous auons dit ap̄s ce q̄ auecques toutes manieres de gent ayent acoustume a eulx courouser quāt ilz oyent telz motz le tiennēt souuerain mal cōe nous puissons bien eschuer icelle offence qui pouoit estre faicte en nommant le nom des dyables pour nommer le nō des angles.

Epposicion sur ce chapitre.

En ce pix. chapitre mōseigneur saīt augustin commence a traicter des bons angles et a demonstrer comment ilz different des mauuais angles tant de nom comme de fait. Et par especial il demonstre comment aucun de ceulx qui adourēt les dyables conuient auec nous en ce que ilz confessent que les bons angles sont, combien que ilz se discordent auec nous du nō, et fait en chapitre trois choses. Premierement il met la sentence de labeo ouquel labeo nous auons p̄c¯u dessus ou viii. chapitre du viii. liure. Secondement ou il dit. Et ceste maniere de parler on ensuiuy par tout icete. Il demoustre que nostre maniere de parler, par laquelle quant nous parlons des dyables, nous entendons que ce sont mauuais esperits, et quelle est plus a tenir q̄ la maniere de parler de labeo. Car elle sacorde plus au commun vsage de parler mesmement des payens quelle ne sacorde a la maniere de parler de labeo.

Le xx. chapitre ouquel il traictre de la qualite de la science qui fait les dyables orguilleux.   p.xx.

Ombien que la naissance de ce nom dyable se nous regardons les sainctes escriptures represente aucune chose tresdigne destre sceue, car ce que nous appellons dyables est dit en grec demones qui vault autant a dire come sachant ou ayant science, et dit sapostre qui parloit par le sainct esperit en telle maniere : Science dit il enfle. Mais charite edifie par laquelle parole est droictement a entendre que science sans charite ne prouffite en aucune maniere, car science sans charite enfle, cestadire se slieue par orgueil ainsi comme par maniere de tresfelonne ventosite. Doncques est aux diables science sans charite, & pour ce sont ilz si enflez, cestadire si orguilleux quilz ont requis quon leur fist et rendist les honneurs diuines en la seruitude de religion laquelle ilz sceuent estre deue au vray dieu & se font ancores tant comme ilz le peuent faire.

Exposicion sur ce chapitre :

En ce xx. chapitre monseigneur sainct augustin demonstre par la naissance de ce nom demon ou dyable que ce nom est plus affreant et plus appartenant aux mauuais dyables q aux bons pour ce que ce nom demon qui est nõ grec est ne ou impose de science, car demõ en grec vault autant en latin comme sage ou scient. Or est il ainsi que science ou par science les mauuais esperis sont plus dictz mauuais que bons. Cestassauoir par leffect de la science qui enfle ou enorguillist, ou qui est orgueil ou inflacion. Lequel effect charite empesche aux bons esperis, mais aux mauuais nya quelque empescement.

¶ Le xxi. chapitre ouquel il declaire en quelle maniere dieu se veult faire cognoistre aux dyables.

Mais les ames des hommes enflez par sordure dorgueil semblables aux dyables, non pas en science, mais en orgueil ne sceuent pas quelle vertu ait humilite de dieu qui apparut en forme de son serf, cestadire en forme humaine contre lorgueil des dyables par lequel ilz estoient en possession de humain lignage. ¶ Et ce sceuent ces dyables mesmes en telle maniere quilz dirent a iesucrist vestu de la forme de chair humaine telles paroles, que veulz tu et a nous, nous es tu venu perdre & destruire. ¶ Il appert clerement par ces paroles que les dyables auoient sy grant science et quilz nauoient point de charite. Car ilz doubtoient auoir paine de par luy, mais ilz nauoient pas la iustice qui estoit en luy. Ilz eurent seulement tant de science de le congnoistre come il veult quilz eussent et il voulut quilz en eussent tant comme il conuenoit quilz eussent, mais ilz le sceurent ou se fist congnoistre a eulx, non pas ainsi comme aux sains angles qui ont la parduablete a eulx participee de luy, selon ce quil est filz de dieu ou sapience de celluy dieu & ceste congnoissance de luy leur fut donnee de luy pour eulx espouenter de la puissance desquelz qui est ainsi come trianicque, il auoit a deliurer ceulx quil auoit predestine en son royaume et gloire tousiours veritable et tousiours veritablement parduable, il donna doncques ceste congnoissance de luy aux dyables, non pas p ce quil est vie p duable et lumiere imuable, laquelle lumiere enlumine tous les bons crestiens, en regardant lequel par la foy qui est en luy les cueurs sont nettoiez, aincois eurent ceste congnoissãce de luy p aucunes de ses oeuures têporelles faictes par sa vertu &

Nono.

pſignes de pſēce tres repoſte q̄ pourroiẽt
ácoꝛes mieulp eſtre appꝭ cleremēt a ſē
tendemēt des angles et meſmes des mau
uaiſ eſperis que en ſa forme des hōmes/
Et finableſemēt quāt ieſucriſt Ⅎuſut ꝗ oꝛ
donna a ceulp aucunement ces choſes et
aucuneſfois elles furent repoſtes plus p̄ꝛ
fondement/ le prince des dyables fut en
doubte de lup et le tempta tant cōme il ſe
laiſſa tempter en enquerāt ſil eſtoit ieſu
criſt. laquelle tēptacion il ſouffrit a ce q̄
il q̄ eſtoit hōme ſe donnaſt epemple a ſen
fermete des hōmes. Et apꝛes icelle tem
ptacion les angles lup adminiſtrerent/
leſquelʒ ſans doubte eſtoient bons ꝗ ſais
et par ce eſtoiẽt a craindꝛe et a doubter des
oꝛs eſperis de tāt ou de plus ſcauoient ilʒ
cōbien il eſtoit grāt quant nul noſoit re
ſiſter a ſon cōmandement cōbien que ſen
fermete de chair ſemblaſt eſtre a deſpiter
en lup.

Expoſicion ſur ce chapitre.

En ce ppi chapitre monſeigñr ſaint
auguſtin demōſtre cōmēt les dya
bles ou mauuais eſperis acquierent ſci
ence/ et touteſfois ilʒ demonſtrent cōment
ilʒ nont point de charite en eulp/ ꝗ eſt le
chapitre tout cler.

Le ppii. chapitre ouquel il declaire q̄lle
choſe il a a dire entre la ſcience des ſains
angles et la ſcience des dyables.

Doncques toute la ſciēce des cho
ſes coꝛpoꝛelles et tēpoꝛelles par
laquelle les diables ſont enflez
eſt Vile et deſpite aup bons angles/ non
pas pour ce qlʒ ne ſe ſachent/ mais ce que
la charite de dieu p̄ laquelle ilʒ ſont ſain
ctifiez leur eſt chiere ꝗ toute en grāt amour
et dilection. pour la beaulte de laquelle q̄

neſt pas ſeulement eſpirituelle, mais eſt
auec ce incōuenable et telle queſſe ne peut
eſtre recoꝛdee et de ſa ſaincte amour de la
q̄lle ilʒ ſont en ardeur, ilʒ deſpriſent tou
tes choſes au deſſoubʒ delle, et les choſes
qui ne ſont ce quelle eſt ꝗ ceulp meſmes en
tre les autres choſe affinq̄ de tout le bien
dont ilʒ ſont bōs ilʒ aient fruicion de biē
p̄ lequel ilʒ ſont bōs. Et pour ce ont ilʒ
plus certaine cōgnoiſſāce des choſes tēpo
relles ꝗ muables, car ilʒ regardent les pꝛi
cipales cauſes dicelles ꝗ la poſe ou ſapiē
ce de dieu p̄ laq̄lle ſe mōde fut fait par les
q̄lles cauſes aucūes choſes ſōt appꝛouue
es aucūes repꝛouuees mais elles ſōt toutes
oꝛdōnees. mais les diables ne Voiēt poit
la ſapience de dieu les cauſes pdurables
et ainſi cōe principales cauſes des temps
mais ilʒ Voient bien pluſieurs cauſes a
auenir que ne Voient les hōes p experien
ce duacūs ſignes q̄ nous ſont repoſt ꝗ nō
apparans et muchent auneſfois leurs
diſpoſicions auant le tēps. ꝗ pour ce ilʒ
ſōt ſouuent decuʒ, mais les bōs angles
ne le ſont onques en quel q̄ maniere/ car
autre choſe eſt auoir cōiecture des choſes
tēpoꝛelles p̄ les ſignes tēpoꝛelʒ et des cho
ſes muables p̄ ſignes muables ēbatre en
ces choſes ſe meuuēt tēpoꝛel ꝗ muable
de ſa Vouſente et puiſſāce de laq̄uelle cho
ſe les dyables ont permiſſion par certai
ne rayſon/ ꝗ autre choſe de duāt Veoir ou
pꝛeueoir les mutaciōs des tēps aup pdu
rables et immuables loip de dieu leſquel
les Viuent en ſapience et congnoiſtre par
ſa participacion de leſperit de dieu ſa Vou
lente/ laquelle eſt en tāt treſcertaine q̄lle
eſt treſpuiſſant ſur toutes autres laquel
le choſe eſt ottroie aup ſains angles par
droituriere diſcretion ou oꝛdonnance.
Ainſi doncques p̄ ſont il/ non pas ſeule
ment pdurables/ mais auec ce bieneurez
Et dieu duquel ilʒ ſont creez leur eſt le
bien par lequel ilʒ ſont bieneurez, car ilʒ
Vſent de ſa fruit ou de ſa participacion
et contemplacion.

☉ ii.

Exposicion sur ce chapitre.

En ce xxii. chapitre monseigneur saint augustin demonstre la difference q̃ est entre les bons angles et les mauuais et demonstre q̃ les bons differẽt des mauuais tant par charite comme aussi par la clarete de science et de congnoissance ⁊ est le chapitre tout cler.

¶ Le xxiii. chapitre ouquel il declaire que on attribue faulsement le nom des dieux aux dieux des gens ou payens, lequel toutesfois est cõmun aux sains angles ⁊ aux hõmes iustes par lauctorite des diuines escriptures. xxiii.

Se les platoniciens philozophes aimẽt mieulx iceulx angles appeller dieux que dyables et les mettre ou nõbre de ceulx que leur aucteur ⁊ maistre platõ dit ẽ ses liures estre faitz du souuerain dieu: dient ce quil vouldrõt car on ne doit pas estriuer de debat de poles auec eulx, car silz dient q̃lz sõt immortelz et neantmoins quilz soient faitz du souuerain dieu, et diẽt aussi quilz ne sõt pas bieneurez de eulx mesmes, mais en eulx trayant vers celluy qui les a faitz ilz dient ce que nous auons aprins, mais on peut trouuer aux liures des platoniciens que telle est leur sentẽce ou de tous ou des meilleurs, car entre nous et eulx na aisi cõe nulle dissẽciõ de ce q̃ ilz appellẽt dieux p ce nõ q̃ ilz dient creature immortelle ⁊ bieneuree, pour ce q̃ aussi lisons nous en noz sainctes escriptures le dieu des dieux sei gneur a ple. ⁊ autre part il est le grãt roy sur tous les dieux, mais aps ou il est dit q̃l est espouentable sur tous les dieux, il se demonstre subsequãment car il sẽsuit Car tous les dieux des payens sõt dyables, mais nr̃e seigneur fist les cieulx. lescripture doncques dit ces motz sur tous les dieux, mais cest sur tous les dieux des payens, cest a dire que les paiens tiennent pour dieux ceulx lesquelz sont dyables et pour ce dit lescripture espouentable soubz lequel espouẽtemẽt ilz disoient Tu nous es venu destruire, mais en ce q̃ il dit le dieu des dieux ne peut estre entendu le dieu des dyables, ne ia nauiengne aussi que quãt lescripture dit. Le roy grãt sur tous les dieux q̃ ce soit a dire sur tous dyables, celle mesmes escripture appelle aussi dieux les hõmes ou peuples de dieu quãt elle dit iay dit dist elle que vous estes dieux et tous filz du souuerain. Ce dieu doncq̃s q̃ est dit dieu des dieux peut estre entendu le dieu de ces dieux, ⁊ cellui q̃ est roy grãt sur tous les dieux peut estre entendu sur tous les dieux, toutesfois se on demãde se tous les hões sont appellez dieux pour ce q̃ ilz sont ou peuple de dieu, auquel peuple dieu pse p les angles ou p les hões de tant ceulx q̃ sont immortelz sõt plus dignes destre appellez dieux, car ilz vsent de celle bieneurete a laquelle les hõmes desirent puenir en seruant ⁊ adourãt dieu. Que respondrõs nous a ceste q̃stion fors tant que les hões ne sont pas appellez dieux en saincte escripture sans cause plus expressemẽt q̃ ne sõt iceulx immortelz et bieneurez ausquelz il nous est promis que nous serons egaulx en la resurrection, et la cause est telle, cest assauoir q̃ lenfermete desloialle, cest a dire foible creance en la foy ou nr̃e fragilite ne se enhardist destablir aucuns diceulx angles nr̃e dieu pour excellence laquelle entreprinse quãt a faire dun hõe dieu est legiere a escheuer, et aussi durent plus plainement les hões estre appellez dieux ou peuple de dieu, a ce q̃ lz fussent certains p vraye foy que cellui est vray dieu q̃ est appelle dieu des dieux, car cõbien que ceulx q̃ sont immortelz et bieneurez aux cieulx soient appellez, toutesfois ne sont ilz pas ditz dieux des hões establis ou peuple de dieu, aus q̃ lz il est dit iay dit q̃ vous estes dieux et filz du souuerai, de ce est ce q̃ dit lapostre

Et se aucuns dit il p̃ sont quilz soient appellez dieux, soit en ciel soit en terre ainsi comme sõt plusieurs dieux et plusieurs seigneurs, touteffois nous auons dieu le pere duquel toutes choses sont ⁊ nous par luy, il ne cõuient pas donc q̃s moult disputer du nom, cõme ce soit chose si clere quelle est hors de tout scrupule et de toute doubte, mais en tant comme nous disons que aucuns de ces immortelz et bieneurez sont angles enuoyez pour denoncer aux hommes la voulente de dieu, laq̃lle chose ne plaist pas a ces philozophes, car ilz ne croient pas que tel mistere soit fait par ceulx quilz appellent dieux, cest adire imortelz et bieneurez, mais croient quil soit fait par les dyables lesquelz ilz osent bien appeller immortez, non pas touteffois bieneurez, ou pour certain ainsi mortez et bieneurez en telle maiere touteffois quilz dient quilz sont bons dyables non pas dieux ce se tiens ne separez de la touchement humain, combien quil semble quil y ait debat ou cõtrouersie du nom, neantmoins le nom de dyable est si detestable et si maudit que en toutes manieres nous le deuons oster des sais angles. Soit doncques ce liure clos en telle maniere q̃nous sachons que les immortelz et bieneurez par quelque nõ q̃lz soient appellez, lesquelz touteffois sõt faitz ⁊ creez, ne sont point moyens a mener les maseureux mortelz a sa bieneurete pardurable, desq̃lz maseureux ⁊ mortelz ilz sont separez en lune et lautre difference, cestadire en immortalite ⁊ beneurete. Mais ceulx qui sont moyens ⁊ qui ont comme immortalite auec les dieux du ciel et misere auec les hommes peuent mieulx auoir enuie de sa bieneurete quilz nont pas quilz ne sa nous peuent donner car ilz sont maseureux par la desserte de leur malice, dont il sensuit que les amis des dyables ne sceuent rien digne a nous monstrer, pourquoy nous les doyons adouter comme noz ap̃ dãs lesquelz nous deuõs mieulx escheuer comme decepuãs

Et nous determinerons diligẽment ou liure ensuiuant par seyde de dieu que les bons, non pas seulement imortelz pour leurs bontez, mais auec ce bieneurez, lesquelz ilz cuident quilz doiuent estre a adourer ou nom des dieux par sacrifices pour acquerir sa vie pardurable apres sa mort quelzconques quilz soient ne quelz nom quilz aient ne veullent point que p̃ tel seruice de religion dope estre adoure fois vng seul dieu, duquel ilz sont creez et par sa participacion duquel ilz sont beneurez.

(C Epposicion sur ce chapitre.

En ce xxiii. chapitre et final monseigneur saict augustin traicte ap͂ sa loppinion des platoniciẽs laquelle ilz õt des bons angles, et fait deux choses en ce chapitre. ¶ Premieremẽt il demonstre en quoy les bons angles communicquẽt auec nous et en quoy ilz different. Secondrement il met sa fin de son liure. Et celle seconde partie se commence ou il dit.
¶ Soit doncques clos ce liure ⁊cet. En la premiere partie il fait trois choses
¶ Premierement il demonstre comment lapposicion des platoniciẽs lesq̃lz appellent les bons angles dieux, mais touteffois quilz sont faitz dun dieu, ne se peuent soustenir quant a la chose, cestadire a sa realite ne quãt a la voix ou nominacion Et est ceste posicion de platon en son second liure inthimeo, et sacorde aussi en maniere de parler auec la saicte escripture qui aucunesfois appelle les hommes dieux aucunesfois les dyables. ¶ Secondement ou il dit. Toutesfois quant on nous demande ⁊ce. il souft vne doubte incidente, cest assauoir puis que hões sont appellez dieux en sa saincte escripture pour ce quilz sont du peuple de dieu

Pour quoy est ce que les bons angles qui sont bieneurez et immortelz ne sont pas mieulx appellez dieux comme il leur appertient/ et appartient mieulx a estre ainsi appellez que aux hommes. Monseigneur sainct augustin respond a ceste doubte et dit que cest affin que on ne cuidast que les angles ne fussent de trop grant excellence/ pour laquelle excellence les hommes les adourassent comme leurs dieux, car silz pouoient estre appellez dieux par participacion/ sicomme les hommes le sont appellez/ touteffois ne peuent ilz estre dictz dieux des hommes sicomme les diables sont appellez dieux des gens pour ce qlz sont adourez des gens: ¶ Tiercement ou il dit/ mais en tant come nous disons cecy. Monseigneur saint augustin demonstre en quoy les platoniciens sont a discord a nous quant aux choses que nous disons des bons angles/ et entend cy par les platoniciens apuleyus et ceulx de sa secte loppinion duquel de ce quil tenoit que les dyables estoient moyenneurs entre nous et les dieux est largement reprouué tant en ce ix liure comme ou .viii. ¶ Apres quant il dit soit doncques clos ce liure/ il acheue son liure e continuant les choses quil a dictes en ce liure et ce quil entend a dire ou ensequent.

¶ Cy fine le ix liure de monseigneur saint augusti de la cite de dieu.

¶ Commence la table des rubriches du x. liure de monseignr saint augustin de la cite de dieu/ qui contient xxxii. chapitres

¶ Que les platoniciens ont diffiny la vraye bieneurete soit aux angles soit aux homes estre donnee par ung dieu/ mais il est assauoir se ceulx qui cuident que on doit adourer pour ce veulent que on leur sacrifie ou a ung dieu tant seulement. i

¶ Que plotin qui fut platonicien sentit de la lumiere ou illuminacio souueraine. ii

¶ Du vray seruice duquel les platoniciens combien quilz eussent entendu ung createur de luniuersite seruoient en adourant des honneurs diuines les angles bons ou mauuais. iii

¶ Que on doit faire sacrifice a ung seul dieu. iiii

¶ Des sacrifices lesquelz dieu ne requirent pas/ mais il les veult estre offers a signifier la chose que on requiert. v.

¶ Du vray et parfait sacrifice. vi.

¶ Que lamour des sains angles soit telle en nous que ilz ne veulent pas que nous les adourons/ mais que nous adourons ung vray dieu. vii.

¶ Des miracles que dieu a conferme la foy des debonaires a daigne aiouster aux siens auxqlz il auoit promis mesmement par le seruice des angles. viii.

¶ Des ars et scieces illicites enuers le seruice des dyables auxquelz porphire qui estoit platonicie sestudia en approuuant aucues choses et en reprouuat aucues. ix

¶ De celle art deffendue appelee theurgie laquelle par linuocatio des dyables promet aux couraiges ou pensee des gens faulse religion. x

¶ De lepistre de porphire a ung egyptié appellé nebout p laquelle il luy requiert qil luy enseigne la diuersite des diables. xi

¶ Des miracles que fait le vray dieu p le mistere ou seruice des sais angles. xii

¶ De dieu qui est inuisible coment il sest souuentesfois monstre visible/ non pas selon ce qil est mais selon ce q ceulx qi le regardoient le pouoient souffrir. xiii

¶ De adourer ung vray dieu, no pas seu

lement pour ses biës pardurables: mais pour les biens tēporelz pour ce que toutes choses sont en sa puissāce de sa prouidēce. p.iiii.

¶ Du mistere ou seruice des sais āgles p lesquelz seruēt a sa prouidēce de dieu. p.v.

¶ Assauoir se pour acquerir vie bieneu ree il soit acroire a ces augures q veulent estre seruis z hōnourez de diuines hōneurs ou a ceulx qui cōmandent que on serue a dieu, non pas a eulx par saincte religion p.vi.

¶ De larce du testamēt et des miracles des signes qui sōt faitz diuinement a recommander sauctorite de sa foy et de sa promission. p.vii.

¶ Contre ceulx qui nuent que on doye croire aux liures de leglise des miracles par lesquelz le peuple de dieu a este en doctrine et apris. p.viii.

¶ Quelle soit sa rayson du visible sacrifice, laquelle vraye religion enseigne a este fait a vng vray dieu q inuisible. p.ix.

¶ Du vray et souuerain sacrifice laquelle chose icelluy mediateur de dieu ou des hommes fut fait ou est fait. xv.

¶ De sa maniere de sa puissance qui est donnee aux dyables a glorifie ses sains qui ia auoient souffers passiōs lesquelz vaincquirēt les esperis de sair, cestadire les dyables, non pas par eulx suppliant mais en demourant en dieu. p.xi.

¶ Dont soit aux sains la puissance cōtre les dyables et dont soit sa vraye purgacion du cueur p.xii.

¶ Des cōmecemēs ausqlz les platoniciēs cōfessent estre sa purgaciō de lame. p.xiii.

¶ Dun seul et vray cōmencement ou principe lequel purge et renouuelle sa seusle humaine nature. p.xiiii.

¶ Que tous ses sains et soubz le temps de la foy et des tēps de parauāt ont este iustifiez ou sacrement et en sa foy de iesu crist. p.v.

¶ De linconstāce de porphire vagant et flotant entre sa confession de dieu le vray et le seruice des dyables. p.vi:

¶ De limpiete ou iniquite de porphire laquelle sourmōta aussi lerreur dapuleius p.vii.

¶ Par quelles persuasions porphire fut auengle parquoy il ne peut cōgnoistre sa vraie sapiēce laquelle est iesucrist. p.viii.

¶ De lincarnacion de nostreseignr iesu crist laquelle lipiete des platoniciens eut honte de confesser. p.ix.

¶ Quātes choses de sa doctrine des platoniciēs porphire refusa q regetta en aiāt contraire oppinion a eulx corriger. p.xx.

¶ Contre sargument des platoniciēs p lequel ilz affermēt que lame humaine ou de lhōme est coeternelle a dieu. p.xxi.

¶ De suniuerselse voye de desiurer same laqlle porphire par mauuaisemēt querāt ne trouua point et laquelle sa seule grace crestienne a ouuerte. p.xxii.

¶ Cy fine sa table des rubriques du p. liure de monseigneur saint augustin de sa cite de dieu.

decimo.

Cy cōmence le pmier chapitre du p. li﹁
ure ouquel il traicte q̃ les platoniciés ont
diffiny la vraye bieneureté soit auy āgles
soit auy hōmes estre dōnee par ung vray
dieu:

Ous ceulx qui peuēt au﹁
cunement vser de raisō sce
uēt certainemēt que tous
hōmes veulent estre bien
eurez/ mais quant la foi
bl̃ete/ cestadire la foiblesse de lengin des
hōes mortelz enquirēt q̃ sont ceulx q̃ sont

bieneurez. ou de q̃ ses bieneurez sōt biencu
rez maintes grās cōtrouersies en ont este
esmeues/ ausquelles les philosophes ōt
employe leur estudie & leure temps lesq̃l
les controuersies ramenteuoir a dispu﹁
ter a present/ est longue chose & non pas
necessaire. Car se il souuient a cellup
qui list ces choses de ce que nous auons
dit ou huitiesme liure cy deuant en lisant
les philosophes auec lesquelz ceste que﹁
stion de la biencuree vie qui est a auenir
aps la mort seroit traictee/ cestassauoir
se nous puuōs venir finablemēt a celle re

ligion en seruant seulement a vng vray dieu et lequel aussi fait ses dieux ou en seruant a plusieurs dieux et a choses sacrees/celluy dy ie a qui il souuient des choses ne attent point q̄ ie le(s) repete or endroit mesmement/ car s'il l'a oublie il en peut recouurer la memoire en relisant nous esleumes les platoniciens come les tresnobles par merite de tous les philozophes pour ce q̄ ilz peurēt sçauoir que l'ame humaine ne peut estre bieneuree selle ne pticipe a la lumiere de dieu q̄ a fait et elle et le mōde, combien quelle soit immortelle raysonnable et aient entendement. Aussi ilz denient que aucun puisse puenir a ce que tous hōmes desirēt/ c'est assauoir la vie bieneuree sil ne se ahert ou aioinct par purete damour chaste a celluy seul tresbon q̄ est dieu nōmuable mais pour ce q̄ eulx mesmes senclinerēt a vanite et a lerreur du peuple ou furent vains en leurs pensees/ sicōme dit l'apostre en cuidant ou veullant faire cuider que plusieurs dieux deussēt estre adourez en tāt que aucuns d'eulx maintindrēt que on deuoit porter aux diables les hōneurs diuines des choses sacrees ou sacrifices aus[-] q̄lz philozophes nous auōs ia respondu pour grant ptie. Or est il a voir et a determiner a present tāt cōme dieu nous en donnera le pouoir en q̄lle maniere les imortelz et bieneurez establis aux sieges celestiēs et en domination et sieges principaulx/ lesq̄lz iceulx philozophes appxlēt dieux et aucuns d'eulx bōs d'yables ou anges ainsi cōme nous les appellons sōt a croire q̄l veusent que nous gardōs religiō et pitie/ c'est a entendre affin que ie le dye plus clerement/assauoir s'il leur plaist q̄ nous facons des tēples et sacrifices a eulx ou a dieu q̄ est tout nostre ou q̄ nous cōsacrōs aucunes de noz choses ou nous mesmes par les cerimonies de religiō. car tel hōneur ou seruice est deu a la diuinite ou se lense voit dit pluseurs piūsemēt a la deite pour seq̄l seruice signifier par vng mot pour ce que ie ne sçay point en latin assez cōuenable. ie de monstre en grec ou il est necessite ce que ie

veul dire par toute la saīcte escripture ou ce mot grec latria est mis noz docteurs l'interpretēt ou epposent q̄ c'est a dire seruitude en sati. mais la seruitude q̄ est deue aux hōmes selō laquelle l'apostre cōmanda que les serfz deuoiēt estre subgectz a leurs seigneurs et autrement appelle en grec/ mais selō la coustume de parler de ceulx q̄ nous ont faitz et ordōne les paroles diuines. Ce mot grec latria ou tousiours ou si souuent que a pou que tousiours vault autāt a dire cōme la seruitude q̄ apptient au seruice de dieu. et pour ce quāt on dit seulemēt cultiuemēt ou seruice il ne sēble pas seulemēt apptenir a dieu. Car nous disōs que nous hōnourōs et seruons hātons les hōmes lesquelz nous frequētons par honnourer par presence ou par recordaciō et ne cultiuōs ne hōnourons pas seulement les choses lesquelles nous nous rendons sugectz par religieuse humilite. aincois aucunes choses sugectes a nous sont demōstrees estre cultiuees/ car de ce mot en satin colo dont cultiuemēt est dit en frācois sōt dis et nōmez agricoles. c'est a dire ceulx q̄ cultiuēt et labourēt les terres a colones a incoles q̄ habitēt en certais sieux a ces dieux mesmes appxlet ilz celicolas. nō pas pour ce q̄lz hōnourent le ciel. mais pour ce q̄lz habitēt ainsi cōme aucūs colones du ciel. nō pas sicōme aucunes gēs sōt appellez colones q̄ sōt de telle condicio q̄lz doiuēt cultiuer la terre dōt ilz sōt nez et la seigneurie de ceulx a q̄ elle est. mais aussi cōme vng aucteur de grāte eloquēce en lāgue latine vne āchiēne cite fist les colones de la cite de thir la tindrēt. car ilz les appelēt colones. nō pas pour ce q̄lz cultiuassēt la terre. mais pour ce qu'ilz y habitoient/ et de ce sont appellees colones les citez fondees des seigneurs et plus notables personnes de aucunes grans citez quant elles habondent trop en multitude de peuple ainsi comme il y a trop de mouches q̄ sōt la cire en vng vaisseau/ l'une partie se trāsporte en vng nouueau vaisseau. Et pour ce appert en tout et par tout estre vraye chose par la si signification ou congnoissance de ce mot ou verbe colo q̄ cultiuement nest pas seulement deue a dieu/ mais pour ce que cultiuemēt est ainsi dit appartenir a autres choses pour ce ne peut estre signifie p vng mot latin se cultiuement honneur seruice et reuerence qui est deue a dieu. Car a celle religion mesmes combien quelle sēble signifier plus en especial/ non pas tout cultiuement/ mais tout celsui qui est deu a dieu dont nos docteurs ont exposé ou īterprete ce mot grec chrescia disāt que cest adire religion. neātmoins pour ce secōd la latine coustume de parler/ nō pas des ignorans/ mais des tressages/ religion doit estre rendue et a cousinage a affinite humaine de quelconque amistie ou alisance ne soit point tourne en doubte par ce mot/ que quant il est question du cultiuement ou seruice de la deite que nous ne puissons dire feablement que religion ne soit ou signifie fors le cultiuement ou seruice de dieu/ car par ce il semble que on oste contre coustume la signification de religion de signifier sobseruacion de affinite humaine. ⁋On souloit aussi entēdre p ce mot pitie se cultiuement de dieu que les grecz appellēt eusebia/ Et toutesfois les enfans doiuent pitie a leurs parens par grant diligence. ⁋Aussi selon sa maniere de parler du peuple commun ce nō pitie est acoustume a estre dit estre les oeuures de misericorde/ laquelle chose il cuide estre auenue pour ce que dieu comman de principalemēt que on face les oeuures de misericorde. Et tesmoingne dieu que telles oeuures plaisent tant comme sacrifices ou plus que ne font sacrifices. Et pour ce que la coustume de parler il est a uenu que dieu mesmes est appelle pieu/ ou debonnaire/ lequel les grecz nappellēt point en quelconque seur usage de parler eusebon/ Combien que eusebia selon le languaige du peuple commun soit prins pour misericorde. Pour laquelle chose ilz voulurēt mieulx dire en aucūs lieux de seurs escriptures theosebiam/

lequel mot veult dire le cultiuement de dieu que eusebia qui est a dire bon cultiuement/ affin quil apparust quil peust plus certaine distinction ou difference entre ces deux motz/ mais nous ne pouōs prononcer ne sun ne lautre par vng mot latin. ⁋Aussi ne pouons nous prononcer ou dire par vng mot latin ce mot grec latria qui vault autant a dire en latin cōme seruitude/ par laquelle nous faisons cultiuemēt seruice ou reuerēce a dieu. ne aussi ne puoōs nous dire p vng mot latī la significaciō de ce mot grec chrescia, cest adire religion/ mais cest la religion que nous deuons a dieu/ ne aussi ne pouons nous exprimer p vng mot sa significacion de ce mot grec eusebia. mais nous pouons dire q̄l signifie le cultiuemēt de dieu leq̄l nous deuōs tāt seulemēt a celsui dieu q̄ est le vray dieu a q̄ fait ceulx q̄ se seruēt et hōnorēt estre dieux. Quiconcq̄s donq̄s sōt imortelz et bieurez en habitaciō du ciel se ilz nous aimēt et ne veulēt que nous soiōs bieneurez, pour certain ilz ne doiuēt point estre seruis ou adourez. mais silz nous aiment a veulēt q̄ nous soions bieneurez/ pour certain ilz se veulent que nous le soiōs de celsui de q̄ ilz se sōt. car peu ēt ilz estre bieurez de vng et nous dautre aissi cōe sil voulsist dire q̄ ce ne peut estre. ⁋Exposicion sur ce chapitre.

Cy cōmence le p. siure ouq̄l mōseign︤︠ sait augustin demōstre que les angles ne sont pas a adourer p seruice ou seruitude q̄ selō les anciens est appellee latria ne aussi ne la reçeurent ilz pas ne ne veul lēt/ et contiēt ce liure xxxii. chap. desq̄lz le p̄mier chap. est ainsi cōe vng pheme ou prologue ouq̄l il fait troie choses : Premieremēt il ramaine a memoire aucūes choses q̄ a traictees cy dessus ou viii. liure ē les ramenāt briefmēt a memoire assi q̄ contiue les choses q̄ se suiuēt en ce liure. car il fait mention de la diuersite des oppinions qui estoient selon sa bieneurete. La quelle oppiniō il a mise cy dessus ou huitiesme chapitre du huitiesme liure/ et de sonneur que on fait a plusieurs dieux/ dont il dispute contre les platoniciens sur tous les autres philosophes desquelz il a ple oudit chap. du viii.liure/ et de lonneur q̃ on fait a plusients dieux/ dont il dispute contre les platoniciens en ce mesmes viii liure du viii. chapitre iusques a sa fin du liure. Secondement ou il dit. Orestil a veoir et a determiner &c. Il demonstre quelles choses recheut a faire en ce liure/ en laquelle partie il fait ancores deux choses. Premierement il demonstre quelles choses sont ancores a determiner. Et est le texte tout cler. Secondement ou il dit. car telle honneur ou seruice est deue a la diuinite &c. Il demonstre la deffaulte ou souffrete de la parolle latine par laquelle nous deuons exprimer lhonneur qui est deu a vng seul dieu/ laquelle souffrete les grecz nont point. car ilz ont vng mot qui est appelle latria/ lequel translate en latin vault autant a dire comme seruitude/ mais en ce il y a difference/ car les grecz nappellent latria fors honneur qui est deue a vng seul dieu/ dont ydolatrie est dicte pareillement le seruice et honneur qui se fait aux dieux ou ydoles/ Mais nous vsons plus generalement en latin de ce mot seruitude. et ainsi est il des autres nomz latins/ ausquelz les motz imperatifz correspondent en grec/ qui commandent que honneur et seruice soit fait a vng seul dieu/ sicomme il le declaire par lexẽple de plusieurs motz/ sicõme du mot cultus le ql sestend aussi aux honneurs que on fait aux hommes/ car cultus est dit a colendo lequel est prins en maintes manieres. premierement il est pris pour lhonneur que nous faisons a noz souuerains lesquelz nous frequentõs pour cause dhonneur. Aucunesfois il est prins pour ce que nous faisons enuers les choses qui sont subgectes a nous de quoy les aucuns sont appellez agricoles/ cest assauoir ceulx qui gouuernent les champs/ Les autres coloni comme ceulx qui viennent destrange pays et souent les terres

et labourent. Les autres celicole comme ceulx qui habitent ou ciel/ et en ceste maniere prent Virgille en son premier liure de neydos/ en parlant de sa cite de carthage qui dit ainsi en vng vers. Vrbs antiqua fuit tirii tenuere coloni. Car celle cite de carthage selon Virgile fut edifiee de ces gens qui sont appellez troii. Et pour ce quilz demourerent furent ilz appellez coloni troii. Car ainsi comme colo est prins pour labourer aussi est il prins pour habiter/ et de theodoset est dit ce vers. In cola primus homo fuit in viridi paradiso/ cest adire que adam entra le premier en paradis terrestre. Il y a aussi colonies pour diuerses causes qui sont ainsi appellez/ et aussi en sont plusieurs citez nommees comme coulongne sur le rin/ et sont dictes ces colonies en maintes manieres. Lune maniere est sicomme quant les rommains auoient gaste vng pays et desert ilz y faisoient venir nouuelles gens pour labourer. Secondement quant les pays estoient trop peuplez de gens ilz eslisoient des plus iosnes et des plus fors vng grãt nombre qui se partoient et alloient querir nouueaux sieges. ou ilz trouuoient pais conuenable ilz sarrestoient et y faisoient nouuelles habitactions. Tiercement sicomme quant les rommains auoient conquis aucun pays et ilz ne se fioient pas bien deulx ilz les transportoient en autres regions et y faisoient venir nouuelles gens pour les terres cultiuer et labourer et toutes ces manieres de gẽs estoiẽt appellez colonies. Aucunesfois colonus estoit dit pour cellui qui estoit ne en sa terre mesmes laqlle il labouroit par certaine cõdiciõ/ et est ainsi dit ab agricultura. et ainsi appert que ce mot colo signifie plusieurs choses sicõme il est contenu en deux vers qui sont telz. Agros rus formã superos colit atq̃ parentes. Hos arat hoc habitat ornat honorat amat. Et se constituent ainsi. Arat agros/ habitat rus ornat formã ornat superos, amat parentes. Et touteffois peut on dire q̃ ce mo colo se rapporte a toutes les choses en disant ainsi colit agros. colit rus. colit formā colit super os. colit parentes. Et semblablement come il est dit de ce mot cultus qui signifie plusieurs choses aussi se monstre de ce mot religion et de ce mot pitie, sicome il se declaire ou texte. Apres quant il dist aussi ne pouons nous prononcer ou dire cet. Il propose ce qui est a tenir de cel cultiuement honneur ou seruice, cest assauoir que a ung dieu tāt seulement est deu lōneur de ce mot latria en quelque maniere que ce mot cultus soit appelle, et les bons angles qui sont bieneurez par ce mot mesmes obiect par lequel nous le sommes veullent que nous honnourōs cellui que ilz mesmes honnourent.

¶ Le ii. chapitre ouquel il traicte et declaire que plotin qui fut platonicien sentit de la lumiere ou illuminacion souueraine

Mais nous nauons point de debat en ceste questiō auec ces plus excellens philosophes, car ilz apperchurent et mirent en grant habondance en leurs escriptures p maintes manieres que ces immortelz et bieneurez qui sont ou ciel sont faiz bieneurez de cellup dont nous le sommes faitz par la representacion a eulx faicte dune lumiere espirituelle qui dieu est et est autre chose que eulx p de laquelle ilz sont enluminez a ce quilz aient clarte et q en sa participaciō dicelle ilz soient parfaitz et bieneurez.
¶ Plotinus philosophe en exposant la sentence de platon, afferme et moult souuent que icelle ame laquelle ilz croient estre lame de luniuersite du monde nest point bieneuree autre que la nostre est. et que ce dōt elle est bieneuree est ung lumiere laquelle nest pas icelle ame, mais est ce dont elle est cree et lupt espirituellemēt par mp senluminemēt dicelle lumiere q lenlumine espirituellemēt, a ce il amaine une exemple semblable a ces choses incorporelles des corps celestiēs cleres et grās ainsi come se cellup qui enlumine estoit le soleil et lame estoit la lune, car ilz tiennent que la lune soit enluminee par lopposicion du soleil. Or dit doncques ce grāt philosophe platonicque que lame raysōnable est iteffectuelle q ainsi la veult nōmer de quelle nature sont mesmes ses immortelz et bieneurez lesquelz il ne doubte point quilz habitent aux sieges celestiēs na point de nature p dessus soy fors dieu qui fist le monde duquel aussi elle est faicte. ¶ Et que la vie bieneuree nest point donnee a ceulx qui sont ou ciel dautre que de cellup qui la nous donne, et en ce il sacorde a leuangille qui dit: ¶ Ung homme fut enuope de dieu qui auoit a nō iehan, il vint en tesmoingnage a ce quil portast tesmoingnage a la lumiere il nestoit point la lumiere qui enlumine tout homme venant en ce mōde, mais a ce ql portast tesmoignage a sa lumiere il estoit une vraye lumiere, en laquelle difference il appert assez que lame raisōnable ou entendible. si comme estoit lame sainct iehā ne peut estre enluminee de soy, mais conuient quelle suise par la participaciō dautre vraye lumiere, et ce tesmoingne cestup sainct iehan mesmes quant il dit, en lup portant tesmoing, nous tous dist il auons receu de la plente de sa grace.

¶ Exposicion sur ce chapitre.

En ce second chapitre commence le traicte de ce liure, et demonstre p especial monseigneur sainct augustin en ce chapitre ce en quop les platoniciens cōuiennent auec nous, cest assauoir en ce q les angles ne sont pas bieneurez dautre que sont les hōmes laquelle chose il a laisse ainsi comme a disputer ou chapitre precedent, et pour ce quant a ce il ne fault

point discuter ou disputer contre les pla-
toniciens/ et est ce chapitre tout cler.

¶Le iii.chapitre ouq̃l il traicte du urap
seruice duquel les platoniciens combien
quilz eussent entendu ung createur de lu
niuersite denierent en seruant ou ado-
rant de honneurs diuines les angles bons
ou mauuais.   iii:

Comme ces choses soient ainsi
se les platonicques ou autres ql
concques ayans la congnoissan-
ce de dieu le maintindrent ainsi/ si ilz glo
rifiassent comme dieu et luy rendissent/
ne fussent vains en leurs pensees et ne fus
sent en partie aucteurs des erreurs du peu
ple/ et osassent en partie resister a pcelles
erreurs pour certain ilz confesseroient que
ung qui est dieu des dieux deueroit seule-
ment estre honnoure et des imortelz et bie
eurez et de nous mortelz et chetifz affin q̃
nous puissons estre bieneurez/ lequl dieu
est le nostre et le leur:

Exposicion sur ce chapitre:

En ce iii.chapitre monseigneur saĩt
augustin demonstre p les dictz du
chapitre precedẽt et quil fault que les pla
toniciẽs congnoissent que ung dieu est a
seruir et honnourer de ce seruice ou honneur
que on appelle latria qui est le seruice deu
a dieu tãt seulemẽt se sa vanite ou paour
du peuple se tãt le cõtraire ne les retraioit

¶Le iiii.chapitre ouquel il declare que on
doit faire sacrifice a ung seul dieu. iiii

A ce dieu deuons nous celle souue
rainete qui est appellee en grec
latria en quelques sacremens/

Car nous tous enssemble sommes son
temple et chascun de nous singulier sõmes
ses temples lequel dieu daigne habiter en
le unite et concorde de nous/ non pas quil
soit grigneur en tous que en chascun/ car
il ne sestend pas par pesanteur corporelle
ne il ne sappetice point par soy participer
Nous luy sacrifions cest son chier filz le
prestre du sacrifice quant lautel de nostre
cueur est a luy esleue par contemplacion.
nous luy occions sacrifices plains de sãg
quãt pour sa uerite maintenir nous nous
combatons iusques a leffusion de nostre
sang. cestadire iusques a sa mort. Nous
lencenssons de tressouef encens quant de
uant luy nous flairons et auons oudeur
de piteuse amour et saicte. ¶Nous luy
uoulons et rendons les dons que nous
auons de luy et nous mesmes/ nous luy
dediõs et consacrons la memore de ses be
nefices aux solennitez des festes et en cer
tains iours establis/ a ce que pour le de-
cours du tẽps nous ne les oublions pas
par ingratitude. nous luy sacrifions ho
stie dhumilite et de souenge en lautel du
cueur par feu de feruent charite.¶Nous
sõmes nettoyez de toute ordure de peche
et de toute couuoitise. et sommes consa-
crez en son nom a luy ueoir sicõme il pour
ra estre ueu et a nous aioindre a luy/ car
il est la fontaine de nostre bieneurete.il est
fin de tout nostre desir ou appetit. Nous
eslisons ou pour mieulx dire reeslisons.
Car nous lauiõs perdu par negligence
nous alions a luy p dilection en reeslisãt
car de reeslire et dicte religion. nous som
mes pour ce bieneurez que nous sõmes p
fais par celle fin. Car nostre bien de la si
duquel grant debat est entre les philoso
phes/ nest autre chose que estre aioinct a
luy/et est lame raysonnable remplye et
plentureuse de sa urape uertu en luy seu
lement embrasant par embrasemẽt incor
porel se on le peut dire ainsi. Car nous
sommes obliges par commandement de
aymer ce bien et tout nostre cueur et tou-
te nostre ame et en toute nostre uertu.

A ce bien deuōs nous estre menez de ceulp qui nous aprnēt et p deuōs mener ceulp que nous apmons. Lesquelz commandemens sont telz. ⁋Tu aymeras nostreseigneur ton dieu en tout ton cueur et en toute ton ame et en toute ta pensee. Et aymeras ton prochain comme toy mesmes. Car affin que homme se sceust aymer la fin luy fut establie/ a laquelle il rapportast toutes choses quil feroit si qͥl fust bieneurez. Or est ceste fin soy conioindre et aherdre a dieu. Et ainsi doncques quant il est commande a aucun qui se scet aymer quil ayme son prochain cōe soy mesmes q̄ se autre chose luy est cōmāde fors qͥl cōmāde a sō pͣchai̅ qͥl aime dieu Decy le droit seruice et honneur que on doit a dieu Decy la brape religiō/ Decy la brape pitie/ Decy la seruitude seulement deue a dieu. ⁋Il sensseupt doncques que quelconques puissance immortelle de q̄lconques vertu quelle soit anoblie se elle nous ayme autant comme soy mesmes Dault affin que nous soions bieneurez/ que nous soions sugectz a cellup a quiᵉl le qui est bieneuree est sugecte. ⁋Se celle puissance doncques ne honnoure dieu elle est maseureuse. Car elle est priuee de dieu/ et selle honnoure dieu elle ne veult point estre honnouree cōme dieu/ aincois donne plusgrant suffrage et faueur par vertu de dilection a sa diuine sentence en laquelle il est escript. cellui q̄ sacrifie aux dieux sera arrache se il ne sacrifie a vng seul dieu. Car a ce que ie taise a present plusieurs autres choses qui apptiennēt au seruice de sa religion/ par lequel dieu est honnoure/ pour certain il nest nul homme q̄ osast dire q̄ sacrifice fust deu fors q̄ a dieu. Finablement on a vsurpe plusieurs choses de lonneur et du seruice deu a dieu/ et la on attribue aux hommes ou par trop grant humilite ou par flaterie plaine de pestilences par telle maniere/ toutesfois que ceulp a q̄ on les a faictes on tenoit quilz fussent hommes dignes dauoir honneur ou reuerence ⁊ q̄ p̄ veult moult aiouster/ quilz fussent dignes destre adourez/ mais qui est cellup qui a ordonne ou iugie a faire sacrifice fors que a cellup quil soit ou cuide ou faint estre dieu. ⁋Touteffois ces deux freres cayn et abel monstrent assez quelle estoit lonneur ancienne que on faisoit a sacrifier a dieu. desqͥlz deux freres dieu reprouua le sacrifice du grigñr/ cestassauoir de cayn et regarda ou accepta cellup du mendre/ cestassauoir de abel.

⁋ Expposicion sur ce chapitre.

En ce quatriesme chapitre monseigneur saint augustin demonstre que seulement a dieu est deu sa seruitude q̄ en grec est proprement appelee latria se ppre effect de laq̄lle est offrir sacrifice/ car toutes les choses que nous demonstrons et faisons a dieu hors ce sacrifice sont trāportez aux honneurs des hommes. Et fait monseigneur saint augustin deux choses. ⁋Premierement il demonstre cōment nous offrons a dieu sacrifice espirituel/ dont il dit cy apres en ce chapitre. Nous le essions ou pour mieulx dire se reeslisons ꝯcet. ⁋Car tulle dit que religion est dicte de reeslire pour ce quelle re traicte ainsi comme reeslist les choses qui appartiennent a lhonneur et seruice diui̅. Mais ysidore ou neufiesme liure de ses ethimologies dit que religion est appelee pour ce que par elle nous relions noz ames a vng dieu par lopn de seruice ou seruitude le quel mot est compose de religendo/ duquel mot religion est prinse. Vnde religio quasi eligio. ⁋Secondement ou il dit. Il sensseupt doncques que quelconques puissance immortelle ꝯcet. il demonstre que on doit faire sacrifice a vng seul dieu/ et acores sacrifice corporel

❡ Le .9. chapitre ouquel il traicte des sacrifices/lesqlz dieu ne reqert pas/ mais les veult estre offers a signifier sa chose que on requiert.

Ais qui est si fol qui cuide que les choses q̃ sont offertes a dieu par sacrifices luy sont necessaires/laquelle chose combien que lescripture le tesmoingne en plusieurs lieux/affin que nous ne facons de briefue chose longue souffise nous de ramenteuoir ce qui est escript ou pseaulme qui dit ainsi: Jay dit a monseigneur/tu es mon dieu. Car tu nas mestier de mes biens. ❡ On ne doit donques point croire que dieu ait mestier: non pas seulement de beste mue ou dautre chose corruptible et terrienne/mais aussi na il mestier de iustice dhomme. ❡ Aincois dont ce dieu est honnoure prouffite a homme et non a dieu. ❡ Car nul ne diroit quil donnast conseil a sa fontaine sil en buuoit ou a sa lumiere se par elle il veoit. ❡ Et combien que les anciens peres feissent autres sacrifices de bestes/selon ce que le peuple de dieu le fist et ne le fait pas. Toutesfois nest pas a entendre que ces sacrifices signifiassent autres choses que nous faisons en nous mesmes a ce que nous nous aherdons ou adioingnons a dieu/ɇ que nous conseillons noz prochains a celle mesmes fin. Donques sacrifice visible est sacrement de sacrifice inuisible/cestadire quil est signe sacre ou sainct. Dont celluy qui se repentoit/sicomme il est escript au prophete ou ce prophete mesmes requerant a dieu quil fust propice a ses pechez/dist que lesperit q̃ a contriction est sacrifice a dieu/ɇ q̃ dieu ne despite point le cueur cõtrit huilie.) Or regardons par quelle maniere celluy qui dit que dieu ne veult point sacrifice/demonstre la mesmes que dieu veult sacrifice. Il ne veult pas donques sacrifice de beste occise/mais veult sacrifice de cueur contrict. ❡ Par ce dont quil dit que dieu ne veult pas/ il signifie ce quil iousta q̃ dieu veult/ainsi dit il doncques ce que dieu ne veult pas par la maniere que les folz croient quil le veulle. Cestassauoir ainsi comme sil se vouloit pour cause de delectacion. Car sil neust voulu que ces sacrifices dont le cueur contrict par douleur de repentance est lun/ne fussent signifiez par les sacrifices lesquelz il sembloit que il desirast comme a soy desirables il neust ia commande en lancienne loy que il luy fussent offers.❡ Et pour ce ilz estoient a muer en certain et conuenable temps/affin que on ne creust quil fussent a dieu desirables et a nous acceptables, et non pas mieulx les sacrifices qui estoient signifiez par ceulx.y. Pour ce est il dit en vng autre lieu dune autre pseaulme en autre maniere. Se iay faim dist il ie ne te diray pas. Car la rondesse de la terre et la plente dicelle est mienne. ❡ Mengeray ie dist il les chairs des thoreaulx/ou beuuray ie le sang des boucqz. Ainsi comme se il dist pour certain se ces choses mestoient necessaires ie ne te demanderoie pas les choses que iay en ma puissance. ❡ Apres il aiouste ce que les choses signifioient en disant. ❡ Immole dit il sacrifice de louenge/ et rens au souuerain dieu tes veulz/ɇ me appelle au iour de tribulacion/et ie te deliueray et tu me feras honneur. De rechief il est escript en autre prophete/ en quoy dit il prendray ie nostreseigneur/et prendray mon hault seigneur. ❡ Le prenderay ie en sacrifice en veaulx ou en aigneaulx/acceptera dieu mon sacrifice/en mille montons ou en dix mille cheureulx gras/douray ie mes premiers nez pour ma malice ou mauuaistie/ Et le fruit de mon ventre pour les pechez de lame de moy. Oy moy homme se on ta point denonche le bien/ou quest que nostreseigneur reqert auoir de toy fors faire iustice et aymer misericorde/et tu soyes appareille daller auec nostreseignr̃ ton dieu/et est bien distingue

aup parolles de ce prophete et assez decslai
re a lun a lautre, cestassauoir et que dieu
ne requiert iceulp sacrifices par eulp mes
mes / par lesquelz les sacrifices que dieu
requiert sont signifiez / et en lepistre qui
est intitule aup ebrieup est escript. Nou
bliez pas dit il a bien faire et a estre com
municateurs, car on plaist a dieu p telz
sacrifices. ¶ Aussi par ce ou il est escript
ie veul misericorde mieulp que sacrifice
dont il est dit vng pou cp deuant que on
plaist a dieu par telz sacrifices. Donc
ques quelsconcques commandemens sot
fais en lescripture de diuers sacrifices ou
misteres du tabernacle ou du temple ilz
sont rapportez en signifiant lamour de
dieu et de son prochain, car sicomme il est
escript toute la loy et les prophetes dep
pendent de ces deup commandemens.

Expposicion sur ce chapitre.

En ce x. chapitre monseigneur saint
augustin demonstre pourquoy
dieu a sacrifice agreable. Et premieres
ment il demonstre que dieu ne se recoit
pas pour ce que il luy soit proufitable,
Mais pour ce quil nous est eppedient.
Secondement il demonstre que les sacri
fices du viel testament estoient agreables
a dieu, et aussi a ceulp quilz sacrifioient
en tant comme ilz pouoient estre signes
de sacrifices espirituelz. Et celle seconde
partie se commence ou il dit. Et combien
que les anciens peres &c̃t.

¶ Le xi. chapitre ouql il traicte du vray
et parfait sacrifice. Vi

Et pour ce toute loeuure q̃ nous
faisons a ce que nous soions
ioinctz a dieu par sainte compa
gnie est vray sacrifice. Cestassauoir que
telle oeuure soit rapportee a celle fin du
bien par lequel nous puissons estre veri
tablement bieneurez. Dont la misericor
de par laquelle on fait ayde a son prochai
nest pas sacrifice se celle nest faicte pour
dieu. Et pour ce combien que sacrifice soit
fait ou offert dhomme. Toutesfois est
sacrifice chose diuine en tant q̃ ainsi lappe
loient les satins anciens. Dont il auient
que homme mesmes qui est consacre au
nom de dieu est sacrifice en tant comme il
meurt au monde a ce quil viue a dieu, car
ce que chascun fait en soy mesmes appar
tient a misericorde. Pour ce est il escript,
apes mercy de lame de toy, tu qui es plai
sant a dieu, nostre corps est aussi sacrifi
ce quant nous le chastions par attempra
ce se nous le faisons pour dieu sicomme
nous le deuõs faire, en telle maniere tou
tesfois que nous ne faisons pas noz mẽ
bres estre armez diniquite a faire pechez
mais que nous les facons estre armez de
iustice a dieu: a laquelle chose nous enhor
te lapostre qui dit ainsi Et pour ce chiers
freres ie vous prie par la misericorde de
dieu que vous facez voz corps estre sacri
fice vif saint et plaisant a dieu, et vostre
seruice raysonnable. Se le corps donc
ques duquel lame vse comme de son ser
gent sugect ou comme instrument est sa
crifice quant son vsage bon et droiturier
est rapporte a dieu de tant est plus digne
icelle ame quant elle se rapporte a dieu a
ce quelle est ẽbrasee du feu de son amour
perdre la forme de concupiscence seculiere
et soit reformee sugecte a dieu comme
a sa forme non muable / et quelle luy
plaist pour ce quelle fait le sacrifice de ce
quelle a prins de sa beaulte. Laquelle
chose cel apostre dit en aioustant a disant
ainsi. Ne vous confermez pas a ce siecle
mais soies reformez en la nouuellete de
vostre pensee si que vous esprouues q̃lle
p iii

est la voulente de dieu/ qui est bien/ qui est bonne plaisance et perfection. Puis que doncques vrays sacrifices sont oeuures de misericorde/ lesquelz sont rappor tes a dieu soient fais en nous ou a noz p̄ chains/ et les oeuures de misericorde ne soient faictes pour autre chose fors que a ce q̄ nous soions desliurez de misere et que par ce nous soions bieneurez. Laquelle chose ne peut estre faicte fors par cellup bien duquel il est escript. Il mest bon a herdre ou aioindre a dieu./ Pour certain il sensfuyt que toute pcelle cite rachetee/ Cestadire assemblee et compagne des sains offre a dieu vniuersel sacrifice par le grant prestre qui offrit soy mesmes en sa passion pour nous a ce que nous feus sons corps de si grant chef selon ce que il es toit en la forme de son sergent. Ceste for me il offrit. en ceste forme il fut offert. car selon icelle il est moyēueur. en icelle il est prestre. en icelle il est sacrifice. Doncques comme lapostre nous eust amōneste que nous frissōs noz corps estre sacrifice vif sainct et plaisant a dieu nostre seruice rai sonnable et que nous ne nous confermōs pas a ce siecle. mais que nous nous refor mons en la nouuellete de nostre pensee si que nous esprouuons quelle est la voulē te de dieu/ qui est bien/ qui est bonne plai sāce et perfectiō tout lequel sacrifice nous mesmes sommes. il dit apres. Je dy dist il a tous ceulx q̄ sont en vous par la gra ce de dieu/ laquelle il ma donnee q̄ vous ne sachez pas plus quil couient a scauoir mais sachez p attēprance selon ce q̄ dieu a diuise a vngchascuɲ la foy. Car ainsi comme nous auons plusieurs membres eɲ vng corps et tous les membres ne sōt pas vne mesme oeuure. Aussi nous plu sieurs sommes vng corps en iesucrist/ et chascun de nous sommes membres suy de lautre ayans diuers dons/ selon la grace qui nous est donnee. Cest le sacri fice des crestiēs estre plusieurs vng corps en iesucrist lequel aussi leglise des cresti ens frequente ou sacrement de lautel cō

gneu ouquel luy est demonstre quelle cho se soit offerte en icelle oblaciō quelle offre

⁋ Epposicion sur ce chapitre.

En ce vi. chapitre monseigneur sait augustin demonstre quelle chose est vray sacrifice. et dit que vray sacrifice est tout ce que on offre a dieu soit que ce soit bonne oeuure la quelle soit rapportee en dieu comme en sa fuɲ derreniere/ soit q̄ ce soit le corps ou lame ou tout lhomme. ou toute la congregaciō/ et appt̄ cleremēt toutes les choses qui sont exprimees en ce chapitre.

⁋ Le vii. chapitre ouquel il declaire que lamour des sais angle soit telle en nous que ilz ne veullēt pas que nous les adou rons/ mais q̄ nous adourons vng vray dieu. vii.

Ceulx bieneurez et establis aux sieges celestiens/ Cestassauoir les angles qui se iouissent par la participacion de leur createur par la p duiablete duquel ilz sont formes. par la vertu duquel ilz sont certains/ par le dō duquel ilz sont sains/ pour ce quilz ap ment en misericorde nous qui sommes mortelz et en misere et a bō droit ne veul lent pas que nous leur sacrifions affiɲ q̄ nous soions imortelz et bieneurez/ mais veullent que nous sacrifions a cellui du quel ilz sceuent eulx mesmes q̄ sont sacri fices auec nº car nous sōmes auec eulx vne cite de dieu de laq̄lle il est dit ou p̄saul tier. O cite de dieu/ tresglorieuses choses sont dictes de toy/ de laquelle vne partie

est plaine et lautre nons apde en eulx.
Qui merueille. Car celle partie de la cite en laquelle nous sommes peserins est aministree de celle souueraine cite en laquelle sa voulente de dieu intelligible et inconuenable est loy, et est aministree ainsi comme de celle souueraine court. Car par la cure que les angles ont de nous, descendit a nous la saincte escripture qui fut aministree par eulx, en laquelle escripture il dit. Le sacrifiant aux dieux sera arrache fors que a vng seul dieu. a ceste escripture, a ceste loy a telz commandemens sont tant de miracles a tesmoing que il appert assez a qui les immortelz et bieneurez veullent que nous sacrifions qui nous veullent ce quilz se veullent.

⸿ Exposicion sur ce chapitre.

En ce vii. chapitre monseigneur saint augustin demostre que les angles ne veullet pas que on leur sacrifice ne face sacrifices tant par ce quilz sont citoies auec nous tant par ce que ilz nous aministrent tant par ce que ladicte escripture laquelle ilz ont aministree se deffend.

Le viii chapitre ouquel il traicte des miracles que dieu a confermes la loy des debonnaires a daigne aiouster aux siens pmis ausquelz il auoit mesmement pmistere et seruice des angles.

Car ce on ramaine a memoire les choses qui sont trop anciennes il semblera que ie ramentoiue de plus loing quil nappartient. quelz miracles ont este faictz et tesmoingnez des p

messes a dieu / ausquelles promesses il dit a abraham passe mil ans auant que toutes gens auroiēt ou teps auenir benei son en sa semence qui istroit de luy. Et qui ne se merueilleroit que sa femme brehaigne luy enfantast vng filz en icelluy teps de sa vieillesse, ouquel elle ne se peut concepuoir ne enfanter, et aussi qui ne se esmerueilleroit que flambe venant du ciel cheist sur diuerses bestes imolees ou sacrifice dicelluy abraham, et que les angles quil auoit receu en sō hostel en semblance de hommes, et desquelz il auoit receu les promesses de dieu de sa lignee a uenir luy eussent deuant dit les destructions par feu des habitacions de la cite de sodhome, et icelle flambe merueilleuse e apparant aux sodomittes, que loth filz de son frere en seroit deliure par iceulx angles. La femme duquel loth regardant deriere luy en la voye e couertie soudainement en sel, nous amonnesta par grant sacrement que nul qui est en voye de saluacion ne doit desirer les choses passees, mais quelles et combien grans sont les miracles qui furent fais merueilleusement en egypte par moyse en deliurant le peuple de dieu du ioug de seruitude quāt les enchanteurs de pharaon roy degypte lequel compressoit ce peuple par seigneurie firēt par la permission de dieu aucūs miracles a ce que ilz fussent vaicus plus merueilleusement, car ilz les faisoient pars e enchātemēs magiqs ausqlles choses les mauuais angles. Cestadire les dyables sont habandonnez, mais moyse les faisant plus puissamment de tant comme plus legierement. il les sourmonta par les angles seruans plus iustemēt au nō de dieu qui fist ciel et terre. Finablement quāt les enchanteurs ou maistres de telz ars eurēt deffailly en la tierce playe p. playes furent accomplyes par moyse par grant disposicion de misteres par lesquelles playes les dures cueurs de pharaon e des egyptiens sacorderent a de laisser le peuple de dieu et incontinē sen repentirent/et comme ilz sefforcassent de poursuiuir les hebrieux qui se departoient la mer se diuisa et passerent asecq, et les egyptiens qui les poursupuoient furent couuers et oppressez de leaue qui se retourna en eulx et sur eulx dune part et dautre. Que diray ie des miracles qui auindrent souuent quant icelluy peuple disrael estriuoit ou desert ses eaues dont on ne pouoit boire perdirent leur amertume par le fust qui fut mis dedens, sicomme dieu auoit commande et souferent ceulx qui auoient soif. La manne vint du ciel a ceulx qui auoient faim, et comme certaine mesure de la cueillir fust establye que quiconcques en cueilloit plus, combien pou que ce fust les vers y naissoient et pourrissoient. mais ce que on en cueilloit a double le iour deuant le sabat pour ce quil nestoit point conuenable a en cueillir au iour du sabbat nestoit corrompu p aucune pouretture. Leurs logis fureēt remplis de Voisailles a ceulx qui desiroient a menger de sa chair, lesquelles voisailles il ne sembloit pas quelles peussent souffire en quelque maniere a tant de peuple. Et fut lardeur de leur desir estaint par lennuy destre saoulz. Leurs ennemis qui venoiēt contre eulx et leur deuoient appasser et se combatoient contre eulx et furent a crauentez sans ce que nulz des hebrieux y mourust par my ce que moyse prioit dieu les mains estendues en maniere de croix. La terre ouuerte trāsgloutyt et deuoura tous vifz a lexemple visible de peine iuisible ceulx qui estoient sedicieux et auoient fait conspiracion ou peuple de dieu et quilz sestoient diuisez de la compagnie ordōnee de dieu, cestassauoir de vathan et abiron.

La pierre qui fut serue de la verge moyse espandit grant habondance deaue courant a tresgrant multitude ceulx qui furent mors des serpens mortellement, laquelle chose estoit la peine tresiuste des pecheurs furent guerie en regardant le serpent daraing esleue en vng fust a ce que

ap de fust donnee au peuple estant en affliction, que sa mort destruise p sa mort fust signifiee par similitude de sa mort crucifiee lequel serpent garde pour la memore du fust comme le peuple pareneur seust commence a honnourer cōme vng ydole le roy ezechie seruāt a dieu en puissance religieuse le despeca en souenge de grant pitie ou de religion.

Expposicion sur ce chapitre.

En ce viii. chapitre mōseigneur saint augusti demōstre q̄ la saite escripture q̄ deffend a faire sacrifice a autre q̄ a vng dieu soit cōfermee p miracles. il met la fflamme qui descendit du ciel ou sacrifice dabraham, laquelle chose il retraicte ou second liure de ses retractacions pour ce que elle luy fut seulement demonstree en vision. De ce sacrifice et de sa significa- ciō traicteray cy apres ou vingtquatriesme chapitre du seziesme liure. Semblablement entre les miracles il met les dix playes degyppte, ou il dit quelles furent acomplyes par grant ordonnance de misteres. De ces misteres parle orose ou septiesme liure de son ormeste qui compare les dix condiciōs de pharaon contre moyse aux dix persecucions des crestiens. Et les dix playes degyppte aux x. casamites des rommaines qui poursuyuoient les crestiens:

Le neufiesme chapitre ou quel il traicte des ars et sciences illicites enuers le seruice des dyables, ausquelz porphire qui fut platonicien sestudia en approuuant aucunes choses et en reprouuãt aucunes

Es choses et moult dautres sẽblables lesqlles toutes trop lõgue chose seroit a raconter estoient faictes a la recommandacion du seruice ou honneur dun vray dieu. Et pour deffendre que on ne honnourast ou seruist a plusieurs dieux et faulx, mais ces choses estoient faictes en simple foy, et en fiance de pitie. Non pas par enchantemens et felonnes curiositez composees par lequel art les philozophee appellent gethian, ou qui est a nommer plus detestable, ou pour nom plus honnourable theurgie.) Lesquelz philozophes sefforcent de diuiser ces choses et veullẽt que les vngz semblent estre habandonnez a choses illicites ou nonconuenables et decepuables, lesquelles le peuple appelle malleficques.) Et dient que les autres sont a louer ausquelz ilz attribuent theurgie, combien que les vngz et les autres soient lopez aux decepuables cerimonies des dyables soubz le nom des angles.) Car ce porphire mesmes promet theurgie par maniere de disputacion honteusement touteffois.) Et ainsi comme en recordant ainsi comme vne purgaciõ de lame, mais il denye que tel art puisse donner a aucun retour a dieu a ce que tu voyes quil vague contre le vice de curiosite sacrilege et la proffession de philozophie par mutaciõ ou saluacion de sentẽces.) Car aucuneffois il amoneste a escheuer cest art comme decepuable et perilleux en son operacion et deffendu des loix.) Et autreffois en soy enclinant a

ceulx p̃ qui le souent il dist que il est prouffitable a nettoper la partie de lame, non pas a sa partie de lentendemẽt ou intellectuelle par laquelle la verite des choses entendibles est congneue. (Mais a sa partie espirituelle par laquelle les similitudes des choses corporelles sont comprises) Car il dist que ceste partie peut estre conuenable et disposee par aucunes cõsecracions theurgiqs quilz appellent theletes. Cestadire purgacions a receuoit les espis et les angles et a veoir les dieux. Et touteffois il confesse q̃ p telles theurgicqs theletes il nauient aucune purgacion a lame intellectuelle qui sa face disposer ou conuenable a veoir son dieu. et a regarder les choses qui veritablement sont. Parquoy on peut entendre et considerer quelle vision ou desquelz dieux il dist estre faictes p ces consecraciõs et theurgicqs theletes en laquelle vision on ne voit poit les choses qui sont.) Apres il dit que la me raysonnable ou selon ce quil ayme mieulx appeller intellectuelle peut vsir et son opperacion, combien que ce qui est en luy espirituel ne soit en luy purgie par aucun art theurgicque. Mais il dit que la partie de lame espirituelle est purgee par theurgicque iusques a ce, et nõ pas q̃ pour ce elle paruiengne a immortalite et pardurableté.)) Combien doncques quelz diuise les angles des dyables en determinant que lair est le lieu des dyables et le ciel espirituel des angles, et quil amonneste que on vse de lamistie daucun dyable, par lequel en souleuant ou en sousportant chascun puisse estre aucun pou esleue de terre apres sa mort, et quil tesmioigne estre vne autre voye pour acquerir la haulte compaignie des angles. Touteffois en tesmoingne il ainsi comme par confession expresse que sa compagnie des dyables est a escheuer ou il dit que lame en souffrant moult cruelle peine apres sa mort, a horreur terrible de sonneur ou seruice des dyables p̃ lesquelz il estoit deceu ⁊ quil ne peut nyer que cest e theurgie laquelle il recomande come reconcillerresse des angles et des dieux ne oeure enuers icelles puissances, lesquelles ou elles ont enuie de la purgacion de lame, ou elles seruent a lart des enuieux et expriment la complainte que fait ie ne scay quel homme caldien de ceste chose. Il dit que vng bon homme de caldee se complaint de ce que la bonne auenture quil atendoit de la purgacion de son ame, ne luy auint combien quil sen efforchast moult pour ce que vng homme puissant en telles choses qui estoit esmeu contre luy denuie coniura par ses prieres ces puissances sacrees, et les loya affin quelles ne stroupassent ce que on leur requeroit. Doncques si comme il dist lun les loya et lautre ne les desloya pas. Par laquelle demonstrance il dist ꝗl appert que la discipline theurgicque a regard a faire tant bien come mal et enuers les dieux et enuers les hommes, et que les dieux seuffrent ⁊ sont demenez par telles perturbacions et passions lesquelles apuleyus attribue communement et aux dyables et aux hommes, mais toutesfois il separe deux les dieux par la haultesse de leur siege celestien, et en affermant la sentence de platon en celle description.

¶ Exposicion sur ce chapitre.

E n ce ix. chapitre monseigneur saint augustin demonstre que les miracles desquelz il fait mencion en ce chapitre ne furent pas fais par aucun art deffendu magicque ou autre, mais par la puissance diuine. Et fait en ce chapitre deux choses: ¶ Premierement de ces miracles il note deux paires de ars deffendus appellez ars magicques pour ce cest art magicque qui est appelle magia a magis ꝗ est diuisee en deux parties, car il ya vne partie de cest art laquelle est appellee gethia, laquelle est attribuee aux enchanteurs ou adeuineurs et aux autres ꝗ oeurent de mauuais art, et cest art est mauuais et nuysible. Car il se fait par augurementz ou diuinacions. de cestuy nous auons parle ou dixneufiesme chapitre du viii. liure. ¶ Lautre maniere est appellee theurgie ainsi dicte a theos quod est deus et arge, qui vault autant a dire comme operacion, cestadire operacion diuine, et cest art ilz dient ꝗ les platoniciens disoient quil estoit loiable et a recommander.

¶ Secondement ou il dit. Car porphire mesmes ⁊cet. ¶ Il poursuyt les dictz de porphire qui fut grant platonicien de ceste seconde maniere dart magicque, cestassauoir de theurgie, et est diuisee ceste partie en deux selon ses deux dictz de porphire qui sont mis en ce chapitre. ¶ Ou premier desquelz porphire se monstre en maniere dhomme doubteux et disputant et flatant ou vagant entre deux contraires car maintenant il dit vne chose maintenant il dit le contraire, et semble contraire a soy mesmes. ¶ Car premierement il dit les choses qui semblent estre consonantes a philozophie, car en parlant comme philozophe il blasme celle theurgie comme decepuable perilleuse et deffendue, et dit quelle ne donne nul retournement a dieu, ne elle ne purge la partie de lame raysonnable ou intellectuelle a veoir dieu ou a congnoistre ce qui est vray, et oultre que il nest nul ne nulle necessite a celle reuersion ou retournement a la partie de lame espirituelle ymaginatiue ou fantasticque quelle soit purgee par les consecracions, lesquelles ilz appellent celestes, mais que lame intellectuelle retourne a dieu sans quelconques telle purgacion. ¶ Toutesfoys est il assauoir pour ce qui est dit cy du retournement des ames que sicome il appert par macrobe de sompnio scipionis, les platoniciens tenoient que par auant ce que les ames fussent viues et conioinctes aux corps elles estoient pures ⁊ nettes en leurs especes. Et dit macrobe que les platoniciens qui furent et sont plus pro∕chains a nous tenoient q̃ ses ames bieneure∕es de toutes ordures du corps estoiēt ou ci∕el. Et que lame q̃ du ciel regarde et appe∕te sa vie corporelle par ung sattent desir de celle vie descent petit apetit en bas ain∕si comme chergie de celle ordure ou con∕tagion terrienne, et que quant ce se fait il ne se fait point soudainement, mais pou a pou en passāt p toutes les speres du ciel et prent de chascune aucune chose, ⁊ pour ce elle est demenee par tant de mors com∕me elle passe de speres pour descendre a ceste vie terrienne. Ancores dient les pla∕tonicies quil ya ou ciel ung cercle qui sap∕pele lacteus circulus pour ce quil est blāc en maniere de laict lequel les astronomi∕ens appellēt galcia, lequel ilz dient estre le propre lieu des ames bieneurees. Car ce cercle va par le milieu du zodiaq aux deux signes qui sont appellez solsticia, cestadire quant le soleil sarreste ou pour monter ou pour descendre lesquelz deux signes sont, capricornus et cancer, et ya deux solsticies dictz astando pour ce que lors le soleil sarreste ou pour monter ou pour abaisser, et en ya deux. Le premier est en puer le viii. kalende de ianuier, car lors le soleil sarreste et commence a mon∕ter et ses iours a croistre. Et est quant le soleil entre ou capricorne. | Cellup d'este est en le viii. kalende de iuing quant le soleil entre ou cancre: | Car lors sarres∕te le soleil et commēce le soleil a descendre et ses iours a appeticer. | Or disoient les platoniciens que la partie de capricorne auoit regard aux dieux, et celle de cancer auoit regard aux hommes: ⁊ Et pour ce lame qui estoit enfermee en corps ainsi cō∕me en une prison quant elle estoit purgee et desiuree de toute ordure et toute tache du corps ⁊ terrienne, elle retournoit a la compaignie des dieux par le signe de ca∕pricorne qui estoit le signe ouquel le soleil commencoit a monter. | Or est il vray que porphire parlant comme mauuais

enchanteur et adeuineur ou sacrilege et comme lope et astrait de ces ars magic∕ques recommande cest art deffindu ap∕pelle theurgie, et la dit estre proffitable a purger se spirituelle partie de lame. Cest assauoir la fantasticque ou ymaginati∕ue. Car il fait veoir les dieux et les an∕gles par vne vision ymaginee ou simi∕lee, cestadire que il fait voir ymages des dieux ou dyables qui semblent estre bel∕les a regarder, sicomme il appert par le chapitre ensfupuant. ¶ Et toutesfois ne peut il pas par cest art de theurgie faire veoir le vray dieu qui fait tous les au∕tres dieux. Par quoy il appert que telles visions ne sont que fantasies et illusions des dyables. ¶ Secondement quant il dist. Combien doncques quil diuise les angles des dyables en determinant que∕sait est le lieu des dyables accte. | Mon∕seigneur saint augustin met laultre dict de porphire, et est la sentence de son dict telle que comme les diables soient en lair et les dieux ou ciel. Cest assauoir ou lieu empireel autrement nomme lacteus cir∕culus, il dit que cest chose expedient aux hommes dauoir lacointance daucun dia∕ble qui se puist aucunement esleuer de la terre apres sa mort, et luy esleue en lair il ya par autre voye ou ciel: Toutes∕fois ce porphire est cōtraire a soy mesmes Car il dit que on doit escheuer les dya∕bles quāt il dit q̃ lame en souffrant peine apres la mort a horreur du seruice que el∕le a fait aux dyables. ¶ Tiercement ou il dit. | Et quil ne peut nyer que celle the∕urgie accte. | Monseigneur saint augu∕stin met le tiers dict de ce porphire, et mō∕stre que par son dict celle theurgie se fait par ors esperis ou qui seruent a ors hom∕mes.) Et ce monstre il par les deux en∕chanteurs, dont lun qui estoit bon, sicō∕il dit sefforcoit de tout son pouoir d' estre purgie, affin quil peust veoir les angles ou les dieux. | Et par lautre qui auoit enuye sur luy qui sopoit tellement seur puissance quilz ne luy pouoient ottroyer

Li.10.

ce quil leur requeroit / si comme il est dit mesmes en ce chapitre / & ainsi lun sopa la puissãce des diables que lautre ne peut desloper.) Et pour ce concluoit porphire que theurgie estoit vne discipline conue-nable tant a bien faire comme a mal faire et aux dieux et aux hommes / car si comme il dist par icelle on procure bien et des dieux et des hommes / et mal aussi semblablement si comme aussi il apparut en ce fait ou la puissance des dieux fut lopee et lhomme empesche en ce quil vouloit faire. ⁋ Ainsi conclud ce porphire par sa narracion que les dieux seuffrẽt ces mesmes perturbacions que font les dyables Combien que apuleyus si comme il appert par le p̃i. chapitre du viii. liure attribue ces perturbacions aux dyables et aux hommes / & nye quelles puissent estre aux dieux pour la haultesse du lieu ou ilz sont. Cestassauoir du ciel.

⁋ Le p̃: chapitre ouql il traicte de cet art deffendu appelle theurgie lequel par invocacion des dyables promet aux courages ou pensees des gens faulse religion.

O r secy vng autre platonicien / cestassauoir porphire quilz tiennent a plus sage. qui dit que aussi les dieux sont lopes et estrains des passions et perturbacions par ie ne scay quelle discipline theurgicque pour ce que ilz peurent estre coniurez et espouentez p prieres sacrees / cestadire par coniuracions a ce quilz ne donnassent a lame purgacion / et estre si espouentez de cesluy qui leur commanda faire le mal que ilz ne peurent estre deslopes de ceste paour ne estre deliurez pour donner benefice par ce mesmes art theurgique dun autreq̃ leur

requeroit le bien.) Qui est celluy qui ne voit bien que toutes ces choses sont fictions des dyables sil nest leur tresmalheureux serf et estrange de la grace du vray desliureur.) Car se telles choses estoiẽt enures les bons dieux sans doubte le bõ purgeur de lame p vendroit plus par ses benefices que le mal veuillant qui sẽpescheroit. Ou sil sembloit aux dieux iustes que lhomme pour qui on ouuroit de tel art nestoit pas digne de estre purgie pour certain ilz luy deurent reffuser par franc iugement / non pas comme espouentez dun enuieux ne ainsi comme il dit empesche pour la paour de plus puissant dieu. mais cest merueilles que ce caldeen benigni q̃ vouloit purger lame par sacrifices theurgicques ne trouua aucun dieu souuerain qui espouentast plus les dieux malgre eulx et les cõtraignist a bien faire ou reffraignist ceulx qui les espouentoit a ce quilz feissent franchemẽt bien / ou cas toutesfois que il neust point de theurgie aux sacrifices par lesquelz il purgast auant les dieux de la tempeste de cesse paour lesquelz dieux appelloit purgeurs de lame / car quelle cause p peut il auoir pourquoy len y puisse iouster vng dieu plus puissant / duquel les autres soient espouentez et q̃ il ny en puisse estre iouste vng duquel ilz soyent purgez. Peut on trouuer aucun dieu qui ope lenuieux et embate paour aux dieux / affin que ilz ne facent bien. Et on ne puisse trouuer aucun q̃ ope le bien veuillant et oste aux dieux leur paour si quilz facent bien. (O tresnoble theurgie.) O purgacion. De lame digne destre louee : En laquelle orde enuie a plus de commandement que pure bienueillance ne y peut impetrer / mais certainement la falace des mauuais esperis est a escheuer et a reprouuer / et la doctrine de salut est a oyr car en tãt q̃ font telles ordes purgaciõs p sacrileges cerimoies dient q̃lz voiẽt merueilleusemẽt belles ymages ou des ãgles ou des dieux pour ce q̃lz õt leur espit purge

Sicomme dit ce philozophe. ¶ Toutesfois se ilz boyent ainsi comme une telle chose icelle est ce que la postre dit que sathan/cestadire le dyable se transfigure ainsi comme en angle de lumiere. Car de ce sathan viennent ces fantasmes/lesquel sicōme il est dit de protheus se mue en toutes formes ou figures couuoitant denlacher les poures ames aux sacrifices deceuables de plusieurs faulx dieux et les trestourner du vray seruice du vray dieu/par lequel seulement elles sont purgees et gueries/et a icelles ames ce sathan fait persecuciō comme ennemy et leur ap de par salace et par tout leur nuyst.

¶ Exposicion sur ce chapitre.

En ce x. chapitre monseigneur saint augustin demonstre que lart de theurgie laquelle les platoniciens dient estre faicte par la vertu des dieux/et faicte par mauuais esperis. ¶ Et de ce demonstre il par les dictz de porphire/lequel ilz mettent au deuant de apulepus Et fait monseigneur saint augustin iii. choses en ce chapitre. ¶ Premierement il preuue pour ce que porphire raconte et ples dictz de sa proposiciō. Et appert assez son inteucion a cellup qui regarde et considere les choses qui sōt dictes ou chapitre precedent./ Secondement ou il dit Mais cest grant merueilles que ce caldee benigne qui vouloit purger lame par sacrifices theurgicques &c. Monseigneur saint augustin demonstre la vanite de cel art theurgicque et se fonde monseigneur saint augustin sur ce qui est dit cy dessus ou chapitre precedent du bon caldien theurgicque lart duquel fut empesche par les prieres de lhomme enuieux/car sicōme dit ce porphire cel enuieux appella et cōiura les dieux souuerains/ lesqlz tantost comme ilz furent appellez et cōiurez mirent celle paour dicux qui estoient desoubz eulx/lesquelz le bon caldien requeroit quil fut empesche de faire sa purgatiō. Or met monseignr saīt augustiy une telle obiection contre cel art de theurgiē, et demāde pourquoy ce bon caldiē nappelloit aucū dieu souueraī de ceulx q̄ tenuieux caldien auoit appelle/ car sil eust fait ce souuerain qui eust de nouueau appelle. eust esbahy ē espouente les dieux que lenuieux auoit semons et eust purgie ces dieux espouētez de cel espouētemēt Et ce bon caldien theurgien ne peut trouuer aucun dieu souueraī/ il sensiupt que par cest art ē p ceste sentence on appelle les dieux qui sont plus pres a nuire qu e a purger/ par consequent que cest art de theurgie lequel il dit estre ordonne a purgaciō des ames est vain ē mauuais. Tiercemēt ou il dist. Car en tant que ceulx qui font telles purgacions &c. Il demonstre commēt ces apparicions de ces dieux et de ces angles se facent par theurgie et que ce nest que enuie de dyable qui se transfigure en forme dangle de lumiere ou en autres formes. Et met exemple de protheus qui se muoit en toutes formes. Ce protheus fut vng grant enchanteur/ lequel sicomme dit virgille ou quart liure de ses bucolicques scauoit toutes choses presentes et a auenir, mais il ne donnoit ne ne vouloit donner responsse il nestoit forment constraint et loye qui est forte chose a faire pour ce que soudainement il se muoit en quelque forme quil luy plaisoit/ et pour ce ne pouoit estre prins ne soye que en dormant/ et cest ce que monseignr saīt augustin touche briefment en prendant la moitie du vers tant seulemēt de ce virgille qnāt il dist. Formas se vertit in omnes. Cestadire que protheus se muoit en toutes formes et aussi fait le dyable.

Le .xi. chapitre ouquel il traicte de lespi
stre de porphire a vng egipcien appelle a
nebout/par laquelle il luy requiert quil
luy enseigne de la diuersite des dyables.

Que porphire eut meilleur senti
ment quant il escript a vng egip
cien appelle anebout/en laquel
le escripture comme celluy requist con-
seil de ces ars ainsi comme enquerant et
conseillant/il les demonstra estre sacrile
ges et les destruit et abbat. Et illec pour
certain il repreuue tous les dyables/les-
quelz il dist que ilz traient par leur folie
vne vapeur moiste/et que pour ce ilz ne
sont pas ou ciel/mais en lair soubz la lu
ne et ou corps de la lune mesmes.) Tou
tesfois il ne ose pas attribuer a tous les
dyables les falaces malices et desconue
nences par lesquelles de ce dire/il se dit es-
tre esmeu et pour cause.) Car ainsi com
me les autres dient il dist que aucuns dia
bles sont bõs/combien que generalemẽt
il les tiengne tous pour folz/mais il ses
merueille de ce que non pas seulemẽt les
dieux sont attrais par sacrifice/mais a-
uec ce ilz sont menez et constrains a faire
ce que les hommes veullent.) Il sesmer-
ueille aussi comment on peut cuider que
le soleil et la lune et les autres choses vi-
sibles:lesqlles il ne doubte pas estre corps
ne qlz ne soient dieux se les dieux sõt dis
tinguez des dyables par ce quilz sont in-
corporelz z les dyables corporelz.) Et
se merueille aussi se ces choses dessusdi
ctes sont dieux/comme ce peut estre que
les vngz soient bons et les autres soient
mauuais/z comment les choses incorpo
relles sont conioinctes aux choses corpo
relles.) Il enquiert auec ce aussi comme
par maniere de doubte assauoir se les a-
mes de ceulx qui adeuinent et font aucu-
nes merueilles ont la greigneur puissã-

ce/ou se aucuns esperis viennent dehors
par lesquelz telles choses soient faictes.
Et cuide mieulx que aucuns esperis vie
nent dehors/pour ce que en aioustant pi
erres et herbes ilz loyent aucuns et oeu-
urent les huys clos et facent merueilleu-
sement aucunes telles choses.) Dont il
dit que aucũs ont cuide quil soit vne ma
niere desperis qui ont propriete de ouurir
et de obstruire lesquelz sont de nature de
cepuables et de toutes fourmes et qui en
moult de manieres de formes faingnoi-
ent les dieux et les dyables et les ames
des mors/z que cest ce qui fait que toutes
icelles choses semblent estre bonnes ou
mauuaises. Et toutesfois dist il que tou
tes manieres desperis ne sentremettent
de choses qui sont veritablement bonnes
aincois ne les congnoissent mais ilz pro
curent les maulx a ce quilz soiet parfais
et empeschent aucunesfois ceulx qui en-
suyuent diligamment vertu. et sont plais
de folie dimprudẽce et dorgueil et se iou
issent des odeurs des sacrifices. Et sõt
deceuz par flateries et autres choses de ces
te maniere desperis decepuables et mau
uais qui viennẽt de dehors en lame et de
coipuẽt les sens humains endormis ou
veillans.) Lesquelles choses ce philozo
phe ne conferme pas comme apparans a
luy estre vrayes/aincois les souppecon
ne si tenuement ou met en doubte que il
afferme auoir oppinion dicelles. Quelz
merueilles. Ce fut forte chose a si grãt
philozphe ou cõgnoistre toute la compa-
gnie des dyables ou en arguer seuremẽt
Laquelle vne chascune antiqte crestien-
ne diroit estre incontinent et sans targer
et detestroit franchement se ce nestoit par
aucture q̃ il se doubtoit de courouce icel
luy anebout comme tresnoble euesque de
telz sacrifices auquel il escript.) Et les
autres qui se merueillent de telles oeu-
ures comme diuines et appartenans
aux seruices ou sacrifices de ces dieux :

Il sensuyt toutesfois que apres

aucunes choses et icelles il ramentoit ain si comme en requerant, lesquelles ne peu ent estre attribuees fors que a mauuaiſ ses et moult deceuables puissances. Car il enquiert pourquoy cest que quant on requiert aucuns dyables comme les meilleurs ainsi comme on commandoit aux pires on interprete quilz executent les commandemens desrayſonnables des hommes/pour ce est auſſi quilz ne oyent cellup qui est esmeu de luxure quāt il les requiert quil sen destourent comme ilz nai restent pas a mener chaſcun a chascunes en quelcōques oeuures incertaines de lu xure/pourquoy cest quil denōcēt a leurs euesques quilz les couient abstenir de tou cher bestes mortes a ce quilz ne soient en ordis de vapeurs corporelles / et ceulp se delictēt en autres vapeurs et oudeurs du rost des sacrifices / et combien quil soit def fendu a cellup qui regarde la charongne quil ne latouche Toutesfois sont iceulx sacrifices souuent fais de charongnes. Pourquoy que homme enteche de vng chaſcū vice entend a faire cōiuracions ou menaces/non pas au dyable ne a lame daucun mort/mais au soleil et a la lune ou a autre chose du ciel et les espouente faulsement affin quil extraie ou extorce que deux la verite / car il menache le ciel de se faire soy entrehurter et autres cho ses imposibles a homme a ce que ceulx dieux espouentez par faulx et derrisions menaces comme enfans tressolz facēt ce que on leur cōmande. Il dit aiſi que vng homme appelle ceremon tressage en telz sacrifices, ou qui est mieulx adire sacrile ges / dit en lescripture que ses choses qui par renommee ou rumeure sont celebrez de egypciens soit de ysis leur deesse ou de osiris son mary / ont tresgrande vertu de constraindre les dieux quilz facēt ce que on leur commande quant cellup qui les constraint par termes ou par parolles il les constraint a faire ce qui demande ou qui les menace de les destruire / quant il dist auſſi quil deſpecera horriblement les

menbres de osiris seilz sōt negligens de faire ses commandemens.) A bon droit se merueille porphire de ces choses plai nes de vanitez et de sourcennerie/cest aſ sauoir que homme manace les dieux, nō pas quelconques dieux/ mais ceulx du ciel et qui sont tresreluisans par clarte des estoilles et non pas sans effect/ain çois les constraingnent par puissance di osfense et ses par maine par telz espouente mens a faire ce quil vouldra, mais qui plus est soubz la semblance desmerueil lant et de enquerant les causes de telles choses il donne a entendre que ceulx es peris ses font desquelz esperis il descript cy dessus sa condicion selon soppinion dautres qui disoient / sicomme il escript que telz esperis estoient deceuans par leurs vices/ non pas p nature lesquelz se faingnent estre dieux et ames des mors a ne se saignent pas estre dyables / mais se sont plainement sicomme il dit. Et en tant qui luy semble que aucunes puissan ces conuenables a executer diuerses oeu ures sont forgees ou faictes en terre des hommes par herbes et par prieres, et par bestes / et par aucunes certains son a voix et par figuracions et par fictions/ et par aucunes obseruacions des mouuemens des estoilles ou tournemès du ciel a que tout ce appartient a ceulx dyables moc queurs des ames a eulx sugectes, et sent donnans illusions ou fantasies delicta bles des erreurs ausquelz ilz mettent les hommes. (Doncques ou porphire en doubtant veritablement et enquerant des choses ramembre ce par quoy elles soi ent conuaincues et redargues et soient de monstrees quelles nappartenoient point aux puissances qui nous sont fauoura bles a acquerir la vie bieneuree.) Mais aux dyables decepuables. Ou a ce que nous ayons meilleur soupecon de ce phi losophe par ceste maniere descripre il ne voulut pas troubler ne courroucer icellup homme egypcien lequel estoit fort habans donne a telles erreurs et qui cuidoit sçauoir aucunes grãt choses ainsi cõme par orguilleuse auctorite de docteur ne se tourble en qrant le et couuoitant sa prendre a penser a ces choses et se monstrer cõbien elles sont a despiter et a escheuer. Finablement ce porphire pres de sa fin de celle epistre requiert a cel egypcien quil lui enseigne quelle est la voye a bieneurete selon la sapience degypte. toutessois il dit quil semble que ceulx qui ont pour neant honnoure et serui la haulte sapience qui seroient auec ses dieux a ce quilz traueillassent la pensee diuine pour trouuer vng fuitif ou pour acheter vng champ ou pour nopches ou pour marchandises ou pour aucunes telles choses. Il dit aussi que ycelles deites auec lesquelles ilz conuerseroient ne sont pas dieux ne dyables benignes quant ilz namonesteroient de la bieneurete aucune chose caute ou assez conuenable, cõbien qlz deissẽt la verite des autres choses, mais aincois q fust telle maniere desperit qui est appelle decepuable ou fiction humaine, mais pour ce que sy grans et telles choses sont faictes par ces ars en telle maniere quelles sourmontẽt toute la condicion de humaine puissance que demeure il fors que on doit entendre sagement que ces choses qui peuent sembler estre anonceees a auenir ou est faicte merueilleusement et ainsi comme diuinement, et que toutesfois ne sont rapportees au seruice ne a lonneur dun dieu auquel aherdre ou estre aioinct est le seul bien bieneure, sicomme mesmes les platoniciens se confessent et le tesmoingnent par plusieurs raysõs q telles choses sont illusiõs de mauuais dyables et empeschemens decepuables lesquelles sont a escheuer par vraye religion ou pitie;

Exposicion sur ce chapitre.

En cel xi. chapitre monseigneur saint augustin poursuit les paroles de ce porphire, lequel estoit platonicien par lesquelles paroles il semble quil veuille destruire ses ars magicques comme vaines et sacrileges. Car ce porphire escript vne epistre a vng euesque degypte en laquelle sont cõtenues ces choses que monseigneur saint augustin recite en ce chapitre. Et fait deux choses monseigneur saint augustin en ce chapitre. Premierement il met les choses que ce porphire afferme des dyables veritablement sans quelconques doubte, cestassauoir quilz sont tous folz et sans prudẽce et quilz ne sont pas ou ciel, mais en fait au dessoubz de la lune en son spere, non pas que la spere de la lune soit leur propre lieu, pour ce que sa lune a cõmence le ciel qui est le derenier corps dycellui, mais dit quil sõt en la rondesse de la lune ou en son spere ou ilz sõt enclos. Et les autres choses qł afferme q des dyables sont assez cleres par le texte. Secondement ou il dit, Il se merueille aussi acet. Monseigneur saint augustin met ses dictz de porphire, par lesquelz il semble quil parle en querant et en doubtant. Et fait ancores cy deux choses. Premierement il met les dictz de porphire par lesquelz il demande et doubte des dieux et des dyables et de ces ars magicques. Secondemẽt il quiert en especial la voie q maine a biẽeurete, et celle seconde ptie se cõmence ou il dit. Finablemẽt ce porphire pres de sa fin &c. En sa pmiere partie il fait trois choses, car sicome il est dit il dit moult de choses p maniere dinterrogacion et de amiracion des dieux et des dyables et de leurs opaciõs et entre les autres choses p maniere diterrogatoire, il demãde se les corps celestiẽs sont dieux, sicõme se soleil et la lune et les autres planettes comment il peut estre aucuns dieux quilz soient bien veulsans comme tous dieux soyent bons. Ceste question fait macrobe en son liure qui est intitule de sompnio scipionis:

Cest assauoir que comme des choses diuines soit vne mesmes nature/cestadire que tous dieux sont bons. Il demande pourquoy on attribue a aucunes estoilles/cest assauoir a aucuns dieux quil tient estre estoilles et planettes quilz soient maleueillans ou nupsans/sicomme on dit de mars et de saturne/et que on attribue a iupiter et a venus quilz sont benignes et bien voulans. A quoy macrobe respond et assigne les causes pourquoy elles sont ainsi dictes. Laquelle responce par auenture seroit assez conuenable/sil estoit ainsi que les estoilles fussent dieux. Mais ce ne seroit pas chose bien raysonnable que on cuidast que aucun dieu voulsist mal a humaine creature. | Apres quant il dit. Car il enquiert pourquoy cest. &c. Ou il demande pourquoy cest que quant on requiert aucuns dyables comme les meilleurs/ainsi comme se on commandoit aux pires. Len impetre quilz executent les desraysonnables commandemens des hommes. Il se demande pour ce que les nigromanciens et ceulx qui vsent dars magicques/appelent aucunesfois les plusgrans esperis ou dyables et les coniurent/lesquelz ilz appeloient les meilleurs/et commandent ainsi comme par leur auctorite aux autres esperis que sont soubz eulx et moindres deulx quilz accomplissent les commandemens desraysonnables des hommes. Et la cause pourquoy il se demande est telle. Car puis que les plusbas esperis executent le mal/comme constrains par lauctorite et puissance des souuerains. Ce nest pas cause pourquoy on doye dire les souuerains esperis estre meilleurs et les autres pires. Mais que plus est/ceulx quil appele souueraines sont pires des autres. Mais ilz sont appelez les meilleurs de ces nigromanciens pour ce quilz ont plusgrant puissance et plusgrant auctorite a mal faire. Et cest ce quilz demandent. Et pour ce les appelent ilz les meilleurs? Apres quant il dit. Pourquoy cest quilz nopent.&c. Il se dit pour ce que en verite les nigromanciens si vsent en leurs ars des enfans vierges et innocens/et les sont regarder vne espee bien fourbie/ou en vng bacin bien cler ou aucunesfois en leurs ongles lesquelz ilz reent ou oingnent dun pou duile pour estre plus clers/&a iceulx innocens sapparent les dyables/et leur respondent de ce quilz leur demandent. | Apres quant il dit. Car il menace le ciel de se faire entrehurter.&c. Il fait ceste interrogatoire pour ce que ces nigromanciens coniurent aucunesfois les corps celestiens comme le soleil et la lune/et les autres planettes auxquelz ilz attribuent signes coraires/et les menassent de leur faire terreurs et espouentemens/ainsi comme silz eussent puissance sur eulx. Dont apuleius en son liure que sappele methamorphoseon. Et lequel monseigneur saint augustin nomme de asino aureo. Il raconte quil dit vne chamberiere dune dame qui se mesloit de nigromancie disant quelle auoit oy sa dame que auoit commande au vespre que le soleil se couchast plustost quil nauoit acoustume/et laissast venir la nuyt pour faire exercer ces ars/et que sil ne se faisoit quelle le obscurciroit/et luy feroit auoir tenebres perpetuelles. | Apres quant il parle de ysis et de osiris/ce estoient deux dieux que estoient adourez en egipte/desquelz nous auons parle cy dessus ou viii. liure ou xxv. chapitre. | Porphire dit que en egipte la constrainte ou coniuracion qui estoit de plus grant vertu estoit de menacer/ysis de rompre et deschirer et gaster les os de osiris. son mari se ses dieux ne faisoient ce que on leur requeroit. Dont lucan en son vi. liure se esmerueille moult de la puissance de ces nigromanciens/en demandant dont il vient silz peuent faire ce quilz sont par telles menaces quant il dit en vng vers. | An vasuere nimis.&c. | Tiercement ou il dit: Doncques porphire en doubtant.&c. Monseigneur saint augustin rent double cause pourquoy porphire parle par maniere de homme doubtant. Lune pour ce que par auenture il en doubtoit en verite.

M.ii.

Lautre cause peut estre, car suppose que si grant philozophe nen feist point de doubte Toutesfois nedeust il pas troubler a celluy a qui il escripsoit telles choses. ⁋ Apres ou il dit. Finablement ce porphire pres de la fin. &c. Monseigneur sait augustin met les dis de porphire par lesqlz il interroguoit tel euesque egypcien. De la voie p laquelle on peust venir a bieneurete selon la sapience des egypciens. Car porphire reputoit pou de chose conuerser auecques les dieux, et estre du tout en leur seruice, sicõe cel euesque egypcien y conuersoit et les autres nigromaciens, sil ne se supposoit autre bien que de trouuer ce q seroit ēble de sauoir ou vng serf fugitif seroit ale ou quant il seroit bon acheter vng champ ou vne vigne ou autre chose semblable q nappartient point a bieneurete. Et desql les choses sauoir on ne doit pas tenir grãt compte.

⁋ Le .vii. chapitre ouquel il traicte des miracles que fait le vray dieu p le mistere ou seruice des sains angles. vii.

Mais tous les miracles qui sont fais soit par les angles ou autrement diuinemēt par telle maniere que lõneur et seruice dun dieu ouquel est toute la vie bieneuree, et y est recõmandee. On doit croire que telz miracles sont fais de ceulx qui nous ayment selon verite et pitie, parmy ce que icelluy dieu oeuure en eulx. ⁋ Ne certes ceulx ne sõt pas a oyr qui nyent que dieu qui est inuisible face miracles visibles cõme luy mesmes sicõ ilz dient ait fait le monde, seql pour certain ilz ne peuent renier quil ne soit visible. ⁋ Quelcõcques miracle dõcques qui soit fait en ce monde est moins q tout le monde, cestassauoir le ciel et la terre et toutes les choses qui y sõt, lesquelles certainement dieu fist. Mais aussi cõme celluy qui les fist est repost ou muce, ne peut homme comprendre la maniere comme il les fist. Et pour ce iassoit ce q les miracles des natures visibles soyent ou ayent este envilite par les veoir souuent. Toutesfois se nous les considerons sagemēt. ilz sont plus grans que ceulx qui ne vienennent pas communement, mais a tard ou qui auiennent pou souuent, car homme est plus grant miracle que quelque chose qui soit faicte par homme. Et pour ce dieu qui a fait le ciel et la terre visibles na pas desdaig de faire miracles visibles en ciel ou en terre, par lesquelz il esmeut la ame honnoree luy qui est inuisible tãt cõme icelle ame est habandonnee a choses visibles. Mais son conseil inconuenable ou il les fait. Et quant il les fait, est en luy mesmes en la disposicion duquel les temps sont ia fais quelconcques qlz soiēt a auenir. Car iassoit ce quil mue toutes choses temporelles, toutesfois ne se meut il point temporellemēt Ne il ne cõgnoist autrement les choses a faire quil fait celles qui sont faictes. Ne il noyt autremēt ceulx qui se prient, comme il oyt qui sont a prier. Car comme les angles oyent aucuns suppliãs, il oyt en eulx cõme en sõ vray temps, leql nest pas fait de mais ainsi comme les commandemens q sont fais temporellement de ses humbles sais sont de luy regardez ou veus en la loy p durable.

⁋ Epposicion sur ce chapitre.

En ce .vii. chapitre monseigneur saint augustin argue cõtre ceulx q nyēt que nostreseignr dieu qui est inuisible face miracles visibles et apparans. Et est le chapitre tout cler.

⁋ Le .viii. chapitre ouql il traicte de dieu q est inuisible, cõmēt il est souuentesfois demonstre visible, non pas selon ce qlz est

Mais selon ce que ceulx qui le regardoient le pouoient souffrir.

Nul aucun ne doit estre esmeu pour ce sil apparut visiblement aux peres anciens combien quil soit inuisible. Car ainsi cōme le son par lequel on ot vne sentence ou voix mise en la pise ce de lentendement nest pas ce que est icelle sentence. Aussi la semblance en laquelle dieu fut veu qui est naturellement inuisible nestoit ce quil est, et toutesfois estoit il veu en icelle espece corporelle, ainsi comme icelle sentēce est oupe ou son de la voix. Ne iceulx peres anciens ne mescongneurent pas quilz ne vissent dieu inuisible en espece corporelle, laquelle il nestoit pas, car moyse psoit a luy, cestadire a dieu q psoit et neant moins il luy disoit. Se iay dit il trouue grace deuāt toy, monstre moy toy mesmes a escient si q ie te voye. Car pour ce quil conuient dōner la loy de dieu espou entablement en ledict des āges, nō pas a hōme seul ou a vng pou de sages, mais a toute gent et a grant peuple. Grās merueilles furent faictes deuant ce peuple en la montaigne en laquelle la loy estoit donnee par vng seul en la presence de la multitude du peuple qui le veoit et espouētoit et doubtoit des choses q se faisoient. Car le peuple disrael ne creut pas a moyse ainsi comme firent les lacedemoniens a leur roy ligurgus, qui leur disoit quil auoit receu de iupiter ou dapollo les loix ql auoit faictes. Car quant la loy de dieu fut donnee au peuple p laquelle il sēbloit q vng dieu deuoit estre honnoure et serui, il apparut en la presēce dicelluy peuple plus merueilleusement p signes et manieres de choses tant cōme la prouidence de dieu le monstroit quil deuoit souffire a donner celle loy, affin q creature seruist a son createur:

Exposicion sur ce chapitre.

En ce viii. chapitre monseignr saint augustin demōstre cōment on doit entendre ce qui est escript ou viel testamēt Cestassauoir q nostre seignr sapparut vi siblemēt aux peres anciens. Et est faicte en ce chapitre mention de ligurgue qui dōna les loix aux lacedemoniens, lequel affin que ces loix fussent de plus grant auctoritate, et quelles ne fussent point muees Il faint quil auoit prinses ces loix dapolo en son temple qui estoit en lisse de delphos en laquelle isle il estoit adoure, et de ce nous auons parle ou p vii chapitre du .ii. liure. Et quant au surplus le chapitre est tout cler

Le viiii. chapitre ouquel il traicte de adourer vng vray dieu, non pas seulemēt pour ses biens pdurables, mais pour ses biēs tēporelz, pour ce q toutes choses sont en la puissance de sa prouidence. viiii.

Et ainsi cōme le droitturier enseignement dun homme prouffite particles de tēps ainsi comme en successiōs daages. En telle maniere prof fita le droitturier enseignement de lumainage en tant cōme il touche le peuple de dieu a ce quil fust esleue a receuoir des choses tēporelles ses pardurables, et des visibles les inuisibles. En telle maniere toutesfois q vng dieu fust recōmande a estre honnoure et serui en ce tēps mesmes que on promettoit les loyers tēporelz de dieu, a celle fin que sa pensee humaine ne fust subgecte par iceulx mesmes beneficis terriens de vie transsitore, fors q au vray createur et seigneur de lame. Car quicōcques ne croit que toutes les choses que ou āgles ou hōmes peuent donner a hōmes ne soiēt en la puissāce dun dieu tout puissant, il est hors du sens ou forcenne. Certes ploti platoniciq dispute de la pouueance de dieu. Et preuue p la beaulte des fleurettes q des feuillettes que du souuerain dieu, duquel la beaulte est entendi ble et telle quelle ne peut estre recordee que elle descend iusques a ces choses terrienes et basses/lesquelles choses comme viles et passans tresisnelement.il afferme quelles ne peuent auoir tresconuenables nombres de leurs fourmes se elles ne sont fourmees de ce en quoy sa fourme entendible & non muable perseuere qui a toutes choses ensemble. Ce demonstre nostreseigneur iesucrist quant il dit. Considerez les lis du chāp.ilz ne labourent ne ne filent. Et si vous dy que ōcques salomon ne fut ainsi couuert en toute sa gloire comme est vng druyp. Et se dieu vest ainsi le fein qui est thuy et demain est mis ou four/ de tant vous vest il plus qui estes de petite foy. Tresbien doncques lame humaine tant cōe elle est enferme et malade p desirs teriēs ne,accoustume poit a attendre/ fors q dun dieu iceulp biens mesmes quelle desire tēporellement lesquelz sont bas & terriens et necessaires a ceste vie transitoire/ et a despiter pour les benefices dicelle vie pdurable/si que elle ne se departe pas en desirant du seruice delup auql elle puienne en les desprisant et en soy departant dicelles.

(Expposicion sur ce chapitre.

En ce viii.chapitre monseignr saint augustin demonstre que on doit requerir a dieu/ non pas seulement les biēs pdurables/mais que aussi bien lup doit on requerir les biēs tēporelz/ et que pour ce les angles ne sont point a honnourer/ Et allegue cy plotin qui dit quil fut tresgrant platonicien/duquel nous auons parle en lonziesme chapitre du viii,liure.

(Le ix.chapitre ouquel il traicte dun mistere ou seruice des sains angles /leql ilz asseruent a la prouidence de dieu. ix.

Et ainsi il pleut a la prouidence de dieu ordonner le cours des temps en telle maniere q ainsi cōme iay dit et quil est escript aup fais des apostres la loy qui est de lonneur et seruice qui est deu a vng seul dieu fut donne p les edictes des angles/ausquelz la personne dicelup dieu apparut visiblement non pas par sa substance q demeure touiours inuisible aup peulp corruptibles/ mais en certaines demonstrances par creature subgecte a son createur/ et parlast si lebe apres autre en voip de humaine langue par demeures ou espaces de tēps transitoires. Lequel ne commence ne fine pler en sa nature/ nō pas corporellemēt/ mais espirituellemēt/ non pas sensiblement/ mais entendiblement/ non pas temporelsement/ mais a ce que ie dye mieulp par durablement. Mais ce que ces ministres & ses messages oent de lup cesce chose plus cleremēt. Ce nest pas par oreille corporelle/ mais espirituelle/ lesquelz vsent de sa verite incommuable bienheurez imortesement. Et oent p plusieurs manieres q ne peuent estre recordees ce qui est a faire & se font sās recuser & sās difficulte pour puenir iusques aup choses visibles et sensibles de ca aual. Et ceste loy a este donee par distribucion de tēps/ laquelle sicōme nous auons dit auroit aincois les pmesses terriennes. p lesquelles toutesfois fussent signifiees les pardurables/ lesquelles choses plusieurs gens celebrassent p sacrement visible /et pou de gens les entendissent. Touteffoie lonneur et seruice dun dieu est commande en icelle par le tesmoingnage de voip et de toutes choses ,non pas dun dieu qui fust de la compagnie aup autres dieup/mais de cellui qui fist ciel et terre et toute ame et toutes perit qui nest point ce quil est. Car il fist ces choses et elles sōt faictes/et ōt mestier de cellup q les fist a ce quelles soient & quelles se ayent bien.

Exposicion sur ce chapitre.

En ce pv.chapitre monseigneur saint augustin demonstre cõe dieu apparant aux hommes p ses angles et en creature subgecte en plant cõe personne humaine mot apres autre donna la loy en laqlle il manda et ordõna q̃ ung seul vray dieu fust honnouré et serui.

¶ Le pvi.chapitre ouquel il traicte assauoir se dacquerir la vie bieneuree il soit a croire a ces angles qui veullent estre seruis & honnourez de diuines honneurs ou a ceulx qui cõmandẽt que on serue a dieu non pas a eulx par saincte religion. pvi.

A vsquelz angles doncqs doit on croire de la vie bieneuree et par durable/ou a ceulx qui veulẽt estre honnourez p cerimonies de religion: et requierent auoir tẽples et sacrifices des hõmes mortelz/ou a ceulx q dient q̃ tout cest honneur est deu a ung seul dieu createur de toutes choses/& commandent q̃l luy soit rendu p vraye religion p la contẽplacion duquel et eulx mesmes sont bieneurez/et nous promettent q̃ nous le serons. Car celle vision de dieu est visiõ de si grãt beaulté & tres digne de si grant amour que plotin ne doubte pas a dire q̃ sans lauoir celluy qui a autres biens et habondance est tres maleureux. Cõment doncqs aucuns angles amonnestent p signes merueilleux a hõnourer celluy dieu p latrie Cestadire par seruice ou seruitude deue a dieu seulemẽt/et les autres desirent quil soit fait a eulx mesmes/en telle maniere touteffois q̃ les ungs deffendent q̃ les autres ne soient honnourez et seruis Et les autres nosent deffendre q̃ celluy dieu ne le soit Pespondent a ce les platoniciens/respondent a ce quelzconques philozophes/respondent a ce les theurgiens/ou pour mieulx dire les pereurgiens/ausqlz āges on doit mieulx croire/car tous telz ars sont plus dignes de ce mot pereurgie/

Finablement respondent les hommes se aucū sés de leur nature p lequl ilz sõt crees raysonnables vit en aucune ptie en eulx: Pespondent oy se on doit sacrifier aux dieux ou aux angles qui commandent q̃ on leur sacrifie/ou a celluy seulement a q̃ ceulx cõmandent que on sacrifie/et q̃ deffendent que on ne sacrifie a eulx mesmes ne aux autres. Se les ungs angles ne les autres ne faisoient aucūs miracles/mais commãdassent seulemẽt les ungs que on leur sacrifiast/et les autres le deffendissent. Mais qui plus est cõmandassent sacrifier tant seulement a ung dieu. Si deueroit pitie mesmes assez decliner et determiner/laqlle de ces deux choses descendroit ou dorgueil ou de vraye religiõ. Ancores diray ie plus se ceulx tant seulement qui requierent q̃ on leur sacrifie esmouuoiẽt les ames humaines p merueilleux fais. Et ceulx qui ce deffendent & cõmandent que on sacrifie seulement a ung dieu ne daignoiẽt faire telz miracles vi sibles. Pour certain ancores deueroit leur auctorite estre deuant mise/non pas p sentence ou iugement du corps/mais par la rayson de lame. Mais comme dieu ait fait ce pour recõmander les paroles de sa verité a ce que par iceulx messages imortelz en preschant/non pas leur orgueil/mais la mageste dicelluy. Il fist plus grãs plus certains et plus clers miracles/affin que ceulx qui se requierẽt auoir sacrifices nen seignassent ou administrassent plus legierement aux malades debonaire fausse religion. Pour ce quilz monstreroiẽt a leurs sens aucunes choses qui seroiẽt a merueiller. Finablement qui est celluy q̃ a si grãt voulente dassoter qui nelise les choses vrayes lesquelles il ensuiue/la ou il treue plusieurs choses dont il sesmerueille. Quelz merueilles/car les miracles des dieux des payens lesquelz histoire appreuue ou recõmande. Je ne dy pas les monstres qui auiennent en interuales de tẽps. par causes de ce monde reposees et non apparans. Et neantmoins sont establis et

Q.iii.

ordonnez soubz la diuine prouidence cō/
me sont les engendreures des bestes desacou
stumees a veoir/et la semblance daucu/
nes choses apparans ou ciel ou en la ter/
re espouentables ou nuysans/lesquelles
choses sont tesmoingnees estre procurees
et alleguees par les cerimonies des dya/
bles et p leur malice tresdeceuable. Mais
ie dy les choses q̄ apperent assez clereme͂t
estre faictes par la force et puissāce deulx
sicō est ce que on dit que les semblances z
signes des dieux priuez/lesq̄lz eneas suy
ant de trope apporta trespassant de lieu en
autre. Sicomme est ce que tarquinus trē
cha vne queux razoire/ce que le serpent de
epidaure fist compaignie a esculapius ve
nant par mer a romme/ce que vne feme
en tesmoingnage de sa chastete lopa a sa
sainture/et trait la nef qui portoit lydole
de la mere de frigie/laq̄lle nef ne pouoit
estre menee par grans efforcemens de hō/
mes et de beufz ce que vne vierge de veste
la deesse fist de la corrupcion de laq̄lle que
stiō estoit meue/osta la se debat z la doub
te en emplant vng crible de leaue du tybre
sans ce quelle respandist. Ces choses donc
ques et autres semblables ne sont en au/
cune maniere a comparer en vertu ne en
grandeur a celles que nous lisons auoir
este faictes ou peuple de dieu. Et de tant
moins leur sont a comparer les choses q̄
sont adiugees estre deffendues et cassees
par les loix du peuple mesmes qui honou
roient telz dieux. Cest assauoir lart ma/
gicque ou theurgicque. desquelz aucuns
par leur apparence decepuoient les sēs des
hōmes mortelz par illusions de leur yma
ginacion sicōme est abaisser la lune iusqs̄
a ce q̄lle soit plusprochaine de sa terre et es
cume sur les herbes q̄ sont mises dessoubz
selon ce que dit Lucan. Et combien que au
cunes choses apperent semblables ou ega/
les en oeuures a aucune fois des vrays
preux ou religieux la fin par quoy ilz sōt
diuisez demonstre que sans comparaisō
les nostres sont de plusgrant excellence.
Car de tant doiuent iceulx plusieurs

moins estre honnourez par sacrifices cō/
me ilz se requirent plus/mais vng dieu
est recommande par ces choses/lequel de
monstre quil nest mestier de telles choses
Et par le tesmoing de ses escriptures/et
par ce quil leur a depuis oste leurs sacrifi
ces. Doncques se aucuns angles requie/
rēt auoir sacrifice/ceulx doiuet estre mis
par dessus eulx qui ne se requirent pas
estre fait a eulx/mais a dieu le createur/
de toutes choses a qui ilz seruent. Car p
ce demonstrēt ilz de quelle grant amour
ilz nous ayment quant par cessuy sacrifi
ce ilz nous veulent soubzmettre. non pas
a eulx. mais a cessuy par sa contemplaci
on duquel ilz sont bieneurez et veulēt que
nous paruenōs a cessuy duquel ilz ne sōt
point departis. Mais se les angles qui
veulent q̄ on sacrifie/non pas a vng dieu
mais a plusieurs/ne veulent pas que on
leur sacrifie/mais aux dieux desquelz
dieux ilz sont angles/aussi doiuent estre
mis deuant eulx ceulx qui sont angles de
vng dieu des dieux/auquel ilz cōman/
dent que on sacrifie en telle maniere quilz
ne se desuoiēt a tout autre comme nul des
autres ne desuoie q̄ on ne sacrifie a cessuy
seul a qui ceulx cy commandent sacrifi/
er Mais les autres ne sōt ne bōs ne āgles
des bons dieux/mais mauuais dyables
laquelle chose leur orgueilleuse falace de
monstre lesquelz ne veulent pas que on
honnoure par sacrifices vng seul souue/
rain dieu/mais a eulx mesmes. Quelle
plusgrant difference est a eslire cōtre eulx
que de vng dieu/auquel les bons angles
seruent qui ne commandent que seruions
cy eulx par sacrifices/mais cessuy de qui
nous mesmes deuons estre sacrifices.

Exposicion sur ce chapitre.

En ce p̄xi. chapitre mōseigneur saint augustin dēmonstre que quant au seruice qui est deu a vng seul dieu qui en grec est appelé latria. On doit plus croire aux bons angles que aux dyables. Et fait monseigneur saint augustin deux choses en ce chapitre. Premierement il preuue que suppose que aucuns miracles ne fussent fais par les bons angles ne par les dyables, ancores deueroit on adiouster plus de foy aux bons angles, et mieulx croire a eulx que aux dyables. Et ce dit il ou il dit. Respondent a ce les theurgiens. ꝛc. Et est la matiere toute clere. ¶ Secōdement ou il dit. Mais comme dieu ait fait ce. ꝛc. Il demonstre que les bons angles firent et ont fait plus grans miracles que les dyables. ¶ Secondement ou il dit. Quelz merueilles, car les miracles des dieux des payens. et cetera. Il commence a p̄ser des miracles fais par dieux selon les anciennes hystoires des payens.

¶ Et premierement il oste et reboute de leurs miracles par les choses monstrueuses et qui sont ainsi comme contre nature et qui peuent estre attribuees a autres causes que aux oeuures des dieux, sicomme sont les monstres qui naissent des bestes, cestassauoir que vne vache ait porté vng cheual. Dont titus liuius fait mencion en son tiers liure qui est de la seconde bataille punicque. Et que vng pourceau soit ne a vng visage denfant, sicomme il le raconte ou septiesme liure de celle seconde bataille punicque. Et que vng enfant fust ne a teste delephant, sicomme il le racōte en ce mesmes lieu. Et que vne iumēt eust vng lieure, sicōme dit Valerius mapimus en son premier liure ¶ Et par celle mesmes maniere il met que la face nouuelle du ciel et de la terre ou la nouuelle apparence nest pas a compter entre les miracles des dieux, sicomme quāt on a veu aucunesfois quil sembloit q̄ le ciel ardist, sicomme dit titus liuius en son tiers liure de origine Vrbis, et quil semble que le ciel se fende en deux, et quil face vne grāt ouuerture, sicomme luy mesmes le raconte ou second liure de secondo bello punico. ¶ Et que en sardaine sicomme il dit en ce lieu mesmes, il sembla que les riuages des riuieres ardissent, et que le soleil se cōbatoit a la lune. Et que de iour on veist deux lunes, et quil sembloit que la mer ardist, sicomme il est dit ou tiers liure, et plusieurs autres monstres et choses mōstrueuses que raconte titus liuius en plusieurs lieux. Sicomme oroze en son oreste, et eutropius et paulus cassinet. Et aussi fait Valerius mapimus en son premier liure. ¶ Et toutesfois combien q̄lz ne fussent pas a attribuer aux dieux, Neantmoins quant ilz auenoient ilz sacrifioiēt a leurs dieux, affin de les appaiser et attemprer. Cestadire affin quilz fussent conuertis en bien, ou au moins quilz demonstrassent moindre mal, pource q̄ telz presages estoiēt signe de grās choses a auenir. Et quant telz choses auenoient les rommains auoient acoustume de aler aux liures de sebille, affin que selon ce q̄ ilz trouueroient en iceulx, ilz fissent sacrifice a leurs dieux, affin de ces choses attēperer. ¶ Apres ou il dit. Mais ie dy les choses qui apperent assez clerement estre faictes par la force et puissance deulx. ꝛc. Il met exemple daucunes merueilles q̄ sont a attribuer aux oeuures des dieux ou des dyables, desquelz le premier est des dieux que enee apporta auecques soy de trope en ytalie. Dont Valerius mapimus raconte en son premier liure que eneas les mist en sa cite de lanine. Et que apres ce que ascanius son filz eust faicte et edifiee la cite dalbe, et les eust mis a trās portez en grant honneur et reuerence. Ilz retournerent par eulx mesmes en la cite de lanine, ou ilz auoient este premieremēt mis par enee quant il les aporta de trope. Et pour ce que on se doubta quilz neussēt este rapportez par gens, on les rapporta en sa cite dalbe, lesquelz tātost sen retournerent en la cite de lanine. ¶ Le second exemple est de la queux q̄ le razoir trēcha de quoy raconte titus liuius en son premier liure de origine vrbis. En disant q̃ tarquinus priscus q̃ fut le v. roy des rõmains veult accroistre le nombre des centuries. ou des centuriers qui estoit vne dignite a romme qui auoit cent hommes soubz luy. Or y eut vng qui auoit nom actius nauius qui estoit augurien ou adeuineur aux oyseaulx q̃ dist que ce ne pouoit estre fait se la chose nestoit auguree/cestadire iugee p̃ le vol des oyseaulx. Dõt ce tarquinus fut moult indigne & demanda a cel augure ou adeuineur se cestoit chose possible q̃ ce quil pensoit peust estre fait. Lequel augure commenca a ouurer de son art. et tantost luy dist que cestoit bien chose possible quil fust fait: Et lors le roy luy dist quil auoit pense que cel augure pouoit copper vne queue dun razoir/& luy commanda quil se fist puis que ces oyseaulx sauoient iuge/lequel la coppa sans demeure dudit razoir. Le tiers exemple est du serpẽt qui suyuit esculapius de la cite depidaure continuelement iusques a rõme/affin de cesser et faire cesser la pestilence et mortalite qui y estoit/dõt nous auons parle ou vii. chapitre du tiers liure.) Le quart exẽple est de la nef en laquelle lydole de la mere de frigie/cestassauoir de berecinthie qui est dicte la mere des dieux/mais elle est appelee frige pour ce quelle vint de frige a rõme/sicomme nous lauons dit cy dessus ou xx.chapitre du premier liure/car comme elle fust arriuee ou tybre/elle sarresta tellement quil nestoit hõme qui la peust faire partir de la place Et lors vne appelee quinta claudia qui estoit de rõme sa tacha a sa sainture/et se cõmẽca a agenouller et prier aux dieux que celle estoit chaste que sa nef suyuist sa sainture/et quelle la peust mener legierement. Et sa priere faicte se leua et mena la nef a rõme toute seule si legierement que ce fut merueilles. Et ce mesmes raconte ouide ou quart liure de fastis/si fait titus liuius ou. ii. liure de secundo bello punico: Et aussi en fait mencion solin en son liure de mirabilibus mõdi. Et fut celle claudia vne des premieres matrosnes de la cite de romme

¶ Le v. exemple est dune vierge cõsacree au temple de veste de laquelle parle valerius maximus en son premier liure qui raconte que comme elle fust accusee que elle se fust fourfaicte. et feist on doubte se elle estoit vierge ou non / Elle pour prouuer son innocence confiant de sa chastete print vng crible et semplit de leaue de la riuiere du tybre/et lapporta tout plain sans respandre ou temple de veste. Et de ce fait mẽcion monseigneur saint augustin cy apres ou tiers chapitre du xxii.liure. ¶ Secondement ou il dit. Ces choses donques et autres. &c. Il fait comparaison des miracles de dieu fais par les bons angles aux miracles fais par les dieux. Et fait deux choses: premierement il demonstre que quant a la grandeur de loeuure les miracles de dieu sont trop a preferer aux miracles des dyables /en parlant ancores de ceulx de quoy on a parle cy dessus Et par plus forte rayson sont a preferer aux autres oeuures qui sont deffendues par les loyx desquelles nous auõs parle ou xix. chapitre du huitiesme liure/lesquelles operacions les vnes se font en vne maniere de ymaginacion & illusion/sicomme quil semble quant les nigromanciẽs oeuurent quilz abaissent la lune pres de la terre/ pour escumer ou rendre aucune licqueur sur aucunes herbes quilz mettẽt la edroit Et premieremẽt celle escume laquelle les nigromanciens dient valoir a trop de choses. Et sicomme aucuns dient piricheus fut le premier qui trouua cest art. pourquoy la lune fut constrainte a descendre / dont lucan en son sixiesme liure en parlant de moult de merueilles que vne femme enchanteresse ou nigromancienne qui faisoit telles choses dit ainsi en vng vers:

¶ Et patitur tantos cantu depressa labores: Donec suppositas proprior dispumet in herbas. Cestadire quilz enchantoyent la lune en telle maniere que ilz la fõt descẽdre & getter celle escume sur leurs herbes. De celles ludificacions et fantosmes parle apuleius en son liure methamorphoseos qui est appele de asino aureo ou il ameine ung appele socrates que en parlant dune telle sorciere ou enchanteresse appelee saga, dit ainsi. Saga est puissant de abaisser le ciel, de haulcer la terre, et destruire les fontaines, faire courir les montaignes, haulcer les dieux denfer, ou les ames denfer, ou abaisser et oster aux estoilles leur clarte, et enluminer enfer. Et Birgille ou quart liure de eneydos, pareillement en la complainte de didon qlle faisoit pour enee qui la laissoit, racõte dune telle femme en disant en deux vers. v. Hec se carminibus promittit soluere mentes. Sistere aquas fluminis et spdera vertere retro. Cest a dire que p charmes et p enchanteries elle promettoit de faire muer les pensees des gens, ou selon lautre entendement rompre ses montaignes, faire arrester les eaues des fleuues. Et ce dit il en trois vers qui sont telz. v. Illa reluctantem cursu deducere lunam. Nititur et tenebris addere solis equos. Illa refrenat aquas obliquaqz flumina sistit. De celle sorciere appelee saga parle ouide en son liure appele de armis, autrement appele sine titulo, en soy complaignant de ce qsi auoit couche vne nuyt auecques samie, et pource quil ny auoit peu rien faire, disoit q celle saga lauoit violente. Et pource dit il en ung vers, vsus Saga ve punicea pinxerũt nomina cera Secondement ou il dit. Et combien que aucunes choses. &c. Il demonstre que aucunes merueilles sont faictes p les dyables lesqlles semblent estre a comparer a moult de miracles des bons angles pour la grandeur de leuure. Touteffoies la fin p laquelle telles oeuures sont separees & distinguees, demonstre en toutes manieres que les oeuures de dieu precedẽt et sõt plus excellens. Car les bons le font, non pas a ce que ilz soient honnourez, mais vng seul dieu. Mais les dyables le fõt affin quilz soient seruis et honnourez, &

nõ pas dieu. Et pour ce on doit adiouster moins de foy a eulx que aux bons ãgles, et sont moins creables.

Le xvii. chapitre ouquel il traicte de larche du testament et des miracles des signes qui sont fais diuinement a recommander lauctorite de sa loy et de sa promission. xvii.

Et pource estoit mise en larche sa loy de dieu, laquelle fut donnee aux edictz des angles, saql le commande q vng seul dieu des dieux soit honnoure par religion des choses sacrees. Et tous les autres y sont deffẽdus a estre hõnourez, laquelle arche estoit appelee larche de tesmoingnage. par lequel nom il est assez signifie q dieu qui p toutes ces choses est honnoure & serui na pas acoustume estre enclos ou contenu en lieu quant ses responces et aucunes signes estoient donnez aux sens humains du lieu dicelle arche, mais par ce estoit porte le tesmoingnage de sa voulente. Et aussi en ce que celle loy estoit escripte en tables de pierre et mise en larche, sicõme iay dit a la qsse les prestres ordõnes portoiẽt reuerẽce aueccq le tabernacle. leql estoit sẽblablement appele le tabernacle de tesmoingnage ou tẽps de la pegrinacion ou desert ou hermitage, et y auoit signe tel q vne nuee sapparoit p iour, laqlle resplẽdissoit cõe feu. et laqlle nuee quãt elle se mouuoit les ostz se mouuoient, & ou elle sarrestoit ilz sarrestoient et fichoiẽt leurs testes & leurs pauillons. Mais a celle loy furent rẽdus tesmoingnages de grans miracles oultre ceulx que iay dit, & oultre les voix qui yssoiẽt du lieu dicelle arche. Car comme le peuple de dieu entrast en la terre de promission, et icelle arche passast le fleuue de iordan, le fleuue sarresta de la partie de dessus et couroit de la partie de dessoubz &

donna pour passer lieu secq a icelle arche et au peuple. ⁋ Apres les murs de la cite qui trouuerent premierement leur enuie. laquelle adouroit plusieurs dieux selon la coustume des payés icelle arche portee par sept fois enuiron la cite tresbucherent sans ce quilz fussent combatus de main ne ferus de quelconqs engin. ⁋ Apres ce aussi cōe ilz fussent ia en la terre de promissiō, et icelle arche fust prinse de leurs ennemis pour leurs pechez ceulx qui lauoient prinse la mirent honnourablement ou tēple de leur dieu quilz adouroient deuant tous ses autres, sen alerent et closrent le tēple Et quāt ilz souurirent le lendemain ilz trouuerent lydole quilz adouroient a laquelle ilz supplioiēt tresbuchee et froissee laydement. ⁋ Apres ce ceulx q sauoiēt prise demenez par signes et punis moult laydement, redirent au peuple larche du diuin tesmoingnage de qui ilz sauoient prinse. Mais comme la rendirent ilz, ilz la mirent en ung chariot, et y attelerent vaches ausquelles ilz osterent leurs veaulx a faictans, et les laisserent aller ou elles vouldroient aller, voulans en ce esprouuer la vertu diuine. Et tantost icelles vaches alans aspremēt par la voye des hebrieux, et sans gouuerner, et sās ce que les cris ou mugissemens de leurs veaulx mourans de fain les peussent rappeler, rapporterent a ceulx qui ladouroiēt. Cestadire au peuple disrael grant sacrement. Ces choses et autres semblables sont petites a dieu, mais elles sont grandes pour espouenter et enseigner les hommes mortelz a leur salut. Car se les philozophes, et mesmemēt les platoniciens ont louenge de ce quilz ont mieulx sentu et plus droicturierement que les autres, si comme iay dit ung pou cy deuant en ce q ilz enseignerent la pourueāce diuine estre en ceste mesmes administraciō de ca aual basse et terrienne par tesmoingnage des beaultez en grant nombre lesquelles sont engendrees, nō pas seulement aux corps des bestes, mais aussi aux herbes et alcois

q on voit de tant plus cleremēt portent tesmoingnage a la verite des choses qui sōt faictes a leure de sa predicacion, en laquelle celle religion est recōmandee qui deffent a sacrifier aux choses celestienes terrestriennes et infernales. Et commande q on sacrifie seulement a ung dieu q tout seul amāt et ame fait les bieneurez, determinant les temps ordonnez diceulx sacrifices, et qui les a auant anoncez a estre a muer en mieulx p meilleur prestre, il tesmoingne quil ne desire poīt iceulx, mais tesmoigne que p iceulx autres meilleurs sont signifiez. Non pas a ce quil soit esleue ou essauce p telles honneurs, mais a ce que nous ēbrasez de son amour soyons a le honnourer et a nous ioindre et aherdre a luy laquelle chose est bonne a nous non pas a luy.

⁋ Exposicion sur ce chapitre.

En ce vii. chapitre mōseigneur saīt augustin demonstre que la loy qui enseigne a adourer ung seul dieu est suffisāment confermee p miracles. ⁋ Et fait deux choses en ce chapitre. premierement il preuue p les miracles qui furēt fais en vers larche du testament, en laquelle la loy fut mise. Et les choses qui sont cy dictes apperent assez p la saincte escripture et p especial en la bible. ⁋ Secondement ou il dit. Car se les platoniciens philozophes, etce. Il preuue ce mesmes p les miracles qui furent fais quant on prescha que on deuoit adourer ung seul dieu comme il fut en la predicaciō de iesucrist et de ses apostres et de plusieurs autres sains. Et fait monseigneur saint augustin mencion en ce chapitre des platoniciens qui par la beaulté des choses monstrent la diuine pouneance et les euures diuines, affin qlappere que p celle mesmes maniere p les miracles fais a leuure de la predicacion nous puissons dire estre la diuinite q appreuue la pdicaciō a la cōfirmaciō de laqlle les miracles sont fais a icelle mesmes heure

Et est assauoir que ce platonicien duquel en ce chapitre monseigneur saint augustī allegue ses dis. Ce fut plotin sicōe il appert par le p̄iiii. chapitre. de ce liure.

⁋Le p̄viii. chapitre ouquel il traicte contre ceulx q̄ cuident que on doye croire aux liures de leglise des miracles p̄ lesquelz le peuple de dieu a este ēdoctrine ⁊ apris. p̄viii.

Mais dira aucun que ces miracles sont faulx et quilz nont point este fais/ mais ont este escrips p̄ menterie. Quiconques dit cecy sil nye du tout que telles choses on doye croire a aucunes escriptures/ il peut aussi dire q̄ aucuns dieux nont en cure les choses mortelles/ car ilz nen diuisoient pas autrement les gens a eulx honnourer q̄ p̄ fais de eu ures merueilleuses. Desquelz fais lystoire des payens est tesmoing/ par lesquelles oeuures des dieux ilz se peurent mieulx demonstrer p̄ vaine gloire merueilleux/ q̄ ilz se peussent demonstrer estre prouffitables. Pourquoy nous nauons pas entreprins en cest oeuure dont nous auons ap̄ sent le x. liure en mains a reprendre ceulx qui nyent ou quil soit aucune vertu diuine/ ou qui maintiēnent q̄ de celle vertu ne tiennēt compte/ ou nait en cure les choses humaines. Mais entendons a reprendre ceulx qui esleuent leurs dieux deuant nostre dieu faiseur de la saincte et tresglorieuse cite/ qui ne scauēt q̄ cestuy mesmes dieu soit createur inuisible et immuable de ce monde visible et muable/ et qui est vray donneur de la vie bieneuree/ non pas des choses quil fist/ mais de soy mesmes/ car son tresvray prophete/ cestassauoir dauid dit. Il est bon dit il q̄ ie maioigne ou aherde a dieu/ car il est question entre les philozophes de la fin du bien/ auquel acquerir tous autres offices sont a rapporter. Ne le prophete ne dit pas. Il est bon que ie habonde en richesses/ ou que ie soye aour

ne ou pare de pourpre et de septre/ ou que ie soye excellēt sur les autres par dyademe ou couronne/ ou ainsi que aucuns philozophes neurent pas honte de dire le delict du corps est bon. Ou sicōe autres philozophes dirent mieulx/ Cest bien a moy q̄ de mon courage. Mais ce philozophe dauid dit. Il est bon que ie maioingne ou aherde a dieu. Cestuy auoit enseigne cestuy auquel seulement les sains angles ont amōneste a sacrifier p̄ le tesmoignage de ses miracles. Dont et ce prophete auoit este fait sacrifice dicellup p̄ le feu espirituel duq̄l il ardoit tous esperis et estoit esleue p̄ saint desir en son embrasement incorporel q̄ ne peut estre recorde. Mais toutesfois q̄ se est la cause pourquoy ceulx q̄ honnouroient plusieurs dieux q̄ziconques. quilz ses cuident estre seurs/ croiēt quilz ayent fais aucuns miracles/ soit p̄ leurs hystores de leurs choses ciuiles ou des sictures magicqs Ou quilz appelent a leur cuider plus honnestement theurgicques/ et ne deussent pas croire q̄ ces choses soiēt faictes selon les escriptures ausquelles se doit adiouster plus grant foy de tant cōe cellup est plus grant/ auquel seulement elles commandent que on face sacrifice.

⁋Epposicion sur ce chapitre.

En ce p̄viii. chapitre monseigr̄ saint augustin reboute vne responce que on pourroit dire aux choses qui sōt arguees en ce chapitre precedēt. Car aucū pourroit dire q̄ les choses qui sont alleguees des miracles ou chapitre p̄cedēt sōt faulses/ et faulsemēt escriptes/ lesquelles choses mōseigneur saint augustin repreuue en ceste maniere/ et fait vng tel argument. ⁋Ou on doit dit il croire de ces dieux de leurs miracles a aucuns liures/ ou on ne doit aucūs croire. Se on ny doit poit croire/ il nye en toute maniere la prudence de dieu/ ⁊ aussi le seruice q̄ on luy doit seūl ne peut estre autremēt enduit ou amōneste q̄ par miracles ou oeuures merueilleuses. Et se aucunement il est ainsi que on doye adiouster foy a aucunes escriptures qui commandent que sen sacrifie a ūng seul dieu q̄ on ne fait aux escriptures des payens par lesquelles on raconte plusieurs miracles estre fais a ce q̄ on sacrifie a aucuns dieux/ lesquelz ilz tiennẽt quilz ōt ūng dieu souueraī. Et est le chapitre tout cler.

⁋ Le xix. chapitre ouquel il desclaire q̄lle soit la rayson du ūray ūisible sacrifice lequel la religion enseigne a estre fait a ūng dieu ūray et inuisible. xix

Ais ceulx qui cuidẽt que telz sacrifices ūisibles appartiennent aux autres dieux/ et q̄ a cestuy dieu comme il soit inuisible appartiẽnẽt sacrifices inuisibles plus grans comme a plus grant/ et cōme a meilleur meilleurs ne scauent pas pour certain que telz sacrifices ūisibles sont signes des inuisibles ainsi comme les paroles raysonnables sont signes des choses. pourquoy ainsi comme en desprisant et louant nous adresson nos paroles/ signifiāt a cestuy auquel nous offrōs en cueur les choses que nous signifions. Aussi deuons nous sauoir que quant nous faisons sacrifices q̄ se sacrifice ūisible que nous faisōs ne doit estre offert a autre q̄ a cestuy duq̄l nous mesmes deuons estre sacrifice īuisible en noz cueurs. Adonc nous sont fauourables et seiouissent auecq̄s nous les anges et les ūertus plus haultes t plus puissans et en bonte et en pitie. Et nous aydent en ce a leur pouoir. Et se nous leur ūoulions faire ces sacrifices/ ilz ne les recepueroient pas ūoulentiers. Et quāt ilz sont enuoyes aux hommes en telle maniere que on les apperçoiue ilz deffendent tresappert que on ne leur face telz honneurs. Nous en auons plusieurs exemples en la saincte escripture. Aucuus cui-

derent que on deust porter honneur aux angles ou en eulx adourant ou sacrifiāt a eulx/ lequel honneur est deu seulement a dieu. Et ce faire leur deurent iceulx angles par amonnicion et leur commanderent quilz portassent cest hōneur a cestuy quilz sauoient que on se deuoit seulement faire. Aussi les sains hommes de dieu en supuirent les sains angles. Car on cuyda que saint pol et saint barnabe par ūng miracle quilz auoient fait en rendant sāte a ūng malade en la cite de pchonie fussent dieux. Et pour ce leur ūidrent les pchoniēs immoler sacrifices/ laquelle chose ilz refuserent par humble pitie/ et leur prescherent et amonnesterent ladoracion dun ūray dieu seul ouquel ilz doiuẽt croire. Ne ces dieux decepueurs et plains de falace ne requierent tel honneur auoir orguilleusemēt pour autre chose/ fors que pour ce quilz scaiuent quelle est deue au ūray dieu. Car ūrayment ainsi comme dit porphire. Et aussi le cuident aucuns. ilz ne se iouissēt pas des ordeurs des charongnes rotties/ mais des honneurs diuines. Car ilz sen pourroient plus faire haisser et demonstrer. Les esperis dōc ques qui par arrogance se attribuent la diuinite ne se deliectent pas en fumee de chascun corps/ mais au courage de cestuy qui les supplye. sur leq̄l comme leur subgect et deceu ilz ayent seigneurie/ et luy forcloent la ūoye daler au ūray dieu. affin que homme ne soit son sacrifice quant il est sacrifie a autre que a luy.

⁋ Expposicion sur ce chapitre.

En ce xix. chapitre monseigneur saīt augusti preuue que le sacrifice suppose quil soit corporel/ n'est pas a faire a autre que a ūng dieu/ ne ne fut oncques a faire a autre. Et fait en ce chapitre trois choses. ⁋ Premierement il rend la cause pourquoy a ung seul dieu iuisible on doit sacrifier visiblement. Secondement il demonstre q̃ les bons anges ne veulẽt pas que on leur face telz sacrifices. non sont les bonnes creatures.) Tiercement il rend la cause pourquoy les dyables veulent q̃ on leur face sacrifice corporel. iaf soit ce q̃lz ne se delictent pas aux oudeurs des sacrifices / laquelle chose les payens cuiderẽt. La seconde partie se commence ou il dit. Adoncques nous sõt ilz fauourables. &c. Et la tierce partie se commence ou il dit. Ne ces dieux decepueurs et plain de falaces. &c. Et quant au surplus le texte est tout cler.

℄ Le xx. chapitre ouq̃l il traicte du vray dieu souuerain sacrifice. laquelle chose est faicte a celluy mediateur de dieu & des hõmes. xx.

Dont icelluy vray dieu moyenneur en tant comme en prenant la fourme de son sergẽt il fut fait moyenneur de dieu et des hommes / homme iesucrist. Combien quil recoiue sacrifice en tant quil est en la fourme de dieu auecq̃s le pere auecq̃s leqũl il est dieu. Toutesfois ayma il mieulx estre sacrifice en la fourme de son sergent que le recepuoit a ce que aucun ne cuidast par auenture que on deust sacrifier a chascune creature. par celuy mesmes est et prestre offrant / et si est loblacion qui est offerte. Le sacrement de laquelle chose il veult estre quotidien sacrifice en lesglise / laquelle esglise comme elle soit corps de luy qui est chief / elle doit apredre par luy a offrir soy mesmes. Les sacrifices anciens de maintes manieres et diuerses des sains estoient signes de vray sacrifice comme luy tout seul fust signifié par plusieurs sacrifices ainsi comme une chose seroit dicte par plusieurs parolles a ce quil fust moult recommandé & sans ennuy. A ce souuerain vray sacrifice ont laisse la place & donne lieu a tous

faulx sacrifices.
℄ Exposicion sur ce chapitre.

En ce xx. chapitre monseignr̃ saint augustin demonstre que a iesucrist ne pour rayson de nature humaine qui print / ne selon nature humaine on ne luy doit pas faire sacrifices / mais q̃ luy mesmes fut fait vray sacrifice. Duquel tous les autres sacrifices furent signe et demõstrance. Et est le chapitre tout cler.

℄ Le xxi. chapitre ouquel il traicte de la maniere de la puissãce q̃ est dõnee aux dyables a glorifier les sains qui ia auoient souffertes passions / lesquelz vaincqrent les esperis de lair / cestadire les dyables / non pas peulx suppliãs / mais en demourant en dieu.   xxi.

Ais aussi est la puissãce q̃ est prmise au dyable en aucuns tẽps attẽprez et determinez a ce q̃lz exercent ennemistiez p̃ tirannie encontre la cite de dieu p̃ la commocion des hommes q̃ sont leurs et q̃ recoiuent leurs sacrifices Non pas seulement des hommes qui les leur offrent et qui les requierent de ceulx q̃ les leur veulent faire Aincois les extorquent a force de non voulãs en persecutãt ceulx q̃ ne leur veulent faire. Celle puissance est nonpas seulement non domageuse / mais est prouffitable a lesglise a ce q̃ le nõbre des martirs soit acõply / lesq̃lz la cite de dieu a de tant plus nobles et plus honnourables cytoyens cõcilz se cõbatẽt plusfort et iusq̃s a leur sang espandre contre le pechie de desloyaulte. Et se la coustume de parler selon lesglise le souffroit nous appellerions plus noblement iceulx martirs noz heroes. Car ce nom est extrait de iuno la deesse pour ce q̃ iuno est appelee en grec hera / cestadire dame Et pour ce ie ne scay pas leq̃l de ses filz fut appele heros selon les fables des grecz. Et celle fable signifiant en figure que lair est attribue a iuno/ouquel air les payens maintiennent que les heroes habitent auecques les dyables par lequel nom de heroes ilz appellēt les ames des mors qui sont daucune merite. ¶Mais au contraire noz martirs seroient appelez heroes se lusage de parler selon lesglise le receuoit/non pas que pour ce ilz eussent compagnie en lair auecques les dyables/mais pour ce quilz vaincquiroient iceulx dyables/cestadire la puissāce de lair. Et aussi vaincroiēt en eulx tout ce que on cuide qui peust estre signifie par iuno que les poetes maintiennent conuenablement estre en tout et par tout ennemie aux vertus/ et enuieuse aux hōmes vertueux qui tendent au ciel. cestadire a acqurir sa vie ppetuelle/mais de rechief Virgille sencline a elle et consent hōteusemēt Car cōme en faingnant icelle iuno il dye en son liure de eneydos telles parolles. Je suys vaincu de enee. Helenus filz du roy priamus amoneste a enee/ainsi comme p religieux conseil et lup dye quil luy chāte et face veux voluntaires/ et quil deprie a celle iuno et quil sourmonte ou vaincque celle dame puissāt par dons humblemēt offers. De laquelle oppinion porphire dit cōbien q ce ne soit pas de sa sentence/mais dautres que se bon dieu ou genius ne viēt point a hōme se le mauuais homme dieu nest auant apaise/aisi comme se les mauuais dieux fussent plussors enuers les mescreans que les bons/quant il est ainsi q les mauuais epeschēt les apses des bōs sil nest ainsi q iceulx aincois appaisez ne leur donnent lieu. Et les bons ne peuent prouffiter se les mauuais ne veulent/ Mais les mauuais peuent bien nupre. et les bons ne leur peuent resister.] Ceste foye nest pas iuste ne veritable/ne foye de saincte religion. Ainsi ne vaincquirent pas noz martirs iuno. cestadire les puissances de lair qui ont enuie des vertus des debonaires. Et p vsage on pouoit aisi appeler cōmunement noz martirs. Ilz surmontent en tout et p tout p vertu diuine celle iuno/non pas p dons/car scipiō fut plus pprement surnōme affricquā pour ce ql vaincquit affricq p sa vertu q sil les eust appaisez p dons/affin qlz se pugnassent et quilz ne luy eussent point resiste.

¶ Exposicion sur ce chapitre.

En ce xxi. chapitre monseigneur saīt augustī assigne la cause pourquoy dieu souffrit que les dyables reqrent que les crestiens leur fissent sacrifices a teps. Et fait deux choses en ce chapitre. Premierement il rend la cause de ce en disant qls le fut/affin que le nōbre des martirs fust replȳ. Secondement ou il dit.] Et se la coustume de pler selon lesglise. &c. Il demonstre de ql nom les martirs seroiēt dignes se lusage de la paroisse de lesglise le souffroit. Et fait icy ancores .ii. choses. Car premieremēt il demonstre q a bonne cause les martirs pourroiēt estre appelez heroes/cestadire esperis habitans en lair pour lentendemēt de laquelle chose il est assauoir que selon les poetes iuno est reputee pour lair. Et pour ce les payens tenoient que les hommes q auoient este de grant merite estoiēt en lair auecqs les dyables apres leur trespassemēt. Et estoiēt dis heroes ab hera/cestadire de iuno q est prinse pour lair. ou pour dame de lair. Et pour ce a signifier ceste chose les poetes grecz faingnirent q vng appele heros auoit este filz de iuno Mais toutesfois mōseignr saīt augustī dit q les martirs ne sont poīt dis heroes ne ne doiuēt pas estre ainsi appelez pour ceste cause/ mais pour ce quilz ont vaicu iuno. cestadire les puissances de lair p lesqlles sont entēdus les dyables. lesquelz resistent tousiours aux hōmes iustes. Et pour ce faindirent conuenablement les poetes q iuno est enemie de vertus/et qlle a enuie contre ceulx qui veulent monter ou ciel. Et pour ce virgile en son premier liure de eneydos en parlant a la persōne de iuno dit ainsi en vng vers. ¶ Gens inimica michi terrenum nauigat equor. Ceſtadire que iuno ſe cõplaingnoit de la gent qui luy eſtoit enne mpe. ſicõe enee et ſes compaignons, de ce quilz ſen aloient ſains et ſaulfz, et quilz eportoient en ptalie leurs dieux priuez. de quoy nous auons parle plus a plain ou premier liure de ceſt oeuure ou tiers chapitre Et ſeneque en ſa premiere tragedie ameine celle iuno ainſi cõe couroucee de ce q̃ iupiter tranſportoit tãt de perſonnes ou ciel Et par eſpecial auoit enuie ſur hercules, ſicõe il appert par icelle premiere tragedie Et comme elle ſeppoſa a tous perilz pour ſe faire mourir. Et par eſpecial ou il eſt dit. Non ſic abibunt odia. Et auſſi en p̃le ouide en ſon p̃iiii liure de trãſformatis

⁂ Et pour conſermer ceſte matiere quãt a ces hõmes vertueux les ames deſqlz les payens appeloient heroes. Il eſt aſſauoir que les romains auoient acouſtume de ſournommer ceulx qui auoient faictes nobles τ puiſſantes victores du nom des pays quilz auoient deſconfis et vaincus ſicõe furent les deux ſcipions, dont lun fut appele ſcipion laffricquã, pour ce quil deſconfit ceulx daffricque en la ſecõde bataille punicque. Et le ſecond ſcipion qui deſcõfit et deſtruit ceulx de carthage entierement. Tous leſquelz deux ſcipions furent appelez affricquãs. Et auſſi y eut ung autre ſcipion qui fut appele aſiaticũ pour ce quil deſconſit ceulx daſye qui eſt une des tierces parties du monde Et aĩſi de pluſieurs autres, pour laquelle choſe monſeigñr ſaint auguſtin dit en ce chapitre que le vſage et conſtume de paſſer le ſouffroit, les martirs pourroient conuenablement eſtre appelz heroes ab hera, Ceſtadire de iuno et des puiſſãces de lair ceſtadire des dyables qui ſont cõtraires aux vertus par ce quilz les ont vaincus

⁂ Secondement ou il dit. Mais de rechief virgille: a ce. Il demõſtre que lerreur de virgille quil miſt de celle iuno fut cauſe de lerreur des autres. Car iaſſoit ce q̃ virgille en ſon ſeptieſme liure en fiction a meine iuno, laquelle ſe cõfeſſe eſtre vaincue de enee. Touteſſois en ſon tiers liure de virgille parlant de enee comme vaincu de iuno ameine helenus qui fut filz de priam roy de troye, conſeillant a enee quil apaiſaſt le couroux τ ire de iuno par ſacrifices et par dons. Dont ſelon virgille heſenus diſoit a enee en ſes vers en telle maniere. Junoni cane vota libens dñamq̃ potentem ſupplicibus ſupra donis. Ceſt adire ſers iuno q̃ eſt dame puiſſant τ fait voulentiers ce que elle vouldra, et la ſurmonte par humbles dons, ceſtadire quil vaincque ſon ire p dons telz, par leſqlz il luy puiſt ſupplier. Et de ceſte erreur de virgille prindrent les autres leurs erreurs, ſicomme il appert par le texte.

⁂ Le xxii. chapitre ouql il deſclaire dõt ſoit la puiſſance aux ſains contre les dyables, et dont ſoit la vraye purgacion du cueur. xxii.

Les hommes de dieu deboutent par vraye pitie en coniurãt, nõ pas en appaiſãt ſa puiſſance de lair ennemie et contraire a pitie. Et vainquent toutes ces tẽptacions et auerſitez, en depriant, non pas elle, ceſtadire en deſpriant ceſte puiſſance, mais ſon dieu encontre elle. Car elle ne vaint aucun ou ſoubzmet, fors que par ſa compaignie de peche. Doncques vaint on par la compaignie de celluy qui deuit homme et fiſt ſãs prche que en ſoy meſmes eſtant preſtre et ſacrifice fut faicte ſa remiſſion des pechez ceſtaſſauoir p hõme ieſucriſt moyeneur de dieu et des hommes. Par leql ſa purgacion de noz pechez faicte. Nous ſomes reconciliez a dieu, pour ce que les hõmes ne ſont ſeparez de dieu, fors par pechez. Deſquelz pechez purgacion neſt pas faicte en ceſte vie par noſtre vertu. Mais p la miſericorde de dieu par ſon indulgẽce non pas par noſtre puiſſance. Car ceſte vertu meſmes que nous auons, combiẽ petite quelle soit/ nous est ottroyee de sa bonte. Nous nous dourrions moult de pechez en ceste char/ se nous ne vivions soubz sa seigneurie et misericorde iusques a nostre trespassement. Pour ce doncques nous est donnee grace par le moyenneur a ce que nous maculez et enordis par la chair de peche fussions nettoyez p͞ sa sem blance de la chair de peche. Par ceste grace de dieu par laq̈lle il monstre en nous sa grant misericorde/ sōmes nous gouver nez en ceste vie par foy. Et serons par me nez par elle apres ceste vie a la tresplai ne perfection par icelle espece de la verite incōmuable.

⟨Epposicion sur ce chapitre.

En ce xxii. chapitre monseign͞r saint augustin demonstre cōment nous devōs vaincre ces puissances de lair/ cest adire les dyables. Et fait deux choses en ce chapitre. Premierement il demonstre comment nous vaicquons par la seule vertu de dieu. Secondement il demōstre comment nous sōmes purgez p͞ sa mise ricorde. Et celle seconde partie se commen ce ou il dit. Doncques saint t͞ōme. &c.

⟨Le xxiii. chapitre ouquel il traicte des commencemens ausquelz les platonicie ns confessent estre la purgacion de lame xxiii.

Porphire dit aussi que les dieux donnerent en leurs respons que nous ne sommes pas purgez p͞ les purgacions de la lune et du soleil q̈l appele theletes/ affin quil fust par ce des monstre que homme ne peut estre purge p͞ les purgacions daucuns dieux. Car quelz sont les dieux desquelz les theletes ou purgacions purgēt/ se les theletes ou purgacions de la lune et du soleil ne pur gēt les q̈lz ilz treuuēt estre les plus princi

paulx entre ses dieux celestiens ⸫ Apres ce porphire dit quil fut expressemēt denō ce a icelluy respons que les principes ou commencemens peuēt purgier/ affi que par aventure quant il fut dit que les the letes du ciel et de la lune ne purgent pas/ on ne creust que les theletes daucun autre dieu de sa compaignie ou comū eust puis sance de purger.) Mais nous savons bien quil entend a dire par p͞ncipes comme cel luy qui estoit platonicien. Car il dit que cest dieu le pere et dieu le filz/ lequel appe le lentendement du pere ou sa pensee du pere. Mais du saint esperit ou il nen dit rien ou il nen parle pas plainement/ mais ob scurement/ iassoit ce que ie netende pas q̈ autre il appele moyen de ces dieux. Car sil vouloit entendre par ce moyen sa tier ce substance de lame/ si comme fait plotin ou il dispute de trois substances princi paulx. Pour certain il ne se diroit pas estre moyen de ces deux/ cest adire du pere et du filz. Quelz merveilles/ car plotin dit q̈ la nature de lame doit estre mise apres se tendement du pere. Mais cestuy quant il appele moyen/ ne se met pas apres/ ain cois se met entre deux. Et nest pas mer ueilles sil appele sicomme il peut ou sico me il veult/ ce que nous appelons le saint esperit/ non pas du pere tant seulemēt ne du filz tant seulement/ mais esperit de lun et de lautre. Car les philozophes par lent franchement ou par parolles a leur voulente/ ne ilz ne doubtēt point faire of fences aux oreilles des religieux en par lant des choses qui sont de tresgrant dif ficulte a entendre. Mais il nous est licite a parler par certaine rigle. affin que laba donnement des parolles ou de parler nen gendre mauuaise et deslopale oppinion des choses mesmes qui par ces parolles sont signifiees ⸫ Doncques quant nous parlons de dieu/ nous ne disons pas. ii. ou trois principes/ ainsi comme il ne nous est pas licite dire deux ou trois dieux/ iaf soit ce q̈ quant nous parlons de vngcha scun/ soit ou du pere ou du filz ou du sait esperit. Nous confessons chascun deulx estre dieu. Et toutesfois nous ne disons pas ainsi comme les heretics sabelliens q̃ dit que cestuy mesmes qui est le filz soit se pere, ne cestuy mesmes q̃ est pere a filz, soit le saint esperit. mais disons le pere estre le pere du filz, a le filz estre filz du pere, et le saint esperit estre esperit du pere et du filz, et non pas estre pere ne filz.

Exposicion sur ce chapitre.

En ce xxiii. chapitre monseigñr saint augusti p̃ueue p̃ ses dis de porphi re ce qui est dit ou chapitre precedent, cest assauoir que nous sommes purgez a net toyez de noz pechez par ung seul dieu. Et fait trois choses en ce chapitre. Premierement il p̃ueue par ses dis de porphire que p̃ ces sacrifices des dieux ordonez a purgacion nous ne pouons estre purgez. Et est le texte tout cler. Secondement ou il dit. Apres ce porphire xc. Il met ung dit obscur de porphire p̃ lequel innue q̃ dieu se siray peut purger ses ames de tout ordure et de tout peche. Tiercement ou il dit Mais nous sauons bien quil entend a dire xc. Il expose ce dit de porphire, ou il fait deux choses. Premierement il demonstre de lintencion de porphire ce qui est cler et ce q̃ est douteux. Il est cler que ce porphire mist deux principes efficiés de toutes choses. Cestassauoir dieu le pere et dieu le filz, lequel il appelle la pensee ou sentendement du pere. Et en ce il ne saccorde pas a plotin et aux autres philozophes platoniciens Dont macrobe en son liure de sõ pnio scipionis dit quilz mettent ung sou uerai dieu contenant les ydees. Cestadire les substances separees. Trimegistrus aussi en son liure q̃ sappelle de verbo perfecto dit ainsi. Le seigneur dit il a faiseur de tous les dieux fist ung second seigneur. Et pour ce quil le fist premier seul a siray luy sembla bon, a tout plain de tous biẽs a sen esioyt Cest ce dit il le filz du benoist

dieu et de bõne voulẽte. Et apres en aioustãt il dit. Cestuy ung sien seul ne ayma dieu Et ces parolles sont les parolles de trimegistrus. Mais il est doubte aux paroles de porphire qui disoit quil y auoit a ung autre moyen. Car en ce il semble contraire a plotin et aux autres platoniciens qui mirent la tierce substãce oultre les autres selon la nature de lame, laquelle ilz ny mirent pas moyenne. mais derreniere de ces deux. Secondement ou il dit. Et nest pas merueilles xc. Monseignr saint augustin demõstre que par ce moyẽ il semble que porphire entendit le saint esperit, combien quil differast moult aux crestiens en la maniere de parler.

Le xxiiii. chapitre duq̃l il traicte dun seul et vray commencement ou principe, lequel purge a renouuelle la seule humaine nature.   xxiiii.

Doncques est ce dit vray q̃ homme ne peut estre purge, fors q̃ p̃ le principe, combien que les philosophes les appelent en plusier p̃incipes Mais porphire subgect aux puissãces enuieuses, cestadire des dyables, desquelles il au oit vergongne, a lesqlles il doubtoit redarguer plainement ou frãchement ne voulsoit entendre que nostre seigneur ie sucrist soit le principe p̃ licarnacion duq̃l nous sommes purgez. Quelz merueilles, car il le despisa en icelle chair que il prĩt pour se sacrifice de nostre purgacion cõe cestuy qui nentendoit pas le grant sacrement par cel orgueil. Lequel icestuy vray et begnin moyenneur degetta par sõ humilite en soy demonstrãt aux mortelz en icelle mortalite. laquelle mortalite les mauuais a deceueurs dyables qui ne sauoyent pas senesleuerẽt plus orguilleusement. Et cõe mortelz p̃mirent ayde deceuable aux hões mortelz a malcureux

Aussi demõstra le bon Bray moyēneur peche estre mauuais. Non pas la substãce ou la nature de la chair/ laquelle peut auecq lame de hõme estre prise et sãs peche/ et estre eue et estre asseuree p mort/ et estre muee en mieulx par la resurrection. Et demonstra aussi q celle mort nest pas a escheuer p peche/ mais se a chascun Bieñ elle est a souffrir, a mettre au deuãt pour iustice, laq̃lle mort, cõbien q̃lle fust paine de peche/ il paya pour nous sans peche.

⁋ Et pour ce peut il acquitez ses pechez en mourant pour ce q̃l fut mort/ et non pour son peche. Le platonicien porphire ne cõgneut pas quil fust ce principe/ car sil eust congneu il eust sceu et eust cõgncu q̃l eust este purgeur. Car ne sa chair ne same humaine nest pas principe, mais se filz dieu q̃ sentend p la parolle p lequel toutes choses sont faictes. La chair doncq̃s ne purge ne ne nettoye, pas p soy mesmes, mais p se filz de dieu duq̃l elle fut prinse quãt il fut fait chair/ cestassauoir quãt prit chair humaine/ et habita en nous.] Car cõe il plast espirituellement de menger sa chair et ceulx q̃ ne sentendoient pas sen deptirent courouces/ disans p maniere de amiracion Ceste parolle est dure/ et qui est ce q̃ se pourroit croire. Il respondit aux aultres qui demoureret̃ en telle maniere. Lesperit distil est cestluy qui donne Bie/ mais la chair ne prouffite aucunement. Le principe doncq̃s p prenãt lame et sa chair purge et lame et la chair de ceulx q̃ ont Braye creance. Et pour ce aux iuifz qui luy demanderent qui il estoit/ il respondit quil estoit cõmencement et principe. Laq̃lle chose certainement nous qui sõmes charnelz enfermes et enclins a pechez et enuelopez en tenebres dignorance/ ne pourrions apperceuoir en aucune maniere, se nous nestions purgez nettoiez et garis de sup p ce q̃ nous estions, et q̃ nous nestions pas. Car nous estiõs hõmes/ mais nous nestions pas iustes. Mais en son incarnaciõ estoit nature humaine, Boire laq̃lle estoit iuste/ non pas pecheresse. Cest le moyen

p leq̃l la main fut tēdue a ceulx q̃ gesoiēt et q̃ estoiēt trebuchez en pechez, cest la semence disposee p les ãgles au dis desq̃lz la loy estoit donnee. En faq̃ll il estoit cõmande q̃ Bng dieu fust adouree et serui. Et ce moyenneur estoit promis a Benir.

⁋ Exposicion sur ce chapitre.

En ce xxiiii. chapitre monseigñr saint augustin repriēt lorgueil de porphire. Et fait deux choses en ce chapitre. Premierement il demonstre que son orgueil fist/ et quil ne creut pas q̃ iesucrist peust purger. Secondement ou il dit. Car ne la chair ne same. &c. Il demonstre selon laquelle nature nostreseigñr iesucrist purga. Et est le chapitre tout cler.

⁋ Le xxB. chapitre ouquel il desclaire q̃ tous les saincts et soubz le tēps de la loy et des temps de pauant ont este iustifies ou sacrement et en la foy de iesucrist. xxB.

En la foy de ce sacremēt mesmes peurent estre nettoyez purgez les hõmes iustes anciens en Biuant religieusement, non pas seulement auãt q̃ la loy fust donnee au peuple des hebrieux. Car dieu ou ses angles ne furent pas deffaillans a leur prescher/ aincois peurent estre purgez ou tēps mesmes de celle foy, iassoit ce que en figure des choses espirituelles elle semblast auoir promesses charnelles/ pourquoy icelle foy est appelee le Biel testament: Car lors estoiēt les prophetes p lesq̃lz icelle promesse fut preschee ainsi cõe p angles. Et cestluy estoit du nõbre duquel iay recorde Bng pou cy deuant si grant et si diuine sentence de la fin du bien humain/ cestassauoir de dauid le prophete quant il dit. Il est bon que te me ioingne ou aherde a dieu/ ouql pse aulme est desclairce asses plainement la distinction des deux testamens qui sont appelez le Viel et le nouueau. Car quant il dit que pour les charnelles et terriênes pmissions les mauuais en habondoient/ il dit que a bien pou q ses piedz nestoient esmeuz/et q ses voyes et chemins a bien pou estoient espandus/ entrebuchement oultre mesure. Ainsi côe sil dit ql eust pour neant serui. côe il veist que ceulx q auoiêt dieu en despit se iouissoient et sionsoient de sa bieneurete quilz attendoient de sup. Et ql veist aussi quil auoit laboure pour vouloir sauoir ql estoit a enquerir de ceste chose, iusques a tant quil entrast ou sainctuaire de dieu. e entendoiêt la fin de ceulx qui sembloient estre bieneurez estre pareille a ceulx qui estoient en erreur. Il entens dit doncques lors quât en ce quilz sestoient esseuez, sicôe il dit ilz furêt degettez e qlz deffaillirent et perirent pour leurs iniquitez/ et que toute leur hautesse de leur bien eurete têporelle leur auint, ainsi côe le sônge de celluy qui se ueille e se treuue soudainemêt despousle de toutes ses ioyes falacieuses quil songoit. Et pour ce quil se reputoient estre grans en ceste terre ou en ceste cite terriêne/dit il, cestassauoir dauid pmaginê ipom ad nichilu rediges. cest adire. Sire dit il tu ramenera a neant leur pmage en ta cite. | Toutessois quel prousfit ce soit de requir les choses mesmes terriennes. sors q a ung viay dieu en sa puissance duquel sont toutes choses Il le demonstre assez quant il dit. Je sups dit il fait beste mue enuers toy, côe beste dit il qui nap qlsconques entendement. Quelz merueilles. Car iap deu desirer de toy les choses qui ne peuent estre cômunes auecques les deslopaulx/ desquelles côe ie les visse habonder/ie te cuiday auoir serui en vain quant ceulx aussi les auoient qui ne te vouloient seruir/ toutessois sup ie tousiours auecq toy. Car en desirant icelles mesmes choses/ie nap qs nulz autres dieux/et par ce il sensupt. Tu as tesmu dist il ma main deptre/ et mas mene e demene a ta vouleste e mas prins en gloire ainsi comme se toutes ces choses appartenissent a sa senestre, lesquelles côe il les veist habonder enuers les deslopaulx y a pou ql ne cheit.) Quelle chose dit il mest il ou ciel et asse autre chose que toy ay ie voulu sur terre. Il repunt soy mesmes et si le desplent iustement, car comme il eust si grant bien ou ciel en ce quil requist a son dieu bieneurete en terre, laquelle il appercheut depuis estre chose transitoire fraue, et ainsi côe de boe. O dieu de mon cueur dit il. mon cueur e ma chair deffault. sas double iap deffailly de bien, cestassauoir a ceulx de ca aual a ceulx de sassus, dont il est dit en ung autre pseaulme Mô ame desire et deffault en la maison de dieu. De rechief est dit en ung autre lieu. Mon ame deffaillit en ton salut, cestadire par tres grant ardeur e desir. Toutessois côme il eust dit et de luy et de laultre, cestadire du cueur et de la chair deffaillant, il ne dit pas dieu de mon cueur et de ma chair. Mais dist tât seulemêt, dieu de mô cueur car par le cueur sa chair est nettopee. Dôques nostreseignr dit. Nettoye les choses qui sont dedens/et celles qui sont dedens seront nettes. | Il dit apres dieu estre sa ptie/ nô pas autre chose de sup, mais sup mesmes dieu de mon cueur dit et ma partie dieu par durablement pour ce quil sup pleut a eslire dieu entre plusieurs choses q les hômes eslisent. Car veci dit il que ceulx q eslongnêt de toy periront. Tu as destruit dit il tout hôme q hors toy a fait fornication, cestadire cellup q veult estre ainsi côe bordeau a plusieurs dieux/dôt il sensupt ce pourquoy il ma sêble que les autres choses contenues en icellup pseaulme sussent a dire. Cestassauoir quant il dit bonne chose mest aherdre ou adioindre a dieu, non pas aler soings ne fornicquer par plusieurs choses. Cestadire que rir plusieurs dieux comme ung bordelier fait plusieurs bordeaux et ribauldes. Mais lors sera pfaicte satisfaction quant ce qui est a desiurer sera desiure/mais or en droit est fait ce qui sensupt. Cest assauoir mettre en dieu mon esperance. car lesperance q̃ on fait nest pas esperance. Et q̃ est celluy se dit lapostre qui espere ce quil voit/ Et se nous esperons ce que nous ne veons pas/nous sattendons par paciẽce. mais nous qui sommes a present establis en ceste esperãce faisons ce q̃ sensupt. Et soiõs nous mesmes dit il angles de dieu selon nostre estat/cestadire ces messages anõ cans sa voulente et sa gloʒe/et loans sa grace. Et pour ce cõe il eust dit ces parolles Il est bon de mettre mon esperance en dieu/il y adiousta et dist. A ce dist il qui ap anonce toutes ces loenges aux poʒtes de la fille de syon. Ceste chose est la tresglorieuse cite de dieu/cest celle qui cõgnoist et honnoure vng dieu. Ceste ont anoncee les sains angles qui nous ont semons a sa compaignie et nous ont voulu estre citoyens en icelle. ausquelz il ne plaist pas que nous les adouriõs cõe noz dieux. mais que nous ladouriõs auecq̃s eulx et se seur et le nostre dieu Ne ne seur plaist pas que nous seur sacrifions/mais q̃ nous auec eulx soyons sacrifice a dieu. Doncq̃s sãs ce que aucuns en facent doubte/cellup qui oste toute mauuaise obstinacion/considere ces choses tous ses imoʒtelz bienheurez Cestadire ses sains angles qui nõt enuie sur nous/et q̃ aussi ne seroient pas bieneu rez silz estoient enuieux sur nous/mais nous ayment mieulx a ce q̃ nous soions auec eulx bieneurez ont en nous plus grãt faueur/et nous ayment plus quãt nous adourons auec eulx vng dieu se pere et se filz et se saint esperit q̃ ce nous adouriõs eulx mesmes par sacrifices.

⁅ Exposicion sur ce chapitre.

En ce xxv. chapitre monseignr sait augustin demonstre q̃ pla soy du mediateur dieu et hõme/cestassauoir nostre seignr iesucrist tous ses iustes furent purgez de seurs pechez/nõ pas seulemẽt ceulx q̃ furẽt auant la loy baillee a moyse. Mais ceulx qui furent aussi ou temps que sa loy luy fut baillee. Et appert toute lintencion de monseigneur saint augustin.

⁅ Le xxvi. chapitre ouquel il traicte de lĩ constance de porphire vagant et flotant entre sa confession de dieu le vray et le seruice des diables. xxvi.

Ie ne scay en tãt comme il me sẽble cõment porphire redoubloit ses amis theurgicques/car il sentoit en tout et par tout ces choses dessusdictes. Mais il ne deffendoit pas franchement le vray dieu contre le seruice de plusieurs dieux. Et sans doubte il dit q̃ ses angles qui descendoient de sassus anoncoiẽt les choses diuines aux hommes theurgicques auant q̃ sses auenissẽt estre autres/et ceulx estre autres qui desclairent en terre ses choses appartenans au pere et a sa haultesse et sa profondesse. Doncq̃s nest il pas a croire que ses angles qui ont se ministere ou office de desclairer sa voulente du pere vueillãt que nous ne soyõs subgectz/fors a cellup duquel ilz nous a nõcent sa voulente. ⁆ Dont ce mesmes platonicien amõneste tresbien que telz angles doiuent mieulx estre ensuiuis que nous. Dõcques ne deuõs nous pas doubter que nous facons offence aux angles imoʒtelz et bieureulx subgectz a dieu se nous ne seur sacrifions. Car sãs doubte ilz ne veulent pas q̃ on seur face sacrifice ne par aucune figure signifiant la chose q̃ est signifiee ples sacremẽs ce qlz scaiuent estre deua vng vray dieu. auqẽl asserdans ou adioinctz eulx mesmes sont bieneurez. Ceste arrogance ont ses diables oʒguilseux et malseureux desq̃lz la religion des subgectz a dieu et bieeurez nõt dautre pt q̃ a luy en adherãt ou en soy adioignãt est trop diuerse. Pour leql bie recepuoir il cõ uiẽt que nous soions fauorables en pure et nette benignite/et quil ny ait pas ar rogance. plaise sse nõs soyõs aucunemẽt

subgectz a eulx/mais comment quilz de
noncent cellup soubz lequel nous soions
adioins auec eulx ꝙO philosophe/pour
quoy as tu ancores doubte de parler fran
chement contre les puissances enuieuses
ⁿ aux faux dieux ⁿ aux dons du vray
dieu. Tu as ia distingue ou diuise les an
gles qui anoncent la voulente du pere di
ceulx angles qui demenez par ie ne scap ꝙl
art descendant aux hommes theurgicꝗs
pourquoy les honnoures tu ancores en
disant quilz anoncent les choses diuines
Finablement quelles choses diuines anon
cent ilz/ quilz ne anoncent pas la voulen
te du pere. pour certain ce sont ceulx que
lenuieux a alye par prieres sacrees/assi
quilz ne donnassent purgacion a lame/
Et qui sicomme tu dis ne peuent auoir
este desloyez de leurs autres loyes ꝇ estre
restituez a leur puissance par le bon dya
ble Veuillant purger ou faire purgacios
¶ Doubtes tu ancores iceulx estre mau
uais dyables/ou tu te fains p auenture
que tu ne le scais/quant tu ne le veulx
pas courouer/les theurgicques desꝗlz
comme deceu par curiosite tu as aprins
pour grant benefice ces choses domma-
gables derreur ou furieuses.] ꝙOzes tu
mieulx leuer au ciel pmp cest air/ et met
tre entre voz dieux entre les estoiles mes
mement ceste enuieuse/non pas puissan
ce/mais pestilence. Je ne diray pas dame
mais mieulx sicōme tu confesses estre chā
beriere des enuieux/ou ozes tu diffamer
ces choses par telles reproches.

Opposicion sur ce chapitre.

En ce xxbi. chapitre monseignr saint
augustin demonstre par les dis de
porphire pseꝙlz on peut prendre sa cōclu
sion du pere du filz ⁿ du saint esperit/car
monseignr saint augustin dit cp ꝙl setoit
ces choses/cestadire sicōme il les auoit mi
ses ou plus chap. cp dessus. Mais il dit ꝙ
il ne deffedoit pas frāchemēt le vray dieu

Car il mist.ii.manieres dangles/sicōme il
appt pse texte/lesꝗlz il disoit ꝗlz estoiēt
plus a esupuir ꝗ a apeler pourquoy il ap
pert ꝗ on ne doit pas adourer les bons an
gles/ ne aussi ne le veulent ilz pas. Se-
condement ou il dit. ꝙO philozophe pour
quoy as tu ancois doubte. Etc. Il reprent
porphire pour ce ꝗl hōnouroit trop les an
gles/lesꝗlz il disoit ꝗ les theurgicques
faisoient venir a eulx par contraire de cest
art/car ce porphire deuoit sauoir ꝗ telz es
peris nestoient pas bons angles ne dieux
mais estoient dyables p ce ꝗlz empeschoiēt
les bons theurgicꝗs/ⁿ seruoient aux mau
uais enuieux/sicōme il a este mōstre par le
ix. chapitre de ce liure Et sōt a noter en ce
chapitre ⁿ a considerer les choses cōtenues
en icellup/lesꝗlles bien cōprinses on pour-
ra comprendre lentendement de cestup.

¶ Le xxvii. chap. ouꝗl il traicte de lipie-
te ou iniquite de porphire/laꝗlle surmō
ta aussi lerreur de apuleius. xxvii

DE cōbien erra plus humainemēt
ⁿ plus souffrāmēt apuleius
platoniꝗ de sa secte ꝗ confessast
tāt seulemēt les dyables ordōnez au des-
soubz de la lune ⁿ a senuirō estre demenez
de maladies/de passions ⁿ destourbillōs
de sa pensee/et a certes il les honnoura/
mais il les confessa voulsist ou non estre
dyables. Il diuisa toutesfois par si grāt
disputacion cōme il peut les plus haulx
dieux du ciel appartenās aux espaces ce-
lestiennes fussent visibles. Lesꝗlz re-
splendissans il veoit lupre/sicōme le soleil
ⁿ la lune et les autres lumieres sa estans
ou fussent inuisibles lesꝗlz il cuidoit estre
estrangez de toutes taches de telles ptur-
bacions/ Mais tu as aprins non pas de
plato.mais des maistres des caldes/cest
assauoir que tu esleuasses les vices hu-
maine aux haultesses du ciel ou aux em
piriennes/et aux firmamens du ciel/ a
ce que voz dieux peussent denoncer aux
hōmes theurgicques ses choses diuines.

Toutesfois tu fais plushault dicelles choses diuines par la vie de lentendemēt a ce quil ne te semble pas que en aucune maniere les purgacions de lart theurgicque soient necessaires a toy qui es philozophe. ¶ Mais toutesfois tu les portes aux autres/ aussi comme se tu rendoies ce loyer a telz maistres que tu decois ou amenes a ces choses/ lesquelles tu confesses estre veritables ou prouffitables a toy comme prenable de plusgrant engin. Cestassauoir que ceulx qui sont hors de la vertu de philozophie q̃ est trop haulte. et laquelle pou de gens requierent par ta doctrine les hõmes theurgicques/ desq̃lz ilz requierent estre purgez/ non pas seulement en lame intellectuelle et que pour ce que le nombre de ceulx qui ne veulent mettre peine a estre philozophes/ est pl9 grant sans comparayson que des autres plusieurs soient constrains ā venir a ces maistres secretz/ et non licites que aux escolles de platon. Et pour certain ses tres ors dyables qui se faingnent estre dieux du ciel/ et desquelz tu es deuenu preschent et angle te ont promis que les hõmes purgez en lame espirituelle par lart theurgicque ne retournent pas au pere/ mais q̃lz habiteront entre les dieux du ciel au dessus de la region de lair. Ces choses nõt point la multitude des hõmes pour lesquelz deliurer de la seigneurie des dyables iesucrist vint. Car ilz ont en luy tres misericordable purgacion et de leur pensee et de leur esperit et de leur corps. Car pour ce prīt il homme tout sans peche a ce quil guarisist tout ce que hõme eust de corrupcion de peche. Lequel ie vouldroie biē que tu eusses cõgneu et que tu fusses baille a luy pour toy guarir pl9 seurement q̃ a ta vertu qui est humaine fresle et enferme ou a ta curiosite tres dommageable. Pour certain cestuy ne teust pas deceu/ lequel sicomme tu mesmes escrips ses respons de voz dieux ont confesse estre saint et immortel. Duquel aussi le tresnoble poete en parlant comme poete pour ce que ces

toit en sombre dautres personnes: Et ne antmoins veritablemēt se tu le reportes a luy il dit ainsi. par toy dit il se aucunes taches de noz pechez demeurent elles adnulees deliurent les terres/ cestadire ses hommes habitans en terre de la doubte destre punis par durablement/ car il dit que ces taches/ combien quelles ne soient pas pechez/ toutesfois peuent elles demourer comme taches de pechez pour sen fermete de ceste vie a ceulx mesmes q̃ sont moult prouffitans en la vertu de iustice. Lesquelles taches ne peuent estre garies que de cestuy de qui ce ver est exprime, cest assauoir de nostreseigneur iesucrist/ car pour certain virgille demonstre que il ne le disoit pas de soy mesmes ou .iiii. vers de celle eglogue de bucolicques ou il dit ce derrenier aage ou temps de la prophecie sevelle dicte cumee est venue a present. Dōt il appert clerement que cestoit le dit de sevelle cumee. Mais ces theurgicques ou priement a pser ces dyables faingnans les semblances ou figures des dieux cōdissent mieulx quilz ne purgent lumain esperit par faulsete de fantosme et par illusion decepuable de diuerses fourmes. Et comme purgeront lesperit de sõme ceulx qui ont le leur ort/ car autrement ilz ne pourroient estre sopez par les paroles et coniuremens de homme enuieux/ et sais seroient a donner le benefice vain quil sembloit quilz deussent donner ou par paour ou se deueroient adourer par semblable enuie Il souffist assez de ce que tu dis que lame intellectuelle/ cestadire nostre pensee ne peut estre purgee/ et que combiē que tu affermes par tes dis que icelle partie espirituelle/ cestadire sa partie de nostre ame plus basse q̃ la pensee puisse estre purgee p cel art/ mais iesucrist nous promet sa vie pdurable dont le mōde court a luy dont vous auez grāt doeuil/ ᴁ neātmois vous en esmerueillez et le veez, et vous en esbahissez: ¶ Que as tu gaingne en ce que tu nas peu nyer q̃ les hõmes ne soiēt en erreur p sa sciēce theurgicq̃/ et quelle ne deçoipue plusieurs par sentēce aueuglee a folle/ et que ce ne soit trescertaine erreur de recourre aux princes et aux angles en eulx adourant et suppliant.] Et de rechief ainsi cōme il ne sēble pas q̄ tu ayes perdu ta peine en disant ces choses que tu enuoies les hommes aux theurgicques/ afin que peulx lame espirituelle de ceulx q̄ ne viuent pas selon lame intellectuelle soit purgee.

¶ Expoficion sur ce chapitre.

En ce xxbii. chapitre monseigneur saint augustin demonstre q̄ porphire erra plus que ne fist apuleius/combien q̄lz fussent tous deux dune mesmes secte/cestassauoir de la secte des platoniciens. Et fait deux choses en ce chapitre: Premieremēt il met les dis de apuleius lesquelz sont assez clers a entendre. par ce q̄l a este dit cy dessus aux piiii. et pbi. chapitres du biii. liure. ¶ Secondement ou il dit. Mais tu as apn̄s. etc. Il met les dis de porphire:] Pour sentedement desquelles choses sont a noter les choses qui sont dictes en ce liure ou ix. et xxbi. chapitres. Et fait en ceste seconde partie ancores deux choses. Car premieremēt il met les dis de porphire des dieux ou des dyables/lesquelz il a prins plus des nigromanciens de caldee quil ne fist des philozophes. Pour lentendement de laquelle en ceste seconde partie trois choses sont a considerer. Premieremēt que lart magicque ou les ars deffendus si furent moult en bruit entre les caldiens et en usoiēt comunemēt/et q̄ theurgie sicōme nous lauōs cy dessus dit ou ix. chapitre est une ptie de cest art magicque ordonnee a la purgacion de lespirituelle ptie de lame/cestassauoir de limaginatiue/et non pas de lintellectuelle. Et pour ce au philozophe q̄ vit selon lame intellectiue ou intellectuelle nest point necessaire tel art ou science

de theurgie. ¶ Lautre est q̄ selon porphire en ce mesmes chapitre/il appert quil distingue et separe les angles des dyables pce q̄l dit q̄lz sont en lieux separez et diuisez/cestassauoir les dyables en lair et les angles ou ciel. Et toutesfois sicōme il appert pce mesmes chapitre. et ou ix. chapitre il attribue aux angles les passions et turbacions des courages telles cōe les hommes les ont/lesq̄lles pturbacions monseignr saint augustin appele cy vices humains. Et dit de porphire q̄l exauca iusques aux haultes pties du ciel les vices des hōmes a ce q̄ les dieux q̄ habitēt en celle haulte ptie peussent denōcer les choses diuines aux theurgiens par les angles q̄ conuersent auecques eulx en ce mesmes lieu et qui congnoissent les choses diuines Et qui cōme coniurez par ces ars theurgicques descendent aux theurgiēs/afin quilz leur anoncēt les choses diuines Non pas celles q̄ appartiennēt a la ptie de lame intellectuelle mais espirituelle/ cestassauoir limaginaticque et fantasticque. Mais il ne sembloit pas a porphire ainsi que les āgles peussent sauoir les choses diuines ne les anoncer. par consequent silz nestoient ou ciel auecques ses dieux. Et pour ceste cause mist il ou ciel les passions et perturbacions q̄ les hommes seuffrent. Le tiers est que sauoir philozophie ou philozophier est plusforte chose que acquerir et aprendre lart de theurgie. Et pour ce cestoit plus legiere chose de assembler plus grant nombre descolliers pour aprendre cest art/ q̄ ce nestoit a trouuer escolliers qui voulsissent aprendre philozophie. Et ces choses consideres et bien notees/lintencion de monseigneur saint augustinest toute clere en ceste partie. Apres ou il dit. Ces choses nont point la multitude des dieux. etc. Il reprent porphire de deux choses. Premieremēt de ce quil erra lapdemēt cōe seduict Secodemēt il se reprēt de ce quil mist les autres en erreur. Et celle.ii. ptie se cōmēce ou il dit. Que as tu gaingne. et cetera.

Quant a la premiere partie il erra doublement/cestassauoir en ce quil ne creoit point que iesucrist peust purgier/et toutesfois il creoit que les dyables peussent purgier. Et reboute monseigneur saint augustin la premiere erreur par deux vers de Virgille en ses bucoliques ou il dit. v: Te duce si qua manent sceleris vestigia nostri. Irrita perpetuo soluent formidine terras. Lesquelz nous auons exposé ou texte. Et dit monseigneur saint augusti que ces deux vers sont dis proprement de iesucrist: Et est le sens des vers tel/ que nostreseigneur iesucrist estant nostre meneur et nostre conduiseur sil demeure aucune tache de noz mauuaistiez par enferme te contraire/laquelle ne sont pas peches/mais taches de pechez en vne similitude confuse et obscure de peche/comme sont pechez veniels. Telz pechez seront mis par iesucrist a neant et destruis perpetuelment. Quant au pardon de coulpe et de peine et ces choses mises a neant et cassees desiureront la terre de paour et de peine/cestadire les hommes qui sont fais de terre. Est assauoir que il semble en ceste partie auoir contrariete entre monseigneur saint augustin et monseigneur saint ierosme. Car monseigneur saint augusti dit que ceste eglogue en laquelle ces vers epametres sont prins/laqlle est la tierce soit composee de iesucrist/mais monseigneur saint ierosme ou prologue de la bible tient que cest vne mocquerie. Et est la ou il fait mencion de ces deux vers qui sont en celle mesmes eglogue/cestadire en ce sermon q pour la rudesse de luy a proprement pler est appele le sermon des chieures/ou il fait mencion de ces deux vers qui sont telz. v. Iā venit et virgo redeunt saturnia regna Iam noua progenies celo dimittitur alto Et pour ce est il assauoir que selon lexposicion de seratus qui commenta les liures de Virgille/celle eglogue fut faicte dū appele polio qui fut ou temps de cesar auguste/lequel mena ses batailles en germanie/a fut chieftain de lost/la ou il prit

vne cite/et fut consul. Et cel an mesmes il eut vng filz auquel il mist a nom salō pour la prinse de celle cite. Lequel tantost quil fut ne commenca a rire a ses parens qui fut tresmauuais signe.car il ne vesqt pas/mais mourut tantost comme il fut ne. Or est vray que Virgille voulāt plaire a ses parens/et les conuertir en bien fist celle eglogue en appliequant a celluy ce q sebile cumee auoit anonce de iesucrist/car elle auoit dit ql seroient neuf solais/cest adire neuf temps/et que ou derrenier diceulx deuoit venir nostreseignr iesucrist. et quil deuoit naistre en icelluy tēps/dont monseigneur sait augustin prueue ou texte que Virgile parloit ainsi comme en sa personne de sebile cumee/ou quil parloit en icelle eglogue par lauctorite dicelle sebille/car le quart vers de celle eglogue est tel) Vltima cumei iam venit carminis etas. Et pour ce monseigneur saint augustin et monseigneur saint ierosme dient vray. Car le poete parle comme poete et poeticquement du filz de polio qui fut vne personne fainte et supposee selon poetrie/ par quoy toutesfois la psonne de iesucrist estoit representee. Et ainsi la fable fut faite de ce polio/ mais la verite de la fable fut de nostreseigneur iesucrist. Car les poetes auoient vne telle coustume que p leurs fables bien entēdues/ilz vouloiēt tousiours demonstrer soubz aucunes fictions la verite. Et tant que est au demourant du chapitre entendu et considere ce que dit est aux precedens il est legier a entendre.

℄ Le xxviii.chapitre ouquel il desclaire par quelles persuasiōs porphire fut aueugle/p quoy il ne peut cōgnoistre la vraye sapience.   xxviii

Vennoyes doncques les hommes en trescertaine erreur/ne tu nas pas vergongne de si grant

mauuaistie, combien que tu reputes estre ameur de vertu et de sapience laquelle se tu eusses bien aymé vrayement et loyaument, tu eusses congneu iesucrist q est la vertu de dieu et sa sapience, ne tu ne fusses point departy de sa tressainte humilité cõe enflé orgueilleux de tresvaine sciéce. Toutesfois confesse tu que lame espirituelle peut estre purgee par sa fortune de conuenace sans les ars theurgiques sans lesqlles lesqlles a prendre tu as laboure pour neat. tu dis aussi aucunesfois q les theletes ne eslieuent point lame aps la mort en tant quil sêble ia quelles puissent pourfiter en aucune chose aps la fin de ceste vie a icelle ame q tu appelles espirituelle, et toutesfois tu tournes et retournes ces choses en maintes manieres, et ne les fais si cõe ie cuide pour autre chose fors pour ce q tu apperes estre sage en telles choses et q tu plaises a ceulx q sont curieux des ars q ne sont pas conuenables ou a ce que tu les y faces curieux, mais est trop bien dit ce que tudis. Cestassauoir que cest art est a redoubter ou pour les perilz de la loy ou pour les perilz de en ouurer, et ie vouldroie bien q sans toy les maseureux ouysent ce dont ilz se doiuêt departir et sen partissent affin q en ce ilz ne soiêt transgloutis ou quilz ne saprocassent en quelq maniere. Tu dis certainemêt que ignorance ne peut estre purgee p aucune thelettes ne moult de vices par elle, mais seulemêt par noym q en grec est la pensee du pere ou son entendemêt q scet la voulente du pere quilz appelêt noym psenciu, mais tu ne crois pas que ce soit iesucrist, car tu las en despit pour sõ corps ql prist de têmé et pour la reproche de la croix, cestassauoir en desprisât et reiectât les choses basses: Tu qui es conuenable a prendre la haulte sapiêce des choses delassus. mais il acõplit ce que les sains prophetes ancerêt p auant de luy veritablemêt quât il dit. Je destruiray distil la sapience des sages et reprocheray la prudêce des prudens, car il ne destruit pas ne reproce la

sapiêce q leur a dõnee. mais cesse q ceulx attribuent p arrogance qui ne auiennêt pas a la science, dont quât lapostre eut ramene a propos ce tesmoing du prophete il sensuit et dit. Ou est dit il le sage ou est linterpreteur et le scribe. Ou est le cõquesteur et conquereur de ce siecle, na pas fait dieu folle sa sapience de ce mõde, car pour ce que le monde par sapience na pas congneu en la sapience de dieu, il a pleu a dieu de sauuer ceulx qui ont creu en luy par la folie de predicacion, car les iuifz demandent signes, et les grecz requierêt sapiêce mais nous dit lapostre preschõs iesucrist crucifie qui est esclandre ou detrisiõ aux iuifz et folie aux payes, mais nous preschons aux iuifz et aux grecz appellez a sauuemêt iesucrist la vertu de dieu et la sapience de dieu. Car ce qest folie enuers dieu est plus sage chose reputee aux hões et ce qui est plus enferme enuers dieu est plus forte chose reputee aux hõmes, ceste chose ont les sages et les fors ainsi cõme par leur propre vertu en despit cõme chose folle et enferme, mais ce est la grace q guarist les malades, non pas ceulx qui se vantent faulsemêt par orgueil de leur bieneurete, mais qui guarist ceulx q confessent humblement leur vraye misere et chetiueté.

¶ Opposicion sur ce chapitre.

En ce xxviii. chapitre mõseignr sait augustin reprent porphire de la mauuaise intencion quil auoit en enseignant ses disciples. Car il enseigna choses vaines par vanite ou a ce quil pleust a ceulx qui estoient curieux ou quil enseignast les curieux: Et fait en ce chapitre deux choses. ¶ Premierement il touche aucunes choses vrayes quil enseigna, et toutesfois la maniere de lenseigner demonstre la vanite de son intencion. Secõdemêt il met aucunes veritez aux choses quil enseigna et aprinst en enseignant ausquelles il erra merueilleusemêt. Et

cesse seconde partie se commence ou il dit.
Tu dis certainement que ignorance ne
peut estre purgee.

⸿ Le xxix. chapitre ouquel il traicte de
lincarnacion de nostreseigneur iesucrist
laquelle limpiete des platoniciens eut hon-
te de confesser. xxix.

T u presches le pere et son filz, q̄
tu appelles sentendemēt du pe-
re ou sa pensee, et si presches le
moyen deulx lequel nous cuidons que tu
appelles le saint esperit, et les appelles se-
lon vostre coustume trois dieux. O quil
dit cōbien que vous vsies de polles sās di-
scipline, toutesfoies veez vous en aucune
maniere et aussi p aucune vmbres dau-
cunes tenures p̄maginatiōs ou en voient
tēdre, mais vous ne voules congnoistre
sincarnaciō du filz d̄ dieu incōmuable p
laquelle nous sōmes tous sauuez a ce q̄
nous puissons venir aux choses q̄ nous
creons ou entendons en aucune petite par
tie. ⸿ Ainsi vous veez de toutes pars et
combien que ce soit de loingz et par veue
obscure ou troublee le pays ou on doyt de
mourer, mais vous ne tenez pas la voye
ou on y doit aller, toutesfois confessez tu
la grace de dieu quāt tu dis q̄ sa voie dal
ler a dieu est ottroyee a pou de gens par
sa vertu d̄ entendement, car tu ne dis
pas quil a pleu a pou de gens ou pou de
gēs sont voulu, mais quant tu dis quil
leur est ottroyee, pour certain tu cōfessez
que ce soit sa grace de dieu, nō pas la souf
fissance dhōme. Tu vses aussi plusieure
mēt et plus appertemēt de ce mot en ensui
uāt la sentence de platon, ne tu mesmes
ne doubte pas que hōme en ceste vie puis
se attaindre a la perfection de sapience,
mais toutesfois tu maintiengz ce mot,
cestassauoir que a ceulx q̄ viuent selō rai
son et selon entendemēt toute chose peut es
tre acomplie ap̄s ceste vie p sa prouueāce

et grace de dieu. O se tu eusses congneu
la grace de dieu par iesucrist nostreseignr̄
et icelle incarnacion par laquelle il prinst
lame, et le corps humain tu peusses auoir
seble estre se souuerain exemple de grace
mais que feray ie, ie scay biē que ie parle
pour neāt a hōme mort, mais cest en tant
quil te touche, mais par aucture ie nen p
se pas pour neāt quāt a ceulx q̄ te reputēt
estre grant et q̄ tapmēt p aucune amour
de sapience ou pour sa curiosite des ars q̄
tu nas pas redoubte a aprendre ausquel
les ie parle mieulx p par tōn esmouuemēt
⸿ La grace de dieu ne peut estre mieulx ne
plus gracieusemēt recōmandee que par ce
que le singulier filz de dieu demourātē
soy incōmuable se vestist hōme a dōnast
aulx hōmes esperance de sa direction par
hōme moyen par lequel venist des hōes
a luy qui estoit si loingz deulx cōme imor
tel des mortelz incōmuable des muables
iuste des felōs bieneure des maseureulx
Et pour ce q̄ nous donna inclinaciō na
turelle que nous desirons estre bieneurez
et imortelz lup demourāt bieneure et pre
nant hōme mortel a ce quil nous dōnast
ce que nous aymons, il nous enseigna en
souffrāt a despiter ce que nous craignōs
mais a ce que vous vous puissez assentir
a ceste verite vous auiez mestier dhumi
lite q̄ apeines peut estre amonestee a voz
dures testes. Et quelle chose vous dit on
ql ne soit creable, mesmemēt a vous mes
mes q̄ sentez telles choses et q̄ deussez a-
mōnester vo' mesmes a ce croire. Quel
le chose dy ie vous dit on non creable quāt
on dit que dieu a prins ame humaine et
corps. Certainemēt vous attribues seule
mēt ce a lame itellectuelle laq̄lle vitable
ment est ame humaine en tant que vous
disiez q̄lle puist estre faicte cōsubstācielle
ou dune mesmes substāce auec icelle pēsee
du pere, laquelle pensee vous confessez es
tre le filz de dieu. Quelle chose doncques
est ce increable se aucune ame intellectuel
le a este prinse pour le salut de plusieurs
par vne maniere singuliere et qui ne peut

estre recordee/ et toutesfois nous scauōs
⁊ cōgnoissons ⁊ nr̄e nature mesmes se tes
moingne q̄ le corps saherde ou soict a lame
a cē quil soit tout p̱lanieremēt hōme/ la
quelle chose certainement seroit moins cre
able selle nestoit en trescōmun vsage. car
cest plus legiere chose a croire q̄ esperit sa/
herde ou soit ioinct a esperit. Ou a ce que
ie vse de vostre maniere de p̄ler que incor
porel saherde ou soit ioict a corporel/ cōbiē
que lun soit humain et muable/ ⁊ lautre
soit diuin ⁊ imuable/ toutesfois esperit a
esperit q̄ ce nest corps saherde ou soit ioict
a chose incorporelle. Ou par auenture sē
fantement de la vierge q̄ nest pas en vsa/
ge vous fait il offence ou vous trouble il
mais ce ne doit pas faire offence/ aincois
vous doit mieulx amener a recepuoir la
foy ou religiō. ce q̄ le merueilleux est mer
ueilseusement ne. Ou vous trouble se sō
corps aps̄ ce q̄l fut mort ⁊ mue en mieulx
en sa resurrectiō il se porta aux cieulx cōe
incorruptible ⁊ imortel Vous refusez p̱
auenture a ce croire en regardāt porphire
en ses liures mesmes lesq̄lz il escript ou
fist du retour de lame. ausquelz il recom
mande si souuēt que lame doit fuir tout
corps affin quelle puisse estre bieneuree
auecques dieu ⁘ Mais ce porphire en te-
nāt ceste oppinion deust estre mieulx cor
rige. mesmemēt comme vous tenez auec
lup choses si nō creables de lame ⁊ ce mō
de visible q̄ a corps de si grant pesanteur
Car vous tenez par sa doctrine de platō
q̄ le mōde est vne beste ⁊ quil est beste tres
biēeuree/ laq̄lle aussi vous veuillez mai
tenir estre pardurable. cōment sera ce dō
ques que icelle ame du monde ne sera ia
mais desfoyee du corps et si aura tous-
iours bieneurete/ sil est ainsi que le corps
est a fuir affin que lame soit bieneuree.
Vous dictes aussi en voz liures que le
soleil et les autres estoilles sont corps la
q̄lle chose tous hōes voiēt clerement auec
vous et le dient. et nonpas seulemēt di-
ctes ce/ aincoins dictes ainsi et p̱ greignr̄
sagesse/ si cōe vous cuidez quil sōt bestes

tresbieneurees et pardurables auec seur̄s
corps.¶ Quest ce dōcques que quant on
vous amōneste de la foy crestienne vous
oubliez ou faingnez aucune ygnorāce de
ce q̄ vous souliez disputer ou ēseigner. ¶
le cause ya il pourquoy vous ne voullez
pas estre crestiens/ pour voz oppinions
que vous mesmes debatez/ fors pour ce
q̄ iesucrist vint humblement et vous estes
orgueilleux. les tressages ⁊ sainctes escrip
tures peuēt en aucūe maniere plus scrupu
leusemēt disputer quelz les corps des sais
seront en la resurrection. mais nous ne
doubtōs pas q̄lz ne soient pardurables/
et q̄lz seront telz cōme iesucrist en demō
strāt le pēple en sa resurrection. mais q̄lz
quilz soient cōe on maintienne quilz sont
du tout incorruptibles et imortelz et q̄lz
nēpescherōt pas la contēplacion de lame
par laquelle elle est fichee en dieu. ⁊ vous
diez aussi que les corps imortelz et bien-
eurez imortelemēt sont aux cieulx/ pour
quoy auez vous opinion telle/ que vous
dictes que tout corps est a fuir/ affin que
nous soyōs bieneurez fors que cest ce que
ie vous dy de rechief iesucrist est humble
et vous estes orgueilleux. Ou par auen
ture auez vous honte destre repris. mais
certes ce vice nappertient fors aux orgueil
leux. car les sages hōes ont honte de deue
nir de disciples de platon disciples de ie-
sucrist q̄ par sō esperit enseigne le pecheur
scauoir et apprendre que au cōmencemēt
estoit la parolle. cestadire que le filz de dieu
estoit au cōmencemēt et la parolle estoit
auec dieu/ et dieu estoit la parolle. ce es-
toit au cōmencemēt enuers dieu/ toutes
choses sont faictes par luy et sās luy nest
rien fait. ¶ Ce qui est fait estoit en luy -
vie/ et la vie estoit lumiere des hōmes et
la lumiere luyt en tenebres. et les tene-
bres ne la comprindrent pas. Le cōmence
ment de laquelle saincte euangille q̄ est
dicte selō sait ieh̄an vng philozophe pla-
tonicien disoit q̄ il deuoit estre escript de
lettre dor/ et estre mis en lieux tresappa
rans ⁊ plus nstables pour toutes eglises

sicõme nous souloit dire vng sainct vieil lart appellé siplicien qui fut depuis euesque de millan/mais les orgueilleux ont en vilité ce dieu q̃ est maistre/pour ce que la polle/cestadire le filz de dieu fut fait chair/z habita en nous si q̃ ne leur souffise pas silz sõt malades se auecce ilz ne se orgueillissent en icelle maladie. z apēt honte de sa medecine par laquelle ilz pouoient estre guaris/car ilz ne sõt pas a ce quilz soient esleuez z redressez/mais a ce que en cheant ilz soiēt plus griefmēt tourmentez.

⁌ Epposicion sur ce chapitre.

En ce xxix. chapitre monseignr̄ saint augustin demõstre pourquoy porphire et ceulx de sa secte sacorderent a ce q̃ nous tenons de la foy crestienne/et comment ilz se porterent/et fait deux choses en ce chapitre. ⁌ Premieremēt il met les choses en quoy porphire sacordoit a nostre foy. Et a quelle chose il se discordoit/et en met trois/desquelles la p̃miere est de la trinite des persones en quoy il semble quil sacorde auec nous quant a effect/ia soit ce quil ne sacorde pas en sa maniere de p̃ser/car ce que nous appellons se sa̋t esperit ilz appellent le moyen du pere et du filz. Le second est en ce quilz nyent lī carnacion. Le tiers est du dom de la grace diuine/et se semble il q̃l veuille ottroyer/sicõme il appert par deux de ses dictz mis ou texte par monseigneur saint augustin/parquoy il appert que le texte est tout cler. Secondemēt ou il dit/mais a ce que vous peusies assẽtir zc. Il dispute contre porphire et ceulx de sa secte de lī carnacion de nostreseignr̄ laquelle ilz ny ent. Et p̃mieremēt il repreuue p les choses quilz confesseut ou quilz ottroyent/ Cestassauoir que lincarnacion de nostre seigneur ne soit pas ipossible ou non creable. Secondemēt ou il dit. Ou par auen

ture senfantemēt de la vierge zce. Il reboute deux choses par lesquelles il sēble quil puist estre meue a faire diuisiõ ou separaciõ entre lincarnaciõ et les choses q̃ nous auons dictes dessus du filz q̃ print chair en la benoiste vierge marie/desquelz le p̃mier est ipossibilite de sa naissãce de la vierge marie. ⁌ Le second est limpossibilite de sa resurrection/z ceste seconde ptie il reboute ou il dit. ⁌ Vous trouble ce que son corps zce. en laquelle ptie il fait a tores deux choses. Car p̃mieremēt p les dictz de porphire il preuue sa possibilite de sa resurrectiõ/z demõstre q̃ sa cause pour quoy ilz npēt sa resurrectiõ nest pas souffisant/z ce appt assez par le texte. Secõdemēt ou il dit. pourquoy auez vous opinion que tous corps soient a fuir zce. il demonstre pourquoy ilz fuirent lumiliacion ou humilite de lincarnaciõ/car cest pour ce ce dist il quil sont orgueilleux, et fait cy monseigneur saint augn̄stin mēciō de leuangille monseignr̄ saint iehan. laquelle se cõmence. In principio erat verbum, iusques la ou il dit. Fuit homo missus a deo zc. Lequel cõmencemēt fut troue en vng liure dun platonicien/ duquel monseigneur saint augustin fait mencion ou vii. liure de ses confessions dont nous auons parlé en ceste oeuure cy dessus, ou quel liure il touche plusieurs autres choses de ceste euangille lesquelles il seut en ce liure de platon, et aussi en est il fait mēcion en la glose/ad colocenses primo/ou chapitre/ misteriū quod absconditū fuit zce. Et est en effect lītenciõ de monseignr̄ saint augustin en ce chapitre de demonstrer et declairer contre porphire et ceulx de sa secte que lincarnacion de nostreseignr̄ est plus creable et est plus a croire q̃ ses choses que porphire q̃ fut platonicien z ceulx de sa secte afferment/entre lesquelles choses ilz mettent que le monde est perpetuel et vne beste tresbieneuree/et est ce liure en quoy ces choses sont prinses et plusieurs autres que dit monseignr̄ saint augusti de regressu anime. Et apres il demonstre

en recordant et disant que vng platoni-
cien voulut que le comencement de ceste euan
gille de monseigñr saint iehan fust es-
cripte delettre dorp toutes eglises aup
plushaulx et plus notables lieux et en a
maine a tesmoing monseigñr saint sim
plicien/ mais sicome dit monseigñr saint
augu(stin)/ cest orgueilleux ne veult pas
cesta sauoir porphire/ pour ce q̃l ne vou-
lut pas auoir ceste humilite, cestassauoir
que verbum caro factum est et habitauit in
nobis et pour ce deffendit que le comen-
cement de ceste euangille ne fust la mis af
fin que on ny creust et quon ny aioustast
foy.

⁋Le xxx. chapitre ouql il declaire quan
tes choses la doctrine des platoniciens/
porphire regecta et refusa en aiant con-
traire oppinion a eulx corriger. xxx

On cuide que aps la doctrine
de platon aucune chose nest di-
gne destre corrigee ou amendee
pourquoy amenda porphire aucunes gräs
choses, car il est certain que plato escript
que les homes retournent apres la mort
aux corps des bestes. Ceste sentence tint
le maistre de porphire q fut grät docteur
et plot aussi toutesfois de pleut il a por
phire, car il cuida que les ames ne retour
nassent pas e leurs corps qlles auoiet lais
se, mais cuida quelles retournassent en
nouueaux corps, et eut honte de croire a
ce que sa mere daucun resolue par auētu
re en mule ne portast son filz, et si neut
pas honte de ce croire ou cas qil auendroit
q vne mere resolue en vne pucelle se ma
rioit a son filz, de cobien croit plus hones
tement ce que les sains draps angles
ont enseigne, a ce que les sains prophetes
remplis du saint esperit ont dit ce que cel
luy dit, lequel ses messages anoncerent
estre sauueur auenir, ce que dient les ap-
stres enuoyez q remplirent le monde de le-

uangille/ de cobien dy ie est ce plus honneste
chose a croire que les ames retournēt vne
fois a leur propres corps que de croire q'lz
retournent tant de fois a diuers corps/
mais toutesfois sicome iay dit porphire
pour grät ptie se corrigea en ceste oppinion
q tant seulement il maintint q les ames
humaines retournoient seulement aux
hoes, et ne doubta point a destruire lop-
pinion de ceulx q disoient quelles entroiēt
en bestes mues ou sauuages/ sicome en
vne chartre ou en vne prison/ il dit aussi
q pour ce auoit dieu ordone ame au mon-
de affin que par la congnoissance quelle a
uroit des maulx de la matiere/ cestadire
du corps elle retournast au pere, si que ia
mais ne fust detenue cochiee ou troublee
p la tache de telz maulx ouquel il dit/ co
bien qlsente aucune chose descouenable
pour ce que lame est donee au corps plus
affin quelle fist bonnes oeuures, car elle
napprendroit pas maulx selle ne les fai
soit, toutesfois corriga il samenda, a no
pas de petite chose loppinion des platoni
ciens, en ce q il confessa que lame despoul
lee de tous maulx et establie auec dieu le
pere ne souffrira iamais les maulx de ce
monde, par laquelle sentence il osta lop
pinion q mesmement est tesmoingnee estre
de platon q dit que les choses viues sont
faictes des mortelz ainsi come sont les mor
telz des viues, et demonstra que ce q vir-
gille seble auoir dit selon loppinion de pla
ton est faulx quant il dit que les ames pur
gees sont mises aux chäps appellez heli
seos par lequel nom ainsi come par fable
sont signifiees les ioyes des bieneurez es
tre apellees a vng fleuue appelle lethee.
Cestadire a oubliance des choses passees
cestassauoir dit virgille q les ames non
raisonables desirēt a reueoir les hauttes
pties du ciel, a aps ce desirēt a retourner ē
leurs corps. A bn droit despleut ceste
oppinion a porphire, car cest folle chose
de croire q les ames desquelles la vie ne
peut estre tresbieneuree selle nest seure de
sa pardurablete/ La veuillent laisser et

E iiij

desirent lordure des corruptibles & veulēt retourner de ceste vie en ces corps ainsi cōme se leur purgaciō souueraine estoit cause de requerir ordure. car se par ce quelles sont purgees ou nettoyees elles oublient to⁹ maulx & q̄ loubliāce des maulx face a auoir desir aux ames de retourner aux corps/ou elles soiēt de rechief enuelopees en maulx/pour certain il sensuit que biē eurete souueraine sera cause de maseurete/et que perfection de sapiēce sera cause de follie et souueraine purgaciō sera cause dordure. Ne lame ne sera pas veritablemēt bieneuree tant cōme elle sera la ou il cōuiēt quelle soit deceue/affin quelle soit bieneuree, car elle ne sera pas bieneuree selle nest seure/et a ce q̄ elle fut seure elle cuidera faulsemēt estre tousiours bieneuree pour ce que aucunesfois elle sera maseurusse Doncques quāt faulsete sera cause de sa ioye cōment seiouira elle de verite Ce dit porphire & dist que lame purgee retourne au pere/affin que iamais ne soit pas maculee ou troublee par lordure des maulx.

Exposicion sur ce chapitre.

En ce xxx. chapitre monseignr̄ saīt augustin racōte cōment porphire corriga loppinion de plato de ce q̄l disoit q̄ les ames retournoiēt aps̄ la mort aux corps des bestes/laquelle oppiniō p̄it sō cōmencemēt de pitagoras/duquel oupt aucunesfois la doctrine et duquel il dist q̄l nescripst rien ne fist quelq̄ liuret. Et ce met ruffinus en sō inuectiue q̄l fist cōtra ieronimū/mais ouide en son xv. liure de transformatis ou il parle des reuolucions et retournemēts de noz esperis et bestes/et des bestes et hōmes dit ainsi. Et quoslibet occupat artus spiritus eque feris vana/in corpora trāsit inq; feras ac: Cestadire q̄ noz esperis retournent aux bestes sauuages et des bestes sauuages

aux hōmes/mais porphire ne veult pas q̄lz retournassent aux corps des bestes/ne aux corps des hōmes dont ilz estoiēt partis. mais retournassēt en autre corps et cōbien que pitagoras eust eu oppiniō q̄ les ames des trespassez retournassēt. nō pas seulemēt aux corps des hōes/mais des bestes. toutesfois racōte il de soy mesmes q̄ luy souuiēt bien que il fut vng cheualier en la bataille de troie & que lors il auoit a nom euforbius/lequel auoit este occis de menelaus q̄ estoit appelle le iosne attrides. dōt ouide fait mēciō ou xv. liure de transformatis dessus allegue q̄ en racontāt ces choses/et parlant en la persone de cestuy pitagoras dit ainsi en ces vers. Ipse ego memini troiani tēpore belli. Pauconides euforbius eram cui pectora quondā: Hesit in aduersa grauis hasta minoris attride. Ceste reuolucio des ames dentrer en nouueau corps mist porphire auant que lame fust purgee et quelle est retournee au pere il disoit quelle ne retournoit plus au corps/mais les platoniciens nyent ceste oppiniō et virgille la conferme/sicōme il apert en son vii. liure deneydos q̄ dit que apres ce que les ames sont purgees et mises aux champs q̄lz appellēt heliseos q̄lles sōt appellees a vng fleuue q̄ est appelle lethe q̄ vault autāt a dire cōe oubliance/et si tost cōe elles ont este ou ciel au dessus du firmamēt & des estoilles elles desirēt a retourner arriere aux corps/lesquelz sont telz et se despēdent daucuns vers p̄cedens. Lethes ad fluuiū deus euocat agmine magno. Scilicet imemores supra ut cōne pa reuisēt. Pursū t incipiāt in corpora velle reuerti. Cestadire que tout ainsi cōe se les ames neussent oucques eu male meschance cōme celles qui les eussent toutes oubliees elles vouloient arriere retourner aux corps humains. Et sont ces vers p̄ns de virgille en ceste partie ou virgille faint q̄ quant enee descendit en enfer pour veoir son pere anchises il luy demanda sil cuidoit point que les ames qui estoient en en fet quāt elles seroiēt purgees retournas sent ou ciel, et selles voul droiēt de rechief retourner aux corps. Et q̄ en vouldra veoir plus largemēt si voye virgille en ce pas auec seruius q̄ le cōmenta et expposa plus solennelement que nul autre.

⁋ Le xxxi. chapitre ouquel il traicte contre largumēt des platoniciens p̄ lesquelz ilz affermēt que lame humaine ou de sōme est coeternelle a dieu.   xxxi.

Oncques creurēt faussemēt aucuns platoniciēs que celle reuolucion fust necessaire de pssir des corps et de retourner aux corps, laquelle chose selle estoit vraie quel prouffit seroit ce de le sauoir fors que par auenture de tāt lo seroiēt les platoniciēs mettre deuāt no⁹ pour ce que nous ne saurions pas en ceste vie ce que ceulx mesmes ne sauroient pas en ceste vie ce que eulx mesmes ne sauroient pas en lautre meillere vie quant il seroit ou trespurge ou tressage et q̄l seroit bieneure en creant faulx, et se ceste chose tresabsurde et tresfolle a maintenir pour certain la sentēce de porphire doit estre deuāt mise aceulx q̄ maintindrēt les cercles ou reuolucions des ames de bieneurete en misere et de misere en bieeurete. Et sil est ainsi vecy que porphire platonicque se discorde de platō en meilleure oppiniō vecy q̄l dit ce que platon ne dit pas. si ne refuse ou reffuit pas correction aps tel et si grant maistre, mais il mist verite par de uāt hōme. Pourquoy dōcques ne croiōs nous mieulx a la diuinite des choses que nous ne pouōs enchercer p engin humal laquelle diuinite dit q̄ lame nest pas coeternelle auec dieu, mais dit quil la crea quāt elle nestoit pas, et affin que les platoniciens ne voulsissent croire ceste chose ilz amenoiēt p̄cipalemēt ceste cause: car

ilz disoient que ce q̄ na tousiours este puant ne peut estre en aps pdurable, combiē que platō e du monde et des dieux ql met en ses liures q̄ sont fais de dieu il dit q̄z ont eu cōmencemēt et q̄z nauront point de fin, aincois tesmoigne q̄z demourrōt pdurablemēt par la voulente trespuissāte de cessup qui les a fais, mais cōment il entendoit ce, ilz trouuerēt que en faisant ces choses na pas cōmencemēt de temps mais cōmencemēt de lestablissement de leur substitucion, car sicōme ilz dient se vng pie auoit este pardurablemēt en la pouldre la trace ou la terre seroit tousiours dessoubz, laquelle trace ou marche nul hōe ne doubteroit estre faicte du pie q̄ auroit marche sur la pouldre, combiē que lun fust aincois que lautre, ainsi est il dit, cestassauoir et que se monde et les dieux creez en lup ont tousiours este, car cessup q̄ les a fais a tousiōrs este, e toutes fois sont ilz fais. ⁋ Se lame a tousiours este on peut dire q̄ sa misere ait tousiours este, mais se aucune chose est en elle q̄ na pas este pardurablemēt, a cōmēcie a estre en tēps, pourquoy ne peut il estre fait q̄ celle ait este ē tēps sa q̄lle ne fut pas p deuāt aps sa bieeurete aussi pluss ferme apres lexperiment des maulx et durant sās fin, sicōme ce porphire se cōfesse sans nulle doubte cōmenca en tēps, et toutesfois elle sera tousiours, cōbiē quelle nait pas este pdeuant. Tout largument dōcques est despece ou soulu par lequel on cuide que rien ne peut estre sās fin de tēps fors ce qui na point cōmencement de tēps Car la bieneurete de lame est trouuee laquelle na point fin de temps, combien quelle ait eu commencement de temps.

Pour quelle cause donne sieu lenfermete humaine a lauctorite diuine. Et creons de la vraye religion aceulx qui sont bieneurez et imm̄ortelz qui ne requierent pas que on leur face lhonneur, laquelle ilz sceuēt estre deue a leur dieu q̄ est aussi le nostre. Et cōmandent que nous ne faciōs sacrefice fors acessup seulemēt dūq̄l si cōme iay dit souuēt et est souuēt a dire nous mesmes deuons estre sacrifiez et estre offers par icellup prestre q̄ daigna pour nous estre fait sacrifice mesmes iusques a sa mort en lhōme q̄ prinst sequel aussi il voulut estre prestre.

¶ Expoficion sur ce chapitre.

En ce xxxi. chapitre monseignēr saint augustī dit que platon escript les dieup estre creez de dieu. et ce dit il en son liure qui sappelle thimeus platonis.

¶ Le xxxii. chapitre ouq̄l il traicte de luniuerselle voye de deliurer lame laquelle par grāt mauuaistie que voulst porphire ne trouua point et laq̄lle la seule grace crestienne a este ouuerte. xxxii.

Est la religion qui contient la voye vniuerselle de deliurer lame car sans ceste voye nulle ame ne peut estre deliuree. car ceste voye pour certain est ainsi cōme la voye royalle laquelle seu lement maine au royaume q̄ ne chancelle pas par haultesse tēporelle. mais est seure par fermete de pdurablete. mais quāt porphire dit en son pmier liure q̄ est dit du retour de lame/ ainsi cōme empres la fin que q̄ cō tiēt la voye vniuerselle de deliurer lame nest point receue en vne aucune secte soit aucune tresbraye philozophie ∕ Ou des meurs ou de sa discipline des indiens ou de linduction des caldes ∕ Ou daucune autre voye. ¶ Et que pcelle voye nest pas ancores venue a sa congnoissance et aussi ne sui souffisoit il pas ce q̄ auoit apris par tresgrāt estude de deliurement de lame/ et ce qui sup sēbloit ou mieulx aup autres scauoir a maintenir car il sē toit que ancores sup deffailloit il aucune tresepcellente auctorite laquelle il conuē droit ensuiur de si grāt chose/ mais quāt il dit que aucune secte q̄ contiēne la voye vniuerselle du deliuremēt de lame nest

toit pas venue a sa congnoissance de tresbraye philozophie il demōstre assez si cōme ie cuide ou que sa philozophie en laquelle il auoit estudie nestoit pas tresbraye ou q̄lle ne contenoit pas celle voye. et com ment peut ia estre icelle philozophie tresbraye en laq̄lle nest contenue celle voye. car quelle est la voye vniuerselle de deli urer lame: autre fois celle par laq̄lle toutes ames sont deliurees/ et par ce nulle a me sans icelle nest deliuree/ mais quāt il aiouste q̄ dit q̄ celle voye nest pas venue a sa congnoissance ou des meurs ou disciplines des indiens ou de linductiō des caldes ∕ ou pqlconq̄ autre voye il cōfesse appertemēt q̄ ne en ce q̄ auoit apris des caldiens ne en ce q̄ auoit apris des indiens celle voye vniuerselle de deliurer lame ny est point cōtenue. et sans doubte il ne peut taire q̄ les diuins respōs il neust apuns des caldiens desquelz il fait continuelle recordaciō. Quelle voye doncq̄s veult il estre entendue q̄ soit la voye vniuerselle de deliurer lame ou daucune tresbraye philozophie ou des doctrines dicel les gens qui estoient reputees grādes cōe aup doctrines diuines cōme plus voul sist euers eulp sa curiosite de cōgnoistre et adourer chascune angles. Ou quelle vniuerselle voye veut il estre entendue q̄ ne soit pas ācores venue a sa congnoissā ce p cognicion distoire. Qui est celle voye vniuerselle fors celle q̄ nest pas propre a vne gēt/ mais est partie de dieu si quelle fust cōmune a toutes gens laq̄lle certai nemēt cest hōe de si grant engin ne doub te pas quelle ne soit telle pour certain il ne croit pas que lapouueāce diuine puis se laisser humain sīgnage sās ceste voye vniuerselle du deliurement de lame. car il ne dit pas quelle ne soit pas ∕ aincois dit que si grant bien et si grant ayde nest pas ancores receu/ ne nest pas ācores ve nu a sa congnoissance / ne ce nest pas merueilles ∕ car porphire estoit en ce tēps que dieu souffroit que celle voye vniuer selle de deliurer lame qui nest autre chose que la religion crestienne estoit impunie et mal menee de ceulx q̃ adouroient les y dolles et les dyables et des roys terriens. affin dafermer et consacrer le nõbre des martirs. cestadire q̃lz fussent tesmoingz de verite et telz par lesquelz fust demoustre que tous maulx temporelz fussent a souffrir pour la foy de pitie et pour la cõmendaciõ de verite. porphire doncques ve oit ces choses et cuidoit que p celles perse cucions ceste foye deuoit tantost perir. et que par ce elle nestoit pas la foye vniuer selle de desiurer lame, et nentendoit pas que ce q̃ se mouuoit et q̃ craingnoit souffrir en l'election delle appartenoiyt mieulx a sa confirmacion et plus ferme cõmendacion. Cest doncques la foye vniuerselle de desiurer lame, cestadire ottroyer a toutes gens pla misericorde de dieu: La con gnoissance de laquelle pour certaĩ a quel conques gẽs quelle soit ia venue ou a q̃lconques q̃ elle soit a auenir/on ne luy doit poit ne deuera dire pourquoy es tu venu si tost/ou pourquoy viens tu si tard, car le conseil de celluy q̃ senuoye ne peut estre entendu par engĩ humain. laquelle chose ce philozophe apperceut bien quant il dit que ce bien de dieu nest pas ancores receu/ne nest ancores venu a sa congnoissance/ne pour certain ne demõstra pas q̃ ce bien ne fust vray pour ce sil dist q̃l nestoit poit ancores receu en sa foy. ou q̃l nestoit pas ancores venu a sa cõgnoissance. Cest dy ie la foye generalle de desiurer ceulx q̃ croient en dieu/de laquelle le loyal abrahã receut sa diuine responce quãt dieu luy dist telles parolles. ¶ Toutes gens dist seront benoistes en ta semence Lequel abraham pour certaĩ fut ne de caldee. mais affin q̃l receust celle promesse il luy fut commande quil se departist de sa terre et de la maison de son pere affin que de luy fust multipliee sa semence disposee par les angles en la main du moyenneur dieu q̃ hõme iesucrist/ouquel fut ceste foye vniuerselle/cestadire dõnee a toutes gẽs de desiurer lame. Adoncques abrahã deli

ure p̃mieremẽt et auant tout oeuure des supsticions des caldees en ensuiuãt vng dieu se adoura ouquel il crut fermement et soyaumẽt de ce q̃l luy promist. Cest la foye vniuerselle de laquelle il est dit par dauid en sa saincte prophecie ou psaultier Dieu dit il ait mercy de nous et nous beneisse/enlumine sa face sur nous et ayt mercy de nous/si que nous congnoissõs ta foye en terre et tõ sauuement en toutes gens/dont ce sauueur iesucrist long tẽps apres q̃l eut la chair de la semence de abrahã dit de soy mesmes: ie suis dit il foye verite et vie. Cest la foye vniuerselle de laquelle il fut prophetize long tẽps deuãt en ceste maniere. ¶ Le mont de la mayson nostreseigneur sera manifeste aux derreniers iours en la haultesse des montaignes et sera manifeste aux derreniers iours et vendront toutes gens a luy et y enterõt toutes nacions et diront Venez montõs ou mont de nostreseignr et en la maisõ du dieu de iacob et il nous anoncera sa foye et enterons en elle car de syon ystra sa foy et sa parolle nostreseigneur de hierusalem/ceste foye doncqs nappertient pas a vnes gens seulemẽt mais a toutes gens/et la foy et la posse de ntreseignr ne demoura pas en syõ et en hierusalẽ/mais en y fist affin quelle sespandist p tout dõt ce sauueur dist apes sa resurrection a ses disciples q̃ estoiẽt espouetez de sa mort et passion telles parolles. Il cõuenoit dit il q̃ ces choses escriptes de moy en sa loy et aux prophetes et pseaulmes fussent acõplies et adõcques il leur ouurit lentendemẽt affin quilz entendeissent les escriptures. et leur dist quil couuenoit que iesucrist souffrist passion et resuscitast de mort au tiers iour. et que on preschast en son nom penitance. et remission des pechez par toutes gens. Et que ilz commencassent de hierusalem ou a hierusalem. ¶ Cest doncques la foye vniuerselle de desiurer lame. laquelle les sains angles et les saintz prophetes signifierẽt p̃mieremẽt a pou dhões ou ilz peucẽt

Li610.

trouuer sa grace de dieu, et mesmement a sa gent des hebrieux, de laquelle icelle chose publicque estoit ainsi comme sacree en prophetisant et denonçant que la cite de dieu deuoit estre assemblee de toutes gens et par le tabernacle, et par le temple, et par sa prestrise, et par ses sacrifices, et a non cerent iceulx angles et prophetes a icelles gens, aucunes paroles manifestes et a plusieurs par paroles mistieques ou allegoricques, mais icelluy moyenneur presenta en chair Cestadire quant il print chair humaine et ses benois apostres, et reuelant sa grace du nouueau testament demonstrent plus clerement ses choses q̄ en aucune maniere estoient plus obscurement signifiees aux temps precedens selon sa distribucion des aages de lhumain signage, sicōme il pleut a dieu le sage de les ordōner auec signes de merueilleuses oeuures dines q̄ se tesmoingnēt, sicōme ien ay mis cy dessus aucūs, car non pas tant seulemēt sōt appaues visions dāgles, et ont este oyes les paroles des ministres du ciel, aincois auec ce ont este mis hors des corps humains les ors et mauuais esperis, par homes de simple creance qui ce faisoient par la posse de dieu, et par eulx ont este guaris les vices et les langueurs du corps, et les bestes sauuages et autres de terre et deaue, les oyseaux de lair, les arbres, les elemens, et les estoilles ont fait ses comandemees diuines, lucifer sup a donne lieu et fait place, les mors sōt resuscitez sans les propres et singuliers miracles de nrē sauueur et mesmemēt de sa natiuite et de sa resurrectiō, desq̄lz deux miracles il demonstre en lun le sacremēt de virginite tant seulemēt, et en lautre le sacremēt de ceulx qui sont a resusciter en sa fin.

Ceste voye nettoye tout home est ordonne a immortalite tout home mortel de toutes ses parties dont il est composé, car le tres grand et trespuissant nettoyeur et saueur prinst tout home a ce quil ne souffist pas quer ir autre purgacion a sa partie que porphire appelle espirituelle et autre au corps,

Nul home na este ne nest ne ne sera deliure fors que par ceste voye, laquelle il ne deffaillit oncques a humain signage, ou quant ces choses en partie furent predeuant anōcees a zenit ou quant en partie elles furent anoncees estre faictes, mais en tāt que porphire dit que sa voye vniuerselle de desiurer lame nestoit venue a sa cōgnoissāce par cognicion de listoire. Quelle chose peut on trouuer plus noble ne plus clere q̄ ceste hystoire laquelle a comprins tout le mōde par haultesse de si grant au ctorite. Ou quelle chose est a croire de se en laquelle ses choses passees sont en telle maniere racontees que celles qui sont auenir y sont dictes aincois quelles auiennent, desquelles nous en veōs maintes estre acomplies, et devōs esperer q̄ celles qui sont a acōplir seront acomplies, car ce porphire ou quelconques autres platoniciens ne peuent despiter en ceste vie mesmes sa diuinacion et prophecie, ainsi cōme des terriennes choses et qui appartiennēt a ceste vie mortelle, lesquelles choses ilz despitēt et a bon droit et en toutes autres manieres de diuinaisses ou diuinacions de quelconques manieres quilz soient ou de quelconques art, car ilz nyent que telles choses soiēt faictes de notables personnes ou que on ses doye auoir en prise et ilz ont droit car telles choses q̄ sont faictes ou par ce que on apperçoit parauant presentees les causes dicelles, sicōme en lart de medecine on apperçoit deuāt plusieurs choses auenir prouffitables a sante par aucuns signes precedēs. Ou les ors dyables denōcent les fais quilz ont parauāt exposez et ordonnez par sa force desq̄lz ilz acquierent droit et aux pensees et aux couuoitises des mauuais pour les mener a quelconques fais a eulx apptenās Et aussi en la plus basse matiere de humaine fragilite ses sains homes allans en ceste voye vniuerselle de desiurer lame neurent cure de prophetiser telles choses cōme font nygromāciens ou enchāteurs iassoit ce quilz sceussent bien ces choses et

que ilz ses laissent et anoncast souuent p̄
auant pour faire foy des choses q̃ ne pou
oient estre signifiees a sentendement des
hommes mortelz/ne ne pouoient estre me
nez legierement a sepperience de sa foy/
mais ilz auoient autres choses grandes
en verite et diuines/lesquelles ilz denon
coient estre a venir par la cognoissance de
la voulente de dieu en tāt quil leur estoit
donne a le sçauoir. ¶ Quelz merueilles
Car aux escriptures de ceste foye ont es
te et sont ancoires promises les choses qui
sensupuent ce staffauoir que iesucrist de
uoit prendre chair humaine et les choses
qui en luy sont parfaites cterement ꝯ acō
plies en son nom. La penitance des hom
mes et la conuersion de leur voulente a
dieu remission des pechez/ Grace de
iustice Foy des debonnaires/ Multi-
tude des creans en la vraye diuinite par
tout le monde. Le trebuchement de ceulx
qui adoutoient les ydoses ou dyables.
Lepercifement en temptacion/ la purga
cion des prousfitans/ et la desiurance de
tous maulx/ le iour du iugement/ la re-
surrection des mors/ la compagnie des
mauuais/ la dannacion pardurable ꝯ le
ropaume perpetuel de la tresglorieuse ci-
te de dieu/ vsant de dieu mortellement en
sa presence/ desquelles nous veons ia tāt
de choses acōplies aux escriptures dicel-
le voye que nous auōs fiance que les au
tres qui sont auenir seront acomplies.
Tous ceulx qui ne croient la verite des
sainctes escriptures/ ausquelles sa doctri
ne de ceste voie iusques a veoir dieu/estre
ioinct a luy est preschee et affermee. ¶ Et
neantmoins entendēt le contrare iceulx
qui ne se croient si ne le veullent/ car ilz
ne peuent bien debatre icelle voye ou im-
puner/ mais il ne se peut vaincre ne ob-
puner.) Et pour ce que en ce x. liure/ cō-
bien que nous ayons satifait moins a au
cuns que leur intentiō n̄ entendoit de nous
Toutesfois auons nous satifie a au-
cuns par estudie en tant comme nostre
vray dieu et seigneur nous ya daigne ay

der. Et y auons deboute les contradiciōs
des mescreans qui mettent les dieux par
deuant le createur de la saincte cite/ de la
quelle nous auons propose a disputer.
Desquelz premiers dix liures/ les cincq
premiers sont escrips contre ceulx qui cui
dent que les dieux soient a adourer pour
les biens de ceste vie. Et les cincq en sup-
uant sont escrips cōtre ceulx q̃ cuidēt que
le seruice des dieux soit a garder pour sa
vie qui est auenir apres sa mort. / Et a
pres si comme iay promis ou premier li-
ure en tant comme dieu mapdera ie trai-
cterap de sa naissance et du cours et des
fins deurs des dieux des deux citez/ les-
quelles nous auons dit estre perplexees
et meslees ensemble en ce siecle et en diray
ce que ie cuide qui en soit a vire.

¶ Exposicion sur ce chapitre.

En ce xxxti.e derrenier chapitre mō
seigneur saint augustin dispute
contre porphire. Et traicte ces paroles
qui sont en la fin de son premier liure qui
sappelse de regressu anime. Et dit q̄ por
phire estoit lors en vie/ cest a entēdre quil
fut ou temps de constentin lempereur/ si
comme il appert par les cronicques.

¶ Ey fine ce present volume ouquel sōt
contenus les dix premiers liures de mon
seigneur saint augustin de la cite de dieu
fait et imprime en la ville dabbeuille par
iehan du pre et pierre gerard marchans
libraires. Et fut acheue le xxxiiii. iour de
nouembre: Lan mil quatre cens quatre
vingz et six.

www.ingramcontent.com/pod-product-compliance
Lightning Source LLC
Chambersburg PA
CBHW050314240426
43673CB00042B/1405